lonely planet

Vietnam

**Nord
du Vietnam**
p. 95

⭐ **Hanoï**
p. 50

**Centre
du Vietnam**
p. 148

**Siem Reap
et les temples
d'Angkor**
p. 410

**Hauts
plateaux
du Sud-Ouest**
p. 280

**Littoral
du Sud-Est**
p. 224

**Hô Chi
Minh-Ville**
p. 304

**Delta
du Mékong**
p. 358

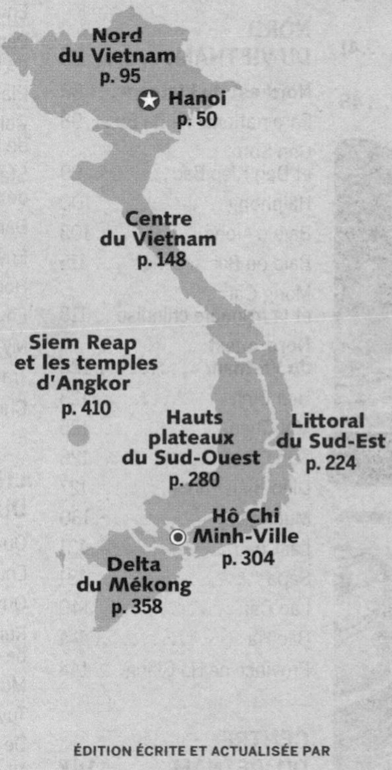

ÉDITION ÉCRITE ET ACTUALISÉE PAR

Iain Stewart,

Brett Atkinson, Damian Harper, Nick Ray

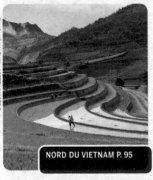

NORD DU VIETNAM P. 95

CUISINE VIETNAMIENNE
P. 470

BY HOANG HAI THINH / GETTY IMAGES ©

DAN HERRICK / GETTY IMAGES ©

Sommaire

Bienvenue au Vietnam

Exotique et fascinant, le Vietnam allie une beauté naturelle à couper le souffle et un riche patrimoine historique.

Un festival de sensations

Des expériences inoubliables vous attendent aux quatre coins du pays. Certaines sont sublimes, comme le paysage surréaliste des îles calcaires de la baie d'Along contemplé à bord d'une jonque chinoise. D'autres moins, comme les dix minutes nécessaires pour traverser une rue de Hanoi en slalomant au milieu d'un flot continu de motos. Vous serez impressionné en explorant l'immense réseau de grottes du parc national de Phong Nha-Ke Bang, amusé en croisant une mobylette chargée de porcelets en équilibre précaire sur une route de campagne, ému devant une tombe solitaire dans un immense cimetière de guerre.

Une destination gastronomique

Les Thaïlandais protesteront sans doute, mais la tradition culinaire vietnamienne vaut bien la leur et n'a guère de rivales en Asie du Sud-Est. Composée de saveurs incroyablement subtiles et d'une étonnante diversité, elle compte parmi les grands attraits du pays aux yeux des voyageurs. Les soupes du Nord trahissent une influence chinoise, le Sud met les épices à l'honneur, tandis que les spécialités élaborées et riches en herbes du Centre, inspirées de la table impériale, lui valent d'être considéré comme la région gastronomique par excellence.

De l'adrénaline

Si parcourir à moto la route en épingles à cheveux qui franchit le spectaculaire col de Hai Van, dans le Centre, ne demande qu'un petit effort physique, certaines activités sont plus exigeantes. C'est le cas par exemple du kitesurf au large de Mui Ne ou de la randonnée dans les montagnes verdoyantes autour de Bac Ha ou de Sapa. Après une bonne dose d'émotions fortes, il ne vous restera plus qu'à vous faire dorloter. Le Vietnam possède en effet des lieux formidables pour cela, du spa sélect au simple salon de massage familial très bon marché.

À la rencontre de la population

Son peuple est énergique, franc, doué en affaires et d'une nature déterminée. C'est un pays extrêmement amusant à découvrir, ses habitants aiment rire, vous aurez largement l'occasion de faire leur connaissance et d'écouter leurs histoires. Pauvre sans jamais être misérable, le Vietnam se développe à une allure étonnante. Certains problèmes doivent être pris en compte lorsqu'on voyage (notamment de petites escroqueries et les risques liés à la circulation), mais il y a peu de réel danger et l'expérience se révèle toujours enrichissante.

Pourquoi j'aime le Vietnam

Iain Stewart, auteur

Je ne connais pas de peuple plus résolu et déterminé que les Vietnamiens. En 1991, date de mon premier séjour, le pays était certes dans une situation économique désastreuse – il se classait alors parmi les plus pauvres du monde – mais pas abattu. Les rues étaient balayées, la cuisine restait exceptionnelle et les étrangers, Américains compris, recevaient un bon accueil. Au fil des années, je suis retourné au Vietnam pour éprouver les mêmes plaisirs : bavarder avec des amis devant un verre de *bia hoi*, observer les scènes de rue du vieux Hanoi, sillonner à vélo des routes de montagne désertes et m'émerveiller de la rage de vivre des habitants.

Pour en savoir plus sur nos auteurs, voir p. 539

Ci-dessus : femme hmong au marché de Sinho (p. 132)

Vietnam

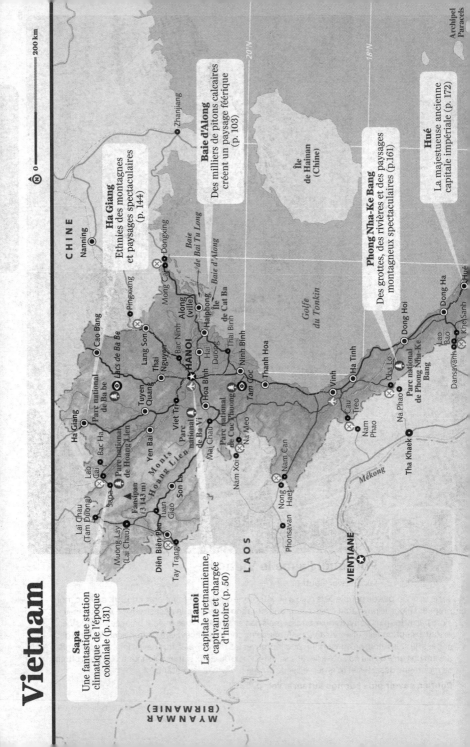

Sapa
Une fantastique station climatique de l'époque coloniale (p. 131)

Hanoi
La capitale vietnamienne, captivante et chargée d'histoire (p. 50)

Ha Giang
Ethnies des montagnes et paysages spectaculaires (p. 144)

Baie d'Along
Des milliers de pitons calcaires créent un paysage féérique (p. 103)

Phong Nha-Ke Bang
Des grottes, des rivières et des paysages montagneux spectaculaires (p.161)

Hué
La majestueuse ancienne capitale impériale (p. 172)

N 0 ——— 200 km

CHINE

MYANMAR (BIRMANIE)

LAOS

Golfe du Tonkin

Île de Hainan (Chine)

Archipel Paracels

Mékong

Monts Hoang Lien

Fansipan (3 143 m)

VIENTIANE

HANOI

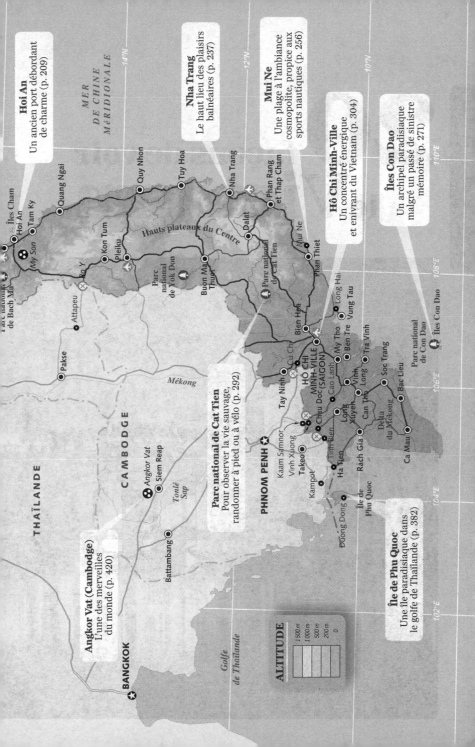

Hoi An
Un ancien port débordant de charme (p. 209)

Nha Trang
Le haut lieu des plaisirs balnéaires (p. 237)

Mui Ne
Une plage à l'ambiance cosmopolite, propice aux sports nautiques (p. 256)

Hô Chi Minh-Ville
Un concentré énergique et enivrant du Vietnam (p. 304)

Îles Con Dao
Un archipel paradisiaque malgré un passé de sinistre mémoire (p. 271)

Angkor Vat (Cambodge)
L'une des merveilles du monde (p. 420)

Parc national de Cat Tien
Pour observer la vie sauvage, randonner à pied ou à vélo (p. 292)

Île de Phu Quoc
Une île paradisiaque dans le golfe de Thaïlande (p. 382)

MER
DE CHINE
MÉRIDIONALE

14°N
12°N
10°N
8°N

THAÏLANDE

CAMBODGE

Hauts plateaux du Centre

Îles Cham
Hoi An
Tam Ky
Quang Ngai
Quy Nhon
Tuy Hoa
My Son
Kon Tum
Pleiku
Bo Y
Buon Ma Thuot
Dalat
Phan Rang et Thap Cham
Mui Ne
Phan Thiet
Attapeu
Pakse
Mékong
Parc national de Yok Don
Parc national du Cat Tien
Bien Hoa
Long Hai
Vung Tau
Tay Ninh
Cu Chi
HÔ CHI MINH-VILLE (SAIGON)
My Tho
Ben Tre
Tra Vinh
Cao Lanh
Chau Doc
Vinh Long
Long Xuyen
Can Tho
Soc Trang
Bac Lieu
Kaam Samnor
Vinh Xuong
Takeo
Kampot
Tinh Bien
Ha Tien
Rach Gia
Ca Mau
Delta du Mékong
Parc national de Con Dao
Îles Con Dao

PHNOM PENH
Angkor Vat
Siem Reap
Tonlé Sap
Battambang

BANGKOK

Golfe de Thaïlande

Île de Phu Quoc
Duong Dong

Parc national de Bach Ma

ALTITUDE
1500 m
1000 m
500 m
200 m
0

102°E
104°E
106°E
108°E
110°E

20 façons de voir le Vietnam

Hoi An

1 Hoi An (p. 201) fut autrefois le port le plus cosmopolite du Vietnam. Aujourd'hui, cette jolie ville compte une multitude de restaurants gastronomiques, de bars et de cafés branchés, de boutiques insolites et de tailleurs experts. Voyagez dans le temps en parcourant le dédale de ruelles de la vieille ville, adonnez-vous au shopping, visitez les temples et les pagodes, dînez comme un empereur avec un budget de manant (apprenez au passage à cuisiner ces mets), rejoignez la superbe plage d'An Bang ou encore flânez sur les berges ou les petites routes de campagne. Pont couvert japonais (p. 205)

La cuisine

2 La cuisine vietnamienne est peut-être l'un des secrets les mieux gardés d'Asie. Tout est dans la fraîcheur des ingrédients (les chefs s'approvisionnent au marché deux fois par jour en herbes tout juste cueillies). Les mélanges de textures et de saveurs sont incomparables. Pour les Vietnamiens, le repas doit être un équilibre entre aigre et doux, croustillant et moelleux, friture et vapeur, soupe et salade. Partout, vous trouverez d'exquises spécialités locales : les "roses blanches" de Hoi An, le *canh chua* du delta du Mékong ou le traditionnel *pho* du Nord. *Cao lau* (p. 216). Hoi An

Mui Ne

3 Avec plus de 20 km de plages bordées de palmiers s'étirant le long de la mer de Chine méridionale, la station prospère et décontractée de Mui Ne (p. 256) est l'une des destinations balnéaires les plus courues du pays. Des pensions aux luxueux complexes hôteliers, des bars branchés aux spas abordables, les vacanciers ont l'embarras du choix. Capitale vietnamienne du kitesurf, la ville séduit les amateurs de sensations fortes, et d'excellents centres permettent de se former à la discipline. On y pratique aussi le sandboard et le golf.

Sapa et les Alpes tonkinoises

4 Surnommés les Alpes tonkinoises par les Français, les spectaculaires monts Hoang Lien occupent l'extrémité nord-ouest du Vietnam, près de la frontière chinoise. Dans cette région montagneuse, les nuages changeants et la brume s'écartent pour vous laisser entrevoir le Fansipan (p. 133), le plus haut sommet du Vietnam. Depuis les fines arêtes sinueuses, les rizières en terrasses s'étagent jusque dans les vallées fluviales où se trouvent, depuis des siècles, des villages des ethnies hmong, dzao rouges et giay. Rizières, Sapa

Hué

5 Capitale du pays du XIXᵉ siècle au début du XXᵉ siècle, Hué est peut-être la ville vietnamienne la plus facile à aimer. Sa situation sur la rivière des Parfums est admirable, sa cuisine, délicate, est célébrée à juste titre et la circulation dans ses rues, relativement faible. Hué compte également une majestueuse citadelle, des résidences royales et d'élégants temples, de superbes portes et enceintes. Certains des plus impressionnants tombeaux royaux et pagodes du Vietnam se trouvent aux abords de la ville, souvent dans un magnifique cadre naturel. Citadelle de Hué (p. 173)

La baie d'Along

6 Ses fantasmagoriques reliefs karstiques baignés par des eaux protégées font de cette baie (p. 103) l'un des sites touristiques les plus visités du Vietnam. Avec plus de 2 000 îlots, vous ne risquez pas de vous lasser du paysage. Embarquer pour une croisière vous permettra d'y passer la nuit et de profiter pleinement de cette merveille. Vous vous réveillerez au petit matin au milieu d'une brume féerique et irez explorer des grottes et des lagons. Des formations karstiques, moins touristiques mais tout aussi spectaculaires, parsèment la baie de Lan Ha (p. 108).

WWW.JETHUYNH.COM / GETTY IMAGES ©

Hô Chi Minh-Ville

7 HCMV (p. 304) s'internationalise de plus en plus, mais reste farouchement vietnamienne. Son énergie viscérale ravira les amoureux des grandes villes. L'ancienne Saigon ne laisse pas indifférent : vous serez aspiré dans son tourbillon, hypnotisé par le perpétuel bourdonnement des motos, à tel point que l'expérience peut se révéler trop intense. Laissez-vous porter et vous serez récompensé par sa richesse historique, sa délicieuse cuisine et sa vie nocturne animée qui donne le ton au Vietnam. Il y fait toujours chaud : desserrez votre col, et profitez.

Le parc national de Phong Nha-Ke Bang

8 Jungle couronnant les collines calcaires, forêt tropicales, eaux turquoise et villages traditionnels, réseau de grottes parmi les plus impressionnants du monde (grotte de Phong Nha creusée par la rivière, grotte du Paradis à la beauté irréelle, grotte de Hang Son Doong aux allures de cathédrale), Phong Nha-Ke Bang (p. 161) est la perle des parcs nationaux vietnamiens. Il donne par ailleurs l'occasion de découvrir le Vietnam rural dans toute sa splendeur.

Hang Son Doong (p. 162)

Angkor Vat (Cambodge)

9 Formant l'un des plus beaux sites au monde, les temples d'Angkor (p. 408) se dressent à moins de 300 km de la frontière. Préférerez-vous Angkor Vat, le plus grand édifice religieux sur terre, l'énigmatique Bayon, avec ses énormes visages de pierre, ou le temple Ta Prohm, noyé dans une nature exubérante ? La ville animée de Siem Reap est un bon point de départ pour découvrir Angkor. Vous pourrez aussi visiter les villages flottants de Tonlé Sap, pratiquer l'ULM ou suivre des cours de cuisine.

9

Le Nord-Ouest sur deux-roues

10 Enfourchez une moto pour un périple unique à travers les montagnes du Nord (p. 123). L'itinéraire débute à Hanoi, traverse la paisible région de Mai Chau et les champs de bataille de Diên Biên Phu avant de franchir le col de Tram Ton (1 900 m) pour déboucher sur les magnifiques rizières en terrasses autour de Sapa. Il se poursuit vers l'est jusqu'à Bac Ha et sa mosaïque d'ethnies, et la province de Ha Giang, aux paysages hautement spectaculaires. Province de Ha Giang (p. 144)

HOANG GIANG HAI / GETTY IMAGES ©

10

Le parc national de Cat Tien

11 L'une des zones protégées les plus accessibles et spectaculaires du Vietnam, Cat Tien (p. 292), s'étend à mi-chemin entre Hô Chi Minh-Ville et Dalat. Trekking, vélo et observation de la nature sont les activités phares. Le parc abrite le centre de réhabilitation des grands singes de Dao Tien (p. 293) où gibbons et entelles sont réintroduits dans leur habitat naturel. Le "Wild Gibbon Trek" constitue un moment fort au cœur de la nature vietnamienne. Rivière Dong Nai, Cat Tien

Île de Phu Quoc

12 Toute odyssée en Asie du Sud-Est requiert un moment de repos, un cocktail à la main sur le sable blanc d'une plage tropicale pour reprendre son souffle. Phu Quoc (p. 382), île de la taille de Singapour à l'extrême sud du Vietnam, est l'endroit rêvé pour cela. Après le farniente, louez une moto ou un vélo et vadrouillez à votre guise sur les pistes de terre rouge. Plage de Sao (p. 385)

ROMANA CHAPMAN / GETTY IMAGES ©

HINH IMAGES / GETTY IMAGES ©

La vieille ville de Hanoi

13 Pas d'inquiétude, tout le monde se perd en parcourant pour la première fois le dédale de la vieille ville (p. 51). Dans ce labyrinthe commerçant et chaotique, les échos du passé résonnent dans une atmosphère et une énergie résolument modernes. Perché sur un minuscule tabouret, découvrez les saveurs et arômes de la cuisine vietnamienne en dégustant les plats typiques de Hanoi, tels que le *pho bo*, le *bun cha* et le *banh cuon*. Le soir, joignez-vous à la foule pour siroter une *bia hoi* bien fraîche à l'un des bars de rue improvisés.

Le café

14 Starbucks a attendu 2013 pour ouvrir sa première enseigne au Vietnam, mais la culture des cafés (p. 78) existe depuis longtemps. Pratiquement partout, des petits cafés de quartier, souvent installés dans des ruelles tranquilles et verdoyantes, accueillent ceux qui souhaitent échapper au stress et au trafic urbain. Le café local est servi chaud ou glacé, très épais ou avec du lait (généralement concentré et sucré). Café vietnamien au lait concentré

Les îles Con Dao

15 Ces îles tropicales (p. 271) constituent le parfait antidote au rythme frénétique des villes vietnamiennes. Autrefois l'enfer sur terre pour une génération de prisonniers politiques, Con Dao est désormais une destination paradisiaque prisée pour ses plages préservées, l'eau claire de ses spots de plongée et sa nature variée, refuge des tortues vertes. L'archipel se prête idéalement à une découverte à vélo et Con Son, sa principale localité, dégage un charme irrésistible.

ANDERS BLOMQVIST / GETTY IMAGES ©

Parc national de Ba Be

16 En dehors du circuit classique, le parc de Ba Be (p. 98), avec ses imposantes montagnes calcaires, ses vallées plongeantes et ses forêts verdoyantes, est une destination de choix pour les voyageurs actifs. Cascades, grottes et lacs se mêlent à un paysage abritant plus de 550 plantes différentes et des centaines d'espèces animales. Découvrez ce spectacle naturel en bateau, lors d'une randonnée ou à VTT, avant de vous relaxer chez l'habitant ou dans une pension des villages de l'ethnie locale, les Tay. Lac de Ba Be

Nha Trang

17 Nha Trang (p. 237) possède avant tout l'une des plus belles plages municipales d'Asie, superbe étendue de sable fin doré bordant les eaux tièdes de la mer de Chine méridionale. On s'y rend aussi pour les excursions en bateau autour des îles de la baie, les tours cham, les bains de boue dans les sources thermales et les restaurants de qualité. Haut lieu festif, la ville regorge de bars et de clubs prisés des jeunes voyageurs sac au dos. Plage de Nha Trang

La *bia hoi*

18 La *bia hoi* ("bière fraîche"), l'un des grands plaisirs du Vietnam, est brassée quotidiennement, sans additifs ni conservateurs, pour être bue dans la journée. Incroyablement bon marché et très répandues, les brasseries de *bia hoi* offrent une expérience authentique. Installez-vous (du moins essayez) sur l'un des minuscules tabourets en plastique et ne bougez plus. Souvent, on y sert également à manger. La bière aurait été introduite à Hanoi par des brasseurs tchèques, et chaque ville a désormais sa brasserie de *bia hoi*, souvent dotée d'une terrasse côté rue. Vieille ville de Hanoi

Marchés ethniques

19 La bourgade poussiéreuse de Bac Ha (p. 141) fait une base pratique pour explorer une série de marchés hauts en couleur. Dzao, Hmong fleurs, Tay et Nung fréquentent celui de Coc Ly le mardi, tandis que les Hmong bleus se retrouvent à Can Cau le samedi matin pour boire du *ruou*, un alcool de maïs. Plus loin, dans la province reculée de Ha Giang, Dong Van et Meo Vac accueillent des marchés du dimanche animés (p. 146). Femmes hmong fleurs, Bac Ha

Dalat

20 Dalat (p. 282) domine les hauts plateaux du Centre et séduit les touristes internationaux depuis l'époque coloniale. Organisée autour d'un lac ravissant, elle recèle de majestueuses villas françaises au milieu des pinèdes. Les nombreuses cascades ajoutent encore à l'attrait naturel du lieu. La ville devient aussi l'une des principales destinations du Vietnam pour des sports d'aventure tels que descente en rappel, canyoning, VTT, randonnée et rafting. Hauts plateaux autour de Dalat

PRÉPARER SON VOYAGE 20 FAÇONS DE VOIR LE VIETNAM

L'essentiel

Pour plus d'informations, voir le *Carnet pratique* (p. 490)

Devise
Dong (d) ; le dollar US est utilisé en de nombreux endroits

Langue
Le vietnamien

Visa
Un visa est nécessaire pour la plupart des nationalités ; il doit être obtenu à l'avance.

Argent
DAB très répandus sauf dans les endroits reculés. Cartes de crédit acceptées dans la plupart des hôtels de catégories moyenne et supérieure, rarement dans les restaurants et les magasins.

Téléphones portables
Pour éviter les frais d'itinérance, procurez-vous une carte SIM locale, compatible avec la plupart des téléphones européens et de nombreux téléphones nord-américains.

Heure locale
GMT + 7 heures

Quand partir

Été chaud à très chaud, hiver doux

Climat tropical avec saison des pluies et saison sèche

Sapa
Meilleures périodes
mars-mai et sept-nov

Hanoi
Meilleures périodes
mars-mai et sept-nov

Danang
Meilleure période
mars-sept

Hô Chi Minh-Ville
Meilleure période
nov-fév

Haute saison
(juil-août)

➡ Les prix augmentent jusqu'à 50% sur la côte ; réservez votre hébergement bien à l'avance.

➡ Il fait chaud et humide dans tout le Vietnam, sauf dans l'extrême Nord, et la mousson d'été apporte ses averses.

Saison intermédiaire
(déc-mars)

➡ Pendant le Têt, les Vietnamiens se déplacent et les prix grimpent.

➡ Il peut faire frais au nord de Nha Trang et froid dans l'extrême Nord.

➡ Au sud, ciel dégagé et soleil prédominent.

Basse saison
(avr-juin, sept-nov)

➡ Peut-être la meilleure période pour visiter tout le pays.

➡ Jusqu'en novembre, des typhons peuvent frapper les régions littorales du Nord et du Centre.

Sites Web

360° Vietnam
(http://360degresvietnam.com). Un blog fourmillant d'informations et de reportages.

Cap Vietnam (www.cap-vietnam.com). Le Vietnam par et pour les internautes. Forums, dossiers, infos en tout genre...

Lonely Planet (www.lonelyplanet.fr). Infos, forum et newsletters.

Vietnam + (http://fr.vietnamplus.vn). Le site de l'Agence vietnamienne d'information (AVI), en français.

Vietnam Tourism (www.vietnamtourism.com). Site de l'Administration nationale du tourisme au Vietnam (en français) : infos sur les hébergements, les transports, les manifestations culturelles, etc.

Numéros utiles

Pour appeler le Vietnam depuis un autre pays, composez le numéro de votre correspondant sans le 0 initial. Les numéros de portable commencent par ☏09 ou ☏01.

Indicatif du pays	☏84
Code d'accès international	☏00
Annuaire téléphonique	☏116
Police	☏113
Renseignements	☏1080

Taux de change

Canada	1 $C	19 555 d
États-Unis	1 $US	21 246 d
Suisse	1 FS	23 584 d
Zone euro	1 €	28 792 d

Pour connaître les derniers taux de change, consultez www.xe.com.

Budget quotidien

Moins de 40 $US

➡ Un verre de *bia hoi* : à partir de 0,50 $US

➡ Trajet de 1 heure en bus local : de 1 à 1,50 $US

➡ Un hôtel bon marché : de 10 à 15 $US la nuit, moins en dortoir

➡ Un plat de nouilles : de 1,50 à 2,50 $US

De 40 $US à 100 $US

➡ Une chambre double confortable : de 20 à 50 $US

➡ Un repas dans un restaurant élégant : à partir de 5 $US

➡ Une heure de massage : de 6 à 20 $US

➡ Une course en taxi de 10 minutes : 4 $US

Plus de 100 $US

➡ Nuit dans un hôtel de luxe : à partir de 70 $US

➡ Repas dans un restaurant gastronomique : à partir de 15 $US

➡ La plupart des vols intérieurs : de 30 à 75 $US

Heures d'ouverture

Les horaires varient très peu tout au long de l'année.

Restaurants
11h30-21h

Banques
8h-15h lun-ven, 8h-11h30 sam

Administrations et musées
7/8h-17/18h.
Les musées ferment généralement le lundi.

Temples et pagodes
5h-21h

Commerces
8h-18h

Arriver au Vietnam

Aéroport international Tan Son Nhat (Hô Chi Minh-Ville, p. 501). Taxi jusqu'aux districts du centre : 175 000 d ; environ 30 min. Bus climatisé (ligne 152) jusqu'au centre : 5 000 d ; toutes les 15 min de 6h à 18h ; environ 40 min.

Aéroport Noi Bai (Hanoi, p. 501). Taxi jusqu'au centre : 400 000 d, environ 1 heure. Minibus Vietnam Airlines jusqu'au centre : 60 000 d, toutes les 30 min. Bus public ligne 17 depuis l'aéroport jusqu'à la gare de Long Bien : 5 000 d.

Comment circuler

Si le bus constitue le principal moyen de locomotion des Vietnamiens, les voyageurs préfèrent d'ordinaire l'avion, le train et la voiture.

Train Prix et confort corrects à bord des wagons climatisés et des voitures-couchettes. Notez toutefois l'absence de véritables trains express.

Avion Vols très bon marché en réservant tôt (souvent moins cher que le bus) et réseau assez étendu, mais annulations fréquentes.

Voiture Très pratique pour voyager à son rythme ou visiter des régions mal desservies par les transports publics. Les voitures de location sont toujours avec chauffeur.

Bus Le service le long des principales routes nationales est assez bon, mais circuler en bus n'a rien de reposant. Dans les zones reculées, les choses se gâtent rapidement. Les bus "open tour", très économiques, peuvent être une option valable.

Pour en savoir plus sur **comment circuler**, reportez-vous p. 501

Premier séjour au Vietnam

Pour plus d'informations, voir le *Carnet pratique* (p. 490)

Avant de partir

➡ Faites votre demande de visa bien à l'avance (p. 493).

➡ Assurez-vous d'avoir un passeport valable au moins 6 mois après la date d'expiration du visa.

➡ Vérifiez que vos vaccins sont à jour.

➡ Contractez une assurance voyage ad hoc (p. 491).

➡ Informez votre banque de votre voyage pour éviter le blocage de votre carte de crédit.

➡ Réservez vols intérieurs et trajets en train.

À emporter

➡ Bonnes chaussures – les rues vietnamiennes sont souvent en mauvais état

➡ Antimoustiques au DEET

➡ Vêtement de pluie

➡ Adaptateur électrique

➡ Lampe torche

➡ Tongs ou sandales

➡ Jumelles

À savoir

➡ Attendez-vous, en milieu urbain, à des essaims de motos formant une circulation dantesque. Gardez votre calme et envisagez un massage le soir pour décompresser.

➡ Sachez que les arnaques sont assez répandues au Vietnam, la plupart concernant les prix. Problème plus grave, mais néanmoins très rare, les munitions non explosées. Des mises en garde spécifiques à chaque destination figurent dans ce guide.

➡ Dans des villes comme Hué et Sapa, ainsi que dans les stations balnéaires fréquentées, les vendeurs de rue et les conducteurs de cyclo-pousse harcèlent les touristes. Hors des sentiers battus, on vous laissera généralement tranquille.

➡ Attendez-vous à devoir marchander.

Garde-robe

Il existe peu de contraintes culturelles en matière d'habillement. Dans les lieux de culte et les administrations, ou à l'occasion d'un dîner formel, couvrez vos jambes et évitez les débardeurs.

Bien que le Vietnam se situe sous les tropiques, il peut faire frais partout au nord de Hoi An entre octobre et mars. Prévoyez en conséquence un ou deux vêtements polaires. Le reste de l'année, et dans le Sud, tongs ou sandales, T-shirt et short constituent la tenue standard.

Hébergement

Le tourisme étant en plein essor, mieux vaut réserver votre hébergement un jour ou deux à l'avance, voire plusieurs semaines en haute saison (Têt, juillet-août et période de Noël). Pour plus d'informations, reportez-vous p. 495.

➡ **Hôtels** La gamme va des petits établissements simples et fonctionnels aux luxueux hôtels-spas.

➡ **Auberges de jeunesse** Courantes dans les principaux centres touristiques, plus rares ailleurs.

➡ **Pensions** Habituellement tenues par des familles et plus décontractées que les hôtels.

Argent

On trouve des DAB à travers tout le pays, y compris dans les villes de taille modeste, mais la commission s'avère plutôt élevée. Nombre d'hôtels acceptent cependant les cartes de crédit. Enfin, les dollars sont acceptés presque partout, notamment dans les lieux touristiques – il n'est pas rare que les prix soient affichés dans cette devise.

Marchandage

Il s'impose sur les marchés, dans certains petits commerces et pour les trajets en cyclo-pousse ou en *xe om* (moto-taxi).

Si beaucoup d'hôtels accordent des réductions quand on le leur demande, les restaurants pratiquent des prix fixes.

Des chauffeurs de bus tentent parfois de faire payer le billet plus cher aux étrangers ; si le tarif vous semble clairement majoré, négociez.

Pourboire

➡ **Hôtels** Petite obole facultative pour le personnel de ménage.

➡ **Restaurants** Vous pouvez laisser un pourboire de 5 à 10% dans les restaurants chics ou si vous êtes très satisfait. Les Vietnamiens, eux, ne donnent rien.

➡ **Guides** Quelques dollars pour une journée d'excursion, davantage pour un circuit plus long si vous êtes content du service.

➡ **Taxis** Petit pourboire apprécié, surtout de nuit.

➡ **Bars** Jamais attendu.

TBRADFORD / GETTY IMAGES ©

Baie d'Along (p. 103)

Langue

La maîtrise de l'anglais n'est pas très répandue au Vietnam et le français n'est plus guère parlé, sinon par les anciens. Connaître quelques phrases clés en vietnamien vous sera donc utile. Voir le chapitre *Langue* (p. 522).

Us et coutume

➡ **Repas** Lorsqu'on dîne avec des Vietnamiens, la coutume veut que le plus âgé paye pour tout le monde.

➡ **Maisons** Il faut se déchausser en entrant dans une habitation.

➡ **Tête** Abstenez-vous de toucher ou de tapoter la tête d'un enfant ou d'un adulte.

➡ **Pieds** Évitez de diriger vos pieds vers des personnes ou des objets sacrés tels que des représentations du Bouddha.

Restauration

➡ **Restaurants vietnamiens** Les établissements locaux présentent d'ordinaire un cadre purement fonctionnel. Les plus fréquentés préparent cependant une cuisine fraîche et délicieuse.

➡ **Tables internationales** Les destinations touristiques comptent nombre d'adresses mêlant plats occidentaux et asiatiques ; la cuisine vietnamienne y perd en authenticité.

➡ **Cuisine de rue** Des stands proposent des spécialités du cru bon marché, souvent fort savoureuses.

Quoi de neuf ?

La plus grande grotte du monde

Après des années de tergiversations, les autorités vietnamiennes ont finalement autorisé un accès à la gigantesque et fantastique grotte Hang Son Doong. Sa visite, strictement réglementée, est très coûteuse, mais les amateurs de sensations rares ne la regretteront pas (p. 162).

Citadelle de Hanoi

Siège du pouvoir militaire vietnamien pendant plus d'un millénaire, la citadelle impériale classée au patrimoine mondial de l'Unesco a récemment ouvert au public. Une fantastique leçon d'histoire (p. 61).

Phong Nha-Ke Bang

Le parc national de Phong Nha-Ke Bang continue de s'ouvrir, avec désormais de nouvelles randonnées et des excursions spéléologiques dans les profondeurs des grottes du Paradis, de Hang En et de Tu Lan (p. 161).

Hill Station Signature Restaurant, Sapa

Dans un cadre chic, apprenez à cuisiner des spécialités hmong et profitez-en pour déguster un assortiment de *ruou* (alcools de riz) remarquables (p. 135).

Circuits organisés à Hô Chi Minh-Ville

Il existe maintenant toute une gamme de circuits divertissants et évocateurs qui emmènent les visiteurs à la découverte de la cuisine de rue, des lieux nocturnes et des bars (p. 325).

Une nuit chez les Co Tu

Cette *guesthouse* au confort inattendu vous attend à Bho Hoong, un village traditionnel de la minorité Co Tu perché au-dessus de Hoi An (p. 212).

Plage d'An Bang

Une destination en plein essor où se multiplient les hébergements branchés, comme le charmant An Bang Seaside Village, et les restaurants chics à l'image du Banyan Bar (p. 218).

Chez l'habitant dans les îles cham

Si Bai Lang, l'île principale, connaît parfois une forte affluence, la jolie Bai Huong demeure parfaitement paisible et offre un programme de logement chez l'habitant fort attrayant (p. 220).

Hôtels de Cat Ba

De nouveaux établissements ont ouvert sur des îles privées autour de Cat Ba, dont le Cat Ong Beach Cottages, doté d'élégants bungalows et d'une plage privée (p. 113).

Plage de Phu Thuan

À une courte distance en bateau de Hué, la capitale culturelle, cette jolie plage au sable immaculé léché par les vagues incarne l'image qu'on se fait des tropiques. Un bar sous une paillote et un hébergement d'un excellent rapport qualité/prix, superbement conçu, complètent le tableau (p. 190).

Envie de...

Cuisine exquise

Hoi An Goûtez les plats riches en fines herbes du Centre et des recettes uniques comme les *banh bao* et le *banh xeo*. Apprenez à reproduire ces saveurs lors d'un cours de cuisine. (p. 212)

Hanoi Découvrez l'incroyable richesse de la cuisine de rue dans l'une des échoppes réputées pour le *bun cha,* les plats de riz gluant ou la soupe de nouilles au crabe. (p. 73)

Hô Chi Minh-Ville Stands de rue à profusion, restaurants gastronomiques vietnamiens et un choix de cuisines internationales toujours plus grand. (p. 333)

Cuisine des minorités Osez les plats hmong, tay et muong dans des restaurants spécialisés tels que Quan Kien et The Hill Station. (p. 77 et p. 138)

Hué Réputée pour sa cuisine impériale sophistiquée, la ville réserve aussi des plaisirs gustatifs plus simples. (p. 183)

Marchés

Bac Ha L'un des marchés les plus pittoresques d'Asie du Sud-Est, égayé par les costumes colorés des Hmong fleurs. (p. 141)

Les marchés flottants du delta du Mékong Les lève-tôt pourront faire la tournée des marchés fluviaux où se côtoient toutes sortes de denrées alimentaires. (p. 375)

Sinho Cette ville montagnarde isolée accueille un marché fréquenté par diverses ethnies. Vous pouvez désormais y loger dans un bon hôtel (p. 132).

Le marché Ben Thanh Le célèbre marché central de Hô Chi Minh-Ville bourdonne d'activité depuis 1914. (p. 343)

Trésors cachés

Ha Giang Une province montagneuse de l'extrême nord, au décor naturel à couper le souffle. (p. 144)

Circuits dans HCMV Pour découvrir la cuisine de rue, rouler en scooter et dénicher des enclaves urbaines hors des sentiers battus. (p. 325)

Ganh Da Dia Plages désertes, villages de pêcheurs et dunes impressionnantes composent cette portion de côte. (p. 236)

Phu Dien Un petit temple cham enseveli sous les dunes pendant des siècles, dans un magnifique paysage côtier. (p. 190)

Bai Dram Trau Dans les îles Con Da, un croissant de sable clair flanqué de promontoires rocheux au sommet couvert de forêt. (p. 275)

Temples et tombeaux

Hué À la périphérie de l'ancienne cité impériale s'élèvent les tombeaux grandioses des souverains du Vietnam, dont ceux de Tu Duc et Minh Mang. (p. 186 et p. 187)

My Son Incontestablement le site cham le plus impressionnant, magistralement posé au sommet d'une colline boisée. (p. 221)

Hanoi Appréhendez l'histoire dans l'austère mausolée de Hô Chi Minh. (p. 59)

Grand Temple caodaïste Un édifice bigarré à l'architecture hybride évoquant tout à la fois un temple chinois, une mosquée et une cathédrale. (p. 354)

Pagode de l'Empereur de jade Le temple le plus célèbre de HCMV illustre la fusion entre bouddhisme et taoïsme. (p. 310)

UNE ENVIE DE... GROTTE

Le parc national de Phong Nha-Ke Bang, qui recèle la plus grande grotte du monde, offre une expérience exceptionnelle. (p. 161)

Plages de rêve

Mui Ne Des kilomètres de plage et d'imposantes dunes de sable rougeoyantes. (p. 256)

Île de Quan Lan Dégustez bière et fruits de mer sur la paisible plage de Minh Chau. (p. 117)

Nha Trang Reposez-vous sur le sable chaud, puis partez en bateau à la découverte des îles. (p. 237)

Île Phu Quoc Long Beach s'impose naturellement, mais la belle plage sablonneuse de Sao est moins fréquentée. (p. 382)

La baie de Lan Ha Rejoignez en kayak les criques de sable nichées dans le labyrinthe karstique de la baie de Lan Ha. (p. 108)

Itinéraires routiers

Col de Mai Pi Leng La route taillée dans la falaise qui relie Dong Van à Meo Vac surplombe la rivière Nho Que. (p. 146)

Phu Quoc Sillonnez à moto les pistes de l'île. (p. 382)

Delta du Mékong Parcourez le delta en alternant route et ferry. (p. 360)

Piste Hô Chi Minh Quittez la RN1 au profit de cette piste spectaculaire. (p. 295)

Treks exceptionnels

Hang Son Doong Des sentiers à travers des montagnes et vallées préservées conduisent à la plus grande grotte du monde. (p. 162)

Sapa D'avenants guides hmong vous feront découvrir les villages des ethnies, dans un décor de rizières en terrasses (p. 131).

Mai Chau Des randonnées tranquilles sur fond de rizières vous attendent à Mai Chau. (p. 125)

En haut Rizières en terrasses, province de Ha Giang (p. 144)
En bas Enfants en costumes ethniques, Sapa (p. 131)

Mois par mois

Janvier

Les températures peuvent être très froides dans l'extrême Nord, avec parfois de la neige. Le temps s'adoucit en allant vers le sud.

✿ Floralies de Dalat

Lors de cette superbe manifestation, qui se tient au début du mois, d'énormes arrangements floraux sont exposés et toute la ville participe. De plus en plus international, ce festival s'accompagne de musique, de défilés de mode et d'une fête du vin.

Février

Au nord de Danang, les "vents de Chine" glacés sont synonymes de ciel gris et couvert. À l'inverse, au sud, les journées sont en général chaudes et ensoleillées.

✿ Têt (Tet Nguyen Dan)

La fête la plus importante ! Entre fin janvier et début février, le nouvel an lunaire vietnamien réunit à la fois Noël, le Nouvel An et les anniversaires. Voyager devient difficile, les transports sont bondés et de nombreux commerces ferment.

Mars

Ciel gris et températures froides, qui remontent cependant vers la fin du mois, peuvent régner au nord de Hoi An. Dans le Sud, la saison sèche se termine.

✿ Festival du café de Buon Ma Thuot

En mars, les amateurs de café se rendent sur les hauts plateaux pour ce festival annuel.

Producteurs, torréfacteurs et accros se retrouvent dans le parc principal de la ville au rythme des animations.

🏃 Saigon Cyclo Race

À vos marques, prêts, pédalez ! Les conducteurs de cyclo-pousse les plus rapides de HCMV s'affrontent sur leur engin à trois roues pour récolter des fonds au profit d'organisations caritatives. Un événement qui se tient à la mi-mars.

Avril

Excellente période pour parcourir le pays : les pluies de la mousson d'hiver se sont normalement arrêtées et il y a d'excellents festivals. Les prix des vols sont généralement raisonnables (sauf à Pâques).

✿ Fête des Morts (Thanh Minh)

Les trois premiers jours de la 3e lune, c'est le moment d'honorer les ancêtres en se rendant au cimetière. Après les avoir nettoyées, on dépose sur les tombes des parents des offrandes de fleurs, de nourriture et des papiers votifs.

✦ Festival de Hué

Le plus gros événement
culturel du Vietnam
(www.huefestival.com)
a lieu tous les deux
ans (prochaine édition
en 2016). La plupart des
spectacles (art, théâtre,
musique, cirque et danse)
se déroulent dans la
citadelle.

✦ Concours de feux d'artifice de Danang

Pendant la dernière
semaine du mois, les rives
de Danang s'illuminent de
mille feux à l'occasion de
ce concours, où des équipes
de pyrotechniciens venues
des États-Unis, de Chine,
d'Europe et du Vietnam
s'affrontent en musique.

Mai

Une bonne période pour
visiter le Centre et le
Nord : le ciel est souvent
dégagé et les journées
chaudes. Les températures
maritimes se réchauffent
et le tourisme est assez
calme.

✦ Naissance, illumination et mort du Bouddha (Phong Sinh)

Le 15e jour de la 4e lune,
des processions animent
les rues, et les lanternes
décorent les pagodes. Chua
Bai Dinh (p. 155), près de
Ninh Binh, et la pagode de
l'Empereur de Jade (p. 310),
à HCMV, accueillent de
somptueuses célébrations.

✦ Festival de la mer à Nha Trang

Il se déroule fin mai,
début juin et comprend

En haut Décoration pour la fête du Têt
En bas Costume traditionnel lors du Festival de Huế

un festival de rue, des expositions de photos et de broderie ainsi que des compétitions de cerf-volant.

Juin

Très bonne période pour parcourir le pays, juste avant la haute saison. L'humidité peut être éprouvante, prévoyez quelques jours sur la côte.

✴ Solstice d'été (Tet Doan Ngo)

Le 5e jour de la 5e lune, les offrandes aux esprits, fantômes et au dieu de la Mort permettent d'éloigner les épidémies. L'alcool de riz gluant (*ruou nep*) coule à flots.

Août

Le tourisme bat son plein. Réservez vos vols et hébergements bien à l'avance. Question climat, il fait très, très chaud.

✴ Fête des Âmes errantes (Trung Nguyen)

La fête traditionnelle la plus importante après le Têt. On dépose des festins de nourriture en offrande aux esprits errants qui reviennent sur terre le 15e jour de la 7e lune.

✴ Fête de la Mi-Automne, Hoi An

À Hoi An, lors de cet important événement, les

habitants célèbrent la pleine lune, mangent des gâteaux de lune au son des tambours et assistent aux danses du lion, de la licorne et du dragon. C'est aussi la fête des enfants, très impliqués dans la manifestation.

Octobre

Ciel dégagé et températures clémentes, c'est le bon moment pour visiter l'extrême Nord. La pluie et les vents d'hiver commencent à s'abattre sur le Centre, le Sud reste souvent sec.

✴ Fête de la Mi-Automne (Têt Trung Thu)

Dans tout le pays, durant le 15e jour de la 8e lune (qui tombe en septembre ou en octobre), on déguste des gâteaux de lune, faits de riz gluant et fourrés de graines de lotus et de pastèque, de cacahuètes, de jaunes d'œufs de cane, de raisins secs et autres douceurs.

✴ CAMA Festival, Hanoi

Découvrez le meilleur de la nouvelle scène musicale hanoiaise lors de ce festival annuel, organisé sur une journée par le Hanoi's Club for Art and Music Appreciation (www. camavietnam.org).

✴ Nouvel An cham (Kate)

Célébrée dans les tours cham de Po Klong Garai à Thap Cham le 7e mois du calendrier cham, cette fête commémore les ancêtres, les héros nationaux et les divinités, telle la déesse agricole Po Ino Nagar. (p. 255)

✴ Fête khmère d'Oc Bom Boc

Cette célébration organisée par la communauté khmère du delta du Mékong, le 15e jour de la 10e lune (fin octobre ou novembre), comprend de pittoresques courses de bateaux sur la plage de Ba Dong, dans la province de Tra Vinh, et sur la rivière Soc Trang.

Décembre

Le début du mois est calme mais, à partir de mi-décembre, les complexes touristiques sont pris d'assaut. Il faut donc réserver son hôtel bien à l'avance pour les vacances de Noël. Le Sud est toujours humide et il peut faire froid dans le Nord.

✴ Noël (Giang Sinh)

Ce n'est pas un jour férié, mais il est fêté dans tout le pays, par les catholiques notamment. C'est l'occasion de se rendre à Phat Diem ou à HCMV pour rejoindre des milliers de fidèles à la messe de minuit.

Préparer son voyage
Itinéraires

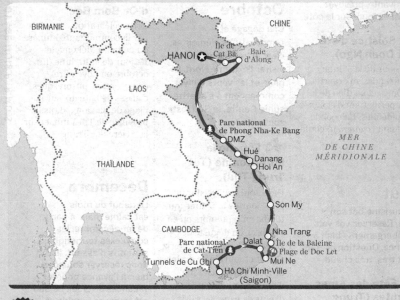

BIRMANIE

CHINE

Île de Cat Ba

Baie d'Along

HANOI ★

LAOS

Parc national de Phong Nha-Ke Bang

DMZ

Hué

Danang

Hoi An

THAÏLANDE

MER DE CHINE MÉRIDIONALE

Son My

Nha Trang

Île de la Baleine

Plage de Doc Let

CAMBODGE

Parc national de Cat Tien

Dalat

Mui Ne

Tunnels de Cu Chi

Hô Chi Minh-Ville (Saigon)

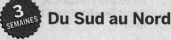

3 SEMAINES **Du Sud au Nord**

Cet itinéraire permet d'apprécier au mieux le fabuleux littoral du Vietnam. En outre, il débute et se termine par les deux villes les plus fascinantes du pays. Vous aurez maintes occasions de profiter de la plage, découvrirez des sites culturels et deux parcs nationaux.

Commencez votre voyage par **Hô Chi Minh-Ville**, cœur de la vie commerçante du pays. Restez-y trois jours à parcourir les marchés, visiter les musées et déguster l'une des meilleures cuisines du monde. Dans les environs, découvrez un étonnant

témoignage de la guerre en explorant les **tunnels de Cu Chi**. Ensuite, cap au nord vers les hauts plateaux du Centre via le **parc national de Cat Tien**, où évoluent des gibbons, des crocodiles et d'innombrables oiseaux. Plus haut, visitez la romantique station de montagne de **Dalat** : vous découvrirez ses sites uniques et aurez l'occasion de pratiquer des sports d'aventure comme le canyoning, le VTT ou le kayak.

Un superbe trajet vous mènera ensuite à la plage de **Mui Ne**, un paradis tropical doté d'immenses dunes et d'incroyables spots de kitesurf. Remontez la côte jusqu'à **Nha Trang**, grande station balnéaire

Mui Ne (p. 256)

clinquante. Sur le chemin, explorez le littoral quasiment sauvage ; vous pourrez vous arrêter à la **plage de Doc Let**, à l'**île de la Baleine** et à l'émouvant monument aux morts de **Son My**.

Ville de culture et de gastronomie, **Hoi An** la charmeuse constitue l'étape suivante incontournable et mérite largement trois jours. Vous passerez ensuite rapidement par la florissante **Danang** et par l'ancienne capitale impériale de **Hue**. De là, visitez la **zone démilitarisée** (DMZ) et ses célèbres sites de guerre avant de rejoindre le remarquable **parc national de Phong Nha-Ke Bang**, qui abrite les plus impressionnantes grottes du monde, de gigantesques montagnes de calcaire et des rivières serpentant dans la jungle.

L'étape suivante est un long trajet sur la route ou en train jusqu'à la **baie d'Along**. Arrêtez-vous quelques jours sur l'**île de Cat Ba**, haut lieu des sports d'aventure, puis gagnez la capitale. Prévoyez au moins quelques jours à **Hanoi** pour découvrir son centre historique évocateur, son architecture raffinée et ses musées mémorables. Finissez votre voyage en beauté, en prenant un repas dans la rue et en dégustant une *bia hoi* (bière fraîche).

3 SEMAINES — Les montagnes du Nord

Superbe région montagneuse et véritable mosaïque ethnique, le Nord est un monde à part entière. Avec peu de circulation et des panoramas époustouflants, la région se prête idéalement à un périple en deux-roues, mais elle peut aussi être explorée en transports publics, à condition d'être patient.

Visitez **Hanoi**, son centre historique et ses musées. Prenez ensuite la direction de l'ouest jusqu'à **Mai Chau**, fief des Thaïs blancs, où vous passerez vos deux premières nuits : une parfaite introduction à la vie des minorités ethniques. Au nord-ouest, là où la route commence à grimper dans les "Alpes tonkinoises", **Son La** est une étape logique pour passer la nuit.

Continuez avec deux nuits à **Diên Biên Phu**, un nom empreint d'histoire puisque c'est ici que s'acheva l'ère coloniale, avec la débâcle de l'armée française. Visitez les sites militaires puis continuez direction nord à travers des paysages sublimes, jusqu'au **col de Tram Ton**.

Première destination touristique du nord-ouest, **Sapa** est connue pour l'éventail des minorités qui y cohabitent et ses panoramas à perte de vue – par temps clair, du moins. Explorez la région à pied ou en deux-roues pendant environ quatre jours avant de passer trois nuits à **Bac Ha** où se tient le meilleur marché de la région, fréquenté notamment par les Hmong fleurs.

De Bac Ha, partez direction est, vers la province de Ha Giang, en traversant des paysages somptueux et quelques villes comme Yen Minh, Dong Van et Meo Vac. Explorez des sites reculés, par exemple la tour du drapeau de Lung Cu et le palais de Vuong en partant de **Dong Van**, puis franchissez le vertigineux col de Mai Pi Leng jusqu'à **Meo Vac**. De Meo Vac, il n'y a pas de transport public pour aller plus au sud ; vous devrez louer un *xe om* (une moto-taxi) ou une voiture pour vous rendre à la ville-carrefour de Bao Lac, au bord de la rivière.

Des bus locaux partent de Bao Lac pour **Cao Bang** et continuent jusqu'au **parc national de Ba Be**. Passez environ trois nuits autour de Ba Be ; logez chez l'habitant, dans des familles de l'ethnie tay, et explorer le parc à pied ou en kayak. De Ba Be, regagnez Cao Bang pour le voyage direction sud jusqu'à Hanoi.

n haut Rizières, Mai Chau, p. 125
n bas Femme dzao rouge, Ta Phin, p. 133

Le Vietnam hors des sentiers battus

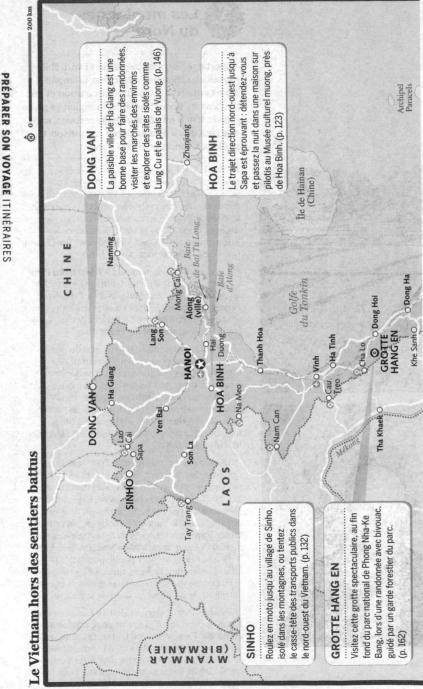

0 ━━━ 200 km

DONG VAN

La paisible ville de Ha Giang est une bonne base pour faire des randonnées, visiter les marchés des environs et explorer des sites isolés comme Lung Cu et le palais de Vuong. (p. 146)

HOA BINH

Le trajet direction nord-ouest jusqu'à Sapa est éprouvant : détendez-vous et passez la nuit dans une maison sur pilotis au Musée culturel muong, près de Hoa Binh. (p. 123)

SINHO

Roulez en moto jusqu'au village de Sinho, isolé dans les montagnes, ou tentez le casse-tête des transports publics dans le nord-ouest du Vietnam. (p. 132)

GROTTE HANG EN

Visitez cette grotte spectaculaire, au fin fond du parc national de Phong Nha-Ke Bang, lors d'une randonnée avec bivouac, guidé par un garde forestier du parc. (p. 162)

CHINE

MYANMAR (BIRMANIE)

LAOS

Baie de Bai Tu Long

Baie d'Along

Golfe du Tonkin

Île de Hainan (Chine)

Archipel Paracels

Mékong

Zhanjiang

Nanning

Mong Cai

Along (ville)

Lang Son

HANOI

Hai Duong

DONG VAN

Ha Giang

Lao Cai

Sapa

Yen Bai

SINHO

Tay Trang

Son La

HOA BINH

Na Meo

Nam Can

Thanh Hoa

Vinh

Cau Treo

Ha Tinh

Cha Lo

Dong Hoi

GROTTE HANG EN

Dong Ha

Khe Sanh

Tha Khaek

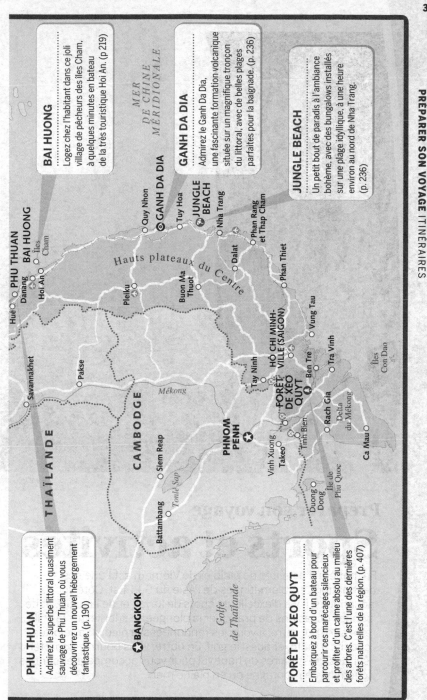

BAI HUONG

Logez chez l'habitant dans ce joli village de pêcheurs des îles Cham, à quelques minutes en bateau de la très touristique Hoi An. (p 219)

GANH DA DIA

Admirez le Ganh Da Dia, une fascinante formation volcanique située sur un magnifique tronçon du littoral, avec de belles plages parfaites pour la baignade. (p. 236)

JUNGLE BEACH

Un petit bout de paradis à l'ambiance bohème, avec des bungalows installés sur une plage idyllique, à une heure environ au nord de Nha Trang. (p. 236)

PHU THUAN

Admirez le superbe littoral quasiment sauvage de Phu Thuan, où vous découvrirez un nouvel hébergement fantastique. (p. 190)

FORÊT DE XEO QUYT

Embarquez à bord d'un bateau pour parcourir ces marécages silencieux et profiter d'un calme absolu au milieu des arbres. C'est l'une des dernières forêts naturelles de la région. (p. 407)

MER DE CHINE MÉRIDIONALE

Hauts plateaux du Centre

THAÏLANDE

CAMBODGE

Mékong

Tonlé Sap

Golfe de Thaïlande

Delta du Mékong

Huê
Danang
Hoi An
PHU THUAN
BAI HUONG
Îles Cham
Quy Nhon
GANH DA DIA
Tuy Hoa
JUNGLE BEACH
Nha Trang
Pleiku
Buon Ma Thuot
Dalat
Phan Rang et Thap Cham
Phan Thiet
Savannakhet
Pakse
HÔ CHI MINH-VILLE (SAIGON)
Tay Ninh
Vung Tau
PHNOM PENH
FORÊT DE XEO QUYT
Ben Tre
Tra Vinh
Siem Reap
Battambang
Vinh Xuong
Takeo
Tinh Bien
Rach Gia
Ca Mau
Duong Dong
Île de Phu Quoc
Îles Con Dao
BANGKOK

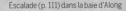

Escalade (p. 111) dans la baie d'Along

Préparer son voyage
Sports et activités

En matière d'activités de plein air, le Vietnam est l'une des destinations emblématiques de l'Asie du Sud-Est. Côté sports aquatiques, il y a d'excellents spots de kayak et de kitesurf, et de bonnes occasions de pratiquer la plongée, le snorkeling, la voile et le surf. Sur terre, à vous les randonnées, à pied ou à vélo, les circuits à moto, et aussi le golf. En outre, vous pourrez compter sur des prestataires de haut vol pour vous accompagner sur des chemins de montagne ou en pleine mer.

Les meilleures activités de plein air

Le top des randonnées

Sapa Une région splendide, mais fréquentée.

Dong Van De nouveaux parcours à travers de magnifiques paysages de montagne.

Moc Chau Une destination idéale pour la randonnée et les séjours chez l'habitant.

Mai Chau Des paysages sublimes et des villages d'ethnies montagnardes.

Le top du surf et du kitesurf

Mui Ne La capitale du kitesurf dans la région.

China Beach De gros rouleaux en perspective.

Bai Dai Au sud de Nha Trang, un *beach break* parfait pour les débutants.

Le top de la plongée et du snorkeling

Îles Con Dao Les plus beaux spots.

Phu Quoc Beaux jardins de corail.

Nha Trang Les sites sont nombreux et les clubs de plongée, très professionnels.

Le top du cyclotourisme

Dalat Départ pour une extraordinaire descente de 2 jours jusqu'à Mui Ne.

Hoi An Un terrain plat, idéal pour explorer des villages et couper à travers les rizières.

Delta du Mékong Les petites routes longent des cours d'eau à l'ombre des cocotiers.

Organisation

Le climat vietnamien étant extrêmement changeant et lié à la mousson, il est primordial de planifier votre séjour.

Les meilleures périodes pour partir

Les meilleures vagues pour le surf se forment en hiver (entre novembre et avril), saison également propice au kitesurf. Les plongeurs préféreront juin, juillet et août, où la visibilité sous l'eau est optimale.

Les périodes à éviter

Il serait inconscient d'entreprendre l'ascension du Fansipan en pleine saison des pluies (de mai à septembre). Le snorkeling et la plongée sont pratiquement impossibles entre novembre et avril, lorsque les vents d'hiver soufflent et que la visibilité est faible.

Randonnée

Que se soit à l'occasion de treks ambitieux ou de marches faciles, vous découvrirez au Vietnam des paysages souvent exceptionnels : profondes vallées, rizières en terrasses et hautes montagnes de calcaire. Tout est possible, de la randonnée d'une demi-journée, à l'ascension du Fansipan (3 143 m) – plus haut sommet du Vietnam – ou à une petite balade sur le sable de la plage d'An Bang, près de Hoi An, le long d'une côte restée pratiquement intacte.

Le nord du Vietnam, avec ses spectaculaires sentiers de montagne et la fascinante culture des ethnies dont il est le fief, offre les meilleures possibilités. Ailleurs, les parcs nationaux et réserves naturelles sont parcourus de sentiers balisés (et vous trouverez généralement des guides pour vous accompagner).

Nord du Vietnam

La région au nord de Hanoi est réellement spectaculaire. Sapa est le haut lieu de la randonnée au Vietnam. Là, les agences spécialisées comme les magasins de location (où vous pourrez vous procurer chaussures de marche, équipement imperméable, sacs de couchage...) sont légion. Vous y trouverez aussi des cartes détaillant les sentiers, et des guides pour vous accompagner. À vous le grand air, les paysages remarquables – montagnes et rizières – et de fascinants villages d'ethnies montagnardes. Attention cependant, les principaux sentiers sont très fréquentés (certains villages voient passer des groupes de randonneurs toutes les heures...). Pour sortir des sentiers battus, il faudra recourir aux services d'un guide local.

Certains préfèrent Bac Ha, à une altitude un peu plus basse, dans une zone moins pluvieuse ; les sentiers sont moins fréquentés et souvent moins boueux. La région réserve notamment de superbes

CONSEILS POUR LES RANDONNEURS

➡ Ne vous écartez pas des sentiers balisés, le pays est encore parsemé d'engins non explosés.

➡ Il est généralement intéressant d'engager un guide ; ils parlent la langue et comprennent la culture, et c'est à la portée de toutes les bourses.

➡ Les chiens peuvent être agressifs ; un bâton de randonnée peut se révéler utile.

➡ Des chaussures de randonnée montantes représentent un bon investissement.

randonnées jusqu'à des cascades ou des villages hmong fleurs et nung.

La province de Ha Giang, en altitude à l'extrême nord du Vietnam, est le "Tibet national". Les randonneurs pourront trouver un guide dans la ville de Ha Giang, ou se rendre à Dong Van, où il y a de nouvelles possibilités de randonner.

Le plateau de Moc Chau est célèbre pour ses formations karstiques, ses vergers de pruniers et ses plantations de thé. De nouveaux itinéraires de randonnée ont été aménagés dans les environs. Non loin, la région de Mai Chau est beaucoup plus développée et connue des touristes, qui viennent randonner dans un cadre idyllique.

Les autres destinations phares sont Ba Be et son réseau de jolis sentiers au cœur d'un féerique paysage karstique, ainsi que Cat Ba, réputée pour sa randonnée de 18 km ou celle, plus courte, de la vallée des Papillons.

Centre du Vietnam

Le parc national de Phong Nha-Ke Bang permet des randonnées spectaculaires – de nouveaux sentiers ont été créés au cœur des collines calcaires. La plupart associent randonnée et spéléologie, avec notamment un parcours menant à la plus grande grotte du monde, Hang Son Doong.

Dans le parc national de Cuc Phuong, d'excellents sentiers traversent une forêt superbe jusqu'à un village muong.

Près de Danang, citons le parc national de Bach Ma, avec un bon réseau de sentiers,

Surf à Mui Ne (p. 257)

ainsi que la luxuriante station climatique de Ba Na, en altitude, pour de courtes randonnées et une vue extraordinaire. Des agences à Hoi An proposent également d'intéressants treks vers les villages des ethnies de la région, à l'ouest de la ville.

Sud du Vietnam

Vous apercevrez peut-être l'un des nombreux mammifères présents dans le parc national de Yok Don, près de Buon Ma Thuot. Un guide vous sera nécessaire pour explorer le parc national de Cat Tien. Vous pourrez voir des crocodiles et aussi y faire des randonnées nocturnes. Le Wild Gibbon Trek, sur les traces des gibbons sauvages, est un moment fort. Plus haut, à Dalat, plusieurs agences proposent des randonnées, notamment dans le parc national de Bidoup Nui Ba, superbe.

Plus au sud, les paysages majoritairement plats, et le climat perpétuellement chaud et humide, se prêtent peu à la randonnée. L'île de Con Son, rafraîchie par les brises marines, est une singulière exception. Au programme : des randonnés à travers la forêt tropicale et les mangroves.

Randonnée (p. 112) dans la baie d'Along

Plongée et snorkeling

Le lieu le plus réputé pour la plongée et le snorkeling est situé près de Nha Trang, où plusieurs spécialistes proposent équipements et formations conformes aux normes internationales. Les deux écoles de plongée de Hoi An vous emmènent découvrir la vie sous-marine vers les jolies îles Cham. L'île de Phu Quoc, au sud-ouest dans le golfe de Thaïlande, est également très appréciée. Une plongée découverte coûte 60-80 $US, et pour deux plongées loisirs, il faut compter 70-80 $US. Pour une sortie snorkeling d'une journée, vous débourserez de 30 à 42 $US.

Les îles Con Dao arrivent à la première place en matière de spots de plongée et de snorkeling. Toutefois, attendez-vous à débourser plus qu'ailleurs au Vietnam (environ 160 $US pour 2 plongées loisirs).

Il est aussi possible de louer des combinaisons et du matériel dans certaines stations balnéaires du littoral, comme Cua Dai, Ca Na et China Beach.

Sachez qu'il existe beaucoup d'écoles de plongée très douteuses au Vietnam, à Nha Trang en particulier : certaines utilisent de fausses licenses PADI. Adressez-vous uniquement à des établissements réputés, qui respectent les règles de sécurité. Les cours PADI Open Water coûtent de 350 à 500 $US environ.

Surf

Le surf se pratique presque toute l'année, mais la meilleure période se situe entre novembre et avril, quand les vents de la mousson d'hiver soufflent en provenance du nord. Plusieurs typhons se forment dans la mer de Chine méridionale, produisant d'énormes houles, mais cela ne dure généralement pas longtemps.

Les boutiques de surf sont rares, mais quelques pensions et agences louent des planches.

À proximité de Hoi An, China Beach est une superbe étendue de sable de 30 km, sur laquelle peuvent déferler des vagues de plus de 2 m de hauteur ; attention toutefois à la pollution après de fortes pluies.

En saison, gagnez la plage de Bai Dai, à 27 km au sud de Nha Trang, où un bon *break* gauche peut atteindre 2 m de

CHRISTER FREDRIKSSON / GETTY IMAGES ©

Kitesurf à Mui Ne (p. 257)

hauteur par gros temps. La plage principale de Nha Trang bénéficie aussi d'excellentes conditions pour pratiquer le bodysurf.

Les débutants peuvent se rendre à Mui Ne, où les vagues déferlent autour de la baie, notamment de courts *breaks* droite et gauche. Plus au sud, Vung Tau, aux conditions changeantes, bénéficie de certaines des plus belles vagues du Vietnam quand la météo s'y prête.

Soyez extrêmement prudent si vous êtes à la recherche de vagues dans des lieux reculés : il y a toujours quantité de munitions non explosées dans la campagne, en particulier près de la zone démilitarisée (Demilitarised Zone, DMZ). Les courants de retour peuvent être puissants – pensez à équiper votre planche d'un *leash*.

Kitesurf et planche à voile

La planche à voile et le kitesurf sont en plein essor. Avec ses compétitions, la plage de Mui Ne a fait parler d'elle et est en train de devenir le point de ralliement

des amateurs d'alizés en Asie. Autres possibilités : Nha Trang et Vung Tau.

Les débutants peuvent prendre un cours d'initiation (80-100 $US) avant de se lancer : un stage de 3 jours coûte de 275 à 385 $US. Saisir les rudiments est difficile (et le corps en pâtit !).

À Mui Ne, les conditions idéales sont réunies durant la saison sèche, de novembre à avril. Les débutants en profiteront le matin, car l'après-midi les vents soufflent jusqu'à 35 nœuds. C'est également la meilleure période à Nha Trang et à Vung Tau.

Kayak

Le kayak est de plus en pratiqué dans la baie d'Along. La plupart des circuits traditionnels dans la baie comprennent une sortie de 1 heure environ à travers les pics karstiques. Vous pouvez également opter pour une excursion autour des majestueux pinacles de calcaire suivie d'une nuit dans la baie.

Parmi les autres destinations propices au kayak, citons l'île de Cat Ba, les îles Con Dao, Phong Nha, Dalat et les rivières de la région de Hoi An, ainsi que l'île de Phu Quoc. Il est possible de louer des kayaks de mer sur certaines plages, comme celle de Nha Trang.

Entre autres prestataires, citons Blue Swimmer (p. 112), Asia Outdoors (p. 112), Cat Ba Ventures (p. 112) et Marco Polo Travel (p. 86).

Rafting

L'activité n'en est qu'à ses débuts au Vietnam. Plusieurs prestataires à Dalat proposent des circuits en eaux vives aux environs de la ville, notamment Phat Tire Ventures (p. 211), qui organise une sortie quotidienne sur la rivière Langbian, avec des rapides de classe II, III ou IV, selon la saison (à partir de 62 $US). À Nha Trang, des agences proposent également ce type de sorties rafting.

Cyclotourisme

Populaire au Vietnam, le vélo est un excellent moyen de découvrir le pays. On

Cyclotourisme à Dalat (p. 272)

Planche à voile à Mui Ne (p. 257)

trouve de simples vélos à louer pour 1 à 3 $US la journée, et un VTT de bonne qualité pour 7 à 12 $US.

Les plaines du delta du Mékong sont idéales pour les longues balades sur les routes secondaires. La route du littoral (RN 1) est tentante, mais la circulation incessante la rend difficile et dangereuse. Préférez plutôt la route nationale Hô Chi Minh (RN 14, 15 et 8) : paysages fabuleux et circulation réduite garantis. Le terrain est plat autour de Hoi An, excellente base pour partir à la découverte des villages d'artisans et des petites routes de campagne. Hué est également un superbe endroit pour pédaler vers des temples et des pagodes et le long de la rivière des Parfums.

Dans les hauts plateaux du Centre, Dalat est un bon terrain de jeu, avec de nombreux chemins de terre, et la ville sert de camp de base pour l'impressionnante descente de 2 jours jusqu'à Mui Ne.

Moto

Parcourir le Vietnam à moto est une expérience mémorable. C'est le moyen de transport de la plupart des Vietnamiens, vous trouverez donc des garages partout. Et, plus qu'en voiture ou en bus, vous pourrez aller où bon vous semble dans la campagne, au cœur de paysages splendides, et serez plus proche des gens. Bref, il n'y a pas mieux pour les natures aventureuses.

CONTOURNER LA RN 1

À moto ou à vélo, mieux vaut éviter la RN 1, qui longe une bonne partie du littoral : la circulation incessante et les nombreux camions sont vite un cauchemar. Avec une organisation précise, vous pourrez contourner la RN 1 à intervalles réguliers et emprunter les petites routes côtières. Quelques exemples : à l'est de Hué, entre Thuan An et Vin Hien ; entre Chi Thanh et la péninsule de Hon Gom ; au sud de Nha Trang jusqu'à l'aéroport de Cam Ranh et entre Phan Thiet et Vung Tau.

Si vous n'êtes pas sûr de vous à moto, offrez-vous les services d'un conducteur, ce qui est relativement bon marché. Vous pouvez notamment vous adresser aux Easy Riders (p. 287).

Évitez de passer trop de temps sur la RN 1 (voir encadré ci-dessus). À l'intérieur des terres, la route nationale Hô Chi Minh, qui court le long de l'épine dorsale du pays du nord au sud, est une bonne alternative. Le tronçon entre Duc Tho et Phong Nha, où des pics karstiques émergent de la jungle, est très spectaculaire, et on circule sur une bonne route goudronnée peu fréquentée. Pour une vue imprenable sur la mer, tentez le col côtier de Hai Van, que vous atteindrez après maints virages en épingle à cheveux.

Plus au nord, autour de Sapa et de Diên Biên Phu, on découvre de sublimes paysages de montagne, des vallées fluviales et des villages d'ethnies montagnardes. L'itinéraire traversant la province de Ha Giang, qui passe par Ha Giang, Dong Van et Bao Lac, est tout aussi magnifique, avec des panoramas inouïs et des routes de montagne sans pareil.

Entre Nha Trang et Dalat, une nouvelle route, superbe, coupe à travers des forêts et franchit un col à 1 700 m d'altitude.

Spéléologie

Des excursions de spéléologie épatantes sont envisageables dans le parc national de Phong Nha-Ke Bang. La plupart du temps, vous serez amené à marcher, à nager (il y a beaucoup de rivières souterraines) et à faire un peu d'escalade.

Oxalis (p. 162), spécialiste en la matière, est le seul prestataire habilité à vous faire découvrir les splendeurs de Hang Son Doong, la plus grande grotte du monde ; mais si votre budget ne vous permet pas de vivre cette expérience, il y a d'autres possibilités. On peut désormais marcher sur 7 km dans la grotte du Paradis, effectuer une remarquable randonnée de 2 jours jusqu'à la grotte Hang En et le village de Ban Doong et nager dans le superbe réseau de grottes de Tu Lan. Certes touristique, l'excursion en bateau sur la rivière souterraine de Phong Nha n'en demeure pas moins très plaisante.

Escalade

Ce n'est qu'une question de temps avant que le Vietnam devienne un paradis de l'escalade et que l'on s'aventure sur les fabuleuses parois karstiques du nord au sud du pays. À Cat Ba, Asia Outdoors (p. 112), pionnier et spécialiste reconnu, est une agence très professionnelle proposant des formations pour débutants et des excursions pour les plus expérimentés. À Dalat, deux agences proposent escalade et canyoning. À Hoi An, Phat Tire Ventures (p. 211) organise des sorties d'escalade et des descentes en rappel (à partir de 48 $US) sur une falaise de marbre.

Golf

Dans la plupart des clubs, vous pourrez jouer en invité en payant un droit d'entrée. Les meilleurs parcours sont situés près de Dalat et de Phan Thiet, mais il y a également de nombreux terrains de golf à Hanoi, à HCMV et alentour.

Luxury Travel (www.luxurytravelvietnam. com), **FormiGolf** (www.formigolf.fr) et **Vietnam Golf** au Royaume-Uni (www.vietnam golf.co.uk) proposent des forfaits axés sur le golf.

Hoi An (p. 201)

Préparer son voyage
Manger comme un Vietnamien

Bien qu'il y ait des différences marquées d'une région à l'autre, tous les Vietnamiens se rejoignent dans un même amour pour les herbes fraîches, les nouilles et le riz, et les sauces longuement macérées au soleil. Où que vous alliez dans le pays, échoppes de rue et tables raffinées vous attendent, pour un voyage culinaire savoureux et mémorable. À vous la visite des marchés, les cours de cuisine locale et les circuits de découverte gastronomique.

Une journée à Hanoi

Vous trouverez dans la capitale vietnamienne une myriade de choses à manger et à boire ; faites comme les habitants, laissez-vous tenter au fil de la journée.

Tôt le matin

Au petit-déjeuner, le *bun rieu cua* – une soupe de nouilles préparée avec un bouillon épais à base de minuscules crabes pêchés dans les rizières – est un mets typique de Hanoi.

En milieu de matinée

Vous trouverez mille et un modestes cafés pour siroter un café. En été, le *tra chanh* (thé glacé au citron) est tout aussi populaire.

Déjeuner

À midi, le *bun cha* (porc grillé accompagné de rouleaux de printemps au crabe, d'herbes fraîches et de vermicelles) est un classique.

En milieu d'après-midi

Hanoi est une ville idéale pour grignoter. Parmi les en-cas les plus appréciés, citons les *banh ghoi*, d'appétissants chaussons frits farcis au porc, aux vermicelles et aux champignons.

En soirée

Le soir, les ruelles de la ville s'animent grâce aux modestes échoppes de *bia hoi* (bière fraîche à la pression) ; les en-cas les plus consommés en accompagnement sont le canard rôti et les calamars séchés.

Expériences culinaires

Planifiez votre voyage en fonction de ces conseils gourmands et vous comprendrez l'essence de la cuisine vietnamienne.

Premiers repas

Pour votre première soirée à Hô Chi Minh-Ville, à Hoi An ou à Hanoi, voici quelques adresses pour vous familiariser rapidement avec la gastronomie nationale.

➡ **Nha Hang Ngon** Des classiques de la cuisine de rue, à déguster dans un beau jardin, à Hô Chi Minh-Ville. (p. 333)

➡ **Morning Glory Street Food Restaurant** Les différentes spécialités du pays sont servies autour d'une cuisine ouverte très animée ; Hoi An. (p. 213)

➡ **Quan An Ngon** Toute la créativité de la cuisine vietnamienne présentée dans des bâtiments de style colonial restaurés, dans la capitale du pays. (p. 76)

Circuits à la découverte de la cuisine de rue

Installez-vous sur un tabouret en plastique et découvrez l'aspect exceptionnel de la cuisine de rue du Vietnam.

➡ **Saigon Street Eats** Hô Chi Minh-Ville (p. 325)

➡ **Taste of Hoi An** Hoi An (p. 211)

➡ **Danang Food Tour** Danang (p. 195)

➡ **Hanoi Cooking Centre** Hanoi (p. 66)

➡ **Hanoi Street Food Tours** Hanoi (p. 66)

Les meilleures tables de cuisine fusion

Découvrez le mariage entre saveurs occidentales et cuisine vietnamienne dans ces grands restaurants élégants et créatifs.

➡ **Pots 'n Pans** Une version modernisée de la cuisine vietnamienne traditionnelle ; Hanoi. (p. 77)

➡ **La Badiane** Un mélange de saveurs françaises et vietnamiennes, dans une villa coloniale à la cour verdoyante ; Hanoi. (p. 76)

➡ **Xu** À HCMV, un restaurant-lounge raffiné axé sur les plats fusion inventifs, d'inspiration vietnamienne. (p. 334)

Bia hoi et autres breuvages

Boire quelques verres de *bia hoi* (bière fraîche à la pression) bon marché, en toute décontraction, est une expérience éminemment vietnamienne, mais les *ruou* ("vins" ou alcools traditionnels locaux fabriqués à base de fruits, de maïs ou de riz) sont également très populaires.

➡ **Quan Ly** Des boissons corsées, avec notamment des alcools de riz au ginseng, au serpent et au gecko ; Hanoi. (p. 79)

➡ **House of Son Tinh** À Hanoi, ce bar élégant propose des cocktails à base de *ruou* (p. 77) d'excellente qualité.

➡ **Quan Kien** Des *ruou* originaux concoctés avec des abricots, des pommes et des citrons verts ; Hanoi. (p. 77)

➡ The Hill Station Signature Restaurant
Les dégustations d'alcool de riz et de maïs sont combinées à une cuisine hmong traditionnelle, et à un point de vue exceptionnel, à Sapa. (p. 138)

Cuisine végétarienne

On trouve des restaurants *com chay* (végétariens) un peu partout au Vietnam. Ce sont souvent des tables locales très simples, fréquentées par des bouddhistes pratiquants. Entre le premier et le quinzième jours du mois lunaire, en accord avec les préceptes bouddhistes, certains vendeurs de rue remplacent la viande par du tofu.

➡ Chay Nang Tam De savoureuses variations à base de tofu et de tempeh ; Hanoi. (p. 77)

➡ ...hum Vegetarian Cafe & Restaurant Excellentes salades, dans un espace raffiné, à HCMV. (p. 337)

➡ Com Chay Phuoc Tous les jours, quelque 5 plats différents sont proposés dans ce modeste établissement en bord de route, à Mui Ne. (p. 232)

➡ Lien Hoa Des mets pleins de saveurs, à base d'aubergines et de fruits du jacquier ; Hué. (p. 183)

➡ Au Lac Une cuisine végétarienne simple, dans une ville (Nha Trang) plutôt réputée pour les produits de la mer. (p. 248)

Communautés ethniques

Les curieux seront ravis de découvrir la cuisine des ethnies du Vietnam, en particulier dans le nord du pays. Ils seront confrontés à des mets parfois déroutants, mais toujours intéressants.

LONELY PLANET / GETTY IMAGES ©

PRÉPARER SON VOYAGE MANGER COMME UN VIETNAMIEN

Échoppe de rue, vieille ville de Hanoi (p. 51)

➡ Chim Sao Goûtez des saucisses typiques des ethnies du Nord, accompagnées d'une sauce relevée à la menthe et à la coriandre. (Hanoi ; p. 76)

➡ Quan Kien Délicieuses spécialités hmong, thaïes et muong. (Hanoi ; p. 77)

➡ The Hill Station Signature Restaurant Décoration chic et moderne, et plats inspirés de la cuisine traditionnelle hmong. (Sapa ; p. 138)

LES BONNES MANIÈRES À TABLE

➡ Placez votre bol sur une petite assiette et disposez à côté des baguettes et une cuillère à soupe.

➡ Devant chaque convive, il y a toujours une petite coupelle, à placer à droite du bol, destinée au nuoc-nam (sauce de poisson) ou à d'autres sauces.

➡ Lorsque vous vous servez dans les plats disposés au centre de la table, utilisez la cuillère réservée au service collectif et non pas vos baguettes.

➡ Prenez votre bol avec la main gauche, approchez-le de votre bouche, et utilisez les baguettes pour manipuler la nourriture. Si vous mangez des nouilles, baissez la tête au-dessus du bol et mangez en aspirant.

➡ Quand une personne reçoit chez elle, la politesse veut que l'hôte offre aux invités plus de nourriture qu'ils ne peuvent en absorber, et du côté des invités, il est d'usage de ne pas tout manger.

➡ Attention à ne pas disposer vos baguettes en V dans votre bol, car cela symbolise la mort.

2 SEMAINES Périple gastronomique au Vietnam

Commencez à **Hô Chi Minh-Ville**, la grande ville du sud, pleine d'énergie, et découvrez la cuisine de rue lors d'un circuit en deux-roues avec Back of the Bike Tours (p. 325) ou XO Tours (p. 325). Dégustez des mets locaux, comme les *banh xeo* (crêpes salées croustillantes fourrées), avant d'explorer les marchés de produits frais et de suivre un cours de cuisine au Cyclo Resto (p. 325). Prévoyez un séjour tout au sud, sur l'**île de Phu Quoc**, pour savourer poissons et fruits de mer grillés au marché de nuit de Dinh Cao (p. 391), à Duong Dong.

Remontez vers le nord jusqu'à **Hoi An**, en bord de fleuve. Jadis l'une des cités portuaires les plus cosmopolites d'Asie, cette ville ancienne et charmante accueille désormais des visiteurs de toutes les nationalités, qui fréquentent ses nombreuses écoles de cuisine. Apprenez les secrets de la gastronomie locale à la Morning Glory Cooking School (p. 209) ou à la Red Bridge Cooking School (p. 209), et percez les mystères de la cuisine de rue grâce aux circuits originaux de Taste of Hoi An (p. 211). Faites un détour par la **plage de An Bang**, non loin, pour vous régaler de produits de la mer et goûtez le plat typique de Hoi An, le *cao lau*, au Mermaid Restaurant (p. 213).

Continuez plus au nord jusqu'à **Hanoi**, l'une des meilleures métropoles d'Asie du Sud-Est pour la cuisine de rue. Perdez-vous dans le labyrinthe de la vieille ville avec Food on Foot (p. 66) ou Hanoi Street Food Tours (p. 66). Parmi les mets les plus fameux de la capitale vietnamienne, goûtez le *cha ca* (poisson grillé au curcuma et à l'aneth) au Cha Ca Thang Long (p. 73), et le *pho bo* (soupe de nouilles au bœuf) au Pho Thin (p. 73). Familiarisez-vous avec la cuisine du nord du Vietnam au Hanoi Cooking Centre (p. 66), et découvrez des plats des ethnies du Nord au Quan Kien (p. 77) ou au Chim Sao (p. 76).

Enfin, prenez le train, direction **Sapa**, tout au nord vers la frontière chinoise, fief des ethnies hmong et dzao rouges. Goûtez des plats d'inspiration hmong au Hill Station Signature Restaurant (p. 138), réservez un cours de cuisine dans l'établissement et mettez vos nouvelles connaissantes en pratique lors d'une dégustation de *ruou*.

Cao lau (p. 216), Hoi An

Café à la vietnamienne

Les établissements suivants servent un très bon café.

➡ **Café Duy Tri** Un lieu chargé d'histoire, qui n'a quasiment pas changé depuis plus de 75 ans ; Hanoi. (p. 78)

➡ **Cafe Pho Co** Frayez-vous un chemin jusqu'au balcon, dissimulé au dernier étage, qui surplombe le lac Hoan Kiem, à Hanoi. (p. 78)

Cours de cuisine

Au Vietnam, les cours de cuisine vont du simple conseil dans la cour d'un particulier aux institutions spécialement créées pour l'enseignement.

➡ **Green Bamboo Cooking School** Un chef charmant et chevronné dispense des cours de cuisine personnalisés à Hoi An. (p. 209)

➡ **Hanoi Cooking Centre** Ces excellents cours de cuisine interactifs, à Hanoi, comportent une visite au marché. Également : des sessions spéciales enfants pour les cuisiniers en herbe. (p. 66)

➡ **Saigon Cooking Class** Découvrez les secrets des chefs du restaurant Hoa Tuc pendant qu'ils préparent un appétissant repas de 3 plats, à HCMV. (p. 324)

Comment se restaurer

Quand manger

Les Vietnamiens font généralement trois repas par jour, en commençant par un bol de nouilles ou de *chao* (gruau de riz) au petit-déjeuner. Le déjeuner est souvent pris avec des collègues de travail, dans un restaurant de quartier ou une échoppe de rue, tandis que le dîner est un repas plus décontracté, généralement partagé avec les amis et la famille.

Où se restaurer

Les étals de nourriture proposent souvent un plat unique ; les modestes restaurants de *com* (littéralement "riz") servent cet ingrédient de base accompagné de légumes et de viande ou de produits de la mer.

Des tables de style *food courts* (espaces de restauration), par exemple le Quan An Ngon (p. 76) à Hanoi, proposent des spécialités de tout le pays, et les établissements plus onéreux, souvent installés dans des édifices de style colonial restaurés, misent sur les classiques vietnamiens et la cuisine fusion franco-vietnamienne.

Les régions en un clin d'œil

Occupant une fine tranche de l'immense territoire extrême-oriental, le Vietnam, hérissé de montagnes tourmentées au nord, se termine au sud par une plaine deltaïque plate comme une crêpe. Des collines calcaires percées de grottes animent le relief des provinces du Centre et une dense forêt tropicale, émaillée de rizières parmi les plus productives du monde, borde l'ouest du pays. Et il ne s'agit là que de la campagne vietnamienne…

La moitié nord du pays connaît un hiver beaucoup plus froid, ce que reflètent la cuisine, le mode de vie et le caractère de ses habitants. Plus au sud, règne une ambiance davantage tropicale : les cocotiers sont plus nombreux que les bambous et la sauce de poisson remplace la sauce au soja. Dans les provinces du Sud, le climat est toujours humide, chaud et lourd, et la cuisine, complexe, mêle le sucré, les épices et une multitude d'herbes aromatiques.

Hanoi

Cuisine
Histoire
Culture

Cuisine de rue
Dînez dans une élégante villa coloniale réaménagée, ou bien installez-vous sur un tabouret pour déguster les classiques des échoppes de rues.

Un millénaire d'histoire
À Hanoi, plongez dans un fascinant mélange d'histoire et de culture. Des événements tumultueux, étalés sur plus d'un millénaire, sont présentés de façon très détaillée dans les excellents musées de la ville.

Tradition et modernité
Le paysage culturel de Hanoi est éclectique, des disciplines musicales traditionnelles à des formes d'art visuel contemporaines présentées dans des galeries branchées comme Manzi et Zone 9.

p. 50

Nord du Vietnam

Paysages
Randonnée
Aventure

Vertigineux pics calcaires
La baie d'Along dévoile toute sa splendeur lorsqu'elle est nimbée d'une brume matinale. Plus au nord, les sublimes paysages de montagne de la province de Ha Giang sont encore plus spectaculaires.

Rencontre avec les habitants
Autour de Sapa et Bac Ha, les rizières en terrasses offrent un cadre fantastique pour effectuer des randonnées et séjourner chez l'habitant au sein des ethnies, notamment les Dzao et les Hmong fleurs.

Sports d'aventure
Les voyageurs avides d'aventure pourront escalader les parois de l'île de Cat Ba ou dénicher des criques et des plages de sable à bord d'un kayak, dans la baie de Lan Ha.

p. 95

Centre du Vietnam

Cuisine
Histoire
Paysages

Cuisine impériale

À Hoi An, capitale gastronomique, on trouve de très bons restaurants et de délicieux mets locaux. Goûtez la délicate cuisine impériale de Hué.

Joyaux historiques

Malgré les bombardements de la guerre, la citadelle de Hué renferme toujours un ensemble exceptionnel de palais et de temples. Autres incontournables : les tombeaux royaux de la rivière des Parfums, les pagodes et le centre historique de Hoi An.

Paysages de rêve

La région de Ninh Binh se distingue par ses sublimes montagnes calcaires. Plus au sud, le parc national de Phong Nha-Ke Bang abrite un immense système de grottes.

p. 148

Littoral du Sud-Est

Plages
Temples
Cuisine

Littoral sauvage

La partie du littoral la plus somptueuse du Vietnam. Mui Ne et Nha Trang sont les stations les plus importantes, mais il existe des centaines de kilomètres de plages à découvrir, notamment sur les îles Con Dao.

Temples anciens

Une grande partie de la région fut autrefois dominée par le royaume du Champa, qui a laissé de nombreux temples de brique, notamment les tours de Po Nagar à Nha Trang et celles de Po Klong Garai à Thap Cham.

Poisson et fruits de mer

Toujours délicieuse, la cuisine vietnamienne fait ici la part belle aux fruits de mer : succulentes crevettes, légers calamars ou crabes juteux, grillés à votre table.

p. 224

Hauts plateaux du Sud-Ouest

Aventure
Nature
Culture

Périple en deux-roues

Chevauchez une Minsk, une Vespa ou une Honda Cub pour vous aventurer dans l'arrière-pays. Vous pouvez découvrir des endroits moins fréquentés avec les Easy Riders Dalat et Hoi An.

Parcs nationaux

La région regroupe certains des parcs nationaux les plus importants du pays. Cat Tien est célèbre pour ses populations de primates menacés et accueille le nouveau Wild Gibbon Trek. Yok Don abrite, lui, des éléphants.

Rencontre avec les habitants

Apprenez à mieux connaître les minorités vivant dans les montagnes en séjournant chez l'habitant, dans les villages traditionnels autour de Kon Tum.

p. 280

Hô Chi Minh-Ville

Histoire
Vie nocturne
Cuisine

Histoire militaire

La chute de Saigon fut l'un des moments forts de l'histoire du XXe siècle. Explorez les sites liés à la guerre du Vietnam, des tunnels de Cu Chi au musée des Souvenirs de guerre en passant par le palais de la Réunification.

Bars et clubs

Des bars festifs aux clubs survoltés, la vie nocturne de Saigon reste trépidante jusqu'au petit jour. Pham Ngu Lao, la rue des voyageurs à petit budget, est en effervescence 7 jours/7 et 24h/24.

Circuits gastronomiques

Les chefs locaux ont plus d'un tour dans leur sac. Même en s'en tenant à la cuisine purement vietnamienne, le choix est étourdissant et il existe bon nombre de circuits gastronomiques.

p. 304

Delta du Mékong

Plages
Sorties
en bateau
Pagodes

Sable blanc

La superbe plage de Sao et la non moins splendide Long Beach, sur l'île de Phu Quoc, sont les points forts du delta du Mékong. L'île semble à des années-lumière des rives boueuses du delta.

Marchés flottants

Une excursion en bateau permet de comprendre que, dans cette région du Vietnam, on vit sur et dans l'eau : les enfants passent leurs journées à nager et, par endroits, le fleuve est tellement large que l'on perd de vue l'une des rives.

Sites sacrés

La ferveur religieuse des habitants du delta se reflète dans les sites bouddhiques, comme le mont Sam, et dans les innombrables temples khmers.

p. 358

Siem Reap et les temples d'Angkor

Temples
Cuisine
Activités

Royaumes khmers

Angkor Vat, la "ville-temple", est l'un des ensembles architecturaux les plus fascinants du monde. Mais ne manquez pas l'énigmatique Bayon, le temple de Ta Prohm niché dans la jungle et les sculptures de Banteay Srei.

Paradis des gourmets

Cuisine khmère contemporaine, nourriture épicée servie dans la rue – sans oublier la légendaire Pub St : Siem Reap ravira les gourmets.

Immersion culturelle

Envolez-vous à bord d'une montgolfière ou d'un hélicoptère pour admirer Angkor sous un angle différent et profitez d'un cours de cuisine cambodgienne.

p. 410

Sur la route

Nord du Vietnam
p. 95

★ **Hanoi**
p. 50

Centre du Vietnam
p. 148

Siem Reap et les temples d'Angkor
p. 410

Hauts plateaux du Sud-Ouest
p. 280

Littoral du Sud-Est
p. 224

Hô Chi Minh-Ville
p. 304

Delta du Mékong
p. 358

Hanoi

6,8 MILLIONS D'HABITANTS

Le top des restaurants

➡ Chim Sao (p. 76)

➡ Quan Kien (p. 77)

➡ Nha Hang Ngon (p. 76)

➡ La Badiane (p. 76)

➡ Les restaurants de rue de Hanoi (p. 73)

Le top des hébergements

➡ Sofitel Metropole Hotel (p. 72)

➡ Art Trendy Hotel (p. 70)

➡ Hanoi Elite (p. 70)

➡ 6 on Sixteen (p. 71)

➡ Calypso Legend Hotel (p. 70)

Pourquoi y aller

Avec ses larges boulevards, ses lacs bordés d'arbres et ses pagodes anciennes, Hanoi est sans doute la plus pittoresque et exotique des capitales de l'Asie du Sud-Est. C'est aussi une ville dynamique, en plein essor, dont les habitants entreprenants semblent bien décider à rattraper le temps perdu.

Dans la vieille ville bourdonnante d'activité, les colporteuses coiffées de chapeaux coniques vantant leur marchandise côtoient les citadins attablés devant une soupe tonkinoise ou un café filtre, le tout au milieu du va-et-vient des motos et des piétons. Sur les rives du lac Hoan Kiem, à l'aube, a lieu le ballet séculaire des adeptes du tai-chi sous les yeux de vieux joueurs d'échecs à barbichette. Au parc Lénine, les militaires en treillis ont cédé la place aux skate-boards, tandis que la jeunesse dorée s'amuse dans des bars et des restaurants cosmopolites.

Le développement de l'immobilier et la circulation chaotique menacent de plus en plus l'harmonieux équilibre de cette cité millénaire. Mais, pour l'instant, Hanoi, où coexistent l'histoire ancienne, l'héritage colonial et la modernité, montre encore ce visage unique, et si séduisant, qui mêle cultures asiatique et européenne.

Quand partir

Hanoi

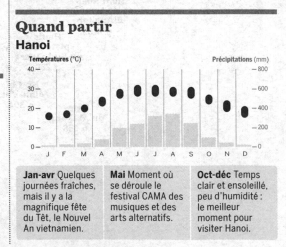

Jan-avr Quelques journées fraîches, mais il y a la magnifique fête du Têt, le Nouvel An vietnamien.

Mai Moment où se déroule le festival CAMA des musiques et des arts alternatifs.

Oct-déc Temps clair et ensoleillé, peu d'humidité : le meilleur moment pour visiter Hanoi.

Histoire

Le site de Hanoi fut habité dès le néolithique. L'empereur Ly Thai Tô y transféra sa capitale en 1010, la rebaptisant Thang Long ("cité du dragon prenant son envol"). Le millième anniversaire de la ville a d'ailleurs été célébré en grande pompe en 2010.

Lorsque l'empereur Gia Long (1762-1820), fondateur, en 1802, de la dynastie des Nguyên, décida d'établir sa capitale à Hué, Hanoi se retrouva reléguée au rang de métropole régionale pendant un siècle. L'appellation de Hanoi ("ville dans la courbe du fleuve") lui a été donnée par l'empereur Tu Duc en 1831. De 1902 à 1953, elle fut la capitale de l'Indochine française.

Hanoi fut proclamée capitale du Vietnam après la révolution d'août 1945, mais ce n'est qu'en 1954, après les accords de Genève, que le Viêt-minh – chassé de la ville en 1946 par les Français – put y revenir.

Pendant la guerre du Vietnam, les bombardements américains détruisirent une partie de la ville et tuèrent des centaines de civils. L'une des cibles fut le pont Long Bien (anciennement Paul-Doumer), un ouvrage long de 1 682 m franchissant le fleuve Rouge et édifié sur des plans de Gustave Eiffel entre 1898 et 1902. Il fut régulièrement bombardé par l'aviation américaine et réparé avec des travées de fortune après chaque attaque. Les bombardements auraient cessé lorsque les Vietnamiens employèrent des prisonniers de guerre américains à sa réfection. Depuis lors, ce pont est devenu le symbole de la ténacité de la population de la ville.

Au début des années 1990, les transports motorisés étaient encore rares – la plupart des citadins roulaient à vélo –, et les seules structures modernes dans la ville avaient été dessinées par les architectes soviétiques. Aujourd'hui, le caractère unique de Hanoi est menacé sur bien des fronts et les défenseurs du patrimoine de la ville se battent pour sauver les bâtiments historiques, tandis que la municipalité essaie de faire face à l'accroissement de la population, aux problèmes de pollution et à un système de transports publics assez inadapté.

◉ À voir

Sachez que certains musées sont fermés le lundi et marquent une pause de 2 heures au déjeuner les autres jours de la semaine. Consultez attentivement les horaires avant de programmer votre visite.

◉ Vieille ville

C'est l'Asie rêvée. Chargée d'histoire, la vieille ville n'en déborde pas moins de vie. Ses rues étroites sont envahies de piétons et

---

HANOI EN...

Un jour

Après une promenade matinale autour du **lac Hoan Kiem** sortant de la brume, prenez un petit-déjeuner typique de *pho bo* (soupe de pâtes de riz au bœuf) au **Pho Thin**. Puis, passage obligé au **mausolée de Hô Chi Minh**, au **musée** et à la **maison sur pilotis** sur le même site. Descendez l'avenue (Pho) Diên Biên Phu pour gagner le **musée de l'Histoire militaire du Vietnam**. Accordez-vous une pause-café au **Cong Caphe** et allez admirer les trésors de la culture vietnamienne au **musée des Beaux-Arts**. Rejoignez ensuite, en taxi, le restaurant **La Badiane** pour déjeuner, avant de visiter le paisible **temple de la Littérature**. Un autre taxi vous conduira au chaos de la **vieille ville**, où vous pourrez vous perdre au gré des vieilles bâtisses, des boutiques et des galeries d'art – sans oublier de vous offrir un verre de *bia hoi* (bière). Ne manquez pas non plus le spectacle des **marionnettes sur l'eau**, avant d'aller dîner au **Nha Hang Ngon**, au sud du lac.

Deux jours

Direction le remarquable **musée d'Ethnographie du Vietnam**, dans un quartier périphérique, qui illustre la mosaïque de peuples du pays. De retour dans le centre, déjeunez au **Chim Sao**, puis explorez le **musée de la Révolution vietnamienne** et le **musée national d'Histoire** voisin. Cet édifice colonial abrite une collection couvrant une période de 2 000 ans. Après un dîner au **Highway 4**, terminez la soirée devant un verre au **Manzi Art Space** ou au **Bar Betta**.

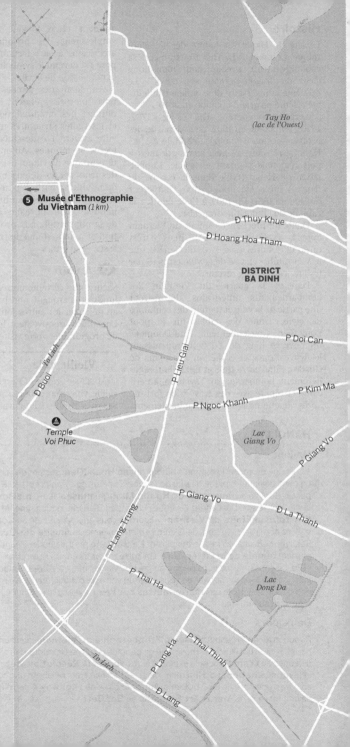

À ne pas manquer

❶ Le labyrinthe des rues bourdonnantes d'animation de la **vieille ville** (p. 51), meilleur endroit pour prendre le pouls de cette cité millénaire.

❷ Un bond dans l'Histoire et une retraite spirituelle au **temple de la Littérature** (p. 58), havre de paix à l'écart de l'agitation urbaine.

❸ Le quotidien et le goût authentique de la ville au gré de ses **restaurants de rue** (p. 73).

❹ Le ballet des adeptes du tai-chi, à l'aube, sur les rives du **lac Hoan Kiem** (p. 57) – un autre visage de Hanoi.

❺ Un aperçu, excellent, des ethnies du pays au **musée d'Ethnographie du Vietnam** (p. 63).

Tay Ho (lac de l'Ouest)

❺ **Musée d'Ethnographie du Vietnam** (1 km)

Đ Thuy Khue

Đ Hoang Hoa Tham

DISTRICT BA DINH

P Doi Can

Đ Buoi

To Lich

P Lieu Giai

P Ngoc Khanh

P Kim Ma

Temple Voi Phuc

Lac Giang Vo

P Giang Vo

P Lang Trung

P Giang Vo

Đ La Thanh

P Thai Ha

Lac Dong Da

To Lich

P Lang Ha

P Thai Thinh

Đ Lang

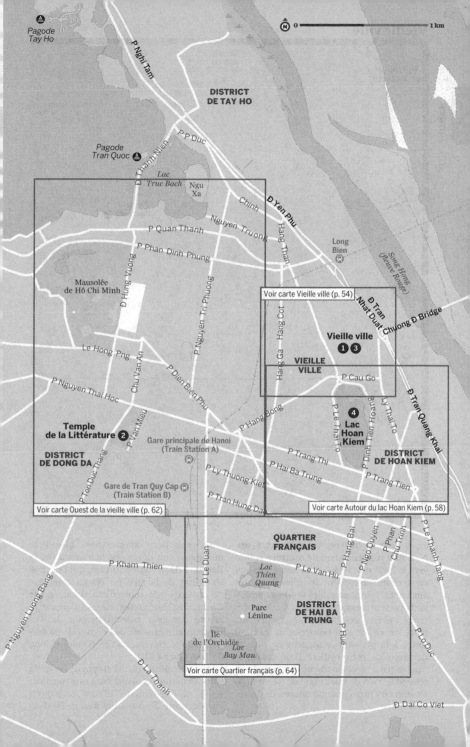

Voir carte Vieille ville (p. 54)

Voir carte Ouest de la vieille ville (p. 62)

Voir carte Autour du lac Hoan Kiem (p. 58)

Voir carte Quartier français (p. 64)

DISTRICT DE TAY HO

Pagode Tay Ho

Pagode Tran Quoc

Lac Truc Bach

Ngu Xa

P Nghi Tam

P P Duc

Đ Thanh Nien

Chinh

Nguyen Truong

Hang Than

Đ Yen Phu

P Quan Thanh

P Phan Dinh Phung

Long Bien

Song Hong (Fleuve Rouge)

Đ Tran Nhat Duat

Chuong Đ Bridge

Mausolée de Hô Chi Minh

Đ Hung Vuong

P Nguyen Tri Phuong

Hang Ga

Hang Cot

Vieille ville

1 3

Le Hong Png

Chu Van An

P Dien Bien Phu

VIEILLE VILLE

P Cau Go

P Hang Bong

P Le Thai To

Ly Thai To

4 Lac Hoan Kiem

P Nguyen Thai Hoc

P Nguyen Tri Phuong

P Hang Trong

Đinh Tien Hoang

Đ Tran Quang Khai

Temple de la Littérature 2

P Van Mieu

Gare principale de Hanoi (Train Station A)

P Hang Bong

P Trang Thi

P Trang Tien

DISTRICT DE DONG DA

P Ton Duc Thang

Gare de Tran Quy Cap (Train Station B)

P Ly Thuong Kiet

P Hai Ba Trung

DISTRICT DE HOAN KIEM

P Tran Hung Dao

P Le Thanh Tong

QUARTIER FRANÇAIS

Đ Le Duan

P Kham Thien

Lac Thien Quang

P Le Van Hu

P Hang Bai

P Ngo Quyen

P Phan Chu Trinh

P Nguyen Luong Bang

Parc Lénine

DISTRICT DE HAI BA TRUNG

P Hue

P Lo Duc

Île de l'Orchidée

Lac Bay Mau

Đ La Thanh

Đ Dai Co Viet

0 1 km

Vieille ville

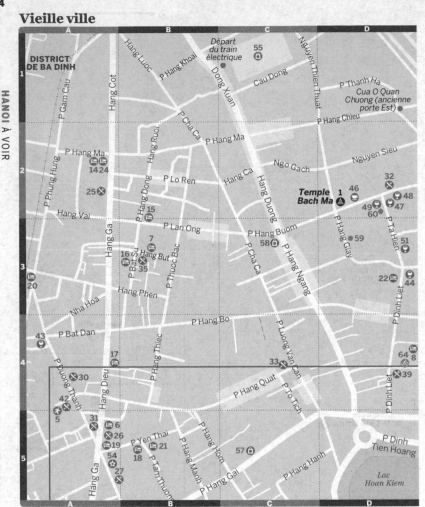

de motos et les traverser relève du grand art. N'oubliez pas cependant de regarder autant vers le haut que vers le bas, car, au milieu de ce chaos, se cachent de belles demeures anciennes. D'innombrables vendeurs ambulants portent dans des paniers fumants des repas à livrer ; des étals de *pho* (soupe aux pâtes de riz) et des échoppes de *bia hoi* (bière à la pression) résonnent de rires et de bruits de conversation. Pour apprécier l'ambiance à la fois moderne et surannée de cette ville, rien de mieux que de flâner dans les rues en s'imprégnant d'images, d'effluves et de sons.

Ce quartier commerçant historique millénaire s'est développé le long du fleuve Rouge et de la rivière To Lich, qui ont tissé au centre de la ville un réseau complexe de canaux et de cours d'eau sillonnés par d'innombrables embarcations. Comme le niveau des eaux pouvait monter de 8 m pendant la mousson, des digues de protection ont été élevées, encore visibles le long de Tran Quang Khai.

Au XIIIe siècle, les 36 corporations de la ville s'établirent chacune dans une rue différente – d'où le nom de "36 rues", bien qu'on en dénombre de nos jours plus de 50 dans

N 0 ————— 200 m

Long Bien (300 m)

Đ Tran Nhat Duat

E F

9

11
P Ma May

Hang
Chinh

12

Dao Duy Tu

P Luong Ngoc Quyen

37 38
41 13
65
P Nguyen Huu Huan

61
3 2
52
63
P Hang Bac 62

56 4

23 50

P Gia Ngu

45
10

34

Centre
d'informations
touristiques

53

P Cau Go

P Hang Dau

Pont
Chuong Đ

Đ Tran Quang Khai

Hang Muoi

36

40

Ba Trieu

Voir carte
Autour du lac
Hoan Kiem (p. 58)

28 Hang
Thung

29

Ly Thai To

Lo Su

E F

---

permettait aux propriétaires de réduire les taxes foncières, calculées sur la largeur de la façade. La loi féodale exigeait également que les maisons se limitent à deux étages et, par respect pour le souverain, ne dépassent pas en hauteur le palais royal. On trouve aujourd'hui des bâtiments plus grands, mais aucun gratte-ciel ne dépare l'ensemble.

Les occasions de dépenser vos dongs (la monnaie vietnamienne) sont presque infinies : vêtements, cosmétiques, DVD et logiciels pirates, T-shirts, instruments de musique, herbes médicinales, bijoux, offrandes religieuses, épices, nattes...

Parmi les rues spécialisées, citons Pho Hang Quat, où l'on vend des cierges rouges, des urnes funéraires, des drapeaux et d'autres articles religieux, et Pho Hang Gai, plus élégante, avec ses soieries, broderies, laques, peintures et marionnettes. Enfin, aucune visite de la vieille ville ne serait complète sans un petit tour au marché Dong Xuan (p. 83), reconstruit après un incendie en 1994.

La découverte de la vieille ville peut durer d'une heure à une journée entière, selon votre rythme. Le circuit que nous vous proposons (voir *Promenade à pied*, p. 67) vous donnera un bon aperçu de la longue histoire et de la culture vietnamiennes, quels que soient les détours que vous faites.

À la périphérie ouest de la vieille ville trône la citadelle de Hanoi (p. 61), construite par l'empereur Gia Long. Fort endommagée par les troupes françaises en 1894, puis par les bombardements américains, elle a récemment ouvert au public après des restaurations massives.

♥ **Temple Bach Ma**   TEMPLE BOUDDHIQUE
(carte p. 54 ; angle P Hang Buom et P Hang Giay ; ☺8h-11h et 14h-17h mar-dim). GRATUIT Caché au cœur de la vieille ville, le petit temple Bach Ma serait le plus ancien de Hanoi. Cependant, une grande partie de la structure actuelle ne date que du XVIIIᵉ siècle, et le temple dédié à Confucius a été ajouté en 1839. Édifié par l'empereur Ly Thai Tô au XIᵉ siècle, le temple Bach Ma abrite un magnifique palanquin funéraire rouge laqué, ainsi qu'une statue du cheval blanc légendaire (passez les magnifiques vieilles portes en bois pour les voir) qui aurait guidé l'empereur jusqu'au site propice à la construction des remparts de la ville.

---

la vieille ville actuelle. Le mot vietnamien *hang* signifie "marchandise", et il est suivi du nom du produit qui y était traditionnellement vendu : ainsi, Pho Hang Gai signifie "rue de la Soie". Aujourd'hui, cependant, le nom des rues ne correspond plus toujours à ce que l'on y vend.

Partir à la découverte de ce dédale de rues est une expérience mémorable. Certaines s'élargissent, alors que d'autres se rétrécissent en un labyrinthe de ruelles minuscules. Les célèbres "maisons-tunnels" de la vieille ville dissimulent, derrière une façade étroite, de très longues pièces : cette astuce

Vieille ville

Maison commémorative ÉDIFICE HISTORIQUE (carte p. 54 ; 87 P Ma May ; 5 000 d ; ☺8h30-17h). Ne manquez pas cette maison, l'une des plus joliment restaurées de la vieille ville. Habitation traditionnelle de marchands, elle est décorée sobrement et avec goût. Les pièces, organisées autour de deux cours, renferment de beaux meubles. Remarquez les hautes marches entre les pièces, traditionnellement utilisées pour couper le flux de mauvaise énergie entrant dans la maison.

La boutique vend toutes sortes d'objets artisanaux (bijoux en argent, vannerie, services à thé) et un calligraphe, ou un autre artisan, fait régulièrement des démonstrations.

◉ Environs du lac Hoan Kiem

♥ **Musée national d'Histoire** MUSÉE (carte p. 58 ; www.nmvnh.org.vn ; 1 P Trang Tien ; tarif plein/réduit 20 000/10 000 d ; ☺8h-12h et 13h30-17h, fermé premier lun du mois). Ce musée d'histoire abritait autrefois l'École française d'Extrême-Orient. Le superbe bâtiment couleur ocre fut construit entre 1925 et 1932 par l'architecte français Ernest Hébrard, l'un des premiers à introduire au Vietnam un style de construction alliant éléments chinois et français. Parmi les pièces les plus remarquables figurent des bronzes de la culture de Dong Son (IIIᵉ s. av. J.-C.-IIIᵉ s.), d'étonnantes statues hindouistes des royaumes khmer et du Champa, ainsi que des bijoux datant du Vietnam impérial.

L'histoire récente englobe une évocation de la guerre contre la France, ainsi que l'histoire du Parti communiste. Le café dans le jardin offre un cadre agréable pour prendre un verre.

♥ **Musée de la Prison de Hoa Lo**   ÉDIFICE HISTORIQUE
(carte p. 58 ; ☑ 04-3824 6358 ; angle P Hoa Lo et P Hai Ba Trung ; 15 000 d ; ⊘8h-17h). Ce musée très particulier est tout ce qui subsiste de l'ancienne prison de Hoa Lo, que les prisonniers de guerre américains avaient surnommée par dérision le "Hanoi Hilton" pendant la guerre du Vietnam. La plupart des objets exposés ont trait à l'activité de la prison jusqu'au milieu des années 1950, en particulier jusqu'à la guerre d'Indochine. Vous verrez notamment la guillotine qui servait à décapiter les "révolutionnaires" vietnamiens pendant la période coloniale. Des vitrines sont aussi consacrées aux pilotes américains incarcérés à Hoa Lo lors de la guerre du Vietnam, parmi lesquels Pete Peterson (devenu en 1995 le premier ambassadeur des États-Unis dans le Vietnam unifié) et le sénateur John McCain (candidat républicain à l'élection présidentielle américaine de 2008).

Cette vaste "maison centrale" (on peut encore lire cette inscription au-dessus de l'entrée) a été construite par les Français en 1896. Prévue à l'origine pour 450 prisonniers, elle en comptait, selon les registres, près de 2 000 dans les années 1930. Hoa Lo n'était pas une prison sans faille : des centaines de prisonniers s'échappèrent au fil des années par les plaques d'égout.

♥ **Lac Hoan Kiem**   LAC
(carte p. 58). Selon la légende, le Ciel, au milieu du XVᵉ siècle, aurait donné à l'empereur Lê Loi une épée magique qu'il aurait utilisée pour bouter les Chinois hors du Vietnam. Alors qu'il se promenait sur le lac, une fois la paix revenue, une tortue d'or géante sortit de l'eau, s'empara de l'arme et disparut dans les profondeurs. L'animal ayant rendu l'épée à ses propriétaires divins, le lac fut baptisé Hô Hoan Kiem (lac de l'Épée restituée). Chaque matin, vers 6h, les habitants du quartier pratiquent le traditionnel tai-chi sur les berges.

Le lac compte deux sites célèbres : le **temple Ngoc Son**, élevé sur une petite île au nord, et la **Thap Rua** (tour de la Tortue), sur un îlot au sud, surmontée d'une étoile rouge, qui sert souvent d'emblème à Hanoi.

♥ **Musée de la Révolution vietnamienne**   MUSÉE
(carte p. 58 ; 216 Đ Tran Quang Khai ; tarif plein/réduit 20 000/10 000 d ; ⊘8h-12h et 13h30-17h, fermé premier lun du mois). Une vision glorieuse de l'histoire de la révolution vietnamienne.

Temple Ngoc Son   TEMPLE BOUDDHIQUE
(temple de la Montagne de jade ; carte p. 58 ; lac Hoan Kiem ; tarif plein/réduit 20 000/10 000 d ; ⊘7h30-17h30). Édifié au XVIIIᵉ siècle, le temple le plus visité de la ville se dresse sur une petite île dans la partie nord du lac Hoan Kiem. On y accède par le pont The Huc (Soleil levant), une élégante structure en bois laqué rouge, dans le style classique vietnamien, ornée de drapeaux. À proximité, le **monument aux martyrs** a été érigé à la mémoire des morts au combat pour l'indépendance du Vietnam.

Entouré d'eau et ombragé, ce petit temple est dédié à l'érudit Van Xuong, au général Tran Hung Dao (vainqueur des Mongols au XIIIᵉ siècle) et à La To, saint patron des physiciens. À l'intérieur, on découvre de jolies céramiques, quelques gongs, des cloches anciennes et, dans une vitrine, une tortue du lac naturalisée, qui aurait pesé 250 kg.

Musée des Femmes vietnamiennes MUSÉE
(carte p. 58 ; www.baotangphunu.org.vn ; 36 P Ly Thuong Kiet ; 30 000 d ; ⊘8h-17h). Ce remarquable musée (notices en français) est dédié au rôle des femmes dans la société et la culture vietnamiennes. Il rend notamment hommage, de façon poignante, à la contribution héroïque des femmes pendant la guerre. On peut y voir une exceptionnelle collection d'affiches de propagande, ainsi que des costumes traditionnels, des articles de vannerie et des tissus imprimés de différentes ethnies du pays. Consultez le site Internet pour connaître les expositions temporaires.

Cathédrale Saint-Joseph   ÉGLISE
(carte p. 58 ; P Nha Tho ; ⊘portail principal 5h-12h et 14h-19h30). GRATUIT Cette cathédrale néogothique a été consacrée en 1886. Elle se distingue par sa façade élancée, dominant une petite place, ses tours jumelles carrées, son autel très travaillé et de beaux vitraux. L'entrée principale est ouverte pendant les offices religieux (affichés sur les portes à gauche de l'édifice).

Autour du lac Hoan Kiem

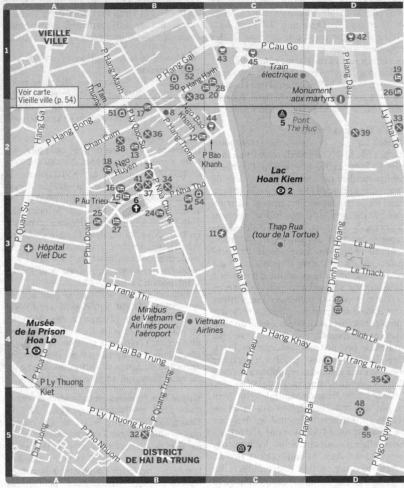

Voir carte
Vieille ville (p. 54)

Le reste du temps, les visiteurs doivent passer par les bâtiments de l'évêché, une rue plus loin, au 40 Pho Nha Chung. Une fois passé le portail, dirigez-vous tout droit, puis tournez à droite ; à la porte latérale de la cathédrale, appuyez sur la sonnette, placée très haut sur votre droite, pour que quelqu'un vous ouvre.

Ouest de la vieille ville

♥ Temple
de la Littérature   TEMPLE CONFUCÉEN
(Van Mieu ; carte p. 62 ; ☎ 04-3845 2917 ; Quoc Tu Giam ; tarif plein/réduit 20 000/10 000 d ;

⊙ 8h-17h). À 2 km à l'ouest du lac Hoan Kiem, le temple de la Littérature, vaste ensemble formé de jardins, de 5 cours intérieures successives et de pavillons, est un rare exemple d'architecture traditionnelle vietnamienne bien conservée. Édifié en 1070 par l'empereur Ly Thanh Tông, il fut dédié à Confucius (Khong Tu) afin d'honorer les lettrés et les grands écrivains. Ici fut inaugurée, en 1076, la première université du Vietnam, destinée à l'époque à l'instruction des fils de familles nobles. Après 1442, elle devint plus égalitaire en acceptant tous les étudiants méritants de la nation, qui

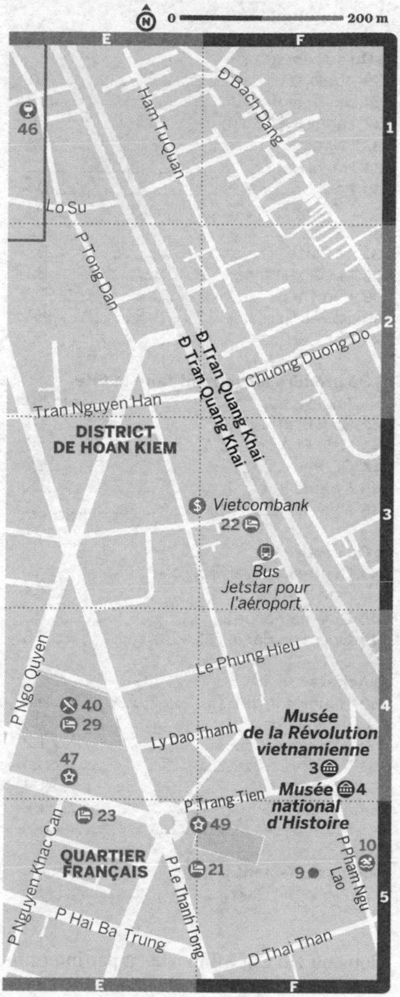

**DISTRICT
DE HOAN KIEM**

$ Vietcombank
22

Bus
Jetstar pour
l'aéroport

Le Phung Hieu

40
29

Ly Dao Thanh **Musée
de la Révolution
vietnamienne** 3

47

23 P Trang Tien **Musée
national
d'Histoire** 4

49

**QUARTIER
FRANÇAIS** 21 10

9

---

pavillon Khue Van, édifié en 1802. Derrière apparaît le vaste bassin carré, appelé puits de la Clarté céleste. Les 82 stèles, véritables joyaux du temple, sont alignées de part et d'autre de la troisième cour ; chacune d'elles repose sur une tortue de pierre.

L'aile nord de cette cour est surplombée par une petite pagode qui abrite une majestueuse statue de Confucius entouré de quatre de ses disciples.

♥ **Site du mausolée
de Hô Chi Minh**   SITE HISTORIQUE
(carte p. 62 ; entrée angle P Ngoc Ha et P Doi Can). À l'ouest de la vieille ville, le site du mausolée de Hô Chi Minh comprend des **jardins botaniques**, des bâtiments historiques, des monuments et des pagodes. Important lieu de pèlerinage, il est généralement fréquenté par de nombreux groupes venus de tout le pays pour se recueillir. Outre le mausolée, le complexe renferme la maison sur pilotis de Hô Chi Minh, le palais présidentiel et le musée Hô Chi Minh.

➡ **Mausolée de Hô Chi Minh**
(carte p. 62 ; entrée libre ; ⊙ 8h-11h mar-jeu, sam-dim déc-sept, dernière entrée à 10h15). Tout comme pour Lénine et Staline avant lui, et plus tard Mao, le mausolée de Hô Chi Minh est un immense monument en marbre. Contrairement au souhait de Hô Chi Minh d'être incinéré, on lui a érigé un mausolée, entre 1973 et 1975, avec des matériaux provenant de différentes régions du Vietnam. Le toit et le péristyle de ce gros cube de béton sont censés évoquer une maison commune traditionnelle, ou encore une fleur de lotus.

Dans l'enceinte du bâtiment, la frêle dépouille de Hô Chi Minh repose dans un sarcophage de verre. Le monument est fermé au public deux mois par an, pendant lesquels le corps embaumé est envoyé en Russie pour y subir des soins conservatoires.

La file d'attente (rapide) s'étend généralement sur plusieurs centaines de mètres avant l'entrée du mausolée. À l'intérieur, suivez le rythme et avancez assez rapidement. Des gardes en uniforme blanc, postés tous les cinq pas, participent de la solennité des lieux.

Notez que les personnes en short, débardeur ou autre vêtement du genre se voient refuser l'entrée. Une attitude respectueuse est en outre exigée à tout moment ; ne parlez pas et ne mettez pas les mains dans les poches. Vous devrez laisser vos affaires (y compris sac, appareil photo et téléphone mobile) à l'entrée et ôter votre couvre-chef

venaient ainsi à Hanoi étudier les principes du confucianisme, la littérature et la poésie.

En 1484, l'empereur Lê Thanh Tông ordonna l'édification de stèles portant les noms, lieux de naissance et hauts faits des lauréats du doctorat : 82 d'entre elles sont parvenues jusqu'à nous. L'imposant portique à plusieurs linteaux qui marque l'entrée principale (dans Pho Quoc Tu Giam), à l'extrémité sud du temple, est précédé d'une plaque ancienne stipulant que les visiteurs doivent descendre de cheval avant d'entrer.

À partir de là, des sentiers conduisent, à travers des jardins structurés, jusqu'au

Autour du lac Hoan Kiem

dans le mausolée. Enfin, il est strictement interdit de prendre des photos à l'intérieur.

Il est intéressant d'observer les réactions des visiteurs, vietnamiens pour la plupart : ils montrent généralement un profond respect pour Hô Chi Minh, honoré tant pour avoir libéré le pays du colonialisme que pour ses prises de position. Ce point de vue est renforcé par le système éducatif, qui vante les hauts faits et les talents du libérateur.

Avec un peu de chance, vous assisterez à la relève de la garde, en grande pompe, devant le mausolée.

➡ Maison sur pilotis de Hô Chi Minh

(Nha San Bac Ho ; carte p. 62 ; 25 000 d ; ☉ 7h30-11h et 14h-16h l'été, 8h-11h et 13h30-16h l'hiver. Fermé lun. et ven après-midi). L'humble maison sur pilotis où Hô Chi Minh a vécu par intermittence, entre 1958 et 1969 (la maison aurait été une cible trop tentante pour les Américains), est située dans un beau jardin. La demeure, interprétation des habitations rurales traditionnelles, a été conservée en l'état. Dans un bâtiment attenant, on peut voir les voitures utilisées par Hô Chi Minh au cours de sa vie.

➡ Palais présidentiel

(carte p. 62 ; 25 000 d ; ☉ 7h30-11h et 14h-16h l'été, 8h-11h et 13h30-16h l'hiver. Fermé lun. et ven après-midi). Le palais présidentiel occupe une demeure coloniale de 1906, magnifiquement restaurée – jadis le palais du gouverneur général d'Indochine. Aujourd'hui utilisé pour des réceptions officielles, il n'est pas ouvert au public. Pour accéder à la maison sur pilotis et au palais présidentiel, franchissez le portail qui se trouve dans Pho Ong Ich Kiem, à l'intérieur du site. Si l'entrée principale du mausolée est fermée, passez par Duong (Đ) Hung Vuong, près du palais.

➡ Musée Hô Chi Minh

(carte p. 62 ; ☎ 04-3846 3757 ; www.baotanghochiminh.vn ; 25 000 d ; ⊙ 8h-11h30 tlj et 14h-16h30 mar-jeu, sam-dim). Installé dans une gigantesque structure en béton de style soviétique, ce musée est consacré à la vie du fondateur du Vietnam moderne, et initiateur de la marche vers le socialisme révolutionnaire. Sont exposés des objets personnels, ainsi que des photos intéressantes et de vieux documents officiels relatifs à la libération du joug colonial français et aux débuts du communisme. Les photographies sont interdites, et l'on peut vous demander de montrer votre sac à l'entrée.

N'hésitez pas à faire appel à un guide francophone (il y en a en général), moyennant quelque 100 000 d, pour profiter pleinement de l'exposition.

➡ Pagode au Pilier unique

(carte p. 62 ; P Ong Ich Kiem ; 25 000 d ; ⊙ 7h30-11h et 14h-16h l'été, 8h-11h et 13h30-16h l'hiver, fermé lun, et ven après-midi ; 📷). Cette célèbre pagode, qui se dresse entre le mausolée et le musée, a originellement été édifiée par l'empereur Ly Thai Tông, qui régna de 1028 à 1054. Selon les annales, l'empereur, affligé de ne pas avoir de descendance, rêva que Quan Thê Âm Bô Tat, déesse de la Miséricorde, lui tendait un enfant mâle. Peu après, Ly Thai Tông épousa une jeune paysanne, qui lui donna un fils. En témoignage de sa gratitude, il fit ériger cette pagode en 1049.

Tout en bois, elle repose sur son unique pilier de pierre, dans un bassin, et représente une fleur de lotus, symbole de pureté, émergeant d'une mer de chagrin. Détruite en 1954 par les Français, avant qu'ils n'abandonnent la ville, elle a été reconstruite par le nouveau gouvernement.

💜 Musée de l'Histoire militaire du Vietnam   MUSÉE

(carte p. 62 ; ☎ 04-3823 4264 ; www.btlsqsvn.org.vn ; P Diên Biên Phu ; 30 000 d, appareil photo 20 000 d ; ⊙ 8h-11h30 et 13h-16h30, fermé lun et ven). Facile à repérer grâce à l'importante collection d'armes exposée à l'extérieur, ce musée donne à voir du matériel militaire russe et chinois, ainsi que des armes françaises et américaines saisies pendant les guerres. Le Mig-21 soviétique,

pièce maîtresse, flanque les carcasses d'avions français abattus à Diên Biên Phu et d'un F-111 américain.

À proximité, la tour hexagonale du Drapeau est l'un des monuments symboles de la ville. On peut accéder à une terrasse dominant des engins de guerre. En face du musée, on peut voir dans un petit parc une imposante statue de Lénine.

💜 Musée des Beaux-Arts   MUSÉE

(carte p. 62 ; www.vnfam.vn ; 66 P Nguyen Thai Hoc ; tarif plein/réduit 20 000/7 000 d ; ⊙ 8h30-17h). Ces deux bâtiments, où était autrefois installé l'internat Jeanne-d'Arc, lycée de jeunes filles à l'époque coloniale, abritent l'excellent musée des Beaux-Arts de Hanoi, créé en 1966. Parmi les nombreux trésors artistiques vietnamiens figurent des sculptures de l'ancien royaume du Champa et d'étonnantes représentations de Guan Yin, la déesse de la Compassion (aux mille yeux et aux mille bras). Vous verrez aussi les statues en bois laqué de la dynastie Tây Son, figurant des moines bouddhistes. À ces œuvres antiques s'ajoutent une vaste collection d'art contemporain et des peintures rurales naïves.

On peut acheter sur place des reproductions d'antiquités, mais n'oubliez pas de demander un certificat, à produire à la douane au sortir du pays.

Citadelle de Hanoi   SITE HISTORIQUE

(carte p. 62 ; www.hoangthanhthanglong.vn ; 19C P Hoang Dieu, entrée principale ; ⊙ 8h30-11h30 et 14h-17h, fermé lun et ven). GRATUIT Classée au patrimoine mondial de l'Unesco en 2010 et ouverte au public depuis 2012, la citadelle impériale fut le siège du pouvoir militaire vietnamien pendant plus d'un millénaire. Outre ses palais, pavillons et portes grandioses, qui font toujours l'objet de fouilles archéologiques, on peut également voir sur place d'impressionnants bunkers de la guerre du Vietnam, ainsi que des cartes et du matériel de télécommunication des années 1960 utilisés par le célèbre général Giap.

Calme et verdoyant, le parc alentour permet d'échapper au tumulte urbain.

Pagode des Ambassadeurs   TEMPLE BOUDDHIQUE

(carte p. 62 ; ☎ 04-3825 2427 ; 73 P Quan Su). Siège officiel du bouddhisme à Hanoi, la pagode des Ambassadeurs attire une foule nombreuse durant les fêtes. Au XVIIe siècle, un bâtiment adjacent servait à héberger les ambassadeurs des pays bouddhistes. Aujourd'hui, une douzaine de bonzes et de religieuses sont

Ouest de la vieille ville

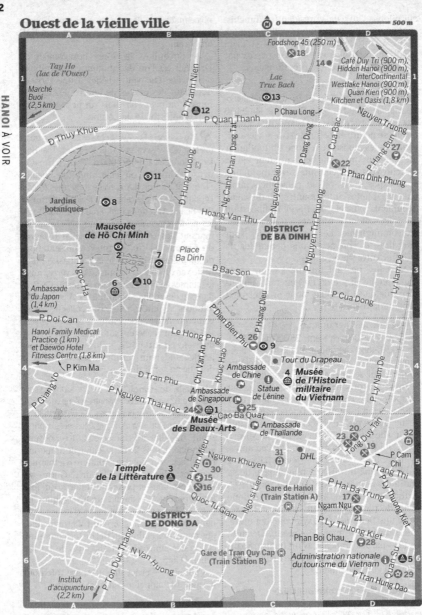

basés dans ce temple. Jouxtant l'édifice, une petite boutique vend des objets rituels.

Temple Quan Thanh TEMPLE BOUDDHIQUE
(carte p. 62 ; P Quan Thanh). Ce temple ombragé d'arbres immenses se dresse au bord du lac Truc Bach, près de l'intersection de Đ Thanh Nien et de Pho Quan Thanh. Il a été fondé sous la dynastie Ly (1010-1225), qui le dédia à Tran Vo (le dieu du Nord), dont les insignes de pouvoir sont la tortue et le serpent. La statue et la cloche de bronze datent de 1677.

Ouest de la vieille ville

Quartier français

Temple Hai Ba Trung TEMPLE BOUDDHIQUE
(carte p. 64 ; P Tho Lao). Situé à environ 2 km au sud du lac Hoan Kiem, ce temple a été fondé en 1142. Une statue représente les deux sœurs Trung (héroïnes nationales du Ier siècle) à genoux, les bras levés. Pour certains, la sculpture figure en fait les deux sœurs (qui avaient été proclamées reines du Vietnam) après leur défaite, prêtes à se jeter dans le fleuve. Selon la légende, en effet, plutôt que de se rendre aux Chinois, elles se noyèrent volontairement.

Agglomération de Hanoi

Musée d'Ethnographie du Vietnam MUSÉE
(04-3756 2193 ; www.vme.org.vn ; Đ Nguyen Van Huyen ; 40 000 d, guide 100 000 d, appareil photo 50 000 d ; 8h30-17h30 mar-dim). Ce remarquable musée consacré à l'étude des 54 ethnies du Vietnam est l'un des plus intéressants du pays. Occupant une structure moderne, il met en valeur une collection impressionnante d'œuvres d'art et d'objets de la vie quotidienne provenant de toutes les régions du Vietnam et de ses différentes ethnies. Les explications sont très bien rédigées, notamment en français. Bien que le musée soit excentré, dans le quartier de Cau Giay, une visite s'impose.

Dans les vastes jardins, on peut aussi voir des maisons traditionnelles, notamment la maison sur pilotis des Tay, celle des Yao et l'imposante maison communale des Bahnar. Ne manquez pas le tombeau jarai surmonté d'un haut toit de chaume et orné de statues en bois plutôt osées.

Il y a également une boutique d'artisanat, de commerce équitable, qui vend des livres, de superbes cartes postales, ainsi que des objets fabriqués par les communautés ethniques.

Le musée se trouve dans le district de Cau Giay, à 7 km du centre-ville – comptez environ 200 000 d en taxi. Le bus n° 14 (3 000 d), depuis Pho Dinh Tien Hoang sur la rive est du lac Hoan Kiem, passe à quelques pâtés de maisons (environ 600 m) du musée. Descendez à l'arrêt Nghia Tan et suivez Đ Nguyen Van Huyen.

Tay Ho (lac de l'Ouest) LAC
Les rives du Tay Ho, le plus grand lac de Hanoi (13 km de circonférence) sont un lieu de résidence huppé très recherché. Sur la rive sud, le long de Đ Thuy Khue, s'étend un chapelet de restaurants de poissons très fréquentés, et, à l'est, Xuan Dieu est bordée de restaurants, de cafés, de boutiques et de certains des plus luxueux hôtels de Hanoi. Deux temples notables, les pagodes Tay Ho et Tran Quoc, sont également situés sur les rives du lac, dont un sentier fait le tour – ce qui permet une belle balade à vélo. Pour

Quartier français

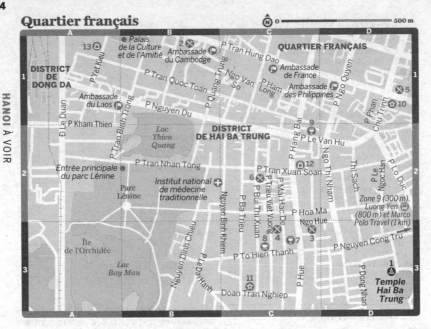

Quartier français

◉ Les incontournables

✪ Où se restaurer

☕ Où prendre un verre

✪ Où sortir

◉ Achats

louer une bicyclette, contactez le Hanoi Bicycle Collective (p. 91).

Deux légendes expliquent les origines du Tay Ho, connu aussi sous les noms de lac des Brumes, ou Grand Lac. Selon la première, il fut créé lorsque le roi-dragon étouffa un méchant renard à neuf queues dans sa tanière, au cœur d'une forêt. Selon la seconde, un bonze vietnamien, nommé Khong Lo, rendit un grand service à l'empereur de Chine au XIᵉ siècle, et reçut en retour une grande quantité de bronze qu'il utilisa pour fondre une énorme cloche : son tintement s'entendait jusqu'en Chine, si loin qu'un jour le Bufflon d'or crut entendre l'appel de sa mère, courut vers le sud et piétina le site, le transformant en lac.

L'explication géologique veut que le lac soit né d'une crue du Song Hong (fleuve Rouge). De telles inondations ont été en partie maîtrisées grâce à la construction de digues, comme celle sur laquelle passe la nationale longeant la rive est du Tay Ho.

Pagode Tay Ho   TEMPLE BOUDDHIQUE
(P Tay Ho). Située sur la rive orientale du lac de l'Ouest, cette belle pagode est l'un des lieux de culte les plus fréquentés de Hanoi. Elle reçoit, les 1ᵉʳ et 15ᵉ jours du mois lunaire, de très nombreux fidèles qui espèrent recevoir la bonne fortune de la déesse-mère à laquelle le temple est dédié.

Pagode Tran Quoc   TEMPLE BOUDDHIQUE
Non loin de la pagode Tay Ho, la pagode Tran Quoc, en retrait de Ð Thanh Nien, l'artère séparant le lac de l'Ouest du lac Truc Bach, est l'une des plus anciennes du

pays. Une stèle datant de 1639 relate l'histoire du site. La pagode fut reconstruite au XVe siècle, puis à nouveau en 1842.

Lac Truc Bach
LAC
(carte p. 62). Ce lac est séparé de son voisin, Tay Ho, par Đ Thanh Nien, une route bordée de flamboyants. Au XVIIIe siècle, les seigneurs Trinh édifièrent un palais au bord du lac. Plus tard, le palais devint une "maison de correction" pour les concubines impériales ayant trahi leur maître, condamnées à tisser une soie blanche très fine.

🏃 Activités

Sports et natation

Daewoo Hotel Fitness Centre
SALLE DE SPORT
(☑ 04-3835 1000 ; www.hanoidaewoohotel.vn ; 360 Đ Kim Ma). Ici, à 5 km à l'ouest du lac Hoan Kiem, dans Đ Kim Ma, vous pourrez profiter des prestations du Daewoo Hotel Fitness Centre, piscine comprise, moyennant 25 $US/jour. Il y a aussi un spa.

Hash House Harriers
COURSE ET BEUVERIE
(carte p. 58 ; www.hanoih3.com ; ⏱ à partir de 13h30 sam). Pour les non-inities, il s'agit d'un jeu d'équipe associant course à pied, humour britannique et force alcool. Le "hash" se retrouve à l'**American Club** (carte p. 58 ; ☑ 04-3824 1850 ; www.facebook.com/AmClubHanoi ; 19-21 P Hai Ba Trung).

MOD Palace Hotel
PISCINE
(carte p. 58 ; ☑ 04-3825 2896 ; 33C P Pham Ngu Lao ; 65 000 d ; ⏱ 6h-20h). Dans le centre de Hanoi, le MOD Palace dispose d'une piscine, ouverte toute l'année au public. Elle est suffisamment grande pour y faire des longueurs, mais est souvent investie par les enfants dans l'après-midi. Billet d'entrée en vente à la réception de l'hôtel.

Hanoi Water Park
PARC AQUATIQUE
(☑ 04-3753 2757 ; ⏱ 9h-21h mer-lun avr-nov). Le Hanoi Water Park, à 5 km au nord du centre-ville, réunit un grand choix de bassins, toboggans et jeux aquatiques, parfaits pour les familles. L'entrée coûte 120 000 d pour les personnes mesurant plus de 1,10 m et 70 000 d pour les plus petits. L'endroit est bondé en été. À un quart d'heure du centre-ville en taxi, sur la rive nord du Tay Ho.

King's Island
GOLF
(☑ 04-3772 3160 ; www.kingsislandgolf.com ; semaine/week-end à partir de 90/130 $US). Le King's Island Golf (350 ha), à 36 km à l'ouest de Hanoi, au pied du mont Ba Vi, a été le premier terrain de golf du nord du Vietnam à comporter deux parcours de 18 trous, l'un en bordure du lac Dong Mo et l'autre avec vue sur la montagne. Il existe aussi un parcours très couru dans la station climatique de Tam Dao.

Zenith Yoga
YOGA
(carte p. 54 ; ☑ 0904 356 561 ; www.zenithyogavietnam.com ; 16 P Duong Thanh ; 250 000 d/cours). Cours de yoga (asthanga, iyengar et hatha yoga), de Pilates et de méditation dans le centre-ville (horaires sur le site Internet). Au rez-de-chaussée, le Zenith Café (p. 72) sert de délicieux thés et une cuisine végétarienne diététique. Autre **enseigne** (carte p. 62 ; ☑ 0904 356 561 ; 111 P Xuan Dieu) près du Tay Ho.

Massages et spa
Profitez de votre séjour à Hanoi pour vous faire chouchouter dans l'un des nombreux salons de massages ou spas, à des prix plus doux que ceux pratiqués en Occident.

La Siesta Spa
SPA
(carte p. 58 ; ☑ 04-3935 1632 ; www.zenspa.vn/lasiesta ; 32 P Lo Su). Spa, massages et soins

---

HANOI AVEC DES ENFANTS

Avec sa vieille ville riche en sites et pleine d'effervescence, ses nombreux parcs et lacs, Hanoi est une ville agréable pour les enfants. Bien sûr, les plus jeunes se fatigueront vite à sillonner les rues (prenez garde aux nombreuses motos qui circulent), mais ils trouveront en chemin assez de distractions – ainsi que de nombreux glaciers et marchés aux fruits – pour persévérer. S'ils aiment cuisiner, emmenez-les (en réservant) à une séance enfants du Hanoi Cooking Centre (p. 66).

Les promenades sur l'eau sont une activité familiale amusante ; vous aurez le choix entre les grands bateaux sur le Tay Ho (lac de l'Ouest) et les pédalos du parc Lénine. Le Hanoi Water Park (p. 65) est un lieu de détente épatant, mais ouvert seulement 6 mois par an. En soirée, une seule direction à prendre dans la ville : celle du théâtre des marionnettes sur l'eau, qui ravira tous les enfants et les grands.

de beauté, le tout sur deux étages du Hanoi Elegance Diamond Hotel.

QT Anam Spa
SPA

(carte p. 58 ; ☑ 04-3928 6116 ; www.qtanamspa.com ; 26-28 P Le Thai To). Excellents spa, massages et soins de beauté, près du lac Hoan Kiem.

🍴 Cours

Hanoi Cooking Centre
CUISINE

(carte p. 62 ; ☑ 04-3715 0088 ; www.hanoicooking-centre.com ; 44 P Chau Long ; 55 $US/cours). D'excellents cours interactifs, comprenant une visite du marché, qui se terminent par un déjeuner dans l'élégant restaurant du centre. Il existe des sessions spéciales enfants, qui intéresseront les chefs en herbe. Le Hanoi Coking Centre propose également un circuit de découverte des restaurants de rue.

Hidden Hanoi
CUISINE, LANGUE

(☑ 0912 254 045 ; www.hiddenhanoi.com.vn ; 147 P Nghi Tam, Tay Ho ; 45/55 $US/cours sans/avec visite du marché). Cours donnés dans la cuisine créée à cet effet, près de la rive orientale du Tay Ho. Vous y apprendrez à préparer les fruits de mer ou des plats traditionnels. Circuits à pied (20-25 $US/pers) de découverte des restaurants de rue de la vieille ville. Hidden Hanoi a également un programme linguistique (à partir de 200 $US/pers), incluant deux sorties dans la campagne.

Highway 4
CUISINE

(carte p. 54 ; ☑ 04-3715 0577 ; www.highway4.com ; 3 Hang Tre ; 50 $US/cours). Les cours commencent dans leur restaurant de la vieille ville, comportent un tour en cyclo-pousse et une visite du marché, avant de se poursuivre dans leur restaurant du quartier du Tay Ho, House of Son Tinh (p. 77). Vous apprendrez bien sûr à préparer leurs célèbres rouleaux de printemps au poisson-chat. Il y a aussi des cours pour apprendre à concocter des cocktails, en utilisant les liqueurs traditionnelles de marque Son Tinh – préparées à partir d'un riz gluant de qualité, avec des ingrédients et des méthodes traditionnels.

Hanoi Foreign Language College
LANGUE

(carte p. 58 ; ☑ 04-3826 2468 ; 1 P Pham Ngu Lao). Situé dans l'enceinte du musée national d'Histoire, ce collège fait partie de l'université nationale de Hanoi ; les étrangers peuvent y étudier le vietnamien (15 $US/cours).

Hanoi Language Tours
LANGUE

(☑ 0901 352 2605 ; www.hanoilanguagetours.com ; à partir de 150 $US/pers). Des programmes de 2

à 10 jours portant sur les bases de la langue et de la culture vietnamiennes, dédiés aux voyageurs, aux expatriés ainsi qu'aux hommes et aux femmes d'affaires.

👉 Circuits organisés

Hidden Hanoi et le Hanoi Cooking Centre proposent aussi des circuits intéressants, axés sur la cuisine, la visite des marchés et la restauration de rue.

Bloom Microventures
CULTURE

(☑ 04-387 6594 ; www.bloom-microventures.org/vietnam). Ce tour-opérateur vous emmène dans un village ethnique de la province de Hoa Binh, à quelque 70 km à l'ouest de Hanoi. L'occasion d'être plongé dans la vie de la campagne vietnamienne et de voir comment les microcrédits financent les entrepreneurs ruraux. La plupart des circuits ont lieu le samedi ; consultez le site Internet.

Food on Foot
À PIED

(carte p. 54 ; ☑ 04-3990 1733 ; www.vietnamawe-sometravel.com ; 19B P Hang Be ; 25 $US). Des circuits d'un excellent rapport qualité/prix à la découverte de la cuisine de rue dans la vieille ville. Comptez environ 4 heures de dégustations savoureuses, bière et alcool de riz compris.

Hanoi Kids
À PIED

(☑ 0978 162 283 ; www.hanoikids.org ; don demandé). Cet organisme bénévole met en contact des touristes avec des adolescents et de jeunes adultes vietnamiens désireux de perfectionner leur anglais. Les formules s'adaptent aux besoins des visiteurs et peuvent inclure des sites comme le temple de la Littérature et le musée de la Prison de Hoa Lo, ou bien la découverte de restaurants de rue et de marchés. Mieux vaut tout organiser en ligne au moins deux semaines avant d'arriver à Hanoi.

Hanoi Street Food Tours
À PIED

(☑ 0904 517 074 ; www.streetfoodtourshanoi.blogs-pot.com). Les deux gastronomes passionnés à la tête de cette agence s'emploient à faire connaître le nec plus ultra de la cuisine de rue. Vous pourrez partir pour la journée (6 heures) ou choisir le circuit du soir incluant *bia hoi*, nouilles et en-cas, à moins de préférer une formule sur mesure. Consultez les publications occasionnelles de Tu sur son blog.

Vietnam in Focus
PHOTO

(☑ 0122 435 1929, 0121 515 0522 ; www.vietna-minfocus.com ; 80 $US/pers). Les journalistes

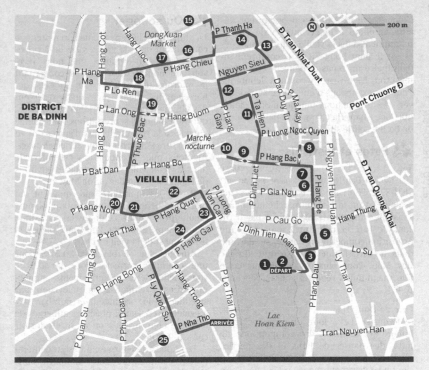

Promenade à pied dans la vieille ville

DÉPART : TEMPLE NGOC SON
ARRIVÉE : PHO NHA THO
DISTANCE : 3,5 KM ; 2 HEURES AU MINIMUM

Débutez au ❶ **temple Ngoc Son** (p. 57), sur un îlot du lac Hoan Kiem, puis franchissez le ❷ **pont The Huc** pour rejoindre le ❸ **monument aux martyrs**. Suivez Pho Dinh Tien Hoang et gagnez le ❹ **théâtre de marionnettes sur l'eau**. Continuez au nord dans Pho Hang Dau, bordée de ❺ **magasins de chaussures**. Traversez Pho Cau Go pour rallier Pho Hang Be et le ❻ **marché** de Pho Gia Ngu. De retour dans Pho Hang Be, direction nord jusqu'à Pho Hang Bac, où des artisans sculptent des ❼ **pierres tombales**. Faites un détour par Pho Ma May pour découvrir, au n°87, la ❽ **maison commémorative** (p. 56).

Retournez dans Pho Hang Bac, passez devant les ❾ **bijouteries** jusqu'à la **maison 102**, qui abrite un temple. Revenez sur vos pas pour prendre l'étroite **Pho Ta Hien**. Tournez à gauche dans Pho Hang Buom jusqu'au ⑫ **temple Bach Ma** (p. 55), puis continuez jusqu'à ⑬ **Cua O Quan Chuong**, l'ancienne porte Est de la ville. Poursuivez au nord dans Pho Thanh Ha, où se tient un ⑭ **marché de rue**, et tournez à droite en direction du ⑮ **marché Dong Xuan** (p. 83).

Repartez vers le sud dans Nguyen Thien Thuat et prenez à droite Pho Hang Chieu, jalonnée de ⑯ **boutiques** de nattes en paille. Vous déboucherez plus loin dans ⑰ **Pho Hang Ma**, où l'on vend les faux billets brûlés lors des cérémonies bouddhiques. Repérez les ⑱ **forgerons**, proches de l'angle de Pho Lo Ren et de Pho Thuoc Bac, puis longez Lan Ong et ses ⑲ **herboristeries**. De retour dans Pho Thuoc Bac, dirigez-vous vers le sud en passant devant les ⑳ **ferblantiers** et les ㉑ **miroiteries**. Tournez à gauche dans Pho Hang Quat, bordée d'échoppes dédiées aux ㉒ **autels et statues bouddhiques**. Après quoi, empruntez Pho Luong Van Can, la rue des ㉓ **boutiques de jouets**, puis Pho Hang Gai et ses ㉔ **magasins de soieries**. Enfin, prenez vers le sud Pho Ly Quoc Su pour gagner la ㉕ **cathédrale Saint-Joseph** (p. 57).

Colm Pierce et Alex Sheal organisent des circuits photo à la découverte de Hanoi, notamment dans la vieille ville, les marchés et sur le pont Long Bien. Ils comprennent d'ordinaire un repas et peuvent être adaptés à tous les niveaux, y compris débutants. Pour des excursions d'une durée supérieure vers des destinations plus lointaines, telles que Moc Chau, Ha Giang et le parc national de Ba Be, voir le site Internet.

✳✲ Fêtes et festivals

Têt   NOUVEL AN VIETNAMIEN
(Tet Nguyen Dan/Nouvel An lunaire vietnamien ; ☎04-3928 2618 ; fin jan ou début fév). Une semaine avant le Têt, un marché aux fleurs s'installe dans Pho Hang Luoc. À partir du Jour de l'an, et pendant 2 semaines, une exposition/compétition florale se déroule dans le parc Lénine, à proximité du lac Bay Mau. Pour plus de détails sur cette fête magnifique, reportez-vous à l'encadré p. 454.

Fête de Dong Da   CULTURE
(⊘fév/mars). Le 5ᵉ jour du premier mois lunaire se déroulent des compétitions de lutte, des danses de lions et des parties d'échecs humains sur la butte de Dong Da, site du soulèvement mené en 1788 par l'empereur Quang Trung (Nguyên Huê) contre les Chinois.

Fête nationale du Vietnam   FÊTE NATIONALE
(⊘2 sept). Elle est célébrée sur la place Ba Dinh, l'immense esplanade devant le mausolée de Hô Chi Minh, par un grand rassemblement populaire et un feu d'artifice. Des courses de bateaux ont lieu sur le lac Hoan Kiem.

Festival CAMA   MUSIQUE
(www.camafestival.com ; ⊘oct). Le Club for Art and Music Appreciation (CAMA) fait venir chaque année à Hanoi un ensemble éclectique de musiciens indépendants pour un festival d'une journée à l'American Club. Électro, DJ laotiens et punk birman : il y a vraiment de tout. C'est aussi l'occasion de découvrir des groupes et des DJ locaux tout en rencontrant des expatriés.

Le CAMA programme également en mai un festival de musique des pays de l'ANASE (Association des nations de l'Asie du Sud-Est), et le bar Cama ATK (p. 79) accueille toute l'année divers événements artistiques pointus.

🛏 Où se loger

La plupart des hébergements bon marché se concentrent dans la vieille ville, ou à proximité. Sachez néanmoins que nous recevons de nombreuses plaintes concernant les patrons des hôtels petits budgets, qui harcèlent les clients pour qu'ils réservent des circuits chez eux. Certains d'entre eux, qui refusaient ces prestations, ont même été jetés à la rue, tandis que d'autres ont vu leur facture s'alourdir de mystérieuses taxes. Ajoutons que la circulation est infernale dans la vieille ville, surtout dans les environs de Hang Be, Hang Bac et Ma May.

Parmi les quartiers qui montent en matière d'hébergement d'un bon rapport qualité/prix, citons celui de la cathédrale Saint-Joseph, ainsi que Pho Hang Dieu, à la lisière ouest de la vieille ville.

Attendez-vous à payer 25-30 $US pour une chambre correcte. Pour 30-50 $US, vous bénéficierez d'équipements supplémentaires – climatisation, télévision par satellite, Wi-Fi, ordinateur et minibar. Il y a également à Hanoi plusieurs auberges de jeunesse bien dirigées, où un lit en dortoir coûte 5-9 $US.

Les hôtels de charme au design contemporain commencent aussi à fleurir dans Hanoi, proposant des nuitées à 50-75 $US. Un budget de 100 $US et plus vous permet de séjourner dans un luxueux hôtel avec piscine, centre de remise en forme et restaurant.

Dans la majorité des hôtels bon marché et de catégorie moyenne, l'accès à Internet est gratuit, tandis que les hôtels haut de gamme le font payer. Renseignez-vous toujours sur ce qui est inclus dans le tarif (taxes, service, etc.).

🛏 Vieille ville

May De Ville
Backpackers   AUBERGE DE JEUNESSE $
(carte p. 54 ; ☎04-3935 2468 ; www.maydeville-backpackershostel.com ; 1 Hai Tuong, P Ta Hien ; dort 6 $US, d 30-35 $US ; ✳@⊛). L'une des meilleures auberges de jeunesse de la ville, à courte distance à pied des bars de Ta Hien. Il y a là des dortoirs impeccables, des doubles très correctes et une salle de cinéma.

Hanoi Backpackers 2   AUBERGE DE JEUNESSE $
(carte p. 54 ; ☎04-3935 1890 ; www.hanoibackpackershostel.com ; 9 Ma May ; dort 7,50 $US, lits jum et d 25 $US ; ✳@⊛). Appréciée pour ses dortoirs reluisants et ses doubles design. Les hôtes profitent également d'un restaurant et d'un

HÔTELS : MÉFIEZ-VOUS DES CONTREFAÇONS

Hanoi n'est pas seulement la capitale politique du Vietnam, c'est aussi le haut lieu des escroqueries hôtelières. Les fausses enseignes, du même nom que les vraies, sont légion. Ces escrocs louent une bâtisse, s'approprient le nom d'un autre hôtel, puis travaillent avec des rabatteurs chargés d'y amener les touristes crédules. Ceux qui s'étonnent que l'adresse ne corresponde pas se voient répondre que l'hôtel a déménagé, et ne réalisent que le lendemain qu'ils se sont fait avoir. Ces hôtels surfacturent tout ce qu'ils peuvent ; ils donnent souvent un prix pour la chambre à l'arrivée qui devient un tarif par personne au moment du règlement. La meilleure manière d'éviter de se faire avoir consiste à réserver sa chambre à l'avance par téléphone, ou par e-mail. Vous serez de la sorte certain que l'hôtel est toujours ouvert, toujours à la même adresse, et qu'il n'est pas complet.

Les taxis et minibus desservant l'aéroport sont souvent de mèche avec ces hôtels véreux, qui leur reversent d'importantes commissions. Nous avons même eu écho d'Occidentaux sans scrupule qui travaillaient en tandem avec des établissements du genre. Afin d'éviter les désagréments, réservez un transfert depuis l'aéroport en même temps que votre première nuit.

Si vous tombez sur des hôtels, pensions, agences de voyages ou autres services malhonnêtes, adressez votre plainte à la **Vietnam National Administration of Tourism** (Administration nationale du tourisme du Vietnam ; carte p. 62 ; 04-3942 3760 ; www.vietnamtourism.gov.vn ; 80 Quan Su). Cela finira bien par inciter les autorités à assainir la situation.

bar en bas. L'équipe, décontractée, organise des excursions vers la baie d'Along et à Sapa.

Hanoi Hostel 1 AUBERGE DE JEUNESSE $
(carte p. 54 ; 0972 844 804 ; www.vietnam-hostel.com ; 91C P Hang Ma ; dort/d/tr 6/16/21 $US ;). Cet établissement propre et bien géré, dont l'équipe propose moult excursions et fournit des renseignements complets aux voyageurs qui souhaitent se rendre en Chine ou au Laos. Il jouit d'un emplacement plus couleur locale, à l'écart de la mêlée des touristes sac au dos.

Hanoi Hostel 2 AUBERGE DE JEUNESSE $
(carte p. 54 ; 0972 844 804 ; www.vietnam-hostel.com ; 32 P Hang Vai ; dort/d/tr 6/18/21 $US ;). Tout aussi nette et efficacement dirigée que la première, la seconde enseigne du nom dans la vieille ville dispose, en plus, d'une chambre familiale pour 4 personnes (25 $US).

Hanoi Rendezvous Hotel HÔTEL $
(carte p. 54 ; 04-3828 5777 ; www.hanoirendezvoushotel.com ; 31 Hang Dieu ; dort/s/d/tr 7,50/25/30/35 $US ;). Hôtel très bien situé, à proximité de bons restaurants de rue, aux chambres spacieuses. Le personnel, agréable, propose des excursions vers la baie d'Along, l'île de Cat Ba et à Sapa.

Camel City Hotel PENSION $
(carte p. 54 ; 04-3935 2024 ; www.camelcityhotel.com ; 8/50 Dao Duy Tu ; ch 17-30 $US ;). Une pension familiale dans une allée

paisible, à quelques minutes de marche des bars de Pho Ta Hien. Touches de design asiatique dans les chambres, service on ne peut plus agréable.

Hanoi Lucky Guesthouse PENSION $
(carte p. 54 ; 04-3824 5732 ; www.hanoiluckyguesthouse.com ; 14 P Bat Su ; ch 24 $US ;). Cachée dans la tranquille Pho Bat Su, cette pension animée se distingue par ses jeunes réceptionnistes anglophones pleins d'empressement. Chambres sans prétention à la propreté irréprochable.

Thuy Nga Guesthouse PENSION $
(carte p. 54 ; 04-3826 6053 ; thuyngahotel@hotmail.com ; 10 D P Dinh Liet ; ch 12 $US ;). Une petite pension familiale chaleureuse, comptant six chambres lumineuses (TV et réfrigérateur). Bars sympas dans les environs.

Serenity Hotel HÔTEL $
(carte p. 54 ; 04-3923 3549 ; www.hanoiserenityhotel.com ; 1B P Cua Dong ; s/d à partir de 18/20 $US ;). L'une des meilleures adresses économiques, avec des chambres spacieuses, dans un coin calme en dehors de l'enclave pour routards. Préparez-vous toutefois à grimper six volées de marches.

Thu Giang Guesthouse PENSION $
(carte p. 54 ; 04-3828 5734 ; www.thugiangguesthouse.com ; 5A P Tam Thuong ; dort 5 $US, ch 7-17 $US ;

✳@🛜). Cachée au fond d'une étroite venelle, cette modeste pension est tenue par une famille qui fait tout pour aider ses hôtes de passage. Annexe au 35A Pho Hang Dieu avec de petites chambres dortoirs.

Manh Dung Guesthouse   PENSION $
(carte p. 54 ; 📞 04-3826 7201 ; lethomhalong@ yahoo.com ; 2 P Tam Thuong ; ch 12-18 $US ; ✳@🛜). Pension un peu plus reluisante que ses voisines. Les chambres, assez exiguës, sont desservies par un ascenseur.

💗 Hanoi Elite   HÔTEL DE CHARME $$
(carte p. 54 ; 📞 04-3828 1711 ; www.hanoielitehotel. com ; 10/5032 Dao Duy Tu ; ch 50-55 $US ; ✳@🛜). Les ruelles de la vieille ville dissimulent des trésors, comme ce bel hôtel de 12 chambres au décor classique, au personnel compétent et aux prestations rares à ce prix-là – ordinateur dans la chambre, douche à effet pluie et petit-déjeuner préparé à la demande.

💗 Art Trendy Hotel   HÔTEL $$
(carte p. 54 ; 📞 04-3923 4294 ; www.arttrendyhotel.com ; 6 Hang But ; ch 45-70 $US ; ⊝✳@🛜). Un des hôtels les plus récents de Hanoi, dans un quartier paisible à la lisière ouest de la vieille ville. Chambres stylées relativement spacieuses (avec ordinateur portable) ; personnel aussi charmant que dynamique. Baguette encore chaude, omelette et fruits frais au petit-déjeuner.

💗 Calypso Legend Hotel   HÔTEL DE CHARME $$
(carte p. 54 ; 📞 04-3935 2751 ; www.calypsolegendhotel.com ; 11A Trung Yen, P Dinh Liet ; ch 50-58 $US, ste 80-85 $US ; ⊝✳@🛜). Pas facile de dénicher le Calypso, mais le jeu en vaut vraiment la chandelle. Une palette de rouge et de blanc compose le décor romantique, et les réceptionnistes se montrent toujours avenants et serviables. Suivez Pho Dinh Liet en vous éloignant du lac, puis tournez à droite dans Trung Yen, une ruelle tranquille sans circulation.

Tirant Hotel   HÔTEL $$
(carte p. 54 ; 📞 04-6269 8899 ; www.tiranthotel. com ; 38 Gia Ngu ; s/d à partir de 55/65 $US ; ✳@🛜). La décoration tendance, le personnel branché (anglophone) et les chambres spacieuses en font l'un des meilleurs hôtels de la vieille ville. Remarquable buffet au petit-déjeuner. L'immense "Grand Suite" (145 $US), magnifique, vaut la dépense.

Art Hotel   HÔTEL $$
(carte p. 54 ; 📞 04-3923 3868 ; www.hanoiarthotel. com ; 65 P Hang Dieu ; s/d à partir de 30/45 $US ;

✳@🛜). Grâce à son équipe jeune et sympathique, cet établissement bien placé sort nettement du lot. Chambres de grande taille avec parquet et sdb immaculées. Le tout à deux pas des meilleurs restaurants de rue de la ville.

Nova Hotel   HÔTEL $$
(carte p. 54 ; 📞 04-3923 3366 ; www.hanoinovahotel.com ; 75 P Hang Dieu ; 25-48 $US ; ✳@🛜). À la lisière ouest de la vieille ville, Pho Hang Dieu est bordée d'hôtels de catégorie moyenne d'un bon rapport qualité/prix. À l'instar du Nova, tous ont des chambres spacieuses dotées d'un balcon (avec vue) et d'une sdb nickel.

Tu Linh Palace   HÔTEL $$
(carte p. 54 ; 📞 04-3923 0154 ; www.tulinhpalacehotels.com ; 2B P Hang Ga ; s/d à partir de 25/28 $US ; ✳@🛜). De grandes chambres propres, dans un secteur moins effervescent de la vieille ville. Le parquet et la décoration asiatique contemporaine ajoutent à l'ambiance chic. Sdb particulièrement stylées dans les "deluxe".

Classic Street Hotel   HÔTEL $$
(carte p. 54 ; 📞 3825 2421 ; www.classicstreetphocohotel.com ; 41 P Hang Be ; ch 32-45 $US ; ✳🛜). Des chambres cosy, dotées de grands lits et TV sat., pour cet hôtel situé dans la très animée Pho Hang Be. Des peintures et des céramiques égayent les espaces communs et les couloirs.

Hanoi Guesthouse   HÔTEL $$
(carte p. 54 ; 📞 04-3935 2572 ; www.hanoiguesthouse.com ; 85 P Ma May ; d/tr à partir de 26/38 $US ; ✳@🛜). Transféré depuis peu dans Pho Ma May, une rue centrale animée proche des bars, restaurants, agences de voyages et boutiques. Les chambres viennent d'être redécorées.

🛏 Environs du lac Hoan Kiem

Madame Moon Guesthouse   PENSION $
(carte p. 58 ; 📞 04-3938 1255 ; www.madammoonguesthouse.com ; 17 Hang Hanh ; ch 23-27 $US ; ✳🛜). Madame Moon est installée dans une rue assez calme bordée de bars et de petits cafés typiques, à un pâté de maisons du lac Hoan Kiem. Les chambres ont un chic inattendu.

Hanoi Backpackers Hostel   AUBERGE DE JEUNESSE $
(carte p. 58 ; 📞 04-3828 5372 ; www.hanoibackpackershostel.com ; 48 P Ngo Huyen ; dort 7,50 $US, ch

25 \$US ; ✳ @ 🛜). Auberge gérée de façon efficace, toujours aussi populaire, qui occupe aujourd'hui 2 immeubles dans une allée tranquille. Dortoirs bien aménagés, avec lits superposés, casiers et sdb attenantes.

Central Backpackers
Hanoi   AUBERGE DE JEUNESSE **$**
(carte p. 58 ; ✎ 04-3938 1849 ; www.centralbackpackershostel.com ; 16 P Ly Quoc Su ; dort 5 \$US ; @ 🛜). Une adresse bien tenue, toute proche de bons cafés et stands de restauration. La bière servie gracieusement tous les soirs de 20h à 21h contribue sans aucun doute à l'atmosphère conviviale

Especen Hotel   HÔTEL **$**
(carte p. 58 ; ✎ 04-3824 4401 ; www.especen.vn ; 28 P Tho Xuong et 41 P Ngo Huyen ; ch 22-25 \$US ; ✳ @ 🛜). Cet hôtel pour petits budgets, aux grandes chambres claires, est idéalement situé près de la cathédrale Saint-Joseph, dans un lieu presque tranquille pour la vieille ville. Autre enseigne à proximité.

Hotel Thien Trang   PENSION **$**
(carte p. 58 ; ✎ 04-3826 9823 ; thientranghotel24@hotmail.com ; 24 P Nha Chung ; ch 12-22 \$US ; ✳ @ 🛜). Vous logerez ici dans un coin calme du quartier branché de Nha Tho – une situation enviable –, et apprécierez les grandes chambres au charme ancien (malgré des ajouts modernes moins enthousiasmants). Petit plus non négligeable : le propriétaire parle français.

♥ 6 on Sixteen   HÔTEL DE CHARME **$$**
(carte p. 58 ; ✎ 04-6673 6729 ; www.sixonsixteen.com ; 16 P Bao Khanh ; ch 72 \$US ; ✳ @ 🛜). Tissus de créateurs, art ethnique et mobilier local : voici un bel hôtel de charme à l'ambiance chaleureuse. Le 16, c'est pour le numéro de la rue et le 6 pour le nombre de chambres, subtilement décorées. Les hôtes profitent de vastes espaces communs propices à la discussion, et d'un délicieux petit-déjeuner (pâtisseries maison et café italien). Essayez d'obtenir une chambre avec balcon : celles à l'arrière n'ont que de petites fenêtres.

Cinnamon Hotel   HÔTEL DE CHARME **$$**
(carte p. 58 ; ✎ 04-3938 0430 ; www.cinnamonhotel.net ; 26 P Au Trieu ; ch 58-65 \$US ; ⊝ ✳ @ 🛜). Un hôtel branché, face à la cathédrale Saint-Joseph, dans l'enclave la plus chic de la vieille ville. Le design, superbe, allie les éléments de cet immeuble ancien – fer forgé des balcons et persiennes en bois – à des touches japonaises et des gadgets modernes.

Il y a 6 chambres aux noms exotiques, chacune avec balcon ; celui de la "Lime" surplombe directement la cathédrale. Petit bar-restaurant.

Joseph's Hotel   HÔTEL **$$**
(carte p. 58 ; ✎ 04-3939 1048 ; www.josephs-hotel.com ; 5 P Au Trieu ; ch à partir de 40 \$US ; ✳ @ 🛜). Décor asiatique moderne associé à des couleurs pastel pour ce petit hôtel de 10 chambres, caché dans une paisible ruelle derrière Saint-Joseph – une situation tranquille qui tranche avec la frénésie de la ville. Essayez d'obtenir une chambre avec vue sur les tours de la cathédrale. Petit-déjeuner préparé à la demande.

Golden Lotus Hotel   HÔTEL **$$**
(carte p. 58 ; ✎ 04-3938 0901 ; www.goldenlotushotel.com.vn ; 32 P Hang Trong ; ch 65-100 \$US ; ✳ @ 🛜). Riche alliance de charme oriental et de chic occidental annoncée dès la réception de ce joli petit hôtel. Les chambres, à la décoration à base de bois, de soie et d'œuvres d'art, profitent de connexions Internet à haut débit. Celles à l'arrière ne reçoivent toutefois pas la lumière naturelle. Petit-déjeuner inclus.

Jasmine Hotel   HÔTEL **$$**
(carte p. 58 ; ✎ 04-3926 4420 ; www.thejasminehotel.com ; 57 Lo Su ; s/d 45/55 \$US ; ✳ @ 🛜). Une décoration un rien ostentatoire, toute de bois sculpté, dans cet hôtel situé à deux pas du lac Hoan Kiem et de bons restaurants. Les chambres standards sont un peu sombres, celles avec balcon laissent passer le bruit de la route, mais le Jasmine reste une bonne adresse pour une situation aussi centrale.

Hanoi Elegance Diamond Hotel   HÔTEL **$$**
(carte p. 58 ; ✎ 04-3935 1632 ; www.hanoielegance-hotel.com ; 32 Lo Su ; s/d à partir de 55/65 \$US ; ✳ @ 🛜). Vous ne prenez pas de risques en optant pour cet hôtel aux grandes chambres dotées d'un ordinateur, avec parquet, mobilier moderne et TV par câble.

Impressive Hotel   HÔTEL DE CHARME **$$**
(carte p. 58 ; ✎ 04-3938 1590 ; www.impressivehotel.com ; 54-56 P Au Trieu ; ch 40-60 \$US ; ✳ @). Excellente adresse, on ne peut mieux située, juste derrière la cathédrale, aux agréables chambres cosy.

Heart Hotel   HÔTEL **$$**
(carte p. 58 ; ✎ 04-3928 6682 ; www.heart-hotel.com ; 11B P Hang Hanh ; ch 30-35 \$US ; ✳ @). Petit hôtel réputé, près du lac Hoan Kiem, disposant de 10 chambres impeccables.

Sofitel Metropole Hotel HÔTEL $$$
(carte p. 58 ; 04-3826 6919 ; www.sofitel.com ; 15 P Ngo Quyen ; ch à partir de 220 $US ;). Splendeur coloniale et élégance intemporelle pour cet hôtel historique (1901) emblématique de la ville. Il s'enorgueillit d'une façade blanche classique, d'une réception aux lambris d'acajou et de restaurants réputés. Les chambres de l'aile ancienne ont un charme colonial incomparable tandis que celles de l'Opera Wing brillent par leur confort somptueux. Même si vous ne logez pas ici, venez prendre un verre au Bambou Bar.

Hilton Hanoi Opera HÔTEL $$$
(carte p. 58 ; 04-3933 0500 ; www.hanoi.hilton.com ; 1 P Le Thanh Tong ; ch à partir de 135 $US ;). Construit en 1998, cet impressionnant édifice néoclassique s'harmonise bien avec son environnement, dont le vénérable Opéra. Chambres spacieuses et luxueuses. Salle de sport et piscine.

Church Hotel HÔTEL DE CHARME $$$
(carte p. 58 ; 04-3928 8118 ; www.churchhotel.com.vn ; 9 P Nha Tho ; ch 80-140 $US ;). Un mini-hôtel de charme vraiment plaisant. Si certaines chambres sont petites, toutes sont meublées avec goût, de même que la salle à manger du petit-déjeuner (inclus). Situé dans la partie très animée de Nha Tho, épicentre du chic de la vieille ville. Les deux autres enseignes du nom, à proximité, affichent la même classe.

Hotel de l'Opéra HÔTEL $$$
(carte p. 58 ; 04-6282 5555 ; www.mgallery.com ; 29 P Trang Tien ; ch à partir de 140 $US ;). Ce magnifique grand hôtel associe un style colonial à un design des plus sophistiqués. Chambres de même acabit, garnies de soie et de tissus asiatiques. Parmi les petits luxes : le spa et l'ambiance délurée du bar La Fée Verte, dont le nom fait référence à l'absinthe. Son restaurant, le Café Lautrec, nous a été chaudement recommandé.

Agglomération de Hanoi

InterContinental Westlake Hanoi HÔTEL $$$
(04-6270 8888 ; www.intercontinental.com/hanoi ; 1A P Nghi Tam, Tay Ho ; d à partir de 155 $US ;). Design contemporain de style asiatique pour l'hôtel le plus luxueux du nord de la ville, dont les bâtiments s'avancent en presqu'île dans le lac. La plupart des chambres (toutes dotées de balcon) sont installées sur pilotis. Et le magnifique

Sunset Bar, posé sur sa presqu'île artificielle et romantique à souhait, n'a pas son pareil en matière de cocktails.

Où se restaurer
La scène culinaire de Hanoi, ville internationale, a tout d'excitant, et chacun pourra se régaler, quels que soient ses envies et son budget. Si vous venez juste d'arriver, vous aurez plaisir à découvrir la cuisine locale, pleine de saveurs et très bon marché – ne manquez pas de dîner dans un restaurant de rue.

En revanche, après un séjour dans les montagnes où vous aurez subsisté grâce aux nouilles et au riz, les adresses cosmopolites (japonaises, françaises, italiennes ou indiennes) sont très tentantes.

Vieille ville

Zenith Café CAFÉ $
(carte p. 54 ; www.zenithyogavietnam.com ; 16 P Duong Thanh ; plats 45 000-100 000 d ; 9h-18h ;). Un lieu paisible et relaxant, situé sous un atelier de yoga. Au programme ici : d'excellents jus de fruits, salades et plats végétariens, dont falafels et houmous, pizzas au fromage de chèvre, ainsi que des petits-déjeuners sains (muesli fait maison).

New Day VIETNAMIEN $
(carte p. 54 ; 72 P Ma May ; plats 70 000-100 000 d ; 8h-tard). Le New Day attire une clientèle hétéroclite de Vietnamiens, d'expatriés et de voyageurs. Le personnel, très enthousiaste, vous trouvera toujours de la place : préparez-vous à partager une table avec d'autres amateurs de cuisine vietnamienne.

Nola CAFÉ $
(carte p. 54 ; 89 P Ma May ; en-cas 30 000-60 000 d ; 9h-24h). À l'abri de l'animation touristique de Ma May, un café labyrinthique à la décoration un peu rétro. Passez prendre un petit noir et un cake à la banane dans la journée et revenez le soir pour profiter de l'un des meilleurs petits bars de Hanoi.

Highway 4 VIETNAMIEN $$
(carte p. 54 ; 04-3926 0639 ; www.highway4.com ; 3 P Hang Tre ; plats 125 000-275 000 d ; 12h-tard). Le premier restaurant d'une affaire familiale pionnière dans la promotion de la cuisine vietnamienne. Essayez les *nem ca xa lo* (rouleaux de printemps au poisson-chat) en entrée, puis un plat carné comme le *da dieu nuong sate* (autruche

LE TOP 10 DE LA CUISINE DE RUE

S'y retrouver dans tout ce que la vieille ville compte de restaurants de rue relève de la gageure, mais cela vaut le coup d'essayer. La meilleure nourriture de Hanoi est assurément proposée là, aux étals des vendeurs qui envahissent les trottoirs avec leurs poêles à charbon de bois et leurs petits tabourets en plastique bleu autour desquels se retrouvent les Vietnamiens. De nombreuses échoppes fonctionnent depuis des lustres et ne proposent souvent qu'un seul mets. Attention, les horaires peuvent varier. L'addition ne devrait pas dépasser 40 000 à 60 000 d par personne.

Bun Cha Nem Cua Be Dac Kim (carte p. 54 ; 67 P Duong Thanh ; ⊙11h-19h). Séjourner à Hanoi sans goûter au *bun cha* (petits pâtés de porc grillé servis avec des vermicelles de riz) serait vraiment dommage. Une excellente adresse où déguster ce classique.

Banh Cuon (carte p. 54 ; 14 P Hang Ga; ⊙8h-15h). Inutile de passer commande ici : installez-vous, et une assiette de *banh cuon* (raviolis cuits à la vapeur et farcis d'un mélange de porc, de champignons et de crevettes) sera placée devant vous.

Pho Thin (carte p. 58 ; 61 Dinh Tien Hoang ; ⊙6h-15h). Frayez-vous un chemin jusqu'à l'arrière de ce boui-boui étroit qui prépare un savoureux *pho bo* (soupe de nouilles au bœuf). L'endroit n'a pas changé depuis des lustres et il fait figure d'institution.

Banh Ghoi (carte p. 58 ; 52 P Ly Quoc Su ; ⊙10h-19h). Cachée sous un banian près de la cathédrale, cette humble échoppe sert des *banh ghoi*, appétissants chaussons frits fourrés au porc, aux vermicelles et aux champignons.

Bun Oc Saigon (carte p. 54 ; angle P Nguyen Huu Huan et Hang Thung ; ⊙11h-23h). Ici, les bols en plastique sont remplis de *bun oc* (soupe de nouilles aux escargots) assaisonné au tamarin, ou de *so huyet xao toi* (coques poêlées à l'ail).

Bun Bo Nam Bo (carte p. 54 ; 67 P Hang Dieu ; ⊙11h-22h). Le *bun bo nam bo* (nouilles sèches au bœuf) est un plat du sud du Vietnam, qui est assaisonné avec des germes de soja, de l'ail, de la citronnelle et de la mangue verte, pour le plaisir des papilles.

Xoi Yen (carte p. 54 ; angle P Nguyen Huu Huan et P Hang Mam ; ⊙7h-23h). Spécialisé dans le riz gluant garni d'ingrédients savoureux, dont des saucisses douces asiatiques, des œufs encore baveux et du porc mijoté.

Mien Xao Luon (carte p. 54 ; 87 P Hang Dieu ; ⊙7h-14h). Cette humble échoppe est réputée pour ses petites montagnes d'anguilles frites, que vous pouvez savourer de trois manières différentes – notamment sautées à l'œuf, aux germes de soja et aux échalotes, dans du vermicelle.

Bun Rieu Cua (carte p. 54 ; 40 P Hang Tre ; ⊙7h-9h). Il faut arriver tôt ici, dans cette gargote très populaire, qui ne sert son unique plat de *bun rieu ca* (soupe de vermicelles de riz au crabe) qu'entre 7h et 9h. Un classique de Hanoi.

Che (carte p. 54 ; 76 P Hang Dieu ; ⊙7h-15h). En hiver, essayez le *che banh troi tau* (entremets aux haricots mungo, au sésame et au gingembre), ou en été, le *che thap nam* (entremets au lait de coco, cacahuètes écrasées, graines de lotus et pommes séchées).

grillé au saté). Autre **enseigne** (carte p. 54 ; 25 P Bat Su) dans la vieille ville.

Yin & Yang VIETNAMIEN **$$** (carte p. 54 ; 78 P Ma May ; plats 100 000-130 000 d ; ⊙8h-tard ; 🛜). Une table pittoresque, dans une rue touristique, qui se distingue par ses classiques vietnamiens au juste prix, tels que *bun cha* et salade de fleurs de banane. Comparé aux débits de *bia hoi*, c'est aussi un endroit plus calme pour prendre un verre

dans la vieille ville. Ne partez pas sans avoir commandé un mojito Yin & Yang.

Cha Ca Thang Long VIETNAMIEN **$$** (carte p. 54 ; ☎04-3824 5115 ; 21 P Duong Thanh ; cha ca 180 000 d ; ⊙10h-15h et 17h-22h). Soyez prêt à mettre la main à la pâte pour griller ou frire vous-même un poisson succulent, avec une sauce aux crevettes et des herbes à profusion. Le *cha ca* est un plat emblématique de Hanoi, meilleur ici que dans un restaurant spécialisé voisin où débarquent tous les groupes de touristes.

Foodshop 45 INDIEN $$

(carte p. 54 ; www.foodshop45.com ; 32 P Hang Buom ; repas 100 000-150 000 d ; ⊘10h-22h30). Cette nouvelle enseigne dans la vieille ville a l'avantage d'être pratique, mais le Food-shop 45 (p. 77) d'origine, au bord du lac Truc Bach, jouit d'un cadre plus pittoresque. Dans les deux cas, vous aurez droit à des curries savoureux et à des bières bien glacées.

Quan Bia Minh VIETNAMIEN $$

(carte p. 54 ; 7A P Dinh Liet ; plats 90 000-130 000 d ; ⊘8h-tard). Ce petit bar à bières est devenu un incontournable de la vieille ville, avec sa carte de spécialités vietnamiennes à bon prix et l'excellent service de Mme Minh. Installez-vous à l'extérieur, prenez une bière fraîche et regardez le poétique chaos de la rue.

Green Mango MÉDITERRANÉEN $$

(carte p. 54 ; ☑04-3928 9917 ; www.greenmango. vn ; 18 P Hang Quat ; repas 200 000-250 000 d ; ⊘12h-tard). Un restaurant-lounge aussi réputé pour sa cuisine que son atmosphère, très tendance. Les salons-salles à manger, drapés de riches soieries, évoquent une fumerie d'opium, et la grande cour à l'arrière prend tout son charme lors des nuits d'été. Côté mets, le choix est vaste, de la cuisine fusion asiatique aux plats de pâtes.

Tamarind Café VÉGÉTARIEN $$

(carte p. 54 ; ☑04-3926 0580 ; 80 P Ma May ; plats 80 000-140 000 d ; ⊘8h-tard ; 🛜🖉). Un café-restaurant décontracté et douillet, au grand salon plein de coussins. Cuisine variée : taboulé, aubergines en marmite, salades… Et des spécialités indiennes sont servies à l'étage. Dans la liste des boissons, des lassis, des jus de fruits exotiques et du vin au verre.

Green Tangerine FUSION $$

(carte p. 54 ; ☑04-3825 1286 ; www.greentangerinehanoi.com ; 48 P Hang Be ; plats 12-20 $US ; ⊘12h-tard ; ⊘). Retrouvez l'atmosphère de l'Indochine des années 1950 dans cet élégant restaurant caché dans une demeure coloniale splendidement restaurée, agrémentée d'une cour pavée. La cuisine fusion franco-vietnamienne n'est pas toujours une réussite, mais vous pouvez aussi y venir pour prendre un café ou un verre. Les menus du déjeuner (2 plats, 218 000 d) sont d'un bon rapport qualité/prix.

✖ Environs du lac Hoan Kiem

Hanoi House CAFÉ $

(carte p. 58 ; www.thehanoihouse.com ; 48A P Ly Quoc Su ; en-cas 40 000-60 000 d ; ⊘8h30-23h ; 🛜). Un café bohème-chic avec une vue superbe sur la cathédrale Saint-Joseph depuis l'étage. Détendez-vous sur l'étroit balcon devant un bon jus de fruits ou le meilleur thé au gingembre de Hanoi.

The Cart CAFÉ $

(carte p. 58 ; www.thecartfood.com ; 10 Tho Xuong ; en-cas et jus 40 000 d-80 000 d ; ⊘7h30-17h ; 🛜🖉). Des tartes exquises, d'excellents jus et smoothies, et de bons sandwichs-baguette sont les plus de ce petit paradis du confort occidental caché derrière la cathédrale Saint-Joseph.

La Place CAFÉ $

(carte p. 58 ; ☑04-3928 5859 ; 4 P Au Trieu ; repas à partir de 70 000 d ; ⊘7h30-22h30 ; 🛜). Petit café élégant, très couru, à côté de la cathédrale Saint-Joseph, dont les murs sont couverts de propagande artistique. La carte mêle spécialités d'Orient et d'Occident. Café costaud, vin au verre.

Apple Tart PÂTISSERIE $

(carte p. 58 ; 11 Ngo Bao Khanh ; en-cas à partir de 40 000 d ; ⊘8h-19h). Cette toute petite enseigne est réputée pour ses excellentes pâtisseries françaises, telles la crème caramel ou la tarte Tatin – à déguster dans le café d'à côté avec un bon expresso. Les patrons parlent français.

Fanny Ice Cream GLACIER $

(carte p. 58 ; 51 P Ly Thuong Kiet ; glace à partir de 38 000 d ; ⊘8h-21h). Il n'y a pas mieux pour des glaces et des sorbets à la française. En saison, goûtez le *com,* un parfum exquis extrait de pousses de riz gluant. Sinon, le gingembre et le thé sont aussi délicieux.

Kem Dac Diet Trang Tien GLACIER $

(carte p. 58 ; 35 P Trang Tien ; glace à partir de 10 000 d ; ⊘8h-22h). Glacier sans doute le plus couru de Hanoi – l'immense file d'attente en témoigne en été.

Fivimart MAGASIN D'ALIMENTATION $

(carte p. 58 ; 27A Ly Thai Tho ; ⊘9h-17h). L'un des supermarchés les mieux approvisionnés du centre-ville.

Hanoi Social Club CAFÉ $$

(www.facebook.com/TheHanoiSocialClub ; 6 Hoi Vu ; plats 95 000-160 000 d ; ⊘8h-23h). Le café le plus cosmopolite de la ville, sur 3 niveaux décorés de mobilier rétro. Côté cuisine, vous pourrez commander des beignets de pommes de terre au chorizo pour le petit-déjeuner, des pâtes, burgers et wraps au déjeuner ou le soir. Il y a également des plats végétariens, dont un savoureux curry de mangue. L'emplacement, dans une ruelle tranquille, invite à siroter un café, une bière ou un verre de vin en fin de journée.

Le Hanoi Social Club accueille régulièrement des concerts et autres événements ; consultez sa page Facebook pour connaître le programme.

La INTERNATIONAL **$$**
(carte p. 58 ; ☑04-3928 8933 ; 49 P Ly Quoc Su ; plats 125 000-255 000 d ; ◷12h-tard). Modeste et discret en apparence, ce bistrot ne manque pas de caractère. Carte agréablement créative, avec, notamment, un jarret d'agneau braisé à l'orange, au piment doux et au café. Offres de saison, comme les fraises de Dalat. Sélection de vins au verre.

Madame Hien VIETNAMIEN **$$$**
(carte p. 58 ; ☑04-3938 1588 ; www.verticale-hanoi.com ; 15 Chan Cam ; plats 10-15 $US ; ◷11h-22h). Le nom de ce restaurant installé dans une villa du XIXe siècle restaurée est un hommage du chef français Didier Corlou à la grand-mère vietnamienne de sa femme. Vous trouverez ici des versions plus élaborées des mets proposés dans les restaurants de rue, avec le menu "36 Streets" (535 000 d) : un bon moyen de mieux découvrir la gastronomie locale. Excellent rapport qualité/prix pour le menu du déjeuner, à 147 000 d.

Spices Garden VIETNAMIEN **$$$**
(carte p. 58 ; ☑04-3826 6919 ; www.sofitel-legend.com ; Sofitel Metropole Hotel, 15 P Ngo Quyen ; assiette dégustation 460 000 d, plats 500 000-800 000 d ; ◷11h30-14h30 et 18h-22h30). L'endroit où aller pour goûter à une infinie variété de plats de rue de tout le Vietnam. Vous déboursez certes bien davantage qu'en optant pour les tabourets bas en plastique des échoppes de la vieille ville, mais la nourriture est bonne et authentique. Le cadre cinq-étoiles du Sofitel Metropole Hotel dégage en outre un charme d'antan inimitable.

✕ Ouest de la vieille ville

Net Hue VIETNAMIEN **$**
(carte p. 62 ; angle P Hang Bong et P Cam Chi ; en-cas et plats à partir de 35 000 d ; ◷11h-21h).

LES RESTAURANTS DE RUE PAR QUARTIERS

Pour associer le plaisir gustatif à celui de l'exploration de la ville, rendez-vous dans les quartiers suivants, réputés pour leurs restaurants et leurs stands de restauration.

➡ **Pho Cam Chi** Cette étroite ruelle est bondée d'échoppes servant une délicieuse cuisine bon marché. Cam Chi signifie "interdiction de montrer du doigt" : ce nom aurait été donné à la rue, il y a plusieurs siècles, pour rappeler à ses habitants qu'ils ne devaient pas pointer d'un doigt curieux le roi et sa cour quand ils se déplaçaient dans le quartier. Cam Chi est à environ 500 m au nord-est de la gare ferroviaire de Hanoi. À côté, Tong Duy Tan compte aussi de nombreuses bonnes adresses.

➡ **Duong Thuy Khue** Sur la rive sud du Tay Ho, Đ Thuy Khue regroupe quantité de restaurants de poissons et de fruits de mer donnant sur le lac. La concurrence y est féroce si l'on en juge par les rabatteurs qui cherchent à guider les clients jusqu'à leurs tables. On s'y régale pour environ 150 000 d par personne.

➡ **Truc Bach** La rive nord-est du lac Truc Bach, plus calme, est ponctuée de restaurants de *lau* (fondue) sur plusieurs centaines de mètres. Attablez-vous avec des amis et préparez vous-même votre poisson, votre poulet ou votre bœuf. Il n'y a pas mieux pour faire un excellent repas en début de soirée.

➡ **Pho Nghi Tam** À 10 km au nord du centre de Hanoi, une soixantaine de restaurants de viande de chien bordent Pho Nghi Tam sur 1 km. Les habitants croient que consommer cette viande pendant la première moitié du mois lunaire porte malheur et, en conséquence, désertent ces restaurants. La seconde quinzaine, en revanche, les affaires reprennent et les clients s'y bousculent, particulièrement le dernier jour. Même si vous n'avez aucune envie de goûter au chien, allez y faire un tour ce soir-là, en cherchant les mots *thit cho*.

Pour un cadre aussi confortable, l'établissement pratique des prix fort raisonnables. Montez au dernier étage, le plus agréable, et découvrez des plats à la mode de Hué comme le *banh nam* (crêpe de riz cuite à la vapeur garnie de crevettes hachées).

Quan An Ngon   VIETNAMIEN $
(carte p.62 ; http://ngonhanoi.com.vn/index.php/ en/ ; 18 Phan Boi Chau ; plats 60 000-120 000 d ; ⊙11h-23h). Une série de petites cuisines préparent des spécialités de rue de tout le pays. Venez plutôt en dehors des heures d'affluence (à midi et le soir) ou rabattez-vous sur l'autre enseigne (carte p.62 ; 34 P Phan Đinh Phung ; plats 60 000-120 000 d ; ⊙11h-23h), plus récente, dans une jolie villa française juste au nord de la vieille ville.

KOTO   CAFÉ $$
(carte p.62 ; ☎04-3747 0338 ; www.koto.com.au ; 59 P Van Mieu ; repas 120 000-160 000 d ; ⊙7h30-22h, fermé lun dîner ; ⊕). Sur 4 niveaux, un café-bar-restaurant d'un style nouveau qui donne sur le temple de la Littérature. Le cadre est soigné, des sièges élégants aux fleurs posées sur la caisse enregistreuse. Plats du jour (à l'ardoise) et courte carte affichant de tout, des délicieux mets vietnamiens à des pitas et des *fish and chips* à la bière.

KOTO est une association à but non lucratif prodiguant éducation et formation professionnelle à des enfants et à des adolescents défavorisés.

Southgate   FUSION $$
(carte p.62 ; ☎04-3938 1979 ; www.southgatehanoi.com ; 28 Tong Duy Tan ; tapas 90 000-120 000 d, plats 150 000-275 000 d ; ⊙11h30-24h dim-mer, 11h30-2h jeu-sam). Des tapas fusion alléchantes et de délicieux desserts, telle la pannacotta au thym, miel et yaourt, figurent à la carte de ce bar-restaurant installé dans une villa très bien restaurée. Les cocktails sont également remarquables, et le brunch décontracté, qui comprend omelettes et œufs Bénédicte (120 000-220 000 d) permet de bien démarrer la journée.

The Matchbox   EUROPÉEN, VIETNAMIEN $$
(carte p.62 ; ☎04-3734 3098 ; www.thematchbox. vn ; 40 Cao Ba Quat ; plats 100 000-290 000 d ; ⊙8h-22h30). Dans une cour élégante derrière le musée des Beaux-Arts, le Matchbox sert, à prix corrects, des mets inspirés des saveurs méditerranéennes. Optez pour un plat de pâtes avec un verre de vin, ou prenez votre temps en dégustant d'excellentes viandes à accompagner de vin rouge australien.

Également : des spécialités vietnamiennes, ainsi qu'une intéressante formule steak et vin (199 000 d) le lundi soir.

Puku   CAFÉ $$
(carte p.62 ; 18 Tong Duy Tan ; plats 70 000-125 000 d ; ⊙24h/24 ; ⊕⊛). Petit îlot de culture néo-zélandaise (en langue maorie, *puku* signifie "estomac"), réputé pour ses hamburgers, ses fajitas mexicaines, sans oublier des petits-déjeuners salés servis à toute heure. Le café est excellent. À 5 minutes à pied de la gare de Hanoi et ouvert 24h/24, soit un lieu idéal pour prendre un brunch roboratif après être rentré de Sapa par le train de nuit. Retransmissions sportives sur grand écran à l'étage.

♥ La Badiane   INTERNATIONAL $$$
(carte p.62 ; ☎04-3942 4509 ; www.labadiane-hanoi.com ; 10 Nam Ngu ; plats à partir de 17 $US ; ⊙12h-23h). Ce bistrot stylé est installé dans une demeure coloniale restaurée, qui entoure une cour centrale aérée. À la carte : des plats français (comme le talentueux chef), aussi bien que des spécialités asiatiques et méditerranéennes. Citons ainsi les tagliatelles au bar et au paprika fumé, ou la bisque de crevettes accompagnée de bruschetta tomate-wasabi. Menu déjeuner de 3 plats d'un bon rapport qualité/prix à 325 000 d.

✖ Quartier français

♥ Chim Sao   VIETNAMIEN $$
(carte p.64 ; www.chimsao.com ; 63-65 Ngo Hue ; salades 50 000-65 000 d, plats 80 000-130 000 d ; ⊙11h-23h). Attablez-vous en bas ou asseyez-vous par terre à l'étage, plus traditionnel, pour déguster une délicieuse cuisine vietnamienne, dont certains plats typiques des ethnies du Nord. Les saucisses, les salades fraîches et goûteuses, et le canard à la carambole méritent une mention spéciale. À fréquenter plutôt en groupe afin de goûter à tout.

♥ Nha Hang Ngon   VIETNAMIEN $$
(carte p.64 ; 26A Tran Hung Dao ; plats 80 000-130 000 d ; ⊙11h-23h). Si l'ambiance de cantine bruyante de la première enseigne Quan An Ngon ne vous séduit pas, optez pour celle-ci : la carte met également l'accent sur l'authentique cuisine de rue des quatre coins du Vietnam, et l'atmosphère de cette villa coloniale restaurée, ouverte sur

une cour, est plus romantique. La clientèle locale s'y presse le week-end.

Izakaya Yancha
JAPONAIS $$

(carte p. 64 ; ☑04-3974 8437 ; 121 P Trieu Viet Vuong ; repas 120 000-250 000 d ; ⊙11h-23h). Dans une rue où dominent les cafés vietnamiens, une table dédiée aux du Soleil-Levant, qui propose des *izakaya* (tapas japonaises) dans une ambiance conviviale et animée. Trouvez une place près de la cuisine ouverte et faites votre choix entre toutes sortes de mets d'Osaka, dont d'excellents sashimis au thon, et du miso avec des nouilles udon.

Chay Nang Tam
VÉGÉTARIEN $$

(carte p. 64 ; 79A P Tran Hung Dao ; repas à partir de 100 000 d ; ⊙11h-23h ; ✐). Comment ce restaurant réussit-il à créer, à partir de légumes et de légumineuses, des plats végétariens ayant l'aspect de la viande ? Il s'agit en fait d'une vieille tradition bouddhique vouée à mettre les non-végétariens à l'aise.

Pots 'n Pans
FUSION $$$

(carte p. 64 ; ☑04-3944 0204 ; www.potsnpans. vn ; 57 P Bui Thi Xuan ; plats 295 000-620 000 d ; ⊙11h30-tard). Venez déguster, dans cet espace chic et moderne, une cuisine créative mariant saveurs vietnamiennes et occidentales. Le service, très pro, est assuré par des jeunes défavorisés sortant de l'organisme de formation KOTO. Une excellente carte des vins accompagne des mets comme le bar à la peau croustillante avec boudin de crevettes au gingembre, nouilles au sésame noir, champignons, confiture de piment et sauce tamarin-coco.

✗ Agglomération de Hanoi

Oasis
ÉPICERIE, TRAITEUR $

(24 P Xuan Dieu ; ⊙8h-18h). Épicerie fine, italienne, bien fournie en pains, fromages, charcuteries, pâtes fraîches et sauces. Au nord de la ville, dans Pho Xuan Dieu, rue jalonnée de restaurants dans le quartier du Tay Ho.

♥ Quan Kien
VIETNAMIEN $$

(☑0983 430 136 ; www.quankien.com ; 143 P Nhgi Tam ; plats 80 000-130 000 d ; ⊙11h-23h). Une adresse intéressante pour les spécialités hmong, muong et thaïes – nous vous recommandons le poulet grillé au poivre sauvage –, les *ruou* (alcools de riz) traditionnels parfumés à l'abricot ou à la pomme, et des recettes plus inhabituelles telles que grillons et œufs de fourmis. Installez-vous autour des tables basses et régalez-vous.

Mâu Dich 37
VIETNAMIEN $$

(carte p. 62 ; 37 Nam Trang, Truc Bach ; en-cas 35 000-55 000 d, plats 90 000-180 000 d ; ⊙10h-22h). Inspiré des épiceries d'État d'après 1976, le Mâu Dich 37 surfe sur la vague nostalgique. Les serveurs portent des uniformes et les clients font la queue pour acheter des coupons à remettre en échange des plats. Axée sur les robustes spécialités du Nord, la carte comprend quelques curiosités comme les grenouilles braisées et les escargots aux feuilles de gingembre.

Foodshop 45
INDIEN $$

(☑04-3716 2959 ; www.foodshop45.com ; 59 P Truc Bach ; repas 100 000-150 000 d ; ⊙10h-22h30). L'un des meilleurs restaurants indiens de Hanoi, coincé entre deux restaurants de *lau* (fondue) au bord du lac Truc Bach. Ambiance authentique aux tables rustiques du rez-de-chaussée. Carte épatante, affichant notamment un délicieux poulet *kadhai*.

House of Son Tinh
VIETNAMIEN $$

(☑04-3715 0577 ; www.highway4.com ; 31 P Xuan Dieu, Tay Ho ; repas 100 000-200 000 d ; ⊙10h-23h30). Vitrine de l'empire Highway , cette "maison" accueille, au rez-de-chaussée, le Son Tinh Lounge Bar, un bar à cocktails intime spécialisé dans les mélanges à base de liqueur de Son Tinh. À l'étage, l'élégant restaurant Highway 4 est dédié à la cuisine vietnamienne. Bref, vous ne regretterez pas le court trajet en taxi jusqu'au quartier du Tay Ho.

Kitchen
CAFÉ $$

(7A/40 P Xuan Dieu, Tay Ho ; en-cas et repas 90 000-180 000 d ; ⊙7h-21h30 ; ☎). Ce café en terrasse d'influence mexicaine a tout pour plaire : atmosphère décontractée et carte diétético-créative de délicieux sandwichs et salades bio. Idéal pour le petit-déjeuner ou un jus de fruits (essayez le tonic gingembre-pastèque) après avoir fait le tour du lac Tay Ho à vélo.

♟ Où prendre un verre

Qu'ils soient tendance, décontractés ou proches du tripot, il y a tant de bars et de cafés à Hanoi que vous en trouverez forcément un correspondant à votre humeur. Sans oublier non plus les microbrasseries locales de *bia hoi*.

Sachez toutefois que la police fait appliquer strictement le couvre-feu : les bars doivent être fermés à minuit, ce qui réduit sérieusement la vie nocturne. Quelques lieux pratiquent cependant le "lock-in" (l'endroit est fermé, mais les clients déjà à l'intérieur restent). Renseignez-vous dans les auberges de jeunesse pour savoir quels bars restent ouverts tard.

Pho Ta Hien, une rue de la vieille ville qui aligne nombre de petits bars sympathiques, fait la joie des voyageurs, tout comme Ngo Bao Khan près de la rive nord-ouest du lac Hoan Kiem. Sinon, les étrangers apprécient également Pho Xuan Dieu, dans le quartier du Tay Ho.

Hanoi ne fera pas le bonheur des club-beurs effrénés. Le couvre-feu de minuit étant souvent appliqué, on ne trouvera des pistes de danse que dans quelques bars de la vieille ville et de ses environs.

Bar Betta
CAFÉ-BAR

(carte p. 62 ; www.facebook.com/barbetta34 ; 34 Cao Ba Quat ; ☺9h-24h). De bons cocktails et cafés, sur fond de musique cool, à déguster dans une villa coloniale au décor rétro évoquant l'âge d'or du jazz. Formule "deux bières pour le prix d'une" de 15h à 19h. La terrasse sur le toit (à partir de 20h) est une bénédiction quand il fait lourd.

Manzi Art Space
CAFÉ-BAR

(carte p. 62 ; www.facebook.com/manzihanoi ; 14 Phan Huy Ich, Ba Dinh ; ☺café 9h-24h, boutique 10h-18h). Assortie d'une galerie d'art branchée, cette adresse chic justifie le détour au nord de la vieille ville. La villa coloniale restaurée accueille des expositions de peintures, de sculptures et de photos, tandis que la cour-jardin invite à s'attarder devant un café ou un verre de vin. Sur place, une petite boutique vend des œuvres d'artistes vietnamiens contemporains.

LA CULTURE DES CAFÉS À HANOI

Les cafés à l'occidentale se multiplient dans les cités vietnamiennes, mais beaucoup font pâle figure à côté des cafés traditionnels que l'on trouve dans le centre de Hanoi. Voici quelques adresses très couleur locale, pour la plupart ouvertes de 7h environ à 19h. À la lisière est de la vieille ville, Pho Nguyen Huu Huan est jalonnée d'établissements intéressants, équipés pour la plupart du Wi-Fi, gratuit.

Café Duy Tri (43A P Yen Phu). Un classique de la ville en matière de café, depuis 1936. Vous vous sentirez comme Gulliver en négociant votre passage par les étroits escaliers très raides pour atteindre le balcon du 3e étage. Le *caphe sua cha* (café glacé avec du yaourt) vous fera fondre. Pho Yen Phu se trouve à deux ou trois pâtés de maisons à l'est du lac Truc Bach, au nord de la vieille ville.

Cafe Pho Co (carte p. 58 ; 11 P Hang Gai). Ce trésor caché offre une vue sublime sur le lac Hoan Kiem. Entrez par la boutique de soieries, passez par la cour au charme ancien et montez au dernier étage pour jouir de la vue. La commande se fait avant d'attaquer l'escalier final, en colimaçon. Laissez-vous tenter par le *caphe trung da* (café nappé d'un blanc d'œuf battu très onctueux), délicieusement exotique.

Cafe Lam (carte p. 54 ; 60 P Nguyen Huu Huan). Voilà une autre maison établie depuis des lustres – assez longtemps pour se constituer une petite galerie de peintures laissées par des clients talentueux qui n'avaient pas de quoi payer la note pendant la guerre du Vietnam. Aujourd'hui, vous y côtoierez plutôt une jeunesse branchée venant faire le plein de *caphe den* (café noir) très fort.

Cong Caphe (carte p. 64 ; 152 P Trieu Viet Vuong). Pho Trieu Viet Vuong est un lieu de pèlerinage pour les inconditionnels du café : la rue est bordée de cafés, des enseignes modernes où sont attablés des adolescents jouant avec le dernier smartphone à la mode aux établissements vieille école. Éclectisme et souvenirs communistes kitsch sont au rendez-vous au Cong Caphe, à apprécier autour d'un *caphe sua da* (café glacé au lait concentré). Il possède une autre **enseigne** (carte p. 62 ; 32 P Diên Biên Phu) près du musée d'Histoire militaire, en direction du mausolée de Hô Chi Minh.

Cafe Linh (carte p. 54 ; 65 P Hang Buom). Échappez au chaos de la vieille ville dans ce fascinant café décoré de souvenirs militaires de la guerre du Vietnam. Des mortiers et des grenades ont été transformés en lampe et des parachutes kaki se déploient au plafond. La musique – souvent des standards de la soul et du rock des années 1960-1970 – contribue à l'ambiance branchée.

À NE PAS MANQUER

BIA HOI

"Tram phan tram !" C'est à ce cri ("Cent pour cent !", que l'on pourrait traduire par "cul sec !") que des milliers de verres de *bia hoi* (bière pression) sont vidés chaque jour au Vietnam.

Produite de manière on ne peut plus artisanale, la *bia hoi* est une bière légère et rafraîchissante, de type Pilsener, introduite au Vietnam par les Tchèques, et devenue depuis une particularité locale bien ancrée, servie partout. Destinée à être bue immédiatement, cette bière brassée sans aucun conservateur fait le bonheur des consommateurs, moyennant seulement 5 000 d le verre.

Hanoi étant la capitale de la *bia hoi*, vous trouverez des microbrasseries à presque tous les coins de rue. Le **carrefour des microbrasseries** (carte p. 54), à l'angle de Pho Ta Hien et de Pho Luong Ngoc Quyen, dans la vieille ville, jouit d'une grande popularité, mais ses microbrasseries, désormais remplies de voyageurs, ont perdu un peu de leur charme.

Un autre "carrefour" à *bia hoi*, plus couleur locale, donne sur l'angle de Pho Nha Hoa et de Pho Duong Thanh, à la lisière ouest de la vieille ville. Si vous voulez grignoter quelque chose pour accompagner la bière, le **Bia Hoi Ha Noi** (carte p. 54 ; 2 P Duong Thanh) propose les meilleurs travers de porc de la ville. Vous passerez également une très bonne soirée au **Nha Hang Lan Chin** (carte p. 58 ; angle P Hang Tre et P Hang Thung), à l'angle de Pho Hang Tre et de Pho Hang Thung, réputé pour son *vit quay* (canard rôti).

Summit Lounge   BAR
(20e ét., Sofitel Plaza, 1 Ð Thanh Nien ; ◷16h30-tard). Ce bar-lounge perché au 20e étage offre sans conteste la plus belle vue panoramique sur Hanoi. Commandez un cocktail (onéreux) ou une bière, et installez-vous sur la terrasse extérieure pour contempler le lac Truc Bach et le paysage urbain.

Cama ATK   BAR
(carte p. 64 ; www.cama-atk.com ; 73 P Mai Hac De ; ◷18h-24h mer-sam). Rejoignez, au sud du lac Hoan Kiem, ce bar bohème géré par le CAMA (Club for Art and Music Appreciation), qui programme des concerts et DJ en tout genre, ainsi que des courts-métrages expérimentaux et autres événements alternatifs.

Quan Ly   BAR
(carte p. 64 ; 82 P Le Van Hu ; ◷10h-21h). Le propriétaire de l'établissement, Pham Xuan Ly, habite dans l'immeuble depuis 1950 et tient l'un des bars à *ruou* (alcool local, de riz en général) les plus traditionnels de la ville Laissez-vous tenter par celui au gingembre, et aventurez-vous du côté des variations autour du gecko. Vous pourrez aussi commander, pour trois fois rien, une bière et de bons plats vietnamiens.

Blah Blah   BAR
(carte p. 58 ; 59B P Hang Be ; ◷7h-tard). Avec son atmosphère sans prétention et sa musique ad hoc, le bar le plus cosy de Hanoi favorise les rencontres entre voyageurs. La soirée quiz du vendredi (20h) nous a beaucoup plu. Si vous parvenez à réunir une équipe, peut-être gagnerez-vous une bouteille de whisky, à condition de ne pas tricher en utilisant votre portable.

Cheeky Quarter   BAR
(carte p. 54 ; ☎0936 143 3999 ; 1 P Ta Hien ; ◷12h-4h). Un petit bar très convivial, au décor excentrique (papier peint orné de surprenants portraits de famille), tenu par un couple anglo-vietnamien. Le baby-foot est une activité que l'on prend très au sérieux ici. En fond sonore, du drum'n'bass ou de la musique house.

Le Pub   PUB
(carte p. 54 ; ☎04-3926 2104 ; 25 P Hang Be ; ◷7h-tard). Un "pub" sympathique et douillet, où touristes, expatriés et habitants se retrouvent pour prendre un verre dans la bonne humeur. Grands écrans à l'intérieur pour les amateurs de foot, terrasse sur la rue et cour à l'arrière. En-cas servis, avec efficacité, en accompagnement, et musique souvent connue.

Mao's Red Lounge   BAR
(carte p. 54 ; 5 P Ta Hien ; ◷12h-tard). L'un des bars les plus fréquentés de Ta Hien, incontournable pour ses soirées du week-end. Cadre élégant, lumière tamisée, épaisses volutes de fumée. Les boissons sont bon marché, et la musique est bonne en règle

générale ; si vous n'aimez pas ce qui passe, demandez simplement à connecter votre i-Pod à la sono.

Funky Buddha   BAR
(carte p. 54 ; 2 P Ta Hien ; ☺12h-tard). Rejoignez la foule qui se presse dans ce bar en forme de L et appréciez-y d'excellents cocktails. Une fois que la techno et la house démarrent, le Funky Buddha tient davantage de la boîte de nuit. Avec ses boissons bon marché, il attire les voyageurs des auberges de jeunesse voisines.

Angelina   BAR
(carte p. 58 ; Sofitel Metropole Hotel, 15 P Ngo Quyen ; ☺12h-2h). Un bar d'hôtel (chic) au décor flamboyant, et qui reste ouvert tard. Le week-end, les DJ sont aux commandes, alternant house et musique d'ambiance. Également dans le Sofitel Metropole, le **Bamboo Bar**, au bord de la piscine, s'agrémente d'un élégant décor colonial.

Legend Beer   PUB
(carte p. 58 ; ☎04-3557 1277 ; 109 P Nguyen Tuan ; ☺11h-tard). Certes, l'endroit est un brin touristique en raison de la vue sur le lac Hoan Kiem depuis le balcon, mais la bière fraîche justifie d'y faire un saut. N'oubliez pas votre appareil photo pour saisir en images l'incessant va-et-vient des motos autour du rond-point le plus encombré de la ville.

Green Mango   BAR
(carte p. 54 ; 18 P Hang Quat ; ☺12h-23h). Cet hôtel-restaurant réputé abrite aussi un

HANOI GAY ET LESBIEN

Les vraies adresses gays sont très rares à Hanoi, mais de nombreux établissements sont *gay-friendly*. Toutefois, l'attitude conservatrice des autorités fait que la prudence reste de mise. Les descentes de police au nom de la "morale" ne sont pas rares et poussent les homosexuels à se faire discrets.

Le GC Pub (ci-contre) vient en tête parmi les bars gays de Hanoi, et permet de connaître les nouveaux lieux de sortie. Côté hébergement, le Art Hotel (p. 70) et le Art Trendy Hotel (p. 70) sont *gay-friendly*.

Le site Internet www.utopia-asia. com (en anglais) donne les dernières informations sur la communauté gay.

bar-lounge élégant et confortable. Le beau monde de Hanoi apprécie l'atmosphère décontractée et les cocktails, irrésistibles, de ce havre de paix.

Dragonfly   BAR
(carte p. 54 ; 15 P Hang Buom ; ☺16h-tard). Boîte de nuit de la vieille ville, qui attire une foule très jeune, avec une musique grand public.

Rooftop Bar   BAR
(carte p. 62 ; 19e ét., Pacific Place, 83B P Ly Thuong Kiet ; ☺12h-24h). La bière et les cocktails ne sont pas donnés, mais on vient avant tout pour la vue sur la ville. La jeunesse dorée locale prise particulièrement ce lieu.

GC Pub   PUB
(carte p. 58 ; ☎04-3825 0499 ; 7 P Bao Khanh ; ☺12h-24h). Assez délabré de l'extérieur mais très vivant à l'intérieur, surtout le week-end. L'endroit a la faveur des gays et possède des billards.

☆ Où sortir

Cinémas

Centre Culturel Français de Hanoi   CINÉMA
(carte p. 58 ; www.ifhanoi-lespace.com ; 24 P Trang Tien). Installé dans le magnifique bâtiment L'Espace, près de l'Opéra. On y projette régulièrement des films français. Des concerts y sont également organisés ; renseignements sur le site.

Cinémathèque   CINÉMA
(carte p. 58 ; ☎04-3936 2648 ; 22A P Hai Ba Trung). Une institution de Hanoi, très appréciée des amoureux du cinéma d'art et d'essai. Agréable petit café-bar sur place. L'accès est réservé aux abonnés, mais il suffit pour l'être de s'acquitter d'une cotisation de 50 000 d.

Megastar Cineplex   CINÉMA
(carte p. 64 ; ☎04-3974 3333 ; www.megastar.vn ; 6e niveau, Vincom Tower, 191 Ba Trieu). Multiplexe moderne, avec grand écran, bonne sono et sièges confortables. Vous pourrez y voir des grosses productions quelques jours avant la sortie des DVD correspondants, vendus des clopinettes dans la vieille ville.

Marionnettes sur l'eau

Hanoi accueille les plus beaux spectacles de cet art fantastique, originaire du Nord. Ils se déroulent au **Théâtre municipal des marionnettes sur l'eau** (carte p. 54 ; ☎04-3824 9494 ; www.thanglongwaterpuppet.org ; 57B P Dinh Tien Hoang ; 60 000-100 000 d, appareil photo 20 000 d, vidéo 60 000 d ; ☺spectacles à

LE THÉÂTRE DE MARIONNETTES SUR L'EAU

L'art millénaire des marionnettes sur l'eau (*roi nuoc*), qui demeura confiné au nord du Vietnam jusque dans les années 1960, était à l'origine un passe-temps des paysans, qui travaillaient toute la journée dans les rizières du delta du fleuve Rouge. Les versions divergent quant à la naissance de ces "spectacles" : ces paysans auraient considéré la surface de l'eau comme une scène toute trouvée, ou bien ils auraient décidé, après une inondation du delta, d'adapter l'art des marionnettes traditionnelles.

Quoi qu'il en soit, ils sculptaient les marionnettes dans du bois de figuier (*sung*), matériau imputrescible, en s'inspirant des habitants de leur village, des animaux qui les entouraient ou des créatures mythiques (dragon, phénix ou licorne). Les représentations avaient lieu sur des étangs, des lacs ou des rizières inondées.

Les spectacles se donnent aujourd'hui dans un bassin de forme carrée (la "scène") dont l'eau est obscurcie, afin de dissimuler les mécanismes actionnant les marionnettes. Recouvertes d'une peinture brillante à base de pigments végétaux, celles-ci peuvent mesurer jusqu'à 50 cm et peser jusqu'à 15 kg. Leur vie n'excédant pas trois à quatre mois quand elles servent en continu, leur fabrication occupe à plein temps plusieurs villages des environs de Hanoi.

Chaque représentation nécessite onze marionnettistes, qui ont tous suivi une formation d'au moins 3 ans. Plongés dans l'eau jusqu'à la taille, ils sont dissimulés derrière un écran de bambou. Souffrant autrefois de différentes affections liées à leur présence constante dans l'eau, les artistes portent de nos jours des combinaisons qui leur évitent ces maladies professionnelles.

Certaines marionnettes sont simplement fixées à de longues tiges de bambou ; d'autres sont placées sur une base flottante, elle-même fixée à une tige. Elles ont pour la plupart une tête et des membres articulés et, parfois, un gouvernail pour les diriger. Dans la pénombre, on a l'impression de les voir littéralement se mouvoir seules sur l'eau. Les techniques complexes de manipulation des marionnettes, gardées secrètes par tradition, ne se transmettaient jadis que de père en fils (jamais de père en fille, pour éviter, si la fille se mariait à un homme étranger au village, qu'elle ne lui livre le secret).

Dans le *roi nuoc*, la musique a autant d'importance que l'action. L'orchestre comprend des flûtes en bois (*sao*), des gongs (*cong*), des tambours (*trong com*), des xylophones en bambou et l'étonnante cithare monocorde (*dan bau*).

Le spectacle comprend une succession de tableaux évoquant aussi bien des scènes de la vie quotidienne que des légendes. Une scène mémorable illustre la lutte entre un pêcheur et sa proie ; elle est si réaliste que le poisson semble vivant. D'autres tableaux figurent des dragons crachant du feu (réalisé avec des techniques d'artificier) ou un jeune garçon jouant de la flûte sur le dos d'un buffle.

Le spectacle est très divertissant. Les marionnettes sont drôles et gracieuses, et l'eau met merveilleusement l'intrigue en valeur, en permettant aux marionnettes d'apparaître et de disparaître comme par magie. Attention aux éclaboussures aux premiers rangs.

15h30, 17h, 18h30, 20h et 21h15 tlj, 10h30 sam, 9h30 dim). Les programmes multilingues permettent de lire les paroles au fur et à mesure du spectacle. Essayez de réserver un peu à l'avance.

Musique

Le temple de la Littérature accueille tous les jours des concerts de musique traditionnelle. Sinon, les restaurants vietnamiens haut de gamme du centre-ville sont aussi de bons endroits où écouter de la musique traditionnelle. Parmi eux, citons le **Cay Cau** (carte p. 64 ; ☑ 04-3824 5346 ; 17A P Tran Hung

Dao ; ⊙19h30-21h30), dans le De Syloia Hotel. Pour des musiques actuelles, direction le bar Cama ATK (p. 79).

Opéra de Hanoi   OPÉRA
(carte p. 58 ; ☑ 04-3993 0113 ; 1 P Trang Tien). Cet édifice colonial datant de 1911 peut accueillir 900 personnes. C'est l'une de ses loges que le Comité du peuple annonça, le 16 août 1945, la prise de la ville par le Viêt-minh. Des concerts de musique classique et des opéras y sont régulièrement donnés en soirée, et l'ambiance est fabuleuse. Le week-end, vous verrez souvent des

mariés se faire photographier devant les marches de l'édifice. Programmation sur www.ticketvn.com.

Ca trù
MUSIQUE TRADITIONNELLE

(carte p.54 ; 42 P Hang Bac ; 220 000 d ; ⊙20h mer, ven-sam). Des concerts de *Ca trù* sont donnés dans le cadre intimiste d'une maison avec cour restaurée de la vieille ville. Cette forme de poésie chantée typique du nord du Vietnam, qui compte une centaine de mélodies, a été classée (2009) par l'Unesco sur la Liste du patrimoine immatériel nécessitant une sauvegarde urgente. Les groupes de *Ca trù* sont composés de trois personnes : une chanteuse, qui utilise des techniques respiratoires et le vibrato pour produire des ornementations sonores uniques, ainsi que deux instrumentistes qui l'accompagnent de la sonorité profonde d'un luth à trois cordes et du rythme énergique d'un tambour d'éloge.

Vietnam National Tuong Theatre
OPÉRA

(carte p.54 ; www.vietnamtuongtheatre.com ; 51 P Duong Thanh ; 100 000 d ; ⊙18h30 jeu-dim). Le *hat tuong* est une adaptation vietnamienne de l'opéra chinois, qui a connu son âge d'or sous le règne de la dynastie des Nguyên au XIXᵉ siècle. Jusqu'en 2007, on ne pouvait assister aux représentations dans ce théâtre que sur invitation. Elles sont désormais ouvertes à tous. Un spectacle de *hat tuong* est une forme d'art traditionnel bien distincte du théâtre de marionnettes sur l'eau, elle aussi très codifiée et raffinée, et tout aussi intéressante.

Hanoi Rock City
MUSIQUE LIVE

(www.hanoirockcity.com ; 27/52 To Ngoc Van, Tay Ho). Hanoi a enfin une vraie salle de concerts dédiée aux musiques actuelles, avec mélange éclectique de reggae, de hip-hop, de punk local et d'électro, et à des DJ sortant de l'ordinaire. Quelques manifestations internationales. Renseignements sur le site www.newhanoian.xemzi.com. Le Hanoi Rock City est situé au bout d'une allée résidentielle, à 7 km au nord de la ville, près du Tay Ho.

Jazz Club By Quyen Van Minh
MUSIQUE LIVE

(carte p.62 ; www.minhjazzvietnam.com ; 65 Quan Su ; ⊙concerts 21h-23h30). Pour les inconditionnels des jam-sessions. Le propriétaire, Minh, professeur de saxophone, fait ici des bœufs en compagnie de musiciens talentueux, dont son fils Dac, et de jazzmen de réputation internationale. Bar bien fourni et restauration sur place. Consultez le site Internet pour la programmation

🏠 Achats

Hanoi est une ville où vous aurez mille occasions de vous faire plaisir. Si vous avez envie de vêtements ou d'articles de décoration de belle qualité, le quartier de la cathédrale Saint-Joseph est tout indiqué. Pho Nha Tho et Pho Au Trieu notamment sont bordées de quantité de boutiques intéressantes – et les cafés sont nombreux alentour. En matière d'artisanat vietnamien, dont des textiles et des objets en laque, allez fouiner dans les boutiques de Pho Hang Gai, Pho To Tich, Pho Hang Khai et Pho Cau Go.

La plupart des galeries d'art ont élu domicile dans Pho Trang Tien, entre le lac Hoan Kiem et l'Opéra. Vous pouvez aussi faire un tour du côté du musée des Beaux-Arts, où quelques galeries intéressantes exposent de jeunes talents. Sinon, la boutique de l'élégant café-bar Manzi Art Space (p. 78) vend des œuvres d'artistes locaux.

Dans Pho Hang Gai et son prolongement, Pho Hang Bong, vous trouverez des nappes, des T-shirts et des tableaux brodés. C'est aussi l'endroit idéal pour acheter de la soie et se faire confectionner des vêtements sur mesure.

Bookworm
LIVRES

(carte p.62 ; www.bookwormhanoi.com ; 44 Chau Long ; ⊙9h-19h). Propose plus de 10 000 titres en anglais, neufs ou d'occasion, dont des romans, ainsi que des ouvrages pointus sur l'Asie du Sud, en matière d'histoire et de politique.

Librairie Thang Long
LIVRES

(carte p.58 ; 53-55 P Trang Tien ; ⊙9h-18h). Non loin du lac Hoan Kiem, l'une des plus grandes librairies de la ville. Ouvrages en anglais et presse étrangère, en plus d'une bonne sélection d'ouvrages sur l'histoire de Hanoi et du Vietnam, dont quelques-uns en français.

Dome
DÉCORATION

(carte p.62 ; ☑04-3843 6036 ; www.dome.com.vn ; 10 P Yen The ; ⊙9h-18h). L'un des plus beaux magasins de décoration. Magnifiques rideaux et coussins dans de superbes tissus vietnamiens. Articles de vannerie, laques et mille et un cadeaux.

Hanoi Moment
ARTISANAT

(carte p.58 ; www.hanoimoment.vn ; 101 P Hang Gai ; ⊙8h-21h). Des produits de l'artisanat vietnamien, dont des laques, des bijoux et de jolis objets en bambou, pierre ou porcelaine, qui tranchent avec la débauche de T-shirts des boutiques alentour.

Tan My Design
VÊTEMENTS

(carte p. 58 ; www.tanmydesign.com ; 61 P Hang Gai ; ⊕8h-20h). Vous y découvrirez une belle variété de vêtements, bijoux et accessoires raffinés, et pourrez faire une pause dans le café design. Jetez aussi un coup d'œil aux draps et aux autres articles pour la maison.

Metiseko
MODE ET DÉCORATION

(carte p. 54 ; www.metiseko.com ; 71 P Hang Gai ; ⊕8h-21h). Une collection écolo-chic de vêtements, accessoires et articles pour la maison en coton et soie bio.

Things of Substance
VÊTEMENTS

(carte p. 58 ; ☎04-3828 6965 ; 5 P Nha Tho ; ⊕9h-18h). Boutique de vêtements, dont certains très originaux, qui fait du sur-mesure à prix abordables. Le personnel, très professionnel, parle bien anglais.

Three Trees
ACCESSOIRES

(carte p. 58 ; ☎04-3928 8725 ; 15 P Nha Tho ; ⊕9h-19h). Des bijoux de créateurs très originaux, dont de délicats colliers qui feront des cadeaux raffinés.

Mai Gallery
ART

(carte p. 62 ; ☎04-3828 5854 ; www.maigallery-vietnam.com ; 113 P Hang Bong ; ⊕9h-19h). Tenue par l'artiste Mai, qui habite sur place, une bonne adresse pour en apprendre un peu plus sur l'art vietnamien avant d'en acheter.

Viet Art Centre
ART

(carte p. 64 ; ☎04-3942 9085 ; www.vietartcentre. vn ; 42 P Yet Kieu ; ⊕9h-17h). Cet excellent centre artistique présente des œuvres contemporaines vietnamiennes : peintures, photographies et sculptures. Décidez tranquillement de votre achat dans le plaisant petit café.

Mekong Quilts
ARTISANAT

(carte p. 54 ; www.mekong-quilts.org ; 13 P Hang Bac ; ⊕8h-20h). Jolis dessus-de-lit faits à la main par des femmes de zones rurales dans le cadre d'un programme de développement communautaire.

Craft Link
ARTISANAT

(carte p. 62 ; ☎04-3843 7710 ; www.craftlink. vn ; 43 P Van Mieu ; ⊕9h-18h). Près du temple de la Littérature, cette organisation à but non lucratif propose, à prix raisonnables, de beaux objets d'artisanat, dont des tissages fabriqués par diverses ethnies, mais aussi de jolis vêtements et accessoires.

Mosaique
DÉCORATION

(carte p. 58 ; www.mosaiquedecoration.com ; 6 P Ly Quoc Su ; ⊕9h-20h). Des objets en laque et des soieries mises au goût du jour. L'endroit idéal pour dénicher d'élégantes housses de coussins, du linge de maison et des accessoires.

Indigenous
ARTISANAT

(carte p. 58 ; 36 P Au Trieu ; ⊕9h-18h). Un trésor de boutique pour trouver des cadeaux ethniques et originaux, ainsi qu'un excellent café équitable, à goûter dans la partie café avant d'en acheter.

Marchés

Marché Buoi
MARCHÉ

(⊕6h-14h). Situé près de l'extrémité sud-ouest du Tay Ho, à l'intersection de Duong Buoi et de Lac Long Quan, ce marché est célèbre pour ses animaux vivants (poulets, canards, cochons, etc.) et ses plantes d'ornement.

Marché Dong Xuan
MARCHÉ

(carte p. 54 ; ⊕6h-19h). Les touristes ne visitent guère ce vaste marché de la vieille ville, à 900 m au nord du lac Hoan Kiem. Ses centaines de stands sont pourtant fascinants à explorer : la vraie vie de la rue est là. Il y a également quantité de boutiques fréquentées alentour et la zone de restauration, au 3e étage, est idéale pour manger sur le pouce.

Marché Hom
MARCHÉ

(carte p. 64 ; ⊕6h-17h). À l'angle nord-est de Pho Hué et de Pho Tran Xuan Soan, un grand marché où l'on trouve de tout. Si vous avez l'intention de vous faire confectionner des vêtements, c'est l'endroit idéal pour l'achat de vos tissus.

Marché nocturne
MARCHÉ

(carte p. 54 ; ⊕19h-24h ven-dim). Ce marché s'étend du nord au sud de la vieille ville, de Pho Hang Giay jusqu'à Pho Hang Dao. Ce n'est guère plus qu'une extension des nombreuses boutiques qui émaillent la vieille ville, mais du moins les rues sont fermées à la circulation. Attention aux pickpockets.

ⓘ Renseignements

ACCÈS INTERNET

La plupart des hôtels économiques et de catégorie moyenne proposent un accès Internet gratuit, à la réception ou dans les chambres selon le standing.

Presque tous les bars et cafés de la ville disposent du Wi-Fi, gratuit. Par contre, les cybercafés ont quasiment disparu. Prévoyez par conséquent tablette ou smartphone.

ARGENT

Les distributeurs automatiques de billets (DAB) ne manquent pas à Hanoi. Sur les principales artères autour du lac Hoan Kiem, vous trouverez des banques internationales, où changer vos billets et retirer de l'argent. Il n'y a pas de marché noir à Hanoi : si l'on vous propose de changer votre argent dans la rue, c'est qu'on veut vous le voler. Attention, certains DAB limitent les retraits à 3 000 000 d. Ceux des banques HSBC et ANZ ont généralement un seuil supérieur.

CARTES

Vous trouverez des plans de Hanoi de toutes tailles et à toutes les échelles. Certains sont gratuits, d'autres ont l'avantage de la précision d'un travail de cartographes.

Parmi les meilleures cartes, il en existe au 1/10 000 ou au 1/17 500. Covit édite deux plans en trois dimensions de Hanoi, dessinés à la main, dont un plan détaillé de la vieille ville qui fera un joli souvenir. Ces cartes et d'autres sont en vente dans les principales librairies de Hanoi.

Il existe aussi un excellent plan de bus : *Xe Buyt Ha Noi* (5 000 d).

DÉSAGRÉMENTS ET DANGERS

La bonne nouvelle d'abord : Hanoi est une ville très sûre, où les agressions contre les touristes sont extrêmement rares. La plupart des visiteurs succombent à son charme, et repartent ravis de leur séjour. Cependant, même s'il n'y a en principe pas de risque à se promener la nuit dans les rues de la vieille ville, évitez les ruelles sombres après 22h. Nous recommandons aux femmes seules de prendre un taxi équipé d'un compteur, ou une moto-taxi pour traverser la ville de nuit. Méfiez-vous aussi des pickpockets qui opèrent aux alentours des marchés, et des personnes qui s'offrent pour "surveiller" vos bagages dans les terminaux bondés, surtout sur les quais de gare au départ des trains de nuit.

Hanoi, comme toutes les villes, a son lot de commerçants malhonnêtes et d'escrocs. Soyez vigilant. Les problèmes les plus fréquents concernent les hôtels et les agences de voyages bon marché. Bien que les choses dégénèrent rarement, nous avons eu écho d'agressions verbales, ou physiques, à l'endroit de touristes refusant une chambre d'hôtel ou un circuit. Mieux vaut, le cas échéant, garder son calme et s'éloigner lentement pour éviter que la situation ne se complique.

La circulation et la pollution sont d'autres facteurs de désagrément. Le trafic est tellement dense en ville, et continuel, que traverser la rue devient un casse-tête, et se frayer un chemin à travers le flot des motos (quelque 2 millions), une expérience risquée. Nous vous conseillons de marcher d'un pas lent et régulier : vous donnez ainsi aux motocyclistes le temps de vous voir et de vous éviter. Ne faites pas de mouvements brusques, cela ne fera que les perturber. Ne vous laissez pas distraire quand vous explorez la vieille ville, car les motos arrivent sur vous de toutes les directions, et les trottoirs sont encombrés de cuisines ambulantes et d'autres nombreuses motos.

Le niveau de la pollution est assez sévère et la qualité de l'air, médiocre (la concentration de certains résidus toxiques est plus élevée qu'à Bangkok).

Escroqueries fréquentes

Ne soyez pas paranoïaque, mais sachez qu'à Hanoi de nombreuses escroqueries sont inextricablement liées. Par exemple, la mafia des taxis et des minibus embarque les touristes à l'aéroport pour les conduire, sans qu'ils s'en

---

MÉFIEZ-VOUS DE LA MAFIA HÔTELIÈRE

C'est une pratique qui se retrouve dans le monde entier, et Hanoi ne fait pas exception. De nombreux chauffeurs qui attendent à l'aéroport de Noi Bai travaillent de mèche avec des hôtels et des agences de voyages de Hanoi. Ils connaissent toutes les ruses, et sont en général munis des cartes de tous les hôtels petits budgets populaires. "Il est complet aujourd'hui" fait partie des réponses classiques comme "il y en a un deuxième, tout nouveau, beaucoup plus joli". En général, ce n'est qu'un tissu de mensonges. Votre meilleure défense consiste à insister en disant que vous avez déjà réservé. Même s'il s'avère que l'hôtel est effectivement complet, vous pouvez poursuivre par vous-même vos recherches. Quant aux minibus de Vietnam Airlines, mieux vaut en descendre devant le bureau de la compagnie, généralement le premier arrêt dans le centre. Sinon, vous serez entraîné dans le tour interminable des hôtels de la vieille ville, qui reversent des commissions. Une autre bonne formule consiste à réserver sa chambre bien à l'avance et à organiser son transfert depuis l'aéroport. Quelqu'un vous attendra avec un panneau portant votre nom ou celui de l'hôtel et vous sortirez de l'aéroport sans vous soucier des rabatteurs de taxi.

rendent compte, dans un autre hôtel que celui demandé. À tous les coups, cet hôtel s'est approprié le nom d'un autre établissement très fréquenté, et fera tout pour extorquer le plus d'argent possible à son client. L'arnaque est aussi de plus en plus fréquente dans les taxis. Essayez d'éviter de vous faire accoster par des chauffeurs de taxi aux gares routières de Hanoi : beaucoup ont le compteur prompt à défiler !

De jeunes cireurs de chaussures et des conducteurs de cyclo-pousse ont tendance à ajouter un zéro ou deux au prix agréé ; soyez ferme, ne payez que la somme négociée au départ.

Autour du lac Hoan Kiem, il n'est pas rare qu'une femme soit abordée par un aimable inconnu. Le scénario varie, mais l'imposteur joue souvent à l'étudiant. Les gays sont aussi l'objet de la même manœuvre. Le nouvel ami propose d'aller dans un karaoké, un restaurant où manger du serpent, ou autre, et tout se passe bien jusqu'au moment où arrive une addition de 100 $US ! Restez sur vos gardes et fiez-vous à votre instinct, et non au charme souvent irrésistible de l'escroc.

Des lecteurs hommes nous ont aussi raconté avoir été abordés par des femmes, tard le soir, dans la vieille ville, puis forcés par leurs complices, sous la menace d'une arme, à vider leur compte en banque en retirant de l'argent à plusieurs distributeurs. Soyez vigilant, et essayez de rester en groupe lorsque vous marchez de nuit.

OFFICE DU TOURISME

Centre d'information touristique (Tourism Information Center ; carte p. 54 ; ☑04-3926 3366 ; P Dinh Tien Hoang ; ⊗9h-19h). Cet organisme privé fournit des plans de la ville et des dépliants, mais cherche surtout à vendre ses circuits. Procurez-vous l'excellent magazine local *The Word*, dans les cafés et les bars de la vieille ville.

POSTE

Poste nationale (Buu Dien Trung Vong ; carte p. 58 ; ☑04-3825 7036 ; 75 P Dinh Tien Hoang ; ⊗7h-21h). Uniquement pour l'envoi et la réception de courrier sur le territoire. Vente de timbres de collection.

Poste internationale (carte p. 58 ; ☑04-3825 2030 ; angle P Dinh Tien Hoang et P Dinh Le ; ⊗7h-20h). Possède sa propre entrée, à droite de la poste nationale.

DHL (carte p. 62 ; ☑04-3733 2086 ; www.dhl.com.vn)

Federal Express (☑04-3824 9054 ; www.fedex.com/vn)

SERVICES MÉDICAUX

Hanoi Family Medical Practice (☑04-3843 0748 ; www.vietnammedicalpractice.com ;

Van Phuc Diplomatic Compound, 298 P Kim Ma ; ⊗24h/24). Situé à quelques centaines de mètres à l'ouest du mausolée de Hô Chi Minh, ce cabinet est géré par une équipe internationale de médecins et de dentistes renommés. Service d'urgences 24h/24. Les tarifs y sont très élevés.

Hôpital français de Hanoi (☑04-3577 1100, urgences 04-3574 1111 ; http://fr.hfh.com.vn ; 1 Phuong Mai ; ⊗24h/24). Établi de longue date, un hôpital de standard international avec service d'urgences, unité de soins intensifs, clinique dentaire et services de consultations. À 3 km au sud-ouest du lac Hoan Kiem.

Hôpital Viet Duc (Benh Vien Viet Duc ; carte p. 58 ; ☑04-3825 3531 ; 40 P Trang Thi ; ⊗24h/24). Situé dans la vieille ville, il dispose d'un service de chirurgie d'urgence. Les médecins parlent français, entre autres.

SOS International Clinic (☑04-3826 4545 ; www.internationalsos.com ; 51 Xuan Dieu ; ⊗24h/24). Cette clinique internationale dispose d'un service dentaire. On y parle notamment le français. À 5 km au nord du centre de Hanoi, près du Tay Ho (lac de l'Ouest).

Médecine traditionnelle

Institut d'acupuncture (☑04-3853 3881 ; 49 P Thai Thinh ; ⊗8h-11h30 et 14h-16h30). À 4 km au sud-ouest du lac Hoan Kiem, il prodigue des soins de médecine douce.

Institut national de médecine traditionnelle (carte p. 64 ; ☑04-3826 3616 ; 29 P Nguyen Binh Khiem ; ⊗7h30-11h30 et 13h30-16h). Pour connaître les traitements traditionnels vietnamiens.

SITES INTERNET

Hanoi Grapevine (www.hanoigrapevine.com). Informations sur les concerts, les expositions d'art et les films.

Hanoi, patrimoine et identité (www.toulouse-hanoi.org). Site en français de la coopération entre les villes de Hanoi et Toulouse pour la sauvegarde du vieux quartier de la capitale.

Hanoi-Vietnam (www.hanoi-vietnam.fr). Animé par trois jeunes Vietnamiennes francophones, ce blog fourmille d'informations sur Hanoi et de bonnes adresses.

Infoshare (www.infosharehanoi.com). Surtout destiné aux expatriés, ce site contient aussi des informations utiles aux simples visiteurs et des liens vers d'autres portails intéressants.

Le Courrier du Vietnam (http://lecourrier.vn). Le site du seul journal en français du Vietnam, hebdomadaire paraissant le jeudi publié par l'Agence vietnamienne d'information (AVI).

Sticky Rice (www.stickyrice.typepad.com). Le site anglais des fines bouches de Hanoi : pour connaître toutes les adresses gourmandes, du restaurant raffiné à l'échoppe de rue.

DANS LE DÉDALE DES AGENCES DE VOYAGES DE HANOI

Il y a à Hanoi des centaines d'agences de voyages, dont beaucoup de piètre qualité, et certaines à éviter à tout prix. La plupart des tour-opérateurs douteux sont de mèche avec le personnel d'hôtels bon marché de la vieille ville. Certains hôtels jetteraient même à la rue les clients qui réservent leur circuit ailleurs. Assurez-vous toujours lors de la réservation qu'il n'est pas obligatoire de réserver des circuits auprès de l'hôtel.

Méfiez-vous également des clones d'agences de voyages réputées : il n'est pas rare qu'un concurrent s'installe près d'une enseigne respectée afin de récupérer une partie de sa clientèle. Avant tout achat, vérifiez bien les adresses et les sites Internet.

Quelques agences très pro, mais aussi plus chères, organisent d'excellents circuits. Préférez celles privilégiant les petits groupes et possédant leurs propres guides et véhicules, qui vous feront sortir des sentiers battus. Voici quelques adresses fiables (voir aussi p. 504) :

Asiatica Travel (☑au Vietnam 6266 2816, en France 0805 470 600 ; www.asiatica-travel. com ; A1203, Building M3-M4, 91 Nguyen Chi Thanh, Dong Da, Hanoi). Agence francophone très professionnelle, aussi présente à Hué et à HCMV.

Ethnic Travel (carte p. 54 ; ☑04-3926 1951 ; www.ethnictravel.com.vn ; 35 P Hang Giay ; ◎9h-18h lun-sam, 10h-17h dim). Circuits hors des sentiers battus, en petits groupes, dans le Nord. Randonnées à pied, à vélo, et cuisine. Également des circuits dans la baie de Bai Tu Long. Dispose aussi d'un bureau à Sapa.

Free Wheelin' Tours (carte p. 54 ; ☑04-3926 2743 ; www.freewheelin-tours.com ; 2 P Ta Hien, District Hoan Kiem, Hanoi ; ◎ 10h-19h). Cette agence est réputée pour ses circuits aventure dans le Nord, à moto et en 4x4, dont 8 jours dans le Nord-Est sur des motos Minsk.

Handspan (carte p. 54 ; ☑04-3926 2828 ; www.handspan.com ; 78 P Ma May ; ◎9h-20h). Kayak dans la baie d'Along et autour de l'île de Cat Ba, circuits en jeep, à VTT, trekking, excursions vers des destinations plus lointaines comme Moc Chau et le parc national de Ba Be, programmes de tourisme communautaire dans le Nord et le *Treasure Junk,* seul vrai bateau à voile croisant dans la baie d'Along. Autres antennes à Sapa et HCMV.

Marco Polo Travel (☑04-3997 5136 ; www.marcopoloasia.com ; Room 107B, N14-49 Nguyen Khoai, Hanoi ; ◎ 9h-17h). Organise des circuits en kayak dans la baie d'Along et sur les lacs du parc national de Ba Be, des excursions à VTT et des randonnées dans le Nord.

Ocean Tours (carte p. 54 ; ☑04-3926 0463 ; www.oceantours.com.vn ; 22 P Hang Bac, Hanoi ; ◎8h-20h). Tour-opérateur très professionnel pour la baie d'Along et le parc national de Ba Be. Circuits en 4x4 dans le Nord-Est.

Parfum d'Automne (☑04-35654486 ; http://parfumdautomne.com ; Ngo 62 Tran Quy Cap, maison 12b dans la ruelle). Cette agence francophone organise des circuits dans le nord du Vietnam en favorisant le contact avec les populations locales (repas et logement chez l'habitant, participation aux activités traditionnelles). Possède également des chambres d'hôtes à Hanoi.

Tropical Tours (☑04 3871 7073 ; www.tropicaltours.vn ; 64B rue Hang Bo, District Hoan Kiem, Hanoi). Agence francophone spécialisée dans la découverte des cultures et des traditions des ethnies du Vietnam. Magnifiques circuits sur mesure, hors des sentiers battus et en petits groupes avec, si possible, hébergements chez l'habitant. Également : tous les circuits classiques au Vietnam, au Laos et au Cambodge.

Vega Travel (carte p. 54 ; ☑04-3926 2092 ; www.vegatravel.vn ; angle P Ma May et 24A P Hang Bac ; ◎ 8h-20h). Agence familiale proposant des circuits dans le Nord et à travers tout le pays. Excellents guides et chauffeurs. La société soutient financièrement des jardins d'enfants et des écoles dans les régions de Sapa et de Bac Ha. Bons circuits dans la baie d'Along.

Vietnam Découverte (☑84-9 0433 3717 ; www.vietnamdecouverte.com ; Salle 602, Savina Bât., 1 rue Dinh Le, arrondissement Hoan Kiem, Hanoi, Vietnam). Cette agence francophone organise des circuits privés de 12 à 21 jours. Chaudement recommandée par nos lecteurs.

The Word (www.wordhanoi.com). Une version en ligne de l'excellent mensuel gratuit *The Word*.

TNH Vietnam (www.tnhvietnam.xemzi.com). Anciennement baptisé The New Hanoian, c'est la première source d'information en ligne à l'adresse des touristes et des expatriés. Bien pour les critiques de restaurants et de bars.

TÉLÉPHONE

Pour les appels dans Hanoi même, vous pourrez téléphoner depuis les pensions. Pour les communications internationales, Skype est la formule la plus économique, via le Wi-Fi ou le terminal Internet de votre lieu d'hébergement.

URGENCES

Si vous appelez l'un de ces numéros, votre appel devrait pouvoir être transféré à un anglophone.

Ambulance (☑115)
Police (☑113)
Pompiers (☑114)

❶ Depuis/vers Hanoi

AVION

Les vols internationaux directs sont moins nombreux à Hanoi qu'à Hô Chi Minh-Ville (HCMV). Cependant, les excellentes liaisons avec Singapour, Bangkok et Hong Kong rendent presque toutes les destinations accessibles facilement. Pour plus de renseignements sur les vols internationaux, voir p. 501.

Vietnam Airlines (carte p. 58 ; ☑1900 545 486 ; www.vietnamair.com.vn ; 25 P Trang Thi ; ◷8h-17h lun-ven). La compagnie nationale relie Hanoi aux autres villes du Vietnam. Au départ de Hanoi, les destinations les mieux desservies sont Dalat, Danang, Diên Biên Phu, HCMV, Hué et Nha Trang (vols quotidiens).

Jetstar Airways (☑1900 1550 ; www.jetstar. com). Vols low cost à destination de Danang, HCMV, Hué et Nha Trang.

Vietjet Air (☑1900 1886 ; www.vietjetair. com). Lancée en 2012, cette compagnie à bas prix dessert Hanoi, Nha Trang, Danang, Dalat et Bangkok.

BUS ET MINIBUS

Hanoi possède quatre gares routières longue distance qui intéresseront les voyageurs, assez bien organisées, avec des guichets, des tarifs fixes et des horaires affichés. Pour être assuré d'avoir un siège sur un trajet longue distance, mieux vaut réserver. Passer par une agence de voyages pour réserver facilite les choses, mais il vous faut bien entendu payer une commission.

Des minibus de tourisme peuvent être réservés auprès de la plupart des hôtels et des agences de voyages. Parmi les destinations les plus courues figurent la baie d'Along et Sapa. Leur prix est de 30 à 40% plus cher que le bus ordinaire, mais ils viennent vous chercher à l'hôtel.

De nombreux trajets d'*open tours* à travers le Vietnam commencent ou s'achèvent à Hanoi.

Gare routière de Giap Bat (☑04-3864 1467 ; Đ Giai Phong). À 7 km au sud de la gare ferroviaire, elle dessert des destinations au sud de Hanoi à bord de bus-couchettes plus confortables.

Gare routière de Gia Lam (☑04-3827 1569 ; Đ Ngoc Lam). De cette gare située à 3 km au nord-est du centre, par-delà le Song Hong (fleuve Rouge), partent les bus ralliant le Nord-Est.

Gare routière de Luong Yen (☑04-3942 0477 ; angle Tran Quang Khai et Nguyen Khoai). Située à 3 km au sud-est de la vieille ville, Luong Yen couvre l'est du pays. C'est la gare routière la plus pratique pour rejoindre l'île de Cat Ba. Attention, les taxis y sont connus pour avoir des compteurs défilant anormalement vite. Allez un ou deux pâtés de maisons plus loin et hélez-en un dans la rue.

Gare routière de My Dinh (☑04-3768 5549 ; Đ Pham Hung). De cette gare, à 7 km à l'ouest de la ville, des services sont assurés pour diverses destinations à l'ouest et au nord. Il y a notamment des bus de nuit pour le Laos via Diên Biên Phu, ainsi que des bus pour Ha Giang et Mai Chau.

MOTO

À Hanoi, plusieurs agences de bonne réputation peuvent vous procurer d'excellents engins. Voir aussi les circuits à moto p. 506.

---

❶ PRENDRE LE BUS POUR LA CHINE

Chaque jour, 2 bus (à 7h30 et à 19h30) au départ du **Hong Ha Hotel** (carte p. 58 ; ☑04-3824 7339 ; 204 Tran Quang Khai) assurent la liaison avec Nanning, en Chine (450 000 d, 8 heures). Les billets doivent être achetés à l'avance, ce qui n'est pas facile car le personnel au bureau de l'hôtel ne parle qu'un anglais limité. On vous demandera peut-être votre visa chinois. Sinon, la plupart des agences de voyages vendent aussi des billets.

Le bus franchit la frontière à Dong Dang, où vous devez vous présenter à l'immigration chinoise, puis un bus chinois vous emmènera jusqu'à la gare routière de Lang Dong, à Nanning. Les voyageurs qui ont fait ce trajet nous ont affirmé que prendre le bus représentait moins de tracas et était plus rapide que le train.

Offroad Vietnam (carte p. 54 ; ☎ 0913 047 509 ; www.offroadvietnam.com ; 36 P Nguyen Huu Huan ; ☺ 8h-18h lun-sam). Loue de robustes Honda tout-terrain (à partir de 20 \$US/jour) et des motos ordinaires (17 \$US). Le nombre de véhicules étant limité, il est recommandé de réserver. Cette agence organise également d'excellents circuits auxquels participent surtout des voyageurs anglo-saxons. Il s'agit soit de formules semi-guidées sans repas ni hébergement, soit de circuits guidés tout compris. Bonne source d'information sur l'état changeant des routes du Nord.

Cuong's Motorbike Adventure (carte p. 54 ; ☎ 0913 518 772 ; www.cuongs-motorbike-adventure.com ; 46 P Gia Ngu ; ☺ 8h-18h). Agence également recommandée pour les circuits dans le Nord. Repérez la Minsk rose vif.

TRAIN

Vers le Sud : Hué, Danang, Nha Trang et Hô Chi Minh-Ville (HCMV)

Les trains qui se dirigent vers le Sud partent de la **gare principale de Hanoi** (Ga Hang Co ; Train Station A, "gare A" ; ☎ 04-3825 3949 ; 120 Đ Le Duan ; ☺ guichets 7h30-12h30 et 13h30-19h30), qui se trouve à l'extrémité ouest de Pho Tran Hung Dao. À gauche de l'entrée principale, la billetterie jouxte les panneaux indiquant les horaires et les tarifs. Prenez un ticket et

BUS AU DÉPART DE HANOI

Gare routière de Giap Bat

DESTINATION	DURÉE	PRIX	FRÉQUENCE
Ninh Binh	2 heures	70 000 d	Nombreux bus 7h-18h
Dong Hoi	8 heures	380 000 d	Nombreux bus-couchettes 12h-18h30
Dong Ha	8 heures	380 000 d	Nombreux bus-couchettes 12h-18h30
Hué	10 heures	380 000 d	Nombreux bus-couchettes 12h-18h30
Danang	12 heures	380 000 d	Nombreux bus-couchettes 12h-18h30
Dalat	35 heures	450 000 d	9h, 11h
Nha Trang	32 heures	700 000 d	10h, 15h, 18h

Gare routière de Gia Lam

DESTINATION	DURÉE	PRIX	FRÉQUENCE
Along ville (Bai Chay)	3 heures 30	120 000 d	Toutes les 30 minutes
Haiphong	2 heures	70 000 d	Nombreux bus
Lang Son	4 heures	100 000 d	Toutes les 45 minutes
Mong Cai	8 heures	260 000 d	Environ toutes les heures
Lao Cai	9 heures	250 000 d	18h30, 19h (couchettes)
Sapa	10 heures	300 000 d	18h30, 19h (couchettes)
Ba Be	5 heures	180 000 d	12h

Gare routière de Luong Yen

DESTINATION	DURÉE	PRIX	FRÉQUENCE
HCMV	40 heures	920 000 d	7h, 10h, 14h, 18h
Haiphong	3 heures	70 000 d	Nombreux bus
Lang Son	3 heures 30	100 000 d	Nombreux bus
Île de Cat Ba	5 heures	240 000 d	5h20, 7h20, 11h20h, 13h20

Gare routière de My Dinh

DESTINATION	DURÉE	PRIX	FRÉQUENCE
Cao Bang	10 heures	190 000 d	Toutes les 45 minutes
Diên Biên Phu	11 heures	375 000 d	11h, 18h
Hoa Binh	3 heures	55 000 d	Nombreux bus
Son La	7 heures	170 000 d	Nombreux bus jusqu'à 13h
Ha Giang	7 heures	140 000 d	Nombreux bus

TRAINS AU DÉPART DE HANOI

Trains vers l'Est et le Nord

DESTINATION	GARE	DURÉE	SIÈGE/ COUCHETTE DUR(E)	SIÈGE/ COUCHETTE MOU (MOLLE)	FRÉQUENCE
Beijing (Pékin, Chine)	Tran Quy Cap	18 heures	224 $US	328 $US	18h30 mar et ven
Haiphong	Gia Lam	2 heures	55 000 d	65 000 d	6h
Haiphong	Long Bien	2 heures 30- 3 heures	55 000 d	65 000 d	9h20, 15h30, 18h10
Nanning (Chine)	Gia Lam	12 heures	23 $US	35 $US	21h40

Trains vers le Sud

DESTINATION	SIÈGE DUR	SIÈGE MOU	COUCHETTE DURE	COUCHETTE MOLLE
Hué	À partir de 364 000 d	À partir de 535 000 d	À partir de 665 000 d	À partir de 884 000 d
Danang	À partir de 418 000 d	À partir de 615 000 d	À partir de 773 000 d	À partir de 942 000 d
Nha Trang	À partir de 678 000 d	À partir de 996 000 d	À partir de 1 237 000 d	À partir de 1 607 000 d
HCMV	À partir de 776 000 d	À partir de 1 140 000 d	À partir de 1 300 000 d	À partir de 1 672 000 d

guettez le numéro de guichet correspondant sur les écrans d'affichage. Mieux vaut écrire en vietnamien le numéro du train, l'heure de départ et la classe souhaitée. Les trains pour le Sud quittent la gare à 6h15, 9h, 13h15, 19h et 23h.

Il est préférable d'acheter son billet quelques jours à l'avance pour s'assurer une place assise ou une couchette. Les agences de voyages prennent une commission, mais vous épargnent les problèmes linguistiques rencontrés à la gare et disposent souvent d'un accès privilégié aux billets vers des destinations touristiques comme Hué, Hô Chi Minh-Ville et Lao Cai (pour Sapa).

Voici approximativement, ci-dessus, les temps de trajet en train depuis Hanoi. Vérifiez-les toutefois en réservant, car certains trains sont plus rapides que d'autres : il faut environ 11 heures pour Hué, 13 heures 30 pour Danang, 24 heures 30 pour Nha Trang et 31 heures pour HCMV. Le tableau "Trains vers le Sud" donne des tarifs approximatifs. Sachez que les classes disponibles et la tarification varient selon les départs.

Vers le Nord : Lao Cai (pour Sapa) et la Chine

Les trains à destination du Nord partent de la gare de **Tran Quy Cap** (Train Station B, "gare B" ; ☑ 04-3825 2628 ; P Tran Quy Cap ; ☺ billetterie 4h-6h et 16h-22h), située juste derrière la gare principale ("gare A"), et dont l'entrée se trouve dans Pho Tran Quy Cap. Traversez les voies au nord de la gare A, puis tournez à gauche. Un guichet séparé vend les billets pour Lao Cai et la Chine. Si vous avez déjà réservé une place dans l'un des wagons privés pour Sapa, vous devrez échanger votre reçu contre un billet au bureau du tour-opérateur.

Une fois en Chine, le train pour Beijing (Pékin) est confortable et climatisé, avec des compartiments de 4 couchettes et un wagon-restaurant.

Vers l'Est : Haiphong et la Chine

Départ de la gare de **Gia Lam**, sur la rive orientale du Song Hong (fleuve Rouge), ou bien de la gare de **Long Bien** sur sa rive occidentale (c'est-à-dire côté ville). Vérifiez bien de quelle gare vous partez. Les trains pour Nanning (Chine) partent aussi de là. Attention, vous ne pouvez pas monter à bord des trains internationaux pour Nanning à Lang Son ou à Dong Dang.

Consultez le site http://www.seat61.com/Vietnam.htm pour avoir les informations les plus récentes sur tous les trains vietnamiens.

VOITURE

La meilleure solution pour louer une voiture est de s'adresser à une agence de voyages ou à un hôtel. Le tarif comprend la plupart du temps un chauffeur, nécessité absolue dans ce pays où nombre de routes et d'embranchements ne sont pas signalés. Si les routes principales du Nord sont à peu près bonnes, nids-de-poule et virages à angle mort sont fréquents et impliquent de ne rouler qu'à 35 ou 40 km/heure. Pendant la saison des pluies, qui occasionne des glissements de terrain et endommage les ponts, la progression sera plus lente encore. Mieux vaut donc recourir à un 4x4.

Les tarifs commencent en moyenne à 110 $US/jour, tarif comprenant les services du chauffeur et le carburant. Assurez-vous que les dépenses du chauffeur sont bien incluses dans le prix indiqué.

❶ Comment circuler

DEPUIS/VERS L'AÉROPORT

L'aéroport international de Noi Bai est situé à environ 35 km au nord de Hanoi, soit un trajet de 45-60 minutes pour rejoindre le centre-ville, en empruntant une route nationale moderne.

Bus

Le bus public n°17 (5 000 d) relie le hall des arrivées à la **gare routière de Long Bien** (5 000 d ; ☉5h-21h), au nord de la vieille ville. Les bagages peuvent faire l'objet d'un supplément. Compter 90 minutes de trajet.

Jetstar Airport Bus

Ils desservent Noi Bai (40 000 d) depuis le 206 Tran Quang Khai, au sud-est du lac. Les passagers doivent se présenter à l'arrêt au moins 2 heures 30 avant le décollage de leur avion.

Minibus de Vietnam Airlines

Ils effectuent toutes les 30 minutes la navette entre Hanoi et l'aéroport de Noi Bai moyennant 2 $US/personne. Ils partent et arrivent depuis le bureau de Vietnam Airlines, dans Pho Trang Thi. Il est préférable de réserver sa place la veille. Le dernier bus à destination de l'aéroport part à 19h.

Taxi

La compagnie **Airport Taxi** (☎04-3873 3333) facture 20 $US la course, dans un sens comme dans l'autre. Ses chauffeurs ne vous demanderont pas de régler le péage du pont traversé en route, ce qui n'est pas le cas de certains autres taxis – renseignez-vous avant de monter dans la voiture. L'aéroport est le théâtre de nombreuses escroqueries de la part de chauffeurs de taxi et d'hôtels peu scrupuleux. Ne recourez pas aux services de chauffeurs indépendants qui abordent les touristes : il y a trop de risques de vous voir dépouillé. Si vous avez déjà réservé un hôtel, passez absolument par lui pour réserver un taxi.

BUS

Hanoi est dotée d'un réseau de bus étendu, mais peu de touristes mettent à profit ce moyen de transport économique (3 000 d le ticket). Si

vous décidez de tenter le coup, procurez-vous le *Xe Buyt Ha Noi* (plan des bus de Hanoi ; 5 000 d) à la librairie Thang Long (p. 82).

CYCLO-POUSSE

Vous trouverez encore quelques cyclo-pousse dans la vieille ville, un agréable moyen de parcourir de courtes distances (en dépit des gaz d'échappement des motos). Mettez-vous bien d'accord avec le conducteur sur le tarif avant de partir, car il arrive qu'il réclame plus à l'arrivée.

Une course rapide dans le centre-ville tourne autour de 50 000 d/personne, les trajets plus longs, ou de nuit, sont plus chers. Peu de conducteurs parlent français ou anglais, aussi munissez-vous d'un plan de ville pour lui indiquer votre destination.

MOTO

Se déplacer à moto à Hanoi, cela veut dire affronter une circulation incessante, des comportements discourtois sur la route et un éclairage insuffisant. C'est aussi avoir des difficultés à se garer et prendre des risques supplémentaires, notamment celui de vous faire voler votre engin ou d'avoir à graisser la patte de policiers corrompus. Les plus intrépides peuvent cependant louer une "moto" pour environ 5 $US/jour dans la vieille ville.

MOTO-TAXI

Les *xe om* (motos-taxis) ne manquent pas à Hanoi. Un trajet dans le centre-ville coûte en moyenne 15 000-20 000 d, la course plus longue jusqu'au mausolée de Hô Chi Minh 35 000-40 000 d. Si vous êtes deux ou plus, un taxi avec compteur revient généralement moins cher qu'un convoi de *xe om*.

TAXI

Plusieurs compagnies de taxis possèdent des véhicules avec compteur. Toutes pratiquent des tarifs similaires : environ 20 000 d, pour la prise en charge et le premier et le deuxième kilomètre, puis environ 15 000 d du kilomètre par la suite. Sachez qu'il existe quantité d'opérateurs douteux, aux compteurs tournant anormalement vite. Essayez de faire appel aux compagnies les plus fiables :
Thanh Nga Taxi (☎04-3821 5215)
Van Xuan (☎04-3822 2888)

TRAIN ÉLECTRIQUE

Le **train électrique** (carte p. 58 ; voiture de 6 passagers, 250 000 d ; ☉8h30-22h30) de Hanoi, non polluant, constitue un bon moyen de prendre ses repères dans la ville. Il dessert 14 arrêts dans la vieille ville et autour du lac Hoan Kiem, fendant le flux de motos et de piétons tel un dragon blanc progressant lentement. Rien ne vaut une promenade à pied dans la vieille ville, mais si vous êtes un peu fatigué, ce moyen de transport est une option à considérer. Le principal point de départ est à l'extrémité nord du lac Hoan Kiem, et il en existe un autre à l'extérieur du marché Dong Xuan. Un trajet complet dans la vieille ville prend environ 1 heure.

VÉLO

Quantité de cafés et de pensions de la vieille ville louent des vélos pour environ 3 $US/jour. Bonne chance pour vous frayer un chemin avec la circulation !

The Hanoi Bicycle Collective (www.thbc.vn ; 44 Ngo 31, Xuan Dieu, Tay Ho ; vélo à partir de 100 000 d/jour ; ☺8h-20h mar-dim). Ce lieu sympathique, proche du Tay Ho (lac de l'Ouest) où louer des vélos et des VTT vietnamiens (réservez par téléphone un jour à l'avance). Il se double d'un bistrot espagnol et bar à gin où vous pourriez grignoter des tapas et des sandwichs avant de parcourir le sentier de 15 km autour du lac. Consultez le site Internet au sujet des balades en ville régulièrement organisées par le collectif.

ENVIRONS DE HANOI

Le riz pousse en abondance sur les riches terres alluviales du delta du fleuve Rouge, si bien que de nombreuses communautés des environs de Hanoi vivent encore de l'agriculture. Le contraste est saisissant entre la modernité de la ville et le mode de vie des bourgades rurales alentour. De nombreuses agences de Hanoi proposent des randonnées cyclistes au gré de ces petits villages, ce qui constitue une excellente manière de les découvrir. **Lotussia** (☎04-2249 4668 ; www.vietnamcycling.com) est spécialisée dans les circuits à vélo autour de Hanoi, certains rejoignant les pagodes Thay et Tay Phuong, ainsi que les villages d'artisans des environs. Se joindre à ces circuits organisés évite d'avoir à traverser Hanoi, au milieu des flots de motos, car un minibus vous transporte à votre point de rendez-vous.

Musée de la Piste Hô Chi Minh

Le **musée de la Piste Hô Chi Minh** (☎034-382 0889 ; RN 6 ; 20 000 d ; ☺7h-11h30 et 13h30-16h lun-sam), situé à 13 km au sud-ouest de Hanoi, s'intéresse à la célèbre route d'approvisionnement entre le Nord communiste et le Sud occupé. Il présente le type d'artillerie utilisé dans les tirs de barrage américains,

ainsi que des documents photographiques poignants pour montrer les efforts qu'ont dû accomplir les soldats viêt-cong pour que cette piste fonctionne. Même si la mort était au bout de chemin, on comprend qu'ils n'ont jamais envisagé la défaite. On peut y voir une maquette de la piste, qui montre les paysages difficiles qu'elle traversait. Les mordus d'histoire pourront visiter ce musée lors d'une excursion au village d'artisans de Van Phuc, ou à la pagode des Parfums.

Pagode des Parfums

La **pagode des Parfums** (Chua Huong ; 90 000 d avec l'aller-retour en bateau) est un ensemble de temples et de sanctuaires bouddhiques, niché dans les falaises calcaires du mont Huong Tich (montagne de l'Empreinte parfumée). Les principaux sites en sont Thien Chu (pagode qui mène au Ciel), Giai Oan Chu (pagode du Purgatoire) – où les divinités purifient les âmes, apaisent les souffrances et accordent une descendance aux couples sans enfant – et Huong Tich Chu (pagode de l'Empreinte parfumée). Beaucoup de touristes vietnamiens fréquentent ces lieux.

Les pèlerins bouddhistes viennent nombreux à la fête annuelle, qui débute au milieu du 2e mois lunaire et se poursuit jusqu'à la dernière semaine du 3e mois lunaire (en général en mars-avril), notamment les jours pairs du mois lunaire. Consultez un calendrier, car vous serez bien plus tranquille un jour impair. Chaque week-end de l'année, les fidèles et les visiteurs viennent faire du bateau, de la marche et explorer les grottes. Détritus, échoppes bruyantes et vendeurs ambulants tenaces font partie du paysage.

La pagode des Parfums se situe à 60 km au sud-ouest de Hanoi. On y accède d'abord par la route, puis en bateau, avant de terminer à pied ou en téléphérique.

Le trajet en voiture entre Hanoi et My Duc prend 2 heures, puis c'est à bord de barques à rames, maniées le plus souvent par des femmes, que vous atteindrez enfin le pied de la montagne en 1 heure. Très agréable, cette promenade en bateau traverse de superbes paysages entre des falaises calcaires. Comptez 2 heures de plus pour grimper au sommet et redescendre. Le chemin qui y conduit est par endroits escarpé, et très glissant en cas de pluie. Il existe aussi un téléphérique qui vous mène au sommet (aller simple/aller-retour 80 000/120 000 d). Une bonne formule consiste à monter en téléphérique et à redescendre à pied.

À Hanoi, la plupart des tour-opérateurs et des cafés de voyageurs proposent des sorties bon marché jusqu'à la pagode. Pour quelque 20 $US, vous pouvez trouver un circuit d'une journée comprenant le transport, le guide et le déjeuner. Une excursion en petit groupe vous coûtera 30 $US. Optez pour une visite organisée, car, à moins de louer une voiture, gagner le site en transport public relève du parcours du combattant.

Villages d'artisans

Des industries familiales se sont développées dans de nombreux villages aux alentours de Hanoi. Une excursion d'une journée peut être très agréable, à condition de l'effectuer en compagnie d'un guide compétent. La plupart des tour-opérateurs de Hanoi proposent cette prestation.

Bat Trang est le village de la céramique. Les artisans y produisent, en grandes quantités, de superbes vases et autres œuvres. Le travail est épuisant, mais les objets sont remarquables et d'un prix très raisonnable, comparé à ceux des magasins en ville. Évidemment, ce ne sont pas les boutiques qui manquent ; promenez-vous dans les allées derrière les échoppes pour observer la cuisson des différentes pièces. Bat Trang se trouve à 13 km au sud-est de Hanoi. Le bus n°47 le dessert, au départ de la gare routière de Long Bien.

Van Phuc, à 8 km au sud-ouest de Hanoi, dans la province de Ha Tay, est le village de la soie. Les étoffes, réalisées sur d'anciens métiers à tisser, attirent nombre de visiteurs venant y acheter des vêtements ou en faire confectionner sur mesure. La plupart des soieries vendues dans Pho Hang Gai, à Hanoi, proviennent de Van Phuc. La pagode du village s'agrémente d'un étang à nénuphars. Le bus n°1, au départ de la gare routière de Long Bien, dessert Van Phuc.

Dong Ky, à 15 km au nord-est de Hanoi, était le "village des pétards" jusqu'en 1995, date à laquelle le gouvernement les a interdits. Cette production a donc aujourd'hui cédé la place à celle de magnifiques meubles traditionnels (lits, armoires, tables et chaises) incrustés de nacre. La localité se trouve à 15 km au nord-est de Hanoi. Les bus n°s 10 et 54 depuis la gare routière de Long Bien passent à environ 2 km de Dong

Ky. Il faut ensuite parcourir à pied ou en moto-taxi le trajet restant.

Pagodes Thay et Tay Phuong

D'étonnantes saillies calcaires surplombent les rizières émeraude et, accrochées à ces falaises, ces deux pagodes sont situées à quelque 20 minutes de route l'une de l'autre.

Les pagodes se trouvent à environ 30 km à l'ouest de Hanoi, dans la province de Ha Tay. Les agences de voyages de Hanoi proposent des excursions d'une journée qui comprennent les deux pagodes (à partir de 45 $US/pers). Vous pouvez aussi louer une voiture avec chauffeur (80 $US), afin de combiner la visite des pagodes à celle du parc national de Ba Vi.

◉ À voir

Pagode Thay   TEMPLE BOUDDHIQUE
(pagode du Maître ; 5 000 d). La pagode Thay, également appelée Thien Phuc (pagode de la Bénédiction céleste), est dédiée au Bouddha Thich Ca (Shakyamuni, le Bouddha historique). À gauche se tient une statue du "Maître" à qui est consacrée la pagode : Tu Dao Hanh, bonze du XIIe siècle. Sur la droite, la statue représente le roi Ly Nhan Tong, qui aurait été une réincarnation de Tu Dao Hanh.

Devant la pagode, un étang avec une petite estrade sur pilotis en son centre sert de cadre à des spectacles de marionnettes sur l'eau pendant les fêtes. Suivez le sentier escarpé qui longe la pagode principale et grimpez (10 min environ) pour atteindre le magnifique petit temple perché sur un rocher. Le site est gigantesque, et seuls les habitués semblent s'y retrouver. Nous vous conseillons de prendre un guide.

La **fête annuelle de la Pagode** a lieu du 5e au 7e jour du 3e mois lunaire (approximativement en mars). Les visiteurs peuvent alors voir un spectacle de marionnettes sur l'eau, se promener sur le site et explorer les grottes alentour.

Pagode Tay Phuong   TEMPLE BOUDDHIQUE
(pagode de l'Ouest ; 5 000 d). La pagode Tay Phuong, également appelée pagode Sung Phuc, se compose de trois bâtiments de plain-pied édifiés en ordre décroissant au sommet d'une butte qui aurait la forme d'un buffle. Les sculptures représentent les "conditions humaines", centre d'intérêt de

la pagode, ont été réalisées dans du bois de jacquier ; la plupart datent du XVIIIᵉ siècle. La plus ancienne construction du site fut érigée au VIIIᵉ siècle.

Gravissez l'escalier (raide) qui monte jusqu'à l'édifice principal, puis descendez le sentier à l'arrière qui passe par les deux autres pagodes, puis traverse le village voisin à flanc de colline.

Parc national de Ba Vi

🎧 034

Station climatique du temps des Français, le mont Ba Vi (Nui Ba Vi), aux trois sommets, attire depuis longtemps déjà les citadins cherchant à se mettre au vert le temps d'un week-end. Cette montagne calcaire fait partie du **parc national de Ba Vi** (🎧 034-388 1205 ; 10 000 d, moto 5 000 d), qui abrite plusieurs espèces de plantes rares et, côté faune, de nombreux oiseaux et deux espèces menacées d'écureuils volants. Malheureusement, en raison d'une présence humaine accrue dans la région, il est très rare d'en apercevoir.

Le parc compte également un jardin d'orchidées et une volière, et ses pentes boisées se prêtent aux randonnées. Un **temple** dédié à Hô Chi Minh trône au sommet de la montagne (1 276 m), auquel on accède par un escalier de 1 229 marches. L'ascension (30 min environ) est difficile, mais votre effort sera récompensé par la vue sublime sur le fleuve Rouge et, au loin, Hanoi. Le sommet disparaît souvent dans les nuées et l'ambiance humide et embrumée tient alors du surnaturel. Si vous voulez avoir une vue dégagée, venez entre avril et décembre.

🛏 Où se loger et se restaurer

Ba Vi Guesthouse   PENSION $
(🎧 034-388 1197 ; ch semaine 180 000-240 000 d, week-end 220 000-300 000 d ; 🏊). Occupant plusieurs bâtiments au cœur du parc, cette pension possède une grande piscine et un restaurant (repas 60 000 d). Si vous souhaitez être au calme, demandez un bungalow éloigné de ces deux endroits. Vous devrez impérativement vous munir de votre passeport.

ℹ Depuis/vers le parc national de Ba Vi

Le parc national se trouve à environ 65 km à l'ouest de Hanoi. Actuellement, le seul moyen pratique d'y accéder consiste à louer un véhicule ; les voyageurs à moto pourront visiter Ba Vi avant d'emprunter la superbe route qui longe la rivière jusqu'à Hoa Binh, et continuer ensuite vers le nord-ouest.

On confond souvent les sites touristiques proches de la ville de Ba Vi, loin des limites du parc, et le parc national lui-même – en conséquence, assurez-vous que votre chauffeur a bien compris où vous souhaitez vous rendre.

Citadelle de Co Loa

Première citadelle fortifiée de l'histoire du Vietnam, la **citadelle de Co Loa** (Co Loa Thanh ; 10 000 d/pers, 20 000 d/voiture ; ⊙ 7h30-17h30) remonte au IIIᵉ siècle av. J.-C. Elle devint capitale nationale sous le règne de Ngô Quyên (939-944). Des anciens remparts, qui entouraient un terrain d'environ 5 km², il ne subsiste aujourd'hui que des vestiges.

Au centre de la citadelle se dressent des temples dédiés au roi An Duong Vuong (257-208 av. J.-C.), fondateur de la dynastie légendaire des Thuc, et à sa fille My Nuong (Mi Chau). Selon la légende, après que My Nuong eut montré à son mari, fils d'un général chinois, l'arbalète magique qui rendait son père invincible, ledit mari la vola pour la remettre à son père – grâce à quoi les Chinois purent vaincre An Duong Vuong et occuper le Vietnam pendant 1 000 ans.

La citadelle se situe à 16 km au nord du centre de Hanoi, dans le district de Dong Anh, et peut se visiter en faisant un bref détour sur le chemin de la station climatique de Tam Dao. Toutes les 15 minutes, le bus n°46 (5 000 d) se rend à la citadelle depuis la gare routière de My Dinh, à Hanoi. Des bus circulent régulièrement entre les gares routières de Luong Yen et de My Dinh. Une fois arrivé à Co Loa, franchissez le pont, tournez à gauche et parcourez environ 500 m.

Station climatique de Tam Dao

🎧 0211 / ALTITUDE 930 M

Blottie au pied d'immenses pics couverts de forêts, la station climatique de Tam Dao, fondée en 1907 par les Français, est située dans un cadre spectaculaire, à 85 km au nord-ouest de Hanoi. Aujourd'hui populaire station estivale, elle a la faveur des Hanoiens qui viennent, le temps d'un week-end, s'y rafraîchir et faire la fête dans ses nombreux restaurants et bars. La plupart de ses villas coloniales ont été détruites durant la guerre d'Indochine, et ont fait place à des cubes de béton inspirés du style brutaliste des années 1950. Suite d'hôtels sans grand attrait, Tam Dao n'en constitue pas moins une bonne base pour la randonnée.

Ne vous laissez pas surprendre par le froid à Tam Dao, où l'hiver est rude.

La meilleure période pour visiter le parc national s'étend de fin avril à mi-octobre, époque où la brume se lève parfois, laissant place au soleil. Tam Dao attire le week-end quantité de groupes de touristes vietnamiens.

◉ À voir et à faire

Parc national de Tam Dao   RÉSERVE NATURELLE
(20 000 d). Créé en 1996, le parc national de Tam Dao recouvre une grande partie de la région. Tam Dao signifie "trois îles" : les trois sommets de la montagne Tam Dao, tous culminant à environ 1 400 m, sont parfois visibles au nord-est de la station climatique, semblables à des îles flottant dans la brume.

Le parc abrite 64 espèces de mammifères, dont le langur (singe entelle), et 239 espèces d'oiseaux, mais il vous faudra engager un bon guide et vous attendre à pas mal marcher pour avoir des chances d'en apercevoir. Le braconnage reste préoccupant dans le parc.

Le durée des randonnées varie d'une demi-heure pour un aller-retour à la **cascade**, à une journée de trekking dans la forêt de bambous et la forêt tropicale primaire. Pour les longues marches, un guide (à partir de 400 000 d) est indispensable ; adressez-vous au Mela Hotel.

🛏 Où se loger et se restaurer

Avant de faire votre choix, faites un tour dans la ville, facile à découvrir. Outre des hôtels-restaurants, vous y trouverez de petites gargotes où manger de bons *pho*. Évitez le gibier local : vous verrez souvent

de la publicité pour de la civette, de l'écureuil, du porc-épic, du renard et du faisan. La plupart sont des espèces en danger.

Huong Lien Hotel   HÔTEL $
(☑0211-382 4282 ; ch semaine/week-end 250 000/350 000 d ; 🛜). Profitez de la vue sur les montagnes dans cet hôtel aux chambres possédant presque toutes un balcon. Bon rapport qualité/prix. Petit restaurant (plats 120 000-200 000 d).

Nha Khach Ngan Hang   PENSION $
(☑0989 152 969 ; ch 180 000-200 000 d ; 🛜). En face du restaurant Phuong Nam Quan, cette adresse impeccable jouxte une vaste parcelle de *xu xu* (chayote, ou christophine). Goûtez cette cucurbitacée verte avec de l'ail en vous renseignant sur l'hébergement.

Mela Hotel   HÔTEL $$
(☑0211-382 4321 ; melatamdao@yahoo.com ; ch semaine/week-end à partir de 850 000/1 100 000 d ; ❋🛜▦). Un élégant hôtel moderne, à la direction européenne. Certaines de ses 20 grandes chambres confortables ont une cheminée et la plupart un balcon donnant sur la vallée, splendide. Sur place, le restaurant Bamboo (repas 60 000-200 000 d) présente une carte variée, allant des plats français aux burgers et sandwichs, en passant par les mets vietnamiens, dont des rouleaux de printemps. Les prix des chambres sont un peu excessifs : venez en milieu de semaine et négociez.

❶ Depuis/vers Tam Dao

Située à 85 km au nord-ouest de Hanoi, Tam Dao relève de la province de Vinh Phuc. De la gare routière de Gia Lam, à Hanoi, des bus desservent la ville de Vinh Yen (50 000 d, fréquents 6h-16h), d'où vous devrez prendre un *xe om* (environ 150 000 d aller simple) ou un taxi (300 000 d) pour parcourir les 24 km jusqu'à Tam Dao.

Si vous vous y rendez à moto depuis Hanoi, comptez 3 heures de trajet ; la dernière partie de la route via le parc national est magnifique.

Nord du Vietnam

Le top des restaurants

➡ The Hill Station Signature Restaurant (p. 138)

➡ Thanh Lan Com Binh Dan (p. 119)

➡ Marché de Sapa (p. 132)

Le top des hébergements

➡ Ancient House Homestay (p. 113)

➡ Mai Chau Nature Lodge (p. 125)

➡ Hmong Mountain Retreat (p. 136)

Pourquoi y aller

La perle du nord du Vietnam est sans conteste la baie d'Along. À proximité, l'île de Cat Ba est idéale pour pratiquer la randonnée, le vélo et l'escalade. Les structures karstiques se poursuivent dans la région de Cao Bang – ne manquez pas les lacs sublimes du parc national de Ba Be – puis à l'ouest, du côté de Ha Giang, une région qui jouxte la frontière chinoise et qui commence tout juste à être connue des voyageurs.

Plus à l'ouest, le paysage arbore des sommets couverts de végétation et des vallées fertiles. Dans ce fief des ethnies montagnardes, les turbans rouges des femmes dzao, les tissus indigo des Hmong noires et les tabliers brochés des Hmong fleurs colorent les marchés.

Sapa constitue une excellente base pour de belles randonnées offrant une superbe vue sur le Fansipan, le point culminant du Vietnam. Depuis cette ancienne station climatique de l'époque coloniale, la légendaire boucle du Nord-Ouest traverse des cols vertigineux en direction de Diên Biên Phu, avant de redescendre vers le sud dans de luxuriantes vallées jusqu'à la paisible localité de Mai Chau.

Quand partir

Along (ville)

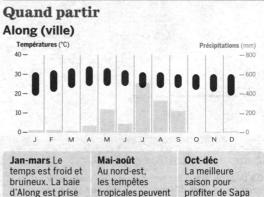

Jan-mars Le temps est froid et bruineux. La baie d'Along est prise dans la brume et les températures peuvent chuter très bas à Sapa.

Mai-août Au nord-est, les tempêtes tropicales peuvent interrompre les circuits dans la baie d'Along.

Oct-déc La meilleure saison pour profiter de Sapa et de la baie d'Along.

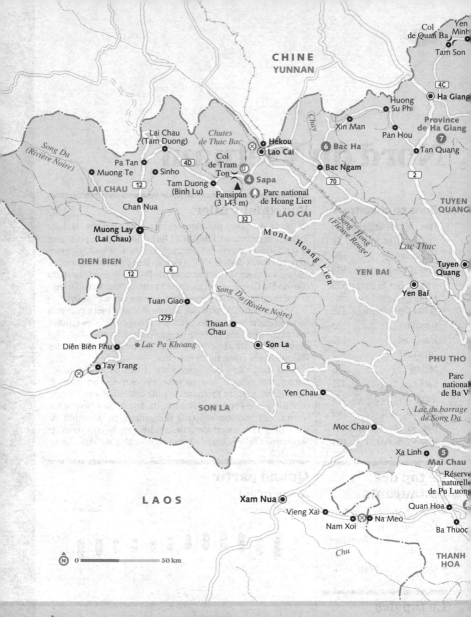

CHINE
YUNNAN

Col de Quan Ba
Yen Minh
Tam Son

Chay

Province de Ha Giang **7**

Ha Giang **4C**

Huong Su Phi

Xin Man

Pan Hou

Tan Quang

6 Bac Ha

Hékou
Lao Cai

Bac Ngam

Chutes de Thac Bac

Lai Chau (Tam Duong)

Col de Tram Ton

4 Sapa

Pa Tan

Muong Te

Sinho

Tam Duong (Binh Lu)

Song Da (Rivière Noire)

LAI CHAU **12**

4D

Fansipan (3 143 m)

Parc national de Hoang Lien

70

2

TUYEN QUANG

Chan Nua

LAO CAI

32

M o n t s   H o a n g   L i e n

Song Hong (Fleuve Rouge)

Lac Thac

Muong Lay (Lai Chau)

DIEN BIEN

YEN BAI

Tuyen Quang

Yen Bai

12

6

Tuan Giao

279

Thuan Chau

Son La

Song Da (Rivière Noire)

PHU THO

Diên Biên Phu

Tay Trang

Lac Pa Khoang

6

Parc national de Ba V

Yen Chau

SON LA

Lac de barrage de Song Da

Moc Chau

Xa Linh

5

Mai Chau

Réserve naturelle de Pu Luong

LAOS

Xam Nua

Vieng Xai

Nam Xoi

Na Meo

Quan Hoa

Ba Thuoc

Chu

THANH HOA

N 0 ———— 50 km

À ne pas manquer

1 Une balade paisible en kayak dans la **baie d'Along**, à la recherche de grottes et de plages secrètes (p. 103).

2 Le spectaculaire **parc national de l'île de Cat Ba**

(p. 108), à découvrir à pied, à vélo ou en s'adonnant à l'escalade.

3 Après la traversée de lacs et de rivières, optez pour une nuit chez une famille tay dans

le **parc national de Ba Be** (p. 98).

4 Les montagnes nimbées de brume, les paysages splendides et les villages autour de **Sapa** (p. 131).

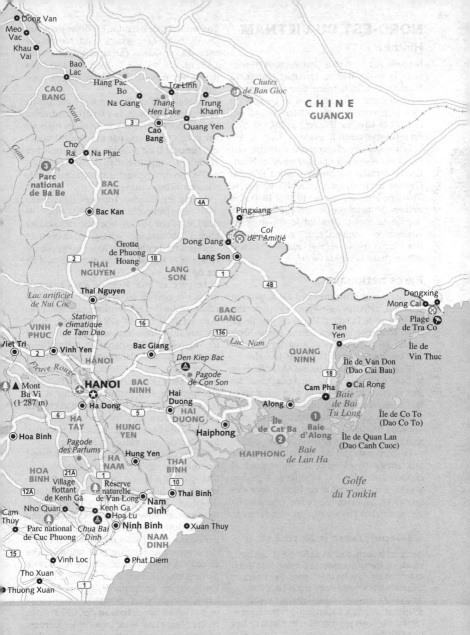

5 Une escapade loin du bruit et de l'agitation de Hanoi, passée à faire du trekking, du kayak ou du VTT dans la magnifique région de **Mai Chau** (p. 125).

6 Les marchés et les costumes colorés des Hmong fleurs à **Bac Ha** (p. 141) et dans ses environs.

7 Les paysages de montagne saisissants de la **province de Ha Giang** (p. 144).

NORD-EST DU VIETNAM

Histoire

Baignée par le fleuve Rouge (Song Hong) et le golfe du Tonkin, la fertile région du Nord-Est est le berceau de la civilisation vietnamienne. Elle fut aussi le théâtre de l'ancestrale rivalité avec la Chine voisine, qui envahit le pays au IIe siècle av. J.-C. et n'en fut repoussée qu'au Xe siècle.

Les tentatives d'ingérence chinoise ont toujours débuté par une intrusion au Nord-Est. La dernière en date remonte à 1979, en réponse à l'invasion du Cambodge par le Vietnam. Dans les années 1970 et 1980, des milliers de membres de minorités chinoises ont fui la région pendant le conflit sino-vietnamien. Aujourd'hui, le commerce frontalier explose et les touristes chinois affluent dans la région en été.

Parcs nationaux

Les parcs nationaux du Nord-Est se prêtent tous aux activités nautiques. Celui de Cat Ba, proche de la baie d'Along, est une île au relief accidenté, couverte d'une jungle luxuriante. Le parc englobe aussi les quelque 300 îles karstiques de la baie de Lan Ha.

Plus au nord-est, la baie d'Along devient le parc national de Bai Tu Long, dont les formations karstiques sont tout aussi spectaculaires. Il recèle des plages préservées et reçoit moins de visiteurs. Désormais, l'amélioration des liaisons en bateau vers l'île de Quan Lan rend cette région plus accessible.

Le parc national de Ba Be, ponctué de lacs émeraude et cerné de montagnes et de forêts, se prête à la randonnée à pied et à vélo, aux excursions en bateau vers des grottes et des cascades, et l'on peut aussi y séjourner chez l'habitant, dans des villages.

ⓘ Depuis/vers le Nord-Est

Hanoi est la porte d'accès au Nord-Est. Les bus, rapides et fréquents dans les plaines, sont lents et archaïques dans les montagnes. Des trains, très lents, desservent Haiphong et Lang Son.

Des routes rapides relient Haiphong, la ville d'Along et Lang Son. Cependant, à mesure que le relief devient plus montagneux, les routes se font plus difficiles.

Parc national de Ba Be

☑ 0281

Le **parc national de Ba Be** (☑ 0281-389 4014 ; 20 000 d), dans la province de Bac Kan, a été créé en 1992, devenant le huitième du genre au Vietnam. Le paysage y est somptueux avec ses surplombs calcaires qui atteignent 1 554 m, ses vallées, sa forêt tropicale très dense, ses cascades et ses grottes et, bien sûr, ses lacs.

La région de Ba Be compte 13 villages de minorités ethniques, la plupart étant habités par des Tay, qui vivent dans des maisons sur pilotis, ainsi que par des Dzao (Dao) et des Hmong. Il est possible de séjourner chez l'habitant – une initiative aujourd'hui bien rodée –, ce qui permet d'appréhender la vie dans un village ethnique.

Le **Ba Be Center Tourism** (☑ 0281-389 4721 ; www.babecentertourism.com ; village de Bolu), géré par les Tay, organise des séjours chez l'habitant, des sorties en bateau et des circuits de plusieurs jours, comprenant trekking et kayak, dans le parc national de Ba Be.

Le parc est une zone de forêt tropicale qui abrite plus de 550 espèces de plantes, et l'État alloue des subventions aux villageois pour qu'ils n'abattent pas les arbres. Parmi les centaines d'espèces sauvages qui vivent ici, on compte 65 espèces de mammifères (très peu visibles), 353 espèces de papillons, 106 espèces de poissons, 4 espèces de tortues, ainsi que la salamandre du Vietnam, très menacée, et le python de Birmanie. Les oiseaux ne sont pas en reste avec 233 espèces recensées, dont le serpentaire bacha et la bondrée orientale. Si la chasse est interdite, les villageois sont autorisés à pêcher.

Ba Be (les Trois Baies) est en fait formé de trois lacs reliés entre eux, mesurant au total plus de 8 km de longueur et 400 m de largeur. Ils hébergent plus d'une centaine d'espèces de poissons d'eau douce. Deux des lacs sont séparés par une étendue d'eau large de 100 m, appelée Be Kam et encadrée par deux hautes parois de roche crayeuse.

Le personnel du parc peut organiser des **circuits**. Les prix varient selon le nombre de participants : ils commencent à 35 \$US par jour pour les voyageurs en solo et baissent lorsqu'il s'agit d'un groupe. L'excursion la plus prisée se fait en **bateau** (650 000 d) sur la rivière Nang et sur le lac : guettez les martins-pêcheurs et les rapaces. Les bateaux accueillent jusqu'à 12 personnes. Le circuit passe généralement par Hang Puong (la grotte de Puong), en forme de tunnel, qui s'étire sur quelque 40 m de hauteur et 300 m de longueur à travers la montagne. 7 000 chauves-souris, appartenant à 18 espèces différentes, y vivent.

D'autres haltes peuvent être prévues, comme dans le charmant village tay de Cam Ha (où toutes les maisons, en bois, sont équipées d'antennes paraboliques !) ou dans la lagune d'Ao Tien, encerclée par la jungle. L'excursion se termine à la **pagode An Ma**, perchée sur une petite île au milieu du lac.

Les **Thac Dau Dang** (chutes de Dau Dang, ou de Ta Ken) forment une série d'impressionnantes cascades se déversant entre des parois rocheuses à pic. On y accède en bateau ou à pied, à condition d'y consacrer une journée. À 200 m des rapides se trouve le petit village tay de Hua Tang.

Parmi les autres options, citons les sorties en canoë, ou encore les circuits combinant vélo, bateau à moteur et randonnées. Le personnel du parc peut également organiser des treks plus longs.

On s'acquitte du droit d'entrée à un poste de contrôle situé sur la route qui mène au parc, environ 15 km avant les bureaux du parc, juste après la ville de Cho Ra.

🛏 Où se loger et se restaurer

Les seules chambres d'hôtel du parc sont celles du **complexe hôtelier géré par l'État** (✆ 0281-389 4026 ; ch à partir de 220 000 d, cabins 220 000 d, bungalows 350 000 d), à côté des bureaux du parc. De jolis bungalows mitoyens, tous équipés de deux lits doubles, abritent les meilleures chambres. Le complexe loue aussi des *cabins*, petits bungalows assez rudimentaires, et quelques chambres. Il dispose de deux **restaurants** (repas à partir de 50 000 d), mais il faut passer commande une heure ou deux à l'avance. Pour un repas moins formel et bon marché, vous trouverez des cabanons tenus par des villageois près des *cabins*.

Vous pouvez aussi séjourner dans le village de Pac Ngoi, où un programme de **"séjour chez l'habitant"** (60 000 d/pers) a été mis en place dans des maisons sur pilotis. Le personnel du parc se charge généralement de la réservation, mais vous pouvez aussi l'effectuer à votre arrivée. La **Hoa Son Guesthouse** (✆ 0281-389 4065), très bien tenue, est l'une des pensions les plus agréables, avec son grand balcon et sa vue sur le lac. Il existe une douzaine d'autres hébergements, tous avec sdb et eau chaude. Le poisson du lac peut figurer au menu (50 000-80 000 d).

Il est aussi possible de loger dans la bourgade de Cho Ra, non loin. Tenue par une famille accueillante, la **Thuy Dung Guesthouse** (✆ 0281-387 6354 ; 5 Tieu Khu ;

ch 300 000 d ; 📱) est une pension agrémentée de balcons et de volets en bois, offrant une vue sur les rizières. Elle possède un bon restaurant et le personnel peut réserver votre transport en bateau depuis Cho Ra (400 000 d) jusqu'au cœur du parc. En chemin, vous découvrirez des cascades et des villages de minorités.

ℹ Renseignements

Seules les espèces sont acceptées. L'accès Internet et les DAB les plus proches se trouvent à Cho Ra.

ℹ Depuis/vers Ba Be

Le parc national de Ba Be est à 240 km de Hanoi, à 61 km de Bac Kan et à 18 km de Cho Ra.

La plupart des visiteurs découvrent le parc dans le cadre d'un circuit organisé ou louent un véhicule à Hanoi (un 4x4 n'est pas nécessaire). Compter 6 heures de trajet aller depuis la capitale.

BUS ET BATEAU

Le transport public le plus direct est le bus quotidien pour Cho Ra (180 000 d, 6 heures), qui part à 12h de la gare routière de Gia Lam, à Hanoi. Cela permet de passer la nuit à Cho Ra avant de poursuivre vers Ba Be en bateau le lendemain. Un bus direct à destination des lacs de Ba Be (90 000 d, 5 heures) part de Cao Bang à 12h.

BUS ET MOTO

Depuis Hanoi, il faut prendre un bus pour Phu Thong (180 000 d, 5 heures) via Thai Nguyen et/ou Bac Kan, puis un bus desservant Cho Ra (7 000 d, 1 heure). À Cho Ra, il faut louer une moto (environ 100 000 d) pour effectuer les 18 km restants.

Si vous allez vers le nord-est depuis Ba Be, le mieux est d'emprunter un bus local de Cho Ra à Na Phac, puis de prendre la correspondance pour Cao Bang.

Con Son et Den Kiep Bac

Ces sites présentent plus d'attrait aux yeux des Vietnamiens qu'à ceux des touristes, mais il n'est pas inintéressant de s'y arrêter sur le chemin vers Haiphong ou Along.

Con Son fut la résidence de Nguyên Trai (1380-1442), célèbre poète, écrivain et général qui aida l'empereur Lê Loi à vaincre les Chinois au XVe siècle. La **pagode de Con Son** (5 000/15 000 d par pers/véhicule) comprend un temple érigé en son honneur. Pour y accéder, il faut emprunter un escalier de 600 marches, ou faire une boucle par un chemin qui passe près d'une source et traverse une forêt de conifères, puis revenir en descendant les escaliers.

À proximité, le **Den Kiep Bac** (temple Kiep Bac ; 5 000/15 000 d par pers/véhicule) est dédié à Trân Hung Dao (1228-1300). Fondé en 1300, il s'élève à l'endroit où serait décédé le célèbre général et abrite une exposition retraçant ses exploits. Le temple accueille aussi la fête qui l'honore chaque année, du 18ᵉ au 20ᵉ jour du 8ᵉ mois lunaire, habituellement en octobre.

Den Kiep Bac et Con Son se trouvent dans la province de Hai Duong, à 80 km à l'est de Hanoi. Si vous disposez d'un moyen de transport, vous pourrez aisément y faire halte en vous rendant à Haiphong ou dans la baie d'Along.

Haiphong

031 / 1,9 MILLION D'HABITANTS

Avec ses boulevards bordés d'arbres, ses nombreux édifices coloniaux et son atmosphère paisible, Haiphong est une ville fort agréable. Port maritime et centre industriel important, elle n'attire cependant pas les foules. Du coup, les pièges à touristes sont ici quasi absents. Prenez un verre dans l'un des nombreux cafés de la ville, dont beaucoup disposent d'agréables terrasses.

Haiphong, importante plaque tournante des transports, est parfaitement reliée à l'île Cat Ba et à Hanoi par bus, train et bateau.

Histoire

Après la signature du second traité de Saigon en 1874, les Français prirent possession de Haiphong et en firent rapidement un port important. L'industrie lourde prit son essor grâce à la proximité de mines de charbon.

En 1946, le terrible bombardement de la ville par les Français, qui fit des milliers de victimes civiles, sonna le glas de la détente avec le Viêt-minh et fut l'un des éléments déclencheurs de la guerre d'Indochine. Entre 1965 et 1972, Haiphong subit les attaques aériennes et navales des Américains, et le port de la ville fut miné en 1972, pour interrompre le ravitaillement du Nord-Vietnam par les Soviétiques. À la fin des années 1970 et dans les années 1980, la ville connut un exode important. La communauté chinoise notamment prit la route de l'exil, et avec elle une grande partie de la flotte de pêche.

Aujourd'hui, Haiphong est une ville en plein essor, où investissent massivement de grosses multinationales attirées par ses infrastructures portuaires et ses réseaux de transports.

◉ À voir et à faire

♥ **Musée de Haiphong**   MUSÉE
(66 P Diên Biên Phu ; 5 000 d ; ⏱8h-12h30 et 14h-16h lun-ven, 7h30-21h30 mer et dim). Installé dans un magnifique bâtiment colonial, ce musée évoque l'histoire de la ville. Certaines explications sont traduites en anglais. Le jardin abrite une collection variée de reliques de guerre.

♥ **Cathédrale du Rosaire**   CATHÉDRALE
(P Hoang Van Thu ; ⏱24h/24). GRATUIT Édifiée au XIXᵉ siècle, cette élégante église surmontée d'une grande tour carrée a été complètement restaurée en 2010. Ses tours grises sont devenues un repère dans le paysage, et sa cour intérieure est vaste et apaisante – un peu moins dès que les enfants de l'école primaire adjacente sortent de classe.

♥ **Théâtre municipal**   ÉDIFICE HISTORIQUE
(P Quang Trung). Cet édifice néoclassique, dont la façade est ornée de colonnes blanches, date de 1904. L'intérieur n'est pas ouvert à la visite.

Pagode Du Hang   TEMPLE BOUDDHIQUE
(121 P Chua Hang ; ⏱7h-22h). Édifiée il y a plus de trois siècles et maintes fois restaurée, cette pagode est un remarquable témoignage d'architecture et de sculpture vietnamiennes traditionnelles. Elle est située dans une rue agréablement animée, à 1,5 km au sud-ouest de Diên Biên Phu, l'artère principale de Haiphong.

Musée de la Marine   MUSÉE
(P Diên Biên Phu ; ⏱8h-11h mar, jeu et sam). GRATUIT Le musée de la Marine retrace l'histoire maritime de la ville.

🛏 Où se loger

Duyen Hai Hotel   HÔTEL $
(☎031-384 2134 ; 6 Đ Nguyen Tri Phuong ; ch 250 000-400 000 d ; ❄🛜). Avec une réception récemment rénovée et des chambres correctes, cet hôtel offre un bon rapport qualité/prix, à deux pas de la gare routière de Lac Long et du port de Ben Binh.

Bao Anh Hotel   HÔTEL $$
(☎031-382 3406 ; www.hotelbaoanh.com ; 20 P Minh Khai ; ch 400 000-700 000 d ; ❄@🛜). Rénové dans un style minimaliste, le Bao Anh est bien situé, dans une rue bordée de platanes et de cafés animés. Il est à quelques minutes à pied de pubs où vous pourrez boire une bonne bière. On peut négocier à la réception.

Haiphong

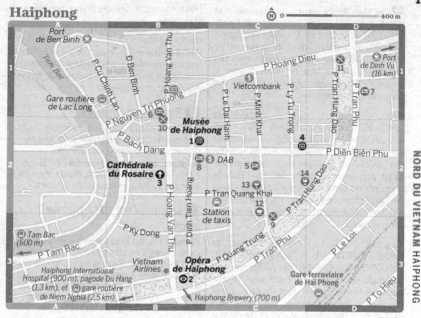

Monaco Hotel   HÔTEL **$$**
(☑031-374 6468 ; www.haiphongmonacohotel.
com ; 103 P Diên Biên Phu ; ch 30-50 $US petit-
déj inclus ; ✴☎). Une excellente adresse
moderne et centrale. À la réception, très
élégante, le personnel vous renseignera avec
plaisir. Chambres vastes et propres, équi-
pées de deux lits doubles et de jolies sdb.

Harbour View Hotel   HÔTEL **$$$**
(☑031-382 7827 ; www.harbourviewvietnam.
com ; 4 P Tran Phu ; ch 95-125 $US petit-déj inclus ;
⊖✴@☎☒). Construit en 1998, cet imposant
hôtel de style colonial abrite des chambres
confortables et d'excellentes installations,
dont une salle de gym, un spa et un restaurant. Le personnel chaleureux organise des
visites de Haiphong dans une vieille Citroën.
N'hésitez pas à négocier les prix.

✗ Où se restaurer

Haiphong est réputée pour ses produits de la
mer. Dans Pho Quang Trung, vous trouverez
des restaurants avec vivier, où l'on cuisine sur
commande, et des bars à *bia hoi* (bière du jour
à la pression). Pour des cafés et des restaurants plus chics, allez dans Pho Minh Khai.

Com Vietnam   VIETNAMIEN **$**
(☑031-384 1698 ; 4A P Hoang Van Thu ;
plats 40 000-60 000 d ; ☺11h-21h). Une

très bonne adresse, où l'on mange des
produits de la mer locaux à prix raisonnable et des spécialités vietnamiennes.
C'est exigu, sans prétention, avec une
petite terrasse.

♥ **Big Man Restaurant**   RESTAURANT **$$**
(📞031-384 2383 ; 7 P Tran Hung Dao ; plats à partir de 100 000 d ; ⏱11h-23h). Un vaste restaurant doté d'une terrasse, dont la carte variée affiche d'excellentes salades vietnamiennes et de bons plats à base de fruits de mer. Il se double d'une petite brasserie qui sert des bières brunes et blondes.

BKK   THAÏLANDAIS **$$**
(📞031-382 1018 ; 22 P Minh Khai ; plats 80 000-150 000 d ; ⏱11h30-22h). Une ancienne demeure joliment restaurée où l'on savoure des spécialités thaïlandaises remarquablement préparées, dont du *lab moo* (salade de porc) ou des calamars au poivre. Choix de bons mets végétariens également, sans oublier les desserts, comme la délicieuse glace au coco.

Van Tue   PRODUITS DE LA MER **$$**
(📞031-374 6338 ; 1 P Hoang Dieu ; plats 100 000-250 000 d ; ⏱11h-23h). Élégante villa coloniale qui abrite un restaurant réputé pour ses fruits de mer, dont un large choix de plats à base de crabe. Des mets plus exotiques, à base de chevreuil et de chèvre, sont aussi proposés. L'endroit est prisé des familles vietnamiennes aisées.

🍷 Où prendre un verre et sortir

Pho Minh Khai compte quantité de cafés décontractés. Presque tous possèdent une terrasse sur la rue, et proposent de la bière et un service de petite restauration.

Haiphong Brewery   BAR À BIA HOI
(16 Đ Lach Tray ; ⏱10h-20h). La bière locale est réputée, à juste titre, au Vietnam, et le bar à bière animé de cette brasserie est le meilleur endroit pour la goûter. Les gens affluent à l'heure du déjeuner (la nourriture est bonne et bon marché), mais on vous trouvera toujours une petite place. Au sud-est du centre-ville, rapidement accessible en taxi.

Vuon Dua   BAR À BIA HOI
(5 P Tran Hung Dao ; ⏱11h-23h). Café animé en plein air servant des bières bon marché et différentes recettes à base de calamars, de poulet et de porc. Très fréquenté par les riverains qui viennent y prendre une bière après le travail.

Julie's Bar   BAR
(22C P Minh Khai ; ⏱11h-23h ; 📶). Un chaleureux repaire d'expatriés et le lieu idéal pour connaître les dernières nouvelles de Haiphong.

Caffe Tra Cuc   CAFÉ
(46C P Minh Khai ; ⏱7h-23h ; 📶). Les habitués, jeunes branchés ou quinquas grisonnants, viennent y boire un café, préparé de diverses manières, et profiter du Wi-Fi gratuit.

ℹ Renseignements

Dans Pho Minh Khai, plusieurs cybercafés proposent un accès Wi-Fi gratuit. On trouve des DAB un peu partout dans le centre-ville.

Haiphong International Hospital (📞031-395 5888 ; 124 Nguyen Duc Canh). Récent et moderne, il compte quelques médecins anglophones.

ℹ Depuis/vers Haiphong

AVION

L'aéroport de Cat Bi se trouve à 6 km au sud-est de Haiphong. Comptez 150 000 d pour vous y rendre en taxi. Des liaisons sont proposées par **Jetstar Pacific Airways** (📞1900 1550 ; www.jetstar.com), **Vietnam Airlines** (📞031-3810 890, Hanoi 04-3832 0320 ; www.vietnamair.com.vn ; 30 P Hoang Van Thu) et **VietJet** (📞1900 1886 ; www.vietjetair.com).

BATEAU

Les bateaux partent du port de Ben Binh, non loin de la gare routière de Lac Long.

BUS

Haiphong compte 3 gares routières longue distance :

Gare routière de Tam Bac (P Tam Bac). Bus pour Hanoi (100 000 d, 2 heures, toutes les 10 min).

Gare routière de Niem Nghia (Đ Tran Nguyen Han). Bus pour les destinations au sud de Haiphong, dont Ninh Binh (120 000 d, 3 heures 30, toutes les 30 min).

Gare routière de Lac Long (P Cu Chinh Lan). Bus desservant Along (Bai Chay : 70 000 d, 1 heure 30, toutes les 30 min) et correspondances régulières pour Mong Cai (120 000 d, 4 heures, environ toutes les 2 heures), près de la frontière chinoise. D'autres bus assurent aussi la liaison depuis/vers Hanoi (80 000 d, 2 heures, toutes les 10 min), pratiques pour les voyageurs qui empruntent les bateaux desservant l'île de Cat Ba depuis le port de Ben Binh, non loin.

VOITURE ET MOTO

Haiphong se trouve à 103 km de Hanoi par la RN 5.

TRAIN

Une ligne secondaire dessert tous les jours, lentement, la gare de Long Bien à Hanoi (48 000 d ; 2 heures 30 ; 6h05, 8h55, 14h55, 18h40).

Comment circuler

Contactez **Haiphong Taxi** (☎ 031-383 8383)
ou **Taxi Mai Linh** (☎ 031-383 3833). Un *xe om*
(une moto-taxi) depuis l'une des gares routières
jusqu'aux hôtels coûte environ 30 000 d.

Baie d'Along

☎ 033

Ce sont près de 2 000 îles émergeant des
eaux émeraude du golfe du Tonkin, une
merveille naturelle que les mots ne suffisent
pas à décrire. Along (Ha Long) signifie "là
où le dragon descend dans la mer". Selon la
légende, un dragon géant, en route vers la mer,
aurait par les battements de sa queue entaillé
les montagnes et créé vallées et crevasses.
Lorsqu'il plongea enfin dans les flots, ces
anfractuosités s'emplirent d'eau, ne laissant
émergées que les îles que l'on voit aujourd'hui.

La baie d'Along a été inscrite en 1994 au
patrimoine mondial de l'Unesco. Et si on l'a
souvent comparée aux paysages féeriques
des îlots karstiques de Guilin, en Chine, et
de Krabi, dans le sud de la Thaïlande, elle

se révèle en réalité beaucoup plus spectaculaire. Ses innombrables îlots recèlent des
grottes nées de l'action conjuguée du vent
et des vagues. Leurs versants, peu boisés,
vibrent de chants d'oiseaux.

Si la baie d'Along recèle quantité de
grottes, elle ne compte que quelques plages
dignes de ce nom. En revanche, la baie de
Lan Ha, au sud de l'île de Cat Ba, abrite
des criques de sable, facilement accessibles
depuis la ville de Cat Ba.

Principal point d'accès à la baie, la grande
ville d'Along ne fait pas vraiment honneur à
l'incroyable site du patrimoine mondial, avec
ses hôtels tout en hauteur et ses karaokés.

La plupart des voyageurs choisissent, à
juste titre, un circuit comprenant une nuit
à bord d'un bateau dans la baie d'Along.
Certains visiteurs évitent la ville d'Along
pour se rendre directement à celle de Cat
Ba, d'où il est facile d'organiser des excursions vers la baie de Lan Ha, moins visitée et
tout aussi attirante. L'île de Cat Ba constitue
également un bon point de chute pour partir
à la découverte de la baie d'Along.

NORD DU VIETNAM BAIE D'ALONG

À NE PAS MANQUER

LES CIRCUITS DANS LA BAIE D'ALONG

Il y a mille manières d'apprécier la beauté de la baie d'Along. Mais, à moins d'avoir son
propre yacht ou d'être un rameur de haut vol, mieux vaut se joindre à un circuit organisé.

Pour la version luxe, optez pour une croisière à bord d'une jonque chinoise. Vous
pouvez aussi embarquer sur un bateau à aubes, construit sur un modèle de navire
français du début du XXᵉ siècle. Toutes les excursions suivent le même itinéraire et vous
emmènent sur les îles et dans les grottes les plus connues, sans s'éloigner beaucoup
d'Along. De fait, il arrive que des croisières supposées durer deux jours offrent à peine
24 heures de bateau (et elles coûtent des centaines de dollars par personne).

Pour les petits budgets, les circuits bon marché proposés à Hanoi débutent à 60 $US
par personne pour une excursion d'une journée, et peuvent atteindre 220 $US pour
deux nuits dans la baie, avec un circuit en kayak en option. Comptez quelque 100-
130 $US pour une croisière avec une nuit dans la baie.

Sachez que dans cette gamme de prix, nous avons reçu beaucoup de plaintes
concernant la qualité des services, de la nourriture, voire la présence de rats. Si
possible, optez pour un circuit un peu plus cher afin de profiter pleinement de votre
croisière. Les circuits bon marché peuvent représenter de fausses économies et mettre
votre sécurité en jeu.

La plupart des excursions incluent le transport, les repas, et parfois les randonnées
sur les îles. Les boissons ne sont pas comprises. Nombre de ces circuits suivent un
itinéraire fixe et font étape dans des grottes illuminées, souvent en même temps que
beaucoup d'autres bateaux partant de Bai Chay.

Pour découvrir plus longuement la baie d'Along, loin des foules, préférez l'île de
Cat Ba. Là, des tour-opérateurs proposent désormais d'explorer la baie de Lan Ha,
moins fréquentée, relativement vierge et qui possède quelques plages de sable.

Les circuits en bateau sont parfois annulés en raison de la météo. Dans ce cas, on
vous proposera un remboursement total ou partiel. Vérifiez lors de la réservation.

Baie d'Along et baie de Bai Tu Long

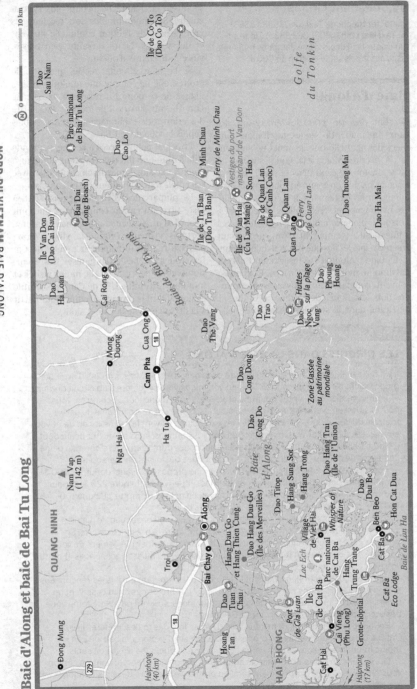

10 km

N 0

Golfe du Tonkin

Île de Co To
(Dao Co To)

Dao
Sau Nam

Dao
Cao Lo

Parc national
de Bai Tu Long

Minh Chau
Ferry de Minh Chau

Vestiges du port
marchand de Van Don

Son Hao

Bai Dai
(Long Beach)

Île de Tra Ban
(Dao Tra Ban)

Île de Van Hai
(Cu Lao Mang)

Île de Quan Lan
(Dao Canh Cuoc)

Quan Lan

Quan Lan
Ferry
de Quan Lan

Dao Thuong Mai

Dao Ha Mai

Île Van Don
(Dao Cai Bau)

Dao
Ha Loan

Cai Rong

Baie de Bai Tu Long

Dao
The Yang

Dao
Trao

Huttes
sur la plage

Ngoc
Vung

Dao
Phoung
Hoang

QUANG NINH

Mong
Duong

Cua Ong

Cam Pha

18

Nam Vap
(1 142 m)

Nga Hai

Ha Tu

Dao
Cong Dong

Zone classée
au patrimoine
mondiale

Dong Mung

Dao
Cong Do

Troi

Baie
d'Along

Dao Titop

Hang Sung Sot

Hang Trong

Dao Hang Trai
(Île de l'Union)

Dao
Dau Be

Along

Hang Dau Go
et Hang Thien Cung

Dao Hang Dau Go
(Île des Merveilles)

Village
de Viet Hai

Whisper of
Nature

Ben Beo

Hon Cat Dua

Bai Chay

Dao
Tuan
Chau

Lac Ech

Parc national
de Cat Ba

Cat Ba

Cat Ba
Eco Lodge

Hang
Trung Trang

Baie de Lan Ha

Hoang
Tan

Port
de Gia Luan

Île
de Cat Ba

Cat Ba

HAI PHONG

Cat Hai

Cai Vieng
(Phu Long)

Grotte-hôpital

Haiphong
(40 km)

229

18

Haiphong
(17 km)

Premier site touristique du Nord-Est, la baie d'Along attire les visiteurs toute l'année. De janvier à mars, le temps souvent froid, bruineux et brumeux réduit la visibilité, mais confère aussi aux lieux un aspect irréel. De mai à septembre, les orages tropicaux sont fréquents. Toute l'année, les conditions météo obligent parfois les bateaux à modifier leur itinéraire.

⊙ À voir et à faire

Grottes

Les îles de la baie d'Along sont creusées de milliers de grottes, dont beaucoup sont désormais éclairées par de savants jeux de lumière. Malheureusement, les lieux sont souvent jonchés de détritus et les vendeurs de babioles sont aussi très présents.

Grotte la plus proche du continent, et donc très fréquentée, **Hang Dau Go** comprend trois salles auxquelles on accède par un escalier de 90 marches. Les parois de la deuxième salle scintillent lorsqu'on les éclaire. C'est de la troisième salle que la grotte tire son nom de "grotte des Pieux", en raison du rôle qu'elle a joué dans l'histoire du Vietnam ; au XIIIᵉ siècle, elle aurait servi de refuge au général Tran Hung Dao, qui y aurait entreposé des pieux de bambou devant lui servir à repousser la flotte de ses ennemis. La grotte voisine, **Hang Thien Cung**, fait partie du même réseau souterrain et présente des formations calcaires en forme de chou-fleur, ainsi que des stalactites et des stalagmites.

Hang Sung Sot (grotte de la Surprise) est elle aussi très fréquentée. Elle compte également trois vastes salles. Dans la deuxième, une roche de forme phallique, éclairée en rose, est considérée comme un symbole de fertilité.

Hang Trong (grotte du Tambour) tire son nom du phénomène acoustique créé par le vent qui s'y engouffre.

Le choix des grottes que vous visiterez dépend de la météo, mais aussi du nombre de bateaux présents sur le site.

Îles

Dao Titop (île Titop) est bordée par une petite plage un peu négligée. Vous pouvez vous rendre directement au sommet de l'île, qui offre une superbe vue sur la baie d'Along.

L'**île de Cat Ba** (p. 108) est la plus exploitée de la baie. La ville de Cat Ba est très proche de la magnifique baie de Lan Ha.

ⓘ GARE AUX VOLEURS !

Surveillez bien vos objets de valeur si vous effectuez un circuit dans la baie d'Along. Assurez-vous qu'une personne de confiance surveille vos affaires lors d'une croisière en journée. À défaut, elles risquent de disparaître… Les bateaux affrétés pour les croisières de nuit disposent généralement de cabines fermant à clé.

Kayak

La plupart des tour-opérateurs proposent cette activité dans les circuits organisés en baie d'Along. La balade en kayak dure généralement une heure et permet de découvrir des grottes, de petites plages. La plupart des tour-opérateurs incluent dans leurs circuits la visite d'un **village flottant**, d'où proviendra sans doute votre dîner du soir Les habitants y vivent de la pêche, rapportant leurs prises du large pour les engraisser dans des enclos piscicoles.

Si vous êtes fan de kayak, contactez Handspan Adventure Travel (p. 139), à Hanoi, qui organise des excursions avec des guides qualifiés et gère des camps de plage. Les sorties en kayak sont organisées depuis la baie de Lan Ha, moins touristique.

ⓘ Renseignements

Tout visiteur doit s'acquitter d'un droit d'entrée pour le parc national, dont le montant est compris entre 80 000 et 120 000 d en journée, et s'élève à 320 000 d pour une nuit sur place. Il faut acheter des billets distincts (30 000-50 000 d) pour certains sites, comme les grottes, les îles et les villages de pêcheurs dans l'enceinte du parc. La plupart des frais d'entrée sont en général inclus dans le forfait des circuits organisés, mais vérifiez lors de la réservation.

Le **centre d'information touristique de la baie d'Along** (🖉 033-384 7481 ; www. halong.org.vn ; ⊙7h-16h) est situé sur le quai touristique de Bai Chay à Halong.

ⓘ Depuis/vers la baie d'Along

Passer par un circuit organisé est pratique, et nombre d'entre eux sont assez intéressants.

Il est également possible de faire le voyage de manière autonome. Le parcours habituel consiste à prendre un bus de Hanoi jusqu'à Bai Chay (ville d'Along), et de là, un *xe om* ou un taxi jusqu'au port de Bai Chay. À Bai Chay, vous pouvez réserver un circuit, mais si l'on prend en compte le coût du voyage depuis Hanoi, cela ne

DES CROISIÈRES PAS BATEAU

Si vous êtes en quête d'une croisière un peu différente dans la baie d'Along, faites votre choix parmi les bateaux ci-dessous, plus intéressants (et plus chers). Ils partent tous de Hanoi.

Emeraude Classic Cruise (☑04-3934 0888 ; www.emeraude-cruises.com ; d 360-600 $US). Un bateau à aubes de 56 m, abritant 38 cabines climatisées agrémentées d'un mobilier en bois raffiné et de douches chaudes. Repas délicieux, sous forme de buffet. Les tarifs restent assez chers pour une croisière de moins de 24 heures, mais vous pouvez bénéficier de réductions en réservant sur le site Internet.

Handspan (☑04-3926 2828 ; www.handspan.com ; d 320-400 $US). La jonque *Treasure* fait partie des rares bateaux à voile de la baie. Vous naviguerez entre les îlots karstiques sans entendre le ronronnement constant d'un moteur. Un bonheur.

Indochina Sails (☑04-3984 2362 ; www.indochinasails.com ; d 896-1 000 $US). Indochina dispose de deux jonques de 42 m et d'une autre, plus petite. Luxueuses, elles comportent de jolies cabines en bois et des ponts d'où admirer la vue sur la baie.

revient pas beaucoup moins cher. Ces bateaux d'excursion d'une journée sont généralement bondés, et s'accompagnent souvent d'un fond de karaoké vietnamien.

Certains bateaux d'excursion relient Bai Chay à l'île de Cat Ba en passant par la baie d'Along. Vous pouvez aussi rejoindre l'île de Cat Ba directement depuis Hanoi, et organiser de là un circuit en bateau pour découvrir la baie de Lan Ha.

❶ Comment circuler

La majorité des excursions en bateau partent du quai touristique de Bai Chay à Along – une véritable fourmilière où des dizaines de bateaux débarquent leurs passagers et en accueillent d'autres dans la foulée.

Un bateau une étoile pour une croisière de 4 heures revient à 2 000 000 d ; comptez environ 3 000 000 d pour 6 heures. Les prix sont en général divisés par le nombre de passagers à bord et augmentent d'environ 20% le week-end.

Along

☑ 033 / 193 700 HABITANTS

La ville d'Along (Bai Chay) est le principal point d'accès à la baie. Malgré sa position privilégiée sur le cap de la baie d'Along, la ville a été malmenée par l'urbanisation et d'immenses hôtels ont été construits sur ses plages. La majorité des restaurants, des hébergements et des services dont dépend la baie d'Along se trouvent ici.

La plupart des voyageurs ne séjournent pas en ville, préférant passer une nuit dans la baie d'Along. En raison de la concurrence et d'une clientèle en baisse, les tarifs pratiqués par les hôtels d'Along figurent désormais parmi les plus bas du Vietnam.

Les visiteurs chinois et coréens y sont plus nombreux, ravis de profiter des casinos et des karaokés sur la terre ferme après avoir exploré la baie pendant la journée.

🛏 Où se loger

Si vous devez séjourner à Bai Chay, vous trouverez une kyrielle d'hôtels aux tarifs très raisonnables en dehors de la haute saison (de juin à août) et du Têt.

Presque tous les établissements petits budgets se concentrent dans l'"allée des hôtels" (Ð Vuon Dao). Une confortable chambre double s'y loue environ 15 $US. Les hôtels de catégories moyenne et supérieure donnent sur la baie, le long de Ð Halong.

Thanh Hue Hotel HÔTEL **$**
(☑033-384 7612 ; Ð Vuon Dao ; ch 12-18 $US ; ❋@☎). Un hôtel couleur bleu pastel au bon rapport qualité/prix. La plupart des chambres offrent une superbe vue depuis leur balcon. La montée pour accéder à l'hôtel vaut vraiment la peine.

Tung Lam Hotel HÔTEL **$**
(☑033-364 0743 ; 29 Ð Vuon Dao ; ch 10-16 $US ; ❋☎). Ce mini-hôtel se démarque un peu de ses concurrents. Les chambres possèdent toutes deux lits, une TV, un minibar et une sdb. Celles situées en façade, spacieuses, disposent d'un balcon.

Novotel HÔTEL **$$$**
(☑033-384 8108 ; www.novotelhalongbay.com ; Ð Halong ; ch à partir de 110 $US ; ⊜❋@☎▤). Cet hôtel branché associe des influences japonaises à des touches contemporaines. Les chambres sont impeccables : sol en teck, sdb en marbre et cloisons coulissantes

séparant les différents espaces de vie. Parmi les installations figurent une piscine à débordement, un bar à expresso et un excellent restaurant.

✖ Où se restaurer

En bas de Đ Vuon Dao, de modestes restaurants servent une cuisine copieuse et bon marché. Les amateurs de fruits de mer choisiront parmi les établissements de Đ Halong, le long du port.

Toan Huong   VIETNAMIEN **$**
(☑033-384 4651 ; 1 Đ Vuon Dao ; plats à partir de 50 000 d ; ☺10h-22h). Un établissement simple, au personnel sympathique, doté d'une terrasse côté rue. Longue carte hétéroclite : petit-déjeuner à l'occidentale, fruits de mer et vin importé.

Asia Restaurant   VIETNAMIEN **$**
(☑033-384 6927 ; 24 Đ Vuon Dao ; plats 60 000-100 000 d ; ☺10h-22h). Ce restaurant, propre et attrayant, a tout pour plaire : une bonne cuisine vietnamienne et quelques plats occidentaux.

❶ Renseignements

Poste principale (Đ Halong). En bas de Vuon Dao.
Vietcombank (Đ Halong). Change et DAB.

❶ Depuis/vers Along

BUS

Tous les bus partent de la gare routière de Bai Chay, à 6 km au sud du centre de Bai Chay, un peu à l'écart de la RN 18. Attention, de nombreux bus longue distance indiquent "Bai Chay" et non "Halong City". Le bus de nuit pour Sapa qui part à 18h45 est une bonne option si vous ne voulez pas retourner à Hanoi. Pour le site de Tam Coc, des bus directs desservent Ninh Binh, à 9 km de là.

Pour rejoindre l'embarcadère de Cai Rong (Cai Rong Pha) sur l'île de Van Don, d'où vous prendrez un ferry jusqu'aux îles de la baie de Bai Tu Long, vous pouvez emprunter un bus direct pour Van Don, ou un bus en direction de Mong Cai ou Lang Son et descendre dans la localité de Cua Ong. Un *xe om* ou un taxi vous mènera à l'embarcadère. Tous les bus desservant Van Don ne poursuivent pas jusqu'à l'embarcadère de Cai Rong ; vérifiez à la gare routière de Bai Chay.

NORD DU VIETNAM BAIE D'ALONG

Along (Bai Chay)

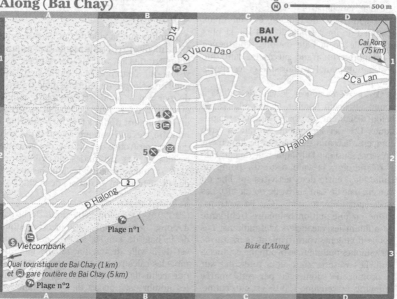

Ⓝ 0 ━━━━━━━ 500 m

BAI CHAY

Cai Rong (75 km)

Đ Vuon Dao

Đ Ca Lan

Đ Halong

Đ 14

Đ Halong

Plage n°1

Vietcombank

Baie d'Along

Quai touristique de Bai Chay (1 km)
et 🚌 gare routière de Bai Chay (5 km)
Plage n°2

Bus au départ d'Along :

DESTINATION	PRIX (D)	DURÉE ET FRÉQUENCE
Hanoi	100 000	4 heures ; départs fréquents
Haiphong	50 000	2 heures ; départs fréquents jusqu'à 15h
Mong Cai	90 000	4 heures ; toutes les 40 min jusqu'à 15h
Van Don	60 000	1 heure 30 ; env. toutes les heures
Lang Son	110 000	5 heures 30 ; 11h45 et 12h45
Sapa	450 000	12 heures ; 18h45
Ninh Binh	130 000	4 heures ; 5h30 et 11h30

VOITURE ET MOTO

La ville d'Along se situe à 160 km de Hanoi et à 55 km de Haiphong. Le trajet Hanoi-Along en voiture prend environ 3 heures.

❶ Comment circuler

Le quartier de Bai Chay est très étendu. La compagnie de taxis **Mai Linh** (☑ 033-382 2226) est fiable.

Île de Cat Ba

☑ 031 / 13 500 HABITANTS

Avec son relief déchiqueté et son épais manteau de forêt tropicale, Cat Ba, la plus grande île de la baie d'Along, commence à remporter un franc succès en tant que destination pour l'écotourisme et les sports d'aventure.

Ces dernières années, la ville de Cat Ba a connu un boom hôtelier, et des édifices de béton défigurent une baie autrefois magnifique. Un développement outrancier que compense la beauté du reste de l'île, largement préservé, ainsi que l'idyllique baie de Lan Ha.

Néanmoins, la ville reste un point de chute idéal entre deux activités sur l'île ou dans la baie de Lan Ha (voile ou kayak). Les week-ends d'été, toutefois, Cat Ba se transforme en une station balnéaire trépidante où affluent les vacanciers vietnamiens. Les hôtels doublent, voire triplent leurs tarifs, les karaokés pullulent, le brouhaha est incessant. Les voitures sont alors interdites sur la promenade submergée par cette marée humaine. En semaine, Cat Ba est plus calme, mais reste très animée entre juin et août.

Une fête commémore chaque année la visite de Hô Chi Minh sur l'île de Cat Ba en avril 1951. À cette période, attendez-vous à de nombreux karaokés et à de la techno sur le front de mer entre 8h et minuit.

En 1986, la moitié de l'île (354 km² dans sa totalité) et 90 km² de ses eaux côtières ont été déclarés parc national, afin de protéger les écosystèmes de ce petit paradis. Le littoral est essentiellement constitué de falaises, mais on y trouve aussi quelques plages de sable et de charmants villages de pêcheurs nichés dans de petites anses.

Des lacs, des cascades et des grottes ponctuent les collines calcaires qui culminent à 331 m. Le lac Ech, qui s'étend sur 3 ha, est le plus grand plan d'eau de l'île. Quant aux cours d'eau, ils sont saisonniers, l'eau de pluie ayant tendance à s'infiltrer dans les grottes avant de rejoindre la mer, d'où le manque d'eau en saison sèche.

La période la plus agréable à Cat Ba va de fin septembre à novembre : la température de l'air et de l'eau est alors très douce, et le ciel dégagé la plupart du temps. De décembre à février, le temps, plus frais, demeure plaisant. Entre février et avril, les pluies sont fréquentes, mais la saison reste favorable. Quant aux mois d'été, de juin à août, ils sont chauds et humides, parfois orageux ; c'est l'époque où affluent de nombreux touristes vietnamiens.

◉ À voir

À première vue, la ville de Cat Ba ressemble à une médiocre copie de Manhattan avec ses petits gratte-ciel aux façades vitrées. Une vision qui s'estompe néanmoins à mesure que l'on s'éloigne de la promenade du front de mer. Sur le mont n°1, une petite colline qui fait face à la jetée de la ville, se dresse un **monument dédié à Hô Chi Minh**. Sur le **marché**, très authentique, à l'extrémité nord du port, on trouve des crabes, des crevettes royales et des pyramides de fruits frais. Mais, de toute évidence, les plus beaux sites de l'île se trouvent en dehors de la ville.

Baie de Lan Ha   ÎLE

(30 000 d). Extension géologique de la baie d'Along, les quelque 300 îles karstiques de la baie de Lan Ha se dressent au sud-est de la ville de Cat Ba. Le spectacle des pinacles calcaires est tout aussi fantastique que celui de la baie d'Along. Cependant, les nombreuses plages de sable blanc leur confèrent un attrait particulier.

La baie de Lan Ha est assez éloignée d'Along, et les bateaux de touristes n'y sont pas très nombreux. Il faut s'acquitter d'un droit d'entrée, souvent compris dans les circuits.

La baie abrite près de 200 espèces de poissons, 500 espèces de mollusques, 400 espèces d'arthropodes, de nombreux coraux durs et mous, des phoques et trois espèces de dauphins.

Les sorties les plus intéressantes à la voile ou en kayak sont organisées à Cat Ba. Le choix de plages est si vaste qu'il est facile de trouver un petit coin de sable à soi pour la journée. Le camping est autorisé sur la magnifique plage de Hai Pie (ou plage du Tigre), qui fait office de camp de base pour les excursions des tour-opérateurs de Cat Ba – ou, occasionnellement, pour des *full-moon parties* (fêtes de la pleine lune) à la manière thaïlandaise. Enfin, les rochers de la baie de Lan Ha sont fabuleux pour l'escalade ; c'est la principale destination des circuits organisés par Asia Outdoors.

Parc national de Cat Ba   RÉSERVE NATURELLE
(🖉 031-216 350 ; 30 000 d ; ⊙ aube-crépuscule). Facile d'accès, ce parc national sert d'habitat à 32 espèces de mammifères et à 70 espèces d'oiseaux. Pour vous rendre aux bureaux du parc, à Trung Trang, prenez un bus public

QH vert aux docks de la ville de Cat Ba (20 000 d, 20 min, départ à 8h et 11h). Vous pouvez également prendre un *xe om* moyennant 80 000 d environ l'aller, ou bien louer une moto pour la journée.

Parmi les mammifères figurent le singe entelle, le macaque, le sanglier, le chevreuil, la civette et plusieurs espèces d'écureuils, comme l'écureuil noir géant. Primate en danger, le semnopithèque à tête dorée est le singe le plus rare du monde, avec à peine 65 représentants dans le parc. Le faucon, le calao et le coucou comptent parmi les oiseaux de l'île, située sur un important axe migratoire d'oiseaux aquatiques (ils nichent sur les plages et dans les mangroves). Parmi le bon millier d'espèces de plantes répertoriées, on compte 118 espèces d'arbres et 160 plantes médicinales.

Nous vous recommandons de recourir à un guide lors de vos randonnées, faute de quoi vous risquez de ne voir que de la verdure ! Si vous souhaitez visiter une grotte, **Hang Trung Trang** (la grotte Trung Trang) est facile d'accès, mais il faut contacter un gardien du parc pour vous assurer qu'elle est ouverte. Munissez-vous d'une lampe torche.

Une randonnée intéressante et très sportive mène, à travers le parc, jusqu'aux sommets montagneux (18 km, 5-6 heures).

ESCALADER LES PICS KARSTIQUES

Pour les amateurs d'escalade, la baie d'Along est un site de choix. Les falaises karstiques offrent des voies exceptionnelles dans un paysage splendide. La plupart des grimpeurs qui tentent l'aventure à Cat Ba sont des novices, mais le niveau des moniteurs est tel qu'ils repartent avec le virus de l'escalade.

Pas besoin de gros bras pour grimper, puisque l'on utilise surtout ses jambes. La pierre calcaire de la baie d'Along n'est pas trop rude pour les mains. De plus, les parois sont souvent abritées par des surplombs naturels qui les protègent de la pluie. Grimper est toujours possible, quel que soit le temps.

Quelques agences inexpérimentées peuvent vous proposer des sorties à votre arrivée sur l'île, mais nous conseillons aux débutants de s'adresser à l'équipe chevronnée d'Asia Outdoors (p. 112).

Les sorties pour les débutants se font sur l'île de Cat Ba ou dans la magnifique baie de Lan Ha. Harnais et chaussures d'escalade sont fournis, ainsi qu'un cours sur la technique d'assurage, puis une démonstration. Ensuite, c'est à vous ! Le moniteur vous expliquera comment procéder à chaque prise et vous assurera. Des voies faciles s'offrent depuis les plages de Hai Pai et de Moody Beach, idéales pour les novices.

Les falaises abruptes des baies d'Along et de Lan Ha se prêtent aussi idéalement au "psicobloc" (ou *deep-water soloing*), l'escalade sans corde ni harnais au-dessus de l'eau. Bien sûr, cette activité est réservée aux grimpeurs expérimentés, et il est impératif de bien connaître la profondeur de l'eau et les indices de marée (certains grimpeurs se sont déjà blessés en tombant dans l'eau peu profonde). Ne tentez donc le psicobloc qu'avec une équipe expérimentée, comme celle d'Asia Outdoors. En général, on termine une voie par un beau plongeon dans la mer avant de regagner la plage, ou le bateau, à la nage.

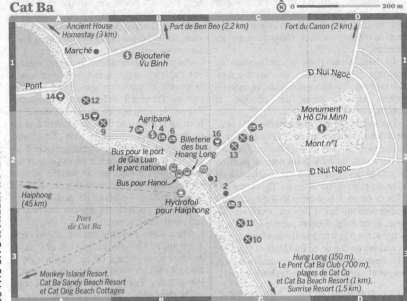

Cat Ba

Cat Ba

⊕ **Activités**

1 Asia Outdoors	C2
2 Cat Ba Ventures	C2

🛏 **Où se loger**

3 Cat Ba Dream	C2
4 Duc Tuan Hotel	B2
5 Le Pont	C2
6 Phong Lan Hotel	B2
7 Thu Ha	B2

🍴 **Où se restaurer**

8 CT Mart	C2
9 Family Bakery	A2
10 Green Bamboo Forest	C3
11 Green Mango	C3
12 Phuong Nung	A1
13 Vien Duong	C2

🍷 **Où prendre un verre**

14 Stands de *bia hoi*	A1
15 Flightless Bird Café	A2
Good Bar	(voir 1)
16 Rose Bar	C2

Prévoyez non seulement les services d'un guide, mais aussi le transport en bus ou en bateau jusqu'au départ du chemin et un bateau pour le retour. Vous pourrez organiser l'excursion avec les gardes forestiers du parc, ou avec Asia Outdoors ou Cat Ba Ventures à Cat Ba (ville). Chaussez-vous de manière adéquate, emportez un vêtement de pluie et une bonne réserve d'eau. Les marcheurs indépendants pourront acheter un en-cas dans les kiosques de Viet Hai, où les groupes s'arrêtent généralement pour déjeuner. N'oubliez pas que cette randonnée est difficile et que le sentier devient encore plus ardu et glissant après la pluie. Il existe des circuits plus courts et moins éprouvants.

De nombreuses randonnées se terminent à **Viet Hai**, un village reculé de l'est de l'île, juste après l'enceinte du parc, d'où un bateau-taxi vous ramène au quai de Ben Beo (environ 200 000 d/bateau). Un bateau public (50 000 d/pers) part de Ben Beo à 6h en semaine et à 7h le week-end. Vous pourrez également loger au Whisper of Nature (p. 113).

Anse de Cat Co
PLAGE

À 15 minutes de marche au sud-est de la ville de Cat Ba, les trois plages de l'anse de Cat Co arborent un beau sable blanc et permettent une baignade agréable, bien que l'eau soit parfois polluée par des débris et des ordures. Cat Co 2, au pied de falaises calcaires et du complexe hôtelier de Cat Ba Beach Resort, est la plus jolie. Des complexes hôteliers sont également installés à Cat Co 1 et 3.

On peut aussi accéder à Cat Co par le train touristique (10 000 d/pers) qui sillonne la colline à la haute saison. Kayaks, planches à voile et autres équipements de sports nautiques sont disponibles à la location. Les week-ends d'été, les trois plages sont envahies de touristes vietnamiens, et les détritus peuvent poser problème.

L'île de Cat Ba compte d'autres plages : Cai Vieng, Hong Xoai Be et Hong Xoai Lon.

Grotte-hôpital　　　　　　　　SITE HISTORIQUE
(☑ 031-368 8215 ; 15 000 d ; ☉ 7h-16h30). À environ 10 km au nord de Cat Ba, sur la route qui mène à l'entrée du parc national, cette grotte est un lieu historique : protégée des bombes, elle a servi d'hôpital clandestin pendant la guerre du Vietnam, mais aussi d'abri aux dirigeants viêt-cong. Aménagée entre 1963 et 1965 avec l'aide de la Chine, sur trois niveaux, elle fut utilisée jusqu'en 1975.

Un guide vous fera visiter les 17 salles, l'ancien bloc opératoire et la gigantesque caverne naturelle qui faisait office de cinéma (et comprenait même une petite piscine).

🏃 Activités

Cat Ba est l'endroit rêvé pour les sports d'aventure, sur l'île elle-même ou en mer.

Vélo

De nombreux hôtels proposent des VTT chinois (environ 6 $US/jour) et Blue Swimmer des vélo de randonnée (15 $US/jour) de meilleure qualité.

Un itinéraire traverse le cœur de l'île, en passant par la grotte-hôpital, et redescend vers les mangroves et les élevages de crabes de la côte ouest. Ensuite, on rejoint la ville de Cat Ba en effectuant une boucle par la route longeant la côte, où alternent vasières et plages désertes. Blue Swimmer et Asia Outdoors organisent des sorties VTT accompagnées par un guide.

Escalade

Les falaises calcaires de l'île de Cat Ba et de la baie de Lan Ha comptent parmi les sites de renommée internationale en matière d'escalade.

Installée à Cat Ba, Asia Outdoors (voir ci-après) est la première agence à avoir proposé cette activité au Vietnam, et ses formateurs sont des professionnels qualifiés. Les grimpeurs avertis pourront louer du matériel, échanger leurs expériences et se procurer un exemplaire du livre d'Erik Ferjenstik : *Vietnam, A Climber's Guide* (20 $US, en anglais seulement), qui décrit les différentes voies et donne aussi de bonnes informations concernant Cat Ba. Les sorties d'escalade d'une journée incluent formation, transport, repas et matériel. Des excursions plus longues, en bateau, comprennent kayak, étapes sur les plages et découverte du merveilleux paysage karstique. D'autres agences moins qualifiées à Cat Ba proposent ce type de sorties, mais, sur l'île, Asia Outdoors est l'expert en la matière.

Voile et kayak

Ne manquez pas les îles et plages spectaculaires de la baie de Lan Ha. Blue Swimmer propose des croisières en voilier vers les innombrables îles situées autour de Cat Ba. Le circuit comprend souvent une sortie en kayak et la nuit dans une hutte en bambou sur une plage privée.

NORD DU VIETNAM BAIE D'ALONG

À NE PAS MANQUER

LE FORT DU CANON

Pour jouir de l'une des plus belles vues du Vietnam, rendez-vous au **fort du Canon** (50 000 d ; ☉ lever-coucher du soleil). Les tunnels souterrains et les emplacements de canons furent installés par les Japonais pendant la Seconde Guerre mondiale, puis utilisés par les Français et les Vietnamiens lors des conflits qui suivirent.

Des sentiers balisés conduisent les visiteurs à deux emplacements de canons préservés. L'un des canons est "armé" par des mannequins viêt-minh de taille humaine. De là-haut, on aperçoit le pittoresque fouillis des bateaux de pêche dans le port de Cat Ba et les magnifiques petites criques de Cat Co 1 et Cat Co 2. La vue sur la mer ponctuée de formations karstiques est tout simplement sublime, et un bar épatant propose café et jus de fruits à côté de l'ancienne hélisurface.

Pour atteindre l'entrée, comptez 10 minutes de marche sur un sentier abrupt ou 15 000 d pour un trajet en *xe om* depuis la ville de Cat Ba. De l'entrée, une autre marche raide de 20 minutes vous attend.

De nombreux hôtels dans la ville de Cat Bat louent des kayaks (environ 8 $US la demi-journée) et ceux de Blue Swimmer (simple/double 12/25 $US par jour), de bonne qualité, permettent d'explorer la côte de l'île de façon indépendante.

Randonnée

L'île de Cat Ba est majoritairement recouverte de forêt tropicale. Asia Outdoors et Blue Swimmer proposent une fabuleuse randonnée sur l'île, qui mène notamment à la vallée des Papillons (Butterfly Valley).

👉 Circuits organisés

Presque tous les hôtels de Cat Ba proposent des circuits dans l'île et des excursions en bateau dans la baie d'Along. Les prix démarrent généralement à 20 $US par personne pour une sortie d'une journée et à 80 $US pour deux jours, nuit comprise, mais il est préférable d'investir un peu plus.

Nous avons reçu des plaintes concernant certains de ces voyages – exiguïté, qualité douteuse de la nourriture –, mais les tour-opérateurs suivants proposent à bon prix des services de qualité, de même qu'une expérience plus originale. Ils vous emmèneront découvrir des sites moins connus sur l'île de Cat Ba, dans la baie de Lan Ha et alentour.

Cat Ba Ventures CIRCUITS EN BATEAU, KAYAK
(📞0912 467 016, 031-388 8755 ; www.catbaventures.com ; 223 Đ 1-4, ville de Cat Ba). Agence locale proposant des excursions en bateau dans la baie d'Along, ainsi que des circuits en kayak et des randonnées. De multiples recommandations de nos lecteurs confirment la qualité des services de M. Tung.

Asia Outdoors ESCALADE
(📞031-368 8450 ; www.asiaoutdoors.com.vn ; Đ 1-4, ville de Cat Ba). Moniteurs d'escalade avant tout, ces prestataires proposent aussi de belles sorties en bateau, en kayak, à vélo ou à pied. Faites un tour à la pension Noble House (à 18h chaque soir) pour savoir ce qui est programmé. Asia Outdoors est le nouveau nom de Slo Pony Adventures.

Blue Swimmer VOILE, KAYAK
(📞0915 063 737, 031-368 8237 ; www.blueswimmersailing.com ; port de Ben Beo). Une organisation efficace et le respect de l'environnement sont les maîtres mots pour Vinh, l'un des fondateurs de Handspan, prestataire bien connu. Circuits exceptionnels à la voile, à pied, en

kayak ou à VTT dans les montagnes. Renseignez-vous au port de Ben Beo ou dans les bureaux de Blue Swimmer à Cat Ba (ville), dans le restaurant Green Bamboo Forest.

Certains circuits de Blue Swimmer comprennent un hébergement à l'Ancient House, dans un cadre paisible aux environs de la ville de Cat Ba.

🛏 Où se loger

La plupart des hôtels basiques se trouvent sur le front de mer (ou légèrement en retrait) de la ville de Cat Ba, mais les possibilités d'hébergement évoluent rapidement. Des établissements plus intéressants ont ouvert ailleurs dans l'île, et il existe aussi des lieux magnifiques isolés sur d'autres îles dans la baie de Lan Ha.

Les tarifs fluctuent énormément. En haute saison, de juin à août, une chambre revient à 20 $US minimum ; hors saison, les prix descendent autour de 12 $US pour une chambre correcte. Les tarifs indiqués sont ceux de la basse saison ; en pleine saison, les hôteliers gonflent les prix en fonction de la demande. Entre juin et août, il est fortement recommandé de réserver.

VILLE DE CAT BA

Si les hôtels du front de mer affichent complet, essayez dans Duong (Đ) Nui Ngoc, qui comporte plusieurs hébergements d'un bon rapport qualité/prix.

Thu Ha HÔTEL $
(📞031-388 8343 ; Đ 1-4 ; ch 12-20 $US ; ❄🛜). Sur le front de mer, avec clim et Wi-Fi, le Thu Ha offre un excellent rapport qualité/prix. Insistez pour avoir une chambre à l'avant et profiter de la vue au réveil.

Le Pont AUBERGE DE JEUNESSE $
(📞0165 662 0436 ; jim.lepontcatba@gmail.com ; 62-64 Đ Nui Ngoc ; dort 5 $US, s et lits jum 15-20 $US ; @🛜). Le meilleur point de chute en ville pour les petits budgets, avec des dortoirs bon marché et des chambres simples ou à lits jumeaux correctes. Sur le toit, le bar et la terrasse permettent de rencontrer les voyageurs aguerris.

Duc Tuan Hotel HÔTEL $
(📞031-388 8783 ; www.catbatravelservice.com ; 210 Đ 1-4 ; ch 12-20 $US ; ❄🛜). Établissement de gestion familiale sur l'artère principale proposant des chambres simples à la décoration colorée. Chambres sans fenêtre à l'arrière, plus calmes.

Cat Ba Dream HÔTEL $
(📞031-388 8274 ; www.catbadream.com.vn ;
226 Đ 1-4 ; ch 15-25 $US ; ❀@❀). Un peu plus
cher que les hôtels petits budgets de Cat
Ba, le Cat Ba Dream est un ajout heureux
à la multitude d'hébergements installés sur
le front de mer de la ville. Demandez une
chambre à l'avant pour admirer la mer.

Phong Lan Hotel HÔTEL $
(📞031-388 8605 ; Đ 1-4 ; ch 12-20 $US ; ❀❀). Au
milieu du front de mer. Certaines chambres
possèdent un balcon qui surplombe le port.

Hung Long HÔTEL $$
(📞031-926 9269 ; 268 Đ 1-4 ; d 80 $US). À l'ex-
trémité sud-est de la ville de Cat Ba, plus
calme, des chambres très spacieuses, dont
beaucoup offrent une vue superbe.

PLAGES DE CAT BA ET LES ÎLES

Whisper of Nature PENSION $
(📞031-265 7678 ; www.vietbungalow.com ; village de
Viet Hai ; dort/d 12/28 $US). Situés dans le village
de Viet Hai, autour d'un tranquille cours
d'eau à la lisière de la forêt, ces bungalows
de ciment au toit de chaume, sans fioritures,
abritent des dortoirs et des chambres équi-
pées de sdb. Le trajet jusqu'à la pension est
une véritable aventure, avec une étape finale
à vélo dans un décor luxuriant. Renseignez-
vous sur les transports lors de la réservation
ou prenez un bateau en bambou depuis la
ville de Cat Ba jusqu'à l'embarcadère du
village (200 000 d), puis un *xe om* (50 000 d)
pour parcourir les 5 km restants.

♥ **Ancient House Homestay** PENSION $$
(📞0916 645 858, 0915 063 737 ; www.catba-homes-
tay.com ; village d'Ang Soi ; maison partagée s/d
17/25 $US, maison privée d 50 $US ; ❀). À 3 km
de la ville de Cat Ba, dans le paisible village
d'Ang Soi, cette belle demeure historique a été
déplacée, avec les précautions qui s'imposent,
des environs de Hanoi. Mobilier ancien sous
de hauts plafonds, jardins bien entretenus.
Une deuxième maison, adjacente, est louée
pour un usage privé. Menus à la demande
(180 000 d/pers) au déjeuner et au dîner.

Des activités comme cours de cuisine et
sorties VTT, voile ou kayak peuvent être
organisées.

Cat Ba Eco Lodge PENSION $$
(📞031-368 8966 ; www.suoigoicatbaresort.vn ;
village de Xuan Dam ; s/d à partir de 35/45 $US ;
❀❀). Cet écolodge, situé dans un paisible
village à 12 km de la ville de Cat Ba,
propose de vastes maisons en bois sur

pilotis autour d'un bar et d'un restaurant
en plein air. Au programme : randos et
balades à vélo jusqu'à la plage, à 2 km de
là. Transfert possible depuis le ferry ou la
ville de Cat Ba.

Cat Ba Beach Resort COMPLEXE HÔTELIER $$
(📞031-388 8686 ; www.catbabeachresort.com ;
plage de Cat Co 2 ; bungalows à partir de 80 $US
env. ; ❀❀). Ce complexe qui a ouvert récemment sur la plage de Cat Co 2 est installé
dans un domaine tropical soigneusement
entretenu. L'hébergement va des bungalows en front de mer aux maisons partagées
accueillant jusqu'à 8 personnes. Kayak,
planche à voile et sauna sont à disposition. Le bar-restaurant, dont les côtés sont
ouverts, offre une vue sur la mer. Consultez
le site pour voir les promotions.

Monkey Island Resort COMPLEXE HÔTELIER $$
(📞04-3926 0572 ; www.monkeyislandresort.com ;
d 60-100 $US ; ❀). Buffet de fruits de mer
le soir, musique R&B et bar avec billard :
une ambiance agréable règne au Monkey
Island. Vous séjournerez ici dans de confor-
tables bungalows et profiterez de multiples
activités : barbecues sur la plage, kayak,
volley-ball... Transfert gratuit depuis la ville
de Cat Ba.

Regardez le site pour les forfaits intéres-
sants incluant la baie d'Along et la baie de
Lan Ha.

**Cat Ba Sandy Beach
Resort** COMPLEXE HÔTELIER $$
(📞0989 555 773 ; www.catbasandybeachresort.
com ; île de Nam Cat ; d à partir de 45 $US ; ❀).
Le passage obligé de l'île pour se détendre :
vous aurez le choix entre de simples bungalows ou des villas plus luxueuses, dotées
de tout le confort, et tout cela au pied de
falaises calcaires plongeant dans l'eau.

Baignade et kayak en journée, et barbecue de fruits de mer autour d'un feu de
camp le soir. Un hébergement au Sandy
Beach Resort est prévu dans les circuits
organisés par Cat Ba Ventures ou Vega
Travel à Hanoi.

Sunrise Resort COMPLEXE HÔTELIER $$$
(📞031-388 7360 ; www.catbasunriseresort.com ;
Cat Co 3 ; ch à partir de 110 $US petit-déj inclus ;
❀@❀). Face à la mer, dans des construc-
tions basses au toit de tuiles installées au
pied de verdoyantes falaises, les chambres
spacieuses et élégantes sont dotées d'un
balcon avec vue sur la mer. Piscine, spa et
aire de jeux pour les enfants.

Cat Ong Beach Cottages   BUNGALOWS **$$$**
(☑0983 234 628 ; www.catongisland.com ; île de
Cat Ong ; ch 75-150 $US). Sur une île privée, à
quelques encablures de la ville de Cat Ba, ces
beaux cottages à l'architecture traditionnelle
sont merveilleusement situés en bord de
mer. Un barbecue de fruits de mer est servi
sur la plage tous les soirs et les transferts en
bateau sont inclus.

🍴 Où se restaurer

On trouve quelques bons restaurants sur le
front de mer de la ville de Cat Ba, mais vous
pouvez leur préférer les restaurants flottants
(voir encadré ci-dessous). Pour un repas bon
marché, rendez-vous aux étals devant le
marché, ou bien à un pâté de maisons du
front de mer, dans la rue qui relie les deux
parties de la boucle formée par Đ Nui Ngoc.

Green Bamboo Forest   VIETNAMIEN **$**
(Đ 1-4 ; repas 80 000-120 000 d ; ◎7h-23h).
Restaurant sympathique et bien tenu sur
le front de mer, qui est également le bureau
des réservations de Blue Swimmer. L'un des
meilleurs du front de mer, dont on apprécie
l'emplacement calme.

Family Bakery   BOULANGERIE **$**
(196 Đ 1-4, ville de Cat Ba ; repas 80 000-120 000 d ;
◎7h-16h). Endroit accueillant dédié aux
gourmandises, telles que pain turc et pâtis-
series aux amandes. Arrêtez-vous pour
un café, une crème caramel ou un crois-
sant, avant d'enchaîner les transports pour
retourner à Hanoi.

Phuong Nung   VIETNAMIEN **$**
(184 Đ 1-4, ville de Cat Ba ; repas 45 000 d ;
◎7h-10h). Lieu animé, le plus populaire

de la ville, réputé pour ses copieux bols de
pho bo (soupe de pâtes de riz au bœuf) au
petit-déjeuner. Exactement ce qu'il vous faut
avant une journée d'escalade ou de kayak.

CT Mart   SUPERMARCHÉ **$**
(18 Đ Nui Ngoc, ville de Cat Ba ; ◎8h-20h). Super-
marché pratique pour s'approvisionner
avant un trek ou le trajet de retour en bateau
jusqu'au continent.

Vien Duong   VIETNAMIEN **$$**
(12 Đ Nui Ngoc, ville de Cat Ba ; repas à partir de
120 000 d ; ◎11h-23h). Ce restaurant de fruits
de mer, parmi les plus populaires de Đ Nui
Ngoc, est souvent bondé de touristes vietnamiens qui se régalent de crabe, de calamars
et de fondue de fruits de mer locaux.
Ambiance garantie, mais à éviter si vous
cherchez un endroit calme.

Le Pont Cat Ba Club   FRUITS DE MER, ITALIEN **$$**
(repas 90 000-350 000 d ; ◎11h-tard). Au sud-
est de la baie, un endroit idéal pour boire
un cocktail ou une bière au coucher du
soleil : spacieux, élégant, Le Pont offre une
vue splendide sur le port. La nourriture
est correcte, mais c'est vraiment la vue qui
vaut la marche depuis le centre-ville. À
la nuit tombée, Le Pont se transforme en
discothèque.

Green Mango   INTERNATIONAL **$$**
(☑031-388 7151 ; Đ 1-4, ville de Cat Ba ; plats
150 000-220 000 d ; ◎8h-22h ; 📶). Parfait
pour prendre un verre de vin, un cocktail
ou le meilleur expresso de Cat Ba. La carte
affiche d'innombrables plats (pizzas, pâtes,
quelques mets asiatiques) qui peuvent se
révéler médiocres.

LES RESTAURANTS FLOTTANTS DE CAT BA

Les restaurants "flottants" spécialisés dans les produits de la mer sont nombreux dans le
port de Cat Ba. Les tarifs étant parfois excessifs, il est important de se faire confirmer à
l'avance le prix du repas et du circuit en bateau. Les îliens conseillent plutôt de se rendre
de l'autre côté de la baie, dans l'un des restaurants flottants du port de Ben Beo, moins
touristique – le risque d'arnaque est moins élevé, mais vérifiez tout de même le prix à
l'avance. Comptez environ 140 000 d pour un aller-retour en bateau, temps d'attente
compris. Ne payez la course qu'après le retour, certains voyageurs ayant été abandonnés
au restaurant. Demandez à votre hôtel de vous recommander un bateau ou prenez un *xe
om* (une moto-taxi ; environ 30 000 d) pour rejoindre le port derrière la colline.

Xuan Hong (☑031-388 8485) sur le port de Ben Beo, est recommandé. Vous y
choisissez votre poisson dans l'enclos et il est directement grillé, frit ou cuit à la vapeur.
Les prix sont calculés selon le poids et l'espèce : comptez autour de 150 000 d par
personne pour un repas copieux. Assurez-vous de connaître le montant approximatif de
l'addition avant de manger.

🍷 Où prendre un verre

La ville de Cat Ba compte quelques bars sympathiques. Vous pouvez aussi vous diriger vers les stands de *bia hoi* installés près de l'entrée du marché au poisson.

Flightless Bird Café   BAR
(☑ 031-388 8517 ; Ð 1-4, ville de Cat Ba ; ⊙ 12h-23h ; 🛜). Ce bar chaleureux porte les couleurs de la Nouvelle-Zélande : photos des All Blacks et des magnifiques Alpes du Sud néo-zélandaises. Wi-Fi gratuit pour les clients.

Rose Bar   BAR
(15 Ð Nui Ngoc ; ⊙ 12h-3h ; 🛜). Avec ses cocktails abordables (2 $US), de nombreux tarifs *happy hour* et des narguilés en promotion, le Rose Bar a tout pour séduire le voyageur en mal de distractions. Venez avec votre lecteur MP3, vous pourrez probablement vous connecter à la sono. Souvent ouvert après minuit en haute saison.

Good Bar   BAR
(Ð 1-4, ville de Cat Ba ; ⊙ 12h-tard). Ce bar à l'étage ne manque pas d'ambiance. Boissons et causeries mènent souvent jusqu'au bout de la nuit. Tables de billard et vue imprenable sur le port.

ℹ Renseignements

ACCÈS INTERNET
La plupart des hôtels, cafés et restaurants du front de mer proposent un accès Wi-Fi.

ARGENT
Agribank. Possède un DAB sur le port et une agence, à 1 km au nord de la ville, où changer des dollars.
Bijouterie Vu Binh (☑ 031-388 8641 ; marché de Cat Ba). Change les dollars et on peut y retirer de l'argent avec sa carte de crédit (commission de 5%).

OFFICE DU TOURISME
Le plus simple est de vous adresser à Asia Outdoors. Le personnel, très compétent, vous renseignera sur les transports comme sur les meilleurs restaurants, et également pour obtenir des informations locales, consultez www.asiaoutdoors.com.vn et www.catbaventures.com.

ℹ Depuis/vers l'île de Cat Ba

L'île de Cat Ba se trouve à 45 km à l'est de Haiphong et à 50 km au sud d'Along. Depuis Hanoi ou Haiphong, il existe diverses options combinant bus et bateau.

La traversée en bateau depuis Along (ville) est possible, mais le trajet est souvent gâché par des escroqueries.

DEPUIS/VERS HANOI
À la gare routière de Luong Yen, à Hanoi, **Hoang Long** (☑ 031-268 8008 ; http://hoanglongasia.com/en) assure un service de bus pour Haiphong, puis de minibus pour le port de Dinh Vu, près de Haiphong, suivi d'un trajet de 40 minutes en bateau jusqu'au port de Cai Vieng (connu aussi sous le nom de Phu Long), sur l'île de Cat Ba. Là, un autre minibus emprunte la route côtière jusqu'à la ville de Cat Ba. Comptez environ 3 heures au total (240 000 d), l'organisation est bien rodée. Les bus partent de Hanoi à 5h20, 7h20, 11h20 et 13h20, le retour depuis Cat Ba (ville) se fait à 7h15, 9h15, 13h15 et 15h15. Depuis Hanoi, c'est l'itinéraire qui présente le moins de désagréments.

DEPUIS/VERS HAIPHONG
Un bateau rapide de type hydrofoil quitte le port de Ben Binh à Haiphong et se rend directement à la ville de Cat Ba. Le trajet dure environ 50 minutes (200 000 d). Départs de Haiphong pour Cat Ba à 7h, 9h, 13h et 15h, et retour de la ville de Cat Ba à 8h, 10h, 14h et 16h.

ℹ Comment circuler

BUS
Le **bus public QH vert** de Cat Ba (20 000 d) assure la liaison entre le port de Cat Ba et celui de Gia Luan, au nord de l'île, en passant par les bureaux du parc national.

VÉLO ET MOTO
La plupart des hôtels louent des vélos ou des motos (5 $US/jour). Si vous choisissez d'aller à la plage ou dans le parc national, garez-vous sur le parking payant, c'est plus sûr.

Comptez environ 10 000 d pour un *xe om* de la ville de Cat Ba à la plage de Cat Co 2 ou au port de Ben Beo. En été, un train touristique assez kitsch relie la ville de Cat Ba aux plages de Cat Co 2 (10 000 d/pers).

Baie de Bai Tu Long
☑ 033

Le plateau calcaire immergé qui a donné naissance aux îles de la baie d'Along s'étend vers le nord-est, sur près de 100 km, jusqu'à la frontière chinoise. La région contiguë à la baie d'Along par le nord-est se trouve incluse dans le parc national de Bai Tu Long.

La baie de Bai Tu Long est tout aussi belle que sa célèbre voisine, voire davantage car elle commence seulement à s'ouvrir aux visiteurs. Si l'amélioration des liaisons par bateau favorise le développement du tourisme national, les îles de la baie sont encore préservées et relativement peu

ⓘ DE LA BAIE D'ALONG À CAT BA (SANS LES TRACAS)

En consultant la carte, il paraît aisé de rejoindre l'île de Cat Ba par la mer depuis Bai Chay, à Along. Mais si la distance est assez courte, le trajet peut réserver bien des tracas aux voyageurs.

Des **bateaux touristiques** (environ 10 $US) partent de Bai Chay, à Along, à partir de 13h environ en direction du port de Gia Luan, au nord de l'île de Cat Ba. Comptez 4 heures, avec arrêts baignade et visite d'une grotte. Une fois à Gia Luan, 40 km vous séparent encore de la ville de Cat Ba. Là, nombre de voyageurs nous ont dit avoir été importunés par des taxis et des *xe om* (motos-taxis) de la mafia locale, qui leur réclamaient jusqu'à 50 $US pour les conduire à Cat Ba. Malgré ce qu'affirment ces chauffeurs, il existe un bus, le bus local QH vert (20 000 d), qui assure la liaison entre Gia Luan et Cat Ba. Malheureusement, le dernier bus (à 17h) quitte en général Gia Luan avant l'arrivée des bateaux en provenance de Bai Chay. Un hasard ?

Sachez aussi que certains propriétaires de bateaux dans la baie d'Along participent aux escroqueries ; si vous réservez un circuit ou un transport en bateau depuis Bai Chay jusqu'à l'île de Cat Ba, demandez bien si le transport est assuré de Gia Luan à la ville de Cat Ba. Les voyagistes recommandés, dont Cat Ba Ventures, incluent en général ce trajet.

Une autre solution commode pour rejoindre Cat Ba depuis la baie d'Along consiste à emprunter le **ferry pour passagers et véhicules** (50 000 d, 1 heure, départ env. toutes les heures de 6h à 18h de mai à septembre, et à 7h30, 9h, 11h30, 13h30 et 15h d'octobre à avril) qui relie l'île de Tuan Chau à Gia Luan. Pour rejoindre Tuan Chau depuis Along, par une digue, comptez autour de 150 000 d (50 000 d en *xe om*). Une fois sur l'île de Cat Ba, un bus QH vert rejoint la ville de Cat Ba. Ce bus quitte Gia Luan pour Cat Ba (ville) à 6h, 9h30, 13h10, 16h et 17h, et les voyageurs sont tout à fait autorisés à le prendre, contrairement à ce que les chauffeurs de *xe om* et de taxi locaux vous diront. Vous pouvez aussi faire du stop en descendant du ferry pour qu'on vous dépose dans la ville de Cat Ba.

Pour le trajet retour, de l'île Cat Ba à Bai Chay (à Along), sur les lignes citées ci-dessus, contactez Cat Ba Ventures (p. 112) dans la ville de Cat Ba pour des informations à jour.

exploitées, et les voyageurs occidentaux y trouveront le calme que le tourisme de masse de la baie d'Along n'offre pas toujours.

Il est possible d'affréter des bateaux pour rejoindre la baie de Bai Tu Long depuis la baie d'Along ; comptez à partir de 300 000 d l'heure, selon la taille du bateau et ses équipements. Moins cher, le trajet par voie terrestre jusqu'à Cai Rong permet ensuite de visiter les îles en bateau. Les ferries étant désormais plus fréquents, cette option est beaucoup plus simple que par le passé.

Certaines agences de voyages à Hanoi, comme Ethnic Travel (p. 86), organisent des excursions dans la baie de Bai Tu Long.

Île de Van Don

Avec quelque 30 km², Van Don est l'île la plus grande, mais aussi la plus peuplée et la plus développée de l'archipel de Bai Tu Long. Désormais reliée au continent par une série de ponts, elle offre quelques possibilités d'hébergement et constitue, surtout, le point de départ pour visiter les autres îles.

Cai Rong (prononcez Cai Zong) est la principale bourgade de l'île de Van Don. À proximité, la plage de **Bai Dai** ("longue plage"), constituée de sable compact et de mangroves, s'étend sur la majeure partie de la côte sud. À quelques encablures apparaissent d'étonnantes **formations calcaires**, similaires à celles de la baie d'Along.

Les bateaux pour les îles de la baie partent de l'embarcadère de Cai Rong (Cai Rong Pha), situé à environ 8 km au nord du pont reliant l'île au continent. C'est un port animé, karaokés et motos y sont légion, mais vous trouverez des hôtels corrects si vous devez y passer la nuit avant de prendre le ferry du matin.

Le **Hung Toan Hotel** (☎ 033-387 4220 ; ch 250 000 d ; ❄) offrant un bon rapport qualité/prix, et le **Viet Linh Hotel** (☎ 033-379 3898 ; ch 400 000 d ; ❄), plus agréable, se trouvent à 300 m au nord de l'embarcadère. En face du Viet Linh, un restaurant simple, sans enseigne, sert de bons fruits de mer et plats de porc, dont un fameux porc au gingembre, piment et citronnelle.

Des bus relient fréquemment Bai Chay (ville d'Along) à Cai Rong, sur l'île de Van Don (60 000 d, 1 heure 30). Vous pouvez également prendre un bus en direction de Mong Cai ou de Lang Son jusqu'à l'embranchement pour Cua Ong, puis un *xe om* ou un taxi jusqu'à l'embarcadère de Cai Rong.

Île de Quan Lan

Au nord-est de Quan Lan, la magnifique **plage de Minh Chau**, en forme de croissant, constitue le principal atout de cette île. Longue de 1 km, elle est ourlée de vagues parfaites pour le surf. On peut également y louer des kayaks, et vous y trouverez des bars et restaurants où savourer bière et fruits de mer à bon prix. Le littoral oriental de Quan Lan compte d'autres plages, mais entre janvier et avril, l'eau est plutôt froide.

Les **ruines** de l'ancien port marchand de Van Don se trouvent au nord-est de l'île et une jolie **pagode** vieille de deux siècles trône dans la ville de Quan Lan. Hormis profiter de ses plages et se balader à vélo ou à moto, il n'y a pas grand-chose à faire sur l'île. C'est un endroit très calme, parfait pour une escapade hors des sentiers battus. L'île ne possède aucun DAB, pensez à prendre des espèces.

🛏 Où se loger et se restaurer

La ville de Quan Lan, principale localité de l'île, compte un nombre grandissant d'hébergements, de la simple pension aux nouveaux hôtels de catégorie moyenne, ainsi que des restaurants corrects. La deuxième localité de l'île, Minh Chau, non loin de la superbe plage de Minh Chau, se révèle assez pauvre en matière de services, mais deux bons hôtels se trouvent à 3 km environ de l'embarcadère. La plupart des hébergements et des restaurants en bord de mer n'ouvrent qu'entre mai et octobre ; les prix augmentent en juin et juillet, avec l'afflux de touristes vietnamiens.

Ngan Ha Hotel HÔTEL $
(☑ 033-387 7296 ; ville de Quan Lan ; ch 350 000 d ; ❄). Cet établissement au cœur de la ville loue des chambres rénovées, et possède un bon restaurant au rez-de-chaussée

Ann Hotel HÔTEL $$
(ville de Quan Lan ; ch 25 $US ; ❄). À environ 200 m du centre-ville, en allant vers la vieille pagode, l'Ann Hotel, un nouveau venu, abrite de vastes chambres avec sdb étincelantes et balcons donnant sur la mer.

Le Pont Hotel HÔTEL $$
(www.leponttravel.com ; Minh Chau ; ch week-end/semaine 40/25 $US ; ❄). Chambres rénovées, restaurant au rez-de-chaussée et location de vélos et de motos. Une courte balade à travers la forêt mène à la plage de Minh Chau. Pour plus d'informations, renseignez-vous auprès de "M. Jim" au restaurant Le Pont (p. 112), dans la ville de Cat Ba.

Minh Chau Resort COMPLEXE HÔTELIER $$$
(☎ 0904 081 868 ; Minh Chau ; ch 80 $US). L'établissement le plus chic de Bai Tu Long, entouré de verdure, dispose d'un très bon restaurant. Les tarifs grimpent de 15% le week-end.

ℹ Depuis/vers la baie de Bai Tu Long

DEPUIS/VERS CAI RONG

Depuis le dock de Cai Rong, certains bateaux accostent à l'embarcadère de Quan Lan, à 3 km de la localité principale, à la pointe sud de l'île, d'autres près de la plage de Minh Chau, sur la côte nord-est. Les bateaux rapides pour Minh Chau partent de Cai Rong (120 000 d, 45 min) à 7h30 et à 13h30, et pour l'embarcadère de Quan Lan (100 000-120 000 d, 1 heure 30) à 8h et à 14h. Un bateau en bois, plus lent (50 000 d, 2 heures 30), quitte Cai Rong pour l'embarcadère de Quan Lan à 7h et à 13h).

DEPUIS/VERS LA VILLE D'ALONG/BAI CHAY

Pour rallier l'embarcadère de Quan Lan, vous pouvez également partir du terminal des ferries de Hon Gai, après le pont suspendu d'Along, à côté de la gare routière de Vinashin. Une vedette appareille à 13h30 (160 000 d, 1 heure 30).

ℹ Comment circuler

On peut louer des vélos (4 $US/jour) et des motos (6 $US/jour) dans la ville de Quan Lan. L'île est assez plate, mais elle est plus vaste qu'on ne s'y attendrait ; mieux vaut peut-être opter pour un véhicule à moteur.

Îles de Tra Ban et de Ngoc Vung

Tra Ban, l'une des plus grandes îles de la baie de Bai Tu Long, offre des paysages karstiques parmi les plus impressionnants de la baie. Le sud de l'île, couvert d'une jungle épaisse, est réputé pour ses papillons colorés. Des bateaux la desservent depuis l'embarcadère de Cai Rong, sur l'île de Van Don, à 7h et à 14h (40 000 d, 1 heure). Il n'existe aucun hébergement sur l'île, vérifiez les horaires de retour des bateaux.

L'île de Ngoc Vung, à la lisière de la baie d'Along, possède quelques falaises calcaires splendides et une magnifique plage sur la côte sud, équipée de **huttes** (ch 200 000 d) sommaires, mais il faut apporter de quoi se nourrir. Des bateaux relient tous les jours Cai Rong à Ngoc Vung (60 000 d, 2 heures 30, 7h et 13h30).

Île de Co To

Située au nord-est, Co To est l'île habitée la plus éloignée du continent. Elle comprend plusieurs collines (culminant à 170 m), ainsi qu'un grand phare. Le littoral se compose essentiellement de falaises et de gros rochers, mais il compte au moins une plage de sable.

Quelques nouveaux hôtels et pensions ont fait leur apparition, notamment le **Coto Lodge Hotel** (www.coto.vn ; d 500 000 d, petit-déj inclus ; ✽ @ 🛜), et son restaurant, le Jellyfish, étonnamment chic. L'hôtel organise des barbecues sur la plage, des visites de l'île et loue du matériel de camping, dont des tentes et des réchauds.

L'île est quotidiennement desservie par un ferry depuis l'embarcadère de Cai Rong, à 7h (70 000 d, 3 heures). Un ferry part également à 13h les mercredis, vendredis et samedis.

Une vedette, plus rapide, part tous les jours de Cai Rong à 13h (155 000 d, 1 heure 30). Le samedi, il y a aussi un départ à 6h de Cai Rong.

Mong Cai et la frontière chinoise

De gigantesques zones industrielles voient le jour en périphérie de Mong Cai, où les sociétés chinoises et étrangères s'arrachent les parcelles de terrain, et des centres commerciaux jalonnent le centre de la ville. Les Vietnamiens y viennent pour se procurer des marchandises chinoises à bas prix (et de mauvaise qualité). Les Chinois, eux, s'y rendent pour ses deux énormes casinos et les nouveaux parcours de golf. Cette région frontalière compte également un magnifique paysage karstique autour de Cao Bang, des grottes historiques et les assourdissantes chutes de Ban Gioc.

Mong Cai

🛣 033 / 103 000 HABITANTS

Ville frontalière en plein essor, Mong Cai présente peu d'attrait touristique (excepté le passage de la frontière), mais profite du commerce florissant avec la Chine.

🛏 Où se loger et se restaurer

De nombreux étals de nourriture bordent Pho Hung Vuong, notamment près du Nam Phong Hotel.

Nha Nghi Thanh Tam   PENSION
(🛣 033-388 1373 ; 71 Đ Trieu Duong ; ch 280 000 d ; ✽). Des chambres simples, propres et confortables, avec sdb et eau chaude. Đ Trieu Duong compte d'autres établissements similaires et s'étend vers le sud de Đ Tran Phu, à deux pâtés de maisons du marché principal.

Nam Phong Hotel   HÔTEL **$**
(🛣 033-388 7775 ; P Hung Vuong ; ch 320 000-450 000 d ; ✽ @ 🛜). Cet hôtel plutôt haut de gamme abrite de spacieuses chambres bien équipées, avec TV sat. Il y a un bar, et un restaurant où l'on sert de bons plats chinois et vietnamiens.

ℹ Depuis/vers Mong Cai

Mong Cai se trouve à 340 km de Hanoi. La gare routière est située sur la RN 18, à environ 3 km de la frontière.

Bus au départ de Mong Cai :

DESTINATION	PRIX (D)	DURÉE ET FRÉQUENCE
Hanoi	230 000	8 heures ; départs fréquents jusqu'à 13h
Ville d'Along	100 000	4 heures ; toutes les 30 min
Lang Son	110 000	7 heures ; départs à 6h30 et 12h30

Lang Son

🛣 025 / 79 200 HABITANTS

Lang Son est une cité en pleine expansion, très proche de la frontière chinoise. Entourée de pics karstiques, la région de Lang Son est peuplée par différentes ethnies – les Tho, les Nung, les Man et les Dzao (Dao) –, mais leur présence est peu perceptible à Lang Son.

La ville a été partiellement détruite par les troupes chinoises lors de l'invasion de février 1979. Ses ruines, ainsi que celles de Dong Dang, bourgade frontalière dévastée, ont souvent été montrées aux journalistes étrangers comme témoignages de l'agression chinoise. La frontière reste très protégée, mais les deux localités ont été reconstruites

ALLER EN CHINE : DE MONG CAI À DONGXING

Aller à la frontière Le poste-frontière de Mong Cai- Dongxing se trouve à environ 3 km de la gare routière de Mong Cai ; le trajet coûte à peu près 20 000 d en *xe om* (moto-taxi), 40 000 d en taxi.

À la frontière La frontière est ouverte tous les jours de 7h à 22h (heure du Vietnam). Attention, la Chine avance d'une heure par rapport au Vietnam. Vous devez disposer d'un visa valide pour la Chine.

Se déplacer De l'autre côté de la frontière, à Dongxing, des bus fréquents vous emmèneront à Nanning, dans la région chinoise du Guangxi.

et le commerce entre les deux pays semble de nouveau en plein essor.

Côté attraits, Lang Son compte un bon marché nocturne et un excellent restaurant. La plupart des voyageurs passent par cette cité commerçante sur la route de la Chine. Le poste-frontière se situe à la sortie de Dong Dang, 18 km plus au nord.

👁 À voir et à faire

À 1,2 km du centre de Lang Son, deux grandes et superbes **grottes**, bien éclairées, abritent des autels bouddhiques. Vaste et magnifique, la **grotte de Tam Thanh** (billet combiné avec Nhi Thanh 5 000 d ; ⊙ 6h-18h) renferme une piscine naturelle et comporte une ouverture panoramique sur les rizières environnantes. Quelques centaines de mètres plus loin, en haut d'un escalier en pierre, se dressent les vestiges de la **citadelle de la dynastie Mac**, lieu désert offrant une vue splendide sur la campagne.

La rivière Ngoc Tuyen s'écoule à travers la **grotte de Nhi Thanh** (billet combiné avec Tam Thanh 5 000 d ; ⊙ 6h-18h), située à 700 m de la grotte de Tam Thanh. Ngo Thi San, le soldat qui la découvrit au XVIIIe siècle, est l'auteur des poèmes gravés dans la paroi à l'entrée. La stèle commémorative représente l'un des premiers résidents français de Lang Son, portant ses vêtements occidentaux.

L'immense **marché nocturne** (⊙17h-23h) de Lang Son est le royaume du marchandage ; on y trouvera de l'électroménager bon marché et des étals de nourriture très corrects.

🛏 Où se loger et se restaurer

Van Xuan Hotel   HÔTEL **$**
(☑ 025-371 0440 ; lsvanxuanhotel@yahoo.com. vn ; 147 P Tran Dang Ninh ; ch 320 000-500 000 d ; ❄ @ 🖤). Situé sur la rive est du lac Phai Loan, à une cinquantaine de mètres du marché de Lang Son, cet hôtel propose des chambres lumineuses et spacieuses. Les familiales (500 000 d) sont particulièrement grandes et confortables.

Hoa Binh Hotel   HÔTEL **$**
(☑ 025-870 807 ; 127 Đ Thanh Tam ; ch 280 000 d ; ❄ 🖤). Une bonne adresse à prix doux, proche du marché. Mobilier en rotin, chambres spacieuses et sdb impeccables en font la meilleure offre en ville.

♥ **Thanh Lan Com Binh Dan**   VIETNAMIEN **$**
(Tran Quoc Tran ; repas 50 000-70 000 d ; ⊙11h-22h). À un pâté de maisons au sud du marché, la charmante Mlle Lan sert jusqu'à une vingtaine de plats différents midi et soir. On montre parmi les produits locaux et de saison ceux que l'on souhaite déguster.

New Dynasty Restaurant   VIETNAMIEN **$$**
(☑ 025-389 8000 ; Phai Loan Lake ; fondues 150 000 d ; ⊙12h-23h). Ce bar-restaurant s'avance sur le lac. On y vient pour les fondues et le choix de bières pression.

ℹ Renseignements

La **Vietin Bank** (51 Đ Le Loi) dispose d'un DAB et change les espèces ; la **poste** (Đ Le Loi) est juste à côté. Toutes deux se trouvent à environ 300 m du lac sur la route en direction de Mong Cai, vers l'est.

ℹ Depuis/vers Lang Son

BUS

Les bus pour Hanoi partent de la gare routière située dans Đ Le Loi, à environ 500 m à l'est de la poste. Pour rejoindre le marché, les hôtels et les restaurants depuis la Vietin Bank et la poste, prenez à droite dans Pho Tran Dang Ninh et poursuivez sur 200 m. Les bus à destination de Mong Cai et de Cao Bang partent d'une gare routière distincte, située à environ 3 km au nord du centre-ville.

Bus au départ de Lang Son :

DESTINATION	PRIX (D)	DURÉE ET FRÉQUENCE
Hanoi	90 000	3 heures ; départs fréquents jusqu'à 18h
Cao Bang	85 000	4 heures ; 5 départs entre 5h15 et 13h45
Mong Cai	100 000	7 heures ; départ à 11h30

TRAIN

Les trains entre Lang Son et Hanoi sont très lents (100 000 d, 5 heures 30).

Cao Bang

⚓ 026 / 48 200 HABITANTS

La province montagneuse de Cao Bang est l'une des plus belles régions du Vietnam. On ne saurait en dire autant de la ville éponyme, qui constitue cependant une bonne base pour explorer la campagne alentour. Ici, le climat est plutôt doux, mais il peut faire froid en hiver lorsqu'un épais brouillard s'accroche aux berges de la Ban Giang.

👁 À voir

Mémorial de guerre   MONUMENT
(Ville de Cao Bang). Gravissez la colline et prenez la seconde artère partant de Đ Pac Bo, passez sous le porche d'une école primaire et vous verrez l'escalier qui y mène. Au sommet, une vue superbe s'offre à vous. La sérénité du lieu ne présume en rien de son terrible passé.

🛏 Où se loger

Thanh Loan Hotel   HÔTEL $$
(☎ 026-385 7026; ThanhLoan_hotel@yahoo.com; 159 P Vuon Cam; ch 400 000-550 000 d petit-déj inclus; ❄@🛜@). Situé dans une rue paisible bordée de cafés et de restaurants, cet établissement impeccable abrite de vastes chambres aux hauts plafonds, au mobilier en bois foncé, dont les sdb sont équipées de baignoires. Le bar est idéal pour un dernier verre le soir.

Duc Trung Hotel   HÔTEL $$
(☎ 026-385 3424; www.ductrunghotel.com.vn; 85 Đ Be Van Dan; d 430 000-630 000 d). Parquet et sdb immaculées sont au rendez-vous

dans cet hôtel qui a ouvert en 2012 dans un quartier résidentiel tranquille, à quelques minutes de marche de la rue principale de Cao Bang. Le soleil entre dans les chambres par les vastes fenêtres. De savoureux *banh mi* (sandwichs vietnamiens) et *pho* sont à vendre de l'autre côté de la rue.

🍴 Où se restaurer et prendre un verre

Vous trouverez des **stands de restauration** (repas à partir de 15 000 d) bon marché près du marché nocturne sur Pho Vuon Cam, près de l'hôtel Thanh Loan.

Men Quyen Restaurant   VIETNAMIEN $
(☎ 026-385 6433; Kim Dong; repas 45 000-70 000 d). Derrière le marché, cet établissement modeste propose un buffet où l'on montre ce que l'on veut manger. Goûtez les succulents *cha la lot* (rouleaux au chou).

Thu Ngan   VIETNAMIEN $
(21 P Vuon Cam; plats 40 000-60 000 d; ⏱ 8h-21h). Bon rapport qualité/prix pour ce restaurant vietnamien familial et sympathique.

Coffee Pho   CAFÉ
(☎ 026-395 0240; 140 P Vuon Cam). Bon café vietnamien, cappuccino, jus de fruits et bière, plus quelques en-cas.

ℹ Renseignements

Il y a plusieurs DAB dans le centre-ville et des cybercafés dans Pho Vuon Cam.

ℹ Depuis/vers Cao Bang

Cao Bang se trouve à 272 km au nord de Hanoi, sur la RN 3. La route est entièrement goudronnée, mais le trajet dure une journée jusque dans cette région montagneuse. Au

---

ℹ ALLER EN CHINE : DE LANG SON À NANNING

Aller à la frontière Huu Nghi Quan (le "col de l'Amitié"), sur le poste-frontière Dong Dang-Pingxiang, est le passage vers la Chine le plus populaire du Nord. Il se trouve à 3 km au nord de la ville de Dong Dang. Des minibus fréquents circulent de Lang Son à Dong Dang. Depuis Dong Dang, le trajet en *xe om* (moto-taxi) jusqu'à Huu Nghi Quan revient à peu près à 30 000 d, et la course en taxi à environ 60 000 d. Depuis Lang Son, comptez environ 140 000 d en taxi et 70 000 d en *xe-om*.

À la frontière La frontière est ouverte tous les jours de 7h à 19h (heure du Vietnam). Attention, la Chine avance d'une heure par rapport au Vietnam. Pour parcourir les 500 m qui vous sépareront encore du côté chinois, vous devrez emprunter une des voitures électriques (10 000 d). Vous devez aussi disposer d'un visa valide pour la Chine.

Se déplacer Côté chinois, le trajet jusqu'à Pingxiang en bus ou en taxi collectif dure 20 minutes. Pingxiang est reliée à Nanning par train et par bus (3 heures).

Cao Bang

Cao Bang

◉ À voir
1 Mémorial de guerre B2

🛏 Où se loger
2 Duc Trung Hotel................................A2
3 Thanh Loan Hotel A1

🍴 Où se restaurer
4 Men Quyen Restaurant......................A1
5 Marché nocturne A1
6 Thu Ngan...A1

☕ Où prendre un verre
7 Coffee Pho A1

départ de Cao Bang, des bus desservent Hanoi (140 000 d, 7 heures, 12/jour) et Lang Son (90 000 d, 4 heures, 4/jour avant 14h).

Un bus direct (90 000 d, 5 heures) à destination des lacs de Ba Be part de Cao Bang à 12h. Il est aussi possible de prendre un bus local pour Na Phuc, puis un autre en direction de Cho Ra, où vous devrez emprunter un *xe om* pour atteindre le parc national.

Un bus direct (75 000 d, 2 heures 30) à destination des chutes de Ban Gioc part de Cao Bang presque tous les matins à 7h30 et à 9h. Si vous allez vers le nord-ouest en direction de Ha Giang, un bus quotidien (100 000 d) relie tous les jours Cao Bang à Bao Lac, d'où vous devrez organiser un moyen de transport privé jusqu'à Meo Vac.

Hang Pac Bo (grotte de la Roue à eau)

Après 30 années d'exil, Hô Chi Minh revint au Vietnam en janvier 1941 et trouva refuge dans cette petite grotte, perdue dans l'une des régions les plus reculées du pays, à 3 km de la frontière chinoise – ce qui lui aurait permis une fuite rapide hors du pays si les soldats français avaient tenté de l'arrêter. Hang Pac Bo (grotte de la Roue à eau) est donc un lieu vénéré par les révolutionnaires vietnamiens, de même que le secteur alentour.

Le site où se trouve la grotte, surplombé de montagnes calcaires, est noyé dans une forêt où abondent papillons et oiseaux : c'est un lieu magnifique.

Hô Chi Minh vécut dans la grotte pendant quelques semaines, passant son temps à écrire des poèmes et à traduire les principaux textes des pères du socialisme. Il baptisa le ruisseau qui coulait devant sa grotte "rivière Lénine" et un mont voisin, "pic Karl Marx". C'est d'ici qu'il lança la révolution, mûrie depuis longtemps.

Un modeste **musée** (20 000 d ; ◷7h30-11h30 et 13h30-17h mer-dim) est consacré à Hô Chi Minh à l'entrée du site (le parking se trouve 2 km plus loin). La grotte est à 10 minutes à pied en suivant le sentier pierreux et ombragé qui longe la rivière. On peut pénétrer dans l'entrée de la grotte, mais non à l'intérieur. Le sentier mène à d'autres sites liés à Hô Chi Minh, comme la table en pierre qui lui aurait servi de bureau.

Dans la direction opposée, à 15 minutes à pied en traversant une forêt, se dresse une **cabane**, autre cachette d'"oncle Hô". En chemin, vous remarquerez un rocher saillant qui lui servait de "boîte aux lettres dormante".

Hang Pac Bo est à 58 km au nord-ouest de Cao Bang. Prévoyez 1 heure pour explorer les environs et 3 heures pour le trajet aller-retour. Une escapade en une demi-journée en *xe om* coûte approximativement 200 000 d. Vous n'avez pas besoin d'un permis de circuler, malgré la proximité de la frontière chinoise.

Chutes de Ban Gioc et grotte de Nguom Ngao

Alimentées par la rivière Quai Son, qui marque la frontière avec la Chine, les **chutes de Ban Gioc** (50 000 d ; ◷7h30-17h) sont parmi les plus impressionnantes et les plus connues du Vietnam.

Ce sont aussi les plus larges du Vietnam, mais non les plus hautes. Sur un dénivelé de 30 m, elles courent sur 300 m de largeur, avec un côté au Vietnam et l'autre en Chine. Leur débit varie considérablement entre la saison sèche et la saison des pluies. Le

MARCHÉS DES MINORITÉS

Dans la province de Cao Bang, les Kinh (ou Viêt, ethnie principale du pays) sont largement minoritaires. Le groupe ethnique le plus important est celui des Tay (46%), suivi des Nung (32%), des Hmong (8%), des Dzao (ou Dao, 7%) et des Lolo (1%). Toutefois, les mariages mixtes et l'éducation abolissent peu à peu les distinctions culturelles.

La plupart des minorités de Cao Bang ignorent tout des travers du monde extérieur. Au marché, par exemple, nul besoin de marchander : les vendeurs demandent les mêmes prix aux étrangers qu'aux habitants du cru. Reste à savoir si cette pratique résistera au tourisme, même limité. Les grands marchés de la province de Cao Bang, dont nous donnons la liste ci-après, se tiennent tous les 5 jours, selon le calendrier lunaire. Le marché de Na Giang, qui réunit Tay, Nung et Hmong, est l'un des plus animés de la campagne.

Nuoc Hai : les 1er, 6e, 11e, 16e, 21e et 26e jours du mois lunaire

Na Giang : les 1er, 6e, 11e, 16e, 21e et 26e jours du mois lunaire

Tra Linh : les 4e, 9e, 14e, 19e, 24e et 29e jours du mois lunaire

Trung Khanh : les 5e, 10e, 15e, 20e, 25e et 30e jours du mois lunaire

---

spectacle est particulièrement impressionnant de mai à septembre.

Des bateliers vous emmèneront en **radeau en bambou** (100 000 d) suffisamment près des chutes pour en sentir les embruns. Côté vietnamien, les radeaux sont verts et, côté chinois, bleus. La baignade est autorisée dans la grande piscine naturelle du côté vietnamien, mais pas dans la rivière ou près de la cascade principale.

Une marche de 10 minutes à travers les rizières mène de l'aire de parking au pied des chutes. Pendant la saison des récoltes, vers septembre ou octobre, des agriculteurs vous proposeront peut-être d'essayer leurs batteuses à pédales.

Il faut un permis délivré par la police (200 000 d jusqu'à 10 personnes) pour visiter cette région. L'organisation doit en être prévue à l'avance. Mais rassurez-vous, tous les hôtels de Cao Bang sont en mesure de le faire pour vous. Il vous faudra présenter votre passeport.

À 4 km des chutes se trouve la **grotte Nguom Ngao** (guide inclus 30 000 d ; ☺ 7h30-16h30), l'une des plus spectaculaires du Vietnam, avec plusieurs kilomètres de galeries creusées par une rivière souterraine. Les villageois s'y réfugiaient pendant la guerre contre la Chine en 1979. L'accès aux visiteurs est autorisé dans une partie des galeries, où un chemin bétonné (long de 1 km) et de remarquables éclairages ont été aménagés. Un guide vous accompagne pendant la visite du réseau de galeries (1 heure), au gré desquelles vous découvrirez quantité de stalagmites et de stalactites semblables à des

cascades ou à des chandeliers, ainsi qu'une immense salle de 100 m. Le trajet d'une dizaine de minutes de l'aire de parking jusqu'à la grotte, entre les collines calcaires caractéristiques de la province de Cao Bang, à travers des rizières et des champs de soja, a aussi beaucoup de charme.

Il existe un deuxième réseau de galeries, encore plus grand, qui, dit-on, atteindrait presque les chutes, mais il reste inaccessible aux visiteurs.

Près des chutes et de la grotte, des échoppes vendent des boissons et des en-cas, mais les hébergements les plus proches sont à Cao Bang.

❶ Depuis/vers Ban Gioc et Nguom Ngao

Le trajet jusqu'aux chutes et à la grotte (87 km, environ 2 heures 30) est absolument magnifique, la route asphaltée, correcte, suivant la plupart du temps le lit de la rivière entre de hauts pics karstiques.

BUS ET MOTO-TAXI

Des bus (70 000 d, 2 heures, 12/jour) assurent la liaison entre Cao Bang et Trung Khanh, à 27 km des chutes. Négociez un trajet en *xe om* pour la fin du parcours depuis Trung Khanh ; vous devriez acquitter dans les 200 000 d (2 heures allouées pour la visite). Il est également possible de prendre un bus direct (75 000 d, 2 heures 30) depuis Cao Bang : départs à 7h30 et à 9h.

VOITURE ET MOTO

Vous pouvez aussi louer une moto ou un véhicule (avec chauffeur) par l'intermédiaire des hôtels ou des pensions de Cao Bang.

NORD-OUEST DU VIETNAM

Histoire

L'histoire du Nord-Ouest diffère de celle des plaines. Les Vietnamiens restaient traditionnellement à l'écart de ces montagnes, qu'ils jugeaient impropres à la culture extensive du riz. Pendant des siècles, la région fut seulement habitée par des minorités ethniques éparses, rejointes au XIXe siècle par des migrants venus du Yunnan chinois et du Tibet. À l'époque, le Nord-Ouest était considéré comme une région "hors la loi", une zone tampon entre la Chine et le Vietnam, peuplée de bandits. Lorsque Hô Chi Minh dirigea le Nord-Vietnam, les Vietnamiens octroyèrent une autonomie limitée à des "zones spéciales", abolies après la réunification.

La vie a toujours été difficile pour les minorités. L'opium a longtemps constitué l'une de leurs ressources les plus rentables, mais le gouvernement a réprimé la culture du pavot et la production est désormais minime. Les possibilités en matière d'éducation étaient également très limitées dans la région. Mais au cours de la dernière décennie, des écoles ont été ouvertes dans des secteurs reculés et la plupart des enfants sont désormais scolarisés. Les perspectives économiques sont néanmoins restreintes et nombre de montagnards rejoignent les villes afin de trouver un emploi.

ℹ Depuis/vers le Nord-Ouest

L'aéroport principal se situe à Diên Biên Phu, mais la plupart des voyageurs prennent le train de Hanoi à Lao Cai, porte d'accès à Sapa. En bus public, les routes de montagne peuvent se révéler impitoyables. Envisagez la location d'un 4x4 avec chauffeur ou d'une moto.

Pour se lancer sur la boucle du Nord-Ouest, beaucoup de visiteurs se dirigent vers Mai Chau, puis Son La et Diên Biên Phu, poursuivant au nord vers Lai Chau et Sapa avant de regagner Hanoi. Prévoyez une semaine pour ce voyage, et plus si vous empruntez les bus locaux.

Les voyageurs peuvent passer du Laos au Vietnam via le poste-frontière de Tay Trang-Sop Hun, à 34 km de Diên Biên Phu (voir l'encadré p. 130).

Hoa Binh

☎ 0218 / 112 000 HABITANTS

Après Hanoi et sa circulation démentielle, on apprécie la tranquillité de Hoa Binh (qui signifie "paix"). De nombreuses ethnies montagnardes, dont des Thaïs et des Hmong, vivent dans les environs. Hoa Binh constitue une étape pratique sur la route de Mai Chau.

◉ À voir

Musée de la Culture muong   MUSÉE, GALERIE D'ART
(Khong Gian Van Hoa Muong ; ☎ 0913 553 937 ; http://muong.vn ; 202 Tay Tien ; 50 000 d ; ⊘ 7h30-17h30). Fondé par Vu Duc Hieu, un artiste de Hanoi, ce musée présente l'art, la culture et l'histoire de la minorité muong. Réparti sur 5 ha verdoyants, il expose également les peintures et sculptures de son propriétaire et accueille les expositions d'autres artistes. La visite vaut la peine, pour l'ambiance décontractée et pour la beauté du cadre. Le musée propose également un hébergement partagé dans des maisons sur pilotis toutes simples.

Le trajet en *xe om* de Hoa Binh au musée revient à 50 000 d environ, et la course en taxi à près de 100 000 d. Le musée organise aussi des treks avec des guides muong (300 000 d).

Musée   MUSÉE
(⊘ 8h-10h30 et 14h-16h30 lun-ven). GRATUIT   Un petit musée donne à voir des vestiges des guerres, dont un ancien véhicule amphibie français. Il est situé sur la RN 6, après l'embranchement pour Cu Chinh Lan.

Dam Wall   SITE REMARQUABLE
Traversez le pont en direction de Phu Tho et vous apercevrez le mur de barrage d'une gigantesque station hydroélectrique, bâtie par les Russes. De l'autre côté de la rivière, un imposant monument commémore les 161 ouvriers tués pendant sa construction.

🛏 Où se loger et se restaurer

Plusieurs établissements servent du *com pho* (soupe aux nouilles de riz) le long de la RN 6, et les deux hôtels Hoa Binh disposent d'un restaurant.

Thap Vang Hotel   HÔTEL $
(☎ 0218-385 2864 ; 810A Ð Cu Chinh Lan ; ch 160 000-300 000d ; ❈ 🛜). Près de l'artère principale, cet élégant mini-hôtel abrite des chambres bien tenues, avec réfrigérateur et TV sat. Payez un peu plus cher pour une chambre plus grande.

Pension du musée de la Culture muong   PENSION $
(☎ 0913 553 937 ; www.muong.vn ; 202 Tay Tien ; 100 000 d/pers). Un hébergement partagé

basique dans des maisons sur pilotis de style muong. Supplément de 30 000 d pour le petit-déjeuner. Des repas peuvent également être commandés. Le lieu accueille aussi des artistes en résidence.

Hoa Binh Hotels I & II HÔTEL $$
(☎0218-385 2051 ; s/d 30/35 $US ; ▣ ☏).
À l'ouest du centre-ville, sur la RN 6, les Hoa Binh Hotels I et II offrent un hébergement confortable dans des maisons sur pilotis. Les chambres sont défraîchies, mais l'emplacement calme, presque rural, est un plus.

❶ Renseignements

Il y a plusieurs distributeurs de billets (DAB) le long de la RN 6. On peut se connecter à Internet (3 000 d/heure) à la **poste principale**.

Hoa Binh Tourism Company (☎0218-385 4374 ; www.hoabinhtourism.com ; Hoa Binh Hotels I et II). Possède un bureau dans chacun des hôtels Hoa Binh et propose des excursions dans la région.

À MOTO SUR LES ROUTES DU NORD-OUEST

Profitant des paysages spectaculaires et d'une circulation réduite, un nombre croissant de voyageurs effectuent à moto la "boucle du Nord-Ouest" de Hanoi à Lao Cai, avec un retour vers la capitale par Diên Biên Phu. Pour les plus intrépides, les routes s'aventurant au nord en direction de la Chine, dans les superbes provinces de Ha Giang et de Cao Bang, constituent la toute nouvelle frontière des voyageurs au Vietnam.

C'est à Hanoi que vous pourrez organiser votre périple et louer une moto. Vous pouvez bien sûr vous joindre à un circuit, ou faire appel à un guide connaissant bien les routes et qui vous assistera en cas de problèmes mécaniques et linguistiques. Essayez la moto et renseignez-vous sur l'état des routes avant de partir.

La plupart des motos qui circulent au Vietnam sont de petites cylindrées (moins de 250 cm^3). Pendant des années, la robuste Minsk était la bécane idéale pour les voyageurs. Aujourd'hui, leur nombre a diminué, et les mobylettes et motos chinoises tout-terrain prolifèrent. Réputées pour leur solidité et dotées d'amortisseurs corrects, les Honda routières (comme la GL 160) ou tout-terrain feront très bien l'affaire.

Même si les agences de location vous fournissent une checklist, pensez à vous munir d'un bon casque, d'un téléphone portable local, de vêtements de pluie, de pièces de rechange et d'une trousse de réparation (comprenant bougies, clés, chambre à air et démonte-pneu), d'une pompe et de cartes correctes. Coudières, genouillères et gants sont également recommandés.

Mieux vaut vous épargner le long et pénible trajet jusqu'à Lao Cai et prendre le train. Chargez votre moto, réservoir vide, ou presque, dans un wagon à bagages et dormez dans une couchette. À Lao Cai, faites le plein et démarrez !

Si vous prévoyez de rouler de Diên Biên Phu à Sapa via Muong Lay et Lai Chau sur la RN 12, renseignez-vous sur les loueurs de véhicules avant de quitter Hanoi. Lors de la rédaction de ce guide, les 40 derniers kilomètres de la route reliant Muong Lay à Lai Chau étaient très pénibles du fait de nombreux travaux. Les loueurs pourront vous donner des informations à jour et vous recommander d'éventuels itinéraires bis. Il est prévu que la RN 12 soit achevée en août 2014 ; elle devrait donc l'être lorsque vous lirez ces lignes.

Ne roulez pas trop vite, surtout quand il pleut. Les routes goudronnées peuvent se transformer en pistes boueuses en un rien de temps. Ne roulez pas durant les fortes averses et attendez un peu après l'arrêt de la pluie avant de repartir : les remblais des routes de montagne, souvent récentes, sont instables, et des glissements de terrain se produisent fréquemment. Ne comptez pas dépasser 35 km/h de moyenne. Garez-vous dans les parkings des hôtels et faites le plein dans les stations-service, où vous risquez moins d'avoir de l'essence coupée.

Si le temps ou l'énergie viennent à vous manquer, sachez que de nombreuses compagnies de bus transporteront votre moto sur le toit d'un bus ; obtenez au préalable l'autorisation de l'agence de location.

Cuong's Motorbike Adventure (p. 88) et Offroad Vietnam (p. 88) sont deux agences spécialisées et recommandées à Hanoi.

❶ Depuis/vers Hoa Binh

BUS

Depuis la gare routière de My Dinh à Hanoi, des bus publics desservent Hoa Binh (45 000 d, 2 heures, départs fréquents de 5h à 17h). Des bus pour Mai Chau (55 000 d, 1 heure 30) partent toutes les 2 heures de 6h à 14h.

VOITURE

En voiture, vous pourrez visiter le parc national de Ba Vi en venant de Hanoi et suivre une route en bord de rivière jusqu'à Hoa Binh.

Mai Chau

📲 0218 / 12 000 HABITANTS

La région de Mai Chau s'étend dans une vallée ravissante et paisible, où vous aurez pour seule bande-son les chants des oiseaux et le bruit des cours d'eau. Si la localité de Mai Chau manque de charme, on découvre alentour des villages thaïs qui s'inscrivent dans un superbe cadre de rizières.

Les villageois sont ici essentiellement des Thaïs blancs, lointains cousins d'ethnies thaïlandaises, laotiennes et chinoises. Bien que la plupart des habitants ne les portent plus, les femmes thaïes, expertes en tissage, confectionnent toujours des costumes de style traditionnel, ainsi que des objets artisanaux. Les villageois n'insistent pas lourdement pour vendre leurs produits : un marchandage poli reste de rigueur.

L'accueil des touristes à Mai Chau est une initiative locale réussie, même si certains peuvent trouver l'expérience un peu aseptisée, et que la bourgade est un point de passage quasi obligé des groupes en circuits organisés. La région jouit d'une popularité croissante auprès des expatriés de Hanoi, qui viennent y passer le week-end ; essayez plutôt de venir en semaine.

Si vous êtes en quête d'aventure, mieux vaut passer votre chemin, sinon Mai Chau est une localité parfaite pour un séjour dédié aux randonnées à pied ou à vélo.

◉ À voir et à faire

La région est l'une des plus proches de Hanoi où vous pourrez séjourner dans un village ethnique et passer la nuit dans une maison sur pilotis. De belles **promenades** traversent les rizières et des **randonnées** de 7-8 km conduisent aux villages des minorités ethniques ; les services d'un guide coûtent environ 10 $US. La plupart des lieux d'hébergement proposent

aussi des vélos à louer pour découvrir les environs à votre rythme.

Un célèbre trek de 18 km va du **village de Lac** (Ban Lac), à Mai Chau, au **village de Xa Linh**, situé près d'un col à 1 000 m d'altitude, le long de la RN 6. Ban Lac est peuplé de Thaïs blancs, et Xa Linh, de Hmong. Cette randonnée, trop épuisante en un seul jour, implique de passer la nuit dans un hameau. Il vous faudra engager un guide et organiser votre retour en voiture depuis le col jusqu'à Mai Chau. Sachez que la piste grimpe un dénivelé de 600 m et devient glissante par temps pluvieux.

Renseignez-vous à Mai Chau sur les treks plus longs, de 3 à 7 jours. Des excursions en **kayak** ou à **VTT** sont également possibles, informez-vous au Mai Chau Lodge.

À Hanoi, de nombreuses agences de voyages proposent des excursions à Mai Chau à des prix raisonnables.

🛏 Où se loger et se restaurer

La plupart des visiteurs séjournent dans des **maisons thaïes sur pilotis** (environ 200 000 d/pers, petit-déj inclus) dans les villages de Lac ou de Pom Coong, à 5 minutes à pied l'un de l'autre.

Beaucoup prennent leurs repas à l'endroit où ils logent : négociez le prix à l'avance, car jusqu'à 200 000 d sont parfois demandés pour un petit-déjeuner et un dîner. On y sert de tout, des œufs sur le plat aux frites, mais la cuisine locale est meilleure.

💚 **Mai Chau Nature Lodge**   BUNGALOW **$$**
(📲 0946 888 804 ; www.maichaunatureplace.com ; village de Lac ; dort/d 5/40 $US). Cet établissement sympathique, situé dans le village de Lac, propose des bungalows privés avec un mobilier en bambou et des étoffes locales, ainsi que des dortoirs. Des vélos sont gracieusement mis à disposition pour explorer les environs.

Mai Chau Lodge   HÔTEL **$$$**
(📲 0218-386 8959 ; www.maichaulodge.com ; Mai Chau ; ch 150 $US ; ✳@🛜🎐). Une étape privilégiée des circuits. Les chambres modernes, décorées de tissus locaux, avec parquet et éclairage design, bénéficient pour beaucoup d'un balcon donnant sur les rizières. Le restaurant au toit de chaume (repas 10-16 $US) donne sur un petit lac et sur la piscine. Parmi les activités proposées : visite de marchés, de grottes et de villages d'artisans, cours de cuisine, ainsi que balades guidées à pied, à vélo ou sorties en kayak.

UNE NUIT DANS UNE MAISON SUR PILOTIS

Passer la nuit dans l'un des villages des minorités aux alentours de Mai Chau ne signifie pas renoncer au confort : l'électricité fonctionne, les toilettes sont modernes et les douches, chaudes. Des matelas confortables et des moustiquaires garantissent une bonne nuit de sommeil.

Malgré ou grâce à ces aménagement modernes, l'expérience reste mémorable, et nombre de visiteurs prolongent leur séjour. La région environnante est luxuriante, les villages thaïs sont charmants et bien entretenus, et les habitants, d'une gentillesse extrême. Même avec la TV et le bourdonnement d'un réfrigérateur, l'atmosphère demeure paisible et le dépaysement garanti, car vous dormez dans une maison sur pilotis au sol en bambou et au toit de chaume.

Nul besoin de réserver. Il suffit d'arriver au village, de préférence avant la tombée de la nuit.

ℹ️ Depuis/vers Mai Chau

Des bus directs quittent la gare routière de My Dinh, à Hanoi, pour Mai Chau (100 000 d, 3 heures 45) à 6h, 8h30 et 11h.

Si vous souhaitez vous arrêter au village de Lac, demandez au chauffeur de vous y déposer. Vous devrez peut-être payer 7 000 d pour entrer à Mai Chau, s'il y a quelqu'un au péage.

Son La

📞 022 / 66 500 HABITANTS

Son La doit sa prospérité à sa situation entre Hanoi et Diên Biên Phu. Le paysage alentour est superbe, et la ville compte quelques sites d'intérêt.

La région se distingue par sa diversité ethnique, avec plus de 30 minorités, dont des Thaïs noirs, des Meo, des Muong et des Thaïs blancs. L'influence vietnamienne est restée minime jusqu'au XXᵉ siècle et le secteur a fait partie de la région autonome de Tay Bac de 1959 à 1980.

👁️ À voir et à faire

Ancienne prison française   MUSÉE

(10 000 d ; ⊙ 7h30-11h et 13h30-17h). Cette ancienne prison française était autrefois une colonie pénitentiaire où étaient incarcérés les indépendantistes. Détruite par des "délestages" de munitions non utilisées lors du retour des bombardiers américains vers leurs bases, elle a été partiellement restaurée. Des tourelles surveillent les ruines des cellules et un pêcher solitaire, planté par To Hieu, un détenu qui y fut emprisonné dans les années 1940.

Non loin, le bureau du Comité du peuple abrite un petit musée qui présente des objets ethniques et offre une belle vue sur les vestiges de la prison.

Tour d'observation   SITE REMARQUABLE

Perchée au-dessus de la ville, cette tour domine Son La et ses environs ; pour découvrir le panorama, grimpez l'escalier en pierre (20 min) sur la gauche du Trade Union Hotel.

Marchés d'artisanat   MARCHÉS

Thuan Chau se trouve à environ 35 km au nord-ouest de Son La. Allez-y en bus local ou en *xe om* tôt le matin, quand le marché quotidien se remplit de montagnardes aux tenues colorées.

Le **marché de Son La**, offre également un choix de sacs tissés à bandoulière, d'écharpes, de boutons et de colliers en argent, et autres objets artisanaux réalisés par des minorités montagnardes.

🛏️ Où se loger et se restaurer

Sao Xanh Hotel   HÔTEL $

(📞 022-378 9999 ; www.saoxanh.vn ; 1 Đ Quyen Thang ; ch 280 000-380 000 d). Une adresse d'un excellent rapport qualité/prix, avec des chambres immaculées et un accueil chaleureux à la réception. À quelques minutes de marche de bons cafés et restaurants.

Viet Trinh   PENSION $

(📞 022-385 2263 ; 15 Đ 26/8 ; ch 300 000 d). Petite pension familiale, offrant des chambres simples, propres et bon marché, appréciées des voyageurs au long cours en Asie du Sud-Est.

Hanoi Hotel   HÔTEL $$

(📞 022-375 3299 ; www.khachsanhanoi299.com ; 228 Đ Truong Chinh ; ch 35-47 $US ; ✳️@🛜). Un édifice étincelant sur l'artère principale, abritant des chambres spacieuses et modernes, dotées d'une literie confortable, de touches artistiques colorées et de mobilier en bois. Les installations comprennent un bar, un restaurant, un Jacuzzi et des fauteuils de massage, parfaits après un long voyage en bus. Mettez vos talents de négociateur en œuvre pour obtenir un prix.

Long Phuong Restaurant VIETNAMIEN **$**
(☑022-385 2339 ; P Thinh Doi ; plats 40 000-70 000 d ; ⊙11h-22h). Situé à l'un des carrefours les plus fréquentés de la ville, ce restaurant sert des spécialités des minorités locales, dont une soupe aigre de *mang dang* (racines de bambou) avec du riz gluant trempé dans du sel aux graines de sésame.

❶ Renseignements

Agribank (8 Đ Chu Van Thinh). Dispose d'un DAB et change les dollars. La poste principale se situe à l'ouest de la banque.

❶ Depuis/vers Son La

Son La est à 340 km de Hanoi et à 140 km de Diên Biên Phu. La gare routière se trouve à 5 km au sud-ouest de la ville.

Bus au départ de Son La :

DESTINATION	PRIX (D)	DURÉE ET FRÉQUENCE
Diên Biên Phu	97 000	4 heures ; départs fréquents 5h30-13h30
Hanoi	150 000	8 heures 30 ; départs fréquents 5h-13h
Ninh Binh	à partir de 135 000	9 heures ; départ à 5h30

Diên Biên Phu

☑0230 / 72 700 HABITANTS

C'est aux environs de Diên Biên Phu qu'eut lieu la bataille décisive qui sonna le glas de l'aventure coloniale française en Indochine. Le cessez-le-feu proclamé par la France le 7 mai 1954 accéléra les négociations engagées entre les deux parties. La guerre d'Indochine s'acheva le 21 juillet 1954, avec la signature des accords de Genève, marquant la fin de la présence française au Vietnam, au Laos et au Cambodge.

Située dans une région reculée du Vietnam, Diên Biên Phu s'étend dans la vaste plaine aride de la vallée de Muong Thanh, encadrée par des montagnes escarpées densément boisées. Des Thaïs, des Hmong et des Si La vivent dans les montagnes alentour. La vallée et la ville sont aujourd'hui essentiellement peuplées de Viêts (ou Kinh), l'ethnie majoritaire du pays.

Autrefois bourgade peu importante, Diên Biên Phu est devenue une municipalité en 1992. Elle a acquis le statut de ville en 2003 et celui de capitale provinciale l'année suivante. Elle compte désormais de grands boulevards et des bâtiments officiels, et son aéroport assure des liaisons quotidiennes avec Hanoi. Depuis l'ouverture aux étrangers du poste-frontière voisin de Sop Hun/Tay Trang (voir encadré p. 130), entre le Vietnam et le Laos, un nombre croissant de voyageurs passe par la ville.

L'histoire constitue le principal attrait de Diên Biên Phu, où l'on peut visiter de multiples ouvrages militaires et des musées.

Histoire

En novembre 1953, alors que la France est engagée dans le conflit indochinois depuis mars 1946, le général Henri Navarre, commandant en chef des forces françaises en Indochine, envoie 12 bataillons dans la cuvette de Diên Biên Phu dans le cadre de l'opération Castor. Le but est d'empêcher le Viêt-minh de s'emparer de Luang Prabang, alors capitale du Laos. L'armée française, composée pour un tiers de minorités ethniques vietnamiennes, prend position sur cinq points d'appui (baptisés Claudine, Huguette, Anne-Marie, Dominique, et Éliane) et des positions avancées (Gabrielle, Béatrice et Isabelle). Elle est peu à peu encerclée par le Viêt-minh, commandé par le général Vo Nguyên Giap, dont les troupes sont cinq fois plus nombreuses. Surtout, le Viêt-minh accomplit un véritable exploit logistique, transportant à dos d'homme, à travers la jungle et les cours d'eau, des pièces d'artillerie et des mitrailleuses anti-aériennes, soigneusement disposées ensuite dans des caches creusées dans la montagne surplombant les positions françaises.

Le 13 mars 1954, alors que les Français attendent des fantassins, les obus de canons et de mortiers lourds se mettent à pleuvoir. Le colonel Charles Piroth, qui commandait l'artillerie du camp, se suicide dans son abri. Il avait affirmé que le Viêt-minh ne parviendrait pas à transporter de l'artillerie lourde jusque-là. Un premier assaut viêt-minh échoue, mais il est suivi par des semaines de bombardements intensifs. La situation empire, Bigeard et ses parachutistes sont appelés en renfort, mais le mauvais temps et la DCA viêt-minh rendent bientôt les parachutages (en hommes, mais aussi en vivres et en munitions) problématiques. Un système sophistiqué de tranchées et de tunnels permet au Viêt-minh d'atteindre les positions françaises en restant à couvert. La France refuse de recourir aux bombardiers américains ou d'utiliser la force nucléaire, comme le suggérait le Pentagone, et ses positions tombent alors une à une.

Le 7 mai 1954, les troupes du général Navarre se rendent au Viêt-minh, au terme de 57 jours de siège. Elles décomptent 5 000 tués et 10 000 prisonniers, tandis que les pertes côté viêt-minh sont estimées à 25 000 hommes. Le moral des Français en est fortement ébranlé, et le gouvernement renonce à l'Indochine.

◉ À voir

♥ Musée de Diên Biên Phu   MUSÉE

(📲0230-382 4971; Đ 7-5; 5 000 d; ⊘7h-11h et 13h30-17h). Ce musée bien agencé commémore la bataille décisive de 1954 au gré d'une collection éclectique. Aux côtés d'armes et d'engins de guerre, on découvre une baignoire ayant appartenu au colonel français de Castries, un vélo pouvant transporter une pièce d'artillerie de 330 kg, ainsi que des photos et documents. Lors de la rédaction de ce guide, un nouveau bâtiment destiné à abriter les collections était en construction.

♥ Bunker du colonel
de Castries   MÉMORIAL DE GUERRE

(5 000 d; ⊘7h-11h et 13h30-17h). De l'autre côté de la rivière, le bunker où le colonel Christian de Castries avait établi son PC a été reconstitué. Quelques chars parsèment les environs et vous verrez certainement des Vietnamiens agiter leur drapeau sur le bunker, imitant ainsi une célèbre photo prise à la fin des combats.

♥ Colline A1   MÉMORIAL DE GUERRE

(3 000 d; ⊘7h-11h et 13h30-17h). D'autres tanks et un monument aux morts du Viêt-minh jalonnent l'ancienne position française – appelée Éliane par les Français et colline A1 par les Vietnamiens –, théâtre des combats les plus violents. Le système élaboré de tranchées de la défense française a également été reconstitué.

Cimetières   MÉMORIAL DE GUERRE

Un mémorial aux 3 000 soldats français enterrés dans les rizières a été érigé en 1984, pour le 30e anniversaire de la bataille. Émouvant et parfaitement entretenu, le cimetière de Diên Biên Phu s'étend sur l'autre rive de la Ron. Là, en hommage aux victimes vietnamiennes, chaque pierre tombale porte l'étoile dorée du drapeau national et un bouquet de bâtons d'encens.

Pont Muong Thanh   PONT

L'ancien pont Muong Thanh, préservé, est fermé aux véhicules à quatre roues. Près de l'extrémité sud du pont – un cratère rempli

---

Diên Biên Phu ◉ Ⓝ 0 ——— 400 m

Diên Biên Phu

◉ Les incontournables
1 Colline A1	B2
2 Bunker du colonel de Castries	A2
3 Musée de Diên Biên Phu	B3

◉ À voir
4 Cimetière de Diên Biên Phu	B3
5 Mémorial aux soldats français	A2
6 Pont Muong Thanh	A2

⊟ Où se loger
7 Binh Long Hotel	B1
8 Viet Hoang 2	A1

⊗ Où se restaurer
9 Étals de pho	A1

⊜ Où prendre un verre
10 Bia Hoi	B3

LES DÉLICES DE MOC CHAU ET DE YEN CHAU

Quantité de voyageurs se rendant à l'ouest profitent de la belle région de Mai Chau avant de rejoindre le Laos en passant par Diên Biên Phu, ou Sapa, au nord. Si vous voulez goûter aux saveurs locales, en particulier si vous êtes friand de sucreries, deux étapes s'imposent sur la RN 6.

À quelque 200 km à l'ouest de Hanoi, Moc Chau possède une industrie laitière de pointe lancée à la fin des années 1970 avec l'aide de l'Australie et des Nations unies. La laiterie approvisionne Hanoi en lait frais ou condensé sucré et en petites confiseries appelées *banh sua*. La localité est l'endroit idéal pour savourer lait et yaourts frais. Moc Chau produit également l'un des meilleurs thés du Vietnam, et plusieurs minorités, dont les Hmong verts, les Dzao, les Thaïs et les Muong, vivent aux alentours. L'agence Vietnam in Focus (p. 66) propose, au départ de Hanoi, des excursions photographiques au fascinant "marché de l'amour" hmong, qui a lieu fin août-début septembre. Handspan Adventure Travel (p. 139) organise des escapades de 2-3 jours dans la région, avec hébergement dans une pension thaïe noire dans le village de Ban Doi.

À 60 km de là, plus à l'ouest, le district agricole de Yen Chau est réputé pour son abondante production de fruits. Hormis les bananes, tous les fruits sont saisonniers : mangues, prunes et pêches d'avril à juin, longanes en juillet-août, anones d'août à septembre. Les petites mangues vertes de Yen Chau sont reconnues comme étant les meilleures du pays, bien que les étrangers leur préfèrent au début celles du Sud, grosses, jaunes et juteuses. La plupart des Vietnamiens apprécient leur saveur aigrelette, et les dégustent trempées dans du nuoc-mam (sauce de poisson) et du sucre.

Moc Chau et Yen Chau sont accessibles en bus, depuis la gare routière de My Dinh, à Hanoi, en direction de Son La ou de Diên Biên Phu. Une fois sur la route, les voyageurs trouvent assez facilement d'autres moyens de transport le long de la RN 6, des minibus locaux aux bus climatisés.

NORD DU VIETNAM DIÊN BIÊN PHU

de végétation – se trouve le **bunker** dans lequel se suicida le colonel Piroth.

🛏 Où se loger

Viet Hoang 2 PENSION $
(☎0989 797 988 ; 69 Ð Phuong Thanh Binh ; ch 250 000-350 000 d ; ✳@🛜). Juste en face de la gare routière, cette pension est l'annexe (beaucoup plus propre) de Viet Hoang 1 (chambres de 150 000 à 200 000 d). Le supplément vaut la peine.

Binh Long Hotel PENSION $
(☎0230-382 4345 ; 429 Ð Muong Thanh ; d et lits jum 10 $US ; ✳🛜). Une autre petite pension familiale accueillante, située à un carrefour très fréquenté. Les chambres avec lits jumeaux ne sont pas très grandes. Les propriétaires vous renseigneront sur les transports pour Sapa et le Laos.

Muong Thanh Hotel HÔTEL $$
(☎0230-381 0043 ; www.muongthanhthanh-nien.com ; Ð Muong Thanh ; ch 50-80 $US ; ✳🛜🏊). Chambres modernes avec TV sat, mobilier élégant et sdb en marbre. Vous pourrez profiter de la piscine surmontée d'un dragon en béton.

Him Lam Hotel COMPLEXE HÔTELIER $$
(☎0230-381 1999 ; www.himlamhotel.com.vn ; RN 279 ; ch 30-45 $US ; ✳@✳). L'un des meilleurs établissements gérés par l'État, qui dispose de jolies maisons en bois sur pilotis ainsi que des chambres modernes, le tout sur un grand domaine comportant courts de tennis, piscines, bar et restaurant. La course en taxi depuis la gare routière de Diên Biên Phu coûte environ 60 000 d. Comptez 30 000 d pour faire le trajet en *xe om*.

🍴 Où se restaurer et prendre un verre

Le choix se révèle limité. Le Muong Thanh Hotel possède un restaurant correct. Autre bonne option, le Him Lam Hotel.

Étals de pho VIETNAMIEN $
(plats autour de 30 000 d ; ⊙8h-22h). Vous pourrez manger à bon prix aux étals de *pho* et dans les modestes restaurants installés en face de la gare routière. Certains servent un délicieux jus de sucre de canne frais.

ℹ️ ALLER AU LAOS : DE DIÊN BIÊN PHU À MUANG KHUA

Aller à la frontière Des bus à destination de Muang Khua (110 000 d) partent tous les jours de Diên Biên Phu à 5h30. Mieux vaut réserver son billet la veille du voyage. Le bus passe par le poste-frontière de Sop Hun/Tay Trang et vous dépose à Muang Khua, au Laos. Le voyage dure normalement 7-8 heures, voire plus, en fonction de la route et des formalités de passage de la frontière. Depuis Diên Biên Phu, on peut aussi rejoindre les villes laotiennes de Luang Prabang (495 000 d, départ à 6h), Nam Tha (350 000 d, départ à 6h30) et Udomxai (230 000 d, départ à 7h30).

À la frontière Le poste-frontière de Tay Trang, à 34 km de Diên Biên Phu, est ouvert tous les jours de 7h à 19h. Pour entrer au Laos, les ressortissants de la plupart des pays peuvent obtenir un visa valable 30 jours à leur arrivée (20-42 $US, selon votre nationalité). Veillez à avoir une photo d'identité et des espèces en supplément (environ 5 $US) pour couvrir d'éventuels frais administratifs sur place.

Se déplacer De Muang Khua, des bus vous conduisent à Udomxai.

Bia Hoi   BIA HOI

(Đ Hoang Van Thai ; ⊙12h-22h). Venez rencontrer les habitants dans les jardins à *bia hoi* le long de Đ Hoang Van Thai. Si vous êtes lassé du riz et des nouilles, vous pourrez y manger des grillades correctes et bon marché.

ℹ️ Renseignements

Agribank (☎0230-382 5786 ; Đ 7-5). Dispose d'un DAB et change les dollars.

Poste principale (Đ 7-5)

ℹ️ Depuis/vers Diên Biên Phu

AVION

Vietnam Airlines (☎0230-382 4948 ; www.vietnamairlines.com ; Nguyen Huu Tho ; ⊙7h30-11h30 et 13h30-16h30). Assure 1 vol quotidien entre Diên Biên Phu et Hanoi. L'agence se situe non loin de l'aéroport, à 1,5 km du centre-ville, sur la route de Muong Lay.

BUS

La gare routière borde la RN 12, à l'angle de Đ Trang Dang Ninh.

Bus au départ de Diên Biên Phu :

DESTINATION	PRIX (D)	DURÉE ET FRÉQUENCE
Hanoi	375 000	11 heures 30 ; départs fréquents de 4h30 à 21h
Lai Chau	130 000	6-7 heures ; départs fréquents de 5h à 13h15
Muong Lay	57 000	3-4 heures ; départs à 6h30, 14h30 et 16h
Son La	97 000	4 heures ; départs à 4h30, 8h, 12h et 14h

VOITURE ET MOTO

Le trajet de 480 km entre Hanoi et Diên Biên Phu par la RN 6 et la RN 279 demande environ 11 heures.

Muong Lay

📞 0231 / 8 800 HABITANTS

Naguère connue sous le nom de Lai Chau, la petite ville de Muong Lay, entre Diên Biên Phu et Sapa, a subi des transformations majeures ces dernières années.

L'ancienne ville de Lai Chau était perchée sur les flancs de la spectaculaire vallée de la rivière Da, mais elle a été immergée par le réservoir de Song Da, qui alimente une énorme centrale hydroélectrique. La localité a été déplacée plus haut sur les berges de la rivière, et un grand pont traverse désormais le nouveau lac. Deux hôtels ont ouvert au-dessus du lac, et il est prévu que ce plan d'eau devienne un centre touristique dédié aux excursions en bateau et aux sports nautiques. Lors de la rédaction de ce guide, le lieu ressemblait encore à un immense chantier.

🛏️ Où se loger et se restaurer

Lan Anh Hotel   HÔTEL **$$**

(☎0231-385 2682 ; www.lananhhotel.com ; ch 15-45 $US ; ❄️ @). Après le pont, sur une crête surplombant le lac, le Lan Anh dispose de chambres dans des maisons rustiques sur pilotis, et de suites VIP avec sdb luxueuse en marbre. Possibilités de treks dans les villages de minorités voisins et d'excursions en bateau. On peut venir vous chercher à la gare routière temporaire de Muong Lay, sur la rive opposée.

❶ Depuis/vers Muong Lay

Au moment de nos recherches, Muong Lay possédait une gare routière improvisée sur la RN 12. Vous pouvez bien loger au Lan Anh Hotel, mais, compte tenu des travaux en cours, se rendre directement de Diên Biên Phu à Lai Chau est certainement plus judicieux. Si vous faites un circuit à moto, sachez que lors de la rédaction de ce guide, la route au nord de Muong Lay en direction de Lai Chau était très éprouvante, du fait d'importants travaux sur un tronçon de près de 40 km. Les travaux devaient se terminer en août 2014, mais il se peut qu'ils se prolongent.

Bus au départ de Muong Lay :

DESTINATION	PRIX (D)	DURÉE ET FRÉQUENCE
Diên Biên Phu	73 000	3 heures ; départs à 6h15, 7h15 et 13h45
Lai Chau	70 000	8 heures ; départ à 7h
Sinho	80 000	2 heures 30 ; départ à 8h

Lai Chau

📞 0231 / 37 000 HABITANTS

Après la traversée de l'une des régions les plus reculées du pays, les boulevards à 8 voies et les bâtiments officiels de Lai Chau évoquent une sorte d'Eldorado vietnamien. La réalité est plus prosaïque.

Anciennement appelée Tam Duong, cette ville reculée a été rebaptisée Lai Chau quand fut décidée la création du réservoir qui devait submerger l'"ancienne" Lai Chau (aujourd'hui connue sous le nom de Muong Lay). La "nouvelle" Lai Chau se divise en deux parties : la vieille ville, avec son marché fréquenté par les ethnies montagnardes des villages alentour, et la ville nouvelle, toute de béton, à 3 km au sud-est.

Malgré ses grandes artères, Lai Chau, promue capitale de province, présente peu d'intérêt. Le paysage environnant reste heureusement stupéfiant, avec ses verdoyants pics coniques.

La plupart des visiteurs s'y arrêtent pour déjeuner entre Diên Biên Phu, Muong Lay et Sapa. Le trajet de Lai Chau à Sapa par la RN 4D, qui traverse le massif du Fansipan près de la frontière chinoise, est superbe.

🛏 Où se loger et se restaurer

Cam Tu Hotel HÔTEL $
(📞 0964 444 6555 ; 330 Đ Tran Phu ; ch 200 000-250 000 d). Une réception haute en couleur, des chambres impeccables, et une bonne situation, avec de bons restaurants de l'autre côté de la rue.

Phuong Tanh HÔTEL $$
(📞 0231-387 5235 ; route principale de Sapa ; d 27 $US ; ❊ ☎). L'hôtel fait partie d'un petit empire florissant : les propriétaires tiennent aussi un restaurant du même nom tout proche (plats autour de 150 000 d). Les chambres propres et bien éclairées, dotées de grandes sdb, font oublier la triste réception. Au 2e étage, le café Phan Xi Pan offre Wi-Fi, bières fraîches et un choix de plats de riz et de nouilles.

❶ Renseignements

Une Agribank et des DAB sont installés dans la rue principale de la vieille ville.

❶ Depuis/vers Lai Chau

La gare routière se trouve à 1 km de la ville, sur la route de Sapa. En *xe om*, le trajet jusqu'aux hôtels coûte environ 10 000 d ; en taxi, à peu près 20 000 d.

Bus au départ de Lai Chau :

DESTINATION	PRIX (D)	DURÉE ET FRÉQUENCE
Diên Biên Phu	150 000	7 heures ; départs fréquents de 5h à 13h
Hanoi	À partir de 320 000	12 heures ; départs à 5h puis fréquents de 16 à 20h
Sapa	100 000	2 heures 30 ; départs fréquents de 5h à 18h
Muong Lay	90 000	3 heures ; départs fréquents de 5h à 13h30
Sinho	80 000	3 heures ; départs à 6h30, 12h30

Sapa

📞 020 / 36 200 HABITANTS / ALTITUDE 1 650 M

Station climatique fondée par les Français en 1922, Sapa est la destination la plus touristique du nord-ouest du Vietnam. Elle figure désormais sur tous les circuits des Européens et des Nord-Américains, et on y croise fréquemment des randonneurs.

La ville est orientée de manière à profiter du cadre exceptionnel par temps clair. Entourée de hauts sommets, elle surplombe une vallée jalonnée de rizières en terrasses.

VAUT LE DÉTOUR

LE VILLAGE DE SINHO

Sinho est un charmant village de montagne, peuplé de nombreuses ethnies. Il pourrait attirer plus de touristes, mais ses habitants ne se montrent pas toujours très accueillants. Néanmoins, la présence d'un hôtel très correct et un accès par la route en voie d'amélioration justifient le détour si vous voulez découvrir un marché local authentique, bien différent de ceux de Sapa et de Bac Ha, qui sont désormais des étapes incontournables des circuits organisés.

Un marché a lieu le samedi et le dimanche, et ce dernier est le plus impressionnant et le plus coloré. Là, ne vous attendez pas à voir de l'artisanat tendance, mais plutôt des vaches et des cochons.

Le meilleur (et l'unique !) endroit où passer la nuit, le **Thanh Binh Hotel** (☎0231-387 0366 ; Zone 5, Sinho ; ch 25-27 $US ; @), est un établissement confortable comprenant 17 chambres impeccables avec vue sur la montagne et les rizières. Le tarif comprend le petit-déjeuner. Le déjeuner et le dîner (120 000 d) sont servis dans d'agréables belvédères en bambou. Des treks de 3 à 10 km peuvent être organisés jusqu'aux villages voisins des Hmong blancs et des Dzao rouges.

Il n'y a ni DAB ni banque à Sinho, mais le Thanh Binh Hotel propose un accès Internet.

Un bus pour Sinho part de Diên Biên Phu vers 5h30 tous les jours (120 000 d, 6 heures) et passe par Muong Lay vers 8h. Ces horaires sont susceptibles de changer : vérifiez à la gare routière de Diên Biên Phu la veille de votre départ. À Sinho, un bus (80 000 d, 3 heures) descend vers Lai chau à 7h et à 13h. Vers le sud, deux bus par jour circulent de Lai Chau à Sinho, à 6h30 et à 12h30 (80 000 d, 3 heures), et un bus par jour dessert Diên Biên Phu (120 000 d, 6 heures). Lors de la rédaction de ce guide, la route reliant Sinho à Lai Chau était en mauvais état, mais il était prévu que d'importants travaux soient terminés d'ici à septembre 2014.

Le trajet par les transports publics est lent, mais envisageable si l'on fait preuve de patience et de flexibilité.

Si vous voyagez en deux-roues, la route montant vers Sinho se trouve à 1 km au nord de Chan Nua, sur la route principale de Muong Lay à Lai Chau. Ne manquez pas de vous renseigner sur l'état de la route Sinho-Lai Chau avant de quitter Hanoi.

Un panorama spectaculaire souvent plongé dans une épaisse brume, mais, même par temps couvert, Sapa reste une destination fascinante, en particulier lorsqu'elle se remplit de villageois des ethnies montagnardes portant de belles tenues colorées.

Si les villas coloniales françaises ont été laissées à l'abandon en raison des guerres successives contre la France, les États-Unis et la Chine, Sapa connaît une belle renaissance grâce à l'essor du tourisme. Malheureusement, les hôtels y fleurissent et les restrictions sur la hauteur des bâtiments étant rarement respectées, l'harmonie de la ville en souffre.

Autre conséquence inhérente à ce développement, la culture des ethnies montagnardes se transforme. Les Hmong, excellents vendeurs, incitent à acheter de l'artisanat et autres objets. Et si beaucoup ont peu fréquenté l'école, les plus jeunes maîtrisent le français, l'anglais et quelques autres langues.

◉ À voir et à faire

Musée de Sapa MUSÉE
(103 Đ Xuan Vien ; ☺7h30-11h30 et 13h30-17h). GRATUIT Une excellente présentation de l'histoire (dont une partie est consacrée à l'époque coloniale) et de l'ethnologie de la région. Les différences entre les minorités ethniques sont mises en évidence : il peut donc être intéressant de faire la visite dès votre arrivée à Sapa. Au rez-de-chaussée, on peut assister à une démonstration de tissage, et différents tissus et objets d'art sont proposés à la vente.

♥ Marché de Sapa MARCHÉ
(☺6h-14h). Presque tous les jours, les habitants des villages environnants se rendent au marché de Sapa pour vendre de l'artisanat et des vêtements de style ethnique. Le samedi est le jour le plus animé. Tous les jours, les étals de nourriture remportent un franc succès à l'heure du petit-déjeuner et du déjeuner. L'emplacement du marché dans la ville pourrait changer dans les années à venir.

Chieu Suong MASSAGE
(☎020-387 1919 ; 16 P Thach Son ; massages à partir de 150 000 d ; ◷7h-22h). Ce modeste établissement propose d'excellents massages des pieds et du corps, bienvenus après une randonnée en montagne.

Victoria Spa SPA
(☎020-387 1522 ; www.victoriahotels-asia. com ; Victoria Sapa Resort & Spa, P Hoang Dieu ; ◷8h-22h). Un spa haut de gamme, au sein du Victoria Sapa Resort, avec des salles somptueuses de massage et de soins. La piscine est ouverte à ceux qui ne sont pas clients de l'hôtel (10 $US/pers).

Villages traditionnels RANDONNÉE
Pour passer la nuit dans des villages ou effectuer de longs treks dans les montagnes, mieux vaut partir avec quelqu'un qui connaît le terrain, la culture et la langue. Choisissez de préférence des guides appartenant aux minorités ethniques, qui trouvent là une source de revenus. Sachez qu'il est interdit de passer la nuit dans des villages qui ne sont pas officiellement reconnus comme lieux d'accueil par les autorités. Passer outre pourrait avoir de sérieuses conséquences pour vous-même et pour vos hôtes.

Renseignez-vous auprès d'agences de voyages et de guides (certains devraient même vous aborder dans la rue), achetez une bonne carte et préparez votre itinéraire. Les villages et la région environnante font désormais partie du parc national de Hoang Lien.

Le village le plus proche accessible à pied est **Cat Cat** (40 000 d), à 3 km au sud de Sapa. Attendez-vous à une descente superbe mais escarpée. Vous trouverez facilement un *xe om* (moto-taxi) pour vous remonter jusqu'à Sapa au retour.

Une autre marche prisée conduit au village de **Ta Phin** (20 000 d), habité par des Dzao rouges, à quelque 10 km de Sapa. La plupart des visiteurs empruntent un *xe om* jusqu'au point de départ, à 8 km de Sapa, puis effectuent une boucle de 14 km dans le secteur en passant par des villages hmong noirs et dzao rouges.

Un bel itinéraire longe une crête élevée, à l'est de Sapa, passe par les villages hmong noirs de **Sa Seng** et **Hang Da** et offre, par temps clair, une vue splendide sur la vallée. Il descend ensuite vers la rivière Ta Van, où des transports rejoignent Sapa.

Des circuits organisés, axés sur les villages, se rendent dans la communauté hmong de **Sin Chai**, avec une nuit sur place pour découvrir les textiles, ou la musique et la danse. Le village giay de **Ta Van** et le village hmong de **Matra** font partie des excursions appréciées. Des droits d'entrée (20 000-40 000 d) s'appliquent également à ces villages.

Fansipan RANDONNÉE EN MONTAGNE
Les monts Hoang Lien, surnommés Alpes tonkinoises par les Français, entourent Sapa et comprennent le Fansipan (3 143 m), le point culminant du pays, qui surplombe la ville. Souvent caché par les nuages, on peut y accéder toute l'année à condition d'être en bonne forme physique et de disposer de l'équipement adéquat. Mais ne sous-estimez pas la difficulté, préparez-vous à affronter l'humidité et le froid et ne tentez pas l'ascension si le temps est mauvais à Sapa ; le manque de visibilité peut jouer de très mauvais tours.

Accessible seulement à pied, le sommet du Fansipan est à 19 km de Sapa. En dépit de cette courte distance, le circuit aller-retour demande habituellement 3 jours en raison du terrain accidenté et glissant et du mauvais temps fréquent. Certains randonneurs chevronnés le font en 2 jours, mais il faut pour cela être en forme. Après la première matinée, vous ne verrez plus de villages de minorités, seulement des forêts, des paysages montagneux splendides et peut-être quelques singes, chèvres et oiseaux.

Vous n'aurez pas besoin de cordes ni de techniques particulières pour grimper, l'endurance suffit. Vous trouverez quelques refuges rudimentaires dans certains camps de base, mais mieux vaut être autonome et s'équiper de sac de couchage, tente imperméabilisée, provisions, réchaud, imperméable ou poncho, boussole et autre matériel de survie indispensable. Remportez tous vos déchets (des ordures jonchent le sol de certains camps de base). Il est essentiel de se faire accompagner par un guide réputé, et recommandé d'engager des porteurs.

Si vous organisez l'ascension avec un tour-opérateur local, prévoyez un tarif tout compris d'environ 150 $US par personne pour un couple, 125 $US en groupe de quatre et 100 $US en groupe de six (le maximum raisonnable).

Les meilleures périodes pour entreprendre cette ascension s'étendent de mi-octobre à mi-décembre, et en mars, lorsque s'épanouissent les fleurs sauvages.

Col de Tram Ton POINT DE VUE, RANDONNÉE
(accès au parcours en boucle 3 000 d). La route entre Sapa et Lai Chau franchit le col de

Sapa

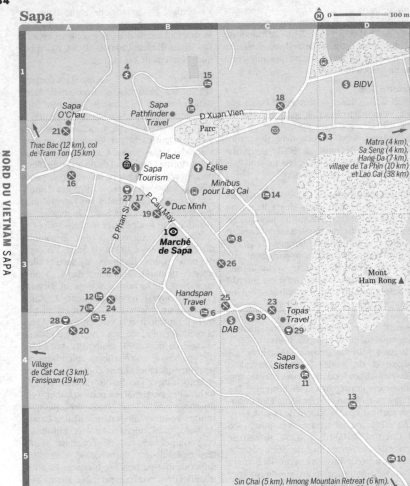

Sapa O'Chau

Sapa Pathfinder Travel

Ð Xuan Vien Parc

Thac Bac (12 km), col de Tram Ton (15 km)

Place

Sapa Tourism

Église

Minibus pour Lao Cai

BIDV

Matra (4 km), Sa Seng (4 km), Hang Da (7 km), village de Ta Phin (10 km) et Lao Cai (38 km)

Ð Phan Si

P. Cau May

Duc Minh

Marché de Sapa

Mont Ham Rong ▲

Handspan Travel

Topas Travel

DAB

Sapa Sisters

Village de Cat Cat (3 km), Fansipan (19 km)

Sin Chai (5 km), Hmong Mountain Retreat (6 km), Ta Van (8 km) et Topas Eco Lodge (18 km)

Tram Ton sur le versant nord du Fansipan, à 15 km de Sapa. À 1 900 m d'altitude, il s'agit du plus haut col du Vietnam et il constitue une barrière climatique. Même si vous n'envisagez pas d'explorer le Nord-Ouest, le col de Tram Ton mérite le détour pour la vue spectaculaire et les vents, parfois violents.

Sur le versant de Sapa, le temps est souvent froid et brumeux, mais quelques centaines de mètres plus bas, sur le versant de Lai Chau, il peut être ensoleillé et faire chaud. Sapa est l'endroit le plus froid du Vietnam et, curieusement, Lai Chau est parfois l'un des plus chauds.

Le long de la route, à 12 km en direction de Sapa, la **Thac Bac** (cascade d'Argent) dévale une hauteur de 100 m. Un beau **chemin en boucle** (3 000 d) escarpé en fait le tour. La cascade est parfois incluse dans les circuits proposés par les agences de Sapa. Vous pouvez aussi vous y rendre en louant une moto.

🎓 Cours

Indigo Cat   ARTISANAT
(46 Ð Phan Si ; 100 000 d par pers et par projet ; ☺9h-19h). Apprenez les techniques traditionnelles de tissage hmong dans cet atelier

Sapa

plaisant tenu par un couple helvético-hmong. Il n'y a pas de limite de temps : vous revenez aussi souvent que vous le souhaitez pour terminer votre travail. Sacs et étuis à iPad sont très populaires.

The Hill Station Signature Restaurant CUISINE
(☎ 020-388 7112 ; www.thehillstation.com ; 37 Đ Phan Si ; 29 $US/pers ; ☺ à partir de 9h). Cet atelier animé par un chef hmong anglophone porte sur la confection de 5 plats de la région. Il commence par un tour d'une demi-heure au marché et comprend la dégustation d'un alcool de riz local et de plats tels que du buffle fumé et du tofu maison.

Sapa Rooms CUISINE
(☎ 020-650 5228 ; www.saparooms.com ; Đ Phan Si ; 35 $US/pers ; ☺ à partir de 9h30). Au café Sapa Rooms, renseignez-vous sur leurs cours de cuisine tenus au Hmong Mountain Retreat. Le cours démarre par une visite au marché de Sapa, situé à 10 minutes du café.

🛏 Où se loger

Il existe à Sapa un large choix d'établissements, des pensions sommaires aux hôtels de charme et à un luxueux complexe hôtelier perché sur une colline. La plupart des hôtels cités ici louent des chambres avec vue, à condition qu'une nouvelle construction ne soit pas venue entre-temps l'obstruer – vérifiez lors de votre réservation.

Les tarifs, compétitifs, doublent souvent le week-end du fait d'un afflux de touristes vietnamiens.

Évitez les hôtels qui utilisent les anciens poêles à charbon, leurs fumées pouvant créer de sérieux troubles respiratoires si la pièce est mal ventilée.

Green Valley Hotel AUBERGE DE JEUNESSE $
(☎ 0979 110 800 ; sapagreenvalleyhotel@gmail.com ; 45 Đ Muong Hoa ; dort 4 $US, s 7-10 $US, d et lits jum 10-15 $US ; @🛜). La seule véritable auberge de jeunesse de Sapa est accueillante et jouit d'une belle vue. Location de motos (5 $US/jour). Sur place, un bar avec billard.
L'auberge est également une mine d'informations si vous poursuivez votre voyage au Laos ou en Chine.

Casablanca Sapa Hotel HÔTEL DE CHARME $
(☎ 0974 418 111 ; www.sapacasablanca.com ; Đ Dong Loi ; ch 22-30 $US ; @🛜). Ce bel hôtel de charme à la décoration colorée revit entre les mains de ses sympathiques propriétaires.

Luong Thuy Family Guesthouse PENSION $
(☎ 020-387 2310 ; www.familysapa.com ; 28 Đ Muong Hoa ; s/d 15/18 $US ; @🛜). Cette

UN AVENIR MEILLEUR POUR LES HMONG

Les Hmong sont généralement employés par des agences de trekking, des restaurants et des lieux d'hébergement tenus par des Vietnamiens ; de nombreux enfants ne sont pas envoyés à l'école et travaillent comme guides ou vendent des objets d'artisanat. Ces enfants doivent souvent marcher jusqu'à 10 km par jour depuis leur village vers Sapa pour gagner de l'argent. La nouvelle génération cherche à assurer un avenir plus favorable et indépendant à la communauté, avec des initiatives telles que Sapa O'Chau (p. 139), une organisation fondée par l'ancienne vendeuse d'artisanat Shu Tan.

Sapa O'Chau, qui signifie "merci, Sapa" en hmong, a pour vocation de donner une formation et des opportunités aux jeunes Hmong. Le centre d'enseignement Sapa O'Chau est un internat où près d'une vingtaine d'enfants hmong peuvent apprendre le vietnamien et l'anglais.

Les voyageurs désirant enseigner l'anglais en tant que bénévoles sont toujours les bienvenus à Sapa O'Chau. La structure organise également des randonnées et des treks. Le café qu'elle tient à Sapa (p. 137) est également un endroit agréable pour boire un verre ou grignoter.

plaisante pension, à l'écart du brouhaha du centre-ville de Sapa, loue des motos et des vélos, et organise treks et transports. Magnifique vue sur la vallée brumeuse depuis les balcons en façade.

♥ Hmong Mountain Retreat ÉCOLODGE $$
(☑020-650 5228 ; www.hmongmountainretreat. com ; 6 route Ban Ho, Lao Chai ; d/f 59/120 $US petit-déj inclus). 🖋 Des bungalows et maisons hmong rénovées, d'un confort basique, dont le véritable attrait est le cadre : des rizières s'étalent en cascade devant vous, à quelques kilomètres de Sapa. Le petit-déjeuner est servi dans une maison des minorités vieille de 80 ans. Près de 95% des ingrédients sont récoltés dans un rayon de 2 km, et l'éblouissant domaine est parsemé d'œuvres d'art du propriétaire.

Nam Cang Riverside House CHAMBRES D'HÔTES $$
(www.topasecolodge.com ; village de Nam Cang ; d 60 $US petit-déj inclus). Dans une vallée à 36 km de Sapa, cette jolie maison en bois, qui compte 9 chambres, est le fruit d'une collaboration entre une famille dzao rouge et Topas Travel. On y accède par un pont privé traversant le fleuve. Vous apprécierez le calme de ce lieu retiré, dans un cadre magnifique. Renseignements auprès de Topas Travel (p. 139), dans la ville de Sapa.

Thai Binh Hotel HÔTEL $$
(☑0977 448 866 ; www.thaibinhhotel.com ; 45 Đ Ham Rong ; d/f 35/70 $US petit-déj inclus). Tenu par un couple d'enseignants, le Thai Binh jouit d'un emplacement calme près de l'église. Chambres impeccables à l'élégant

mobilier en pin et aux couvre-lits douillets. Les propriétaires sauront vous renseigner si vous poursuivez votre voyage vers la Chine.

Cha Pa Garden HÔTEL DE CHARME $$
(☑020-387 2907 ; www.chapagarden.com ; 23B P Cau May ; ch 65-82 $US ; 🏵 @ 🖥). Le Cha Pa occupe une villa coloniale restaurée avec soin, dans un jardin privé luxuriant au cœur de Sapa. Il n'y a que 4 chambres, de style contemporain, avec parquet et sdb modernes aux lignes épurées.

Cat Cat View Hotel HÔTEL $$
(☑020-387 1946 ; www.catcathotel.com ; 46 Đ Phan Si ; s/d à partir de 30/35 $US ; @ 🖥). Excellent établissement de 40 chambres réparties sur 9 étages, la plupart bénéficiant d'une vue superbe. Il y en a pour tous les budgets : des chambres douillettes lambrissées, au spacieux appartement de 3 chambres (180 $US). Les chambres les moins chères (à partir de 10 $US la simple) sont parfaites pour les voyageurs à petits budgets.

Boutique Sapa Hotel HÔTEL DE CHARME $$
(☑020-387 2727 ; www.boutiquesapahotel.com ; 41 Đ Phan Si ; s/d à partir de 30/40 $US ; @ 🖥). L'hôtel dispose d'un mobilier chic, de TV à écran plat et offre un sublime panorama depuis la terrasse du café. Pizzas et fondues sont servies dans la salle à manger en bas. Les chambres donnant sur la vallée coûtent un peu plus cher. Massage et cours de cuisine.

Fansipan View Hotel HÔTEL $$
(☑020-387 3759 ; www.fansipanview.com ; 45 Đ Xuan Vien ; s/d à partir de 25/30 $US ; @ 🖥).

Chambres cosy, nichées dans une petite rue tranquille. Celles à l'avant offrent une vue sur la ville. Le bon restaurant Sapa Cuisine est installé en bas. Lors de notre passage, les gérants s'occupaient de la construction d'un nouvel hôtel à proximité.

Sapa Rooms   HÔTEL DE CHARME **$$**
(☎020-650 5228 ; www.saparooms.com ; Ð Phan Si ; d/f 59/72 $US ; @ 🛜). Hôtel à la décoration colorée et douillette, dont la réception comporte un excellent café. Plus sobres, les chambres sont égayées de détails plaisants, tels que des bouquets de fleurs fraîches. Les tarifs comprennent un bon petit-déjeuner.

Sapa Luxury Hotel   HÔTEL **$$**
(☎020-387 2771 ; www.sapaluxuryhotel.com ; 36 Ð Phan Si ; s/d/tr à partir de 28/28/35 $US ; @🛜). Un nouvel hôtel dans Ð Phan Si, apprécié pour ses chambres spacieuses, avec parquet et décoration asiatique à la mode.

Sapa View   HÔTEL **$$**
(☎020-387 2388 ; www.sapaview-hotel.com ; 41 Ð Muong Hoa ; s/d/ste à partir de 65/75/85 $US ; @🛜). La vue sur la vallée est magnifique, en particulier depuis le restaurant, le Tam Tam. La décoration offre un mélange réussi d'art local et de mobilier de style scandinave.

♥ Topas Eco Lodge   ÉCOLODGE **$$$**
(☎020-387 2404 ; www.topasecolodge.com ; bungalows 115-140 $US ; @🛜). ✎ Surplombant une vallée, cet écolodge respectueux de l'environnement (électricité fournie par énergie solaire notamment) dispose de 25 charmants bungalows de pierre au toit de chaume, avec balcon et vue splendide. Possibilités de randonnées à pied ou à vélo, de visite du marché, ou d'un dîner romantique dans un pavillon privé placé au sommet de la colline (1 500 000 d par couple).

Le Topas Eco Lodge est ouvert au déjeuner aux non-clients de l'hôtel (plats 120 000-200 000 d) ; une navette gratuite part des bureaux de Topas Travel à Sapa, à 9h30 du lundi au samedi.

**Victoria Sapa Resort
& Spa**   COMPLEXE HÔTELIER **$$$**
(☎020-387 1522 ; www.victoriahotels-asia.com ; P Hoang Dieu ; ch à partir de 190 $US ; ❄@🛜☀). Un grand hôtel aux allures de chalet alpin, perché sur une colline. Chambres de taille moyenne, agrémentées de meubles artisanaux et de balcon. Deux bars, une piscine intérieure chauffée et un centre de fitness comptent parmi les nombreux équipements.

Pour une arrivée en beauté depuis Hanoi, voyagez dans l'un des luxueux wagons du complexe, à bord du *Victoria Express*.

🍴 Où se restaurer

Dans Pho Cau May, l'artère principale, des restaurants proposent de la cuisine occidentale et vietnamienne dans un cadre confortable. La plupart des établissements de Sapa ouvrent pour le petit-déjeuner, le déjeuner et le dîner.

Vous mangerez à prix doux dans les modestes restaurants vietnamiens regroupés au sud du marché, dans Ð Tue Tinh, et aux échoppes du marché nocturne au sud de l'église, inégalables pour le *bun cha* (porc grillé).

Little Sapa   VIETNAMIEN **$**
(18 P Cau May ; plats 50 000-80 000 d ; ⏰8h-22h). L'une des meilleures adresses dans la touristique Pho Cau May, que fréquentent aussi des Vietnamiens. Préférez les spécialités vietnamiennes aux plats européens.

Sapa O'Chau   CAFÉ **$**
(www.sapaochau.org ; 8 Ð Thac Bac ; en-cas à partir de 20 000 d ; ⏰6h30-18h30). Un café cosy, où vous pourrez vous informer sur les randonnées, les séjours chez l'habitant et les activités de volontariat organisés par Sapa O'Chau.

Marché de Sapa   VIETNAMIEN **$**
(P Cau May ; plats environ 30 000 d ; ⏰6h-13h ; 🌿). Nombreux étals de restauration, où prendre un petit-déjeuner original ou un déjeuner bon marché et authentiquement vietnamien.

Baguette & Chocolat   CAFÉ **$**
(☎020-387 1766 ; Ð Thac Bac ; gâteaux à partir de 30 000 d, en-cas et repas 70 000-160 000 d ; ⏰7h-22h). Venez savourer un bon petit-déjeuner, un sandwich ou une part de gâteau dans ce café coquet installé dans une ancienne villa.

Restaurants barbecue   VIETNAMIEN **$**
(Ð Phan Si ; repas 70 000-120 000 d ; ⏰12h-23h). À l'extrémité nord de Ð Phan Si, plusieurs restaurants décontractés sont spécialisés dans les grillades de viandes et de légumes. Changez d'ambiance en allant prendre une *bia hoi* au coin de la rue.

Étals à fondue   VIETNAMIEN **$**
(Ð Xuan Vien ; fondues environ 50 000 d ; ⏰11h-23h). Les étals situés au sud de la gare routière servent la très populaire *lau*, fondue de style vietnamien (viande cuite dans un bouillon de légumes, chou et champignons).

♥ **The Hill Station Signature Restaurant** HMONG **$$**
(www.thehillstation.com ; 37 Ð Phan Si ; repas 90 000-180 000 d ; ☺7h-22h30). Un restaurant de spécialités hmong, au décor zen agréable, et offrant une très belle vue. On y déguste du poulet au gingembre, de la truite cuite à la cendre dans des feuilles de bananier et un pudding noir dans la pure tradition hmong. Les gourmets goûteront différentes sortes de riz local et d'alcool de riz. Ne manquez pas les délicats rouleaux de truite arc-en-ciel : ce sont en quelque sorte les sushis de Sapa.

The Village Noshery CAFÉ **$$**
(www.saparooms.com/village_noshery ; 42 P Cau May ; tapas 60 000-80 000 d, plats 70 000-110 000 d ; ☺6h30-23h). Un café élégant qui prépare de bons plats vietnamiens, dont certains en petite portion comme le boeuf grillé dans des feuilles de bétel, les bâtons de saté de poulet ou de boeuf à la citronnelle. Également, des plats de nouilles, des soupes et des rouleaux de printemps. On peut aussi y prendre une bière ou un cocktail en fin de journée, ou un goûter revigorant après une randonnée. Chambres doubles à l'étage (30 $US petit-déj inclus).

Nature View VIETNAMIEN **$$**
(51 Ð Phan Si ; plats 90 000-150 000 d ; ☺8h-22h). Ce restaurant chaleureux jouit d'une vue splendide sur la vallée. On y sert de bonnes spécialités vietnamiennes et européennes, et peut-être les meilleurs smoothies de Sapa. Les réfractaires au tofu devraient essayer celui à la citronnelle, qui a des chances de les convertir.

The Hill Station Deli & Boutique CAFÉ **$$**
(www.thehillstation.com ; 7 Ð Muong Hoa ; plats 125 000-165 000 d ; ☺7h-22h30). Un nouvel arrivant raffiné parmi les restaurants de Sapa, qui propose des plats de fromage et de charcuterie, de la terrine de porc et de la truite fumée de la région. À la carte des boissons, un excellent café et un choix intéressant de bières et de vins internationaux. Également une très bonne adresse où prendre le petit-déjeuner.

Sapa Rooms CAFÉ **$$**
(www.saparooms.com ; Ð Phan Si ; plats 60 000-120 000 d ; ☺6h30-22h30). Ce café au décor flamboyant, de style asiatique, ne déparerait pas dans une capitale occidentale. L'endroit est idéal pour un en-cas (beignets de maïs ou sandwich), un hamburger ou une soupe, un excellent café et de très bons gâteaux. On y sert également des nouilles.

Viet Emotion MÉDITERRANÉEN **$$**
(✆020-387 2559 ; www.vietemotion.com ; 27 P Cau May ; repas 70 000-150 000 d ; ☺7h-23h). Petit bistrot élégant et intimiste, avec une cheminée douillette et des bouteilles de vin suspendues au plafond. Parmi les spécialités : l'omelette du randonneur, la soupe maison ou les crevettes à l'ail. Si le mauvais temps s'installe, des livres, magazines et jeux de société sont à disposition.

🍷 Où prendre un verre

Sapa n'a rien d'une ville festive : la tournée des bars se résume à trois ou quatre adresses.

Mountain Bar & Pub BAR
(2 Ð Muong Hoa ; ☺12h-23h). Cocktails, bière fraîche et parties endiablées de baby-foot en font un endroit parfait pour sortir le soir. S'il fait froid dehors, une chicha au coin du feu revigorera les voyageurs les plus frileux. Délicieux vin chaud à la pomme.

Color Bar BAR
(www.facebook.com/colorbar ; 56 Ð Phan Si ; ☺12h-23h). Ce bar rustique et branché, dont le propriétaire est un artiste de Hanoi, a tout pour plaire : reggae en musique de fond, baby-foot, narguilés et Biao Lao Cai bien fraîche. Une excellente adresse si vous logez à proximité, dans Ð Phan Si, ou pour recharger vos batteries après la rude montée depuis le village de Cat Cat.

Hmong Sisters BAR
(Ð Muong Hoa ; ☺12h-tard). Ce bar spacieux, doté de billards et d'une cheminée, diffuse une bonne musique, mais peut sembler un peu vide les soirs calmes. Prix raisonnables.

Bia Hoi Corner BIA HOI
(Angle 56 Ð Phan Si et P Cau May ; ☺16h-23h). La bière la moins chère de la ville et une clientèle réunissant Vietnamiens de tous les milieux et expatriés. Il y a de bons restaurants de barbecue juste à côté : de quoi passer une bonne soirée sans se ruiner.

🛍 Achats

Les boutiques de Pho Cau May et de Ð Phan Si offrent le meilleur choix en matière de vêtements, d'accessoires et de bijoux réalisés par les diverses minorités de la région. Des créateurs vietnamiens urbains proposent aussi des vêtements et des objets de décoration inspirés de styles et de motifs ethniques.

Beaucoup de femmes issues des minorités se sont lancées dans le commerce des souvenirs, et les plus âgées sont réputées pour leurs talents de vendeuses. Négociez fermement les prix en évitant toute agressivité.

Sachez que certains vêtements traditionnels bon marché sont teints avec des produits naturels, sans fixateur, et peuvent déteindre (y compris sur votre peau). Lavez-les séparément dans de l'eau froide salée ou vinaigrée pour fixer les teintures. Enveloppez-les dans des sacs en plastique avant de les ranger dans vos bagages.

Si vous n'êtes pas assez équipé en vêtements chauds, vous trouverez des parkas, des tenues chaudes et des chaussures de marche "de marque", parfois authentiques, dans des boutiques le long de Pho Cau May.

Indigo Cat ARTISANAT
(http://indigocat.dznly.com ; 46 Đ Phan Si ; ☺9h-19h). La seule boutique d'artisanat de Sapa gérée par des Hmong propose une belle sélection d'objets de fabrication locale : sacs, vêtements, coussins, ceintures. Faites un tour et demandez si vous le souhaitez à participer à l'atelier d'initiation aux techniques de tissage hmong.

ℹ Renseignements

ACCÈS INTERNET

L'accès Internet, y compris le Wi-Fi gratuit, est fourni dans les hôtels, restaurants et cafés de la ville.

ARGENT

Deux DAB sont installés en ville. De nombreux hôtels et commerces changent dollars et euros.
BIDV (☑020-387 2569 ; Đ Ngu Chi Son). Possède un DAB et change les espèces.

POSTE

Poste Principale (Đ Ham Rong). On peut y passer des appels internationaux.

OFFICE DU TOURISME

La *Sapa Tourist Map* (20 000 d), une excellente carte au 1/75 000, indique les chemins de randonnée et les sites aux alentours de Sapa. La *Sapa Trekking Map*, une petite carte dessinée à la main, indique des itinéraires de randonnée et un plan de la ville.
Sapa Tourism (☑020-387 3239 ; www.sapa-tourism.com ; 103 Đ Xuan Vien ; ☺7h30-11h30 et 13h30-17h). Le personnel serviable, et anglophone, renseigne sur les transports, les treks et la météo. L'accès à Internet est gratuit les 15 premières minutes. Le site Web de l'agence est une mine d'informations.

AGENCES DE VOYAGES

Duc Minh (☑020-387 1881 ; www.ducminhtravel.com ; 10 P Cau May). Cet opérateur anglophone et chaleureux organise vos transports, des randonnées vers les villages des ethnies et l'ascension du Fansipan.
Handspan Travel (☑020-387 2110 ; www.handspan.com ; Chau Long Hotel, 24 Dong Loi). Propose treks et circuits à VTT jusqu'aux villages et aux marchés.
Sapa O'Chau (☑020-377 1166 ; www.sapaochau.org ; 8 Đ Thac Bac). Installée dans le café du même nom, cette agence propose des treks, des séjours chez l'habitant et l'ascension du Fansipan. Consultez son site pour découvrir les différentes possibilités.
Sapa Pathfinder Travel (☑020-387 3468 ; www.sapapathfinder.com ; 13 Đ Xuan Vien). Trekking, VTT, ascension du Fansipan et conseils sur les transports.
Sapa Sisters (www.sapasisters.webs.com ; Luong Thuy Family Guesthouse, 28 Đ Muong Hoa). Treks et séjours chez l'habitant sont proposés par un groupe de charmantes jeunes filles hmong qui ont choisi de créer leur propre agence.
Topas Travel (☑020-387 1331 ; www.topastravel.vn ; 21 Đ Muong Hoa). Un tour-opérateur local qui offre d'excellents treks, randonnées à vélo et excursions dans les villages, ainsi que des séjours au Topas Eco Lodge ou à la Nam Cang Riverside House.

ℹ Depuis/vers Sapa

On accède à Sapa depuis la Chine via Lao Cai, ville frontalière située à 38 km. Une belle route bien entretenue relie les deux villes.

BUS

La gare routière de Sapa se situe au nord de la ville, mais les horaires des bus sont également disponibles à l'office du tourisme et dans la plupart des agences de voyages. Des bus de nuit directs pour Hanoi (300 000 d) partent de la place principale de Sapa, et un bus de nuit direct part à 17h pour Bia Chay et la baie d'Along (500 000 d).

Bus au départ de Sapa :

DESTINATION	PRIX (D)	DURÉE ET FRÉQUENCE
Diên Biên Phu	à partir de 170 000	8 heures ; départ à 7h30
Hanoi	à partir de 210 000	12 heures ; départs à 7h30 et à 17h30
Lai Chau	70 000	3 heures ; départs fréquents de 6h à 16h

MINIBUS

Des minibus réguliers assurent la liaison entre Sapa et Lao Cai, à la frontière chinoise, de 5h à 17h (50 000 d, 1 heure) ; le départ s'effectue devant l'église. Des hôtels et agences de voyages proposent des minibus directs pour le marché du dimanche de Bac Ha (à partir de 30 $US aller-retour). Un minibus public, moins cher mais beaucoup plus lent, nécessite un changement à Lao Cai.

TRAIN

Aucun train direct ne dessert Sapa, mais des trains relient régulièrement Hanoi à Lao Cai. La plupart des hôtels et des agences de voyages peuvent réserver vos billets pour Hanoi.

VÉLO ET MOTO

Le trajet entre Hanoi et Sapa peut s'effectuer à moto, mais il est long (380 km). Il vous sera plus facile de mettre votre moto dans un train jusqu'à Lao Cai. La côte de 38 km entre Lao Cai et Sapa est un véritable enfer à vélo.

ⓘ Comment circuler

La marche constitue le meilleur moyen de découvrir Sapa et ses environs. Vous pouvez louer un vélo, mais vous passerez la moitié du temps à pousser votre engin sur des côtes vertigineuses.

Pour des excursions plus éloignées, vous pouvez louer une moto moyennant quelque 5 $US par jour. Si vous n'avez jamais conduit de moto, ce n'est pas l'endroit où apprendre. Le temps reste imprévisible toute l'année et les routes escarpées sont régulièrement endommagées par la pluie et les inondations. Mieux vaut sans doute louer une moto avec chauffeur (environ 15 $US/jour).

Il est également possible de louer une voiture, un 4x4 ou un minibus.

Lao Cai

⌨ 020 / 46 700 HABITANTS

Située à la frontière sino-vietnamienne, Lao Cai a été rasée lors de l'invasion chinoise en 1979, et la plupart de ses bâtiments sont récents. La frontière, fermée durant les combats, n'a rouvert qu'en 1993. Aujourd'hui, Lao Cai est une ville animée, où le commerce frontalier prend de l'essor.

Lao Cai constitue aussi un point de passage pour les voyageurs qui se rendent de Hanoi à Sapa, ou plus au nord, à Kunming, en Chine. Sapa étant à une heure de route, on ne s'attarde pas à Lao Cai, mais les voyageurs gagnant la Chine pourront y passer la nuit.

🛏 Où se loger et se restaurer

Nga Nghi Tho Huong PENSION $
(⌨020-383 5111 ; 342A Đ Nguyen Hue ; ch 180 000-300 000 d ; ✳🛜). À un angle face à la gare, cette pension familiale un rien kitsch loue des chambres propres et colorées. Salon de thé au rez-de-chaussée.

Terminus Hotel & Restaurant HÔTEL $
(⌨020-383 5470 ; 342 Đ Nguyen Hue ; ch 250 000-300 000 d ; ✳🛜). En face de la gare ferroviaire, une bonne adresse pour un petit-déjeuner ou un repas copieux. Les chambres sont impeccables et décorées de fanfreluches.

Pineapple CAFÉ $
(⌨020-383 5939 ; Pha Dinh Phung ; repas 80 000-125 000 d ; ⏱7h-22h ; ✳🛜). Un café élégant, typique de Sapa, qui propose des petits-déjeuners anglais complets, ainsi que des salades, pizzas, et baguettes. À 100 m environ dans la rue face à la gare ferroviaire.

Viet Emotion CAFÉ $
(65 Pha Dinh Phung ; repas 65 000-180 000 d ; ⏱7h-22h ; ✳🛜). Le Viet Emotion, petit frère du café de Sapa, est une adresse pratique, située entre les gares routière et ferroviaire. Les petits-déjeuners, les pizzas et les pâtes font l'unanimité.

ⓘ Renseignements

Méfiez-vous des changeurs au marché noir, surtout du côté chinois. Si vous n'avez pas d'autre choix, ne changez que de petites sommes.

Deux DAB sont installés à la gare ferroviaire. La **BIDV Bank** (Đ Thuy Hoa), sur la rive ouest de la rivière, change les espèces.

ⓘ Depuis/vers Lao Cai

BUS ET MINIBUS

Lao Cai se situe à environ 340 km de Hanoi. Neuf bus par jour desservent Hanoi (250 000 d, 9 heures) ; ils partent du parvis de la gare ferroviaire. La plupart des voyageurs préfèrent le train, mais l'achèvement d'une nouvelle route entre Lao Cai et Hanoi d'ici quelques années devrait rendre l'option bus plus attractive.

Des minibus pour Sapa (50 000 d, 1 heure) attendent devant la gare ferroviaire à l'arrivée des trains en provenance de Hanoi. Ils partent aussi régulièrement du terminus des minibus, à côté du pont du fleuve Rouge. Les minibus pour Bac Ha (60 000 d, 2 heures 30) partent du même endroit : il y a 7 départs par jour, à 6h30, 8h15, 9h, 11h30, 12h, 14h et 15h. Si vous voulez pousser vers l'est, c'est également de là que partent les bus pour Ha Giang, Haiphong et Bai Chay (pour la baie d'Along).

TAXI

En taxi, comptez 25 $US environ pour Sapa et 50 $US pour Bac Ha.

TRAIN

Le train reste, de loin, le moyen de transport le plus utilisé depuis/vers Hanoi. Aux trains réguliers, on accroche aussi de luxueux wagons privés. Vous pouvez acheter votre billet dans les hôtels et les agences de Hanoi, ou à la gare ferroviaire. Le trajet prend 8-9 heures. Il y a 5 départs par jour dans les deux directions ; les prix vont de 135 000 d pour un siège dur à 515 000 d pour une couchette. Sachez que les départs depuis Hanoi sont plus chers les mardis, vendredis et samedis, et ceux depuis Lao Cai sont plus chers les dimanches, lundis et mardis (la différence s'élève à 50 000- 80 000 d).

Plusieurs compagnies proposent des voitures privées avec couchettes confortables, comme **ET Pumpkin** (www.et-pumpkin.com), aux tarifs très abordables, **Livitrans** (www.livitrantrain. com), en catégorie moyenne, et le luxueux et onéreux **Victoria Express** (www.victoriahotels-asia.com), réservé aux hôtes du Victoria Sapa Resort & Spa.

Le site www.seat61.com donne les dernières informations sur les trains entre Hanoi et Lao Cai.

Bac Ha

☑ 020 / 7 400 HABITANTS

Bourgade de montagne paisible et accueillante, Bac Ha constitue une excellente base, peu touristique, pour explorer les hauts plateaux du Nord et les villages des minorités durant quelques jours. L'ambiance diffère totalement de celle qui règne à Sapa et vous pourrez flâner dans les rues sans être sollicité par des vendeurs.

Bac Ha a un certain charme, bien que les vieilles maisons traditionnelles en adobe cèdent peu à peu la place à des constructions en béton. Une odeur de feu de bois flotte dans les ruelles, où cochons et poulets vont et viennent. La ville sommeille six jours durant, puis se remplit le dimanche quand les Hmong fleurs – et les touristes – se rendent au marché hebdomadaire.

Malgré l'afflux de visiteurs qui y viennent pour la journée depuis Sapa, ce marché, festival de couleurs et d'échanges, vaut le détour et est assez facilement accessible. Les autres marchés des environs sont eux aussi

de plus en plus fréquentés par les touristes ; pour une expérience plus authentique, il vous faudra plutôt vous rendre dans la bourgade de montagne de Sinho (voir encadré p. 132).

Bac Ha bénéficie d'un climat bien plus doux que Sapa et compte un nombre croissant d'hôtels bon marché. Onze ethnies montagnardes vivent aux alentours ; les Hmong fleurs sont les plus reconnaissables, mais on rencontre aussi des Dzao, des Giay (Nhang), des Han (Hoa), des Xa Fang, des Lachi, des Nung, des Phula, des Thaïs, des Tay et des Thulao.

L'une des principales industries locales est la production de boissons distillées (alcools de riz, de manioc et de maïs). Le *ruou*, un alcool de maïs produit par les Hmong fleurs, est particulièrement fort ; un secteur entier lui est réservé sur le marché du dimanche.

⊚ À voir et à faire

Plusieurs marchés ont lieu à Bac Ha et dans la région environnante. Pour vous y rendre, vous pouvez réserver des excursions à Bac Ha et auprès des agences de voyages de Sapa.

♥ **Marché de Bac Ha**   MARCHÉ
(⊙ lever du soleil-14h dim). Il draine tous les dimanches les habitants des villages alentour, notamment les Hmong fleurs. Si l'on y trouve de plus en plus d'artisanat, c'est essentiellement un marché local où l'on vient pour savourer l'ambiance. Essayez d'arriver le samedi à Bac Ha afin de pouvoir explorer le marché tôt le dimanche, avant la venue des flots de visiteurs.

Les femmes hmong fleurs portent plusieurs épaisseurs de vêtements aux couleurs flamboyantes, dont un châle-collerette, attaché autour du cou par une épingle, et une sorte de tablier ; tous deux sont faits de bandes de tissus multicolores au tissage serré, souvent ornées d'une bordure fantaisie. Un foulard à carreaux (habituellement rose ou vert vif), des guêtres et des coudières élaborées complètent le costume traditionnel.

Marché de Can Cau   MARCHÉ

(⊙ 6h-13h sam). Le samedi matin, à 20 km au nord de Bac Ha et à 9 km de la frontière chinoise, ce marché attire un nombre croissant d'étrangers. Certains circuits organisés à Sapa prévoient désormais la visite de Can Cau le samedi, puis celle de Bac Ha le dimanche. Quelques marchands de Bac Ha

ℹ️ ALLER EN CHINE : DE LAO CAI À KUNMING

Aller à la frontière Le poste-frontière de Lao Cai-Hekou se trouve à environ 3 km de la gare de Lao Cai. Le trajet peut se faire en *xe om* (moto-taxi, environ 25 000 d) ou en taxi (environ 50 000 d).

À la frontière La frontière est ouverte tous les jours de 7h à 22h (heure du Vietnam). Attention, la Chine avance d'une heure par rapport au Vietnam. Vous devez disposer d'un visa valide pour la Chine. Les formalités de passage de la frontière prennent environ une heure. La Chine est séparée du Vietnam par un pont routier et un pont ferroviaire sur le fleuve Rouge. Des voyageurs ont signalé s'être fait confisquer leur guide Lonely Planet *Chine* par les fonctionnaires chinois à cette frontière. Par précaution, masquez la couverture.

Se déplacer La nouvelle gare routière de Hekou se trouve à 6 km environ de la frontière. Des bus réguliers desservent Kunming, notamment des bus de nuit, qui partent à 19h20 et à 19h30, et arrivent à Kunming vers 7h. D'autres bus partent plus tôt.

font également le voyage jusqu'à Can Cau le samedi. Ce marché demeure cependant essentiellement un rendez-vous de minorités locales, dont des Hmong fleurs et des Hmong bleus.

Le marché de Can Cau s'installe à flanc de colline, les stands de restauration se trouvant à un niveau, et les animaux (dont quantité de chiens) au fond de la vallée. Les habitants insisteront pour vous faire goûter le *ruou* local, un alcool de maïs. Certaines excursions au départ de Bac Ha comprennent une randonnée l'après-midi jusqu'au village voisin de Fu La.

Marché de Lung Phin MARCHÉ
(☺6h-13h dim). La bourgade de Lung Phin est située entre le marché de Can Cau et Bac Ha, à 12 km de cette dernière localité. Ce marché authentique, plus calme que d'autres, est un endroit agréable où se rendre une fois que les cars de touristes en provenance de Sapa arrivent à Bac Ha.

Marché de Coc Ly MARCHÉ
(☺6h-13h mar). Dzao, Hmong fleurs, Thaïs et Nung descendent de leurs villages de montagne jusqu'à l'impressionnant marché de Coc Ly, à 35 km au sud-ouest de Bac Ha par des routes correctes. Les tour-opérateurs de Bac Ha organisent des excursions d'une journée à Coc Ly.

💜 **Vua Meo** ÉDIFICE REMARQUABLE
(maison du "roi Chat"; ☺7h30-11h30 et 13h30-17h). GRATUIT Ne manquez pas de visiter l'extravagant Vua Meo, un palais de style "baroque oriental" à la lisière nord de Bac Ha. Il fut construit par les Français en 1921 pour complaire au chef hmong fleur Hoang A Tuong, et ressemble au croisement

entre une église exotique et un château français. Une boutique d'artisanat local est installée sur place.

Chute de Thai Giang CASCADE
GRATUIT Près du village de Thai Giang Pho, à 12 km à l'est de Bac Ha, cette cascade comporte une piscine naturelle, assez grande pour se baigner.

Villages traditionnels RANDONNÉE
La belle région de Bac Ha se prête à la randonnée et à la découverte des villages des minorités. De **Ban Pho**, village hmong fleur le plus proche, vous pouvez gagner à pied la localité nung de **Na Kheo**, puis revenir à Bac Ha. Parmi les autres villages proches, citons **Trieu Cai**, une marche de 8 km aller-retour, et **Na Ang** (6 km aller-retour). Mieux vaut effectuer ces escapades avec un guide local.

Jusque récemment, les villageois des minorités avaient rarement accès à l'éducation. Ces dernières années, le gouvernement a ouvert plusieurs écoles et la plupart des enfants sont désormais scolarisés (en vietnamien), souvent en internat en raison de l'extrême dispersion des villages. Des guides de Bac Ha peuvent organiser la visite de ces écoles au cours d'un circuit d'une journée à pied ou à moto.

M. Nghe RANDONNÉE
(☎0912 005 952; www.bachatourist.com; Green Sapa Tour, Đ Tran Bac). Si vous êtes de passage à Bac Ha, M. Nghe ne manquera pas de vous trouver. Ce guide indépendant dans la région ô combien charmante de Bac Ha propose des treks et des excursions d'une journée vers les plus beaux marchés des minorités de la région, des parcours plus aventureux de 2-6 jours intégrant un séjour

Bac Ha

◉ Les incontournables
1 Marché de Bac Ha	B2
2 Vua Meo	B1

🛏 Où se loger
3 Congfu Hotel	A2
4 Hoang Vu Hotel	A2
5 Ngan Nga Bac Ha	A2
6 Sunday Hotel	A2

◈ Où se restaurer
7 Duc Tuan Restaurant	B2
8 Hoang Yen Restaurant	A2

ℹ Renseignements
Green Sapa Tour	(voir 8)

NORD DU VIETNAM BAC HA

chez l'habitant au village, et des randonnées plus musclées en montagne.

Il loue également des motos (5-6 $US/ jour) à ceux qui préfèrent s'organiser seuls. À Bac Ha, il est de loin la personne la plus à même de vous renseigner sur les complexités d'un voyage plus à l'est, vers la province de Ha Giang.

🛏 Où se loger

Bac Ha compte plusieurs pensions simples et deux hôtels plus confortables. Les tarifs augmentent de 20% le week-end en raison du marché dominical. Nous indiquons ici les prix pratiqués en semaine.

Hoang Vu Hotel PENSION **$**
(☏020-388 0264 ; www.bachatourist.com ; 5 Đ Tran Bac ; ch à partir de 8 $US). Un établissement sans prétention, doté de grandes chambres d'un bon rapport qualité/prix (toutes équipées de TV et ventil). Le meilleur hôtel pour les budgets serrés.

Sunday Hotel HÔTEL **$**
(☏020-384 1747 ; 1 Đ Vu Cong Mat ; ch 200 000-350 000 d ; ✳@☎). Le dernier-né de l'hôtellerie de Bac Ha, situé au bout du marché et de la place principale, est haut en couleur. Des chambres impeccables et un bon rapport qualité/prix.

Ngan Nga Bac Ha HÔTEL **$**
(☏020-380 0286 ; www.ngannngabachahotel. com ; 117 Ngoc Uyen ; ch 18-20 $US ; ☎). L'endroit, accueillant, se trouve au-dessus d'un restaurant populaire où l'on prépare de savoureuses fondues pour les voyageurs et les groupes en circuit organisé. L'hôtel

organise des séjours chez l'habitant et des visites de marchés.

Congfu Hotel HÔTEL **$$**
(☏020-388 0254 ; www.congfuhotel.com ; 152 Ngoc Uyen ; ch 30 $US ; ✳@☎). Un hôtel de 21 chambres attrayantes, et son restaurant (repas à partir de 60 000 d) est l'un des meilleurs de Bac Ha. Les chambres n°s 205, 208, 305 et 308 disposent d'une baie vitrée donnant sur le marché. Possibilité d'excursions aux marchés de Can Cau et de Coc Ly.

✕ Où se restaurer

Parmi les restaurants des hôtels, celui du Congfu donne sur le marché aux bestiaux à travers ses grandes baies vitrées, et celui du Ngan Nga Bac Ha propose de très bonnes fondues. Tous deux sont très fréquentés le dimanche, jour du marché.

Des tarifs plus élevés sont souvent demandés aux touristes dans les cafés près du marché : vérifiez les prix des plats et des boissons avant de consommer.

Hoang Yen Restaurant VIETNAMIEN **$**
(Đ Tran Bac ; plats 60 000-100 000 d ; ⊙7h-22h ; ☎). Le Hoang Yen propose de bons petits-déjeuners et un menu intéressant à 140 000 d, ainsi que de la bière bon marché et un accès Wi-Fi. Sur la place principale de Bac Ha.

Duc Tuan Restaurant VIETNAMIEN **$**
(plats 50 000-80 000 d ; ⊙7h-18h). Près du marché, le Duc Tuan prépare une bonne cuisine vietnamienne, généreusement servie, et les touristes en groupes ne le fréquentent généralement pas.

ⓘ Renseignements

Vous trouverez un DAB à l'Agribank, et un accès Wi-Fi au Hoang Yen Restaurant.

Green Sapa Tour (www.bachatourist.com ; Đ Tran Bac ; ⊘8h-18h). Le principal bureau de réservation pour M. Nghe si vous ne le trouvez pas au Hoang Vu Hotel ou au Hoang Yen Restaurant, deux établissements dont il s'occupe également.

ⓘ Depuis/vers Bac Ha

BUS

Des bus de nuit font le trajet depuis/vers la gare routière de My Dinh, à Hanoi (20 $US, 11 heures, départ tlj à 19h). Des bus de jour desservent Lao Cai (60 000 d, 2 heures 30, départs à 6h, 8h, 12h, 13h et 14h).

Les excursions organisées à Bac Ha au départ de Sapa coûtent environ 20 $US par personne. Sur le chemin du retour, vous pouvez vous éclipser à Lao Cai et attraper le train de nuit pour rentrer à Hanoi.

Pour aller vers l'est et Ha Giang, il y avait deux possibilités lors de la rédaction de ce guide, mais nous vous conseillons de vérifier les informations qui suivent auprès de M. Nghe. La première option consiste à prendre un *xe om* de Bac Ha jusqu'à Xin Man, à 35 km au nord-est (15 $US), et de là, un bus pour Ha Giang (200 000 d, 5 heures, départs à 6h et 11h). Sinon, prenez un bus public de Bac Ha à Bac Ngam (40 000 d, 45 min, 6h), au sud, puis un autre bus de Bac Ngam à Ha Giang (400 000 d, 5 heures, 7h), en sachant qu'il y a très peu de marge pour la correspondance.

MOTO ET TAXI

La course à moto ou en taxi jusqu'à Lao Cai revient à 25/70 $US et à 30/80 $US jusqu'à Sapa.

Province de Ha Giang

☑ 0219 / 79 000 HABITANTS

Province la plus septentrionale du Vietnam, Ha Giang se caractérise par un paysage lunaire de pitons calcaires et d'affleurements granitiques. La pointe nord de la province offre certains des plus beaux paysages du pays, et le trajet par la route entre Dong Van et Meo Vac, via le col de Mai Pi Leng, est époustouflant. Cette destination devrait être la plus touristique de la région, mais, du fait de sa proximité avec la frontière chinoise, les visiteurs sont encore peu nombreux.

Des permis de circuler sont nécessaires pour aller plus au nord, vers Dong Van et Meo Vac. La démarche peut maintenant se faire depuis votre hébergement dans ces villes ou, idéalement, dans votre hôtel dans la ville-frontière de Ha Giang. Les permis coûtent 300 000 d et sont valables pour un maximum de cinq personnes si vous voyagez en groupe.

Il est préférable de disposer d'une voiture avec chauffeur, ou d'une moto, pour visiter la région. La qualité des tranports en commun tend toutefois à s'améliorer, après des années de travaux de voirie. Il vous faudra malgré tout organiser votre trajet par transport privé pour atteindre les sites moins touristiques, tels que Lung Cu ou le palais de Vuong.

Il est assez simple de faire le voyage par les transports publics entre la ville de Ha Giang et Dong Van. Mais lors de la rédaction de ce guide, il fallait prendre un taxi pour Meo Vac ou Bao Lac si l'on voulait pousser vers le sud-est, et ensuite un bus en direction de Cao Bang.

Quelle que soit votre manière d'aborder Ha Giang, vous ferez partie des rares touristes présents dans la région, et découvrirez des paysages qui figurent parmi les plus époustouflants de la péninsule indochinoise.

Ha Giang

Ha Giang permet de faire étape sur la longue route vers le nord. Il règne une ambiance paisible dans cette capitale provinciale, traversée par la large rivière Lo. Tracée sur un axe nord-sud, l'artère principale, Pho Nguyen Trai, longe la rive ouest de la Lo sur 3 km environ. Vous y trouverez la gare routière, les hôtels, les banques et les restaurants.

Si la ville en elle-même présente un intérêt moyen, le paysage alentour, avec de spectaculaires affleurements calcaires, offre un aperçu du cadre saisissant qui vous attend plus loin.

ⓖ Circuits organisés

Johny Nam Tram   CIRCUIT EN MOTO
(☑0917 797 269 ; www.rockyplateau.com). Johny Nam Tram connaît comme sa poche les petites routes du nord du Vietnam et sera de très bon conseil pour la location d'une moto ou l'organisation de circuits dans la province de Ha Giang. Il organise également des circuits en voiture et des treks.

🛏 Où se loger et se restaurer

Plusieurs restaurants bon marché jalonnent Pho Nguyen Trai.

Cao Nguyen Hotel HÔTEL $
(✆0219-386 6966 ; khachsannguyen@gmail.com ; 297 P Nguyen Thai Hoc ; ch 350 000-400 000 d ; ❄@). Cet hôtel tout récent, tout proche du fleuve, compte une quarantaine de chambres spacieuses d'une propreté irréprochable. Le petit-déjeuner n'est pas compris, mais vous trouverez de bons étals de *pho* à quelques minutes de marche.

Huy Hoan Hotel HÔTEL $
(✆0219-386 1288 ; P Nguyen Trai ; ch 200 000-500 000 d ; 🕾). Cet hôtel haut et étroit abrite de grandes chambres bien tenues, au mobilier sombre et aux matelas (très) fermes. La décoration des nouvelles chambres est très chargée, et les moins chères n'ont pas de fenêtre.

Truong Xuan Resort BUNGALOWS $$
(✆0219-381 1102 ; www.hagiangresort.com ; Km 5, P Nguyen Van Linh ; d 400 000-520 000 d ; ❄🕾). Une magnifique situation en bord de rivière et 13 spacieux bungalows. Le complexe dispose d'un bon restaurant (plats 80 000-220 000 d) et loue des kayaks pour découvrir le cours d'eau voisin. Profitez des massages des Dzao rouges (60 000 d) et des bains aux herbes aromatiques (80 000 d). À 5 km du centre de Ha Giang ; comptez 40 000 d en *xe om* ou 1000 000 d en taxi depuis la gare routière.

Bien Nho Thanh Thu Restaurant VIETNAMIEN LOCAL
(✆0219-328 2558 ; 17 P Duong Huu Nghi ; repas à partir de 120 000 d ; ⊙11h-22h). Ici, on sert des repas exotiques : crocodile, fruits de mer, oie et spécialités traditionnelles des minorités de Ha Giang.

ℹ Renseignements

Agribank (P Nguyen Trai). Possède un DAB ; cybercafés à proximité.

ℹ Depuis/vers Ha Giang

La gare routière la plus commode de Ha Giang occupe un emplacement central, un peu en retrait de Pho Nguyen Trai, à l'ouest du fleuve Lo. Certains bus en provenance de la gare routière de My Dinh, à Hanoi, peuvent arriver à la deuxième gare routière, qui est excentrée. Au départ de Ha Giang, les bus vers le nord-est, à destination de Dong Van ou de Meo Vac, sont assez fréquents.

VAUT LE DÉTOUR

PAN HOU VILLAGE

Dans une vallée perdue au cœur du massif du haut Son Chay, jardins tropicaux et rizières entourent les bungalows du **Pan Hou Village** (✆0219-383 3565 ; www.panhou-village.com ; s/d 45/55 $US ; ❄🕾). Cet écolodge merveilleusement isolé constitue une base de choix pour des treks, des randonnées et des visites de marchés des minorités. Jolies chambres carrelées dotées de mobilier en bois. On accède au Pan Hou, situé à 36 km à l'ouest du village de Tan Quang, au sud de Ha Giang, en grimpant une route de montagne sinueuse.

Depuis Ha Giang, aucun bus direct direct ne dessert Bac Ha. La route est superbe, mais lors de notre passage, il fallait prendre une correspondance à Xin Man ou à Bac Ngam.

BUS AU DÉPART DE HA GIANG :

DESTINATION	PRIX (D)	DURÉE ET FRÉQUENCE
Dong Van	105 000	4 heures 30 ; env. 3/jour
Hanoi	140 000	7 heures ; départs toutes les 30 min jusqu'à 21h
Meo Vac	105 000	6 heures ; env. 3/jour
Tam Son	35 000	1 heure 30 ; env. 5/jour
Yen Minh	75 000	3 heures ; env. 5/jour

Col de Quan Ba

Après Ha Giang, la route grimpe jusqu'au col de Quan Ba (porte du Paradis), à une quarantaine de km de la ville. La route serpente autour du col et dévoile une vue magnifique sur des tours de calcaire.

Au sommet du col, vous trouverez un centre d'information et un belvédère offrant une vue étonnnante sur le bourg de Tam Son. En 2011 fut prise l'initiative de faire figurer le plateau karstique de Dong Van parmi les géoparcs nationaux du réseau mondial de l'Unesco. Il s'agit du premier géoparc reconnu par l'Unesco au Vietnam, et du deuxième en Asie du Sud-Est, après celui de Langkawi en Malaisie.

Tam Son

En descendant du col de Quan Ban, vous traverserez des forêts de pin avant d'atteindre le bourg de Tam Son, qui mérite qu'on s'y arrête prendre un verre avant le dernier galop dans les paysages surréalistes aux confins de la Chine. Le dimanche, les minorités ethniques, en particulier les Hmong blancs, les Dzao rouges, les Tay et les Giay, vendent leur production sur le marché. La pension **Nha Nghi Anh Hoat** (☎0219-651 0789 ; ch 250 000 d ; ❉☎) offre un bon hébergement, avec 8 chambres impeccables, un accès Wi-Fi et la clim. Environ 5 bus par jour passent par Tam Son pour aller vers Dong Van (100 000 d).

De Tam Son à Dong Van

Après Tam Son, la route sillonne des paysages toujours aussi splendides pour atteindre la bourgade assoupie de **Yen Minh**. Vous serez logé correctement au **Thao Nguyen Hotel** (☎0219-385 2297 ; khachsanthaonguyen2011@gmail.com ; ch 300 000-400 000 d), mais cela vaut la peine d'aller jusqu'à Dong Van et de passer la nuit là-bas. À environ 5 km à l'est de Yen Minh, une route sinue vers le sud-est jusqu'à Meo Vac, mais il est recommandé de mettre le cap au nord vers Dong Van pour voir l'impressionnant **palais Vuong** (10 000 d ; ☺8h-17h), une demeure grandiose à deux étages, bâtie pour un roi hmong, Vuong Chinh Duc, avec la participation des autorités coloniales françaises qu'il aidait dans le trafic alors officiel d'opium. Niché dans une vallée près d'un village paisible, l'édifice a été rénové en 2006. Sa présence dans une région si isolée du pays est fascinante. Le palais Vuong se situe à Sa Phin, à 15 km à l'ouest de Dong Van. Les pics coniques qui s'étendent à perte de vue jusqu'à Dong Van forment un étonnant décor.

Dong Van

Dong Van est essentiellement un avant-poste poussiéreux, mais la localité accueille un superbe **marché dominical** et constitue un bon point de chute pour des randonnées d'une journée dans les villages de minorités alentour. Elle possède aussi un intéressant quartier ancien constitué de maisons traditionnelles hmong datant de l'époque coloniale.

◉ À voir

Tour au drapeau de Lung Cu   MONUMENT
(10 000 d ; ☺8h-17h). À environ 25 km au nord de Dong Van, sur la frontière chinoise, l'imposante tour au drapeau de Lung Cu a été érigée en 2010 pour marquer le point le plus septentrional du Vietnam. On en atteint le sommet en gravissant près de 300 marches depuis le parking, récompensé par une vue superbe sur les villages alentour. Avant de monter, vous devrez présenter votre passeport et votre permis de circuler à Ha Giang à deux reprises : à la police touristique et au contrôle militaire, près de la base de la tour.

☞ Circuits organisés

CND Travel   EXCURSION
(☎0219-388 8769 ; www.cndtravel.com ; 124 Đ 3/2 ; circuit d'une journée, 800 000 d/pers). CND Travel est une bonne option si vous êtes arrivé par les transports en commun et souhaitez organiser une excursion d'une journée pour voir le palais Vuong et la tour au drapeau de Lung Cu.

🛏 Où se loger et se restaurer

Nha Nghi Binh An   PENSION $
(☎0219-385 6177 ; Đ 3/2 ; ch 250 000-300 000 d). Tenue par une sympathique famille qui vous réservera un accueil chaleureux, cette pension comprend 3 chambres récentes. Sur la droite lorsque vous entrez à Dong Van en venant de Yen Minh.

Hoang Ngoc Hotel   HÔTEL $$
(☎0219-385 6857 ; www.hoangngochotel2.blogspot.com ; Đ 3/2 ; ch 300 000-400 000 d ; ❉☎). Cet hôtel fréquenté par les groupes de touristes occidentaux dispose de chambres vastes, certaines avec balcon. À la réception, une carte indique les chemins de randonnée de la région. Le personnel peut organiser des excursions au palais Vuong, à la tour au drapeau de Lung Cu et à Meo Vac, ainsi que louer des motos aux voyageurs indépendants.

Au Viet   VIETNAMIEN $
(26 Đ 3/2 ; plats à partir de 60 000 d ; ☺7h-20h). En face du Hoang Ngoc Hotel, Au Viet sert des fondues qui tiennent au corps et de la bière fraîche. Petit-déjeuner possible.

ⓘ Information

Le seul DAB de Dong Van se trouve sur la route venant du marché, à l'extrémité est de la ville en allant vers Meo Vac.

ⓘ Depuis/vers Dong Van

Lors de la rédaction de ce guide, aucun bus ne reliait Dong Van à Meo Vac. Le trajet en *xe om* coûte autour de 250 000 d, et la course en taxi 400 000 d environ. Sachez que vous aurez peut-être du mal à trouver un taxi à Dong Van : il se peut que le *xe om* soit la seule solution.

Meo Vac

Au-delà de Dong Van, le spectaculaire col de Ma Pi Leng se poursuit sur 22 km jusqu'à Meo Vac. Taillée dans la falaise, la route surplombe les eaux de la Nho Que.

Meo Vac, une capitale de district entourée de montagnes, est, comme nombre de villes de la région, investie par des Vietnamiens venus d'autres parties du pays.

Ne vous étonnez pas si l'on vous propose de goûter la spécialité locale, le "vin aux abeilles". Nous ne savons toujours pas s'il est fait avec des abeilles et du miel ou s'il est "100% abeilles". En tout cas, c'est une boisson tonifiante lorsque la nuit est froide à Meo Vac.

Comme Dong Van, Meo Vac accueille un grand **marché dominical**, et il est assez simple de visiter les deux en *xe om*.

🛏 Où se loger

Hoa Cuong Hotel　　　　　　HÔTEL **$**
(☎0219-387 2888 ; ch 15-20 $US ; ❄@🛜). En face du marché, cet hôtel charmant dispose de chambres spacieuses, équipées de TV à écran plat. Deux clubs de karaoké à proximité sont particulièrement animés les samedis et dimanches soir.

**Meo Vac Mountain
Lodge**　　　　　CHAMBRES D'HÔTES **$$**
(aubergemeovac@gmail.com ; dort/d 15/60 $US). Dans un quartier semi-rural à 500 m du marché, le Moutain Lodge est sis dans une maison de minorité datant du XIXᵉ siècle, très joliment restaurée. Vous admirerez les murs en terre battue, le bois omniprésent et la vaste cour intérieure. Toilettes et salles d'eau sont partagées. Petit-déjeuner (5 $US) et déjeuner (12 $US) sont proposés. Des randonnées vers les villages voisins peuvent être organisées.

ⓘ Depuis/vers Meo Vac

Lors de notre passage, il n'existait pas de transports en commun en direction du sud-est, vers la plaque tournante de Cao Bang. On peut se rendre en *xe om* (800 000 d) ou en taxi (1 500 000 d) à Bao Lac, où l'on peut passer la nuit et d'où part un bus quotidien pour Cao Bang.

Vers le sud jusqu'à Bao Lac et Cao Bang

Les étrangers sont désormais autorisés à circuler de Meo Vac à Bao Lac, dans la province de Cao Bang. Il faut obtenir un permis à Ha Giang pour effectuer ce trajet, spectaculaire. Bien que la route soit en majeure partie asphaltée, une moto tout-terrain, ou un 4x4, reste le meilleur moyen de transport.

Khau Vai, à une vingtaine de kilomètres au sud de Meo Vac, est célèbre pour son **marché de l'Amour**, où les membres des minorités ethniques de la région viennent chercher mari ou femme. Cette manifestation étonnante attire désormais des bus entiers de touristes vietnamiens et l'événement, annuel, tient aujourd'hui un peu du phénomène de foire. Il a lieu le 27ᵉ jour du 3ᵉ mois lunaire, entre fin avril et mi-mai.

Après Khau Vai, un nouveau pont traverse la Nho Que, et la route continue au sud jusqu'à Bao Lac. À Bao Lac, la pension **Song Gam** (☎026-387 0269 ; Bao Lac ; s/d à partir de 200 000/250 000 d ; ❄🛜), en bord de fleuve, a du succès auprès des groupes de motards. Un bus part tous les jours à 12h30 pour Cao Bang (100 000 d), d'où l'on peut rejoindre Hanoi et le parc national de Ba Be.

Centre du Vietnam

Pourquoi y aller

Noyau culturel du pays, le centre du Vietnam se caractérise par son riche patrimoine historique et culturel, ses plages sublimes et ses extraordinaires parcs nationaux. Vous serez émerveillé par Hué, qui abrite une citadelle impériale et des sépultures royales. Hoi An, quant à elle, doit sa grâce sans égale à son splendide cadre en bord de fleuve. Vous pourrez aussi visiter les sites de la zone démilitarisée (DMZ). Allez aussi à Danang, en passe de devenir l'une des villes les plus dynamiques du pays. Ne manquez pas non plus l'extraordinaire région de Phong Nha, qui abrite trois immenses réseaux souterrains (comprenant la plus grande grotte du monde). Après toutes ces visites, vous aurez bien mérité un peu de farniente dans un hamac sur le sable doré de la plage d'An Bang. S'il vous reste des forces, suivez un cours de cuisine pour découvrir la gastronomie de la région, la plus raffinée du pays. Aujourd'hui, grâce à un réseau routier modernisé et aux aéroports de Hué et Danang, c'est un jeu d'enfant que d'accéder à cette région des plus variées et fascinantes.

Le top des restaurants

➡ Morning Glory Street Food Restaurant (p. 213)

➡ Cargo Club (p. 213)

➡ Waterfront (p. 196)

➡ Les Jardins de La Carambole (p. 184)

Le top des hébergements

➡ An Bang Seaside Village (p. 219)

➡ Phong Nha Farmstay (p. 164)

➡ Hoi An Chic Hotel (p. 212)

➡ Beach Bar Hue (p. 190)

Quand partir

Hué

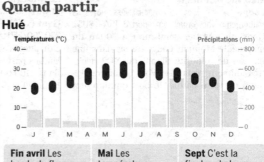

Fin avril Les bords du fleuve, à Danang, explosent de couleurs lors du Concours annuel de feux d'artifice.

Mai Les températures sont en hausse et les plages dévoilent leur plus beau visage.

Sept C'est la fin des chaleurs moites de l'été, les touristes se font moins nombreux, et la mer est tiède.

CENTRE-NORD DU VIETNAM

Histoire

Cette région se caractérise par un riche passé fait de rois, de guerriers, d'occupants, de guerres et de conflits. Au IIe siècle naissait ici le royaume du Champa, qui prospéra pendant plus d'un millénaire. Il a laissé dans le paysage de nombreuses tours, dont les plus célèbres se trouvent à My Son. Les Vietnamiens soumirent le Champa au XVe siècle. Au cours des siècles suivants, les négociants européens, japonais et chinois s'imposèrent à Hoi An.

La France colonisa l'Indochine au moment où le pouvoir local s'implantait dans le Centre et passait aux mains de la dernière dynastie, les Nguyên, de 1802 à 1945. Les empereurs successifs tinrent cour à Hué, qui devint le centre politique, intellectuel et spirituel du pays. Après l'indépendance, le pouvoir retourna à Hanoi.

En 1954, le pays fut divisé en deux. Cette scission nord-sud fut matérialisée par la zone démilitarisée (DMZ), où eurent lieu certains des affrontements les plus violents de la guerre du Vietnam. Des milliers de personnes perdirent la vie dans des combats sanglants, alors que des villes entières, dont Vinh et la majeure partie de la cité impériale de Hué, furent détruites. De vastes étendues de campagne autour de Dong Hoi et Dong Ha sont encore jonchées d'engins explosifs. Hoi An fut l'un des rares endroits à être épargnés.

Aujourd'hui, le tourisme est en pleine expansion autour de Hué et Hoi An, et Danang connaît un essor considérable. Le nord de la région demeure en revanche pauvre et sous-développé.

❶ Depuis/vers le Centre-Nord

La grande ligne ferroviaire Nord-Sud, tout comme la RN 1 et la route nationale Hô Chi Minh, traverse toute la région. Les aéroports, situés à Vinh et à Dong Hoi, accueillent des vols pour Hô Chi Minh-Ville (HCMV) et Hanoi.

Province de Ninh Binh

À une courte distance au sud de Hanoi, cette province, qui englobe le parc national de Cuc Phuong, affiche un décor naturel somptueux et de passionnants sites culturels. Elle est hélas surfréquentée par les touristes

À ne pas manquer

❶ Les vénérables ruelles aux superbes demeures de **Hoi An** (p. 201).

❷ L'exceptionnel **parc national de Phong Nha-Ke Bang** (p. 161), le site de spéléologie le plus réputé du monde.

❸ La Cité pourpre interdite et les tombeaux impériaux de **Hué** (p. 172).

❹ Le perfectionnement de vos compétences culinaires dans un **cours de cuisine vietnamienne** (p. 209) à Hoi An.

❺ La beauté intacte du **parc national de Cuc Phuong** (p. 157).

❻ L'atmosphère mystérieuse qui imprègne les vestiges des lieux sacrés des Chams, à **My Son** (p. 221).

❼ Un **circuit à moto** sur les charmantes petites routes de la région (p. 211).

❽ Les **tunnels de Vinh Moc** (p. 167) et la vie souterraine dans la zone démilitarisée (DMZ).

vietnamiens et ses lieux phares font l'objet d'une forte exploitation mercantile. Préparez-vous à être harcelé par les rabatteurs.

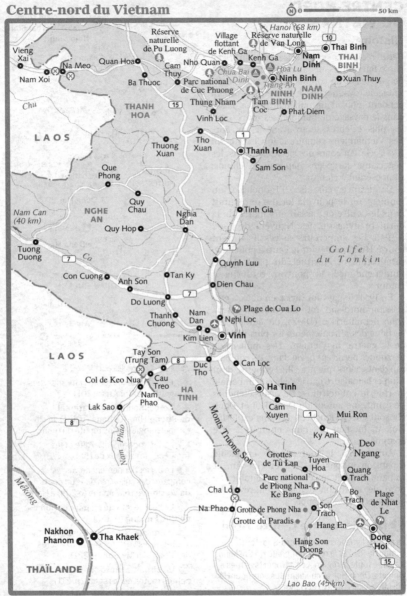

Ninh Binh

030 / 158 000 HABITANTS

Ville de province industrielle, Ninh Binh présente peu d'intérêt en soi, mais constitue une bonne base pour explorer les reliefs karstiques emblématiques du Vietnam qui se dressent alentour. Si un petit nombre régulier de voyageurs occidentaux se rendent ici, ce sont surtout les vacanciers vietnamiens qui prennent d'assaut les sites voisins, parmi lesquels la plus grande pagode du pays et les grottes de Trang An.

Si la région jouit d'un environnement magnifique, elle est victime d'un développement effréné, et d'immenses cimenteries sont en construction juste à côté de superbes sites naturels.

👉 Circuits organisés

Des excursions aux sites de la province sont proposées par les hôtels, comme le Thanh Thuy's et le Thuy Anh. Truong (📞 091 566 6211 ; truong_tour@yahoo.com), un guide indépendant, propose des circuits en moto sur les routes de campagne autour de Ninh Binh, ainsi que des treks dans la réserve naturelle de Pu Luong, zone préservée entre deux crêtes montagneuses, où l'on peut loger chez des familles thaïes et hmong.

🛏️ Où se loger

Ninh Binh abrite des hôtels et pensions d'un excellent rapport qualité/prix. La plupart louent des vélos et des motos et peuvent organiser des excursions.

**Thanh Thuy's Guest House
& New Hotel** PENSION **$**
(📞 030-387 1811 ; www.hotelthanhthuy.com ; 53 Đ Le Hong Phong ; ch avec ventil/clim à partir de 150 000/250 000 d ; ✳️@🛜). Situés bien en retrait de la route, la cour et le restaurant de cette pension sont parfaits pour rencontrer d'autres voyageurs. Chambres propres d'un bon rapport qualité/prix, parfois avec balcon. Des circuits sont proposés.

Kinh Do Hotel HÔTEL **$**
(📞 030-389 9152 ; http://kinhdohotel.vn ; 18 Đ Phanh Dinh Phung ; s/d 140 000/250 000 d ; ✳️@🛜). L'accueil est excellent – les patrons vont même chercher leurs clients gratuitement à la gare routière/ferroviaire – et les chambres, propres et spacieuses, sont d'un très bon rapport qualité/prix.

Thanh Binh Hotel HÔTEL **$**
(📞 030-387 2439 ; www.thanhbinhhotelnb.com. vn ; 31 Đ Luong Van Tuy ; s 10-25 $US, d 15-30 $US ; ✳️@🛜). Adresse prisée proposant de jolies petites chambres bon marché et des chambres plus spacieuses et bien équipées, toutes avec la clim. Petit restaurant sur place et location de vélos et de motos.

❤️ Thuy Anh Hotel HÔTEL **$$**
(📞 030-387 1602 ; www.thuyanhhotel.com ; 55A Đ Truong Han Sieu ; ch aile ancienne 15-25 $US, ch nouvelle aile 25-35 $US ; ⊖✳️@🛜). Hôtel très bien tenu, qui loue des chambres économiques d'un bon rapport qualité/prix dans l'aile ancienne, et des chambres confortables, impeccables, bien équipées et joliment meublées dans la nouvelle aile. Bar au dernier étage et restaurant de cuisine occidentale (copieux petit-déjeuner inclus).

Ninh Binh Legend Hotel HÔTEL **$$$**
(📞 030-389 9880 ; www.ninhbinhlegendhotel.com ; Tien Dong Zone ; ch/ste à partir de 77/126 $US ; ⊖✳️@🛜🏊). Outre une superbe vue sur la campagne, ce quatre-étoiles réputé offre des chambres pourvues de parquet, d'éléments contemporains et d'une luxueuse literie – les suites sont somptueuses. Petite salle de sport, spa, courts de tennis et personnel compétent et accueillant. Situé dans le "nouveau" centre-ville émergeant, à 2 km au nord-ouest du vieux centre.

**Emeralda Resort
Ninh Binh** COMPLEXE HÔTELIER **$$$**
(www.emeraldaresort.com ; réserve naturelle de Van Long ; ch 119-140 $US, ste 184 $US ; ⊖✳️🛜🏊). Construit dans un style néotraditionnel, ce grand complexe hôtelier se compose de villas spacieuses élégamment décorées, d'une magnifique piscine et d'un spa (onéreux). Notez cependant que l'endroit, bien que jouissant d'un bel environnement, se trouve à 10 km au nord de la ville, à proximité de cimenteries.

🍴 Où se restaurer et prendre un verre

Les établissements ne sont pas légion et mieux vaut prévoir de dîner tôt, car on ne trouve plus grand-chose d'ouvert après 21h. La spécialité du lieu est la *de* (viande de chèvre), qui se mange habituellement enveloppée d'une galette de riz avec des herbes fraîches. À 3 km de la ville, des **restaurants de viande de chèvre** bordent la route à destination des grottes de Trang An.

Dans les ruelles au nord de Đ Luong Van Tuy, près du stade, plusieurs **restaurants d'escargots**, l'autre plat du cru, servent de savoureux *oc luoc xa* (escargots à la citronnelle et au piment). Le même secteur compte aussi quelques bars décontractés.

Les mois les plus chauds, vous trouverez des échoppes de **bia hoi** dans les petites rues en face de l'hôtel Thanh Thuy ou au bord de la rivière, à côté de la brasserie locale.

Enfin, le **marché de Cho Bop** (Truong Han Sieu) vend de superbes fruits frais.

Ninh Binh

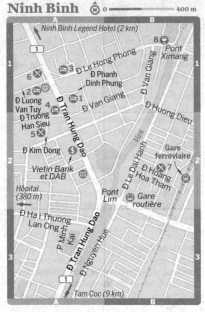

Ninh Binh Legend Hotel (2 km)

Ninh Binh

🛏 Où se loger
1 Kinh Do Hotel A1
2 Thanh Binh Hotel A1
3 Thanh Thuy's Guest House
   & New Hotel................................. A1
4 Thuy Anh Hotel A1

✗ Où se restaurer
5 Marché de Cho Bop.......................... A2
6 Huong Mai Restaurant A1
7 Trung Tuyet B2

🍺 Où prendre un verre
8 Échoppes de *bia hoi*........................ B1

Trung Tuyet   VIETNAMIEN $
(14 Đ Hoang Hoa Tham; repas 25 000-65 000 d;
⊘7h-21h45). Portions généreuses, petits prix
et accueil chaleureux caractérisent ce petit
établissement tenu en famille, très apprécié
des voyageurs.

Huong Mai Restaurant   VIETNAMIEN $$
(12 Đ Tran Hung Dao; plats 40 000-160 000 d;
⊘7h-20h45). La nourriture y est bonne,
bien qu'un peu chère. Goûtez au porc à la
moutarde brune, aux gâteaux de riz et au
bouillon de bœuf, ou au poulet vapeur aux
feuilles de citron vert.

❶ Orientation

La ville de Ninh Binh connaît de profondes
mutations. Le centre-ville, actuellement
soumis à une importante circulation (il est
traversé par la RN 1), va être déplacé à 2 km
à l'ouest, vers l'actuel Legend Hotel. Dans ce
nouveau quartier, des bâtiments municipaux,
une place publique, un centre commercial et
un hôtel de 27 étages sont en train de voir le
jour. Les urbanistes prévoient de détourner la
RN 1 vers 2015 afin qu'elle desserve le nouveau
centre-ville.

❶ Renseignements

Accès Internet (Đ Luong Van Tuy; 6 000 d/h;
⊘7h-22h). Plusieurs cybercafés sont
regroupés là.
Hôpital (Benh Vien Da Khoa Tinh; ☎030-387
1030; Đ Hai Thuong Lan; ⊘24h/24)
Poste principale (Đ Tran Hung Dao; ⊘7h-18h
lun-ven, 8h-13h sam)
Vietin Bank (DAB) (Đ Tran Hung Dao; ⊘7h-
14h30 lun-ven, 7h30-12h sam). Dispose de deux
succursales dans cette rue.

❶ Depuis/vers Ninh Binh

BUS

La **gare routière** de Ninh Binh (Đ Le Dai Hanh)
se situe près du pont Lim. Jusqu'à 19h, des
bus publics partent pratiquement toutes les
15 minutes pour rejoindre les gares routières
de Giap Bat et de Luong Yen à Hanoi (72 000 d,
2 heures 30). Des bus réguliers desservent
Haiphong (94 000 d, 3 heures, toutes les
90 min) et 2 liaisons quotidiennes sont assurées
à destination d'Along (115 000 d, 3 heures 30).

Les bus "open tour" qui circulent entre Hanoi
(6 $US, 2 heures) et Hué (14 $US, 10 heures) s'y
arrêtent aussi; on peut vous prendre ou vous
déposer à votre hôtel.

TRAIN

La **gare ferroviaire** (Ga Ninh Binh; 1 Đ Hoang
Hoa Tham) se trouve sur la principale ligne nord-
sud qui dessert notamment Hanoi (67 000 d,
2 heures-2 heures 30, 4/j), Vinh (103 000 d,
6 heures, 4/j) et Hué (285 000 d, 12 heures 30-
13 heures 30, 4/j).

❶ Comment circuler

Le plupart des hôtels louent des vélos (1-2 $US/j)
et des motos (4-8 $US/j). Les conducteurs de
moto demandent environ 10 $US/j.

Tam Coc

La plupart des voyageurs viennent à Ninh
Binh pour Tam Coc et ses formations kars-
tiques se dressant au milieu des rizières, que

l'on apprécie lors d'une tranquille promenade en barque. Cette expérience s'accompagne malheureusement de nombreux désagréments auxquels mieux vaut être préparé, dont des hordes de marchands ambulants.

⊙ À voir et à faire

Pagode de Bich Dong   TEMPLE BOUDDHIQUE
(Grotte de Jade). GRATUIT   Ces charmants temples troglodytiques se trouvent à 2 km environ au nord de Tam Coc. De la pagode inférieure, au pied du rocher, il faut gravir une centaine de marches pour atteindre la pagode intermédiaire, puis poursuivre l'ascension – moins

longue, mais tout aussi raide – jusqu'à la pagode supérieure. Dans les temples, la fumée de l'encens enveloppant d'inquiétantes statues crée une atmosphère irréelle. À l'extérieur, on découvre une superbe vue.

Van Lan   VILLAGE
Près de l'entrée de Tam Coc, ce village est connu pour ses broderies. Des artisans confectionnent des serviettes, des nappes, des housses de coussins ou des T-shirts ; certains viendront vous en proposer lors de votre périple en bateau. Négociez ferme si vous souhaitez en acheter.

VAUT LE DÉTOUR

PHAT DIEM

Phat Diem, célèbre pour sa **cathédrale Notre-Dame-Reine-du-Rosaire** aux impressionnantes dimensions et à l'architecture unique alliant influences chinoises, vietnamiennes et européennes, constitue une fascinante excursion d'une demi-journée.

Durant la colonisation française, la ville était un haut lieu du catholicisme. L'évêque de Phat Diem régnait sur la région, à la tête de sa propre armée, une tradition qui perdura jusqu'à l'arrivée des troupes françaises en 1951. La cathédrale (1891) occupe une place importante dans le roman de Graham Greene, *Un Américain bien tranquille*, et c'est depuis son clocher que l'auteur a observé les combats entre l'armée nord-vietnamienne et les troupes françaises.

Aux heures d'affluence, il vous faudra vous frayer un chemin entre les vendeurs et les mendiants pour parvenir à l'intérieur du sanctuaire, majoritairement en bois, où règne un calme sépulcral. Le plafond voûté est supporté par de massives colonnes en bois de près de 1 m de diamètre et 10 m de hauteur. L'autel de granit est surmonté d'une nuée de chérubins aux traits vietnamiens et aux ailes dorées sur fond de voûte bleue, sur laquelle flottent des nuages de style chinois. Au-dessous, on remarque les martyrs mis à mort par l'empereur Tu Duc durant les purges anticatholiques des années 1850.

Face aux portes principales s'élève le **clocher**, doté d'une énorme cloche, dont les colonnes sculptées figurent des bambous. À sa base, vous remarquerez deux grosses dalles de pierre posées l'une sur l'autre : elles servaient d'estrade pour les mandarins qui venaient là observer les rites catholiques.

Entre le clocher et la cathédrale se trouve la tombe du fondateur, le père Six, ainsi que la "grotte de Lourdes", à côté de laquelle on découvre un buste plutôt sinistre représentant le prêtre vietnamien.

Cette cathédrale attire quantité de touristes vietnamiens : peu sont catholiques, mais tous font preuve d'une grande curiosité à l'endroit du christianisme. Les messes, célébrées tous les jours à 5h et à 17h, rassemblent un grand nombre de fidèles.

Non loin de la cathédrale, un **pont couvert** date de la fin du XIXᵉ siècle. La **pagode Dong Huong**, la plus grande de la région, est fréquentée par la communauté bouddhiste, constituée en grande partie de Muong. Pour y accéder, tournez à droite à la hauteur du canal en arrivant en ville depuis le nord et suivez la petite route au bord de l'eau sur 3 km.

À 5 km environ de la ville, en bordure de la route 10, la cathédrale de **Ton Dao**, sorte de contrepoint gothique au sanctuaire de Phat Diem, émerge curieusement au milieu des rizières. Au fond du cimetière, une statue de la Vierge Marie tient compagnie à des figures en porcelaine de Quan Am.

Phat Diem, parfois appelée par son ancien nom de Kim Son, se situe à 26 km au sud-est de Ninh Binh. Des bus directs s'y rendent depuis Ninh Binh (15 000 d, 1 heure) et les conducteurs de *xe om* (moto-taxi) demandent environ 140 000 d pour le trajet aller-retour, attente comprise.

CENTRE DU VIETNAM PROVINCE DE NINH BINH

**Balades en bateau
à Tam Coc** PROMENADE EN BATEAU
(Bateau 1/2 pers 110 000/140 000 d ; ⏱7h-15h30).
Tam Coc ("trois grottes"), qui couvre un tronçon de la rivière Ngo Dong, offre un paysage d'une beauté surnaturelle. Le site connaît toutefois une considérable affluence touristique, qui se traduit souvent par une interminable procession de barques accompagnée de bruit et d'agitation.

Mieux vaut s'y rendre tôt le matin ou en fin d'après-midi, lorsqu'il y a moins de monde. Prévoyez de la crème solaire.

Chaque embarcation prend à son bord deux personnes, en plus du rameur. L'itinéraire (environ 2 heures) conduit les visiteurs au fil de l'eau et dans les trois grottes qui ont donné son nom à Tam Coc.

Les bateliers manœuvrent souvent les rames avec leurs pieds, faisant le bonheur des touristes en quête de clichés pittoresques.

Grosse ombre au tableau : les immenses cimenteries qui entourent désormais le site, invisibles depuis la rivière, mais problématiques en termes de pollution.

ⓘ Depuis/vers Tam Coc

Tam Coc se trouve à 9 km au sud-ouest de Ninh Binh. Les hôtels de Ninh Binh organisent des circuits (que vous pouvez faire vous-même à moto ou à vélo) et peuvent aussi vous indiquer de superbes routes secondaires.

À Hanoi, des tour-opérateurs proposent des excursions d'une journée pour environ 25 $US.

Grotte de Mua

Nichée à l'extrémité d'une route traversant des rizières, cette **grotte** (grotte de la Danse ; 30 000 d ; ⏱7h-16h) n'a rien de spectaculaire en soi, mais se tient au pied d'un pic karstique dont le sommet offre une vue panoramique. L'escalier en pierre à côté de l'entrée grimpe à flanc de rocher – 500 marches environ – jusqu'à un simple autel dédié à Quan Am, la déesse de la Miséricorde. En regardant vers l'ouest, vous verrez la rivière Ngo Dong qui serpente à travers le site de Tam Coc.

La montée est pavée mais raide par endroits ; prévoyez de l'eau et comptez une heure de marche. Située à 5 km de

---

ⓘ ALLER AU LAOS

De Thanh Hoa à Sam Neua

Rejoindre la frontière Ceux qui aspirent à l'aventure peuvent tenter de franchir la frontière à Na Meo/Nam Xoi. Dans la mesure du possible, choisissez un bus direct et évitez de poursuivre par un autre moyen de transport côté vietnamien car les étrangers se font copieusement arnaquer. Un bus quotidien pour Sam Neua (310 000 d) démarre à 8h de la gare routière Ouest de Thanh Hoa (Ben Xe Mien Tay) ; attendez-vous là encore à un prix supérieur à la normale.

À la frontière La frontière est ouverte de 7h à 17h. Des visas laotiens y sont délivrés. Nos lecteurs ne rapportent aucune tracasserie particulière, mais on vous proposera des taux de change très désavantageux sur toutes les monnaies – adressez-vous plutôt aux hôtels de Na Meo. Mieux vaut ne pas rester bloqué côté laotien, car les transports sont très irréguliers et les lieux d'hébergement inexistants. Na Meo compte plusieurs pensions simples et fonctionnelles.

Revenir au Vietnam Là encore, attendez-vous à vous faire avoir côté tarifs (à moins d'avoir pris un bus direct). Les chauffeurs de bus vietnamiens demandent jusqu'à 50 $US pour rejoindre Thanh Hoa (alors qu'il faut compter environ 8 $US normalement).

De Vinh à Phonsavan

Rejoindre la frontière Souvent noyé dans les brumes, le poste-frontière de Nam Can/Nong Haet se trouve à 250 km au nord-ouest de Vinh. Il y a tous les jours des bus directs pour Phonsavan (Laos ; 320 000 d, 12 heures) au départ du marché de Vinh. Vous pouvez aussi rallier Vinh à Muong Xen en bus puis gravir la montagne jusqu'à la frontière à moto (environ 170 000 d), mais il est préférable de choisir l'option directe afin d'éviter les désagréments et les prix excessifs.

À la frontière Le poste-frontière est ouvert de 7h à 17h. On n'y délivre pas de visas vietnamiens, mais des visas laotiens sont disponibles pour la plupart des nationalités (30-40 $US).

Revenir au Vietnam Vous éviterez de nombreux désagréments en optant pour un trajet en bus direct. Dans le cas contraire, vous devrez d'abord négocier la course à moto de la

Ninh Binh, la grotte de Mua voit passer de nombreux touristes en route pour Tàm Coc.

Hoa Lu

Hoa Lu était la capitale du Vietnam sous la dynastie des Dinh (968-980), puis sous celle des Lê antérieurs (980-1009). Les Dinh ont choisi ce site pour mettre un peu de distance entre eux et la Chine.

Si l'ancienne citadelle est en majeure partie en ruine, le mont Yen Ngua forme un superbe arrière-plan aux deux **temples** (10 000 d), qui ont traversé les siècles. Le premier, **Dinh Tien Hoang**, est consacré à la dynastie des Dinh. Le socle en pierre d'un trône royal se dresse devant l'entrée ; à l'intérieur, vous verrez des cloches de bronze et une statue de l'empereur Dinh Tiên Hoang avec ses trois fils.

Le second temple est dédié au souverain Le Dai Hanh. La salle principale contient l'ensemble habituel de tambours, de gongs, d'encensoirs, de chandeliers et d'armes au milieu desquels se dresse une statue du roi, avec son épouse sur la droite et son fils sur la gauche. Un modeste **musée** présente une partie des fouilles du mur de la citadelle du Xe siècle.

C'est depuis la **tombe de l'empereur Dinh Tien Hoang** que l'on a la meilleure vue d'ensemble des ruines. Le sentier qui gravit la colline, en face de la billetterie, y conduit en une vingtaine de minutes.

Hoa Lu se situe à 12 km au nord-ouest de Ninh Binh. À 6 km au nord, tournez à gauche sur la RN 1. Aucun transport public ne dessert le site, mais il est facile d'organiser un circuit depuis Ninh Binh.

Chua Bai Dinh

Chua Bai Dinh (⊘7h-17h45) GRATUIT est un imposant ensemble bouddhique érigé sur le flanc d'une colline près de Ninh Binh. Dès la fin de sa construction, qui dura de 2003 à 2010, le site devint une curiosité phare.

Après avoir franchi la (petite) porte d'entrée, vous traverserez à droite des galeries et passerez devant 500 *arhat* (fidèles ayant atteint le plus haut degré de la perfection bouddhiste) en pierre qui bordent la route montant jusqu'à la **pagode Phap Chu,**

frontière à Muong Xen, la ville la plus proche. La route, magnifique, dévale la montagne, mais ce trajet de 25 km seulement ne devrait pas vous coûter beaucoup plus que 100 000 d (certains chauffeurs demandent jusqu'à 300 000 d). De Muong Xen, des bus partent à intervalles irréguliers pour Vinh (125 000 d, 6 heures). Sachez que certains bus au départ de Phonsavan censés aller jusqu'à Hanoi ou Danang débarquent leurs passagers à Vinh.

Côté laotien, les transports jusqu'à Nong Haet sont très irréguliers, mais, une fois arrivé dans cette localité, vous pourrez prendre un bus pour Phonsavan.

De Vinh à Lak Sao

Rejoindre la frontière Le poste-frontière de Cau Treo/Nam Phao a mauvaise réputation auprès des voyageurs qui rapportent des prix majorés et des tracasseries dans les bus locaux avec correspondances (par exemple, des chauffeurs qui obligent les étrangers à payer un supplément en menaçant de les débarquer au milieu de nulle part). Optez donc pour un trajet direct. La plupart des moyens de transport à destination de Phonsavan (Laos) passent par le poste-frontière de Nong Haet/Nam Can, plus au nord. Des bus pour Vientiane, au Laos (280 000 d) quittent Vinh à 6h les lundis, mercredis, vendredis et samedis. Des bus locaux réguliers circulent aussi entre Vinh et Tay Son (70 000 d, 2 heures), puis des bus irréguliers se rendent de Tay Son au poste-frontière de Cau Treo. Sinon, comptez environ 170 000 d pour un trajet en *xe om* (moto-taxi).

À la frontière La frontière est ouverte de 7h à 18h. Des visas laotiens y sont délivrés.

Revenir au Vietnam Prenez un bus direct pour éviter de vous faire arnaquer. Les chauffeurs de bus côté vietnamien demandent jusqu'à 40 $US pour le trajet jusqu'à Vinh. Comptez 50 $US pour un taxi avec compteur et 320 000 d pour une moto. Certains bus en provenance de Lak Sao vont prétendument jusqu'à Danang ou Hanoi, mais Vinh est en réalité leur terminus. Côté laotien, le trajet en jumbo ou *songthaew* (camionnette) de la frontière à Lak Sao tourne autour de 50 000 kips (négociez ferme).

coiffée d'un triple toit. Celle-ci renferme un bouddha en bronze haut de 10 m et pesant 100 tonnes, flanqué de deux bodhisattvas dorés, devant lequel s'étale une collection de lampes, d'offrandes et de bouquets d'encens.

Derrière, des marches montent vers un point de vue, une **pagode de 13 étages** (encore en construction lors de notre passage) et un bouddha géant. En revenant par la partie centrale de l'ensemble, vous passerez devant d'autres temples, dont l'un abrite une cloche de 36 tonnes, la plus grosse du pays, fondue en 2006.

Chua Bai Dinh attire certains jours des milliers de Vietnamiens, parmi lesquels de nombreux touristes en excursion, ce qui ne favorise guère le recueillement spirituel. Cela dit, l'endroit a le mérite d'avoir été construit à partir de matériaux naturels. Certains des ornements en bronze, en bois, en laque et en pierre sont très impressionnants – la plupart furent réalisés par des artisans des villages alentour.

Le site se trouve à 11 km au nord-ouest de Ninh Binh, en longeant des dizaines de restaurants de viande de chèvre.

Kenh Ga

Ce village retient l'attention pour son étonnant mode de vie fluvial et les impressionnants reliefs calcaires qui l'environnent.

Les villageois semblent passer la majeure partie de leur vie sur ou dans l'eau : ils s'occupent de leurs élevages piscicoles flottants, récoltent des plantes aquatiques pour nourrir les poissons, ou vendent leurs légumes de bateau à bateau. Même les enfants se rendent à l'école par ce moyen de transport. Kenh Ga était autrefois un village essentiellement flottant, mais l'amélioration du niveau de vie s'est traduit par l'apparition d'un nombre croissant de maisons.

Sur la jetée, vous trouverez quelqu'un qui vous emmènera en bateau à moteur (100 000 d) pour un circuit de 1 heure 30 autour du village.

Kenh Ga se trouve à 21 km de Ninh Binh, sur la route du parc national de Cuc Phuong. Suivez la RN 1 vers le nord sur 11 km, et parcourez encore 10 km vers l'ouest jusqu'à la jetée.

Réserve naturelle de Van Long

Dans un paysage splendide de pics calcaires, cette paisible **réserve** (15 000 d, bateau 90 000 d ; ⊗7h-16h45) est propice à l'observation des oiseaux, notamment la rare petite spatule, l'anserelle de Coromandel et la marouette grise.

Van Long est également l'un des derniers refuges d'une espèce menacée de singe, le semnopithèque de Delacour – en août 2012, la Société zoologique de Francfort au Vietnam s'est efforcée d'en accroître le nombre en relâchant ici trois individus élevés en captivité.

La **balade en barque** (2 personnes par embarcation) est merveilleusement paisible.

Van Long est à 2 km à l'est de Tran Me, bourgade elle-même située à 23 km de Ninh Binh sur la route de Cuc Phuong.

Grottes de Trang An

Immense aménagement au bord de la rivière, **Trang An** (⊗7h30-16h) offre une expérience comparable à celle de Tam Coc, dans une version très commerciale. Le nombre des bateaux, la proximité de la nationale, les vastes parkings et les embouteillages du week-end composent un cirque peu engageant. Une fois à bord d'une barque qui glisse sur la Sao Khe et s'enfonce à travers une succession de **grottes calcaires**, on commence à se sentir beaucoup mieux. Il n'en reste pas moins que le site est surexploité. Bon nombre de grottes ont ainsi été élargies pour pouvoir accueillir les bateaux, impliquant notamment la suppression de stalactites jugées encombrantes.

Des excursions en bateau (100 000 d jusqu'à 4 personnes) de 2 heures font le tour des grottes et des galeries souterraines. Prévoyez un couvre-chef et de la crème solaire car il n'y a pas d'ombre.

Trang An se trouve à 7 km au nord-ouest de Ninh Binh, sur la route menant à Chua Bai Dinh.

Thung Nham

Thung Nham (⊗7h30-16h30) est un écoparc privé installé dans une magnifique vallée près de Tam Coc. Il se compose d'une belle lagune entourée de pics calcaires escarpés, caractéristiques de la province de Ninh Binh. On peut y pêcher le channidae, le poisson-chat et le tilapia, y faire des promenades en bateau et visiter des grottes.

Si le site est magnifique, le parc a été conçu pour satisfaire au goût vietnamien. Il n'en reste pas moins un très bel endroit, dont les constructions (des bungalows et un grand restaurant) se fondent plutôt bien dans le paysage. Situé tout au bout d'une route loin des grands axes routiers, le parc offre un cadre paisible (sauf le week-end !). On peut également y observer cigognes, grues, sarcelles et hérons.

L'écoparc est à 6 km à l'ouest de Tam Coc.

Parc national de Cuc Phuong

☑ 030 / ALTITUDE 150-656 M

Ce vaste **parc national** (☎ 030-384 8006 ; www.cucphuongtourism.com ; adulte/enfant 40 000/20 000 d) abrite une faune et une flore riche, qui en font l'une des plus importantes zones protégées du pays. On y a recensé 307 espèces d'oiseaux, 133 types de mammifères, 122 de reptiles et plus de 2 000 plantes différentes.

Le parc se trouve à cheval sur trois provinces et deux massifs calcaires. Le point culminant, le Dinh May Bac (pic du Nuage argenté), s'élève à 656 m. Hô Chi Minh prit le temps d'inaugurer le parc en pleine guerre du Vietnam, en 1962, déclarant à l'occasion : "La forêt est de l'or."

Hélas, le braconnage et la destruction de l'habitat y sont toujours des problèmes majeurs. L'amélioration des routes a accru l'exploitation forestière illégale, et de nombreuses espèces endémiques, comme l'ours noir d'Asie, le crocodile du Siam, le chien sauvage et le tigre, ont disparu de la région. D'autres animaux sont particulièrement fuyants, n'espérez pas trop en voir.

Vous en saurez plus sur les initiatives des autorités du parc en matière de préservation en visitant les deux centres à la lisière du parc, qui protègent, l'un les primates menacés, l'autre les tortues.

Des Muong vivent aussi dans le parc. Installés auparavant dans la vallée centrale, ils ont été déplacés à la fin des années 1980 vers la partie ouest du parc.

La meilleure époque pour la visite s'étend de novembre à février, pendant la saison sèche. En avril-mai, vous y verrez d'innombrables papillons. D'avril à juin, la température, l'humidité ainsi que la boue augmentent progressivement, tandis que, de juillet à octobre, les pluies apportent avec elles une multitude de sangsues. Les lieux connaissent souvent un afflux de familles vietnamiennes les week-ends.

Le centre d'information, qui jouxte l'entrée, dispose d'un personnel compétent. Il organise des circuits et peut fournir des guides.

◉ À voir et à faire

Le parc se prête à d'excellentes randonnées. Parmi les plus courtes, citons le sentier qui mène, via un escalier abrupt de 220 marches, à la **grotte de l'Homme préhistorique**. Des outils vieux de 7 500 ans y ont été mis au jour, ce qui en fait l'un des plus anciens sites habités du Vietnam.

Parmi les randonnées plus longues, une marche de 6 km aller-retour mène à un **vieil arbre** millénaire (*Tetrameles nudiflora*), et une autre, de 4 heures, vous conduira au **pic du Nuage argenté**. Une marche éprouvante de 15 km (5 heures) conduit à **Kanh**, un village muong, où il est possible de passer la nuit chez l'habitant, avant de descendre la rivière Buoi en radeau (60 000 d).

Le personnel du parc vous fournira des cartes rudimentaires. Si vous envisagez une marche un peu longue, recourez aux services d'un guide. Deux heures de **randonnée de nuit** accompagnée pour observer des animaux nocturnes, ou la marche jusqu'au pic du Nuage argenté (Silver Cloud Peak) coûtent 22 $US (jusqu'à 5 personnes). Le trek "Deep Jungle" (50 $US) s'aventure dans des zones reculées où l'on peut surprendre des civettes et des écureuils volants.

🛏 Où se loger et se restaurer

Le parc compte trois secteurs d'hébergement, ainsi qu'un nouveau complexe hôtelier de luxe à proximité.

Le **centre d'information** (s/d avec sdb commune 8/15 $US, pension 25-30 $US, bungalow 35 $US), près de l'entrée du parc, loue des chambres sombres mais fonctionnelles, d'autres confortables en pension avec sdb, et un bungalow. À 2 km à l'intérieur du parc, de ravissants bungalows rénovés donnent sur le **lac Mac** (ch 25 $US) – toutefois l'emplacement est quelque peu isolé et le restaurant est souvent mal approvisionné. Il est également possible de camper (2 $US/pers, 4 $US avec tente) près du centre d'information ou du lac.

À proximité du cœur de la réserve, le principal **centre du parc** (maison sur pilotis 8 $US/pers, qua 25 $US, bungalow 32 $US), situé à Bong, à 18 km de l'entrée, constitue le meilleur point de chute pour une marche matinale ou pour observer les oiseaux. Il dispose de chambres rudimentaires sans eau chaude dans une pseudo-maison sur pilotis, de grandes chambres de 4 lits dans un bâtiment et de quelques bungalows.

SAUVER LES SINGES ET LES TORTUES

Les centres de préservation de Cuc Phuong permettent aux visiteurs de découvrir le travail effectué et les espèces concernées. Officiellement, il faut être accompagné d'un guide (gratuit) du centre d'information pour rejoindre ces deux sites, à 2 km de l'hébergement du parc.

L'impressionnant **Centre pour la protection des primates menacés** (☑030-384 8002 ; www.primatecenter.org ; ⊙9h30-11h30 et 13h30-16h30) est sous la supervision de la Société zoologique de Francfort. Ses vastes enclos abritent quelque 150 singes, appartenant à 12 espèces de langurs (entelles), 3 de gibbons et 2 de loris. Tous les animaux du centre y ont vu le jour ou ont été sauvés du commerce illégal, qui les conduit essentiellement en Asie, où on leur prête des vertus médicinales.

Plus de 100 animaux issus de 9 espèces différentes ont jusqu'à présent été élevés sur place, dont le premier langur de Cat Ba et le premier primate "à jambes grises" (*Pygathrix cinerea*) né en captivité. Il est cependant incroyablement difficile de réadapter ces primates à leur habitat naturel ; une trentaine de gibbons et de langurs ont été lâchés dans un espace semi-sauvage attenant au centre, ainsi que sur un autre site. Une autre partie accessible sur autorisation abrite des animaux nocturnes comme la civette et le pangolin.

Le **Centre pour la protection des tortues** (☑030-384 8090 ; www.asianturtlenetwork.org ; ⊙9h-11h et 14h-16h45) accueille plus de 1 000 tortues terrestres, semi-aquatiques et aquatiques, qui représentent 20 des 25 espèces existant dans le pays. Beaucoup ont été saisies à des contrebandiers – dans ce cas aussi, la demande vient de Chine (et du Vietnam), où la chair de tortue a la réputation d'accroître la longévité. Les chasseurs, professionnels ou opportunistes, ont ainsi décimé la population sauvage de toute l'Asie du Sud-Est, 10 millions de tortues ayant été vendues tous les ans au cours des années 1990.

Le centre présente d'excellentes informations, et l'on peut voir notamment des pièces réservées à l'incubation et à l'éclosion des œufs. Il a élevé et relâché avec succès des individus de 11 espèces différentes, dont 6 locales. Chaque année, une soixantaine de tortues retrouvent la liberté.

Il est également possible de loger chez des familles muong du village de **Kanh** (5 $US/pers) – demandez au personnel du parc.

Au centre du parc, au lac Mac et au centre d'information, vous trouverez des restaurants (repas 25 000-50 000 d) proposant une cuisine copieuse et savoureuse. Tous les repas doivent être commandés à l'avance, sauf le petit-déjeuner.

Cuc Phuong Resort (☑030-384 8886 ; www.cucphuongresort.com ; village de Dong Tam ; bungalow/villa à partir de 92/165 $US ; ❄@🛜🏊🐾), le nouveau complexe hôtelier, alimente ses superbes baignoires en bois et ses piscines extérieure et intérieure à partir d'une source d'eau minérale naturelle voisine. Il comprend également des courts de tennis et un superbe spa, et le petit-déjeuner est inclus. À seulement 2 km de l'entrée du parc.

Cuc Phuong connaît une très forte affluence le week-end et pendant les vacances scolaires vietnamiennes, mieux vaut alors réserver.

ⓘ Depuis/vers le parc de Cuc Phuong

Le parc national de Cuc Phuong se situe à 45 km de Ninh Binh. Sur la RN 1, l'embranchement qui y mène, au nord de Ninh Binh, conduit au village flottant de Kenh Ga et à la réserve naturelle de Van Long.

Cuc Phuong est desservi par des bus réguliers au départ de Ninh Binh (20 000 d, 1 heure 30, toutes les 30 min). Beaucoup de tour-opérateurs de Hanoi proposent également des visites de Cuc Phuong, qu'ils conjuguent généralement à d'autres sites autour de Ninh Binh.

Vinh

☑038 / 446 000 HABITANTS

Presque entièrement rasée pendant la guerre, Vinh a été reconstruite à la hâte avec l'aide de l'ex-Allemagne de l'Est, d'où le côté massif et bétonné du centre-ville. À l'inverse des autres villes vietnamiennes, Vinh est découpée en grands boulevards bordés de larges trottoirs.

Malgré les efforts pour l'embellir à l'aide d'arbres et de parcs, la ville demeure résolument morne. À moins de vouer un culte à la mémoire de Hô Chi Minh, né dans un village des environs, ou de vouloir rejoindre le Laos, il y a peu de raisons de s'arrêter ici.

Histoire

Sortie de l'ombre à la fin du XVIIIe siècle, lors de la révolte des Tây Son (c'est ici que les rebelles tentèrent d'instaurer leur "capitale Phénix"), Vinh a entamé, sous la colonisation française, sa mutation industrielle. En 1930, la manifestation du 1er mai fut brutalement réprimée par la police, qui tua sept personnes. La ferveur révolutionnaire continua néanmoins à gagner du terrain, et l'activité des cellules communistes, ainsi que celle des organisations syndicales et paysannes, valurent à Vinh le surnom de "glorieuse cité rouge".

Au début des années 1950, la ville fut réduite à l'état de décombres par les bombardements de l'aviation française, la politique de la terre brûlée du Viet-minh et un gigantesque incendie. Pendant la guerre du Vietnam, le port de Vinh devint l'un des points d'approvisionnement stratégiques de la piste Hô Chi Minh, ce qui en fit la cible des premières frappes aériennes américaines sur le Nord-Vietnam. Bombardée ensuite sans relâche durant 8 ans, Vinh ne comptait plus à la fin de la guerre que deux édifices intacts. En 1972, sa population était officiellement réduite à zéro.

◉ À voir

Il ne reste pas grand-chose à voir de la **citadelle** (1831), à l'exception des douves et de trois portes : la **porte gauche** (Cua Ta ; Đ Dao Tan), la **porte droite** (Cua Huu ; Đ Dao Tan) et la **porte avant** (Cua Tien ; Khoi 5 Đ Dang Thai Than). La balade conduisant de la porte gauche à la porte droite, plaisante, passe par le **musée Xo Viet Nghe Tinh** (entrée libre ; Đ Dao Tan ; ☉ 7h-11h et 13h-17h), consacré aux héros du mouvement nationaliste. Devant le bâtiment, un grand **monument** en pierre, caractéristique de l'art socialiste, a été élevé à la mémoire de ceux qui ont été tués par les Français.

🛏 Où se loger

Thanh An Hotel HÔTEL $
(🖉 038-384 3478 ; 156 Nguyen Thai Hoc ; ch 230 000-300 000 d ; ✳@�☞). On y jouit d'un emplacement pratique à 300 m au sud de la gare routière et de chambres avec beau mobilier en bois et lits confortables.

Asian Hotel HÔTEL $
(🖉 038-359 3333 ; 114 Tran Phu ; ch 270 000-360 000 d ; ✳☞). Un hôtel de plusieurs étages, avec ascenseur, qui fut moderne il y a quelques décennies. Les chambres demeurent dans un état satisfaisant et il comprend également un restaurant, le tout à 300 m au sud-est du parc central de la ville.

Hotel Muong Thanh HÔTEL $$
(🖉 038-353 5666 ; http://muongthanh.com ; Phan Boi Chao ; ch 400 000-700 000 d, ste à partir de 1 200 000 d ; ✳@☞). Hôtel trois étoiles offrant un vaste éventail de chambres d'un bon rapport qualité/prix, vieillissantes mais spacieuses. À deux pas de la gare ferroviaire.

Muong Thanh Dien Chau Hotel HÔTEL $$
(🖉 038-353 5666 ; http://muongthanh.vn ; Quang Trung ; ch 50-84 $US, ste à partir de 112 $US ; ✳@☞). Inauguré en mai 2013, cet édifice de 33 étages en verre et en béton dominant le centre-ville est incontestablement la meilleure adresse de Vinh. Le décor est un tantinet kitsch, mais le hall est somptueux et les chambres spacieuses sont agrémentées de beaux tapis et parfaitement équipées. Certaines offres promotionnelles font chuter les prix à 45 $US la nuit.

🍴 Où se restaurer et prendre un verre

L'offre en matière de restauration est plutôt restreinte. Le marché central abrite des **échoppes de *pho bo*** (soupe de nouilles au bœuf ; Đ Phan Dinh Phung ; ☉7h-19h) et de ***bun bo Hue*** (soupe de nouilles au bœuf épicée à la mode de Hué ; près de Đ Dinh Cong Trang ; ☉7h-18h).

Vous trouverez plusieurs **bars** regroupés dans Duong (Đ) Quang Trung et des **salles de billard** dans Đ Nguyen Thai Hoc.

Left Gate Street Food VIETNAMIEN $
(Đ Dao Tan ; repas 25 000-50 000 d ; ☉15h-3h). Juste après la porte gauche, une adresse bruyante et animée où les habitants se retrouvent le soir autour de longues tables communes pour déguster du poulet ou du canard accompagné de nouilles et de salade.

Thuong Hai CHINOIS, VIETNAMIEN $
(144 Đ Nguyen Thai Hoc ; repas 40 000-95 000 d ; ☉11h30-21h). Ce restaurant bruyant a pour spécialité un délicieux poulet à la mode de Shanghai. Il prépare aussi de savoureux plats vietnamiens de fruits de mer et des mets végétariens.

ⓘ Renseignements

Poste principale (Đ Nguyen Thi Minh Khai ; ⊙7h-18h lun-sam, 7h30-13h dim)

Saigon Commercial Bank (25 Đ Quang Trang ; ⊙7h30-15h30 lun-ven, 7h30-12h30 sam). DAB.

Hôpital municipal (Benh Vien Da Khoa Thanh Pho Vinh ; ☑383 5279 ; 178 Đ Tran Phu ; ⊙24h/24). Juste au sud-ouest du parc central.

ⓘ Depuis/vers Vinh

AVION

Vietnam Airlines (☑359 5777 ; www. vietnamairlines.com ; 2 Đ Le Hong Phong) assure 2 vols par jour pour Hô Chi Minh-Ville (HCMV) et des vols quotidiens pour Hanoi, Danang et Buon Ma Thuot. **Jetstar Pacific** (☑355 0550 ; 46 Đ Nguyen Thi Min Khai) assure chaque jour 2-3 vols pour HCMV. L'aéroport est à 8 km au nord de la ville.

Vietnam Airlines propose une nouvelle liaison internationale entre Vinh et Vientiane (Laos) depuis décembre 2013.

BUS

La **gare routière** (Đ Le Loi) de Vinh, en plein centre-ville, dispose d'une billetterie assez moderne avec un tableau des départs et une liste des tarifs.

Des bus pour Hanoi partent très régulièrement jusqu'à 16h30 et il existe 10 bus-couchettes. Ils desservent les 4 gares routières de la capitale. Pour Ninh Binh (75 000 d, 4 heures), prenez un bus à destination de Hanoi. Six bus quotidiens desservent Diên Biên Phu (540 000 d, 16 heures).

Tous les bus "open tour" entre Hanoi et Hué passent par Vinh, mais s'il est facile de descendre à Vinh, il est plus difficile de s'organiser pour monter en route ici.

Des bus pour Vientiane, au Laos (280 000 d, 10 heures), quittent Vinh à 6h les lundis, mercredis, vendredis et samedis. Les mêmes jours, des bus partent également à 6h pour Luang Prabang (600 000 d, 22 heures) via Phonsavan (12 heures). Il y aurait aussi un autre départ quotidien à 6h au marché central de Vinh à destination de Phonsavan.

TRAIN

La **gare ferroviaire de Vinh** (Ga Vinh ; Đ Le Ninh) se trouve en lisière nord-ouest de la ville. Il y a des départs réguliers vers toutes les gares du principal axe nord-sud.

Environs de Vinh

Plage de Cua Lo

L'endroit est assez plaisant : plage de sable blanc, eau limpide et bosquet de pins offrant un peu d'ombre. Néanmoins, l'abondance de béton, de karaokés et de salons de massage risque de décevoir nombre de voyageurs. Il n'empêche que si vous êtes dans le coin, Cua Lo mérite une visite pour se baigner avant de faire un savoureux déjeuner de fruits de mer dans l'un des restaurants de plage.

Le front de mer est bordé d'hôtels d'État derrière lesquels sont installées de ternes **pensions** (ch 200 000-250 000 d). La plupart des hôtels proposent "massages" et karaoké ; certains sont fréquentés par des prostituées. Les prix sont parfois multipliés par trois – voire plus – en été.

Cua Lo, à 16 km au nord-est de Vinh, est facilement accessible à moto (130 000 d, temps d'attente inclus) ou en taxi (environ 90 000 d l'aller).

Kim Lien

La maison natale de Hô Chi Minh, à Hoang Tru, et le village de Kim Lien, où il a passé une partie de sa jeunesse, sont situés à 14 km au nord-ouest de Vinh. **Lieux de pèlerinage** (⊙7h-11h30 et 14h-17h lun-ven, 7h30-12h et 13h30-17h sam-dim) [GRATUIT] des fidèles du Parti,

TRANSPORTS DEPUIS VINH

DESTINATION	AVION	BUS	TRAIN (ASSIS MOU)
Danang	à partir de 930 000 d, 1 heure, 1/jour	220 000 d, 10-11 heures, 12/jour	274 000 d, 9 heures 30-10 heures 30, 5/jour
Dong Hoi	—	120 000 d, 5 heures, 12/jour	149 000 d, 4 heures, 6/jour
Hanoi	à partir de 930 000 d, 30 min, 1/jour	170 000 d, 7 heures, fréquents	217 000 d, 5 heures 30-6 heures 30, 5/jour
Hô Chi Minh-Ville	à partir de 1 200 000 d, 2 heures, 5/jour	660 000 d, env. 30 heures, 4/jour	857 000 d, 24-27 heures, 5/jour
Hué	-	180 000 d, 8-9 heures, 13/jour	232 000 d, 6 heures 30-7 heures 30, 6/jour

ces sites n'offrent guère plus à voir que la réplique de maisons construites en bambou et en feuilles de palmier, avec à l'intérieur quelques rares pièces de mobilier.

Hô Chi Minh a vécu les cinq premières années de sa vie à Hoang Tru, où il est né en 1890. Après avoir séjourné à Hué, la famille s'est installée en 1901 à Kim Lien, à 2 km de Hoang Tru. Entouré de murs vert pâle, un petit musée a été aménagé à proximité de la maison, et la boutique d'à côté vend tous les souvenirs possibles à l'effigie de l'oncle Hô.

Pour vous y rendre depuis Vinh, prenez une moto (100 000 d, temps d'attente compris) ou un taxi (environ 200 000 d).

Parc national de Phong Nha-Ke Bang

052

Classé au patrimoine mondial de l'Unesco en 2003, le remarquable parc national de Phong Nha-Ke Bang abrite les plus anciennes montagnes karstiques d'Asie, formées il y a environ 400 millions d'années. Criblé de grottes aux dimensions souvent spectaculaires et sillonné de rivières souterraines, Phong Nha constitue un véritable eldorado pour les spéléologues.

Les superbes grottes sèches ou en terrasses, les stalagmites imposantes et les stalactites recouvertes de cristaux luisants composent ici un cadre géologique grandiose et l'intérêt de ces découvertes commence à se répandre dans le pays.

Dans les années 1990, la British Cave Research Association et l'université de Hanoi ont entrepris les premiers véritables travaux d'exploration de la zone. Ceux-ci ont débouché sur la mise au jour de l'immense grotte de Phong Nha, de la grotte du Paradis en 2005 et, en 2009, de Son Doong, qui serait la plus grande grotte du monde. D'immenses cavernes et réseaux souterrains sont découverts chaque année.

En surface, une forêt quasi vierge composée d'arbres à feuilles persistantes, dont 90% de forêt primaire, recouvre les 885 km² de relief montagneux du parc. Ce dernier jouxte la réserve de biodiversité de Hin Namno, au Laos, formant ainsi un habitat naturel protégé ininterrompu. Une centaine d'espèces de mammifères (dont 10 de primates, des tigres, des éléphants et le saola, un rare bovidé asiatique), 81 espèces de reptiles et d'amphibiens, et plus de 300 espèces d'oiseaux y ont été recensées.

Jusqu'à une période récente, l'accès au parc était limité et strictement contrôlé par l'armée vietnamienne. L'accès est toujours très règlementé, et ce, à juste titre (le parc est encore jonché d'engins explosifs). Il est officiellement obligatoire d'être accompagné d'un tour-opérateur habilité pour se promener dans le parc.

Il est néanmoins possible d'emprunter seul (en moto ou en voiture) la route nationale Hô Chi Minh ou la RN 20 qui le traversent. Entre autres sites ouverts au public, citons la stupéfiante grotte du Paradis, la rivière turquoise, le sentier écologique de Nuoc Mooc et un sanctuaire de guerre connu sous le nom de grotte des Huit Femmes.

Le secteur de Phong Nha évolue rapidement et de plus en plus d'hébergements y voient le jour. Le minuscule village de Son Trach (3 000 habitants) constitue le point central, mais il ne dispose que d'un DAB et de transports très limités.

👁 À voir et à faire

Grotte du Paradis SITE NATUREL
(Thien Dong ; parc national de Phong Nha-Ke Bang ; adulte/enfant de moins de 1,30 m 120 000/60 000 d ; ⏰7h30-16h30). Niché dans les profondeurs du parc national au milieu d'une forêt dense et de sommets karstiques, ce remarquable réseau souterrain s'étend sur 31 km – la plupart des visiteurs n'en voient que le premier kilomètre.

Une fois à l'intérieur, les dimensions de la grotte du Paradis laissent pantois. Des escaliers en bois descendent dans une salle aux allures de cathédrale, où se dressent des stalagmites colossales et où luisent des stalactites de cristaux semblables à des colonnes de verre.

Ouverte au public depuis 2011, cette grotte a été aménagée dans le respect de l'environnement : aucun détritus ne jonche le sol et les arbres qui jalonnent la voie sont étiquetés. Le nombre de visiteurs étant monté en flèche ces dernières années, attendez-vous à croiser des troupes de touristes menés par des guides avec mégaphone aux heures de pointe (en début d'après-midi). Arrivez le plus tôt possible pour éviter les foules.

Pour explorer plus avant la grotte du Paradis, vous pouvez opter pour l'excursion de 7 km proposée par le Phong Nha Farmstay (2 650 000 d, 2 personnes minimum), qui permet de pénétrer dans les profondeurs du site, de se baigner dans une rivière souterraine et de déjeuner sous un puits de lumière.

LE NUOC MOOC ECOTRAIL

Dans le parc national, à 12 km au sud-ouest de Son Trach, les promenades en bois et les chemins du **sentier écologique de Nuoc Mooc** (adulte/6-16 ans 50 000/30 000 d ; ⊙7h-17h) serpentent sur plus de 1 km de forêt, à la confluence de deux rivières. On peut se baigner ici dans des eaux turquoise et pique-niquer sur fond de massifs calcaires.

Un restaurant (repas 35 000-70 000 d) jouxte le centre d'information et un café vend des boissons fraîches près de l'entrée.

La grotte du Paradis se trouve à 14 km au sud-ouest de Son Trach.

Grottes de Tu Lan   SITE NATUREL

Cette excursion spectaculaire commence par une randonnée dans la campagne, suivie d'une petite baignade (avec lampes frontales et gilets de sauvetage) dans deux superbes rivières souterraines, avant de ressortir dans une vallée fluviale paradisiaque. On continue ensuite à marcher dans la forêt dense pour rejoindre une "plage" où les deux rivières se rejoignent, formant un terrain de camping idyllique. Là, les vastes cavernes renferment d'autres fabuleux sites de baignade.

Il est nécessaire d'avoir une condition physique correcte. Tu Lan est à 65 km au nord de Son Trach et est uniquement accessible dans le cadre de visites guidées.

Ces grottes furent découvertes en 2010 par Howard et Deb Limbert, consultants pour le tour-opérateur Oxalis (ci-après). Ce dernier, basé à Son Trach, propose aussi bien des treks de 4 jours que des excursions d'une journée à Tu Lan. Si les formules longues permettent de pénétrer dans les profondeurs de la jungle, les randonnées d'une journée permettent amplement d'apprécier la beauté de la région.

Grottes de Phong Nha   SITE NATUREL

La spectaculaire promenade en bateau dans la **grotte de Phong Nha** (☑052-367 5110 ; adulte/enfant 40 000/20 000 d, bateau 220 000 d ; ⊙7h-16h) offre une expérience mémorable, bien que très touristique. Du village de Son Trach, des bateaux rejoignent la grotte en passant devant des buffles d'eau, des pics calcaires déchiquetés et des clochers d'église qui émaillent les berges de la rivière Son. La "grotte aux Dents" doit son nom aux stalagmites depuis longtemps disparues

qui hérissaient jadis son entrée. Une fois le moteur coupé, l'embarcation pénètre à la rame dans un monde souterrain irréel, un rien gâché par la lumière crue qui éclaire certaines formations rocheuses.

Sur le chemin du retour, vous pourrez monter à la **grotte de Tien Son**, une grotte sèche à flanc de montagne, qui demande de gravir 330 marches. Elle abrite des vestiges d'autels et d'inscriptions cham remontant au IXe siècle. La grotte, qui servit d'hôpital et de dépôt de munitions durant la guerre du Vietnam, fut lourdement bombardée par les Américains.

La billetterie et l'embarcadère se trouvent à Son Trach. Comptez 2 heures pour voir Phong Nha, 1 heure pour Tien Son. En novembre et décembre, les crues peuvent entraîner la fermeture de Phong Nha. Les touristes vietnamiens qui affluent le week-end rendent le lieu bruyant et enfumé.

Hang En   GROTTE

Pour accéder à cette grotte gigantesque, il vous faudra progresser dans une jungle dense et des vallées jusqu'à Ban Doong, un village ethnique reculé (sans routes ni électricité). Vous pourrez passer la nuit dans la grotte ou au village.

Des visites (4 600 000 d/pers, 2 personnes minimum) sont assurées par les gardes forestiers du parc national de Phong Nha-Ke Bang, ainsi que par le Phong Nha Farmstay.

☞ Circuits organisés

Des circuits à Phong Nha peuvent être organisés depuis Dong Hoi, mais mieux vaut loger dans le secteur, car la région a beaucoup à offrir.

Le bureau du parc national propose des excursions de 2 jours vers la spectaculaire grotte de Hang En et les villages ethniques reculés de Ban Doong.

♥ Oxalis   CIRCUITS MULTIACTIVITÉS

(☑052-367 7678 ; www.oxalis.com.vn ; village de Son Trach). Oxalis est incontestablement *le* spécialiste de la randonnée et de la spéléologie, et c'est le seul prestataire habilité à encadrer des visites à Hang Son Doong. Tous ses guides ont été formés par Howard et Deb Limbert, spéléologues britanniques de renommée mondiale. Les excursions, d'une journée jusqu'à Tu Lan à une semaine dans la plus grande grotte du monde, sont toutes méticuleusement préparées et font appel à des guides et porteurs locaux, profitant ainsi à la population. Le bureau au bord de la rivière comprend un petit café où planifier son périple.

Circuits du Phong Nha

Farmstay CIRCUITS MULTIACTIVITES
(☎052-367 5135 ; www.phong-nha-cave.com ; village de Cu Nam). Nous vous recommandons chaudement les visites de la grotte du Paradis et du parc national (1 000 000 d). Du fait de leur succès, les groupes peuvent être importants (jusqu'à 20 personnes), mais l'organisation est efficace ; le prix inclut les entrées et le transport en minibus. Les circuits à vélo et en bateau jusqu'à Hang Toi (la Grotte sombre), et ceux à vélo et avec chambre à air (600 000 d) valent également le coup. Les guides connaissent l'histoire de la région sur le bout des doigts.

🛏 Où se loger

Le village de Son Trach regroupe une douzaine de pensions sans prétention pratiquant toutes le même tarif (250 000 d la double). Vous trouverez plusieurs restaurants économiques à proximité de la petite place du marché.

Easy Tiger AUBERGE DE JEUNESSE **$**
(☎052-367 7844 ; www.easytigerphongnha.com ; Son Trach ; dort 160 000 d ; ❄@🛜). Cette nouvelle adresse, excellente, est gérée par l'équipe du Farmstay : dortoirs confortables, superbe espace bar-restaurant, billard et nombreux renseignements touristiques. Une piscine devrait être construite prochainement.

Thanh Dat PENSION **$**
(☎052-367 7069 ; Son Trach ; ch 250 000 d ; ❄🛜). Dans la grand-rue de Son Trach, c'est la plus accueillante des pensions locales, et les chambres sont propres.

Pepper House AUBERGE DE JEUNESSE **$**
(☎016-7873 1560 ; www.pepperhouse-homestay. com ; village de Khuong Ha, à 6 km à l'est de Son Trach ; dort avec petit-déj 200 000 d ; 🛜). Dave, installé ici de longue date, et sa femme Diem, vietnamienne, proposent un hébergement simple, accueillant et très rural en dortoir (les matelas sont excellents). Bières fraîches et cuisine bon marché.

HANG SON DOONG

Hồ Khanh, chasseur appartenant à une communauté dans la jungle proche de la frontière laotienne, s'abritait souvent dans les grottes qui criblent cette région montagneuse. Au début des années 1990, il tomba sur la gigantesque **Hang Son Doong** ("grotte de la Montagne"). Il fallut toutefois attendre que des explorateurs britanniques y retournent avec lui, en 2009, pour découvrir les véritables dimensions (plus de 5 km de long, 200 m de haut et jusqu'à 150 m de large) et la majesté de la principale grotte, la plus grande du monde connue à ce jour.

La difficulté majeure consista à trouver un passage au-dessus de la vaste barrière de calcite en surplomb, surnommée la "grande muraille du Vietnam", qui séparait la grotte en deux. L'obstacle surmonté, les spéléologues virent apparaître une salle souterraine assez vaste pour contenir un navire de guerre. Par endroits, des lucarnes éclairent un ensemble de stalagmites baptisé le "jardin de cactus". Certaines stalagmites mesurent jusqu'à 80 m de haut. Des sphérules de 10 cm de diamètre, appelées "perles des cavernes", se sont formées au cours des millénaires par la cristallisation du calcite autour de grains de sable. De magnifiques gours parsèment la grotte.

Hang Son Doong est l'un des sites les plus spectaculaires d'Asie du Sud-Est, et l'accès à la grotte (très restreint) n'a été autorisé par le gouvernement qu'en juin 2013. Le seul prestataire habilité (par le président vietnamien lui-même) à y organiser des visites est Oxalis (p. 162), basé à Son Trach. Son Doong occupant un secteur très reculé, on ne peut y accéder que dans le cadre d'une expédition de 7 jours en compagnie de 16 porteurs environ. Le circuit coûte 3 000 $US par personne et les groupes ne dépassent pas 8 personnes.

Si cela vaut le coup ? Eh bien, pour le photographe du *National Geographic* Carsten Peter, qui révéla au monde la majesté de la grotte (et qui gravit l'Everest et le K2), il s'agit du site naturel le plus impressionnant au monde.

Soyez vigilant : sur Internet, des agences de voyages prétendent organiser des visites de Hang Son Doong, mais le seul prestataire habilité à accéder au site est Oxalis. Les autres agences amènent en fait leurs visiteurs à Hang En (très impressionnante, certes, mais ce n'est pas Son Doong).

💜 **Phong Nha Farmstay** PENSION $$

(☎052-367 5135 ; www.phong-nha-cave.com ; village de Cu Nam ; ch 500 000-900 000 d, f 1 500 000 d ; 😊✳@🛜🏊). C'est grâce au Farmstay que Phong Nha a acquis sa notoriété. On y jouit d'un panorama inégalé sur un océan de rizières. Les chambres nettes, hautes de plafond, profitent d'un balcon commun pour la vue. Le bar-restaurant constitue le point central de l'établissement grâce à sa savoureuse cuisine asiatique et occidentale (repas 40 000-120 000 d) et son ambiance chaleureuse. De formidables sorties sont proposées (trekking, kayak, spéléologie, chambre à air, vélo et randonnée). Situé dans le village de Cu Nam, à 9 km à l'est de Son Trach. On peut venir vous chercher à Dong Hoi.

Phong Nha Lake House Resort HÔTEL $$

(☎052-367 5999 ; http://phongnhalakehouse.com ; Khuong Ha ; dort/d/villa 10/35/50 $US ; ✳🛜). Nouveau complexe hôtelier impressionnant en bord de lac, comprenant un excellent dortoir (très bons lits, moustiquaires, sdb et hauts plafonds), des chambres spacieuses et stylées et de ravissantes villas. Une piscine, un Jacuzzi et un spa devraient voir le jour prochainement. Le restaurant occupe une immense structure en bois typique de la campagne vietnamienne. À 7 km à l'est de Son Trach.

Phong Nha Homestay CHAMBRES D'HÔTES $$

(☎012-9959 7182 ; www.phong-nha-homestay.com ; Son Tranch ; ch 30-50 $US ; ✳🛜). Cette maison appartient à une véritable légende vietnamienne : Ho Khanh, découvreur de la plus grande grotte du monde. Il est aussi maître charpentier et loue 4 belles chambres confortables avec murs lambrissés, sols carrelés, très bons lits et moustiquaires. Comprend aussi un superbe café au bord de l'eau.

🍴 Où se restaurer et prendre un verre

💜 **Jungle Bar** CAFÉ, BAR $

(Son Trach ; repas 25 000-50 000 d ; ⊘7h-24h ; 🛜). Sympathique café tenu par Hai, un vietnamien branché : cuisine bon marché (dont petit-déjeuner et plats végétariens), jus de fruits frais, infos touristiques, location de vélos et atmosphère accueillante. Le soir, l'ambiance se rapproche plus de celle d'un bar, avec musique lounge, cocktails et soirées scène ouverte.

Pub with Cold Beer BAR

(bière 20 000 d, repas à partir de 20 000 d ; ⊘8h-20h). En haut d'une piste de terre au milieu de nulle part (mais bien indiqué), cet excellent bar-grange appartient à une famille d'agriculteurs. Comme son nom l'indique, la bière y est ultrafraîche. Si vous avez faim, optez pour le poulet rôti à la sauce aux arachides (tous les ingrédients proviennent de la ferme). Le Farmstay vous fournira une carte pour vous y rendre en vélo. Lors de notre passage, des chambres étaient en cours de construction.

🛈 Renseignements

À Son Trach, allez au Jungle Bar où Hai, le propriétaire écolo, fournit quantité d'informations pour faire du tourisme indépendant dans le parc et la région, réserve des billets de train et de bus moyennant une petite commission, organise des circuits et loue des vélos et des motos. Le personnel très serviable du Phong Nha Farmstay et de l'Easy Tiger est aussi très bien informé et pourra vous aider pour vos déplacements.

Il y a un office du tourisme en face de la jetée à Son Trach, mais le personnel n'est pas très compétent en termes de tourisme indépendant. Vous trouverez un DAB à côté.

Vous pouvez louer un vélo pour explorer la région par vos propres moyens, mais gardez à l'esprit que les panneaux sont rares. Néanmoins, avec un peu de débrouillardise, un bon moyen de locomotion et une carte (demandez au Jungle Bar), vous vous en sortirez sans problème.

🛈 Depuis/vers le parc de Phong Nha-Ke Ban

Le village de Son Trach se trouve à 50 km au nord-ouest de Dong Hoi. De Dong Hoi, suivez la RN 1 vers le nord sur 20 km jusqu'à Bo Trach, puis parcourez vers l'ouest encore 30 km.

Le parc national jouxte Son Trach et s'étend à l'ouest jusqu'à la frontière laotienne. La région ne s'est ouverte vers l'extérieur que très récemment ; jusqu'en 2011, l'accès était strictement contrôlé par l'État vietnamien. La situation s'est considérablement détendue, mais l'accès à certains secteurs reste interdit aux voyageurs indépendants.

Les hôtels organisent des navettes en véhicules privés depuis Dong Hoi (400 000-500 000 d) ; les voyageurs de plusieurs hôtels sont parfois regroupés dans un même véhicule pour réduire les coûts.

BUS

Des bus locaux (45 000 d, 2 heures) irréguliers relient Dong Hoi à Son Trach. Il existe aussi une liaison (120 000 d, 1 heure 15) entre la gare ferroviaire de Dong Hoi, le Farmstay et Son Trach. Des départs de Dong Hoi ont lieu tous les jours à 6h30 et 8h et des retours de Son Trach (via Farmstay) à 18h et 20h.

Un bus touristique (500 000 d, 5 heures) relie également Son Trach, le Farmstay et Hué, avec une halte au musée du Fleuve Ben Hai et aux tunnels de Vinh Moc. Il quitte Son Trach tous les jours à 6h30 et repart de Hué à 13h. Pour ces bus depuis/vers Hué et Dong Hoi, vous pouvez réserver vos places auprès du Farmstay (p. 164), d'Easy Tiger (p. 163) et de Hue Backpackers (p. 181).

Dong Hoi et ses environs

🖉 052 / 116 000 HABITANTS

Dong Hoi est une station balnéaire, doublée d'un port, agréablement peu touristique et dépourvue de boutiques de souvenirs, où personne ne harcèle les voyageurs. Joliment située, la ville s'accroche aux berges de la rivière Nhat Le et possède des plages au nord et au sud.

Après la partition du pays en 1954, Dong Hoi, principale base de ravitaillement de l'armée nord-vietnamienne dans la région, a particulièrement souffert lors de la guerre du Vietnam. La capitale de province a depuis repris des couleurs.

◉ À voir et à faire

Une promenade a été aménagée en bordure de la rivière Nhat Le, qui sépare la ville d'une jolie langue de sable. Elle passe devant l'impressionnante **église Tam Toa** `GRATUIT` dont la grande façade en ruine et quelques fragments rappellent son bombardement, en 1965.

Les seuls vestiges de la citadelle de Dong Hoi (1825) sont deux portes restaurées, l'une près de la rivière, et l'autre dans Đ Quang Trung.

La vie nocturne étant inexistante, profitez-en pour vous lever tôt et aller faire un tour au superbe **marché au poisson** (Đ Me Suot ; ⊙ 6h-14h).

A2Z TOUR-OPÉRATEUR
(🖉 052-384 5868 ; www.a2ztourist.com ; 29 Đ Ly Thuong Kiet). À contacter pour des excursions à Phong Nha et la réservation de billets de bus "open tour".

Nam Long Hotel Tours TOUR-OPÉRATEUR
(🖉 052-382 1851 ; sythang25@yahoo.com ; 22 Đ Ho Xuan Huong). Comptez 800 000 d pour une excursion d'une journée à Phong Nha (2 personnes minimum).

🛏 Où se loger et se restaurer

♥ Nam Long Hotel HÔTEL $
(🖉 052-382 1851 ; sythang25@yahoo.com ; 22 Đ Ho Xuan Huong ; dort 5 $US ; ch 12-15 $US ; 😊❄@📶). Hôtel économique tout bonnement fabuleux tenu par Nga et Sy, un couple accueillant et serviable. Chambres claires et spacieuses dotées d'immenses fenêtres – la n°301 possède un balcon donnant sur la rivière. Le nouveau dortoir de 8 lits est superbe, avec 2 sdb attenantes et un balcon offrant une vue splendide. Petit-déjeuner et excursions à Phong Nha possibles.

Nam Long Plaza HÔTEL $
(nga_namlonghotel@yahoo.com ; 28A Đ Phan Chu Trinh ; dort 7 $US, s 13-16 $US, d 18-26 $US ; 😊❄📶). Ce nouvel hôtel de 8 étages loue 19 belles chambres spacieuses et confortables donnant toutes sur la ville ou la rivière. Petit-déjeuner chaud compris, accueil très satisfaisant et possibilité d'excursions.

Sunshine Hotel HÔTEL $
(🖉 052-381 1333 ; http://anhduonghotel.com.vn ; 301 Đ Ly Thuong Kiet ; ch 240 000-400 000 d ; ❄📶). Ce mini-hôtel nouvellement installé est réputé pour la qualité de son service. La gérante pourra vous aider à louer des vélos et à trouver des moyens de locomotion. Chambres propres, d'un bon rapport qualité/prix.

Sun Spa Resort COMPLEXE HÔTELIER $$$
(🖉 052-384 2999 ; www.sunsparesortvietnam.com ; My Canh ; ch et ste 90-165 $US, bungalows et villas à partir de 190 $US ; ❄@📶☀). Immense resort en bord de mer entouré d'un domaine paysager comprenant 2 piscines, un spa et des courts de tennis. Les chambres et les villas sont spacieuses et soignées, bien qu'elles ne correspondent pas forcément aux standards d'un cinq-étoiles.

Tu Quy VIETNAMIEN $
(17 Đ Co Tam ; repas 20 000-40 000 d ; ⊙ 7h-20h30). Parmi tous les restaurants de *banh khoai* (crêpes au crabe) qui font la réputation de ce secteur, le Tu Quy est l'un des meilleurs. Tables en extérieur donnant sur la rivière.

QB Teen INTERNATIONAL $
(3 Đ Le Loi ; repas 32 000-80 000 d ; ⊙ 7h-21h ; 📶). Petit établissement climatisé servant une cuisine occidentale plutôt bonne, dont des pizzas, des pâtes et des omelettes, ainsi que des spécialités vietnamiennes.

Dong Hoi

(N) 0 ━━━━ 400 m

Dong Hoi

◉ À voir
1 Porte de la citadelle A2
2 Porte de la citadelle A3
3 Marché aux poissons A3
4 Église Tam Toa A1

◉ Activités
5 A2Z A1
Nam Long Hotel Tours ....(voir 6)

◉ Où se loger
6 Nam Long Hotel A1
7 Sun Spa Resort B1

◉ Où se restaurer
8 QB Teen A3
9 Tu Quy A3

TRAIN

La **gare ferroviaire** (Ga Dong Hoi ; Ð huan Ly) est à 3 km à l'ouest du centre. Des trains rallient notamment Hanoi (374 000 d, 9 heures 30-11 heures 30, 5/jour), Hué (118 000 d, 3-4 heures, 6/jour) et Danang (155 000 d, 5 heures, 6/jour). Les prix indiqués correspondent à un siège rembourré en train express.

CENTRE-SUD DU VIETNAM

Zone démilitarisée (DMZ)

053

La plupart des bases et des bunkers ont disparu, mais cette bande de 5 km de part et d'autre du fleuve Ben Hai est toujours connue sous le nom qui fut le sien du temps de la guerre : la zone démilitarisée. De 1954 à 1975, la DMZ a servi de zone tampon entre le Nord et le Sud. Elle couvrait 5 km sur chaque rive du fleuve, qui faisait office de ligne de démarcation entre le Nord et le Sud.

Aujourd'hui, ce nom s'applique plus spécifiquement à la partie au sud du Ben Hai, fortifiée par les Américains et littéralement jonchée de champs de bataille dont les noms résonnent encore aujourd'hui dans la culture populaire.

Plusieurs décennies après, il n'y a plus grand-chose à voir. La plupart des sites ont été nettoyés pour laisser place à des plantations d'hévéas et de café. Seuls Ben Hai, Vinh Moc et Khe Sanh sont dotés de petits musées. À moins d'être féru d'histoire mili-

ⓘ Renseignements

Les hôtels Nam Long et Sunshine louent des motos (150 000-200 000 d/jour) et des vélos (80 000 d), fournissent des cartes et peuvent réserver des billets de bus.

Agribank (2 Ð Me Suot ; ⊘7h30-16h lun-ven, 7h30-12h30 sam). DAB et change.

ⓘ Depuis/vers Dong Hoi et ses environs

AVION

De l'aéroport, situé à 6 km au nord de la ville, Vietnam Airlines assure des vols quotidiens vers Hanoi et 4 vols hebdomadaires vers HCMV.

BUS

La **gare routière** (Ð Tran Hung Dao) dessert Danang (115 000 d, 5 heures 30, 8/jour), au sud, via Hué (92 000 d, 4 heures) et Dong Ha (54 000 d, 2 heures) ; au nord, Hanoi (174 000 d, 8 heures). Les bus "open tour" déposent sans problème les voyageurs à Dong Hoi, mais pour y monter, il est nécessaire de réserver dans une agence ou un hôtel.

Des bus desservent les villes laotiennes de Vientiane et de Savannakhet (430 000 d, 12 heures, tous deux à 6h30 du lundi au samedi) via le poste-frontière paisible de Cha Lo/Na Phao, où des visas laotiens sont délivrés.

Des bus locaux (98 000 d, 4 heures, 5/jour) se rendent au poste-frontière de Lao Bao.

taire, mieux vaut se faire accompagner par un guide compétent sur ces sites.

👁 À voir

Tunnels de Vinh Moc   SITE HISTORIQUE
(20 000 d ; ⏱ 7h-16h30). L'impressionnant réseau souterrain de **Vinh Moc** a été l'habitat quotidien de tout un village côtier nord-vietnamien durant la guerre. Plus de 90 familles se terraient dans les trois étages de tunnels couvrant presque 2 km, continuant à vivre et à travailler pendant que les bombes américaines pleuvaient sans répit autour d'elles.

La plupart des tunnels sont ouverts aux visiteurs et conservés en l'état (exception faite de l'éclairage électrique, luxe dont les villageois ne disposaient certainement pas).

Un guide anglophone vous mènera dans le souterrain, dont vous pourrez voir les 12 entrées avant d'arriver à une plage grandiose de la mer de Chine méridionale. Le musée présente des photos et des vestiges de la vie dans les tunnels, ainsi qu'une carte du réseau.

Quittez la RN 1 à hauteur du village de Ho Xa, à 6,5 km au nord du fleuve Ben Hai. Vinh Moc se trouve à 13 km de là, vers l'est.

Base de Khe Sanh   SITE HISTORIQUE
(musée 20 000 d ; ⏱ musée 7h-17h). Théâtre du siège le plus célèbre de la guerre du Vietnam, la base militaire de Khe Sanh ne fut jamais prise, mais a été le lieu de la plus sanglante bataille du conflit. Près de 10 000 soldats nord-vietnamiens, quelque 500 soldats américains, ainsi qu'un nombre inconnu de civils perdirent la vie dans cette base de montagne, sous une avalanche de bombes de 1 000 kg, d'obus au phosphore, de napalm, de tirs de mortier et de tirs d'artillerie lâchés par les forces américaines, qui finirent par repousser l'armée nord-vietnamienne.

Le siège de Khe Sanh, qui dura 75 jours, commença le 21 janvier 1968 par un assaut limité au périmètre de la base. Tandis

Centre-sud du Vietnam

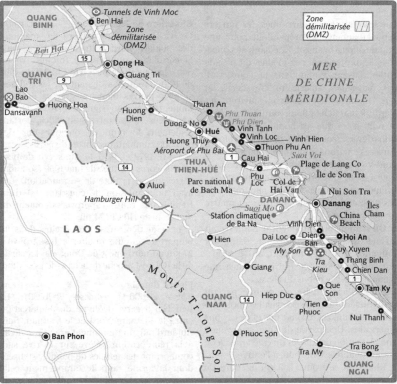

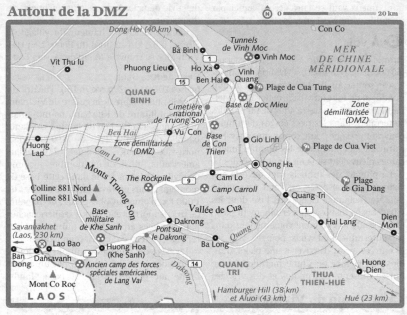

que les marines et leurs alliés, les rangers sud-vietnamiens, se préparaient pour une grande offensive au sol, Khe Sanh se trouva sous les projecteurs des médias du monde entier, faisant notamment la couverture des magazines américains *Newsweek* et *Life*. Durant les deux mois qui suivirent, les Nord-Vietnamiens pilonnèrent la base jour et nuit, alors que les bombardiers américains déversaient 100 000 tonnes d'explosifs dans ses environs immédiats ; mais l'assaut nord-Vietnamien attendu n'eut pas lieu. Le 7 avril 1968, après de violents combats, les troupes américaines finirent par rouvrir la RN 9 pour rejoindre les marines et mettre fin aux combats.

On sait aujourd'hui que Khe Sanh n'était qu'une diversion destinée à détourner l'attention des villes du Sud, où se préparait l'offensive du Têt, qui commença une semaine après le début du siège.

Aujourd'hui, le site est occupé par un petit **musée**, qui expose de vieilles photographies, des bunkers reconstruits et des avions américains. Une partie du site est devenue une plantation de café, et du café arabica de grande qualité est en vente à l'entrée.

Khe Sanh se trouve à 3 km au nord de Huong Hoa.

Cimetière de Truong Son   CIMETIÈRE
Ce vaste cimetière honore la mémoire des soldats nord-vietnamiens tués dans la cordillère Annamitique (monts Truong Son), le long de la piste Hô Chi Minh. Plus de 10 000 tombes s'alignent sur les collines, simples pierres blanches gravées de l'épitaphe *liet si*, qui signifie martyr. Or, de nombreuses sépultures sont vides, portant seulement le nom de quelques-uns des 300 000 combattants portés disparus.

Entre 1972 et 1975, le site servit de base pour le corps d'armée de mai 1959 (son nom correspond à la date de sa fondation), qui avait pour mission de construire et d'entretenir une route d'approvisionnement du Sud, la piste Hô Chi Minh.

Le cimetière n'est pas inclus dans la plupart des circuits organisés. Il se trouve à 27 km au nord-ouest de Dong Ha. La sortie de la RN 1 est proche de la base de Doc Mieu.

Fleuve Ben Hai   FLEUVE
(Musée 20 000 d ; ☺musée 7h-16h30). Le Ben Hai a servi de ligne de démarcation entre le Vietnam Nord et le Vietnam Sud. Aujourd'hui, un monument grandiose dédié à la réunification s'élève sur la rive sud, comportant des feuilles de palmier stylisées dont la forme rappelle étrangement celle des missiles. Le sable doré de la plage de

Cua Tung est tout près, à l'est. La rive nord du Ben Hai est surplombée par la tour du Drapeau reconstituée ainsi que par un petit musée rempli de souvenirs de la guerre.

Le fleuve se trouve à 22 km au nord de Dong Ha, sur la RN 1.

Hamburger Hill   SITE HISTORIQUE

GRATUIT Hamburger Hill (Ap Bia), une montagne de 900 m, a été en mai 1969 le théâtre d'une féroce bataille entre les forces américaines et le Viêt-cong, qui causa la mort de 600 Nord-Vietnamiens et de 72 Américains. Aujourd'hui, une autorisation (qui coûte 25 $US et s'obtient dans la ville d'Aluoi), ainsi qu'un guide sont nécessaires pour pouvoir jeter un coup d'œil sur ce qu'il reste de tranchées et de bunkers.

Un centre d'information sommaire se trouve en bas de la colline, d'où un sentier de 6 km mène au sommet de la montagne. Apportez de l'eau et ne vous écartez pas du sentier principal.

Hamburger Hill se trouve à 8 km au nord-ouest d'Aluoi, à environ 6 km de la RN 14 et à moins de 2 km de la frontière laotienne. La sécurité est très stricte et vous vous ferez à coup sûr contrôler par les gardes-frontières.

Base de Con Thien   SITE HISTORIQUE

Il ne reste qu'un seul bunker de cette base des marines, qui occupait trois petites collines. En septembre 1967, les troupes nord-vietnamiennes assiégèrent Con Thien. La riposte des Américains ne se fit pas attendre :

leurs avions effectuèrent 4 000 sorties. Aujourd'hui, la région a été déminée, mais comporte encore des munitions non explosées : ne quittez pas les sentiers.

La base de Con Thien se situe à 15 km à l'ouest de la RN 1 et à 8 km au sud du cimetière de Truong Son.

Camp Carroll   SITE HISTORIQUE

Ce camp porte le nom d'un capitaine des marines fauché en essayant de prendre une crête. Les énormes canons de 175 mm pouvaient atteindre des cibles aussi éloignées que Khe Sanh. Il ne reste pas grand-chose de Camp Carroll, hormis une borne commémorative vietnamienne. La bifurcation pour Camp Carroll se trouve à 10 km à l'ouest de Cam Lo. La base s'étend à 3 km de la RN 9.

The Rockpile   SITE HISTORIQUE

Visible depuis la RN 9, le sommet de ce piton karstique haut de 230 m accueillit un poste d'observation des marines, à proximité duquel était installé une base pour l'artillerie longue portée. Vous devrez sans doute recourir à un guide pour le trouver. Il se trouve à 29 km à l'ouest de Dong Ha sur la RN9.

Pont sur le Dakrong   PONT

Enjambant le Dakrong, ce pont, situé à 13 km à l'est de la gare routière de Khe Sanh, a été reconstruit en 2001 et porte une plaque indiquant son importance en tant qu'accès à la piste Hô Chi Minh.

CENTRE DU VIETNAM ZONE DÉMILITARISÉE (DMZ)

ATTENTION AUX MINES

Des millions de tonnes de munitions ont été lâchées sur le Vietnam pendant la guerre, et l'on estime qu'un tiers d'entre elles n'ont pas explosé. La mort et les risques de blessure sont, de fait, toujours d'actualité. De nombreux obus et mines non désamorcés traînent encore dans cette zone. Aussi, ne touchez à *rien* et regardez bien où vous mettez les pieds.

Le problème ne se pose pas uniquement dans la DMZ. On estime que 20% du Vietnam n'a pas encore été déminé, et qu'il y reste plus de 3,5 millions de mines et de 350 000 à 800 000 munitions non explosées. Entre 1975 et 2007, ces mines ont causé la mort de plus de 45 000 personnes et fait 105 000 blessés de par le pays. Chaque année, des centaines de personnes sont tuées et mutilées (un grand nombre d'entre elles sont des enfants des minorités ethniques).

L'armée du peuple est responsable de l'essentiel du déminage en cours, mais elle est aidée par un certain nombre d'ONG étrangères, dont **Mines Advisory Group** (www.maginternational.org) et **Clear Path International** (www.clearpathinternational.org). Vous trouverez sur leurs sites (en anglais) comment soutenir leur action par un don. En une période de un an comprise entre 2012 et 2013, l'ONG Mines Advisory Group aurait nettoyé 185 639 m² de terrains affectés par les combats et extrait et détruit 16 035 engins explosifs et 2 188 bombes à dispersion.

Dong Ha possède désormais un excellent Mine Action Visitor Centre. Faites-y un saut si vous êtes dans le coin.

ⓘ Comment s'y rendre et circuler

La plupart des gens visitent la DMZ dans le cadre d'un circuit organisé. Vous pourrez en réserver un à un prix tout à fait abordable (10-15 \$US pour la journée) auprès de la plupart des hôtels et des cafés de Hué ou de Dong Ha. Cela dit, il y a de fortes chances pour que vous fassiez partie d'un groupe conséquent. La plupart des circuits incluent The Rockpile, Khe Sanh, Vinh Moc et Doc Mieu, et partent de Hué à 7h pour y revenir vers 17h. Si vous partez de Hué, sachez que vous devrez parcourir environ 300 km ; vous passerez donc bien plus de temps à rouler qu'à visiter.

Il est sans doute plus intéressant de découvrir la DMZ en solo. Un circuit avec une voiture et un bon guide vous coûtera dans les 100 \$US par jour.

Dong Ha

☑ 053 / 88 800 HABITANTS

Située au croisement de la RN 1 et de la RN 9, Dong Ha est une plaque tournante importante. Sa rue principale, poussiéreuse et envahie par la circulation, affiche un air lugubre – la ville a été complètement rasée pendant la guerre du Vietnam. Mais elle présente des aspects plus plaisants, avec un quai bordé de restaurants de fruits de mer. Dong Ha est une bonne base pour explorer la DMZ ; c'est également la dernière ville avant le poste-frontière de Lao Bao.

⊙ À voir

Mine Action Visitor Centre   MUSÉE
(☑ 093 521 1281 ; Ð Ly Thuong Kiet ; ⊙ 8h-17h30 lun-ven, le week-end sur rdv). GRATUIT   Quang Tri fut la province la plus bombardée du Vietnam ; elle compte aujourd'hui le plus grand nombre de restes d'engins explosifs. Ce nouveau musée, très intéressant et très bien agencé, offre un excellent aperçu historique, notamment avec des photographies de la destruction de la citadelle de Quang Tri en 1972 et de personnes essayant de désactiver des mines avec des bambous.

Des panneaux explicatifs (en anglais et en vietnamien) décrivent la triste réalité à laquelle les habitants sont aujourd'hui confrontés : les bombes à dispersion ont provoqué 46% d'accidents, dont 80% mortels. Plus de 7 000 personnes ont perdu la vie dans la province depuis la fin de la guerre. Les minorités ethniques, en quête de ferraille à revendre, sont particulièrement vulnérables.

On peut aussi y visionner des vidéos et des films (de 11 minutes à plus d'une heure).

Si vous appelez une heure à l'avance, Phu, le directeur (anglophone), accompagnera votre visite. Il ouvre également le musée sur demande le week-end.

Bao Tang Quang Tri   MUSÉE
(8 Ð Nguyen Hue ; ⊙ 7h30-11h et 13h30-17h mar, jeu, sam et dim). GRATUIT   Ce musée de dimensions modestes, dédié à l'histoire de la province de Quang Tri, met l'accent sur les minorités ethniques.

⌖ Circuits organisés

Dong Ha compte plusieurs guides et agences de qualité proposant des circuits très instructifs dans la DMZ et aux alentours.

Annam Tour   CIRCUIT MILITAIRE
(☑ 0905 140 600 ; www.annamtour.com ; 207B Ð Nguyen Du). Excellents circuits sur mesure, avec un guide spécialiste d'histoire militaire et parfait anglophone, M. Vu, ou son assistant très compétent, Vinh, un ancien combattant. À l'aide d'un iPad, ils vous montreront des photographies et des cartes donnant vie aux sites et aux champs de bataille. Les circuits (environ 120 \$US/jour) peuvent également être organisés depuis Hué.

Tam's Tours   CIRCUITS MILITAIRES ET CULINAIRES
(☑ 0905 425 912 ; http://tamscafe.jimdo.com ; 79 Ð Hung Vuong). Superbes circuits à petit prix couvrant les sites de la DMZ, menés par d'anciens combattants. Comptez 22-30 \$US en moto (par personne et par jour) et 65-85 \$US en voiture. Le soir, Tam propose aussi un excellent circuit culinaire (20 \$US) comprenant 5 spécialités locales.

DMZ Tours   CIRCUITS MILITAIRES ET D'AVENTURE
(☑ 053-356 4056 ; www.dmztours.net ; 260 Ð Le Duan). Circuits de qualité dans la DMZ et voyages d'aventure, notamment en bateau vers les îles Can Co. À partir de 118 \$US (2 personnes) pour un circuit en voiture d'une journée au fil des principaux sites militaires.

Sepon Travel CIRCUITS MILITAIRES, AGENCE DE VOYAGES
(☑ 053-385 5289 ; www.sepontour.com ; 189 Ð Le Duan). Ce prestataire propose des circuits dans la DMZ et assure également des réservations de bus pour Savannakhet (Laos).

⌂ Où se loger

DMZ Hotel   HÔTEL \$
(☑ 053-356 0757 ; http://dmzhotel.jimdo.com ; 50 Ly Thuong Kiet ; s 8 \$US, d 10-13 \$US ; ✳@☎). Excellente adresse, ce nouveau repaire de

routards dispose d'un personnel serviable et de chambres à petit prix avec TV câblée et minibar. Petit-déjeuner possible et navettes gratuites depuis/vers les gares ferroviaire et routière.

Violet Hotel HÔTEL **$**
(☎053-358 2959 ; Đ Ba Trieu ; s 200 000 d, lits jum 250 000-330 000 d ; ❄🛜). Cet hôtel présente un excellent rapport qualité/prix : chambres modernes et engageantes avec minibar, TV, ventil et clim, ainsi que balcon et vue sur les rizières pour certaines. Il se trouve à 1 km du centre, dans un quartier tranquille.

Huu Nghi Hotel HÔTEL **$**
(☎053-385   2361 ;   www.huunghiho-tel.com.vn ; 68 Đ Tran Hung Dao ; s/d/tr 380 000/440 000/570 000 d petit-déj   inclus ; ❄🛜). Chambres spacieuses, très agréables et bien équipées, avec armoire, lampes de chevet, matelas confortable, TV à écran plat et vue sur le fleuve pour certaines.

Saigon Quang Binh HÔTEL **$$**
(☎053-382 2276 ; www.sgquangbinhtourist.com.vn ; 20 Quach Xuan Ky ; ch 60-125 $US ; ❄🛜). C'est l'hôtel le plus luxueux de la ville. Superbe emplacement au bord de l'eau, chambres élégantes et bar-café sur le toit idéal pour prendre une bière ou un café. On déplorera cependant le service quelque peu aléatoire au vu des prix affichés (réductions sur le site Internet).

✖ Où se restaurer et prendre un verre

Dong Ha est réputée pour ses fruits de mer. Les restaurants au bord du fleuve de Đ Hoang Dieu servent d'exquis *cua rang me* (crabe dans une sauce au tamarin), *vem nuong* (palourdes grillées) et des calamars cuits à la vapeur ou rôtis. On trouve près du Violet Hotel d'autres établissements. Tam's Tours propose également un excellent circuit de découverte de la cuisine locale et de rue.

♥ Tam's Cafe CAFÉ **$**
(http://tamscafe.jimdo.com ; 79 Đ Hung Vuong ; repas 2 $US ; ⏱7h-18h ; 🛜). Ce petit café sert d'excellents plats vietnamiens et des en-cas occidentaux (pizzas, smoothies, jus). Son propriétaire, Tam, est aussi serviable qu'informé. Il consacre tout son temps au service des voyageurs, en proposant notamment des circuits bon marché et des conseils pour faire du tourisme indépendant. L'établissement emploie et soutient des personnes malentendantes.

ℹ Renseignements

Vous trouverez un bon plan de la ville et quantité de renseignements sans parti pris au Tam's

---

LES ABRIS SOUTERRAINS DE VINH MOC

En 1966, les Américains lancèrent une attaque massive contre le Vietnam-Nord, par le biais de bombardements aériens et de tirs d'artillerie continus. Situé juste au nord de la DMZ (zone démilitarisée), le village de Vinh Moc devint alors l'un des secteurs les plus bombardés de la planète. Les abris de fortune ne résistèrent pas à ces assauts : certains villageois prirent la fuite, d'autres entreprirent de creuser, avec des outils rudimentaires, des tunnels dans la terre rouge argileuse.

Le Viêt-cong décida d'implanter une base à cet endroit et encouragea les villageois à rester sur place. Après 18 mois de travail, une immense base souterraine fut ainsi établie, comportant des abris sur trois niveaux (entre 12 et 23 m sous terre). Des familles entières s'y installèrent, restant entre 10 jours et 10 nuits au plus. Au fil des ans, 17 enfants y sont nés. Les civils et le Viêt-cong furent ensuite rejoints par des soldats nord-vietnamiens, dont la mission consistait à garder le contact avec l'île Con Co et à l'approvisionner en matériel militaire.

D'autres villages au nord de la DMZ creusèrent leur propres tunnels, mais aucun réseau n'était aussi élaboré que celui de Vinh Moc. Un bombardement eut d'ailleurs raison de celui de Vinh Quang (à l'embouchure du Ben Hai) et de la population qui y avait trouvé refuge.

Les navires de guerre américains stationnés sur la côte bombardaient les tunnels de Vinh Moc sans relâche (les cratères sont toujours visibles), et les entrées donnant sur la mer étaient parfois mitraillées. Les villageois ne craignaient que les bombes perforantes. Une seule de ces bombes atteignit le tunnel : elle n'explosa pas et personne ne fut blessé. Les habitants transformèrent le trou percé par la bombe en puit d'aération.

ℹ️ ALLER AU LAOS : DE DONG HA À SAVANNAKHET

Rejoindre la frontière Le poste-frontière de Lao Bao/Dansavanh, sur le fleuve Sepon (Song Xe Pon), est l'un des postes-frontières les plus empruntés et les moins problématiques entre le Laos et le Vietnam. Depuis Hué, des bus desservent Savannakhet (Laos) via Dong Ha et Lao Bao. Les jours impairs, un bus climatisé part de Hué à 7h (340 000 d, 9 heures 30) et s'arrête au bureau Sepon Travel de Dong Ha vers 8h30 pour récupérer des passagers. Il est également aisé de passer la frontière par ses propres moyens via Dong Ha. Des bus quittent la ville pour Lao Bao (55 000 d, 2 heures) environ toutes les 15 minutes. De là, comptez 12 000 d pour rejoindre la frontière en *xe om*. Horaires et réservations au Tam's Cafe.

À la frontière Les postes-frontières (ouverts de 7h à 18h) sont espacés de quelques centaines de mètres les uns des autres. Il est possible d'obtenir un visa laotien sur place, mais pour un visa vietnamien, il faut prendre ses dispositions à l'avance. Plusieurs hôtels commodes se trouvent du côté vietnamien. Évitez de changer de l'argent à Lao Bao, les taux étant très désavantageux.

Se déplacer Des *songthaew* rallient régulièrement Sepon, d'où il est possible de prendre un bus ou un autre *songthaew* pour Savannakhet.

Cafe. Dong Ha compte plusieurs DAB, dont un de la **Vietcombank** (Ð Tran Hung Dao).

ℹ️ Depuis/vers Dong Ha

BUS

La **gare routière de Dong Ha** (Ben Xe Khach Dong Ha ; ☑ 053-385 1488 ; 68 Ð Le Duan) se trouve près du croisement entre la RN 1 et la RN 9. Des bus desservent régulièrement Dong Hoi (58 000 d, 2 heures), Hué (46 000 d, 1 heure 30), Danang (75 000 d, 3 heures 30), Khe Sanh (30 000 d, 1 heure 30) et Lao Bao (49 000 d, 2 heures).

Pour Lao Bao, vous devrez peut-être changer de bus à Khe Sanh. Pour les bus vers Savannakhet, au Laos, les étrangers ne peuvent pas acheter leur billet dans la gare, et doivent se le procurer à Sepon Travel ou au Tam's Cafe.

Trois minibus (120 000 d) partent aussi tous les jours du Tam's Cafe pour l'hôtel Phong Nha Farmstay et le village de Son Trach à 12h, 13h, et 17h ; au retour, ils repartent en direction du sud à 5h et 7h30 via Hué à destination de Danang.

Les horaires de tous les moyens de transports sont disponibles au Tam's Cafe.

TRAIN

De la **gare ferroviaire de Dong Ha** (Ga Dong Ha ; 2 Ð Le Thanh Ton), à 2 km au sud du pont de la RN 1, des trains partent pour Hanoi (couchette à partir de 630 000 d, 11-14 heures, 5 trains/jour), Dong Hoi (à partir de 66 000 d, 1 heure 30-2 heures 30, 6 trains/jour) et Hué (à partir de 52 000 d, 1 heure 30-2 heures 30, 6 trains/jour).

VOITURE ET MOTO

Le trajet aller en voiture jusqu'à Lao Bao, à la frontière, revient à 45 \$US. On peut louer des motos à partir de 5 \$US/jour.

Quang Tri

☑ 053 / 28 600 HABITANTS

Quang Tri était autrefois une importante cité fortifiée, mais il en reste peu de chose. Au printemps 1972, au cours de l'offensive "Eastertide", l'armée nord-vietnamienne assiégea la ville puis l'investit. Les forces américaines et sud-vietnamiennes répliquèrent par des bombardements et des tirs d'artillerie qui réduisirent la ville à néant.

N'en demeurent plus que des vestiges des douves, des remparts et des portes de la **citadelle**, située à 1,6 km au nord de la RN 1 en retrait de Ð Tran Hung Dao.

À l'extérieur de Quang Tri, au bord de la RN 1 en direction de Hué, l'**église de Long Hung**, en ruine, témoigne des violents combats de 1972.

La **gare routière** (Ð Tran Hung Dao) est à 1 km de la RN 1. Vous pouvez toutefois faire signe aux bus sur la nationale, plutôt que d'attendre à la gare.

Hué

☑ 054 / 361 000 HABITANTS

Pour qui s'intéresse à l'art et à l'architecture, Hué vient en tête de liste des lieux à visiter. Capitale des empereurs Nguyên, Hué, classée au patrimoine mondial de l'Unesco, évoque encore les splendeurs impériales, et ce, bien que ses plus beaux édifices aient été détruits pendant la guerre du Vietnam.

Hué doit son charme en grande partie à sa situation sur la rivière des Parfums – pittoresque quand il fait beau, elle se nimbe de mystère les jours moins radieux. La ville fait constamment l'objet de travaux de restauration visant à lui rendre sa splendeur royale. Elle forme néanmoins aujourd'hui un mélange de moderne et d'ancien, où les hôtels aux lignes épurées dominent l'enceinte séculaire de la citadelle.

Chaque année paire, la ville accueille le désormais célèbre Festival de Hué (www.huefestival.com), durant lequel des artistes locaux et internationaux se produisent ou exposent leurs œuvres dans tous les sites historiques et les centres d'art de la ville.

Avec le tourisme, les rangs des rabatteurs ont grossi. Or, abstraction faite de ce petit inconvénient, Hué reste une ville conservatrice et tranquille. Les bars y sont rares, et même les responsables locaux du tourisme déplorent que les habitants aillent se coucher à 22h.

Histoire

En 1802, l'empereur Gia Long, fondateur de la dynastie des Nguyên, déplaça la capitale de Hanoi à Hué dans le but d'unir le nord et le sud du pays, et ordonna l'édification de la citadelle. La cité prospérait, mais ses dirigeants devaient lutter contre l'influence croissante de la France.

En 1885, l'armée française répondit à une attaque vietnamienne en assiégeant la citadelle, incendiant la bibliothèque impériale et dépouillant la cité de tous ses objets de valeur. Les empereurs continuèrent à résider à Hué, écartés cependant de toute décision d'intérêt national.

Ce n'est qu'en 1968 que l'attention se porta à nouveau sur elle, à la faveur de l'offensive du Têt. Tandis que l'état-major américain concentrait ses efforts sur Khe Sanh, les troupes nord-vietnamiennes et viêt-cong s'emparèrent de la ville, faisant les titres de la presse mondiale.

Pendant les 25 jours que flotta sur la citadelle le drapeau du Front national de libération, plus de 2 500 personnes – soldats de l'armée de la république du Vietnam (ARVN) marchands, fonctionnaires, bonzes, prêtres, intellectuels, qualifiés de "laquais qui avaient des dettes de sang" – furent fusillées, tuées à coups de gourdin ou enterrées vivantes. Les forces américaines et sud-vietnamiennes répliquèrent en rasant des quartiers entiers de la ville, en bombardant la citadelle et en lâchant du napalm sur le palais impérial. Environ 10 000 habitants périrent à Hué, notamment plusieurs milliers de Viêt-cong,

400 soldats sud-vietnamiens, 150 marines et une grande majorité de civils.

◉ À voir

La majorité des sites de Hué (dont l'enceinte impériale), et une bonne partie de sa population, se concentrent à l'intérieur des douves de la citadelle. D'autres musées et pagodes parsèment le reste de la ville. Tous les principaux tombeaux impériaux se trouvent au sud de Hué.

Dans la citadelle

Érigée entre 1804 et 1833, la citadelle (Kinh Thanh) forme encore le cœur de Hué. Cette structure fortifiée se compose de murs longs de 10 km et épais de 2 m, de douves (de 30 m de long et 4 m de profondeur) et de 10 portes.

Elle compte des parties bien distinctes. L'enceinte impériale et la Cité pourpre interdite constituaient le cœur de la vie de la cour vietnamienne, tandis qu'on trouvait un ensemble de temples au sud-ouest, des résidences au nord-ouest, des jardins au nord-est et la forteresse militaire de Mang Ca au nord.

♥ **Enceinte impériale**   SITE HISTORIQUE (105 000 d ; ◷ 7h-17h30). Abritant la résidence de l'empereur, des temples, des palais et les principaux bâtiments de l'État, l'enceinte est une véritable citadelle dans la citadelle, dont les murs atteignent 6 m de hauteur et 2,5 km de longueur. Aujourd'hui, la majeure partie de cette enceinte est en ruine. On voit qu'une petite partie du site d'origine : l'enceinte a subi des bombardements intensifs durant les guerres d'Indochine et du Vietnam, et seuls 20 des 148 bâtiments sont parvenus jusqu'à nous. La reconstruction et la restauration des parties endommagées est en cours.

L'exploration de ce site étonnant demande une demi-journée. Cependant, étant donné le manque d'explications et de panneaux, il est parfois difficile de se repérer.

L'endroit est par ailleurs jonché de pierres, de gravats, de carreaux cassés et de mauvaises herbes. Néanmoins, il se prête à une flânerie plaisante, et certaines parties moins fréquentées sont impressionnantes. Il y a des petits cafés et stands de souvenirs tout autour.

Nous présentons ici les sites de l'enceinte impériale dans l'ordre où vous les trouverez, dans le sens inverse des aiguilles d'une montre, en commençant par la porte Ngo Mon.

Hué

CENTRE DU VIETNAM HUÉ

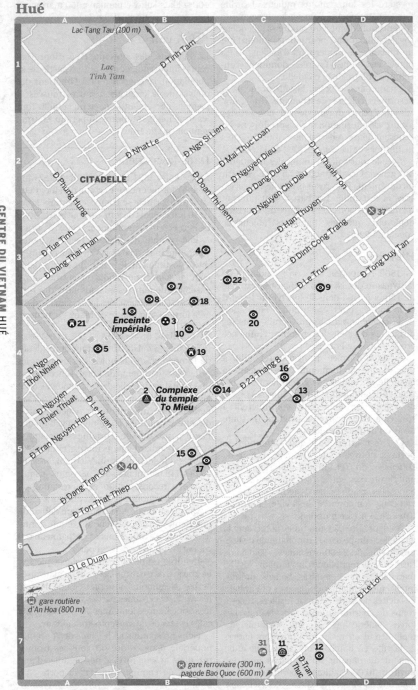

Lac Tang Tau (100 m)

Lac Tinh Tam

Đ Tinh Tam

Đ Nhat Le

Đ Ngo Si Lien

Đ Mai Thuc Loan

Đ Nguyen Dieu

Đ Dang Dung

Đ Nguyen Chi Dieu

Đ Le Thanh Ton

Đ Doan Thi Diem

CITADELLE

Đ Phung Hung

Đ Tue Tinh

Đ Dang Thai Than

Đ Han Thuyen

Đ Dinh Cong Trang

Đ Le Truc

Đ Tong Duy Tan

37

4

22

7

8

18

9

1 Enceinte impériale

21

3

20

5

10

19

16

2 Complexe du temple To Mieu

14

Đ 23 Thang 8

13

Đ Ngo Thoi Nhiem

Đ Nguyen Thien Thuat

Đ Le Huan

Đ Tran Nguyen Han

15

17

Đ Dang Tran Con

40

Đ Ton That Thiep

Đ Le Duan

gare routière d'An Hoa (800 m)

31

11

12

Đ Tran Thuc

gare ferroviaire (300 m), pagode Bao Quoc (600 m)

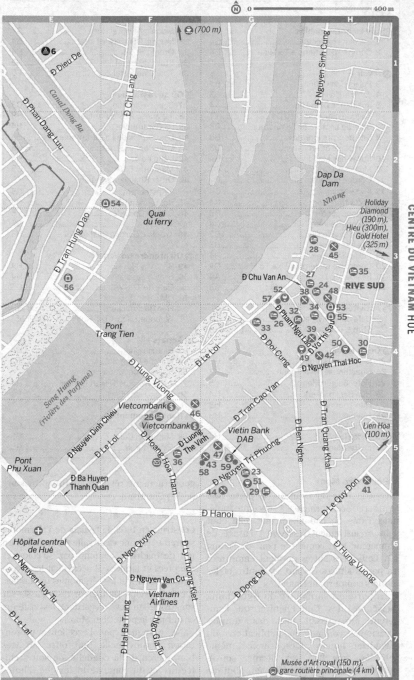

Hué

➡ **Porte Ngo Mon**

Face à la tour du Drapeau, la porte Ngo Mon sert d'accès principal à l'enceinte impériale. Parée de battants jaunes, elle était jadis exclusivement réservée à l'usage de l'empereur, tout comme le pont de l'étang aux Lotus. Les autres devaient emprunter les portes situées de part et d'autre et les sentiers contournant l'étang.

La porte est surmontée du Ngu Phung (belvédère des Cinq Phénix), où l'empereur apparaissait lors des grandes occasions, comme la publication du calendrier lunaire. C'est sur ce même belvédère que Bao Dai, dernier souverain de la dynastie des Nguyên, abdiqua le 30 août 1945, devant une délégation du gouvernement révolutionnaire provisoire de Hô Chi Minh.

➡ **Palais Thai Hoa**

Construit en 1803, le "palais de l'Harmonie suprême" est une vaste salle surmontée d'un toit de madriers, soutenu par 80 colonnes sculptées et laquées. Il accueillait les réceptions officielles et les cérémonies impériales. À ces occasions, l'empereur restait assis sur son trône surélevé, regardant les visiteurs entrer par la porte Ngo Mon.

Ne manquez pas l'excellente présentation audiovisuelle, qui offre un très bon aperçu de la citadelle, de son architecture et du contexte historique. Photos interdites.

➡ Salles des Mandarins

Juste derrière le palais, de part et d'autre d'une cour, ces salles servaient de bureaux et de vestiaires aux mandarins.

La salle de gauche a été aménagée pour les photos touristiques : vous pourrez prendre la pose sur le trône, en costume impérial. Dans l'autre salle sont exposées de vieilles photographies (notamment celles du couronnement de l'enfant-roi Vua Duya Tan), des bouddhas dorés et d'autres curiosités impériales.

Au-delà de la cour, vous découvrirez les ruines du **palais Can Chanh**, où deux magnifiques galeries, longues et laquées de rouge, ont été reconstruites.

➡ Salle de Lecture de l'empereur

(Thai Binh Lau). Quoique fort décatie, la salle de Lecture de l'empereur est la seule partie de la Cité pourpre interdite à avoir échappé aux dommages causés durant la réoccupation française de Hué, en 1947. Actuellement en cours de rénovation, elle est fermée aux visiteurs. Remarquez cependant les mosaïques du toit rappelant le style de Gaudi.

➡ Théâtre royal

(Duyen Thi Duong ; ☑ 351 4989 ; www.nhanhac.com. vn ; billet 70 000 d ; ☉ représentations 9h, 10h, 14h30 et 15h30). Le théâtre royal, dont la construction débuta en 1826 et qui accueillit par la suite le conservatoire national de musique, a été reconstruit sur ses anciennes fondations. Les spectacles durent une demi-heure.

Au sud-est se trouvent le temple Thai To Mieu (ci-contre ; aujourd'hui une pépinière) et l'ancienne **université des Beaux-Arts**, dont il ne reste presque rien.

➡ Jardins de Co Ha

Dans l'angle nord-est de l'enceinte impériale, ces magnifiques jardins furent conçus par les quatre premiers empereurs de la dynastie des Ngûyen mais par la suite laissés à l'abandon. Ils ont récemment fait l'objet d'une reconstitution remarquable et sont parsemés d'étangs et de petits pavillons en forme de belvédère (dont un café), composant l'un des espaces les plus paisibles de toute la citadelle.

➡ Cité pourpre interdite

(Tu Cam Thanh). Au cœur de l'enceinte impériale, il ne reste pratiquement rien de la Cité pourpre interdite, jadis magnifique. Citadelle dans la citadelle, elle était exclusivement réservée à l'usage personnel de l'empereur – les seuls serviteurs autorisés étaient les eunuques, qui ne représentaient aucune menace pour les concubines impériales.

La Cité pourpre interdite fut presque entièrement détruite durant les guerres et ses vestiges sont aujourd'hui recouverts de mauvaises herbes.

➡ Résidence Truong San

En 1844, l'empereur Thiêu Tri classa cette résidence parmi les vingt plus beaux sites de Hué. Elle a malheureusement été totalement dévastée par la guerre. Remarquez le somptueux portique d'entrée, orné de dragons et de phénix qui caracolent, ainsi que les douves ovales. L'extérieur a été superbement restauré, alors que l'intérieur est resté vide, quoique pourvu de belles dalles et colonnes.

➡ Résidence Dien Tho

Cette superbe résidence (1804) partiellement en ruine accueillait autrefois les appartements et la salle d'audience des reines mères de la dynastie des Ngûyen. La salle d'audience abrite une collection de photos représentant l'endroit autrefois, ainsi que des vêtements royaux.

À l'extérieur, on découvre un **pavillon d'agrément** en bois sculpté construit au-dessus d'un bassin de nénuphars. Il est aujourd'hui occupé par un ravissant petit café.

➡ Temple Thai To Mieu

Occupant l'angle sud-ouest de l'enceinte impériale, cet impressionnant ensemble fortifié a été superbement restauré.

Dans la partie sud s'élève sur trois niveaux l'imposant **pavillon Hien Lam** (1824). De l'autre côté d'une cour s'étend le solennel **temple To Mieu**, qui abrite les sanctuaires de chacun des empereurs, surmontés de leur photo.

Entre ces deux temples se trouvent les **neuf urnes dynastiques** (*dinh*). Chacune de ces urnes, fondues entre 1835 et 1836, est consacrée à un souverain de la dynastie des Nguyên. Mesurant environ 2 m de hauteur, et pesant chacune de 1 900 à 2 600 kg, elles symbolisent la puissance et la stabilité du règne des Nguyên. L'urne centrale, la plus grande et la plus finement ornée, est dédiée à Gia Long, fondateur de la dynastie. Dans la cour, on peut voir deux dragons, enfermés dans ce qui ressemble à des cabines téléphoniques rouges.

Du côté nord de l'ensemble, une porte mène à une petite enceinte fortifiée abritant le **temple Hung To Mieu**, une reconstruc-

L'enceinte impériale de Hué

EXPLORATION DU SITE

C'est du sud, par les remparts extérieurs de la citadelle, que l'on accède à cet ensemble disparate de palais et de pagodes méticuleusement restaurés, de ruines et de décombres. Le plus judicieux est de définir un circuit à faire à pied, en faisant le tour des structures dans le sens inverse des aiguilles d'une montre.

Vous commencerez par traverser l'impressionnante **porte Ngo Mon ❶**, où se trouve la billetterie. Elle offre un angle de vue spectaculaire et accroît le sentiment d'exaltation en pénétrant dans cette citadelle dans la citadelle. En face se trouve le **palais Thai Hoa ❷**, où l'empereur accueillait les visiteurs officiels du haut de son trône surélevé. En poursuivant vers le nord, vous arriverez sur une petite cour encadrée des deux **salles des Mandarins ❸**, qui servaient de bureaux et de vestiaires de cérémonie aux mandarins.

Au nord-est se dresse le théâtre royal, qui accueille des spectacles de danse traditionnelle plusieurs fois par jour. Rejoignez ensuite la salle de Lecture de l'empereur, construite par Thieu Tri, et qui était utilisée comme lieu de retraite. À l'est se trouve le ravissant jardin Co Ha, dont vous pourrez parcourir les sentiers récemment restaurés et parsemés de centaines de bonsaïs et de plantes en pots.

Depuis le pavillon Tu Vo Phuong, qui garde l'extrémité nord du site, on peut suivre les douves jusqu'à la résidence Truong San puis revenir vers le sud en passant par la **résidence Dien Tho ❹** pour finalement découvrir le temple To Mieu, superbement restauré, qui est peut être le plus bel élément du site – admirez ses **neuf urnes dynastiques ❺**.

BONS PLANS

Prévoyez une demi-journée pour explorer la citadelle. Il y a des vendeurs de boissons partout dans le site, mais les meilleurs endroits pour faire une pause sont le jardin Co Ha, le pavillon Tu Vo Phuong et la résidence Dien Tho (on trouve aussi à manger dans ces deux derniers).

ANDERS BLOMQVIST / GETTY IMAGES ©

Résidence Dien Tho
De nombreuses reines mères vécurent dans cette ravissante résidence dotée de structures basses et d'un bassin. Les constructions les plus anciennes datent de 1804.

Pavillon Tu Vo Phuong

Résidence Truong San

Temple To Mieu

Neuf urnes dynastiques
Ces colossales urnes en bronze furent commandées par l'empereur Minh Mang et fondues entre 1835 et 1836. Elles comportent des éléments décoratifs représentant des paysages, des rivières, des fleurs et des animaux.

ANDERS BLOMQVIST / GETTY IMAGES ©

Pavillon Tu Vo Phuong
Ce pavillon de 2 étages qui s'élève au-dessus des douves était un bastion de défense du secteur nord de l'enceinte impériale. Il allie les styles architecturaux européens et vietnamiens (remarquez les beaux dragons sur le toit).

Salles des Mandarins
Des travaux de restauration financés par l'Unesco sont en cours dans la salle à l'est, dans le but de préserver les belles fresques qui ornent le plafond et les murs.

Salle de Lecture de l'empereur

Jardin de Co Ha

Théâtre royal

③

②

①

⑤

Porte Ngo Mon
Cette structure imposante qui sert d'accès principal à l'enceinte impériale comprend un niveau inférieur fortifié et une partie supérieure à l'architecture plus élaborée. Elle date de 1833.

Palais Thai Hoa
Ne manquez pas ses incroyables colonnes en bois de fer recouvertes de 12 couches de rouge écarlate et de vernis or. Sans des travaux de restauration dans les années 1990, la structure se serait effondrée.

tion du temple d'origine, bâti en 1804 en hommage aux parents de Gia Long.

Neuf canons sacrés CANONS
Situés à l'intérieur de la citadelle, près des portes encadrant la tour du Drapeau, les **neuf canons sacrés** (1804) sont les défenseurs symboliques du palais et du royaume. Fondus sur l'ordre de l'empereur Gia Long, à partir d'objets en cuivre dérobés aux rebelles Tay Sôn, ils n'ont jamais eu pour vocation de servir. D'une longueur de 5 m, chacun pèse environ 10 tonnes. Les **quatre canons** situés près de la **porte Ngan** symbolisent les saisons, tandis que les **cinq canons** proches de la **porte Quang Duc** représentent les éléments : métal, bois, eau, terre et feu.

Hors de la citadelle

Pagode nationale Dieu De TEMPLE BOUDDHIQUE
(Quoc Tu Dieu De ; 102 Đ Bach Dang). GRATUIT
Édifiée sous le règne de l'empereur Thiêu Tri (1841-1847), cette pagode qui surplombe le canal Dong Ba est célèbre pour ses quatre tours basses – une de part et d'autre de la porte, les deux autres flanquant le sanctuaire.

La pagode Dieu De fut un bastion de la révolte bouddhiste et estudiantine contre le régime sud-vietnamien et la guerre du Vietnam. En 1966, elle fut prise d'assaut par la police, qui procéda à de nombreuses arrestations.

Les pavillons qui encadrent l'entrée principale abritent les 18 La Ha – situés juste au-dessous des bodhisattvas dans la hiérarchie bouddhiste – et les 8 Kim Cang, protecteurs du Bouddha. Derrière les estrades se tient le Bouddha Thich Ca, entouré de ses deux assistants.

Musée d'Art royal de Hué MUSÉE
(150 Đ Nguyen Hue ; 6h30-17h30 en été, 7h-17h en hiver). GRATUIT Ce musée récemment rénové occupe le palais An Dinh (1918). Commandé par l'empereur Khai Dinh, le bâtiment, d'influence baroque, est décoré d'une profusion de fresques murales très élaborées, de motifs floraux et de trompe-l'œil. Après son abdication en 1945, l'empereur Bao Dai vécut ici entouré de sa famille.

Le musée renferme de superbes céramiques, peintures, meubles, objets en argent, porcelaines et vêtements royaux, mais manque quelque peu d'éléments explicatifs.

Pagode Bao Quoc TEMPLE BOUDDHIQUE
(Ham Long Hill). GRATUIT Édifiée en 1670, cette pagode qui domine la colline Ham Long

est située sur la rive sud de la rivière des Parfums. Notez l'imposante porte à trois arches, que l'on atteint après avoir gravi un large escalier. À droite, une école de moines est en service depuis 1940.

Pour y accéder depuis Đ Le Loi, dirigez-vous vers le sud jusqu'à Đ Diên Biên Phu, puis prenez la première à droite après la voie ferrée.

Complexe des musées MUSÉES
(Đ 23 Thang 8 ; 7h-11h et 13h30-16h30 mar-dim). GRATUIT Le ravissant bâtiment quelque peu délaissé situé en face du palais Long An est une ancienne école qui accueillait autrefois les princes et les fils des grands mandarins. L'endroit regroupe une pagode dédiée à l'archéologie, un petit Muséum d'histoire naturelle et un bâtiment consacré au mouvement de résistance contre le colonialisme français.

Collège national ÉDIFICE REMARQUABLE
(Truong Quoc Hoc ; 10 Đ Le Loi ; 11h30-13h et après 17h). Fondé en 1896, le collège national est l'un des établissements secondaires les plus prestigieux du Vietnam. Il fut notamment fréquenté par le général Vo Nguyen Giap et par Hô Chi Minh (qui y fit de brèves études en 1908). On ne peut visiter les lieux qu'à l'heure du déjeuner et à la fin des cours.

Musée Hô Chi Minh MUSÉE
(7 Đ Le Loi ; 7h-11h & 13h30-16h mar-dim). GRATUIT Le père du Vietnam moderne passa 10 ans à Hué. On trouve dans ce musée d'intéressantes photographies ainsi qu'un ensemble de diplômes et de médailles, mais il y a très peu d'explications.

Lac Tang Tau LAC
(Đ Dien Tien Hoang). Sur une île au centre du lac Tang Tau (situé au nord du lac Tinh Tam) s'élevait une bibliothèque royale. Le site est aujourd'hui occupé par la petite **pagode Ngoc Huong**.

✪ Circuits organisés

Stop & Go Café EXCURSIONS
(054-382 7051 ; www.stopandgo-hue.com ; 3 Đ Hung Vuong). Circuits sur mesure à moto et en voiture. Une excursion d'une journée en voiture dans la DMZ avec un vétéran vietnamien coûte 27 $US par personne pour 4 personnes, ce qui représente une bonne affaire. Les circuits guidés à Hoi An, avec haltes sur la plage, sont également très intéressants.

LA PAGODE THIEN MU, TEMPLE DE LA CONTESTATION

Derrière le grand sanctuaire de la pagode Thien Mu, on peut voir l'Austin dans laquelle le bonze Thich Quang Duc se rendit à Saigon, en 1963, pour s'immoler par le feu publiquement en signe de protestation contre la politique du président sud-vietnamien, Ngô Dinh Diêm. Les journaux du monde entier publièrent la photo de son sacrifice, lequel inspira une vague d'immolations volontaires.

La réaction de la belle-sœur du président Diêm (Tran Lê Xuan, ou Mme Nhu), qui qualifia crûment ces immolations de "*barbecue party*", ajoutant "Laissons-les brûler, et applaudissons", resta dans les mémoires. Ces déclarations ne firent qu'amplifier le ressentiment populaire à l'égard du régime Diêm. Au mois de novembre, Diêm fut assassiné par ses forces armées, de même que son frère, Ngô Dinh Nhu, l'époux de Mme Nhu, laquelle se trouvait alors à l'étranger.

Un autre incident provoqua de nouvelles manifestations en 1993. Cette fois, un homme arriva à la pagode et, après avoir déposé ses offrandes, s'immola par le feu en psalmodiant le nom de Bouddha. Bien que les motivations de cet homme restent obscures, son action déclencha une série d'événements au cours desquels les principaux moines furent arrêtés pour leur lien avec l'Église bouddhique unifiée du Vietnam (EBUV), dissidente de l'Église bouddhique officielle. La Fédération internationale des ligues des droits de l'homme (FIDH) porta plainte auprès de l'ONU en accusant le gouvernement vietnamien de violer sa propre Constitution, laquelle est censée garantir la liberté religieuse.

Cafe on Thu Wheels EXCURSIONS
(☎054-383 2241 ; minhthuhue@yahoo.com ; 10/2 Đ Nguyen Tri Phuong). Circuits bon marché et très courus, à vélo, à moto (à partir de 10 $US/pers) et en voiture (dans la DMZ à partir de 40 $US/pers), et dans Hué et ses environs, menés par Minh, personnage haut en couleur.

🛏 Où se loger

Hué offre des hébergements d'un excellent rapport qualité/prix, avec des tarifs bien inférieurs à ceux pratiqués à Hanoi ou à HCMV. Les petites rues situées entre Đ Le Loi et Đ Vo Thi Sau constituent le principal quartier touristique.

♥ Huenino PENSION $
(☎054-625 2171 ; www.hueninohotel.com ; 14 Đ Nguyen Cong Tru ; ch 14-24 $US ; ⊖❄@🛜). Cette pension accueillante tenue en famille offre un cadre élégant avec objets d'art et beau mobilier. Petites chambres avec minibar, TV câblée et bons lits. Petit-déjeuner copieux compris.

♥ Jade Hotel PENSION $
(☎054-393 8849 ; http://jadehotelhue.com ; 17 Nguyen Thai Hoc ; ch 15-25 $US ; ⊖❄@🛜). Un très bon établissement au service impeccable. Les chambres sont dotées de matelas douillets, et il fait bon se détendre dans le hall-lounge.

Star City Hotel HÔTEL $
(☎054-383 1358 ; http://starcityhotelhue.com ; 2/36 Vo Thi Sau ; ch 12 $US ; ❄@🛜). Cet hôtel

de 5 étages avec ascenseur loue des chambres propres et spacieuses avec TV et clim. Le tout à prix très abordable. Situé en retrait de la rue, à l'écart du bruit de la circulation.

Hue Backpackers AUBERGE DE JEUNESSE $
(☎054-382 6567 ; www.vietnambackpackerhostels.com ; 10 Đ Pham Ngu Lao ; dort 8-12 $US, ch 18 $US ; ❄@🛜). Adresse très prisée des routards grâce à un emplacement central, un personnel sympathique, de bonnes infos touristiques et un bar-restaurant convivial. Les dortoirs (dont certains avec grands lits à 2 places) sont bien aménagés et pourvus de la clim et de casiers.

Hung Vuong Inn HÔTEL $
(☎054-382 1068 ; truongdung2000@yahoo.com ; 20 Đ Hung Vuong ; ch 11-17 $US ; ❄@🛜). Neuf chambres de belle taille, avec TV sat et sdb agréables. Situation pratique, malgré la circulation. Le restaurant a beaucoup de succès.

Hue Thuong HÔTEL $
(☎054-388 3793 ; www.huethuonghotel.com ; 11 Đ Chu Van An ; ch 15-22 $US ; ❄@🛜). Un fantastique mini-hôtel, dont les chambres rénovées, quoique petites, sont plaisantes et impeccables, avec une literie pourpre et blanche, et de jolis meubles.

Guesthouse Nhat Thanh PENSION $
(☎054-393 5589 ; nhatthanhguesthouse@gmail.com ; 17 Đ Chu Van An ; ch 14-16 $US ; ❄🛜).

Abstraction faite de la quantité excessive de publicités touristiques dans le hall, le Nhat Thanh est une bonne adresse. Il loue de grandes chambres avec bons lits, minibar et TV.

Binh Minh Sunrise 1 HÔTEL $

(☎054-382 5526; www.binhminhhue.com; 36 Đ Nguyen Tri Phuong; ch 15-35 $US; ✵@🛜). Sur 6 étages, cet hôtel central emploie un personnel aimable et loue des chambres plutôt spacieuses, d'aspect un peu vieillot, mais parfois pourvues d'un balcon. Les moins chères n'ont pas la clim et leur prix n'inclut pas le petit-déjeuner.

Moonlight Hotel Hue HÔTEL $$

(☎054-397 9797; www.moonlighthue.com; 20 Pham Ngu Lao; ch 44-65 $US; ste 70-140 $US; ⊖✵@🛜🖳). Hôtel de "nouvelle génération" offrant des chambres extrêmement bien équipées pour leur prix, avec parquet ciré, sdb en marbre avec baignoire, et mobilier somptueux. Payez quelques dollars de plus pour avoir un balcon donnant sur la rivière des Parfums. Excellent petit-déjeuner, mais piscine exiguë et couverte.

Orchid Hotel HÔTEL $$

(☎054-383 1177; www.orchidhotel.com.vn; 30A Đ Chu Van An; ch 30-75 $US; ⊖✵@🛜🖐). Un hôtel moderne très bien géré, et réputé à juste titre pour son service impeccable et chaleureux. Chambres très agréables avec sol stratifié, coussins et lecteur DVD. Les plus chères sont pourvues d'un Jacuzzi avec vue sur la ville. Bon petit-déjeuner compris et prise en charge attentive des enfants.

Gold Hotel HÔTEL $$

(☎054-381 4815; www.goldhotelhue.com; 28 Đ Ba Trieu; ch 35-42 $US; ste 60-80 $US; ✵@🛜🖳). Ce nouvel hôtel est assez impressionnant : il offre un grand espace de restauration et des chambres modernes au décor très soigné, pourvues de superbes sdb (avec baignoire). On apprécie la gestion efficace et l'excellent rapport qualité/prix, malgré une piscine plutôt quelconque. À quelques minutes de la rivière, à pied ou en cyclo-pousse.

Holiday Diamond HÔTEL $$

(☎054-381 9845; http://hueholidaydiamondhotel.com; 6, 14 Nguyen Cong Tru; ch 24-30 $US, f 36 $US; ✵@🛜). Réservez suffisamment à l'avance pour avoir une chambre dans cet hôtel dont l'accueil chaleureux est très apprécié, et qui loue des chambres d'un bon rapport qualité/prix, petit-déjeuner inclus.

Muong Thanh Hue Hotel HÔTEL $$

(☎054-393 6688; http://muongthanh.vn; 38 Đ Le Loi; ch à partir de 64 $US; ⊖✵@🛜🖳). Anciennement l'hôtel Mercure, cet établissement dominant la rivière des Parfums possède un emplacement fabuleux. Les chambres, avec meubles en bois ciré, sdb modernes et balcons, ont tout le confort souhaitable. La piscine en forme de haricot est un peu petite et le service pourrait être plus soigné.

Thai Binh Hotel 2 HÔTEL $$

(☎054-382 7561; www.thaibinhhotel-hue.com; 2 Đ Luong The Vinh; ch 20-35 $US; ✵@🛜). À une rue de la grande artère touristique, un hôtel bleu pastel, pratique et calme. Superbe vue depuis les étages supérieurs et personnel efficace. Restaurant (repas à partir de 3 $US).

♥ Pilgrimage Village COMPLEXE HÔTELIER $$$

(☎054-388 5461; www.pilgrimagevillage.com; 130 Đ Minh Mang; ch/bungalows à partir de 110/153 $US; ✵@🛜🖳). Fort d'une piscine de 40 m, de bassins aux lotus et d'un espace yoga et spa dernier cri, ce resort niché dans une vallée verdoyante et isolée évoque davantage une retraite zen qu'un hôtel. Chambres extrêmement confortables. Pour être vraiment comblé, choisissez l'un des bungalows avec piscine privée. Bon restaurant, salle de petit-déjeuner et bar très agréables. À 3 km du centre-ville. Consultez le site Internet pour profiter de promotions (jusqu'à moins de 90 $US la nuitée).

La Résidence HÔTEL $$$

(☎054-383 7475; www.la-residence-hue.com; 5 Đ Le Loi; ch à partir de 155 $US; ⊖✵@🛜🖳). Jadis résidence du gouverneur français, ce superbe hôtel est empreint d'élégance Art-Déco, avec ses éléments d'origine et ses meubles d'époque. Un chemin bordé de frangipaniers mène à une piscine de 30 m d'où l'on peut admirer la rivière des Parfums. Chambres somptueusement aménagées, excellents restaurants, et service soigné et professionnel.

Hotel Saigon Morin HÔTEL $$$

(☎054-382 3526; www.morinhotel.com.vn; 30 Đ Le Loi; ch/ste à partir de 118/236 $US; ⊖✵@🛜🖳). Ouvert en 1901, le Saigon Morin a été à une époque le cœur de la vie coloniale française. Le bâtiment est impressionnant, organisé autour de deux cours intérieures et d'une petite piscine. Chambres spacieuses, bien meublées, riches de somptueux tapis et de touches d'époque.

✖ Où se restaurer

C'est à l'empereur Tu Duc, grand gourmet devant l'Éternel, que Hué doit sa richesse culinaire. S'offrir un "banquet impérial" est une expérience inoubliable.

Les gâteaux de riz royaux (le plus courant étant le *banh khoai*) sont la première spécialité à goûter. Vous en trouverez, ainsi que des variantes (*banh beo, banh loc, banh it* et *banh nam*) sur les étals et dans les restaurants du marché Dong Ba, de même qu'ailleurs en ville.

Hué possède une longue tradition de cuisine végétarienne. Le marché Dong Ba offre l'embarras du choix les 1er et 15e jours du mois lunaire.

Lien Hoa
VÉGÉTARIEN $
(3 Đ Le Quy Don ; repas 30 000-55 000 d ; ☺11h-21h30 ; ✐). Ce restaurant végétarien sans fioritures est réputé pour sa cuisine copieuse à prix doux : *banh beo* (galettes de riz à la vapeur), nouilles, jacquier frit croustillant et aubergine au gingembre.

Take
JAPONAIS $
(34 Đ Tran Cao Van ; repas 60 000-140 000 d ; ☺11h30-21h30). Authentique restaurant japonais au décor raffiné (lanternes, tentures calligraphiées et même cerisier en fleur) offrant une carte alléchante qui affiche sushis, tempura et yakitoris.

Restaurant Bloom
CAFÉ $
(14 Đ Nguyen Cong Tru ; repas à partir de 35 000-80 000 d ; ☺7h-21h30 ; ☎). Parfait pour des pâtes, un sandwich ou un gâteau maison. Cet agréable café emploie des jeunes défavorisés ou formés par le programme d'aide aux orphelins de l'ACWP (Aid to Children Without Parents). Nourriture sans glutamate.

Mandarin Café
VIETNAMIEN $
(☎054-382 1281 ; 24 Đ Tran Cao Van ; plats à partir de 26 000 d ; ☎✐). M. Cu, dont les photos inspirées ornent les murs, accueille des routards depuis des années dans son restaurant à l'ambiance décontractée offrant un large choix de plats végétariens et de petits-déjeuners. Le Mandarin Café est aussi une agence de voyages.

Japanese Restaurant
JAPONAIS $
(☎054-382 5146 ; 12 Đ Chu Van An ; plats 1,50-9 $US ; ☺18h-21h). Ce petit restaurant sert les classiques nippons (*teriyaki, udon*, nouilles de soja). Le cadre n'a rien d'exceptionnel, mais l'établissement emploie d'anciens enfants des rues et contribue à les loger.

Hieu
NOUILLES $
(Đ Ba Trieu ; bol 40 000 d ; ☺6h-10h30). Cette échoppe de rue spécialisée dans les petits-déjeuners sert du *bun bo hue* (soupe de nouilles de riz à la mode de Hué) accompagné d'un énorme morceau de porc ou de bœuf, de fleur de bananier et de piment.

Stop & Go Café
INTERNATIONAL $
(3 Đ Hung Vuong ; repas 20 000-60 000 d ; ☺7h-22h ; ☎). Un endroit chaleureux servant une bonne cuisine vietnamienne et occidentale : *banh beo*, soupe de nouilles au bœuf, tacos, pizzas, pâtes, et petits-déjeuners copieux. Passez-y, ne serait-ce que pour les excellentes infos touristiques.

Caphé Bao Bao
VIETNAMIEN $
(38 Đ Le Thanh Ton ; repas 20 000-35 000 d ; ☺10h30-20h). Un restaurant simple, avec cour, qui vend à bon prix de délicieux sandwichs au porc grillé, servis avec des nouilles et des légumes.

Little Italy
ITALIEN $$
(☎054-382 6928 ; www.littleitalyhue.com ; 2A Đ Vo Thi Sau ; plats 45 000-115 000 d ; ☺7h-22h). Cette trattoria sert une authentique cuisine italienne (pâtes, *calzone*, pizzas, fruits de mer), un large choix de bières et un vin sicilien correct.

La Carambole
FRANÇAIS $$
(☎054-381 0491 ; www.lacarambole.com ; 19 Đ Pham Ngu Lao ; repas 85 000-280 000 d ; ☺7h-23h ; ☎). Restaurant tenu par un sympathique couple franco-vietnamien servant de bons plats européens et locaux, dont des spécialités impériales de Hué.

Omar Khayyam's Indian Restaurant
INDIEN $$
(☎054-382 1616 ; www.omarkhayyamhue.com ; 34 Đ Nguyen Tri Phuong ; plats 48 000-170 000 d ; ☺12h-22h ; ☎). Si vous aimez les saveurs épicées, vous trouverez ici de bons curries, samosas et plats végétariens indiens. Le savoureux *rogan josh* est fait avec de l'agneau importé d'Australie et le *thali* (à partir de 145 000 d) est un véritable festin.

Tropical Garden Restaurant
VIETNAMIEN $$
(☎054-384 7143 ; 27 Đ Chu Van An ; plats 25 000-160 000 d ; ☎). Les tables sont installées sous des abris en chaume, à l'intérieur d'un jardin tropical luxuriant. La cuisine est bonne, spécialisée dans les mets de la région. On dîne au son de musiciens (tlj 19h-21h), et souvent à côté de groupes en voyage organisé.

CENTRE DU VIETNAM HUÉ

EXCURSIONS EN BATEAU SUR LA RIVIÈRE DES PARFUMS

De nombreux sites des environs de Hué peuvent se visiter dans le cadre d'une croisière en bateau sur la rivière des Parfums (Song Huong), notamment la pagode Thien Mu, ainsi que plusieurs tombes royales.

La plupart des hôtels et des cafés fréquentés par les touristes proposent des circuits vers les principaux sites (4-18 $US/pers.) qui durent généralement de 8h à 16h. Il existe de nombreux itinéraires ; certains parmi les meilleurs commencent par une croisière sur la rivière avec des haltes dans des pagodes et des temples, puis enchaînent l'après-midi avec un circuit en minibus vers les principaux tombeaux avant de revenir à Hué par la route. Dans les formules les moins chères, il est souvent nécessaire de louer une moto ou de marcher (sous une chaleur écrasante) pour rallier l'amarrage aux tombeaux.

Il est théoriquement possible de négocier un itinéraire personnalisé à l'amarrage situé au sud de la rivière. Les tarifs de location d'un bateau affrété commencent à 7 $US pour une croisière de 1 heure. Sachez cependant que ces bateaux sont lents. Il vous faudra une journée complète pour visiter certains des tombeaux les plus impressionnants et les plus reculés. Définissez clairement ce que vous voulez, de préférence par écrit.

♥ **Les Jardins de La Carambole**   FRANÇAIS, VIETNAMIEN **$$$**
(☑054-354 8815 ; www.lesjardinsdelacarambole.com ; 32 Dang Tran Con ; repas 12-30 $US ; ☺7h-23h ; 🖢). Vous vivrez une expérience culinaire mémorable dans ce restaurant français délicieusement raffiné installé dans un magnifique édifice colonial du quartier de la citadelle. Les spécialités de l'Hexagone dominent, les vins sont nombreux et le service est appliqué. Idéal pour un repas en amoureux.

🍸 Où prendre un verre

♥ **Brown Eyes**   BAR
(Đ Chu Van An ; ☺17h-tard ; 🖢). Le bar de nuit le plus couru de la ville attire aussi bien les habitants que les touristes fêtards. Les DJ enflamment la piste de danse avec des tubes de R&B, de hip-hop et de house, et les serveurs abreuvent les clients de *shots* gratuits. Ouvert jusqu'à épuisement des troupes.

DMZ Bar   BAR
(www.dmz.com.vn ; 60 Đ Le Loi ; ☺7h-1h ; 🖢). Bar au bord de l'eau apprécié de longue date pour son billard gratuit, sa bière Huda fraîche, ses cocktails (goûtez au mojito à la pastèque) et sa bonne ambiance la plupart des soirs. On y sert aussi des plats occidentaux et locaux jusqu'à minuit, des smoothies et des jus de fruits. *Happy hour* de 15h à 20h.

Café on Thu Wheels   BAR
(10/2 Đ Nguyen Tri Phuong ; ☺6h30-23h ; 🖢). Le bar de baroudeurs par excellence. Murs couverts de graffitis, ambiance propice aux rencontres. Thu, son jovial propriétaire, ainsi que sa famille, informent volontiers les clients. Ils proposent aussi de bons circuits organisés, servent une nourriture bon marché et mettent des livres et magazines à disposition.

Hue Backpackers   BAR
(10 Đ Pham Ngu Lao ; ☺6h-23h ; 🖢). Toujours animé, ce bar attire les routards en quête de vodkas parfumées, de cocktails et de *happy hours* (20h-21h). Un bon endroit pour regarder les matchs de foot et autres événements sportifs.

Wounded Heart Tea Room   SALON DE THÉ
(23 Đ Vo Thi Sau ; thé 40 000 d ; ☺8h-18h). Attenant à une boutique de commerce équitable, ce petit établissement spécialisé dans le thé vietnamien (notamment au jasmin, au gingembre et oolong) propose également du café. De délicieux en-cas gratuits accompagnent les boissons.

Bar Why Not?   BAR
(21 Đ Vo Thi Sau). Plus calme que les autres bars en ville, le Why Not? propose une fabuleuse carte de cocktails et une belle terrasse donnant sur la rue.

🛍 Achats

Hué est réputée pour ses chapeaux coniques, sans doute les meilleurs du pays. Sa spécialité est le "chapeau poétique" qui, placé à contre-jour, laisse apparaître en ombres chinoises des scènes de la vie quotidienne. La ville tient également son renom de ses papiers de riz et de ses peintures sur soie.

Spiral Foundation Healing the Wounded Heart Center ARTISANAT
(☎054-383 3694 ; www.hwhshop.com ; 23 Ð Vo Thi Sau ; ⊙8h-18h). Ce magasin vend un choix d'objets d'art fabriqués à partir de matériaux recyclés par des artisans handicapés, et ce dans le respect de l'environnement. On trouve ainsi des cadres réalisés à partir de canettes de bière et d'originaux sacs à main en plastique. Le produit de la vente contribue au financement d'opérations de chirurgie cardiaque pour des enfants nécessiteux.

Blue de Hue ANTIQUITÉS
(43 Vo Thi Sau ; ⊙7h30-18h30). Antiquaire réputé vendant des sculptures en pierre, des céramiques, des objets en laque et des sculptures en bois.

Marché Dong Ba MARCHÉ
(Ð Tran Hung Dao ; ⊙6h30-20h). Ce marché installé au nord du pont Trang Tien est le plus important de Hué. On y trouve absolument de tout.

Trang Tien Plaza CENTRE COMMERCIAL
(6 Ð Tran Hung Dao ; ⊙8h-22h). Un petit centre commercial moderne, sis entre le pont Trang Tien et le marché Dong Ba, qui abrite une enseigne Coopmart.

❶ Renseignements

ACCÈS INTERNET

Quasiment tous les hôtels et pensions de Hué ont le Wi-Fi, à l'instar de bon nombre de cafés et de restaurants. Des cybercafés bordent les rues touristiques de Ð Hung Vuong et de Ð Le Loi.

AGENCES DE VOYAGES

La plupart des agences de voyages et des touropérateurs rassemblent leurs clients dans un même bus pour leurs circuits bon marché ; il n'y a donc généralement pas de différence entre les prestataires pour une visite (standard) de la DMZ.

Il existe naturellement des circuits sur mesure et plus spécialisés, mais aussi plus onéreux.

DMZ Travel (☎054-224 1904 ; www.dmz.com. vn). Propose tous types de circuits : croisières à petits prix sur la rivière des Parfums (150 000 d), visites de la DMZ (350 000 d) et excursions à Phong Nha, grotte du Paradis incluse (580 000 d). Vend également des billets de bus pour le Laos.

Mandarin Café (☎054-382 1281 ; www. mrcumandarin.com ; 24 Ð Tran Cao Van). Excellents renseignements et organisation de circuits et de transports dans la région de Hué et alentour. M. Cu parle français.

Sinh Tourist (☎054-382 3309 ; www. thesinhtourist.vn ; 7 Ð Nguyen Tri Phuong). Réservation de billets de bus "open tour" et classiques pour le Laos.

ARGENT

Vietcombank (30 Ð Le Loi ; ⊙7h30-15h30 lun-sam). Dans l'Hotel Saigon Morin.

DAB Vietin Bank (12 Ð Hung Vuong)

POSTE

Poste (8 Ð Hoang Hoa Tram ; ⊙7h-17h30 lun-sam)

SERVICES MÉDICAUX

Hôpital central de Hué (Benh Vien Trung Uong Hué ; ☎054-382 2325 ; 16 Ð Le Loi ; ⊙6h-22h)

❶ Depuis/vers Hué

AVION

Vietnam Airlines (☎054-382 4709 ; 23 Ð Nguyen Van Cu ; ⊙fermé dim) assure 2 vols par jour pour Hanoi et HCMV. VietJet (p. 507) dessert également ces deux villes quotidiennement.

BUS

De la **gare routière principale**, à 4 km au sud-est du centre, des bus rallient Danang et, vers le sud, HCMV. La **gare routière d'An Hoa** (RN 1), au nord-ouest de la citadelle, dessert le Nord, dont Dong Ha (44 000 d, 2 heures, ttes les 30 min). Chaque jour, un bus part à 11h15 (repérez l'indication "Phuc Vu" sur le pare-brise) pour le Phong Nha Farmstay et le village de Son Trach (150 000 d, 4 heures).

Il existe aussi un service pratique de minibus (500 000 d, 5 heures) entre Hue Backpackers et le Phong Nha Farmstay-village de Son Trach, qui quitte la pension à 13h et s'arrête aux tunnels de Vinh Moc et au musée du Fleuve Ben Hai. Le prix du billet comprend l'entrée aux sites et une visite guidée des tunnels.

Les bus "open tour" s'arrêtent régulièrement à Hué. En général, ils déposent et embarquent les passagers dans les hôtels du centre. Attention, des rabatteurs rôdent à l'arrêt du bus.

Les cafés Mandarin, Sinh et Stop and Go peuvent se charger des réservations de bus pour Savannakhet, au Laos.

TRAIN

La **gare ferroviaire de Hué** (☎054-382 2175 ; 2 Ð Phan Chu Trinh) se situe à l'extrémité sud-ouest de Ð Le Loi.

❶ Comment circuler

L'aéroport de Hué, Phu Bai, situé à 14 km au sud de la ville, a été récemment modernisé. Des taxis avec compteur attendent les arrivées. La course jusqu'au centre-ville coûte environ 190 000 d. Vous pouvez aussi prendre un minibus (50 000 d). La navette de Vietnam Airlines peut venir vous chercher à votre hôtel (billet 60 000 d).

Le vélo, que vous pourrez louer dans de nombreux hôtels pour 1-2 $US/jour, permet de découvrir agréablement la ville et les tombeaux impériaux des environs. Une moto revient à 5-10 $US/jour selon le modèle et l'état du véhicule. Pour une voiture avec chauffeur, comptez 40-50 $US/jour au minimum.

Les conducteurs de cyclo-pousse profitent de l'affluence touristique pour pratiquer des prix exorbitants. Pour vous donner un repère, une petite course ne devrait pas coûter plus de 25 000 d. Il est généralement plus rapide et plus économique de prendre un taxi avec compteur. Il n'est pas rare, en tant que touriste, de se faire harceler par des conducteurs de cyclo-pousse et de moto-taxi criant "hello cyclo" ou "hello moto" – quelques "no, thank you" finissent généralement par les dissuader.

Pour réserver un taxi, appelez **Mai Linh** (☎ 054-389 8989).

Environs de Hué

Les somptueux mausolées des dirigeants de la dynastie des Ngûyen (1802-1945) sont disséminés le long des berges de la rivière des Parfums, entre 2 km et 16 km au sud de Hué. On trouve aussi de belles pagodes et d'autres sites.

Presque tous les tombeaux impériaux furent érigés par les empereurs de leur vivant, certains leur ayant même servi de résidence.

Si chaque mausolée se caractérise par une structure et une architecture propres, la plupart se composent de cinq parties. La première est un pavillon abritant une stèle en marbre, sur laquelle sont gravés les exploits et les vertus du défunt empereur. La deuxième est un temple consacré au culte de l'empereur et de l'impératrice. La troisième est le tombeau de l'empereur, généralement installé dans une enceinte carrée ou circulaire. La quatrième est une cour d'honneur flanquée de statues de pierre représentant des éléphants, des chevaux, des mandarins civils et militaires. Enfin, la cinquième est un bassin recouvert de fleurs de lotus, entouré de frangipaniers et de pins.

La plupart des touristes visitent ces monuments dans le cadre d'un circuit organisé au départ de Hué, soit en bateau, soit en bateau et en bus. Néanmoins, il est tout à fait possible de s'y rendre seul, en *xe om* ou à vélo.

◉ À voir

Tombeau de Tu Duc   TOMBEAU
(80 000 d). Érigé entre 1864 et 1867, ce tombeau est le plus populaire, et certainement l'un des plus impressionnants des mausolées royaux. L'empereur Tu Duc vécut et fut enterré dans ce monument qu'il avait dessiné lui-même. La dépense fut énorme et les ouvriers furent enrôlés de force. S'ensuivit un complot contre le souverain, qui échoua.

De fait, Tu Duc menait une existence excessivement luxueuse et débridée. Or, malgré ses 104 épouses et ses innombrables concubines, il ne laissa aucune descendance.

TRANSPORTS DEPUIS HUÉ

DESTINATION	AVION	BUS	VOITURE/ MOTO	TRAIN
Danang	–	3,50 $US, 3 heures, fréquents	2 heures 30-4 heures	3,50-6 $US, 2 heures 30-4 heures, 7/jour
Dong Hoi	–	4-7 $US, 4 heures, 12/jour	3 heures 30	5-11 $US, 3 heures-5 heures 30, 7/jour
Hanoi	à partir de 30 $US, 1 heure, 3/jour	20-32 $US, 13-16 heures, 9/jour	16 heures	24-42 $US, 12 heures-15 heures 30, 6/ jour
HCMV	à partir de 34 $US, 1 heure 15, 4/jour	26-42 $US, 19-24 heures, 9/jour	22 heures	32-55 $US, 19 heures 30-23 heures, 5/jour
Ninh Binh	–	14-22 $US, 10 heures 30-12 heures, 8/jour	11 heures	19-35 $US, 10-13 heures, 5/jour
Vinh	–	9-17 $US, 7 heures 30-9 heures, 7/jour	7 heures	23-38 $US, 6 heures 30-10 heures, 5/jour

Depuis l'entrée, un chemin mène à un embarcadère sur les rives du lac Luu Khiem. Tu Duc venait chasser le petit gibier sur l'île de droite, Tinh Khiem. À l'opposé se dresse le pavillon Xung Khiem, où l'empereur venait composer et réciter des poèmes, accompagné de ses concubines.

Le temple Hoa Khiem est dédié au culte de l'empereur et de son épouse, l'impératrice Hoang Lê Thiên Anh. Ce temple ne renferme désormais qu'un fatras d'objets royaux, livrés à la poussière et sans notices. Le trône le plus grand est celui de l'impératrice, car Tu Duc ne mesurait que 1,53 m.

La salle Minh Khiem, à droite du temple Hoa Khiem, devait initialement être un théâtre. Aujourd'hui, elle sert de cadre pour les photos de cérémonie et accueille des spectacles culturels. Derrière le temple Hoa Khiem, le temple Luong Khiem est consacré à Tu Du, mère de Tu Duc.

En longeant l'étang, on arrive à la cour d'honneur. On passe entre une garde d'éléphants, de chevaux et de minuscules mandarins, avant d'arriver au pavillon de la Stèle. Sur cette pierre, qui pèse près de 20 tonnes, Tu Duc écrivit lui-même son épitaphe. Admettant pleinement ses erreurs, il choisit de baptiser sa tombe *Khiem*, ce qui signifie "modeste".

Ceinte par un mur, la sépulture s'étend de l'autre côté d'une pièce d'eau. En fait, l'empereur n'y fut jamais enterré et l'on ignore où il repose (entouré de nombreux objets précieux). Le secret fut bien gardé : pour éviter que sa tombe ne soit pillée, les 200 serviteurs chargés de ses funérailles furent décapités.

Le tombeau de l'empereur se dresse à quelque 5 km au sud de Hué, dans le village de Duong Xuan Thuong, perché sur la colline de Van Nien.

Tombeau de Minh Mang   TOMBEAU

(80 000 d). Renommé autant pour son architecture que pour son splendide cadre sylvestre, ce tombeau est probablement le plus majestueux de tous. Conçu du vivant de Minh Mang (1820-1840), il fut édifié par son successeur, Thiêu Tri.

La tombe de Minh Mang se situe dans le village d'An Bang, à 12 km du centre de Hué, après le pont, sur la rive occidentale de la rivière des Parfums.

Trois portes à l'est de l'enceinte mènent à la cour d'honneur. Trois escaliers en granit relient la cour au pavillon de la Stèle (Dinh Vuong), de forme carrée.

Pour parvenir au temple Sung An, dédié à Minh Mang et à l'impératrice, il faut franchir trois esplanades et la porte Hien Duc, qui a été refaite. De l'autre côté du temple, trois ponts en pierre traversent le lac Trung Minh Ho (lac de la Clarté pure). Le pont central, Cau Trung Dao, était réservé à l'usage exclusif de l'empereur. Le pavillon Minh Lau (pavillon de la Lumière) est juché au sommet de trois terrasses, symbolisant les "trois pouvoirs" : le ciel, la terre et l'eau. Sur la gauche se dressent le pavillon de l'Air frais et, sur la droite, le pavillon de la Pêche.

Du pont de pierre qui enjambe le lac Tan Nguyet (lac de la Nouvelle Lune), en forme de croissant, un imposant escalier bordé d'une haie de dragons mène au tombeau. La porte en est ouverte une fois par an, à la date de la mort de l'empereur.

Pagode Thien Mu   TEMPLE BOUDDHIQUE

GRATUIT Édifiée sur une colline dominant la rivière des Parfums, à 4 km au sud-ouest de la citadelle, cette pagode est l'un des emblèmes du Vietnam. Construite en 1844 sous le règne de Thiêu Tri, la tour octogonale Thap Phuoc Duyen, de 21 m de hauteur, est tout aussi symbolique de Hué que la citadelle. Chacun des 7 étages qui la composent est dédié à un *manushi-buddha*, un bouddha qui apparaissait sous une forme humaine.

Depuis les années 1960, le lieu est un foyer de contestation politique.

La pagode a été fondée en 1601 par le Nguyên Hoang, gouverneur de la province de Thuan Hoa. Au fil des siècles, elle a été plusieurs fois détruite et reconstruite.

Dans le pavillon à droite de la tour, vous pourrez admirer une stèle de 1715 surmontant une tortue en marbre, symbole de longévité. À gauche de la tour, un second pavillon hexagonal abrite une gigantesque cloche de 2 052 kg coulée en 1710 : on dit qu'elle s'entend à 10 km à la ronde.

Le temple lui-même est un bâtiment modeste au milieu d'une cour intérieure à laquelle on accède par une porte à trois arches. Avant d'entrer, jetez un coup d'œil aux trois statues des divinités qui protègent le bouddhisme. Dans le sanctuaire principal, derrière le bouddha rieur, trois statues représentent A Di Da, le Bouddha du passé, Thich Ca (Sakyamuni), le Bouddha historique, et Di Lac, le Bouddha du futur.

Essayez de faire la visite tôt le matin pour éviter les groupes. S'y rendre à vélo est l'occasion d'une belle promenade. Longez Đ Tran Hung Dao (qui borde la rivière des Parfums)

Environs de Hué

Gare routière d'An Hoa

CITADELLE

RIVE NORD

Đ Le Duan

Pagode Thien Mu

Ho Quyen

Esplanade de Nam Giao

Pagode Tu Hieu

Tombeau de Tu Duc

Pagode Truc Lam

Tombeau de Dong Khan

Tombeau de Thiêu Tri

Village de Tuan

Tombeau de Minh Mang

Tombeau de Gia Long (250 m)

Plage de Thuan An (13 km)

PHU HIEP

Voir carte de Hué (p. 174)

PHU CAT

RIVE SUD

Song Huong (rivière des Parfums)

Hué principale (2 km), de Phu Bai (10 km)

Colline Tam Thai

Colline Ngu Binh

Pagode Tra Am

Colline Thien Thai

Tombeau de Khai Dinh

Village de Chau Chu

Colline Vung

Rivière des Parfums

en direction du sud-ouest, puis Đ Le Duan après le pont Phu Xuan ; traversez ensuite la voie ferrée et suivez Đ Kim Long. On peut aussi se rendre à Thien Mu en barque.

Tombeau de Khai Dinh   TOMBEAU

(80 000 đ). Ce monument à flanc de colline présente une synthèse d'éléments vietnamiens et européens. L'extérieur grandiose de ce tombeau est en grande partie recouvert de ciment noirci, qui lui donne un surprenant air gothique, tandis que les salles intérieures, ornées de mosaïques, explosent de couleurs.

Khai Dinh, qui régna de 1916 à 1925, fut l'avant-dernier empereur du Vietnam, considéré par les jeunes nationalistes comme la marionnette des Français. La construction de ce flamboyant tombeau prit onze ans.

Un escalier mène à la **cour d'honneur**, où des mandarins sculptés montent une garde silencieuse. Leurs visages sont "eurasiens". Trois volées de marches supplémentaires conduisent au prodigieux

bâtiment principal, **Thien Dinh**. Les murs et le plafond sont recouverts de décors muraux représentant les Quatre Saisons, les Huit Objets précieux et les Huit Fées. Sous un dais de béton disgracieux, et devant le symbole du soleil, se dresse une statue en bronze doré de Khai Dinh. À 18 m sous terre, enfin, reposent les reliques de l'empereur.

Le tombeau de Khai Dinh est situé à 10 km de Hué, dans le village de Chau Chu.

Ho Quyen   ARÈNE

(Arène des Tigres). GRATUIT Bien qu'envahie par la végétation, Ho Quyen, construite en 1830, évoque toujours le passe-temps favori de l'empereur : regarder s'affronter des éléphants et des tigres (voire des léopards). On enlevait habituellement les griffes et les dents des fauves afin que les éléphants, symboles du pouvoir impérial, triomphent. Le dernier combat eut lieu ici en 1904. On ne peut pénétrer à l'intérieur de cette petite arène, mais si vous grimpez sur le talus, vous l'observerez d'en haut.

La section face au sud, devant les cages des tigres, était réservée à la famille impériale. Ho Quyen se trouve à 3 km de Hué, dans le village de Truong Da. Prenez Đ Bui Thi Xuan en direction de l'ouest depuis la gare ferroviaire, puis repérez, près du marché, le panneau bleu qui indique le chemin sur la gauche. Suivez-le sur 200 m jusqu'à une fourche où vous prendrez à droite.

Pagode Tu Hieu   TEMPLE BOUDDHIQUE

GRATUIT Au cœur d'une forêt de pins, cette pagode renommée a été érigée en 1843. Plus tard, elle devint la pagode des eunuques de la citadelle (qui ont leur propre cimetière, sur la gauche). Le temple est associé au maître zen Thich Nhat Hanh, qui étudia ici au monastère dans les années 1940, mais vécut en exil pendant plus de 40 ans, et ne fut autorisé à revenir au Vietnam qu'en 2005.

Aujourd'hui, 70 moines vivent à Tu Hieu. Ils accueillent les visiteurs dans les deux temples jumeaux (l'un dédié à Cong Duc, l'autre à Bouddha). Vous pourrez les écouter psalmodier (tlj à 4h30, 10h, 12h, 16h et 19h). La pagode est située à 5 km du centre de Hué, sur le chemin du tombeau de Tu Duc.

Pont Thanh Toan   PONT

Ce pont piétonnier est un pont couvert japonais classique, similaire à celui de Hoi An, mais situé dans un joli paysage campagnard, sans aucune boutique de souvenirs en vue : une agréable digression, une fois quitté Hué. Le pont se trouve dans le paisible village de Thuy Thanh, à 7 km à l'est de Hué. Pour vous y rendre, suivez Đ Ba Trieu sur quelques centaines de mètres vers le nord jusqu'à un panneau indiquant le Citadel Hotel, puis tournez à droite : sur 6 km, le long d'un sentier cahoteux, vous traverserez plusieurs villages, rizières et pagodes avant d'atteindre le pont.

Esplanade de Nam Giao   ÉDIFICE HISTORIQUE

Cette esplanade à trois niveaux constituait autrefois le principal lieu de culte du Vietnam. C'est ici que les empereurs Nguyên procédaient à des sacrifices et à des offrandes en hommage au dieu Thuong De. Les cérémonies (la dernière eut lieu en 1946) s'accompagnaient d'une grandiose procession depuis la citadelle. L'empereur s'y préparait par un jeûne de trois jours dans le palais du Jeûne.

Depuis 2006, elle se déroule à nouveau en grande pompe à l'occasion du Festival de Hué. Le palais du Jeûne, situé à l'autre extrémité du parc à partir de l'entrée, en montre des photos. Pour accéder à l'esplanade, suivez Đ Diên Biên Phu vers le sud sur près de 2 km après la voie ferrée.

Tombeau de Thiêu Tri   TOMBEAU

(80 000 d). Contrairement aux autres, le tombeau de Thiêu Tri, datant de 1848, n'est pas protégé par un mur d'enceinte. En revanche, sa configuration est similaire à celui de son père Minh Mang, en beaucoup plus petit. Restauré voici peu, le tombeau se trouve à quelque 7 km de Hué.

Tombeau de Gia Long   TOMBEAU

GRATUIT Fondateur de la dynastie des Nguyên en 1802, l'empereur Gia Long régna jusqu'en 1819. Ce tombeau rarement visité et dont il ne reste que des ruines abrite les dépouilles de l'empereur et de son épouse. Il se trouve à 14 km au sud de Hué et à 3 km de la rive ouest de la rivière des Parfums.

Parc national de Bach Ma

Ce parc national (Vuon Quoc Gia Bach Ma ; ☎054-387 1330 ; www.bachma.vnn.vn ; adulte/enfant 40 000/20 000 d gratuit -6 ans), site d'une station climatique de l'époque de la colonisation française, culmine à 1 450 m au mont Bach Ma, à seulement 18 km de la côte. Attirés par la fraîcheur du climat, les Français commencèrent à y construire des villas en 1930. Le Viêt-minh y mena des combats sanglants au début des années 1950, et le secteur connut à nouveau le fracas des armes pendant la guerre du Vietnam.

Le parc national, qui a été agrandi en 2008, s'étend de la côte à la cordillère annamitique, à la frontière avec le Laos. Plus de 1 400 variétés de plantes, notamment des fougères et des orchidées rares, y ont été recensées, soit un cinquième de la flore que l'on trouve au Vietnam. Pas moins de 132 espèces de mammifères vivent à Bach Ma. Parmi elles, trois n'ont été découvertes que dans les années 1990 : le saola, proche de l'antilope, le muntjac de Truong Son, qui ressemble à un cerf, et le muntjac géant. On trouve également neuf espèces de primates, y compris quelques représentants de l'espèce rare *Pygathris nemaeus*, repérable à ses jambes rouges. Les conservateurs espèrent voir revenir des éléphants sauvages du côté laotien de la frontière.

La faune du parc étant majoritairement nocturne, l'observer réclame des trésors de patience. Avec 358 espèces d'oiseaux, dont le merveilleux argus ocellé, le parc national est un véritable éden pour les amateurs d'ornithologie, à condition de se lever à l'aube.

La route menant au sommet a été refaite récemment. Le centre d'information, à l'entrée du parc, abrite une petite exposition sur la faune et la flore du parc, et fournit des brochures aux randonneurs.

Le **sentier des Rhododendrons** (qui part du km 10 sur la route) mène en haut d'une cascade spectaculaire ; pour vous baigner, vous devrez descendre 689 marches. Le **sentier des Cinq Lacs** vous fera passer par des bassins où barboter avant de rejoindre une cascade (bien plus petite que la précédente). Plus courte, la **randonnée du Sommet** mène à un point de vue offrant un superbe panorama (par temps clair) sur la forêt, le lagon de Cau Hai et la côte.

Vous pouvez réserver des circuits ornithologiques, des visites de villages et des guides francophones (250 000 d/jour). Des munitions non explosées infestent encore les parages : aussi ne quittez jamais les sentiers. Voitures et motos sont interdites dans le parc national.

Bach Ma est l'endroit le plus humide du Vietnam, les plus fortes pluies tombant en octobre-novembre (gare aux sangsues !). Rien n'empêche cependant d'envisager une visite durant ces mois, à condition de consulter la météo pour vérifier l'état des routes. La meilleure période va de février à septembre, en particulier entre mars et juin.

DUNES ET TOMBEAUX

La côte n'est qu'à 15 km au nord du centre-ville de Hué. La route suit la rivière des Parfums avant d'atteindre la **plage de Thuan An**, où s'étend un grand complexe hôtelier. En continuant vers le sud-est, vous trouverez une belle route côtière très peu fréquentée (idéale si vous êtes à vélo). Cette route traverse en fait une étroite île côtière, offrant un beau panorama sur le lagon de Tam Giang-Cau Hai, d'un côté, et sur de splendides dunes et plages de sable, de l'autre. Cette superbe étendue côtière est très bien préservée, mais de septembre à mars, la mer est généralement trop agitée pour la baignade.

En venant de Thuan An, la route passe par plusieurs villages, des élevages de crevettes et des jardins potagers. Des milliers de tombeaux et de temples familiaux somptueux et colorés bordent le rivage, abritant pour la plupart les dépouilles de Viet Kieu (Vietnamiens d'outre-mer) ayant souhaité être enterrés sur leur terre natale. De petits sentiers filent à travers les tombeaux et les dunes jusqu'à la plage. Vous avez de bonnes chances de trouver un coin de plage pour vous tout seul.

La magnifique **plage de Phu Thuan** (à 7 km au sud-est de Thuan An) abrite depuis peu le superbe **Beach Bar Hue** (☑090-899 3584 ; www.beachbarhue.com ; plage de Phu Thuan ; dort/bungalow 250 000/600 000 d, repas 100 000 d), qui loue des bungalows et des dortoirs pour routards dans un cadre enchanteur (pour l'instant dépourvu de marchands ambulants). Un petit bar en bambou et en chaume sert boissons et en-cas. À côté, un hôtel tendance du nom de Villa Louise était sur le point d'ouvrir lors de notre passage, doté de magnifiques villas (env. 150 $US/nuit), de 16 chambres (à partir de 60 $US), de 2 piscines et d'un spa.

Environ 8 km après le Beach Bar Hue, les vestiges de **Phu Dien**, un petit temple cham, gisent dans le sable en retrait de la plage, protégés par une structure en verre – une découverte inattendue. Vous trouverez ici quelques stands de fruits de mer.

En continuant vers le sud-est, une étroite route goudronnée serpente à travers villages de pêcheurs, élevages de crevettes et dunes géantes, et traverse le village de Vinh Hung avant de rejoindre un autre estuaire à Thuon Phu An, qui compte plusieurs restaurants de poisson. De là, vous êtes à 40 km de Thuan An. Traversez le pont Tu Hien pour rattraper la RN 1 en suivant la rive orientale de l'immense lagon de Cau Hai.

🛏 Où se loger et se restaurer

Parc national CAMPING, PENSIONS **$**
(☑054-387 1330 ; bachmaeco@gmail.com ; empl camping 10 000 d/pers, ch avec ventil/clim 180 000/270 000 d). Les autorités du parc gèrent un petit terrain de camping et 2 maisons d'hôtes près de l'entrée, aux chambres rudimentaires à lits jumeaux avec sdb. Il y a aussi une pension près du sommet. Sachez que le karaoké peut animer la vie nocturne du parc.

Les repas doivent être commandés au moins 4 heures à l'avance, le parc faisant venir les produits frais du marché.

ℹ Comment s'y rendre et circuler

Le parc de Bach Ma s'étend à 28 km à l'ouest de Lang Co, et à 40 km au sud-est de Hué. L'embranchement est indiqué depuis le bourg de Cau Hai sur la RN 1. L'entrée se trouve à 3 km, au bord de l'étroite route menant au parc. Vous pouvez aussi vous y rendre à partir de la ville de Phu Loc.

Bach Ma ne se prête pas très bien au tourisme indépendant. Mieux vaut y aller dans le cadre d'un circuit depuis Danang ou Hué ou louer une voiture avec chauffeur.

Du centre d'information, une route raide et sinueuse de 16 km va presque jusqu'au sommet. Le centre d'information propose des transports privés, mais qui coûtent quelque 1 000 000 d l'aller-retour. Pour redescendre à pied, comptez 3-4 heures. Pensez à emporter beaucoup d'eau ainsi qu'un chapeau et de l'écran total.

Des bus desservent le parc au départ de Danang (46 000 d, 2 heures) et de Hué (24 000 d, 1 heure), et s'arrêtent à Cau Hai, d'où des conducteurs de *xe om* peuvent vous véhiculer jusqu'à l'entrée. Cau Hai possède aussi une gare ferroviaire, mais elle est desservie de manière sporadique.

Plage de Lang Co

☑054

Frangée de palmiers, Lang Co est une séduisante plage de sable blanc semblable à une île : elle est bordée d'un côté par un lagon d'eau turquoise cristalline, et de l'autre par

10 km de front de mer. En tant que station balnéaire, elle s'adresse davantage aux Vietnamiens de passage pour la journée qu'aux touristes étrangers. Par beau temps cependant, l'océan est des plus engageants (restez à l'écart de la partie centrale, dont la propreté laisse à désirer).

La haute saison dure d'avril à juillet. De fin août à novembre, les averses sont fréquentes, tandis que de décembre à mars il peut faire très froid.

🛏 Où se loger

La majorité des hébergements se situent au nord de la ville, près de la route nationale.

Chi Na Guesthouse   PENSION **$**
(☑054-387 4597 ; s/d 170 000/200 000 d ; ✳🗇).
Une des pensions propres et rudimentaires du nord de la ville. Chambres un brin désuètes mais fonctionnelles.

Vedana Lagoon   COMPLEXE HÔTELIER **$$$**
(☑054-381 9397 ; www.vedanalagoon.com ; Phu Loc ; bungalow/villa à partir de 125/175 $US ; ❀✳@🗇☒). Associant une conception moderne à l'emploi de matériaux naturels, cet hôtel spa reculé mais spacieux loue de magnifiques villas et bungalows aux toits de chaume, avec mobilier dernier cri et sdb en extérieur. Certaines structures sont dotées de piscines privées, d'autres, sur pilotis, de terrasses avec vue panoramique qui s'avancent sur le lagon. Le complexe possède un merveilleux centre de bien-être, où ont lieu des cours de tai-chi et de yoga. À 15 km au nord de Lang Co.

Minh Hang   FRUITS DE MER **$$**
(repas 50 000-100 000 d ; ⏱7h-21h). C'est le meilleur restaurant de fruits de mer de la rive nord de Lang Co, et l'on y jouit d'une belle vue sur le lagon (plutôt que sur la nationale et les camions). Goûtez aux calamars au poivre citronné ou aux palourdes épicées à la citronnelle.

ⓘ Depuis/vers Lang Co

Lang Co est située au nord Danang et du côté nord du tunnel de Hai Van.

La **gare ferroviaire** (☑054-387 4423) de Lang Co se trouve à 3 km de la plage en direction du lagon. Vous ne devriez pas avoir de problème pour trouver un *xe om* qui vous emmène à la plage. Le trajet en train entre Lang Co et Danang (41 000 d, 1 heure 30-2 heures, 5/j) est l'un des plus spectaculaires du Vietnam. Des trains desservent aussi Hué (53 000 d, 1 heure 30-2 heures, 4/j).

Col et tunnel de Hai Van

Le **col de Hai Van** ("mer de nuages") traverse la chaîne des monts Truong Son, qui avance dans la mer. À quelque 30 km au nord de Danang, la route atteint 496 m d'altitude et passe en contrebas du pic Ai Van Son (1 172 m d'altitude), plus au nord. Ce tronçon de route offre une vue splendide sur les montagnes. La ligne de chemin de fer, ponctuée de nombreux tunnels, contourne la péninsule et longe la superbe côte déserte.

Au XVe siècle, ce col servait de frontière naturelle entre le Vietnam et le royaume du Champa. Les défoliants utilisés au cours de la guerre du Vietnam eurent malheureusement raison de sa végétation. Au sommet se dresse un ancien fort français criblé de balles, reconverti en bunker par les armées sud-vietnamiennes et américaines.

En hiver, le col marque une rupture abrupte entre les climats septentrional et méridional. Tel un mur de séparation, il protège Danang des "vents chinois" violents du nord-est : ainsi, de novembre à mars, le versant du col donnant sur Lang Co connaît un temps froid et humide. L'autre côté, au sud, bénéficie d'un climat chaud et sec.

Au sommet du col, lieu où vous pourrez vous poser un peu, vous devrez vous frayer un chemin parmi des vendeurs particulièrement insistants et de changeurs au noir.

Ouvert en 2005, le **tunnel de Hai Van**, long de 6,28 km, permet d'éviter le passage du col et fait ainsi gagner une heure sur le trajet Danang-Hué. Il est interdit aux motos et aux vélos (vous pourrez néanmoins faire transporter votre vélo dans un camion contre quelques dongs). Bien sûr, on gagne du temps, mais on passe à côté de la vue depuis le col.

Même si vous courez toujours le risque d'y rencontrer un chauffeur de camion kamikaze, la route du col est bien plus sûre qu'auparavant. Si vous parvenez à détachez les yeux de la route, vous verrez sur le bord des petits autels – triste rappel que certains ont vu leur fin sur cette route sinueuse.

Station climatique de Ba Na

☑0511 / 1 485 M D'ALTITUDE
La luxuriante **Ba Na** (10 000 d/pers, moto/voiture 5 000/10 000 d), elle aussi héritée des Français, bénéficie d'un air agréablement frais et d'un splendide panorama. Créée en 1919, la station n'a conservé que quelques

ruines éparses des 200 et quelques villas qui s'y dressaient à l'origine.

Jusqu'à la Seconde Guerre mondiale, les Français parcouraient les 20 derniers kilomètres en chaise à porteurs. Aujourd'hui, un **téléphérique** de 5 km (le plus long du monde) a désenclavé le lieu. Le dénivelé approche les 1 300 m, et l'ascension offre une vue spectaculaire sur une jungle dense. Reste que le développement du tourisme s'est traduit par la construction au sommet de la montagne de bâtiments qui abîment le paysage (et posent un sérieux problème de gestion des déchets), dont un parc d'attractions aux allures de château.

Couvrez-vous bien, quelle que soit la saison : il peut faire 36°C sur la côte et 15°C dans la montagne. Cette dernière est souvent plongée dans la brume, aussi vaut-il mieux y aller par grand beau temps.

De petits sentiers de montagne mènent à des **cascades** et des points de vue. Près du sommet, vous verrez la **pagode Linh Ung** (2004), ainsi qu'un **bouddha blanc assis**, haut de 24 m, visible à des kilomètres à la ronde.

Il y a un DAB à Ga Suoi Mo, la station de téléphérique tout en bas. Une fois au sommet, vous pourrez changer votre argent dans les hôtels. Aucun des hôtels de la station n'offrant un bon rapport qualité/prix, mieux vaut visiter Ba Na dans la journée.

ⓘ Depuis/vers Ba Na

Ba Na se trouve à 42 km à l'ouest de Danang. Le meilleur moyen de s'y rendre est le nouveau téléphérique (aller-retour 400 000 d), en deux sections. Le café de la station centrale sert une nourriture médiocre et hors de prix. Il arrive de devoir patienter quelque temps avant de pouvoir prendre le deuxième tronçon du téléphérique. Attention, la liaison peut être interrompue en cas de vent fort. Vous pouvez aussi accéder à Ba Na par une belle route tortueuse et très raide, en louant les services d'un habitant équipé d'une moto assez puissante pour effectuer l'ascension (100 000 d).

Danang

🗘 0511 / 977 000 HABITANTS

Aucune autre ville du Vietnam ne connaît une évolution aussi rapide que Danang. Pendant des décennies, cette dernière a eu la réputation d'une bourgade tranquille de province. Or les temps sont au changement. Sur le quai du fleuve Han se dressent de nouveaux hôtels, appartements et restaurants

clinquants. De nouveaux ponts spectaculaires enjambent désormais le fleuve Han, et au nord de la ville, le tout récent quartier de D-city domine la plaine. Au sud, dans toute la zone de la plage de Chine, des hôtels cinq étoiles sont en construction. Sans oublier un aéroport international refait à neuf, qui a ouvert en 2012.

Cela dit, il y a peu de chose à voir ici, à l'exception d'un très bon musée. La plupart des touristes ne consacrent qu'un jour ou deux à la découverte des restaurants et de la vie nocturne de Danang, loin des grands circuits touristiques.

La ville est cependant un bon point de chute pour des excursions d'une journée dans les environs. Danang fait partie d'une fine péninsule dominée au nord par Nui Son Tra (appelée Monkey Mountain, "la montagne aux Singes", par les soldats américains). Au sud-ouest se trouvent China Beach et les cinq montagnes de Marbre.

Histoire

Connue sous le nom de Tourane sous la domination française, Danang devint au XIXe siècle le principal port de la région, et l'est encore aujourd'hui.

Quand l'engagement militaire américain connut une escalade, c'est Danang, au Sud-Vietnam, qui reçut le premier bataillon de 3 500 marines en mars 1965. Les hommes débarquèrent sur la plage de Nam O, accueillis dans la liesse par un essaim de jeunes Vietnamiennes revêtues de l'*ao dai* et portant des guirlandes de fleurs. Dix ans plus tard, la scène était tout autre : tandis que les forces américaines et sud-vietnamiennes se retiraient, les habitants fuyaient désespérément la ville. Le 29 mars 1975, deux camions de combattants viêt-cong, composés pour plus de moitié de femmes, pénétrèrent dans ce qui avait été la ville la mieux défendue du Sud. Sans qu'ait été tiré le moindre coup de feu, la "libération" de Danang fut décrétée.

Aujourd'hui, Danang possède l'une des économies les plus dynamiques du pays. Elle est d'ailleurs régulièrement surnommée "Silicon City" en raison de son industrie du Web florissante.

⊙ À voir

♥ **Musée de la Sculpture cham**   MUSÉE
(Bao Tang ; carte p.194 ; 1 Đ Trung Nu Vuong ; 30 000 d ; ⊙7h-17h). Le site phare de Danang est ce musée, qui possède la plus belle collection au monde d'œuvres cham, présentée

dans des bâtiments qui allient l'architecture coloniale française à des éléments cham.

Fondé en 1915 par l'École française d'Extrême-Orient, il réunit une collection de plus de 300 œuvres (datant du Ve au XVe siècle), comprenant des sculptures cham parmi les plus magnifiques qui soient.

Les pièces du musée ont été découvertes à Dong Duong (Indrapura), à Khuong My, à My Son, à Tra Kieu et dans d'autres sites.

La muséographie et les explications laissent parfois à désirer : cela vaut donc la peine de louer les services d'un bon guide, ou de vous procurer une brochure dans la boutique du musée.

Une partie du musée est également consacrée à la culture cham contemporaine. Outre des œuvres actuelles, on y découvre des photos du Kate (le Nouvel An cham).

Temple caodaïste   TEMPLE

(carte p. 194 ; 63 Đ Hai Phong). GRATUIT Avec ses quelque 50 000 fidèles, il s'agit du plus grand temple caodaïste du centre du Vietnam. Devant l'autel principal, descendant du plafond, un écriteau porte une inscription signifiant "toutes les religions ont la même raison". Derrière ces lettres d'or sont représentés les fondateurs de cinq des grandes religions mondiales : Mahomet, Lao-tseu (vêtu à la manière des orthodoxes d'Orient), Jésus, Bouddha et Confucius.

Derrière l'autel siège un gigantesque globe orné de l'œil divin, emblème du caodaïsme. Comme dans tous les édifices caodaïstes, la prière a lieu chaque jour à 5h30, 11h30, 17h30 et 23h30.

Musée Hô Chi Minh   MUSÉE

(carte p. 199 ; 3 Đ Nguyen Van Troi ; ⊘ 7h-11h et 13h30-16h30). GRATUIT Bien que très étendu, ce musée à la gloire de Hô Chi Minh n'éclaire pas vraiment sur sa vie. Comme toujours, on découvre d'abord une exposition d'armes américaines, soviétiques et chinoises, puis, derrière les bâtiments du Parti, la copie conforme de la maison de Hô Chi Minh à Hanoi, et un musée qui lui est dédié.

Cathédrale de Danang   ÉGLISE

(carte p. 194 ; Đ Tran Phu). GRATUIT Appelée ici église de Con Ga (église du Coq) en raison de la girouette perchée sur son clocher, cette cathédrale rose bonbon fut édifiée en 1923 pour les ressortissants français. Aujourd'hui, elle rassemble une paroisse de 4 000 fidèles.

Pagode Phap Lam   TEMPLE BOUDDHIQUE

(carte p. 194 ; 574 Đ Ong Ich Khiem ; ⊘ 5h-11h30 et 13h-21h). GRATUIT Récemment reconstruite, cette pagode abrite trois bouddhas géants dans sa cour, et un autre tout aussi imposant à l'intérieur.

☞ Circuit organisé

Trong's Real Easy Riders   CIRCUITS À MOTO

(carte p. 194 ; ☑ 0903 597 971 ; www.easyridervn. com ; 12/20 Nguyen Thi Minh Khai). Ce collectif de motards propose un circuit de 4 jours dans les hauts plateaux du Centre (280 $US), ainsi que des circuits d'une journée.

🛏 Où se loger

De plus en plus d'hôtels modernes s'installent le long du fleuve, mais il reste difficile de trouver de bonnes adresses économiques. Pour plus d'informations sur les hébergements au-delà du fleuve, reportez-vous à la rubrique *Où se loger et se restaurer* consacrée à la plage de My Khe, p. 201.

Zion Hotel   HÔTEL $

(carte p. 194 ; ☑ 0511-382 8333 ; http://sion.com. vn ; 121/7 Hoang Van Thu ; s/d 15/20-25 $US ; ✳@🛜). Du hall jusqu'aux belles chambres modernes, le rouge écarlate domine dans ce nouvel hôtel d'un excellent rapport qualité/ prix. Emplacement pratique et personnel très attentif.

Bao Ngoc Hotel   HÔTEL $

(carte p. 194 ; ☑ 0511-381 7711 ; baongochotel@ dng.vnn.vn ; 48 Đ Phan Chu Trinh ; ch 18-22 $US ; ✳@🛜). Chambres spacieuses et confortables, avec moquette au sol et mobilier en bois massif comprenant parfois un sofa. L'édifice de 5 étages, vieillissant, garde l'empreinte du style colonial.

Hai Van Hotel   HÔTEL $

(carte p. 194 ; ☑ 0511-382 3750 ; kshaivan.dng@ vnn.vn ; 2 Đ Nguyen Thi Minh Khai ; s/d 14/20 $US ; ✳🛜). Cet hôtel un peu désuet ne remportera pas de prix du design, mais il possède des chambres spacieuses et fonctionnelles qui en font une adresse tout à fait correcte.

New Moon Hotel   HÔTEL $$

(carte p. 194 ; ☑ 0511-382 8488 ; http://newmoon-hotel.vn ; 126 Đ Bach Dang ; ch 440 000-1 100 000 d ; ✳@🛜). Mini-hôtel moderne proposant de belles chambres dans différentes catégories de prix, toutes avec TV à écran plat, minibar, Wi-Fi et sdb en marbre. Celles qui donnent sur le fleuve offrent une vue sensationnelle.

Danang

0 ——————— 400 m

Baie de Danang

Plage de Thanh Binh

Nguyen Tat Thanh

Đ Ong Ich Khiem

Đ Cao Thang

Đ Dinh Tien Hoang

Đ Tran Cao Van

Danang

Đ Dong Da

Đ Tran Qui Cap

Đ Ly Thuong Kiet

Đ Nguyen Du

Đ Le Loi

Đ Ly Tu Trong

Đ Bach Dang

Đ Tran Phu

Đ Ba Dinh

Đ Le Lai

Đ Quang Trung

Đ Nguyen Thi Minh Khai

Đ Nguyen Chi Thanh

Vietnam Airlines

Hôpital C

Đ Hai Phong

Stade

Marché Con

Đ Ngo Gia Tu

Đ Pasteur

Đ Hung Vuong

Đ Le Duan

Đ Phan Dinh Phung

Marché Han

Đ Nguyen Thai Hoc

Đ Pham Hong Thai

Đ Yen Bai

Đ Tran Phu

Đ Tran Quoc Toan

Sinh Tourist

Đ Pham Phu Thu

Đ Nguyen Trai

Đ Thai Phien

Agribank

Đ Le Hong Phong

Đ Phan Chu Trinh

Đ Hoang Dieu

Đ Trieu Nu Vuong

Đ Hoang Van Thu

Đ Ong Ich Khiem

Danang Family Medical Practice

Đ Le Dinh Duong

Đ Huynh Thuc Khang

Jetstar Pacific

Musée de la Sculpture cham

Đ Nguyen Van Linh

Silk Air

Đ Trung Nu Vuong

Đ 2/9

Han

Rainbow Hotel HÔTEL **$$**
(carte p. 194 ; ☎ 0511-382 2216 ; www. rainbowhotel.com.vn ; 220 Đ Bach Dang ; ch 30 000-1 100 000 d ; ❀ @ ☎). Un établissement moderne situé juste en face du fleuve, aux tarifs qui restent néanmoins modestes malgré la situation. Les chambres arborent toutes une déco et un sol dernier cri, des œuvres d'art, un mobilier contemporain et tout le confort souhaitable, mais varient beaucoup de l'une à l'autre : prenez-en une avec vue plongeante sur le fleuve.

Danang

Sun River Hotel　　　　　HÔTEL $$
(carte p.194 ; ☑0511-384 9188 ; www.sunri-verhoteldn.com.vn ; 132-134 Đ Bach Dang ; ch 860 000-1 800 000 d ; ✳@ 🛜). Ce séduisant hôtel au bord du Han propose des chambres immaculées dotées de fabuleuses sdb (dont certaines avec douches ultramodernes). Les chambres standards n'ont pas de fenêtre, et seules les chambres de catégorie VIP ont vue sur le fleuve.

Stargazer Hotel　　　　　HÔTEL $$
(carte p.194 ; ☑0511-381 5599 ; www.stargazer.net ; 77 Đ Tran Phu ; ch 350 000-600 000 d ; ✳@ 🛜). Hôtel accueillant louant des chambres impeccables, quoique petites, possédant un joli mobilier en bois, de grandes TV et des lits confortables avec couette. La chambre

n°301 dispose d'un balcon et d'une vue sur le fleuve.

Novotel Danang Premier Han River　　　　　HÔTEL $$$
(carte p.194 ; ☑0511-392 9999 ; 36 Bach Dang ; ch/ste à partir de 95/164 $US ; ➰✳@🛜🏊). Dans une grande tour au bord du fleuve, cet hôtel qui a ouvert en 2013 offre de spacieuses chambres au goût du jour et une vue sans égal sur le Han et, au-delà, sur la plage et l'océan. Le personnel est accueillant et bien formé, et vous y profiterez d'une piscine, d'un spa et d'une salle de gym. Bar à ciel ouvert au 35e étage.

Brilliant Hotel　　　　　HÔTEL $$$
(carte p.194 ; ☑0511-384 3863 ; www.brilliant-thotel.vn ; 162 Bach Dang ; ch à partir de 78 $US ; ✳🛜🏊). Nouvel hôtel au bord du Han au design entièrement contemporain, de l'élégant hall aux somptueuses chambres (toutes avec vue sur l'eau et sdb dernier cri). Le service est de qualité et le petit-déjeuner (inclus), très copieux. On déplorera cependant la petite taille de la piscine.

🍴 Où se restaurer

La scène culinaire de Danang connaît un essor considérable, devenant chaque jour plus cosmopolite. Les échoppes de rue offrent une cuisine copieuse et savoureuse à base de *bun cha* (porc grillé), de *com* (riz) et de *mi quang* (soupe de nouilles).

Le **Danang Food Tour** (http://danangfood-tour.com ; 45-90 $US/pers), organisé par un expatrié, permet une réelle immersion dans la gastronomie locale.

Quan Com Hue Ngon　　VIETNAMIEN, BARBECUE $
(carte p.194 ; 65 Tran Quoc Toan ; repas 50 000-80 000 d ; ⏱15h-21h). Nouveau barbe-cue où l'on fait soi-même griller sa viande au charbon dans un brouillard de fumée. Terrasse sur la rue et accueillant proprié-taire anglophone qui vous aidera à faire votre choix dans la carte.

Com Tay Cam Cung Dinh　　VIETNAMIEN $
(carte p.194 ; K254/2 Đ Hoang Dieu ; plats 15 000-40 000 d ; ⏱11h-20h). Ce restau-rant, tout simple, plaît pour ses spécialités locales, telles le *hoanh thanh*, sorte de ravio-lis chinois au porc et aux crevettes. Au bout d'une petite rue.

Com Nieu　　VIETNAMIEN $
(carte p.194 ; 25 Đ Yen Bai ; plats 18 000-130 000 d ; ⏱7h30-21h30). Un restaurant moderne, qui

CENTRE DU VIETNAM DANANG

propose un vaste choix de plats vietnamiens, notamment de succulents fruits de mer et le fameux riz cuit dans un pot de terre.

Mr Duc's
VIETNAMIEN, INTERNATIONAL **$**

(carte p.194 ; 11 Tran Quoc Toan ; repas 40 000-80 000 d ; ☺11h-21h30). Cet établissement propre et décontracté est prisé à juste titre pour ses plats d'un bon rapport qualité/ prix : steak-frites, riz au poulet et fondues au rôti, aux nouilles et aux crevettes.

♥ Waterfront
INTERNATIONAL, BAR **$$**

(carte p.194 ; ☎0511-384 3373 ; www.waterfrontdanang.com ; 150-152 Đ Bach Dang ; plats 95 000-360 000 d ; ☺10h-23h ; ☎). Ce bar-restaurant au bord du fleuve offre un concept sans fausse note. On y vient aussi bien pour siroter, dans un cadre élégant, un verre de sauvignon blanc néozélandais ou une bière importée que pour déguster un repas mémorable (réservez une table en terrasse pour jouir d'une vue splendide sur le fleuve). La carte affiche des viandes importées, des fruits de mer asiatiques et de fabuleux sandwichs gastronomiques.

Le Bambino
FRANÇAIS, INTERNATIONAL **$$**

(carte p.194 ; ☎0511-389 6386 ; www.lebambino.com ; 122/11 Đ Quang Trung ; repas 120 000-300 000 d ; ☺11h30-13h30 et 16h30-22h lun-sam, 16h30-22h dim ; ☎). Un restaurant au cadre élégant, tenu par un couple franco-vietnamien. Sur la carte, alléchante, figurent classiques de la cuisine française, en-cas, viande grillée et quelques spécialités vietnamiennes – sans oublier un superbe choix de vins et de fromages. À déguster à l'intérieur ou au bord de la piscine.

Phi Lu Chinese Restaurant
CHINOIS, VIETNAMIEN **$$**

(carte p.199 ; 1-3 Đ 2/9 ; plats 40 000-300 000 d ; ☺11h-21h30 ; ☎). Il y a toujours du monde dans ce vaste établissement décoré dans le style chinois et éclairé par des lanternes le soir. On y mange en effet d'excellents produits de la mer, plats de bœuf et nouilles.

Bread of Life
INTERNATIONAL **$$**

(carte p.194 ; www.breadoflifedanang.com ; 4 Đ Dong Da ; plats 65 000-150 000 d ; ☺8h30-21h30 ; ☎). Excellent *diner*-boulangerie à l'américaine servant hamburgers, spécialités mexicaines, sandwichs, pizzas et pâtes. Idéal pour le petit-déjeuner. Le personnel est sourd et les bénéfices servent à la formation des malentendants à Danang.

Madame Lan
VIETNAMIEN **$$**

(carte p.194 ; www.madamelan.com ; 4 Bach Dang ; repas 100 000-220 000 d ; ☺10h-22h ; ☎). Installé dans un lotissement récent de style colonial français, cet immense restaurant comprend une cour ouverte et plusieurs salles donnant sur le fleuve. On y sert des plats variés et savoureux, dont des calamars au piment et au sel, et une salade de papaye verte aux crevettes et à l'ail.

Red Sky
INTERNATIONAL **$$**

(carte p.194 ; Đ 248 Tran Phu ; plats 70 000-260 000 d ; ☺11h-14h et 17h-23h lun-ven, 11h-23h sam-dim ; ☎). Ce restaurant informel est parfait pour la cuisine occidentale : bons steaks, salades généreuses (7 $US), ailes de poulet et spécialités italiennes. Le *happy hour* (17h-20h) remporte un franc succès. Personnel accueillant et salle climatisée.

Vietnamese Home
VIETNAMIEN, INTERNATIONAL **$$**

(carte p.194 ; 34 Đ Bach Dang ; plats 60 000-270 000 d ; ☺7h-22h ; ☎). Restaurant rustique composé d'une grande cour bordée de bougainvilliers et de salles contiguës. La carte est très complète, avec notamment des petits-déjeuners occidentaux, des fruits de mer, de la viande, de la grenouille, de l'escargot, des nouilles et de la soupe. Plats de riz très bon marché.

🍸 Où prendre un verre

Pour qui cherche un bar tendance avec vue, direction le Waterfront.

♥ Luna Pub
BAR

(carte p.194 ; www.lunadautunno.vn ; 9A Tran Phu ; ☺11h30-tard ; ☎). Moitié bar, moitié restaurant italien, ce nouveau repaire branché occupe un vaste espace avec devanture ouverte, box de DJ dans une cabine de camion, bonne musique, superbe choix de boissons et chichas. Son authentique cuisine italienne (pizzas, pâtes, salades et autres) fait un tabac auprès des expatriés.

Memory Lounge
BAR LOUNGE

(carte p.194 ; www.loungememory.com ; 7 Đ Bach Dang ; boissons à partir de 5 $US ; ☺10h-24h lun-sam ; ☎). Ce célèbre bar-restaurant s'avance sur le fleuve juste à côté du pont Song Han. On y vient davantage pour le bar que pour le restaurant, qui pratique des prix exorbitants pour une nourriture dans l'ensemble quelconque. Idéal pour un café en journée ou pour une bière avec vue en soirée. Groupes et crooners vietnamiens s'y produisent souvent le soir.

Tulip Brewery BAR
(carte p. 199 ; 174 Đ 2/9 ; ☺11h-23h ; 🕾). Très prisée localement, cette microbrasserie dans le style tchèque livre ses cuves aux regards. Bière pression blonde et brune. Plats occidentaux (goûtez aux saucisses allemandes) et vietnamiens. Situé un peu loin du centre, au sud.

Tam's Pub & Surf Shop BAR
(carte p. 199 ; 38 An Thuong 5 ; ☺7h-23h ; 🕾). À quelques pas de China Beach, ce bar-restaurant accueillant et populaire sert de la cuisine de pub (hamburgers, *fish and chips*, etc.), loue des planches (5 \$US/jour, caution requise) et conseille les voyageurs.

Bamboo 2 Bar BAR
(carte p. 194 ; 230 Đ Bach Dang ; ☺10h-24h ; 🕾). Bar d'expatriés convivial mais sans grande surprise, fréquenté par une clientèle d'habitués éméchés. Bières à 25 000 d, billard prisé et retransmission d'événements sportifs (football australien, Premier League).

❶ Renseignements

Quasiment tous les hôtels et cafés ont le Wi-Fi et vous trouverez des cybercafés dans le centre-ville. Le site Web www.indanang.com constitue une excellente source d'information et propose de nombreuses critiques de restaurants.
Agribank (carte p. 194 ; 202 Đ Nguyen Chi Thanh ; ☺7h30-15h30 lun-sam). DAB et guichet de change.
Danang Family Medical Practice (carte p. 194 ; ☎0511-358 2700 ; www. vietnammedicalpractice.com ; 50-52 Đ Nguyen Van Linh ; ☺7h-18h). Conçue comme un petit hôpital avec des équipements pour accueillir les patients à demeure, cette excellente clinique possède des succursales à Hanoi et à HCMV.

Hôpital C (Benh Vien C ; carte p. 194 ; ☎0511-382 1483 ; 122 Đ Hai Phong ; ☺24h/24). Le plus moderne des quatre hôpitaux de la ville.
Poste principale (carte p. 194 ; 64 Đ Bach Dang ; ☺7h-17h30). Près du pont Song Han.
Sinh Tourist (carte p. 194 ; ☎0511-384 3258 ; www.thesinhtourist.vn ; 154 Đ Bach Dang). Pour réserver une excursion en bus "open tour" ou tout autre circuit, et pour changer votre argent.

❶ Depuis/vers Danang

AVION

L'aéroport international de Danang, récemment rénové, accueille des vols **Silk Air** (carte p. 194 ; ☎0511-356 2708 ; www.silkair.com ; HAGL Plaza Hotel, 1 Đ Nguyen Van Linh) pour Singapour et Siem Riep, des vols Lao Airlines pour Paksé, Savannakhet et Vientiane, et quelques liaisons vers la Chine, dont un vol Dragon Air à destination de Hong Kong. Pour les vols intérieurs, **Jetstar Pacific** (carte p. 194 ; ☎0511-358 3538 ; www.jetstar. com ; 307 Đ Phan Chu Trinh) et **VietJet** (☎1900 1886 ; www.vietjetair.com) relient quotidiennement Danang à HCMV et à Hanoi, et la compagnie **Vietnam Airlines** (carte p. 194 ; ☎0511-382 1130 ; www.vietnamairlines.com ; 35 Đ Tran Phu) propose des vols directs pour Hanoi, HCMV, Dalat, Nha Trang, Haiphong, Buon Ma Thuot, Pleiku et Vinh.

BUS

La **gare routière interurbaine** (carte p. 199 ; ☎0511-382 1265 ; Đ Diên Biên Phu) se trouve à 3 km à l'ouest du centre-ville. Le trajet en taxi (avec compteur) jusqu'au bord de la rivière vous reviendra à 60 000 d.

Les bus desservent tous les grands centres, notamment Quy Nhon (122 000 d, 6 heures, 6 départs/j).

Pour aller au Laos, des bus desservent Savannakhet 3 fois/semaine (départ à 20h, 340 000 d, 14 heures) et un bus quotidien se

TRANSPORTS DEPUIS DANANG

DESTINATION	AVION	BUS	VOITURE/ MOTO	TRAIN
Dong Hoi	–	8-13 \$US, 6 heures 30, 7/jour	6-7 heures	10-17 \$US, 5 heures 30-8 heures 30, 6/jour
Hanoi	à partir de 36 \$US, 1 heure 10, 9/jour	24-34 \$US, 16-19 heures, 7/jour	19 heures	28-45 \$US, 14 heures 30-18 heures, 6/jour
HCMV	à partir de 33 \$US, 1 heure 15, 18/jour	24-39 \$US, 19-25 heures, 9/jour	18 heures	31-50 \$US, 17-22 heures, 5/jour
Hué	–	3-4 \$US, 3 heures, toutes les 20 min	2 heures 30-4 heures	3,50-6 \$US, 2 heures 30-4 heures, 6/jour
Nha Trang	à partir de 38 \$US, 30 min, 2/jour	15-22 \$US, 10-13 heures, 8/jour	13 heures	18-29 \$US, 9-12 heures, 5/jour

rend à Paksé (départ à 6h30, 330 000 d,
13 heures). Le trajet jusqu'à la frontière de
La Bao coûte 128 000 d (6 heures) ; il faut
parfois changer à Dong Ha.

Les bus publics jaunes pour Hoi An (18 000 d,
1 heure, toutes les 30 min) circulent dans Đ Bach
Dang. Sachez cependant qu'il est fréquemment
demandé aux étrangers de payer 50 000 d pour
ce trajet, avec parfois un supplément pour les
bagages.

Les bus "open tour" de Sinh Tourist marquent
l'arrêt devant le bureau de l'agence, deux fois
par jour, pour aller à Hué (80 000-89 000 d,
2 heures 30) ou Hanoi (70 000 d, 1 heure).

TRAIN

De la **gare** de Danang (202 Đ Hai Phong), des
trains desservent toutes les destinations sur la
ligne principale nord-sud.

Le trajet en train jusqu'à Hué est l'un des plus
beaux du pays : cela vaut la peine de l'effectuer
rien que pour le paysage.

VOITURE ET MOTO

La location d'une voiture pour Hoi An auprès de
votre hôtel ou d'une agence de voyages revient
à environ 330 000 d. En *xe om* (moto-taxi), vous
vous en sortirez pour 120 000 d. Soyez prêt à
négocier le supplément si vous voulez faire une
halte aux montagnes de Marbre et à China Beach.

❶ Comment circuler

DEPUIS/VERS L'AÉROPORT

L'aéroport de Danang se situe à 2 km à l'ouest du
centre-ville.

CYCLO ET XE OM

Trouver une moto-taxi ou un cyclo ne présente
aucune difficulté ; suivez les précautions
habituelles et préparez-vous à marchander. Une
course en ville ne devrait pas excéder 25 000 d.

TAXI

Si vous recherchez un taxi muni d'un compteur,
téléphonez à **Mai Linh** (☏ 0511-356 5656).

Environs de Danang
☏ 0511

Nui Son Tra
(montagne aux Singes)
850 M D'ALTITUDE

La péninsule de Son Tra est couronnée par
la montagne que les soldats américains
surnommaient Monkey (singe). Surplombant de manière grandiose Danang au sud
et le col de Hai Van au nord, elle fut une
célèbre base américaine pendant la guerre.

Elle était encore fermée au public (et
demeurée presque inchangée, à l'exception
du port de Cang Tien Sa) jusqu'à il y a peu.
De nouvelles routes et complexes balnéaires
y ouvrent depuis.

Le **sommet** de la montagne aux Singes
offre une vue sublime par temps clair. De
la présence militaire américaine, il reste
quelques dômes de radars (toujours utilisés par l'armée vietnamienne, et donc zone
interdite) à côté de l'héliport, transformé
en belvédère. La route abrupte qui mène
au sommet, très peu empruntée, peut poser
problème. Faire l'ascension à moto requiert
une grosse cylindrée. L'embranchement pour
cette route se trouve à environ 3 km avant
le port de Tien Sa, indiqué par un panneau
bleu annonçant "Son Tra Eco-tourism".

La plupart des visiteurs vietnamiens
rejoignent l'un des complexes hôteliers sur
la côte au sud-est de la péninsule. Autre
grande attraction, **Linh Ung** (carte p. 199) est
un immense bouddha reposant sur un socle
en forme de lotus, qui regarde vers le sud
et la ville de Danang. Il y a également un
monastère sur le site. Une route en construction permettra bientôt de faire le tour de la
péninsule et d'en contempler les très beaux
paysages.

Sur l'autre versant de Nui Son Tra, près
du port, se niche la **plage de Tien Sa**. Un
mémorial, près du port, rappelle un épisode
tragique de l'histoire coloniale. En août 1858,
des troupes françaises et philippines, menées
par les Espagnols, attaquèrent Danang pour
mettre un terme aux persécutions dont se
rendait coupable le gouvernement de l'empereur Tu Duc à l'encontre des catholiques. Si
les assaillants n'eurent aucun mal à prendre
la cité, ils furent par la suite atteints par le
choléra, la dysenterie, le scorbut, le typhus,
ainsi que de mystérieuses fièvres : dès l'été
suivant, les pertes humaines causées par les
maladies surpassaient de vingt fois celles
dues aux combats.

De nombreuses tombes de soldats espagnols et français se trouvent sous une
chapelle (carte p. 199) près du port de Tien
Sa.

🛏 Où se loger et se restaurer

Si de nouveaux établissements sont en
construction près de la côte, Son Tra reste
assez tranquille dans l'ensemble et offre de
superbes itinéraires à moto. Les hôtels de
luxe sont la norme.

Environs de Danang

Son Tra Resort & Spa HÔTEL **$$$**
(☎0511-392 4924 ; www.sontra.com.vn ; Son Tra ;
villa 220-250 $US ; ❄☎🏊🅿). De magnifiques
villas spacieuses et bien entretenues, avec
cuisine, parquet et vue sur une superbe
plage de sable blanc abritée. Idéal pour
les familles. En réservant en ligne, les prix
peuvent descendre jusqu'à 100 $US.

**InterContinental Danang Sun
Peninsula Resort** HÔTEL **$$$**
(☎0511-393 8888 ; http://danang.intercontinental.
com ; Son Tra ; ch/ste à partir de 230/400 $US ;
🌐❄☎🏊). Cet immense complexe hôtelier
construit à flanc de coteau domine tout
un secteur de Son Tra. Les hôtes choyés
circulent en voiturette de golf dans le parc
paysager, entre le spa, l'excellente salle de
gym et l'immense piscine.

Bay Ban PRODUITS DE LA MER **$$**
(carte p. 199 ; ☎0511-221 4237 ; Son Tra ; repas
80 000-250 000 d ; ⏰11h-21h30). Authentique

Environs de Danang

◉ À voir

🛏 Où se loger

🍴 Où se restaurer

🍸 Où prendre un verre

restaurant de poisson, le Bay Ban remporte
un franc succès auprès des familles viet-
namiennes le week-end et pendant les

vacances. Le reste du temps, il est assez calme. Prenez votre repas au bord de l'eau, dans l'un des abris au toit de chaume de la baie. Longue carte de poisson délicieusement frais, d'araignées de mer, de plats d'anguilles et de crevettes.

Plage de Nam O

La plage de Nam O, à 15 km au nord-ouest de Danang, est celle où débarquèrent les premières troupes de combat américaines au Sud-Vietnam, en 1965. Aujourd'hui, le calme est revenu et la plage, moins attirante que celles du côté est, connaît à peine le développement, et compte moins d'hôtels.

Les habitants produisent du nuoc-mam et du *goi ca*, des filets de poisson cru marinés dans une sauce et recouverts d'une poudre épicée, sortes de sushis vietnamiens. On les accompagne de légumes frais sur des galettes de riz. En été, ils sont vendus sur la plage, sinon vous en trouverez dans le village.

Montagnes de Marbre

Offrant une vision spectaculaire depuis la route du littoral longeant China Beach, les **montagnes de Marbre** (Ngu Hanh Son) sont constituées de cinq gros affleurements en marbre surmontés de pagodes. Chaque montagne représenterait un élément naturel, dont elle porte d'ailleurs le nom : Thuy Son (eau), Moc Son (bois), Hoa Son (feu), Kim Son (métal ou or) et Tho Son (terre). Les villages au pied de ces montagnes sont spécialisés dans le travail du marbre. Mais les sculpteurs travaillent désormais du marbre importé de Chine, de manière à préserver le site qui attire les visiteurs (et les acheteurs).

La plus haute et la plus réputée des cinq montagnes, **Thuy Son** (15 000 d ; ☉ 7h-17h), abrite des grottes naturelles où, au fil des siècles, furent édifiés des sanctuaires hindous, puis bouddhiques. Au sommet de l'escalier se dresse le **portique Ong Chon**, criblé d'impacts de balles, qui conduit à la **pagode Linh Ong**. Derrière elle, un chemin traverse deux tunnels pour mener à un ensemble de grottes, appelées **Tang Chon Dong**, où l'on peut admirer des bouddhas et des bas-reliefs cham. À côté de l'un des autels, un escalier monte vers une autre grotte, partiellement ouverte, qui abrite deux bouddhas assis.

Prenez ensuite le chemin qui part immédiatement à gauche après le portique, où l'on découvre la **pagode Xa Loi**, une belle tour

en pierre qui surplombe la côte. Un escalier débouche sur **Vong Hai Da**, petite terrasse panoramique offrant une vue magnifique sur China Beach. Le chemin pavé se poursuit vers la droite et débouche sur une gorge où se trouve, à gauche, la **grotte de Van Thong**, à laquelle fait face un bouddha en ciment.

À la sortie de la gorge, après un portique endommagé par la guerre, on suit un sentier rocailleux qui part sur la droite et aboutit à **Linh Nham**, une grande grotte en forme de cheminée abritant un petit autel. À côté, un autre chemin conduit à **Hoa Nghiem**, cavité peu profonde renfermant un bouddha. En prenant à gauche du bouddha, on parvient à l'immense grotte de **Huyen Khong**, qui, éclairée par une ouverture sur le ciel, ressemble à une cathédrale. Son accès est gardé par des statues représentant deux mandarins civils (à gauche) et deux mandarins militaires (à droite).

La grotte abrite plusieurs autels bouddhiques et confucéens ; notez les inscriptions gravées sur les murs. À droite, une porte donne sur deux stalactites pendant la guerre du Vietnam, les combattants viêt-cong transformèrent la grotte en hôpital. À l'intérieur une plaque commémorative est dédiée au groupe d'artilleuses qui, en 1972, détruisit 19 avions américains depuis une base au pied des montagnes.

Les bus locaux Danang-Hoi An (18 000 d) peuvent vous déposer à la hauteur des montagnes de Marbre, à 10 km au sud de Danang.

China Beach

Le nom de China Beach était employé pendant la guerre par les Américains pour désigner la superbe plage de sable blanc qui s'étend sur 30 km, de la montagne aux Singes jusqu'aux environs de Hoi An. Les soldats de toutes les bases du pays étaient envoyés ici lors de leurs permissions.

Pour les Vietnamiens, il s'agit de plusieurs plages aux noms différents : My Khe, My An, Non Nuoc, An Bang et Cua Dai. Alors que My Khe, à l'extrême nord, se trouve désormais presque dans les faubourgs de Danang, Cua Dai, plus au sud, est largement considérée comme la plage de Hoi An. L'étendue intermédiaire a été partagée entre le Raffles, le Hyatt et autres cinq-étoiles. De fabuleux complexes hôteliers y sont en construction. On peut se demander comment les promoteurs vont remplir les chambres de ces luxueux palaces.

La meilleure saison pour nager à China Beach va d'avril à juillet, quand la mer est la plus calme. En dehors de cette période, elle peut être très agitée. Sachez que les sauveteurs en mer ne surveillent que certaines parties de la plage.

Elle se prête idéalement au surf entre mi-septembre et décembre environ.

⊙ À voir et à faire

Plage de My Khe PLAGE
Juste de l'autre côté du pont Song Han (10 000 d en *xe om*), My Khe est en passe de devenir le dernier faubourg de Danang, côté est. En début de matinée et de soirée, la plage se remplit de citadins pratiquant le tai-chi. Les touristes surgissent sur la plage aux heures les plus chaudes pour se dorer au soleil, tandis que les gens du cru n'apparaissent qu'en fin de journée. Malgré son succès, le lieu n'a pas encore été colonisé par les marchands ambulants.

Un courant sous-marin peut rendre la mer dangereuse, en particulier en hiver. Toutefois, protégée par les hauteurs de Nui Son Tra, My Khe reste la partie la plus sûre de China Beach.

Plages de My An et Non Nuoc PLAGES
Presque toute la partie centrale de China Beach a été confisquée au public par les nouveaux complexes hôteliers. Le long de la route côtière, côté terre, quelques hôtels économiques se répartissent entre des terrains de golf sélects conçus par des célébrités comme Greg Norman.

🛏 Où se loger et se restaurer

Les hôtels indiqués ci-dessous ne sont pas loin de la mer. Les habitants de la région viennent ici pour déguster des fruits de mer et apprécier la brise marine.

Eena Hotel HÔTEL $
(carte p.199 ; ☑0511-222 5123 ; www.geocities.jp/eenahotel ; Khu An Cu 3, My Khe ; s 150 000-400 000 d, d et lits jum 350 000-800 000 d ; ❉@🛜). Avec ses chambres impeccables, spacieuses, claires et peintes en blanc, ce mini-hôtel de gérance japonaise constitue un excellent point de base. Ascenseur et Wi-Fi haut débit. Petit-déjeuner compris.

Bien Nho Hotel HÔTEL $
(carte p.199 ; ☑0511-396 7401 ; biennhohoteldng@gmail.com ; 4 Truong Sa, Hoa Hai, plage de My An ; ch 300 000-400 000 d ; ❉🛜). Superbe mini-hôtel juste en face du *beach break* de My An, donc idéal pour les surfeurs. Chambres bien tenues et propriétaire jovial.

An's Hotel APPARTEMENTS $$
(carte p.199 ; ☑0511-395 8831 ; nhjenny@yahoo.com ; 5 Hoang Ke Viem ; app 20-40 $US ; ❉🛜). À 2 minutes de marche de la plage de My Khe, cette résidence hôtelière sans fioritures offre des tarifs très avantageux pour les longs séjours. Il y a un café en bas et les propriétaires disposent de plusieurs autres hébergements de ce type dans les environs.

Fusion Maia HÔTEL $$$
(carte p.199 ; ☑0511-396 7999 ; http://maiadanang.fusion-resorts.com ; Ð Truong Sa, plage de Khue My ; ste/villas à partir de 400/600 $US ; ⊖❉@🛜❉). Hôtel moderne en bord de mer équipé d'un spa vraiment remarquable (les hôtes ont droit à au moins 2 soins par jour) dont les cabines de soin, les saunas et les hammams s'articulent autour d'une cour arborée. Les suites et les villas, tout aussi fabuleuses, sont dotées d'un décor minimaliste, d'une piscine privée et d'accessoires comme des iPod déjà fournis en musique. Navette gratuite depuis/vers Hoi An.

❶ Depuis/vers China Beach

La partie de China Beach nommée My Khe est située à environ 3 km du centre de Danang. La course en taxi revient à 40 000 d.

Hoi An
☑ 0510 / 134 000 HABITANTS
Hoi An est une ville historique pleine de charme – peut-être la plus ravissante du Vietnam. Jadis port de première importance, elle tire aujourd'hui avantage de son architecture et de son cadre exceptionnel, en bord de fleuve. Mieux encore : la ville est peu touchée par le fléau de la circulation et de la pollution. Que vous y passiez une journée ou un mois, vous ne vous y ennuierez pas.

C'est au hasard que Hoi Han doit sa belle allure de cité provinciale historique. Si le Thu Bon ne s'était pas trouvé asséché à la fin du XIXe siècle, empêchant les navires d'accéder aux docks, la ville aurait très certainement un visage très différent aujourd'hui. Un siècle durant, son importance a décru, jusqu'à sa renaissance dans les années 1990 avec le développement du tourisme. Aujourd'hui, Hoi An est à nouveau une ville cosmopolite, l'une des

Hoi An

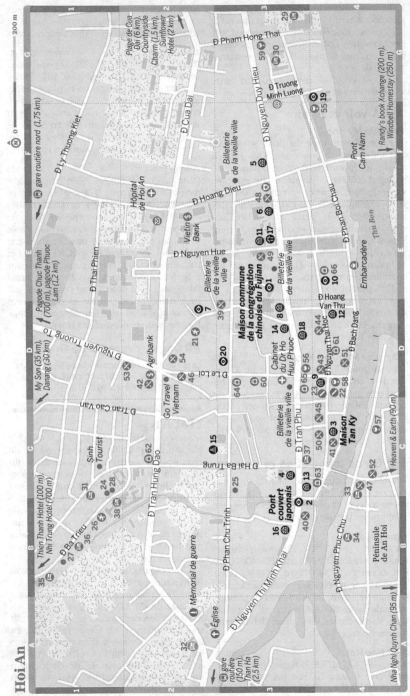

200 m
N
0

Plage de Cua
Dai (6 km),
Countryside
Charm (1,5 km),
Sunflower
Hotel (2 km)

Đ Pham Hong Thai

29

59 · 30

Đ Nguyen Duy Hieu

Đ Truong
Minh Luong

55 19

Pont
Cam Nam

Randy's book Xchange (200 m),
Windbell Homestay (250 m)

gare routière nord (1,75 km)

Đ Ly Thuong Kiet

Đ Cua Dai

Billeterie
de la vieille ville

5

Đ Nguyen Duy Hieu

Thu Bon

Hôpital
de Hoi An

Đ Hoang Dieu

48
6
11 17

Đ Phan Boi Chau

Pagode Chuc Thanh
(700 m), pagode Phuoc
Lam (1,2 km)

Đ Thai Phien

Vietin
Bank

Đ Nguyen Hue

Billeterie
de la vieille
ville

Maison commune
de la congrégation
chinoise du Fujian

1

49

Billeterie
de la vieille ville

10 66

Đ Hoang
Van Thu

12

Embarcadère

My Son (35 km),
Danang (30 km)

Đ Nguyen Truong To

Agribank

7

39

21

54

Đ Le Loi

20

Cabinet
du Dr Ho
Huu Phuoc

14
8
18

44

43
56
65 9
23
60
50 45
41 3

Đ Nguyen Thai Hoc

51
22 58

Đ Bach Dang

64

Billeterie
de la vieille ville

Maison
Tan Ky

Heaven & Earth (90 m)

57

Đ Tran Cao Van

Go Travel
Vietnam

53
42
46

Sinh
Tourist

Đ Tran Hung Dao

62

Đ Hai Ba Trung

15

25

Đ Tran Phu

37
63
13

52
33

47

Thien Thanh Hotel (100 m),
Nhi Trung Hotel (700 m)

31
24
28

27
36 26
38

35

Đ Ba Trieu

Đ Phan Chu Trinh

4

2

16

Pont
couvert
japonais

40

34

Đ Nguyen Phuc Chu

Péninsule
de An Hoi

Mémorial de guerre

Église

Đ Nguyen Thi Minh Khai

32

gare routière
(150 m),
Than Ha
(2,5 km)

Nha Nghi Quynh Chan (95 m)

Hoi An

plus riches du pays, un haut lieu de la gastronomie et l'un des foyers du tourisme au Vietnam.

Ce retournement de fortune a préservé la vieille ville et son très riche patrimoine – maisons de marchands japonais construites de guingois, temples chinois et anciennes maisons de thé – même si les espaces autrefois occupés par des maisons ou des rizières ont peu à peu cédé la place à des commerces. Les bars, les hôtels de charme, les agences de voyages et les boutiques de prêt-à-porter font vraiment partie de la ville. Mais il suffit de se rendre jusqu'au marché et à l'île Cam Nam pour découvrir un paysage tout à fait différent. Encore quelques kilomètres, et vous trouverez de superbes balades à faire à vélo, à moto ou en bateau, vers des plages ou des paysages parmi les plus beaux du pays.

ZONE INONDABLE

La situation de Hoi An, en bord de rivière, la rend vulnérable aux inondations durant la saison des pluies (octobre et novembre). Il est courant que l'eau monte de 1 m et, en cas de typhon, de 2 m ou plus.

Histoire

On a récemment découvert à Hoi An des fragments de céramique vieux de 2 200 ans : ce sont les plus anciens vestiges d'occupation humaine, que l'on attribue à la civilisation Sa Huynh, apparentée à la culture de Dông Son du nord du pays et datant de la fin de l'âge du fer. Du IIe au Xe siècle, ce fut un important port maritime du royaume du Champa, et les archéologues ont découvert aux alentours les fondations de nombreuses tours cham.

En 1307, le roi cham épousa la fille d'un monarque de la dynastie des Trân et fit don aux Vietnamiens de la province de Quang Nam. À sa mort, son successeur contesta la légitimité de ce présent et, pendant plus d'un siècle, la région fut en proie au chaos. Au XVe siècle, la paix revenue, le commerce put reprendre normalement son cours. Durant les quatre siècles suivants, Hoi An – connue sous le nom de Faifo au temps des premiers marchands occidentaux – fut l'un des principaux ports d'Asie du Sud-Est. Chinois, Japonais, Hollandais, Portugais, Espagnols, Indiens, Philippins, Indonésiens, Thaïlandais, Français, Anglais et Américains vinrent tous s'y approvisionner en soie, étoffes, papier, porcelaine, thé, sucre, mélasse, noix d'arec, poivre, plantes médicinales chinoises, ivoire, cire d'abeille, nacre, laque, soufre et plomb.

Au printemps, les navires chinois et japonais étaient poussés vers le sud par les vents de mousson. Ils séjournaient à Hoi An jusqu'à l'été, reprenant la mer avec les vents du sud. Durant ces quatre mois, les marchands louaient sur le front de mer des maisons qui leur tenaient lieu à la fois d'entrepôt et de résidence. Certains d'entre eux y installèrent par la suite des représentants habilités à gérer leurs affaires sur place le reste de l'année.

Les Japonais, dont le gouvernement leur interdit en 1637 tout contact avec le monde extérieur, cessèrent de venir à Hoi An, ce qui ne fut pas le cas des Chinois. Les maisons communes des congrégations chinoises jouent, aujourd'hui encore, un rôle essentiel auprès de la population chinoise du sud du Vietnam, dont les membres effectuent parfois de longs voyages pour venir assister aux célébrations de Hoi An.

Ce fut par Hoi An que le christianisme pénétra au Vietnam. De tous les missionnaires du XVIIe siècle, le plus célèbre fut le père Alexandre de Rhodes, inventeur du *quôc-ngu*, l'alphabet romanisé qui transcrit toujours le vietnamien aujourd'hui.

Presque entièrement détruite par la révolte des Tây Son entre les années 1770 et 1790, Hoi An fut reconstruite et garda son statut de plaque tournante commerciale jusqu'à la fin du XIXe siècle. Toutefois, l'ensablement du fleuve Thu Bon (Cai), qui relie Hoi An à la mer, commença à gêner la navigation. Danang (appelée Tourane pendant la colonisation française) éclipsa peu à peu Hoi An en tant que port et centre du commerce.

À l'époque du colonialisme français, Hoi An était un centre administratif. La ville n'a quasiment pas été touchée par les bombardements pendant la guerre du Vietnam, les deux camps ayant convenu de la préserver. La vieille ville a été classée au patrimoine mondial de l'Unesco en 1999, et une législation très stricte préserve cette architecture unique.

Aujourd'hui, l'économie de Hoi An est en plein essor. Le nombre de touristes a augmenté de 22% entre 2012 et 2013, et la vieille ville peine parfois à accueillir tous les visiteurs. Un nombre inconsidéré d'hébergements a vu le jour en périphérie de la ville, Hoi An s'agrandissant pour répondre à la demande insatiable du touristisme.

◉ À voir

Plus de 800 bâtiments historiques préservés dans Hoi An sont répertoriés par l'Unesco. La **vieille ville** (120 000 d ; www.hoianworldheritage.org.vn) a gardé son visage d'il y a plusieurs siècles.

Les Chinois qui s'installèrent à Hoi An s'identifiaient selon leurs provinces d'origine. Chaque communauté construisait sa maison commune (*hoi quan* en vietnamien), utilisée à des fins sociales, commerciales et culturelles.

Toutes les demeures, excepté la maison Diep Dong Nguyen et la maison Quan Thang, offrent de courtes visites guidées, généralement menées par une jeune femme de la famille. Efficace mais manquant parfois de conviction, la jeune guide vous fait asseoir sur une lourde chaise de bois et récite sa présentation. Vous pouvez ensuite vous promener librement dans la maison.

La popularité de ces demeures a son revers : jadis lieux de vie, elles sont désormais figées dans le temps, privées de la présence des familles qui les occupaient jadis et qui en ont été écartées à des fins touristiques. Les groupes organisés, qui se bousculent pour prendre des photos, peuvent aussi venir troubler votre visite.

Les quatre petits musées sont modestes. Leurs collections restent assez limitées et les informations fournies rudimentaires. Seuls 18 bâtiments sont ouverts au public, auxquels on accède, en majorité, muni d'un billet d'entrée pour la vieille ville. Les droits perçus sont destinés au financement des travaux de conservation.

Acheter un billet dans l'une des billetteries de la vieille ville est simple ; en revanche, planifier sa visite l'est beaucoup moins à cause de la complexité du système. Un billet accorde un droit d'entrée dans cinq lieux : musées, maisons communes, maisons anciennes, et permet à son détenteur d'assister à un concert de musique traditionnelle dans l'atelier d'artisanat. Les billets sont valables trois jours.

Malgré l'afflux des touristes, Hoi An reste une cité conservatrice et il est conseillé de porter une tenue convenable pour visiter les maisons, qui sont toujours privées.

♥ Pont couvert japonais   PONT

(Cau Nhat Ban). GRATUIT Ce beau petit pont est emblématique de Hoi An. C'est la communauté japonaise de la ville qui, dans les années 1590, construisit un premier pont à cet emplacement, afin d'établir une voie de communication avec le quartier chinois situé sur l'autre rive.

L'ouvrage est d'une grande solidité en raison de la menace de tremblements de terre. Au fil des siècles, son ornementation est restée relativement fidèle au raffinement du style japonais. Les Français avaient aplani la chaussée pour faciliter le passage des véhicules, mais les travaux de rénovation entrepris en 1986 lui ont rendu sa forme convexe originelle.

Les accès du pont sont gardés par des statues ayant subi les intempéries : d'un côté deux singes et, de l'autre, deux chiens. Plusieurs légendes justifient la présence de ces sentinelles : selon l'une d'entre elles, ces animaux faisaient l'objet d'un culte particulier, car nombre d'empereurs japonais étaient nés sous le signe du Chien ou du Singe. Une autre affirme que la construction du pont

commença lors d'une année du Singe pour s'achever une année du Chien. Une stèle énumère les noms, rédigés en *chu nho* (caractères chinois), des Vietnamiens et des Chinois ayant contribué à financer sa rénovation.

Si l'accès au pont est gratuit, il vous faudra un billet pour visiter le petit temple, assez modeste, construit sur sa partie nord.

♥ Maison commune de la congrégation chinoise du Fujian   TEMPLE

(Phuc Kien Hoi Quan ; face au 35 Đ Tran Phu ; billet combiné avec la vieille ville ; ◷7h-17h30). À l'origine une salle de réunion traditionnelle, cette structure fut plus tard transformée en un temple dédié au culte de Thien Hau, divinité de la province de Fujian. La triple porte tape-à-l'œil recouverte de tuiles vertes fut ajoutée en 1975.

Sur le mur de droite, une peinture représentant Thien Hau : éclairée par une lanterne, la déesse de la Mer traverse une mer déchaînée pour sauver un bateau en détresse. En face sont figurés les chefs des six familles chinoises qui quittèrent le Fujian au XVIIe siècle pour s'installer à Hoi An.

L'avant-dernière salle accueille la statue de la déesse. De part et d'autre de l'entrée se tiennent Thuan Phong Nhi, à la peau rouge, et Thien Ly Nhan, à la peau verte. Ces divinités sont chargées de repérer les navires en perdition.

Dans la dernière salle, l'autel central abrite les statuettes assises des six chefs de famille. Au-dessous, des statues plus petites représentent leurs successeurs à la tête du clan. Derrière l'autel, à droite, trois fées et 12 *ba mu* (sages-femmes), plus petites, transmettent au nouveau-né une compétence qui lui sera nécessaire au cours de sa première année de vie – sourire, téter, etc. Les couples sans enfants ont coutume de venir prier ici, et y laissent des fruits en offrande.

♥ Maison Tan Ky   ÉDIFICE HISTORIQUE

(101 Đ Nguyen Thai Hoc ; billet combiné avec la vieille ville ; ◷8h-12h et 14h-16h30). Construite il y a deux siècles pour une famille d'origine vietnamienne, cette demeure a été remarquablement conservée par les sept générations qui l'ont successivement occupée.

Son architecture est révélatrice des influences japonaise et chinoise. Au titre des éléments nippons figure le plafond (dans la pièce de réception), soutenu par trois poutres de tailles différentes superposées en ordre décroissant. Sous le plafond en forme de crabe ont été sculptés des sabres, symboles de la force, ornés d'un ruban de soie, qui représente la flexibilité.

De certaines colonnes pendent des poèmes chinois inscrits en nacre incrustée. Les caractères agrémentant ces panneaux, réalisés il y a un siècle et demi, se composent exclusivement d'oiseaux représentés avec grâce dans plusieurs positions de vol.

La cour remplit ici plusieurs fonctions : elle laisse entrer la lumière, permet à l'air de circuler, apporte un peu de végétation au sein de la maison, recueille et évacue l'eau de pluie. Les balustrades de bois, ornées de feuilles de vigne gravées rappelant l'influence européenne, témoignent de la fusion culturelle unique dont témoigne Hoi An.

L'arrière de la maison, qui donne sur le fleuve, était autrefois loué aux marchands étrangers. Les marques sur l'un des murs indiquent le niveau de l'eau lors des récentes inondations, le record ayant été atteint en 1964, quand le plafond du premier niveau a été presque atteint. Deux poulies attachées à une poutre du grenier, qui montaient les marchandises en cas d'inondation, servent aujourd'hui à sauver les meubles

Le toit recouvert de tuiles et le plafond en bois, à l'intérieur, permettaient de garder la chaleur en hiver et la fraîcheur en été.

Chapelle de la famille Tran ÉDIFICE HISTORIQUE
(21 Đ Le Loi ; billet combiné avec la vieille ville ; ☉7h30-12h et 14h-17h30). Dédiée au culte de ses ancêtres, cette chapelle a été construite, en 1802, par l'un des membres du clan, qui avait atteint le rang de mandarin et servi comme ambassadeur en Chine. Son portrait figure sur la droite de la chapelle.

L'architecture du bâtiment témoigne d'influences chinoises (notamment son toit aux allures de tortue), japonaises (avec les trois poutres) et locales (repérez les arcs et les flèches dans la décoration).

La porte centrale, réservée au défunt, est ouverte à l'occasion de la fête du Têt et de l'anniversaire de la mort du principal ancêtre (11 novembre). La tradition voulait que les femmes entrent par la gauche et les hommes par la droite, mais ces distinctions ne sont plus observées.

Sur l'autel, des coffrets en bois renferment les tablettes en pierre des ancêtres, sur lesquelles figurent des idéogrammes chinois indiquant leurs dates de naissance et de mort, ainsi que quelques petits effets personnels. Lors de l'anniversaire de la mort de chacun des défunts de la famille, son coffret est ouvert, on fait brûler de l'encens et on fait des offrandes de nourriture.

Après une rapide visite, on vous montrera la salle dite des antiquités, où sont vendus des pièces de monnaie et des souvenirs.

Temple Quan Cong TEMPLE CONFUCÉEN
(Chua Ong ; 24 Đ Tran Phu ; billet combiné avec la vieille ville). Consacré en 1653, ce petit temple chinois est dédié à Quan Cong, général chinois tenu en haute estime, révéré comme un symbole de loyauté, de sincérité, d'intégrité et de justice. Sa statue de papier mâché sur une âme de bois, partiellement dorée, trône sur l'autel central à l'arrière du sanctuaire. Quand un visiteur fait une offrande à Quan Cong, le gardien frappe d'un coup solennel un vase de bronze.

À gauche de Quan Cong, une statue représente le général Chau Xuong, l'un des gardes de Quan Cong, dans une pose avantageuse. À droite apparaît Quan Bing, mandarin administratif plutôt replet. Le cheval blanc grandeur nature rappelle celui que montait Quan Cong.

En passant dans la cour, jetez un coup d'œil sur les toits, décorés de carpes. Symbole de patience dans la mythologie chinoise, ce poisson est couramment représenté à Hoi An.

Ôtez vos chaussures avant de monter sur l'estrade, devant la statue de Quan Cong.

Pagode Phuoc Lam TEMPLE BOUDDHIQUE
(Thon 2a, Cam Ha ; ☉8h-17h). Construite au milieu du XVIIe siècle, cette pagode est associée à An Thiem, prodige vietnamien ayant embrassé la vie monastique à l'âge de 8 ans. Dix ans plus tard, il se porta volontaire dans l'armée pour éviter à ses frères d'être enrôlés, et obtiendra ses galons de général. Pour expier ses crimes de guerre, cependant, il s'engagea à nettoyer le marché de Hoi An pendant 20 ans, puis retourna à la vie monastique, à la tête de la pagode.

Parcourez 500 m après la pagode Chuc Thanh. Avant de parvenir à la pagode, vous passerez devant un obélisque érigé sur les tombes de 13 résistants chinois décapités par les Japonais au cours de la Seconde Guerre mondiale.

**Musée des Céramiques
de commerce** MUSÉE
(80 Đ Tran Phu ; billet combiné avec la vieille ville ; ☉7h-17h30). Installé dans une maison en bois sombre restaurée dans sa simplicité, ce musée expose des céramiques en provenance de toute l'Asie et d'autres pays du

HOI AN ET SON PATRIMOINE ARCHITECTURAL

Les édifices anciens de Hoi An ont non seulement survécu aux guerres du XXᵉ siècle, mais ils ont gardé des caractéristiques que l'on retrouve rarement ailleurs. Bon nombre de devantures de magasins se ferment toujours à l'aide de planches glissées horizontalement dans des fentes, elles-mêmes creusées dans les colonnes soutenant la toiture.

De même, certains toits sont constitués de tuiles *am-duong* (yin et yang) de couleur brique, ainsi nommées en raison de leur forme concave et convexe permettant un assemblage parfait. Lors de la saison des pluies, le lichen et la mousse qui y poussent recouvrent les toitures d'un vert éclatant.

De nombreuses portes sont surmontées d'un morceau de bois circulaire portant le symbole du *am* et du *duong*, qu'entoure une spirale. Ces *mat cua* (yeux de portes) ont pour rôle de protéger du mal les habitants de la demeure.

Les bâtiments historiques de Hoi An font tour à tour l'objet de soigneux travaux de restauration. Des règles strictes encadrent le choix des panneaux et des couleurs des maisons.

L'attrait de la vieille ville tient au fait que non seulement des bâtiments isolés ont survécu, mais aussi des rues entières, notamment autour de Đ Tran Phu et de Đ Bach Dang, la promenade au bord de l'eau. Dans l'ancien quartier français, à l'est du pont Cam Nam, subsiste tout un pâté de maisons à colonnades, peintes dans le jaune moutarde caractéristique des bâtiments coloniaux français.

CENTRE DU VIETNAM HOI AN

monde (d'Égypte notamment), preuve de l'importance des relations commerciales de Hoi An avec l'étranger. Il faut néanmoins être spécialiste pour apprécier cette collection à sa juste valeur. La petite exposition sur la restauration des vieilles maisons de Hoi An est très instructive en matière d'architecture ancienne.

Maison commune
des cinq congrégations   ÉDIFICE HISTORIQUE
(Chua Ba ; ☑ 0510-861 935 ; 64 Tran Phu ; ⊙8h-17h). GRATUIT Fondée en 1773, cette maison commune accueillait les cinq congrégations chinoises de Hoi An : Fujian, Canton, Hainan, Chaozhou et Hakka. À droite de l'entrée, on remarque les portraits de résistants chinois, morts pendant la Seconde Guerre mondiale et héros au Vietnam. Le temple principal, bien restauré, est un ravissement des sens, avec ses spirales d'encens qui s'élèvent, ses divinités aux airs démoniaques, ses dragons et sa laque rouge omniprésente. Il est dédié à Thien Hau.

Maison commune de la congrégation
chinoise de Chaozhou   ÉDIFICE HISTORIQUE
(Trieu Chau Hoi Quan ; face au 157 Đ Nguyen Duy Hieu ; billet combiné avec la vieille ville ; ⊙8h-17h). L'attrait de cette maison commune, datant de 1752, réside dans la splendeur de ses sculptures sur bois. Les motifs très élaborés sur les poutres, les murs et l'autel sont éblouissants, et l'on peut passer des heures à essayer de comprendre les histoires qu'ils représentent.

Si vous êtes pressé, admirez au moins, sur les portes en face de l'autel, la gravure de deux jeunes Chinoises coiffées à la japonaise.

Pagode Chuc Thanh   TEMPLE BOUDDHIQUE
(Khu Vuc 7, Tan An ; ⊙8h-18h). Érigée en 1454 par un bonze originaire de Chine, la pagode Chuc Thanh est la plus ancienne de Hoi An. On peut y admirer des objets rituels utilisés depuis des siècles : plusieurs cloches, un gong de pierre vieux de 200 ans et un gong de bois en forme de carpe, qui serait encore plus ancien.

Prenez Đ Nguyen Truong To direction nord jusqu'au bout, puis tournez à gauche ; suivez le chemin sablonneux sur 500 m.

Atelier d'artisanat   ATELIER
(9 Đ Nguyen Thai Hoc ; billet combiné avec la vieille ville). Installé dans la maison de commerce d'un marchand chinois, vieille de deux siècles, l'atelier accueille, dans la partie arrière, des artisans en train de broder. Des spectacles avec chanteurs, danseurs et musiciens traditionnels, typiquement destinés aux touristes, ont lieu deux fois par jour (10h15 et 15h15) dans la salle.

Maison Tran Duong   ÉDIFICE HISTORIQUE
(25 Đ Phan Boi Chau ; 20 000 d ; ⊙8h-17h30). Entre le 22 et le 73 Đ Phan Boi Chau, vous pourrez admirer un ensemble de bâtiments à colonnades de style colonial français, parmi lesquelles cette demeure, qui remonte au XIXᵉ siècle. Étant donné qu'il s'agit toujours d'une habitation privée, la visite est

assurée par un membre de la famille. Entre autres meubles anciens français et chinois, on peut admirer un buffet bas et un salon ornés d'incrustations de nacre qui contrastent avec la grande table en bois (en fait le lit familial) dans la pièce de devant.

Musée d'Histoire et de la Culture MUSÉE
(7 Ð Nguyen Hue ; entrée avec le billet pour la vieille ville ; ☉7h-17h30). Aménagé dans la pagode Quan Am, ce musée abrite une petite collection d'objets de l'époque pré-cham et cham. Le commerce portuaire est aussi représenté avec de nombreuses céramiques.

Maison Quan Thang ÉDIFICE HISTORIQUE
(77 Tran Phu ; billet pour la vieille ville ; ☉7h-17h). Cette maison fut construite il y a trois siècles par un capitaine chinois. Son architecture comporte des éléments japonais et chinois. Admirez les sculptures de paons et de fleurs particulièrement fines des murs en teck des pièces entourant la cour, tout comme celles des poutres et du dessous du toit en carapace de crabe (dans le salon près de la cour).

Maison commune de la congrégation chinoise de Canton ÉDIFICE HISTORIQUE
(Quang Trieu Hoi Quan ; 176 Ð Tran Phu ; entrée avec le billet pour la vieille ville ; ☉8h-17h). GRATUIT Érigée en 1786, cette maison commune possède une porte d'entrée élancée qui s'ouvre sur une superbe statue en mosaïque représentant un dragon et une carpe. L'autel principal est dédié à Quan Cong. Dans le jardin à l'arrière se dresse une statue de dragon encore plus belle.

Maison commune de la congrégation chinoise de Hainan ÉDIFICE HISTORIQUE
(Hai Nam Hoi Quan ; 10 Ð Tran Phu ; ☉8h-17h). GRATUIT Datant de 1851, cette maison commune est dédiée à la mémoire des 108 marchands de Hainan accusés à tort de piraterie et exécutés dans la province de Quang Nam cette même année. Sur les estrades, richement ornées, se trouvent des plaques commémoratives. Devant l'autel central, vous pourrez admirer une sculpture de bois finement dorée, représentant une scène de la cour chinoise.

Maison Phung Hung ÉDIFICE HISTORIQUE
(4 Ð Nguyen Thi Minh Khai ; entrée avec le billet pour la vieille ville ; ☉8h-19h). À quelques pas du pont couvert japonais, cette demeure possède une vaste entrée accueillante, décorée d'exquises lanternes, de rouleaux peints et de broderies. L'autel suspendu est saisissant.

Maison Diep Dong Nguyen ÉDIFICE HISTORIQUE
(58 Ð Nguyen Thai Hoc ; ☉8h-12h et 14h-16h30). GRATUIT Cette vieille maison était au XIXe siècle celle d'un marchand chinois. La première pièce servit de cabinet de médecine chinoise (thuoc bac) : les plantes médicinales étaient conservées dans les vitrines qui tapissent les murs.

Musée des Arts populaires de Hoi An MUSÉE
(33 Ð Nguyen Thai Hoc 62 Ð Bach Dang ; ☉7h-17h30). Un comptoir chinois vieux de 150 ans accueille ce musée, dont les présentations évoquent les coutumes et la culture locales. Très empoussiéré, il ne fait néanmoins pas figure de véritable musée sur l'histoire des arts populaires. La vue sur la rivière depuis l'étage est des plus pittoresques.

Pagode Phac Hat TEMPLE BOUDDHIQUE
(673 Ð Hai Ba Trung). GRATUIT .La pagode est dotée d'une façade recouverte de céramiques et de peintures colorées, et surmontée d'un toit orné de dragons qui ressemblent à des serpents. Au centre, l'immense cour est remplie de centaines de plantes en pots et de bonsaïs.

Musée de la Culture de Sa Huynh et musée de la Révolution MUSÉE
(149 Ð Tran Phu ; entrée avec le billet pour la vieille ville ; ☉7h-17h30). Au rez-de-chaussée, vous pourrez voir des bijoux en pierre, en bronze, en or, en verre et en agate, toutes sortes de fragments de céramiques et des jarres funéraires du début de la culture de Dông Son (Sa Huynh). Le musée de la Révolution, à l'étage, était fermé lors de notre passage.

Puits Ba Le SITE EMBLÉMATIQUE
GRATUIT Ce puits de forme carrée remonterait au temps des Chams. C'est aussi, selon la tradition, exclusivement l'eau de ce puits qui doit servir à la préparation des authentiques cao lau, une spécialité de Hoi An. Vous verrez sans doute des personnes âgées qui font leur pèlerinage quotidien pour venir remplir ici leurs seaux en métal. Pour y accéder, prenez la petite rue en face du 35 Ð Phan Chu Trinh et tournez dans la deuxième ruelle sur la droite.

🏊 Activités

Plongée
Une excursion dans les îles Cham vous fera passer une très belle journée, et les deux écoles de plongée de Hoi An proposent des

formules séduisantes comprenant camping et plongée. S'il ne faut pas s'attendre à des fonds marins exceptionnels, il s'agit d'expériences intéressantes permettant de découvrir de plus près la vie aquatique.

Les deux écoles pratiquent des tarifs similaires : un baptême Padi coûte 70 $US, 2 explorations 75-80 $US, tandis que les stages Open Water sont facturés 360 $US minimum. Le snorkeling s'élève à 35-42 $US, selon la sortie (matériel compris).

Avec ou sans bouteille, la plongée n'est généralement possible qu'entre février et septembre. Les conditions de visibilité sont les meilleures pendant les mois d'été (de juin à août).

Cham Island Diving Center   PLONGÉE
(📞 0510-391 0782 ; www.chamislanddiving.com ; 88 Đ Nguyen Thai Hoc). Ce club de plongée est tenu par une équipe chaleureuse et compétente. Il possède un grand bateau et un hors-bord pour les transferts rapides. La sortie snorkeling avec nuit en camping coûte 80 $US.

Blue Coral Diving   PLONGÉE
(📞 0510-627 9297 ; www.divehoian.com ; 77 Đ Nguyen Thai Hoc). Organisme accueillant et professionnel disposant d'un bateau de 18 m et d'un hors-bord. Steve Reid, le chef moniteur, vient du Royaume-Uni.

Massages et spa
Hoi An compte une pléthore de salons de massage et de soins. La plupart sont très moyens, gérés par des Vietnamiens inexpérimentés et peu formés. Un massage de base y coûte environ 12 $US l'heure. On trouvera une succession d'échoppes de ce genre dans Đ Ba Trieu. À l'autre extrémité de la gamme, des organismes sérieux, généralement installés dans les hôtels, vous feront passer un très agréable moment ; les prix sont à la hauteur de la prestation.

♥ Palmarosa   SPA
(📞 0510-393 3999 ; www.palmarosaspa.vn ; 90 Đ Ba Trieu ; massage 1 heure à partir de 21 $US ; ⏱ 10h-21h). Un cran au-dessus de ses concurrents, ce spa très professionnel propose un large choix de massages (notamment thaïs et suédois), de gommages, et de soins du visage, des pieds et des mains.

Countryside Charm   SPA
(Duyen Que ; 📞 0570-350 1584 ; http://spahoian.vn ; 512 Đ Cua Dai ; massage 1 heure à partir de 16 $US ; ⏱ 8h-23h). Malgré des locaux moyennement

fonctionnels, ce centre situé sur la route côtière est doté d'un personnel bien formé et compétent. Comptez 22 $US pour un massage aux pierres chaudes de 1 heure 10.

Ba Le Beauty Salon   SPA
(📞 0905 226 974 ; www.balewellbeautysalon.com ; 45-11 Đ Tran Hung Dao ; ⏱ 9h-18h30). Ba Le, formée au Royaume-Uni, propose épilation au fil ou à la cire, soins du visage, manucure et pédicure, à un prix très abordable.

🎓 Cours

Cuisine
Hoi An est devenue un haut lieu d'apprentissage de la cuisine vietnamienne. Quasiment tous les restaurants proposent des cours, qui peuvent aussi bien avoir lieu dans la cour d'un particulier que dans une école spécialisée.

La ville est idéale pour les chefs en herbe : elle compte de nombreuses spécialités typiques de la région, pour la plupart très difficiles à réaliser.

Les cours commencent généralement par un tour au marché pour découvrir les principaux ingrédients vietnamiens.

Green Bamboo Cooking School   CUISINE
(📞 0905 815 600 ; www.greenbamboo-hoian.com ; 21 Đ Truong Minh Hung, Cam An ; 35 $US/pers). Des cours (en anglais) plus personnalisés que la moyenne, animés par Van, une charmante dame de la région et chef accomplie. C'est dans sa spacieuse cuisine qu'elle accueille les groupes, limités à 10 personnes. On choisit ce que l'on veut cuisiner sur une carte comprenant notamment une salade de fleurs de bananier aux crevettes et au porc, et un grand nombre de recettes végétariennes. À 5 km à l'est du centre, près de la plage de Cu Dai.

Morning Glory   ÉCOLE DE CUISINE
(📞 0510-224 1555 ; www.restaurant-hoian.com ; 106 Đ Nguyen Thai Hoc, cours d'une demi-journée 27 $US). C'est le Morning Glory qui a lancé la mode des cours de cuisine. Ces derniers sont assurés par la très reconnue Trinh Diem Vy, propriétaire de plusieurs restaurants à Hoi An, ou par l'un de ses protégés. Ils portent sur des recettes régionales comme le *cao lau* ou la "rose blanche". Vous apprendrez à cuisiner dans un environnement très étudié. Sachez toutefois que les cours peuvent accueillir jusqu'à 30 personnes et que certains trouvent l'ambiance un peu trop guindée et organisée.

Red Bridge   ÉCOLE DE CUISINE
(📞 0510-393 3222 ; www.visithoian.com/redbridge ; Thon 4, Cam Thanh). L'aventure débute par

une descente en bateau sur le fleuve pour rejoindre ce havre de tranquillité à 4 km de Hoi An à l'est du centre-ville, sur les berges du Thu Bon. Les cours, avec passage au marché, se déroulent sur une demi-journée (29 $US) ou une journée (47 $US). En suivant les premiers, vous apprendrez à préparer des spécialités locales, ainsi qu'à fabriquer des feuilles de riz et à réaliser des sculptures végétales pour la décoration. Les cours d'une journée, avec 8 élèves maximum, sont plus approfondis, puisque l'on y apprend à confectionner un *pho* traditionnel. Et pour ne rien gâcher, l'école est pourvue d'une piscine de 20 m !

Yoga

Hoi An Yoga   YOGA
(☎0168 8741 406 ; http://hoianyoga.com ; 193 Ly Thai To). Cours professionnels de hatha yoga et de yin yoga, soit sur la plage d'An Bang (rendez-vous au restaurant La Plage) soit dans un studio à 2 km au nord de Hoi An. En semaine uniquement ; programme sur le site Internet.

✿✿ Fête

Il est particulièrement plaisant de séjourner à Hoi An le 14ᵉ jour de chaque mois lunaire : la ville célèbre alors la **fête de la Pleine Lune** (⊙17h-23h). Les véhicules à moteur sont bannis de la vieille ville, les marchés de rue qui vendent des objets d'artisanat, des souvenirs et de la nourriture fonctionnent à plein, et toutes les lanternes sont sorties ! Des concerts et spectacles de musique traditionnelle ont également lieu.

🛏 Où se loger

Hoi An est une ville où l'on peut se loger avec n'importe quel budget. Si la vieille ville ne compte que deux ou trois hôtels, on trouve quantité d'hébergements autour. De nombreux établissements économiques et de catégorie moyenne sont installés au nord-ouest, autour de Đ Hai Ba Trung et Đ Ba Trieu. La belle péninsule d'An Hoi est aussi très proche de la vieille ville.

Lors de notre passage, il n'existait pas d'auberge de jeunesse à Hoi An, mais trois adresses ont des dortoirs. De nombreux hôtels de luxe se situent à quelques kilomètres de la ville, sur la plage, mais ils proposent tous une transfert en navette.

Les meilleurs endroits sont vite complets : réservez bien à l'avance, et confirmez quelques jours avant d'arriver.

Nhi Trung Hotel   HÔTEL $
(☎0510-386 3436 ; 700 Đ Hai Ba Trung ; ch 17-27 $US ; ❄@🛜). À 1,5 km au nord de la vieille ville, cet hôtel bien géré loue des chambres spacieuses et claires, dont certaines avec balcon, d'un excellent rapport qualité/prix. Superbe petit-déjeuner compris.

Sunflower Hotel   HÔTEL $
(☎0510-393 9838 ; http://sunflowerhotelhoian. com ; 397 Cua Dai ; dort 7 $US, ch 20-22 $US ; ❄@🛜🏊). À 2 km à l'est du centre, cette adresse est très prisée des jeunes routards pour son ambiance d'auberge de jeunesse. Dortoirs corrects et petit-déjeuner-buffet ultracopieux.

Phuong Dong Hotel   HÔTEL $
(☎0510-391 6477 ; www.hoianphuongdongho-tel.com ; 42 Đ Ba Trieu ; s/d/tr 13/16/20 $US ; ❄@🛜). Une adresse économique fiable, bien que sans artifices, louant des chambres sommaires d'un bon rapport qualité/prix, avec matelas confortable, lampes de chevet, réfrigérateur et clim. Location de motos à des prix corrects.

Hoang Trinh Hotel   HÔTEL $
(☎0510-391 6579 ; www.hoianhoangtrinhhotel. com ; 45 Đ Le Quy Don ; s/d/tr 20/25/30 $US ; ❄@🛜). Un hôtel bien géré par un personnel obligeant. Les chambres, dans un style vietnamien un peu désuet, sont propres et spacieuses. Copieux petit-déjeuner et navette compris.

Hoa Binh Hotel   HÔTEL $
(☎0510-391 6838 ; www.hoianbinhhotel.com ; 696 Đ Hai Ba Trung ; dort 9 $US, ch 15-25 $US ; ❄@🛜🏊). Bon choix de chambres modernes, toutes avec minibar, TV sat et clim, plus un dortoir convenable. Bon petit-déjeuner inclus. La piscine, c'est dommage, est couverte par un toit.

Nha Nghi Quynh Chan   PENSION $
(☎0510-353 3977 ; 9 Đ Nguyen Phuc, An Hoi ; ch 15-20 $US ; ❄🛜). Pension de 5 chambres propres et modernes (toutes avec réfrigérateur et certaines avec balcon) tenue par une dame sympathique, dans un pâté de maisons en face du Vung Hung Riverside Resort.

♥ Ha An Hotel   HÔTEL DE CARACTÈRE $$
(☎0570-386 3126 ; www.haanhotel.com ; 6-8 Đ Phan Boi Chau ; ch 60-120 $US ; ❄@🛜). Cet élégant établissement ressemble plus à une demeure coloniale qu'à un hôtel. Les chambres ont chacune leur propre décoration et donnent sur un jardin luxuriant.

CIRCUITS DANS LES ENVIRONS DE HOI AN

Le paysage des environs de Hoi An, toujours vert et très typique du Vietnam, mérite d'être exploré. Plusieurs tour-opérateurs excellents proposent des circuits dans la région. Les excursions à moto ou à vélo ont beaucoup de succès ; rien ne permet autant que les deux-roues d'apprécier le paysage. Des circuits en jeep sont également proposés.

Les **îles Cham**, idylliques, constituent une destination parfaite pour une excursion entre mars et septembre. Les deux écoles de plongée de Hoi An y organisent des sorties.

Hoi An Motorbike Adventures (☑ 0510-391 1930 ; www.motorbiketours-hoian.com ; 111 Ba Trieu, Hoi An ; circuits 40-1 050 $US). Spécialisé dans les circuits sur les fameuses motos Minsk. Les guides connaissent bien le terrain et vous feront découvrir de jolies routes, ainsi que les abords du fleuve.

Phat Tire Ventures (☑ 0510-653 9839 ; www.ptv-vietnam.com ; 62 Ba Trieu). Propose un excellent circuit en VTT jusqu'aux ruines de My Son, ponctué de chemins de campagne et de visites de temples.

Hoi An Free Tour (☑ 0510-097 958 7744 ; www.hoianfreetour.com). Parcours à vélo dans la périphérie de Hoi An, conçus comme un échange de bons procédés : vous rencontrez les habitants et découvrez la vie rurale, et c'est l'occasion pour les étudiants qui encadrent ces circuits de pratiquer l'anglais.

Taste of Hoi An (☑ 0905 382 783 ; www.tasteofhoian.com). Vous parcourez les rues à la rencontre des marchands, puis allez déjeuner dans une maison ancienne (et climatisée !) de Hoi An.

Heaven & Earth (☑ 0510-386 4362 ; www.vietnam-bicycle.com ; 57 Đ Ngo Quyen, An Hoi ; circuits 15-19 $US). Circuits à vélo bien conçus et pas trop difficiles à travers le delta du Song Thu.

Love of Life (☑ 0510-393 9399 ; www.hoian-bicycle.com ; 95B Đ Phan Chu Trinh ; circuits 19 $US). Bons circuits à vélo sur des sentiers de campagne à travers potagers et villages de pêcheurs, et balades pédestres dans Hoi An.

Vietnam Jeeps (☑ 0510-391 1930 ; www.vietnamjeeps.com ; 111 Ba Trieu). Circuits à bord de jeeps américaines d'origine dans les collines derrière Hoi An jusqu'à un village co tu. Le secteur offre sources chaudes et superbes randonnées.

Hoi An Eco Tour (☑ 0510-392 8900 ; www.hoianecotour.com.vn ; village de Phuoc Hai ; circuits 38-72 $US). Activités culturelles le long du fleuve : vous pourrez pêcher, faire un tour en bateau-panier ou monté sur un bison, ou encore découvrir la riziculture irriguée.

Le personnel, aimable et bien formé, rend le séjour très agréable. À 10 minutes de marche du centre-ville, dans le quartier français.

Thien Nga Hotel HÔTEL $$
(☑ 0510-391 6330 ; thienngahotel@gmail.com ; 52 Đ Ba Trieu ; ch 35 $US ; ✱@☎⊠). Bon choix de chambres, pour la plupart spacieuses, lumineuses et aérées, avec balcon et look minimaliste (les sdb sont plus prosaïques). Demandez une chambre à l'arrière pour avoir une vue sur le jardin. Personnel souriant et accommodant, et copieux petit-déjeuner. La piscine est couverte par un toit.

Vinh Hung 3 Hotel HÔTEL $$
(☑ 0510-391 6277 ; www.hoianvinhhung3hotel.com ; 96 Đ Ba Trieu ; ch 37-43 $US ; ✱@☎⊠). Ce beau mini-hôtel loue des chambres au décor branché avec grand lit, mobilier en bois, bureau

et TV sat, ainsi qu'un balcon pour certaines. Les sdb sont impeccables. Petit-déjeuner compris. L'espace piscine sur le toit est parfait pour prendre le soleil ou se rafraîchir.

Thien Thanh Hotel HÔTEL $$
(Blue Sky Hotel ; ☑ 0510-391 6545 ; www.hoian-thienthanhhotel.com ; 16 Đ Ba Trieu ; ch 40-60 $US, ste 68 $US ; ✱@☎⊠). Le personnel de ce bel hôtel porte l'*ao dai* (tenue traditionnelle) et offre un service de bon standing. Chambres spacieuses, engageantes, bien équipées (lecteur DVD, baignoire) et parsemées de touches décoratives vietnamiennes. À l'arrière, petite piscine semi-couverte et superbe jardin aux allures d'oasis.

Long Life Riverside HÔTEL $$
(☑ 0510-391 1696 ; www.longlifehotels.com ; 61 Đ Nguyen Phuc Chu ; ch 42-75 $US ste 90 $US ;

DORMIR CHEZ LES CO TU

Les Co Tu, qui vivent dans les hauteurs reculées des montagnes environnant Hoi An, forment la plus petite et la plus traditionnelle des ethnies du Vietnam. Dans les villages co tu, les maisons sur pilotis s'organisent autour du *guol*, la maison commune.

L'un de ces villages, Bho Hoong, a développé un projet touristique communautaire qui permet aux visiteurs de séjourner sur place (www. bhohoongbungalows.com ; circuit de 2 jours à partir de 150 $US). Les guides Co Tu ont été spécialement formés et les revenus sont réinvestis dans la communauté. C'est un projet sensible et les visiteurs ne peuvent accéder au village que par le biais de circuits (en jeep ou à moto) autorisés par les autorités, et réservables via le site Internet.

✳@🛜🖨). Un hôtel qui en impose, fort d'un emplacement paisible au bord de l'eau sur la péninsule d'An Hoi. Vastes chambres pourvues d'un mobilier moderne de bon goût, d'un ordinateur et d'une sdb dernier cri. La piscine est moins attrayante.

Orchid Garden Hotel　　PENSION **$$**
(☑0510-386 3720 ; www.hoianorchidgarden ; 382 Đ Cua Dai ; ch 40-60 $US ; ✳@🛜🖨). Entre la ville et la plage, à 2,5 km à l'est du centre, cette petite pension propose des chambres spacieuses. Les jolis bungalows sont équipés d'une cuisine. Petit-déjeuner compris et vélos mis à disposition des clients.

Hoi An Garden Villas　　HÔTEL **$$**
(☑0510-393 9539 ; http://hoiangardenvillas.com ; 145 Đ Tran Nhat Duat ; ch 64-114 $US ; ✳🛜🖨). Dans une rue calme à 2 km à l'est du centre, cet hôtel compte 8 belles chambres, chacune pourvue d'un très grand lit, d'une baignoire, d'un mobilier de qualité et d'un balcon ou d'une terrasse donnant sur la piscine.

Windbell Homestay　　CHAMBRES D'HÔTES **$$**
(☑0510-393 0888 ; www.windbellhomestay. vn ; Chau Trung, île de Cam Nam ; ch 65 $US, villas à partir de 110 $US ; ⊖✳@🛜🖨). Hébergement haut de gamme chez l'habitant, avec de ravissantes et spacieuses chambres et villas donnant sur la piscine ou sur le jardin. La famille hôte est adorable. Situé sur l'île de Cam Nam, à 10 minutes à pied de la vieille ville, qui offre une expérience plus typique.

❤ **Hoi An Chic Hotel**　　HÔTEL **$$$**
(☑0510-392 6799 ; www.hoianchic.com ; Đ Nguyen Trai ; ch 96 $US ; ⊖✳@🛜🖨). Au milieu des rizières, à mi-chemin entre la ville et la plage, le Hoi An Chic jouit d'un emplacement paisible et quasi rural. Une grande attention est portée au design : mobilier moderne et coloré, sdb extérieures et piscine surélevée. Personnel des plus serviables et navette gratuite (à bord d'une jeep américaine d'origine !) jusqu'au centre, situé à 3 km à l'ouest.

Little Hoi An　　HÔTEL **$$$**
(☑0510-386 9999 ; http://littlehoian.com ; Đ Nguyen Phuc Chu ; ch/ste à partir de 75/90 $US ; ✳🛜🖨). Jouissant d'un superbe emplacement en face de la vieille ville sur la paisible péninsule d'An Hoi, cet hôtel arbore classe et raffinement. Les chambres, très confortables, sont équipées de meubles de grand standing et d'élégantes sdb. Personnel accueillant, bon restaurant et petit spa. Dommage que la piscine soit minuscule et couverte.

Vinh Hung 1 Hotel　　HÔTEL HISTORIQUE **$$$**
(☑0510-386 1621 ; www.vinhhunghotels.com. vn ; 143 Đ Tran Phu ; ch 80-110 $US ; ⊖✳@🛜). Rien ne manque pour un séjour d'exception dans cette maison bicentenaire au cœur de la vieille ville. Les chambres à l'arrière sont un peu sombres. Essayez de réserver la chambre n°208 (elle a servi de décor au remake d'*Un Américain bien tranquille,* avec Michael Caine), équipée d'un très beau balcon en bois donnant sur la rue.

Anantara Hoi An Resort　　COMPLEXE HÔTELIER **$$$**
(☑0510-391 4555 ; http://hoi-an.anantara.com ; 1 Đ Pham Hong Thai ; ch/ste à partir de 120/145 $US ; ⊖✳@🛜🖨). Une grande attention est portée aux détails dans ce vaste complexe de style colonial. Les chambres, au décor contemporain, ont de superbes sdb. Les espaces extérieurs, très vastes, sont immaculés. Bar chic, bon restaurant, café, spa et très belle piscine au bord du fleuve. Situé dans le quartier français, à quelques minutes à pied du cœur de la ville.

🍴 Où se restaurer

Hoi An est une destination culinaire de haut vol. La cuisine du Centre est sans conteste la plus savoureuse et la plus élaborée du pays, associant un usage judicieux des herbes fraîches à des influences étrangères liées à des siècles de relations avec la Chine, le Japon et l'Europe.

Il est possible de faire un fabuleux repas pour trois fois rien au marché central et dans les petites échoppes, comme de savourer un dîner gastronomique dans un restaurant huppé. Ville cosmopolite, Hoi An offre aussi une myriade de saveurs internationales, qu'il s'agisse de pains à la parisienne ou de tandoori d'Inde du Nord.

♥ **Mermaid Restaurant**   VIETNAMIEN **$**
(✉ 0510-386 1527 ; www.restaurant-hoian.com ; 2 Ð Tran Phu ; plats 38 000-95 000 d pour la plupart ; ⊗ 10h30-22h). Pour goûter aux spécialités locales, foncez dans ce modeste petit restaurant. Les trois spécialités de Hoi An (*cao lau*, rose blanche et *banh xeo*) y sont exécutées à la perfection, à l'instar des *wonton* frits.

Bale Well   VIETNAMIEN **$**
(45-51 Ð Tran Cao Van ; repas 45 000-85 000 d ; ⊗ 11h30-22h). Au bout d'une petite rue près du fameux puits Ba Le, ce restaurant est réputé pour son porc grillé, auquel on ajoute des herbes pour faire son propre nem. L'endroit n'est pas particulièrement touristique, et il y a de l'ambiance le soir.

The Market   VIETNAMIEN **$**
(http://msvy-tastevietnam.com/the-market ; Ð Nguyen Hoang, An Hoi ; plats 55 000-90 000 d ; ⊗ 11h-21h30 ; 🛜). Ce nouvel établissement immense propose une cuisine de rue aseptisée répartie parmi différents stands. On mange sur des bancs dans un espace aux allures de cour. Côté boissons : lassis, jus de fruits pressés et smoothies.

Little Menu   VIETNAMIEN **$**
(www.thelittlemenu.com ; 12 Ð Le Loi ; plats 50 000-135 000 d ; ⊗ 7h-21h30 ; 🛜). L'accueil est fantastique dans ce superbe petit restaurant avec cuisine ouverte et carte réduite – goûtez au poisson en feuille de bananier ou aux rouleaux de printemps au canard.

Phone Café   VIETNAMIEN **$**
(80b Ð Bach Dang ; plats 22 000-62 000 d ; ⊗ 7h-21h). Ce restaurant ne paie pas de mine, mais sert les classiques et quelques savoureuses spécialités cuites en pot de terre.

♥ **Morning Glory Street Food Restaurant**   VIETNAMIEN **$$**
(✉ 0510-224 1555 ; www.restaurant-hoian.com ; 106 Ð Nguyen Thai Hoc ; plats 45 000-130 000 d ; ⊗ 8h-23h ; 🛜⧉). Un restaurant d'excellence installé dans un bâtiment ancien, spécialisé

dans la cuisine de rue et les plats traditionnels (essentiellement du centre du Vietnam). Très bonne carte végétarienne également. Prix raisonnables au vu du cadre, de l'ambiance et de la qualité de la cuisine.

♥ **Cargo Club**   INTERNATIONAL ET VIETNAMIEN **$$**
(✉ 0510-391 0489 ; www.restaurant-hoian.com ; 107 Ð Nguyen Thai Hoc ; plats 35 000-105 000 d ; ⊗ 8h-23h ; 🛜). Remarquable café-restaurant jouissant d'un fabuleux emplacement en bord de fleuve (la terrasse supérieure offre une vue magnifique). On passerait facilement la journée à profiter de l'atmosphère en goûtant les différents éléments de la carte, principalement occidentale : petits-déjeuners légendaires, gâteaux et pâtisseries diaboliques, et plats de haut vol.

Ganesh Indian Restaurant   INDIEN **$$**
(✉ 0510-386 4538 ; www.ganeshindianrestaurant. com ; 24 Ð Tran Hung Dao ; plats 65 000-135 000 d ; ⊗ 12h-22h30 ; 🛜⧉). Un restaurant agréable et très authentique, d'un bon rapport qualité/prix, spécialisé dans la cuisine d'Inde du Nord. Il sort du four *tandoor* des naans cuits à la perfection, et les ardents curries du chef sont superbes. Également de nombreux plats végétariens.

White Sail Cafe   VIETNAMIEN, FRUITS DE MER
(Canh Buom Trang ; 134 Ð Tran Cao Van ; repas 50 000-155 000 d ; ⊗ 7h-22h ; 🛜). Agréable petit restaurant servant une véritable cuisine vietnamienne, dont d'excellents calamars, aubergines fumées au tamarin et crevettes caramélisées. Prix raisonnables, mais l'attente peut être un peu longue en cas d'affluence.

White Sail Seafood   PRODUITS DE LA MER **$$**
(47/6 Trang Hung Dao ; plats 45 000-140 000 d ; ⊗ 11h30-22h). Dans ce restaurant de quartier sans prétention, installé dans une cour privée quelconque, la nourriture est d'excellente qualité (poisson croustillant, crabe, crevettes géantes et savoureux plats vapeur).

Ca Mai   VIETNAMIEN **$$**
(45 Ð Nguyen Thi ; repas 90 000-170 000 d ; ⊗ 7h-22h ; 🛜). Nouveau café à l'ambiance décontractée, où Duc (également propriétaire du Mango Mango) propose une grande variété de spécialités de Hoi An et panasiatiques, dont un tempura et un canard laqué mémorables. Les cocktails sont fabuleux (*happy hour* 17h-19h).

Miss Ly Cafeteria 22   VIETNAMIEN **$$**
(✉ 0510-386 1603 ; 22 Ð Nguyen Hue ; plats 28 000-110 000 d ; ⊗ 9h-21h ; 🛜). Petit

restaurant raffiné tenu par une équipe vietnamienne et américaine. Musique zen et vieilles affiches aux murs. À la carte, un savoureux *cao lau* et d'autres classiques vietnamiens, bien présentés.

Hai Cafe INTERNATIONAL **$$**
(www.visithoian.com ; 98 Ð Nguyen Thai Hoc ; repas 75 000-140 000 d ; ☺7h-23h ; ☎). Le Hai Cafe possède une terrasse surélevée qui permet de regarder l'animation de la rue, un jardin intérieur et une salle à manger engageante. Bons petits-déjeuners à l'occidentale et spécialités vietnamiennes. Le barbecue du soir a beaucoup de succès.

Gourmet Garden INTERNATIONAL **$$**
(www.gourmetgarden-hoian.com ; 55 Ð Le Loi ; tapas 40 000-60 000 d, plats 85 000-130 000 d ; ☺7h-22h ; ☎). Entre les murs d'une belle maison de ville restaurée, avec une terrasse à l'arrière, ce restaurant propose une carte éclectique de spécialités d'Asie et d'Occident. Nombreuses tapas. Fait également bar à vins.

Mango Mango FUSION **$$$**
(☎0510-391 0839 ; www.themangomango. com ; 45 Ð Nguyen Phuc Chu ; plats 25-35 $US ; ☺7h-22h ; ☎). Avec son superbe emplacement en bord de fleuve, c'est le plus beau des restaurants que le célèbre chef Duc Tran possède à Hoi An. La cuisine vietnamienne intègre des saveurs du monde entier, et certaines associations, fraîches et inattendues, déroutent parfois. Les cocktails comptent parmi les meilleurs de la ville.

Green Mango VIETNAMIEN ET INTERNATIONAL **$$$**
(www.greenmango.vn ; 54 Ð Nguyen Thai Hoc ; repas 130 000-300 000 d ; ☺11h30-21h30 ; ☎). La cuisine (occidentale et orientale) est tout aussi sublime que le cadre – une des plus belles maisons en bois traditionnelles de la ville. On apprécie la salle climatisée à l'étage – l'une des seules de la vieille ville.

🍷 Où prendre un verre

Hoi An n'est pas le meilleur endroit pour faire la fête, les autorités locales contrôlant assez sévèrement les manifestations de fin de soirée. La vieille ville se prête toutefois à un cocktail ou à un verre de vin civilisé.

On trouve des bars plus animés de l'autre côté du fleuve, sur la péninsule d'An Hoi. Les *happy hours* réduisent considérablement les frais. La plupart des bars ferment vers 1h à Hoi An. Le Why Not? reste ouvert jusqu'aux petites heures. Si vous voulez vraiment un endroit qui bouge, prenez l'un des minibus gratuits qui vont du Before & Now au club Zero SeaMile, sur la plage de Cua Dai.

♥ Dive Bar BAR
(88 Ð Nguyen Thai Hoc ; ☺8h-24h ; ☎). Sa bonne ambiance, son accueil chaleureux, sa musique électro et ses canapés confortables en font le meilleur bar de la ville. On apprécie aussi le jardin avec bar à cocktails à l'arrière, le billard et la nourriture de pub.

White Marble BAR
(www.visithoian.com ; 99 Ð Le Loi ; ☺11h-23h ; ☎). Dans un bâtiment ancien au cadre raffiné, cet établissement qui fait à la fois bar et restaurant offre un excellent choix de vins (dont beaucoup disponibles au verre, à partir de 4 $US). Menus déjeuner et dîner à 200 000 d.

Why Not? BAR
(10B Ð Pham Hong Thai ; ☺17h-tard ; ☎). Excellent bar de nuit à 1 km à l'est du centre, tenu par un personnage haut en couleur. Vous pourrez choisir vous-même la bande-son en sélectionnant votre chanson sur YouTube. Le billard a du succès et l'ambiance est généralement très festive.

Q Bar LOUNGE, BAR
(94 Ð Nguyen Thai Hoc ; ☺12h-24h ; ☎). Éclairage au top, musique lounge et électro, et les meilleurs cocktails avec et sans alcool de la ville (à 100 000 d pièce, tout de même). Clientèle sympathique, et gays bienvenus.

Before & Now BAR
(www.beforennow.com ; 51 Ð Le Loi ; ☺7h-24h ; ☎). Bar de voyageurs prisé mais manquant un peu de personnalité, avec billard et peintures d'icônes comme le Che ou Marilyn. *Happy hour* de 18h à 21h.

3 Dragons PUB
(51 Ð Phan Boi Chau ; ☺7h30-24h ; ☎). Moitié bar sportif (diffusant aussi bien du football australien que du cricket indien) moitié restaurant (hamburgers, steaks et spécialités locales).

Sun Bar BAR
(44 Ð Ngo Quyen, An Hoi ; ☺17h-1h ; ☎). Bar de baroudeurs dans une rue à l'écart, avec sono à fond et possibilité de choisir sa chanson, piste de danse et *happy hour* de 20h à 23h.

🛍 Achats

Hoi An a une longue tradition de commerce. Il n'est pas rare de voir des voyageurs bien décidés à ne rien acheter quitter la ville chargés de sacs (sacs que l'on peut, d'ailleurs, facilement acheter sur place).

La grande tentation, ce sont les vêtements. Hoi An a toujours été réputée pour sa confection, mais aujourd'hui, la demande des touristes a fait surgir dans la vieille ville un nombre incroyable de boutiques de tailleurs. Les chaussures, qui reprennent des créations occidentales, ont également beaucoup de succès, mais leur qualité est variable.

Hoi An compte aussi une bonne dizaine de galeries d'art, dont beaucoup sont installées près du pont couvert japonais, dans Đ Nguyen Thi Minh Khai. Pour acheter des sculptures sur bois, une autre spécialité régionale, allez au village de Cam Nam ou sur l'île de Cam Kim.

♥ Metiseko   VÊTEMENTS
(www.metiseko.com ; 86 Đ Nguyen Thai Hoc ; ⊗9h-21h30). Lauréate en 2013 d'un prix du Développement durable, cette boutique écoresponsable vend de magnifiques vêtements (notamment pour enfants), accessoires et articles de maison, comme des coussins en soie naturelle et coton bio.

♥ Reaching Out   SOUVENIRS, VÊTEMENTS
(www.reachingoutvietnam.com ; 103 Đ Nguyen Thai Hoc ; ⊗8h-20h). Excellente boutique de souvenirs vendant des produits de qualité issus du commerce équitable – foulards en soie, vêtements, bijoux, chapeaux coniques peints à la main, jouets artisanaux et ours en peluche. Emploie et soutient des artisans handicapés.

Lotus Jewellery   ACCESSOIRES
(www.lotusjewellery-hoian.com ; 100 Đ Nguyen Thai Hoc ; ⊗8h-20h30). Vous trouverez votre bonheur ici à un coût raisonnable : articles de fabrication artisanale inspirés de papillons ou de libellules, sampans vietnamiens, chapeaux coniques et symboles chinois.

Mosaique Decoration   ARTISANAT
(www.mosaiquedecoration.com ; 6 Đ Ly Quoc ; ⊗7h30-20h). Propose des éclairages stylés et modernes, des soies, des vêtements en chanvre et en lin, des objets en bambou tressé, des housses de coussin brodées à la main et des meubles.

Avana   PRÊT-À-PORTER
(www.hoiandesign.com ; 57 Đ Le Loi ; ⊗8h-20h). Boutique au style recherché tenue par un créateur européen. Robes, blouses, chaussures, chapeaux, sacs et autres accessoires.

Tuoi Ngoc   ARTISANAT
(103 Đ Tran Phu ; ⊗7h-20h). Cette affaire familiale fabrique des lanternes dans le style chinois depuis des générations et en vend une très belle sélection.

Randy's Book Xchange   LIVRES
(www.randysbookxchange.com ; To 5 Khoi Xuyen Trung ; ⊗9h30-18h lun-sam). Vous trouverez cette librairie sur l'île Cam Nam, dans la première rue à droite. Aménagée comme une bibliothèque personnelle, elle compte plus de 5 000 titres d'occasion à vendre ou à échanger, ainsi que des ouvrages numériques.

ⓘ Renseignements

ACCÈS INTERNET

Min's Computer (2 Truong Minh Luong ; 5 000 d/h ; ⊗7h30-21h). Cybercafé doté de nombreux terminaux, où l'on peut aussi imprimer, numériser, graver et utiliser Skype.

AGENCES DE VOYAGES

La concurrence étant très vive, vous avez intérêt à comparer les offres pour mieux les négocier.

Rose Travel Service (☑0510-391 7567 ; www.rosetravelservice.com ; 37-39 Đ Ly Thai To ; ⊗7h30-17h30). Propose des circuits dans tout le pays, ainsi que des locations de voitures, des réservations de bus, et des voyages en bateau, en jeep ou à moto.

Sinh Tourist (☑0510-386 3948 ; www.thesinhtourist.vn ; 587 Đ Hai Ba Trung ; ⊗7h30-18h). Cette agence réservera pour vous de très bons bus "open tour".

ARGENT

Agribank (Đ Cua Dai ; ⊗8h-16h30 lun-ven, 8h30-13h sam) et **Vietin Bank** (☑0510-386 1340 ; 4 Đ Hoang Dieu ; ⊗8h-17h lun-ven, 8h30-13h30 sam) disposent d'un DAB et changent des espèces.

DÉSAGRÉMENTS ET DANGERS

En général, Hoi An est très sûre, bien qu'il y ait des vols à l'arraché et, occasionnellement, des femmes suivies jusqu'à leur hôtel et agressées. Si vous êtes seule, faites-vous raccompagner jusqu'à votre lieu d'hébergement.

L'arnaque du moment : des dames très insistantes (on peut en voir autour du marché) proposent des manucures ou des soins esthétiques pour un dollar environ. Une fois la prestation terminée, elles demandent bien plus que convenu et peuvent devenir très agressives.

Les revendeurs, nombreux, essaieront de vous faire acheter des circuits, des excursions en bateau, des motos, des souvenirs et autre ; préparez-vous à garder toute votre attention.

LES DÉLICES DE HOI AN

Hoi An est un haut lieu de la gastronomie vietnamienne et offre des spécialités uniques qu'il serait dommage de ne pas goûter.

Les "roses blanches", ou *banh vac*, sont de délicats et subtils raviolis à la crevette recouverts d'oignons croustillants. Les *banh bao* sont un autre type de raviolis vapeur, farcis cette fois au porc ou au poulet haché, aux oignons, aux œufs et aux champignons, et qui trouveraient leur origine dans les *dim sum* chinois. Le *cao lau*, également fabuleux, est un plat de nouilles à la japonaise agrémenté d'herbes aromatiques, de feuilles de salade et de pousses de soja, et servi avec des tranches de rôti de porc.

Parmi les spécialités locales, figurent aussi les *hoahn thanh* (*wonton*) frits et les *banh xeo*, savoureuses crêpes croustillantes aux herbes, enveloppées d'une feuille de riz. La plupart des restaurants les proposent, mais leur qualité varie considérablement.

OFFICE DU TOURISME

Il n'existe pas de centre d'information touristique officiel à Hoi An. Adressez-vous à une agence de voyages. Quatre billetteries de **la vieille ville** (☑ 0510-386 2715 ; ☻ 7h-17h) vendent des billets pour la visite de la vieille ville, au 30 Đ Tran Phu, au 10 Đ Nguyen Hue, au 5 Đ Hoang Dieu et au 78 Đ Le Loi.

POSTE

Poste principale (6 Đ Tran Hung Dao ; ☻ 7h-17h)

SITES INTERNET

Le site www.livehoianmagazine.com constitue une excellente source d'information (culture, manifestations, carnet d'adresse)s.

SERVICES MÉDICAUX

Cabinet du Dr Ho Huu Phuoc (☑ 0510-386 1419 ; 74 Đ Le Loi ; ☻ 11h-12h30 et 17h-21h30). Médecin vietnamien parlant anglais.

Hôpital de Hoi An (☑ 0510-386 1364 ; 4 Đ Tran Hung Dao ; ☻ 6h-22h). En cas de problème grave, allez plutôt à Danang.

URGENCES

Poste de police de Hoi An (☑ 0510-386 1204 ; 84 Đ Hoang Dieu)

ℹ Depuis/vers Hoi An

AVION

L'aéroport le plus proche est celui de Danang, à 45 minutes.

BUS

La plupart des bus nord-sud ne s'arrêtent pas à Hoi An, la RN 1 passant à 10 km à l'ouest de la ville. Il faut donc aller à Vinh Dien pour y attraper un bus.

Les bus "open tour" s'avèrent généralement plus pratiques. Des liaisons régulières sont assurées depuis/vers Hué (4,5 $US, 4 heures) et Nha Trang (place assise/couchette 14/17 $US, 11-12 heures).

La **gare routière** (96 Đ Hung Vuong), à 1 km à l'ouest du centre-ville, dessert principalement des lignes locales. Les bus pour Danang (18 000 d, 1 heure), Quang Ngai et d'autres destinations partent de la **gare routière nord** (Đ Le Hong Phong). Les étrangers se voient souvent appliquer des tarifs majorés, soit généralement 50 000 d pour un trajet jusqu'à Danang.

Go Travel Vietnam (☑ 0510-392 9115 ; info@ go-travel-vietnam.com ; 61 Phan Chau Trinh ; ☻ 9h-21h) assure des navettes en bus entre Hoi An, l'aéroport et la gare ferroviaire de Danang (80 000 d, 1 heure, 5/jour).

VOITURE ET MOTO

Pour rallier Danang (30 km), on peut soit prendre la sortie nord de la ville pour rejoindre la RN 1, soit sortir vers l'est en direction de la plage de Cua Dai et suivre la route qui longe China Beach. Comptez environ 140 000 d pour un trajet en moto jusqu'à Danang. Un taxi vous coûtera autour de 350 000 d moins cher si vous n'utilisez pas le compteur et que vous négociez le prix au préalable.

Le tarif du trajet en voiture jusqu'à Hué débute à 85 $US (il varie en fonction du nombre d'arrêts que vous souhaitez faire), tandis qu'une demi-journée d'excursion dans les environs, englobant My Son, tourne autour de 50 $US.

ℹ Comment circuler

La vieille ville resserrée sur elle-même se parcourt facilement à pied. Pour visiter les alentours, louer un vélo revient à 20 000 d/ jour. Vous aurez très vite fait le tour de la petite péninsule d'An Hoi. Et si vous prenez la route vers l'est en direction de la plage de Cua Dai, vous passerez par de jolies rizières.

Une moto sans/avec chauffeur revient à 5/12 $US/jour. Un taxi pour la plage coûte autour de 60 000 d.

BATEAU

Une promenade en bateau sur la rivière Thu Bon peut se révéler une expérience mémorable. La location d'une barque avec rameur devrait vous coûter autour de 70 000 d/heure ; la plupart des voyageurs se contentent d'une heure. Certains circuits pour My Son comprennent un aller-retour en bateau, qui vous fera passer par le centre de Hoi An en grande pompe.

Un bateau à moteur pour visiter les villages de pêcheurs et d'artisans des environs se loue autour de 140 000-170 000 d/heure. Des bateliers attendent les touristes au bord du fleuve dans le centre de Hoi An, entre les ponts Cam Nam et An Hoi.

TAXI

Si vous désirez un taxi équipé d'un compteur, téléphonez à **Hoi An Taxi** (☑ 0510-391 9919) ou à **Mai Linh** (☑ 0510-392 5925).

Environs de Hoi An

Thanh Ha

Ce modeste village est célèbre depuis des siècles pour sa poterie. La plupart des villageois ont peu à peu abandonné la fabrication de briques et de tuiles pour celle de toutes sortes d'objets en céramique destinés aux touristes. Les quelques artisans qui poursuivent leur activité dans leurs ateliers étouffants ne verront pas d'inconvénient à ce que vous jetiez un coup d'œil, ou entamiez la conversation, mais ils seront surtout ravis si vous leur achetez quelque chose.

Thanh Ha est à 3 km à l'ouest de Hoi An, facilement accessible à bicyclette.

Île de Cam Kim

C'est du village de Kim Bong, sur l'île de Cam Kim, que provenaient les remarquables sculptures sur bois qui ornent à présent les maisons marchandes et les bâtiments publics de Hoi An. Aujourd'hui encore, la plupart des sculptures sur bois vendues à Hoi An sont réalisées par des artistes de l'île.

Les bateaux à destination de l'île partent de l'embarcadère de Ð Bach Dang, à Hoi An (20 000 d, 30 min). Il est aussi agréable de découvrir le village et l'île à vélo. Vous n'y rencontrez que de rares touristes, et il n'y a aucune boutique de souvenirs.

Plage de Cua Dai

En allant vers l'est depuis Hoi An, vous traverserez des rizières et suivrez les méandres du fleuve sur environ 5 km avant d'arriver à de superbes plages de sable fin couleur d'or. Frangé de palmiers, ce littoral s'étend au nord jusqu'à Danang. En cher-

chant bien, vous trouverez encore quelques belles zones préservées.

La plage de Cua Dai, la plus proche de Hoi An, s'urbanise rapidement ; mieux vaut l'éviter. C'est aussi la cible privilégiée des revendeurs de plage, qu'il n'y a aucun moyen de repousser. Elle compte quelques restaurants de fruits de mer (et le club Zero SeaMile), mais vous trouverez de meilleures adresses un peu plus loin. Vers le sud, les 5 km de littoral qui mènent au port de Cua Dai (d'où les bateaux partent pour les îles Cham) sont en pleine transformation : une zone de complexes hôteliers cinq-étoiles est en train de s'élever au-dessus des dunes. L'érosion de la côte est un vrai problème. Plusieurs de ces hôtels ont vu leur ouverture reportée des années durant, du fait de la disparition de certaines plages et des problèmes de construction qui en résultent.

En bord de mer, le bar-discothèque **Zero SeaMile** (plage de Cua Dai Beach ; ⊙9h-3h ; ☎) dispose d'une vaste piste de danse, d'une déco stylée et d'une piscine, mais n'est rien de plus qu'une discothèque de mauvais goût servant une cuisine insipide. À partir de minuit, entre avril et septembre, des bus gratuits font la navette toutes les heures entre le Before & Now, à Hoi An, et le Zero SeaMile.

🛏 Où se loger

Victoria Hoi An Resort COMPLEXE HÔTELIER **$$$** (☑ 0510-392 7040 ; www.victoriahotels.asia ; ch/ste à partir de 158/247 $US ; ☯✳@🛜🏊). Ce magnifique hôtel en bord d'océan associe le style traditionnel de Hoi An à celui de l'époque coloniale. Chambres spacieuses, modernes et impeccablement aménagées, certaines avec sol en teck et Jacuzzi, et toutes avec balcon. Piscine de 30 m face à l'océan et bon restaurant.

Hoi An Riverside Resort HÔTEL **$$$** (☑0510-386 4800 ; www.hoianriverresort.com ; 175 Ð Cua Dai ; ch à partir de 118 $US ; ☯✳@🛜🏊). Loue d'élégantes chambres avec parquet et déco recherchée, pour beaucoup pourvues d'un balcon donnant sur la rivière. L'établissement, bien tenu, se situe à environ 1 km de la plage et possède un bon restaurant. Massages et salle de remise en forme. Navette gratuite entre l'hôtel et Hoi An.

Plage d'An Bang

À 3 km au nord de Cua Dai, **An Bang** est l'une des plages les plus agréables du Vietnam. La

LA FOLIE DU SUR-MESURE

Soyons clair : se faire confectionner des vêtements à Hoi An peut virer à l'obsession. On estime qu'il existe entre 300 et 500 tailleurs en ville. Les hôtels et les guides de circuits ont tous leurs préférés ; ils vous promettent "un bon prix" avant de vous envoyer chez leur tante, cousine, belle-sœur ou voisine (qui leur reverse probablement une bonne commission).

Difficile en tout cas de ne pas succomber à la tentation. Alors, comment procéder ? En règle générale, la qualité va de pair avec le prix. Un tailleur qui vous annonce un prix beaucoup plus bas que celui d'un concurrent va probablement rogner sur quelque chose sans vous le dire. Les meilleurs tailleurs, et les meilleurs tissus, sont plus chers. Il en sera de même si vous exigez de courts délais.

Les tailleurs de Hoi An sont passés maîtres dans l'art de copier : montrez-leur un modèle dans un magazine et, le lendemain, votre rêve sera devenu réalité. Si vous ne savez pas exactement ce que vous voulez, les assistantes vous apporteront une pile de catalogues de mode à feuilleter. Les *ao dai* (la tenue nationale au Vietnam), les robes d'été, les manteaux, les robes de mariée et les costumes figurent à leur répertoire.

La bonne formule consiste à savoir déjà quels tissu et modèle vous souhaitez, ainsi que les détails (couleur du fil, doublure et boutons). Lorsque vous achetez de la soie, assurez-vous qu'il s'agit de soie véritable et non d'une imitation synthétique. Le seul test infaillible consiste à appliquer une allumette, ou une cigarette, sur le tissu : le synthétique fondra alors que la soie brûlera (demandez un échantillon du tissu et sortez réaliser le test à l'extérieur). De même, ne vous contentez pas de vous laisser dire qu'un tissu est 100% coton ou 100% laine sans bien le palper. Une chemise d'homme devrait actuellement coûter 14-18 $US, une robe en coton environ 30 $US. Si un costume d'homme coûte moins de 100 $US, assurez-vous que le tissu et le travail vous conviennent.

Sachez que si vous pressez votre tailleur pour obtenir votre commande dans les 48 heures, cela laissera peu de temps pour les essayages et les retouches. Une fois le vêtement fini, n'oubliez pas d'en vérifier les coutures ; tout vêtement de qualité comporte un point de surfil qui empêche l'effilochage.

La plupart des boutiques de tailleurs peuvent expédier vos emplettes par bateau. Il se peut que les paquets se perdent, ou que le contenu soit autre, mais les tarifs de la poste locale figurent parmi les meilleurs.

Il y a tant de tailleurs qu'il est difficile d'en recommander un, d'autant plus que la plupart d'entre eux font appel à des travailleurs extérieurs, plus ou moins compétents. Il peut être intéressant de flâner dans la vieille ville à la recherche d'une petite boutique pas encore victime de son succès. Toutefois, si vous êtes pressé, nous avons régulièrement de bons échos de certaines adresses, un peu plus chères. Les voici par ordre alphabétique : **A Dong Silk** (☑0510-386 3170 ; www.adongsilk.com ; 40 Đ Le Loi ; ⊘8h-21h30) ; **Hoang Kim** (☑0510-386 2794 ; 57 Nguyen Thai Hoc ; ⊘8h-21h) ; **Kimmy** (☑0510-386 2063 ; www.kimmytailor.com ; 70 Đ Tran Hung Dao ; ⊘7h30-21h30) ; et **Yaly** (☑0510-391 0474 ; www.yalycouture.com ; 47 Đ Nguyen Thai Hoc ; ⊘8h-21h).

piste qui y mène ne paie pas de mine, mais une fois qu'on y est, on découvre une magnifique bande de sable fin et l'immensité de l'océan sur lequel ne se détachent que les lointaines îles Cham.

Les petits bars-restaurants se multiplient. Lors de notre passage, les touristes n'étaient pas harcelés par des vendeurs, mais cela pourrait changer. Fort heureusement, la côte vers le nord, une longue plage magnifique plantée de casuarinas et de pandanus où accostent les étranges coracles des pêcheurs de la région, est restée intacte.

🛏 Où se loger et se restaurer

An Bang est l'endroit où séjournent les visiteurs bien informés. La zone est beaucoup plus calme en hiver.

💚 **An Bang Seaside Village**　　　BUNGALOWS, VILLAS **$$$**
(☑0126 944 4567 ; www.anbangseasidevillage.com ; plage d'An Bang ; villa 53-138 $US ; ❋ 🛜).

Ces superbes bungalows et villas jouissent de l'un des meilleurs emplacements en bord d'océan de tout le pays, au beau milieu des arbres côtiers sur la magnifique plage d'An Bang, à proximité des restaurants. Les 6 unités sont spacieuses, agrémentées d'un mobilier stylé, et allient merveilleusement bien matériaux modernes (béton poli) et naturels. Le ménage est fait tous les jours et le petit-déjeuner est compris.

Nam Hai HÔTEL $$$
(☑ 0510-394 0000 ; www.thenamhai.com ; village de Dien Duong ; villa/villa avec piscine à partir de 525/845 $US ; ☺✴@🛜☒). À 8 km environ au nord d'An Bang, et à 15 km de Hoi An, ce temple du plaisir a tout ce qu'il faut : trois piscines dont une chauffée, un service avec maître d'hôtel, de spacieuses villas dotées de tous les accessoires modernes et de piscines d'agrément, d'excellents équipements de remise en forme et un spa de première classe (essayez le massage de Jade à quatre mains). Bien sûr, tout cela coûte un prix exorbitant, mais le service proposé est à la hauteur.

La Plage INTERNATIONAL $
(☑ 0510-392 8244 ; www.laplagehoian.com ; en-cas/plats 70 000/130 000 d ; ⊙8h-22h ; 🛜). Dans cette gargote franco-vietnamienne en bambou et en chaume, on déguste face à l'océan de délicieux en-cas et des sandwichs à la française. Les produits de la mer sont un délice, tout comme les petits-déjeuners.

♥ **Le Banyan Bar** EUROPÉEN $$
(Plage d'An Bang ; repas 130 000-240 000 d ; ⊙10h-22h ; 🛜). Excellent restaurant en bord d'océan nouvellement installé, très prisé des expatriés branchés de Hoi An, avec des tables donnant sur les vagues. On y sert une nourriture savoureuse : grand choix de salades aux notes méditerranéennes, pâtes, bruschettas et plats de type tartare de thon. Le bar, bien fourni, offre un vaste choix de vins.

Soul Kitchen INTERNATIONAL $$
(☑ 090 644 0320 ; www.soulkitchen.sitew.com ; plats 80 000-180 000 d ; ⊙10h-22h mar-dim, 10h-18h lun ; 🛜). Restaurant donnant sur l'océan avec jardin herbeux et salle à manger au toit de chaume. La carte change quotidiennement, mais peut notamment afficher carpaccio de thon, salade aux fruits de mer ou calamars. Bons vins et cocktails avec ou sans alcool.

Luna D'Autunno ITALIEN $$
(www.lunadautunno.vn ; plats 8-12 $US ; ⊙11h-22h ; 🛜). Bon restaurant italien en bord de mer servant des antipastis, de bons plats de pâtes, des salades, des viandes, et de délicieuses pizzas cuites au four à bois.

Îles Cham

☑ 0510 / 2 800 HABITANTS

Époustouflant archipel granitique dans des eaux aigue-marine à une quinzaine de kilomètres au large de Hoi An, les îles Cham constituent une destination merveilleuse. Jusqu'à très récemment, elles étaient fermées au public et contrôlées par l'armée. Aujourd'hui, on peut y faire une excursion à la journée, pratiquer la plongée au milieu des récifs ou y passer la nuit.

Depuis un ou deux ans, la sérénité de l'archipel est compromise par des bateaux chargés de Vietnamiens venus profiter de leur week-end ou des jours fériés ; essayez d'éviter ces moments-là. Les îles ne sont accessibles que de mars à septembre, l'océan étant généralement trop agité le reste de l'année.

Seule l'île principale, **Hon Lao**, est habitée. Les sept autres îles Cham sont de minuscules îlots rocheux couverts d'une végétation dense. Si vous faites de la plongée, vous trouverez ici un environnement sous-marin très riche, avec 135 variétés de corail mou et dur et une faune variée. Les îles sont officiellement une réserve marine protégée. La pêche et le recueil des nids d'oiseaux (pour faire de la soupe) sont deux industries essentielles dans la région.

Bai Lang, le petit port de Hon Lao, est le village principal (il y a aussi deux hameaux isolés). C'est un endroit joli et paisible envahi par la végétation, à l'abri du vent, ce qui en a fait un refuge de choix pour les marins en lutte avec les eaux houleuses de la mer de Chine du Sud. Explorer ses ruelles est un vrai plaisir : le calme du lieu et le rythme tranquille de la vie ici sont un vrai bonheur pour les voyageurs fatigués.

Bai Huong, un minuscule village de pêcheurs à 5 km au sud-est de Bai Lang, est un lieu paradisiaque mais isolé, qui pratique depuis peu un excellent programme de séjour chez l'habitant.

◉ À voir et à faire

On ne s'étonnera pas de trouver de nombreux plongeurs aux îles Cham. Si la visibilité est parfois moyenne et si la pêche à outrance pose problème, la découverte des fonds sous-marins a de quoi captiver : 5 espèces de homards, 84 mollusques et 202 poissons sont endémiques. Des séjours de plongée peuvent être organisés par les clubs de Hoi An, tels que le Cham Island Diving Center (p. 209) : une journée avec snorkeling, petite marche, déjeuner et farniente sur la plage coûte 42 $US.

Ong Ngu
TEMPLE BOUDDHIQUE

Le seul vrai monument de Bai Lang est ce tout petit temple très curieux, dont l'apparence modeste dissimule une histoire fascinante. Il est dédié aux baleines et aux requins-baleines, autrefois nombreux dans les eaux des îles Cham, et qui étaient vénérés comme des divinités protectrices de l'océan. Lorsqu'une carcasse de baleine échouait là, les habitants en nettoyaient les os avant d'organiser une célébration élaborée au temple puis de les enterrer. Aujourd'hui, il est malheureusement très rare de voir des baleines dans les environs.

Plage
PLAGE

Une route de terre vers le sud-ouest vous mène, après 2 km et de petites criques, à une belle plage à l'abri du vent, très agréable pour nager dans les eaux couleur d'azur, se prélasser sur le sable fin, ou dans les hamacs et sous les auvents de chaume de l'excellent Cham Restaurant. Malheureusement, durant les périodes de congés, la plage est pleine de bateaux qui vont et viennent. Des chemins se faufilent dans les collines couvertes de forêt derrière Bai Lang.

Où se loger et se restaurer

À l'heure actuelle, les Chams ne disposent que de simples pensions (à Bai Lang) ou d'hébergement chez l'habitant (à Bai Huong).

Homestay Bai Huong
SÉJOUR CHEZ L'HABITANT $

(☑0120 237 8530 ; www.homestaybaihuong.com ; 100 000 d/pers, repas 30 000-70 000 d). Partagez la vie des habitants de Bai Huong. Vous aurez droit à un lit avec moustiquaire et à une sdb avec toilettes assises et douche d'eau froide. De délicieux repas maison sont proposés. Neuf familles participent à ce programme de séjour chez l'habitant qui permet de générer des revenus issus du tourisme communautaire. Les équipements sont sommaires et il n'y a généralement de l'électricité que de 18h à 22h. Vous aurez sûrement la possibilité de pêcher ou de faire des treks, et trouverez du matériel de snorkeling en location. Le projet permet de financer en partie l'éducation des enfants de Bai Huong.

Luu Ly
PENSION $

(☑0510-393 0240 ; ch avec sdb partagée 220 000 d). Excellente adresse louant de petites chambres propres avec moustiquaire, TV et ventil. Il y a un groupe électrogène en cas de coupure de courant. Comptez environ 200 000 d pour 3 repas par jour.

Thu Trang
PENSION $

(☑0510-393 0007 ; ch avec sdb commune 220 000 d). Voisine du temple aux baleines, une pension simple, propre et ordonnée, avec possibilité de manger sur place (comptez 200 000 d pour 3 repas par jour).

Cham Restaurant
VIETNAMIEN $

(☑0510-224 1108 ; plats 50 000-120 000 d ; ⊘10h-17h). À environ 2 km au sud de la ville, ce restaurant installé sur une plage de sable fin sert de savoureux plats vietnamiens, dont beaucoup à base de produits de la mer. Réservez en précisant votre commande.

❶ Comment s'y rendre et circuler

Des bateaux publics pour les îles Cham accostent au village de Bai Lang. Ils partent de Ð Bach Dang à Hoi An (20 000 d, 2 heures) à 7h tous les jours et passent par le débarcadère de Cua Dai. Les étrangers doivent souvent payer leur billet plus cher (jusqu'à 100 000 d). Attention, le service n'est pas assuré par forte houle.

Prenez une copie de votre passeport avec votre visa : le capitaine en a besoin pour vous délivrer une autorisation. Les agences de voyages demandent 25-40 $US pour un circuit autour des îles, mais les excursions d'une journée sont généralement trop hâtives pour qu'on ait vraiment le temps de profiter de l'archipel.

Il faut une demi-heure de marche pour rallier Bai Lang à la plage, et 40 minutes de plus jusqu'à Bai Huong. Des bateliers et des *xe om* assurent la liaison entre Bai Lang et Bai Huong ; le tarif local est de 20 000 d, mais les étrangers paient souvent plus cher.

My Son

My Son (100 000 d ; ⊘6h30-16h) est le site des vestiges les plus importants du royaume du Champa, cachés au fond d'une superbe vallée luxuriante dominée par la montagne de la Dent du chat (Hon Quap). Seules une vingtaine de structures ont survécu au temps, alors qu'il y en avait au moins 68 à l'origine, mais l'intimité du lieu, où murmure l'eau des ruisseaux, reste saisissante.

My Son fut le plus important centre intellectuel et religieux du royaume du Champa. On pense même que le site, redécouvert à la fin du XIXᵉ siècle par l'archéologue français Henri Parmentier, faisait office de lieu de sépulture pour les monarques cham. L'ensemble avait été en partie restauré par les Français quand les bombes américaines détruisirent les temples. My Son est classé au patrimoine mondial de l'Unesco.

En partant de Hoi An à 5h ou 6h du matin, vous arriverez au lever du soleil pour le réveil des dieux (et des gardiens) : cela vous permettra d'éviter le déferlement des cars touristiques, moins matinaux.

Les archéologues ont réparti les monuments de My Son en dix groupes principaux : A, A', B, C, D, E, F, G, H et K. Chaque édifice appartenant à un groupe est désigné par une lettre suivie d'un numéro. Sachez toutefois que seuls quelques temples sont correctement indiqués, et qu'il n'y a pratiquement pas de panneaux informatifs.

Histoire

À la fin du IVᵉ siècle, sous le règne du roi Bhadravarman, My Son devint un important centre religieux. Elle fut habitée sans interruption jusqu'au XIIIᵉ siècle, soit plus longtemps que tout autre cité historique du Sud-Est asiatique. La plupart des temples étaient dédiés aux rois cham ainsi qu'à la divinité qui leur était associée, le plus souvent Shiva, fondateur et gardien des dynasties du royaume.

Comme l'attestent certaines ornementations inachevées des édifices de My Son, les Chams commençaient d'abord par construire les bâtiments, avant de sculpter les décorations dans la pierre ; toutefois, on ignore comment ils assemblaient les briques.

Il fut un temps où le sommet de certaines tours était recouvert d'or. Dans les siècles qui suivirent le déclin du royaume du Champa, les temples furent dépouillés de leurs richesses. Les Français transportèrent

My Son

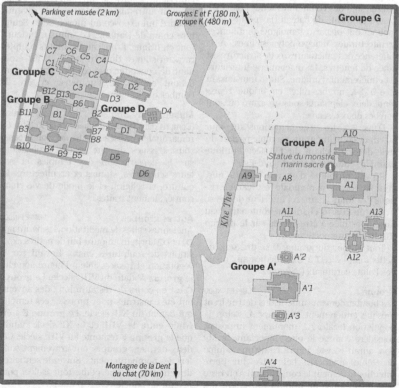

certaines pièces au musée de la Sculpture cham à Danang – ce qui se révéla une bonne idée, car, durant la guerre, le Viêt-cong établit une base à My Son, entraînant les bombardements américains et la perte de certains des monuments les plus remarquables.

⊙ À voir

Groupe B   TEMPLE HINDOU

B1, le *kalan* (sanctuaire) principal, fut dédié à Bhadresvara, forme contractée de Bhadravarman, en référence au roi qui édifia le premier temple de My Son, et d'Esvera, signifiant Shiva. Le premier édifice fut érigé au IVe siècle, détruit au VIe siècle et reconstruit au siècle suivant. Les fondations visibles aujourd'hui sont celles d'un second édifice élevé au XIe siècle.

Les niches murales étaient destinées à accueillir des lampes (les sanctuaires cham n'avaient pas de fenêtres). Le lingam a été découvert dans sa position actuelle en 1985, à un mètre sous terre.

Construit au Xe siècle, B5 abritait autrefois les livres sacrés et les objets rituels que l'on utilisait lors des cérémonies tenues dans B1. Le toit en forme de bateau (la "proue" et la "poupe" ont disparu) témoigne d'influences architecturales malayo-polynésiennes. À la différence des sanctuaires, cette structure est dotée de fenêtres. La maçonnerie intérieure est entièrement d'origine. Sur le mur faisant face à B4, un bas-relief en brique représente deux éléphants sous un arbre où sont perchés deux oiseaux.

Dans B4, les ornementations du mur extérieur constituent un exemple parfait du style décoratif cham du IXe siècle, unique parmi les cultures d'Asie du Sud-Est.

B3 est surmonté d'un toit à l'indienne, dont la forme pyramidale est caractéristique des tours cham. À l'intérieur de B6 se trouve un bassin cham qui contenait l'eau sacrée destinée à être versée sur le lingam (B1). B2 est un portique.

Tout autour du groupe B se dressent de petits temples (B7 à B13) dédiés aux dieux des Points cardinaux (*dikpalaka*).

Groupe A   TEMPLE HINDOU

Les bombardements américains détruisirent presque entièrement le groupe A. Selon la population locale, A1, monument imposant considéré comme le plus important de My Son, aurait résisté, jusqu'à ce qu'une équipe du génie américain héliportée lui porte intentionnellement le coup fatal. Il n'en reste plus qu'un amas de briques provenant des murs effondrés. Indigné par la destruction de ce site, Philippe Stern, alors conservateur au musée Guimet de Paris et spécialiste de l'art cham, écrivit une lettre de protestation au président Nixon, qui donna l'ordre de poursuivre les combats contre le Viêt-cong, mais d'épargner les monuments cham.

De tous les sanctuaires du site, A1 est le seul à posséder deux portes : l'une fait face à l'est, direction des divinités hindoues, et l'autre à l'ouest, où se trouvent les groupes B, C et D, ainsi que l'âme des anciens rois qui y auraient été enterrés. A1 renferme un autel de pierre. Malgré le délabrement des lieux, on peut encore apercevoir de superbes sculptures sur brique caractéristiques du Xe siècle. En bas du mur donnant sur A10 (décoré dans le style du IXe siècle), une **sculpture** représente un petit personnage priant entre deux colonnes circulaires, surmontées d'un monstre marin sacré javanais (*kala-makara*).

Groupe C   TEMPLE HINDOU

C1 (VIIIe siècle) était voué au culte de Shiva, représenté ici sous sa forme humaine. À l'intérieur se dresse un autel sur lequel reposait autrefois une statue de la divinité, aujourd'hui exposée au musée de la Sculpture cham de Danang. Les murs extérieurs, tout en brique, arborent des motifs sculptés caractéristiques du VIIIe siècle. Il est étonnant de constater que ces éléments restent debout au vu de l'immense cratère de bombes qui se trouve devant.

Musée de My Son   MUSÉE

(Compris dans le billet d'entrée ; ⊙ 6h30-16h). Ce remarquable musée abrite de nombreuses statues issues du site et des explications sur la construction des temples et sur leurs sculptures, statues et architecture. La culture, la religion et le mode de vie cham sont également traités.

Autres groupes   TEMPLE HINDOU

Anciennes salles de méditation, les bâtiments D1 et D2 abritent aujourd'hui de petites expositions de sculptures cham. Envahi par la végétation et inaccessible à l'heure actuelle, le **groupe A'** date du VIIIe siècle. Le **groupe G** est en cours de restauration : des auvents ont été construits pour protéger ces temples qui datent du XIIe siècle. Le **groupe E** a été édifié entre le VIIIe et le XIe siècle, tandis que le **groupe F** remonte au VIIIe siècle. Ces deux derniers groupes ont gravement souffert des bombardements. Suivez le sentier en direction de K, une petite tour isolée, pour revenir en boucle vers le parking.

ℹ Depuis/vers My Son

BUS ET MINIBUS

À Hoi An, presque tous les hôtels proposent des excursions d'une journée à My Son (4-8 $US). La plupart des minibus partent de Hoi An à 8h et repartent en sens inverse entre 13h et 14h. Vous pouvez aussi regagner Hoi An en bateau, ce qui rallonge l'excursion d'une heure.

Contrairement à ce que l'on pourrait croire, le principe des circuits "Sunrise" n'est pas de voir le soleil se lever sur les temples, mais d'arriver suffisamment tôt pour éviter la foule.

VOITURE ET MOTO

My Son est à environ 55 km de Hoi An. La location d'une voiture avec chauffeur coûte environ 45 $US. Le site est bien indiqué ; il n'est donc pas difficile de vous y repérer si vous visitez My Son avec votre propre moto.

Tra Kieu (Simhapura)

C'est initialement à Tra Kieu, jadis nommée Simhapura (citadelle du Lion), que les Chams établirent leur capitale du IVe au VIIIe siècle. Aujourd'hui, rien n'en subsiste à l'exception des remparts, rectangulaires. On y a mis au jour de très nombreuses sculptures cham, dont certaines, particulièrement belles, font l'orgueil du musée de la Sculpture cham de Danang.

Au sommet de la colline Buu Chau s'élève l'église de la Montagne (Nha Tho Nui), construite en 1970 pour remplacer l'ancienne église détruite par un bombardement américain. Située à 200 m du marché qui se tient le matin (Cho Tra Kieu), elle offre un très beau panorama. L'église de Tra Kieu (Dia So Tra Kieu), du XIXe siècle, héberge un musée (Van Hoa Cham) qui rassemble une collection d'objets découverts par la population locale puis rassemblés par un prêtre. Ces objets sont gardés dans une pièce poussiéreuse fermée à clé, à l'étage d'un bâtiment

situé à droite de l'église. On raconte dans la région que cette église fut en 1885 le théâtre d'un miracle. Une femme en blanc (qu'ils prirent pour la Vierge Marie) serait apparue aux villageois catholiques, au moment où des forces antifrançaises attaquaient Tra Kieu, et les auraient protégés d'un bombardement intense. Pour venir, suivez les panneaux depuis l'église de la Montagne.

Tra Kieu est à 6,5 km de la RN 1 et à 19,5 km de My Son. Certaines excursions à My Son, au départ de Hoi An, y marquent l'arrêt.

Chien Dan

Les élégantes tours cham de **Chien Dan** (Chien Dan Cham ; RN 1A ; 12 000 d ; ☺ 8h-11h30 et 13h-17h30 lun-ven) se trouvent juste à la sortie de la ville de Tam Ky, dans un vaste champ. La seule autre chose à voir dans les environs est un petit musée. Tous les *kalan* du XIe ou XIIe siècle sont orientés vers l'est. De nombreux vestiges des frises décoratives subsistent sur les murs extérieurs.

La tour du milieu était dédiée à Shiva ; sur le bord avant gauche de sa base figurent des sculptures de jeunes filles qui dansent et une scène de combat. Notez ces faces grimaçantes tout en haut, entre la tour du milieu et la tour de gauche (dédiée à Brahma), ainsi que les deux éléphants derrière. La tour de droite est dédiée à Vishnu.

Bien qu'elles aient réchappé aux bombardements de My Son, ces tours portent des stigmates de la guerre. L'ambiance sinistre qui règne à l'intérieur de celle du milieu est renforcée par les nombreux impacts de balles dans les murs.

Ce site très peu visité se trouve sur la droite de la route en approchant de Tam Ky, à 47 km au sud de Hoi An.

Littoral du Sud-Est

Le top des restaurants

➡ Lac Canh Restaurant (p. 248)
➡ Ganh Hao (p. 270)
➡ Nha Trang Xua (p. 248)
➡ Sandals (p. 262)
➡ Sailing Club (p. 249)

Le top des hébergements

➡ Mia Resort Nha Trang (p. 247)
➡ Some Days of Silence (p. 236)
➡ Jungle Beach (p. 236)
➡ Sunny Sea (p. 246)
➡ Six Senses Con Dao (p. 277)

Pourquoi y aller

Dans son ensemble, le littoral vietnamien est magnifique, et plus particulièrement dans cette région, où d'immenses étendues de côte sont bordées de dunes et de falaises vertigineuses. De plus en plus de plages sublimes sont vouées à accueillir de grands projets touristiques, mais il reste encore quelques baies immaculées pour jouer les Robinson Crusoë le temps d'une journée.

Les stations balnéaires de Nha Trang, de Mui Ne et de Con Dao comptent parmi les plus belles, même si la houle peut s'y révéler puissante. Si le paradis évoque pour vous un cocktail bien frais servi sur le sable, face à des eaux turquoise, alors vous y êtes ! Maintes activités sont également possibles : plongée, snorkeling, surf, planche à voile ou encore kitesurf.

Quand partir

Quang Ngai

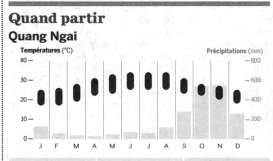

Juin Prévoyez une excursion en pleine nuit pour observer les tortues qui nichent sur les célèbres îles Con Dao.

Oct Les Chams célèbrent le *Kate,* leur Nouvel An, au temple de Po Klong Garai.

Déc À Noël, à Mui Ne, les conditions météo sont idéales pour le kitesurf et la planche à voile.

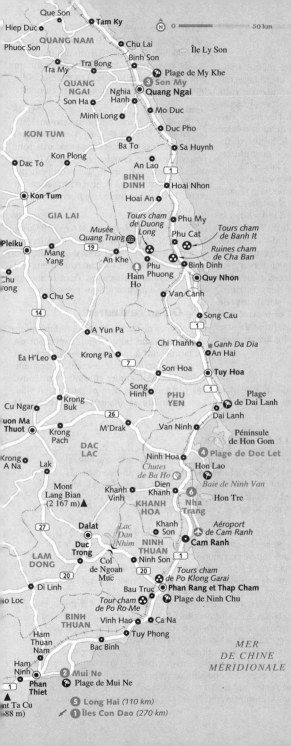

À ne pas manquer

1 Les **îles Con Dao** (p. 271) et leurs magnifiques plages, le snorkeling sur les récifs coralliens et les routes côtières désertes à moto.

2 Une séance de kitesurf et une soirée de détente dans la superbe station balnéaire de **Mui Ne** (p. 256).

3 Une émouvante visite au mémorial de **Son My** (p.227).

4 La plage paradisiaque et isolée de **Doc Let** (p. 236).

5 Une excursion entre Phan Thiet et Long Hai en passant par un phare spectaculaire et les plages infinies de **Ho Tram** (p. 266) et **Ho Coc** (p. 265).

6 Un bain de soleil sur la plage ou une exploration des îles au large de la fantastique ville de **Nha Trang** (p. 237).

Quang Ngai

📞 055 / 121 000 HABITANTS

Capitale de la province du même nom, Quang Ngai s'apparente à un village qui aurait grossi exagérément. Dénuée d'attraits particuliers, la ville ne retient les voyageurs que le temps d'un déjeuner. Les rares visiteurs viennent plutôt pour le mémorial érigé en hommage aux victimes de la guerre du Vietnam. Cependant, une plage magnifique, My Khe, s'étire à moins de 2 km de là, qui reste l'une des plus méconnues du pays.

Avant la Seconde Guerre mondiale, Quang Ngai était déjà un centre de résistance antifrançaise. Pendant la guerre d'Indochine, la ville fut un bastion imprenable du Viêt-minh. En 1962, le gouvernement sud-vietnamien imposa à la région son programme de "hameaux stratégiques", lequel forçait les paysans à quitter leurs maisons pour aller vivre, désœuvrés, dans des lieux fortifiés. Cette mesure exacerba le sentiment de colère de la population, qui se tourna vers le Viêt-cong (VC). La province fut le théâtre de certains des combats les plus acharnés de toute la guerre du Vietnam.

🛏 Où se loger

Très proche, la plage voisine de My Khe offre un bon choix d'hébergements.

Hung Vuong Hotel HÔTEL **$**
(📞 055-381 8828 ; 33 Đ Hung Vuong ; ch 200 000-280 000 d ; ❋🛜). L'un des meilleurs hôtels pour petits budgets, présentant un bon rapport qualité/prix. Les chambres les plus chères hébergent jusqu'à 4 personnes.

Central Hotel HÔTEL **$$**
(📞 055-382 9999 ; www.centralhotel.com.vn ; 1 Đ Le Loi ; ch 40-85 $US ; ❋@🛜🏊). Dans cet hôtel quatre étoiles, les chambres standards sont pourvues d'une douche, mais les VIP ont une énorme baignoire. Les équipements comprennent un spa-centre de massage, un court de tennis et une vaste piscine.

Petro Song Tra Hotel HÔTEL **$$**
(📞 055-382 2665 ; www.hotels84.com ; 2 Đ Quang Trung ; ch 52-66 $US ; @🛜🏊). L'hôtel le plus chic de la ville est une véritable institution au bord de la rivière, avec un sompteux hall et des chambres élégantes, dont beaucoup bénéficient d'un magnifique point de vue.

🍴 Où se restaurer

La province de Quang Ngai est réputée pour son *com ga*, du poulet bouilli servi sur du riz jaune (cuit à la vapeur avec du bouillon de poule), accompagné de menthe, de soupe à l'œuf et de légumes marinés. On trouve des restaurants de *com ga* partout en ville. Les habitants le dégustent souvent à la

LA GRANDE MURAILLE DU VIETNAM

S'étirant sur 127 km de long dans l'arrière-pays des provinces de Quang Ngai et de Binh Dinh, la "grande muraille du Vietnam" n'a été mise au jour que début 2011. Davantage comparable au mur d'Hadrien, au Royaume-Uni, qu'à la Grande Muraille de Chine, cette construction est considérée comme le monument le plus long d'Asie du Sud-Est. Le mur s'étend du nord au sud, à peu près parallèllement à la côte du centre du Vietnam.

En 2005, Andrew Hardy, directeur de l'École française d'Extrême-Orient (EFEO) à Hanoi, a découvert des références à cette muraille dans un manuscrit datant de 1885. Bâtie en 1819, il s'agirait d'une œuvre commune entre les Vietnamiens des plaines et les Hre des montagnes, vouée à réguler les échanges et à percevoir les taxes. En mars 2011, le mur a été classé au patrimoine national et des projets de développement touristique sont envisagés sur son parcours.

Certains tronçons de la muraille sont encore en bon état et atteignent 4 m de haut. Pourtant, à ce jour, aucun circuit organisé ne conduit à la muraille et aucun guide n'est formé pour en présenter l'histoire. La meilleure façon de s'y rendre est de demander aux Easy Riders (www.easy-riders.net) de Hoi An, Nha Trang, Mui Ne ou Dalat de l'intégrer dans un circuit hors des sentiers battus dans la province de Quang Ngai. Certains vestiges du mur se trouvent à environ 15 km de la ville de Quang Ngai. Quelques panneaux ont été installés pour aider les conducteurs à repérer certains des tronçons les plus impressionnants. Deux d'entre eux se situent dans la commune de Ba Dong (district de Ba To) et deux autres dans la commune de Hanh Dung (district de Nghia Hanh).

cuiller, ce qui dispense d'employer des baguettes.

Cay Gon
VIETNAMIEN $

(13 Đ Quang Trung ; plats 20 000-30 000 d, menu 35 000 d ; ☺7h-21h). Un établissement modeste et bon marché dans la très animée Quang Trung. Les spécialités de la maison sont les ragoûts (de bœuf, poulet, poisson et porc) et les produits de la mer. À un demi-pâté de maisons de la rivière.

Bac Son
VIETNAMIEN $

(23 Đ Hung Vuong ; plats 27 000-80 000 d ; ☺7h30-20h45). Ouvert depuis 1943 et toujours populaire, ce restaurant propose une bonne cuisine vietnamienne.

Nhung 1
VIETNAMIEN $

(474 Đ Quang Trung ; repas 25 000-40 000 d ; ☺7h30-21h). Réputé pour son *com ga*, Nhung 1 est un restaurant animé dans la rue principale.

❶ Depuis/vers Quang Ngai

AVION

L'aéroport le plus proche est Chu Lai (VCL), à 36 km au nord de Quang Ngai ; on le désigne parfois par son ancien nom : aéroport de Tam Ky. De Chu Lai, **Vietnam Airlines** (www.vietnamairlines.com.vn) assure des vols à destination de Hanoi (à partir de 820 000 d) et à destination de Hô Chi Minh-Ville (HCMV ; à partir de 1 380 000 d environ). Un taxi pour l'aéroport coûte autour de 380 000 d.

BUS

La **gare routière de Quang Ngai** (Đ Lê Thanh Ton) se situe au sud, à 50 m à l'est de Đ Quang Trung. Des bus desservent régulièrement les arrêts principaux sur la RN 1, comme Danang (à partir de 40 000 d, 2 heures) et Quy Nhon (à partir de 75 000 d, 3 heures 30). Les bus "open-tour" peuvent vous déposer en traversant la ville, mais il est souvent difficile d'en reprendre un autre par la suite.

TRAIN

Les trains s'arrêtent à la **gare ferroviaire de Quang Ngai** (Ga Quang Nghia ; ☎ 055 382 0280 ; 204 Đ Nguyen Chi Thanh), à 1,5 km à l'ouest du centre-ville. Ils desservent, entre autres destinations, Danang (81 000 d, 3 heures), Quy Nhon (102 000 d, 5 heures), Nha Trang (258 000 d, 7 heures).

VOITURE ET MOTO

Depuis Quang Ngai, les distances par la route sont les suivantes : 100 km pour Hoi An, 174 km pour Quy Nhon, 412 km pour Nha Trang.

Environs de Quang Ngai

Son My (My Lai)

Ce paisible coin de campagne a été le théâtre d'un des massacres les plus atroces de la guerre du Vietnam : le 16 mars 1968, les troupes américaines tuèrent 504 villageois, en majorité des personnes âgées et des enfants. Le très émouvant **mémorial de Son My** (10 000 d ; ☺7h-16h30) leur rend hommage.

Ce crime de guerre fut l'un des moments cruciaux du conflit, car il marqua fortement l'opinion publique aux États-Unis et partout dans le monde.

Centré autour d'une sculpture de pierre représentant une vieille femme levant le poing d'un air de défi, un enfant mort dans les bras, le mémorial domine le paysage de toute sa hauteur.

Autour de la sculpture principale, des scènes ont été représentées dans des jardins paisibles pour évoquer les conséquences de ce jour funeste. Des carcasses de maisons calcinées se dressent à leur emplacement original, comportant chacune une plaque portant le nom et l'âge de ceux qui l'habitaient. Bouleversante, l'allée en ciment qui relie les ruines représente un chemin de terre où sont imprimées des empreintes de pas : celles des bottes des soldats américains et celles des pieds nus des villageois en fuite.

Un photographe militaire américain a pris des clichés de ce massacre, et ces images sont désormais exposées dans l'impressionnant **musée** du site. Bien évidemment, les photographies sont terribles : villageois cherchant à échapper aux militaires, cadavres d'enfants et dépouilles mutilées. La visite s'achève cependant sur une note d'espoir, en illustrant les efforts des habitants pour reconstruire leur vie après la libération. Une section est consacrée aux GI qui tentèrent d'arrêter le carnage en protégeant un groupe de villageois d'une mort certaine, et à ceux qui donnèrent l'alerte.

La route qui mène à Son My permet de découvrir des paysages particulièrement beaux : rizières, champs de manioc et jardins potagers à l'ombre des casuarinas et des eucalyptus. Cependant, en regardant de près, on distingue encore des cratères de bombes, et les sommets dénudés des collines témoignent toujours des terribles dégâts provoqués par l'agent orange sur l'environnement.

La meilleure façon de se rendre à Son My est de louer une moto (environ 120 000 d) ou un taxi (environ 330 000 d aller-retour). À Quang Ngai, dirigez-vous au nord dans Đ Quang Trung (RN 1) et traversez le grand pont sur la Tra Khuc. Prenez la première à droite (vers l'est, parallèle à la rivière), où une stèle en béton triangulaire indique le chemin, et suivez la route sur 12 km.

Plage de My Khe

À 2 km du sinistre mémorial de Son My, la superbe plage de My Khe (à ne pas confondre avec l'autre plage de My Khe, près de Danang) s'étend sur des kilomètres le long d'une mince langue de sable fin, frangée de casuarinas. Elle s'étend sur des kilomètres le long d'une mince langue de sable, frangée de casuarinas, séparée du continent par Song Kinh Giang, une étendue d'eau située juste derrière.

Si vous évitez les jours fériés et les week-ends, vous aurez des chances d'avoir cette jolie plage pour vous seul. Les eaux peu profondes sont parfaites pour les enfants et les nageurs pas trop sûrs d'eux.

Où se loger et se restaurer

Les possibilités d'hébergement sont très limitées. Outre le My Khe Hotel, il n'existe qu'une seule option (dépourvue de personnel lors de notre passage). La plage est jalonnée de dizaines de cabanes délabrées qui vendent des produits de la mer. Le poisson et les fruits de mer sont frais et délicieux, mais les vendeurs sont parfois durs en affaires : mettez-vous d'accord sur les prix avant de commander.

My Khe Hotel HÔTEL **$**
(☏ 055-384 3316 ; khudulichmykhe@gmail.com ; My Khe ; s/d/tr 320 000/360 000/480 000 d ; ✺ 🛜). Juste derrière la plage, ce nouvel

---

LE MASSACRE DE MY LAI

En ce 16 mars 1968, la zone a été bombardée et la piste d'atterrissage pilonnée à l'artillerie lourde et aux roquettes. Vers 7h30, la compagnie américaine "Charlie" est débarquée en hélicoptère dans l'ouest de Son My, considéré comme un fief viêt-cong. Elle ne rencontre aucune résistance, mais n'entame pas moins un massacre.

Alors que la 1re section du lieutenant William Calley se dirige vers Xom Lang, elle ouvre le feu sur les villageois, lance des grenades sur les maisons et les abris, massacre le bétail et incendie les cahutes. Une centaine de personnes, dépourvues d'armes, sont rassemblées et jetées dans un fossé, avant d'être fauchées à la mitrailleuse.

Dans les heures qui suivent, les 2e et 3e sections, ainsi que les membres du QG de la compagnie, encerclent la zone, survolée par des hélicoptères, et se livrent à d'autres exactions. Plusieurs groupes de civils, comprenant des femmes et des enfants, sont rassemblés et exécutés. Les villageois qui fuient sur la route en direction de Quang Ngai sont abattus. Des jeunes filles et des femmes sont victimes de viols, parfois collectifs.

Au lendemain de ces exactions, les soldats reçoivent l'ordre de se taire, mais plusieurs d'entre eux, une fois rentrés aux États-Unis, désobéissent, comme le pilote d'hélicoptère Hugh Thompson, qui a sauvé la vie de plusieurs femmes et enfants. Les journaux dévoilent l'affaire, affectant plus encore le moral des troupes et provoquant de nouvelles manifestations pacifistes. Une fois de plus, l'idée que les soldats se battent pour la population vietnamienne est mise à mal dans l'opinion publique. Contrairement aux troupes de la Seconde Guerre mondiale, qui connurent par la suite honneurs et gloire, les soldats du Vietnam de retour sur le sol américain seront souvent rejetés par leurs compatriotes et traités de "tueurs de bébés".

L'armée américaine tente à tous les niveaux d'étouffer les atrocités commises, puis finit par ouvrir des enquêtes. Plusieurs officiers reçoivent des sanctions disciplinaires, mais un seul d'entre eux, le lieutenant William Calley, sera traduit en cour martiale et reconnu coupable du meurtre de 22 civils non armés. Condamné en 1971 à l'emprisonnement à vie, il passera trois ans assigné à résidence et fera appel. Il sera libéré sur parole en 1974, la Cour suprême ayant refusé de se prononcer sur son cas.

Aujourd'hui encore, le procès de Calley fait couler beaucoup d'encre : d'aucuns affirment que le lieutenant a servi de bouc émissaire, les ordres ayant été donnés en plus haut lieu. De toute évidence, Calley n'a pas agi seul.

hôtel est excellent et propose des chambres très raffinées pour le prix, avec mobilier de bonne qualité, sols en marbre et TV sat à écran plat. Restaurant attrayant à l'avant.

Duc Chien FRUITS DE MER **$**
(Plage de My Khe ; repas 40 000-100 000 d ; 🕑 9h-20h). La maison a pour spécialité de délicieuses crevettes au piment doux, que vous ferez griller vous-même. Ajoutez une salade verte et une bière : le rêve.

Quy Nhon

📌 056 / 293 000 HABITANTS

La grande ville côtière de Quy Nhon est une cité prospère, dotée d'un sublime littoral de plages sablonneuses. Son charme balnéaire et ses rues coquettes font que beaucoup de couples vietnamiens huppés viennent y passer leur retraite. Pour les visiteurs étrangers, l'intérêt est moins évident, mais c'est un bon endroit pour déguster du poisson et des fruits de mer frais.

La ville est très étendue et dotée d'énormes boulevards : quand il fait très chaud, pendant les mois d'été, se déplacer peut être épuisant (à moins d'être véhiculé).

Pendant la guerre du Vietnam, la région a connu une intense activité militaire sud-vietnamienne, américaine, viêt-cong et sud-coréenne. Espérant tirer parti de la présence des troupes américaines, le maire de Quy Nhon transforma sa résidence officielle en un grand salon de massage.

👁 À voir

💚 **Plage municipale** PLAGE
Le long front de mer de Quy Nhon s'étend du port, au nord-est, jusqu'aux collines du sud. Cette belle étendue de sable, qui a bénéficié d'un relooking important ces dernières années, possède presque autant d'attrait que Nha Trang, tout en étant moins fréquentée.

La section la plus agréable se trouve près du Saigon Quy Nhon Hotel, où un bosquet de cocotiers borde la route. À l'aube et le soir, les habitants sont nombreux à venir y pratiquer le tai-chi.

Plus au sud, le front de mer mène à une promenade ponctuée de grands hôtels. Loin des bruits de la ville, cette plage est encore plus belle. La nuit, les lumières des bateaux de pêche donnent l'illusion d'un village flottant sur la mer.

De loin, on peut voir la grande statue de Trân Hung Dao, insultant les Chinois depuis le lointain promontoire. Si la porte est ouverte, on peut grimper dans la statue et contempler la vue à travers ses yeux. Vers le sud, un mémorial de guerre d'allure réaliste-socialiste domine une petite place.

Tours cham de Thap Doi TEMPLE HINDOU
(10 000 d ; 🕑 8-11h et 13h-18h). Ces deux remarquables tours cham se dressent dans un petit parc de la ville. Des marches abruptes mènent aux anciens temples, ouverts sur le ciel. Ceux-ci comportent des toits pyramidaux courbés, et non les habituelles terrasses de l'architecture cham. La grande tour (20 m de hauteur) a conservé certaines décorations de brique et des vestiges de la statuaire en granit qui ornait jadis son sommet. Les torses démembrés de *garuda* (créature mythologique mi-oiseau, mi-humaine) subsistent aux angles du toit. Du centre-ville, prenez Ð Tran Hung Dao en direction de l'ouest et cherchez les tours du regard sur la droite.

Musée Binh Dinh MUSÉE
(28 Ð Nguyen Hue ; 🕑 7h-11h et 14h-17h l'été, 7h30-11h et 13h30-16h30 oct-mars). GRATUIT Ce petit musée retrace l'histoire locale. Le hall évoque le communisme ; une impression sur soie (Zuy Nhat, 1959) figure un gros colon français assis, dominant des mandarins ; ils sont eux-mêmes soutenus par des bureaucrates et des patrons intraitables, formant une pyramide humaine qui repose sur les masses opprimées. La salle de gauche comporte une petite section d'histoire naturelle et quelques statues cham.

La salle située à droite de l'entrée est consacrée à la guerre du Vietnam, avec des vestiges locaux comme le "crachoir de l'héroïque mère vietnamienne Huynh Thi Bon".

Plage de Quy Hoa et léproserie PLAGE
GRATUIT Cette léproserie tout à fait originale est une sorte de village modèle établi sur un joli site du bord de mer. Les patients vivent avec leur famille dans de petites maisons bien tenues et œuvrent selon leurs capacités : ils cultivent le riz, pêchent, effectuent diverses réparations, tiennent de petites boutiques d'artisanat ou travaillent en atelier. L'un d'eux, soutenu par Handicap International, fabrique des prothèses orthopédiques.

Devant la léproserie, la plage de Quy Hoa, ravissante étendue de sable, attire les week-ends la petite communauté locale d'expatriés.

Le parc de l'hôpital est si bien entretenu qu'il évoque presque un complexe balnéaire. Y sont disséminés les bustes de nombreux médecins distingués, vietnamiens et étrangers.

Quy Nhon

Un peu plus haut, un sentier sablonneux mène sur la colline du tombeau de Han Mac Tu, poète mystique mort en 1940.

À pied ou à vélo, longez la route après la plage de la Reine jusqu'aux portes d'entrée de l'hôpital, à environ 1,5 km au sud de Quy Nhon.

Pagode Long Khanh   TEMPLE BOUDDHIQUE

GRATUIT Difficile de manquer le bouddha de 17 m de hauteur, érigé en 1972, qui annonce la principale pagode de Quy Nhon. Celle-ci est située à l'écart de la route, près du 143 Đ Tran Cao Van. Elle fut fondée en 1715 par un marchand chinois. Ses moines président aux affaires religieuses de la communauté bouddhiste de la ville, relativement active.

Des dragons en mosaïque aux crinières de verre brisé mènent au bâtiment principal, flanqué de tours abritant un tambour géant (à gauche) et une énorme cloche.

À l'intérieur, devant le grand bouddha Thich Ca de cuivre (et son halo de néons

multicolore), vous pourrez admirer la représentation d'une Chuan De (déesse de la Pitié). Ses bras et ses yeux multiples symbolisent sa capacité à toucher et à voir tout le monde.

Plage de la Reine   PLAGE

Cette petite plage de galets, au pied de Ganh Rang, était autrefois l'un des sites de villégiature favoris de la reine Nam Phuong. On y trouve un café et la vue est superbe sur Quy Nhon. Pour vous y rendre, prenez Đ An Duong Vuong jusqu'à l'extrémité sud du front de mer de Quy Nhon, et remontez la route. Après avoir traversé un petit pont, vous vous acquitterez du droit d'entrée (5 000 d). La plage est accessible en vélo ou en *xe om* (moto-taxi ; 25 000 d).

🛏 Où se loger

Le rapport qualité/prix est excellent à Quy Nhon et la plupart des établissements se trouvent sur le front de mer immaculé ou

Quy Nhon

◎ À voir
1 Plage municipale....................................D2

◎ À voir
2 Musée Binh Dinh...............................C2
3 Pagode Long Khanh B2

⊜ Où se loger
4 Anh Vy Hotel.....................................A4
5 Hoang Yen Hotel...............................A4
6 Hotel Au Co – Ben Bo Bien.................A4
7 Seagull Hotel A4

⊗ Où se restaurer
8 2000..B3
Barbara's: The Kiwi Connection...(voir 6)
9 C.ine..D2
Tinh Tam ....(voir 3)

⊜ Achats
10 Marché Lon......................................C2

❶ Renseignements
Barbara's: The Kiwi Connection...(voir 6)

à proximité immédiate. L'axe principal pour les visiteurs est Đ An Duong Vuong et ses environs, au sud de la ville.

Anh Vy Hotel HÔTEL $
(☑ 056-384 7763 ; 8 Đ An Duong Vuong ; ch 160 000-250 000 d ; ✱@☗). La propriétaire, très sympathique, vous prodiguera d'excellents renseignements pour votre voyage et loue des vélos. Les chambres sont propres et équipées de TV sat. Celles qui jouissent d'une vue sur la mer sont un peu plus chères.

Hotel Au Co – Ben Bo Bien HÔTELS $
(☑ 056-374 7699 ; hotel_auco@yahoo.com ; 8 et 24 Đ An Duong Vuong ; ch 160 000-300 000 d ; ✱@☗). Gérés par les mêmes propriétaires, ces deux hôtels portent le même nom. Un peu plus agréable, celui situé au n°8 loue des chambres propres ; certaines bénéficient d'une vue sur la mer et d'un balcon. L'hôtel du n°24 est encore plus kitsch (certaines chambres sont même décorées d'arbres artificiels !). Location de vélos (35 000 d/jour) et de motos (150 000 d). M. Thoai, le sympathique propriétaire, parle bien anglais.

Hoang Yen Hotel HÔTEL $$
(☑ 056-374 6900 ; www.hoangyenhotel.com. vn ; 5 Đ An Duong Vuong ; ch 500 000-710 000 d ; ✱@☗☒). Cet hôtel en béton de 10 étages dominant la plage propose un très bon rapport qualité/prix pour ses chambres élégantes et

spacieuses. Celles avec vue sur mer ne sont pas beaucoup plus chères et le petit-déjeuner est inclus. Sur le front de mer, le café de l'hôtel dans un jardin ombragé attire beaucoup de gens venant prendre un verre.

Seagull Hotel HÔTEL $$
(☑ 056-384 6377 ; www.seagullhotel.com.vn ; 5 Đ An Duong Vuong ; ch 35-45 $US ; ✱@☗☒). Ce grand hôtel du front de mer se compose d'une aile trois-étoiles et d'une partie plus moderne, quatre-étoiles. Toutes les chambres se prolongent d'un grand balcon. L'hôtel est sis sur un beau tronçon de la plage, idéal pour la baignade.

Avani Quy Nhon Resort & Spa HÔTEL DE CHARME $$$
(☑ 056-384 0132 ; www.avanihotels.com/quynhon ; Bai Dai Beach ; ch 118-136 $US, ste 168 $US ; ✱@☗☒). Cet élégant complexe, installé sur une jolie plage privée à 15 km au sud de la ville, est aménagé avec beaucoup de goût – la décoration témoigne d'une influence cham très subtile. Les chambres spacieuses et pourvues de sublimes sdb ouvertes donnent toutes sur l'océan. Possibilités de faire du tai-chi, du yoga et du snorkeling, et excellent spa.

✖ Où se restaurer et prendre un verre

On trouve au centre-ville de Quy Nhon de nombreux étals de restauration.

VAUT LE DÉTOUR

PLAGE DE BAI BAU

Les initiés bouderont le Life Resort qui facture 10 $US l'accès à sa plage aux non-résidents (même si vous y avez pris votre repas). À 2 km au sud, vous découvrirez une plage encore plus belle (et beaucoup moins chère). **Bai Bau** (10 000 d) magnifique croissant de sable blanc, d'à peine 150 m de largeur, est abritée par des promontoires rocheux, avec des montagnes en toile de fond. Elle est fréquentée le week-end et pendant les fêtes, mais vous y serez quasi seul en semaine.

Bai Bau est bien indiquée, à la sortie de la route de Song Cau, à quelque 20 km au sud de Quy Nhon. De Quy Nhon, le trajet coûte environ 70 000 d en *xe om* (moto-taxi) ou 175 000 d en taxi.

Barbara's: The Kiwi Connection CAFÉ $
(12 Đ An Duong Vuong ; plats 35 000-80 000 d ;
⏱7h-22h ; 🛜). Le café de Barbara est installé
à une nouvelle adresse mais demeure un
point de rencontre populaire grâce à ses
informations de voyage bien utiles et à sa
cuisine occidentale : pizza, pâtes, *fish and
chips* (50 000 d), petits-déjeuners internationaux et thé Earl Grey. Hébergement
disponible, mais le rapport qualité/prix n'est
pas le meilleur qui soit.

Tinh Tam VÉGÉTARIEN $
(141 Đ Tran Cao Van ; plats 10 000-20 000 d ;
⏱8h-20h ; ✏). Juste à côté de la pagode Long
Khanh, ce minuscule restaurant propose des
plats végétariens dans un cadre très simple.
L'assiette mixte est copieuse et nourrissante.

♥ **C.ine** PRODUITS DE LA MER $$
(☎056-651 2675 ; 94 Xuan Dieu ; plats
50 000-150 000 d ; ⏱11h-22h). Un restaurant
plaisant et très prisé, avec nappes à carreaux
et vue sur la baie. Régalez-vous de plats succu-
lents comme le crabe à carapace molle à la
chair sucrée, la soupe de poisson épicée et
aigre et la salade de crevettes et mangue verte.

2000 PRODUITS DE LA MER $$
(1 Đ Tran Doc ; plats 40 000-250 000 d ; ⏱10h-
22h). Poissons et fruits de mer sont de toute
fraîcheur : choisissez votre repas dans les
aquariums débordant de crabes, crevettes et
poissons vivants. La fondue de fruits de mer
est légendaire.

🛍 Achats

Marché Lon MARCHÉ
(Cho Lon, Đ Tang Bat Ho ; 6h-16h). Un marché
central très animé, où les étals des vendeurs
débordent dans les rues voisines. De
superbes photos en perspective.

Nguyen Nga Centre ARTISANAT
(www.nguyennga.org ; 91 Đ Dong Da ; 7h30-16h
lun-ven, 8h-13h sam). Vend de jolis tissus,
des produits artisanaux, des bijoux et des

vêtements. Les recettes servent à gérer un
centre pour étudiants handicapés.

ℹ Renseignements

Barbara's: The Kiwi Connection (☎056-389
2921 ; www.barbaraquynhon.weebly.com ;
12 Đ An Duong Vuong ; 🛜). Renseignements
touristiques gratuits : horaires des bus et des
trains et vente de billets, circuits dans la ville et
à la campagne, location de vélos et de motos,
cartes de la région et accès Internet.

Binh Dinh Tourist (☎056-389 2524 ; fax 891
162 ; 10 Đ Nguyen Hue). Office du tourisme géré
par le gouvernement.

Poste principale (197 Đ Phan Boi Chau ;
⏱6h30-22h)

Vietcombank (148 Đ Le Loi ; ⏱7h30-15h lun-
sam). Dispose d'un DAB.

ℹ Depuis/vers Quy Nhon

AVION

Vietnam Airlines (☎056-382 5313 ; www.
vietnamairlines.com ; 1 Đ Nguyen Tat Thanh)
vole entre Quy Nhon et HCMV ou Hanoi.

Vietnam Airlines propose également un
transfert en minibus (40 000 d) pour les
passagers de la compagnie entre l'agence et
l'aéroport de Phu Cat, à 32 km au nord de la ville.

BUS

La **gare routière de Quy Nhon** (☎056-384
6246 ; Đ Tay Son) est au sud de la ville. Des
bus très fréquents desservent Quang Ngai
(65 000 d, 3 heures 30, toutes les heures), Nha
Trang et des villes des hauts plateaux du Centre,
notamment Pleiku (82 000 d, 4 heures, 6/j).

Il est aussi possible d'aller en bus jusqu'à
Paksé, au Laos, en traversant la frontière au
nord de Kon Tum (388 000 d, 20 heures, 4/
sem). Le point de passage frontalier est Bo Y.

TRAIN

La ligne principale la plus proche passe par
Dieu Tri, à 10 km à l'ouest de Quy Nhon.
Desservie uniquement par des trains locaux très
lents, la **gare ferroviaire de Quy Nhon** (☎056-
382 2036 ; Đ Le Hong Phong) se trouve au bout

TRANSPORTS DEPUIS QUY NHON

DESTINATION	AVION	BUS	VOITURE/MOTO	TRAIN (SIÈGE MOU)
Danang	non disponible	115 000 d, 6 heures,14-17/j	7 heures	5 heures 30, à partir de 198 000 d, 3/j
HCMV	à partir de 730 000 d, 1 heure, 1/j	330 000 d, 16 heures, 10/j	18 heures	à partir de 340 000 d, 10 heures, 3/j
Hanoi	à partir de 1 300 000 d, 90 min, 6/sem	à partir de 520 000 d, 23 heures, 7/j	environ 26 heures	à partir de 750 000 d, 17 heures, 3/j

LA VILLE PERDUE DU CHAMPA

Cha Ban fut la capitale du Champa de l'an 1000 (après la perte d'Indrapura, connue aussi sous le nom de Dong Duong) jusqu'en 1471. Elle subit les assauts répétés des Vietnamiens, des Khmers et des Chinois.

En 1044, le prince vietnamien Phat Ma occupa la ville et amassa un important butin – qui comprenait non seulement de l'argent, mais aussi les épouses, les danseuses, les musiciennes et les chanteuses du roi cham. De 1190 à 1220, Cha Ban vécut sous la férule de Jayavarman VII et de l'Empire khmer de 1190 à 1220. En 1377, les Vietnamiens ne réussirent pas à investir la capitale, et leur roi fut tué pendant la bataille. En 1471, l'empereur vietnamien Lê Thanh Ton fit tomber la porte orientale de la ville et captura le roi cham, ainsi que 50 membres de sa famille. Au cours de ce dernier grand combat livré par les Chams, 60 000 des leurs furent tués, 30 000 autres faits prisonniers par les Vietnamiens.

Pendant la révolte des Tây Son, Cha Ban devint la capitale du centre du Vietnam, sous la houlette de l'aîné des trois frères Tây Son. En 1793, elle résista victorieusement aux troupes de Nguyên Anh, le futur empereur Gia Long, mais s'inclina quelque six ans plus tard.

Par la suite, les Tây Son récupérèrent le port de Thi Nai (l'actuelle Quy Nhon) et s'attaquèrent à Cha Ban. Le siège dura plus d'un an : en juin 1801, l'armée de Nguyên Anh, conduite par le général Vu Tinh, avait épuisé ses munitions et mangé tous les chevaux et les éléphants. Refusant l'ignominie d'une reddition, Vu Tinh fit construire une tour octogonale en bois qui fut remplie de poudre. Paré de ses vêtements de cérémonie, il entra dans la tour et la fit exploser. En apprenant la mort de son dévoué général, Nguyên Anh éclata en sanglots.

d'une voie latérale de 10 km débouchant sur la ligne principale nord-sud. Vous rejoindrez Dieu Tri (ou en partirez) en taxi (160 000 d) ou en *xe om* (environ 75 000 d).

Les destinations desservies comprennent Quang Ngai (118 000 d, 3 heures) et toutes les grandes villes de la ligne principale nord-sud.

Ruines cham de Cha Ban

Le site de l'ancienne capitale cham de Cha Ban (aussi appelée Vijay et Quy Nhon) se trouve à 26 km au nord de Quy Nhon et à 5 km de Binh Dinh. Important d'un point de vue archéologique, il n'offre pas grand-chose à voir. Cependant, plusieurs édifices cham méritent la visite dans ce secteur.

Tours cham de Banh It

Ces quatre **tours cham** (Phuoc Hiep, district de Tuy Phuoc ; ⊙ 7h-11h et 13h30-16h30) GRATUIT sont visibles depuis la RN 1A au sommet d'une colline, à 20 km au nord de Quy Nhon. C'est le site cham le plus intéressant. L'architecture de chaque tour est unique, bien que toutes aient été construites entre la fin du XIe et le début du XIIe siècle. La plus petite tour, avec son toit en berceau, comporte les sculptures les plus sophistiquées. Une grande pagode bouddhique se dresse à flanc

de colline sous la plus basse des tours. Du haut de la colline, le paysage est magnifique.

Suivez Ð Tran Hung Dao pour sortir de la ville, et roulez pendant environ 30 minutes : vous verrez les tours au loin, sur la droite. Après les feux de circulation à la jonction avec la route nationale, traversez le pont et prenez à droite, puis tournez à gauche sur la route qui gravit la colline pour atteindre l'entrée.

Tours cham de Duong Long

Plus difficiles à trouver, ces trois **tours cham** (Binh Hoa, district de Tay Son ; ⊙ 7h-11h et 13h30-16h30) GRATUIT se dressent dans la campagne, à environ 50 km au nord-ouest de Quy Nhon. La plus grande de ces trois tours en brique (24 m de hauteur) date de la fin du XIIe siècle. Elle est ornée de décorations de granit représentant un *naga* (serpent mythique aux pouvoirs divins) et des éléphants (Duong Long signifie tours d'ivoire). Les portes sont décorées de bas-reliefs figurant des femmes, des danseurs, des monstres et divers animaux. Les angles de la structure sont formés par d'énormes têtes de dragons.

Mieux vaut visiter les tours avec un chauffeur ou dans le cadre d'une visite organisée, car il faut pour s'y rendre emprunter une succession de jolies petites routes traversant des rizières et des ponts bringuebalants.

Musée Quang Trung

Ce musée est consacré à Nguyên Huê, deuxième des trois frères responsables de la révolte des Tây Son, lequel se proclama empereur en 1788 sous le nom de Quang Trung. L'année suivante, Quang Trung et ses troupes battirent à plate couture, près de Hanoi, une armée chinoise forte de 200 000 hommes : aux yeux des Vietnamiens, cette épopée est l'un des plus grands triomphes de leur histoire nationale.

Le règne de Quang Trung fut marqué par des avancées : il encouragea la réforme agraire, révisa le système des impôts, renforça l'armée, développa l'éducation et encouragea la poésie et la littérature. Il mourut en 1792, à l'âge de 40 ans. Les ouvrages communistes aiment voir en lui le chef d'une révolution paysanne dont les acquis furent piétinés par la dynastie réactionnaire des Nguyên (arrivée au pouvoir en 1802, celle-ci fut renversée par Hô Chi Minh en 1945).

Le **musée Quang Trung** (Phu Phong ; 10 000 d ; ☺ 8h-11h30 et 13h-16h30 lun-ven) est construit sur le site de la maison des frères. Il renferme le puits original et un tamarinier qu'ils auraient planté. On peut y voir des statues, costumes, documents et objets divers datant du XVIIIe siècle, dont la plupart sont accompagnés d'un commentaire en anglais. Notez les tambours de guerre en peau d'éléphant et les gongs bahnar. Le musée est célèbre pour ses démonstrations de *vo binh dinh*, un art martial traditionnel pratiqué avec un bâton en bambou.

Le musée se trouve à environ 50 km de Quy Nhon. Prenez la RN 19 à l'ouest sur 40 km vers Pleiku. Le musée est à 5 km au nord de la route (l'embranchement est indiqué), à Phu Phong, dans le district de Tay Son.

Tuy Hoa

☑ 057 / 214 000 HABITANTS

Actuellement transformée en immense agglomération par des urbanistes, Tuy Hoa est une cité sans charme réel, organisée autour de l'habituelle grande place et de boulevards à voies multiples. Il est possible de s'y arrêter une nuit pour couper un long trajet, ce qui concerne surtout les cyclistes suffisamment courageux pour affronter la RN 1, mais la plupart des visiteurs se contentent de la traverser.

Les quelques sites intéressants de la ville sont tous situés sur des collines que l'on aperçoit depuis la RN 1. Un énorme **bouddha assis** vous accueille si vous venez du nord. Au sud de la ville, la **tour cham Nhan** est impressionnante, surtout quand elle est illuminée la nuit. En y montant, on traverse un petit **jardin botanique** et, du haut de la tour, on profite d'une vue magnifique. Un imposant **mémorial de guerre** se trouve sur cette même colline.

🛏 Où se loger et se restaurer

De nombreux mini-hôtels, outre ceux mentionnés ci-après, ainsi que de modestes restaurants et des vendeurs de rue, sont installés sur la route nationale et dans Đ Tran Hung Dao.

Le mieux est de dîner sur la plage, où de nombreux restaurants servent des produits de la mer et de la *bia hoi* (bière pression). Mettez-vous d'accord sur les tarifs, généralement au kilo, pour éviter toute mauvaise surprise.

Nhiet Doi Hotel   HÔTEL **$**
(☑ 057-382 2424 ; www.nhietdoihotel.com ; 216 Nguyen Hue ; ch 190 000-350 000 d ; 🅿 🛜). Excellent rapport qualité/prix pour ce mini-hôtel moderne proposant des chambres dotées de beaux meubles et de lits confortables. Le personnel parle peu anglais mais pourra vous aider à louer une moto. De savoureux repas (30 000-50 000 d) sont servis.

Cendeluxe Hotel   HÔTEL **$$**
(☑ 057-381 8818 ; www.cendeluxehotel.com ; Đ Hai Duong ; ch/ste à partir de 55/121 $US ; 🅿 @ 🛜 🏊). Cet immense hôtel domine l'horizon et attire la plupart des voyageurs d'affaires,

---

VAUT LE DÉTOUR

RÉSERVE NATURELLE HAM HO

La visite de la superbe réserve naturelle **Ham Ho** (☑ 057-388 0860 ; Tay Phu ; 15 000 d ; ☺ 7h-11h30 et 13h-16h30), à 55 km de Quy Nhon, peut facilement être associée à celle du musée Quang Trung. C'est en kayak (70 000 d) que vous apprécierez le mieux la réserve, au fil de la rivière limpide et poissonneuse qui traverse la jungle sur 3 km. Les piscines d'eau les plus agréables pour la baignade se trouvent plus en amont. Il est possible de trouver un hébergement (260 000 d pour une chambre double).

La route pour Ham Ho est indiquée au sud de la RN 19 à Tay Son.

Présentée comme le point le plus à l'est du Vietnam sur le continent, la baie de Vung Ro est également réputée pour ses jolies baies isolées qui dissimulent des plages préservées. C'est aussi l'un des premiers ports en eau profonde dans cette partie du Vietnam. Il fit parler de lui en février 1965, lorsqu'un hélicoptère de l'armée américaine y repéra un navire de ravitaillement nord-vietnamien. Vung Ro faisait partie de la piste maritime Hô Chi Minh (alternative à la piste terrestre), par où passaient des armes destinées aux forces viêt-cong du Sud-Vietnam. La découverte d'un itinéraire de ravitaillement du Sud par le Nord confirma les soupçons des États-Unis qui purent alors justifier une intensification des combats. Accessible à moto ou en voiture, la petite ville de Vung Ro se trouve à 33 km au sud-est de Tuy Hoa.

car il s'agit de l'adresse la plus luxueuse de la ville. Les chambres sont spacieuses et très bien équipées, et tous les services sont excellents, de la piscine au spa en passant par la terrasse sur le toit et les restaurants.

❶ Depuis/vers Tuy Hoa

AVION

Vietnam Airlines (☎ 057-382 6508 ; www.vietnamairlines.com ; 353 Đ Tran Hung Dao) assure 5 vols hebdomadaires pour Hanoi (à partir de 1 575 000 d) et des vols quotidiens pour HCMV (à partir 1 610 000 d). L'aéroport est à 8 km au sud de la ville.

BUS

De Tuy Hoa, des bus desservent très régulièrement Quy Nhon (46 000 d, 2 heures) et Nha Trang (63 000 d, 3 heures).

TRAIN

La **gare ferroviaire de Tuy Hoa** (☎ 057-382 3672 ; Đ Le Trung Kien) se trouve sur une route parallèle à la route nationale, au nord de l'artère principale. Parmi les destinations figurent Danang (8 heures) et Nha Trang (2 heures 30).

De Tuy Hoa à Nha Trang
☎ 058
La RN 1, dont le tronçon côtier entre Tuy Hoa et Nha Trang offre un magnifique spectacle, permet de rejoindre des plages

isolées. D'autres se dissimulent dans la jungle, entre les promontoires et sur les îles. Il suffit d'une journée ou deux pour explorer une grande partie du secteur, si vous êtes motorisé. Comme il est difficile de changer ou de retirer de l'argent, soyez prévoyant à Nha Trang, Tuy Hoa ou Quy Nhon.

Plage de Dai Lanh
Cette plage en croissant offre deux aspects bien différents. Elle s'étend d'un village de pêcheurs délabré, au nord, jusqu'à une zone magnifique, à l'ombre de casuarinas. Le vacarme de la circulation de la RN 1 gâche le cadre, mais un nouveau tunnel actuellement en construction (ouverture prévue en 2016) devrait ramener le calme à Dai Lanh.

Les hébergements sont regroupés dans le village de pêcheurs. Le **Binh Lieu** (☎ 058-394 9138 ; RN 1 ; ch 200 000-300 000 d ; ✳🖃) est le meilleur des mini-hôtels. Ce nouvel établissement loue des chambres élégantes et bien équipées ; celles avec vue sur la mer sont plus chères (et subissent moins le bruit de la circulation). Les restaurants du bord de plage font la part belle aux fruits de mer frais (plats 50 000-150 000 d).

Dai Lanh s'étend à 40 km au sud de Tuy Hoa et à 83 km au nord de Nha Trang sur la RN 1.

Île de la Baleine
À environ 1 km au sud de la plage de Dai Lanh, une grande chaussée de dunes relie le continent à Hon Gom, une péninsule montagneuse de presque 30 km de longueur.

Les bateaux pour l'île de la Baleine partent de Dam Mon, le principal village de Hom Gom, situé dans une baie abritée. À 15 minutes en bateau de Dam Mon, l'île de la Baleine est un minuscule point sur la carte, qui abrite l'agréable **Whale Island Resort** (☎ 058-384 0501 ; www.whaleislandresort.com ; s/d à partir 33/45 $US ; 🖃), un superbe havre de tranquillité, avec de bons spots de snorkeling et de kayak et une belle plage. Les bungalows rustiques en bambou et bois (avec ventil) sont plaisants, mais les repas, à prendre obligatoirement sur place à horaires fixes, sont chers (28 $US/pers et par jour). Le transfert en bus-bateau depuis Nha Trang coûte 20 $US.

Rainbow Divers (contactez le bureau de Nha Trang, p. 243) dispose d'une base permanente sur l'île ; pour 2 plongées,

LE GANH DA DIA

Version réduite de la Chaussée des Géants en Irlande, le Ganh Da Dia est un spectaculaire affleurement de roche volcanique qui avance dans l'océan au sud de Quy Nhon. Le trajet en lui-même fait partie du plaisir, car le paysage de cette région côtière est fabuleux.

Le Ganh Da Dia est indiqué depuis la petite ville de Chi Thanh, à 68 km au sud de Quy Nhon. En descendant la RN 1, prenez l'embranchement juste après le pont qui enjambe la rivière, côté nord de la ville. Sur 13 km ponctués de virages, la route mène à la côte à travers un ravissant tableau champêtre de rizières et de villages agricoles.

Composé de centaines de colonnes de roche volcanique imbriquées, le Ganh Da Dia a été formé il y a des millions d'années par le refroidissement de coulées de basalte en fusion. Certaines des plus belles parties sont faites de roches pentagonales ou hexagonales incroyablement régulières. Les Vietnamiens appellent cet endroit "la falaise des roches plates", et les moines bouddhistes y organisent régulièrement des cérémonies.

Vous pourrez vous baigner dans la minuscule crique rocheuse à côté du Ganh Da Dia, mais la fantastique plage de sable, au sud de la baie et à 5 minutes de marche, est encore plus tentante. Des villageois des environs vendent des noix de coco fraîches et des en-cas sur le parking.

En continuant vers le sud, vous pourrez prendre une jolie route côtière jusqu'à Tuy Hoa (ce qui permet d'éviter la RN 1). Depuis le Ganh Da Dia, dirigez-vous vers l'intérieur des terres (vers l'ouest) sur 3,5 km, puis prenez une route secondaire (asphaltée) direction sud à travers des dunes de sables, des cactus et des agaves jusqu'au village de pêcheurs d'An Hai, où une enfilade de restaurants de fruits de mer invite à une pause idéale face à l'estuaire de l'O Loan.

Au départ d'An Hai, parcourez 27 km direction sud jusqu'à Tuy Hoa. La route comporte quelques virages et bifurcations, mais les bornes kilomètriques (qui indiquent la distance jusqu'à Tuy Hoa) aident à conserver la bonne direction.

comptez 85 $US. La saison de la plongée s'étale de mi-janvier à mi-octobre. Entre avril et juillet, des requins-baleines croisent dans les parages pour se nourrir de krill.

Plage de Doc Let

Le sable blanc et les eaux turquoise peu profondes de Doc Let, l'une des plus belles plages du Vietnam, s'étendent sur 18 km, le long d'une baie immense.

La plage elle-même est divisée en trois sections. L'activité touristique se concentre principalement dans la partie nord de la baie, avec quelques hôtels en bord de plage et des pensions plus économiques à l'intérieur des terres. La partie centrale est dominée par l'énorme port et chantier naval de Hyundai, un gros employeur local mais une véritable verrue dans le paysage. Enfin, la partie sud est adossée à un promontoire boisé et constitue le lieu idéal pour s'isoler du reste du monde.

Les transports publics sont rares, voire inexistants, mais en louant en vélo vous n'aurez aucun mal à trouver votre petit coin de paradis pour la journée.

🛏 Où se loger

Doc Let Resort   HÔTEL **$**
(☎057-384 9152 ; bungalows 350 000-450 000 d ; ❋🐾). Superbe emplacement dans une propriété ombragée de palmiers, en bordure de plage. Les bungalows sont défraîchis mais spacieux, et le restaurant propose une cuisine bon marché. L'adresse manque un peu de caractère mais reste une option intéressante.

💚 **Jungle Beach**   BUNGALOWS **$$**
(☎057-366 2384 ; www.junglebeachvietnam. com ; 500 000-750 000 d/pers repas inclus ; 🐾). Installé sur un bout de plage idyllique, cet ensemble hétéroclite de cabanes en rotin et bambou et de bungalows rustiques au toit de chaume offre une ambiance de bout du monde. Ambiance conviviale (les repas sont pris en commun) et adorable jardin. Le lieu est *très* isolé (mais c'est ce qui fait son charme), au bout d'une route déserte, à 7 km au sud du chantier naval.

💚 **Some Days**
of Silence   HÔTEL DE CHARME **$$$**
(☎057-367 0952 ; www.somedaysresort.com ; ch 110-120 $US, bungalows 170-180 $US ; ❋@🐾🌐)

Un établissement épatant, à l'atmosphère très artistique, qui évoque davantage un lieu de retraite branché qu'un simple hôtel. Raffinés, les bungalows et les chambres sont superbement décorés d'œuvres d'art et de lits à baldaquin, et les sdb sont agrémentées de galets. Le sublime jardin tropical, la plage de sable blanc et le restaurant de style pagode avec terrasse constituent un cadre idéal pour des repas sains et originaux.

Paradise Resort   HÔTEL **$$$**
(☑ 057-367 0480 ; www.vngold.com/doclet/paradise ; 45-50 $US/pers avec les repas ; ✱@◉☎). Cet hôtel du bord de plage loue des chambres de différents styles et époques, propres et correctes à défaut d'être jolies. Le propriétaire, un Franco-Croate assez âgé et d'humeur joviale, est aux petits soins pour ses hôtes. Repas copieux, bière bon marché et superbe vue sur l'océan.

❶ Depuis/vers Doc Let

La bifurcation pour Doc Let est indiquée juste au sud d'un tronçon à péage de la RN 1, environ 4 km après Ninh Hoa, où un grand panneau signale le Hyundai Vinashin (chantier naval). Continuez sur 10 km le long de beaux marais salants, et ouvrez l'œil pour repérer les panneaux indiquant les hôtels. Prenez à gauche, traversez le village de Doc Let, puis tournez à droite jusqu'à la plage. La plupart des hôtels et resorts assurent aussi des transferts (payants).

Une route (goudronnée) séparée mène directement à Jungle Beach via le chantier naval, depuis la même bifurcation de la RN 1 (repérez les pancartes indiquant la plage sauvage, "wild beach").

Baie de Ninh Van

Bienvenue dans un monde parallèle fréquenté exclusivement par des têtes couronnées européennes, des stars du cinéma et autres célébrités. Dans une baie isolée dotée de bons spots de snorkeling et de kayak et prolongée par une péninsule couverte d'une jungle épaisse, aucune route ne mène au **Six Senses Ninh Van Bay** (☑ 058-372 8222 ; www.sixsenses. com ; villas 690-1 240 $US ; ◉✱@◉▣). Le complexe hôtelier a même son propre fuseau horaire, retardé d'une heure pour encourager les clients à profiter du lever du soleil ! L'architecture d'inspiration traditionnelle et les chemins de terre entre les bâtiments donnent l'illusion d'un village de jungle, où chaque habitation serait une élégante villa à deux niveaux, avec sa propre piscine. Comme les prix le laissent espérer, les services sont de haute volée, le personnel est

affable et le cadre, tout simplement magique. Les hôtes profitent aussi du merveilleux Six Senses Spa et de restaurants servant de la cuisine occidentale et asiatique.

Nha Trang

☑ 058 / 375 000 HABITANTS

Avec ses grands immeubles et son atmosphère dynamique, Nha Trang, capitale balnéaire du Vietnam, bénéficie d'un cadre époustouflant : entourée de collines et ourlée par une immense plage en forme de croissant, la baie aux eaux turquoise est ponctuée d'îles tropicales.

Le front de mer a subit un relooking majeur ces dernières années : des parcs et des jardins de sculptures sont apparus le long de l'impressionnant rivage, et à l'intérieur des terres, les rues réservent un choix cosmopolite de restaurants. Par ailleurs, la vie nocturne s'intensifie dans cette ville très festive.

Si vous préférez d'autres loisirs que la tournée des bars, maintes activités vous attendent : spa traditionnel, bains de boue ou visite des tours cham séculaires qui se dressent dans le centre-ville.

Un microclimat règne sur cette partie du pays où les pluies se concentrent d'octobre à décembre. Si vous aimez le farniente et la plongée dans les eaux limpides, mieux vaut éviter cette période.

◉ À voir

Il y a aussi plusieurs belles galeries de photographies noir et blanc à Nha Trang.

♥ Plage de Nha Trang   PLAGE
(carte p. 240). Dessinant un magnifique arc de cercle, la plage de sable doré de Nha Trang s'étend sur 6 km et constitue l'atout majeur de la ville. Plusieurs sections, prévues pour les nageurs, sont interdites aux jet-skis et aux bateaux. L'eau turquoise est irrésistible et flâner sur la promenade particulièrement plaisant.

Les sites appréciés pour le farniente sont le Sailing Club et le Louisiane Brewhouse. Plus au sud, la plage est beaucoup moins fréquentée.

C'est avant 13h que l'on profite le mieux de la plage, car ensuite, la brise peut gâcher le farniente jusqu'à ce que le vent retombe, en soirée. En revanche, pendant les pluies, les rivières qui se déversent dans la baie, à chaque extrémité de la plage, charrient une eau marron. Mais le reste de

Avec son toit pyramidal en gradins, sa voûte intérieure et son vestibule, c'est la plus belle.

Les tours sont perchées sur un monticule de granit à 2 km au nord de Nha Trang, sur la rive gauche du fleuve Cai. On estime que ce site fut un lieu de culte dès le IIᵉ siècle. En 774, une violente attaque des Javanais eut raison de la structure primitive en bois. En 784, elle fut remplacée par un temple de brique et de pierre, le premier du genre.

Les tours sont consacrées à Yang Ino Po Nagar, déesse du clan Dua (Liu) qui régna sur le sud du royaume cham. De nombreuses fondations en pierre jalonnent le site, témoignant de la vie spirituelle et des structures sociales des Chams.

Tous les temples sont orientés vers l'est, de même que l'entrée originelle (à droite, en remontant la petite colline). Jadis, les fidèles devaient passer par la salle de méditation aux multiples piliers, dont seuls 10 subsistent, avant de gravir les marches menant aux tours.

En 918, le roi Indravarman III installa dans la tour un *mukha lingam*, phallus stylisé en or décoré d'un visage humain peint, qui fut dérobé par les Khmers. Les vols ou les destructions de statues se poursuivirent jusqu'en 965, date à laquelle le roi Jaya Indravarman IV remplaça le *mukha lingam* en or par une sculpture en pierre d'Uma (*shakti*, ou forme féminine de Shiva), que l'on peut encore voir aujourd'hui.

Au-dessus de l'entrée de la tour nord, deux musiciens, dont l'un a un pied posé sur la tête du taureau Nandin, entourent Shiva qui danse à quatre bras. Les montants en

l'année, la mer ressemble à ce que l'on voit dans les brochures.

♥ **Tours cham de Po Nagar**   TEMPLE BOUDDHIQUE

(Thap Ba, Dame de la cité ; carte p. 238 ; 21 000 d ; ◷ 6h-18h). Édifiées entre le VIIᵉ et le XIIᵉ siècle, ces quatre tours cham sont des lieux de culte encore très fréquentés par des Chams, des Chinois issus de minorités ethniques et des bouddhistes vietnamiens. À l'origine, le complexe comptait sept ou huit tours, mais il n'en reste que quatre, dont la tour nord (Thap Chinh) de 28 m de hauteur, qui date de 817.

grès de la porte et certaines parties des murs du vestibule sont recouverts d'inscriptions. Un gong et un tambour trônent sous le plafond pyramidal de l'antichambre. Dans la grande salle en forme de pyramide (28 m de hauteur), une statue en pierre noire représente la déesse Uma aux dix bras, dont deux sont dissimulés sous son vêtement, assise sur un animal mythique.

La tour centrale (Thap Nam) fut en partie reconstruite avec des briques récupérées au XIIᵉ siècle sur le site d'un édifice du VIIᵉ siècle. Son architecture ne présente ni la finesse ni la décoration des autres tours : son toit pyramidal est dénué de gradins ou de pilastres, mais les autels à l'intérieur étaient autrefois recouverts d'argent, et la salle principale abrite un lingam.

La tour sud (Mieu Dong Nam), jadis dédiée à Sandhaka (Shiva), renferme encore un lingam. La tour nord-ouest (Thap Tay Bac), richement ornée, était consacrée à Ganesh. À l'arrière du site, un petit musée expose quelques témoignages de sculptures cham en pierre.

Depuis Nha Trang, prenez la Đ Quang Trung (qui devient la Đ 2 Thang 4) en direction du nord, puis traversez les ponts Ha Ra et Xom Bong. Vous pouvez également emprunter le pont Tran Phu en suivant la route du front de mer.

Par respect pour ce site sacré, il est préférable de se déchausser à l'entrée.

Pagode de Long Son   TEMPLE BOUDDHIQUE

(carte p. 238 ; ⊘ 7h30-11h30 et 13h30-17h30). **GRATUIT** Cette remarquable pagode se dresse à environ 400 m à l'ouest de la gare ferroviaire, juste à côté de Đ 23 Thang 10. Elle fut édifiée à la fin du XIXᵉ siècle. Le portique et la toiture sont ornés de dragons en mosaïque de verre et de céramique. Le sanctuaire principal, splendide, est décoré de motifs traditionnels réinterprétés de façon moderne.

Derrière la pagode se dresse un énorme **bouddha** blanc (carte p. 238 ; Kim Than Phat To), haut de 14 m, assis sur une fleur de lotus. Son piédestal est entouré de bustes en relief de Thich Quang Duc et de six autres moines bouddhistes auréolés de flammes, qui s'immolèrent par le feu en 1963.

Depuis la plateforme, à laquelle on accède par un escalier de 152 marches à droite de la pagode, la vue sur Nha Trang et la campagne environnante est superbe. Prenez le temps d'explorer les lieux en obliquant sur votre gauche : vous découvrirez l'entrée d'une autre salle, tout aussi impressionnante.

Mendiants et artistes de pacotille se rassemblent ici. Faites attention aux escroqueries : des enfants – et parfois des adultes – portant des badges à leur nom vous abordent, prétendant travailler pour les bonzes. Après avoir insisté pour vous faire visiter la pagode, ils vous demanderont de l'argent "pour les bonzes" ou vous presseront d'acheter une carte postale à 200 000 d. Faites-leur comprendre que vous n'avez pas besoin de leurs services. S'ils s'obstinent, dites-leur que vous n'allez pas leur donner d'argent. Si vous désirez faire un don à la communauté, utilisez les boîtes prévues à cet effet, comme dans les autres pagodes.

Cathédrale de Nha Trang   ÉGLISE

(carte p. 240 ; angle Đ Nguyen Trai et Đ Thai Nguyen). **GRATUIT** Bâtie entre 1928 et 1933 dans un style gothique, tout comme les vitraux, cette cathédrale se dresse sur une butte surplombant la gare ferroviaire. Cet édifice est d'une surprenante élégance, d'autant plus qu'il a été construit à l'aide de simples blocs de ciment. Le néon rouge, autour du crucifix, est une particularité vietnamienne, ainsi que l'éclairage rose sur le tabernacle, l'arche en néon bleue et le halo en néon blanc au-dessus de la statue de Marie.

En 1988, un cimetière catholique proche de l'église a été déplacé pour faire de la place à un nouveau bâtiment ferroviaire. Les ossements ont été enfouis dans des cavités, derrière le mur de plaques qui borde la rampe d'accès à la cathédrale.

Musée Alexandre Yersin   MUSÉE

(carte p. 240 ; ☏ 058-382 2355 ; 10 Đ Tran Phu ; 28 000 d ; ⊘ 7h30-11h et 14h-16h30 lun-ven, 8h-11h sam). L'Institut Pasteur local fut fondé en 1895 par le bactériologiste français Alexandre Yersin (1863-1943), le Français le plus apprécié des Vietnamiens. Parlant couramment vietnamien, il introduisit en Indochine l'arbre à quinine et l'hévéa, et découvrit le bacille responsable de la peste bubonique, transmis par les rats.

Vous pourrez admirer la bibliothèque et le bureau de Yersin dans cet intéressant petit musée ; parmi les éléments exposés, on remarque du matériel de laboratoire (comme des instruments d'astronomie) et une fascinante visionneuse de photographies en 3 D.

Les visites sont menées en français, anglais et vietnamien, et on y projette un petit film sur la vie de Yersin.

Yersin voyagea dans la région des hauts plateaux du Centre en notant ses

Centre de Nha Trang

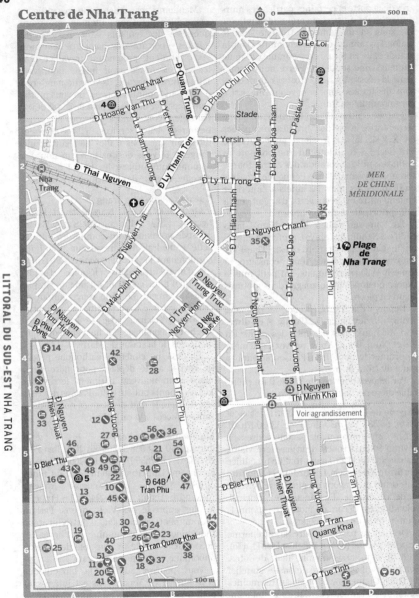

Voir agrandissement

LITTORAL DU SUD-EST NHA TRANG

observations. Il recommanda d'installer un centre de cure sur le site de Dalat.

L'Institut Pasteur de Nha Trang organise aujourd'hui des campagnes de vaccination et de prévention sur le littoral sud. Il fabrique des vaccins et procède à des recherches et à des essais selon les normes européennes. Les médecins y reçoivent environ 70 patients par jour.

Promontoire de Hon Chong ROCHER
(carte p. 238 ; 11 000 d). Cet étroit promontoire de granit offre une belle vue sur la côte

Centre de Nha Trang

montagneuse au nord de Nha Trang et des îles voisines.

Ici, la plage conserve un charme bien à elle, plus que celle de Nha Trang, mais la présence de détritus peut rebuter. Il est toutefois amusant de regarder les enfants du coin se jeter dans l'océan à la façon des plongeurs d'Acapulco.

Il y a une réplique de résidence ruong traditionnelle et un café ; un taxi depuis le centre-ville coûte environ 30 000 d.

À environ 300 m au sud de Hon Chong, vers Nha Trang, et à quelques dizaines de mètres de la plage se trouve la minuscule Hon Do (île Rouge), surmontée d'un temple

bouddhique. Au nord-est s'étend Hon Rua, une île aux allures de tortue, dont elle porte le nom. Les deux îles de Hon Yen (p. 242) sont plus loin vers l'est.

Musée océanographique national MUSÉE (carte p. 238 ; ☎ 058-359 0037 ; 1 Cau Da ; adulte/ enfant 30 000/12 000 d ; ⊙6h-18h). Installé dans un majestueux édifice datant de l'époque coloniale française, dans le quartier portuaire de Cau Da, à l'extrémité sud de Nha Trang, ce musée mal entretenu renferme quelque 60 000 bocaux de formol contenant des espèces marines, ainsi que des oiseaux et des mammifères marins

VINPEARL LAND

Le parc à thème insulaire de **Vinpearl Land** (☎ 058-359 0111 ; www.vinpearlland.com ; île de Hon Tre ; adulte/enfant 500 000/350 000 d ; ⊘ 8h-21h) comprend un parc aquatique, des manèges, des jeux d'arcade, un aquarium et nombre d'autres attractions. Il peut paraître un peu obsolète par rapport à d'autres parcs de loisirs, mais les enfants y passeront une bonne journée, notamment grâce au plus long téléphérique du monde qui franchit la mer, et à l'une des plus grandes piscines à vagues d'Asie du Sud-Est. L'attraction phare reste cependant le parc aquatique, avec sa vingtaine de toboggans impressionnants.

La majorité des visiteurs arrivent en bateau ou en téléphérique, trajets qui sont inclus dans le prix du billet. Le départ, depuis la côte, se fait au sud des docks de Cau Da.

Sachez que le parc de Vinpearl propose des numéros avec des dauphins et des "spectacles" d'animaux mettant notamment en scène des singes costumés.

empaillés. Sont aussi exposés des bateaux et du matériel de pêche utilisés dans la région. De malheureux phoques vivants sont présentés dans de petits aquariums sales.

Galerie Long Thanh GALERIE D'ART
(carte p. 240 ; ☎ 058-382 4875 ; www.longthanhart.com ; 126 Đ Hoang Van Thu ; ⊘ 8h-17h30 lun-sam). GRATUIT Cette galerie présente l'œuvre du photographe le plus célèbre du Vietnam. Long Thanh a développé sa première photo en 1964 et continue à prendre de superbes clichés en noir et blanc sur la vie quotidienne du Vietnam, et des portraits captivants. Autant d'images qui reflètent l'âme du pays.

Galerie Do Dien Khanh GALERIE D'ART
(carte p. 240 ; ☎ 058-351 2202 ; www.ddk-gallery.com ; 126B Đ Hong Bat ; ⊘ 8h-18h lun-ven). GRATUIT Do Dien Khanh est un hôte accueillant et un talentueux photographe qui sait sublimer les paysages et la vie quotidienne du Vietnam – ses portraits des membres de la communauté cham des environs sont de toute beauté.

Galerie Mai Loc GALERIE D'ART
(carte p. 240 ; www.mailocphotos.com ; 99 Đ Nguyen Thien Thuat ; ⊘ 8h-11 et 14h30-22h30). Une galerie privée qui met à l'honneur les photographies monochromes puissantes et extrêmement abouties de Mai Loc, natif de Nha Trang. Demandez-lui de vous raconter sa vie (il a été ouvrier dans une mine d'or, conducteur de cyclo-pousse et guide touristique).

🏃 Activités

La région de Nha Trang est un lieu idéal pour pratiquer la plongée, le surf, le wakeboard, le parachutisme ascensionnel, le rafting et le VTT. Les circuits en bateau autour de la baie et le long de la rivière Cai sont aussi la garantie de passer une excellente journée.

Les îles

Les circuits dans les îles sont incontournables à Nha Trang.

Hon Yen CIRCUIT INSULAIRE
(île aux Salanganes). Le nom de Hon Yen désigne les deux îles en forme de bosse que l'on aperçoit depuis la plage de Nha Trang. C'est ici, ainsi que sur d'autres îles au large de la province de Khanh Hoa, que se trouvent les "meilleurs" nids d'hirondelles (ou salanganes). Vous y trouverez aussi une petite plage isolée. Comptez 3-4 heures en bateau depuis Nha trang pour parcourir les 17 km vers ces deux îles.

Hon Mieu CIRCUIT INSULAIRE
Ce site est présenté comme un **aquarium** extérieur (Ho Ca Tri Nguyen ; 50 000 d), mais il s'agit en fait d'une ferme piscicole où sont produites plus de 40 espèces de poissons, crustacés et autres animaux marins. Autour des bassins, vous découvrirez une collection ultra kitsch de crevettes géantes, requins aux dents acérées et autres créatures en ciment.

La plupart des visiteurs effectuent un circuit organisé par l'intermédiaire d'un hôtel ou d'un café. En solo, vous pouvez prendre le ferry au dock de Cau Da qui dessert le village de Tri Nguyen.

Hon Mun SNORKELING
(île d'Ébène). L'île de Hon Mun est un spot réputé pour le snorkeling et la plongée. Le corail est en bon état et la visibilité est généralement satisfaisante, mais le site est parfois bondé car il est au programme du circuit à la journée le plus prisé. Les détritus peuvent aussi être un problème gênant.

Hon Mot
SNORKELING

Cet îlot, situé entre Hon Mun et Hon Tam, attire également les amateurs de snorkeling.

Hon Tre
PARC D'ATTRACTIONS

(île aux Bambous). Cette grande île est entièrement dominée par l'immense parc d'attractions de Vinpearl Land – de loin, vous verrez les grandes lettres, façon Hollywood. Vous pouvez accéder à cette île par bateau ou téléphérique.

Hon Lao
CIRCUIT INSULAIRE

(île aux Singes). Un site très touristique particulièrement apprécié des visiteurs vietnamiens. Les quelque 1 000 singes vivant sur l'île sont habitués à recevoir de la nourriture (des paquets de cacahuètes et de chips sont vendus sur place). N'oubliez pas cependant que ces animaux sont sauvages. Ne les traitez pas comme des peluches. Gardez en tête que les morsures de singe sont susceptibles de transmettre la rage.

Hormis le fait qu'ils n'apprécient pas trop les câlins, les singes n'hésiteront pas à vous arracher vos lunettes ou à chiper un stylo de votre poche avant de décamper. Restez vigilant ! Plusieurs touristes nous ont indiqué que, lors des spectacles d'ours et de singes, les animaux étaient souvent frappés par leurs dresseurs.

Plongée sous-marine

Nha Trang est, sans conteste, l'endroit le plus couru au Vietnam pour qui veut pratiquer la plongée, même s'il n'est pas forcément le meilleur. La visibilité moyenne est de 15 m mais elle peut atteindre 30 m selon la saison. La meilleure période pour plonger s'étend de février à septembre. En revanche, cette activité est à éviter entre octobre et décembre.

On compte près de 25 sites de plongée. Il n'existe pas d'épaves, mais il est possible d'explorer plusieurs petites grottes. Honnêtement, les sites ne sont pas exceptionnels, mais vous découvrirez une belle variété de coraux mous et durs ainsi que des petits poissons de récif.

Une sortie d'une journée (comprenant le transport, deux plongées et le déjeuner) coûte 60-85 $US avec une école de plongée professionnelle. Si vous voulez faire du snorkeling, vous pourrez généralement vous joindre au groupe moyennant 15-20 $US.

La plupart des clubs, une douzaine à Nha Trang, proposent des cours. Une formule "découverte" permet ainsi aux débutants de s'initier sous la houlette d'un moniteur qualifié. Les stages PADI coûtent 340 $US minimum ; les prestations SSI sont un peu moins chères.

Une dizaine de prestataires de plongée disposent de bureaux dans le centre touristique de Nha Trang. Nous avons eu des échos d'établissements peu scrupuleux utilisant du matériel peu fiable, ne respectant pas les règles de plongée responsable et présentant de fausses habilitations PADI/SSI. Ils proposent généralement des prix ridiculement bas (jusqu'à 35 $US pour 2 plongées !).

Adressez-vous uniquement aux prestataires réputés, notamment aux clubs suivants :

Mark Scott Dive Center
PLONGÉE

(carte p. 240 ; ☑ 0122 903 7795 ; www.divingvietnam.com ; 24/4 Đ Hung Vuong). Gérée par un Texan exubérant, instructeur depuis 1991, cette nouvelle école a rapidement acquis une excellente réputation. Des cours SSI sont proposés.

Sailing Club Divers
PLONGÉE

(carte p. 240 ; ☑ 058-352 2788 ; www.sailingclubdivers.com ; 72-74 Đ Tran Phu). Enseignement très professionnel, matériel moderne et instructeurs polyglottes. C'est la section plongée du célèbre club de voile.

Angel Dive
PLONGÉE

(carte p. 240 ; ☑ 058-352 2461 ; www.angeldivevietnam.info ; 1/33 Đ Tran Quang Khai). Un organisme fiable offrant une formation en anglais, français et allemand et le choix entre certification PADI ou SSI. Les sorties snorkeling coûtent 20 $US/pers.

Rainbow Divers
PLONGÉE

(carte p. 240 ; ☑ 058-352 4351 ; www.divevietnam.com ; 90A Đ Hung Vuong). Une grande école de plongée PADI, bien établie, qui appartient à une chaîne nationale. Il s'agit ici de l'agence centrale, qui gère aussi un restaurant et un bar.

Sports d'aventure

Du VTT au rafting, Nha Trang offre de nombreuses activités pour faire monter votre taux d'adrénaline.

Vietnam Active
SPORTS D'AVENTURE

(carte p. 240 ; ☑ 058-351 5821 ; www.vietnamactive.com ; 47 B1 Nguyen Thien Thuat). Ce nouveau prestataire bien organisé propose une large gamme d'excellentes activités, des sorties VTT (à partir de 45 $US pour 4 pers) aux cours de plongée. Les prix exacts dépendent du nombre de participants. Après l'effort,

EXPLORER LA BAIE DE NHA TRANG EN BATEAU

Les 71 îles au large de Nha Trang sont réputées pour leurs eaux translucides. Les circuits dans ces îles connaissent énormément de succès depuis des années déjà, et quasiment tous les hôtels et agences de voyages de la ville proposent des excursions dans l'archipel.

Dans les années 1990, les circuits, très festifs, impliquaient un trajet mouvementé sur un bateau de pêche rudimentaire, et quantité de joints et de vin de riz dans un "bar flottant" (une chambre à air voguant sur la mer). Bien entendu, la marijuana et l'alcool étaient un peu trop contre-révolutionnaires au goût des autorités locales. Depuis, les autorités locales ont mis un terme à ces abus.

Aujourd'hui, il y a davantage de choix, qu'il s'agisse de croisières festives pour voyageurs à petits budgets ou de sorties familiales.

La plupart de ces circuits sont extrêmement touristiques et comprennent des pauses éclairs pour visiter l'aquarium Tri Nguyen (50 000 d), faire du snorkeling sur un récif en mauvais état et bronzer sur la plage (accès 30 000 d). Les circuits festifs proposent des animations (très) organisées avec DJ (ou groupe ringard) sur le pont et beaucoup de jeux d'alcool. Si cela correspond à votre définition de l'enfer, gardez-vous bien d'embarquer. Une fois le parcours terminé, les passagers se déversent souvent dans les différents bars, confirmant ainsi la réputation de ville festive de Nha Trang.

Quelques conseils à garder à l'esprit :

➡ Choisissez le bon circuit. Certains s'adressent aux familles asiatiques, d'autres visent uniquement une clientèle de voyageurs à petits budgets désireux de faire la fête.

➡ Protégez votre peau avec de l'écran solaire et buvez beaucoup d'eau.

➡ L'entrée de l'aquarium et l'accès à la plage ne sont généralement pas inclus dans le prix.

➡ Si le snorkeling vous intéresse plus que les boissons alcoolisées, choisissez les circuits organisés par les écoles de plongée.

Voici quelques prestataires satisfaisants :

Funky Monkey (carte p. 240 ; ☑ 058-352 2426 ; www.funkymonkeytour.com.vn ; 75A Đ Hung Vuong ; croisière et transfert 100 000 d). Ce circuit pour voyageurs à petits budgets comprend les étapes habituelles et une animation live du *boy band* du Funky Monkey.

Nha Trang Tours (carte p. 240 ; ☑ 058-352 4471 ; www.nhatrangtour.com.vn ; 1/24 Đ Tran Quang Khai). Croisières festives à petits prix (8 $US) ou sorties snorkeling (15 $US environ).

Office du tourisme de Khanh Hoa (☑ 058-352 8000 ; khtourism@dng.vnn.vn ; Đ Tran Phu ; croisière avec déj 349 000 d). Si vous souhaitez quelque chose d'un peu différent, optez pour un circuit qui vous emmènera plus loin, jusque dans la jolie baie de Van Phong. Le trajet de deux heures en décourage beaucoup, mais il est largement compensé par les baies isolées et paisibles à l'arrivée. Contactez l'office du tourisme pour plus de détails et pour réserver.

prenez un cours de yoga Hatha ou Ashtanga pour étirer vos muscles.

Shamrock Adventures RAFTING, KAYAK
(carte p. 240 ; ☑ 058-352 7548 ; www.shamrockadventures.vn ; Đ Tran Quang Khai ; sortie 40$US/pers, déj compris). Séances de rafting (le niveau n'est pas extraordinaire) pouvant être combinées à des sorties VTT ou kayak et pêche.

Circuits sur la rivière

Juste au nord du centre de Nha Trang, la rivière Cai se déverse dans un large estuaire très impressionnant, que vous pourrez explorer lors d'une excursion d'une journée en bateau.

Nha Trang River Tour CIRCUIT EN BATEAU
(☑ 0914 047 406 ; www.nhatrangrivertour.com ; 24 Luong Dinh Cua ; à partir 40 $US/pers). Pham est un guide intéressant et bien organisé et ses circuits sont une bonne alternative aux excursions dans les îles. Ils mettent en avant les sites culturels et les industries artisanales (fabrication du papier de riz, tissage de tapis, broderies) le long de la rivière Cai.

Spas et bains de boue

Les spas sont en plein essor à Nha Trang. Cependant, les habitants affirment que le seul moyen d'être vraiment propre consiste à se plonger dans un bain de boue naturelle, et il existe désormais trois endroits à Nha Trang où vous pourrez appliquer ce conseil. Essayez d'éviter les week-ends, quand les familles vietnamiennes viennent en masse.

Voici quelques-unes des meilleures adresses :

♥ **I Resort**   BAINS DE BOUE
(✆ 058-383 8838 ; www.i-resort.vn ; 19 Xuan Ngoc, Vinh Ngoc ; ⊙ 7h-20h). Endroit idéal pour se détendre totalement, ce nouveau spa haut de gamme est le plus attrayant des trois "sites de boue" de Nha Trang. Vous y trouverez des bains de boue minérale chaude (250 000 d/pers pour 4 pers), de jolies piscines et même des cascades. Le cadre champêtre est magnifique, avec des montagnes au loin, et il y a un restaurant correct et un spa-centre de massage. Prévoyez au moins une demi-journée, vous ne le regretterez pas. Téléphonez pour qu'on vienne vous chercher à votre hôtel (20 000 d aller).

À 7 km au nord-ouest du centre ; un taxi coûte environ 130 000 d.

Thap Ba Hot Spring Center   BAINS DE BOUE
(carte p. 238 ; ✆ 058-383 4939 ; www.thapba-hotspring.com.vn ; 25 Ngoc Son ; ⊙ 7h-19h30). Le premier centre ayant proposé des soins à la boue demeure une valeur sûre. Pour 250 000/500 000 d, vous profiterez d'une baignoire en bois simple/double, emplie de boue gluante. Pour tremper dans un bassin commun, vous paierez 120 000 d/pers. Également des piscines d'eau minérale, mais les tarifs des forfaits VIP sont exagérés. À 7 km au nord-ouest de Nha Trang (130 000 d en taxi).

Pour vous y rendre par vos propres moyens, suivez les panneaux sur la deuxième route à gauche, après les tours cham de Po Nagar. Prenez ensuite la route sinueuse et accidentée sur 2,5 km.

100 Egg Mud Bath   BAINS DE BOUE
(Tam Bun Tram Trung ; ✆ 058-371 1733 ; www.tambuntramtrung.vn ; Nguyen Tat Thanh, Phuoc Trung ; ⊙ 8h-19h). Bénéficiant d'un bel emplacement dans une vallée, à 6 km au sud-ouest de Nha Trang, cet établissement doit son nom aux cabines privées en forme d'œuf (adulte/enfant 300 000 d/180 000 d) dans lesquelles des couples ou des enfants peuvent jouer dans la boue. Toutes sortes de cataplasmes (250 000 d), enveloppements et gommages sont proposés. Vous trouverez aussi des bassins et des baignoires (dans lesquels peuvent être ajoutés des herbes et des huiles essentielles) disséminées un peu partout dans cet immense complexe, qui possède aussi un restaurant.

Depuis le pont de Cau Binh Tan, au sud-ouest de la ville, prenez la Đ Nguyen Tat Thanh jusqu'à atteindre la route nationale à Phuoc Trung. Le complexe est proche de la route et clairement indiqué à partir de cet endroit.

Vy Spa   SPA
(carte p. 240 ; ✆ 0128 275 8662 ; 78B Đ Tue Tinh ; ⊙ 8h-21h). Cet établissement tout simple présente un bon rapport qualité/prix. Ce n'est pas vraiment un spa (plutôt une boutique transformée), mais les massages et les soins sont très professionnels. Choisissez entre un massage vietnamien, thaïlandais ou suédois (environ 200 000 d/heure) ou tentez un soin du visage (150 000 d) ou un gommage.

Su Spa   SPA
(carte p. 240 ; ✆ 058-352 3242 ; www.suspa.vn ; 93 Đ Nguyen Thien Thuat ; ⊙ 8h-21h30). En plein cœur de la ville, mais l'atmosphère détendue et le personnel attentionné vous feront oublier toute lassitude urbaine. C'est l'un des spas les plus onéreux de la ville ; la décoration est soignée et vous profiterez d'agréables gommages, bains et massages du corps (à partir de 24 $US).

🗘 Circuits organisés

Louisiane Brewhouse   BIÈRE
(carte p. 240 ; ✆ 058-352 1948 ; www.louisiane-brewhouse.com.vn ; Louisiane Brewhouse, 29 Đ Tran Phu ; visite guidée 200 000 d). Une visite intéressante de la luxueuse microbrasserie Louisiane Brewhouse, également idéale pour prendre un verre (p. 250).

Lanterns Tour   CULTURE
(carte p. 240 ; www.lanternsvietnam.com ; 34/6 Đ Nguyen Thien Thuat ; circuit 25 $US). Organisé par le restaurant à but non lucratif Lanterns, ce circuit d'une journée vous conduira dans la ville non touristique de Ninh Hoa et comprend une visite des marchés locaux, une balade dans une charrette à bœufs, un déjeuner dans une famille et le trajet aller-retour. Un minimum de 3 personnes est requis.

🛏 Où se loger

Nha Trang compte des centaines d'hôtels, des plus miteux aux plus somptueux, et la plupart des établissements sont situés à une ou deux rues de la plage. Les adresses haut de gamme jalonnent Đ Tran Phu, le boulevard du front de mer ; les petits budgets iront chercher un peu plus à l'intérieur des terres.

Quelques hôtels économiques sont regroupés dans une allée au 64 Đ Tran Phu, tout près de la plage. Ils offrent tous des chambres semblables et climatisées autour de 10 \$US (tarif encore plus bas avec un ventil). Dans la plupart des établissements pour petits budgets, le petit-déjeuner n'est pas inclus.

Plusieurs nouveaux hôtels plaisants sont situés près de l'intersection entre Đ Hung Vuong et Đ Tran Quang Khai.

Quand la fréquentation est faible, des réductions de 20-30% sont courantes dans les hôtels de catégories moyenne et supérieure.

♥ **Sunny Sea**   HÔTEL **\$**
(carte p. 240 ; ☑058-352 5244 ; http://sunnyhotel.com.vn ; 64B/9 Đ Tran Phu ; ch 10-15 \$US ; ✳@☎). Une adresse exceptionnelle tenue par un couple accueillant (un médecin et une infirmière) et Kim, la réceptionniste ultra-efficace. Récemment rénovées, les chambres possèdent matelas neufs, minibar et sdb modernes ; certaines se prolongent d'un balcon. L'emplacement est fabuleux, dans une petite rue calme juste à côté de la plage, et il y a un ascenseur.

Sao Mai Hotel   HÔTEL **\$**
(carte p. 240 ; ☑058-352 6412 ; www.saomainhatranghotel.com ; 99 Đ Nguyen Thien Thuat ; dort 6 \$US, ch 12-25 \$US ; ✳@☎). Les voyageurs à petits budgets l'apprécient depuis longtemps, et même si les prix ont un peu augmenté, le rapport qualité/prix demeure excellent. Personnel sympathique, 32 chambres spacieuses et immaculées et dortoir de 5 lits avec clim, sdb et casiers.

Mojzo Inn   AUBERGE DE JEUNESSE **\$**
(carte p. 240 ; ☑0988 879 069 ; 120/36 Đ Nguyen Thien Thuat ; dort 7 \$US, ch 16-19 \$US ; ✳@☎). Cette nouvelle auberge de jeunesse branchée propose des dortoirs bien conçus et un joli salon agrémenté de coussins.

Ngoc Thach   HÔTEL **\$**
(carte p. 240 ; ☑058-352 5988 ; ngocthachhotel@gmail.com ; 6I Quan Tran, Đ Hung Vuong ; ch 15-18 \$US ; ✳☎). Les chambres spacieuses et modernes (certaines ont un balcon) sont en parfait état et constituent une aubaine, vu les tarifs modestes. L'hôtel dispose d'un ascenseur.

Perfume Grass Inn   HÔTEL **\$**
(carte p. 240 ; ☑058-352 4286 ; www.perfumegrass.com ; 4A Đ Biet Thu ; ch 14-35 \$US ; ✳@☎). Beaucoup de caractère pour cette auberge accueillante, en particulier dans les chambres plus onéreuses, avec boiseries et parquet. Le petit-déjeuner gratuit, le petit jardin et le personnel sympathique et anglophone participent du charme général.

Ha Tram Hotel   HÔTEL **\$**
(carte p. 240 ; ☑058-352 1819 ; http://hatramhotel.weebly.com ; 64B/5 Đ Tran Phu ; ch 8-14 \$US ; ✳@☎). L'un des hôtels les plus élégants dans la rue des petits budgets ; la plupart des chambres sont lumineuses, bien équipées et comportent une belle sdb. Les plus grandes sont dotées de deux lits doubles.

Mai Huy Hotel   HÔTEL **\$**
(carte p. 240 ; ☑058-352 7553 ; maihuyhotel.com ; 7H Quan Tran, Đ Hung Vuong ; ch avec ventil/clim à partir de 8/14 \$US ; ✳@☎). Un hôtel économique installé de longue date. La famille qui dirige les lieux prend bien soin de ses hôtes. Les chambres sont de qualité variable : payez un peu plus et les prestations s'améliorent considérablement.

Rosy Hotel   HÔTEL **\$**
(carte p. 240 ; ☑058-352 2661 ; www.rosyhotelnhatrang.com ; 20 Quan Tran, Đ Hung Vuong ; ch 220 000-340 000 d ; ✳@☎). Dans une petite rue à l'écart de Đ Hung Vuong, ce mini-hôtel moderne et bien tenu assure confort et propreté à des prix très doux ; un léger supplément vous fera profiter d'un balcon caressé par la brise.

Backpacker's House   AUBERGE DE JEUNESSE **\$**
(carte p. 240 ; ☑058-352 3884 ; www.backpackershouse.net ; 54G Đ Nguyen Thien Thuat ; dort 7-8 \$US, ch 12-24 \$US ; ✳@). Si vous avez envie de faire la fête, cette auberge de jeunesse vous séduira par son atmosphère conviviale (il y a un bar-restaurant au rez-de-chaussée). Les dortoirs sont corrects, mais les sdb pourraient être plus propres ; les chambres sont élégantes.

Hotel An Hoa   HÔTEL **\$**
(carte p. 240 ; ☑058-352 4029 ; www.anhoahotel.com.vn ; 64B/6 Đ Tran Phu ; ch avec ventil/clim 10-12 \$US ; ✳@☎). Option fiable dans la rue des petits budgets, cet hôtel accueillant propose des petites chambres sans fenêtre ni clim, et d'autres, comme les "VIP", plus vastes et confortables avec une grande sdb.

Perfume Grass Inn 2   HÔTEL **$**
(carte p. 240 ; ☑058-352 2588 ; www.perfume-grass.com ; 64B/8 Tran Phu ; s 6-8 $US, d 10-12 $US ; ✺@🛜). Une adresse sans chichis qui conviendra aux budgets serrés : les chambres carrelées et basses de plafond sont fonctionnelles. Celles qui possèdent un balcon coûtent un peu plus cher.

Le Duong   HÔTEL **$$**
(carte p. 240 ; 5 et 6 Quan Tran, Đ Hung Vuong ; ch 450 000-700 000 d ; ✺🛜). Ouvert en 2013, ce bel hôtel moderne compte 50 chambres joliment agencées, lumineuses et spacieuses, avec meubles aux couleurs pastel et draps blancs. Excellent rapport qualité/prix ; les prix sont négociables, dans une certaine mesure, selon la demande.

Golden Summer Hotel   HÔTEL **$$**
(carte p. 240 ; ☑058-352 6662 ; www.golden-summerhotel.com.vn ; 22-23 Tran Quang Khai ; ch 25-50 $US ; ✺🛜). Un nouvel hôtel tendance, avec un hall d'entrée des plus raffinés et des chambres modernes et accueillantes, comportant de belles touches artistiques, comme les photographies aux murs. Emplacement idéal, à proximité d'une myriade de restaurants et de la plage.

Summer Hotel   HÔTEL **$$**
(carte p. 240 ; ☑058-352 2186 ; www.thesummerhotel.com.vn ; 34C Đ Nguyen Thien Thuat ; ch 32-106 $US ; ✺@🛜⛶). Élégant trois-étoiles aux tarifs abordables, avec des chambres très confortables et une décoration réussie. Piscine sur le toit.

Nhi Phi Hotel   HÔTEL **$$**
(carte p. 240 ; ☑058-352 4585 ; www.nhiphihotel.vn ; 10A Đ Biet Thu ; ch 45-75 $US ; ✺@🛜⛶). En plein centre-ville, cet édifice imposant est le nouvel hôtel de Sinh Tourist. L'atrium de l'entrée est époustouflant, il y a une petite piscine sur le toit et les chambres sont joliment meublées (celles situées au-dessus du 7ᵉ étage jouissent d'une belle vue sur la ville).

Green Peace E Hotel   HÔTEL **$$**
(carte p. 240 ; ☑058-352 2835 ; www.greenpeacehotel.com.vn ; 102 Đ Nguyen Thien Thuat ; ch 550 000-750 000 d ; ✺@🛜). Ne vous laissez pas rebuter par la réception, submergée de brochures de circuits touristiques et tenue par un personnel peu avenant, car les chambres aux tons crème et blanc sont plutôt raffinées et contemporaines, avec TV à écran plat et sdb chic.

Golden Rain Hotel   HÔTEL **$$**
(carte p. 240 ; ☑058-352 7799 ; www.goldenrain-hotel.com ; 142 Đ Hung Vuong ; ch 29-58 $US ; ✺@🛜⛶). Emplacement pratique et chambres assez élégantes, dont certaines avec de grandes fenêtres. Piscine sur le toit et salle de remise en forme.

King Town Hotel   HÔTEL **$$**
(carte p. 240 ; ☑058-352 5818 ; www.kingtown-hotel.com.vn ; 92 Đ Hung Vuong ; ch 23-43 $US ; ✺@🛜⛶). Dans la rue Hung Vuong, cet hôtel propose un bon choix de chambres dotées d'éléments décoratifs en soie et de sdb chics. La piscine sur le toit offre une vue sur la ville.

La Suisse Hotel   HÔTEL **$$**
(carte p. 240 ; ☑058-352 4353 ; www.lasuissehotel.com ; 3/4 Đ Tran Quang Khai ; ch 30-35 $US ; ✺🛜). Ici, le service fait honneur à la réputation des hôteliers suisses. Les chambres sont spacieuses, mais la déco est désuète (en particulier les dessus-de-lit à fleurs).

Ha Van Hotel   HÔTEL **$$**
(carte p. 240 ; ☑058-352 5454 ; www.in2vietnam.com ; 3/2 Đ Tran Quang Khai ; ch à partir 28 $US ; ✺@🛜). Les chambres sont confortables et assez spacieuses, mais les tapis et les meubles défraîchis ont besoin d'un coup de neuf. L'option est tout de même à envisager en raison de son personnel efficace et accueillant, des bons renseignements de voyage et du petit-déjeuner inclus.

♥ **Mia Resort Nha Trang**   HÔTEL **$$$**
(☑058-398 9666 ; www.mianhatrang.com ; Bai Dong, Cam Hai Dong ; ch/villa 210/270 $US ; ◒✺@🛜⛶). Un hôtel exceptionnel. Dès la réception en plein air, vous vivrez une expérience très particulière, face au bleu infini de la mer. Détente absolue en perspective.

Les prestations sont d'une qualité irréprochable dans tout le complexe : superbes chambres (toutes profitent de la vue sur la mer) avec sdb extérieures, piscine de 40 m et fantastique restaurant au bord de l'eau. L'emplacement, dans une crique privée, est inoubliable.

Evason Ana Mandara Resort & Spa   COMPLEXE HÔTELIER **$$$**
(carte p. 238 ; ☑058-352 2522 ; www.evasonresorts.com ; Đ Tran Phu ; villa 279-537 $US ; ✺@🛜⛶). Empreint d'élégance, ce beau complexe se compose d'un ensemble de villas spacieuses, face à l'océan, dégageant une ambiance coloniale grâce au mobilier

classique et aux lits à baldaquin. Emplacement imbattable, sur une superbe plage au sud de la ville. Autres bonus : 2 piscines (dont une de 30 m), restaurants occidentaux et vietnamiens, spa Six Senses et bibliothèque bien garnie.

Novotel Nha Trang HÔTEL $$$
(carte p. 240 ; 058-625 6900 ; www.novotel.com/ 6033 ; 50 Đ Tran Phu ; ch/ste à partir 125/249 $US ;). Stylé et très contemporain, cet hôtel face à l'océan propose des chambres sur plusieurs niveaux, avec baignoires encastrées – misez sur une chambre avec vue sur la mer, au dernier étage, pour profiter de Nha Trang dans toute sa splendeur. Le personnel est bien formé et très efficace, la salle de remise en forme est bien équipée, mais la piscine est un peu petite.

Sheraton Nha Trang Hotel & Spa HÔTEL $$$
(carte p. 240 ; 058-388 0000 ; www.sheraton. com/nhatrang ; 26-28 Đ Tran Phu ; ch à partir 163 $US, ste à partir 291 $US ;). Le Sheraton, l'un des édifices les plus élevés de Nha Trang, domine le boulevard du front de mer et offre un point de vue imprenable depuis son bar à cocktails. Chambres spacieuses et modernes avec sdb ouverte, mais le Wi-Fi n'est pas inclus. Consultez le site Internet pour des tarifs spéciaux (jusqu'à 120 $US/nuit).

✗ Où se restaurer

En sa qualité de cité balnéaire, Nha Trang vise une clientèle internationale et offre toutes les saveurs possibles, des spécialités crétoises aux plats indiens. Đ Tran Quang Khai et Đ Biet Thu comptent de bonnes adresses. Les spécialités vietnamiennes se dégustent un peu plus loin. Les amateurs de fruits de mer se régaleront de poisson frais, de crabe, de crevettes et d'autres crustacés exotiques.

Le **marché Dam** (carte p. 238 ; Đ Trang Nu Vuong ; 6h-16h), et ses diverses échoppes, notamment les *com chay* (échoppes végétariennes), permettent de s'immerger dans la vie locale.

Nha Hang Yen's VIETNAMIEN $
(carte p. 240 ; 3/2A Tran Quang Khai ; plats 55 000-120 000 d ; 7h-21h30 ;). Restaurant raffiné servant un bon choix de savoureux ragoûts mijotés dans des plats en argile, des nouilles et des plats de riz. La musique traditionnelle et les serveuses en *ao dai* contribuent à l'ambiance conviviale.

Omar's Tandoori Cafe INDIEN $
(carte p. 240 ; www.omarsindianrestaurant.com ; 89B Đ Nguyen Thien Thuat ; plats 55 000-136 000 d, menu 150 000 d ; 12h-22h ;). Pour une authentique cuisine indienne, ne cherchez pas plus loin. Délicieux *rogan josh* (120 000 d), poulet au beurre (79 000 d) et authentique pain naan.

Hy Lap GREC $
(carte p. 240 ; 1 Đ Tran Quang Khai ; repas 30 000-75 000 d ; 12h-22h). Un petit restaurant grec modeste et bon marché, tenu par un couple crétois extrêmement accueillant. Il n'y a que 6 tables (toutes à l'extérieur, ce qui peut poser problème quand il pleut) pour déguster une bonne moussaka, des souvlakis ou une salade.

Au Lac VÉGÉTARIEN $
(carte p. 240 ; 28C Đ Hoang Hoa Tham ; repas 15 000-30 000 d ; 11h-19h ;). Restaurant végétarien établi de longue date près de l'angle de Đ Nguyen Chanh. Ses assiettes composées végétariennes offrent le meilleur rapport qualité/prix pour un repas à Nha Trang.

Café des Amis CAFÉ $
(carte p. 240 ; 2D Đ Biet Thu ; plats 27 000-110 000 d ; 7h-21h30 ;). Apprécié des voyageurs en raison de ses petits plats bon marché et de sa bière abondante, ce café propose une longue carte de spécialités vietnamiennes, des plats internationaux et des fruits de mer à prix raisonnables.

♥ Lac Canh Restaurant VIETNAMIEN $$
(carte p. 238 ; 44 Đ Nguyen Binh Khiem ; plats 30 000-150 000 d ; 11h-20h45). Une expérience on ne peut plus authentique. Quasiment tous les soirs, cet établissement animé, désordonné, enfumé mais très plaisant est pris d'assaut par des groupes venus préparer leurs grillades sur des barbecues de table (le bœuf est la spécialité, mais il y a d'autres viandes et des produits de la mer). Quelques mets intéressants n'apparaissent pas sur le menu en anglais, notamment les grenouilles frites épicées et les nouilles aux œufs de crabe (65 000 d). L'établissement ferme assez tôt.

♥ Nha Trang Xua VIETNAMIEN $$
(Thai Thong, Vinh Thai ; plats 52 000-210 000 d ; 8h-21h30 ;). Ce restaurant vietnamien classique occupe une belle maison ancienne dotée d'un étang de lotus et entourée de rizières, dans la campagne à environ 7 km à

l'ouest de la ville (100 000 d en taxi). Il sert un menu raffiné, la présentation est belle et le cadre agréable. Les spécialités : les salades vietnamiennes, le bœuf aux cinq épices et les produits de la mer.

Oh! Sushi
JAPONAIS **$$**

(carte p. 240 ; ☑ 058-352 5729 ; www.ohsushibar. com ; 17C Đ Hung Vuong ; repas 70 000-250 000 d ; ⊙11h-23h). Dans ce restaurant japonais très authentique, à l'ambiance intimiste, on vous saluera d'un chaleureux *irashaimase* (bienvenue) dès votre arrivée. Installez-vous sur un tabouret et observez les chefs aux fourneaux, puis régalez-vous de nouilles *udon*, *soba* ou d'un repas de style bento à l'une des petites tables.

Lanterns
VIETNAMIEN **$$**

(carte p. 240 ; www.lanternsvietnam.com ; 34/6 Đ Nguyen Thien Thuat ; plats 48 000-158 000 d ; ⊙7h30-21h30 ; 🛜🖋). Désormais installé dans de superbes locaux flambant neufs, avec une vaste terrasse, ce restaurant aide au financement d'un orphelinat local et assure des bourses scolaires. Les saveurs vietnamiennes dominent la carte, avec par exemple du porc au citron et au piment ou du curry de tofu, mais elle affiche aussi des menus (à partir de 108 000 d) et quelques plats internationaux. Des cours de cuisine et des excursions sont également proposés.

Louisiane Brewhouse
INTERNATIONAL **$$**

(carte p. 240 ; www.louisianebrewhouse.com.vn ; 29 Đ Tran Phu ; plats 62 000-360 000 d ; ⊙7h-1h ; 🛜). Ici, il n'y a pas que la bière qui attire les foules : le menu éclectique annonce des petits-déjeuners classiques, de superbes salades, du poisson et des fruits de mer (le vivaneau rouge coûte 140 000 d), ainsi que des plats vietnamiens, japonais et italiens. Superbe emplacement en bordure de plage, avec des tables installées autour de la piscine et d'énormes cuves à bière en cuivre.

Lang Nuong Phu Dong
Hai San
FRUITS DE MER **$$**

(carte p. 238 ; Đ Tran Phu ; plats 30 000-165 000 d ; ⊙14h-3h). La décoration est sommaire (chaises en plastique et néons), mais les fruits de mer sont frais et délicieux. Coquilles Saint-Jacques, crabe, crevettes et homard sont tous au prix du marché.

The Refuge
INTERNATIONAL **$$**

(carte p. 240 ; www.refuge-nhatrang.com ; 1L Đ Hung Vuong ; 7h30-22h ; ⊙plats 60 000-165 000 d ; 🌀🛜). Tenu par des Suisses, ce restaurant aux allures de chalet sert de délicieux fromages, crêpes, salades (goûtez le fromage de chèvre), grillades de bœuf et steaks d'agneau (avec la sauce de votre choix). Le verre de vin coûte 40 000-65 000 d. Fait rare dans les environs : les lieux climatisés offrent une fraîcheur bienvenue dans ce climat tropical.

Le Petit Bistro
FRANÇAIS **$$**

(carte p. 240 ; ☑ 058-352 7201 ; 26D Đ Tran Quang Khai ; plats 50 000-250 000 d ; ⊙déj et dîner ; 🌀🛜). Dans ce restaurant français, favori des expatriés, on déguste du fromage, de la charcuterie de premier choix et des spécialités à base de canard. Carte des vins de qualité.

Veranda
INTERNATIONAL **$$**

(carte p. 240 ; 66 Đ Tran Phu ; plats 48 000-172 000 d, menu 255 000 d ; ⊙7h-22h ; 🌀🛜). Cet élégant petit restaurant face à la promenade propose des recettes aux influences internationales : curry végétarien (48 000 d), nouilles aux œufs accompagnées de calamars (62 000 d) et filet de bœuf (160 000 d). Salle climatisée et terrasse.

Truc Linh 2
VIETNAMIEN **$$**

(carte p. 240 ; ☑ 058-352 1089 ; 21 Đ Biet Thu ; plats 44 000-190 000 d ; ⊙6h-21h45). L'empire Truc Linh compte plusieurs restaurants au cœur de la ville. Le n°2 se targue d'un joli jardin et sert des produits de la mer et de la viande grillée.

♥ Sailing Club
INTERNATIONAL **$$$**

(carte p. 240 ; ☑ 058-352 4628 ; www.sailingclubnhatrang.com ; 72-74 Đ Tran Phu ; repas 180 000-400 000 d ; 🛜). Une institution du front de mer. Observez les passants la journée, sirotez un cocktail au coucher du soleil, dégustez des plats gastronomiques sous les étoiles, puis éliminez des calories sur la piste de danse. Il y a 3 cartes distinctes (vietnamienne, italienne et indienne) et quelques plats internationaux comme des wraps (à partir de 150 000 d).

Grill House
INTERNATIONAL **$$$**

(carte p. 240 ; www.grillhousenhatrang.com ; 1/18 Đ Tran Quang Khai ; plats 55 000-450 000 d ; ⊙11h-22h ; 🌀🛜). Ce restaurant grill ravira les amateurs de viande. Choisissez l'assortiment de grillades, un hamburger géant ou un énorme steak d'aloyau. Également des produits de la mer, et du vin chilien servi au verre (50 000 d). Les lieux sont climatisés.

⚍ Où prendre un verre

Dans les bars festifs de Nha Trang, surveillez attentivement votre boisson (lire l'encadré p. 251) et vos effets personnels (consultez la rubrique *Dangers et désagréments*, p. 251).

On nous a signalé beaucoup de vols commis au bar Why Not? dans Đ Tran Quang Khai.

♥ Guava
BAR-LOUNGE
(carte p. 240 ; www.guava.vn ; 17 Đ Biet Thu ; ⊙7h-13h ; ⏋). Ce bar branché est la seule adresse de la ville pour écouter de la bonne musique électro - le week-end, des DJ mixent de la house et de la lounge. L'atmosphère est toujours sympathique, le service efficace et le billard très prisé. Optez pour les canapés bien moelleux à l'intérieur, ou pour la terrasse arborée à l'extérieur. Nourriture de bar copieuse et bon marché. Le dimanche, essayez le "hangover breakfast", le petit-déjeuner des soirées trop arrosées.

Sailing Club
BAR, CLUB
(carte p. 240 ; www.sailingclubnhatrang.com ; 72-74 Đ Tran Phu ; ⊙7h-2h). Le Sailing Club reste le lieu idéal pour sortir, parmi une clientèle mêlant habitants et étrangers. Cette adresse huppée, avec boissons onéreuses, DJ et groupes, attire les *beautiful people* de la ville. Les jeudis, vendredis et samedis, un feu est allumé sur la plage et l'animation se déplace sur le sable (quand la météo le permet).

Oasis
BAR
(carte p. 240 ; 3 Đ Tran Quang Khai ; ⊙7h-2h ; ⏋). À l'angle d'une rue, ce bar animé doté d'une vaste terrasse est très apprécié pour ses seaux de cocktails et sa chicha ; *happy hours* de 16h à minuit. Un bon choix pour regarder les grands événements sportifs.

Louisiane Brewhouse
BRASSERIE
(carte p. 240 ; ☑058-352 1948 ; 29 Đ Tran Phu ; 40 000 d/verre ; ⊙7h-24h ; ⏋). Difficile de trouver une microbrasserie plus sophistiquée. Surplombant une belle piscine et une plage privée, les énormes cuves en cuivre jouissent d'un point de vue imprenable. Il y a de 4 à 6 bières à déguster, dont une ale rousse et une *lager* brune ; moyennant 110 000 d, vous pourrez goûter l'assortiment complet.

Crazy Kim Bar
BAR
(carte p. 240 ; http://crazykimvietnam.wordpress.com ; 19 Đ Biet Thu ; ⊙8h-24h ; ⏋). Cet établissement à l'ambiance de pub participe à la campagne de lutte contre la pédophilie, "Hands off the Kids!" - une partie des bénéfices étant reversée à l'association. Le Crazy Kim organise régulièrement des soirées à thème et propose des seaux de cocktails corsés, des *shots*, de la bière bon marché (à partir de 25 000 d), de la bonne musique et une cuisine savoureuse.

Altitude
BAR
(carte p. 240 ; 26-28 Đ Tran Phu ; ⊙12h-24h ; ⏋). Au 28e étage du Sheraton Nha Trang, ce bar jouit d'un point de vue hallucinant sur la côte et la plage en contrebas. Il est interdit de fumer à l'intérieur. Attendez-vous à des prix cinq-étoiles : 93 000 d la bière.

Nghia Bia Hoi
BIA HOI
(carte p. 240 ; 7G/3 Đ Hung Vuong ; ⊙11h-22h). Les routards affluent dans ce bar à *bia hoi*. On y sert de la bière brune ou blonde (plus légère) et des en-cas.

Red Apple Club
BAR
(carte p. 240 ; 54H Đ Nguyen Thien Thuat ; ⊙7h-24h ; ⏋). Ce bar festif pour voyageurs à petits budgets rassemble tous les clichés : bières bon marché, *shots* à gogo et nombreuses promotions. Méfiez-vous de l'entonnoir à bière car la situation peut rapidement dégénérer.

🛍 Achats

Nha Trang possède quelques belles boutiques d'art et d'artisanat dans les rues proches du croisement de Đ Tran Quang Khai et de Đ Hung Vuong.

Des boutiques de mode qui vendent de tout, des chaussures à talons aux lunettes de soleil, sont concentrées dans Đ Nguyen Thi Minh Khai.

Saga du Mekong
VÊTEMENTS
(carte p. 240 ; www.sagadumekong.com ; 1/21 Đ Nguyen Dinh Chieu ; ⊙9h-18h). Cette boutique de mode chic est spécialisée dans le lin, la soie, le bambou et le coton fin - textiles parfaits pour le climat tropical. Les tailles sont adaptées à la morphologie des Occidentaux et la boutique possède sa propre usine afin de contrôler la qualité.

Ni Na
ACCESSOIRES
(carte p. 240 ; 82A Đ Nguyen Thi Minh Khai ; ⊙7h30-18h). L'enseigne indique "chaussures et sacs à main" et, effectivement, vous découvrirez d'innombrables accessoires tendance et originaux, notamment de belles chaussures à semelles compensées. Également des porte-monnaie, des ceintures et des lunettes de soleil.

LES COCKTAILS FRELATÉS

Dans certains établissements de Nha Trang, des cocktails servis dans des seaux peuvent être trafiqués. Il peut s'agir de whisky distillé illégalement, servi par le personnel, ou d'une drogue quelconque qu'un client ajoute dans la boisson. Même si les seaux sont une manière originale de boire un cocktail, faites bien attention à leur contenu !

XQ ARTISANAT
(carte p. 240 ; www.xqhandembroidery.com ; 64 Đ Tran Phu ; ⊘8h-20h). Un lieu conçu comme un village traditionnel. On y flâne dans l'atelier et la galerie de broderie, en observant le travail des artisans, et on peut y boire un thé vert servi gracieusement.

Cu Meo VÊTEMENTS, ACCESSOIRES
(carte p. 240 ; 37 Đ Nguyen Thi Minh Khai ; ⊘8h-18h). Cette boutique branchée est réputée pour ses superbes chaussures pour femmes, mais elle vend aussi de la lingerie, des maillots de bain et des robes.

Bambou VÊTEMENTS
(carte p. 240 ; www.bamboucompany.com ; 15 Đ Biet Thu ; ⊘8h-19h). Spécialisé dans les vêtements pour hommes, femmes et enfants, avec des motifs vietnamiens et des matières naturelles, à base d'eucalyptus et de bambou, par exemple. Vêtements de plage également.

❶ Renseignements

ACCÈS INTERNET

Quasiment tous les hôtels et la plupart des restaurants sont équipés du Wi-Fi. Beaucoup d'endroits disposent aussi d'un ou deux ordinateurs.

AGENCES DE VOYAGES

Sinh Tourist (carte p. 240 ; ☑058-352 2982 ; www.thesinhtourist.vn ; 2A Đ Biet Thu). Circuits bon marché dans les environs, notamment en ville (200 000 d, sans les entrées), et bus "open-tour".

Highland Tours (carte p. 240 ; ☑058-352 4477 ; www.highlandtourstravel.com ; 54G Đ Nguyen Thien Thuat). Nombreux circuits abordables dans la région de Nha Trang, les hauts plateaux du Centre et le long de la côte. Pour une excursion à la journée le long de la rivière Cai, comptez à partir de 27 $US.

ARGENT

Vous trouverez des DAB dans toute la ville.
La **Vietcombank** (carte p. 240 ; 17 Đ Quang Trung ; ⊘7h30-16h lun-ven) change les chèques de voyage et dispose d'un DAB.

DANGERS ET DÉSAGRÉMENTS

La grande majorité des visiteurs ne rencontre aucun problème à Nha Trang. Sans verser dans la paranoïa, il convient toutefois de faire preuve d'un peu plus de vigilance dans cette ville, où les voleurs ont tendance à sévir.

Leur mode opératoire peut varier. Les jeunes voyageurs sont le plus souvent pris pour cibles. On nous a signalé de nombreux cas de voyageurs ayant été victimes de pickpockets dans ces bars et des clubs : les pistes de danse bondées constituent un terrain de chasse idéal pour les pickpockets. Évitez de sortir faire la fête avec un smart-phone et une carte de crédit. Le plus sûr est d'emporter uniquement l'argent dont vous aurez besoin pour passer une bonne soirée.

On nous a aussi parlé de vols sur la plage (les sacs sont dérobés pendant que vous faites une petite sieste).

Autre problème : les vols à l'arraché, qui peuvent s'avérer très dangereux si vous circulez à l'arrière d'une moto-taxi. Portez votre sac contre la poitrine et non pas dans le dos.

Gardez vos téléphone et tablette à l'abri des regards et ne les posez pas sur la table au restaurant. Si vous consultez un plan sur votre appareil mobile pour trouver votre chemin, tenez-le à deux mains.

Des voyageuses nous ont rapporté que de jeunes Vietnamiens, souvent insistants, les prenaient en photo alors qu'elles sortaient de l'eau ou se faisaient bronzer sur la plage.

Dans les sites touristiques, vous éviterez les abus en vérifiant le tarif d'entrée sur votre ticket. Vérifiez bien votre monnaie.

OFFICE DU TOURISME

Office du tourisme de Khanh Hoa (carte p. 240 ; ☑058-352 8000 ; khtourism@ dng.vnn.vn ; Đ Tran Phu). Cet office du tourisme sur le front de mer est géré par le gouvernement. Il propose divers circuits, notamment en bateau.

POSTE

Poste principale (carte p. 240 ; 4 Đ Le Loi ; ⊘6h30-20h)

SERVICES MÉDICAUX

Institut Pasteur (carte p. 240 ; ☑058-382 2355 ; 10 Đ Tran Phu ; 7h-11h et 13h-16h30). Service de consultations et de vaccinations, installé dans le musée Alexandre Yersin.

ⓘ Depuis/vers Nha Trang

AVION

Depuis Nha Trang, **Vietnam Airlines** (☎ 058-352 6768 ; www.vietnamairlines.com) assure des vols pour Hanoi (3/jour) ainsi que pour HCMV et Danang (tous les jours). Vietjet Air (p. 507) propose généralement les tarifs les plus bas si l'on réserve bien à l'avance et dessert chaque jour Hanoi et HCMV. **Jetstar** (www.jetstar.com) assure 5 liaisons hebdomadaires avec Hanoi.

BUS

La **gare routière de Phia Nam Nha Trang** (Đ 23 Thang 10), principal terminal des bus de Nha Trang, se situe à 500 m à l'ouest de la gare ferroviaire. Des bus quotidiens se rendent très régulièrement au nord jusqu'à Quy Nhon et Danang. Direction sud, les liaisons sont très fréquentes pour Phan Rang (46 000 d, 2 heures) et HCMV, notamment des bus-couchettes à partir de 19h. Les bus partent aussi vers l'ouest et les hauts plateaux du Centre, à destination de Dalat et deBuon Ma Thuot (100 000-120 000 d, 5 heures, 7/jour).

Nha Trang est une étape importante pour les bus "open tour". Ils constituent le meilleur moyen d'accès à Mui Ne, qui n'est pas desservie par les bus locaux. Ces bus partent en général entre 6h et 8h, avant de continuer sur HCMV. D'autres bus rallient Dalat (5 heures) et Hoi An (11 heures).

TRAIN

La **gare ferroviaire de Nha Trang** (☎ 058-382 2113 ; Đ Thai Nguyen ; ◷ billetterie 7h-11h30, 13h30-18h et 19h-21h) est située à l'ouest de la cathédrale. Elle se trouve sur la ligne principale nord-sud et assure des liaisons pratiques, notamment avec Quy Nhon, Danang et HCMV.

VOITURE ET MOTO

L'un des meilleurs trajets à effectuer est le passage du col de montagne entre Nha Trang et Dalat. C'est un itinéraire fabuleux en voiture ou en moto. En redescendant la route de montagne de Dalat à Mui Ne, vous effectuerez une superbe boucle. Plusieurs agences Easy Riders sont installées à Nha Trang.

ⓘ Comment circuler

DEPUIS/VERS L'AÉROPORT

L'aéroport international de Cam Ranh se trouve à 30 km au sud de la ville, en passant par une belle route côtière. Un bus fait la navette sur ce trajet (60 000 d) depuis le site de l'ancien aéroport (près de 86 Đ Tran Phu). Le départ a lieu 2 heures avant les vols (trajet de 40 min).

Pour quitter la ville, les taxis sont plus pratiques et permettent d'éviter l'attente. Les **taxis Nha Trang** (☎ 058-382 60 00), taxis officiels de couleur marron, prennent 380 000 d pour une course entre l'aéroport et Nha Trang. La course est moins chère dans l'autre sens, de la ville à l'aéroport (300 000 d). Le mieux est de fixer un prix à l'avance car les taximètres affichent toujours des tarifs plus élevés.

TAXI ET *XE OM*

Le plus sûr est de prendre un taxi équipé d'un compteur affilié à une compagnie réputée comme **Mai Linh** (☎ 058-382 2266).

Nha Trang compte d'innombrables conducteurs de *xe om*. Une course à moto n'importe où dans le centre ne devrait pas vous coûter plus de 25 000 d. Soyez prudent dans le choix de votre chauffeur, surtout la nuit : certains sont des dealers et/ou des proxénètes.

VÉLO

Nha Trang possède un relief généralement plat et il est facile de gagner tous les sites, notamment Thap Ba, en vélo. La plupart des grands hôtels en louent pour environ 30 000 d/jour. Attention aux sens uniques autour de la gare, et aux ronds-points chaotiques.

TRANSPORTS AU DÉPART DE NHA TRANG

DESTINATION	AVION	BUS	VOITURE/MOTO	TRAIN
HCMV	à partir de 28 \$US, 1 heure, 6/j	10–14 \$US, 11 heures, 13/j	10 heures	11–17 \$US, 7-9 heures, 6/j
Mui Ne	non disponible	8 \$US, 6 heures, bus "open tour" seulement	5 heures	non disponible
Dalat	non disponible	7 \$US, 5 heures, 17/j	4 heures	non disponible
Quy Nhon	non disponible	6,50 \$US, 5 heures, toutes les heures	4 heures	5,50-8 \$US, 4 heures, 5/j
Danang	à partir de 55 \$US, 1 heure, 1/j	11-14 \$US, 12 heures, 13-16/j	11 heures	16-26 \$US, 9-11 heures, 5/j

Environs de Nha Trang

Citadelle de Thanh

Cette place forte, dont ne subsistent que des pans de murs, date de la dynastie des Trinh (XVIIe siècle). Le prince Nguyên Anh (futur empereur Gia Long) l'avait fait reconstruire en 1793, après sa victoire sur les rebelles Tây Son. Elle se dresse à 11 km à l'ouest de Nha Trang, près de la ville de Dien Khanh.

Chutes de Ba Ho

Formées de trois cascades et de trois bassins rafraîchissants, les **chutes de Ba Ho** (Suoi Ba Ho) s'étendent au cœur d'une forêt, à 20 km au nord de Nha Trang et quelque 2 km à l'ouest du village de Phu Huu. Quittez la RN 1 juste au nord d'un restaurant du nom de Quyen, et vous les trouverez à 20 minutes de marche du parking. Il est amusant de remonter le courant entre les bassins, mais prenez garde à ne pas glisser. L'accès coûte 15 000 d.

Port de Cam Ranh

Le magnifique port naturel de la **baie de Cam Ranh** s'étend à 25 km au sud de Nha Trang et à 56 km au nord de Phan Rang. L'excellente route de l'aéroport, récemment ouverte, a rendu plus accessible la superbe **Bai Dai** (longue plage), au nord du port.

Jusqu'à très récemment, l'armée vietnamienne contrôlait tout le littoral du port de Cam Ranh, et l'accès était limité aux bateaux de pêche. Mais la situation a évolué et la plage au sud du Mia Resort est désormais entièrement vouée à accueillir des projets immobiliers. Quelque 39 énormes complexes hôteliers ont obtenu un permis de construire, notamment Hyatt et Marriott, et d'immenses panneaux publicitaires jalonnent désormais la route côtière.

Mi-2013, les travaux avaient à peine commencé, donc il devrait être encore possible de trouver un petit bout de sable vierge. Le secteur abrite certains des meilleurs *breaks* de surf du Vietnam.

À l'extrémité nord de Bai Dai, le **Shack Vietnam** (www.shackvietnam.com) loue des planches et des kayaks et propose des cours de surf (500 000 d). Également de la bière fraîche, de délicieux tacos au poisson (40 000 d/pièce), des hamburgers, des burritos et des *fish and chips*. Le Shack Vietnam se situe au milieu d'une enfilade d'une vingtaine de restaurants de fruits de mer tenus par des gens du coin ; le menu est quasiment le même partout.

Le trajet aller en taxi jusqu'à l'extrémité nord de Bai Dai coûte environ 230 000 d ; comptez 300 000 d pour gagner la partie centrale. Aucun transport public n'emprunte la route de Bai Dai. La circulation étant très limitée, la région se prête parfaitement à une exploration en moto.

Phan Rang et Thap Cham

🖉 058 / 178 000 HABITANTS

Ces deux villes n'en forment en réalité qu'une seule : Pha Rang s'accroche à la RN 1 et Thap Cham au début de la RN 20 qui part vers Dalat. Si vous écumez le Vietnam du nord au sud, vous noterez un grand changement dans la végétation en approchant des cités jumelles de Phan Rang et de Thap Cham, capitales de la province de Ninh Thuan. Aux luxuriantes rizières vertes succèdent alors des sols sablonneux, couverts de plantes rabougries. La flore locale comprend des flamboyants royaux et des cactus aux épines cruelles. La production de raisin de table de la région est réputée, et de nombreuses maisons des faubourgs sont agrémentées de treillis de vignes.

Le site le plus connu est le groupe de tours cham, Po Klong Garai, d'où Thap Cham (tour cham) tient son nom. Or, depuis la construction de la nouvelle nationale dans les montagnes, reliant Dalat à Nha Trang, le temple accueille moins de visiteurs que par le passé. D'autres tours ponctuent le paysage. Les Chams, comme d'autres minorités ethniques du Vietnam, souffrent de discrimination et sont généralement plus pauvres que leurs voisins vietnamiens. On compte aussi plusieurs milliers de Chinois dans la région, dont beaucoup viennent rendre leurs dévotions à **Quang Cong** (Ð Thong Nhat), temple chinois bâti voici 135 ans et situé dans le centre de la ville.

Deux grandes routes nationales (1A et 20) se croisent en ville, ce qui en fait une bonne étape sur le littoral. Les villes jumelles de Phan Rang et de Thap Cham, industrielles, manquent de charme, donc mieux vaut loger sur la plage de Ninh Chu, à 6 km à l'est.

👁 À voir

Tours cham de Po Klong Garai   TEMPLE HINDOU
(Thap Cham ; 15 000 d ; ⏱ 7h-17h). Ces quatre tours en brique datent de la fin du

XIIIe siècle. Construites sur le modèle des temples hindous, elles se dressent sur une plateforme en brique, au sommet du **Cho'k Hala**, une colline de granit à découvert, tapissée de cactus. La chaleur peut y être étouffante.

Au-dessus de l'entrée de la plus grande tour (le *kalan* ou sanctuaire) trône une sculpture de Shiva dansant à six bras. Les remarquables inscriptions en ancienne langue cham que l'on aperçoit sur les montants de la porte témoignent des efforts accomplis pour restaurer le temple, ainsi que des offrandes et des sacrifices d'esclaves destinés à l'honorer.

Le vestibule abrite une statue de Nandin, le taureau blanc symbole de fertilité agricole et véhicule du dieu Shiva. Les paysans avaient coutume de déposer des offrandes de légumes frais, d'herbes et de noix d'arec devant le mufle de l'animal pour s'assurer une bonne récolte. Sous la tour principale se dresse un *mukha lingam* sous une pyramide en bois. Ici, les fidèles offrent de l'alcool et brûlent de l'encens.

Depuis la petite tour située face à l'entrée du *kalan*, vous pourrez admirer l'ingéniosité dont firent preuve les maçons cham pour concevoir les colonnes de bois qui soutiennent le toit léger. La structure qui s'y rattache constituait autrefois l'entrée principale du site.

Po Klong Garai se trouve un peu au nord de la route RN 20, à 6 km de Phan Rang en direction de Dalat. Les tours se dressent de l'autre côté des voies de la gare de Thap Cham. Certains des bus "open tour" y font un arrêt.

Tour cham de Po Ro Me   TEMPLE HINDOU

(Entrée libre, don apprécié). Cette tour cham est l'une des plus évocatrices du Vietnam. Elle est isolée au sommet d'une colline escarpée, d'où la vue s'étend sur un paysage ponctué de cactus. Le temple honore le dernier dirigeant d'un Champa indépendant, le roi Po Ro Me (1629-1651) ; son image et celles des membres de sa famille figurent parmi les décorations extérieures

Le temple est encore utilisé lors de cérémonies deux fois par an. Le reste du temps, il est fermé, mais les gardiens, au pied de la colline, vous ouvriront le sanctuaire. Laissez-leur un petit pourboire et n'oubliez pas de vous déchausser.

Les occupants du temple n'ont pas l'habitude d'être dérangés, et vous risquez d'être surpris quand les chauves-souris battront des ailes dans la pénombre. Vous pourrez

malgré tout distinguer une pièce maîtresse centrale rouge et noir – un bas-relief représentant le roi déifié sous la forme de Shiva. Derrière la principale déité, sur la gauche, se trouve l'une de ses reines, Thanh Chanh. Repérez les inscriptions sur les montants de la porte et une statue du taureau Nandin.

Notez le motif de flamme se répétant autour des arches, un symbole de pureté qui nettoie les visiteurs de toute trace de mauvais karma.

La meilleure manière d'accéder au site consiste à emprunter une moto ou un *xe om*. Le trajet est ardu. Prenez la RN 1 au sud de Phan Rang sur 9 km. Tournez à droite à l'embranchement vers Ho Tan Giang, une route asphaltée étroite juste après la station-service, et continuez sur 6 km. Tournez à gauche au milieu d'un village poussiéreux, au niveau d'un enclos qui fait aussi office de terrain de foot, et suivez la route qui sinue vers la droite jusqu'à ce que la tour apparaisse. Un panneau indique le chemin à travers champs sur les 500 derniers mètres.

Centre culturel cham   MUSÉE

(Thap Cham ; ⊙ 7h-17h). GRATUIT Au pied des tours de Po Klong Garai, cette grande structure moderne (bâtie dans un style vaguement cham, très réussi) est dédiée à la culture cham. De superbes photographies du peuple cham, de la vie du village et des coutumes y sont exposées. On peut aussi y voir des peintures, des poteries, des vêtements traditionnels et des outils agricoles.

Si le royaume cham a disparu depuis longtemps, le peuple cham, lui, est bien vivant. De nombreux étals de souvenirs sont installés sur les lieux.

Village de Bau Truc   VILLAGE

Ce village cham est réputé pour ses poteries ; de nombreuses boutiques sont installées devant les maisons de terre et de bambou. Sur le chemin de Po Ro Me, sortez à droite de la RN 1A près du mémorial de guerre, et rendez-vous jusqu'à la commune portant la bannière "Lang Nghe Gom Bau Truc". Dans le village, prenez la première à gauche pour rejoindre certaines des meilleures boutiques.

🛏 Où se loger et se restaurer

En raison des embouteillages et des industries, les villes jumelles n'offrent pas un cadre apaisant. La plage de Ninh Chu, à 6 km à l'est de Phan Rang, est bien plus attrayante et dispose d'un meilleur choix d'hébergements.

LE NOUVEL AN CHAM

Le Nouvel An cham (Kate) est célébré à Po Klong Garai le 7e mois du calendrier cham (vers le mois d'octobre du calendrier grégorien) : il rend hommage aux ancêtres, aux héros nationaux et aux divinités cham, telle la déesse agricole Po Ino Nagar.

La veille de la fête, le costume du roi Po Klong Garai est transporté, au cours d'une procession gardée par les montagnards Tay Nguyên qui s'accompagne d'une musique traditionnelle et se prolonge jusqu'à minuit. Le lendemain matin, le costume est porté jusqu'à la tour ; le cortège est encore suivi de musiciens, et les habitants, portant bannières et drapeaux, chantent et dansent. Les notables et les aînés ferment la marche. Cette cérémonie colorée se poursuit jusque dans l'après-midi.

Les festivités durent tout le mois : les Chams font la fête, se rendent chez leurs proches et leurs amis et prient pour s'attirer la bonne fortune.

Le *com ga* (poulet au riz) est une spécialité locale. Des restaurants de *com ga* sont installés dans Đ Tran Quang Dieu ; le meilleur est le **Phuoc Thanh** (3 Đ Tran Quang Dieu ; plats 25 000-50 000 đ), situé juste au nord de Đ 16 Thang 4, la route menant à la plage de Ninh Chu.

Une autre spécialité locale est le gecko rôti ou au four (*ky nhong*), servi avec de la mangue verte. Si vous voulez cuisiner et que vous avez de bons réflexes, la plupart des chambres d'hôtel du Vietnam pourront vous fournir l'ingrédient principal.

Phan Rang est aussi la capitale du raisin au Vietnam. Des étals du marché vendent des grappes fraîches, du jus et des raisins secs (mais encore juteux).

Ho Phong Hotel   HÔTEL **$**
(☎058-392 0333 ; 363 Đ Ngo Gia Tu ; ch 275 000-550 000 đ ; ❇@🛜). La nuit, cet hôtel clinquant est visible de loin car il est illuminé comme un sapin de Noël. À l'intérieur, les choses sont plus nuancées, avec de belles chambres bien meublées et des douches à forte pression.

ℹ️ Depuis/vers Phan Rang

BUS

La **gare routière de Phan Rang** (Ben Xe Phan Rang ; face au 64 Đ Thong Nhat) se situe dans les faubourgs nord de la ville. Des bus se rendent régulièrement vers le nord à Nha Trang (à partir de 47 000 đ, 2 heures 30, toutes les 45 min), au nord-ouest à Dalat (71 000 đ, 4 heures, toutes les heures), et au sud à Ca Na (à partir de 20 000 đ, 1 heure, toutes les 45 min) et au-delà.

TRAIN

La **gare ferroviaire de Thap Cham** (☎068-388 8029 ; 7 Đ Phan Dinh Phung) est située à 6 km à l'ouest de la RN 1, non loin des tours de Po Klong Garai, mais seuls les trains lents y

marquent l'arrêt. Parmi les destinations : Nha Trang (environ 2 heures 30) et HCMV (environ 8 heures).

VOITURE ET MOTO

Quelque 344 km séparent Phan Rang de HCMV, 147 km de Phan Thiet, 104 km de Nha Trang et 108 km de Dalat.

Plage de Ninh Chu
🗺 068

Au sud-est de Phan Rang, l'immense baie en arrondi de Ninh Chu est très prisée des touristes vietnamiens le week-end et les jours fériés, mais elle est assez tranquille le reste du temps. Les détritus gâchent un peu le paysage, mais la belle plage, qui s'étend sur 10 km, offre une paisible alternative à Phan Rang et constitue une bonne base pour visiter les ruines cham. De nouveaux complexes hôteliers surgissent tout autour de la baie.

🛏 Où se loger et se restaurer

Les resorts sont disséminés le long du littoral. Les hébergements économiques sont concentrés côté nord de la baie, où se trouvent un village de pêcheurs et plusieurs restaurants de fruits de mer, en bordure de plage.

Nha Nghi Dieu Hien   PENSION **$**
(☎068-387 3399 ; ⏱s/d 150 000/200 000 đ ; ❇). Une modeste pension tenue par un couple sympathique. Toutes les chambres sont propres et équipées de TV, ventil et clim. À 200 m de l'extrémité nord de la plage.

Anh Duong Hotel   HÔTEL **$**
(☎068-389 0009 ; ch 245 000-500 000 đ ; ❇🛜). À l'écart du littoral, cet hôtel en bord de

route loue des chambres économiques et coquettes. Bon rapport qualité/prix, à une courte distance à pied de la plage.

Con Ga Vang Resort   COMPLEXE HÔTELIER **$$** (☎ 068-387 4899 ; www.congavangresort.com ; ch 400 000-900 000 d ; ste 1 300 000-2 200 000 d ; ✳ @ 🛜 🏊). Les tarifs sont assez attrayants si l'on tient compte des chambres élégantes et spacieuses, de la belle piscine flanquée de cocotiers et des courts de tennis. En bordure de plage, le **Huong Dua Restaurant** (plats 40 000-100 000 d) propose des produits de la mer d'un bon rapport qualité/prix et un service très satisfaisant.

Bau Truc Resort   HÔTEL DE CHARME **$$** (☎ 068-387 4223 ; www.bautrucresort.com ; ch 45-140 $US ; ⊝ ✳ @ 🛜 🏊). Jadis appelé le Den Gion, ce grand complexe propose un bon choix de bungalows bien aménagés avec sdb contemporaines, installés dans un jardin luxuriant au bord de la plage. La piscine est immense et le petit-déjeuner (inclus) est servi dans le restaurant en plein air (plats dîner 50 000-155 000 d). Demandez une remise sur les prix affichés.

❶ Depuis/vers Ninh Chu

Prenez à gauche (sud-est) dans Đ Ngo Gia Tu, la rue située immédiatement avant le pont sur la rivière Cai, à Phan Rang, et continuez en suivant les panneaux sur 7 km.

À moins d'être motorisé, il est plus simple de prendre un *xe om* (environ 30 000 d) ou un taxi avec compteur (70 000 d).

Ca Na

📄 068

Au XVIe siècle, les princes de la famille royale cham pêchaient, et chassaient le tigre, l'éléphant et le rhinocéros dans la région. Aujourd'hui, Ca Na est plus connue pour ses plages de sable blanc, ponctuées d'énormes blocs de granit. La plus belle partie de la plage et les meilleurs hôtels se trouvent juste à la sortie de la RN 1, à 1 km au nord du village de pêcheurs. C'est un endroit superbe où l'accueil est agréable, malgré le bruit constant des camions.

Le terrain est parsemé de magnifiques cactus. **Lac Son**, une petite pagode jaune vif à flanc de colline, est intéressante à visiter, mais la montée est raide.

Si vous séjournez ici, sachez qu'il n'y a ni banque ni DAB, et que personne n'accepte les cartes de crédit.

Le **Ca Na Hotel** (☎ 068-376 0922 ; www. canahotel.com.vn ; ch 200 000-350 000 d ; ✳ @ 🛜) est un petit complexe constitué de 8 bungalows et d'un motel de 12 chambres. Les lits sont rarement occupés, mais l'énorme restaurant en bord de route (repas 50 000-120 000 d) est toujours animé.

❶ Depuis/vers Ca Na

Ca Na se trouve à 114 km au nord de Phan Thiet et à 32 km au sud de Phan Rang. La plupart des bus longue distance roulant sur la RN 1 y prennent ou y déposent des passagers. Les bus locaux de Phan Rang (18 000 d, 1 heure) desservent le village de Ca Na – demandez à ce qu'on vous dépose sur la route et prenez un *xe om* pour le dernier kilomètre.

Mui Ne

📄 062 / 17 000 HABITANTS

Mui Ne était jadis une plage isolée, sur laquelle quelques voyageurs aventureux campaient au début des années 1990. Trop belle pour être ignorée plus longtemps, Mui Ne est désormais envahie de complexes hôteliers, plus nombreux chaque année, avec leur lot de boutiques et de restaurants chics. Cependant, la plage garde son charme et les édifices, bordés de jardins près de la mer, restent peu élevés. Le village de pêcheurs originel est toujours là, mais les habitants sont à présent bien moins nombreux que les touristes.

Vous ne trouverez pas véritablement ici de possibilité de plongée ou de snorkeling. En revanche, la cité balnéaire attire les surfeurs d'août à décembre, époque à laquelle les pluies s'abattent sur Nha Trang et Hoi An. Les amateurs de planche à voile trouvent également leur bonheur, surtout de fin octobre à fin avril, quand la houle peut venir pimenter les choses. Le kitesurf est lui aussi très populaire. Mui Ne est donc réputée pour son ambiance sportive.

Côté climat, cette portion du littoral reçoit environ moitié moins de précipitations que Phan Thiet, pourtant toute proche : en effet, le microclimat de la station est protégé par les dunes de sable et, même durant la saison humide, de juin à septembre, les pluies restent relativement faibles et sporadiques.

L'érosion côtière pose un gros problème. De nombreux complexes hôteliers au nord du km 12 ont quasiment perdu leur plage et tentent de sauver ce qu'il en reste avec des sacs de sable.

La sécurité routière est un autre problème sérieux. Il n'y a pas de ralentisseurs le long de la principale route côtière, et les voitures et camions roulant à pleine vitesse ont peu d'égards pour les piétons. Soyez prudent.

Il est quasiment impossible de se perdre à Mui Ne, car tout est organisé le long d'un tronçon de route nationale de 10 km. La plupart des hébergements jalonnent le côté plage, tandis que les restaurants et les commerces bordent l'autre côté de la route.

◉ À voir

Dunes de sable   PLAGE

Mui Ne est célèbre pour ses immenses dunes de sable blanc et rouge. Les dunes blanches sont les plus impressionnantes, car les vents marins quasi incessants sculptent le sable à la façon des merveilleuses formations du Sahara. Mais puisque vous êtes au Vietnam (et non au fin fond du Mali), vous aurez peu de chances d'y apprécier le silence du désert.

Préparez-vous à la vente forcée : des enfants tenteront de vous louer une luge en plastique pour dévaler les dunes. À moins d'être très léger, vous aurez probablement du mal à glisser sur plus de quelques mètres.

Les quads et les buggies viennent aussi perturber la tranquillité. Bizarrement, les balades à dos d'autruche (100 000 d) font aussi partie des activités proposées, mais nous ne les conseillons pas. Enfin, attendez-vous à trouver des ordures ; un nettoyage est régulièrement organisé, mais lors de notre dernière visite, les dunes rouges étaient jonchées de détritus.

Vous aurez besoin d'une jeep pour explorer le site, mais mettez-vous d'accord sur l'itinéraire avant de partir, de préférence par écrit. Des plaintes nous sont parvenues au sujet de circuits "coucher du soleil" moins longs que prévu.

Autre site, la source aux Fées (Suoi Tien) est un cours d'eau s'écoulant entre les dunes et des formations rocheuses. Vous pourrez faire une promenade depuis la mer jusqu'à la source, de préférence avec un guide. Attention, le sable est brûlant sur les dunes et il vaut mieux être équipé de semelles en cuir (les sandales sont même déconseillées quand le soleil est au zénith).

Tours cham de Po Shanu   TEMPLE HINDOU

(km 5 ; 5 000 d ; ⊙7h30-11h30 et 13h30-16h30). Elles occupent une colline près de Phan Thiet, à l'ouest de Mui Ne, offrant une vue dégagée sur la ville et un cimetière. Cet ensemble du IXe siècle abrite les ruines de trois tours mal conservées. Une petite pagode se dresse sur le site, ainsi qu'une galerie et une boutique.

🏃 Activités

Golf

Tropical Minigolf Mui Ne   MINIGOLF

(97 Đ Nguyen Dinh Chieu ; parcours 100 000 d ; ⊙10h-22h30). Ce beau minigolf ombragé de palmiers est ponctué de formations rocheuses anguleuses qui mettront votre dextérité à l'épreuve. Les tarifs comprennent une boisson fraîche (le soir, comptez 120 000 d pour un parcours et un cocktail).

Sealinks Golf & Country Club   GOLF

(✆062-374 1777 ; www.sealinksvietnam.com ; Km 8, Mui Ne ; à partir de 1 350 000 d parcours 18 trous). Beau parcours avec vue sur l'océan et des obstacles difficiles à négocier, notamment beaucoup de points d'eau. Parcours à prix réduit à partir de 14h30. Le complexe comprend un practice et un hôtel.

Spas

Plus d'une vingtaine de spas-salons de massage se succèdent le long de la plage de Mui Ne. Ils proposent souvent des massages du corps de mauvaise qualité (mais on ne peut guère espérer mieux pour 7 $US/heure).

Xanh Spa   SPA

(✆062-384 7440 ; www.miamuine.com ; 24 Đ Nguyen Dinh Chieu ; massage 1 heure à partir de 645 000 d). Sublime spa haut de gamme proposant toute une gamme de massages, soins du visage, soins du corps et enveloppements. Des huiles essentielles et des produits naturels sont utilisés. Un hammam a récemment été ajouté.

Song Huong Spa   SPA

(241 Đ Nguyen Dinh Chieu ; massage 1 heure à partir de 10 $US ; ⊙8h-21h). Ce spa aux tarifs économiques offre un large choix de massages, soins de beauté, hammam et Jacuzzi dans un cadre propre et bien agencé. Le personnel est professionnel et accueillant. L'établissement se trouve dans les jardins du Son Huong Hotel.

Activités nautiques

Mieux vaut prendre un premier cours de kitesurf avant de s'engager pour un stage de plusieurs jours, car ce sport difficile et extrême ne convient pas à tout le monde et vous ne serez pas toujours remboursé si vous décidez d'abandonner.

Plage de Mui Ne

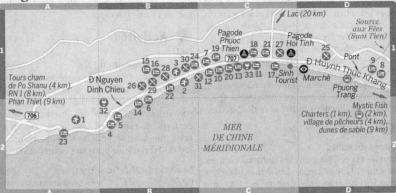

Plage de Mui Ne

🔵 Activités

Jibes.. (voir 10)
Sankara Kitesurfing Academy .....(voir 12)
1 Sealinks Golf & Country Club................ A2
Song Huong Spa...........................(voir 21)
2 Surfpoint Kiteboarding School B1
Taste of Vietnam.........................(voir 12)
3 Tropical Minigolf Mui Ne B1
Vietnam Kitesurfing Tours ....(voir 7)
Xanh Spa...(voir 14)

🛏 Où se loger

4 Allez Boo Resort......................................B2
5 Anantara Mui Ne Resort & Spa............B2
Bao Quynh Bungalow....................(voir 14)
6 Cham Villas...B2
7 Coco Sand Hotel C1
8 Duy An Guesthouse..................................D1
9 Duyen Vu Guesthouse D1
10 Full Moon Beach Hotel..........................C1
11 Hai Yen Guesthouse................................C1
12 Hiep Hoa Beachside Bungalow.............C1
Joe's Garden Resort......................(voir 10)
13 Lu Hoang Guesthouse.............................C1
14 Mia Resort..B2
Mui Ne Backpackers ....(voir 10)
15 Mui Ne Hills 1..B1
16 Mui Ne Hills 2..B1
17 Mui Ne Lodge C1

18 Rang Garden Bungalow..........................C1
19 Sea Winds Resort...................................C1
20 Shades..C1
21 Song Huong Hotel..................................C1
22 Sunsea Resort..B1
23 Victoria Phan Thiet Beach Resort.........A2
24 Villa Aria Mui Ne.....................................B1
Xin Chao .... (voir 24)

🔴 Où se restaurer

25 Com Chay Phuoc......................................D1
Lam Tong.......................................(voir 10)
Oliver's...(voir 18)
26 Peaceful Family Restaurant...................B1
27 Phat Hamburgers....................................C1
28 Rung Forest...B1
Sandals...(voir 14)
29 Shree Ganesh..B1
30 Snow..B1
31 Villa Aria Mui Ne.....................................C1

🟢 Où prendre un verre et faire la fête

32 Deja Vu...B2
DJ Station...................................... (voir 33)
Dragon Beach .... (voir 33)
33 Fun Key...C1
Joe's Café......................................(voir 10)
Sankara..(voir 12)
Wax...(voir 31)

Surfpoint Kiteboarding School KITESURF, SURF

(☎0167 342 2136 ; www.surfpoint-vietnam. com ; 52A Đ Nguyen Dinh Chieu ; cours 5 heures 250 $US équipement inclus ; ◷7h-18h). Avec ses instructeurs très compétents et son atmosphère conviviale, rien d'étonnant à ce que Surfpoint soit l'une des écoles de kitesurf les plus prisées de la ville. Un cours d'essai

de 3 heures coûte 145 $US. Des cours de surf sur des softboards sont aussi proposés (à partir de 50 $US) quand il y a assez de vagues.

Jibes KITESURF

(☎068-384 7405 ; www.windsurf-vietnam.com ; 84-90 Đ Nguyen Dinh Chieu ; ◷7h30-18h). Créée en 2000, la toute première école de kitesurf assure des cours et loue du matériel dernier cri, notamment des planches à voile, des planches de surf, des kitesurfs et des kayaks.

Sankara Kitesurfing Academy KITESURF
(☑0914 910 607 ; http://muinekiteschool.com ; 78 Đ Nguyen Dinh Chieu). Cette école est tenue par des kitesurfers chevronnés qui proposent des cours et louent le matériel. Cours à partir de 99/270 $US pour 2/5 heures.

Vietnam Kitesurfing Tours KITESURF
(☑0909 469 803 ; www.vietnamkitesurfingtours. com ; 68 Nguyen Dinh Chieu). Basé au Rach Dua Resort, ce prestataire considère que Mui Ne n'est pas le meilleur endroit pour le kitesurf, et il vous le prouvera. L'un des spots se situe dans une zone frontalière contrôlée par l'armée : vous aurez besoin d'un permis.

Mystic Fish Charters VOILE
(☑0127 287 8801 ; www.mysticfishcharters.com ; 108 Đ Huynh Thuc Khang). Offrez-vous une croisière à bord du catamaran Corsair Marine Sprint. À partir de 300 $US, mais la somme peut être partagée entre 8 personnes.

🍃 Cours

Taste of Vietnam CUISINE
(☑0916 655 241 ; www.c2skykitecenter.com/ cooking-school ; Sunshine Beach Resort, 82 Đ Nguyen Dinh Chieu ; ⊙9h-12h30). En bordure de plage, ces cours de cuisine vietnamienne ont bonne réputation. Pour 30 $US, une visite du marché est incluse. Prenez un petit-déjeuner léger car vous allez goûter quantité de mets !

🛏 Où se loger

Mui Ne se targue d'un grand choix d'hébergements, pour toutes les bourses. Beaucoup se trouvent juste en bordure de la route côtière ou à proximité, mais certains nouveaux établissements de bonne qualité ont été construits sur les collines derrière la ville. Où que vous soyez, vous ne serez pas loin de la plage.

Coco Sand Hotel PENSION $
(☑0127 364 3446 ; cocosandcatdua@yahoo.com. vn ; 119 Đ Nguyen Dinh Chieu ; ch 12-15 $US ; ❄🛜). Dans une ruelle, du côté des terres par rapport à la route principale, ces chambres simples et propres sont assez vastes et présentent un excellent rapport qualité/prix. Petit jardin avec des hamacs.

Mui Ne Backpackers PENSION $
(☑062-384 7047 ; www.muinebackpackers.com ; 88 Đ Nguyen Dinh Chieu ; dort 6-10 $US ; ch 20-60 $US ; ❄@🛜). Apprécié des jeunes voyageurs pour son ambiance chaleureuse et sa situation en bordure de plage. Les dortoirs (avec sdb et bons matelas) sont une bonne option, mais les chambres sont un peu chères et assez quelconques. Beaucoup de circuits sont proposés et vous pourrez acheter des billets pour vos prochains trajets.

Song Huong Hotel HÔTEL $
(☑062-384 7450 ; www.songhuonghotel.com ; 241 Đ Nguyen Dinh Chieu ; ch 12-20 $US ; ❄🛜). Tenu par une famille accueillante, cet hôtel éloigné de la route comporte des chambres spacieuses et lumineuses, dans une maison moderne. Petit-déjeuner inclus.

Lu Hoang Guesthouse HÔTEL $
(☑062-350 0060 ; 106 Đ Nguyen Dinh Chieu ; ch 16-22 $US ; ❄@🛜). Cette pension a été décorée avec soin et les charmants propriétaires ne ménagent pas leur peine. Toutes les chambres possèdent une sdb immaculée et plusieurs bénéficient d'une vue sur la mer et d'un balcon pour profiter de la brise.

LA BANDE CÔTIÈRE DE MUI NE

Depuis Phan Thiet jusqu'au km 8, où se trouve la splendide université de Phan Thiet, les constructions sont sporadiques. Ensuite, à l'endroit où la plage principale prend forme, on trouve plusieurs resorts, des restaurants et un terrain de golf. Du km 10 au km 12, nombre de boutiques de souvenirs et de spas portent des inscriptions en cyrillique, donnant à Mui Ne un petit air russe. Beaucoup de complexes hôteliers et restaurants de catégorie moyenne sont situés entre le km 12 et le km 14. À partir de là, les étals de produits de la mer prennent le relais avec quelques clubs de plage qui ferment tard, puis, autour du km 16, on retrouve d'autres hébergements bon marché et des bars-restaurants. Le village de Ham Tien (où s'installèrent les habitants à l'origine) commence alors, avant de laisser place à d'autres hébergements économiques vers le km 18. Admirez la vue sur la flottille de pêche de Mui Ne vers le km 20 et vous arrivez à la fin de la bande côtière.

Duy An Guesthouse PENSION $

(☎062-384 7799 ; 87A Đ Huynh Thuc Khang ; s/d 12/15 $US ; ✳@🛜). Près de l'extrémité ouest de la plage, les propriétaires sont sympathiques et parlent bien anglais. Certaines formules incluent la mise à disposition de quads, et on peut aussi louer des vélos.

Sea Winds Resort PENSION $

(☎062-384 7018 ; sea.winds.resort@gmail.com ; 139 Đ Nguyen Dinh Chieu ; ch 9-21 $US ; ✳@🛜). À l'écart de la route, toutes les chambres offrent un bon rapport qualité/prix. Sobres, elles sont équipées de la TV et donnent sur un joli petit jardin. Celles avec ventil sont très spacieuses pour ce tarif.

Hai Yen Guesthouse PENSION $

(☎062-384 7243 ; www.haiyenguesthouse. com ; 132 Đ Nguyen Dinh Chieu ; ch 17-28 $US ; ✳@🛜⛶). Bon choix de chambres, notamment celles comportant 3 lits, aménagées derrière la piscine face à la mer. Dépensez quelques dongs de plus pour une vue sur la mer.

Mui Ne Lodge PENSION $

(☎062-384 7327 ; www.muinelodge.com ; 150 Đ Nguyen Dinh Chieu ; ch 14-26 $US ; ✳@🛜). Cette pension compte 12 chambres sobres avec ventil et TV à écran plat, et un bar avec billard. Rapport qualité/prix correct.

Duyen Vu Guesthouse PENSION $

(☎062-374 3404 ; 77A Đ Huynh Thuc Khang ; ch 12 $US ; ✳@🛜). Derrière un grand restaurant, quelques chambres aux airs de bungalows donnent sur un jardin sablonneux et ombragé.

Mui Ne Hills 1 HÔTEL DE CHARME $$

(☎0908 052 350 ; www.muinehills.com ; 69 Đ Nguyen Dinh Chieu ; ch 40-55 $US ; ✳@🛜⛶). Haut perché, ce bel hôtel de style villa possède une piscine d'où l'on jouit d'un panorama fabuleux. Le rapport qualité/prix est excellent : les chambres sont bien équipées et agrémentées de détails contemporains, et les petites attentions du personnel et des propriétaires sont inestimables. Situé en haut d'une piste poussiéreuse très abrupte.

Xin Chao HÔTEL DE CHARME $$

(☎062-374 3086 ; www.xinchaohotel.com ; 129 Đ Nguyen Dinh Chieu ; ch 20-50 $US ; ✳@🛜⛶). Ce nouvel hôtel impressionnant (les propriétaires sont des kitesurfeurs) est installé bien à l'écart de la route côtière très fréquentée. L'agencement a été étudié avec soin et les chambres sont regroupées autour de la piscine, à l'arrière. Le petit salon (avec billard) et le restaurant en bord de route sont aussi des atouts.

Full Moon Beach Hotel HÔTEL $$

(☎062-384 7008 ; www.fullmoonbeach.com.vn ; 84 Đ Nguyen Dinh Chieu ; ch à partir de 56 $US ; ✳@🛜⛶). Décoration artistique pour cet hôtel que les propriétaires consciencieux ont pris soin d'améliorer systématiquement afin de faire face à la concurrence. Piscine ombragée par des bambous, chambres avec lits à baldaquin, carrelage en terre cuite et bar face à l'océan. Vous pouvez tenter de négocier une remise.

Mui Ne Hills 2 HÔTEL $$

(☎0908 052 350 ; www.muinehills.com ; 69 Đ Nguyen Dinh Chieu ; ch/ste à partir de 35/60 $US ; ✳🛜⛶). L'aménagement n'est pas aussi plaisant que dans l'établissement partenaire, plus haut de gamme. Les chambres se répartissent autour d'un espace clos ; on se sent un peu oppressé dans celles du rez-de-chaussée. Cependant, vu la qualité des meubles, la belle déco moderne et le délicieux petit-déjeuner, le rapport qualité/prix reste bon. À environ 300 m au nord de l'axe principal, via une route incroyablement escarpée.

Rang Garden Bungalow HÔTEL $$

(☎062-374 3638 ; 233A Đ Nguyen Dinh Chieu ; ch 20-40 $US ; ✳@🛜⛶). Propose des chambres distribuées dans des villas autour d'une vaste piscine. Les plus chères sont plus spacieuses et agrémentées de détails plaisants, et il y a un petit restaurant à l'avant.

Bao Quynh Bungalow HÔTEL $$

(☎062-374 1007 ; www.baoquynh.com ; 26 Đ Nguyen Dinh Chieu ; ch 49-149 $US ; ✳@🛜⛶). Ce beau resort, doté d'un ravissant jardin, loue des chambres correctes et des bungalows spacieux, mais la décoration mériterait un effort et les matelas sont très fermes. Toutefois, le personnel est accueillant et l'ensemble est situé sur un beau tronçon de plage.

Joe's Garden Resort HÔTEL $$

(☎062-384 7177 ; www.joescafegardenresort. com ; 86 Đ Nguyen Dinh Chieu ; ch 18-58 $US ; ✳@🛜). Les cabanes en bambou et les chambres sont agrémentées de belles touches décoratives. Elles sont disséminées autour d'une parcelle verdoyante, à l'arrière du Joe's Cafe, un bar-restaurant animé. Petit-déjeuner inclus.

Hiep Hoa Beachside Bungalow HÔTEL $$
([☎]062-384 7262 ; www.muinebeach.net/hiephoa ;
80 Đ Nguyen Dinh Chieu ; ch avec ventil/clim à partir
de 20/30 $US ; [✳][@][🔊][🏊]). La décoration de
cet hôtel familial est un peu désuète, mais
l'établissement est plus confortable que
les pensions les moins chères. Toutes les
chambres possèdent une véranda face au
jardin central.

♥ **Mia Resort** HÔTEL DE CHARME $$$
([☎]062-384 7440 ; www.miamuine.com ; 24 Đ Nguyen
Dinh Chieu ; ch 90 $US, bungalows 130-190 $US ;
[✳][@][🔊][🏊]). Parcours sans faute pour cet
hôtel raffiné au bord de la plage. Chambres
sublimes avec meubles de créateurs, dans un
beau jardin tropical, magnifique piscine face à
l'océan, flanquée de l'excellent Sandals Restaurant, et personnel sympathique et efficace.
Autant d'atouts qui manquent à beaucoup
d'établissements de la même catégorie.

♥ **Cham Villas** HÔTEL DE CHARME $$$
([☎]062-374 1234 ; www.chamvillas.com ; 32 Đ
Nguyen Dinh Chieu ; ch 150-185 $US ; [@][🔊][🏊]).
Bien espacées les unes des autres dans un
jardin épatant, les jolies villas de cet hôtel de
luxe sont idéales pour se détendre complète-
ment. La piscine paisible et en partie
ombragée est particulièrement plaisante
le matin, quand le chant des oiseaux flotte
dans l'air et que la lumière fait scintiller l'eau.
Réservez bien à l'avance en période de pointe.

Allez Boo Resort COMPLEXE HÔTELIER $$$
([☎]062-374 1081 ; www.allezbooresort.com ; 8 Đ
Nguyen Dinh Chieu ; ch 80-410 $US ; [@][🔊][🏊]).
Les bâtiments de style colonial français
confèrent beaucoup d'élégance à cette
superbe adresse. Les immenses jardins
descendent jusqu'à la plage, où vous découvrirez une piscine et un grand Jacuzzi
(ombragé).

Sunsea Resort HÔTEL DE CHARME $$$
([☎]062-384 7700 ; www.sunsearesort-muine.
com ; 50 Đ Nguyen Dinh Chieu ; ch 74-135 $US ;
[✳][@][🔊][🏊]). L'un des plus beaux hôtels de
Mui Ne, grâce à un superbe mariage entre
matériaux naturels (chaume, laques et bois
de rose) et design moderne. Les chambres
les moins chères ouvrent sur une autre
piscine ombragée et sur le jardin. Le chic
Sukothai Restaurant est réputé pour sa
cuisine thaïlandaise.

Villa Aria Mui Ne HÔTEL DE CHARME $$$
([☎]062-374 1660 ; www.villaariamuine.com ; 60A
Đ Nguyen Dinh Chieu ; ch 110-180 $US ; [✳][🔊][🏊]).

Nouvel hôtel branché et ravissant, avec des
chambres chics installées des deux côtés
d'un magnifique jardin, et une belle piscine
côté océan. Le restaurant, idéal pour le
petit-déjeuner, est situé à proximité de l'animation. Réservez en ligne pour profiter de
remises fréquentes (moins de 100 $US la
chambre).

**Anantara Mui Ne Resort
& Spa** COMPLEXE HÔTELIER $$$
([☎]062-374 1888 ; http://mui-ne.anantara.com ;
12A Đ Nguyen Dinh Chieu ; ch/villa à partir de
108/220 $US ; [✳][@][🔊][🏊]). Jadis appelé L'An-
mien, ce complexe offre un hébergement
des plus luxueux : certaines villas s'enor-
gueillissent d'une piscine privée et même
les chambres les moins chères disposent de
belles finitions et d'immenses balcons.

**Victoria Phan Thiet Beach
Resort** COMPLEXE HÔTELIER $$$
([☎]062-381 3000 ; www.victoriahotels-asia.com ;
Km 9 ; ch 170-460 $US ; [✳][@][🔊][🏊]). Le tout
premier complexe à s'installer à Mui Ne
est une bonne adresse. Les bungalows,
aménagés d'un seul tenant, sont pourvus d'immenses sdb avec une profonde
baignoire et des douches extérieures de style
balinais. Bonne étendue de plage et deux
piscines.

Shades APPARTEMENTS $$$
([☎]062-374 3236 ; www.shadesmuine.com ;
98A Đ Nguyen Dinh Chieu ; appart 80-170 $US ;
[✳][@][🔊][🏊]). Beau design contemporain pour
ces luxueux appartements et studios avec
cuisines ouvertes. Certains bénéficient de la
vue sur la mer. Petit-déjeuner inclus.

🍴 Où se restaurer

Mui Ne se targue d'un incroyable choix
de restaurants, adaptés pour la plupart
aux goûts cosmopolites des visiteurs, avec
notamment des établissements russes,
italiens, thaïlandais et indiens. Le plus diffi-
cile, parfois, est de trouver de la cuisine
locale authentique.

La rumeur a couru pendant des années,
mais cette fois c'est sûr : quasiment toutes
les baraques du front de mer, célèbres
mais construites illégalement et connues
sous le nom de "restaurants de Bo Ke", ont
été détruites par la police en 2013. Si vous
souhaitez vraiment manger des fruits de
mer au bord de la plage, la bourgade voisine
de Phan Thiet possède nombre de bonnes
adresses.

LITTORAL DU SUD-EST MUI NE

Pour une autre expérience authentique, essayez les **restaurants spécialisés dans la viande de chèvre** de Ham Tien, aux environs du km 18. Optez pour la chèvre grillée ou la fondue de chèvre aux herbes.

Mui Ne est une station balnéaire haut de gamme plutôt qu'un repaire de routards, et par conséquent, c'est l'un des endroits les plus chers du Vietnam pour se restaurer.

♥ Com Chay Phuoc VÉGÉTARIEN **$**
(15B Đ Huynh Thuc Khang; repas 20 000 d; ⊙7h-21h; 🖉). Ce petit restaurant végétarien exceptionnel, en bord de route, est tenu par Di, un propriétaire toujours prêt à aider, qui parle anglais. Il n'y a pas de menu, mais 4 ou 5 plats vietnamiens fraîchement concoctés sont proposés chaque jour (avec parfois de la musique traditionnelle indienne en fond sonore). Vous mangerez sur des tables en bambou, dans un cadre très propre. Juste en face de la petite tour Eiffel du complexe Little Paris, à l'extrémité est de la plage.

Phat Hamburgers INTERNATIONAL **$**
(253 Đ Nguyen Dinh Chieu; hamburgers 55 000-95 000 d; ⊙11h-21h30; 🖥). En bord de route, cet établissement est le royaume des hamburgers, des plus gastronomiques aux plus classiques, accompagnés de frites délicieuses. Assortissez votre plat d'un milk-shake (mention spéciale à la version chocolat et menthe).

Lam Tong VIETNAMIEN, FRUITS DE MER **$**
(92 Đ Nguyen Dinh Chieu; plats 28 000-115 000 d; ⊙11h30-21h30). Vous serez installé sous un toit rouillé et le personnel est parfois bourru voire impoli, mais ce restaurant au bord de la plage sert de bons produits de la mer, des classiques vietnamiens et quelques plats végétariens.

Peaceful Family Restaurant VIETNAMIEN **$**
(Yen Gia Quan; 53 Đ Nguyen Dinh Chieu; plats 30 000-70 000 d; ⊙7h-21h30). Une table familiale ouverte de longue date, où l'on savoure une cuisine vietnamienne traditionnelle servie sous un toit de chaume. Les prix sont raisonnables, et le service est efficace et sympathique.

♥ Sandals INTERNATIONAL **$$**
(24 Đ Nguyen Dinh Chieu, Mia Resort; repas 90 000-350 000 d; ⊙7h-22h; 🖥). Ce remarquable hôtel-restaurant est la plus belle adresse de la ville. Il est particulièrement romantique le soir, quand les tables sont disposées autour de la piscine, sur le rivage, et dans les élégantes salles à manger. Le personnel est bien informé, attentionné et accueillant. Le menu est fabuleux, des pâtes au *laksa* malais, et tout est parfaitement concocté et présenté. Perdez-vous dans la carte des vins, ou choisissez un jus de fruits frais.

Shree Ganesh INDIEN **$$**
(57 Đ Nguyen Dinh Chieu; plats 52 000-160 000 d; ⊙11h30-22h; 🖥🖉). Cet excellent restaurant indien, très authentique, propose un large éventail de plats, dont beaucoup d'options végétariennes (comme le copieux *thali*). Le naan à l'ail est divin.

Rung Forest VIETNAMIEN **$$**
(65AĐ Nguyen Dinh Chieu; plats 70 000-200 000 d; ⊙17h-22h). Un bâtiment fascinant : les tables sont camouflées et séparées de la route par une sorte de forêt, et de nombreux masques, statues et œuvres d'art tribal décorent l'établissement. Le menu annonce de bons ragoûts préparés dans des plats en argile, des fondues, beaucoup de produits de la mer et quelques mets occidentaux.

Villa Aria Mui Ne INTERNATIONAL **$$**
(Plats 85 000-180 000 d; ⊙7h-21h30; 🖥). Un hôtel-restaurant joliment conçu, avec des tables installées sur une terrasse au bord du rivage et un menu comportant des salades (à partir de 75 000 d), des soupes, des pâtes et des nouilles. Bon choix de cocktails.

Oliver's ITALIEN **$$**
(📞062-374 3272; 229C Đ Nguyen Dinh Chieu; plats 50 000-165 000 d; ⊙10h-23h; 🖥). Les pizzas fines et croustillantes et les pâtes fraîches font le succès de ce restaurant (ex-La Taverna). La longue carte propose également des plats vietnamiens, des fruits de mer et du vin italien.

Snow FUSION **$$**
(📞062-374 3123; 109 Đ Nguyen Dinh Chieu; plats 50 000-250 000 d; ⊙12h-22h; 🖥🖥). Le Snow est l'un des rares restaurants climatisés de Mui Ne. On peut y déguster des sushis et sashimis ou des plats russes, internationaux et vietnamiens. Plus tard en soirée, l'endroit se transforme en bar à cocktails.

🍸 Où prendre un verre

Mui Ne, repaire de véliplanchistes et de kitesurfeurs, ne serait pas digne de sa réputation sans sa kyrielle de bars de plage.

Joe's Café BAR

(www.joescafegardenresort.com ; 86 Đ Nguyen Dinh Chieu ; ⊙7h-1h ; 🛜). L'adresse phare de Mui Ne pour la musique live (tous les soirs à 19h30) comporte un bar convivial, des tables sous les arbres, beaucoup de boissons spéciales, un vaste choix de nourriture et un billard. La clientèle est légèrement plus âgée qu'ailleurs.

Fun Key BAR

(124 Đ Nguyen Dinh Chieu ; ⊙10h-1h ; 🛜). Avec son ambiance un peu bobo, ce bar est apprécié des voyageurs à petits budgets. Pour ne rien gâcher, l'établissement surplombe l'océan et pratique souvent des tarifs réduits sur les boissons.

Dragon Beach BAR, CLUB

(120-121 Đ Nguyen Dinh Chieu ; ⊙8h-2h). Avec un superbe emplacement sur le front de mer, qui permet de profiter de la brise marine, ce club possède la piste de danse la plus animée de la ville. Des DJ locaux et occidentaux mixent de la house, de la techno et du drum 'n' bass. Pour vous détendre, optez pour la terrasse pourvue de coussins, sur le côté. *Happy hours* de 20h à 22h.

Wax BAR

(68 Đ Nguyen Dinh Chieu ; ⊙12h-tard ; 🛜). Un bar de plage bien établi, avec *happy hours* jusqu'à minuit, heure à laquelle un grand feu est allumé sur la plage. Également des spectacles de feu tous les soirs vers 23h. On peut y danser et s'installer sur la plage.

Sankara BAR, DISCOTHÈQUE

(www.sankaravietnam.com ; 78 Đ Nguyen Dinh Chieu ; ⊙11h-1h ; 🛜). Cet élégant bar de plage, constitué de petits pavillons, de divans et d'une piscine propose un menu international. Malgré son aspect clinquant, le Sankara manque un peu de cachet et ses tarifs sont très élevés.

DJ Station BAR, DISCOTHÈQUE

(120C Đ Nguyen Dinh Chieu ; ⊙17h-tard ; 🛜). L'un des clubs les plus populaires de Mui Ne, avec un DJ à demeure, des remises sur les boissons et... des danseuses sexy certains soirs. Très prisé des Russes branchés. *Happy hours* de 19h à 23h.

Deja Vu BAR

(21 Đ Nguyen Dinh Chieu ; ⊙12h-1h ; 🛜). Un bar-lounge branché situé à l'extrémité de la rue, du côté de Phan Thiet, proposant chichas, cocktails et un menu international.

🛈 Renseignements

Géré par Adam Bray, un spécialiste de la région, le site Internet www.muinebeach.net est une excellente source d'informations, même si les listings pourraient être mis à jour plus souvent.

La plupart des hôtels et des complexes hôteliers, ainsi que de nombreux restaurants et cafés, proposent un accès Internet et Wi-Fi. Vous trouverez plusieurs DAB le long de la plage principale.

Poste principale (348 Đ Huynh Thuc Khang ; ⊙7h-17h). Dans le village de Mui Ne.

Sinh Tourist (www.thesinhtourist.vn ; 144 Đ Nguyen Dinh Chieu). Dans ce complexe de Mui Ne, on peut réserver des bus "open tour", des excursions dans les environs de Mui Ne et obtenir des avances d'espèces sur présentation d'une carte de crédit.

🛈 Depuis/vers Mui Ne

Mui Ne, longtemps isolée, est aujourd'hui reliée au nord et au sud à la RN 1. Cette jolie route longe des plages désertes, des dunes géantes et un superbe lac encerclé de nénuphars.

BUS

Les bus "open-tour" constituent la meilleure option pour gagner Mui Ne car la plupart des bus publics ne desservent que Phan Thiet. Plusieurs compagnies proposent un service quotidien vers/depuis HCMV (120 000-149 000 d, 6 heures), Nha Trang (120 000 d, 5 heures) et Dalat (110 000 d, 4 heures).

Les bus de nuit "open-tour" avec couchettes coûtent généralement plus cher. Quelques destinations desservies par Sinh Tourist : HCMV (209 000 d), Nha Trang (209 000 d), Hoi An (378 000 d) et Hue (477 000 d).

Phuong Trang (www.futabuslines.com.vn ; 97 Đ Nguyen Dinh Chieu) assure chaque jour 4-5 bus confortables entre Mui Ne et HCMV (135 000 d).

Des bus locaux (9 000 d, 45 min, toutes les 15 min) relient la gare routière de Phan Thiet à Mui Ne. Ils partent du Coopmart, à l'angle de Đ Nguyen Tat Thanh et de Đ Tran Hung Dao.

MOTO

Easy Riders est présent à Mui Ne, même s'il n'y a pas autant de motards qu'à Dalat ou Nha Trang. Ces trois destinations forment l'un des meilleurs trajets à faire à moto : les routes de montagne de Mui Ne à Dalat, puis en direction de Nha Trang, sont parmi les plus spectaculaires du Sud.

Une course en *xe om* de Phan Thiet à Mui Ne revient à environ 75 000 d.

VOITURE

Louer une voiture pour se rendre à HCMV (5-6 heures) coûte environ 110 $US.

LITTORAL DU SUD-EST MONT TAKOU

BAGARRES ET DÉBOIRES À MUI NE

Des bagarres éclatent de temps à autre, en partie à cause des boissons extrêmement bon marché proposées dans les bars de Mui Ne. Restez à l'écart, en particulier si des Vietnamiens sont impliqués : vous ne savez pas qui ils sont, s'ils sont accompagnés, ni ce qu'ils peuvent avoir dans les poches.

De nombreuses agences de location jalonnent la bande côtière. **Saigon 2 Mui Ne** (✆ 0126 552 0065 ; www.saigon2muine.com) est réputé pour sa fiabilité ; sur son site Web, un forum permet de trouver des gens avec qui faire du covoiturage.

Si vous avez un peu plus de temps, vous pourrez louer une voiture pour parcourir la belle route côtière jusqu'à Vung Tau, en vous arrêtant au phare de Ke Ga. Le trajet aller (5-6 heures en roulant tranquillement) coûte 100 $US. Vous pourrez ensuite prendre l'hydrofoil à Vung Tau pour gagner directement le centre de HCMV. C'est une façon beaucoup plus reposante de se rendre dans le centre de HCMV, car on évite la circulation chaotique de la RN 1.

❶ Comment circuler

TAXI

Mui Ne est tellement étendu qu'il est difficile de s'y déplacer à pied. De nombreux chauffeurs de *xe om* font la navette d'un point à l'autre de la bande côtière (20 000-40 000 d).

L'agence **Mai Linh** (✆ 062-389 8989) propose un service de taxi (au kilomètre). Mieux vaut réserver pour le soir ou demander de l'aide au restaurant ou au bar.

VOITURE ET MOTO

À Mui Ne, la police locale arrête régulièrement des touristes à moto dont les papiers ne sont pas en règle, et les amendes pleuvent. Toutefois, des dizaines de visiteurs continuent de louer des scooters, moyennant environ 120 000 d par jour.

Ce secteur n'est pas très peuplé et ne se situe pas sur la principale route nationale, mais les véhicules roulent très vite sur la bande côtière. Soyez prudent.

Phan Thiet

✆ 062 / 179 000 HABITANTS

Auparavant, Phan Thiet était une ville balnéaire en plein essor, mais, de toute évidence, le succès de Mui Ne lui a fait de l'ombre. Traditionnellement, ce port vit de la pêche et produit un nuoc-mam très réputé ; la production varie entre 16 et 17 millions de litres par an. Pendant la période coloniale, les Européens vivaient repliés sur eux-mêmes sur la rive nord de la Phan Thiet, tandis que Viêts, Chams, Chinois, Malais et Indonésiens en occupaient la rive sud.

La rivière qui coule dans le centre-ville forme un petit **port de pêche**, constamment bondé de bateaux peints de couleurs vives. Pour rejoindre le **front de mer** depuis Đ Tran Hung Dao (RN 1), tournez dans Đ Nguyen Tat Thanh – la route située en face du **monument à la Victoire**. Il s'agit d'une tour en béton en forme de flèche, ornée à sa base de statues de valeureux patriotes.

Phan Thiet possède plusieurs excellents **restaurants de fruits de mer** en retrait de la promenade du front de mer, comme le **Song Bien** (✆ 062-382 9868 ; 162 Le Loi ; repas 70 000-200 000 d ; ⏰11h-21h ; ☎).

❶ Depuis/vers Phan Thiet

La **gare routière de Phan Thiet** (✆ 062-382 1361 ; Đ Tu Van Tu) est située dans les faubourgs nord de la ville. La gare ferroviaire la plus proche de Phan Thiet se trouve à 12 km à l'ouest de la ville, à Muong Man, une petite localité poussiéreuse.

Mont Takou

✆ 062

La plupart des gens viennent au mont Takou pour voir le **bouddha blanc couché** (Tuong Phat Nam), long de 49 m, qui est le plus grand de ce type dans le pays. La pagode, édifiée en 1861 sous la dynastie des Nguyen, est devenue un important lieu de pèlerinage bouddhiste ; la statue y a été installée en 1972. Les fidèles peuvent passer la nuit dans le dortoir de la pagode. Les étrangers ne sont autorisés à le faire qu'avec la permission de la police, mais le **Thien Thay Hotel** (✆ 062-386 7484 ; ch 280 000 d ; ✳) loue des chambres rudimentaires au sommet de la montagne.

Le mont Takou surplombe la RN 1, à 28 km de Phan Thiet. De la route nationale, choisissez entre une belle randonnée de 2 heures (15 000 d), un trajet de 10 minutes en funiculaire (85 000 d aller-retour) ou une marche courte mais raide.

LA PÊCHE AUX LÉZARDS

Quand on parle de pêche en montagne, on pense à la truite de rivière ou à la perche de lac, mais il existe un loisir d'un tout autre genre : la pêche au lézard ! Celle-ci se pratique dans les collines arides en retrait de la côte, notamment autour de Ca Na, Phan Rang, Phan Tiet et Mui Ne.

Ces lézards, appelés *than lan nui*, appartiennent à la famille des geckos et sont comestibles. Traditionnellement, on les attrape en fixant un crochet au bout d'une longue canne en bambou. On laisse pendre un appât du haut d'un rocher jusqu'à ce que ces petits reptiles montrent le bout de leur nez.

Dans les restaurants, ils sont servis grillés, rôtis, frits, ou encore réduits en une sorte de pâté (os compris) où l'on trempe des galettes de riz.

De Phan Thiet à Long Hai
🎧 064

Une belle route longe la côte entre Phan Thiet et Long Hai. Les paysages sont fantastiques et il y a peu de circulation. Quelques projets de développement touristique sont en cours, mais pour l'instant, la majeure partie du littoral présente un fascinant mélange de dunes géantes, de villages de pêcheurs, de plages presque désertes et de panoramas grand angle sur l'océan. La région se prête à une fantastique excursion d'une journée depuis Vung Tau ou Long Hai, ou à une belle balade sur une route magnifique. Le site le plus remarquable est le majestueux phare de Ke Ga.

Les transports publics étant très rares, il faut se déplacer en moto ou en voiture. Les voyageurs avisés empruntent désormais cette route pour échapper à la cauchemardesque RN 1 ; ils prennent ensuite l'hydrofoil de Vung Tau à HCMV.

Juste au sud de Phan Thiet, la première partie de la route est superbe, avec le rivage ourlé de casuarinas et l'océan côté est, tandis que l'intérieur des terres est dominé par les dunes de sable couleur rouille.

Phare de Ke Ga

À environ 30 km au sud de Phan Thiet, le spectaculaire **phare de Ke Ga** (20 000 d ;

⊙ 7h-16h30) date de l'époque française. Construit en 1899, il se dresse sur un îlot rocheux à quelque 300 m du rivage, surplombant l'océan du haut de ses 40 m. La traversée peut se faire à la nage (ou même à pied) quand la marée est basse, mais la plupart des visiteurs louent un bateau (250 000 d aller-retour). Un escalier en colimaçon permet de gagner le sommet du phare, d'où vous profiterez d'un panorama mémorable sur l'océan et les collines de l'intérieur des terres.

De Ke Ga à Ho Coc

De Ke Ga, la route côtière se dirige vers le sud-ouest, longeant des champs de fruits du dragon (la principale culture) ; elle atteint **La Gi** après 22 km. Il n'y a aucune raison de s'éterniser à La Gi, une ville de marché isolée, mais des bus en partent toutes les heures (37 000 d, 2 heures) à destination de Long Hai.

Au sud-ouest de La Gi, la route côtière continue de serpenter le long du rivage, d'immenses dunes se dressant du côté des terres. Des tronçons de littoral quasiment vierges ont été découpés en parcelles : les complexes hôteliers et le tourisme de masse feront bientôt partie du paysage, mais vous trouverez facilement un coin de plage pour un petit plongeon revigorant. À environ 7 km au nord de Ho Coc s'étend une section particulièrement belle : n'hésitez pas à explorer la route déserte (pour l'instant) qui embrasse la côte sauvage.

Plage de Ho Coc

Avec son sable doré, ses dunes ondulantes et ses eaux cristallines, cette plage invite à une agréable pause. L'énorme **Saigon-Ho Coc Beach Resort** (🎧 064-387 8175 ; ch 800 000-3 500 000 d ; ✳@🛜≋), qui vise une clientèle locale, a investi une bonne partie du littoral, mais en semaine le site est très paisible et vous devriez avoir la plage pour vous seul ou presque.

À environ 300 m de la plage à l'intérieur des terres, l'**Hotel Ven Ven** (🎧 064-379 1121 ; http://venvenhotel.com ; ch 600 000-1 000 000 d ; ✳@🛜), très raffiné, loue des chambres élégantes et bien agencées, dans des jardins luxuriants. Le restaurant, bon mais assez cher, fait la part belle aux produits de la mer (repas à partir de 60 000 d), avec notamment un excellent curry de poisson.

Plage de Ho Tram

Au sud de Ho Coc, la route côtière se transforme soudain en route nationale à quatre voies, ce qui a pour but de faciliter l'accès au gigantesque **Grand Ho Tram Strip**, un complexe comportant un casino, des restaurants et des magasins. Véritable tache de béton dans le paysage, cette propriété isolée semble tout droit sortie de Las Vegas. C'est le groupe MGM qui l'a construite à l'origine, mais le projet a été abandonné après plusieurs années de péripéties. Un entrepreneur local a alors pris les rênes du complexe et relancé l'activité en juillet 2013.

Exception faite du casino, Ho Tram consiste en un minuscule village de pêcheurs, un marché en plein air un peu fouillis, une belle plage (malheureusement la partie centrale est jonchée de détritus) et quelques hébergements.

🛏 Où se loger et se restaurer

Les villageois font griller, frire et cuire à la vapeur de délicieux fruits de mer, directement sur la plage de Ho Tram. Ne manquez pas les succulentes moules ou palourdes à la vapeur, accompagnées d'une sauce cacahuètes, cébette, citron vert et piment ; une portion de 6 coquillages coûte environ 30 000 d.

Hoa Bien Motel HÔTEL **$**
(☑064-378 2279 ; http://nhanghihoabien.com ; ch 350 000-600 000 d ; 🌐🖨📶). Une excellente affaire : dans ce petit hôtel, à 100 m de la plage, les chambres spacieuses sont bien agencées et dotées de sdb et d'équipements modernes. Les propriétaires sont efficaces et se débrouillent bien en anglais.

Ho Tram Beach Resort
& Spa HÔTEL DE CHARME **$$$**
(☑064-378 1525 ; www.hotramresort.com ; ch/ bungalow à partir de 80/130 $US ; 🌐@📶📶). Ce complexe, joliment paysagé, est parsemé d'élégants bungalows hauts de plafond, dont l'architecture est un mélange entre les styles de Hoi An et de Bali. Décoration raffinée et sdb extérieures. Il y a aussi un spa, une piscine d'eau de mer à débordement et un restaurant en plein air ouvert aux non-résidents.

Sanctuary COMPLEXE HÔTELIER DE LUXE **$$$**
(☑064-78 1631 ; www.sanctuary.com.vn ; villas 565-999 $US ; 🌐@📶📶). Assemblage de villas ultra-modernes, le Sanctuary accueille ceux qui sont désireux de se faire vraiment plaisir. Les villas de trois chambres disposent de cuisine américaine, piscine privative, et TV à écran plat. Aucun détail n'est négligé, mais cette luxueuse expérience se paie au prix fort.

Long Hai

☑064

Si Vung Tau vous semble trop clinquante, continuez jusqu'à Long Hai, une petite localité balnéaire moins développée à 2 heures de route de HCMV. Cette bourgade de pêcheurs, désormais à 15 km au nord-est de Vung Tau grâce à un grand pont, possède une belle plage de sable blanc, et la région bénéficie d'un microclimat, moins pluvieux qu'ailleurs dans le Sud. Cela incita Bao Dai, le dernier empereur du Vietnam, à y construire une résidence secondaire (l'actuel Anoasis Beach Resort).

Paisible localité en semaine, Long Hai perd son charme le week-end, quand affluent les touristes vietnamiens. La plupart des complexes hôteliers se situent au nord-est de la ville, sur la route menant à Ho Tram.

👁 À voir et à faire

Des bateaux de pêche mouillent dans la partie occidentale de la plage, dont la propreté laisse à désirer. En revanche, avec son sable blanc et ses palmiers, la partie orientale est agréable. Continuez vers l'est pour trouver des plages plus jolies encore.

Après la fête du Têt, Long Hai accueille chaque année un grand **pèlerinage de pêcheurs**, qui viennent par centaines en bateau prier au **temple Mo Co**.

🛏 Où se loger

Thuy Lan Guesthouse PENSION **$**
(☑064-366 3567 ; RN 19 ; ch 250 000-450 000 d ; 🌐@📶). À environ 150 m de la plage, cette petite pension renferme des chambres lumineuses et spacieuses, avec sdb modernes et matelas fermes ; certaines ont un balcon. Le personnel parle un peu anglais.

Anoasis Beach Resort COMPLEXE HÔTELIER **$$$**
(☑064-386 8227 ; www.anoasisresort.com.vn ; route provinciale 44 ; ch à partir de 80-320 $US ; 🌐@📶📶). L'ancienne résidence de l'empereur Bao Dai est pleine de charme : les bungalows, cottages et villas (dont certaines avec piscine privative) sont installés dans un fabuleux jardin face à une plage privée.

Le service est correct, même si le personnel parle peu anglais. Également un spa somptueux et des courts de tennis.

✕ Où se restaurer

Près de la Military Guesthouse 298, en bord de plage, plusieurs gargotes au toit de chaume, appelées **Can Tin 1** (plats autour de 30 000-100 000 d ; ☺ 7h-21h), **2**, **3** et **4** (mêmes tarifs et horaires d'ouverture partout) servent une bonne cuisine vietnamienne, notamment des fruits de mer.

❶ Depuis/vers Long Hai

Long Hai se situe à environ 3 heures en voiture de HCMV. Le trajet combinant hydrofoil et route en passant par Vung Tau est plus reposant. De Vung Tau à Long Hai (15 km), comptez environ 100 000 d en *xe om* ou 220 000 d en taxi équipé d'un compteur.

Depuis Mui Ne, empruntez la route côtière 55, pittoresque et moins fréquentée, qui longe une série de superbes plages et le phare Ke Ga. La circulation y est fluide.

Vung Tau

☑ 064 / 212 000 HABITANTS

Escapade appréciée des habitants de HCMV, Vung Tau est particulièrement animée le week-end, quand les expatriés et les citadins avides de plage arrivent en masse, mais un calme relatif y règne pendant la semaine. La cité jouit d'un emplacement spectaculaire sur une péninsule, avec l'océan sur trois côtés, tandis que la lumière et l'air marin sont bienvenus après la chaleur suffocante de HCMV.

L'or noir étant une ressource très importante ici, l'horizon est souvent ponctué de pétroliers et les pétrodollars dominent l'économie, ce qui fait considérablement grimper les prix.

Vung Tau est une ville remarquablement policée, avec de larges boulevards et d'imposants bâtiments datant de l'époque coloniale, mais on y trouve aussi beaucoup de bars un peu délabrés, convenant aux goûts (et aux portefeuilles) des militaires australiens à la retraite, des expatriés russes et des travailleurs du secteur pétrolier.

Dans le passé, peu de visiteurs se donnaient la peine de visiter la ville, mais de nouvelles liaisons ont rendu Vung Tau plus visible sur la carte. De HCMV, les liaisons en hydrofoil sont désormais excellentes, et la nouvelle route côtière menant à Mui Ne via Ho Trang offre une alternative tentante, hors des sentiers battus.

◉ À voir

Bienvenue à "Rio du Vietnam", où des pics boisés dominent une baie turquoise. Il y a même un Christ géant, mais les plages de Vung Tau n'ont pas grand-chose à voir avec Copacabana.

Musée des Armes du monde   MUSÉE
(http://worldwidearmsmuseum.wordpress.com ; 14 Đ Hai Dong ; 100 000 d ; ☺ 9h-17h). Ce superbe musée est une incroyable pépite, complètement inattendue dans les petites rues de Vung Tau, et ce, même si vous n'êtes pas féru d'armes. La collection d'uniformes militaires et d'armes provenant des quatre coins de la planète est fascinante : noblesse samouraï, croisés en cotte de mailles, légionnaires romains, garde royale montée et guerriers africains vêtus de peaux de léopard sont présentés aux côtés de dizaines de vieux pistolets, mousquets, épées et casques. L'ensemble est exposé de façon moderne, avec des commentaires traduits en anglais.

Il y a aussi un refuge privé où des gibbons et des singes sauvés des mains des trafiquants sont soignés dans de vastes enclos. Il ne s'agit pas d'un zoo mais d'une passion personnelle du propriétaire du musée, qui se charge de la réhabilitation de ces mammifères.

Christ géant   MONUMENT
(Parking 2000 d ; ☺ 7h30-11h30 et 13h30-17h). GRATUIT   Au sommet de Nui Nho, un Christ géant, les bras grands ouverts, bénit la mer de Chine méridionale. Cette statue du Christ est la plus grande du monde : haute de 32 m, elle dépasse de 6 m le célèbre Christ de Rio de Janeiro. On peut monter jusqu'aux bras pour une vue panoramique.

Quelque 900 marches serpentent jusqu'au sommet de la montagne, comme menant au paradis, mais si vous trouvez un habitant qui connaît le chemin, il est possible de s'y rendre à moto par une route accidentée. Celle-ci part de Hem 220, en retrait de Đ Phan Chu Trinh.

Phare   PHARE
(Parking 2000 d ; ☺ 7h-17h). GRATUIT   Construit par les Français en 1910, ce phare offre une vue spectaculaire sur Vung Tau. De l'embarcadère de Cau Da, dans Đ Ha Long, tournez à droite dans la petite rue au nord du Hai Au Hotel, qui grimpe à flanc de colline. Même si

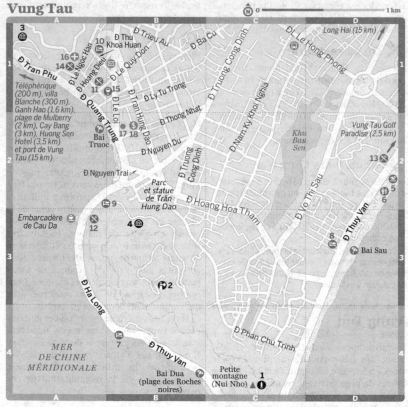

LITTORAL DU SUD-EST VUNG TAU

le Christ géant et le phare semblent proches, il est impossible d'aller directement de l'un à l'autre à pied ou en voiture car une base militaire est installée sur les collines.

Villa Blanche
MUSÉE

(Bach Dinh ; Ð Tran Phu ; 15 000 d ; ⏱7h-16h). Paul Doumer, alors gouverneur général de l'Indochine (et par la suite président de la République française) avait l'habitude de passer ses week-ends dans cette somptueuse demeure coloniale, dotée de vastes jardins et d'un intérieur étonnamment vide (hormis quelques meubles étranges et des poteries Ming provenant de bateaux naufragés au large).La résidence se situe à 30 m de la route, au bout d'une petite rue sinueuse.

Canons français
SITE MILITAIRE

GRATUIT Plus loin dans Tran Phu, au-delà de Bai Dau, une jolie route serpente à flanc de colline jusqu'à d'anciens canons français. Au nombre de six, ces imposantes pièces

d'artillerie et leurs tranchées témoignent de l'importance stratégique que revêtait Cap Saint-Jacques pour les autorités coloniales, qui, de là, surveillaient les eaux menant à Saigon. Cherchez Hem 444 dans le village de pêcheurs, à environ 8 km de Vung Tau, et prenez un petit sentier à droite.

🏃 Activités

Vung Tau n'est pas un haut lieu des sports nautiques, mais quand la météo y met du sien, certains habitants pratiquent le surf et le kitesurf.

Vung Tau Golf Paradise
GOLF

(☎064-385 9697 ; www.golfparadise.com.vn). Du côté est de la péninsule de Vung Tau, ce parcours de 27 trous est assez difficile, car de gros arbres bordent les fairways.

Surf Station
SURF, PLANCHE À VOILE

(☎064-526 101 ; www.vungtausurf.com ; 8 Ð Thuy Van). Basé au Vung Tau Beach Club, Surf

Vung Tau

Station loue des planches et propose des cours de kitesurf et de surf.

Piscines Seagull et Dolphin NATATION
(Đ Thuy Ban, Back Beach). Ces piscines font quasiment face à l'Imperial Plaza. Dans les deux cas, comptez 50 000 d la journée.

🛏 Où se loger

Le week-end et les jours fériés, les nombreux hôtels de Vung Tau affichent rapidement complet, aussi vaut-il mieux réserver. La plupart des voyageurs préfèrent séjourner sur la "plage de devant" (Bai Truoc) où se trouvent les restaurants et les bars ; à l'inverse, les Vietnamiens ont tendance à loger sur la "plage de derrière" (Bai Sau).

Son Ha Hotel HÔTEL $
(☎064-385 2356 ; 17AĐ Thu Khoa Huan ; ch 18 $US ; ❋@🛜). Cet hôtel familial offrant un accueil chaleureux est l'un des rares établissements bon marché de Bai Truoc. Les chambres, en bon état, disposent de TV sat et d'un réfrigérateur.

Lua Hong Motel HÔTEL $
(☎064-381 8992 ; 137 Đ Thuy Van ; ch 300 000-380 000 d ; ❋@🛜). Pour une vision plus vietnamienne de Vung Tau, ce "motel" est légèrement mieux décoré que certains autres dans le quartier, et il offre une vue sur la mer.

Huong Sen Hotel HÔTEL $$
(☎064-355 1711 ; 182 Đ Tran Phu ; ch 29-49 $US ; ❋@🛜). Juste à l'extrémité de Bai Sau, cet hôtel appartient au Huong Sen, déjà bien établi, de HCMV. Les tarifs sont très raisonnables pour les prestations et l'établissement est agréable pour qui souhaite fuir l'agitation de la ville.

Lucy's Hotel HÔTEL $$
(☎064-385 8896 ; www.lucyssportsbar.com ; 138 Ha Long ; ch 600 000 d ; ❋🛜). Aménagées au-dessus d'un bar populaire, ces chambres confortables sont la solution idéale si vous cherchez un lit à quelques pas du terminal des ferries. Toutes disposent d'un balcon surplombant la baie et de sdb modernes. Personnel sympathique.

Lan Rung Resort & Spa HÔTEL $$
(☎064-352 6010 ; www.lanrung.com.vn ; 3-6 Đ Ha Long ; double à partir de 71 $US ; ❋@🛜🛁). L'un des rares hôtels situés au bord d'une plage, rocheuse toutefois. Les jolies chambres sont pourvues de meubles en bois et de tous les équipements habituels. Vous aurez le choix entre un restaurant de poisson ou un italien. Service avenant.

🍴 Où se restaurer

À Vung Tau, on peut se régaler d'excellents produits de la mer et de nombreuses saveurs internationales.

Bistrot 9 FRANÇAIS, INTERNATIONAL $
(9 Đ Truong Vinh Ky ; en-cas/repas à partir de 55 000/90 000 d ; ⊙7h30-21h30 ; 🛜). Dans une paisible rue secondaire, ce bistrot plein de cachet est parfait pour un petit-déjeuner ou un brunch, une crêpe, un panini ou un repas complet (goûtez le carpaccio de saumon ou le porc à la moutarde de Dijon). Également de délicieux chocolats maison et la meilleure carte des vins de la ville.

Imperial Plaza VIETNAMIEN $
(159 Đ Thuy Van ; plats à partir de 50 000 d ; ⊙8h-21h ; ❋). Ce centre commercial climatisé offre diverses possibilités de restauration. Parfait pour les indécis, car on y sert de tout, de la pizza au *pho.*

Vung Tau et alentour

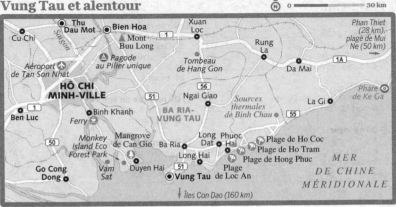

LITTORAL DU SUD-EST VUNG TAU

♥ Ganh Hao
FRUITS DE MER **$$**
(☎064-355 0909; 3 Đ Tran Phu; plats 55 000-210 000 d; ◷11h30-21h; 🛜). Avec ses tables disposées sur des terrasses près de l'océan, cet impressionnant restaurant de fruits de mer est constamment pris d'assaut par les habitants. Le choix est très vaste : délicieux plats à base de poissons, langoustes, crabes, calamars et crevettes ; le vin est cher. L'établissement est immense et, malgré l'affluence, le service est efficace.

Cay Bang
FRUITS DE MER **$$**
(☎064-383 8522; 69 Đ Tran Phu; plats 52 000-230 000 d; ◷11h-22h). Bien située en bord de mer, une institution en matière de fruits de mer. Le week-end, les clients affluent pour se régaler de coquillages, de fondues et de poissons grillés.

Tommy's 3
INTERNATIONAL **$$**
(www.tommysvietnam.com; 3 Đ Ba Cu; plats 60 000-300 000 d; ◷7h-23h; 🛜). La superbe terrasse attire une clientèle mêlant habitants, expatriés et touristes. La cuisine privilégie les recettes occidentales (steaks et hamburgers), mais on y prépare aussi des mets plus typiques.

David Italian Restaurant
ITALIEN **$$**
(130 Đ Ha Long; plats 60 000-200 000 d; ◷11h-22h). Un authentique restaurant italien situé face au dock des hydrofoils. Les pâtes sont faites maison et les pizzas sont les meilleures de la ville.

🍷 Où prendre un verre

La vie nocturne de Vung Tau, qui correspond aux normes vietnamiennes, est bruyante.
On y trouve de nombreux bars à hôtesses et quelques spectacles de cabaret.

Lucy's Sports Bar
BAR SPORTIF
(www.lucyssportsbar.com; 138 Đ Ha Long; ◷7h-24h; 🛜). Cet établissement se targue d'un billard très animé, d'une superbe terrasse face à la mer et d'une atmosphère conviviale. Comme son nom l'indique, de nombreux événements sportifs y sont diffusés, des matchs de cricket au football australien. On y sert aussi des plats simples.

Red Parrot
PUB
(6 Đ Le Quy Don; ◷12h-24h; 🛜). Ce bar ferme tard et s'anime au fur et à mesure que la nuit avance. Vétérans de la guerre, travailleurs du secteur pétrolier, piliers de bar et entraîneuses fréquentent cet endroit à l'atmosphère débridée.

ⓘ Renseignements

Le site www.vungtau-city.com donne des informations relativement à jour sur la ville.
International SOS (☎064-385 8776 ; www.internationalsos.com ; 1 Đ Le Ngoc Han ; ◷24h/24). Une clinique réputée offrant des services médicaux aux standards internationaux, à des prix élevés.
Poste principale (8 Đ Hoang Dieu ; ◷7h-17h30). Au rez-de-chaussée des tours Petrovietnam.
OSC Vietnam Travel (☎064-385 2008 ; www.oscvietnamtravel.com.vn ; 2 Đ Le Loi ; ◷7h-16h30). Cette agence de voyages gouvernementale propose de nombreux circuits et assure la réservation des billets de transport.
Vietcombank (27-29 Đ Tran Hung Dao ; ◷7h30-15h30). Change les espèces et les chèques de voyage, et délivre des avances sur les cartes de crédit.

❶ Depuis/vers Vung Tau

BUS

De la gare routière de Mien Dong à HCMV, des minibus climatisés (50 000 d, 2 heures 30, fréquents) partent pour Vung Tau entre 6h et 19h. De la **gare routière** (192A Đ Nam Ky Khoi Nghia) de Vung Tau, la course en *xe om* jusqu'à Bai Dau ou à Bai Sau revient à 30 000 d environ.

BATEAU

Le trajet est beaucoup plus agréable en hydrofoil. Trois prestataires assurent la liaison pour HCMV (200 000-250 000 d, 1 heure 30) ; tous utilisent les mêmes terminaux. Les meilleurs bateaux sont ceux de **Vina Express** (☎HCMC 08-3825 3333, Vung Tau 064-385 6530) et de **Petro Express** (☎HCMV 08-3821 0650, Vung Tau 064-3351 5151) ; ceux de Greenlines sont en piètre état. Les hydrofoils lèvent l'ancre toutes les 30 minutes jusqu'à 16h45 et il y a des départs supplémentaires le week-end (il est alors essentiel de réserver). À Vung Tau, les bateaux partent de l'embarcadère de Cau Da.

Deux ferries relient l'île Con Son à Vung Tau un jour sur deux environ. Les bateaux ne partent pas quand la mer est agitée (les conditions deviennent assez difficiles à bord). Les billets sont en vente au bureau **BQL Cang Ben Dam Huyen Con Dao** (lit couchette 270 000 d ; ⊙7h30-11h30 et 13h30-16h30 lun-ven) au 1007/36 Đ 30.4. Les ferries partent à 17h du port de Vung Tau, situé à environ 15 km à l'ouest de la ville. Le trajet dure 12 heures.

❶ Comment circuler

Vung Tau s'explore facilement en voiture ou à deux-roues. Des pensions et des restaurants louent vélos (2 $US/jour) et motos (6-9 $US/jour). Vous paierez probablement moins cher en prenant un taxi équipé d'un compteur qu'en tentant de négocier avec un intraitable conducteur de cyclo ou de *xe om*. **Mai Linh** (☎064-356 5656) est une compagnie fiable dont les nombreux taxis sillonnent la ville.

Îles Con Dao

☎064 / 6 000 HABITANTS

Isolées du continent, les îles Con Dao sont l'un des attraits phares du Vietnam. Longtemps l'Alcatraz de l'Indochine pour les prisonniers politiques et les indésirables, l'archipel éblouit aujourd'hui par sa fabuleuse beauté naturelle. Con Son, la plus grande de ce chapelet de 15 îles et îlots, possède de jolies plages, des récifs de corail, des baies pittoresques et d'épaisses forêts. Outre la marche, la plongée, l'exploration de routes côtières peu fréquentées et de plages désertes, elle offre d'excellentes possibilités d'observer la faune, notamment l'écureuil géant oriental et le gecko *Cyrtodactylus*, une espèce endémique.

Si les îles Con Son ont des airs de paradis, elles ont naguère été un véritable enfer pour les milliers de prisonniers enfermés

LITTORAL DU SUD-EST ÎLES CON DAO

LES SITES MILITAIRES DES ENVIRONS DE VUNG TAU

Près de 60 000 soldats australiens participèrent à la guerre du Vietnam dans les années 1960 et 1970. La **croix-mémorial de Long Tan** commémore une bataille particulièrement sanglante entre les troupes australiennes et les combattants viêt-cong le 18 août 1966. Érigée à l'origine par des survivants australiens, la croix est une réplique installée par les Vietnamiens en 2002. Elle se situe à 18 km de la ville de Ba Ria et à 55 km de Vung Tau, près de la ville de Nui Dat. Les permis ne sont plus nécessaires, et vous pourrez combiner la visite avec les **tunnels de Lon Phuoc**. Peu connu, ce réseau souterrain est une version très réduite des plus célèbres tunnels de Cu Chi.

À 5 km de Long Hai, les **grottes de Minh Dam** gardent le souvenir des guerres contre les Français puis contre les Américains. Ce ne sont souvent que des anfractuosités entre les rochers amoncelés au pied de la falaise, où les soldats vietnamiens se réfugièrent entre 1948 et 1975 ; des impacts de balles témoignent des escarmouches. Des marches creusées dans la paroi mènent aux grottes. Au sommet, vous découvrirez une vue spectaculaire sur les plaines côtières.

Non loin, un **temple en haut d'une montagne** offre un point de vue encore plus époustouflant sur la côte.

Tommy's (☎064-351 5181 ; www.tommysvietnam.com ; 3 Đ Ba Cu) organise des circuits pour les vétérans de la guerre comprenant Long Tan, Long Phuoc et Minh Dam. Le tarif, incluant le transport et le guide, est de 120 $US pour 3 personnes maximum.

Sinon, un chauffeur de *xe om* peut vous conduire à ces sites moyennant 20 $US environ.

dans une dizaine de prisons, à l'époque de la colonisation française et du gouvernement sud-vietnamien soutenu par les États-Unis. D'anciens soldats viêt-cong, autrefois emprisonnés sur l'île, y viennent d'ailleurs en circuits organisés. Le gouvernement subventionne ces excursions en signe de gratitude pour leur sacrifice.

Environ 80% de l'archipel fait partie du parc national de Con Dao, qui protège les plus importants sites de ponte des tortues marines du Vietnam. Depuis une dizaine d'années, la World Wildlife Foundation (WWF) travaille avec les gardes forestiers dans le cadre d'un programme à long terme. Pendant la saison de ponte (de mai à septembre), le parc installe des postes de gardes pour récupérer les œufs menacés et les transporter dans des couvoirs protégés. Parmi la faune marine présente autour de Con Dao, le dugong est un mammifère rare de la famille des lamantins.

L'époque la plus sèche pour visiter Con Dao s'étend de novembre à février, mais la mer est plus calme entre mars et juillet. La saison des pluies dure de juin à septembre. De septembre à novembre, les moussons du nord-est et du sud-ouest peuvent s'accompagner de vents violents. Septembre et octobre sont les mois les plus chauds, mais la brise marine rend Con Dao plus agréable que HCMV ou Vung Tau.

Les îles n'ont guère changé, mais avec l'arrivée du très luxueux Six Senses Con Dao, l'archipel est désormais prisé par la jet-set internationale. Avec l'amélioration des transports, les voyageurs découvrent peu à peu les îles, mais les vols sont assez chers et les prix pratiqués à Con Dao deux fois plus élevés que sur le continent. Le nombre de touristes reste donc limité.

Histoire

Occupée à différentes époques par les Khmers, les Malais et les Vietnamiens, Con Son fut également l'un des premiers postes des Européens venus commercer dans la région. Un navire portugais y accosta en 1560 et la Compagnie britannique des Indes orientales y eut un comptoir fortifié de 1702 à 1705. L'expérience s'acheva lors du massacre des Britanniques au cours d'une révolte des soldats makassar qu'ils avaient recrutés dans l'île indonésienne de Sulawesi.

Con Son possède une histoire politique et culturelle marquée. De nombreux héros révolutionnaires vietnamiens (dont maintes rues portent aujourd'hui le nom) furent incarcérés sur l'île. Durant la colonisation française, elle servit de bagne pour les opposants politiques, et fut tristement réputée pour les tortures et les mauvais traitements infligés aux prisonniers. L'héroïne nationale Vo Thi Sau fut exécutée ici en 1952.

Le gouvernement sud-vietnamien prit la relève en 1954 et profita de l'isolement de l'île pour y détenir ses dissidents (dont des étudiants) dans des conditions effroyables.

Pendant la guerre du Vietnam, les forces américaines rejoignirent à cet endroit les Sud-Vietnamiens. Les Américains construisirent des prisons sur l'île et utilisèrent les terribles "cages à tigres" jusqu'à ce que le magazine *Life* dévoile leur existence dans les années 1970.

◉ À voir

◎ Con Son

Cette ville est unique au Vietnam. Avec ses rues propres, ses bâtiments municipaux bien tenus et son atmosphère dégageant calme et prospérité, l'adorable et minuscule capitale de l'île serait un décor parfait pour un film historique.

Idéale pour flâner, la principale promenade du front de mer, Ð Ton Duc Thanh, est jalonnée de villas datant de l'époque coloniale française. Certaines sont délabrées, d'autres ont été transformées en hôtels. Non loin, le **marché** local s'anime entre 7h et 9h.

Bien sûr, le caractère paisible de la ville est considérablement atténué par la présence de plusieurs prisons, cimetières et souvenirs de l'époque où l'île était une colonie pénitenciaire. À Con Son, les fantômes sont partout.

Tous les sites suivants se trouvent dans la ville de Con Son ; ils appliquent les mêmes horaires d'ouverture et sont accessibles avec un billet unique (20 000 đ), vendu au musée.

Prison de Phu Hai ÉDIFICE HISTORIQUE
(◷7h-11h30 et 13h-17h). Construite en 1862, c'est la plus vaste des 11 prisons de l'île. Des milliers de prisonniers étaient enfermés ici, et jusqu'à 200 personnes s'entassaient dans chaque centre de détention. Pendant l'occupation française, tous les prisonniers étaient nus et enchaînés les uns aux autres, et une petite boîte servait de toilettes à des centaines de personnes. Comme on peut l'imaginer, les conditions étaient sordides et l'odeur pestilentielle. Désormais, des mannequins émaciés plus vrais que nature permettent de reconstituer quelques scènes.

Îles Con Dao

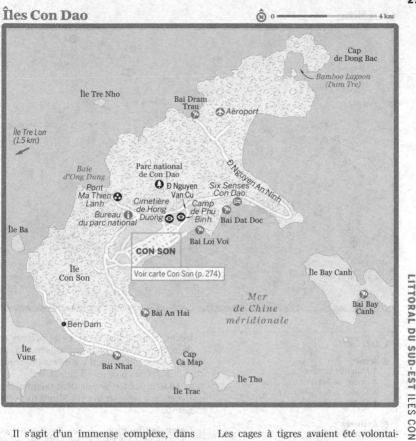

Voir carte Con Son (p. 274)

Il s'agit d'un immense complexe, dans lequel étaient mélangés les prisonniers politiques et de droit commun. Dans les salles "d'isolement", où étaient maintenus les prisonniers jugés particulièrement dangereux, on comptait jusqu'à 63 occupants, tellement serrés les uns contre les autres qu'ils n'avaient même pas la place de s'allonger. L'église de la prison date de l'époque américaine, mais elle n'a jamais été utilisée.

Cages à tigres ÉDIFICE HISTORIQUE
Les tristement célèbres "cages à tigres" furent construites par les Français en 1940, pour incarcérer près de 2 000 prisonniers politiques. Ces 120 minuscules cellules possèdent des barreaux en guise de toit, permettant aux gardes de surveiller les prisonniers mais aussi de les frapper avec des bâtons ou de les asperger de chaux vive mélangée à de l'eau (ce qui provoquait des brûlures et des cécités).

Les cages à tigres avaient été volontairement construites à l'écart de la prison principale, à l'abri des regards, et étaient accessibles par une unique allée. Le monde entier ignora leur existence jusqu'en 1970, quand Tom Harkin, membre d'une délégation du Congrès américain, visita Con Son et eut la preuve des actes de torture infligés aux prisonniers. Harkin, qui avait entendu parler de ces geôles par un ancien détenu, parvint à s'écarter de la visite organisée, et découvrit les cages à tigres derrière un potager. Il photographia les cellules et leurs occupants, et ces clichés furent publiés dans le magazine *Life* en juillet 1970.

Cimetière de Hang Duong CIMETIÈRE
Quelque 20 000 personne sont mortes à Con Son et 1 994 d'entre elles reposent, à l'orée est de la ville, dans le cimetière de Hang Duong. Seules 700 tombes portent le nom des victimes.

Con Son

Con Son

⊙ À voir
1 Marché nocturne C1
2 Prison de Phu Hai C2
3 Musée de la Révolution B2
4 Cages à tigres D1

✪ Activités
5 Dive! Dive! Dive! B2

⬤ Où se loger
6 ATC Con Dao Resort & Spa C1
7 Con Dao Resort A3
8 Con Dao Sea Cabanas B3
9 Hai Nga Mini Hotel B2
10 Nha Nghi Thanh Xuan B2
11 Saigon Con Dao Resort C2

⊗ Où se restaurer
12 Thu Tam A3
13 Tri Ky A2

☕ Où prendre un verre
14 Con Son Cafe B2

La plus célèbre héroïne du Vietnam, Vo Thi Sau (1933-1952), qui est enterrée ici, fut la première femme fusillée à Con Son, le 23 janvier 1952.

Aujourd'hui, les pèlerins viennent brûler de l'encens et apporter des offrandes sur sa tombe, comme des miroirs, des peignes et du rouge à lèvres (pour symboliser sa mort très précoce). Parfois, il y a même des fruits et des plats de porc au riz gluant.

Au loin, derrière le cimetière, un immense monument représente trois bâtons d'encens géants.

Camp de Phu Binh   ÉDIFICE HISTORIQUE
(⊙7h-11h30 et 13h-17h). À la périphérie de la ville, cette prison, jadis nommée Camp 7, fut construite par les Américains en 1971 et comptait 384 cellules couvertes de toits en tôle rouillée, dans lesquelles la chaleur était infernale. Les bâtiments originaux existent toujours, mais il n'y a plus grand-chose à voir aujourd'hui. Le camp fut fermé en 1973 quand la preuve fut faite que des actes de tortures y étaient commis. Il prit le nom de camp de Phu Binh après les accords de Paris, en 1973.

Musée de la Révolution   MUSÉE
(⊙7-11h et 13h30-17h). Aménagé dans l'ancienne résidence du commandant français, ce musée renferme des expositions sur la résistance vietnamienne lors de la colonisation française, sur l'opposition communiste à la république du Vietnam et sur les traitements infligés aux prisonniers politiques. Il conserve aussi une peinture de Vo Thi Sau

(tête haute face à la mort), une maquette des îles Con Dao et quelques animaux naturalisés : boas, lézards et singes.

La construction de l'impressionnant bâtiment du musée de Con Dao (situé à l'extrémité est de Đ Nguyen Hue) vient de s'achever. Les expositions du musée de la Révolution y seront transférées quand il ouvrira ses portes.

◉ Plages de Con Son

Con Dao possède plusieurs plages superbes. Vous pouvez louer du matériel de snorkeling auprès des hôtels (100 000 d/jour) ou chez Dive! Dive! Dive! (p. 276 ; 10 $US/jour).

Les mouches des sables peuvent constituer un problème très gênant sur les plages de Con Dao ; prévoyez un produit répulsif.

Bai Dat Doc   PLAGE
La plus belle plage de l'île, Bai Dat Doc, est une superbe crique, consistant en un croissant de sable clair d'un kilomètre de long, avec des collines verdoyantes à l'arrière-plan. Ses eaux peu profondes et non polluées sont idéales pour se baigner. Elle est certes flanquée des luxueux bungalows de l'hôtel Six Senses, mais il ne s'agit pas d'une plage privée, et des points d'accès existent à proximité de la route. On a vu parfois des dugongs (un lamantin très rare) batifoler dans l'eau près du cap voisin.

Bai Dram Trau   PLAGE
Accessible via une piste de terre 1 km avant l'aéroport, Bai Dram Trau est une plage sublime mais isolée. Ourlé de casuarinas et pris en sandwich entre deux promontoires rocheux couverts de forêt, ce croissant de sable doux s'étend sur 700 m. Cette plage est encore plus belle à marée basse.

Il est possible de faire du snorkeling sur des récifs au large et trois modestes baraques proposent des produits de la mer (toutes sont ouvertes de 12h au crépuscule).

Bai Loi Voi   PLAGE
Au nord de la ville de Con Son, Bai Loi Voi est une large plage de sable et de galets ; on y trouve beaucoup de coquillages, et des casuarinas apportent de l'ombre. Une belle plage de sable s'étend également en plein centre de Con Son, autour du Con Dao Resort.

Bai An Hai   PLAGE
Au sud de la ville, Bai An Hai est une belle plage, mais de nombreux bateaux de pêche sont amarrés à proximité.

Tre Lon   ÎLE
Certaines des plus belles plages bordent les îles plus petites, comme la magnifique Tre Lon, à l'ouest de Con Son.

Bay Canh   ÎLE
Si vous ne devez visiter qu'une seule île, choisissez Bay Canh, à l'est. Vous y découvrirez des plages superbes, une forêt d'arbres séculaires, des mangroves, des récifs de corail (parfaits pour le snorkeling à marée basse) et des tortues marines (à la saison de ponte). Une splendide randonnée de 2 heures conduit à un phare de l'époque coloniale, toujours en service, qui se dresse à la pointe est de l'île. Il faut grimper une pente raide de 325 m, mais au sommet, le panorama est époustouflant.

🏃 Activités

Pour plus d'informations sur la randonnée et les sorties en bateau autour des îles, visitez le site du parc national de Con Dao : www.condaopark.com.vn. L'entrée du parc coûte 20 000 d le jour et 40 000 d la nuit.

UNE ADOLESCENTE MARTYRE

Quand souffle le vent du nord, on peut souvent sentir de l'encens brûlé sur une tombe particulière du cimetière de Con Son : celle de Vo Thi Sau, une icône nationale.

Cette combattante de la résistance exécutée à Con Dao pendant l'occupation française, s'était engagée en politique dès l'enfance. À l'âge de 14 ans, elle tua un capitaine français lors d'une attaque à la grenade et ne fut capturée que des années plus tard, suite à une seconde tentative d'assassinat. Vo Thi Sau fut conduite à Con Dao et y fut exécutée, à l'âge de 19 ans.

Si vous visitez le cimetière à minuit, vous trouverez autour de sa tombe une foule d'individus récitant des prières et laissant des offrandes. Les Vietnamiens estiment qu'il s'agit du meilleur moment pour rendre hommage à cette héroïne nationale et vénérer son esprit, car elle fut tuée aux premières heures du 23 janvier 1952.

Un circuit nocturne pour observer les tortues coûte environ 1 500 000 d par personne en réservant via le bureau du parc national ou via Dive! Dive! Dive! Sachez qu'il est très rare de voir des nids de tortue en dehors de la saison principale (fin juin à début septembre).

Plongée et snorkeling

De nombreux plongeurs avertis considèrent l'environnement marin de Con Dao comme le plus beau du pays. Les eaux baignant les îles sont officiellement protégées et abritent beaucoup de corail sain (notamment des tables de corail, du corail corne de cerf et du corail-cerveau). Vous verrez aussi des tortues vertes et à écailles, des raies, des maquereaux rois, beaucoup de poissons-perroquets et de mérous, et quelques requins.

Cela dit, les conditions pourraient être encore meilleures car peu de mesures de protection officielles sont appliquées. Certains pêcheurs continuent de jeter leur ancre directement dans les récifs, et la pêche illégale affecte les populations de poissons. Il arrive encore que des œufs de tortue soient vendus sous le manteau, mais les sanctions encourues sont sévères.

La plongée est envisageable toute l'année, mais pour des conditions optimales et une bonne visibilité, la période allant de janvier à juin est considérée comme la meilleure (il peut y avoir de grosses tempêtes en novembre et décembre). Les prix sont généralement plus élevés que sur le continent, mais les plongées plus gratifiantes.

Les plongeurs expérimentés pourront vivre des aventures palpitantes grâce à plusieurs épaves, notamment un cargo de 65 m gisant par 30 à 40 m de fond, autour desquelles évoluent d'innombrables créatures marines.

Des sorties snorkeling bon marché sont organisées par quelques hôtels, mais nous avons entendu parler de bateliers qui pêchaient illégalement au harpon lors de certaines de ces excursions. Plus chères, les prestations de Dive! Dive! Dive! respectent l'environnement.

♥ **Dive! Dive! Dive!**   PLONGÉE
(☑064-383 0701; www.dive-condao.com; Đ Nguyen Hue; ⊙8h-21h). Cette agence établie de longue date, gérée par des Américains et respectueuse de l'environnement, propose des cours PADI et SSI. L'instructeur Larry

LE RETOUR DES TORTUES VERTES

Il y a une vingtaine d'années, les tortues vertes (*Chelonia mydas*) de Con Dao semblaient vouées à disparaître. Elles étaient en effet prisées pour leur viande, leurs carapaces constituaient des souvenirs recherchés et les colonies étaient décimées par des techniques de pêche destructrices. Cependant, après une décennie d'initiatives locales et internationales, la situation s'est nettement améliorée. Les rives de l'archipel de Con Dao sont l'un des plus importants sites de ponte de tortues marines au Vietnam. Aux côtés d'autres organisations internationales, la World Wildlife Foundation (WWF) a contribué à créer des couvoirs protégés sur les îles Bay Canh, Tre Lon, Tai et Cau. Selon la WWF, 800 000 petites tortues ont été relâchées en mer depuis 1995. En 2006, près de 85% des œufs ont éclos, le plus fort taux du Vietnam. La même année, la WWF a lancé un programme de surveillance par satellite (le premier du genre au Vietnam) afin d'obtenir plus d'informations sur les routes migratoires et les habitats utilisés par les tortues pour se nourrir et s'accoupler. Bien que la population augmente, de nombreuses tortues périssent après la ponte, souvent parce qu'elles s'empêtrent dans des filets de pêche.

Si vous souhaitez voir des tortues dans leur environnement naturel, organisez une excursion à l'île de Bay Canh et passez la nuit dans la réserve protégée. (Les tortues pondent la nuit, et chaque nid produit 90 œufs en moyenne.) Le meilleur moment pour les observer est la période de ponte, de mai à septembre. Pour des informations sur les excursions, renseignez-vous aux bureaux du parc national de Con Dao. Les tarifs des circuits varient selon le nombre de participants, mais prévoyez autour de 1 500 000 d par personne (plus un extra pour le guide), 40 000 d pour les droits d'entrée dans le parc et 150 000 d pour un hébergement sommaire. Dive! Dive! Dive! propose également d'observer les tortues lors de sorties en bateau comprenant une plongée l'après-midi et une la nuit, les repas et la nuit en camping. Les personnes ne plongeant pas ou pratiquant le snorkeling peuvent se joindre aux excursions moyennant un prix raisonnable.

explore les eaux du Vietnam depuis des années et propose une sortie quotidienne (2 plongées 160 $US) ainsi que des excursions de snorkeling (40 $US équipement inclus). Dive! Dive! Dive! possède un permis pour 31 sites de plongée dans l'archipel. La boutique en front de mer offre aussi de bonnes infos générales sur les îles Con Dao.

Randonnée

Le terrain boisé de l'île Con Son est idéal pour la randonnée. Il faut engager un guide du parc national pour s'aventurer dans la forêt. Les prix varient de 180 000 d à 300 000 d selon la durée du trek.

Une montée escarpée mène aux anciennes plantations fruitières de **So Ray** ; il faut suivre un sentier glissant mais bien indiqué (jalonné de panneaux d'information sur les arbres et les animaux sauvages) à travers une épaisse forêt tropicale. La plantation est le fief d'une sympathique troupe de macaques à longue queue et offre une vue imprenable sur la ville principale et les autres îles Con Dao dans le lointain. La balade prend environ 1 heure 30 aller-retour.

Bamboo Lagoon   LAGON
(Dam Tre). L'une des plus belles randonnées passe par une forêt épaisse et des mangroves, grimpe jusqu'à un torrent au sommet d'une colline et aboutit au Bamboo Lagoon. La baie est propice au snorkeling. Cette paisible marche de 2 heures débute près de l'aérodrome, mais vous devrez nécessairement engager un guide local.

Baie d'Ong Dung   PLAGE
La promenade de 1 km (environ 30 minutes dans chaque sens) à travers la forêt tropicale jusqu'à la baie d'Ong Dung peut se faire sans guide. Le sentier démarre à quelques kilomètres au nord de la ville. La baie possède seulement une plage rocailleuse, mais il y a un beau récif corallien à environ 300 m au large.

Pont Ma Thien Lanh   PONT
Près du chemin conduisant à la baie d'Ong Dung, vous trouverez les ruines du pont Ma Thien Lanh, construit par les prisonniers pendant la période coloniale. La baie se résume à une plage de rochers, mais vous découvrirez un beau récif corallien à 300 m au large.

🛏 Où se loger

L'offre en matière d'hébergement s'est considérablement améliorée à Con Dao

ces dernières années, et la ville de Con Son compte désormais plus d'une dizaine de pensions et mini-hôtels.

Sachez toutefois que les prix sont deux fois plus élevés que sur le continent.

Nha Nghi Thanh Xuan   PENSION **$**
(☎064-383 0261 ; 44 Đ Ton Duc Thang ; ch 350 000-450 000 d ; ☏). Peinte en bleu marine, cette pension loue des chambres avec bons matelas et couettes ; celles de l'étage sont lumineuses et spacieuses.

Hai Nga Mini Hotel   HÔTEL **$**
(☎064-363 0308 ; 7 Đ Tran Phu ; ch 400 000-600 000 d ; ✳@☏). Une bonne option si vous voyagez à plusieurs, car certaines chambres accueillent jusqu'à 5 personnes. Toutes sont climatisées. L'hôtel est tenu par une famille sympathique.

Con Dao Sea Cabanas   HÔTEL **$$**
(☎064-383 1555 ; www.condaoseacabanas.com/en ; Đ Nguyen Duc Thuan ; ch 650 000-750 000 d ; ✳@☏). Une bonne adresse : ces deux rangées de ravissants bungalows aux toits pentus jouissent d'un superbe emplacement, directement sur la plage. Ils possèdent 2 lits, la TV sat, un minibar, une douche avec vue sur le ciel et une terrasse à l'avant. Tout près du nouvel embarcadère de la ville.

Con Dao Resort   HÔTEL **$$**
(☎064-383 0939 ; www.condaoresort.com.vn ; 8 Đ Nguyen Duc Thuan ; ch 58-94 $US ; ✳@☏⊠). Très bien situé face à une belle plage de sable, ce complexe un peu défraîchi possède de vastes jardins impeccablement tenus et une grande piscine. Les chambres sont assez spacieuses et confortables mais accusent le poids des années.

ATC Con Dao Resort & Spa   HÔTEL **$$**
(☎064-383 0111 ; www.atcvietnam.com ; 8 Đ Ton Duc Thang ; ch 65-90 $US, ste à partir de 120 $US ; ✳@☏⊠). Cet hôtel rénové est l'un des plus plaisants de la ville et loue des chambres élégantes et confortables, avec carrelage en terre cuite et superbes balcons face à l'océan. Il propose aussi des chambres plus anciennes et des bungalows qui ont besoin d'un coup de neuf. Jolie piscine ombragée en forme de haricot et petit-déjeuner inclus.

♥ **Six Senses Con Dao**   HÔTEL DE CHARME **$$$**
(☎064-383 1222 ; www.sixsenses.com ; plage de Dat Doc ; villas à partir de 685 $US ; ✳@☏⊠). Bénéficiant d'un emplacement inégalable sur la plus belle plage de l'île, cet hôtel ultra-luxueux n'a pas son pareil. Une cinquantaine

de villas en bois mêlant style contemporain et déco rustico-chic font face à l'océan ; toutes sont pourvues d'une piscine privée, d'une immense baignoire et d'un système audio Bose.

Le complexe compte plusieurs restaurants, du simple café climatisé pour grignoter un panini à la table gastronomique les pieds dans le sable. Des sorties plongée, voile et randonnée peuvent être organisées. À 4 km à l'ouest de Con Son.

Saigon Con Dao Resort　　HÔTEL **$$$**
(☑064-383 0155 ; www.saigoncondao.com ; 18 Ð Ton Duc Thang ; ch 78-128 $US, ste à partir de 172 $US ; ✳@🛜🞰). La plupart des visiteurs étrangers sont logés dans une nouvelle annexe dotée d'une piscine. L'ancien site, constitué de maisons coloniales sur le front de mer, est réservé aux vétérans et aux loyalistes du Parti qui visitent les prisons de Con Dao. Le service est un peu irrégulier au regard des tarifs pratiqués.

🍴 Où se restaurer et prendre un verre

La scène culinaire se développe à vive allure à Con Son, et de nombreux restaurants sont disséminés partout en ville. Pour un repas somptueux, choisissez le Six Senses Con Dao, dont la carte est mirifique.

Si votre budget est limité, faites un tour au petit marché nocturne (carte p. 274), près du croisement entre Ð Tran Huy Lieu et Ð Nguyen An Ninh.

Quan Thanh Huyen　　VIETNAMIEN **$$**
(Khu 3, Hoang Phi Yen ; repas 70 000-160 000 d ; ⊙12h-21h). Au sud de la ville, au bord d'un lac couvert de nénuphars, ce joli petit restaurant s'enorgueillit d'un cadre sublime, avec des belvédères au bord de l'eau et le coassement des grenouilles en bande sonore. On y sert une cuisine locale authentique, notamment des fondues et du poisson à tête de serpent tout juste pêché dans le lac.

Thu Tam　　VIETNAMIEN **$$**
(Ð Nguyen Hue ; plats 25 000-170 000 d ; ⊙11h30-21h). Dans une rue de Con Son, le Thu Tam sert des produits de la mer sortis de ses viviers. Coquillages de toutes sortes et énormes poissons capables de nourrir toute une famille.

Tri Ky　　VIETNAMIEN **$$**
(7 Ð Nguyen Duc Thuan ; plats 40 000-200 000 d ; ⊙déj et dîner). Rien d'exceptionnel visuellement (une immense terrasse couverte de chaises en plastique et des néons) mais ce restaurant est prisé pour ses produits de la mer frais, en particulier les calamars grillés, le mérou et le crabe.

♥ Con Son Cafe　　CAFÉ, BAR
(Ð Ton Duc Thanh ; ⊙7h-21h30). Cet élégant bâtiment de style colonial français était jadis un bureau de douanes. Il est prolongé par une jolie terrasse ombragée, profitant de la brise et d'un point de vue sur les bateaux de pêche voguant dans la baie. Thé, café, milk-shakes, bières et cocktails. Le compositeur français Camille Saint-Saëns a vécu dans cet édifice.

❶ Renseignements

Larry, de Dive! Dive! Dive! (p. 276), est une mine d'informations sur les îles. Il sera bien sûr ravi de vous emmener faire de la plongée ou du snorkeling, mais il pourra aussi vous fournir une carte et des conseils et vous aider à louer une moto. Il y a trois DAB à Con Dao.

Les hôtels en ville fournissent un accès Internet, notamment le Wi-Fi gratuit pour les clients et il y a souvent des ordinateurs dans leur hall.

Bureau du parc national (☑064-383 0669 ; www.condaopark.com.vn ; 29 Ð Vo Thi Sau ; ⊙7h-11h30 et 13h30-17h tlj). Le bureau du parc national est un bon endroit où glaner des informations. Les militaires contrôlant l'accès à certaines parties du parc, passez d'abord au bureau pour vous renseigner sur les excursions et la randonnée (une brochure gratuite est disponible sur cette activité). Profitez-en pour jeter un œil à l'exposition qui présente la biodiversité des forêts et du milieu marin, les menaces qui pèsent sur l'environnement et les initiatives locales de protection.
Ru By (64 Ð Nguyen Hue ; ⊙7h-21h30 ; 🖱). Cybercafé dans la rue principale.
Vietin Bank (Ð Le Duan ; ⊙8h-14h lun-ven, 8h-12h sam). Ne change pas les devises étrangères.

❶ Depuis/vers les îles Con Dao

AVION

Il existe 3 vols quotidiens entre Con Son et HCMV, assurés conjointement par **Vasco** (☑064-383 1831 ; www.vasco.com.vn ; 44 Ð Nguyen Hue) et **Vietnam Airlines** (www.vietnamairlines.com). Les billets coûtent 75 $US (aller) et les offres promotionnelles sont rares. Con Son est également reliée à Can Tho, dans le delta du Mékong, par Vasco/Vietnam Airlines ; l'aller revient à 65 $US.

Le petit aéroport se trouve à 15 km du centre-ville. Tous les grands hôtels de l'île proposent le transport gratuit depuis/vers l'aéroport. Bien qu'il soit préférable de réserver son hébergement, il est possible d'emprunter l'une des navettes des hôtels ; les chauffeurs facturent 50 000 d et vous déposeront généralement devant votre hôtel ou dans le centre-ville.

BATEAU

Deux ferries relient l'île Con Son à Vung Tau ; les bateaux partent 3-4 fois par semaine. Les équipements sont sommaires et les annulations fréquentes en cas de mer agitée, à certains moments de l'année. Les ferries quittent le port de Ben Dam à 17h, la traversée dure environ 12 heures. Les sièges coûtent 145 000 d, mais mieux vaut investir dans une couchette (6 par cabine) à 275 000 d.

Les billets sont en vente en ville, près du marché, dans un petit kiosque portant l'enseigne **BQL Cang Ben Dam Huyen Con Dao** (☺8h-11h30 et 13-17h) dans Đ Vo Thi Sau. Si vous en trouvez un, un *xe om* jusqu'à Ben Dam revient à environ 100 000 d, un taxi autour de 300 000 d.

ℹ Comment circuler

BATEAU

Il est possible de louer une embarcation auprès des bureaux du parc national pour explorer les îles. Comptez 2 000 000-5 000 000 d par jour pour un bateau de 12 places, suivant le parcours prévu. Les pêcheurs locaux proposent aussi des excursions, mais vous devrez marchander vigoureusement.

MOTO ET VÉLO

C'est l'un des meilleurs endroits du Vietnam pour faire du vélo : peu de circulation, pas de pollution et des routes goudronnées en bon état. Une route principale unique relie l'aéroport, au nord de Ben Dam, et le sud via la ville de Con Son.

La plupart des hôtels en louent. Doucement vallonnées et peu fréquentées, les routes côtières se prêtent parfaitement au cyclotourisme, notamment celle qui relie la ville de Con Son à Bai Nhat, puis au hameau de Ben Dam. Ses pentes sont douces et le trafic automobile est limité. Mais lorsque vous vous rendez à moto ou à vélo à Ben Dam, méfiez-vous du vent aux alentours de Mui Ca Map : des habitants ont déjà été balayés par des vents violents.

TAXI

L'île Con Son compte désormais plusieurs **taxis** (☎064-361 6161). Toutefois, les tarifs annoncés au compteur sont extrêmement élevés (environ 20 000 d/km !), donc négociez âprement afin d'obtenir un prix fixe pour les destinations hors de la ville de Con Son.

Hauts plateaux du Sud-Ouest

Le top des restaurants

➡ V Cafe (p. 289)
➡ Thanh Tram (p. 296)
➡ Le Rabelais (p. 290)
➡ Trong Dong (p. 289)

Le top des hébergements

➡ Forest Floor Lodge (p. 293)
➡ Ana Mandara Villas Dalat (p. 288)
➡ Dreams 3 (p. 288)
➡ Family Hotel (p. 302)

Pourquoi y aller

Les hauts plateaux du sud-ouest du Vietnam forment une région au fort caractère rural, avec des routes cahoteuses sinuant à travers des plantations de café et des terres cultivées dominées par des collines aux sommets plantés de pins. Les paysages n'ont pas l'attrait immédiat de l'extrême nord, et c'est tant mieux, car vous découvrirez ici des villages d'ethnies montagnardes authentiques, qui reçoivent moins de visiteurs que les environs très touristiques de Sapa.

Les deux parcs nationaux de la région permettent d'aborder la facette sauvage du Vietnam. Celui de Cat Tien a été classé réserve mondiale de biosphère par l'Unesco pour la richesse de sa flore et de sa faune. Et Yok Don, où vivent des éléphants et une abondante population aviaire (dont des ibis géants), est la plus vaste zone protégée du pays.

Dalat, ancienne station climatique française au charme colonial intact, constitue la base d'exploration privilégiée – en passe de devenir un haut lieu des sports d'aventure. À vous les randonnées à pied, à vélo et autres activités de plein air, avant de profiter, le soir, des restaurants et des bars de la ville.

Quand partir
Dalat

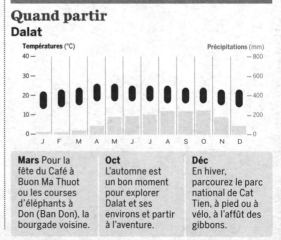

Mars Pour la fête du Café à Buon Ma Thuot ou les courses d'éléphants à Don (Ban Don), la bourgade voisine.

Oct L'automne est un bon moment pour explorer Dalat et ses environs et partir à l'aventure.

Déc En hiver, parcourez le parc national de Cat Tien, à pied ou à vélo, à l'affût des gibbons.

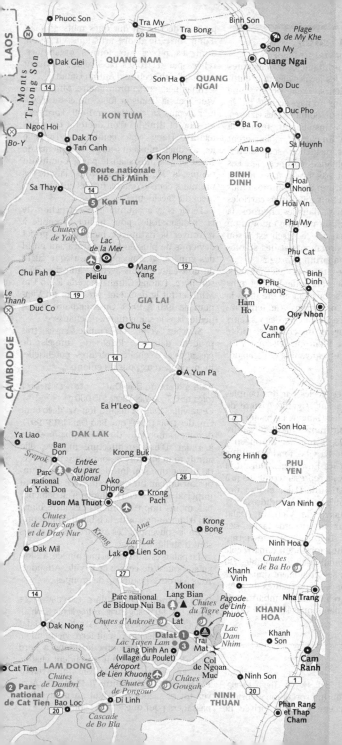

Phuoc Son

Tra My

Tra Bong

Binh Son

Plage de My Khe

Son My

Quang Ngai

QUANG NAM

Dak Glei

Son Ha

QUANG NGAI

Mo Duc

Duc Pho

Monts Truong Son

KON TUM

Ba To

Sa Huynh

Ngoc Hoi

Bo-Y

Dak To

Tan Canh

Kon Plong

An Lao

BINH DINH

4 Route nationale Hô Chi Minh

Sa Thay

5 Kon Tum

Hoai Nhon

Hoai An

Chutes de Yaly

Lac de la Mer

Mang Yang

19

Phu My

Phu Cat

Chu Pah

Pleiku

Binh Dinh

Le Thanh

19

GIA LAI

Phu Phuong

Duc Co

Ham Ho

Quy Nhon

Chu Se

7

Van Canh

CAMBODGE

14

A Yun Pa

Ea H'Leo

7

Son Hoa

Ya Liao

DAK LAK

Song Hinh

PHU YEN

Ban Don

Srepok

Krong Buk

Entrée du parc national

26

Parc national de Yok Don

Ako Dhong

Krong Pach

Van Ninh

Buon Ma Thuot

Chutes de Dray Sap et de Dray Nur

Krong

Ana

Krong Bong

Dak Mil

Lac Lak

Lak

Lien Son

Ninh Hoa

27

Chutes de Ba Ho

Khanh Vinh

14

Mont Lang Bian

Parc national de Bidoup Nui Ba

Chutes du Tigre

Pagode de Linh Phuoc

Nha Trang

KHANH HOA

Dak Nong

Chutes d'Ankroët

Lat

Lac Dam Nhim

Khanh Son

Dalat 1

Trai Mat

Lac Tuyen Lam

Cam Ranh

Cat Tien

LAM DONG

Chutes de Dambri

Lang Dinh An (village du Poulet)

Aéroport de Lien Khuong

Col de Ngoan Muc

Chutes de Pongour

Chûtes Gougah

Ninh Son

2 Parc national de Cat Tien

20

Bao Loc

Di Linh

NINH THUAN

20

Phan Rang et Thap Cham

Cascade de Bo Bla

À ne pas manquer

1 Randonnée, VTT, canyoning ou escalade dans les montagnes autour de **Dalat** (p. 286).

2 Le **parc national de Cat Tien** (p. 292), pour partir à la recherche des gibbons tôt le matin, ou voir des crocodiles lors d'une sortie nocturne dans la jungle.

3 Faire une escapade à **Dalat** (p. 282), la célèbre station climatique du pays, au style colonial français, et profiter de son climat agréablement frais.

4 Une équipée à moto à travers les cols de la fameuse **piste Hô Chi Minh** (p. 295).

5 Les villages isolés des environs de **Kon Tum** pour découvrir la culture et le mode de vie des ethnies montagnardes (p. 301).

Dalat et environs

📍 063 / 250 000 HABITANTS / ALTITUDE 1 475 M

Avec sa fraîcheur printanière, ses élégantes villas coloniales et les fermes alentour cultivant fraises et fleurs, Dalat occupe une place singulière dans un pays accablé par la chaleur tropicale et où dominent les rizières.

Les Français s'y installèrent, fuyant la touffeur de Saigon. En partant, ils laissèrent derrière eux leurs résidences secondaires, ainsi qu'une ambiance européenne. Les Vietnamiens n'ont pas hésité à se fendre d'ajouts, parfois surprenants, comme la tour de radio copiant la tour Eiffel et les carrioles à cheval. Il y a aussi, dans les environs, la "vallée de l'Amour", un parc qui entoure un lac dans une vallée. Là, le kitsch est à son comble, avec des ornements et des statues disséminés dans un jardin paysager.

Dalat séduit les touristes vietnamiens, qui viennent passer leur lune de miel dans le "Petit Paris" et séjournent en été dans la "Cité de l'éternel printemps" (la température varie de 15°C à 24°C). Pour les visiteurs étrangers, la douceur du climat se prête à divers sports de plein air, tels que VTT, randonnées en forêt, canyoning et escalade.

Histoire

Habitée depuis des siècles par des peuples montagnards, "Da Lat" signifie "rivière de la tribu lat" dans leur langue. Le bactériologiste et explorateur franco-suisse Alexandre Yersin fut, en 1893, le premier Européen à explorer la région. La ville, fondée en 1912, attira rapidement les Européens. Durant la période coloniale, ils représentèrent jusqu'à 20% de la population de Dalat, et ils y ont laissé d'innombrables villas grandioses.

Pendant la guerre du Vietnam, Dalat fut épargnée par un accord tacite des diverses parties. Des soldats sud-vietnamiens suivaient une formation dans l'école militaire locale, tandis que les notables du régime de Saigon se détendaient dans leurs villas, non loin de celles des cadres du Viêtcong. La ville se rendit sans combattre aux troupes nord-vietnamiennes le 3 avril 1975.

👁 À voir

👁 Dalat

Folie Hang Nga   CURIOSITÉ
(📞063-382 2070 ; 3 Đ Huynh Thuc Khang ; 40 000 d ; ⏱7h-19h). Interprétation débridée du surréalisme, cette demeure privée ne peut se décrire en quelques mots. Il s'agit d'une sorte de délire artistique en béton, dont les pièces aux formes organiques, reliées par d'étroites passerelles, évoquent un peu l'architecture d'Antoni Gaudí.

Imaginée par sa propriétaire, Mme Dang Viet Nga, la "maison folle" ne cesse d'évoluer depuis sa création en 1990. Formée à Moscou et titulaire d'un doctorat en architecture, Hang Nga, comme on l'appelle ici, a conçu plusieurs autres bâtiments de Dalat. Jugée antisocialiste par le Comité du peuple, la "Maison aux 100 toits", l'un de ses premiers chefs-d'œuvre, fut détruite par un incendie "accidentel".

Hang Nga a entamé la construction de la "maison folle" pour inciter le public à retrouver la nature et, bien que le projet devienne de plus en plus extravagant au fil des années, sa conceptrice ne risque guère de nouveaux ennuis avec les autorités. Feu son père, Truong Chinh, succéda à Hô Chi Minh et fut le deuxième président du Vietnam de 1981 à 1988. Un sanctuaire lui est dédié dans le salon du rez-de-chaussée.

Si vous venez en famille, soyez très prudent dans ce dédale de tunnels, de passages et d'échelles précaires, potentiellement dangereux pour les enfants.

Palais d'été de Bao Dai   ÉDIFICE HISTORIQUE
(près de Đ Trieu Viet Vuong ; 10 000 d ; ⏱7h-17h). Cette villa (1933) d'inspiration Art déco était l'un des trois palais que Bao Dai (1913-1997), dernier empereur du Vietnam, posséda à Dalat. D'une architecture massive, elle aurait toutefois fort besoin d'être restaurée, de même que son intérieur défraîchi. L'imposant bureau du souverain, avec son sceau impérial et son sceau militaire, n'en demeure pas moins impressionnant. Le buste blanc qui trône au-dessus de la bibliothèque représente le souverain. Les appartements privés sont installés à l'étage.

Le palais est situé dans une pinède, à 2 km au sud-ouest du centre de la ville. Attendez-vous à croiser beaucoup de groupes.

Gare du train à crémaillère   ÉDIFICE HISTORIQUE
(Ga Da Lat ; 1 Đ Quang Trung ; entrée libre ; ⏱6h30-17h). GRATUIT La superbe gare Art déco de Dalat n'est plus reliée au réseau ferré vietnamien, mais l'on peut remonter le temps à bord d'un des cinq trains qui se rendent chaque jour au village de Trai Mat (aller-retour 124 000 d, 30 min) entre 7h45 et 16h. Arrivez tôt et sachez qu'il faut au moins deux passagers pour que le trajet soit assuré.

Le train à crémaillère Dalat-Thap Cham, en service de 1928 à 1964, fut supprimé en raison des attaques viêt-cong. On peut voir sur place de vieilles locomotives, dont une à vapeur de fabrication japonaise, et la salle d'attente a conservé son style colonial.

Musée Lam Dong   MUSÉE
(☑063-382 0387 ; 4 Đ Hung Vuong ; 10 000 d ; ⊙7h30-11h30 et 13h30-16h30 lun-sam). Installé dans un bâtiment contemporain rose à flanc de colline, ce musée renferme des objets ainsi que des costumes et des instruments de musique des ethnies de la région. Une exposition consacrée à Alexandre Yersin et à l'histoire de Dalat occupe le dernier étage.

Lac Xuan Huong   LAC
Créé par un barrage en 1919, ce lac en forme de croissant doit son nom à la poétesse vietnamienne Ho Xuan Huong (1772-1822), réputée pour ses attaques contre l'hypocrisie des conventions sociales. Un agréable sentier goudronné de 7 km fait le tour du plan d'eau en passant par le jardin des Fleurs, le club de golf et l'hôtel Dalat Palace. On peut louer des pédalos en forme de cygne, qui ont un grand succès auprès des touristes vietnamiens.

Église Du Sinh   ÉGLISE
(Đ Huyen Tran Cong Chua ; entrée libre). GRATUIT Cet édifice, construit au sommet d'une colline en 1955 par des réfugiés catholiques du Nord-Vietnam, ressemble plus à un temple qu'à une église. Le clocher sino-vietnamien à quatre colonnes fut érigé à la demande d'un prêtre de sang royal originaire de Hué. Levez les yeux en passant sous le porche pour voir une statue de style grec flanquée de deux féroces dragons chinois dorés.

Suivez Đuong (Đ) Tran Phu jusqu'à ce que la rue devienne Đ Hoang Van Thu. Tournez à gauche dans Đ Huyen Tran Cong Chua en direction de l'ancien **couvent des Oiseaux**, aujourd'hui un centre de formation des enseignants : l'église est à 500 m vers le sud-ouest, en haut de la route.

Jardin des Fleurs   JARDIN
(Vuon Hoa Thanh Pho ; ☑063-382 2151 ; Đ Tran Nhan Tong ; 10 000 d ; ⊙7h30-16h). Ce jardin, conçu en 1966, comprend notamment des hortensias, des fuchsias et des orchidées, ces dernières dans des bâtiments ombragés à gauche de l'entrée.

◉ Environs de Dalat

Pagode Truc Lam et téléphérique   TEMPLE BOUDDHIQUE
(Ho Tuyen Lam). Pour un moment de spiritualité, direction la pagode Truc Lam, un monastère en activité au sommet d'une

LES PEUPLES DES MONTAGNES

Les tensions entre les montagnards et la population vietnamienne remontent à plusieurs siècles, quand l'expansion vietnamienne a repoussé ces ethnies minoritaires vers les hauts plateaux du Sud-Ouest. Alors que les autorités coloniales françaises considéraient les montagnards comme une population spécifique, le gouvernement du Sud-Vietnam tenta plus tard de les assimiler en supprimant les écoles et les tribunaux coutumiers, en interdisant les maisons sur pilotis et en s'appropriant leurs terres.

En réaction, les montagnards formèrent des mouvements de guérilla nationalistes, dont le Front unifié pour la libération des races opprimées (Fulro). Courtisés dans les années 1960 par les États-Unis pour participer à la lutte contre le Nord-Vietnam, ils furent entraînés par la CIA et les forces spéciales américaines.

Ils payèrent chèrement cet engagement après la guerre. Le régime communiste envoya plus de Vietnamiens dans les hauts plateaux, interdit l'enseignement dans les langues indigènes et limita la liberté de religion (nombre de montagnards appartiennent à des églises non autorisées). De nombreuses ethnies montagnardes furent déplacées dans des villages modernes, en partie pour décourager la culture sur brûlis, mais aussi pour accélérer l'assimilation.

En 2001 et en 2004, des mouvements de protestation furent rapidement – et brutalement – réprimés par le gouvernement. Des groupes de défense des droits de l'homme ont recensé plus de victimes que celles officiellement reconnues par les autorités, et des milliers de montagnards ont fui au Cambodge et aux États-Unis. Quand on questionne des Vietnamiens au sujet de ces événements, ils répètent habituellement la thèse officielle du complot fomenté à l'étranger. Les observateurs internationaux évoquent la surveillance constante, le harcèlement et la persécution religieuse.

Centre de Dalat

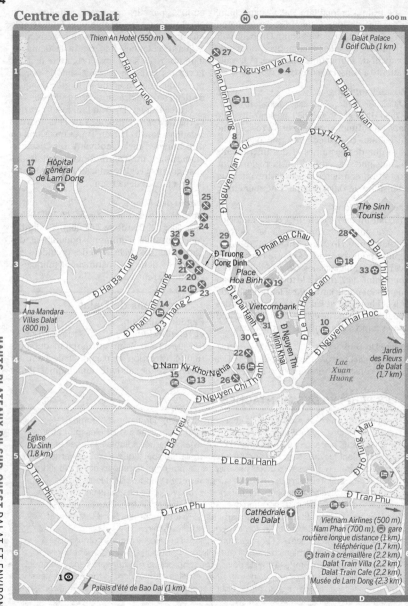

N 0 — 400 m

Thien An Hotel (550 m)

Dalat Palace
Golf Club (1 km)

Đ Nguyen Van Troi ● 4

Đ Hai Ba Trung

Đ Phan Dinh Phung

27

11

Đ Bui Thi Xuan

Đ Ly Tu Trong

8

9

Đ Nguyen Van Troi

17 Hôpital
général
de Lam Dong

The Sinh
Tourist

25
24

28

Đ Phan Boi Chau

32 ● 5

2
29
Đ Truong
Cong Dinh
Place
Hoa Binh

18

33

3
21
20
23

12

Đ Hai Ba Trung

Đ Phan Dinh Phung

14

Đ 3 Thang 2

Đ Le Dai Hanh

19

Vietcombank

Đ Le Thi Hong Gam

Ana Mandara
Villas Dalat
(800 m)

31

10

Đ Nguyen Thai Hoc

30

Đ Nguyen Thi
Minh Khai

22

Đ Nam Ky Khoi Nghia

16

Lac
Xuan
Huong

Jardin
des Fleurs
de Dalat
(1,7 km)

15 13

26

Đ Nguyen Chi Thanh

Đ Ba Trieu

Église
Du Sinh
(1,8 km)

Đ Ho Tung Mau

7

Đ Le Dai Hanh

Đ Tran Phu

Đ Tran Phu

Đ Tran Phu

Cathédrale
de Dalat

6

1

Palais d'été de Bao Dai (1 km)

Vietnam Airlines (500 m),
Nam Phan (700 m), gare
routière longue distance (1 km),
téléphérique (1,7 km),
train à crémaillère (2,2 km),
Dalat Train Villa (2,2 km),
Dalat Train Cafe (2,2 km),
Musée de Lam Dong (2,3 km)

colline. Dans ses vastes et beaux jardins, vous échapperez facilement aux groupes occasionnels. Rendez-vous sur place par le téléphérique (aller/aller-retour adulte 50 000/70 000 d, enfant 30 000/40 000 d ; ☉7h30-11h30 et 13h30-17h30), qui passe

au-dessus de majestueuses forêts de pins (terminus à 3 km au sud du centre).

Du monastère, 15 minutes de marche mènent aux rives du **lac Tuyen Lam** (en réalité un réservoir), dotées de cafés et de bateaux à louer. La pagode et le plan d'eau

Centre de Dalat

sont accessibles par des embranchements sur la RN 20.

Parc national de Bidoup-Nui Ba   RÉSERVE NATURELLE
(☏ 063-374 7449 ; www.bidoupnuiba.gov.vn). Couvrant un haut plateau densément boisé, ce parc national englobe des forêts de conifères et d'arbres à feuilles persistantes, des bambouseraies et des prairies situées entre 650 et 2 288 m d'altitude. Des guides issus des ethnies montagnardes peuvent vous conduire le long des sentiers. Le centre d'accueil des visiteurs, à 32 km au nord de Dalat, présente des expositions interactives sur la faune et la flore, ainsi que la culture et l'artisanat de l'ethnie Koho.

Bidoup-Nui Ba abrite 96 espèces végétales endémiques, dont le pin de Dalat (*Pinus dalatensis*), et près de 300 espèces d'orchidées. Avec un peu de chance, vous entendrez tôt le matin les cris des gibbons à joues jaunes. Le parc est également l'habitat de l'ours noir et de la grenouille volante *Rhacophorus vampyrus*, découverte en 2010.

L'agréable sentier de 3,5 km, qui relie le centre d'accueil à une cascade, suit seulement la lisière du parc. Pour pénétrer celui-ci plus en profondeur, vous avez le choix entre trois options, dont une inclut l'ascension des monts Lang Biang et Bidoup. Les chemins plus longs ne partent pas du centre d'accueil, mais le personnel

peut vous fournir un guide et s'occuper de la logistique.

Le centre dispose de 5 confortables bungalows de 3 chambres avec sdb (300 000 d) et d'une cantine (repas 30 000-70 000 d).

Fabrique de soie de Cuong Hoan   TEXTILE
(☏ 063-852 338 ; ⊙ 7h30-17h). Vous découvrirez ici toutes les étapes de la production de la soie : tri des cocons, dévidage du fil, teinture et tissage de pièces aux couleurs chatoyantes. On peut même goûter une larve grillée, à la saveur de noix. De beaux vêtements et des coupons de tissu sont proposés à la vente. La fabrique se situe à Nam Ban, un village à 30 km à l'ouest de Dalat.

Cascades   SITES NATURELS
Plusieurs chutes d'eau parsèment les alentours de Dalat, mais elles n'ont rien de très spectaculaire et l'aspect commercial prend le pas sur la nature. Si vous explorez la campagne, vous pourrez voir les **chutes d'Ankroët**, les **chutes de Gougah** (7 000 d ; ⊙ 7h-16h) et les **chutes de Pongour** (10 000 d ; ⊙ 7h-16h).

➡ Chutes de l'Éléphant
GRATUIT À condition d'être prêt à parcourir un chemin accidenté parfois dangereux, ces chutes s'avèrent plus impressionnantes vues d'en bas. La **pagode Linh An**, voisine, renferme plusieurs grands bouddhas, dont un hilare, auréolé de néon et dissimulant une salle dans sa vaste bedaine.

Les chutes coulent près du village de Nam Ban, à 30 km à l'ouest de Dalat. On peut aisément combiner la visite avec celle de la fabrique de soie de Cuong Hoan.

➜ Chutes de Datanla
(10 000 d, "bobsleigh" adulte 30 000/40 000 d aller/aller-retour). Ces modestes chutes étant les plus proches de Dalat, attendez-vous à beaucoup de groupes. L'amusante **descente en luge sur rail** vaut néanmoins le coup. Les chutes se trouvent à 7 km au sud de Dalat. Suivez la RN 20 et tournez à droite 200 m après l'embranchement vers le lac Tuyen Lam. L'endroit est bien indiqué.

Villages Lat et Lang Dinh An   VILLAGES
Bien que sans grand intérêt, ces deux villages de communautés ethniques, à courte distance de Dalat, attirent nombre de touristes. Pour découvrir la vie des montagnards, rendez-vous plutôt à Kon Tum.

À moins de 1 km du pied des monts Lang Bian, le **village Lat** (prononcez "lak") compte 6 000 habitants répartis dans neuf hameaux. Seuls cinq d'entre eux abritent des membres de l'ethnie lat. Les quatre autres sont habités par des Chill, des Ma et des Koho. Le village est un endroit paisible, avec quelques boutiques d'artisanat. Des dégustations de vin ou des concerts de gongs y sont parfois organisés pour les groupes de touristes.

Lang Dinh An (village du Poulet), sur la RN 20 à 17 km de Dalat, regroupe quant à lui quelque 600 Koho, aujourd'hui assez vietnamisés. Au milieu du village trône un poulet géant, en béton. La statue fait partie d'un système d'adduction d'eau qui ne fonctionne plus depuis belle lurette et qui poussait un cocorico quand on pompait l'eau. On propose à Lang Dinh An de l'artisanat et des activités "culturelles" similaires à ceux du village lat.

🏃 Activités

Le climat frais et les montagnes alentour favorisent toutes sortes d'activités de plein air. Le long de Đ Truong Cong Dinh, de nombreux tour-opérateurs proposent des randonnées à pied ou à VTT, du kayak, du canyoning, des descentes en rappel et des ascensions, ainsi que des circuits dans les hauts plateaux. Comparez les prix et renseignez-vous sur les équipements et les conditions de sécurité.

♥ **Phat Tire Ventures**   CIRCUITS AVENTURE
(☎063-382 9422 ; www.ptv-vietnam.com ; 109 Đ Nguyen Van Troi). Ce tour-opérateur expérimenté organise des excursions à VTT (à partir de 49 $US), des treks (à partir de 31 $US), des sorties en kayak (à partir de 39 $US), du canyoning (à partir de 45 $US) et, à la saison des pluies, du rafting (72 $US). Les formules vélo/rafting à Mui Ne (115 $US) constituent la meilleure façon de gagner la côte.

Groovy Gecko Adventure Tours   CIRCUITS AVENTURE
(☎063-383 6521 ; www.groovygeckotours.net ; 65 Đ Truong Cong Dinh). Une agence très pro, dirigée par des jeunes dynamiques. Les prix démarrent à 35 $US environ pour l'escalade ou le VTT, à 59 $US pour un trek de 2 jours.

Pine Track Adventures   CIRCUITS AVENTURE
(☎063-383 1916 ; www.pinetrackadventures.com ; 72B Đ Truong Cong Dinh). Une équipe locale enthousiaste propose canyoning, treks et excursions à VTT, ainsi que d'excellentes formules multisports. Un circuit de 6 jours incluant Dalat et la descente jusqu'à Mui Ne revient à 510 $US.

Highland Holiday Tours   CIRCUITS AVENTURE
(☎063-351 1047 ; www.highlandholidaytours.com.vn ; 47 Đ Truong Cong Dinh). Un nouveau venu offrant des circuits à VTT ou à moto, des treks et du canyoning. Citons aussi des excursions à vélo de 2 jours jusqu'à Nha Trang (170 $US) ou Cat Tien (180 $US).

Dalat Palace Golf Club   GOLF
(☎063-382 1202 ; www.dalatpalacegolf.vn ; Đ Tran Nhan Tong). L'empereur Bao Dai lui-même fréquentait ce beau parcours de 18 trous près du lac (à partir de 50 $US). Pour venir, suivez Đ Ba Huyen Thanh Quan vers le nord en longeant le lac Xuan Huong, puis tournez à gauche dans Đ Tran Nhan Tong. Le club est à 300 m sur la gauche.

🛏 Où se loger

Il y a à Dalat un choix incroyable d'établissements pour petits budgets, ainsi que plusieurs beaux hôtels haut de gamme de style colonial. Les températures modérées rendent la climatisation superflue.

♥ **Dreams Hotel**   PENSION **$**
(☎063-383 3748 ; dreams@hcm.vnn.vn ; 138-140 Đ Phan Dinh Phung ; ch 20-25 $US ; ❋@📶). Une adresse très chaleureuse, tenue par une famille attentive à ses hôtes. Outre des chambres impeccables, il y a un Jacuzzi et un sauna. Épatant buffet au petit-déjeuner.

LES EASY RIDERS

Pour nombre de voyageurs, un circuit à moto hors des sentiers battus avec un "Easy Rider" constitue le point fort d'un périple dans les hauts plateaux. Outre le plaisir de circuler sur des routes sans fin, vous vous promènerez avec un conducteur sympathique qui connaît parfaitement la région et vous fera découvrir la vie rurale.

Le succès des Easy Riders a un revers : le premier venu revendique ce titre. Dans le centre de Dalat, vous ne pourrez pas faire un pas sans que quelqu'un vous propose un circuit (parfois avec une insistance pesante). Afin de protéger "leur" appellation, des Easy Riders se sont regroupés en association ; ils portent un blouson bleu et font payer une adhésion. À Danang, Hoi An et Nha Trang, le terme "Easy Rider" désigne également des groupes de guides à moto, vêtus de blousons de diverses couleurs.

Que vous vous adressiez à un guide en uniforme ou indépendant, faites-vous préciser ce qu'il peut vous montrer que vous ne pouvez découvrir par vos propres moyens. Comptez à partir de 25 $US par jour aux environs de Dalat, 50-70 $US par jour pour des circuits prolongés à travers les hauts plateaux jusqu'à la côte, voire jusqu'à Hanoi.

Les Easy Riders portant un blouson ne sont pas tous de bons guides et de nombreux conducteurs indépendants se révèlent excellents. Dans l'univers tortueux des guides à moto, des indépendants dédaignent le terme "Easy Rider" et se définissent comme "Free Riders" ou simplement guides à moto.

Avant un long périple, testez le conducteur pour une excursion d'une journée. Est-il prudent ? Maîtrise-t-il bien une langue que vous comprenez ? Pouvez-vous envisager de passer 2 jours ou plus en sa compagnie ? Vos sacs sont-ils correctement arrimés sur la moto ? La selle et le casque sont-ils confortables (et propres) ? Nombre de conducteurs possèdent un livre d'or recueillant les témoignages des clients précédents. Consultez aussi les forums sur Internet.

Autre critère de taille, l'itinéraire. Les plus belles routes du sud du Vietnam sont les nouvelles voies côtières qui relient Dalat à Mui Ne et à Nha Trang. L'ancienne route côtière, qui passe par Phan Rang, vaut aussi le coup, bien qu'elle soit en mauvais état. Les routes principales qui traversent la région, en particulier celle qui va de Buon Ma Thuot à Pleiku, ne sont pas particulièrement pittoresques ; mieux vaut emprunter les routes secondaires. Si vous êtes en quête de paysages saisissants, allez à l'extrême nord du Vietnam, autour de la boucle du Nord-Ouest, Sapa, Ha Giang et Cao Bang, ou bien roulez vers la zone démilitarisée (Demilitarised Zone, DMZ) et le parc national de Phong Nha-Ke.

Thien An Hotel HÔTEL **$**
(☎063-352 0607 ; thienanhotel@vnn.vn ; 272A Đ Phan Dinh Phung ; s 18 $US, d 22-25 $US ; @🕾). Ce superbe hôtel familial, fort accueillant, comporte des chambres spacieuses bien équipées. Cadre douillet, d'une propreté irréprochable, et remarquable petit-déjeuner. Vélos à disposition.

Le Phuong Hotel HÔTEL **$**
(☎063-382 3743 ; www.lephuonghotel.com ; 80 Đ Nguyen Chi Thanh ; s 300 000 d, d 350 000-500 000 d ; ❄@🕾). Du hall étincelant aux grandes chambres chics, de style minimaliste, cet établissement familial, impeccable et bien situé, constitue une véritable affaire.

Green City HÔTEL **$**
(☎063-382 7999 ; www.dalatgreencityhotel.com ; 172 Đ Phan Dinh Phung ; s/d/tr 17/19/21 $US ; @🕾). Nouveau venu parfait pour les voyageurs, avec de jolies chambres soignées,

toutes garnies de lits en bois aux draps frais, d'une TV et d'un minibar.

Hotel Chau Au – Europa HÔTEL **$**
(☎063-382 2870 ; europa@hcm.vnn.vn ; 76 Đ Nguyen Chi Thanh ; ch 250 000-350 000 d ; ❄@🕾). Propriétaire serviable, l'aimable M. Duc parle français. Il propose d'excellentes chambres, la plupart avec 2 lits doubles, et certaines avec vue sur la ville.

Hoan Hy Hotel HÔTEL **$**
(☎063-351 1288 ; www.hoanhydalathotel.com ; 14-16 Đ 3 Thang 2 ; ch 350 000 d ; @🕾). Ces élégantes chambres sont d'un rapport qualité/prix épatant, à proximité du cœur de la ville. Grâce à la boulangerie du rez-de-chaussée, vous aurez du pain frais le matin.

Pink House Villa Hotel HÔTEL **$**
(☎063-381 5667 ; ahomeawayfromhome_dalat@ yahoo.com ; 7 Đ Hai Thuong ; s/d/tr 10/15/20 $US ;

LA BASE FORESTIÈRE DE MADAGUI

Le **Madagui Forest Resort** (☏061-394 6999 ; www.madagui.com.vn ; Km 152 sur la RN 20 ; adulte/enfant 30 000/20 000 d, paintball 58 000 d, plus 1500 d/coup tiré), un centre dédié à l'aventure sur la route de Dalat, s'adresse davantage aux Vietnamiens qu'aux touristes étrangers. Certaines activités peuvent toutefois séduire ces derniers, comme le rafting et le kayak en eaux vives, l'équitation, le VTT, la pêche et même le nourrissage des crocodiles. Le **paintball** en est une attraction majeure et assez surréaliste. Vous pouvez loger sur place (à partir de 1 550 000 d la nuit), mais mieux vaut sans doute s'y arrêter sur le chemin entre Dalat et Hô Chi Minh-Ville.

@☎). Un hôtel familial bien tenu, où nombre de chambres jouissent d'une jolie vue. L'affable M. Rot, aux commandes, peut organiser des circuits à moto dans la campagne autour de Dalat.

Hotel Phuong Hanh   HÔTEL $
(☏063-356 0528 ; 7/1 Đ Hai Thuong ; ch 7-12 $US ; @☎). À considérer si vous recherchez une adresse vraiment économique, correcte pour le prix. La plupart des nombreuses chambres comportent 2 lits doubles.

♥ **Dreams 3**   HÔTEL $$
(☏063-383 3748, 063-382 5877 ; dreams@ hcm.vnn.vn ; 138-140 Đ Phan Dinh Phung ; ch 30-35 $US ; ⊜✹@☎). Nouvel établissement spacieux, propriété de l'étonnante "Dreams Team". Toutes les chambres ont des matelas de grande qualité et une sdb dans l'air du temps, plus parfois un balcon. Le dernier étage abrite un Jacuzzi, un hammam et un sauna ; un restaurant est par ailleurs en projet. Seule ombre au tableau : l'emplacement dans une rue à la circulation intense.

Dalat Train Villa   APPARTEMENT $$
(☏063-381 6365 ; www.dalattrainvilla.com ; 1 Đ Quang Trung ; app 70 $US ; ⊜☎). À 2 km à l'est du centre de la ville, une superbe villa coloniale comprenant 4 appartements. Chacun d'eux dispose d'un salon, d'une kitchenette et d'une TV à grand écran plat. Un café est aménagé dans un wagon ferroviaire (p. 289).

Dalat Hotel du Parc   HÔTEL $$
(☏063-382 5777 ; www.hotelduparc.vn ; 7 Đ Tran Phu ; s et d 50-70 $US, ste 110 $US ; ✹@☎). Ce bâtiment de 1932, soigneusement restauré, met le style colonial à portée de bourse. Le vieil ascenseur du hall donne le ton, de même que le parquet ciré et le mobilier chic des chambres, spacieuses. Dommage qu'il pèche un peu du côté des équipements.

Empress Hotel   HÔTEL $$
(☏063-383 3888 ; www.empresshotelvn.com ; 5 Đ Nguyen Thai Hoc ; ch/ste à partir de 42/57 $US ; ✹@☎). Hôtel paisible et chaleureux, très bien situé, juste au-dessus du lac Xuan Huon. Alliant esthétique, espace et modernité, les chambres donnent, pour la plupart, sur une paisible cour-jardin. Offres promotionnelles sur le site Internet.

Thi Thao Hotel   HÔTEL $$
(☏063-383 3333 ; www.thithaogardenia.com/ en ; 29 Đ Phan Boi Chau ; ch à partir de 28 $US ; ⊜✹@☎). Aussi appelé Gardenia Hotel, cet établissement décoré avec goût loue des chambres (TV à écran plat) stylées, claires et modernes, aux sdb superbes.

♥ **Ana Mandara Villas Dalat**   HÔTEL DE CHARME $$$
(☏063-355 5888 ; www.anamandara-resort.com ; Đ Le Lai ; ch 82-102 $US, ste à partir de 138 $US ; ⊜✹@☎). Une propriété de grande classe, qui comporte 17 villas coloniales amoureusement restaurées. Outre des chambres garnies de meubles d'époque, chacune d'elles possède une salle à manger avec cheminée, où l'on peut commander un dîner privé. Spa sophistiqué. Dans les faubourgs de Dalat, à une bonne trotte du centre.

Ngoc Lan Hotel   HÔTEL $$$
(☏063-382 2136 ; www.ngoclanhotel.vn ; 42 Đ Nguyen Chi Thanh ; ch/ste à partir de 84/142 $US ; ✹@☎). Un hôtel de luxe, dont les chambres blanches, aux lignes sobres, sont rehaussées de touches violettes stylées. La décoration contemporaine se marie joliment avec le style colonial du bâtiment, agrémenté de parquet et de portes-fenêtres. Au cœur de la ville, donc un peu bruyant.

Dalat Palace   HÔTEL COLONIAL $$$
(☏063-382 5444 ; www.dalatpalace.vn ; 12 Đ Tran Phu ; s 246-306 $US, d 260-320 $US, ste 446-510 $US ; ⊜✹@☎). Desservi par une

large allée où sont garées des Citroën de collection, ce vénérable palace de 1922 profite d'une vue imprenable sur le lac Xuan Huong. Le faste des intérieurs coloniaux a été superbement préservé, depuis les lambris, les baignoires à pattes de lion et les cheminées jusqu'aux lustres et aux tableaux. L'endroit peut toutefois s'avérer tristement désert à certaines périodes. Les tarifs proposés en ligne descendent parfois jusqu'à 130 $US.

✖ Où se restaurer

Nombre d'établissements touristiques jalonnent Truong Cong Dinh. Pour un repas à prix doux dans la journée, rendez-vous au dernier étage du **marché central** (Cho Da Lat). Le soir, des **stands de restauration** s'installent aux abords du marché, le long de Nguyen Thi Minh Khai.

♥ Trong Dong   VIETNAMIEN $
(☑ 063-382 1889 ; 220 Đ Phan Dinh Phung ; plats 40 000-80 000 d ; ⊙ 11h30-21h). Une table intimiste, tenue par une équipe très accueillante. La carte créative comprend des plats tels que pâte de crevettes sur bâton de canne à sucre et bœuf enveloppé d'une feuille de *la lut*.

♥ Goc Ha Thanh   VIETNAMIEN $
(53 Đ Truong Cong Dinh ; plats 35 000-119 000 d ; ⊙ 7h-22h ; 🖀). Ouverte par un couple accueillant originaire de Hanoi, cette nouvelle adresse décontractée, au joli mobilier en bambou, met l'accent sur les curries au lait de coco, les fondues, les spécialités mijotées dans une cocotte en terre, les plats sautés et les nouilles.

Lan Mot Nguoi   VIETNAMIEN $
(58 Đ Nguyen Chi Thanh ; repas 32 000-68 000 d ; ⊙ 10h-22h). Spécialisé dans les fondues cuites à la vapeur, ce restaurant moderne, à l'atmosphère sans chichis, attire une clientèle d'habitués locaux. Goûtez en particulier la fondue de fruits de mer relevée.

Da Quy   VIETNAMIEN, OCCIDENTAL $
(Wild Sunflower ; 49 Đ Truong Cong Dinh ; plats 30 000-72 000 d ; ⊙ 8h-22h). Tenu par Loc, sympathique Vietnamien anglophone, ce lieu combine cadre raffiné et prix doux. Choisissez un plat mijoté traditionnel, une fondue ou une recette occidentale.

♥ V Cafe   INTERNATIONAL $$
(☑ 063-352 0215 ; www.vcafedalatvietnam.com ; 1/1 Đ Bui Thi Xuan ; repas 80 000-170 000 d ; ⊙ 7h-22h30 ; 🖀). Une adresse sympathique,

de style bistrot, à la cuisine cosmopolite (curry de poulet façon Calcutta, *quesadillas* mexicaines...). Des photos intéressantes ornent les murs et il y a de la musique live presque chaque soir.

Nhat Ly   VIETNAMIEN $$
(88 Đ Phan Dinh Phung ; plats 35 000-130 000 d ; ⊙ 11h-21h30). À la carte figurent de copieuses spécialités des hauts plateaux, dont des fondues remarquables et des grillades de viande et de fruits de mer, le tout servi sur des nappes à carreaux. Excellent crabe vapeur à la bière (280 000 d/kg). La nombreuse clientèle locale semble être un gage de qualité.

Quan Oc Trang   FRUITS DE MER $$
(58 Đ Nguyen Chi Thanh ; plats 35 000-80 000 d ; ⊙ 11h30-21h). Un modeste restaurant local de fruits de mer, doté de tabourets en plastique. Excellents coquillages et crustacés, tels que moules à la citronnelle et aux herbes, escargots de mer et crabe à carapace molle.

Dalat Train Cafe   CAFÉ $$
(www.dalattrainvilla.com ; 1 Đ Quang Trung ; en-cas/repas à partir de 50 000/90 000 d ; ⊙ 7h-22h ; 🖀). Avis aux amoureux du rail ! Ne manquez pas l'occasion de prendre un repas ou un en-cas dans le cadre unique de ce wagon de l'époque coloniale soigneusement restauré, à 100 m de la gare. Au menu, burgers, salades, et bon choix de vins.

DÉLICES DE DALAT

Paradis des maraîchers, Dalat bénéficie d'un climat idéal pour cultiver une grande diversité de légumes et de fruits. Vous pouvez ainsi déguster des plats que vous ne trouverez nulle part ailleurs dans le pays.

La région est renommée pour sa confiture de fraises, ses cassis séchés, ses prunes confites, ses kakis et ses pêches. Les abricots, très appréciés, sont souvent servis avec une boisson chaude très salée. Le sorbet à l'avocat, les pois sucrés (*mut dao*) et les sirops de fraise, de mûre ou d'artichaut font partie des délices de la région. La tisane d'artichaut, autre spécialité locale, ferait baisser la tension et serait bénéfique pour le foie et les reins.

Les vins de Dalat sont réputés dans tout le pays. Les rouges sont agréablement légers, tandis que les blancs ont un fort arôme de chêne.

À VOIR LE LONG DE LA RN 20

Bus "open tour" et voitures privées négocient les virages de la route qui va de Hô Chi Minh-Ville à Dalat. Plusieurs haltes sont possibles.

Lac Langa

La route HCMV-Dalat (RN 20) enjambe ce lac grâce à un pont. Vous verrez de nombreuses maisons flottantes sous lesquelles des familles élèvent des poissons. L'endroit est splendide et de nombreux véhicules touristiques y font halte le temps d'une photo.

Cratères volcaniques

Près de Dinh Quan, sur la RN 20, se trouvent trois volcans éteints, impressionnants. Les cratères datent de la fin de la période jurassique, il y a environ 150 millions d'années. Vous devrez marcher un peu pour les voir. L'un se situe à gauche de la route, à environ 2 km au sud de Dinh Quan, et l'autre à droite, à 8 km après Dinh Quan en direction de Dalat.

Tunnels de lave souterrains

Au-delà des cratères volcaniques en direction de Dalat, vous découvrirez ces tunnels de lave. Ces grottes, d'un genre peu commun, ont été formées alors que la lave en surface se refroidissait et se solidifiait, tandis que la lave souterraine, brûlante, continuait de s'écouler, laissant un espace creux à la surface lisse.

Pour y accéder, repérez d'abord la forêt de teck sur la RN 20 entre le km 120 et le km 124. Les enfants du coin vous indiqueront l'entrée des tunnels. Ne pénétrez pas seul dans les grottes. Le risque de se perdre ou de se retrouver coincé est le même qu'en spéléologie. Des enfants attendent près de la route et proposent parfois de servir de guide pour la modique somme de 40 000 d. N'oubliez pas d'emporter une lampe torche.

Long Hoa INTERNATIONAL **$$**
(☎063-382 2934 ; 6 Đ 3 Thang 2 ; plats 30 000-123 000 d ; ⊗11h-14h30 et 17h30-21h30). Établissement de style bistrot, tenu par un francophile. Les Occidentaux s'y régalent de cuisine vietnamienne, tandis que les Vietnamiens préfèrent les grillades. Accompagnez votre repas d'un verre de vin de Dalat.

Momiji JAPONAIS, CAFÉ **$$**
(98 Đ Truong Cong Dinh ; repas 80 000-150 000 d ; ⊗7h30-22h). Selon vos envies, installez-vous dans la partie restaurant, axée sur la cuisine japonaise, avec de bons menus fixes, ou la partie café, pour savourer une pâtisserie maison, boire du thé vert ou un cappuccino.

♥ **Le Rabelais** FRANÇAIS **$$$**
(☎063-382 5444 ; www.dalatresorts.com ; 12 Đ Tran Phu ; repas 30-50 $US ; ⊗7h-22h ; 🛜). Le restaurant français (gastronomique) du Dalat Palace présente sans doute un des plus beaux décors coloniaux du Vietnam, avec des salles à manger grandioses et une terrasse spectaculaire surplombant la rive du lac. Fastueux menus dégustation (65-85 $US), formule déjeuner à prix correct (29 $US) et collation à l'heure du thé (16 $US). Dommage que l'endroit soit souvent vide.

Café de la Poste FRANÇAIS **$$$**
(☎063-382 5777 ; 7 Đ Tran Phu ; repas à partir de 10 $US ; ⊗7h-22h ; 🛜). Le restaurant du très colonial Dalat Hotel du Parc a beaucoup d'allure, avec son grand bar courbe en acajou et ses immenses miroirs. La carte est ambitieuse, mais les meilleurs plats restent les salades, les sandwichs, les spécialités de pâtes et les pains frais. Le menu du déjeuner (370 000 d) est une affaire.

🍷 Où prendre un verre et sortir

Alors que Dalat possède un marché de nuit animé, ses bars manquent singulièrement d'ambiance. Mêlez-vous aux habitants dans la rue des **café-bars** (Đ Le Dai Hanh), pleine d'animation.

The Hangout BAR
(71 Đ Truong Cong Dinh ; ⊗11h-23h ; 🛜). Un lieu relax, équipé d'une table de billard, où se retrouvent Easy Riders et routards. Le patron, qui parle couramment français, est une mine d'informations sur la région.

Envy Lounge Bar LOUNGE
(Đ Le Dai Hanh ; ⊗17h-1h). Avec ses boules à facettes, ses canapés en velours et son éclai-

rage loufoque, ce bar s'adresse clairement aux visiteurs branchés venant de Saigon. Consommations onéreuses, sur fond de reprises live.

♥ **Escape Bar**   MUSIQUE LIVE
(sous-sol, Blue Moon Hotel, 4 Đ Phan Boi Chau ; ⊙16h-24h ; 🛜). Ce bar appartient à Curtis, un guitariste de blues qui se produit presque chaque soir avec un groupe (à partir de 21h) dans un cadre seventies chic. Il joue certes des classiques, mais fait la part belle à l'improvisation. Jam-session le dimanche.

🛍 Achats

En matière de café, Dalat offre l'embarras du choix. Explorez les échoppes du marché central et des alentours.

ⓘ Renseignements

Hôpital général Lam Dong (📱063-382 1369 ; 4 Đ Pham Ngoc Thach ; ⊙24h/24)
Poste principale (14 Đ Tran Phu ; ⊙7h-18h)
The Sinh Tourist (📱063-382 2663 ; www. thesinhtourist.vn ; 22 Đ Bui Thi Xuan). Circuits, visites de la ville et réservation de bus "open tour".
Vietcombank (6 Đ Nguyen Thi Minh Khai ; ⊙7h30-15h mar-jeu, jusqu'à 13h sam). Change les devises étrangères et les chèques de voyage.

ⓘ Depuis/vers Dalat

AVION

Vietnam Airlines (📱063-383 3499 ; www. vietnamairlines.com ; 2 Đ Ho Tung Mau) assure des vols quotidiens pour HCMV, Danang et Hanoi. **Vietjet Air** (p. 507) dessert aussi Hanoi. L'**aéroport Lien Khuong** est à 30 km au sud de la ville.

BUS

La **gare routière longue distance** (Đ 3 Thang 4), moderne, se trouve à 1,5 km au sud du lac Xuan Huong par la route. Vous y trouverez horaires et billetteries. Des bus express rallient HCMV, d'autres villes des hauts plateaux, Danang et Nha Trang. **Phuong Trang**

(📱063-358 5858) assure la liaison avec HCMV en bus à impériale modernes, dont des bus-couchettes (11 \$US, 7-8 heures, environ toutes les heures).

Dalat est aussi une étape majeure des bus "open tour". The Sinh Tourist (voir ci-contre) propose un bus quotidien pour Mui Ne (129 000 d, 4 heures), Nha Trang (129 000 d, 5 heures) et HCMV (179 000 d, 8 heures).

VOITURE ET MOTO

De Nha Trang, une route récente grimpe jusqu'à 1 700 m au mont Hon Giao et franchit un col spectaculaire de 33 km. Elle dévoile de magnifiques perspectives, surtout à moto et à vélo.

La RN 27 couvre un itinéraire superbe jusqu'à Buon Ma Thuot, mais elle est criblée de nids-de-poule.

ⓘ Comment circuler

DEPUIS/VERS L'AÉROPORT

La navette de Vietnam Airlines circule, en fonction des vols, entre l'aéroport Lien Khuong et Dalat (40 000 d, 40 min). Elle démarre du bureau de la compagnie, 40 Đ Ho Tung Mau, 2 heures avant chaque décollage. Comptez environ 250 000 d en taxi privé.

MOTO

Pour un court trajet en ville (10 000-20 000 d), prenez un *xe om* (moto-taxi) aux alentours du marché central. Si vous souhaitez louer une moto, comptez 150 000-200 000 d par jour.

TAXI

On trouve facilement des taxis. Appelez **Mai Linh** (📱063-352 1111).

VÉLO

Le terrain vallonné rend l'exercice fatigant. Plusieurs hôtels louent des vélos et certains en prêtent à leurs hôtes. Renseignez-vous sur les circuits à vélo.

VOITURE

La location d'une voiture avec chauffeur coûte un minimum de 40 \$US par jour.

DESSERTE DE DALAT

DESTINATION	BUS	AVION	VOITURE/MOTO
HCMV	9 à 11 \$US, 7 à 9 heures, toutes les 30 minutes	À partir de 34 \$US, 1 heure, 4 vols/jour	9 heures
Mui Ne	–	–	5 heures
Nha Trang	6,50 \$US, 4-5 heures, 17/jour	–	4 heures
Buon Ma Thuot	6 \$US, 5 heures, 9/jour	–	4 heures
Danang	15 \$US, 12 heures, 3/jour	À partir de 49 \$US, 1 heure, 1 vol/jour	13 heures
Hué	18 \$US, 15 heures, 3/jour	–	15 heures

Bao Loc

166 000 HABITANTS

Bao Loc vit essentiellement du thé, de la soie et de la culture des mûriers, dont les feuilles constituent la nourriture des vers à soie. Des relais routiers offrent la dégustation gratuite du thé local. Quelques pensions en font une étape pratique entre HCMV (180 km) et Dalat (118 km). Les Easy Riders s'y arrêtent fréquemment.

Non loin, les **chutes de Dambri** (10 000 d) comptent parmi les plus hautes (90 m), les plus belles et les plus faciles d'accès du pays. Pour les rejoindre, quittez la nationale au nord de Bao Loc et suivez sur 18 km la route qui traverse des plantations de thé et de mûriers. Le haut sommet sur la droite est le mont May Bay.

Col de Ngoan Muc

ALTITUDE : 980 M

Le spectaculaire col de Ngoan Muc (col de Bellevue) se situe à 43 km au sud-est de Dalat, à 64 km de Phan Rang et 5 km du lac Dan Nhim (à 1 042 m d'altitude). Par temps clair, la vue s'étend jusqu'à la mer, à plus de 50 km de là. La nationale serpente en descendant la montagne et passe sous deux énormes conduites qui relient le lac à la centrale hydroélectrique, au pied du col.

Au sud de la route (à droite en regardant vers la mer), vous verrez les voies escarpées du train à crémaillère qui relie Thap Cham à Dalat. Au sommet du col, près de la route, vous découvrirez une cascade, des forêts de pins et l'ancienne gare ferroviaire.

Parc national de Cat Tien

061 / ALTITUDE : 700 M

Cat Tien (061-366 9228 ; www.cattiennationalpark.vn ; adulte/enfant 50 000/20 000 d ; 7h-22h) couvre 72 000 ha et protège une forêt tropicale de basse altitude à l'extraordinaire biodiversité. Le parc offre les meilleures possibilités de randonnées (à pied ou à VTT) et d'observation des oiseaux de tout le Sud. Appelez pour réserver, car il ne peut héberger qu'un nombre limité de visiteurs.

Cat Tien a été arrosé de défoliants durant la guerre du Vietnam, mais les arbres séculaires ont résisté et la végétation basse a repoussé. En 2001, le parc a été classé réserve mondiale de biosphère par l'Unesco. Cela vaut la peine d'y passer au moins 2 jours complets.

La faune comprend 100 espèces de mammifères, dont le gaur (un bovidé herbivore qui ressemble au bison), 79 espèces de reptiles, 41 espèces d'amphibiens et une multitude d'insectes, dont quelque 400 espèces de papillons. Parmi les 350 espèces d'oiseaux et plus figurent la torquéole de David et le faisan prélat.

◉ À voir et à faire

Le parc national de Cat Tien peut s'explorer à pied, à VTT, en 4x4 ou en bateau le long de la Dong Nai. De nombreux chemins bien tracés le sillonnent, mais vous devrez engager un **guide** (à partir de 250 000 d) et louer un véhicule depuis/vers le début du sentier.

Quelle que soit votre destination, réservez les services d'un guide bien à l'avance et emportez des provisions d'antimoustique.

LE DERNIER RHINOCÉROS

Un petit groupe d'une douzaine de rhinocéros de Java a subsisté dans cette zone protégée jusqu'aux années 1990, ce qui constituait l'une des raisons d'être du parc national de Cat Tien. Cependant, en 2008, des scientifiques analysant des déjections se sont aperçus qu'elles appartenaient à un seul et même spécimen. On pense, hélas, que le tout dernier représentant de l'espèce en Asie continentale a été tué à Cat Tien en 2010, vraisemblablement par des braconniers, car les gardes ont retrouvé la dépouille de l'animal amputée de sa corne.

Jadis présente sur un territoire allant de la Birmanie à la Chine méridionale, l'espèce ne compte plus désormais qu'une cinquantaine de représentants à l'état sauvage, dans une partie isolée de l'île de Java.

L'International Union for Conservation of Nature estime que la demande de corne et d'autres produits issus du rhinocéros pour la médecine traditionnelle chinoise et autres est responsable de cette hécatombe. Voir détails p. 486.

Les sangsues constituent un problème majeur, mais vous pouvez louer des chaussettes spéciales au QG du parc, moyennant une somme modique.

Cat Tien abrite aussi une petite **réserve d'ours**, où des animaux sauvés des batteries d'extraction de bile (utilisée en médecine chinoise) évoluent dans un enclos boisé avec des bassins et des tours d'escalade.

Marécage des crocodiles   MARÉCAGE
(Bau Sau ; 140 000 d, guide 300 000 d, bateau 350 000 d). Cette excursion, très populaire, mène ses participants à 9 km en voiture des bureaux du parc, puis à 4 km de marche – une randonnée de 3 heures aller-retour. Les treks nocturnes ont un succès particulier car ils permettent de voir les crocodiles, ainsi que d'autres animaux.

Centre de réhabilitation pour les grands singes de Dao Tien   RÉSERVE NATURELLE
(Dao Tien Endangered Primate Species Centre ; www.go-east.org ; adulte/enfant trajet en bateau compris 150 000/50 000 d ; ⊙ 8h et 14h). Sur Dao Tien, une île de la Dong Nai qui comprend 56 ha de forêt, ce centre prend en charge des gibbons, des doucs à pattes noires, des langurs argentés et des loris paresseux pygmées arrachés au trafic d'animaux, l'objectif à terme étant de les remettre en liberté. Vous pourrez voir ces primates dans un environnement semi-sauvage et entendre leurs incroyables cris d'appel.

⚐ Circuits organisés

Nous avons reçu des avis mitigés concernant les formules économiques au départ de HCMV. Pour de bons circuits à vélo ou à pied, ou pour des visites ornithologiques de qualité, adressez-vous à **Sinhbalo Adventures**, à HCMV (p. 346).

⌂ Où se loger et se restaurer

Le parc national offre plusieurs possibilités d'hébergement et de nouvelles adresses privées jouxtent l'entrée. Évitez autant que possible de venir le week-end ou pendant les vacances : les Vietnamiens sont nombreux à visiter le parc à ces périodes.

♥ **Ta Lai Long House**   PENSION **$**
(☎ 0938 887 105 ; www.vietadventure.vn/discoverydetail ; dort 315 000 d). Dirigé par des Occidentaux et des Vietnamiens appartenant aux minorités S'Tieng et Ma, ce nouveau lodge de style traditionnel assure un hébergement de qualité dans une maison

LE WILD GIBBON TREK : SUR LES TRACES DES GIBBONS SAUVAGES

Des gibbons à joues jaunes ont été réintroduits à Cat Tien, une occasion d'observer ces singes fascinants dans un environnement semi-sauvage. La marche (60 $US/pers, max 4 pers) a lieu tous les jours et commence à 4h du matin, cela afin d'entendre leurs incroyables cris d'appel à l'aube. Goûtez un moment de quiétude dans un hamac en écoutant la forêt s'éveiller sous leurs cris, avant de regarder toute la famille vaquer à ses occupations.

L'après-midi, le circuit comprend une visite guidée du centre pour les primates de Dao Tien. Ce projet a été mis en place conjointement par **Go East** (www.go-east.org) et les autorités du parc. Tous les bénéfices vont au financement du parc national et permettent d'aider les gardes forestiers dans leurs efforts pour sa préservation. Pour éviter toute déception, réservez bien à l'avance en écrivant à avoiecotourism@cattiennationalpark.vn ou en téléphonant (☎ 061-366 9228).

longue en bois bien construite. Lits à baldaquin et installations modernes.

Green Hope Lodge   PENSION **$$**
(☎ 061-366 9919 ; www.greenhopelodge.com ; Nam Cat Tien ; ch 45-60 $US ; ❄ 🛜). Ouverte depuis peu à une courte marche de l'entrée du parc, cette pension accueillante possède de jolies chambres modernes, avec sdb et lits à baldaquin douillets. Elle se situe au bord de la rivière, à proximité de la jungle d'où les cris des gibbons résonnent le matin. On peut manger sur place une cuisine locale savoureuse.

Cat Tien National Park   PENSION **$$**
(☎ 061-366 9228 ; namcattien@yahoo.com.vn ; petite tente/grande tente 220 000/350 000 d, bungalows à partir de 580 000 d ; ❄). Les chambres proposées au QG du parc sont plutôt sommaires et d'un prix trop élevé, mais elles comportent une sdb. Les grandes tentes, d'une capacité de 12 personnes, ne se réservent qu'en intégralité.

♥ **Forest Floor Lodge**   ÉCOLODGE **$$$**
(☎ 061-366 9890 ; www.vietnamforesthotel.com ; tente de luxe à partir de 136 $US, maison traditionnelle/studio à partir de 136/152 $US ; ❄ @ 🛜). Cet écolodge a posé les normes d'un hébergement

de qualité dans les parcs nationaux du Vietnam. Tentes de safari donnant sur la Dong Nai, chambres et suites familiales dans des maisons traditionnelles en bois. Le lodge et son restaurant sont situés en face du centre pour les primates de Dao Tien, de sorte qu'on peut souvent entendre et voir les gibbons sur l'île. Le **Hornbill Bar-Restaurant** sert toutes sortes de plats vietnamiens et internationaux. Bonne sélection de vins.

Park Restaurants　　　CAFÉ, RESTAURANT **$**
(plats à partir de 25 000 d ; ⊘7h-21h). Deux petits restaurants avoisinent l'entrée du parc, dont une gargote à toit de chaume et un restaurant très fréquenté au bout du chemin. Vous y mangerez des fondues réussies.

❶ Depuis/vers le parc national de Cat Tien

BATEAU

Il est possible de prendre un bateau pour traverser le lac Langa et de continuer à pied jusqu'au parc. Renseignez-vous auprès de Phat Tire Ventures (p. 286), un tour-opérateur fiable de Dalat.

BUS

Les bus Dalat-HCMV (toutes les 30 min) passent systématiquement par la bifurcation de Vuon

---

> ### CONFLITS SUR LES HAUTS PLATEAUX
>
> En 2001 et en 2004, des manifestations ont eu lieu à Buon Ma Thuot, à Pleiku et dans d'autres localités des hauts plateaux, dénonçant la politique foncière du gouvernement, les déplacements de population et la discrimination ressentie par les montagnards. Des incidents ont à nouveau éclaté en 2007 et, bien que la situation se soit dans l'ensemble apaisée depuis, des tensions subsistent sur les questions de religion (la plupart des ethnies montagnardes sont protestantes) et de propriété terrienne.
>
> Un rapport commandé par l'Agence des Nations unies pour les réfugiés (UNHCR) sur la situation des groupes indigènes de la région conclut à un "accroissement visible des libertés individuelles et des réformes économiques dans les villes de tout le pays". Il ajoute toutefois que "ce qui se passe dans les hauts plateaux du Sud-Ouest reste trop souvent caché et inaccessible aux observateurs internationaux comme aux Vietnamiens lambda".

Quoc-Gia Cat Tien, sur la RN 20. Le trajet au départ de chacune des deux villes dure environ 4 heures et coûte 100 000 d. À ce croisement, vous pourrez louer une moto (environ 170 000 d, mais négociez ferme) pour parcourir les 24 km restants jusqu'au parc.

Quel que soit votre itinéraire, on vous déposera à la billetterie du parc, 100 m avant le ferry qui traverse la Dong Nai jusqu'aux bureaux du parc. Achetez votre billet, qui comprend la traversée en ferry.

VÉLO

On peut louer des vélos dans le parc, à partir de 20 000 d/jour.

Lac Lak

Plus vaste plan d'eau naturel des hauts plateaux du Sud-Ouest, le lac Lak (Ho Lak) s'inscrit dans un paysage rural. Ce cadre bucolique séduisit l'empereur Bao Dai, qui fit construire un palais sur la rive.

Deux villages de communautés ethniques proches du lac reçoivent souvent des visiteurs. Sur la rive sud, près de la localité de Lien Son, **Jun** est un village mnong traditionnel, avec des maisons en bois et en rotin sur pilotis. Les villageois ne se préoccupent guère des touristes, même si **DakLak Tourist** (☑0500-385 2246 ; www.daklaktourist.com.vn) y possède un petit bureau et propose des promenades à dos d'éléphant (30 $US/heure). **M'lieng**, le second village sur la rive sud-ouest, se rejoint en bateau ou à dos d'éléphant ; renseignez-vous auprès de DakLak Tourist.

🛏 Où se loger et se restaurer

La qualité des deux hébergements de catégorie moyenne établis de longue date a décliné ces dernières années. M. Duc, au **Cafe Duc Ma** (☑0500-358 6280 ; 268 Đ Nguyen Tat Thanh ; 5 $US/pers), peut vous loger dans une maison longue traditionnelle sur pilotis et organiser concerts de gong, promenades à dos d'éléphant, randonnées pédestres et sorties en kayak.

♥ Sinthai Ho Lak　　　PENSION **$**
(☑0905 424 239 ; village de Jun ; 5 $US/pers). Dans cette nouvelle maison longue engageante, les hôtes sont logés, à prix doux, dans une chambre commune bien tenue, avec des lits à baldaquin confortables et une sdb. Le restaurant, excellent, prépare des poissons du lac, du canard et des salades (repas à partir de 45 000 d).

LA PISTE HÔ CHI MINH

Cette route légendaire était constituée de plusieurs pistes, qui formaient l'axe principal d'approvisionnement du Nord-Vietnam et du Viêt-cong durant la guerre du Vietnam. Les vivres et les troupes partaient du port de Vinh et rejoignaient l'arrière-pays par des sentiers à travers la jungle et les montagnes, faisant des crochets par le Laos, pour arriver près de Saigon. Entre la propagande, le secret et la confusion entourant cette piste, il est difficile de définir sa longueur réelle ; les estimations vont de quelque 5 500 km (selon l'armée américaine) à plus de 13 000 km (selon les Nord-Vietnamiens).

Si des éléphants furent d'abord utilisés pour franchir les monts Truong Son (cordillère Annamitique) vers le Laos, l'approvisionnement fut ensuite transporté à dos d'homme, parfois à l'aide de chevaux, de bicyclettes ou de camions. Au milieu des années 1960, il fallait à peu près 6 mois pour aller du 17e parallèle à Saigon ; des années plus tard, un réseau de sentiers plus complexe permettait de couvrir le trajet en 6 semaines.

Chaque homme portait 36 kg d'approvisionnement et quelques effets personnels (comme une tente, un uniforme de rechange et du sérum antivenin). Intempéries, maladie et menace constante des bombardements américains ajoutaient à la difficulté du parcours montagneux et escarpé. À leur apogée, plus de 500 raids aériens bombardaient la piste chaque jour et plus de bombes y furent larguées que sur l'ensemble des champs de bataille de la Seconde Guerre mondiale.

Malgré ces raids meurtriers et la pose de capteurs électroniques perfectionnés le long de la ligne McNamara, la piste ne fut jamais coupée. Si la jungle en a aujourd'hui recouvert la majeure partie, on peut toujours en parcourir des sections, qui suivent la piste tracée dans les années 1970 (la plus ancienne se situe au Laos). Courant le long de l'épine dorsale du pays, la saisissante route nationale Hô Chi Minh (1A/14), construite à partir de 2000 sur certaines portions de l'ancienne piste, commence près de Hanoi et passe par d'anciens champs de bataille et des sites touristiques, dont la grotte de Phong Nha, Khe Sanh, Aluoi, Kon Tum et Buon Ma Thuot, avant de rejoindre HCMV. L'un des tronçons les plus spectaculaires est celui qui traverse le parc national de Phong Nha-Ke Bang, où des pics karstiques émergent de la jungle, et des villages traditionnels ponctuent le superbe paysage au nord de la grotte de Pong Nha.

Vous pouvez parcourir cette route en voiture, en 4x4, à moto ou même à vélo si vous êtes en forme. Vous pouvez aussi organiser le circuit avec les Easy Riders (p. 287) de Dalat ou l'un des tour-opérateurs de Hanoi (p. 86). **Explore Indochina** (www. exploreindochina.com, en anglais) s'est fait une spécialité des circuits à la découverte de la piste Hô Chi Minh. **Hoi An Motorbike Adventures** (www.motorbiketours-hoian.com) propose des circuits plus courts sur des sections entre Hoi An et Phong Nha.

Villa Bao Dai   HÔTEL COLONIAL $$
(☑0500-358 6184 ; www.daklaktourist.com.vn ; ch 32-54 $US ; ❄). Cette ancienne résidence de l'empereur Bao Dai trône au sommet d'une colline surplombant le lac. Le lieu n'a en fait pas grand-chose de princier, mais il comprend 6 chambres immenses. Le café sert repas et boissons (à partir de 40 000 d).

ℹ Depuis/vers le lac Lak

Neuf bus quotidiens reliant Dalat (90 000 d, 4 heures) à Buon Ma Thuot (25 000 d, 1 heure) passent par le lac. Ce dernier constitue aussi une étape régulière du circuit des Easy Rider. Sinon, toutes les agences de Buon Ma Thuot y organisent des excursions.

Buon Ma Thuot

☑ 0500 / 326 000 HABITANTS / ALTITUDE : 451 M

Désormais prospère et moderne, Buon Ma Thuot (ou Ban Me Thuot) a oublié ses origines rustiques – son nom signifie "village du père de Thuot". De fait, cette ville sans grand caractère connaît une intense circulation provenant de trois routes nationales. Elle a pour seul atout son café. Cultivé dans la région, et largement vendu en ville, il s'agit de l'un des meilleurs du Vietnam. Buon Ma Thuot accueille en mars la fête du Café, au cours de laquelle chacun en fait ample consommation. Des courses d'éléphants ont lieu à la même période dans la bourgade voisine de Don (Ban Don).

La plupart des voyageurs font étape à Buon Ma Thuot avant de visiter des sites alentour : le parc national de Yok Don, quelques superbes chutes d'eau et les nombreux villages des ethnies de la région. La province abrite 44 groupes ethniques, dont plusieurs originaires du Nord. Les Ede, les Jarai, les Mnong et les Lao représentent les communautés les plus importantes.

◉ À voir et à faire

**Musée du Dak Lak,
musée d'Ethnographie** MUSÉE
(Bao Tang Dak Lak ; Đ Y Nong ; 20 000 d ; ◷ 8h-16h). Ce remarquable musée provincial, à l'architecture contemporaine inspirée d'une maison longue traditionnelle des Ede, a été inauguré fin 2011. Fruit d'une collaboration entre des experts français et le musée d'Ethnographie du Vietnam (Hanoi), il traite des différentes ethnies, de la biodiversité et de l'histoire de la province de Dak Lak. Sa collection, très didactique, est assortie de panneaux et d'installations audiovisuelles – c'est le premier musée national utilisant quatre langues dans l'affichage : vietnamien, français, anglais et ede, langue de la principale ethnie de la région. Vous y verrez notamment de remarquables photos.

Monument à la Victoire MONUMENT
Au centre de la ville, ce monument commémore les événements du 10 mars 1975, lorsque le Viêt-cong et les troupes nord-vietnamiennes prirent la cité. Bel exemple de sculpture réaliste soviétique, il se compose d'une colonne qui soutient un groupe central de personnages brandissant un drapeau, avec une arche formant un arc-en-ciel au-dessus d'un tank en béton.

Dak Lak Water Park PARC AQUATIQUE
(Đ Nguyen Chi Thanh ; adulte/enfant 38 000/25 000 d ; ◷ 8h-17h30). Pour occuper un après-midi désœuvré, profitez des toboggans de ce parc aquatique, à 4 km du centre de la ville, juste avant la gare routière.

🛏 Où se loger

Thanh Cong Hotel HÔTEL $
(☏ 0500-385 8243 ; thanhconghotel51@gmail.com ; 51 Đ Ly Thuong Kiet ; ch 220 000-400 000 d ; ❀@🛜). L'une des meilleures adresses d'une rue dédiée aux routards. Atmosphère assez accueillante, chambres correctes (certaines avec baignoire) et petit-déjeuner compris.

Thanh Phat PENSION $
(☏ 0500-385 4857 ; 41 Đ Ly Thuong Kiet ; s/d 170 000/250 000 d ; ❀🛜). L'endroit n'a rien de chic, mais les propriétaires se montrent avenants et les chambres – toutes avec ventil, clim et sdb (eau chaude) – sont correctes au regard des prix modiques.

♥ Damsan Hotel HÔTEL $$
(☏ 0500-385 1234 ; www.damsanhotel.com.vn ; 212-214 Đ Nguyen Cong Tru ; ch 36-55 $US, ste 68 $US ; ❀@🛜🏊). Un hôtel des années 1970, plaisant et bien entretenu, dans une petite rue à proximité de bars, de cafés et de restaurants. Les chambres à l'arrière donnent sur une vallée verdoyante, et il y a une immense piscine (30 m).

Dakruco Hotel HÔTEL $$$
(☏ 0500-397 0888 ; www.dakrucohotels.com ; 30 Đ Nguyen Chi Thanh ; ch 65-200 $US ; ❀@🛜🏊). À 2 km à l'est du centre, un imposant 4-étoiles au hall un brin tape-à-l'œil. Les chambres modernes sont attrayantes. Spa (médiocre) sur le toit-terrasse et court de tennis.

🍴 Où se restaurer et prendre un verre

Buon Ma Thuot offre en la matière un choix limité. Des restaurants simples et bon marché jalonnent les rues au nord du monument à la Victoire. Pour un café ou une bière, Đ Nguyen Cong Tru regroupe nombre d'établissements pittoresques.

♥ Thanh Tram VIETNAMIEN $
(22 Đ Ly Thuong Kiet ; repas 30 000 d ; ◷ 10h30-21h). Il n'y a ici qu'un seul plat : des crêpes de riz à garnir soi-même de salade, fines herbes, porc frit et ail cru, servies avec un bouillon de viande ou du nuoc-mam et des piments.

Cafe Hoa Da Quy CAFÉ $
(173 Đ Nguyen Cong Tru ; repas 30 000 d ; ◷ 9h-22h ; 🛜). Réparti sur 3 niveaux, ce bar-restaurant comporte un côté ouvert et un toit-terrasse. Cinq plats économiques figurent au menu, dont des pâtes et des nouilles au bœuf.

Black & White Restaurant CAFÉ, BAR
(171 Đ Nguyen Cong Tru ; ◷ 7h-21h30 ; 🛜). Ce lieu élégant met à disposition de la clientèle une chaîne hi-fi et une collection de CD (on peut apporter sa propre musique). On y sert des cafés (20 000 d environ) et des cocktails.

Buon Ma Thuot

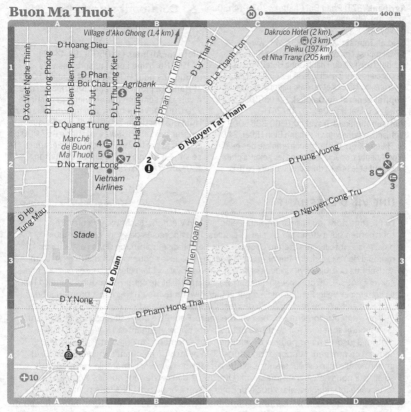

Museum Cantin CAFÉ

(Đ Y Nong ; ⊙7h-18h). Cette sympathique adresse, du côté du musée du Dak Lak, a la faveur des étudiants et des intellectuels qui viennent y siroter du café. Avec ses tables ombragées donnant sur un banian, il jouit d'un cadre agréable à l'écart du trafic urbain.

🛍 Achats

Faites des provisions de café ici : il est moins cher et de meilleure qualité qu'à HCMV ou à Hanoi. Descendez Đ Ly Thuong Kiet avant d'acheter, vous y trouverez quantité d'**échoppes de café**.

ⓘ Renseignements

Des permis sont requis pour visiter les villages des communautés ethniques de la région, hormis Ako Dhong et Ban Don. Les agences locales peuvent se charger des démarches.

Buon Ma Thuot

◎ À voir
1 Musée d'Ethnographie.........................A4
2 Monument à la Victoire......................B2

🛏 Où se loger
3 Damsan Hotel...................................D2
4 Thanh Cong Hotel.............................B2
5 Thanh Phat......................................B2

🍽 Où se restaurer
6 Cafe Hoa Da Quy...............................D2
7 Thanh Tram......................................B2

🍷 Où prendre un verre
8 Black & White Restaurant...................D2
9 Museum Cantin.................................A4

ⓘ Renseignements
10 Hôpital general du Dak Lak A4
   DakLak Tourist............................(voir 4)
11 Vietnam Highland Travel B2

Agribank (37 Đ Phan Boi Chau ; ☉7h30-14h30 lun-sam). Change les espèces et les chèques de voyage.

DakLak Tourist (☎0500-385 8243 ; www. daklaktourist.com.vn ; 51 Đ Ly Thuong Kiet). Au rez-de-chaussée du Thanh Cong Hotel. Propose des circuits vers les villages et les chutes d'eau des environs, au lac Lak et au parc national de Yok Don.

Hôpital général du Dak Lak (☎0500-385 2665 ; 2 Đ Mai Hac De ; ☉24h/24)

Vietnam Highland Travel (☎0500-385 5009 ; highlandco@dng.vnn.vn ; Thanh Binh Hotel, 24 Đ Ly Thuong Kiet). Cette agence emploie des guides expérimentés, spécialisés dans les séjours chez l'habitant et les treks hors des sentiers battus.

❶ Comment s'y rendre et circuler

AVION

Vietnam Airlines (☎0500-395 4442 ; 17-19 Đ No Trang Long) assure des vols quotidiens pour HCMV (à partir de 442 000 d) et Hanoi (à partir de 1 230 000 d), ainsi que 4 vols par semaine pour Danang (à partir de 720 000 d). Vietjet Air rallie quotidiennement HCMV (à partir de 320 000 d), tandis que Jetstar dessert HCMV (à partir de 467 000 d) et Vinh (à partir de 594 000 d). L'aéroport se situe à 8 km à l'est de la ville (environ 120 000 d en taxi).

UNE VIE D'ÉLÉPHANT

Le prestige dont jouit apparemment l'éléphant au Vietnam dissimule une histoire tourmentée qui s'étend sur plusieurs siècles. Très appréciés des rois, ces animaux paisibles et intelligents étaient capturés par des chasseurs mnong dans l'actuel parc national de Yok Don. Ils étaient ensuite domptés sous les coups avant d'être offerts aux souverains ou utilisés pour des travaux. Et quels travaux ! Les éléphants servaient, et servent encore, de bulldozers, de chariots élévateurs et de semi-remorques. Aujourd'hui, ils sont essentiellement employés par la lucrative industrie du tourisme, promenant des visiteurs en forêt ou participant à des festivités des ethnies de la région.

Il ne s'agit pas forcément d'une vie meilleure. Pour être domestiqués plus facilement, les animaux sont souvent capturés bébés, alors qu'un éléphanteau a besoin du lait maternel jusqu'à 4 ans pour se développer correctement. On surestime par ailleurs souvent ce que peut supporter un adulte. Si la peau d'un éléphant semble rugueuse et imperméable, elle est aussi sensible que l'épiderme humain, vulnérable aux rayons du soleil, à la poussière et aux infections. Une autre idée reçue veut que les éléphants soient forts, voire infatigables, alors que leur colonne vertébrale n'est pas faite pour porter de lourdes charges durant de longues périodes. De plus, ces animaux ont besoin de 250 kg de nourriture par jour, un entretien coûteux même pour un propriétaire prospère.

Avant de faire une promenade à dos d'éléphant, examinez bien l'animal et son environnement de travail :

➡ L'éléphant doit disposer d'un espace de repos ombragé, avec de l'eau propre et de la nourriture. Sa chaîne doit être suffisamment longue pour qu'il puisse se déplacer.

➡ Le siège placé sur le dos de l'éléphant doit être en bambou léger, pas en bois, et plusieurs épaisseurs de rembourrage doivent le séparer de la peau. Les cordes servant à l'attacher doivent être passées dans des tuyaux en caoutchouc, afin de ne pas râper la peau.

➡ L'éléphant ne doit travailler que 4-5 heures par jour et ne doit pas transporter plus de deux adultes à la fois.

➡ Le cornac ne doit pas utiliser un crochet ou un fouet à chaque injonction.

Bien que la capture des éléphants ait été interdite en 1990, la loi n'est pas appliquée scrupuleusement. Sans réserves spécifiques ou d'autres programmes de préservation, le sort de l'éléphant vietnamien n'a rien d'enviable : une vie à promener des touristes, une utilisation illégale pour l'exploitation forestière ou la construction ou, si l'argent vient à manquer, l'abandon et la mort.

L'espèce native du Vietnam figure sur la liste des animaux menacés depuis 1976. Le gouvernement a annoncé, en 2013, la création de trois zones protégées dans les parcs nationaux de Pu Mat, de Cat Tien et de Yok Don, mais cette mesure paraît trop tardive et insuffisante pour sauver la centaine d'éléphants sauvages qui subsistent dans le pays.

Rédigé avec l'aide de Jin Pyn Lee

BUS

Sur les horaires des bus, Buon Ma Thuot est souvent appelée "Dak Lak", du nom de sa province d'appartenance. De la **gare routière** (71 Đ Nguyen Chi Thanh), à 4 km au nord-est du centre, des bus assurent la liaison avec Dalat (120 000 d, 5 heures, 5/jour), Nha Trang (115 000 d, 5 heures, 8/jour) et Pleiku (100 000 d, 4 heures, toutes les 30 min).

TAXI

Pour une prestation fiable, appelez la compagnie **Mai Linh** (⌨ 0500-381 9819).

VOITURE ET MOTO

La RN 26 relie la côte à Buon Ma Thuot et croise la RN 1A à Ninh Hoa (157 km), à 34 km au nord de Nha Trang. Asphaltée et en bon état, la route est plutôt escarpée. La RN 14 à destination de Pleiku (199 km) présente aussi des conditions satisfaisantes, contrairement à la RN 27, qui rejoint Dalat à travers de beaux paysages.

Environs de Buon Ma Thuot

⌨ 0500

Parc national de Yok Don

Ce **parc national** (⌨ 0500-378 3049 ; www. yokdonnationalpark.vn ; entrée libre, incluse dans le forfait), plus grande réserve naturelle du pays, a été progressivement agrandi et couvre aujourd'hui 115 545 ha, majoritairement composés de forêt sèche à feuilles caduques. Traversé par la superbe rivière Serepok, il s'étend jusqu'à la frontière cambodgienne.

La déforestation constitue hélas un problème majeur, en particulier dans la zone la plus proche de l'entrée du parc.

Yok Don abrite 67 espèces de mammifères, dont des éléphants, des tigres, des léopards et des loups à queue rouge. Si les visiteurs ne croisent presque jamais ces animaux très rares, ils peuvent en revanche apercevoir plus communément muntjacs, singes et serpents.

À l'intérieur du parc, quatre villages de communautés ethniques sont essentiellement peuplés de Mnong, mais aussi de Ede et de Lao. Trois sont facilement accessibles et le quatrième se cache dans les profondeurs du parc. Les Mnong, une ethnie matrilinéaire, sont connus pour leur adresse dans la capture des éléphants sauvages.

L'équilibre entre la sauvegarde écologique et la préservation des cultures locales constitue un défi, du fait de la pauvreté des populations locales et de leur mode de vie traditionnel (lequel inclut la chasse).

Pour explorer Yok Don, vous devez engager un guide à Buon Ma Thuot ou à l'entrée du parc. Comptez 150 000 d pour une simple balade, ou 250 000 d par demi-journée de randonnée, plus 1 000 000 d par nuit passée en station forestière. À cela s'ajoutent 100 000 d pour traverser la Serepok en bateau.

Des **promenades à dos d'éléphant** (220 000 d/heure par pers) sont organisées.

🛏 Où se loger et se restaurer

À l'entrée du parc, à 5 km au sud-est de Ban Don, la **Yok Don Guesthouse** (⌨ 0500-378 3049 ; ch 23 $US ; ❄) loue des chambres avec eau chaude. Vous pouvez aussi loger dans des **maisons sur pilotis** (160 000 d/pers) ou des **bungalows** (320 000 d/pers). Ces derniers sont installés près du lac et sur l'île d'Aino, desservie par une série de ponts suspendus en bambou.

Il y a à Ban Don un restaurant (repas à partir de 30 000 d), qui organise parfois des spectacles de danse et de gong.

ⓘ Renseignements

Le très touristique **Ban Don Tourist Centre** (⌨ 0500-378 3020 ; ttdl.buondon@gmail.com), à 5 km après l'embranchement qui mène au parc, peut être envahi par des cars entiers de visiteurs. Il accueille le soir des concerts de gong et des jeux à boire "traditionnels".

ⓘ Comment s'y rendre et circuler

Des bus locaux partent toutes les heures de la gare routière de Buon Ma Thuot pour le parc national de Yok Don (20 000 d, environ toutes les heures).

Une moto-taxi de Buon Ma Thuot jusqu'au parc revient à 220 000/350 000 d aller/aller-retour.

Chutes de Dray Sap et de Dray Nur

Ces **chutes** (⌨ 0500-321 3194 ; 20 000 d) spectaculaires sur la Krong Ana offrent de belles possibilités de randonnée en bordure de rivière. Du parking, on arrive d'abord à Dray Sap ("cascade fumante" en ede), large de 100 m. Pour une meilleure vue, descendez le sentier le long de la rivière jusqu'à un pont suspendu.

Traversez-le et suivez le sentier à travers des champs de maïs sur 250 m. Il conduit à un autre pont qui surplombe Dray Nur,

LES RITES FUNÉRAIRES JARAI

Dans la région de Pleiku, l'ethnie jarai honore ses défunts dans des cimetières qui ressemblent à des villages miniatures. Ils sont installés à l'ouest des villages, vers le soleil couchant.

Chaque tombe est surmontée d'un abri ou bordée de bambous. Des personnages en bois sculpté sont disposés autour, souvent en position assise, les mains sur la figure en signe de deuil. Sur la tombe, une jarre représente le défunt, enterré avec les objets dont il pourrait avoir besoin dans l'autre monde.

Durant les 7 années qui suivent le décès, les parents apportent de la nourriture sur la tombe et célèbrent l'anniversaire du trépas en pleurant, en festoyant et en buvant du vin de riz. Après la septième année, l'esprit doit avoir quitté le village et la tombe est abandonnée.

large de 30 m. Au bout du pont, un chemin mène à proximité des chutes.

Notez que, du fait de la présence de nombreux barrages sur la Srepok, ces chutes se tarissent à la saison sèche.

L'embranchement qui conduit au site est indiqué sur la RN 14, à une quinzaine de kilomètres au sud-ouest de Buon Ma Thuot. Parcourez 11 km à travers une petite zone industrielle, puis des champs, avant d'arriver à l'entrée des chutes.

Pleiku

📞 059 / 259 000 HABITANTS / ALTITUDE : 785 M

La capitale de la province de Gia Lai est surtout connue comme une base stratégique américaine et sud-vietnamienne durant la guerre du Vietnam. Pleiku constitue une étape pratique, mais ne donne guère envie de s'attarder. Incendiée par les soldats sud-vietnamiens lors de leur retraite en 1975, la ville a été reconstruite dans les années 1980 avec l'aide de l'Union soviétique. Elle manque donc de ce charme commun à la plupart des cités du pays.

En 2001 et en 2004, Pleiku a été le théâtre de manifestations antigouvernementales des montagnards (voir l'encadré p. 283). Si la région alentour est tout à fait sûre pour les voyageurs, elle n'en reste pas moins politiquement sensible. Vous aurez donc besoin d'un permis pour l'explorer.

👁 À voir

Musée Hô Chi Minh   MUSÉE
(1 Phan Dinh Phuong ; ⊙ 8h-11h et 13h-16h30 lun-jeu). GRATUIT Ce musée présente les habituels éloges de l'oncle Hô, mettant l'accent sur ses affinités avec les ethnies montagnardes et leur amour pour le dirigeant communiste. Une exposition est consacrée au héros bahnar Anh Hung Nup (1914-1998), qui souleva les montagnards contre les Français et les Américains. Une **statue d'Anh Hung Nup** (angle Đ Le Loi et Đ Tran Hung Dao) se dresse à proximité.

🛏 Où se loger et se restaurer

Duc Long Gia Lai Hotel   HÔTEL $
(📞 059-387 6303 ; thienhc@diglgroup.com ; 95-97 Đ Hai Ba Trung ; s/d 300 000/350 000 d ; ❄ @ 🛜). Ses jolies chambres, spacieuses et lambrissées de pin (avec baignoire et balcon pour certaines) font de cet hôtel avec ascenseur un choix prisé. Il y a plusieurs autres hôtels à proximité s'il affiche complet.

HAGL Hotel Pleiku   HÔTEL $$
(📞 059-371 8459 ; www.haglhotelpleiku.vn ; 1 Phu Dong ; ch 48-62 $US ; ❄ 🛜). Un opulent hall rehaussé de marbre donne le ton, luxueux, de cet établissement aux grandes chambres très bien équipées (celles à l'arrière sont plus calmes). Restaurant aux prix très raisonnables. Le spa, lui, est décevant.

Com Ga Hainan   VIETNAMIEN $
(73 Đ Hai Ba Trung ; repas 30 000-50 000 d ; ⊙ 10h-20h30). À un pâté de maisons de l'hôtel Duc Long, un restaurant animé, sans prétention, apprécié pour son poulet croustillant accompagné de riz et d'une salade de laitue, tomates et oignons.

ℹ Renseignements

Vous aurez besoin d'un permis (10 $US) et d'un guide (20 $US) pour visiter les villages de la province de Gia Lai. Cela décourage de nombreux voyageurs, qui évitent Pleiku et se rendent à Kon Tum, au nord. Toutes les agences en ville peuvent se charger des démarches.

Gia Lai Tourist (📞 059-387 4571 ; www.gialaitourist.com ; 215 Đ Hung Vuong). Une gamme de circuits au juste prix, conduits par des guides parlant français et anglais.

Vietin Bank (1 Đ Tran Hung Dao ; ⊙ 7h-15h30 lun-jeu, 7h-12h sam). Change les devises, et délivre des avances sur les cartes bancaires.

ℹ Comment s'y rendre et circuler

AVION

Vietnam Airlines (☎ 059-382 4680 ; www.
vietnamairlines.com ; 18 Đ Le Lai) assure chaque
jour 2 vols pour Hanoi (à partir de 783 000 d),
5 pour HCMV (à partir de 930 000 d) et un pour
Danang (à partir de 417 000 d). L'aéroport se
trouve à environ 5 km de la ville ; on peut s'y
rendre en taxi (90 000 d) ou en *xe om* (environ
40 000 d).

BUS

La **gare routière** (45 Đ Ly Nam De) est à 2,5 km au
sud-est de la ville. Des bus réguliers desservent
Buon Ma Thuot (100 000 d, 4 heures, toutes les
30 min), Kon Tum (20 000 d, 1 heure, toutes les
30 min) et Quy Nhon (75 000 d, 3 heures, 5/jour).
Il existe aussi des bus à destination des postes-
frontières avec le Cambodge et Laos.

Kon Tum

📍 060 / 52 300 HABITANTS / ALTITUDE : 525 M

L'atmosphère détendue, le cadre fluvial et
les rues relativement peu encombrées de
Kon Tum en font une base beaucoup plus
plaisante que Pleiku ou Buon Ma Thuot
pour explorer quelques-unes des 700 villages
des ethnies des montagnes alentour. La ville
compte par ailleurs plusieurs sites intéressants et des hébergements de qualité.

Kon Tum a connu son lot d'affrontements
durant la guerre du Vietnam. La ville et ses
environs furent le théâtre d'une bataille
majeure entre les armées du Nord et du Sud-
Vietnam, au printemps 1972, et la région fut
dévastée par des centaines de raids des B-52
américains.

En 2004, lors de manifestations contre les
mesures gouvernementales dans les hauts
plateaux, des montagnards de la province se
sont heurtés aux policiers et aux militaires.

La situation s'est calmée en apparence mais
des tensions demeurent.

👁 À voir

Villages des montagnards　　　VIE LOCALE
Plusieurs villages bahnar sont installés à la
périphérie de Kon Tum. La vie s'organise
autour de la *nha rong* traditionnelle, une
haute maison communale au toit de chaume
construite sur pilotis. Les pilotis étaient à
l'origine une protection contre les éléphants,
les tigres et les autres animaux. Habituellement fermées, les maisons rong sont
ouvertes pour les réunions, les mariages, les
fêtes ou les prières.

À l'est de la ville, **Kon Tum Konam** (Bas
Kon Tum) et **Kon Tum Kopong** (Haut Kon
Tum) possèdent chacun une *nha rong*. Au
sud se trouve **Kon Harachot**, où il y a un
orphelinat, à l'ouest d'autres localités.

Les villageois se montrent généralement
accueillants envers les touristes. Vous pourrez flâner à votre guise dans les villages,
mais demandez la permission avant de
photographier des habitants ou une maison.
Vous ne verrez sans doute personne en
costume traditionnel, sauf le dimanche soir
lors de la messe (en bahnar) à la cathédrale
de l'Immaculée Conception.

Les excursions dans les villages en compagnie d'un guide/conducteur de moto coûtent
à partir de 400 000 d, le prix variant selon
les lieux visités. Les permis ne sont plus
requis, mais renseignez-vous auprès de Kon
Tum Tourist afin d'éviter toute mauvaise
surprise.

Si vous souhaitez passer plusieurs jours
sur place, Kon Tum Tourist peut organiser
un séjour chez l'habitant. Les guides prennent garde à ne pas venir trop souvent dans
le même village, préservant ainsi les traditions et l'assurance d'un bon accueil.

HAUTS PLATEAUX DU SUD-OUEST KON TUM

ℹ ALLER AU CAMBODGE : DE PLEIKU À BAN LUNG

Rejoindre la frontière Rarement emprunté par les étrangers, le poste-frontière isolé de
Le Thanh/O Yadaw se situe à 90 km de Pleiku, et à 64 km de Ban Lung, au Cambodge.
Un bus Noi Thinh direct pour Le Thanh (60 000 d, 2 heures) part chaque jour à 7h30 du
marché principal de Pleiku, dans Đ Tran Phu. On peut également rallier Le Thanh depuis la
gare routière principale en passant par Moc Den (40 000 d, 2 heures, 4/jour), d'où des bus
locaux (20 000 d, 15 km) gagnent la frontière. Mettez-vous en route aussi tôt que possible.

À la frontière Les visas cambodgiens sont émis sur place, mais les visas vietnamiens
doivent être obtenus à l'avance.

Au-delà De O Yadaw, des bus locaux (8 $US) et des *moto-dop* (environ 25 $US) se
rendent à Ban Lung. Ils deviennent moins fréquents l'après-midi.

Kon Tum

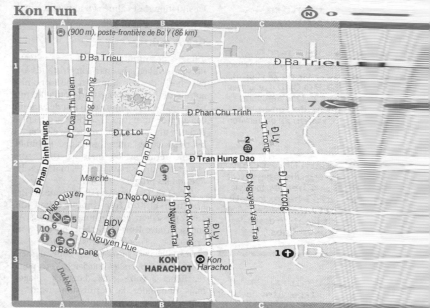

Kon Tum

Cathédrale
de l'Immaculée Conception　ÉGLISE

(Đ Nguyen Hue). Cette cathédrale entièrement en bois, construite par les Français, possède une façade bleu sombre, des moulures bleu ciel et de grands porches latéraux. On y accède par un large escalier. Dans sa vaste nef lumineuse, les rangées de bancs conver-

gent vers le maître-a...
Kon Tum, vieux de 1...
lement fréquentée p...
des textiles traditio...

Séminaire et mus...
des Montagnards
(Đ Tran Hung Dao ; ...
GRATUIT Ce charmant...
déparerait pas dans...
Édifié en 1934, il co...
superbes sculpture...
"salle traditionnelle...
présentant la vie de...
et le diocèse de K...
porte close, adress...

🛏 Où se log...

💗 **Family Hotel**
(☎060-386 2448 ; p...
et 61 Đ Tran Hung Da...
Le panneau "home...
réception, résume...
adresse familiale...
les chambres de st...
un charmant jardi...

Viet Nga Hotel
(☎060-224 0247 ; 1...
150 000 d, ch avec...
✳@☎). Les voy...

ℹ️ ALLER AU LAOS : DE KON TUM À ATTAPEU

Rejoindre la frontière Le poste-frontière de Bo Y/Phou Keua se situe à 86 km au nord-ouest de Kon Tum et à 119 km au nord-est d'Attapeu (Laos). De la gare routière de Pleiku, un bus Mai Linh part tous les jours à 6h30 pour Attapeu (250 000 d, 7 heures) et continue jusqu'à Pakse (420 000 d, 11 heures 30). Il passe par Kon Tum vers 8h15 ; vous pouvez acheter votre billet auprès de Kon Tum Tourist.

Traverser la frontière en indépendant peut être compliqué. Du côté vietnamien, la ville la plus proche est Ngoc Hoi, accessible par bus depuis Kon Tum (34 000 d, 1 heure 30). Il faut ensuite prendre un minibus jusqu'à la frontière (12 000 d, 30 min). Du côté laotien, vous devrez demander une place dans un véhicule de passage.

À la frontière Il n'est pas délivré de visa vietnamien, mais les ressortissants de la plupart des pays peuvent se procurer son pendant laotien (30-40 $US).

Au-delà Les bus en provenance de Pleiku arrivent à Attapeu vers 13h30. Si vous voyagez avec la compagnie Mai Linh, le prix comprend le déjeuner. Vous atteindrez Pakse autour de 18h.

apprécieront cet excellent mini-hôtel familial. Impeccables, les chambres comportent de jolis meubles, un réfrigérateur et une TV.

Indochine Hotel HÔTEL **$$**
(☎060-386 3335 ; www.indochinehotel.vn ; 30 Đ Bach Dang ; ch 630 000-1 260 000 d ; ❄️@🛜). Sur la rive du fleuve, ce grand immeuble en béton moderne, et tout confort, bénéficie d'une belle vue. Buffet du petit-déjeuner compris.

🍴 Où se restaurer et prendre un verre

Dakbla Restaurant VIETNAMIEN, OCCIDENTAL **$**
(168 Đ Nguyen Hue ; plats 40 000-100 000 d ; ⏰8h-22h). Moitié musée, moitié restaurant, ce lieu pittoresque – décoré de masques, tambours, gongs et d'autres objets ethniques – sert des plats vietnamiens et occidentaux, dont moult mets végétariens.

Quan 58 VIETNAMIEN **$**
(58 Đ Phan Chu Trinh ; fondue 90 000 d ; ⏰11h-21h). Rien que de la chèvre, à l'étouffée (*de hap*), grillée (*de nuong*), sautée (*de xao lan*), au curry (*de cari*) ou en fondue (*lau de*).

Eva Cafe CAFÉ
(1 Đ Phan Chu Trinh ; ⏰7h-21h). Un petit café insolite, évoquant une cabane en rondins, avec des masques tribaux aux murs. Parfait pour se détendre devant une bière ou un café.

Indochine Coffee CAFÉ, BAR
(Indochine Hotel, 30 Đ Bach Dang ; ⏰7h-22h). Inattendu au fin fond du Vietnam, ce café contemporain, qui fait partie de l'Indochine Hotel, se distingue par son architecture exceptionnelle : 15 immenses cônes en bambou inversés (référence aux nasses de pêche vietnamiennes) supportent le toit de cette structure sans murs, ouverte sur les côtés, et qui donne sur des bassins.

ℹ️ Renseignements

BIDV ATM (1 Đ Tran Phu)

Highlands Eco Tours (☎060-391 2788 ; www.vietnamhighlands.com ; 41 Đ Ho Tung Mau). Une agence de voyages indépendante, spécialisée dans les visites de villages, les séjours au sein de communautés à l'écart des circuits habituels, les treks et les excursions sur des champs de bataille. À partir de 35 $US/jour.

Hôpital général de Kon Tum (☎060-386 2565 ; 224A Đ Ba Trieu ; ⏰6h-21h)

Kon Tum Tourist (☎060-386 1626 ; ktourist@dng.vnn.vn ; 2 Đ Phan Dinh Phung). Cette agence peut organiser des circuits et séjours dans des villages bahnar et jarai, ainsi que des treks.

ℹ️ Comment s'y rendre et circuler

BUS

À la **gare routière** (279 Đ Phan Dinh Phung), des individus travaillant souvent pour le compte de chauffeurs de bus cherchent à vendre aux touristes des billets au-dessus du tarif officiel. Il existe de nombreux services à destination de Pleiku (20 000 d, 1 heure, toutes les 30 min). Pour Danang (130 000 d, 7 heures, 7/jour), prenez si possible l'un des bus Mai Linh (7h30 et 15h), en très bon état, et dont la compagnie ne majore pas les tarifs pour les étrangers.

TAXI

Pour commander un taxi, appelez **Mai Linh** (☎060-395 5555).

XE OM

Kon Tum se parcourt aisément à pied et l'on peut aussi circuler en *xe om* (20 000 d pour un court trajet).

Hô Chi Minh-Ville

🎵 08 / POPULATION : 7,5 MILLIONS D'HABITANTS

Le top des restaurants

➡ May (p. 336)

➡ Nha Hang Ngon (p. 333)

➡ Temple Club (p. 333)

➡ ...hum Vegetarian Cafe & Restaurant (p. 337)

➡ Baba's Kitchen (p. 337)

Le top des hébergements

➡ Madame Cuc 127 (p. 329)

➡ Giang Son (p. 329)

➡ Ma Maison Boutique Hotel (p. 332)

➡ Park Hyatt Saigon (p. 327)

➡ Blue River Hotel (p. 330)

Pourquoi y aller

Hô Chi Minh-Ville (HCMV) est un concentré enivrant du Vietnam. Cette métropole fourmillante, d'une grande richesse commerciale et culturelle, possède une incroyable énergie qui a poussé tout le pays en avant. Tel un organisme vivant, elle insuffle vitalité à qui s'y installe, et les visiteurs ne peuvent qu'entrer dans la danse.

Hôtels luxueux ou pensions petits budgets, restaurants chics ou étals de rue à la cuisine typique, boutiques sélectes ou marchés débordant d'animation, HCMV se plaît dans les contrastes. Ici, les ruelles intemporelles mènent à de vénérables pagodes baignées d'encens puis, par un saut dans le temps, à des gratte-ciel étincelants et des galeries marchandes dernier cri. Pour autant, les fantômes du passé planent encore sur des édifices qui, il y a une génération à peine, furent les témoins du chaos de la guerre. En tout cas, la véritable beauté de cette mosaïque urbaine que forme l'ancienne Saigon réside dans ces deux mondes qui fusionnent en une même effervescence. Depuis peu, une gamme de nouveaux circuits originaux permet de mieux appréhender l'âme de cette grande ville du Sud.

Quand partir

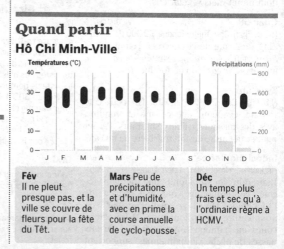

Fév
Il ne pleut presque pas, et la ville se couvre de fleurs pour la fête du Têt.

Mars Peu de précipitations et d'humidité, avec en prime la course annuelle de cyclo-pousse.

Déc
Un temps plus frais et sec qu'à l'ordinaire règne à HCMV.

Histoire

À l'origine, Saigon faisait partie du royaume du Cambodge et, jusqu'à la fin du XVIIᵉ siècle, était une petite ville portuaire appelée Prey Nokor. Les colons vietnamiens migrant de plus en plus vers le sud, la cité fut absorbée par le Vietnam et devint la capitale du royaume des Nguyên, qui régna sur le sud du Vietnam du XVIᵉ au XVIIIᵉ siècle.

Durant la révolte des Tây Son, au XVIIIᵉ siècle, des réfugiés chinois s'établirent à proximité, dans un lieu baptisé Cholon ("grand marché"). Après avoir maté les rebelles, Nguyên Anh édifia une vaste citadelle à peu près à l'emplacement actuel des ambassades de France et des États-Unis.

Les deux villes furent prises en 1859 par les Français, qui détruisirent la citadelle et firent de Saigon la capitale de la colonie de Cochinchine. L'expansion des deux cités fut officialisée en 1931 par leur fusion en Saigon-Cholon, rebaptisée Saigon en 1956.

Elle fut la capitale de la république du Vietnam de 1956 à 1975, puis tomba aux mains des forces du Vietnam du Nord et fut alors rebaptisée Hô Chi Minh-Ville.

◉ À voir

Au-delà de ses élégants édifices coloniaux et du tumulte incessant qui règne dans ses rues, Hô Chi Minh-Ville recèle de quoi satisfaire tous les goûts : musées, temples, marchés animés, monuments historiques et espaces verts. Trois jours devraient suffire pour faire le tour des principaux centres d'intérêt, mais le caractère décontracté, sympathique et entreprenant de la métropole vietnamienne retient souvent les voyageurs plus longtemps.

Plus qu'une ville, HCMV est à elle seule une petite province qui s'étend de la mer de Chine méridionale jusqu'à la frontière cambodgienne, ou presque. Les régions rurales constituent environ 90% de la superficie de HCMV et accueillent quelque 25% de sa population. La grande majorité des habitants se regroupe dans le centre urbain, soit sur 10% seulement de sa superficie totale.

HCMV est divisée en 19 districts urbains (*quan*, d'après le mot "quartier") et en 5 districts ruraux (*huyen*, dérivé du mot chinois *xian*). La majorité des sites se situent dans le district 1, toujours dénommé Saigon, qui comprend Pham Ngu Lao (PNL), quartier pour voyageurs à petits budgets, et le secteur plus cossu de Dong Khoi. Cependant, certains quartiers, tel le district 3, offrent une ambiance plaisante, avec des bâtiments de style international et néoclassique, des rues bordées d'arbres et truffées de boutiques, cafés et restaurants.

◉ Quartier de Dong Khoi

Immédiatement à l'ouest de la Saigon, le cœur de la vieille ville est entouré de gratte-ciel et de boutiques de mode, eux-mêmes encerclés par des zones réservées aux

---

HÔ CHI MINH-VILLE EN ...

Un jour

Démarrez la journée par un bol de *pho* fumant, suivi de notre itinéraire de **promenade à pied** (p. 320). Après un déjeuner au **Shri** (p. 337), direction le **musée des Souvenirs de guerre** (p. 313), le **palais de la Réunification** (p. 313) et, s'il vous reste du temps, le **musée de Hô Chi Minh-Ville** (p. 308). Le soir, contemplez le coucher du soleil depuis l'**Alto Heli Bar** (p. 340), puis allez dîner au **Nha Hang Ngon** (p. 333) ou au **Temple Club** (p. 333). Terminez par un dernier verre au **Vasco's** (p. 340) ou dans l'un des autres bars installés dans la cour de l'ancienne raffinerie d'opium.

Deux jours

Passez la matinée à la découverte du marché et des pagodes anciennes de **Cholon** (p. 316). Rendez-vous ensuite en taxi au district 3 pour un repas traditionnel bon marché au **Pho Hoa** (p. 336) ou au **Banh Xeo 46A** (p. 336), avant de rejoindre à pied la **pagode de l'Empereur de Jade** (p. 310) et le **musée d'Histoire** (p. 312) en passant par Da Kao. Profitez au mieux de votre dernier soir à HCMV en dînant dans un autre restaurant de choix, comme le **May** (p. 336), le **Cuc Gach Quan** (p. 336) ou le **...hum Vegetarian Cafe & Restaurant** (p. 337), et en écoutant de la musique live à l'**Acoustic** (p. 341) ou au **Yoko** (p. 341). Enfin, plongez dans le chaos festif du **Cargo** (p. 341) ou de l'**Apocalypse Now** (p. 339).

N 0 _____ 1 km

gare routière An Suong (6 km),
Cu Chi (27 km),
7 tunnels de Cu Chi (27 km),
Tay Ninh (94 km),
8 Grand Temple caodaïste (94 km)

**DISTRICT
DE TAN BINH**

Đ Ly Thuong Kiet

Đ Cach Mang Thang Tam

Đ Le Dai Hanh

Pagode
Giac Lam

Đ To Hien Thanh

Musée
de la Médecir
traditionnell
vietnamienn

Parc Ho
Ky Hoa

DISTRICT 10

Đ Nguyen Tri Phuong

Đ Lac Long Quan

Đ Binh Thoi

*Hippodrome
de Saigon*

Đ 3 Thang 2

Đ Ba Hat

Đ Vinh Vien

Đ Ngo Quyen

Đ Su Van

Pagode
Giac Vien

DISTRICT 11

ĐL Ngo Gia Tu

Voir carte Cholon (p. 318)

Đ Han Hai Nguyen

Đ Tran Quy

Đ Ly Thuong Kiet

ĐL An Duong Vuong

ĐL Tran Phu

gare routière
de Mien Tay
(3 km)

Pagode
Phung Son

Cholon 5

DISTRICT 5

Đ Hong Bang

Đ Minh Phung

Đ Nguyen Trai

ĐL Tran Hung Dao

Parc aquatique
Dai The Gioi

Canal Tau Hu

À ne pas manquer

1 Le spectacle de la frénésie urbaine, à contempler du haut d'un **bar sur un toit-terrasse** (p. 342).

2 L'évocation de l'histoire récente tumultueuse du Vietnam au **musée des Souvenirs de guerre** (p. 313).

3 La **cuisine vietnamienne et internationale** dans les restaurants gastronomiques et les étals de rue (p. 333).

4 L'atmosphère spirituelle, dans les nuages d'encens, de la **pagode de l'Empereur de Jade** (p. 310).

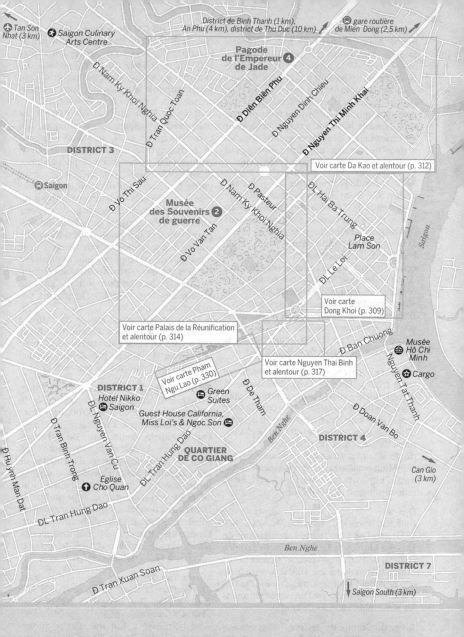

Tan Son
Nhat (3 km)

Saigon Culinary
Arts Centre

District de Binh Thanh (1 km),
An Phu (4 km), district de Thu Duc (10 km)

gare routière
de Mien Dong (2,5 km)

Pagode
de l'Empereur
de Jade ❹

Đ Nam Ky Khoi Nghia

Đ Tran Quoc Toan

Đ Diên Biên Phu

Đ Nguyen Dinh Chieu

Đ Nguyen Thi Minh Khai

DISTRICT 3

Saigon

Đ Vo Thi Sau

Musée
des Souvenirs
de guerre ❷

Đ Nam Ky Khoi Nghia

Đ Pasteur

ĐL Hai Ba Trung

Voir carte Da Kao et alentour (p. 312)

Đ Vo Van Tan

Place
Lam Son

ĐL Le Loi

Voir carte
Dong Khoi (p. 309)

Voir carte Palais de la Réunification
et alentour (p. 314)

Đ Ban Chuong

Musée
Hô Chi
Minh

Nguyen Tat Thanh

Voir carte Nguyen Thai Binh
et alentour (p. 317)

Cargo

Voir carte Pham
Ngu Lao (p. 330)

DISTRICT 1
Hotel Nikko
Saigon

Green
Suites

Guest House California,
Miss Loi's & Ngoc Son

Đ De Tham

Đ Doan Van Bo

DISTRICT 4

ĐL Nguyen Van Cu

Đ Tran Binh Trong

ĐL Tran Hung Dao

QUARTIER
DE CO GIANG

Ben Nghe

Can Gio
(3 km)

Đ Huynh Man Dat

Eglise
Cho Quan

ĐL Tran Hung Dao

Ben Nghe

DISTRICT 7

Đ Tran Xuan Soan

Saigon South (3 km)

Saigon

❺ Les temples chinois du
quartier de **Cholon** (p. 316).

❻ Les **circuits organisés**
(p. 325) originaux qui mettent
en lumière différents aspects
de la ville.

❼ Une immersion dans le
fascinant monde souterrain
des soldats viêt-cong en
visitant les **tunnels de Cu Chi**
(p. 350).

❽ Une cérémonie religieuse
au **Grand Temple caodaïste**
de Tay Ninh (p. 354).

affaires et à l'administration. Ce quartier huppé emprunte son nom à sa principale artère commerçante, Đuong (Đ) Dong Khoi, qui s'étend de la rivière à la cathédrale Notre-Dame en passant par l'Opéra. Ce sont les larges boulevards Le Loi et Nguyen Hue, bordés d'arbres et perpétuellement envahis de motos, qui laissent la plus forte impression – surtout lorsqu'on a risqué sa vie pour les traverser. Le long de ces grands axes, les vestiges de la colonisation française côtoient la ville moderne au dynamisme trépidant.

♥ Cathédrale Notre-Dame ÉGLISE
(carte p. 309 ; Đ Han Thuyen ; ⊙ messe 9h30 dim). Érigée entre 1877 et 1883, cette cathédrale en brique de style néoroman se dresse au cœur du quartier administratif de HCMV, face à Đ Dong Khoi. Précédée d'une haute statue blanche de la Vierge tenant un globe, elle comporte deux clochers jumeaux carrés hauts de 40 m, surmontés de flèches en fer. Seuls certains des vitraux d'origine subsistent, les autres ayant été détruits pendant la guerre. Le personnel anglophone dispense des informations touristiques de 9h à 11h du lundi au samedi. Si le portail est fermé, essayez la porte du côté du palais de la Réunification.

♥ Poste centrale ÉDIFICE HISTORIQUE
(carte p. 309 ; 2 Cong Xa Paris). Proche de la cathédrale, la massive poste centrale (1886-1891) de style colonial, dessinée par Gustave Eiffel, renferme dans son vaste hall voûté d'intéressantes cartes peintes du Sud-Vietnam, de Saigon et de Cholon. Sur le mur du fond, un portrait en mosaïque de Hô Chi Minh occupe la place d'honneur. Notez aussi l'infrastructure métallique vert foncé et le carrelage à motifs du sol.

Opéra ÉDIFICE NOTABLE
(Nha Hat Thanh Pho ; carte p. 309 ; ☑ 08-3829 9976 ; place Lam Son). Trônant au carrefour de Đ Dong Khoi et ĐL Le Loi, ce fier édifice colonial de 1897, dont l'escalier d'accès décrit une courbe majestueuse, reflète le style français de la Belle Époque. Officiellement baptisé Théâtre municipal, c'est l'un des monuments les plus emblématiques de la ville.

Siège du Comité du peuple ÉDIFICE NOTABLE
(carte p. 309 ; ĐL Nguyen Hue). Construit entre 1901 et 1908, l'ancien hôtel de ville s'élève à l'extrémité nord-ouest de ĐL Nguyen Hue. Il se distingue par sa façade élaborée d'inspiration Renaissance qui en fait l'un des monuments les plus photographiés du Vietnam. L'intérieur ne se visite pas.

Musée de Hô Chi Minh-Ville MUSÉE
(Bao Tang Thanh Pho Ho Chi Minh ; carte p. 309 ; www.hcmc-museum.edu.vn ; 65 Đ Ly Tu Trong ; 15 000 d ; ⊙ 8h-17h). Construit en 1885, ce superbe bâtiment néoclassique gris s'appelait autrefois le palais Gia Long (et, plus récemment, le musée de la Révolution).

Il retrace l'histoire de la ville grâce à des objets archéologiques, des céramiques, des cartes anciennes et des dioramas illustrant le mariage traditionnel dans différentes ethnies. La lutte pour l'indépendance occupe une place centrale, la majeure partie de l'étage supérieur lui étant consacrée. Les sous-sols du bâtiment abritent un réseau de bunkers en béton et de couloirs fortifiés, reliés au palais de la Réunification et comprenant des zones d'habitation, une cuisine et une grande salle de réunion. C'est dans l'un de ces bunkers que le président Diêm et son frère se cachèrent avant de s'enfuir vers l'église Cha Tam (p. 319). Ce réseau n'est pas ouvert au public, la plupart des tunnels étant inondés.

Dans les jardins est exposé du matériel militaire, dont le F-5 américain utilisé par un soldat renégat sud-vietnamien pour bombarder le palais présidentiel (actuel palais de la Réunification), le 8 avril 1975.

♥ Bitexco Financial Tower TOUR
(carte p. 309 ; http://saigonskydeck.com ; 2 Đ Hai Trieu ; adulte/enfant 200 000/130 000 d ; ⊙ 9h30-21h30). Conçue par l'architecte américain Carlos Zapata, cette tour de 68 étages éclipse, avec ses 262 m de haut, tout ce qui l'entoure. Sa forme s'inspire d'un bouton de lotus. Le toit du **Saigon Skydeck**, une plate-forme d'observation circulaire suspendue au 48e étage, sert d'hélistation. Pour profiter de la vue exceptionnelle, surtout au coucher du soleil, choisissez un jour de beau temps car l'endroit n'est pas protégé des intempéries. Sinon, vous pourrez toujours aller prendre un verre à l'Alto Heli Bar (p. 340).

Musée Ton Duc Thang MUSÉE
(Bao Tang Ton Duc Thang ; carte p. 309 ; ☑ 08-3829 7542 ; 5 Đ Ton Duc Thang ; ⊙ 7h30-11h30 et 13h30-17h mar-sam). GRATUIT Ce petit musée rend hommage à Ton Duc Thang, successeur de Hô Chi Minh. Né en 1888 à Long Xuyen, dans le delta du Mékong, il mourut en 1980 au cours de son mandat présidentiel. Des objets et des photos, dont de captivantes illustrations des violences coloniales, retracent son rôle dans la lutte pour l'indépendance.

Quartier de Dong Khoi

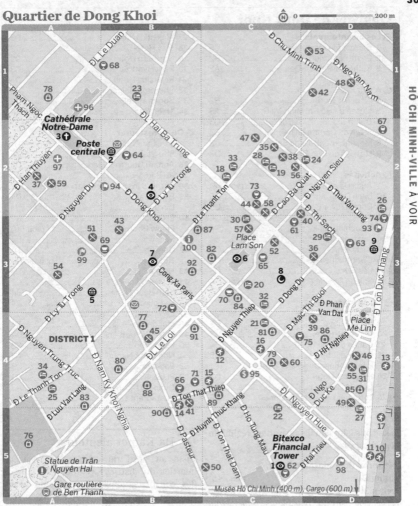

Mosquée indienne de Saigon MOSQUÉE
(carte ci-dessus ; 66 Đ Dong Du). Édifiée en 1935
par des musulmans indiens à l'emplacement d'une mosquée plus ancienne, cette mosquée constitue un havre de paix au cœur de ce quartier trépidant. L'ensemble blanc et vert comporte quatre minarets décoratifs. Devant se trouve un bassin pour les ablutions rituelles. Déchaussez-vous avant d'entrer.

Plusieurs restaurants indiens et malais halal se concentrent alentour, dont un modeste mais excellent juste derrière.

22 Ly Tu Trong SITE HISTORIQUE
(carte ci-dessus ; 22 Đ Ly Tu Trong). Le rez-de-chaussée de ce bâtiment d'allure ordinaire est aujourd'hui occupé par le Vietnam National Chemical Group. Rejoignez le parc Chi Lang de l'autre côté de la rue et levez les yeux vers le toit. La structure, qui abrite un puits d'ascenseur, servit de terrain d'atterrissage à l'hélicoptère chargé d'évacuer le personnel américain le jour de la chute de Saigon. Immortalisée par le photographe néerlandais Hubert Van Es, cette scène célèbre a souvent été décrite comme l'évacuation de l'ambassade des

Quartier de Dong Khoi

États-Unis, alors qu'il s'agissait en réalité du siège de la CIA.

Mémorial du vénérable Thich Quang Duc
MONUMENT

(carte p. 314 ; angle Đ Nguyen Dinh Chieu et Đ Cach Mang Thang Tam). Ce paisible parc-mémorial rend hommage au moine bouddhiste qui, en 1963, à l'âge de 73 ans, s'immola par le feu sur ce site, non loin du palais présidentiel (actuel palais de la Réunification), afin de protester contre la répression antibouddhiste du régime de Ngô Dinh Diêm. Inauguré en 2010, son mémorial consiste en une statue représentant le bonze entouré de flammes devant un bas-relief qui dépeint ses derniers instants. On y accède par une volée de marches.

Thich Quang Duc a été élevé au rang de Bo Tat, ou bodhisattva (être humain ayant atteint l'éveil qui renonce au nirvana pour aider les autres à trouver le salut).

◎ Da Kao et alentour

Juste au nord du centre-ville, ce vieux quartier du district 1 regroupe la plupart des consulats, ainsi que plusieurs beaux bâtiments de l'époque coloniale. Ses rues historiques (et celles bordant la partie est du district 3) dissimulent certains des nouveaux restaurants et bars les plus branchés de HCMV, de même que des restaurants traditionnels réputés.

♥ Pagode de l'Empereur de Jade
TEMPLE TAOÏSTE

(Phuoc Hai Tu ou Chua Ngoc Hoang ; carte p. 312 ; 73 Đ Mai Thi Luu ; ◎ 7h-18h, 1er et 15e jours du mois lunaire 5h-19h). Construite en 1909, c'est l'une des pagodes à l'ambiance la plus spectaculaire de HCMV. Dédiée à l'empereur de Jade (Ngôc Hoang), le dieu suprême taoïste assimilé au seigneur du Ciel, elle recèle quantité de statues de divinités et de magnifiques panneaux en bois sculptés ornés de caractères chinois dorés. Sous son toit couvert de tuiles élaborées se dressent des effigies en papier mâché incarnant les personnages des traditions bouddhique et taoïste. À l'intérieur du bâtiment principal, deux statues de 4 m de hauteur, à l'air féroce, se dressent contre le mur. À droite, le général vainqueur du Dragon vert pose un pied sur sa victime terrassée. À gauche, le général vainqueur du Tigre blanc adopte une position similaire.

Les fidèles se pressent devant l'empereur de Jade, drapé d'étoffes luxueuses et de volutes d'encens, qui domine le sanctuaire principal. Il est flanqué de ses gardiens, les quatre Grands Diamants (Tu Dai Kim Cuong), censés être aussi durs que la pierre du même nom.

Un passage à gauche de l'autel principal mène à une autre salle. L'espace situé à droite en entrant est dominé par Thanh Hoang, le maître des Enfers, son cheval rouge à sa gauche. Les autres statues figurent les dieux chargés de punir les mauvaises actions et de récompenser les bonnes. Remarquez également la salle des dix régions des Enfers, dont les bas-reliefs en bois ornant les murs évoquent les tourments. Des femmes attendent leur tour devant la représentation assise du dieu de la Ville, dont le couvre-chef s'orne d'idéogrammes signifiant "En un clin d'œil, l'argent est donné". Selon un rituel fascinant, les bouddhistes glissent de l'argent dans un tronc, frottent contre sa main un morceau de papier rouge, puis font tourner celui-ci autour de la flamme d'une bougie.

Derrière la cloison, une petite salle contient douze statues de porcelaine, disposées sur deux rangées, représentant douze femmes vêtues de couleurs vives et entourées d'enfants. Chacune d'elles symbolise un trait du caractère humain, bon ou mauvais, ainsi que les douze années du calendrier astrologique chinois. Kim Hoa Thanh Mau, chef des femmes, domine la salle. L'étage abrite une

Da Kao et alentour

Da Kao et alentour

◎ Les incontournables
1 Musée d'Histoire.................................D1
2 Pagode de l'Empereur de Jade.............B1

◎ À voir
3 Jardins botaniques................................D1
4 Musée militaire......................................C2
5 Pho Binh...A1
6 San Art..D1

◉ Activité
7 Université des Sciences humaines
et sociales..C2

◯ Où se loger
8 Sofitel Saigon Plaza..............................C2

◎ Où se restaurer
9 Banh Xeo 46A.......................................A1
10 Camargue...B2
11 Cuc Gach Quan....................................A1
12 May...D1
13 Ocean Palace.......................................D2
14 Pho Hoa...A2

15 Tib...B2
16 Tib...A1

◎ Où prendre un verre
17 Decibel...C1
18 Hoa Vien...C2
19 Lush..D2

◎ Où sortir
20 Saigon Water Puppet Theatre...............D1

◎ Achats
21 Orange...A2
22 Thu Quan Sinh Vien..............................C2

◉ Renseignements
23 Buffalo Tours.......................................A2
24 Consulat du Cambodge.........................B2
25 Consulat de France...............................C2
26 Consulat d'Allemagne...........................B2
27 International SOS..................................A2
28 Consulat des Pays-Bas.........................C2
29 Consulat du Royaume-Uni.....................C2
30 Consulat des États-Unis.......................C2

salle dédiée à Quan Am, déesse de la Miséri-corde, en face d'un portrait barbu de Dat Ma, fondateur indien du bouddhisme zen.

L'autre nom du sanctuaire, Phuoc Hai Tu (福海寺 ; "temple de la Mer de chance"), d'origine clairement bouddhique, met en évidence le syncrétisme religieux du lieu. De même, les caractères chinois (佛光普照 ; "la lumière du Bouddha brille sur tout") de la salle principale.

Dehors, remarquez le petit bassin grouillant de tortues, dont certaines portent sur la carapace des inscriptions propitiatoires.

♥ **Musée d'Histoire**   MUSÉE

(Bao Tang Lich Su ; carte ci-dessus ; Ð Nguyen Binh Khiem ; 15 000 d ; ◷8h-11h30 et 13h30-17h mar-sam). L'architecture franco-chinoise du musée d'Histoire, construit en 1929 par la Société des études indochinoises, est à elle seule notable. Elle est due à l'architecte Auguste Delaval ; à l'époque, le musée s'ap-pelait musée Blanchard de la Brosse. Quant au musée lui-même, il est remarquable, sa collection illustrant l'évolution des cultures du Vietnam – de la civilisation de Dông Son (apparue à l'âge du bronze vers le IIIe siècle av. J.-C.) et du royaume du Funan (Ier-VIe siècle), aux Chams, aux Khmers et aux Vietnamiens. Parmi les pièces maîtresses figurent de précieux vestiges provenant d'Angkor Vat, au Cambodge, des bouddhas, la momie d'une femme morte en 1869 découverte à Xom Cai (district 5) et des panneaux incrustés de caractères chinois en nacre.

Le musée se trouve juste après l'entrée principale du jardin botanique et zoologique ; il abrite une boutique Nguyen Frères (p. 343).

Jardin botanique   JARDINS
(Thao Cam Vien ; carte p. 312 ; 2 Đ Nguyen Binh Khiem ; 8 000 d ; ☻ 7h-19h). Parmi les premiers projets entrepris par les Français en Cochinchine, ce jardin luxuriant, qui jouxte le musée d'Histoire, fut jadis l'un des plus beaux d'Asie. Il fait donc se promener sous ses Tung, So Khi et d'autres grands arbres tropicaux, mais évitez son zoo tristounet.

Musée militaire   MUSÉE
(Bao Tang Quan Doi ; carte p. 312 ; 2 ĐL Le Duan ; ☻ 7h30-11h et 13h30-16h30 mar-sam). GRATUIT À courte distance du musée d'Histoire, ce lieu évoque la campagne lancée par Hô Chi Minh pour libérer le sud du pays. Les expositions intérieures offrent peu d'intérêt, mais des engins de guerre américains, chinois et soviétiques sont présentés à l'extérieur. Vous y verrez notamment un Cessna A-37 de l'armée de l'air sud-vietnamienne et un Tiger F-5E de fabrication américaine. Le tank exposé est l'un de ceux qui pénétra dans le palais de la Réunification le 30 avril 1975.

Pho Binh   SITE HISTORIQUE
(carte p. 312 ; 7 Đ Ly Chinh Thang, district 3 ; soupe de nouilles 30 000 d). Ce modeste restaurant de nouilles fut le QG secret du Viêt-cong à Saigon, d'où il planifia notamment son attaque contre l'ambassade des États-Unis et d'autres cibles lors de l'offensive du Têt (1968). Le Pho Binh sert par ailleurs un *pho* délicieux.

◉ Palais de la Réunification et alentour

À cheval entre le district 1 et le district 3, ce damier de rues fréquentées, entourant le parc Tao Dan et celui du palais de la Réunification, regroupe plusieurs sites phares – et quelques restaurants de premier ordre.

♥ Musée des Souvenirs de guerre   MUSÉE
(Bao Tang Chung Tich Chien Tranh ; carte p. 314 ; ☎ 08-3930 5587 ; 28 Đ Vo Van Tan, angle Đ Le Quy Don ; 15 000 d ; ☻ 7h30-12h et 13h30-17h).

Auparavant appelé musée des Crimes de guerre chinois et américains, cet endroit est devenu l'un des musées les plus visités par les touristes occidentaux à HCMV. Peu de musées dans le monde mettent en lumière de façon aussi marquante la brutalité de la guerre, notamment sur la population civile. La plupart des atrocités montrées ici ont été largement diffusées en Occident. Il n'empêche que le détail de ces exactions, présenté par les victimes elles-mêmes, reste très impressionnant.

Si le propos peut sembler partial, il est à noter que nombre de photos dérangeantes sur les atrocités commises par les Américains, dont celles du terrible massacre de My Lai (p. 444), proviennent de sources étasuniennes.

À l'extérieur sont exposés des véhicules blindés américains, des pièces d'artillerie, des bombes et des armes d'infanterie. Un coin du parc consacré aux bagnes insulaires de Phu Quoc et de Poulo Condor (actuel Con Son), de sinistre mémoire, donne à voir la guillotine utilisée par les Français et les "cages à tigre" inhumaines dans lesquelles les Sud-Vietnamiens enfermaient leurs prisonniers viêt-cong.

Au rez-de-chaussée, une collection d'affiches et de photos en rapport avec le mouvement contre la guerre à travers le monde soulage un peu des horreurs présentées plus haut.

Les photographies d'enfants brûlés au napalm ou déchiquetés par les bombes américaines glacent le sang. Vous aurez également le triste privilège de découvrir quelques armes expérimentales (classées à l'époque "secret défense") employées pendant la guerre du Vietnam, dont la Fléchette, un obus rempli de minuscules traits acérés.

À l'étage, ne manquez pas l'**exposition Requiem**, compilée par le grand photographe de guerre Tim Page, qui illustre le travail de ses collègues des deux côtés du conflit, avec notamment des tirages de Larry Burrows et de Robert Capa.

Le musée occupe l'immeuble utilisé à l'époque par l'US Information Service. Commentaires en vietnamien et en anglais.

♥ Palais de la Réunification   MONUMENT HISTORIQUE
(Dinh Thong Nhat ; carte p. 314 ; ☎ 08-3829 4117 ; Đ Nam Ky Khoi Nghia ; adulte/enfant 30 000/3 000 d ; ☻ 7h30-11h et 13h-16h). Entouré de palmiers royaux, ce bâtiment des années 1960 est l'un des lieux les plus

spectaculaires de la ville, tant pour son architecture moderne que pour l'étrangeté qui se dégage de ses vastes salles désertes.

Le palais semble s'être figé le 30 avril 1975, jour où les premiers chars nord-vietnamiens entrèrent dans Saigon. Ils écrasèrent les grilles du palais, puis un soldat courut planter un drapeau viêt-cong sur le balcon. Ce matin-là, le général Duong Van Minh, promu chef de l'État sud-vietnamien 43 heures auparavant, attendait les vainqueurs dans un superbe salon, en compagnie de ses ministres. "Je vous attendais pour vous transférer les pouvoirs", dit Minh à l'officier viêt-cong qui entrait dans la pièce. "Il n'y a aucun pouvoir à passer, répondit l'officier avec morgue, vous ne pouvez transmettre ce que vous n'avez pas."

En 1868, la résidence du gouverneur général de Cochinchine française fut édifiée à cet emplacement. Après plusieurs agrandissements, ce bâtiment devint le palais

Norodom. Au départ des Français, le président sud-vietnamien, Ngô Dinh Diêm, s'y installa. Cet homme faisait l'objet d'une telle impopularité que sa propre force aérienne essaya vainement de le faire disparaître en bombardant le palais en 1962. Diêm ordonna alors qu'un nouvel édifice soit construit sur l'emplacement de l'ancien, doté cette fois d'un abri antiaérien au sous-sol. Les travaux furent achevés en 1966, mais Diêm, assassiné par ses troupes en 1963, ne profita jamais des installations. Baptisé palais de l'Indépendance, le bâtiment hébergea le nouveau président du Vietnam du Sud, Nguyên Van Thiêu, jusqu'à sa fuite en 1975.

Typique de l'architecture des années 1960, le palais, dû à l'architecte Ngô Viêt Thu, formé à Paris, respire l'harmonie, et ses spacieuses salles sont décorées avec goût. Le rez-de-chaussée renferme des salles de réunion, le 1er étage, la salle de réception où le président du Sud-Vietnam recevait

Palais de la Réunification et alentour

les dignitaires du régime et les délégations étrangères. Les appartements privés se situent à l'arrière du bâtiment, où vous découvrirez des maquettes de bateaux, des queues de cheval et des pattes d'éléphant. Le 2e étage comporte une salle de jeu du plus pur style *seventies*. Citons aussi une salle de projection et une salle de bal sur le toit, ainsi qu'une terrasse aménagée en héliport.

Le sous-sol abrite un dédale de tunnels, un centre de télécommunications et une salle d'état-major, où de gros ventilateurs côtoient d'antiques émetteurs radio. Vers la fin du parcours, une vidéo retrace l'histoire du palais (commentaires en français et en anglais) ; elle s'achève par l'hymne national : levez-vous, il serait impoli de rester assis.

Le palais de la Réunification est fermé au public lors des réceptions ou des réunions officielles. Les visiteurs peuvent profiter des services de guides parlant français et anglais.

Temple hindou de Mariamman TEMPLE HINDOU
(Chua Ba Mariamman ; carte p. 314 ; 45 Đ Truong Dinh ; ◎ 7h30-19h30). Bien que la ville ne compte qu'un nombre restreint d'hindouistes, ce temple coloré, le seul encore en activité, est considéré comme un lieu sacré par nombre de Chinois et de Vietnamiens. Il est réputé pour ses pouvoirs miraculeux. Construit à la fin du XIXe siècle, il est consacré à la déesse hindoue Mariamman.

Le lion, à gauche de l'entrée, était promené en procession dans la ville chaque automne. Dans le sanctuaire, au centre du temple, préside la déesse Mariamman flanquée de ses deux gardiens, Maduraiveeran (à gauche) et Pechiamman (à droite). Devant Mariamman se dressent deux lingams entourés d'offrandes : encens, fleurs de jasmin, lys et glaïeuls.

Le temple se trouve à trois rues à l'ouest du marché Ben Thanh. Déchaussez-vous avant de poser le pied sur la plateforme légèrement surélevée.

Parc Tao Dan PARC
(carte p. 314 ; Đ Nguyen Thi Minh Khai). Une métropole de la taille de HCMV a résolument besoin de poumons verts, comme ce parc de 10 ha. C'est l'un des plus vastes et des plus attrayants de la ville, avec ses allées jalonnées de bancs à l'ombre d'immenses arbres tropicaux, tels que flamboyants, Sao Den et So Khi. Tôt le matin et en fin d'après-midi, une foule de Saïgonnais s'adonnent ici au tai-chi. On assiste aussi chaque jour au "café des oiseaux", un rassemblement de vieux messieurs accompagnés de leurs volatiles en cage.

Đ Truong Dinh coupe le parc en deux. Au nord, un petit jardin de sculptures contemporaines voisine avec le club des travailleurs, ancien Cercle sportif de l'élite coloniale. Empreint d'une atmosphère désuète, ce dernier comprend des courts de tennis, une piscine Art déco à colonnades et un pavillon.

Pagode Xa Loi   TEMPLE BOUDDHIQUE

(Chua Xa Loi ; carte p. 314 ; 89 Đ Ba Huyen Thanh Quan ; ☉ 7h-11h et 14h-17h). Censé receler une relique du Bouddha, ce vaste sanctuaire datant de 1956 présente surtout un intérêt historique. En août 1963, un commando aux ordres de Ngô Dinh Nhu, frère du président Ngô Dinh Diêm, attaqua la pagode, alors foyer de l'opposition au gouvernement Diêm. Elle fut saccagée et 400 bonzes et bonzesses, dont le patriarche bouddhiste du pays, âgé de 80 ans, furent arrêtés. Ce raid, tout comme d'autres, renforça l'opposition des bouddhistes au régime et fut un facteur déterminant dans la décision des États-Unis de soutenir un coup d'État contre Diêm. La pagode fut également le théâtre de plusieurs immolations de bonzes, qui protestaient contre le régime et l'agression américaine.

Le nom du sanctuaire témoigne de son importance. Les caractères chinois sur la façade – "Sheli Si" (舍利寺 ; temple Sheli), prononcé Xa Loi Chua en vietnamien – signifient "temple de Sarira", du mot sanskrit pour "relique bouddhique".

Les femmes pénètrent dans la salle principale de la pagode par un escalier situé à droite de l'entrée, les hommes utilisent celui de gauche. Dans la salle principale trône un grand bouddha en or qui n'est autre que Shakyamuni (le Bouddha historique). Les murs du sanctuaire sont ornés de peintures qui retracent la vie du Bouddha.

Derrière la salle principale, une autre pièce contient une peinture représentant Bodhidharma, considéré comme le fondateur de l'école Chan (bouddhisme zen). Ce moine indien séjourna au monastère de Shaolin, en Chine, où il aurait créé le **kung-fu Shaolin**. Il est figuré portant une sandale sur un bâton car, après sa mort, on aurait trouvé son cercueil vide, à l'exception de ce soulier.

Un bonze prêche le dimanche entre 8h et 10h. Les jours de pleine lune et de nouvelle lune, des prières spéciales ont lieu de 7h à 9h et de 19h à 20h.

◉ Nguyen Thai Binh et alentour

Ce quartier passant du district 1, assez ordinaire, se niche entre le centre-ville, le marché de Ben Thanh, le quartier de Pham Ngu Lao, et le canal Ben Nghe.

♥ Musée des Beaux-Arts   MUSÉE

(Bao Tang My Thuat ; carte p. 317 ; 97A Đ Pho Duc Chinh ; 10 000 d ; ☉ 9h-17h mar-sam). Ce gracieux édifice jaune et blanc, de 1929, est caractéristique de la période coloniale, avec de vastes galeries et vérandas lumineuses, des carrelages de sol aux motifs élaborés, de jolis vitraux – hélas en mauvais état –, et l'un des plus vieux ascenseurs de Saigon. Il abrite une belle collection d'art, dont des œuvres évocatrices de l'histoire récente du Vietnam.

Hormis des peintures contemporaines, le plus souvent inspirées par la guerre, vous y découvrirez des pièces du IVe siècle, parmi lesquelles d'élégantes sculptures en bois ou en pierre du royaume du Funan représentant Vishnu, Bouddha et d'autres figures vénérées, ainsi que des œuvres cham du VIIe au XIVe siècle.

D'autres sculptures émaillent le parc et la cour centrale, accessible par l'arrière du bâtiment. La boutique vend un choix de reproductions à partir de 80 000 d. Le bâtiment n°2, à côté, accueille des œuvres mineures et des expositions temporaires.

L'espace devant l'imposant bâtiment de l'ancien bureau des chemins de fer, plus haut entre Đ Ham Nghi et ĐL Le Loi, face au rond-point, fut le théâtre d'exécutions publiques au début des années 1960.

◉ Cholon

Une myriade de temples et de pagodes vous attend à Cholon (district 5). Le quartier chinois de HCMV est aujourd'hui bien moins chinois qu'autrefois, en raison de la campagne de 1978-1979, qui a provoqué le départ de nombreux Chinois et, avec eux, de leurs capitaux et de leurs compétences d'entrepreneurs. Beaucoup de ces réfugiés reviennent actuellement afin d'explorer les possibilités d'investissement. Les idéogrammes complets (par opposition à la forme simplifiée utilisée en Chine) qui tracent des inscriptions nombreuses sur les devantures des boutiques et dans les sanctuaires, donnent l'impression d'être dans une enclave oubliée de l'Empire du Milieu. S'il n'est pas rare de croiser des personnes parlant le mandarin, la plupart des Hoa-Kieu (Sino-Vietnamiens) qui vivent ici s'expriment dans des dialectes de Chine méridionale.

Cholon, dont le nom signifie "grand marché", fut pendant la guerre du Vietnam le centre d'un marché noir florissant. Aujourd'hui, comme presque partout en ville, les vieilles échoppes disparaissent sous les panneaux publicitaires ou succombent aux coups des bulldozers. Cependant, quelques exemples d'architecture typique demeurent et les **herboristeries traditionnelles** (carte p. 318 ; Ð Hai Thuong Lan Ong) qui subsistent entre Ð Luong Nhu Hoc et Ð Trieu Quang Phuc offrent un aperçu visuel et olfactif de la vieille ville chinoise.

Un taxi de Pham Ngu Lao à Cholon coûte quelque 100 000 d. Sinon, prenez le bus n°1 au marché Ben Thanh. Pour une visite plus approfondie du quartier, contactez Tim Doling (p. 326), expert passionné du patrimoine local.

♥ Marché Binh Tay   MARCHÉ

(Cho Binh Tay ; carte p. 318 ; www.chobinhtay.gov. vn ; 57A ÐL Thap Muoi). Le principal marché de Cholon, de style sino-français, s'enorgueillit d'une belle tour de l'horloge et d'une cour centrale agrémentée de jardins. Initialement construit par les Français dans les années 1880, il fut rebâti en 1928 sous la houlette de Quach Dam, philanthrope chinois originaire du Guangdong, dont la statue commémorative est aujourd'hui conservée au musée des Beaux-Arts. Les commerçants pratiquent ici essentiellement la vente en gros, mais l'endroit fait partie des itinéraires des groupes en voyage organisé.

Pagode Thien Hau   TEMPLE TAOÏSTE

(Ba Mieu, Pho Mieu, Chua Ba Thien Hau ; carte p. 318 ; 710 Ð Nguyen Trai). Cette superbe pagode du début du XIXᵉ siècle, édifiée par la congrégation de Canton, est dédiée à la déesse Thien Hau. Elle attire en permanence une foule de fidèles et de visiteurs, qui y déambulent sous d'immenses spirales côniques d'encens suspendues. La croyance veut que la déesse de la Mer puisse traverser les océans sur un tapis et chevaucher les nuages pour sauver les bateaux en difficulté.

Des frises en céramique très travaillées surmontent la toiture de la cour intérieure. On dit que les vrais protecteurs de ce sanctuaire seraient les deux tortues qui y vivent. Près des fours où brûlent les requêtes des fidèles, deux petites structures en bois

Nguyen Thai Binh et alentour

contiennent une statue de Thien Hau que l'on sort en procession tous les ans, le 23ᵉ jour du 3ᵉ mois lunaire.

Sur l'estrade principale, trois statues de Thien Hau, en file indienne, sont encadrées chacune de deux serviteurs ou gardiens. À droite se trouve une maquette de bateau, à l'extrême droite une effigie de la déesse Long Mau, protectrice des mères et des nouveau-nés.

Pagode Khanh Van Nam   TEMPLE TAOÏSTE

(carte p. 318 ; 269/2 Ð Nguyen Thi Nho). Ce lieu de culte, construit entre 1939 et 1942, serait l'unique pagode purement taoïste du Vietnam. L'endroit est exceptionnel par ses statues colorées de disciples taoïstes. HCMV ne compterait pas plus de 5 000 taoïstes "authentiques", bien que la plupart des Chinois pratiquent un mélange de taoïsme et de bouddhisme. L'un des fleurons du lieu est la statue de Lao-tseu, père fondateur du taoïsme et auteur du *Tao-tö-king* (*Livre de la voie et de la vertu*), qui trône à l'étage. Cette pièce unique en son genre porte une incroyable auréole de miroirs. À la gauche de Lao Tseu, deux plaques de pierre expliquent les exercices d'inspiration et d'expiration. Un dessin schématique représente les organes du corps humain sous forme d'un paysage chinois. Le diaphragme, agent de l'inspiration, est situé en bas. Un paysan labourant avec son buffle incarne l'estomac. Quatre symboles du yin et du yang évoquent le rein ; le foie a la forme d'un bosquet et le cœur, celle d'un cercle où se tient un paysan, surmonté d'une constellation. La haute pagode symbolise la gorge, et l'arc-en-ciel, la bouche. En

Cholon

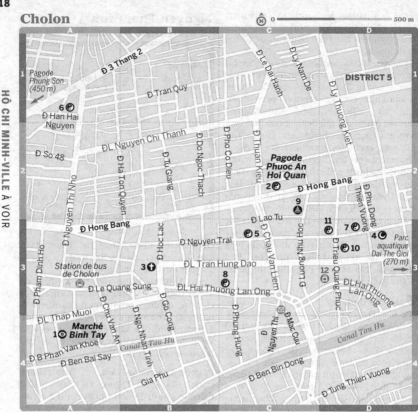

haut, les montagnes et le personnage assis représentent respectivement le cerveau et l'imagination.

La pagode gère un foyer qui accueille plusieurs dizaines de personnes âgées. À côté, les bonzes ont installé un dispensaire gratuit. Si vous voulez soutenir leur action, laissez un don.

Pagode Quan Am　　　TEMPLE BOUDDHIQUE
(Chua Quan Am; carte ci-dessus; 12 Đ Lao Tu). Fondée par la congrégation du Fujian au début du XIXe siècle, cette pagode est l'une des plus actives et pittoresques de Cholon. Elle doit son nom à Quan Thê Âm Bô Tat (觀 世音菩薩 en chinois, littéralement "le bodhi-sattva qui écoute les cris du monde"), déesse de la Miséricorde, également vénérée en Chine, en Corée et au Japon, ainsi qu'au Tibet où elle a pour incarnation terrestre le dalaï-lama. La statue de la divinité se cache derrière une façade remarquablement travaillée.

Le plafond est orné de fantastiques céramiques représentant des personnages de contes et de récits traditionnels chinois. Autre élément tout à fait original dans cette pagode : les portes d'entrée agrémentées de panneaux dorés et laqués.

♥ **Pagode Phuoc An Hoi Quan**　　　TEMPLE TAOÏSTE
(carte ci-dessus; 184 Đ Hong Bang). Joliment précédée de verdure, cette pagode édifiée en 1902 par la congrégation du Fujian fait partie des plus ornementées de la ville. Le toit, décoré de scènes en céramique, fourmille de personnages. L'intérieur flamboyant, festival de rouge, d'or, de vert et de jaune, s'agrémente de sculptures sur bois ornant les murs, les colonnes et les autels, d'objets de culte en cuivre finement ciselé, d'armes, de lanternes et de spirales d'encens accrochées au plafond.

À gauche de l'entrée se trouve une statue grandeur nature du cheval sacré de Quan

Cholon

Cong. Avant d'entreprendre un voyage, la coutume veut que l'on vienne lui faire une offrande et caresser sa crinière en faisant tinter la cloche qu'il porte au cou. L'autel principal, où brûle de l'encens, est dominé par la statue de Quan Cong, général chinois du IIIe siècle à qui la pagode est dédiée (celle-ci porte aussi le nom de Quan De Mieu). Ong Bon et Nam Ba Ngu Hanh ont également chacun leur autel.

Pagode Tam Son Hoi Quan   TEMPLE TAOÏSTE
(Chua Ba ; carte p. 318 ; 118 Đ Trieu Quang Phuc). Consacrée à Me Sanh, la déesse de la Fertilité, cette pagode construite en 1839 par la congrégation de Sanshan (trois montagnes) au Fujian, a la faveur des femmes qui viennent y prier pour avoir des enfants. Thien Hau, la déesse de la Mer, est également vénérée dans le sanctuaire principal. L'édifice a conservé la majeure partie de son opulente décoration.

Parmi les personnages frappants représentés dans cette pagode, le général déifié Quan Cong, à la longue barbe noire, se tient à droite dans la cour couverte, flanqué de ses deux gardiens, le mandarin général Chau Xuong à gauche, tenant une arme, et le mandarin administratif Quan Binh à droite. À côté de Chau Xuong, vous remarquerez le cheval rouge sacré de Quan Cong.

Pagode Ong Bon   TEMPLE TAOÏSTE
(Chua Ong Bon ou Nhi Phu Mieu ; carte p. 318 ; 264 ĐL Hai Thuong Lan Ong). Bâti par la congrégation du Fujian, truffé de sculptures dorées et toujours envahi de fumée d'encens, ce temple résonne des cris d'enfants de l'école voisine. Ong Bon, gardien du bonheur et de la prospérité,

trône dans un halo de lumières étincelantes, derrière un autel en bois doré très ouvragé.

Thien Hau, Quan Am, l'empereur de Jade et même le roi des Singes font aussi l'objet d'un culte. Les murs de la salle sont ornés de fresques représentant cinq tigres (à gauche) et deux dragons (à droite).

Pagode Nghia An Hoi Quan   TEMPLE TAOÏSTE
(carte p. 318 ; 678 Đ Nguyen Trai). Remarquable pour ses ornements en bois doré, cette pagode a été érigée par la congrégation de Chaozhou (province du Guangdong). Au-dessus de l'entrée est accroché un gros bateau en bois sculpté, et à l'intérieur, à gauche de la porte, on observe une énorme représentation du cheval rouge de Quan Cong avec son palefrenier. Quant au célèbre Quan Cong (Quan De ou Quan Vu), général chinois déifié de la période des Trois Royaumes (184-280), il occupe une vitrine derrière l'autel principal, flanqué de part et d'autres de ses assistants. Nghia An Hoi Quan déploie toutes ses beautés le 14e jour du 1er mois lunaire, quand des spectacles de danse sont donnés sur une scène devant la pagode.

Pagode Ha Chuong Hoi Quan   TEMPLE TAOÏSTE
(carte p. 318 ; 802 Đ Nguyen Trai). Cette pagode du Fujian est consacrée à la déesse de la Mer, Thien Hau (Thien Hau Thanh Mau), également appelée Ma To. Les quatre piliers en pierre sculptée, entourés de dragons peints, ont été fabriqués en Chine et acheminés par bateau.

De belles peintures murales encadrent l'autel principal et d'impressionnantes scènes en céramique en relief ornent le toit. À droite de Thien Hau se tient Chua Sinh Nuong Nuong, déesse de la Fertilité, à gauche le très populaire dieu de la Prospérité. Élément bouddhiste au milieu de ce panthéon taoïste, Quan Am, déesse de la Miséricorde, porte un vêtement blanc et un collier de perles. Notez au passage dans la grande salle l'éventail vertical destiné à chasser les calamités.

Le sanctuaire – qui sert plus en réalité de salle de congrégation (Hoi Quan) – s'anime tout particulièrement lors de la **fête des Lanternes**, célébration chinoise le 15e jour du 1er mois lunaire (la première pleine lune de la nouvelle année lunaire).

Église Cha Tam   ÉGLISE
(carte p. 318 ; 25 Đ Hoc Lac). Construite entre 1900 et 1902, cette église jaune paille, dédiée à saint François-Xavier, dégage une impression de langueur tropicale. Elle n'en fut pas moins le théâtre d'horreurs pendant l'une

des périodes les plus terribles de l'histoire de la ville.

C'est là que se réfugièrent le président Ngô Dinh Diêm et son frère Ngô Dinh Nhu lors du coup d'État du 2 novembre 1963. Après avoir vainement tenté de rallier les rares officiers fidèles, ils acceptèrent de se rendre sans conditions. Les chefs de la mutinerie envoyèrent un petit véhicule blindé à l'église, mais au lieu de conduire les deux hommes en prison, les soldats les exécutèrent à bout portant et lardèrent leur cadavre de coups de couteau.

L'annonce de leur mort à la radio plongea la ville dans la joie. Leurs portraits furent mis en pièces et les prisonniers politiques, dont beaucoup avaient été torturés, furent libérés. Les boîtes de nuit que les Ngô, fervents catholiques, avaient fait fermer, rouvrirent. Trois semaines plus tard, le président américain John F. Kennedy était assassiné. L'administration Kennedy ayant soutenu le coup d'État contre Diêm, certains théoriciens de la conspiration ont laissé entendre que la famille Diêm avait pu se venger en commanditant cet assassinat.

L'intérieur vert et blanc de l'église est décoré de représentations du chemin de croix, et d'énormes coquillages servent de bénitiers. Une petite plaque sur un banc marque l'endroit où le président Ngô Dinh Diêm et son frère furent capturés. La statue dans le clocher représente Mgr François-Xavier Tam Assou (1855-1934), un vicaire apostolique d'origine chinoise. La congrégation de l'église, très dynamique, compte environ 3 000 Vietnamiens et 2 000 Chinois. Des messes sont célébrées tous les jours.

Mosquée Cholon Jamail   MOSQUÉE

(carte p. 318 ; 641 Ð Nguyen Trai). Lignes pures et décoration sobre caractérisent cette mosquée construite en 1935 par des Tamoul. Depuis 1975, elle est fréquentée par les communautés malaise et indonésienne. La cour comporte un bassin pour les ablutions rituelles. Remarquez la niche carrelée (mihrab) dans le mur de la salle de prière, indiquant la direction de La Mecque.

Église Cho Quan   ÉGLISE

(133 Ð Tran Binh Trong ; ☺4h-7h et 15h-18h lun-sam, 4h-9h et 13h30-18h dim). Édifiée par les Français et détruite à trois reprises, cette église du XIXᵉ siècle compte parmi les plus vastes de la ville. Belle perspective depuis le sommet du clocher, accessible par un escalier raide. L'église est située à la lisière est du district 5, entre ÐL Tran Hung Dao et Ð Nguyen Trai.

🚶 Promenade à pied
dans le vieux Saigon

DÉPART : PARC DU 23-SEPTEMBRE
ARRIVÉE : LE SHRI
DISTANCE : 4 KM
DURÉE : 3 HEURES

Au cœur d'une ville qui se modernise à grands pas, cette balade dans le district 1 révèle la cité historique.

L'itinéraire commence par le ❶**parc du 23-Septembre**, tout en longueur, qui borde Ð Pham Ngu Lao. Traversez-le pour rejoindre le ❷**marché Ben Thanh** (p. 343), édifice construit en 1914, bourdonnant d'activité le matin. L'entrée principale, surmontée d'une tour de l'horloge, fait partie des emblèmes de HCMV.

Traversez ensuite la rue jusqu'au grand rond-point dominé par la ❸**statue équestre de Trân Nguyên Han**, fidèle général de l'empereur Lê Loi au XVᵉ siècle. À sa base, une colonne porte le buste blanc de Quach Thi Trang, une jeune fille de 15 ans tuée en 1963 lors de manifestations contre le gouvernement.

Traversez de nouveau le rond-point en direction de la gare routière. Dans Ð Pho Duc Chinh, le ❹**musée des Beaux-Arts** (p. 317) occupe une jolie demeure de style sino-vietnamien. Engagez-vous dans Ð Le Cong Kieu, une courte rue regroupant des ❺**magasins d'antiquités**. Arrivé à son extrémité, tournez deux fois à gauche et prenez à droite ÐL Ham Nghi. Avant 1870, ce large boulevard était un canal bordé par des routes.

Suivez à gauche Ð Ton That Dam pour déambuler dans le ❻**marché de rue**, puis empruntez à droite Ð Huynh Thuc Khang jusqu'à ÐL Nguyen Hue, un autre canal transformé en boulevard. Tournez à droite et passez devant la ❼**Bitexco Financial Tower** (p. 308), un gratte-ciel étincelant.

Prenez à gauche Ð Ton Duc Thang, une artère passante au bord de l'eau. À l'angle de Ð Dong Khoi s'élève le grandiose ❽**Majestic Hotel** (p. 328), bâti en 1925 et transformé en caserne par les Japonais durant la Seconde Guerre mondiale.

Continuez le long de la rivière jusqu'à l'imposante ❾**statue de Trân Hung Dao**, vainqueur des Mongols, sur une place semi-circulaire d'où rayonnent

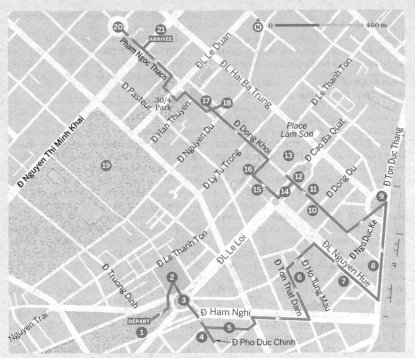

plusieurs artères. Au bout de la deuxième, Ð Ho Huan Nghiep, vous déboucherez à droite dans Dong Khoi, l'ex-rue Catinat, qui reste la plus célèbre de HCMV. Au n°151, l'ancien ⑩ **Brodard Café** a été immortalisé par Graham Greene dans *Un Américain bien tranquille*. Plus loin, vous arriverez devant le ⑪ **Caravelle Hotel** (p. 325). La partie arrondie qui fait l'angle correspond au bâtiment d'origine de 1959, qui abrita pendant la guerre du Vietnam les agences de presse étrangères, ainsi que les ambassades d'Australie et de Nouvelle-Zélande. En août 1964, une bombe explosa au 5e étage, heureusement sans faire de victimes.

En face, ⑫ l'**Opéra** (p. 308), officiellement baptisé Théâtre municipal, date de 1897.

Au croisement suivant, le ⑬ **Continental**, construit en 1880, est sans doute l'hôtel le plus connu de HCMV. Lieu de prédilection des journalistes durant la guerre d'Indochine, il accueillit régulièrement Graham Greene dans sa chambre 214. Des scènes clés d'*Un Américain bien tranquille* se déroulent au Continental Shelf, le bar en terrasse qui se situait jadis au premier niveau de l'hôtel.

Face à l'Opéra s'étend le ⑭ **parc Lam Son**, où se tiennent souvent des expositions

d'affiches de propagande. Après l'avoir traversé, tournez à droite pour aboutir à un autre petit parc. Là, une ⑮ **statue de Hô Chi Minh** trône devant le ⑯ **siège du Comité du peuple** (p. 308), l'ancien hôtel de ville.

Prenez à droite puis à gauche pour revenir dans Dong Khoi. Droit devant, la ⑰ **cathédrale Notre-Dame** (p. 308), édifiée de 1877 à 1883, est précédée d'une haute statue blanche de la Vierge tenant un globe. À droite de la cathédrale, la magnifique ⑱ **poste centrale** (p. 308), de style colonial (1886-1891), fut dessinée par Gustave Eiffel.

Traversez la place devant la cathédrale et suivez la rue à droite jusqu'au parc du 30-Avril, beau jardin classique qui sert d'écrin au ⑲ **palais de la Réunification** (p. 313), que vous pourrez visiter. Parcourez ensuite Pham Ngoc Thach vers le nord jusqu'au ⑳ **lac de la Tortue** (Ho Con Rua), un grand rond-point sillonné d'allées cimentées et orné d'une fleur de lotus géante en béton.

Rebroussez chemin sur un pâté de maisons et engagez-vous à gauche dans Ð Nguyen Thi Minh Khai pour conclure votre promenade en vous offrant un verre au ㉑ **Shri** (p. 342), au 23e étage de la Centec Tower, d'où la vue embrasse une large portion de la ville.

◉ District 11

L'attrait majeur du district 11, juste à l'ouest de Cholon, réside dans ses deux pagodes anciennes et son parc aquatique fréquenté.

Pagode Giac Vien   TEMPLE BOUDDHIQUE
(Đ Lac Long Quan, district 11 ; ⊘ 7h-11h30 et 13h30-19h). Dans un pays où tant de pagodes ont été "restaurées" à grand renfort de béton et de néons, celle-ci a conservé la patine du temps. Elle fut fondée par Hai Tinh Giac Vien à la fin des années 1700. On raconte que l'empereur Gia Long, qui mourut en 1819, venait se recueillir ici. Semblable à la pagode Giac Lam (ci-après) tant d'un point de vue architectural que pour son atmosphère sereine, cette étonnante pagode, beaucoup moins visitée, se situe dans un cadre rural, à proximité du lac Dam Sen.

En arrivant à la pagode, dissimulée derrière un dédale de ruelles sinueuses, vous remarquerez sur la droite plusieurs tombes impressionnantes qui servent de terrain de jeu aux enfants du coin. L'intérieur de la pagode est orné d'une centaine de somptueuses statues représentant des divinités.

Le sanctuaire principal se trouve de l'autre côté du mur, derrière la statue de Hai Tinh Giac Vien. Là, un magnifique encensoir de cuivre, d'où émergent deux superbes têtes de dragons, précède l'estrade. Le gardien de la pagode est adossé au mur qui fait face à l'estrade. Tout près se dresse un arbre à prières.

Pagode Phung Son   TEMPLE BOUDDHIQUE
(Phung Son Tu ou Chua Go ; 1408 ĐL 3 Thang 2, district 11). Cette pagode bouddhique, de style vietnamien, a été construite entre 1802 et 1820 sur l'emplacement de ruines de la période du Funan (Ier-VIe siècle). Elle possède une riche statuaire en cuivre martelé, bronze, bois et céramique. Certaines statues sont dorées ; d'autres, superbement sculptées, sont peintes. L'estrade centrale, à multiples niveaux, est dominée par la statue dorée du Bouddha A Di Da (Bouddha de la lumière infinie, Amitābha).

Il fut décidé, il y a fort longtemps, de transférer la pagode à un autre emplacement. Les objets rituels (cloches, tambours, statues) furent alors chargés sur le dos d'un éléphant blanc, mais celui-ci croula sous le poids et son chargement tomba dans une mare. On vit là le signe que la pagode devait demeurer sur le site initial. Les objets sacrés furent tous retrouvés, à l'exception de la cloche. Jusqu'au XIXe siècle, on l'entendait sonner, dit-on, à chaque changement de lune.

Les prières ont lieu trois fois par jour, de 4h à 5h, de 16h à 17h et de 18h à 19h. Les entrées principales sont en général fermées, mais l'entrée latérale (à droite en arrivant) reste ouverte.

◉ Autres quartiers

Pagode Giac Lam   TEMPLE BOUDDHIQUE
(Chua Giac Lam ; 118 Đ Lac Long Quan, district de Tan Binh ; ⊘ 6h-12h et 14h-20h30). Datant de 1744, cette pagode serait la plus ancienne de HCMV. Il émane une atmosphère fantastique de ce lieu où se dresse l'un des plus impressionnants stupas du pays (haut de 32 m). L'imposant pipal, ou arbre de la Bodhi, situé dans le jardin, fut offert par un moine sri-lankais en 1953. À côté de l'arbre sacré, la statue de Quan Thê Âm Bô Tat, d'un blanc immaculé, se tient sur une fleur de lotus, symbole de pureté.

Comme souvent au Vietnam, cette pagode bouddhique intègre des aspects taoïstes et confucianistes. Elle renferme une cloche en bronze qui, lorsqu'elle sonne, réaliserait les prières des fidèles.

Le sanctuaire principal se trouve dans la salle suivante, remplie d'innombrables statues dorées. A Di Da (Amitābha) est assis sur l'estrade au centre de la rangée du fond ; il est facilement identifiable à son auréole colorée. L'homme gras et rieur, entouré de cinq enfants qui lui grimpent dessus, est Ameda, le Bouddha de l'éveil, de la compassion et de la sagesse. La prière a lieu tous les jours à 4h, 11h, 16h et 19h.

La pagode étant située à près de 3 km de Cholon, mieux vaut s'y rendre en taxi ou en *xe om*.

Temple de Le Van Duyet   TEMPLE
(Đ Dinh Tien Hoang, district de Binh Thanh). Dédié au maréchal Le Van Duyet (1763-1831), ce temple abrite également son tombeau et celui de son épouse. Ce général du Sud aida le futur empereur Gia Long à vaincre les Tây Son et à établir, en 1802, la nouvelle dynastie Nguyên, qui réunifia le Vietnam. Il fut alors élevé au rang de maréchal, avant d'être nommé vice-roi de Cochinchine. Le Van Duyet tomba en disgrâce sous le règne de Minh Mang, successeur de Gia Long, qui le jugea à titre posthume pour trahison et ordonna la profanation de son mausolée. Le souverain suivant, Thieu Tri, restaura celui-ci, accomplissant ainsi une prophétie qui en annonçait la destruction et

la reconstruction. Considéré comme un héros national au Sud-Vietnam jusqu'en 1975, Le Van Duyet n'est guère apprécié des communistes, ces derniers lui reprochant d'avoir favorisé l'influence française au Vietnam.

Parmi les objets exposés figurent un portrait du général, des effets personnels (dont des verres à pied en cristal de type occidental), deux statues de chevaux grandeur nature et un trophée de tigre.

Les célébrations du Têt et le 30e jour du 7e mois lunaire, anniversaire de la mort de Le Van Duyet, voient affluer une foule de fidèles, qui achètent des oiseaux en cage dans l'enceinte du temple et alentour pour s'attirer le mérite en les libérant. Les malheureuses créatures sont souvent capturées à nouveau afin d'être revendues.

Pour rejoindre le site, suivez Đ Dinh Tien Hoang en direction du nord depuis Da Kao.

Musée Hô Chi Minh
MUSÉE

(Bao Tang Ho Chi Minh ; 1 Đ Nguyen Tat Thanh, district 4 ; 10 000đ ; ⊙7h30-11h30 et 13h30-17h mar-dim). Surnommé la "maison du dragon" (Nha Rong), le bâtiment des anciennes messageries maritimes fut construit par les autorités françaises en 1863. Les liens entre Hô Chi Minh (1890-1969) et ce lieu semblent plutôt ténus : c'est là qu'il se serait engagé, en 1911, à l'âge de 21 ans, pour s'embarquer comme chauffeur et cuisinier sur un cargo français. Il entamait là un exil de 30 ans, qui allait notamment le mener en France, en Union soviétique et en Chine.

Le musée retrace la vie et l'engagement politique du grand homme, de sa naissance sous le nom de Nguyen Tat Thanh à sa mort en 1969, essentiellement à l'aide de photos, commentées en vietnamien et en anglais. On peut aussi y voir de nombreux effets personnels de l'oncle Hô, dont certains vêtements, ses sandales et ses lunettes.

Le musée se trouve au bord de l'eau, de l'autre côté du canal Ben Nghe par rapport au district 1. Pour s'y rendre à pied, il suffit de suivre la rivière vers le sud le long de Đ Ton Duc Thang puis de franchir le pont.

Musée de la Médecine traditionnelle vietnamienne
MUSÉE

(www.fitomuseum.com.vn ; 41 Đ Hoang Du Khuong ; adulte/enfant 50 000/25 000 đ ; ⊙8h30-17h30 lun-sam). Installé dans un joli bâtiment traditionnel du district 10, ce musée illustre, à travers une riche et passionnante collection, des siècles d'une médecine vietnamienne fortement influencée par la philosophie chinoise. Ne manquez pas la tour cham sur le toit et son symbole de fertilité.

San Art
GALERIE D'ART

(carte p. 312 ; www.san-art.org ; 3 Me Linh, district de Binh Thanh ; ⊙10h30-18h30 mar-sam ; ⊛). Fondée par des artistes, cette galerie d'art indépendante, à but non lucratif, donne à d'autres artistes l'occasion d'exposer leurs œuvres. Au rez-de-chaussée, une excellente bibliothèque/salle de lecture (libre d'accès et gratuite) rassemble des ouvrages d'art contemporain.

Saigon Sud
QUARTIER

Le district 7 compose une enclave cossue très à la mode en lisière de la ville. Hommes d'affaires vietnamiens, expatriés et nouveaux riches ont adopté ce quartier aux larges avenues bordées de boutiques chics et de parcs soignés. Pièce maîtresse de l'ensemble, le **Crescent** (Ho Ban Nguyet) est une luxueuse promenade le long d'un tronçon de canal.

L'endroit justifie une balade et on peut y faire du jogging dans un environnement moins pollué par les gaz d'échappement. Côté restauration, les tables réputées du centre et les enseignes de chaînes se sont empressées de coloniser les lieux.

Le Crescent se situe à 7 km au sud de Pham Ngu Lao – soit à 15 minutes en taxi (environ 80 000 đ) en dehors des heures de pointe.

🏃 Activités
Croisières fluviales

Les Rives
DÎNER-CROISIÈRE

(carte p. 309 ; 📞0128 592 0018 ; www.lesrivesexperience.com ; jetée de Bach Dang ; promenade au coucher du soleil 7 380 000 đ, croisière dans le delta du Mékong adulte/enfant 2 263 000/1 697 000 đ). À partir de 16h, une promenade fluviale au coucher du soleil parcourt les canaux au-delà des limites de la ville (2 pers minimum, dîner léger et guide compris). Sinon, vous pouvez embarquer pour une croisière de 7 à 9 heures dans le delta du Mékong (départ 7h30). Il existe aussi des circuits en bateau jusqu'aux tunnels de Cu Chi (adulte/enfant 1 697 000/1 132 000 đ) et à Can Gio (2 165 000/1 599 000 đ).

Bonsai River Cruise
DÎNER-CROISIÈRE

(carte p. 309 ; 📞08-3910 5095 ; www.bonsaicruise.com.vn ; 36 $US). Cette croisière, à bord d'un étonnant bateau en bois à la coque décorée d'un dragon, se déroule sur fond de musique live. Le prix comprend verre de bienvenue, canapés, buffet, boisson sans alcool et, curieusement, un massage de la tête et des épaules.

Tau Sai Gon DÎNER-CROISIÈRE
(☑08-3823 0393 ; www.tausaigon.com). Le grand restaurant flottant de Saigon Tourist, qui lève l'ancre chaque soir, propose deux cartes, l'une asiatique, l'autre européenne. Un tarif fixe s'applique au buffet déjeuner du dimanche (adulte/enfant 150 000/100 000 d ; départ 11h30, retour 13h30).

Indochina Junk DÎNER-CROISIÈRE
(carte p. 309 ; ☑08-3824 8299 ; www.indochina-junk.com.vn). Autre formule dîner-croisière, à bord d'une belle jonque en bois. Choix entre plusieurs menus (15-35 $US).

Piscines et parcs aquatiques

Plusieurs hôtels du centre possèdent une piscine, accessible aux non-résidents moyennant un droit d'entrée. C'est le cas du Legend, du Park Hyatt, du Majestic, du Renaissance Riverside, du Rex, et du May Hotel. Pour acheter une tenue de bain, allez faire un tour au marché Ben Thanh ou dans Đ Truong Dinh, à côté du parc Tao Dan.

Dam Sen Water Park PARC AQUATIQUE
(http://damsenwaterpark.com.vn ; 3 Đ Hoa Binh, district 11 ; avant 16h adulte/enfant 120 000/80 000d, après 16h adulte/enfant 100 000/70 000 d ; ☺9h-18h lun-sam, 8h30-18h dim). Toboggans aquatiques, rapides et balançoires de corde.

Club des travailleurs PISCINE
(carte p. 314 ; 55B Đ Nguyen Thi Minh Khai, district 3 ; 16 000 d ; ☺6h-19h). Avec ses colonnades, la piscine de l'ancien Cercle sportif conserve un charme Art déco.

Parc aquatique Dai The Gioi PARC AQUATIQUE
(Đ Ham Tu, Cholon ; 35 000-65 000 d ; ☺8h-21h lun-ven, 10h-21h sam-dim). Vaste piscine et toboggans.

Massages et spa

Pour les hommes, la prudence s'impose, car même un innocent "massage traditionnel des pieds" peut signifier autre chose. Consultez le site www.spasvietnam.com pour des adresses recommandées, réservables en ligne.

L'Apothiquaire SPA
(☑08-3932 5181 ; www.lapothiquaire.com ; 64A Đ Truong Dinh, district 3 ; ☺8h30-21h). Le plus élégant institut de la ville, installé dans une belle maison blanche, au bout d'une allée tranquille. Piscine et sauna. Nombreuses prestations : enveloppement du corps, massages, soins du visage, des pieds et bains aux herbes. L'Apothiquaire

a sa propre ligne de produits. Les filiales Artisan Beauté (carte p. 299 ; ☑08-3822 2158 ; 100 Đ Mac Thi Buoi, district 1 ; ☺9h-20h30) et Saigon South (☑08-5413 6638 ; 103 Đ Ton Dat Thien, district 7 ; ☺9h30-20h), plus modestes, sont spécialisées en soins cosmétiques.

Aqua Day Spa SPA
(Sheraton Saigon ; carte p. 309 ; ☑08-3827 2828 ; www.aquadayspasaigon.com ; 88 Đ Dong Khoi ; massage 1 100 000 d/45 min ; ☺10h-23h). L'un des plus chics spas d'hôtel. Nombreuses prestations : massages aux pierres chaudes, gommages aux plantes, soins des pieds.

Institut vietnamien de massage traditionnel INSTITUT DE MASSAGE
(carte p. 330 ; ☑08-3839 6697 ; 185 Đ Cong Quynh, district 1 ; salle avec ventil/clim 50 000/60 000 d/heure, sauna 40 000 d/h ; ☺8h30-20h). Massages bon marché et d'excellente qualité, effectués par des praticiens aveugles de l'Association pour les aveugles de HCMV.

Just Men SPA
(carte p. 309 ; ☑08-3914 1407 ; 40 Đ Ton That Thiep, district 1 ; massage à partir de 8 $US ; ☺9h-2h). Propose coupes de cheveux, rasages et excellents soins du visage, manucures et pédicures, le tout dans une ambiance masculine conviviale.

Jasmine SPA
(carte p. 309 ; ☑08-3827 2737 ; www.jasminespa.vn ; 45 Đ Ton That Thiep, district 1 ; massage 506 000 d/heure ; ☺9h-20h). Le pendant unisexe de Just Men.

Glow SPA
(carte p. 309 ; ☑08-3823 8368 ; www.glowsaigon.com ; 129A ĐL Nguyen Hue, district 1 ; massage 540 000 d/heure ; ☺11h-21h). Tout un éventail d'aromathérapies faciales, de soins des cheveux et de massages thérapeutiques.

Autres activités

Vietnam Golf & Country Club GOLF
(Cau Lac Bo Golf Quoc Te Viet Nam ; ☑08-6280 0101 ; www.vietnamgolfcc.com ; Long Thanh My Village, district 9 ; 18 trous semaine/week-end 109/143 $US). Jouer au golf est devenu au Vietnam un signe extérieur de réussite sociale. À une vingtaine de kilomètres à l'est du centre.

🧭 Cours

Saigon Cooking Class CUISINE
(carte p. 309 ; ☑08-3825 8485 ; www.saigoncookingclass.com ; 74/7 ĐL Hai Ba Trung, district 1 ; adulte/moins de 12 ans 39/25 $US ; ☺10h et 14h

mar-dim). Venez apprendre la cuisine vietnamienne en regardant les chefs du Hoa Tuc préparer 3 plats de résistance (*pho bo* et deux de leurs spécialités) et un dessert. Visite du marché en option (adulte/moins de 12 ans 45/28 $US, cours de 3 heures inclus).

Vietnam Cookery Centre   CUISINE
(☑ 08-3512 7246 ; www.vietnamcookery.com ; 362/8 Đ Ung Van Khiem, district de Binh Thanh). Cours d'initiation ou "VIP" et visites du marché.

Cyclo Resto   CUISINE
(carte p. 314 ; ☑ 6680 4235 ; www.cycloresto.com. vn ; 3-3a Đ Dang Tran Con ; 23 $US). Des cours de 3 heures, amusants et didactiques, incluant une visite au **marché Thai Binh** (carte p. 330) en cyclo-pousse.

Saigon Culinary Arts Centre   CUISINE
(☑ 097 7565 969 ; sgncookeryart@vnn.vn ; 42/3 Đ Nguyen Van Troi). Visites de marchés et cours de cuisine chaudement recommandés.

Université des Sciences humaines et sociales   LANGUE
(Dai Hoc Khoa Hoc Xa Hoi Va Nhan Van ; carte p. 312 ; ☑ 08-3822 5009 ; www.vns.edu.vn ; 12 Đ Dinh Tien Hoang). Si vous prévoyez un séjour de longue durée, les cours de l'université permettent d'acquérir les bases du vietnamien à un prix raisonnable.

☞ Circuits organisés

Avant d'opter pour une visite de la ville standard et grand public proposée par une agence de voyages (les moins chères se concentrent dans le secteur de Pham Ngu), sachez que des circuits beaucoup plus originaux et divertissants se sont récemment développés à HCMV. Ceux-ci couvrent des thèmes variés allant de la cuisine de rue au quartier chinois, en passant par les arts de la scène, la découverte des ruelles et les balades nocturnes. Pour les formules à moto ou en scooter, on viendra généralement vous chercher à votre hôtel.

Louer un cyclo-pousse pour une demi-journée peut être intéressant, mais mettez-vous bien d'accord sur le prix (le tarif habituel est de 2 $US l'heure).

XO Tours   CIRCUITS À MOTO/EN SCOOTER
(☑ 09 3308 3727 ; www.xotours.vn ; à partir de 38 $US). Portant l'*ao dai* traditionnel, les filles de XO Tours assurent des circuits culinaires, touristiques ou nocturnes à moto ou en scooter, dans une ambiance chaleureuse et amusante.

HCMV AVEC DES ENFANTS

De prime abord, les rues encombrées de circulation de HCMV peuvent sembler inhospitalières pour les petits, mais elles recèlent en réalité quelques surprises, comme le décoiffant Saigon Skydeck (p. 308). Il y a aussi en ville des parcs aquatiques, des piscines, des spectacles de marionnettes sur l'eau, quantité d'espaces verts luxuriants et nombre de cafés et glaciers accueillant volontiers les familles. Citons également World Games, une galerie de jeux vidéo et autres au 2e sous-sol (bloc B2-18) de la tour B du Vincom Center (p. 344), dans le centre-ville. En périphérie, le parc d'attractions Dai Nam (p. 352) est l'un des rares de ce style dans la région.

Saigon Street Eats   CIRCUITS EN SCOOTER
(☑ 0908 449 408 ; http://saigonstreeteats. com ; à partir de 50 $US). Barbara et son mari Vu proposent des circuits culinaires de 3-4 heures à travers la ville, qui réservent quelques surprises impayables. Il y en a pour tous les goûts : *pho* le matin, végétarien à midi ou fruits de mer le soir.

Back of the Bike Tours   CIRCUITS À MOTO
(☑ 0935 046 910 ; www.backofthebiketours. com). Grimpez à l'arrière d'une moto et dînez couleur locale avec le très populaire circuit "Street Food" de 4 heures ou partez à l'assaut des sites de Saigon en compagnie d'excellents guides.

Vietnam Vespa Adventure   CIRCUITS EN VESPA
(carte p. 330 ; ☑ 0122 299 3585 ; www.vietnamvespaadventure.com ; 169A Đ De Tham). Le **Cafe Zoom** (carte p. 330 ; 169A Đ De Tham ; plats 30 000-70 000 d ; ⊙ petit-déj, déj et dîner) organise des visites guidées de la ville en scooter rétro, ainsi que des formules de plusieurs jours dans le sud du Vietnam. Mention spéciale pour le circuit "Saigon after Dark", qui combine nourriture, boisson et musique.

Sophie's Art Tour   CIRCUITS ARTISTIQUES
(☑ 0121 830 3742 ; www.sophiesarttour.com). Experte de la scène artistique de HCMV (voir p. 326), Sophie Hughes conduit des circuits de 4 heures très attrayants et instructifs qui englobent le musée des Beaux-Arts, des collections privées et des espaces de création contemporaine. L'accent est mis sur l'influence de l'histoire récente du Vietnam.

INTERVIEW

DÉCOUVRIR LA SCÈNE ARTISTIQUE SAÏGONNAISE

Résidant à Hô Chi Minh-Ville, Sophie Hughes (www.sophiesarttour.com) organise, 5 jours par semaine, des circuits artistiques prisés (en anglais).

Qu'est-ce qui vous enthousiasme vraiment à HCMV ? Les contrastes : l'attitude accueillante et détendue de la population, qui tranche avec la frénésie incessante de cette métropole. Il suffit de regarder au-delà des néons et des enseignes clinquantes pour découvrir d'anciennes habitations de commerçants chinois avec boutique au rez-de-chaussée, des résidences d'ambassadeurs ou de missionnaires datant de l'époque coloniale et des maisons vietnamiennes tout en longueur derrière leur façade incroyablement étroite. Mais le plus passionnant consiste à observer l'apport de la nouvelle génération au tissu urbain à travers les arts graphiques, la musique et la culture des cafés.

Quelle est votre galerie préférée ? San Art (p. 323), l'espace le plus dynamique dédié à l'art. Avec sa salle de lecture en accès libre et son programme d'ateliers, de résidences, de débats et de projections, il fait figure de véritable pionnier. Tous les événements sont gratuits et ouverts au public. Pour couronner le tout, l'endroit est dirigé par une équipe jeune, drôle et sympathique.

Quel est le secret le mieux gardé de HCMV en matière d'architecture ? Le musée des Beaux-Arts (p. 317). Construit autour d'une cour, cet édifice improbable, mêlant les styles français et chinois des années 1920 et 1930, est un petit bijou en même temps qu'un refuge à l'écart du tohu-bohu incessant de la rue. Il donne notamment à voir une collection d'art officiel de propagande et des œuvres abstraites du début des années 1990.

Citez-nous un bar tendance qui sort du lot ? The Observatory (angle Ð Le Lai et Ð Ton That Tung ; ⊙11h-tard), un café/restaurant/bar/galerie au cœur du district 1. Créé par un artiste et un DJ, cet espace polyvalent accueille des concerts, des expositions, des projections et des groupes de discussion. Il est incontournable pour qui souhaite appréhender la scène culturelle de HCMV.

Quoi de neuf en matière de street art ? Il se développe depuis quelques années. Vous pouvez aller admirer les peintures murales du 15b Ð Vo Van Tan (district 1) et les œuvres d'artistes locaux qui décorent le pôle créatif Saigon Outcast (www.saigonoutcast.com). Un peu excentré dans le district 2, le second programme par ailleurs concerts, films et autres manifestations. Pour l'actualité du *street art* à HCMV, il faut consulter le blog de Liar Ben (www.liarben.blogspot.com).

Tim Doling   CIRCUITS CULTURELS
(☑ 0128 579 4800 ; www.historicvietnam.com ; tim. doling@hcm.fpt.vn ; 1 000 000 d). Ce passionné de Saigon et du quartier chinois de Cholon émaille d'anecdotes évocatrices et d'observations érudites des circuits mêlant promenades à pied et en minibus.

Saigon Unseen   CIRCUITS À PIED/À MOTO
(☑ 090 831 7084 ; http://saigonunseen.com ; 45-105 $US). Des circuits à moto, le matin, à la découverte des marchés et des lieux hors des sentiers battus. Sinon, les lève-tôt peuvent entreprendre une sortie photo de 5 heures, au gré des ruelles de la ville.

🎉 Fêtes et festivals

Têt   FÊTE NATIONALE
(Nouvel An vietnamien ; 1er jour du 1er mois lunaire). La ville entière célèbre le Têt… avant de se vider, car les familles partent en congé. Ð Nguyen Hue est fermée pour accueillir une immense exposition florale et tout le monde échange de l'argent porte-bonheur.

Course de cyclo-pousse de Saigon   COURSE PHILANTROPIQUE
(mi-mars). Conducteurs de cyclo-pousse professionnels et amateurs se lancent dans une course de vitesse. L'argent récolté est destiné à des œuvres de bienfaisance.

🛏 Où se loger

Proche de presque tous les sites phares et accessible de l'aéroport, le district 1 concentre le plus grand nombre d'hébergements. Selon votre budget, vous vous dirigerez plutôt à l'est vers Ð Dong Khoi, où les hôtels chics côtoient les meilleurs bars et restaurants de la ville, à l'ouest vers

Ð Pham Ngu Lao, fief des pensions et tour-opérateurs bon marché, ou bien entre les deux pour des prestations intermédiaires.

Dans la catégorie économique, quelques dollars de plus peuvent vous faire passer d'une cellule sans fenêtre, sale et humide, à une chambre agréable et bien aménagée, avec clim, ventil et Wi-Fi gratuit. Inutile de dire qu'il existe des adresses moins chères que celles mentionnées ci-après, mais la qualité laisse à désirer. Si vous recherchez vraiment le plus bas prix, un tour à Pham Ngu Lao devrait vous permettre de dénicher une chambre à 10 $US, voire moins.

Opter pour la catégorie moyenne peut paraître sans objet dans la mesure où l'on trouve à Pham Ngu Lao des établissements tout confort, relativement au goût du jour, où loger pour 20 $US la nuit. On pourra toutefois réserver des chambres semblables à des prix un peu moins élevés dans des secteurs voisins, comme Co Giang et Nguyen Thai Binh.

Dans la catégorie haut de gamme, certains des meilleurs hôtels de la ville occupent des édifices anciens pleins de cachet. Ils offrent un standing international et des tarifs à l'avenant. C'est toutefois parmi les constructions récentes que l'on trouve souvent les adresses les plus sélectes, comme le Park Hyatt Saigon.

Si vous avez réservé, nombre d'établissements organiseront votre transfert depuis l'aéroport moyennant 5-10 $US.

Quartier de Dong Khoi

Si Dong Khoi est le quartier privilégié des hôtels de luxe, on y trouve aussi des adresses de catégorie moyenne fort séduisantes.

Spring Hotel HÔTEL **$$**
(carte p. 309 ; ☑08-3829 7362 ; www.springhotel-vietnam.com ; 44-46 Ð Le Thanh Ton ; s 35-45 $US, d 40-50 $US, ste 75-100 $US ; ✳@ 🛜). Un hôtel accueillant, apprécié de longue date, proche des innombrables restaurants et bars de Le Thanh Ton et Hai Ba Trung. Chambres stylées, un peu vieillottes, avec des corniches et des moulures.

Asian Ruby HÔTEL **$$**
(carte p. 309 ; ☑08-3827 2837 ; www.asianru-byhotel.com ; 26 Ð Thi Sach ; d 70-90 $US ; ✳🛜). Impeccable et tout confort, ce petit bijou allie emplacement de choix et personnel courtois. Cela vaut la peine de débourser 20 $US en sus pour une chambre "deluxe", plus spacieuse, et choisir le côté qui ne donne pas sur l'immeuble voisin.

King Star Hotel HÔTEL **$$**
(carte p. 309 ; ☑08-3822 6424 ; www.kingsta-rhotel.com ; 8A ÐL Thai Van Lung ; ch 50-90 $US ; ✳@ 🛜). Entièrement rénové en 2008, le King Star se classe désormais à mi-chemin entre l'hôtel d'affaires et l'hôtel de charme. Belle décoration contemporaine et chambres toutes équipées d'une TV à écran plat et d'une douche splendide. Les moins chères sont cependant dépourvues de fenêtre.

A & Em Hotel HÔTEL **$$**
(carte p. 309 ; ☑08-3825 8529 ; www.a-emho-tels.com ; 60 Ð Le Thanh Ton ; ch 40-85 $US). Si vous aimez le bling-bling à la mode asia-tique, direction cet hôtel tout en hauteur, surchargé de meubles imitation baroque et de téléphones décorés d'angelots, sur fond de moulures ostentatoires. Petites chambres proprettes ; les moins chères n'ont cependant ni fenêtre ni penderie. La chaîne possède plusieurs autres enseignes en ville.

May Hotel HÔTEL **$$**
(carte p. 309 ; ☑08-3823 4501 ; www.mayhotel.com.vn ; 28-30 Ð Thi Sach ; d 80-90 $US ; ✳@🛜✉). Les chambres (baignoire, TV à écran plat) sont impeccables et accueillantes, malgré leur sol en marbre marron gris. Le personnel est très digne. Le principal attrait du lieu réside toutefois dans sa piscine au dernier étage – une rareté dans cette gamme de prix – (non-résident 5 $US), et la vue qui va avec.

Thien Xuan HÔTEL **$$**
(carte p. 309 ; ☑08-3824 5680 ; www.thienxuan-hotel.com.vn ; 108 Ð Le Thanh Ton ; ch 39-51 $US ; ✳@🛜). Un autre sympathique hôtel de catégorie moyenne, à quelques mètres à peine du marché Ben Thanh. Les chambres les moins chères, sans fenêtre, ont l'avantage d'être plus calmes.

❤ **Park Hyatt Saigon** HÔTEL **$$$**
(carte p. 309 ; ☑08-3824 1234 ; www.saigon.park.hyatt.com ; 2 place Lam Son ; ch à partir de 300 $US ; ✳@🛜✉). Somptueusement décoré de meubles vietnamiens traditionnels et d'objets d'art, le fleuron hôtelier de Saigon s'enorgueillit d'un emplacement de choix, en face de l'Opéra, et d'un service exemplaire assuré par un personnel tiré à quatre épingles. Chambres de grand standing, belle piscine, spa (Xuan Spa) très apprécié, et restaurants aussi réputés qu'abordables, dont l'Opera (italien) et le Square One (viet-namien/international). Même les chambres fumeurs, au 9e niveau, sentent bon le frais.

Intercontinental Asiana Saigon HÔTEL $$$
(carte p. 309 ; 08-3520 9999 ; www.interconti-nental.com ; angle ĐL Hai Ba Trung et ĐL Le Duan ; ch à partir de 189 $US ;). Récent, moderne et de bon goût. Les chambres comportent une cabine de douche et une baignoire séparées, et beaucoup bénéficient d'une vue splendide. Également quelques appartements.

Caravelle Hotel HÔTEL $$$
(carte p. 309 ; 08-3823 4999 ; www.caravelleho-tel.com ; 19 place Lam Son ; ch à partir de 310 $US ;). L'un des premiers hôtels haut de gamme à avoir ouvert ses portes après la guerre, ce 5-étoiles est une valeur sûre. Chambres à l'élégance sans ostentation dans l'immeuble moderne de 24 étages (dont 2 plus grandes à chaque niveau). Chambres plus onéreuses et suites dans l'aile historique. Sur le toit, le bar Saigon Saigon offre un cadre spectaculaire pour siroter un cocktail.

Lotte Legend Hotel Saigon HÔTEL $$$
(carte p. 309 ; 08-3823 3333 ; www.legendsai-gon.com ; 2A-4A Đ Ton Duc Thang ; s 160-390 $US, d 175-415 $US ;). Un grand hôtel dans tous les sens du terme, au hall sous verrière fastueusement kitsch, qui donne sur la plus belle piscine de la ville. Les chambres, lumineuses, sont superbement aménagées. Les standard avec vue sur la rivière sont une affaire.

Liberty Central HÔTEL $$$
(carte p. 309 ; 08-3823 9269 ; www.libertycen-tralhotel.com ; 177 Đ Le Thanh Ton ; s 155-200 $US, d 170-215 $US ;). Un établissement chic, moderne et très bien géré. Hall tout de marbre crème, chambres au mobilier haut de gamme et piscine sur le toit offrant un panorama sensationnel. Vu l'emplacement aux abords du marché Ben Thanh, impossible d'éviter le bruit de la rue.

Catina Saigon Hotel HÔTEL $$$
(carte p. 309 ; 08-3829 6296 ; www.hotelca-tina.com.vn ; 109 Đ Dong Khoi ; d 165-215 $US ;). Au cœur de la ville, hôtel de charme stylé, sur 5 niveaux, qui pratique des réductions attractives. Parmi les 43 chambres spacieuses, préférez les "premium deluxe" aux "superior" et aux "deluxe", sans fenêtres (ou avec une fausse fenêtre). Le Catina est accessible via une bijouterie.

Northern Hotel HÔTEL $$$
(carte p. 309 ; 08-3825 1751 ; www.northern-hotel.com.vn ; 11A Đ Thi Sach ; ch 80-110 $US ;). Cet hôtel chic comporte 99 chambres, aux sdb un cran au-dessus de la moyenne. Préférez les "deluxe" aux grandes baies vitrées qui font l'angle. Bar et salle de gym sur le toit. Personnel courtois.

Majestic Hotel HÔTEL $$$
(carte p. 309 ; 08-3829 5517 ; www.majestic-saigon.com.vn ; 1 Đ Dong Khoi ; s/d à partir de 4 599 000/5 019 000 d ;). Situé au bord de la rivière, le vénérable Majestic (1925) se caractérise par son cadre romantique et son ambiance coloniale. Plongez dans la piscine extérieure les jours de chaleur ou allez boire un cocktail sur le toit pour profiter des douces soirées. Petit-déjeuner et panier de fruits inclus dans le prix.

Duxton Hotel HÔTEL $$$
(carte p. 309 ; 08-3822 2999 ; www.duxton-hotels.com ; 63 Đ Nguyen Hue ; ch à partir de 110 $US ;). Hôtel d'affaires sélect, bien situé pour explorer la ville à pied. L'entrée grandiose – marbre, fontaine à vasque et magnifique escalier – donne le ton.

Sheraton Saigon HÔTEL $$$
(carte p. 309 ; 08-3827 2828 ; www.sheraton.com/saigon ; 88 Đ Dong Khoi ; ch à partir de 200 $US ;). Avec ses chambres luxueuses, son excellent spa et sa belle piscine, le Sheraton répond à toutes les attentes.

Riverside Hotel HÔTEL $$$
(carte p. 309 ; 08-3822 4038 ; www.riverside-hotelsg.com ; 18 Đ Ton Duc Thang ; s 59-150 $US, d 69-169 $US ;). Grand hôtel des années 1920 qui a connu des jours meilleurs. Le rapport qualité/prix est toutefois épatant, pour un emplacement hors pair.

Da Kao et alentour

Sofitel Saigon Plaza HÔTEL $$$
(carte p. 312 ; www.sofitel.com ; 17 Đ Le Duan ; d 170 $US). Si le hall évoquant les années 1990 paraît un peu terne et défraîchi, les chambres sont en revanche très bien. Atmosphère cordiale et personnel obligeant.

Palais de la Réunification et alentour

Saigon Star Hotel HÔTEL $$
(carte p. 314 ; 08-3930 6290 ; www.saigonsta-rhotel.com.vn ; 204 Đ Nguyen Thi Minh Khai ; s/d 55/65 $US ;). Faites fi de l'enseigne lumineuse de karaoké, car les jolies chambres aux moquettes flambant neuves sont très

agréables, en particulier celles qui donnent sur le parc Tao Dan. Les moins chères, tout aussi plaisantes, ont une douche au lieu d'une baignoire.

Sherwood Residence APPARTEMENTS **$$$**
(carte p. 314 ; ☑08-3823 2288 ; www.sherwoodresidence.com ; 127 Đ Pasteur ; app à partir de 125 $US ; ✹@🛋🛋). Les portiers en uniforme à épaulettes annoncent la couleur : hall grandiose à la limite du kitsch, rehaussé d'un plafond peint et doré et d'un lustre monumental. Louables au mois (environ 2 000 $US), les appartements (avec 2 ou 3 chambres) affichent un style beaucoup plus sobre. La résidence comprend salle de gym, sauna, aire de jeu pour enfants, supérette et superbe piscine intérieure.

Lavender Hotel HÔTEL **$$$**
(carte p. 314 ; ☑2222 8888 ; http://lavenderhotel.com.vn ; 208 Đ Le Thanh Ton ; ch à partir de 75 $US, ste 140 $US ; ✹🛋). Hôtel tout en marbre crème et tons sobres. Sa situation, juste à côté du marché Ben Thanh, le rend hélas potentiellement bruyant.

🛏 Quartier de Pham Ngu Lao
Pham Ngu Lao (PNL), quartier facile à parcourir à pied en quête d'un point de chute, est la zone privilégiée par les voyageurs à petit budget. Quatre rues (Đ Pham Ngu Lao, Đ De Tham, Đ Bui Vien et Đ Do Quang Dau) et le lacis de ruelles adjacentes forment le cœur de cette enclave touristique, où vous aurez le choix parmi plus d'une centaine d'hébergements. Ne vous laissez pas rebuter par son aspect de ghetto pour routards, car l'endroit recèle aussi d'excellentes adresses de catégorie moyenne. Le prix comprend habituellement un petit-déjeuner succinct.

Parmi les nombreux établissements figurent des pensions familiales (10-35 $), des mini-hôtels (25-55 $US) et même quelques dortoirs. Nous ne citons ici que certains des meilleurs, mais quantité d'autres ouvrent chaque jour.

💙 **Madame Cuc 127** PENSION **$**
(carte p. 330 ; ☑08-3836 8761 ; www.madamcuchotels.com ; 127 Đ Cong Quynh ; s 20 $US, d 25-30 $US ; ✹@🛋). La première, et de loin la meilleure, des 3 enseignes tenues par la sympathique madame Cuc et son équipe aimable. Chambres propres et spacieuses.

Giang Son PENSION **$**
(carte p. 330 ; ☑08-3837 7547 ; www.guesthouse.com.vn ; 283/14 Đ Pham Ngu Lao ; ch 16-28 $US ; ✹@🛋). Bâtiment tout en hauteur, qui comporte 3 chambres à chaque étage (les moins chères sans fenêtre). Toit-terrasse et personnel charmant. Seule ombre au tableau : l'absence d'ascenseur.

Hong Han Hotel PENSION **$**
(carte p. 330 ; ☑08-3836 1927 ; www.honghan.netfirms.com ; 238 Đ Bui Vien ; ch 20-25 $US ; ✹@🛋). Autre pension filiforme (7 étages sans ascenseur), qui possède des chambres en façade – vue de premier ordre – et d'autres à l'arrière, plus petites, plus calmes et plus économiques. Petit-déjeuner inclus, servi sur la terrasse au 1er étage.

Bich Duyen Hotel PENSION **$**
(carte p. 330 ; ☑08-3837 4588 ; bichduyenhotel@yahoo.com ; 283/4 Đ Pham Ngu Lao ; ch 17-30 $US ; ✹@🛋). Dans la même ruelle que le Giang Son et d'un modèle semblable, une adresse pimpante de 15 chambres. Contrairement aux autres, celles à 25 $US disposent d'une fenêtre. Pas d'ascenseur.

Giang Son 2 PENSION **$**
(carte p. 330 ; ☑08-3920 9838 ; www.guesthouse.com.vn ; 283/24 Pham Ngu Lao ; ch 18-25 $US). Comme le Giang Son, en plus contemporain, avec un personnel très avenant et 2 doubles agrémentées d'un balcon. Pas d'ascenseur.

PP Backpackers AUBERGE DE JEUNESSE **$**
(carte p. 330 ; ☑1262 501 823 ; Đ 283/41 Pham Ngu Lao ; dort 6 $US, d 16-18 $US ; ✹@🛋). Un établissement accueillant et bon marché, au personnel sympathique, serviable et efficace.

Diep Anh PENSION **$**
(carte p. 330 ; ☑08-3836 7920 ; dieptheanh@hcm.vnn.vn ; 241/31 Đ Pham Ngu Lao ; ch 20 $US ; ✹@🛋). Un cran au-dessus de la plupart des pensions du quartier, dans un immeuble haut et étroit, aux escaliers interminables. Les chambres des étages supérieurs sont claires et spacieuses. Personnel courtois, établissement bien entretenu.

Long Guesthouse PENSION **$**
(carte p. 330 ; ☑08-3836 0184 ; 373/10 Pham Ngu Lao ; dort/d 8/18 $US ; 🛋). Nichée dans une ruelle près du marché Thai Binh, cette pension fréquentée est tenue par une famille aimable. Il y a 12 chambres simples et nettes, ainsi que des dortoirs de 5 ou 6 lits.

Madame Cuc 64 — PENSION $

(carte ci-contre ; www.madamcuchotels.com ; 64 Đ Bui Vien ; s 16-20 $US, d 25 $US). Une autre enseigne de madame Cuc, tout aussi fiable. Mêmes chambres claires et correctes (les moins chères sans fenêtre) et même personnel obligeant. Un bémol : celle-ci est située dans une rue plus bruyante.

Nhat Thao — PENSION $

(carte ci-contre ; ☑ 08-3836 8117 ; Nhatthaohotel@ yahoo.com ; 35/4 Đ Bui Vien ; ch 20-22 $US ; ✻ 🛜). Une adresse familiale, derrière une courette, avec de petites chambres propres. Pour 2 $US de plus, vous aurez droit à une fenêtre.

Elegant Inn — PENSION $

(carte ci-contre ; ☑ 6921 2860 ; www.eleganthotel.vn ; 140 Đ Cong Quynh ; ch à partir de 40 $US ; ✻ @ 🛜). Personnel très attentif, chambres propres de taille honnête et savoureux petit-déjeuner compris. L'emplacement, en retrait de Bui Vien, la rue des bars nocturnes, est assez calme.

Madame Cuc 184 — HÔTEL $

(carte ci-contre ; ☑ 08-3836 1679 ; www.madamcuchotels.com ; 184 Đ Cong Quynh ; s/lits jum/d 16/20/25 $US). Chambres de qualité, personnel accueillant, thé et café offerts et petit-déjeuner inclus. Pas d'ascenseur. Caché dans une ruelle partant de Đ Cong Quynh.

Spring House Hotel — HÔTEL $

(carte ci-contre ; ☑ 3837 8312 ; www.springhouse-hotel.com.vn ; 221 Đ Pham Ngu Lao ; ch 18-40 $US ; ✻ @ 🛜). Un établissement cosy, en plein milieu de Pham Ngu Lao. Les chambres, souvent vastes et lumineuses, sont décorées de bambou et de rotin.

Blue River Hotel — AUBERGE DE JEUNESSE $$

(carte ci-contre ; ☑ 08-3837 6483 ; blueriver1126@ yahoo.com ; 283/2C Đ Pham Ngu Lao ; 25-40 $US ; ✻ @ 🛜). Accueillant et bien tenu, ce Blue River conpte 10 chambres nettes et spacieuses, avec joli mobilier et coffre. Cuisine et piano à disposition des hôtes. Autres chambres flambant neuves de l'autre côté de la rue.

Cat Huy Hotel — HÔTEL $$

(carte ci-contre ; ☑ 08-3920 8716 ; www.cathuyhotel.com ; 353/28 Pham Ngu Lao ; ch 28-34 $US ; ✻ 🛜). À l'écart dans une ruelle de Pham Ngu Lao, ce charmant hôtel assure un hébergement chic et moderne. Les moins chères des 10 chambres sont dépourvues de fenêtre, d'autres comportent un balcon. Pas d'ascenseur. Transfert depuis/vers l'aéroport (15 $US).

Quartier de Pham Ngu Lao

0 — 200 m

Quartier de Pham Ngu Lao

À voir
1 Marché de Thai Binh A6

Activités
2 Vietnam Vespa Adventure B2
3 Institut vietnamien de massage traditionnel A6

Où se loger
4 An An 2 Hotel B2
5 An An Hotel B2
6 Beautiful Saigon B2
7 Beautiful Saigon 2 .... B2
8 Beautiful Saigon 3 .... B2
9 Bich Duyen Hotel A4
10 Blue River Hotel A4
11 Cat Huy Hotel A5
12 Diep Anh A3
13 Elegant Inn B6
14 Elios Hotel A3
15 Giang Son A4
16 Giang Son 2 .... A4
17 Hong Han Hotel B5
18 Long Guesthouse A6
19 Madame Cuc 127 .... B6
20 Madame Cuc 184 .... A6
21 Madame Cuc 64 .... B2
22 Ngoc Minh Hotel A4
23 Nhat Thao B2
24 PP Backpackers A4
25 Spring House Hotel A3

Où se restaurer
26 Asian Kitchen A2
27 Baba's Kitchen B3
Café Zoom .... (voir 2)
28 Chi's Cafe B2
29 Coriander B5
30 Crumbs B6
31 Dinh Y A6
32 Five Oysters B5
33 Margherita & An Lac Chay A1
34 Mumtaz B5
35 Pho Hung B7
36 Pho Quynh A4
37 Sozo B3
38 Stella B3
39 Zen A2

Où prendre un verre et faire la fête
40 Allez Boo A2
41 Bobby Brewers B2
42 Go2 .... B2
43 God Mother Bar B6
44 Le Pub A2
45 Long Phi B5
46 Spotted Cow B3

Où sortir
47 Galaxy B7
48 Universal Bar B2

Achats
49 Blue Dragon B2
50 Gingko B4
51 Hanoi Gallery B3
52 SahaBook A2

Ngoc Minh Hotel AUBERGE DE JEUNESSE $$
(carte ci-contre ; ☎08-3837 6407 ; www.ngocminhhotel.net ; 283/11 Đ Pham Ngu Lao ; ch 20-35 $US ; ❄@📶). Dix-neuf chambres attrayantes avec toutes les commodités, un toit en terrasse planté d'orchidées et un ascenseur sont les atouts de cet établissement lumineux et sympathique.

An An 2 Hotel AUBERGE DE JEUNESSE $$
(carte ci-contre ; ☎08-3838 5665 ; southernhotel@hcm.vnn.vn ; 216 Đ De Tham ; s 25-60 $US, d 28-65 $US). Avec ses chambres stylées et confortables sans place perdue, cette adresse à la propreté irréprochable affiche un bon rapport qualité/prix dans la catégorie moyenne. Situation en plein cœur de Pham Ngu Lao, vue panoramique et ascenseur.

An An 1 Hotel HÔTEL $$
(carte ci-contre ; ☎08-3837 8087 ; www.anan.vn ; 40 Đ Bui Vien ; d 36-55 $US ; ❄@📶). D'une élégance sans prétention, ce mini-hôtel de catégorie moyenne occupe un immeuble élancé. Chambres de style affaires bien proportionnées, avec une baignoire-douche et des petits plus inattendus (coffre et ordinateur). Ascenseur.

Elios Hotel HÔTEL $$
(carte ci-contre ; ☎08-3838 5584 ; www.elioshotel.vn ; 233 Đ Pham Ngu Lao ; s 54-110 $US, d 62-118 $US ; ❄@📶). Un 3-étoiles dont l'entrée cossue, agrémentée d'aquariums, témoigne de l'embourgeoisement du secteur de PNL. Chambres modernes tout en bois foncé, avec bureau et coffre. Restaurant.

Beautiful Saigon 2 HÔTEL $$
(carte ci-contre ; ☎08-3920 8929 ; www.beautifulsaigon2hotel.com ; 40/19 Đ Bui Vien ; s 26-37 $US, d 29-42 $US ; ❄@📶). Si la première enseigne du nom est située à l'angle d'une artère passante, ce nouveau mini-hôtel de 8 chambres domine une petite rue. Avec un restaurant au rez-de-chaussée, il fait davantage penser à une pension. Toutes les

chambres ont un ordinateur et les "deluxe" un balcon. Pas d'ascenseur.

Beautiful Saigon 3 HÔTEL **$$**
(carte p. 330 ; ☑ 08-3920 4874 ; www.beautiful-saigon3hotel.com ; 40/27 Bui Vien ; s 30-40 $US, d 36-49 $US ; ✆). De l'éclat du marbre aux réceptionnistes en *ao dai* traditionnel, cette adresse en retrait de la bruyante Bui Vien ne manque pas de classe. Desservies par un ascenseur, les chambres, à la décoration chic, ont un ordinateur et un coffre. Pas de fenêtre pour les plus économiques.

Beautiful Saigon HÔTEL **$$**
(carte p. 330 ; ☑ 08-3836 4852 ; www.beautifulsaigonhotel.com ; 62 Đ Bui Vien ; s 26-52 $US, d 30-57 $US ; ✳@✆). Un énième mini-hôtel en hauteur, doté cette fois d'une réception où les employées portent le *ao dai* traditionnel. Un ascenseur dessert les chambres soignées ; les plus économiques sont petites et sans fenêtre.

Green Suites HÔTEL **$$**
(☑ 08-3836 5400 ; www.greensuiteshotel.com ; 102/1 Đ Cong Quynh ; s 24-45 $US, d 28-34 $US, tr 48 $US ; ✳@✆). Hôtel coquet, spacieux et douillet, situé dans une ruelle tranquille partant de Đ Cong Quynh, au sud de Đ Bui Vien. Le vert y est à l'honneur, sauf dans les chambres carrelées, où le blanc domine.

🛏 Nguyen Thai Binh et alentour

Blue River Hotel 2 PENSION **$**
(carte p. 317 ; ☑ 08-3915 2852 ; www.blueriverhotel.com ; 54/13 Đ Ky Con ; ch 18-25 $US ; ✳@✆). Excellente pension, très chaleureuse, à la fois proche de Dong Khoi et de Pham Ngu Lao, mais suffisamment éloignée de l'agitation touristique. Il y a des bambous devant et un piano dans le hall. Sa situation, dans une impasse tranquille, permet d'avoir un aperçu de la vie locale. Les chambres premier prix n'ont pas de fenêtre.

🛏 Quartier de Co Giang

Pour une alternative plus calme et légèrement moins chère que Pham Ngu Lao, direction le quartier de Co Giang (district 1). Là, une ruelle tranquille reliant Đ Co Giang et Đ Co Bac regroupe de bonnes pensions familiales. Suivez ĐL Tran Hung Dao vers le sud-ouest, prenez à gauche Đ Nguyen Kac Nhu, tournez à droite dans Đ Co Bac, puis dans la première ruelle à gauche.

Tous les établissements ont la faveur des résidents à long terme (profs d'anglais, expatriés…), d'où la nécessité de réserver bien à l'avance. Sachez que les propriétaires privilégient les hôtes en séjours prolongés.

Ngoc Son PENSION **$**
(☑ 08-3836 4717 ; ngocsonguesthouse@yahoo.com ; 178/32 Đ Co Giang ; s/d 12/17 $US ; ✳✆). Une petite pension pimpante, avec un joli salon au rez-de-chaussée et des chambres d'un bon rapport qualité/prix à l'étage. Toutes sont agrémentées de tableaux et de livres.

Guest House California PENSION **$**
(☑ 08-3837 8885 ; guesthousecaliforniasaigon@yahoo.com ; 171A Đ Co Bac ; ch 15-18 $US ; ✳@✆). Propre et convivial, l'endroit n'a rien de californien, mais manifeste un penchant pour les nains de jardin. Les hôtes profitent d'une cuisine, d'une laverie gratuite et d'un toit en terrasse verdoyant. Chambres supplémentaires de l'autre côté de la rue.

Miss Loi's PENSION **$**
(☑ 08-3837 9589 ; missloi@hcm.fpt.vn ; 178/20 Đ Co Giang ; s/d 14/16 $US ; ✳@✆). La première pension ouverte dans le quartier, à l'atmosphère simple et chaleureuse. Miss Loi se montre une hôtesse attentive et emploie un personnel avenant. Petit-déjeuner léger inclus, réfrigérateur et fenêtre dans toutes les chambres.

🛏 Autres quartiers

Thien Thao HÔTEL **$$**
(☑ 08-3929 1440 ; www.thienthaohotel.com ; 89 Đ Cao Thang, district 3 ; ch 32-60 $US ; ✳@✆). Ce bon établissement de catégorie moyenne, au personnel affable, dispose de petites chambres propres et confortables – vraie cabine de douche, peignoir et coffre. De Pham Ngu Lao, suivez Đ Bui Thi Xuan, qui devient ensuite Đ Cao Thang.

❤ **Ma Maison Boutique Hotel** HÔTEL **$$$**
(☑ 08-3846 0263 ; www.mamaison.vn ; 656/52 Cach Mang Thang Tam, district 3 ; s 50-75 $US, d 75-120 $US ; ✳✆). À mi-chemin entre l'aéroport et le centre-ville, un hôtel accueillant, sis dans une paisible ruelle débouchant sur un axe fréquenté. Il occupe un immeuble de hauteur moyenne, dont les volets en bois adoucissent la façade moderne. Agréables chambres meublées dans un style provençal, dotées de délicieuses sdb.

Hotel Nikko Saigon HÔTEL $$$
(☑08-3925 7777; www.hotelnikkosaigon.com.
vn; 235 Đ Nguyen Van Cu, district 1; d à partir de
125 $US; ✻@🖥✻). Le nec plus ultra des
hôtels de HCMV, toutefois un peu excen-
tré pour un séjour touristique. Spacieuses
chambres au cadre épuré, service nickel et
souci du détail quasi maniaque.

✖ Où se restaurer

Si Hanoi se considère plus cultivée, HCMV
fait figure de capitale gastronomique. Aux
délicieuses spécialités locales s'ajoutent un
large éventail de cuisines étrangères, notam-
ment indienne, japonaise, thaïlandaise,
italienne ou fusion. Fort logiquement, la
ville compte moult restaurants français,
qu'il s'agisse de bistrots décontractés ou de
tables plus huppées.

Parmi les meilleurs quartiers gourmands
figurent Dong Khoi, qui concentre beaucoup
d'adresses haut de gamme, et les secteurs limi-
trophes du district 3. Certains établissements
de Pham Ngu Lao, soucieux de satisfaire toutes
les papilles, se révèlent généralement plus
ordinaires, mais d'un bon rapport qualité/
prix. Les plus aventureux pourront tenter une
escapade dans un quartier excentré.

Comme ailleurs au Vietnam, les étals des
marchés permettent de se régaler d'une
cuisine locale savoureuse. Nous recomman-
dons en particulier le marché de nuit Ben
Thanh.

Dans la rue, des marchands proposent
les incontournables *banh mi*, sandwichs
franco-vietnamiens qui consistent en un
morceau de baguette garni de viande émin-
cée, de légumes frais et de coriandre fraîche.

Les restaurants végétariens sont surtout
regroupés dans le secteur de Pham Ngu Lao.
Sinon, vous en trouverez habituellement
toujours un aux abords de chaque temple
bouddhique.

✖ Quartier de Dong Khoi

♥ Nha Hang Ngon VIETNAMIEN $
(carte p.309; ☑08-3827 7131; 160 Đ Pasteur;
plats 35 000-205 000 d; ⊘7h-22h; 🖥). L'un
des établissements les plus réputés pour
la cuisine de rue, toujours bondé de Viet-
namiens et d'étrangers. Installés dans un
jardin verdoyant, les étals préparent chacun
une spécialité traditionnelle.

♥ Temple Club VIETNAMIEN $$
(carte p.309; ☑08-3829 9244; 29 Đ Ton That
Thiep; plats 90 000-300 000 d; ⊘11h30-22h30;

🖥☑). Une table chic, ornée de motifs religieux et de gracieux caractères chinois,
située au 2e étage d'une jolie villa de l'époque
coloniale. Choix impressionnant de plats
vietnamiens, tous délicieux, dont des mets
végétariens. Bons cocktails.

Huong Lai VIETNAMIEN $
(carte p.309; 38 Đ Ly Tu Trong; plats
49 000-150 000 d). Aménagé dans le grenier,
clair et spacieux, d'une maison de négoce
de la période française, ce restaurant ne
ressemble à aucun autre. Les membres du
personnel viennent de familles défavorisées ou sont d'anciens enfants des rues, et
reçoivent une formation, un enseignement
scolaire et un logement. Le must pour
déguster une cuisine vietnamienne artisti-
quement présentée.

3T Quan Nuong VIETNAMIEN $
(carte p.309; ☑08-3821 1631; 29 Đ Ton That
Thiep; plats 85 000-280 000 d; ⊘16h-23h). Ce
grill, sur le toit-terrasse du bâtiment qui
abrite le Temple Club, figure souvent au
programme des amateurs de bonne chère.
Choisissez, parmi les viandes, poissons,
fruits de mer et légumes, ce que vous ferez
cuire au barbecue à votre table.

Hoa Tuc VIETNAMIEN $
(carte p.309; ☑08-3825 1676; 74/7 ĐL Hai Ba
Trung; plats 50 000-190 000 d; ⊘10h30-22h30;
🖥). Dans la cour d'une ancienne raffinerie
d'opium, le Hoa Tuc allie à l'excellence de
sa cuisine un cadre des plus stylés. Parmi
ses spécialités phares, citons les feuilles de
moutarde fourrées de crevettes et de légumes
croustillants, ainsi que la salade de bœuf
épicée aux kumquats, aux mini-aubergines et
à la citronnelle. Mieux vaut réserver, surtout
pour dîner dehors. Des cours de cuisine sont
donnés sur place (p. 325).

Au Parc CAFÉ $
(carte p.309; www.auparcsaigon.com; 23 Đ Han
Thuyen; plats 160 000-260 000 d; ⊘7h-23h; 🖥).
Doté du Wi-Fi, ce petit café sur 2 niveaux
jouit d'une vue splendide sur le parc.
La carte d'inspiration méditerranéenne
comprend salades, quiches, sandwichs à la
française, *focaccia*, pâtes, mezze et grillades
légères. Smoothies et jus de fruits exquis.
Espace lounge au niveau supérieur.

5Ku Station VIETNAMIEN $
(carte p.309; 29 Đ Thai Van Lung; repas environ
50 000 d; ⊘17h-tard). Fort animée le soir,
cette enseigne 5Ku – une chaîne de grills

en plein air faits de bric et de broc – allie convivialité bruyante et saveurs authentiques. Assis sur de grosses chaises en bois, Vietnamiens, expatriés et touristes se régalent de grillades et de fondues, le tout arrosé de bière fraîche. Vérifiez l'adresse car les enseignes se déplacent. À l'heure où nous écrivons, une autre se trouve juste au coin de la rue, dans Đ Le Thanh Ton.

Tandoor   INDIEN **$**
(carte p.309 ; ☑08-3930 4839 ; www.tandoor-vietnam.com ; 74/6 Đ Hai Ba Trung ; plats 55 000-120 000 d ; ☺11h-14h30 et 17h-23h ; ☎🖊). Ce restaurant réputé occupe plusieurs étages. Bien qu'essentiellement axée sur les spécialités d'Inde du Nord, la carte affiche aussi des plats d'Inde du Sud et des spécialités végétariennes. Les clients indiens sont nombreux – un gage d'authenticité.

Kem Bach Dang   GLACIER **$**
(carte p.309 ; 26-28 Le Loi, angle Đ Pasteur ; glaces à partir de 50 000d ; ☺8h-23h). Un glacier établi de longue date, à l'angle de la vrombissante rue Le Loi. Rien de tel qu'une glace coco servie dans sa noix ou un banana split pour se rafraîchir.

Fanny   GLACIER **$**
(carte p.309 ; 29-31 Đ Ton That Thiep ; 26 000-34 000 d la boule ; ☺8h-23h ; ☎). Installée dans la somptueuse villa française qui abrite le Temple Club, Fanny confectionne d'excellentes glaces franco-vietnamiennes aux saveurs locales, telles que durian (très spécial !), anis étoilé ou thé vert.

Ganesh   INDIEN **$**
(carte p.309 ; www.ganeshindianrestaurant.com ; 15B4 Đ Le Thanh Ton ; plats 52 000-99 000 d ; 🖊). D'authentiques spécialités d'Inde du Nord et du Sud, notamment des plats tandooris, des *thalis* et quantité de recettes végétariennes, à déguster dans un cadre plaisant.

Restaurant 13   VIETNAMIEN **$**
(carte p.309 ; ☑08-3823 9314 ; 15 Đ Ngo Duc Ke ; plats 42 000-240 000 d). L'un des petits restaurants "numérotés" du secteur qui servent de bons classiques vietnamiens sans chichis.

Xu   VIETNAMIEN **$$**
(carte p.309 ; ☑08-3824 8468 ; www.xusaigon.com ; 1er ét., 75 ĐL Hai Ba Trung ; menu déj de 3 plats lun-jeu 290 000 d, plats à partir de 100 000 d ; ☺11h-14h30 et 18h-23h ; ☎). Restaurant très sophistiqué, dédié aux plats fusion d'inspiration vietnamienne. Les prix sont certes élevés, mais le service de premier ordre, la

remarquable carte des vins et le bar-lounge branché justifient la dépense. Pour une aventure gastronomique, essayez le menu dégustation (850 000 d).

Square One   VIETNAMIEN, OCCIDENTAL **$$**
(carte p.309 ; ☑08-3824 1234 ; www.saigon. park.hyattrestaurants.com/squareOne ; Park Hyatt Saigon, 2 place Lam Son ; plats à partir de 210 000 d ; ☺12h-14h30 et 17h30-22h30 ; ☎🖥). Avec ses 5 cuisines ouvertes au niveau mezzanine du Park Hyatt, l'endroit réussit l'alliance parfaite entre une nourriture savoureuse à base de produits ultrafrais, un cadre stylé et un service haut de gamme. Le brunch du samedi comprend une formule vin et bulles à volonté, fort appréciée.

Warda   MOYEN-ORIENTAL **$$**
(carte p.309 ; ☑08-3823 3822 ; 71/7 Đ Mac Thi Buoi ; 140 000-258 000 d ; ☺8h-24h ; ☎). Nichée dans une ruelle débouchant sur Mac Thi Buoi, cette adresse chic décline toute la palette des saveurs orientales, du Maroc à la Perse. Tagine d'agneau aux pruneaux, kebabs, mezze... tout y est, même l'incontournable narghilé.

Pacharan   ESPAGNOL **$$**
(carte p.309 ; www.pacharansaigon.com ; 97 Đ Hai Ba Trung ; tapas 80 000-160 000 d, plats à partir de 80 000 d ; ☺10h-tard ; ☎). Réparti sur 3 étages, le Pacharan sert des "tapas" (chorizo, anchois marinés, gambas épicées...) et des plats plus substantiels, dont une authentique paella pour deux. Bar cosy au rez-de-chaussée, toit-terrasse pour déguster du vin espagnol, et musique live.

**Bernie's Irish Bar
& Restaurant**   INTERNATIONAL **$$**
(carte p.309 ; www.berniesirishpub.com ; 19 Đ Thi Van Lung ; plats 90 000-230 000 d ; ☺7h-24h ; ☎). Bière fraîche, whisky et retransmissions sportives à la télévision attirent ici les expatriés nostalgiques. La carte va des steaks et hamburgers australiens (à la betterave) aux basiques italiens, sans oublier d'excellents plats vietnamiens sans glutamate.

Annam Gourmet Market   CAFÉ, ÉPICERIE **$$**
(carte p.309 ; www.annam-gourmet.com ; 16 Đ Hai Ba Trung ; sandwich à partir 70 000 d, plats à partir de 130 000 d ; ☺8h-21h lun-sam, 9h-20h dim). Cadre chic, calme et relaxant (canapés, baie vitrée courbe) pour ce café au-dessus de la boutique traiteur. Une clientèle chic vient ici pour dévorer petits-déjeuners, brunchs,

salades, bruschetta et sandwichs à la baguette jusqu'au soir.

Elbow Room AMÉRICAIN **$$**
(carte p. 309 ; www.elbowroom.com.vn ; 52 Đ Pasteur ; plats 100 000-350 000 đ ; ☺8h-22h lun-sam, jusqu'à 17h dim ; ☎). Les adeptes de petits-déjeuners complets fréquentent ce café-bistrot haut de gamme de style américain. La formule Lumberjack (pancakes, bacon, œufs, jambon, frites et toast), roborative, a beaucoup de succès. Il y a aussi une bonne carte de hamburgers, burritos, hotdogs, pizzas, pâtes, sandwichs et wraps.

Ty Coz FRANÇAIS **$$**
(carte p. 309 ; ☑08-3822 2457 ; www.tycozsaigon. com ; 178/4 Đ Pasteur ; plats 190 000-300 000 đ ; ☺11h-13h30 et 18h-21h30 mar-sam, 11h-14h et 18h-21h dim ; ☎). Établissement accueillant, tenu par deux frères (l'un au fourneau, l'autre en salle), enclins à parler avec enthousiasme des classiques de la cuisine française. La disposition des lieux est curieuse : il faut entrer dans la maison des patrons pour accéder à une salle à manger rétro située à l'étage supérieur. Par beau temps, les tables sur le toit-terrasse, face à la cathédrale, sont rapidement prises d'assaut. La carte change régulièrement.

Skewers MÉDITERRANÉEN **$$**
(carte p. 309 ; ☑08-3822 4798 ; www.skewers-restaurant.com ; 9A Đ Thai Van Lung ; plats 250 000-400 000 đ ; ☺déj lun-sam, dîner tlj ; ☎). La carte, méditerranéenne, couvre une zone allant de Marseille au Maghreb et fait la part belle aux brochettes. Ce lieu plein de charme, avec une cuisine ouverte, draine généralement beaucoup de monde. Réservez.

Jaspas Wine & Grill INTERNATIONAL **$$**
(carte p. 309 ; http://jaspas.com.vn ; 74/7 ĐL Hai Ba Trung ; menu déj de 2/3 plats 200 000/300 000 đ, plats à partir de 160 000 đ). Une table très fréquentée à l'atmosphère sans chichis. On vient s'y régaler de plats asiatiques et occidentaux classiques dans un cadre décontracté, partiellement en plein air. Le bar grillé et sa purée de pommes de terre est un régal. Côté dessert, les gourmands opteront pour le cheese-cake à la barre Mars.

Pizza 4P's ITALIEN **$$**
(carte p. 309 ; http://pizza4ps.com/ ; 8/15 Đ Le Thanh Ton ; plats à partir de 140 000 đ ; ☺7h-23h). Un restaurant fusion italo-nippon, au design moderne et à l'ambiance calme, réparti sur plusieurs niveaux, qui tranche par son originalité. Four à pizzas central, super bar, service imperturbable et prix aussi tentants que la nourriture. Dans une ruelle qui part de Đ Le Thanh Ton, en suivant l'embranchement de gauche.

Le Jardin FRANÇAIS **$$**
(carte p. 309 ; ☑08-3825 8465 ; 31 Đ Thai Van Lung ; plats 100 000-160 000 đ ; ☺lun-sam ; ☎). Lieu très coté auprès des expatriés français fuyant la frénésie des grandes artères, avec sa bonne carte de bistrot et sa terrasse ombragée, dans le jardin de l'Institut d'échanges culturels avec la France (Idecaf).

Maxim's Nam An VIETNAMIEN **$$**
(carte p. 309 ; ☑08-3829 6676 ; 15 Đ Dong Khoi ; plats 160 000-350 000 đ). Véritable institution saïgonnaise, ce restaurant nocturne se révèle plus intéressant pour son ambiance de club de jazz et sa musique live que pour sa cuisine, bonne, sans plus. Mais il offre de quoi passer une soirée mémorable.

La Fourchette FRANÇAIS **$$**
(carte p. 309 ; ☑08-3829 8143 ; 9 Đ Ngo Duc Ke ; plats 160 000-180 000 đ ; ☎). Un petit restaurant central très apprécié, dont la carte se limite chaque soir à quelques plats.

Mogambo AMÉRICAIN **$$**
(carte p. 309 ; ☑08-3825 1311 ; 50 Đ Pasteur ; plats 120 000-200 000 đ ; ☺9h-23h ; ☎). Certains jurent qu'il n'existe pas de hamburgers plus réussis à HMCV. Bonne carte américaine et tex mex.

Black Cat BURGERS **$$**
(carte p. 309 ; www.blackcatsaigon.com ; 13 Đ Phan Van Dat ; plats à partir de 105 000 đ ; ☺7h-23h). L'intérieur, sur 2 niveaux, est plutôt sombre, mais les burgers bien juteux mettent l'eau à la bouche. De même les jus de fruits, smoothies et milk-shakes à base de glace néo-zélandaise.

♥**Cirrus** INTERNATIONAL **$$$**
(carte p. 309 ; www.cirrussaigon.com ; 51e ét., Bitexco Financial Tower, 2 Đ Hai Trieu ; menu dîner de 3 plats 980 000 đ ; ☎). Élevez-vous au-dessus de la mêlée urbaine, au 51e étage du plus haut gratte-ciel de HCMV, pour un mariage heureux entre cuisine suprême, vue imprenable, service nickel et cadre huppé.

El Gaucho ARGENTIN **$$$**
(carte p. 309 ; ☑08-3825 1879 ; www.elgaucho. asia ; 5 Đ Nguyen Sieu ; plats 190 000-3 050 000 đ ; ☺17h-23h). Paradis des vrais amateurs de viande, ce Gaucho régale ses hôtes

de copieux jarrets d'agneau fondants, de tendres brochettes et des steaks juteux, dans un environnement plaisant. Il y a même du chorizo et de la *salchicha* (saucisse épicée) de fabrication maison.

Mandarine VIETNAMIEN $$$
(carte p. 309 ; ☑08-3822 9783 ; www.orientalsaigon.com.vn ; 11A Đ Ngo Van Nam ; menu 38-120 $US). Le Mandarine s'adresse clairement aux touristes aisés. L'architecture traditionnelle et les concerts du soir composent une atmosphère magique, tandis que la carte tentante regroupe des plats de toutes les régions du pays.

✕ Da Kao et alentour

♥ Cuc Gach Quan VIETNAMIEN $
(carte p. 312 ; ☑08-3848 0144 ; www.cucgachquan.com.vn ; 10 Đ Dang Tat ; plats 50 000-200 000 d ; ⊙9h-24h). Intelligemment restaurée, cette villa ancienne allie élégance et rusticité, et la cuisine de même. En dépit de sa situation excentrée, à l'extrémité nord du district 1, l'endroit est bien connu et mieux vaut réserver.

Pho Hoa VIETNAMIEN $
(carte p. 312 ; 260C Đ Pasteur ; plats 45 000-50 000 d ; ⊙6h-24h). Véritable institution, ce restaurant haut de gamme jouit d'une grande réputation auprès de la clientèle saïgonnaise. Des assiettes d'herbes, de piments et de citrons verts attendent sur les tables, de même que des *gio chao quay* (pains frits chinois), des *banh xu xe* (gâteaux à la noix de coco gélatineux, fourrés de pâte de haricot mungo) et des *cha lua* (cervelas vietnamien enveloppé de feuilles de bananier).

Banh Xeo 46A VIETNAMIEN $
(carte p. 312 ; ☑08-3824 1110 ; 46A Đ Dinh Cong Trang ; plats 25 000-50 000 d ; ⊙10h-21h). Les habitants préfèrent toujours les restaurants spécialisés dans un plat particulier, ici des *banh xeo* fameux. Ces crêpes de riz frites, fourrées de pousses de soja, de crevettes et de porc (il existe des versions végétariennes), sont légendaires.

Tib VIETNAMIEN $
(carte p. 312 ; ☑3829 7242 ; www.tibrestaurant.com.vn ; 187 Đ Hai Ba Trung ; plats 70 000-285 000 d ; ☎). Nombre de présidents et de Premiers ministres en visite ont longé l'allée jalonnée de lanternes et de guirlandes électriques menant à ce haut

lieu de la cuisine impériale de Hué, installé dans une vieille demeure. On trouve certes des mets similaires à des prix plus bas, mais le cadre est incomparable. Tib Express (carte p. 314 ; www.tibrestaurant.com.vn ; 162 Đ Nguyen Dinh Chieu ; plats 28 000-50 000 d ; ☑) et Tib Vegetarian (carte p. 312 ; www.tibrestaurant.com.vn ; 11 Đ Tran Nhat Duat ; plats 30 000-40 000 d ; ☑) sont dans la même veine, en plus économique et décontracté.

♥ May VIETNAMIEN $$
(carte p. 312 ; http://may-cloud.com ; 3/5 Hoang Sa ; plats 55 000-220 000 d ; ⊙10h30-23h30). Considéré comme l'un des meilleurs de HCMV, ce restaurant offre un véritable festival sensoriel et culinaire (sans glutamate). L'amabilité sans faille du personnel ajoute encore à son attrait. Le May est installé dans une villa coloniale le long d'une petite ruelle.

♥ Ocean Palace CHINOIS $$
(carte p. 312 ; ☑08-3911 8822 ; 2 ĐL Le Duan ; ☎). Si l'opulent décor à la chinoise ne se prête guère à un tête-à-tête romantique, la cuisine est exquise (et moins onéreuse qu'on pourrait s'y attendre) et le personnel se montre attentif. Les *dim sum* ont beaucoup de succès, mais toute la carte se distingue. Près du jardin botanique.

Camargue MÉDITERRANÉEN $$
(carte p. 312 ; ☑08-3520 4888 ; www.vascosgroup.com ; 1er ét., 74/7D Đ Hai Ba Trung ; plats à partir de 185 000 d ; ⊙18h-22h30 ; ☎). Transférée dans un lieu plus central, le Camargue, institution de longue date, conserve son charme, son élégance et son succès. Après le repas, allez boire un verre au Vasco's (p. 340) voisin.

✕ Palais de la Réunification et alentour

Quan An Ngon VIETNAMIEN $
(carte p. 309 ; 138 Đ Nam Ky Khoi Nghia ; plats à partir de 35 000 d ; ⊙6h30-23h). L'un des endroits les plus populaires pour apprécier la cuisine de rue, dans le cadre stylé d'un jardin décoré de lanternes. À chaque stand de restauration correspond une spécialité traditionnelle à la saveur délicieusement authentique. Faites le tour des étals et laissez-vous guider par vos sens.

Cyclo Resto Company VIETNAMIEN $
(carte p. 314 ; www.cycloresto.com.vn ; 3-3A Đ Dang Tran Con ; formule de 5 plats 6 $US ; ⊙9h-21h). Le côté bricolo de ce restaurant installé à l'étage n'enlève rien à la qualité des plats, préparés

à la perfection. L'établissement dispense en outre un cours de cuisine prisé (23 $US).

Beefsteak Nam Son
VIETNAMIEN $

(carte p. 314 ; 157 Đ Nam Ky Khoi Nghia ; plats à partir de 50 000 d ; ☻ 6h-22h ; 🕸). Pour manger de la viande rouge de premier choix à prix abordable, rien de mieux que cette table sans prétention. La carte comprend du steak de provenance locale et autres plats de bœuf vietnamien, comme le *bun bo Hue* (soupe de vermicelles épicée au bœuf), du filet d'importation canadienne et même de l'autruche.

Khoi Thom
MEXICAIN $

(carte p. 314 ; www.khoithom.com ; 29 Ngo Thoi Nhiem ; menu déj 79 000 d ; ☻ 11h-tard). Avec sa terrasse en plein air, son excellente carte, ses épatants cocktails et *slammers* à base de tequila (servis par des "Tequila Girls"), et ses concerts le vendredi, cette table mexicano-vietnamienne, pétillante et colorée, a tout pour plaire.

Pho 2000
VIETNAMIEN $

(carte p. 314 ; ☎ 08-3822 2788 ; 1-3 Đ Phan Chu Trinh ; plats 42 000-58 000 d ; ☻ 6h-2h). Proche du marché Ben Thanh, cette enseigne Pho 2000 est celle qu'a choisie Bill Clinton pour déguster un bol de *pho*.

❤ ...hum Vegetarian Cafe & Restaurant
VÉGÉTARIEN $$

(carte p. 314 ; ☎ 08-3930 3819 ; www.hum-vegetarian.vn ; 32 Đ Vo Van Tan ; plats 65 000-150 000 d ; ☻ 7h-22h). Pas besoin d'être végétarien pour apprécier ce lieu élégant et serein. Des plats vietnamiens, délicieux, au service adorable, en passant par la terrasse paisible, tout contribue à un repas mémorable.

Shri
JAPONAIS FUSION $$

(carte p. 314 ; ☎ 08-3827 9631 ; 23e ét., Centec Tower, 72-74 Đ Nguyen Thi Minh Khai ; plats 200 000-400 000 d ; ☻ 11h-24h ; 🕸). Perché au sommet d'une tour, cet établissement très classe jouit d'une vue inégalée sur la ville. Réservez une table en terrasse ou prenez place dans la salle à manger, à la lumière tamisée, pour savourer des plats occidentaux teintés d'influences japonaises.

Marina
VIETNAMIEN, FRUITS DE MER $$

(carte p. 314 ; ☎ 08-3930 2379 ; www.ngocsuong.com.vn ; 172 Đ Nguyen Dinh Chieu ; plats 50 000-500 000 d). Demandez à des Saïgonnais aisés de vous conseiller une table de fruits de mer et ils vous indiqueront sans doute celle-ci et sa seconde enseigne, **Ngoc**

Suong (carte p. 314 ; 17 Đ Le Quy Don), juste au coin de la rue. Toutes deux sont très couleur locale (éclairage agressif, TV diffusant du sport et fond musical ringard), mais les plats se révèlent succulents. Mention spéciale pour le crabe à carapace molle.

✕ Quartier de Pham Ngu Lao

❤ Baba's Kitchen
INDIEN $

(carte p. 330 ; ☎ 08-3838 6661 ; www.babaskitchen.in ; 164 Đ Bui Vien ; plats 50 000-210 000 d ; ☻ 11h-23h). Cela vaut la peine de faire un détour pour réserver dans ce restaurant, sur 2 niveaux, qui met à l'honneur les arômes et saveurs épicés de l'Inde. Choix de mets végétariens, cadre séduisant et cuisine délectable. Les amateurs de nourriture vraiment relevée passeront outre la mise en garde polie du serveur et commanderont un vindaloo.

Mumtaz
INDIEN $

(carte p. 330 ; ☎ 08-3837 1767 ; www.mumtazrest.com ; 226 Đ Bui Vien ; plats 45 000-90 000 d ; ☻ 11h-23h ; 🖋). Un restaurant apprécié pour son cadre plaisant, sa cuisine exquise et son service excellent. À la carte : des plats végétariens, des *tandoori* et de grands classiques d'Inde du Nord et du Sud notamment. Le buffet du déjeuner et les *thalis* à 110 000 d s'avèrent très avantageux pour les appétits voraces.

Coriander
THAÏLANDAIS $

(carte p. 330 ; 16 Đ Bui Vien ; plats 40 000-180 000 d ; ☻ 11h-14h et 17h-23h). Le mobilier en bois blond et le papier peint en bambou bon marché des nouveaux locaux du Coriander ne lui rendent guère justice, mais la carte fait la part belle aux authentiques spécialités siamoises. Le savoureux *doufu* (tofu) frit constitue presque un repas complet, le curry vert déménage et le riz frit aux fruits de mer, dans sa cocotte en terre, est fort réussi.

Five Oysters
VIETNAMIEN $

(carte p. 330 ; 234 Bui Vien ; plats partir de 35 000 d ; ☻ 9h30-23h). Au menu de cet établissement axé sur les fruits de mer : huîtres (25 000 d), poulpe grillé, soupe de fruits de mer, tourte aux escargots, *pho*, nouilles, maquereau grillé à l'huile piquante, et bien d'autres choses encore. Service agréable.

Dinh Y
VÉGÉTARIEN $

(carte p. 330 ; 171B Đ Cong Quynh ; plats à partir de 25 000 d ; ☻ 6h-21h ; 🖋). Modeste restaurant, tenu par une sympathique famille caodaïste, situé dans la partie très couleur locale de Pham Ngu Lao, près du marché Thai Binh. Plats délicieux à prix doux.

Margherita & An Lac Chay
INTERNATIONAL, VÉGÉTARIEN $

(carte p. 330 ; 175/1 Đ Pham Ngu Lao ; plats 25 000-77 000 d ; ☺8h-22h ; 🖋). Plats vietnamiens, italiens et mexicains à prix modiques. L'escalier au fond de la salle conduit au An Lac Chay, un restaurant 100% végétarien, doté d'une cuisine séparée, à l'offre tout aussi éclectique.

Mon Hue
VIETNAMIEN $

(carte p. 314 ; ☑08-6240 5323 ; 98 Đ Nguyen Trai ; plats 29 000-150 000 d ; ☺6h-23h). La fameuse cuisine de Hué arrive à HCMV sous la forme d'une chaîne de 8 enseignes. Cette adresse pratique en donne un bon aperçu aux voyageurs qui n'ont pas l'intention de pousser jusqu'à l'ancienne capitale impériale.

Sozo
CAFÉ $

(carte p. 330 ; www.sozocentre.com ; 176 Đ Bui Vien ; cookies 25 000 d ; ☺7h-22h30 ; 🖰). Un petit café ravissant dans l'enclave touristique bon marché, qui forme et emploie des personnes défavorisées. Excellents smoothies, roulés à la cannelle, cookies maison et autres douceurs.

Pho Quynh
VIETNAMIEN $

(carte p. 330 ; 323 Đ Pham Ngu Lao ; pho 50 000 d ; ☺24h/24). Restaurant toujours bondé, situé dans une partie très animée de Pham Ngu Lao. En dehors de l'habituel *pho,* il a pour spécialité le *pho bo kho,* une soupe au ragoût de bœuf.

Asian Kitchen
ASIATIQUE $

(carte p. 330 ; ☑08-3836 7397 ; 185/22 Đ Pham Ngu Lao ; plats 15 000-60 000 d ; ☺7h-24h ; 🖰🖋). Une adresse fiable et bon marché, où manger vietnamien, japonais, chinois et indien.

Pho Hung
VIETNAMIEN $

(carte p. 330 ; 241 Đ Nguyen Trai ; plats 35 000-70 000 d ; ☺6h-3h). Une adresse de *pho* appréciée, ouverte de très bonne heure près de Pham Ngu Lao. Le personnel ne parle que vietnamien.

Stella
ITALIEN, BISTROT $

(carte p. 330 ; ☑08-3836 9220 ; www.stellacaffe.com ; 11 Đ Bui Vien ; plats 25 000-119 000 d ; ☺7h-23h30 ; 🖰). Plus raffiné que bien des adresses pour petits budgets, ce bistrot essentiellement italien sert salades, pâtes, gnocchis et pizzas. Le café est aussi plutôt bon.

Zen
VÉGÉTARIEN $

(carte p. 330 ; ☑08-3837 3713 ; 185/30 Đ Pham Ngu Lao ; plats 30 000-120 000 d ; 🖋). Le vénérable Zen est apprécié pour sa bonne cuisine, à prix très raisonnables. Champignons braisés cuits dans une cocotte en terre ou tofu frit au piment et à la citronnelle, les plats ne manquent pas de saveurs.

Chi's Cafe
INTERNATIONAL, CAFÉ $

(carte p. 330 ; 40/27 Đ Bui Vien ; plats à partir de 40 000 d ; ☺7h15-22h30 ; 🖰🖋). L'un des meilleurs cafés économiques du quartier, décoré de peintures à l'huile qui attirent l'œil. Copieux petits-déjeuners, classiques occidentaux et quelques plats locaux, à déguster dans un cadre relaxant.

Crumbs
BOULANGERIE-PÂTISSERIE

(carte p. 330 ; 117 Cong Quynh ; tourtes à partir de 45 000 d ; ☺7h30-21h30). La boutique ne brille pas par son cachet, mais elle se double d'une vaste terrasse où l'on dévore des tourtes à la viande roboratives, des petits pains au lait, des tartes et autres savoureuses pâtisseries fraîches.

✕ Nguyen Thai Binh et alentour

Tiem Com Ga Hai Nam
CHINOIS $

(carte p. 317 ; http://comgahainam.vn ; 67 Đ Le Thi Hong Gam ; plats à partir de 33 000 d ; ☺10h-22h). Passez outre le cadre purement fonctionnel – chaises empilables, bols en plastique et boîtes à cure-dents décolorées – de ce restaurant sino-singapourien, et vous goûterez une cuisine formidable d'un bon rapport qualité/prix. Nous vous recommandons le poulet à la mode de Hainan accompagné de riz et la succulente soupe aigre aux crevettes.

Tin Nghia
VÉGÉTARIEN $

(carte p. 317 ; 9 ĐL Tran Hung Dao ; plats 22 000-35 000 d ; ☺7h30-13h et 16h30 -20h, fermé les 2e et 16e jours du mois lunaire). Ce minuscule restaurant caodaïste mitonne de délicieux plats végétariens traditionnels, sans recourir aux succédanés de viande.

✕ An Phu (district 2)

Ce quartier du district 2, à l'est de la rivière Saigon, plaît aux expatriés. Vous devrez vous y rendre en taxi (130 000-150 000 d depuis Pham Ngu Lao), mais assurez-vous d'abord que le chauffeur connaît le chemin.

Deck FUSION **$$**
(📞08-3744 6632; www.thedecksaigon.com;
33 Đ Nguyen U Di; plats 105 000-425 000 d;
⏱8h-24h; 📶). Dans un pavillon à l'archi-
tecture impressionnante, entre un élégant
jardin et la rivière, le Deck est le genre d'en-
droit où l'on s'attarderait volontiers tout un
après-midi. Cuisine au confluent de l'Europe
et de l'Asie.

Mekong Merchant CAFÉ-BISTROT **$$**
(📞08-3744 6788; 23 Đ Thao Dien; petit-déj
40 000-200 000 d, plats 95 000-170 000 d;
⏱8h-22h; 📶). Des bâtiments coiffés de
chaume autour d'une cour dessinent le
cadre pittoresque de cet endroit décontracté, néanmoins haut de gamme. Tout le
monde vient ici pour les fruits de mer, en
provenance directe de Phu Quoc, mais les
œufs Bénédicte et la pizza sont également
hors pair.

Trois Gourmands FRANÇAIS **$$$**
(📞08-3744 4585; http://3gourmandsaigon.com;
18 Đ Tong Huu Dinh; plats à partir de 400 000 d;
⏱déj et dîner mar-dim). Une élégante villa (avec
piscine) sert de cadre à cette table splendide,
supervisée par le chaleureux Gils Brault, un
ex-sommelier français. Trois menus mettent
à l'honneur une cuisine raffinée qui vaut le
déplacement. Les amateurs de fromages et
de vins, en particulier, seront aux anges. Et
si vous avez trop festoyé, vous pouvez loger
sur place (40 $US).

✗ Autres quartiers

♥ Scott & Binh's INTERNATIONAL **$$**
(📞0948 901 465; http://bizuhotel.com/scottbinhs;
15-17 Đ Cao Trieu Phat; plats à partir de 115 000 d;
⏱4h-11h mar-jeu, 11h-15h et 16h-23h sam, 11h-15h et
16h-21h dim; 📶). Le trajet jusqu'au district 7
est le (modeste) prix à payer pour manger
l'une des meilleures cuisines de HCMV. Scott,
le patron, se montre un hôte aussi attentif
avec les nouveaux venus qu'envers les habitués. Choix de plats à la carte, tous excellents
– tels que burger, espadon à la mode jamaï-
caine et pesto de fruits de mer fumés.

🍷 Où prendre un verre et faire la fête

Le quartier de Dong Khoi rassemble l'essentiel des lieux susceptibles de plaire
aux noctambules, du bouge obscur au bar
huppé. Si la plupart des établissements de ce
secteur ferment vers 1h (en raison de pres-
sions exercées par les autorités locales), vous

pouvez toujours tabler sur les pubs du quartier de Pham Ngu Lao, qui restent ouverts
jusqu'au petit matin.

La soirée clubbing la plus tendance,
Everyone's a DJ (http://everyonesadjvietnam.
wordpress.com), a lieu de façon semi-régulière
dans divers établissements, dont le Cargo
(p. 341). Pour des soirées mémorables, citons
aussi le **dOSe** et **The Beats Saigon** (www.
thebeats-saigon.com).

La plupart des discothèques citées ne
s'animent qu'à partir de 22h. Renseignez-
vous dans les bars les plus populaires sur les
derniers lieux incontournables. Plus proche
du bar que de la boîte, le **Lush** (p. 340)
constitue une valeur sûre.

🍷 Quartier de Dong Khoi

Nombre des bars les plus attrayants de Dong
Khoi se doublent d'un restaurant ou occupent le toit en terrasse d'un hôtel.

♥ 2 Lam Son BAR À COCKTAILS
(carte p. 309; www.saigon.park.hyatt.com; 2 place
Lam Son, entrée ĐL Hai Ba Trung; ⏱17h-tard).
Mélange de bois, de verre et d'acier, le bar
au rez-de-chaussée du Park Hyatt est le lieu
de rendez-vous hyper-chic des gens qui font
bouger Saigon. Son lounge en mezzanine
offre un cadre intime.

♥ Vesper BAR
(carte p. 309; rez-de-chaussée, Landmark Building,
5B Đ Ton Duc Thang; ⏱10h-tard lun-sam). Le bar
en bois curviligne, les bouteilles soigneusement disposées sur les étagères, la musique
relaxante, le mobilier en cuir caramel et la
belle carte de tapas font de ce bar au bord de
la rivière un endroit très cool. Il y a aussi une
terrasse en bordure de rue, mais le bruit de
la circulation est assourdissant.

Fuse DISCOTHÈQUE
(carte p. 309; 3A Đ Ton Duc Thang; ⏱19h-tard).
Un petit club pour les amateurs de techno
bruyante.

Apocalypse Now DISCOTHÈQUE
(carte p. 309; 📞3824 1463; 2C Đ Thi Sach;
⏱19h-2h). Les clubs vont et viennent, mais
l'"Apo" est là depuis le début et reste l'un
des plus en vue. Établissement vaste, avec
une grande piste de danse et une cour extérieure, il attire une clientèle bigarrée mêlant
voyageurs, expatriés, Vietnamiens branchés
et quelques prostituées. L'ensemble est
incroyablement chaotique et bruyant. Un

droit d'entrée de 150 000 d (incluant une consommation) s'applique le week-end.

Vasco's
BAR, CLUB
(carte p. 309 ; www.vascosgroup.com ; 74/7D ĐL Hai Ba Trung ; ☺16h-tard ; 🌐). Le Vasco's fait partie des adresses les plus branchées de la ville. Le rez-de-chaussée abrite un bar-restaurant, tandis que l'espace club, à l'étage, accueille régulièrement des DJ et des groupes.

Temple Club Bar & Lounge
BAR
(carte p. 309 ; 29 Đ Ton That Thiep ; ☺11h30-24h). Avec son décor évoquant un temple chinois, c'est le nec plus ultra pour siroter un gin tonic dans une atmosphère tamisée. Fréquemment désert, le lounge fait partie des coins les plus raffinés de HCMV.

Alto Heli Bar
BAR
(carte p. 309 ; 52ᵉ ét., Bitexco Financial Tower, 2 Đ Hai Trieu ; ☺11h30-2h). Cocktails, tapas et DJ internationaux le week-end vous attendent à côté de l'hélistation, au 52ᵉ étage de la Bitexco Financial Tower. Cadre inédit et ambiance très décontractée.

Alibi
BAR À COCKTAILS
(carte p. 309 ; www.alibi.vn ; 5A Đ Nguyen Sieu ; ☺10h-tard ; 🌐). Un bar à la mode de style new-yorkais, avec des photos noir et blanc au mur et une longue table centrale. Cocktails créatifs et, à l'étage, excellente cuisine fusion.

Lush
BAR, CLUB
(carte p. 312 ; www.lush.vn ; 2 Đ Ly Tu Trong ; ☺19h30-tard). Une décoration très manga pour le Lush, très apprécié. Après avoir papoté côté jardin, direction le bar central pour vous trémousser. DJ presque tous les soirs et hip-hop le vendredi.

La Fenêtre Soleil
CAFÉ-BAR
(carte p. 309 ; 1ᵉʳ ét., 44 Đ Ly Tu Trong ; café à partir de 40 000 d ; ☺9h-24h ; 🌐). Tirant le meilleur parti de son bâtiment colonial, cet établissement bohème-chic arbore des briques et poutres apparentes, des lustres, des miroirs moulurés et de gros ventilateurs au plafond. Carte vietnamo-japonaise et musique live le soir (jazz le jeudi).

L'Usine
CAFÉ
(carte p. 309 ; www.lusinespace.com ; 151/1 Đ Dong Khoi ; sandwichs à partir de 95 000 d ; ☺9h-22h ; 🌐). Un café très sympathique, aménagé dans un édifice colonial au charme plein d'élégance – hauts plafonds, baies vitrées, tables en marbre et photos du vieux Saigon.

Plats et sandwichs à la baguette à la carte. Sur place, une boutique vend des objets et des vêtements de créateurs. Traversez l'Art Arcade, tournez à droite dans l'allée nichée entre deux immeubles et montez à l'étage.

Refinery
BAR
(carte p. 309 ; www.therefinerysaigon.com ; 74/7C ĐL Hai Ba Trung ; ☺11h-tard ; 🌐). Ce bar-bistrot, dans l'ancienne raffinerie d'opium, sert d'excellents cocktails et des en-cas appétissants. Une ambiance décontractée règne dans la salle, au carrelage noir et rouge, et il y a aussi des tables en plein air.

Wine Bar 38
BAR À VINS
(carte p. 309 ; 38 Đ Dong Khoi ; ☺11h-24h). Deux étages au style contemporain chic et sobre, meublés de fauteuils en cuir. Le magnifique choix de vins s'accompagne d'une carte de mets remarquable.

Vino
BAR À VINS
(carte p. 309 ; ☎08-3299 1315 ; www.vinovietnam.com ; 74/17 ĐL Hai Ba Trung ; ☺10h-22h ; 🌐). Ouvrant sur la cour de la raffinerie d'opium, le Vino sert de vitrine, séduisante, à un gros importateur de vins – ce qui garantit un bon choix en la matière.

Casbah
BAR
(carte p. 309 ; 57 Đ Nguyen Du ; ☺8h-tard ; 🌐). Dans une ruelle proche de la poste centrale, derrière un rideau de perles en haut d'un escalier vieillot. Pour prendre un café ou un cocktail, au milieu d'un décor arabisant.

Phatty's
BAR DES SPORTS
(carte p. 309 ; www.phattysbar.com ; 46-48 Đ Ton That Thiep ; ☺8h-tard ; 🌐). L'atmosphère conviviale, la nourriture savoureuse et les retransmissions sportives sur grand écran attirent ici une foule d'expatriés après les heures de travail.

Drunken Duck
BAR DES SPORTS
(carte p. 309 ; 58 Đ Ton That Thiep ; ☺16h-tard ; 🌐). Le "canard ivre" doit sans doute son nom à ses *shooters* fatals.

🍷 Da Kao et alentour

❤ Decibel
BAR
(carte p. 312 ; 79/2/5 Đ Phan Kê Bính ; ☺7h30-24h lun-sam). Un petit café-bar-restaurant sur 2 niveaux, parfait pour se détendre dans un environnement culturel. Des soirées cinéma et des événements artistiques figurent au programme.

Hoa Vien MICROBRASSERIE
(carte p. 312 ; www.hoavien.vn ; 18 bis/28 Nguyen Thi Minh Khai ; ☺8h-24h ; 🛜). Inattendu dans une petite rue de HCMV, ce restaurant tchèque brasse chaque jour de la Pilsener.

🏛 Palais de la Réunification et alentour

Cloud 9 BAR
(carte p. 314 ; 6ᵉ ét., 2 bis Cong Truong Quoc Te ; ☺17h30-24h). La jeunesse dans le vent se retrouve au bar sur le toit, tandis qu'une musique dansante résonne dans la salle plus bas.

Hard Rock Cafe BAR
(carte p. 309 ; www.hardrock.com ; 39 Đ Le Duan ; ☺11h-24h ; 🛜). Groupes ou DJ les vendredis et samedis soir.

🍸 Quartier de Pham Ngu Lao

Le Pub PUB
(carte p. 330 ; ☑08-3837 7679 ; www.lepub. org ; 175/22 Đ Pham Ngu Lao ; ☺9h-2h ; 🛜). Ce mélange de pub british et de café français sur 3 niveaux connaît un franc succès. Belle carte de bières, promotions le soir, pichets de cocktails et cuisine de brasserie.

Go2 BAR
(carte p. 330 ; 187 Đ De Tham ; ☺24h/24 ; 🛜). Il n'y a guère de spectacle plus divertissant que le va-et-vient frénétique de la rue Bui Vien, observable depuis les tables à l'extérieur de ce bar ouvert toute la nuit. La musique est généralement de qualité, le club à l'étage accueille ceux qui veulent bouger et la terrasse sur le toit invite à décompresser. Restauration jusqu'au petit matin et narghilé.

Allez Boo BAR
(carte p. 330 ; 195 Đ Pham Ngu Lao ; ☺7h-tard). Difficile à manquer, le Allez Boo affiche fièrement sa dinguerie tropicale – murs en bambou et bar façon paillote – à un angle de rue stratégique. La valse des voyageurs sac au dos et l'animation jusque tard dans la nuit assurent son succès. On peut y fumer le narghilé.

Spotted Cow BAR DES SPORTS
(carte p. 330 ; 111 Đ Bui Vien ; ☺11h-24h). Propriétaires australiens, murs peints de motifs "peau de vache" et nombreuses formules spéciales pour les boissons.

Long Phi BAR
(carte p. 330 ; 207 Đ Bui Vien ; ☺10h-5h mar-dim). Parmi les plus anciens de Pham Ngu Lao, ce bar français, ouvert très tard, accueille parfois des groupes de musiciens.

Bobby Brewers CAFÉ
(carte p. 330 ; ☑08-3920 4090 ; www.bobbybrewers.com ; 45 Đ Bui Vien ; ☺7h-22h ; 🛜). Un café sur 3 niveaux. Carte de jus de fruits, sandwichs, pâtes et salades. Projections de films à l'étage (programmation sur le site Internet).

☆ Où sortir

Procurez-vous *The Word HCMC*, *Asialife HCMC* ou *The Guide* pour connaître les expositions, concerts, pièces de théâtre et soirées programmées durant votre séjour à HCMV. Vous pouvez aussi consulter les sites www.anyarena.com et www.wordhcmc.com.

Concerts

Le **Bernie's** (p. 334) programme de la musique live chaque week-end et le **Pacharan** (p. 334) les mercredis et vendredis soir. Un groupe cubain chauffe l'atmosphère du **Saigon Saigon** (p. 342) presque chaque soir, tandis que le **Vasco's** (p. 340) reçoit régulièrement des artistes de partout.

♥Acoustic MUSIQUE LIVE
(carte p. 314 ; ☑08-3930 2239 ; 6E1 Đ Ngo Thoi Nhiem ; ☺19h-24h ; 🛜). Ne vous laissez pas induire en erreur par le nom : les musiciens qui montent sur la scène intimiste de cette salle phare jouent le plus souvent sur des instruments électriques et sont carrément survoltés. La foule adore. Au bout d'une ruelle, à côté d'une Coccinelle dressée à la verticale.

♥Cargo MUSIQUE LIVE
(Đ 7 Nguyen Tat Thanh ; ☺15h-24h mer-dim). De l'autre côté de la rivière dans le district 4, ce vaste entrepôt, équipé d'une bonne sono, programme des musiciens locaux qui montent, des groupes asiatiques et des DJ.

Yoko MUSIQUE LIVE
(carte p. 314 ; ☑08-3933 0577 ; 22A Đ Nguyen Thi Dieu ; ☺8h-tard ; 🛜). Des portraits expressifs de John Lennon, Jim Morrison et James Brown veillent sur ce temple de la musique live, aux poutres apparentes et au sol bétonné. Concerts variés, du funk-rock au metal, tous les soirs à 21h30.

COCKTAILS AVEC VUE

Il y a quelque chose de magique à regarder, la nuit, les néons de la ville sur un toit en terrasse en sirotant un cocktail. Voici quelques-unes de nos adresses favorites :

Rooftop Garden Bar (carte p. 309 ; www.rexhotelvietnam.com ; 141 ĐL Nguyen Hue ; ☉24h). La hauteur relativement faible du Rex Hotel, un ancien garage et concession automobile, joue en faveur de ce bar d'où l'on perçoit l'énergie de la rue. Le décor ne lésine pas sur le kitsch : éléphants grandeur nature, lanternes en forme de cage à oiseaux, arbustes drapés de guirlandes électriques et immense couronne lumineuse. Un orchestre assure l'animation presque chaque soir.

Alto Heli Bar (p. 340). Installez-vous près d'une fenêtre pour contempler le coucher de soleil sur la ville depuis ce lieu chic, perché au 52e étage.

Level 23 Nightspot (carte p. 309 ; www.sheraton.com/saigon ; 23e ét., Sheraton Hotel, 88 Đ Dong Khoi ; ☉18h-24h mar-dim). De la terrasse, au 23e étage, vous pourrez observer le spectacle nocturne de HCMV et le flot scintillant de la circulation sur ĐL Le Loi. Musique live et restauration en prime.

Shri (carte p. 314 ; ☎08-3827 9631 ; 23e ét., Centec Tower, 72-74 Đ Nguyen Thi Minh Khai ; ☉10h-24h lun-sam, à partir de 17h dim). Au 23e étage, l'élégante terrasse du restaurant Shri dispose d'un coin séparé pour prendre un verre – accessible en franchissant un minuscule cours d'eau sur des pierres de gué.

Saigon Saigon (carte p. 309 ; www.caravellehotel.com ; 19 place Lam Son ; ☉11h-2h ; ☎). Le bar du Caravelle fut l'un des premiers ouverts sur le toit-terrasse d'un hôtel. Au programme ici : vue somptueuse, musique live et délicieux coktails (onéreux).

M Bar (carte p. 309 ; www.majesticsaigon.com.vn ; 1 Đ Dong Khoi ; ☉16h-1h)). Au 8e étage du Majestic Hotel, un merveilleux endroit pour un apéritif au coucher du soleil. Vue panoramique sur la rivière et charme colonial.

Seventeen Saloon MUSIQUE LIVE
(carte p. 307 ; www.17saloon.vn ; 103A Pham Ngu Lao ; ☉19h-2h). Un bar de Pham Ngu Lao sur le thème du Far West, avec des serveurs en tenue de cow-boy et un groupe philippin qui joue des standards du rock décoiffants.

Universal Bar MUSIQUE LIVE
(carte p. 330 ; 90 Bui Vien ; ☉jusqu'à 2h). Des musiciens de talent se produisent parfois dans ce bar, véritable institution, qui accueille des concerts chaque soir à 21h30. Plusieurs écrans TV pour les retransmissions sportives, et des tables dehors qui donnent sur l'animation de Bui Vien.

Théâtre municipal SALLE DE CONCERT
(carte p. 309 ; www.hbso.org.vn ; ☎3829 9976 ; place Lam Son). Construit à l'époque coloniale, le Théâtre municipal héberge le ballet, l'orchestre symphonique et l'Opéra de HCMV. D'autres spectacles et artistes sont également programmés.

Conservatoire de musique SALLE DE CONCERT
(Nhac Vien Thanh Pho Ho Chi Minh ; carte p. 314 ; ☎3824 3774 ; 112 Đ Nguyen Du). Il accueille aussi bien des concerts de musique traditionnelle vietnamienne que de musique classique.

MZ Bar MUSIQUE LIVE
(carte p. 314 ; ☎3925 5258 ; www.m-zing.com ; 56a Đ Bui Thi Xuan ; ☉18h-tard). Un groupe reprend ici des tubes dansants.

Marionnettes sur l'eau
Cet art originaire du Nord a été récemment introduit à HCMV pour satisfaire la demande touristique.

Golden Dragon Water Puppet Theatre MARIONNETTES SUR L'EAU
(carte p. 314 ; ☎3930 2196 ; www.goldendragonwaterpuppet.com ; 55B Đ Nguyen Thi Minh Khai ; 7,50 $US). Principale salle accueillant des spectacles de marionnettes sur l'eau (environ 50 min), à 17h, 18h30 et 18h45.

Saigon Water Puppet Theatre MARIONNETTES SUR L'EAU
(carte p. 312 ; musée d'Histoire, Đ Nguyen Binh Khiem ; 40 000 d). À l'intérieur du musée, ce petit théâtre donne des représentations de 20 minutes, à 9h, 10h, 11h, 14h, 15h et 16h.

Cinémas

Les billets coûtent 60 000-70 000 d, ou environ 120 000 d pour les films en 3D.

Galaxy
CINÉMA

(www.galaxycine.vn ; 60 000-160 000 d). Blockbusters hollywoodiens et succès locaux. Autres salles au 116 Đ Nguyen Du (carte p. 314 ; 116 Đ Nguyen Du) et au 230 Đ Nguyen Trai (carte p. 330 ; ☑ 08 3920 6688 ; 230 Đ Nguyen Trai).

Idecaf
CINÉMA FRANÇAIS

(☑ 3829 5451 ; www.idecaf.gov.vn ; 31 Đ Thai Van Lung). L'Institut d'échanges culturels avec la France programme des films en français et, parfois, des pièces de théâtre.

Lotte Cinema Diamond
CINÉMA

(carte p. 309 ; http://lottecinemavn.com ; 13ᵉ ét., Diamond Department Store, 34 Đ Le Duan). Trois salles, projections de films en v.o. sous-titrés en vietnamien.

🔒 Achats

Si quantité d'articles de mauvaise qualité sont proposés aux touristes dans les rues, on peut dénicher de véritables trésors dans les marchés, les magasins d'antiquités, les boutiques de soieries et les commerces spécialisés en céramiques, textiles ethniques, objets en bambou laqué et vêtements sur mesure.

Il est possible de trouver des vêtements de qualité et de jeter son dévolu sur un *ao dai* traditionnel. Cette tenue, qui comprend une tunique et un pantalon en soie, est confectionnée dans les ateliers du marché Ben Thanh et en haut de Đ Pasteur. Il existe également des *ao dai* pour homme – ils sont plus larges et s'accompagnent d'un couvre-chef en soie assorti.

🔒 Quartier de Dong Khoi

Il n'y a pas mieux pour commencer une journée de shopping que Đ Dong Khoi et les rues alentour, jalonnées de boutiques et de galeries. Vous y trouverez de l'artisanat et des souvenirs de bonne facture.

Marché Ben Thanh
MARCHÉ

(Cho Ben Thanh ; carte p. 309 ; ĐL Le Loi, ĐL Ham Nghi, ĐL Tran Hung Dao et Đ Le Lai). Le marché central et les rues avoisinantes forment l'une des zones les plus vivantes de la ville. Vous y découvrirez toutes sortes de produits alimentaires (fruits et légumes, viandes, épices, épices, confiseries, bouteilles d'alcool contenant un scorpion...), du tabac,

des vêtements, des bijoux fantaisie clinquants et de la quincaillerie, sans oublier une profusion de souvenirs. N'hésitez pas à marchander ferme car les commerçants ont tendance à demander des sommes plus élevées qu'ailleurs. Certains étals annoncent toutefois des prix fixes.

Mekong Quilts
ARTISANAT

(carte p. 309 ; ☑ 08-2210 3110 ; www.mekong-quilts.org ; 1ᵉʳ ét., 68 Đ Le Loi, district 1 ; ⊙ 9h-19h). 🔖 On trouve ici de superbes couvre-lits de soie, cousus par des paysans défavorisés qui en tirent leurs revenus.

Dogma
SOUVENIRS

(carte p. 309 ; www.dogmavietnam.com ; 1ᵉʳ ét., 43 Đ Ton That Thiep ; ⊙ 9h-22h). Cette enseigne d'un kitsch réjouissant vend de superbes affiches de propagande, reproduites aussi sur des tasses, des dessous de verre, des puzzles et des T-shirts.

Mai Lam
VÊTEMENTS

(carte p. 309 ; www.mailam.com.vn ; 132-134 Đ Dong Khoi ; ⊙ 9h-21h). Une boutique de créateur, dynamique et inspirée, emplie de vêtements et accessoires pour hommes et femmes cousus main, aussi beaux qu'onéreux.

L'Usine
VÊTEMENTS

(carte p. 309 ; 151/1 Đ Dong Khoi ; ⊙ 9h-22h). Jouxtant le café-restaurant éponyme, à l'étage, ce magasin présente une collection de vêtements chics et de sacs colorés qui retient l'attention.

Nguyen Frères
MEUBLES, DÉCORATION

(carte p. 309 ; 2 Đ Dong Khoi). Intéressante sélection de céramiques, baguettes, têtes de bouddhas, sacs, écharpes, textiles, etc.

Annam Gourmet Market
ALIMENTATION

(carte p. 309 ; www.annam-gourmet.com ; 16 Đ Hai Ba Trung ; ⊙ 8h-21h lun-sam et 9h-20h dim). Une grande épicerie fine sur 2 niveaux, très bien approvisionnée en fromages, vins, chocolats et autres délices. Bon restaurant à l'étage.

Mystere
ARTISANAT

(carte p. 309 ; 141 Đ Dong Khoi ; ⊙ 9h-20h). Jolis objets en laque, tissus et bijoux réalisés par diverses ethnies du pays.

Khai Silk
VÊTEMENTS

(carte p. 309 ; ☑ 08-3829 1146 ; www.khaisilkcorp. com ; 107 Đ Dong Khoi ; ⊙ 9h30-20h). Une des succursales à HCMV de l'empire de la soie. Articles onéreux mais de grande qualité.

Song Handmade   VÊTEMENTS
(carte p.309 ; http://maisonsong.com ; 63 Ð
Pasteur). Boutique centrale, spécialisée
dans les lins et les cotons pour hommes et
femmes.

Vincom Center   GALERIE MARCHANDE
(carte p.309 ; 70-72 Le Than Ton et 45A Ly Tu
Trong ; ☺9h-20h ; 🖥). Vous trouverez ici des
enseignes de luxe (Dior, Hermès, Omega...)
et, dans la tour B, un espace de restauration.

Sapa   ARTISANAT, ACCESSOIRES
(carte p.309 ; 7 Ð Ton That Thiep ; ☺8h-21h).
Petite boutique mariant tissus et motifs
traditionnels dans un style moderne, qui
propose aussi des cadeaux, bijoux, abat-jour
et sacs à main.

Art Arcade   ART
(carte p.309 ; 151 Ð Dong Khoi). Un passage
bordé de marchands d'art le long de Dong
Khoi.

Nhu Y Oriental Lacquer Wares   ARTISANAT
(carte p.309 ; www.nhuylacquer.com ; 22 Ð Ho
Huan Nghiep ; ☺9h-21h30). Superbes boîtes,
panneaux décorés de caractères chinois,
tableaux et d'autres articles en laque fabriqués à la main.

Librairie Fahasa   LIBRAIRIE
(carte p.309 ; 40 ÐL Nguyen Hue ; ☺8h-22h).
Librairie d'État, avec des dictionnaires,
des cartes et des livres en français. Autre
enseigne dans ÐL Le Loi (carte p.309 ; 60-62 ÐL
Le Loi ; ☺8h-22h).

Tax Trade Centre   GALERIE MARCHANDE
(Thuong Xa Tax ; carte p.309 ; angle Ð Nguyen Hue
et Ð Le Loi ; ☺9h-21h30). Essentiellement des
petits stands et beaucoup d'artisanat au
dernier étage.

**Diamond Department
Store**   GALERIE MARCHANDE
(carte p.309 ; 34 Ð Le Duan ; ☺10h-21h30).
Quatre étages d'articles occidentaux, le tout
surmonté d'un bowling, d'une salle de jeux
d'arcade et de fast-foods à l'américaine.

Saigon Centre   GALERIE MARCHANDE
(carte p.309 ; 65 ÐL Le Loi). Dans une tour, des
enseignes internationales et des cafés.

Parkson Plaza   VÊTEMENTS
(carte p.309 ; 41-45 Ð Le Thanh Ton). Habillement
et cosmétiques.

Chi Chi   VÊTEMENTS
(carte p.309 ; 144/1 Ð Pasteur ; ☺8h-20h30).
Confection de vêtements sur mesure, et des
ao dai en soie à partir de 78 $US.

🔒 **Da Kao et alentour**

Thu Quan Sinh Vien   LIBRAIRIE
(carte p.312 ; 2A ÐL Le Duan ; ☺8h-22h ; 🖥).
Remplie d'étudiants de l'université qui utilisent son Wi-Fi gratuit, cette librairie haut
de gamme propose des livres et magazines
importés en français, anglais et chinois.

Orange   VÊTEMENTS ET ACCESSOIRES
(carte p.312 ; 238B Ð Pasteur ; ☺9h-22h). T-shirts
et sacs à la mode.

🔒 **Palais de la Réunification
   et alentour**

Vinh Loi Gallery   ART
(carte p.314 ; www.galleryvinhloi.com ; 41 Ð Ba
Huyen Thanh Quan ; ☺9h-18h). Cette excellente
galerie présente des œuvres intéressantes,
dont certaines du peintre Bui Xuan Phai,
originaire de Hanoi.

Gaya   MODE ET DÉCORATION
(carte p.314 ; www.gayavietnam.com ; 1 Ð Nguyen
Van Trang). Des articles pour la maison et
des vêtements de créateurs, dont ceux de la
styliste franco-cambodgienne Romyda Keth.

🔒 **Quartier de Pham Ngu Lao**

Pour des reproductions bon marché de
tableaux célèbres, direction les magasins
d'art le long de Ð Bui Vien.

Hanoi Gallery   AFFICHES
(carte p.330 ; 79 Ð Bui Vien ; ☺9h-22h).
Les amateurs de réalisme socialiste ne
manqueront pas ce sympathique petit
magasin. Les affiches de propagande
originales (600 $US) ou censées l'être y
côtoient des reproductions en format A3
(8 $US).

Gingko   VÊTEMENTS
(carte p.330 ; www.ginkgo-vietnam.com ; 7 Ð Do
Quang Dau ; ☺8h-22h). Exubérante collection
de T-shirts et de sweat-shirts à capuche de
couleurs vives, certains décorés de caractères chinois. Trois magasins dans le secteur
de Pham Ngu Lao.

SahaBook   LIBRAIRIE
(carte p.330 ; www.sahabook.com ; 175/24 Ð Pham
Ngu Lao ; ☺9h-17h30 lun-jeu). Chez ce

spécialiste des guides et de la littérature de voyage, les titres Lonely Planet sont des guides authentiques dotés de cartes lisibles, contrairement aux contrefaçons vendues dans la rue.

Blue Dragon ARTISANAT
(carte p. 330 ; 1B Đ Bui Vien ; 🕙8h30-22h30). Une boutique de souvenirs fréquentée, parfaite pour dénicher des cadeaux : boîtes en écorce de cannelle, sacs "ethniques", bracelets en corne, vêtements...

Nguyen Thai Binh et alentour

Les amateurs d'antiquités peuvent chiner dans Đ Le Cong Kieu, juste en face du musée des Beaux-Arts. Il importe toutefois d'être vigilant car rien ne garantit l'ancienneté des objets.

Marché Dan Sinh MARCHÉ
(carte p. 317 ; 104 Đ Yersin ; 🕙7h-18h). Les stands du marché de surplus militaire débordent de tout l'attirail guerrier : rangers, plaques d'identification rouillées (authentiques ou pas), masques à gaz, brancards, vêtements de pluie, moustiquaires, gamelles, sacs marins, ponchos et gilets pare-balles.

Autres quartiers

Mai Handicrafts ARTISANAT
(☑08-3844 0988 ; www.maihandicrafts.com ; 298 Đ Nguyen Trong Tuyen, district de Tan Binh ; 🕙10h-19h lun-sam). 🍃 Boutique liée au commerce équitable, où acheter des céramiques, des tissus traditionnels et autres cadeaux, le tout au profit de familles défavorisées et d'enfants des rues. Pour y aller, suivez vers le nord-ouest ĐL Hai Ba Trung qui se prolonge par Đ Phan Dinh Phung et tournez à gauche dans Đ Nguyen Trong Tuyen.

ℹ Renseignements

AGENCES DE VOYAGES

Saigon Tourist (carte p. 309 ; ☑08-3824 4554 ; www.saigontourist.net ; 45 Đ Le Thanh Ton ; 🕙8h-11h30 et 13h-17h30) est l'agence de voyages officielle et gouvernementale de HCMV. Elle possède, directement ou en participation, plus de 70 hôtels, des restaurants, une société de location de voitures, des clubs de golf et un certain nombre de "pièges à touristes".

Les innombrables autres agences de la ville sont presque toutes gérées conjointement par le gouvernement et des entreprises privées. Elles se chargeront de vous procurer voiture,

HCMV GAY ET LESBIEN

Bien qu'il n'existe pas à proprement parler de scène homosexuelle à HCMV, les bars et les clubs les plus fréquentés sont généralement *gay friendly*. L'Apocalypse Now (p. 339) attire parfois un petit contingent gay au milieu d'une clientèle essentiellement hétéro. Idem pour Le Pub (p. 341), à Pham Ngu Lao, et le **God Mother Bar** (carte p. 330 ; www.godmothersaigon.com ; 129 Đ Cong Quynh), dans le même secteur. La soirée la plus branchée est la **Bitch Party** (www.bitchpartysaigon.com ; entrée avec consommation 100 000 d) mensuelle, qui change régulièrement de lieu. Enfin, le **Centro Cafe** (carte p. 309 ; ☑08-3827 5946 ; 11-13 place Lam Son ; 🔊) draine un public homo le samedi soir.

billets d'avion ou de faire proroger votre visa. Elles se livrent une rude concurrence et, en cherchant bien, vous trouverez souvent des tarifs inférieurs à ceux de Saigon Tourist. Elles emploient en général des guides polyglottes.

La plupart des guides et des chauffeurs sont mal rémunérés : laissez-leur un pourboire si vous êtes satisfait de leurs services. Certains voyageurs qui effectuent un circuit en bus à Cu Chi ou dans le delta du Mékong organisent une collecte (1-2 $US/pers) qu'ils remettent au guide ou au chauffeur à la fin du voyage.

Ce ne sont pas les circuits bon marché qui manquent, en particulier à Pham Ngu Lao. Vous pouvez également organiser votre circuit à la carte, en louant une voiture, ainsi que les services d'un chauffeur et d'un guide. Cette solution offre le maximum de flexibilité et le partage des frais à plusieurs rend la formule très abordable.

Asiana Travel Mate (carte p. 330 ; ☑08-3838 6678 ; www.asianatravelmate.com ; 113C Đ Bui Vien). Tour-opérateur haut de gamme.

Buffalo Tours (carte p. 312 ; ☑08-3827 9170 ; www.buffalotours.com ; 157 Đ Pasteur ; 🕙8h30-17h lun-jeu, jusqu'à 14h30 sam). Tour-opérateur haut de gamme.

Cafe Kim Tourist (carte p. 330 ; ☑08-3836 5489 ; www.thekimtourist.com ; 270 Đ De Tham ; 🕙7h-21h)

Exotissimo (☑08-3519 4111 ; www.exotissimo. com ; 41 Thao Dien, district 2 ; 🕙9h-18h lun-sam)

Handspan Adventure Travel (☑08-3925 7605 ; www.handspan.com ; 10ᵉ ét., Central Park Bldg, 208 Nguyen Trai). L'antenne saïgonnaise de cette compagnie basée à Hanoi propose des circuits de qualité.

Innoviet (carte p. 330 ; ☑08-6291 5408 ; www.innoviet.com ; 158 Ð Bui Vien ; ◷8h-21h). Agence petits budgets.

Sinh Tourist (carte p. 330 ; ☑08-3838 9593 ; www.thesinhtourist.vn ; 246 Ð De Tham ; ◷6h30-22h30). Agence petits budgets.

Sinhbalo Adventures (carte p. 330 ; ☑08-3837 6766 ; www.sinhbalo.com ; 283/20 Ð Pham Ngu Lao). L'une des meilleures agences de HCMV pour un circuit personnalisé. Outre les circuits à vélo, Sinhbalo propose des itinéraires à thème dans le delta du Mékong, les hauts plateaux du Centre et les régions éloignées. L'excursion de 2 jours et le circuit à vélo de 3 jours dans le delta du Mékong sont les formules qui ont le plus de succès.

Tropical Tours (☑04-3871 7073 ; www. tropicaltours.vn ; 204B 6/13, rue Nguyen Van Huong, district 2). Agence francophone proposant tous les circuits classiques, à HCMV ou ailleurs (delta du Mékong, Hoi An, Hué, temples d'Angkor...), et grande spécialiste des ethnies du Vietnam. Circuits sur mesure pour tous les budgets.

ARGENT

Vous trouverez plusieurs guichets de change dans le hall des arrivées de l'aéroport Tan Son Nhat, juste après les douanes ; la plupart pratiquent les taux de change officiels. Il y a des distributeurs automatiques de billets (DAB) à droite après le terminal.

Si les DAB ne manquent pas en ville, la plupart n'autorisent les retraits que pour un montant maximal de 2 000 000 d/ jour. Certains distributeurs de l'ANZ, dans le centre, permettent toutefois de retirer jusqu'à 4 000 000 d. Le plafond le plus élevé, 8 000 000 d, est celui fixé par la **Citibank** (carte p. 309 ; 115 Ð Nguyen Hue), dans le hall de la Sun Wah Tower, mais il ne s'applique qu'aux cartes de cette banque (2 000 000 d autrement). Pour obtenir une avance plus importante sur votre carte bancaire (en dongs ou en dollars), adressez-vous aux guichets, aux heures d'ouverture des banques.

DÉSAGRÉMENTS ET DANGERS

Soyez prudent dans le secteur de Dong Khoi et le long de la Saigon, où sévissent des motards spécialistes du vol à l'arraché. Par mesure de précaution, mieux vaut laisser son passeport à l'hôtel.

MÉDIAS

Les hôtels, les bars et les restaurants de HCMV mettent à disposition des magazines gratuits concernant les sorties, comme l'excellent **The Word HCMC** (www.wordhcmc.com), **Asialife HCMC** (www.asialifehcmc.com) et *The Guide*, supplément mensuel du *Vietnam Economic Times* (VET).

POSTE

Poste centrale (carte p. 309 ; 2 Cong Xa Paris ; ◷7h-21h30). Superbe édifice colonial (p. 308), juste à droite de la cathédrale Notre-Dame.

Federal Express (carte p. 309 ; ☑08-3829 0995 ; www.fedex.com ; 146 Ð Pasteur ; ◷8h-18h lun-jeu, jusqu'à 14h sam). Transport de fret.

SERVICES MÉDICAUX

Columbia Asia (carte p. 314 ; ☑3823 8888 ; www.columbiaasia.com/saigon ; 8 Alexandre de Rhodes ; ◷urgences 8h-21h)

FV Hospital (Hôpital franco-vietnamien ; ☑08-5411 3333 ; www.fvhospital.com ; 6 Ð Nguyen Luong Bang, district 7 ; ◷24h/24). Praticiens polyglottes, soins et matériel excellents.

HCMC Family Medical Practice (carte p. 309 ; ☑🚑🚁🖥 ◷🏥 ☎24h/24 08-3822 7848 ; www.vietnammedicalpractice.com ; rear, Diamond Department Store, 34 DL Le Duan ; ◷24h/24). Centre bien géré, avec des succursales à Hanoi et à Danang.

International Medical Centre (carte p. 309 ; ☑08-3827 2366, urgences 24h/24 08-3865 4025 ; www.cmi-vietnam.com ; 1 Ð Han Thuyen ; ◷24h/24). Cette organisation à but non lucratif dispose de médecins français.

International SOS (carte p. 312 ; ☑08-3829 8424 ; www.internationalsos.com ; 167A Ð Nam Ky Khoi Nghia ; ◷24h/24). Une équipe internationale de médecins parlant français, entre autres.

ℹ Depuis/vers HCMV

AVION

HCMV est desservie par l'**aéroport international Tan Son Nhat** (www. hochiminhcityairport.com), à 6 km au nord du centre. Les compagnies suivantes assurent des vols intérieurs :

Jetstar Pacific Airlines (☑1900 1550 ; www. jetstar.com). Dessert Hanoi, Hai Phong, Vinh, Hué et Danang.

VietJet (☑1900-1886 ; www.vietjetair.com). Dessert Hanoi, Danang, Haiphong, Quy Nhon, Nha Trang, Hué, Dalat, Buon Ma Thuot, Pleiku, les îles Con Dao et l'île de Phu Quoc.

Vietnam Air Service Company (VASCO ; www. vasco.com.vn). Liaisons avec Tuy Hoa, Chu Lai, les îles Con Dao et Ca Mau.

Vietnam Airlines (☑08-3832 0320 ; www. vietnamairlines.com). Vols pour Hanoi, Hai Phong, Vinh, Dong Hoi, Hué, Danang, Quy Nhon, Nha Trang, Dalat, Buon Ma Thuot, Pleiku, Rach Gia et l'île de Phu Quoc.

BATEAU

Toutes les heures, des hydrofoils (adulte/enfant 200 000-250 000 d/100 000-120 000 d, 1 heure 15) de la **jetée de Bach Dang** (carte

ℹ ALLER AU CAMBODGE : DE HCMV À PHNOM PENH

Rejoindre la frontière Le poste-frontière fréquenté de Moc Bai/Bavet est l'itinéraire le plus rapide pour gagner Phnom Penh depuis HCMV. De nombreux cafés de voyageurs à Pham Ngu Lao vendent des billets de bus directs à destination de la capitale cambodgienne (10-15 \$US). Les bus partent du quartier entre 6h et 15h et le trajet dure 6 heures, en tenant compte des formalités. Parmi les compagnies fiables figurent Mekong Express (www.catmekongexpress.com) et Sapaco (www.sapacotourist.vn), ainsi que Kumho Samco (www.kumhosamco.com.vn), plus économique.

À la frontière Les visas cambodgiens (20 \$US) sont délivrés sur place (prévoir une photo d'identité). À 2 heures de bus de HCMV, Moc Bai est devenue une importante zone de détaxe pour les Vietnamiens et compte plusieurs hypermarchés. Une courte distance à pied sépare de Bavet, au Cambodge, sorte de mini-Macao abritant une demi-douzaine de casinos.

Au-delà Si vous avez pris le bus direct HCMV-Phnom Penh, il vous restera encore 4 heures de route.

p. 309 ; Đ Ton Duc Thang). Les principales compagnies sont :
Greenlines (☑08-3821 5609 ; www.greenlines.com.vn)
Petro Express (☑08-3821 0650)
Vina Express (☑08-3825 3333 ; www.vinaexpress.com.vn)

BUS

HCMV compte plusieurs grandes gares routières en périphérie, bien desservies par les bus de ville au départ du marché Ben Thanh. Les bus "open tour" rencontrent un vrai succès à HCMV, puisqu'ils partent et arrivent dans le quartier très pratique de Pham Ngu Lao. Ils permettent d'économiser un trajet de bus supplémentaire ou une course de taxi.

La **gare routière de Mien Tay** (Ben Xe Mien Tay ; ☑08-3825 5955 ; Đ Kinh Duong Vuong) regroupe les lignes à destination du Sud. Elle est située à 10 km à l'ouest de HCMV, à An Lac, dans le district de Binh Chanh (Huyen Binh Chanh). Le taxi depuis Pham Ngu Lao coûte dans les 150 000 d. De cette gare, des bus express climatisés et des minibus grand confort desservent la plupart des villes du delta du Mékong.

Les bus ralliant le Nord partent de l'immense **gare routière de Mien Dong** (Ben Xe Mien Dong ; ☑08-3829 4056), dans le district de Binh Thanh, à 5 km du centre-ville, sur la RN 13 (Quoc Lo 13), dans le prolongement de Đ Xo Viet Nghe Tinh. La gare se trouve à moins de 2 km au nord de l'intersection de Đ Xo Viet Nghe Tinh et de Đ Dien Bien Phu. Sachez que les bus express partent du côté est et que les bus locaux desservent la zone située à l'ouest du bâtiment.

Les bus pour Tay Ninh, Cu Chi et d'autres villes au nord-ouest de HCMV partent de la **gare routière d'An Suong** (Ben Xe An Suong), dans le district 12. Sachez toutefois que vous n'avez guère intérêt à utiliser les bus locaux pour visiter Cu Chi, les sites souterrains étant à l'écart de la nationale et d'un accès compliqué. Les bus pour touristes, eux, offrent des prix compétitifs et démarrent du district 1.

Il existe de nombreuses liaisons entre HCMV et le Cambodge, la plupart depuis le quartier de Pham Ngu Lao. **Sapaco** (carte p. 330 ; ☑08-3920 3623 ; www.sapacotourist.vn ; 309 Pham Ngu Lao) assure chaque jour 9 bus directs pour Phnom Penh (230 000d ; 6 heures ; départs 6h-15h) et un pour Siem Reap (430 000d ; 12 heures ; départ 6h).

TRAIN

La **gare ferroviaire de Saigon** (Ga Sai Gon ; ☑3823 0105 ; 1 Đ Nguyen Thong, district 3 ; ⊙billetterie 7h15-11h et 13h-15h) couvre diverses villes au nord.

À Pham Ngu Lao, vous pouvez acheter vos billets auprès de **Hoa Xa Agency** (carte p. 330 ; ☑08-3836 7640 ; 275C Đ Pham Ngu Lao ; ⊙7h30-18h) ou, moyennant une petite commission, dans une agence de voyages.

VOITURE ET MOTO

La plupart des cafés et des hôtels touristiques peuvent vous procurer une voiture de location. Sachez que la location doit obligatoirement inclure un chauffeur, car il est interdit de conduire au Vietnam sans permis vietnamien. Les agences du quartier de Pham Ngu Lao s'efforcent de pratiquer les tarifs les plus bas. **Budget Car Rental** (☑08-3930 1118 ; www.budget.com.vn) propose des voitures récentes, avec guide, à des prix raisonnables.

Vous trouverez des motos à louer (10-12 \$US/jour) dans le quartier de Pham Ngu Lao. Toutefois, HCMV est une ville où il est préférable d'avoir de l'expérience. Vérifiez l'état du casque fourni.

ℹ️ UN MÉTRO POUR HCMV

HCMV a cruellement besoin d'un métro pour réguler la circulation anarchique qui règne en surface. Proposé pour la première fois en 2001, le projet comportera 5 ou 6 lignes, en partie aériennes. La première d'entre elles, entre le marché Ben Thanh et Suoi Tien à l'est, devrait être inaugurée en 2018.

ℹ️ Comment circuler

DEPUIS/VERS L'AÉROPORT

L'aéroport Tan Son Nhat se trouve à 7 km au nord-ouest du centre. Choisissez un taxi de la compagnie Mai Linh ou Vinasun (méfiez-vous des imitations, généralement en moins bon état). La première dispose d'un comptoir dans le hall des arrivées. Sasco Taxi détient quant à elle le monopole sur la station située devant le terminal des vols intérieurs. Depuis le hall des arrivées, comptez environ 180 000 d jusqu'à Dong Khoi, plus 15 000 d pour l'accès du véhicule dans l'enceinte de l'aéroport. Vous pouvez régler en dollars US.

Un taxi avec compteur pour le district 1 revient à quelque 150 000 d. Si vous voyagez léger, montez dans la zone des arrivées ou rejoignez le parking du terminal intérieur pour attraper au passage un taxi concurrent qui vient de déposer quelqu'un.

Pour rallier l'aéroport depuis la ville, demandez à votre hôtel d'appeler un taxi digne de confiance.

Plusieurs cafés de Pham Ngu Lao disposent de navettes pour l'aéroport et proposent des formulaires de réservation de taxi collectif (environ 4 $US/pers).

Entre 6h et 18h, le plus économique est le bus n°152 (climatisé), qui fait la navette depuis/vers l'aéroport pour 3 000 d, avec un supplément variable pour les bagages. Il part de l'aéroport toutes les 15 minutes environ et marque des arrêts dans Đ De Tham (quartier de Pham Ngu Lao) et devant les hôtels internationaux de Đ Dong Khoi, comme le Caravelle et le Majestic. Le libellé des destinations sur ces bus est en anglais, mais vous pouvez également repérer les mots "Xe Buyt San Bay".

N'optez pour une moto-taxi que si vous êtes très peu chargé. Les chauffeurs ne peuvent pas entrer à l'intérieur de l'aéroport. Il vous faudra donc sortir et négocier la course (tarif en vigueur : 60 000 d pour le centre-ville).

BUS

Il existe plus de 130 itinéraires dans la ville et ses environs, et le tarif est très raisonnable. Pratique et gratuit, le *Ho Chi Minh Bus Route Diagram* est disponible à la **gare routière de Ben Thanh** (carte p. 309 ; ĐL Tran Hung Dao).

Parmi les bus utiles au départ de Ben Thanh, citons le n°152 (5 000 d) pour l'aéroport, le n°149 pour la gare ferroviaire de Saigon, le n°1 pour le marché Binh Tay, dans Cholon, le n°102 qui mène à la gare routière de Mien Tay, et le n°26 qui dessert la gare routière de Mien Dong. Tous les bus sont climatisés. Le prix moyen d'un billet est de 3 000 d, à acheter à bord.

CYCLO-POUSSE

Moyen de transport mythique, les cyclo-pousse ont presque disparu, mais on en croise encore quelques-uns dans certaines rues, en particulier Đ Pham Ngu Lao et autour de Đ Dong Khoi. Avec l'essor de la moto et des taxis, qui ont la préférence des Vietnamiens, les touristes sont aujourd'hui devenus les principaux clients de ce commerce bien peu rémunérateur. À HCMV, les conducteurs les plus âgés sont parfois d'anciens soldats de l'armée sud-vietnamienne, et ils parlent au moins un peu anglais, voire s'expriment couramment dans cette langue. Ils ont souvent une histoire de guerre, de "rééducation", de persécution et de pauvreté à raconter (à la fin de leur journée de travail, ils seront ravis d'en parler devant un bol de *pho* ou une bière).

Afin de juguler les problèmes de circulation à HCMV, des dizaines de rues sont interdites aux cyclo-pousse. Les conducteurs doivent donc faire des détours pour les éviter et ne pas encourir les amendes que les policiers n'hésitent pas à infliger. Parfois, ils ne pourront pas vous laisser à l'adresse exacte : faites preuve de compréhension.

Gonfler les prix pour les touristes étant la norme, négociez le tarif au départ et assurez-vous d'avoir l'appoint. Si vous voyagez à plusieurs,

TRANSPORTS AU DEPART DE HCMV

DESTINATION	AVION	BUS	TRAIN
Dalat	50 minutes/à partir de 39 $US	7 heures/8-15 $US	pas de service
Nha Trang	55 minutes/à partir de 44 $US	13 heures/10-20 $US	6 heures 30/17-31 $US
Hué	1 heure 20 ; à partir de 37 $US	29 heures/26-37 $US	18 heures/26-64 $US
Hanoi	2 heures/à partir de 70 $US	41 heures/35-49 $US	30 heures/49-93 $US

convenez d'un prix de groupe, et non d'un prix par personne. Il peut être utile de recourir aux chiffres écrits, voire au dessin, afin de bien se faire comprendre, car les malentendus sont fréquents. À moins que le conducteur du cyclo-pousse ne vous ait fait visiter tous les districts de HCMV, 25 \$US n'est pas le tarif normal.

Louer un cyclo-pousse constitue une bonne solution pour une longue promenade (50 000 d/heure). Dans le quartier de Pham Ngu Lao, la plupart des conducteurs de cyclo-pousse proposent un circuit type. Une petite course dans le centre coûte quelque 20 000-25 000 d ; comptez environ 40 000 d pour vous rendre du district 1 à Cholon. Pour un circuit, choisissez de préférence le matin ou la fin de l'après-midi, moins chauds.

Il faut profiter des cyclo-pousse tant qu'il est encore temps, car les autorités municipales menacent de les supprimer complètement. Le Saigon Cyclo Challenge, une amusante course annuelle à but caritatif, voit s'affronter les conducteurs les plus rapides.

MOTO-TAXI

Plus rapides au milieu de la circulation que les taxis traditionnels, les *xe om* (parfois appelés *Honda om*), ou motos-taxis, sont privilégiés par beaucoup de Vietnamiens. Les chauffeurs se postent généralement au coin d'une rue sur leur moto arrêtée, et klaxonnent à l'intention des clients potentiels. Vous aurez rarement besoin d'aller loin pour tomber dessus. Le tarif normal est de 20 000 d pour une petite course (de Pham Ngu Lao à Dong Khoi par exemple) et une location est facturée environ 3 \$US/heure ou 15 \$US/jour.

TAXI

Des taxis équipés de compteur sillonnent les rues, mais si vous sortez des sentiers battus,

mieux vaut en réserver un par téléphone. Comptez environ 15 000 d pour la prise en charge et le premier kilomètre. Une course de Dong Khoi à Pham Ngu Lao tourne autour de 20 000 d (1 \$US). Prenez garde aux compteurs d'aspect douteux, qui ont tendance à tourner très vite.

Voici les compagnies de taxis les plus réputées de HCMV :

Mai Linh Taxi (☏ 08-3838 3838)
Vinasun Taxi (☏ 08-3827 2727)

VÉLO

Le vélo est pratique pour visiter la ville à votre rythme, bien que la circulation soit un peu rebutante. La location est très simple, auprès des hôtels, des cafés et des agences de voyages.

Les parkings à vélos consistent généralement en une portion de trottoir délimitée par une corde. Pour quelque 2 000 d, vous pouvez y laisser votre deux-roues en toute sécurité (le vol constitue cependant un réel problème). L'employé inscrit un numéro à la craie sur la selle ou l'agrafe au guidon et vous remet un reçu — ne le perdez pas ! Si votre vélo disparaît, les gérants du parking sont censés le remplacer.

VOITURE, SCOOTER ET MOTO

Les agences de voyages, les hôtels et les cafés pour touristes proposent tous voitures (avec chauffeur) et des motos de location. Sachez qu'au-delà de 50 cm³, seul le permis vietnamien est réglementaire (voir p. 511).

Aux dires des expatriés, les deux-roues sont le moyen de transport le plus rapide et le plus pratique pour circuler en ville, à condition de rester très prudent. Assurez-vous toutefois d'être couvert par votre assurance en cas d'accident. Même si vous êtes un motard expérimenté, observez bien le fonctionnement de la circulation dans la ville avant

---

❶ *XE OM* OU TAXI ?

On s'attend à payer davantage pour la sécurité et le confort relatifs d'un taxi climatisé que pour un trajet à moto qui décoiffe. En fait, les conducteurs de *xe om* qui opèrent dans les secteurs touristiques majorent les prix au point de rendre la différence négligeable. À moins de connaître la distance à parcourir et le tarif correspondant, opter pour un taxi muni d'un compteur peut vous éviter le sentiment désagréable d'être arnaqué. Si vous êtes plusieurs, un taxi a des chances d'être plus économique. D'un autre côté, une moto se montre généralement plus rapide, surtout dans les embouteillages aux heures de pointe.

Néanmoins certains chauffeurs de taxi malhonnêtes trafiquent leur compteur. Choisissez si possible le véhicule d'une compagnie réputée comme Vinasun ou Mai Linh, en vous méfiant des imitateurs qui utilisent des logos similaires et des noms proches (Vinasum, Vina, Vinamet, Ma Lin, M.Group).

Si vous décidez de prendre un *xe om*, accordez-vous d'abord sur le prix. Le trajet de Pham Ngu Lao à Dong Khoi ne devrait pas dépasser 20 000 d. Une escroquerie classique consiste à annoncer 15 000 d avant le départ et à prétendre ensuite avoir dit 50 000 d (les deux chiffres ont une sonorité proche en anglais).

de vous lancer. Comptez en général 7-10 $US/ jour pour une 100 cm³ (casque en état aléatoire compris). Le loueur conservera parfois votre passeport le temps de la location. Vérifiez que la moto est en état de marche avant de signer.

Le **Saigon Scooter Centre** (☑ 08-3848 7816 ; www.saigonscootercentre.com ; 25/7 Đ Cuu Long, district de Tan Binh ; ☺15h-17h mar-jeu, 10h-16h sam) loue des scooters Vespa remis en état et des motos de cross récentes. Comptez à partir de 20/100 $US par jour/semaine, pour une durée minimale de 4 jours. Moyennant un supplément, vous pourrez bénéficier d'un service "aller simple" permettant de laisser le véhicule n'importe où au Vietnam.

ENVIRONS DE HÔ CHI MINH-VILLE

Il existe encore quelques zones sauvages préservées, des plages séduisantes et de passionnants sites historiques et culturels à une courte distance de la métropole.

Cu Chi

Si l'on cherche un lieu symbolique de la ténacité du peuple vietnamien, c'est sans doute Cu Chi qui remportera la palme. Ce district de 350 000 habitants (contre 80 000 durant la guerre du Vietnam) fait partie de l'agglomération de HCMV. À première vue, peu de traces témoignent des combats acharnés, des bombardements et des destructions qui ravagèrent Cu Chi au cours des hostilités. Pour les découvrir, il faut s'aventurer sous terre.

Le réseau des tunnels de Cu Chi devint légendaire dans les années 1960 en permettant au Viêt-cong de contrôler une grande partie de la campagne, à seulement 30 ou 40 km de HCMV. À cette époque, il s'étendait de la capitale sud-vietnamienne à la frontière cambodgienne ; plus de 250 km de galeries souterraines sillonnaient le district de Cu Chi. Ce labyrinthe, creusé par endroits sur plusieurs niveaux, comportait d'innombrables trappes, des quartiers d'habitation, des entrepôts, des fabriques d'armes, des hôpitaux de campagne, des centres de commandement et des cuisines.

Les tunnels facilitaient la communication et la coordination entre les enclaves contrôlées par le Viêt-cong, isolées par les opérations terrestres et aériennes des Sud-Vietnamiens et des Américains. Le Viêt-cong pouvait aussi lancer des attaques surprises

– jusque dans le périmètre de la base américaine de Dong Du – et disparaître par des trappes sans laisser de traces. Les tentatives de destruction de ce réseau se révélant aussi meurtrières qu'inefficaces, les Américains décidèrent de frapper fort et transformèrent les 420 km² de Cu Chi en l'une des régions les plus bombardées, gazées, défoliées et dévastées de tous les temps de la guerre.

Cu Chi est devenu un lieu de pèlerinage pour les écoliers vietnamiens et les cadres du Parti.

Histoire

La construction des tunnels de Cu Chi, entamée vers la fin des années 1940, demanda plus de 25 ans. Elle constitua la réponse improvisée d'une armée de paysans sous-équipés à des adversaires dotés d'un armement moderne.

C'est le Viêt-minh qui creusa dans la terre rouge (meuble à la saison des pluies, dure comme du roc en période sèche) les premières galeries lors de la guerre d'Indochine. Elles étaient alors essentiellement utilisées pour communiquer entre les villages et échapper aux incursions de l'armée française.

Lorsque la résistance du Front national de libération du Vietnam du Sud (FLN, nom officiel du Viêt-cong) s'intensifia vers 1960, les anciens tunnels viêt-minh furent réparés et prolongés. En quelques années, ces réseaux acquirent une importance stratégique majeure et permirent au Viêt-cong de contrôler la quasi-totalité du district de Cu Chi et la région avoisinante. Cu Chi servait également de base aux agents secrets et aux équipes de sabotage de Saigon. Les attaques téméraires dans la capitale sud-vietnamienne au cours de l'offensive du Têt en 1968 furent planifiées et lancées à Cu Chi.

Au début de l'année 1963, le gouvernement Diêm mit en œuvre le "programme des hameaux stratégiques", qui consistait à "reloger" des habitants de régions passées aux mains des communistes dans des camps fortifiés, entourés de rangées de pieux en bambou. Le premier hameau stratégique vit le jour dans le district de Ben Cat, près de Cu Chi. Le Viêt-cong réussit cependant à creuser des tunnels dans les hameaux et, fin 1963, il contrôlait déjà le premier.

Au fil des années, le Viêt-cong développa des techniques simples et efficaces pour rendre ses tunnels indécelables. Il camoufla les trappes en bois sous de la terre et des branchages, en piégea certaines et construisit

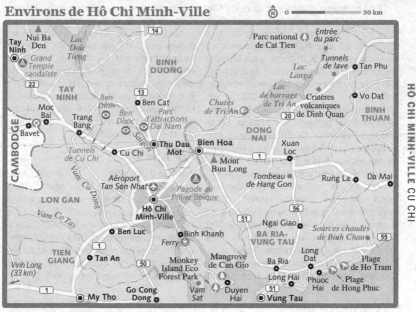

des issues secrètes dans les rivières. Pour préparer les repas, on utilisait des cuisines "Diên Biên Phu", dont la fumée était évacuée à bonne distance par des conduits. Des trappes empêchaient les gaz lacrymogènes, la fumée et l'eau de se propager d'un système de galeries à l'autre. Certaines sections étaient même équipées d'éclairage électrique.

La série de défaites subie par l'armée sud-vietnamienne dans la région permettait d'imaginer une victoire totale du Viêt-cong à la fin de 1965. Dans les premiers mois de l'année, la guérilla avait même organisé un défilé militaire dans les rues de Cu Chi. La puissance du Viêt-cong à Cu Chi et aux alentours fut l'une des raisons qui incita l'administration Johnson à engager les troupes américaines dans la guerre.

Pour parer à la menace du contrôle viêt-cong dans un secteur tout proche de la capitale sud-vietnamienne, les Américains installèrent rapidement une vaste base dans le district de Cu Chi. Sans le savoir, ils la construisirent juste au-dessus d'un réseau de galeries. La 25ᵉ division mit des mois à comprendre pourquoi les soldats se faisaient abattre la nuit sous leurs tentes.

Les forces américaines et australiennes employèrent diverses méthodes pour "pacifier" la région de Cu Chi, surnommée le Triangle de fer. De vastes opérations terrestres, impliquant des milliers de soldats, ne parvinrent pas à localiser les tunnels. Pour priver le Viêt-cong d'abris et d'approvisionnement, des défoliants furent déversés sur les rizières, des bulldozers arrachèrent la jungle, des villages furent évacués et rasés. Quelques mois après avoir arrosé la région de produits chimiques, les Américains mirent le feu à la végétation desséchée à grand renfort d'essence et de napalm. Cependant, des averses éteignirent les feux, et le Viêt-cong survécut dans ses abris souterrains.

Incapable de gagner cette bataille avec des armes chimiques, l'armée américaine envoya des hommes à l'assaut des tunnels. Ces "rats des tunnels", souvent contraints à livrer des combats souterrains, subirent de lourdes pertes.

Les Américains commencèrent alors à employer des bergers allemands, dressés à débusquer les trappes et les rebelles. Pour tromper leur odorat, les soldats viêt-cong se lavèrent avec du savon américain et revêtirent les uniformes de leurs prisonniers. Par ailleurs, les chiens n'avaient pas appris à reconnaître les objets piégés. Beaucoup furent tués ou blessés et leurs maîtres finirent par refuser de les envoyer dans les tunnels.

Les Américains déclarèrent alors Cu Chi "zone de tir à volonté" : les GI pouvaient faire feu sur tout ce qui bougeait, des tirs d'artillerie au jugé avaient lieu de nuit, et les pilotes pouvaient déverser leurs surplus de bombes et de napalm avant de rentrer à leur base. Le Viêt-cong continua de résister. À la fin des années 1960, les B52 déversèrent un tapis de bombes sur la région, détruisant la plupart des tunnels et la campagne alentour. Ce fut néanmoins une action quasi symbolique, car les États-Unis commençaient déjà à retirer leurs troupes. Les tunnels avaient rempli leur mission.

Les soldats viêt-cong qui combattaient dans les tunnels vivaient dans des conditions extrêmement pénibles et essuyèrent de terribles pertes. Seuls 6 000 des 16 000 cadres survécurent, et des milliers de civils de la région furent tués. Leur ténacité était extraordinaire compte tenu des bombardements, de l'oppression des mois passés sous terre, et de la mort d'innombrables camarades et amis.

Les villages du district de Cu Chi ont depuis eu droit à de nombreux honneurs. Le gouvernement les a décorés et déclarés "villages héroïques". Depuis 1975, de nouveaux hameaux ont été construits et la population de la région a augmenté en flèche. Toutefois, les défoliants contaminent toujours la terre et l'eau, tandis que les récoltes restent maigres.

⊙ À voir

Tunnels de Cu Chi   SITES HISTORIQUES
(www.cuchitunnel.org.vn ; adulte/enfant 80 000/20 000 d). Deux sections de ce remarquable réseau de tunnels ont été agrandies et aménagées pour ouvrir au public. L'une se trouve près du village de Ben Dinh, l'autre à Ben Duoc, 15 km plus loin. D'un accès plus facile pour les bus d'excursion, la première voit affluer davantage de touristes.

LE PARC DAI NAM

Mélange de Disneyland, de fantaisie bouddhique, d'hommage historique et d'œuvre de propagande nationale, le **parc Dai Nam** (Lac Canh Dai Nam Van Hien ; ☐0650 351 2660 ; www.laccanhdainamvanhien.vn ; adulte/enfant 100 000/50 000 d, zoo adulte/enfant 80 000/50 000 d ; ⊙8h-18h) est un véritable monument de kitsch. Situé à une trentaine de kilomètres de HCMV, sur la RN 13, ce complexe ambitieux se divise en quatre parties à l'ombre de hauts murs, gardés par de faux soldats grandeur nature.

Le **parc d'attractions** (⊙8h-18h) comprend un circuit de montagnes russes digne de ce nom, un parcours aquatique à bord d'embarcations en forme de bûches, une salle enneigée, et quantité de manèges pour les plus petits. Le palais Ngu Lan (Cinq Licornes), où des bateaux gonflables glissent à travers des tableaux représentant la vie, la mort, la réincarnation, la descente aux enfers (une débauche de corps démembrés, de tortures et de démons sadiques) et l'arrivée au nirvana, suscitent une franche hilarité. Nous le déconseillons toutefois aux jeunes enfants. Son pendant, le palais Ngu Phung (Cinq Phénix), donne aux touristes l'impression d'être arrivés au paradis. Il faut payer pour chaque attraction (20 000-80 000 d).

Le **zoo** (adulte/enfant 80 000/50 000 d) de 12,5 ha, qui héberge des tigres, des lions, des rhinocéros blancs et des ours, est le seul de l'agglomération saïgonnaise dont nous pouvons recommander la visite. La **plage** (adulte/enfant 100 000/60 000 d) voisine comporte de vastes bassins d'eau douce ou salée qui rafraîchiront agréablement votre progéniture.

Dans le genre clinquant et monumental, rien ne vaut toutefois le **complexe du temple**, un ensemble de lacs et de montagnes artificiels, de sentiers pédestres, de tours et de pagodes derrière une grande esplanade. Dans l'énorme sanctuaire trônent toutes les divinités et personnages éminents du Vietnam, Hô Chi Minh occupant bien entendu la place d'honneur.

Le bus n°18 circule tous les jours entre la gare routière de Ben Thanh et Dai Nam. Sur place, les endroits où se garer ne manquent pas.

À 5 km au sud du parc, vous pourrez faire halte à **Tuong Binh Hiep**, localité où l'on fabrique, depuis le début du XVIIIe siècle, des objets en laque de qualité vendus beaucoup moins cher qu'à HCMV. En venant de HCMV, tournez à gauche dans Le Chi Dan, juste après les deuxièmes cabines de péage, et vous verrez plusieurs ateliers le long de la route.

La visite de chacun des sites débute généralement par une vidéo de propagande très datée, puis des guides en treillis conduisent de petits groupes à travers de courts tronçons de galerie. Même si vous ne descendez pas sous terre, l'expérience reste intéressante.

Sur place, on peut tirer avec d'authentiques kalachnikovs et mitrailleuses moyennant une petite fortune. Il faut savoir que le prix est fixé par balle et que celles-ci partent en rafales dans le cas d'une arme automatique.

➡ Ben Dinh

Secteur le plus visité, cette petite portion rénovée se situe près du village de Ben Dinh, à 50 km de HCMV. Dans une salle du centre d'accueil, on peut voir une carte montrant l'étendue du réseau, ainsi que des schémas en coupe des tunnels.

La section du tunnel ouverte au public se trouve à quelques centaines de mètres au sud du centre d'accueil. Elle serpente sur 50 m à travers diverses salles. Les tunnels, non éclairés, mesurent environ 1,20 m de hauteur sur 0,80 m de largeur. Un tank M41 endommagé et un cratère de bombe avoisinent la sortie, dans un bosquet d'eucalyptus récemment planté.

Sachez que le site est très touristique et régulièrement bondé.

➡ Ben Duoc

Comme à Ben Dinh, les tunnels ont été élargis pour faciliter l'accès des touristes, mais ils n'en demeurent pas moins fort étroits. Ils comportent des bunkers, un hôpital et un centre de commandement qui joua son rôle lors de l'offensive du Têt en 1968, avec tables, chaises, lits, lampes et mannequins en uniforme.

Peut-être plus émouvant que les souterrains, l'imposant **temple de Ben Duoc** fut construit en 1993 en hommage aux Vietnamiens tués à Cu Chi. Il est flanqué d'une tour de neuf étages précédée d'un jardin fleuri. Seules peuvent entrer les personnes portant une tenue appropriée (pas de shorts, etc.).

Musée de la Guerre de Cu Chi   MUSÉE
(Nha Truyen Thong Huyen Cu Chi ; P). GRATUIT Le musée ne se trouve pas à l'entrée des tunnels, mais près de la nationale, dans le centre de la ville de Cu Chi. Il présente essentiellement des photographies, dont certaines difficiles à regarder, et du gros matériel militaire qui rouille au-dehors. Il n'égale en rien le musée des Souvenirs de guerre de HCMV. Beaucoup de ces photos sont en outre visibles dans les tunnels.

Centre de protection de la faune de Cu Chi   RÉSERVE ANIMALIÈRE
(www.wildlifeatrisk.org ; adulte/enfant 5 $US/ entrée libre ; ☺7h30-11h30 et 1h-16h30). À quelques kilomètres des tunnels de Ben Dinh, ce petit centre recueille des animaux sauvages confisqués à leurs propriétaires ou à des trafiquants. Ours noirs d'Asie, loutres, gibbons et même un léopard font partie des pensionnaires. Une exposition instructive présente la situation assez déplorable de la faune au Vietnam et comprend une "chambre de la mort", un ensemble d'appâts et de pièges. Il est facile de se perdre sur les petites routes, aussi vaut-il mieux demander à un tour-opérateur de combiner cette visite avec les tunnels de Cu Chi.

❶ Comment s'y rendre et circuler

Le district de Cu Chi couvre une vaste superficie, dont une partie se situe à 30 km seulement du centre de HCMV. Le musée de la Guerre de Cu Chi est le site le plus proche de la ville ; les tunnels de Ben Dinh et de Ben Duoc se situent respectivement à 50 km et à 65 km de HCMV.

CIRCUITS ORGANISÉS

Les excursions organisées constituent le moyen le plus simple de découvrir les tunnels. Comme la concurrence fait rage, les prix s'avèrent exceptionnellement raisonnables. Pour quelque chose de plus original, contactez Les Rives (p. 323), qui propose chaque jour deux circuits en bateau à 7h et 13h15. D'une durée totale de 5 heures, ils comprennent le ramassage à l'hôtel, les repas, les rafraîchissements, le guide et les droits d'entrée. Vous pouvez également opter pour la formule à vélo d'**Exotissimo** (☎ 08-3827 2911 ; www. exotissimo.com ; 64 Đ Dong Du ; 1/2/3/4 pers 3 110 000/3 900 000/4 600 000/6 200 000 d ; ☺9h-18h lun-sam), ou à moto de **Saigon Riders** (☎0913 767 113 ; www.saigonriders.vn ; 69 $/ pers, 2 participants minimum).

TRANSPORTS PUBLICS

Compliqué, car cela implique plusieurs changements de bus. Les bus à destination de Tay Ninh passent par Cu Chi, mais il est difficile d'aller de la ville aux tunnels.

VOITURE

Pour visiter le centre de protection et les tunnels, mieux vaut louer une voiture avec chauffeur, une solution relativement bon marché si l'on partage le coût à plusieurs. Le site étant difficile à trouver, assurez-vous que le chauffeur connaît bien le chemin.

Tay Ninh

127 000 HABITANTS

La ville de Tay Ninh, capitale de la province du même nom, est avant tout le siège de l'une des religions les plus curieuses du Vietnam : le caodaïsme. Construit entre 1933 et 1955, le Grand Temple caodaïste est un extravagant édifice rococo, associant des influences a priori dissonantes : église romane, musée Grévin, pagode chinoise et éléments de mosquée.

La province de Tay Ninh, au nord-ouest de HCMV, longe sur trois côtés la frontière cambodgienne ; elle est délimitée à l'est par la rivière Saigon. Son point culminant, le Nui Ba Den (mont de la Dame noire), domine les plaines environnantes. La Vam Co, qui prend sa source au Cambodge, traverse l'ouest de la province.

En raison de la puissance politique et militaire des caodaïstes, la région fut le théâtre de combats acharnés durant la guerre d'Indochine. La province de Tay Ninh devint ensuite une étape primordiale de la piste Hô Chi Minh durant la guerre du Vietnam. En 1969, le Viêt-cong parvint à s'emparer de la ville de Tay Ninh et la conserva plusieurs jours.

Durant la période de conflit entre le Cambodge et le Vietnam à la fin des années 1970, les Khmers rouges effectuèrent des raids dans la province et commirent des atrocités contre les civils, comme en témoignent plusieurs cimetières aux alentours de Tay Ninh.

⊙ À voir

Grand Temple caodaïste TEMPLE
(Thanh That Cao Dai). Le siège du caodaïsme fut fondé en 1926 à proximité du village de Long Hoa, à 4 km à l'est de Tay Ninh. L'ensemble comprend aujourd'hui, outre le Grand Temple, des bureaux, des logements pour les employés et les fidèles, ainsi qu'un hôpital de médecine traditionnelle par les plantes, qui attire des patients de tout le sud du Vietnam. Après la réunification, le gouvernement "emprunta" certains édifices pour son propre usage (et peut-être pour surveiller la secte).

Les prières ont lieu quatre fois par jour dans le Grand Temple (sauf durant la fête du Têt). Ne manquez pas d'y assister - celle de 12h est la préférée des groupes venus de HCMV -, mais prenez soin de ne pas perturber les fidèles. Une centaine d'adhérents y

participent et ils se comptent par milliers lors des fêtes.

Les photos des objets de culte sont autorisées, mais ne photographiez pas des personnes sans leur permission, rarement accordée. Vous pourrez photographier les séances de prière depuis le balcon, concession due sans doute à l'afflux quotidien de touristes. Une tenue décente est requise pour pénétrer dans le temple (ni short, ni débardeur).

Un "œil divin" orne le fronton du Grand Temple. Les femmes entrent par la tour de gauche et font le tour de la salle à l'extérieur des colonnades dans le sens des aiguilles d'une montre. Les hommes entrent par la droite et circulent en sens inverse. Le centre du sanctuaire est réservé aux prêtres caodaïstes.

Une **peinture murale** dans le hall d'entrée représente les trois signataires de la "troisième alliance entre Dieu et l'homme" : le révolutionnaire et homme d'État chinois Sun Yat-sen (Sun Zhongshan ; 1866-1925) tient un encrier de pierre, tandis que le poète vietnamien Nguyên Binh Khiêm (1492-1587) et Victor Hugo (1802-1885) écrivent "Dieu et Humanité" et "Amour et Justice" en chinois et en français, respectivement avec un pinceau et une plume. Des inscriptions en français, anglais et allemand donnent une version légèrement différente des principes du caodaïsme.

La salle principale est divisée en neuf niveaux qui symbolisent les neuf marches menant au paradis, chacun flanqués de deux colonnes. Les fidèles progressent d'un espace à l'autre en fonction de l'ancienneté de leur adhésion au caodaïsme. Au fond du sanctuaire, huit colonnes en plâtre, entourées de dragons multicolores, soutiennent un dôme qui symbolise le ciel. Au-dessous, une énorme sphère bleue parsemée d'étoiles porte l'"œil divin".

Le plus grand des sept sièges placés devant ce globe est réservé au pape caodaïste, un poste vacant depuis 1933. Les trois suivants sont destinés aux responsables des livres contenant les préceptes de la religion. Les trois autres sont occupés par les dirigeants des trois branches du caodaïsme, représentées par les couleurs jaune, bleu et rouge.

De part et d'autre de l'espace entre les colonnes, deux chaires ressemblent aux minbars des mosquées.

Au-dessus de l'autel, on discerne difficilement les portraits de six personnages importants du caodaïsme : le Bouddha Shakyamuni (Siddhartha Gautama, fondateur du bouddhisme), Ly Thai Bach (Li Taibai, fée de la mythologie chinoise), Khuong Tu Nha (Jiang Taigong, saint chinois), Laozi (Lao-tseu, fondateur du taoïsme), Quan Cong (Guangong, dieu chinois de la Guerre) et Quan Am (Guanyin, déesse chinoise de la Miséricorde).

Nui Ba Den
MONTAGNE, TEMPLE

(Mont de la Dame noire ; adulte/enfant 10 000/5 000 d, télésiège aller/aller-retour adulte 50 000/90 000 d, enfant 30 000/50 000 d). À 15 km au nord-est de Tay Ninh, le mont culmine à 850 m dans un paysage de rizières, de champs de maïs et de manioc, et de plantations d'hévéas. Pendant des siècles, Nui Ba Den fut un sanctuaire pour divers peuples de la région – Khmers, Cham, Vietnamiens et Chinois –, comme en témoignent plusieurs **temples creusés dans la roche**. Le sommet du Nui Ba Den bénéficie d'un climat nettement plus frais que le reste de la province.

Lieu de ravitaillement pour le Viêt-minh puis le Viêt-cong, Nui Ba Den fut le théâtre de combats acharnés pendant les guerres d'Indochine et du Vietnam. Les Américains installèrent une base de tir et une station relais au sommet, avant qu'il ne soit – ironie de l'histoire – lourdement bombardé et défolié par l'aviation américaine.

Plusieurs histoires existent pour expliquer le nom de "Dame noire", dont la légende de Huong, une jeune femme qui épousa l'homme qu'elle aimait en dépit des avances d'un mandarin fortuné. Alors que son mari était parti au service militaire, Huong décida d'aller jusqu'à une statue miraculeuse du Bouddha, au sommet de la montagne. En chemin, elle fut attaquée et enlevée, mais, préférant la mort au déshonneur, elle se jeta du haut d'une falaise. Son fantôme apparut à un bonze qui raconta son histoire.

La marche aller-retour du pied de la montagne au temple principal se fait en 1 heure 30. Escarpé par endroits, le chemin reste facile et de nombreux pèlerins âgés le parcourent en sandales. Autour du temple, quelques stands vendent des en-cas et des boissons.

Si l'exercice ne vous fait pas peur, la randonnée jusqu'au sommet et la descente demandent environ 6 heures. Plus rapide et moins fatigant, le **télésiège** transporte les fidèles jusqu'au sommet. Pour une descente plus palpitante, essayez le "toboggan", une sorte de luge qui dévale sur 1 700 m autour de la montagne le long d'une piste sinueuse.

Si très peu d'étrangers visitent le site du Nui Ba Den, les Vietnamiens y viennent en nombre, surtout le dimanche, les jours fériés et lors des fêtes.

Nui Ba Den occupe une place majeure dans *Black Virgin Mountain: A Return to Vietnam*, mémoires du romancier américain Larry Heinemann, qui combattit au Vietnam.

ⓘ Depuis/vers Tay Ninh

Tay Ninh se situe sur la RN 22 (Quoc Lo 22), à 96 km de HCMV. La route traverse Trang Bang, l'endroit où fut prise la célèbre photo d'une petite fille grièvement brûlée, courant et criant durant une attaque américaine au napalm. Pour savoir ce qu'est devenue la fillette, lisez *La Fille de la photo*, de Denise Chong (Poche, 2003). Plusieurs temples caodaïstes bordent la RN 22, dont un sévèrement endommagé par le Viêt-cong lors de sa construction, en 1975.

BUS ET CIRCUITS ORGANISÉS

De la gare routière d'An Suong, des minibus relient HCMV à Tay Ninh (50 000 d), mais il est beaucoup plus simple d'opter pour un circuit organisé Tay Ninh/Cu Chi, au départ du district 1. Vous pouvez envisager de quitter l'une des excursions les moins chères (7 $US) au Grand Temple caodaïste. De là, un taxi pour Nui Ba Dem coûte quelque 100 000 d, un *xe om* 40 000 d. Vous devrez ensuite payer un prix similaire pour rejoindre la gare routière de Tay Ninh.

Pagode au Pilier unique de Thuc Duc

(Chua Mot Cot Thu Duc ; 1/91 Đ Nguyen Du, district de Thu Duc). S'élevant au milieu d'un petit plan d'eau, cette petite pagode renferme une effigie de Quan Am, la déesse de la Miséricorde aux multiples bras. À l'arrière de l'ensemble, des tombes contiennent des urnes funéraires de moines et de fidèles.

Officiellement baptisée Nam Thien Nhat Tru, la pagode n'est pas sans rappeler son homonyme de Hanoi, érigée au XIe siècle, puis rebâtie après sa destruction par les Français en 1954. Lors de la partition du Vietnam la même année, de nombreux moines bouddhistes (et prêtres catholique) s'enfuirent au sud de crainte d'éventuelles persécutions. L'un d'eux demanda au gouvernement sud-vietnamien l'autorisation de bâtir une réplique de ce lieu de culte. Le président Ngô Dinh Diêm, un catholique peu tolérant envers le clergé bouddhiste,

LE CAODAÏSME

Fascinante fusion entre l'Orient et l'Occident, le caodaïsme (*Dai Dao Tam Ky Pho Do*) est une religion syncrétique née au Vietnam au début du XXᵉ siècle. Elle comporte des éléments du bouddhisme, du confucianisme, du taoïsme, de croyances vietnamiennes, du christianisme et de l'islam, plus une pointe d'enseignement séculier. Les termes *Cao Dai* (qui signifient "haute tour" ou "palais") sont un euphémisme pour désigner Dieu. Il y aurait de 2 à 3 millions d'adeptes du caodaïsme dans le monde.

Le caodaïsme fut fondé par Ngô Minh Chiêu (également connu sous le nom de Ngô Van Chiêu ; 1878-1933), fonctionnaire mystique qui dirigea le district de l'île de Phu Quoc. Très érudit en matière de religions orientales et occidentales, il se passionna pour le spiritisme. En 1919, il commença à recevoir des révélations de Cao Dai, sur lesquelles se fonda sa doctrine.

Le caodaïsme devint une religion officielle en 1926 et attira des milliers de fidèles au cours des décennies qui suivirent. Les caodaïstes allèrent jusqu'à transformer la province de Tay Ninh en un État féodal presque indépendant. En 1956, le caodaïsme représentait une puissance politique forte d'une armée de 25 000 hommes. Ayant refusé de soutenir le Viêt-cong pendant la guerre du Vietnam, les caodaïstes s'attendaient au pire après la réunification, et ils avaient raison : toutes leurs terres furent confisquées par le nouveau gouvernement communiste et quatre membres du groupe religieux furent exécutés en 1979. Ce n'est qu'en 1985, après une pacification totale au sein du groupe, que les caodaïstes purent récupérer leur Grand Temple, ainsi que 400 autres temples.

La doctrine caodaïste s'inspire en grande partie du bouddhisme mahayana, mêlé à des éléments taoïstes et confucianistes (la "triple religion" du Vietnam). L'éthique caodaïste se fonde sur l'idéal bouddhiste de l'homme bon, tout en incorporant des croyances vietnamiennes traditionnelles.

Le but ultime de tout disciple est d'échapper au cycle des réincarnations. Il doit pour cela s'abstenir de tuer, mentir, voler, vivre dans le luxe ou s'adonner aux plaisirs de la chair.

Les caodaïstes croient à l'existence de l'âme, à la communication avec le monde des esprits et à un seul dieu, bien qu'ils admettent la dualité chinoise du yin et du yang. Ils sont végétariens, pratiquent la méditation et les prêtres font vœu de célibat. Pour eux, l'histoire se divise en trois grandes périodes de révélation divine. Au cours de la première période, la vérité de Dieu fut révélée à l'humanité par Lao-tseu et des personnages associés au bouddhisme, au confucianisme et au taoïsme. Les agents humains de la révélation intervenus durant la deuxième période sont le Bouddha (Shakyamuni), Mahomet, Confucius, Jésus et Moïse. La troisième et dernière révélation est le résultat de la "troisième alliance entre Dieu et l'homme", et c'est là qu'interviennent les séances de spiritisme. Les caodaïstes pensent échapper aux erreurs des deux premières périodes, car l'esprit des morts guide les vivants. Parmi les différents esprits contactés figurent Jeanne d'Arc, Shakespeare, Lénine et Victor Hugo, ce dernier nommé chef spirituel des missions étrangères à titre posthume en raison de ses apparitions fréquentes.

Les temples caodaïstes célèbrent tous quatre cérémonies quotidiennes, à 6h, 12h, 18h et minuit. Le rite, au cours duquel les dignitaires portent une tenue d'apparat, comporte des offrandes d'encens, de thé, d'alcool, de fruits et de fleurs. L'autel est toujours surmonté de "l'œil divin", devenu le symbole officiel de la religion d'après une vision de Ngô Minh Chiêu. Pour en savoir plus, consultez le site officiel : www.caodai.org.

refusa. Thich et ses partisans réunirent néanmoins les fonds et bâtirent la pagode sans se préoccuper du veto présidentiel. Le gouvernement ordonna la destruction du temple mais, malgré les menaces d'emprisonnement, les moines refusèrent et le conflit s'enlisa. Les tentatives de harcèlement et d'intimidation du président à l'encontre des religieux déplurent fortement dans un pays à 90% bouddhiste, et contribuèrent sans doute à l'assassinat de Diêm par ses propres soldats, en 1963.

La pagode se situe à 15 km au nord-est du centre de HCMV. Les cafés de voyageurs et les agences de voyages de HCMV pourront organiser une excursion personnalisée ou vous procurer une voiture avec chauffeur.

Can Gio

Remarquable pour sa vaste mangrove, Can Gio est une île plate frangée de palmiers à 25 km au sud-est de HCMV.

À l'embouchure de la rivière Saigon, elle a été formée par l'accumulation du limon, d'où l'absence de plages de sable blanc. Quelques complexes hôteliers prometteurs ont néanmoins fleuri le long des 10 km de rivage terreux et d'autres sont prévus. On peut toutefois s'interroger sur leur attrait pour les visiteurs étrangers.

Plus intéressante, la forêt classée réserve de biosphère par l'Unesco présente une grande diversité naturelle, avec plus de 200 espèces animales et 150 espèces de plantes. Si vous cherchez un endroit relativement épargné par la circulation à explorer à moto, Can Gio peut faire l'objet d'une journée d'excursion.

⊙ À voir

Monkey Island Eco Forest Park

RÉSERVE NATURELLE

(www.cangioresort.com.vn ; 30 000 d). Comme souvent en matière d'"écotourisme" au Vietnam, Saigon Tourist a participé à l'initiative et en a fait un spectacle. Bien qu'il s'agisse de la partie la plus intéressante et la plus accessible de la forêt, difficile de ne pas être indigné face aux conditions de captivité des vedettes de ce cirque animalier, notamment les ours et les primates.

L'île abrite également une réserve de singes comprenant une centaine d'individus sauvages mais peu farouches qui peuvent se montrer tour à tour charmeurs, voleurs ou carrément agressifs. Gardez un œil sur vos affaires.

La promenade en bateau à moteur (environ 150 000 d) sur les voies d'eau qui conduisent à la base de Rung Sac est le temps fort de la visite. Le site reconstitué donne à voir des mannequins représentant des cadres viêt-cong en train d'ouvrir des obus américains pour en récupérer les charges explosives, ou de lutter contre les crocodiles qui pullulaient à l'époque (ils sont désormais confinés aux fermes d'élevage comme celle proche de l'entrée). Un petit musée traite de la faune, ainsi que de l'histoire locale de la guerre du Vietnam et des trouvailles archéologiques dans la région.

En venant de HCMV, Monkey Island se trouve à droite de l'axe principal, 34 km après le ferry.

Vam Sat

RÉSERVE NATURELLE

Cette portion de forêt où se pratique la pêche au crabe comporte une ferme d'élevage de crocodiles et le lieu de nidification des chauves-souris frugivores de **Dam Doi** (marais des chauves-souris). Les bateaux pour Vam Sat (environ 150 000 d) mouillent sous le pont Dan Xay, sur la route principale, à 22 km au sud du ferry et à 12 km au nord de Monkey Island.

Duyen Hai

VILLE

À l'extrémité sud-est du district de Can Gio, face à Vung Tau, Duyen Hai possède un **temple caodaïste** et un grand **marché** qu'on repère de loin à ses puissants effluves de poisson. Les spécialités locales sont les fruits de mer et le sel, fruits, légumes et riz étant convoyés par bateau de HCMV. Un vaste **cimetière** et un **monument aux morts** (Nghia Trang Liet Si Rung Sac) jouxtent l'élevage de crevettes, à 2 km du marché.

❶ Depuis/vers Can Gio

CIRCUITS ORGANISÉS

Le Cafe Kim Tourist (25 $US) et Saigon Tourist (à partir de 56 $US) proposent des excursions à la journée au départ de HCMV. Sinon, Les Rives (p. 323) organise un circuit en bateau à Can Gio, qui part à 7h30 et dure au total 7 à 9 heures ; le prix comprend le ramassage à l'hôtel, les repas, les rafraîchissements et les droits d'entrée. On peut aussi opter pour l'amusante formule à moto de Saigon Riders (p. 353 ; 109 $US/pers tout compris, 2 participants minimum), qui prend la route à 8h.

VOITURE ET MOTO

Can Gio se situe à 60 km au sud-est du centre de HCMV, à 2 heures en voiture ou à moto. Vous devrez emprunter un ferry (moto/voiture 2 000/10 000 d) à Binh Khanh (Cat Lai), une ancienne base navale américaine à 15 km de HCMV. Après la traversée, la circulation se raréfie et des mangroves bordent la route. Le trajet à moto constitue à lui seul un plaisir pour les conducteurs expérimentés.

Delta du Mékong

Hors des sentiers battus

➡ Parc national de Phu Quoc (p. 386)

➡ Bang Lang (p. 375)

➡ Forêt de Xeo Quyt (Rung Tram ; p. 407)

Le top des hébergements

➡ Nam Bo Boutique Hotel (p. 372)

➡ La Veranda (p. 389)

➡ Xoai Hotel (p. 371)

➡ Bamboo Cottages (p. 391)

➡ Victoria Chau Doc Hotel (p. 400)

Pourquoi y aller

Véritable "grenier à riz" du Vietnam, le delta du Mékong est un magnifique patchwork de verts et de cours d'eau puissants. Dans ce monde aquatique, bateaux, maisons, restaurants et même marchés flottent sur un réseau sans fin de rivières, de canaux et de cours d'eau. Parfois, on en arrive même à ne plus voir la terre.

Tout en étant extrêmement rurale, puisque chaque lopin de terre est cultivé, la région compte de nombreuses villes et figure parmi les plus densément peuplées du pays. Vous pourrez découvrir le charme unique du Sud dans des bourgades fluviales peu fréquentées, goûter des fruits achetés au gré de marchés flottants hauts en couleur ou vous régaler d'un repas maison avant de passer la nuit chez l'habitant. Des forêts de mangrove, des pagodes khmères et des trésors à dénicher hors des sentiers battus viennent compléter le tableau.

Si vous cherchez un paradis tropical, rejoignez Phu Quoc, île couverte de jungle, ourlée de plages de sable blanc et sillonnée de pistes désertes, idéales pour un périple à moto.

Quand partir

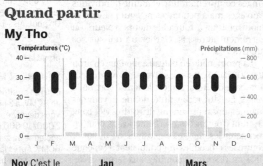

My Tho

Nov C'est le début de la saison sèche, marquée par des courses de bateaux lors des fêtes khmères de Tra Vinh et de Soc Trang.

Jan Pendant que le Nord frissonne, les plages de l'île de Phu Quoc connaissent un climat sec et tempéré.

Mars Un séjour à cette période vous évitera la folie du Têt, et le temps chaud et pluvieux qui règne en été.

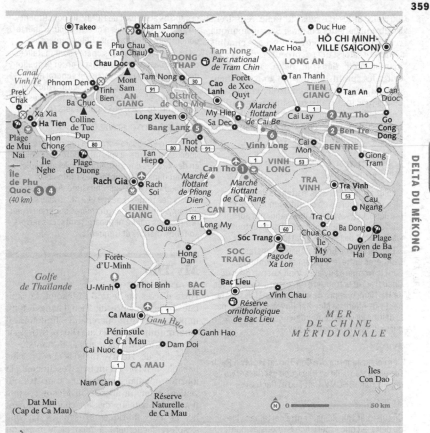

À ne pas manquer

❶ Une escapade en bateau au gré des marchés flottants, au départ de **Can Tho** (p. 375).

❷ Une balade au fil des **canaux** (p. 361), entre My Tho et Ben Tre, avec halte sur une île verdoyante pour se régaler de poisson frais.

❸ Un périple à moto dans les recoins isolés de l'**île de Phu Quoc** (p. 382).

❹ Un coucher de soleil sur le golfe de Thaïlande depuis une **plage** de l'ouest de Phu Quoc (p. 382).

❺ Une forêt abritant des milliers de cigognes dans la réserve de **Bang Lang** (p. 375).

❻ Un aperçu de la vie rurale au bord de l'eau, lors d'un **séjour chez l'habitant** (p. 370) à proximité de Vinh Long.

Histoire

Le delta du Mékong faisait autrefois partie du royaume khmer et fut la dernière région annexée par le Vietnam actuel. Les Cambodgiens n'oublient pas qu'ils l'ont possédé jusqu'au XVIIIe siècle et continuent de l'appeler Kampuchea Krom (Bas-Cambodge). Les Khmers rouges tentèrent de récupérer ce territoire en attaquant des villages vietnamiens et en massacrant leurs habitants.

En réponse, l'armée vietnamienne envahit le Cambodge le 25 décembre 1978 et chassa les Khmers rouges du pouvoir, mettant fin au régime de Pol Pot. Aujourd'hui majoritairement composée de Viêts, la population du delta comprend néanmoins une proportion non négligeable de Chinois et de Khmers, ainsi que quelques Chams.

En 1975, la collectivisation des terres provoqua l'effondrement de la production agricole. Si les paysans du delta réussirent à subvenir à leurs besoins, Saigon manqua cruellement de nourriture. Les citadins tentèrent alors de se procurer du riz au marché noir dans le delta, mais, pour éviter les "profits illicites", le gouvernement installa des postes de contrôle, chargés de confisquer tout transport supérieur à 10 kg. Cette politique a pris fin en 1986 et le Vietnam est depuis devenu l'un des principaux exportateurs mondiaux de riz.

❶ Comment s'y rendre et circuler

La plupart des touristes visitent le delta du Mékong au cours d'un circuit économique et pratique. Les voyageurs indépendants auront plus de possibilités d'accéder à des secteurs peu visités, hors des sentiers battus.

Depuis l'ouverture de plusieurs postes-frontières entre le Vietnam et le Cambodge, dont la frontière fluviale à Vinh Xuong (près de Chau Doc) et la frontière terrestre à Xa Xia (près de Ha Tien), nombre de voyageurs délaissent le poste-frontière de Moc Bai-Bavet et passent par le delta. Les visas cambodgiens sont délivrés partout à l'arrivée dans le pays.

AVION

Des vols relient Hanoi à Can Tho, et HCMV à Rach Gia et Ca Mau. L'île de Phu Quoc est desservie depuis Hanoi, HCMV, Can Tho et Rach Gia.

BATEAU

Circuler par voie fluviale entre certaines villes du delta est une expérience enthousiasmante, notamment entre Ca Mau et Rach Gia. Des bateaux pour l'île de Phu Quoc lèvent l'ancre de Rach Gia et de Ha Tien.

BUS

Le delta bénéficie d'un excellent réseau de bus qui facilite les déplacements. Chaque ville dispose d'une gare routière utilisée par les bus et les minibus, généralement en périphérie, d'où la nécessité de prendre un *xe om* (moto-taxi) ou un taxi pour rejoindre son hôtel. Les minibus ont tendance à être plus rapides, un peu plus confortables et guère plus chers.

À HCMV, les bus pour le delta partent de la gare routière de Mien Tay, à 10 km à l'ouest du centre. Afin d'éviter l'inconvénient du trajet jusqu'à la gare, vous pouvez réserver une excursion bon marché à destination de My Tho au départ de Duong (Ð) Pham Ngu Lao et abandonner le groupe après la traversée en bateau.

CIRCUITS ORGANISÉS

Des dizaines d'excursions à la journée et de circuits plus longs dans le delta du Mékong sont organisés au départ de HCMV. Ils constituent un gain de temps mais n'offrent aucune liberté concernant l'itinéraire et l'hébergement.

Les agences les moins chères sont installées dans le quartier de Pham Ngu Lao, et la qualité de la prestation correspond en général au prix. De bons circuits dans le delta, à moto et en scooter, sont organisés par Vietnam Vespa Adventure (p. 326) et Saigon Riders (p. 353).

VOITURE, MOTO ET VÉLO

Vous pouvez aussi sillonner la région en toute liberté, en voiture, à vélo ou à moto. Se déplacer en deux-roues dans le delta est très agréable, surtout dans le labyrinthe des routes de campagne, et aussi sur Phu Quoc. Attendez-vous à des routes à péage et à des traversées en ferry – même si ces dernières sont peu à peu remplacées par de nouveaux ponts. Les ferries sont bon marché et fréquents.

My Tho

073 / 180 000 HABITANTS

Porte d'accès au delta du Mékong, la capitale de la province de Tien Giang est un important centre marchand. Toutefois, il faut continuer jusqu'à Can Tho (p. 370) pour découvrir les fameux marchés flottants.

Proche de HCMV, mais beaucoup plus paisible, My Tho est un lieu d'excursion à la journée populaire auprès des touristes qui veulent avoir un aperçu du Mékong - une flottille de bateaux dessert chaque jour les îles et leurs fabriques artisanales. La ville s'explore facilement à pied et le bord du fleuve permet d'agréables promenades.

My Tho fut fondée vers 1680 par des réfugiés chinois fuyant Taïwan après la chute de la dynastie des Ming du Sud. L'économie locale repose sur le tourisme, la pêche, la riziculture et les fruits (noix de coco, bananes, mangues, longanes et agrumes).

❂ À voir

Pagode Vinh Trang   PAGODE
(60A Ð Nguyen Trung Truc ; ⏱ 9h-11h30 et 13h30-17h). GRATUIT Des bouddhas géants dominent le joli parc de cette paisible pagode ornée de sculptures en bois doré. Les bonzes accueillent des enfants orphelins, handicapés ou démunis, et les dons sont toujours appréciés.

La pagode est à 1 km à l'est du centre-ville. Il faut prendre Ð Le Loi vers le nord, tourner à droite dans Ð Nguyen Trai, puis à gauche au bout de 400 m. L'entrée du sanctuaire se situe à 200 m, sur la droite du bâtiment.

My Tho

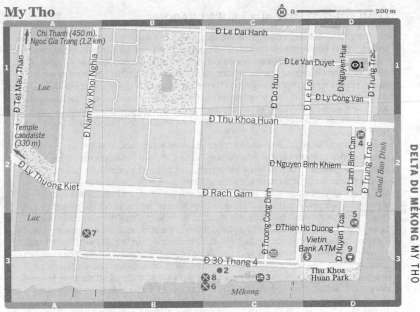

Marché de My Tho MARCHÉ
(Cho My Tho ; Đ Trung Trac). Couvrant la rue face au canal Bao Dinh, ce marché présente les étalages habituels de poissons séchés, fruits exotiques et animaux vivants destinés à la consommation.

Temple caodaïste TEMPLE
(85 Đ Ly Thuong Kiet ; ☺aube-crépuscule). Un petit temple coloré, orné d'un "œil divin", symbole officiel de la religion caodaïste.

☞ Circuits organisés

Dans un bâtiment imposant au bord du fleuve, la **My Tho Tourist Boat Station** (8 Đ 30 Thang 4) regroupe plusieurs tour-opérateurs proposant des promenades en bateau dans les îles voisines et à travers le réseau d'étroits canaux. Une fabrique de bonbons à la noix de coco, une ferme d'apiculteur (goûtez le vin de banane) et un jardin d'orchidées font partie des destinations fréquentes. Le circuit de 2 heures 30 tourne autour de 350 000 đ/450 000 đ pour 1/2 personnes. Pour une simple journée d'excursion, il est aisé de réserver auprès d'une agence de HCMV une formule comprenant le transport. Vous payerez moins cher en vous joignant à un groupe, mais vous pourrez davantage négocier l'itinéraire en solo.

My Tho

◉ À voir
1 Marché de My Tho D1

➕ Activités
2 My Tho Tourist Boat Station C3
Tien Giang Tourist ....(voir 2)
Vietnamese Japanese Tourist ....(voir 2)

🛏 Où se loger
3 Chuong Duong Hotel.........................C3
4 Song Tien D2
5 Song Tien Annex.............................D3

🍴 Où se restaurer
6 Floating Restaurant...........................C3
7 Hu Tieu 44......................................A3
Hu Tieu Chay 24.........................(voir 7)
8 Marché nocturne C3

🍷 Où prendre un verre
9 Lac Hong...D3

Tour-opérateurs de My Tho :
Tien Giang Tourist (Cong Ty Du Lich Tien Giang ; ☎073-387 3184 ; www.tiengiangtourist.com ; 8 Đ 30 Thang 4)

Vietnamese Japanese Tourist (☎073-397 5559 ; www.dulichvietnhat.com ; 8 Đ 30 Thang 4)

LE MÉKONG, FLEUVE AUX NEUFS DRAGONS

Plus long fleuve d'Asie du Sud-Est, le Mékong prend sa source au Tibet, traverse la Chine sur 4 500 km, passe entre le Myanmar (Birmanie) et le Laos, qu'il arrose sur une bonne longueur et sépare de la Thaïlande, puis coule à travers le Cambodge et le Vietnam, avant de se jeter dans la mer de Chine méridionale. À Phnom Penh (Cambodge), il se sépare en deux bras : le Hau Giang ou Bassac (fleuve inférieur), qui rejoint la mer via Chau Doc, Long Xuyen et Can Tho, et le Tien Giang (fleuve supérieur), qui se divise lui-même en plusieurs bras à Vinh Long et se jette dans la mer en cinq endroits différents. Les nombreux bras du fleuve expliquent son nom vietnamien, Song Cuu Long, le fleuve aux Neuf Dragons.

Le niveau du Mékong commence à monter fin mai et atteint son plus haut niveau en septembre. L'affluent qui se jette dans le fleuve à Phnom Penh provient du lac Tonlé Sap, au Cambodge. Quand le fleuve est en crue, cet affluent inverse son courant pour se déverser dans le lac, limitant ainsi les inondations dans le delta. Hélas, la déforestation du Cambodge perturbe cet équilibre précaire, entraînant plus d'inondations dans la partie vietnamienne du bassin. Ces dernières années, les crues ont fait plusieurs centaines de victimes et contraint des dizaines de milliers d'habitants à quitter leur foyer. Les dommages causés par les inondations coûtent chaque année des sommes astronomiques et ont des conséquences catastrophiques sur la culture du riz et du café.

Vivre dans une plaine inondable présente des défis techniques. À défaut de hauteurs pour se protéger de la montée des eaux, les habitants construisent leurs maisons sur des pilotis en bambou. Pendant les crues, de nombreuses routes sont submergées ou deviennent des bourbiers ; des voies praticables toute l'année ont été construites sur des tertres surélevés, mais cela coûte cher. La solution traditionnelle consiste à se déplacer en bateau et à creuser des canaux, qui doivent être dragués pour rester navigables.

La propreté des canaux constitue un autre problème, car les riverains ont l'habitude de jeter leurs détritus et leurs eaux usées dans les cours d'eau qui passent devant chez eux. Dans les régions les plus peuplées du delta, l'accumulation des déchets est de plus en plus visible. La World Wildlife Fund (WWF ; organisation mondiale de protection de l'environnement) œuvre de concert avec les gouvernements locaux et provinciaux pour aider à protéger l'environnement.

En 2013, le Laos a exprimé son intention de construire le barrage de Don Sahong (260 mégawatts) sur le Mékong, sans consulter ses voisins en aval du fleuve, et dans le même temps, la construction du barrage de Xayaburi (1 260 mégawatts) continue au nord du pays. Les barrages construits côté chinois ont déjà été rendus responsables de la baisse du niveau des eaux, et des groupes de protection de l'environnement ont remis des pétitions au gouvernement du Laos pour suspendre le projet, car ils craignent que la construction des 11 barrages prévus perturbe le cycle de reproduction de dizaines d'espèces de poissons. Ils redoutent également une pénétration accrue de l'eau salée en territoire vietnamien (un phénomène amplifié par le réchauffement climatique), ce qui pourrait avoir un effet catastrophique sur la production rizicole.

🛏 Où se loger

Song Tien Annex HÔTEL $
(📞073-387 7883 ; www.tiengiangtourist.com ; 33 Đ Thien Ho Duong ; ch 450 000-500 000 d ; 🌀🌐). Des chambres parquetées, au mobilier moderne, avec de jolies sdb (baignoire sur pieds, peignoirs et sèche-cheveux) : cet hôtel paisible, propre et bien tenu, a tout bon.

Chuong Duong Hotel HÔTEL $$
(📞073-387 0875 ; 10 Đ 30 Thang 4 ; ch 500 000-700 000 d ; 🌀🌐). Toutes les chambres, dotées des équipements classiques, bénéficient d'une vue sur la rivière. Il y a aussi, dans cet hôtel élégant, un bon restaurant et un café animé.

Song Tien HÔTEL $$
(📞073-387 2009 ; www.tiengiangtourist.com ; 101 Đ Trung Trac ; ch 450 000-850 000 d ; 🌀🌐). Un hôtel chic et accueillant, aux chambres correctes (avec TV sat et minibar). Demandez toutefois à voir les chambres : les moins chères n'ont pas de fenêtre et on remarque quelques traces de moisi.

⚔ Où se restaurer et prendre un verre

My Tho est réputée pour son *hu tieu*, une soupe de vermicelles accompagnée de fruits de mer frais et séchés, de porc, d'abats, de poulet et d'herbes.

Presque tous les restaurants préparent ce plat, mais quelques-uns en font leur spécialité unique. Les carnivores essaieront le **Hu Tieu 44** (44 Đ Nam Ky Khoi Nghia ; soupes 20 000 d), les végétariens le **Hu Tieu Chay 24** (24 Đ Nam Ky Khoi Nghia ; plats 10 000-14 000 d).

Ngoc Gia Trang   VIETNAMIEN $
(☑073-387 2742 ; 196 Đ Ap Bac ; plats 45 000-150 000 d ; ☺8h-21h). Cette adresse chaleureuse, excentrée, se situe dans une ruelle à l'écart de la route principale menant à My Tho depuis HCMV. Les tables sont installées près de bassins, dans un cadre verdoyant. Les fruits de mer sont délicieux.

Chi Thanh   SINO-VIETNAMIEN $
(☑073-387 3756 ; 279 Đ Tet Mau Than ; plats 35 000-80 000 d). Près du Quan Oc 283, un petit restaurant très apprécié pour ses savoureux mets chinois et vietnamiens.

Marché de nuit   VIETNAMIEN $
(Đ 30 Thang 4 ; ☺17h-tard). Ce marché accueille de nombreux convives en fin de journée, grâce à ses étals de fondue et de poisson.

Floating Restaurant   VIETNAMIEN $
(Đ 30 Thang 4 ; plats à partir de 30 000 d ; ☺8h-21h30). À côté de la Tourist Boat Station, une bonne adresse pour un agréable repas au bord du Mékong.

Lac Hong   CAFÉ-BAR
(☑073-397 6459 ; 3 Đ Trung Trac ; ☺18h-23h ; ☎). Installé dans une superbe maison de négoce de l'époque coloniale, au bord du fleuve, avec transats ; à l'étage, brise et vue sur le fleuve. Concerts le jeudi.

❶ Comment s'y rendre et circuler

Les ponts et les autoroutes construits depuis peu ont considérablement réduit les trajets jusqu'à My Tho. Il faut désormais compter 1 heure-1 heure 30 de route depuis le centre de HCMV (70 km), tandis que Ben Tre se trouve à seulement 17 km de la ville par le nouveau pont.

La **gare routière de My Tho** (Ben Xe Tien Giang ; 42 Đ Ap Bac) se situe à 3 km à l'ouest du centre, sur le grand axe menant à HCMV. Des bus desservent la gare de Mien Tay à HCMV

(35 000 d), ainsi que Can Tho (50 000 d), Cao Lanh (32 000 d) et Ca Mau (123 000 d).

Environs de My Tho

Île du Phénix

Jusqu'à son emprisonnement par les communistes pour ses activités antigouvernementales et la dispersion de ses adeptes, Nguyên Thanh Nam dirigea une petite communauté sur cette île du Phénix (Con Phung), à quelques kilomètres de My Tho. Il quitta sa famille en 1945 pour entamer une vie monastique, et pendant 3 ans, il se tint assis sur une dalle de pierre, sous un mât, et médita jour et nuit en se nourrissant, dit-on, uniquement de noix de coco – aussi est-il connu sous le nom de "moine aux noix de coco". Il fonda une religion appelée Tinh Do Cu Si, mélange de bouddhisme et de christianisme. Ses adeptes ont désormais quitté l'île, mais on peut encore y voir plusieurs témoignages de ce syncrétisme. La vie du moine est racontée sur une jarre en porcelaine de l'île, haute de 3,50 m.

À son apogée, l'île était dominée par un extravagant **sanctuaire** (5 000 d ; ☺8h-11h30 et 13h30-18h) en plein air. Les colonnes entourées de dragons et l'étrange tour, à l'énorme globe de métal, éclataient alors de couleurs. Aujourd'hui, cet ensemble silencieux et branlant conserve néanmoins des éléments kitsch, telle la maquette d'une fusée Apollo parmi les statues bouddhiques !

Des loueurs de bateaux privés peuvent inclure l'île au programme d'un circuit organisé. On peut passer la nuit au modeste **Con Phung Hotel** (☑075-382 2198 ; www.conphungtourist.com ; ch à partir de 200 000 d ; ❄). Toutes les chambres disposent d'une TV, d'un réfrigérateur et de l'eau chaude ; les plus chères donnent sur le fleuve. Le restaurant sert des spécialités du delta (plats à partir de 40 000 d).

Autres îles

À 5 minutes en bateau de My Tho, l'**île du Dragon** (Con Tan Long), réputée pour ses vergers de longaniers, constitue une escale plaisante. Des bateaux de pêche en bois s'alignent le long de ses côtes frangées de palmiers. L'île compte quelques petits restaurants et cafés, et certains de ses habitants sont constructeurs de bateaux.

À proximité, deux autres îles, l'**île de la Tortue** (Con Qui) et l'**île de la Licorne** (Thoi

Son), sont des escales classiques pour leurs fabriques de bonbons à la noix de coco et de vin de banane.

Village de Tan Thach

De l'autre côté du fleuve dans la province de Ben Tre, cet ancien arrêt de ferry est plus ou moins tombé dans l'oubli depuis l'inauguration du nouveau pont. Il possède néanmoins une pension rustique où passer la nuit et un restaurant au bord de l'eau, fréquenté par les groupes de touristes.

🛏 Où se loger et se restaurer

Thao Nhi Guesthouse　　　PENSION **$**
(☑075-386 0009 ; thaonhitours@yahoo.com ; hameau 1, village de Tan Thach ; ch 6-15 $US ; ✳). Voici une sympathique pension rurale qui permet de loger chez l'habitant au milieu de la verdure. Il y a des chambres sommaires et des bungalows avec ventilateur. Repas copieux, vélos à disposition. Le fils du propriétaire parle très bien anglais et propose des excursions.

Hao Ai　　　VIETNAMIEN **$**
(hameau 2, village de Tan Thach ; plats 50 000 80 000 d). Sis au milieu de luxuriants jardins paysagers où se baladent buffles et poulets, ce séduisant restaurant insulaire fait des affaires en or grâce aux groupes qui visitent le delta. Déjeuner uniquement.

❶ Depuis/vers Tan Thach

À 6 km au nord de la gare routière de Ben Tre (30 000 d en *xe om*), Tan Thach dépend du district de Chau Thanh ; prenez la RN 60 qui retourne vers My Tho, tournez à droite au grand croisement marqué Chau Thanh et continuez jusqu'au bout. La pension et le restaurant sont situés le long de la dernière petite route à droite. Après 300 m, un panneau indique sur la droite la pension, que l'on atteint 50 m plus loin.

Ben Tre

☑ 075 / 143 000 HABITANTS
Le tourisme s'est certes développé dans le delta du Mékong, mais la charmante petite province de Ben Tre a toujours eu du retard sur My Tho et a prospéré à un rythme plus lent. La ville accueille plus de visiteurs depuis l'ouverture du pont de Rach Mieu sur la route en provenance de My Tho. Vous aurez plaisir à vous balader au bord du fleuve, jalonné de villas anciennes, et dans le faubourg rural, de l'autre côté du pont, au sud du centre. Ben Tre est un bon endroit pour organiser une excursion en bateau (et échapper ainsi aux circuits en bus).

Ben Tre est réputée pour ses *keo dua* (bonbons à la noix de coco). Nombre de femmes les confectionnent dans des petits ateliers, faisant bouillir une mixture gluante dans de grands chaudrons, avant de la rouler et de la couper en petits carrés.

👁 À voir

Musée de Ben Tre　　　MUSÉE
(Bao Tang Ben Tre ; Đ Hung Vuong ; ⊘8h-11h et 13h-17h). GRATUIT Installé dans une villa jaune vieillotte mais pleine de caractère, ce musée présente l'habituel assortiment d'armes rouillées, de photographies de la guerre du Vietnam et d'objets provenant de fouilles archéologiques.

☛ Circuits organisés

Ben Tre Tourist　　　VÉLO ET SORTIES EN BATEAU
(☑075-382 9618 ; www.bentretourist.vn ; 65 Đ Dong Khoi ; ⊘7h-11h et 13h-17h). Location de vélos, de bateaux à moteur et de vedettes. L'agence organise également diverses excursions et circuits.

🛏 Où se loger

Hung Vuong　　　HÔTEL **$**
(☑075-382 2408 ; 166 Đ Hung Vuong ; d/lits jum/ ste 350 000/370 000/530 000 d ; ✳🖂). Bon rapport qualité/prix et bel emplacement au bord du fleuve pour cet hôtel. Chambres spacieuses et propres, avec sols carrelés, mobilier en bois et sdb correctes.

Oasis Hotel　　　HÔTEL **$$**
(http://bentrehoteloasis.com ; 151C My An C, My Thanh An ; d 27-35 $US, f 42 $US ; ✳@🖂🖂). L'accueil est chaleureux dans ce petit hôtel jaune vif, tenu par un couple aimable. Au sud du fleuve ; le mieux est de venir en taxi.

Ham Luong　　　HÔTEL **$$**
(☑075-356 0560 ; www.hamluongtourist.com. vn ; 200 Đ Hung Vuong ; d 23-29 $US, ste 43 $US ; ✳@🖂🖂). Un vaste hôtel moderne, au bord du fleuve, organisé autour d'immenses couloirs austères. Les chambres sont joliment meublées et il y a une piscine et une salle de sport.

🍴 Où se restaurer

Les **étals du marché** (plats environ 15 000 d) permettent de se sustenter à prix modique. Pour prendre un verre ou manger une glace,

Ben Tre

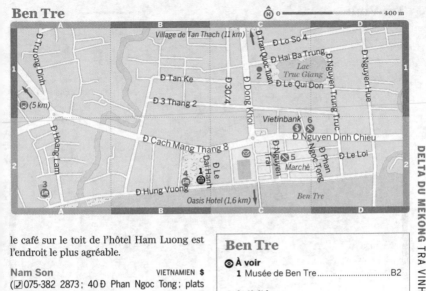

le café sur le toit de l'hôtel Ham Luong est l'endroit le plus agréable.

Nam Son VIETNAMIEN **$**
(☑ 075-382 2873 ; 40 Đ Phan Ngoc Tong ; plats 20 000-60 000 d). Restaurant central et animé, fréquenté par une clientèle locale. Délicieux poulet grillé et bière à la pression.

ℹ️ Depuis/vers Ben Tre

De la grande **gare routière** (Ben Xe Ben Tre ; RN 60), à 5 km au nord-ouest du centre de la ville (30 000 d en *xe om*), des bus assurent notamment la liaison avec HCMV (67 000 d), Can Tho (55 000 d), Ca Mau (103 000 d) et Ha Tien (134 000 d). Les derniers bus pour HCMV partent entre 16h et 17h.

ℹ️ Comment circuler

À l'embarcadère public, près du marché, vous trouverez des bateaux lents pour des balades de 2 heures au minimum sur les canaux (70 000-90 000 d/heure).

Tra Vinh

☑ 074 / 131 000 HABITANTS

Des arbres ombragent les boulevards de Tra Vinh, ville parmi les plus jolies du delta, mais où peu de touristes s'aventurent en raison de son emplacement isolé. Cette cité paisible rappelle une époque révolue et les quelque 140 pagodes khmères qui émaillent la province en font une destination privilégiée pour découvrir les origines cambodgiennes du delta, volontiers dissimulées.

Environ 300 000 Khmers vivent dans la province de Tra Vinh. À première vue,

Ben Tre

◎ **À voir**

➕ **Activités**

🛏️ **Où se loger**

🍽️ **Où se restaurer**

ils constituent une "minorité invisible", car ils parlent tous vietnamien et rien ne semble les distinguer dans leur habillement ou leur mode de vie. Toutefois, un regard un peu plus attentif révèle le dynamisme de la culture khmère dans cette région. La plupart des pagodes comprennent des écoles où l'on enseigne la langue khmère et nombre des habitants de Tra Vinh lisent et écrivent aussi bien le khmer que le vietnamien. La minorité khmère du Vietnam pratique essentiellement le bouddhisme theravada.

Entre 15 et 20 ans, la plupart des adolescents suivent la vie monastique pendant quelques mois ou quelques années, selon leur choix. Les bonzes khmers peuvent manger de la viande, mais tuer les animaux leur est interdit.

Tra Vinh accueille également une petite communauté chinoise dynamique, l'une des rares à subsister dans le delta du Mékong.

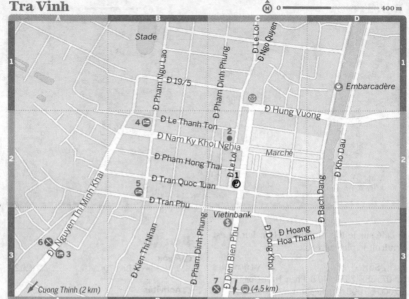

Tra Vinh

⊙ À voir

⊕ Activités

⊜ Où se loger

⊗ Où se restaurer

⊙ À voir

**Étang Ba Om
et pagode Ang**   TEMPLE BOUDDHIQUE

Appelé Ao Ba Om (lac Carré), cet étang entouré de grands arbres est un agréable lieu de promenade. Site spirituel pour les Khmers, il aurait servi de bassin d'ablutions pour le temple angkorien du Xe siècle qui s'élevait à proximité.

Construite sur les ruines du temple, la pagode Ang (Chua Ang en vietnamien ; Angkor Rek Borei en khmer), splendide édifice, mêle à l'architecture khmère classique quelques éléments coloniaux. À l'intérieur, des scènes aux couleurs vives représentent la vie du Bouddha.

En face de l'entrée de la pagode, le **musée de la Communauté khmère** (Bao Tang Van Hoa Dan Tac ; ⊙ 7h-11h et 13h-17h) GRATUIT, joliment agencé, présente des photos, des costumes et objets de la culture khmère traditionnelle.

L'étang Ba Om est à 5 km au sud-ouest de Tra Vinh, le long de la nationale en direction de Vinh Long.

Pagode Ong   TEMPLE TAOÏSTE

(Chua Ong et Chua Tau ; 44 Dien Bien Phu). Richement orné et peint de couleurs vives, ce lieu de culte en activité est purement chinois. Sur l'autel, le dieu à visage rouge représente le général Quan Cong (Guan Yu en chinois). Supposé empêcher la guerre, ce personnage s'inspire d'un soldat ayant vécu au IIIe siècle.

Fondée en 1556 par la congrégation chinoise du Fujian, la pagode, reconstruite à plusieurs reprises, a récemment été restaurée grâce à des fonds venus de Taïwan et de Hong Kong, d'où son aspect pimpant.

Pagode Hang   TEMPLE BOUDDHIQUE

(Chua Hang, Kampongnigrodha ; Đ Dien Bien Phu). Cette pagode khmère moderne porte aussi le nom de pagode aux Cigognes, en raison des grands oiseaux blancs qui nichent dans les hauts arbres alentour et qui justifient à eux seuls le détour. À 6 km au sud de la ville, 300 m après la gare routière.

☞ Circuits organisés

Tra Vinh Tourist EXCURSIONS
(📞074-385 8556 ; 64 Đ Le Loi ; ⏰7h30-11h et 13h30-17h). Ce prestataire propose des excursions vers les différents sites de la province, dont un circuit en bateau vers les îles voisines (500 000 d).

🛏 Où se loger

Tra Vinh Palace 2 HÔTEL **$**
(📞074-386 3999 ; 48 Đ Pham Ngu Lao ; d/lits jum/tr 180 000/220 000/250 000 d ; ❋@📶). Un mini-hôtel accueillant, qui loue des chambres impeccables, avec sol carrelé et baignoire ou douche. Les doubles n'ayant pas de fenêtre sur l'extérieur, mieux vaut opter pour une triple.

Hoan My HÔTEL **$**
(📞074-386 2211 ; 105A ĐL Nguyen Thi Minh Khai ; ch 200 000-360 000 d ; ❋📶). Beaux murs en brique apparente, parquet ciré et ascenseur. Les chambres les plus chères, très spacieuses, ont un balcon.

Tra Vinh Palace HÔTEL **$**
(📞074-386 4999 ; www.travinh.lofteight.com ; 3 Đ Le Thanh Ton ; ch 250 000-350 000 d ; ❋📶). Cet hôtel à l'angle d'une ruelle assoupie s'orne de colonnes roses, de décorations en plâtre, de carreaux de terre cuite et de balcons. Les grandes chambres sont agrémentées de mobilier en bois incrusté de nacre.

✕ Où se restaurer

Cuu Long Restaurant VIETNAMIEN **$**
(999 ĐL Nguyen Thi Minh Khai ; plats à partir de 70 000 d). Derrière la grande façade de l'hôtel Cuu Long, géré par le gouvernement, ce restaurant propose, entre autres, de délicieuses salades et soupes. Les plus téméraires pourront goûter du serpent.

Cuong Thinh VIETNAMIEN **$**
(18A ĐL Nguyen Thi Minh Khai ; plats 30 000-200 000 d). Ce vaste restaurant ouvert, entouré de palmiers, est apprécié pour ses mets traditionnels et ses spécialités régionales. À 2 km au sud de la ville sur la route de Vinh Long,

DELTA DU MÉKONG TRA VINH

UNE NUIT SUR LE MÉKONG

Passer une nuit à bord d'un bateau sur le Mékong est une bonne façon de se familiariser avec la vie du fleuve et d'explorer ses nombreux cours d'eau.

Voici quelques-uns des meilleurs prestataires en la matière :

Bassac (📞0710-382 9540 ; www.transmekong.com ; nuit 232 $US). TransMékong (prestataire franco-vietnamien) dispose de 3 superbes bateaux en bois pour des petits groupes, qui portent le nom de Bassac. La croisière standard de deux jours, avec guide français, va de Cai Be à Can Tho. On peut également organiser un circuit sur mesure.

Exotissimo (📞08-3827 2911 ; www.exotissimo.com ; 1 nuit 4 123 000-12 659 000 d). Ce prestataire haut de gamme propose plusieurs formules en bateau d'un ou plusieurs jours.

Le Cochinchine (📞08-3993 4552 ; www.lecochinchine.com ; tarifs sur demande). Des croisières à bord d'une luxueuse barge à riz aménagée et d'un sampan traditionnel semblables à de petits hôtels flottants. Cai Be-Can Tho (1 nuit) et Cai Be-Sa Dec-Ving Long-Can Tho (2 nuits) sont les deux principaux itinéraires. Privatisation possible.

Mekong Eyes (📞0710-246 0786 ; www.mekongeyes.com ; tarifs sur demande). Une autre barge à riz typique merveilleusement transformée, qui doit son nom aux yeux peints sur tous les bateaux du delta. Elle navigue de Can Tho à Cai Be, mais on peut aussi la louer.

Autre possibilité : effectuer une croisière plus longue, et plus luxueuse, entre My Tho (avec transfert depuis Hô Chi Minh-Ville) et Siem Reap, au Cambodge. Citons notamment, parmi les compagnies haut de gamme qui les proposent, **Pandaw Cruises** (www.pandaw. com ; 7 nuits 1 132-2 713 $US). Plus petite, la **Compagnie fluviale du Mekong** (www.cf-mekong.com ; 5 nuits à partir de 2 415 $US) est réputée pour son service personnalisé et ses excellents repas. **AmaWaterways** (www.amawaterways.com ; 6 nuits 1 599-2 599 $US) et **Heritage Line** (www.heritage-line.com ; 7 nuits 3 384-8 129 $US) placent la barre encore plus haut. Avant d'embarquer pour un long circuit, sachez que les paysages varient peu dans le delta et qu'on peut se limiter à un tronçon plus court, par exemple My Tho-Phnom Penh.

Vi Huong VIETNAMIEN $

(37A Đ Dien Bien Phu ; plats 15 000-45 000 d).
Minuscule, chaleureux et très bon marché,
le Vi Huong privilégie les plats traditionnels
simples comme la soupe aigre-douce ou le
poisson mijoté dans une cocotte en terre.

🛈 Depuis/vers Tra Vinh

Tra Vinh est à 65 km de Vinh Long et à 185 km
de HCMV. De Ben Tre, on y accède facilement
en empruntant un nouveau pont, puis le car-
ferry qui traverse la rivière Co Chien (voiture
35 000 d) ; ce dernier devrait bientôt être
remplacé par un autre pont, déjà en chantier.

Le gare routière (Ben Xe Khach Tra Vinh) se
trouve à 5 km au sud du centre-ville, sur la RN 54
qui prolonge Đ Dien Bien Phu, l'artère principale.
Des bus rallient HCMV (85 000 d), Cao Lanh
(49 000 d) et Ha Tien (125 000 d).

Vinh Long

🛇 070 / 130 000 HABITANTS

Vinh Long, capitale de la province du même
nom, est un carrefour des transports majeur
– parfois bruyant et chaotique – du delta.
Pour échapper au tumulte, réfugiez-vous
près du fleuve, bordé de cafés et de restaurants. Dépourvue de curiosités touristiques,
Vinh Long donne accès aux îles fluviales
et à d'autres sites intéressants, comme les
nombreux vergers et le marché flottant de
Cai Be. De là, on peut aussi organiser un
séjour chez l'habitant. La ville se situe à
mi-chemin de My Tho et de Can Tho.

VAUT LE DÉTOUR

LE MEKONG RIVERSIDE RESORT & SPA

Établissement 4 étoiles dégageant
une extraordinaire impression
d'isolement, le Mekong Riverside
Resort & Spa (🛇073-392 4466 ; www.
mekongriversideresort.vn ; Hoa Qui Ward,
Hoa Khanh, district de Cai Be ; vue lac/rivière
d 85/110 $US ; ✳🎧⁛) se distingue par
ses jolis bungalows aux toits de chaume
et sa vue imprenable sur le Mékong.
Avec des canoës à disposition, une
tour pour observer les oiseaux et une
piscine, les hôtes profitent pleinement
de l'incroyable environnement du delta.
L'établissement peut s'occuper des
questions de transport.

🛇 À voir

Îles du Mékong ÎLES

Les superbes îles à proximité de Vinh Long
sont dévolues à l'agriculture et à la production de fruits tropicaux. Dans cette région,
les maisons sont habituellement construites
sur pilotis. Parmi les plus visitées figurent **Binh Hoa Phuoc** et **An Binh**. Vous
pouvez emprunter le ferry public jusqu'à
l'une des îles, puis vous y promener à pied
ou à deux-roues. Une solution toutefois
moins intéressante qu'un circuit en bateau,
car les ferries ne naviguent pas dans les
étroits canaux. Les prestataires le long du
quai proposent des balades fluviales de
2-3 heures pour moins de 300 000 d.

Marché flottant de Cai Be MARCHÉ FLUVIAL
(🕒5h-17h). Ce marché animé, qui se déroule
sur la rivière et ses abords, mérite de figurer
au programme d'un circuit en bateau depuis
Vinh Long. Les grossistes amarrent leurs
bateaux et suspendent des échantillons de
leurs fruits et légumes à de longues perches
en bois. Une grande cathédrale catholique,
superbe, s'élève au bord de la rivière.

De Vinh Long, on rejoint le marché en
1 heure ; la plupart des visiteurs font des
détours à l'aller ou au retour pour explorer
les canaux ou découvrir des vergers. Ceux
qui parcourent le delta en circuit organisé
prennent habituellement un bateau ici, visitent les îles et mouillent à Vinh Long avant
de continuer vers Can Tho.

Temple Van Thanh Mieu TEMPLE CONFUCÉEN
(Phan Thanh Gian Temple ; Đ Tran Phu ; 🕒5h-11h et
13h-19h). Dans ce temple confucéen, la salle
en façade fut édifiée en l'honneur du héros
local, Phan Thanh Gian : en 1930, il mena
un soulèvement contre les Français, puis
préféra se suicider plutôt que d'être capturé
par les autorités coloniales. Dans la salle du
fond, bâtie en 1866, un portrait de Confucius
trône au-dessus de l'autel.

Le temple Van Thanh Mieu est situé de
l'autre côté de la rivière, au sud-est de la
ville. Ne le confondez pas avec la pagode
Quoc Cong, plus petite, devant laquelle vous
passerez en chemin.

🛇 Circuits organisés

Cuu Long Tourist CIRCUITS EN BATEAU
(🛇070-382 3616 ; www.cuulongtourist.com ; 2 Đ
Phan B Chau ; 🕒7h-17h). Propose divers circuits
en bateau, de 3 heures à 3 jours. Petits
canaux, vergers, fours en brique, atelier de
fabrication de chapeaux coniques en feuilles

Vinh Long

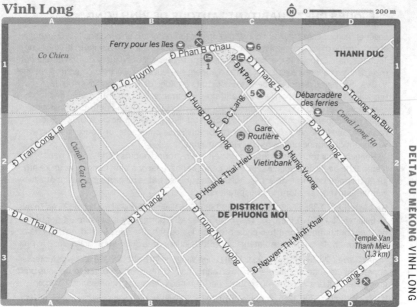

de palmier ou marché flottant de Cai Be (p. 368) figurent parmi les curiosités.

🛏 Où se loger

Les hôtels sont bien meilleurs à Ben Tre, Tra Vinh et Can Tho. Voici toutefois les meilleures adresses à Vinh Long :

Van Tram Guesthouse PENSION $
(☎070-382 3820 ; 4 Đ 1 Thang 5 ; ch 300 000-400 000 d ; ❄). Cette petite pension, dans un bâtiment tout en hauteur, dispose de 5 chambres (dont une avec balcon) assez grandes. Salles de douche minuscules, mais emplacement privilégié, près du fleuve.

Cuu Long Hotel HÔTEL $$
(☎070-382 3656 ; www.cuulongtourist.com ; 2 Đ Phan B Chau ; s à partir de 440 000 d, d à partir de 560 000 d ; ❄🛜). Un hôtel d'État, propre mais sans cachet, où descendent de nombreux groupes, car les bateaux lèvent l'ancre de l'autre côté de la rue. Chambres spacieuses avec sdb, et balcon ou vue sur le fleuve.

🍴 Où se restaurer et prendre un verre

Dong Khanh VIETNAMIEN $
(49 Đ 2 Thang 9 ; plats à partir de 30 000 d ; ⏱6h-18h). Un restaurant populaire et

Vinh Long

Activités
Cuu Long Tourist ....(voir 1)

Où se loger
1 Cuu Long Hotel C1
2 Van Tram Guesthouse C1

Où se restaurer
3 Dong Khanh D3
4 Phuong Thuy B1
5 Marché C1

Où prendre un verre
6 Hoa Nang Cafe C1

spacieux, dont le nom signifie "célébrer ensemble". Des fondues, des nouilles au porc, du poulet rôti et du riz cantonais figurent à la carte (en anglais), variée.

Marché de Vinh Long VIETNAMIEN $
(Đ 3 Thang 2). Parfait pour acheter des fruits de la région et des en-cas à prix doux.

Phuong Thuy VIETNAMIEN $
(Đ Phan B Chau ; plats à partir de 30 000 d ; ⏱6h-20h). Cet établissement correct, au bord du fleuve, est parfois pris d'assaut par les groupes en circuit organisé.

"SÉJOURS CHEZ L'HABITANT" AUTOUR DE VINH LONG

Loger et manger chez l'habitant constitue l'un des temps forts d'un circuit au fil du Mékong, et cette forme d'hébergement a commencé à se développer sur les îles autour de Vinh Long. Toutefois, dans la majorité des cas, les touristes ne séjournent pas dans la maison de leur hôte mais dans un bâtiment à part, aux allures d'auberge de jeunesse spartiate, construit à cet effet.

Ces logements disposent de vastes dortoirs équipés de lits superposés ou de bungalows sommaires pourvus de sanitaires communs. Certains ont même des chambres avec sdb. Le prix comprend généralement le dîner et le petit-déjeuner. Les repas se prennent en compagnie des propriétaires ou, pour les lieux de plus grande capacité, dans une sorte de salle de restaurant. Seule constante, un cadre rustique et verdoyant qui donne un aperçu du Vietnam rural.

Beaucoup de touristes réservent un séjour en groupe depuis HCMV, mais rien n'empêche de se débrouiller seul. Pour cela, prenez le ferry à Vinh Long, puis un *xe om* jusqu'au point de chute de votre choix. Notez que les hôtes ne parlent souvent que le vietnamien, mais se montrent hospitaliers.

Ba Linh (☎ 070-385 8683, portable 0939 138 142 ; balinhhomestay@gmail.com ; 95 An Thanh, An Binh ; ch 350 000 d). Géré par le sympathique M. Truong, cet établissement populaire, de style traditionnel, compte 6 chambres modestes et hautes de plafond, en enfilade ; toutes sont dotées d'un ventilateur. Le petit-déjeuner et le dîner sont inclus dans le prix.

Ngoc Sang (☎ 070-385 8694 ; 95/8 Binh Luong, village de An Binh ; 15 $US/pers). Nos lecteurs apprécient cet endroit chaleureux face au canal. La nourriture est savoureuse, on vous prête gracieusement des vélos et vous pouvez participer aux travaux agricoles dans le verger.

Ut Trinh (☎ 070-395 4255, portable 0919 002 505 ; vinhlongmekongtravel@yahoo.com ; Hoa Qui, Hoa Ninh, An Binh ; ch 15-25 $US). Cet établissement très plaisant, propre et frais, dispose de chambres, d'excellente qualité, réparties dans 2 bâtiments. Le tout sur une ferme de fruits et légumes.

Nam Thanh (☎ 070-385 8883 ; namthanhomestayvn@gmail.com ; 172/9 Binh Luong, An Binh ; à partir de 12 $US). À 400 m de l'embarcadère (le propriétaire pourra venir vous chercher). Ce sympathique "campement" pour 26 personnes comporte des lits simples pliants, installés dans un espace commun, et des lits doubles plus solides dans des chambres en rotin et bambou.

Hoa Nang Cafe CAFÉ-BAR
(Đ 1 Thang 5 ; café glacé 7000 d ; ⊙7h-23h). Perché sur la rive, c'est un endroit agréable pour boire un café glacé ou un thé parfumé le matin, ou se désaltérer d'une bière fraîche au retour d'une promenade en bateau.

❶ Depuis/vers Vinh Long

BATEAU

Des cargos transportent parfois des passagers de Vinh Long jusqu'à Chau Doc (près de la frontière cambodgienne) ; renseignez-vous sur place, près de l'embarcadère des ferries.

BUS

La **gare routière de Vinh Long** (Ben Xe Thanh Pho Vinh Long ; Đ 3 Thang 2), dans le centre, dessert HCMV (90 000 d) et Sa Dec (9 000 d). Pour les autres destinations, dont Can Tho (34 000 d) et Cao Lanh (17 000 d), mieux vaut prendre le bus à la **gare routière provinciale** (RN 1A), à 3 km au sud de la ville sur la route de Can Tho. Les bus pour Can Tho (40 000 d), HCMV (100 000 d) et d'autres destinations partent d'ici. Du centre-ville à la gare routière provinciale, une moto-taxi coûte environ 300 000 d.

VOITURE ET MOTO

Vinh Long se situe près de la RN 1A, à 33 km de Can Tho, à 66 km de My Tho et à 136 km de HCMV.

Can Tho

☑ 071 / 1,2 MILLION D'HABITANTS

Épicentre du delta du Mékong, Can Tho est la plus grande ville de la région et fait figure de métropole après quelques jours passés en pleine nature. Centre politique, économique, culturel et carrefour des transports du delta, c'est une cité affairée, avec des quais animés et un séduisant ensemble de rues étroites et de larges boulevards.

Base idéale pour découvrir les marchés flottants alentour, la ville attire quantité de touristes qui partent sillonner en bateau la myriade de canaux et de cours d'eau de la région.

👁 À voir

Temple Ong   TEMPLE CHINOIS
(32 Đ Hai Ba Trung; ☉6h-20h). GRATUIT Dans un cadre superbe, face à la rivière Can Tho, ce temple chinois, situé dans la **maison de la congrégation de Guangzhou** (Đ Hai Ba Trung), est le site religieux le plus intéressant de la ville. Il fut construit à la fin du XIXᵉ siècle pour le culte de Kuan Kung, un dieu symbolisant la loyauté, la justice, la raison, l'intelligence, l'honneur et le courage, entre autres vertus.

Le temple est conçu de manière à évoquer l'idéogramme chinois qui signifie "nation", avec des sections closes disposées symétriquement. Partout à l'intérieur y brûlent d'immenses cônes d'encens à l'odeur âcre, accrochés au plafond. En approchant de l'écran gravé, on remarque que le côté droit est consacré à la déesse de la Fortune et le côté gauche au général Ma Tien. Au centre du temple, Kuan Kung est encadré par le dieu de la Terre et le dieu de la Prospérité.

Can Tho abritait auparavant une importante communauté chinoise, dont la plupart des membres ont fui les persécutions antichinoises de 1978-1979.

Musée de Can Tho   MUSÉE
(1 ĐL Hoa Binh; ☉8h-11h et 14h-17h mar-jeu, 8h-11h et 6h30-21h sam-dim). GRATUIT Ce vaste musée, bien agencé, illustre l'histoire locale à l'aide de mannequins et de maquettes grandeur nature, dont une pagode chinoise et l'intérieur d'une habitation. Il met l'accent sur les communautés khmère et chinoise, les plantes, les poissons et la riziculture. La guerre y occupe une part importante.

Pagode Munirensay   TEMPLE BOUDDHIQUE
(36 ĐL Hoa Binh; ☉8h-17h). GRATUIT Cette pagode fut construite en 1946 pour la communauté khmère de Can Tho. Les ornements sont typiques des pagodes bouddhiques theravada de style khmer, sans les multiples bodhisattvas et esprits taoïstes que l'on retrouve souvent dans les pagodes mahayana vietnamiennes.

👉 Circuits organisés

Visiter un marché flottant est la première chose qu'on vous proposera à Can Tho. Comptez environ 5 $US l'heure pour la location d'un petit bateau à rames de 2 ou 3 places. Vous trouverez leurs pilotes (essentiellement des femmes) le long des quais, près de la statue de Hô Chi Minh. Vous pouvez aussi vous adresser à Can Tho Tourist, mais les prix sont difficilement négociables.

De gros bateaux à moteur permettent des excursions plus longues sur le Mékong même. Renseignez-vous sur les tarifs auprès de Can Tho Tourist, puis allez faire un tour à l'embarcadère situé près de l'hôtel Ninh Kieu. Les prix varient de 200 000 d pour un circuit de 3 heures, à 350 000 d les 5 heures de croisière. N'hésitez pas à marchander.

🛏 Où se loger

Can Tho possède la meilleure gamme d'hébergements du delta.

♥ Xoai Hotel   HÔTEL $
(☎0907 652 927; http://hotelxoai.com; 93 Đ Mau Than; ch 10 $US, d 14-26 $US, lits jum 19 $US; ❄@🛜). Fantastique rapport qualité/prix pour cet agréable hôtel aux chambres spacieuses, toutes peintes en orange vif. Terrasse sur le toit, avec des hamacs.

Kim Lan Hotel   HÔTEL $
(☎071-381 7049; www.kimlancantho.com.vn; 138A Đ Nguyen An Ninh; ch 20-48 $US; ❄@🛜). 🍃 Un mini-hôtel impeccable, aux chambres chics agrémentées de meubles contemporains et d'œuvres d'art. Même les standards (20 $US), petites et sans fenêtre, ont tout de convenable, et les "deluxe" sont très jolies.

Xuan Mai Minihotel   HÔTEL $
(☎071-382 3578; tcdac@yahoo.com; 17 Đ Dien Bien Phu; ch 12 $US; ❄🛜). Au bout d'une petite ruelle, cet établissement dispose de chambres spacieuses (TV, réfrigérateur et douche chaude), propres et calmes.

Phuong Nam   HÔTEL $
(☎071-376 3959; 118/9/39 Đ Tran Van Kheo; ch 20 $US; ❄@🛜). Élégant hôtel (7 étages, ascenseur), proche de la gare routière, dans une partie animée du centre-ville – sur la même artère que le marché central. Les chambres comportent une grande sdb.

♥ Kim Tho Hotel   HÔTEL $$
(☎071-381 7517; www.kimtho.com; 1A Đ Ngo Gia Tu; ch 950 000-1 400 000 d; ❄🛜). Cette adresse chic, aux allures d'hôtel de charme, se distingue par son hall décoré de belles étoffes. Chambres raffinées avec sdb design. Les moins chères occupent les étages inférieurs; les chambres supérieures ont du parquet, et celles qui donnent sur la rivière,

Can Tho

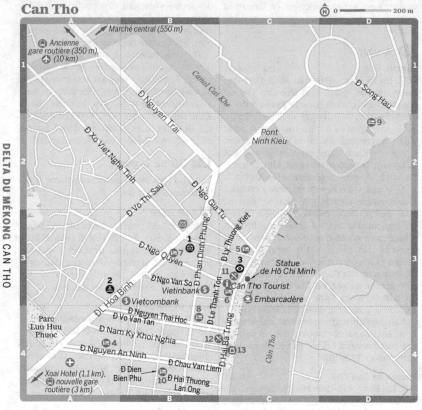

N   0 ——— 200 m

Marché central (550 m)

Ancienne gare routière (350 m), (10 km)

Đ Nguyen Trai

Đ Xo Viet Nghe Tinh

Canal Cai Khe

Đ Song Hau

9

Pont Ninh Kieu

Đ Vo Thi Sau

Đ Ngo Gia Tu

Đ Ngo Quyen

Phan Dinh Phung

Đ Ly Thuong Kiet

1

7

5

11   3

Statue de Hô Chi Minh

Đ Ngo Van So

Vietinbank

Cần Tho Tourist

2

ĐL Hoa Binh

Vietcombank

6   Embarcadère

Đ Nguyen Thai Hoc

Đ Vo Van Tan

8

Đ Le Thanh Ton

Parc Luu Huu Phuoc

Đ Nam Ky Khoi Nghia

4

12

Đ Hai Ba Trung

Can Tho

Đ Nguyen An Ninh

Đ Chau Van Liem

13

Xoai Hotel (1,1 km), nouvelle gare routière (3 km)

Đ Dien Bien Phu

10

Đ Hai Thuong Lan Ong

---

plus onéreuses, restent très intéressantes. Agréable café sur le toit, au 12ᵉ niveau.

Saigon Cantho   HÔTEL $$

(☎ 071-382 5831 ; www.saigoncantho.com.vn ; 55 Đ Phan Dinh Phung ; ch 476 000-1 190 000 d, 562 000-1 190 000 d ; ✳ @). Un établissement bien tenu, apprécié pour son choix de chambres (coffre-fort) à prix justes. TV à écran plat et corbeille de fruits dans les "deluxe", de style suites.

Ninh Kieu 2   HÔTEL $$

(☎ 071-625 2377 ; www.ninhkieuhotel.com ; 3 ĐL Hoa Binh ; ch 777 000-1 097 000 d ; ✳ 🛜). Grand hôtel aux chambres propres et confortables, dotées d'un beau mobilier. Les moins chères, sans fenêtre, sont agréablement agencées, avec une petite baignoire d'angle. Certaines chambres supérieures ont des fenêtres donnant sur la cour intérieure ; demandez à en voir plusieurs avant de choisir.

♥ Nam Bo Boutique Hotel   HÔTEL DE CHARME $$$

(☎ 071-381 9139 ; www.nambocantho.com ; 1 Đ Ngo Quyen ; ch à partir de 140 $US). Occupant un édifice de style colonial, ce bel hôtel en bord de rivière compte seulement 7 suites et combine décoration traditionnelle et élégance contemporaine. Le service est toutefois un peu décevant. Excellents restaurants au dernier étage et au rez-de-chaussée.

♥ Victoria Can Tho Resort   COMPLEXE HÔTELIER $$$

(☎ 071-381 0111 ; www.victoriahotels.asia ; Cai Khe Ward ; ch 91-230 $US, ste 277-310 $US ; ✳ @ 🛜 ⛵). Le comble du chic dans le delta du Mékong. Les chambres, de style colonial, sont aménagées le long de galeries à colonnades autour d'une piscine surplombant le fleuve. Le service est particulièrement courtois. Excellent restaurant, bar en plein air et spa au bord du fleuve. Nombreuses activités

Can Tho

possibles (circuits à vélo, cours de cuisine, croisières…).

🍴 Où se restaurer et prendre un verre

Pour des plats économiques et savoureux, essayez les **étals de restauration du marché central** (Đ Tran Quang Khai), regroupés dans un espace couvert à deux rues au nord du bâtiment principal. Autre lieu incontournable, l'**allée des fondues** (Hem 1, entre Đ Mau Than et Đ Ly Tu Trung, à l'est du Xoai Hotel) est idéale pour se régaler d'une fondue de poisson ou de canard ; les restaurants sont concentrés dans une allée.

Sao Hom   VIETNAMIEN ET INTERNATIONAL $
(50 Đ Hai Ba Trung ; plats 45 000-160 000 d ; ◷8h-23h). Installé dans l'ancien marché (désormais haut de gamme), ce restaurant jouit d'un cadre pittoresque et profite de la fraîcheur du bord de la rivière. Un endroit idéal pour déjeuner ou prendre son café matinal. Service assuré par un personnel en *ao dai* (costume traditionnel du Vietnam).

Mekong   VIETNAMIEN ET INTERNATIONAL $
(38 Đ Hai Ba Trung ; plats à partir de 25 000 d ; ◷7h-20h). Donnant sur la très animée Hai Ba Trung, cette adresse est prisée des voyageurs, qui viennent pour son choix de plats locaux et internationaux à prix raisonnables. Goûtez la

délicieuse soupe de poisson aigre (40 000 d) ; bonne sélection de mets végétariens.

Nam Bo   VIETNAMIEN ET INTERNATIONAL $
(☎071-382 3908 ; http://nambocantho.com ; Nam Bo Boutique Hotel, 1 Đ Ngo Quyen ; plats à partir de 45 000 d, menu 210 000 d ; ◷8h-23h). Ambiance romantique et méditerranéenne pour ce restaurant, au rez-de-chaussée de l'hôtel Nam Bo. Il est plus abordable que L'escale, au dernier étage, mais ne bénéficie pas du même point de vue.

New Delhi Indian Food   INDIEN $
(128 Đ Hai Ba Trung ; plats à partir de 40 000 d ; ◷10h-23h). Dans ce restaurant indien sombre et sans caractère, le manque de charme est compensé par les délicieux *vindaloos*, *kormas*, samosas et naans.

Phuong Nam   VIETNAMIEN $
(48 Đ Hai Ba Trung ; plats à partir de 40 000 d ; ◷10h-22h). On s'installe, au choix, sur la terrasse à l'étage – idéale pour observer les passants –, ou dans la salle du rez-de-chaussée, plus chic. Outre le serpent, spécialité de la maison, il y a de bons mets végétariens.

L'Escale   VIETNAMIEN ET INTERNATIONAL $$$
(☎071-381 9139 ; Nam Bo Boutique Hotel, 1 Đ Ngo Quyen ; plats 70 000-410 000 d ; ◷6h-22h30). Table romantique, en haut de l'hôtel Nam Bo, avec vue imprenable sur la rivière. Cuisine fine inspirée du marché, et remarquable carte des vins.

🛍 Achats

Ancien marché   MARCHÉ
(50 Đ Hai Ba Trung). Coiffé d'un toit en tuiles ourlé de décorations en céramique, ce marché de l'époque coloniale est le fleuron du joli quartier touristique qui borde le fleuve. L'activité marchande, haute en couleur, a été transférée au marché central, cédant la place à des stands d'objets en laque, de vêtements, de cartes postales, d'enveloppes de coussins et d'autres articles du même genre.

Marché central   MARCHÉ
(Đ Tran Van Kheo). Le marché de Can Tho s'étend sur quatre bâtiments et plusieurs pâtés de maisons contigus au canal Cai Khe, par lequel de nombreux fermiers et grossistes continuent d'acheminer leurs produits. Consacrée à l'alimentaire, la halle principale regorge de victuailles multicolores et odorantes. De l'autre côté de la rue se tient le marché aux vêtements.

DELTA DU MÉKONG CAN THO

BIENVENUE AU KAMPUCHEA KROM

Dans certaines provinces du delta du Mékong, vous serez peut-être surpris de découvrir des villes dont les habitants parlent une langue différente, suivent une autre branche du bouddhisme et ont une histoire et une culture très éloignées des autres Vietnamiens. Vous êtes chez les Khmers Krom, une minorité dans le delta, mais qui furent les premiers habitants de la région, installés ici depuis plus de 2 000 ans.

Les Khmers continuent d'appeler Kampuchea Krom ("Bas-Cambodge") le delta du Mékong, où leur présence remonte au Ier siècle, lors de la fondation du Funan, un empire maritime qui s'étendait de la péninsule malaise jusqu'au Mékong. Les archéologues pensent que le royaume du Funan était régi par une société très avancée qui construisit des canaux, fit le commerce des métaux précieux, mit en place un système politique élaboré et utilisa des techniques agricoles efficaces. Au Funan succéda le royaume du Chenla (630-802), puis l'Empire khmer, royaume le plus puissant d'Asie du Sud-Est, qui édifia Angkor Vat, entre autres splendeurs. Au XVIIe siècle cependant, l'Empire khmer était en ruine, menacé par les velléités expansionnistes du Siam (l'actuelle Thaïlande) et du Vietnam. Ce fut l'époque de la montée en puissance de l'Empire vietnamien qui commença à s'étendre vers le sud, envahissant d'abord l'Empire cham avant de s'intéresser aux territoires khmers du delta du Mékong.

Selon certains historiens, quelque 40 000 familles khmères vivaient autour de Prey Nokor lors de l'arrivée des Vietnamiens dans les années 1600, à la suite de l'octroi de droits d'installation par le roi Chey Chettha en 1623. Prey Nokor, un important port pour le royaume cambodgien, fut rebaptisé Saigon en 1698. Des vagues de colons vietnamiens peuplèrent la ville, tandis que d'autres poursuivaient leur avancée au sud. Avant leur arrivée, 700 temples khmers parsemaient le sud du Vietnam. Au cours du siècle suivant, les Khmers Krom luttèrent et remportèrent quelques victoires, parvinrent à repousser l'envahisseur avant de subir de nouvelles attaques.

Lorsque les Français s'emparèrent de l'Indochine au XIXe siècle, l'espoir d'un Kampuchea Krom indépendant fut irrémédiablement détruit. Alors que les Khmers constituaient la majorité de la population dans le sud du Vietnam, les Français ne rattachèrent pas cette colonie au Cambodge, mais en firent un protectorat séparé, appelé Cochinchine. Les Français annexèrent officiellement le Kampuchea Krom le 4 juin 1949, un jour de deuil pour les Cambodgiens, même si le sort de la région était prévisible depuis des siècles.

Depuis l'indépendance, en 1954, le gouvernement vietnamien a adopté une politique d'intégration et d'assimilation forcée ; les Khmers Krom doivent, entre autres obligations, prendre des noms de famille vietnamiens et parler vietnamien. Selon la Fédération des Khmers du Kampuchea Krom (FKK), ils ont été victimes de nombre d'atrocités au cours des quarante dernières années et continuent d'être persécutés. Ils dénoncent l'accès difficile au système de santé vietnamien et des discriminations religieuses (les Khmers Krom sont des bouddhistes theravada, alors que les Vietnamiens sont des bouddhistes mahayana) et raciales.

Les Khmers constituent la couche la plus pauvre de la population. Même leur nombre soulève la controverse : les autorités vietnamiennes recensent 1 million de Khmers Krom, alors que la FKK affirme que 7 millions de Khmers vivent dans le sud du Vietnam.

Derrière le pâté de maisons suivant, jalonné de stands de restauration, un autre bâtiment renferme des échoppes de sacs, de ceintures et de bijoux.

❶ Renseignements

Can Tho Tourist (☎ 071-382 1852 ; www.canthotourist.com.vn ; 50 Ð Hai Ba Trung). Le personnel, très serviable et qui parle français et anglais, vous renseignera sur la région. Cartes correctes de la ville. Il y a aussi un guichet de réservation pour Vietnam Airlines et Jetstar.

Hôpital (Benh Vien ; ☎ 071-382 0071 ; 4 Ð Chau Van Liem)

Poste principale (2 ÐL Hoa Binh). Services postaux et accès à Internet.

❶ Depuis/vers Can Tho

AVION

Can Tho possède un nouvel aéroport international depuis 2011, mais lors de notre passage, les seuls vols assurés étaient ceux de **Vietnam Airlines** (www.vietnamairlines.com) et **VASCO** (www.vasco.com.vn) à destination de l'île de Phu Quoc, des îles Con Dao, de Hanoi et de HCMV (des vols pour Danang devraient être opérationnels bientôt). Il se trouve à 10 km au nord-ouest du centre, le long de Đ Le Hong Phong, prolongement de Đ Nguyen Trai. Un taxi pour la ville coûte environ 180 000 d.

BUS

Can Tho dispose de deux gares routières. De l'**ancienne gare routière** (Ben Xe Khach Can Tho ; angle Đ Nguyen Trai et Đ Hung Vuong), située à la lisière nord du centre de la ville, des bus desservent régulierement la gare routière de Mien Tay à HCMV (100 000-110 000 d), Cao Lanh (60 000 d), Ben Tre (70 000 d), My Tho (70 000 d), Ca Mau (90 000 d), Chau Doc (60 000 d) et Long Xuyen (40 000 d). De la **nouvelle gare routière**, au sud-ouest, des liaisons sont assurés pour HCMV (110 000 d), Ca Mau (110 000 d) et Dalat (320 000 d).

BATEAU

Plusieurs services permettent de rejoindre d'autres villes du delta, dont des ferries qui rallient Ca Mau (100 000 d, 3-4 heures) en passant par Phung Hiep.

❶ Comment circuler

Propre au delta du Mékong, le *xe loi*, un véhicule de fortune, est le moyen de transport le plus utilisé à Can Tho. Sorte de cyclo-pousse motorisé, il consiste en une petite remorque à deux roues fixée à l'arrière d'une moto et peut transporter au moins 2 passagers. Une course en ville coûte en moyenne 10 000 d par personne. Pour aller de l'ancienne gare routière au bord de la rivière, comptez 30 000 d.

Environs de Can Tho

Installés le long des rives dans les secteurs larges du fleuve, les marchés flottants sont l'un des grands attraits du delta. La plupart des commerçants viennent tôt pour éviter la chaleur, et visiter les marchés entre 6h et 8h permet d'échapper à l'affluence touristique. Les marées conditionnent toutefois les déplacements des gros bateaux, qui doivent souvent attendre que le tirant d'eau soit suffisant pour naviguer.

Avec l'amélioration des routes et des transports publics, certains des petits marchés flottants situés en zone rurale tendent à disparaître, mais beaucoup de grands marchés proches des secteurs urbains sont encore bien implantés.

De Can Tho, on accède facilement, à vélo ou en bateau, à la campagne environnante, réputée pour ses vergers de durians, de mangoustaniers et d'orangers.

◉ À voir et à faire

Marché flottant de Cai Rang MARCHÉ FLUVIAL
Cai Rang, le plus grand marché flottant du delta du Mékong, se situe à 6 km de Can Tho en direction de Soc Trang. Si des vendeurs restent jusqu'à midi, le marché est plus intéressant avant 9h. Venez tôt pour éviter les groupes en circuit organisé. Un pont permet de prendre d'excellentes photos.

Bien que Cai Rang soit visible de la route, mieux vaut venir en bateau (6 $US) ; comptez 1 heure depuis le marché de Can Tho. Vous pouvez aussi aller en voiture jusqu'à l'embarcadère de Cau Dau Sau (près du pont Dau Sau), à 10 minutes en bateau du marché.

Marché flottant de Phong Dien MARCHÉ
Sans doute le plus beau marché flottant du delta, Phong Dien compte moins de bateaux à moteur et plus de barques à godille. Bien moins touristique que Cai Rang, il s'anime particulièrement entre 6h et 8h. Il se trouve à 20 km de Can Tho et la plupart des visiteurs viennent par la route.

Pour venir en bateau, il faut partir à 3h30 (aller-retour 600 000 d) et organiser le trajet la veille. En principe, il est possible d'organiser un circuit éclair en bateau jusqu'à Phong Dien, en visitant les petits canaux à l'aller et le marché flottant de Cai Rang au retour, une excursion de 5 heures à partir de Can Tho. Pour des circuits sur de plus petits bateaux (4 $US/heure), les prestataires sont regroupés dans Đ Hai Ba Trung à proximité de la rivière, mais vérifiez attentivement l'état des embarcations avant de vous engager ; l'option la plus rapide consiste à prendre un *xe om* ou un taxi, puis à louer un bateau à l'autre bout.

Bang Lang RÉSERVE ORNITHOLOGIQUE
(20 000 d ; ⊙5h-18h). Sur la route entre Can Tho et Long Xuyen, Bang Lang (également appelée Vuon Co) est une magnifique réserve ornithologique de 1,3 ha abritant des milliers de cigognes. Une haute plateforme d'observation permet d'observer les oiseaux. L'aube et le crépuscule sont les moments les plus favorables.

Bang Lang se trouve dans le district de Thot Not, à 15 km au sud-est de Long Xuyen. Dans le hameau de Thoi An, repérez le panneau indiquant "Ap Von Hoa" ; en venant de Can Tho, vous le verrez du côté ouest de la route, juste après un petit pont. La réserve est à 30 minutes de marche de la nationale (comptez 20 000 d de moto-taxi).

Soc Trang

079 / 174 000 HABITANTS

Ville sans grand charme, Soc Trang est un haut lieu de la communauté khmère, qui représente 28% de la population de la province. Elle constitue une base pratique pour découvrir les imposants temples khmers des alentours.

⊙ À voir

Pagode aux Chauves-Souris   TEMPLE BOUDDHIQUE

(Chua Doi). Ce vaste et paisible ensemble monastique khmer est surtout connu pour sa colonie de chauves-souris frugivores, accrochées par centaines dans les arbres. Les plus grandes pèsent environ 1 kg et leur envergure peut atteindre 1,50 m.

Venez plutôt tôt le matin ou une heure avant le coucher du soleil, quand les chauves-souris sont le plus actives ; au crépuscule, elles s'envolent par centaines pour envahir les vergers, à la consternation des fermiers qui les piègent et les mangent. Sur le domaine du monastère, elles sont protégées. Les bonzes ne demandent pas d'argent, mais vous pouvez laisser une obole.

La pagode est ornée de bouddhas dorés et de peintures murales, financés par des Vietnamiens expatriés. Dans une salle se dresse la statue grandeur nature du moine fondateur du temple.

VAUT LE DÉTOUR

LA PAGODE XA LON

Cette splendide pagode khmère classique fut à l'origine construite en bois au XVIIIe siècle. Entièrement rebâtie en 1923, elle se révéla trop petite. L'actuel sanctuaire a été lentement édifié de 1969 à 1985, au rythme des dons des fidèles. De magnifiques tuiles en céramique couvrent les murs extérieurs.

Les quelque 25 bonzes résidant ici mènent une vie austère : petit-déjeuner à 6h, aumônes jusqu'à 11h, prière, déjeuner à 12h, étude l'après-midi (pas de repas le soir). La pagode possède également une école qui enseigne le bouddhisme et le sanskrit.

Elle se situe à 12 km de Soc Trang sur la RN 1A en direction de Bac Lieu.

La pagode est à 2 km au sud de Soc Trang. On peut s'y rendre en *xe om* (20 000 d) ou bien à pied en suivant Đ Le Hong Phong vers le sud sur 1 km, avant de tourner à droite dans Đ Van Ngoc Chinh.

Pagode d'Argile   TEMPLE BOUDDHIQUE

(163 Đ Ton Duc Thang). Le Buu Son Tu (temple de la Montagne précieuse) fut fondé il y a plus de deux siècles par une famille chinoise, les Ngô. Aujourd'hui, il est plus connu sous le nom de Chua Dat Set, "pagode d'argile".

D'aspect plutôt banal à l'extérieur, cette pagode a la particularité de ne contenir que des objets en argile. Les centaines de statues et sculptures ont été réalisées par le moine Ngô Kim Tong, qui, de l'âge de 20 ans jusqu'à sa mort à 62 ans, s'est consacré à son décor, totalement différent des pagodes khmères ou vietnamiennes de Soc Trang. C'est un lieu de culte actif. Le bonze qui la dirige, Ngô Kim Giang, est le frère cadet de l'artiste. Très sympathique, il parle parfaitement français et se fera un plaisir de vous renseigner.

À l'entrée, les visiteurs sont accueillis par l'une de ses plus imposantes créations : un éléphant à six défenses qui serait apparu en rêve à la mère du Bouddha. L'autel central, réalisé avec plus de 5 tonnes d'argile, compte un millier de bouddhas assis sur des pétales de lotus. Remarquez la tour chinoise de 13 étages, haute de plus de 4 m ; décorée de 156 dragons, elle comporte 208 niches contenant chacune un petit bouddha.

Faites attention à ne pas effleurer les fragiles objets en argile au cours de la visite. Les dons sont appréciés. La pagode est à courte distance du centre de la ville.

Pagoda Kh'leang   TEMPLE BOUDDHIQUE

(Chua Kh'Leang ; 68 Đ Ton Duc Thang). Hormis la peinture un rien criarde, cette pagode semble directement importée du Cambodge. Construite à l'origine en bambou en 1533, elle a été entièrement rebâtie en béton en 1905. Plusieurs bonzes résident dans la pagode, qui accueille plus de 150 novices venus de tout le delta pour étudier à l'École bouddhique de Soc Trang, de l'autre côté de la rue. Sept fêtes religieuses ont lieu ici chaque année, attirant des fidèles des confins de la province.

Musée Khmer   MUSÉE

(079-382 2983 ; 23 Đ Nguyen Chi Thanh ; 7h30-11h et 13h30-17h lun-ven). GRATUIT Consacré à l'histoire et à la culture de la communauté khmère du Vietnam, ce petit musée se double d'un centre culturel où des spectacles de danse et de musique traditionnelles sont régulièrement organisés pour des groupes. Les collections se limitent à des photos, quelques costumes et autres objets traditionnels.

Le musée fait face à la pagode Kh'leang.

✳ Fêtes et festivals

Tous les ans, la communauté khmère organise la **fête d'Oc Bom Boc** (appelée au Cambodge Bon Om Tuk, fête de l'Eau), qui s'accompagne de courses de bateaux sur la rivière Soc Trang. Les courses se déroulent le 15e jour du 10e mois lunaire, habituellement en novembre. Elles commencent à midi, mais la ville se remplit dès la veille. Les hôtels sont alors pris d'assaut. L'événement attire des visiteurs venus de tout le Vietnam et même du Cambodge, et par conséquent les chambres d'hôtel sont rares.

🛏 Où se loger et se restaurer

Soc Trang n'ayant rien d'enthousiasmant en matière d'hébergement, mieux vaut pousser jusqu'à Can Tho.

Que Huong Hotel HÔTEL **$**
(☑ 079-361 6122 ; 128 Đ Nguyen Trung Truc ; ch 270 000 d, ste 450 000-600 000 d ; ❄ 🛜). Les chambres se révèlent plus attrayantes que ne le laisse supposer la façade austère. Les suites disposent d'une baignoire encastrée et d'un bar (boissons en sus).

Quan Hung VIETNAMIEN **$**
(24/5 Đ Hung Vuong ; plats 40 000-130 000 d). Dans une ruelle le long de la route qui mène en ville, ce vaste restaurant, ouvert sur les côtés, attire constamment du monde grâce à ses délicieuses grillades de viande et de poisson. Si vous êtes nombreux, prenez une fondue.

ℹ Depuis/vers Soc Trang

Des bus circulent entre Soc Trang et la plupart des villes du Mékong. La gare routière se trouve sur la RN 1A, près du croisement avec Đ Hung Vuong, le grand axe qui conduit en ville. Elle dessert Can Tho (1 heure 30, 60 000 d), Bac Lieu (65 000 d) et Ha Tien (130 000 d).

Bac Lieu et ses environs

☑ 0781 / 136 000 HABITANTS

Peu de voyageurs s'arrêtent à Bac Lieu. En chemin, les amoureux des oiseaux pourront visiter l'excellente réserve ornithologique, proche de la ville.

Bac Lieu possède quelques beaux bâtiments coloniaux décrépits, parmi lesquels

le **Cong Tu Hotel** (☑ 0781-395 3304 ; 13 Đ Dien Bien Phu ; ch 300 000-500 000 d ; ❄), une demeure construite en 1919 avec des matériaux importés de France, est le plus grandiose. Playboy (*cong tu*) notoire, le fils aîné des anciens propriétaires se serait illustré en brûlant des billets pour faire cuire un œuf dans l'espoir d'impressionner l'une de ses conquêtes. Après la dilapidation de la fortune familiale, la maison fut vendue et transformée en hôtel. Sinon, des pensions bon marché jalonnent la route en provenance de Soc Trang (chambres autour de 10 $US).

👁 À voir

Réserve ornithologique de Bac Lieu RÉSERVE NATURELLE
(Vuon Chim Bac Lieu ; ☑ 0781-383 5991 ; 15 000 d ; ⊙ 7h30-17h). Cette réserve ornithologique, à 6 km au sud-ouest de la ville, accueille une cinquantaine d'espèces d'oiseaux, dont une importante colonie de hérons blancs. Le nombre de volatiles est à son maximum durant la saison des pluies – de mai à octobre approximativement. Les oiseaux nichent là jusqu'en janvier, puis presque tous s'envolent vers de plus vertes contrées jusqu'au retour de la saison des pluies suivante.

Le trajet depuis Bac Lieu n'est pas évident. Ensuite, il faut marcher dans une jungle épaisse (et souvent boueuse) ; prévoyez de bonnes chaussures, de l'eau, des jumelles et suffisamment d'antimoustique. Il y a une tour d'observation dans la réserve.

Vous paierez le droit d'entrée en arrivant à la réserve. Mieux vaut engager un guide pour éviter de vous perdre. Les guides, qui pour la plupart ne parlent que vietnamien, ne sont pas censés recevoir de l'argent ; remettez-leur discrètement un pourboire. Vous pouvez également réserver transport et guide à l'office du tourisme de Bac Lieu, mais cela vous coûtera beaucoup plus cher.

🍴 Où se restaurer et prendre un verre

Pho Ngheu Thanh Huong VIETNAMIEN **$**
(43 Tran Quynh ; plats 25 000-47 000 d). Si l'on peut sans doute manger un *pho* (soupe aux pâtes de riz) et un *banh mi* (sandwhich à la baguette) similaires dans la rue, la terrasse sur le toit, éclairée de guirlandes électriques, de ce lieu élégant a l'avantage de dominer le trafic.

Kitty CAFÉ-BAR

(angle Đ Tran Phu et Ba Trieu ; ☺10h-23h). Ce café, aménagé au 1er étage, surplombe l'un des nombreux ronds-points très passants de Đ Tran Phu. Avec son décor noir et blanc rehaussé de chromes et son mur tapissé d'écrans de télévision, il offre un cadre agréable pour prendre un café vietnamien accompagné de pâtisseries, par exemple.

ⓘ Renseignements

Bac Lieu Tourist (☎0781-382 4273 ; www. baclieutourist.com ; 2 Đ Hoang Van Thu ; ☺7h-11h et 13h-17h). Le personnel, très obligeant, fournit des plans sommaires de la ville et des renseignements sur les excursions à la réserve ornithologique.

Poste (20 Đ Tran Phu). Près du principal rond-point.

ⓘ Comment s'y rendre et circuler

La **gare routière** (Ben Xe Tinh Bac Lieu) borde la principale route qui mène en ville, à 1 km au nord du centre. Des bus desservent régulièrement HCMV (130 000 d), Soc Trang (65 000 d), Ha Tien (130 000 d), Ca Mau (30 000 d), Can Tho (65 000 d).

Ca Mau

☎0780 / 205 000 HABITANTS

Bâtie sur les rives marécageuses de la Ganh Hao, Ca Mau est la capitale et la seule vraie ville de la province du même nom. Occupant la pointe sud du delta du Mékong, cette région reculée et inhospitalière ne fut pas cultivée avant la fin du XVIIe siècle. La province détient la plus faible densité de population du sud du Vietnam, et englobe le plus grand marais du pays, réputé pour ses moustiques voraces.

Compte tenu de cela, on peut s'étonner que la ville de Ca Mau soit aussi agréable, avec ses larges boulevards, ses parcs et ses rues commerçantes animées. Si elle s'est rapidement développée ces dernières années, elle reçoit cependant peu de touristes. Les sites les plus intéressants sont en effet les marécages et les forêts des environs, que l'on peut explorer en bateau.

⊙ À voir

Marché de Ca Mau MARCHÉ

(Đ Le Loi). La vie de Ca Mau se déroule traditionnellement au bord de l'eau et, si le marché flottant a disparu, le marché principal s'étend toujours le long des rues à l'ouest du canal Phung Hiep, au sud de Đ Phan Ngoc Hien.

Temple caodaïste TEMPLE

(Đ Phan Ngoc Hien). À l'instar de tous les lieux de culte caodaïstes, ce temple, édifié en 1966, présente une débauche de couleurs et d'ornements.

⊨ Où se loger

Quoc Te Hotel HÔTEL $

(International Hotel ; ☎0780-366 6666 ; www. hotelquocte.com ; 179 Đ Phan Ngoc Hien ; ch à partir de 280 000 d ; ✳🛜🛗). Un hôtel d'affaires avec piscine, service de massage et ascenseur. Sans atteindre une qualité de niveau international, les chambres sont assez élégantes. Petit-déjeuner et transfert depuis l'aéroport inclus.

Thanh Son Hotel PENSION $

(☎0780-355 0992 ; 23 Đ Phan Ngoc Hien ; ch 80 000-230 000 d ; ✳). Dans un édifice de 5 étages, un mini-hôtel typique, aux chambres lumineuses et propres – sol carrelé, TV et eau chaude. Les plus chères ont une baignoire. Le personnel parle anglais.

Anh Nguyet Hotel HÔTEL $$

(☎0780-356 7666 ; www.anhnguyethotel.com ; 207 Đ Phan Ngoc Hien ; ch 29-49 $US ; ✳🛜). "Le Clair de Lune" joue la carte du clinquant. En pratique, les chambres sont tout à fait convenables, mais les cloisons sont minces et la moquette assez bas de gamme.

✗ Où se restaurer

Spécialité de Ca Mau, les crevettes sont élevées dans les étangs et les mangroves. Ce sont les gargotes et les stands de *banh mi* regroupés dans les rues autour du marché, en particulier à l'extrémité de Đ Nguyen Huu Le, qui offrent la meilleure cuisine. Le soir, l'extrémité de Đ Pham Ngoc Hien se transforme en un vaste café en plein air.

Pho Xua VIETNAMIEN, FRUITS DE MER $$

(126 Đ Phan Ngoc Hien ; plats 50 000-300 000 d ; ☺7h-22h). Un restaurant plein de caractère, installé dans des jardins éclairés de guirlandes lumineuses. La carte fait la part belle aux crevettes et autres fruits de mer.

ⓘ Renseignements

Ca Mau Tourist (☎0780-381 7057 ; www. camau travel.vn ; 1B Đ An Duong Vuong ; ☺9h-17h)

Ca Mau

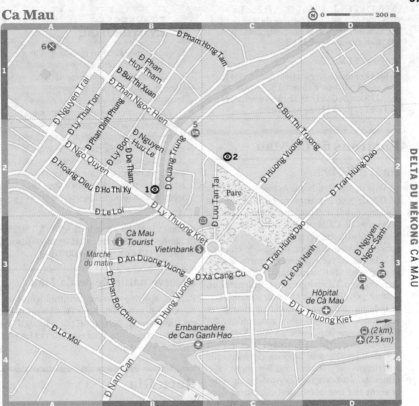

Hôpital de Ca Mau (Benh Vien Ca Mau ;
☎0780-383 1015 ; Đ Ly Thuong Kiet)

ℹ Comment s'y rendre et circuler

AVION

Vietnam Air Service Company (VASCO ; www.
vasco.com.vn), une filiale de Vietnam Airlines,
assure 2 vols quotidiens depuis/vers HCMV (à
partir de 750 000, 1 heure). L'aéroport se situe à
3 km à l'est du centre-ville, sur la RN 1A.

BATEAU

Chaque jour, 3 ou 4 hydrofoils circulent entre
Ca Mau et Rach Gia (125 000 d, 3 heures). Ils
partent de l'embarcadère des ferries de Can
Ganh Hao. De là, des vedettes rallient Nam
Can (60 000 d, 1 heure). Les bateaux pour Can
Tho (150 000 d, 3-4 heures, 3/jour) partent de
l'embarcadère de Cong Ca Mau (Đ Quang Trung),
à 3 km à l'est de la ville, et font escale à Phung
Hiep.

Ca Mau

◉ À voir
1 Marché de Cà Mau..............................B2
2 Temple caodaïste C2

🛏 Où se loger
3 Anh Nguyet Hotel................................D3
4 Quoc Te Hotel.....................................D3
5 Thanh Son Hotel B2

🍴 Où se restaurer
6 Pho Xua..A1

BUS

À HCMV, les bus à destination de Ca Mau partent
de la gare routière de Mien Tay ; le trajet dure
environ 7 heures en bus express (130 000 d).
Plusieurs bus express partent tous les jours à
destination de HCMV entre 5h et 10h30. Des
bus quotidiens se rendent également à Rach
Gia (50 000 d), Ha Tien (89 000 d), Bac Lieu
(50 000 d), Can Tho (65 000 d), Cao Lanh

(83 000 d), My Tho (100 000 d) et Ben Tre (103 000 d). La gare routière de Ca Mau se situe à 2,5 km du centre de la ville ; empruntez la RN 1A en direction de Bac Lie.

VOITURE ET MOTO

La RN 1A continue jusqu'à Nam Can, la ville la plus méridionale du Vietnam, à 50 km. Ca Mau est à 176 km de Can Tho (3 heures environ) et à 329 km de HCMV (7 heures environ).

Environs de Ca Mau

Forêt d'U-Minh

La ville de Ca Mau borde la **forêt d'U-Minh** (10 000 d ; ☉ 6h-17h, fermé mars-mai), immense mangrove de 1 000 km² qui s'étend dans les provinces de Ca Mau et de Kien Giang. Les habitants utilisent certaines essences pour la construction, le charbon de bois, le chaume et le tanin. Ils recueillent également le miel et la cire des abeilles qui butinent les palétuviers en fleur. La mangrove est également un habitat privilégié pour la faune aquatique.

U-Minh, plus grande forêt de mangrove au monde après le bassin amazonien, fut l'une des caches favorites du Viêt-cong pendant la guerre du Vietnam. Il y tendait des embuscades aux bateaux de patrouille américains et posait régulièrement des mines dans les canaux. Les Américains répliquèrent par une défoliation chimique, dont la forêt a cruellement souffert. Au fil des ans, les fortes pluies ont fini par charrier la dioxine vers la mer, et la forêt est en train de repousser. Beaucoup d'eucalyptus ont aussi été replantés ici, en raison de leur relative résistance à la dioxine.

Malheureusement, les forêts de mangrove continuent d'être déboisées pour installer des élevages de crevettes et produire du charbon et des copeaux de bois, même si le gouvernement a tenté de limiter ces activités. En 2002, une zone de 80 km² est devenue le parc national d'U-Minh Thuong.

La région est renommée pour son avifaune, et les férus d'ornithologie apprécieront une excursion en bateau autour de Ca Mau, même si les oiseaux sont moins nombreux que les moustiques. Comptez 100 000 d pour un circuit de 30 minutes en bateau dans la forêt.

Ca Mau Tourist peut organiser un circuit en bateau pour environ 140 $US, mais essayez d'obtenir un meilleur tarif auprès des loueurs de bateaux qui se trouvent à l'embarcadère des ferries. Vous pourrez

négocier le trajet en vedette jusqu'à Thu Bay (2 heures), suivi du transfert en moto jusqu'à la forêt d'U-Minh, pour 70 000 d.

Réserve naturelle de Ca Mau

Parfois appelée réserve ornithologique de Ngoc Hien, cette zone qui s'étend sur 130 ha, est uniquement accessible par bateau. C'est l'une des régions les plus sauvages et les plus protégées du delta.

Rach Gia

🖉 077 / 206 000 HABITANTS

Port florissant sur le golfe de Thaïlande et ville du Sud en plein essor, Rach Gia profite des fonds importants injectés par les Viêt Kiêu (les expatriés vietnamiens) et compte un nombre significatif d'habitants d'origine chinoise ou khmère. La plupart des voyageurs traversent rapidement le centre et vont directement au port pour prendre un bateau à destination de l'île de Phu Quoc, mais en s'attardant un peu on découvre un front de mer animé et des ruelles pleines de vie.

L'accès facile à la mer et la proximité du Cambodge et de la Thaïlande font de la pêche, de l'agriculture et de la contrebande des activités lucratives. La région était autrefois le principal fournisseur des grandes plumes utilisées pour fabriquer les éventails de cérémonie de la cour impériale.

⊙ À voir

Temple Nguyen Trung Truc   TEMPLE BOUDDHIQUE
(18 Đ Nguyen Cong Tru). Ce temple honore la mémoire de Nguyên Trung Truc, leader

Rach Gia

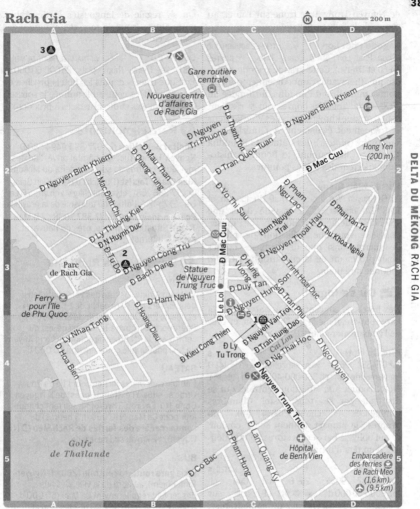

N 0 ━━━ 200 m

de la résistance vietnamienne contre la toute nouvelle présence française, dans les années 1860. Ce fut l'instigateur de l'attaque qui provoqua l'incendie du navire de guerre français *L'Espérance*. Nguyên Trung Truc continua à combattre jusqu'en 1868, quand les Français prirent en otage sa mère et plusieurs civils et menacèrent de les tuer s'il ne se rendait pas. Il se constitua prisonnier et fut exécuté le 27 octobre 1868 sur la place du marché de Rach Gia.

Le premier temple, un bâtiment simple à toit de chaume, fut agrandi au fil des ans et reconstruit à plusieurs reprises. Le portrait

Rach Gia

⊙ À voir
1 Musée Kien Giang	....	C4
2 Temple Nguyen Trung Truc	....	B3
3 Pagode Phat Lon	....	A1

🛏 Où se loger
4 Hong Yen	....	D1
5 Kim Co Hotel	....	C3

🍴 Où se restaurer
6 Hai Au	....	C4
7 Quan F28	....	B1

de Nguyên Trung Truc trône sur l'autel, au centre de la salle principale.

Pagode Phat Lon
TEMPLE BOUDDHIQUE

(Chua Phat Lon; 151 Đ Quang Trung; ☉prières 4h-6h et 17h-19h). Cette grande pagode bouddhique theravada cambodgienne, dont le nom signifie Grand Bouddha, fut fondée au XIXᵉ siècle. Tous les bonzes qui y résident sont d'origine khmère, mais des Vietnamiens la fréquentent également. À l'intérieur du sanctuaire (*vihara*), des statues du Bouddha Thich Ca (Shakyamuni, le Bouddha historique) portent des coiffes pointues.

Musée Kien Giang
MUSÉE

(21 Đ Nguyen Van Troi; ☉7h30-11h lun-ven et 13h30-17h lun-mer). GRATUIT Installé dans une splendide demeure coloniale, ce musée donne à voir une collection de photos de guerre, ainsi que des poteries et des objet provenant de la cité antique d'Oc-Eo (période du Funan).

🛏 Où se loger

Des hôtels se concentrent aux abords de la gare routière, dans Đ Le Thanh Ton, et près de l'embarcadère dans Đ Tu Do.

Kim Co Hotel
HÔTEL $

(☎077-387 9610; www.kimcohotel.com; 141 Đ Nguyen Hung Son; ch 350 000-400 000 d; ❋@☎). Hôtel coquet à la situation centrale, qui se distingue par ses tons pastel. Chambres lumineuses et chaleureuses, aux sdb propres; la plupart donnent sur le couloir, ce qui oblige à baisser les stores pour bénéficier d'un peu d'intimité.

Hong Yen
HÔTEL $

(☎077-387 9095; 259 Đ Mac Cuu; ch 150 000-250 000 d; ❋@☎). Réparti sur 4 étages (avec ascenseur) de couleur rose, ce mini-hôtel sympathique, tenu par d'aimables propriétaires, dispose de chambres impeccables, certaines avec balcon.

🍴 Où se restaurer

Rach Gia est réputée pour ses fruits de mer, ses seiches et ses filets de poisson séchés (*ca thieu*), ainsi que pour son nuoc-mam et son poivre noir.

Hai Au
VIETNAMIEN ET INTERNATIONAL $

(2 Đ Nguyen Trung Truc; plats 60 000-120 000 d; ☉6h-22h; ☎). Assez chic par rapport aux normes locales, cet immense restaurant, éclairé de lustres, bénéficie d'un superbe emplacement au bord de la rivière Cai Lon.

On s'y régale de langoustes et de crabes, entre autres fruits de mer, et il y a aussi des plats occidentaux.

Quan F28
VIETNAMIEN, FRUITS DE MER $

(28 Đ Le Thanh Thon; plats 25 000-60 000 d). Pratique d'accès depuis les hôtels proches de la gare routière, cette table animée le soir sert des coquillages et des crustacés à prix doux.

ℹ Renseignements

Hôpital Benh Vien (☎077-394 9494; 80 Đ Nguyen Trung Truc). Un hôpital privé, l'un des meilleurs centres de soins du delta du Mékong.

Kien Giang Tourist (Du Lich Lu Hanh Kien Giang; ☎077-386 2081; ctycpdulichkg@.vnn.vn; 5 Đ Le Loi; ☉7h-17h). L'office du tourisme de la province.

Poste principale (☎077-387 3008; 2 Đ Mau Than). Situation centrale, près du fleuve, et accès à Internet.

ℹ Depuis/vers Rach Gia

AVION

Vietnam Airlines assure des vols quotidiens depuis/vers HCMV (à partir de 1 100 000 d) et l'île de Phu Quoc (à partir de 800 000 d). L'aéroport se trouve à 10 km au sud-est du centre, sur la RN 80 en direction de Long Xuyen; un taxi pour la ville coûte environ 80 000 d.

BATEAU

L'embarcadère des ferries pour l'île de Phu Quoc se situe à l'extrémité ouest de Đ Nguyen Cong Tru. Environ 3 hydrofoils partent chaque jour pour Ca Mau (110 000 d, 3 heures) de l'**embarcadère des ferries de Rach Meo** (Đ Ngo Quyen), à 2 km au sud de la ville.

BUS

De la **gare routière centrale** (260A Đ Nguyen Binh Khiem), au nord de la ville, des bus desservent régulièrement Ca Mau (50 000 d, 3 heures), Ha Tien (38 000 d, 2 heures) et d'autres villes de la région. Un taxi pour le centre-ville revient à 20 000 d environ.

VOITURE ET MOTO

Rach Gia est à 90 km de Ha Tien, à 120 km de Can Tho et à 270 km de HCMV.

Île de Phu Quoc
☎077 / 85 000 HABITANTS

Ourlée de plages de sable blanc et composée de vastes parcelles couvertes de jungle tropicale épaisse, Phu Quoc est rapidement passée de la situation de petit coin tranquille à celle de destination balnéaire incontournable, prisée des expatriés occidentaux et des touristes avides de soleil. Au-delà des complexes hôteliers qui jalonnent Long Beach, elle reste toutefois largement préservée, et vous aurez tout le loisir de l'explorer et d'échapper à la civilisation. Pratiquez la plongée sur les récifs, faites du kayak dans les baies, avalez des kilomètres de petites routes à moto ou contentez-vous de buller sur la plage, en vous offrant un massage et un bon plat de fruits de mer.

Cette île en forme de larme est située dans le golfe de Thaïlande, à 45 km à l'ouest de Ha Tien et à 15 km au sud de la côte cambodgienne. Longue de 48 km (pour une surface de 574 km^2), c'est la plus grande île du Vietnam (sa superficie est équivalente à celle de Singapour)... Son territoire est aussi le plus contesté : le Cambodge revendique Phu Quoc, appelée Koh Tral en khmer, qui fut offerte au Vietnam par les Français en 1949 lors de l'annexion du delta du Mékong. Ce qui explique pourquoi les Vietnamiens ont construit une base militaire qui couvre la majeure partie du nord de l'île.

L'île ne fait pas réellement partie du delta du Mékong et ne se prête pas à la riziculture. Sa culture la plus lucrative est le poivre noir, mais les îliens ont toujours gagné leur vie grâce à la mer. Phu Quoc est également réputée pour son nuoc-mam de qualité supérieure.

Il y a sur l'île une race de chiens endémique. Dotés d'une crête dorsale, de pattes palmées et d'une gueule bleue, ces chiens de chasse sont capables de repérer l'odeur de leur maître à plus de 1 km. Avec leur aide, les îliens ont décimé la majeure partie de la faune locale.

En dépit d'un développement manifeste (nouvel aéroport international, terrain de golf, nouvelles routes et projet de "complexe écotouristique avec casino"), l'île est en grande partie protégée puisqu'elle est classée parc national depuis 2001. Le parc national de Phu Quoc couvre près de 70% de l'île, soit une superficie de 314 km^2.

La saison des pluies assombrit le ciel de Phu Quoc de fin mai à octobre : la mer est alors agitée et beaucoup de spots de plongée deviennent impraticables. La haute saison touristique correspond au milieu de l'hiver, quand le ciel est bleu et la mer, calme. La chaleur peut être écrasante en avril et mai.

Lors de nos recherches, la route menant à la plage de Sao, dans le sud de l'île, était en voie d'être élargie et regoudronnée, afin de faciliter l'accès au site.

Histoire

Phu Quoc servit de base au missionnaire français Pigneau de Béhaine pendant les années 1760 et 1780. Il accueillit ici le prince Nguyên Anh, futur empereur Gia Long, alors pourchassé par les rebelles Tây Son.

Île relativement isolée, boisée et sans grand intérêt économique, Phu Quoc servit de prison à l'administration coloniale française. Les Américains prirent le relais et environ 40 000 prisonniers viêt-cong y furent détenus. La prison du Cocotier (Nha Lao Cay Dua), principale colonie pénitentiaire, toujours en activité, se situe près de An Thoi. Bien qu'elle soit considérée comme un site historique, le projet d'installer un musée a été repoussé.

⊙ À voir

Duong Dong   VILLE PORTUAIRE

Plus importante ville de l'île et principal port de pêche de la côte ouest, Duong Dong est une mosaïque improbable d'hôtels, de restaurants, de bars et de commerces. La belle Long Beach, qui concentre la plupart des hôtels, complexes et bars de bord de plage, s'étend vers le sud.

La ville elle-même n'a guère d'intérêt. Le vieux pont est un bon endroit pour photographier la flotte de pêche, amarrée dans un étroit canal. Vous pourrez flâner dans le marché de jour (carte p. 389), sale mais animé, et goûter les délices proposés sur les étals de restauration de l'excellent marché de nuit (p. 391).

Château de Cau   TEMPLE TAOÏSTE

(Dinh Cau ; carte p. 389 ; Đ Bach Dang, Duong Dong). GRATUIT Il s'agit plutôt d'un temple combiné à un phare, construit en 1937 en l'honneur de Thien Hau, déesse de la Mer et protectrice des marins et des pêcheurs. Le château mérite le coup d'œil et offre une belle vue sur l'entrée du port. Au coucher du soleil, les habitants flânent sur la promenade entre le château et Đ Tran Hung Dao.

Fabrique de nuoc-mam   FABRIQUE

(carte p. 389 ; Duong Dong ; ☺8h-11h et 13h-17h). GRATUIT À quelques pas du marché de Duong Dong, la fabrique Hung Thanh est la plus grande usine de sauce de poisson de Phu Quoc – à l'odeur prenante.

Si la majeure partie du nuoc-mam produit ici pourvoit à la consommation intérieure, une quantité importante est aussi exportée en Europe, au Japon et en Amérique du Nord. La visite est gratuite, mais mieux vaut engager un guide si vous ne parlez pas

Île de Phu Quoc

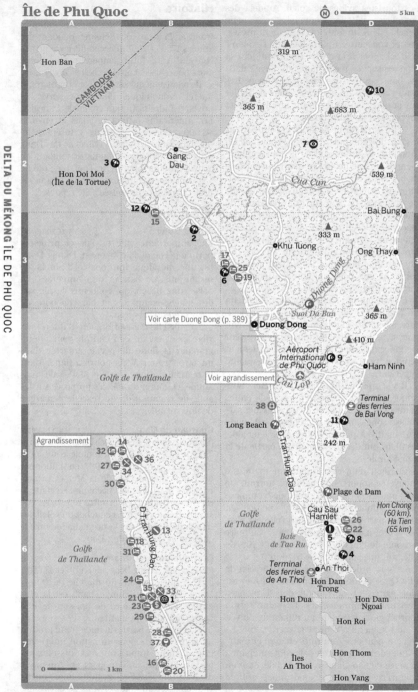

N 0 _____ 5 km

Hon Ban

CAMBODGE
VIETNAM

319 m

365 m

10

683 m

7

539 m

Hon Doi Moi
(Île de la Tortue)

3

Gang
Dau

Cua Can

12
15

Bai Bung

2

Khu Tuong

333 m

Ong Thay

17
25
6
19

Duong Dong

Suoi Da Ban

365 m

Voir carte Duong Dong (p. 389) **Duong Dong**

Aéroport
International
de Phu Quoc

9

410 m

Ham Ninh

Golfe de Thaïlande

Voir agrandissement

Cau Lop

Terminal
des ferries
de Bai Vong

38

Long Beach **—**

11

242 m

Plage de Dam

Agrandissement

14

32
27
34
36

*Hon Chong
(60 km),
Ha Tien
(65 km)*

30

Cau Sau
Hamlet

26
22

*Golfe
de Thaïlande*

*Baie
de Tao Ru*

5
8
4

D. Tran Hung Dao

13

18
31

*Golfe
de Thaïlande*

Terminal
des ferries
de An Thoi

An Thoi

Hon Dam
Trong

24

35
21
23
33
1

Hon Dua

Hon Dam
Ngoai

29

Hon Roi

28
37

16
20

*Îles
An Thoi*

Hon Thom

Hon Vang

Île de Phu Quoc

DELTA DU MÉKONG ÎLE DE PHU QUOC

vietnamien. Bien sûr, l'authentique nuoc-mam constitue un cadeau idéal ; toutefois il n'est pas toujours possible de le sortir du pays. Des compagnies aériennes, comme Vietnam Airlines, l'interdisent sur leurs vols.

Long Beach   PLAGE

(Bai Truong ; carte p. 389). Long Beach s'étire joliment le long de la côte ouest, de Duong Dong jusqu'aux abords du port de An Thoi, tout au sud. Les constructions se concentrent dans la partie nord proche de Duong Dong, où les chaises longues et les parasols ont investi le rivage sablonneux. Comme ailleurs au Vietnam, ces plages "privées" sont les seules à être maintenues propres. On y profite souvent de fabuleux couchers de soleil. Vous ne devriez pas avoir de problème à y installer votre serviette ici, à condition de ne pas trop vous approcher des hôtes payants.

On peut facilement rejoindre Long Beach à pied en se dirigeant vers le sud à partir du château de Cau. En revanche, vous aurez besoin d'une moto ou d'un vélo pour atteindre les secteurs isolés, vers la pointe sud de l'île. Plusieurs petites allées relient l'artère principale, Đ Tran Hung Dao, à Long Beach, et certaines sont bordées d'excellents restaurants. Quelques huttes de bambou vendent des boissons ; pensez toutefois à emporter de l'eau si vous envisagez une longue promenade. Les massages sur la plage ont du succès, mais mieux vaut se mettre d'accord sur le service pour ne pas se voir imposer, souvent simultanément, une manucure, une épilation des jambes au fil et un massage des pieds.

Musée Coi Nguon   MUSÉE

(carte p. 384 ; www.coinguonphuquoc.com ; 149 Tran Hung Dao ; 20 000 d ; ⊙ 7h-17h). Avec des expositions sur la médecine vietnamienne, des outils de l'âge de pierre, des céramiques locales et une petite salle dédiée à la prison de l'île, ce musée privé, aménagé sur 5 étages, constitue une bonne introduction à l'histoire et à la culture de Phu Quoc.

Plage de Sao   PLAGE

(Bai Sao ; carte p. 384). Avec son sable blanc pareil à de la poudre d'ivoire, le superbe croissant de la plage de Sao, à l'extrémité sud-est de l'île, est baigné d'une mer cristalline, le tout à quelques kilomètres seulement d'An Thoi, le principal port de commerce de Phu Quoc. Il y a quelques restaurants en bord de plage ; vous pourrez vous détendre sur une chaise longue ou pratiquer des sports nautiques. Si vous vous rendez à la plage de Sao en moto, faites le plein d'essence avant de partir car il y a très peu de stations-service sur le trajet retour.

Des jets-skis (450 000 d/10 min) peuvent être loués sur la plage.

Plage de Khem   PLAGE

(Bai Khem ; carte p. 384). Très préservée, la plage de Khem (côte sud-est aussi) est l'une des plus belles de l'île, mais c'est également l'une des dernières zones restant sous contrôle militaire. Par conséquent, elle est généralement fermée au public.

Plage de Vong   PLAGE

(Bai Vong ; carte p. 384). La belle plage de Vong, sur la côte est de l'île, accueille les vedettes rapides en provenance du continent. Les autres plages des environs sont jonchées de détritus.

Cua Can   PLAGE

(Bai Cua Can ; carte p. 384). La plage de Cua Can, à 11 km de Duong Dong, est la plus accessible des plages du nord. Merveilleusement calme en semaine, elle peut être bondée le week-end. La visite en voiture des villages autour de Cua Can présente un intérêt car elle comprend la traversée de plusieurs ponts en bois branlant au-dessus de la rivière.

Ong Lang   PLAGE

(Bai Ong Lan ; carte p. 384). Au sud de Cua Can, Bai Ong Lan présente une série de criques sablonneuses abritées par des promontoires rocheux. Dans ce secteur, plusieurs complexes hôteliers de catégorie moyenne séduisent les voyageurs en quête d'isolement.

Vung Bau, Dai et Thom   PLAGES

Toujours isolées et empreintes d'un charme tropical, ces plages du nord de l'île voient rarement du monde. La nouvelle route côtière qui longe Bai Vung Bau (carte p. 384) et Bai Dai (carte p. 384) raccourcit le trajet à moto et évite d'être couvert de poussière rouge. La route de Bai Dai à Bai Thom (carte p. 384) via Ganh Dau est splendide et traverse une forêt épaisse, avec des échappées sur la côte en contrebas.

Parc national de Phu Quoc   RÉSERVE NATURELLE

(carte p. 384). Le sol pauvre de Phu Quoc et la pénurie d'eau ont désespéré des générations d'agriculteurs, mais ont préservé l'environnement de l'île. La forêt couvre 90% de sa superficie, les arbres et l'écosystème marin sont aujourd'hui officiellement protégés, et elle est même reconnue "réserve de biosphère" par l'Unesco en 2010. C'est en effet la dernière grande forêt du sud du Vietnam.

La végétation est plus dense dans la moitié nord de l'île, classée réserve forestière (Khu Rung Nguyen Sinh). Vous aurez besoin d'une moto ou d'un VTT pour explorer la réserve, sillonnée de quelques pistes, mais dépourvue de chemins de randonnée.

Suoi Tranh et Suoi Da Ban   CASCADES

(3 000 d, moto 1 000 d). Phu Quoc compte peu de cours d'eau, mais plusieurs sources jaillissent dans les collines. La plus accessible est Suoi Tranh (carte p. 384) ; repérez le panneau d'entrée et l'arbre en béton sur la route entre Duong Dong et la plage de Vong. De la billetterie, il faut marcher 10 minutes dans la forêt pour gagner le Suoi Da Ban (3 000 d, moto 1 000 d), ou source à la Surface de pierre, qui s'écoule en torrent parmi de gros rochers de granit. Des bassins profonds permettent la baignade. N'oubliez pas l'antimoustique !

La période la plus propice pour voir les cascades s'étale de mai à septembre – en fin de saison sèche, elles se résument à un filet d'eau.

Prison de Phu Quoc   SITE HISTORIQUE

(Nha Tu Phu Quoc ; carte p. 384 ; ☺ 7h30-11h et 13h30-16h). GRATUIT Si vous allez à la plage de Sao au sud-est de l'île, prenez le temps de visiter la célèbre prison de Phu Quoc, construite par les Français à la fin des années 1940. Elle abrite désormais un petit musée qui raconte la terrible histoire de cette geôle. Il y a un monument aux morts au sud de la prison, de l'autre côté de la route.

Îles An Thoi   ÎLES

(Quan Dao An Thoi). À quelques encablures au large de la pointe sud de Phu Quoc, les quinze îles et îlots An Thoi peuvent se visiter en louant un bateau. Ce superbe archipel constitue un endroit privilégié pour la pêche, la baignade et le snorkeling. Hon Thom (île aux Ananas) est la plus grande avec 3 km de longueur. Hon Dua (île aux Noix de coco), Hon Roi (île de la Lampe), Hon Vang (île de l'Écho), Hon May Rut (île du Nuage froid), Hon Dam (île de l'Ombre), Chan Qui (île de la Tortue jaune) et Hon Mong Tay (île du Petit Pistolet) font partie de cet archipel. Toutes restent pour le moment peu développées, mais cela risque de changer dans les années à venir.

La plupart des bateaux partent d'An Thoi, tout au sud de Phu Quoc, mais les hôtels de Long Beach peuvent organiser l'excursion. Renseignez-vous également auprès des centres de plongée, dont les bateaux se rendent régulièrement dans l'archipel. Sachez que les bateaux ne sortent pas pendant la saison des pluies.

🏊 Activités

Plongée et snorkeling

Si Nha Trang reste sans doute la meilleure destination pour la plongée au Vietnam, Phu Quoc offre des fonds intéressants pendant la saison sèche, de novembre à mai. Comptez de 40 à 80 $US pour deux plongées en fonction de l'endroit et du prestataire. Les cours de plongée PADI Open Water (4 jours) coûtent 320-360 $US, tandis qu'une sortie snorkeling est facturée 20-30 $US.

Rainbow Divers PLONGÉE, SNORKELING
(carte p. 389 ; ☑ 0913 400 964 ; www.divevietnam. com ; 11 Đ Tran Hung Dao ; ⊙ 9h-18h). Centre de plongée PADI fiable, qui a été le premier à s'installer sur l'île. Grand choix de sorties plongée ou snorkeling. Outre cette agence, il possède des antennes dans les complexes hôteliers de Long Beach.

Flipper Diving Club PLONGÉE
(carte p. 389 ; www.flipperdiving.com ; 60 Đ Tran Hung Dao ; ⊙ 9h-21h). Situation centrale (à côté du Coco Bar), pour ce centre de plongée PADI au personnel polyglotte. Toutes sortes de prestations, des plongées pour débutants aux formations pour devenir instructeur.

Searama PLONGÉE, SNORKELING
(carte p. 384 ; ☑ 0126 479 1922 ; www.searama. com ; 98B Đ Tran Hung Dao). Un peu plus cher que la concurrence, ce club emploie des moniteurs francophones et anglophones.

Vietnam Explorer PLONGÉE
(carte p. 389 ; ☑ 077-384 6372 ; 36 Đ Tran Hung Dao). Un centre de plongée réputé, qui possède également son siège à Nha Trang.

Kayak

Plusieurs établissements louent des kayaks le long de Bai Sao, dont les eaux calmes et protégées garantissent une sortie paisible. Vous pouvez également vous adresser aux restaurants qui bordent la plage. Comptez environ 60 000 d l'heure.

👉 Circuits organisés

Duong Dong ne possède pas d'office du tourisme officiel. Pour organiser un circuit, adressez-vous à votre hôtel. La pêche au calamar est une activité populaire, et, à la nuit tombée, vous remarquerez les lumières des bateaux à l'horizon (pour attirer les céphalopodes à la surface).

Voici quelques agences spécialisées et des particuliers proposant des excursions en bateau et des sorties de pêche :

Anh Tu's Tours CIRCUITS EN BATEAU
(☑ 077-399 6009 ; anhtupq@yahoo.com). Snorkeling, pêche au calamar, circuits dans les îles et location de motos.

**Jerry's Jungle &
Beach Tours** CIRCUITS EN BATEAU, RANDONNÉE
(☑ 0938 226 021 ; jerrysjungletours@gmail.com ; circuit d'une journée à partir de 25 $US). Découverte de l'archipel en bateau, snorkeling, pêche, excursion d'une ou plusieurs journées dans les îles, circuits à moto, escalade, observation des oiseaux, randonnée et circuits culturels sur Phu Quoc.

John's Tours CIRCUITS EN BATEAU
(carte p. 389 ; ☑ 0919 107 086 ; www.johnsislandtours.com ; 4 Đ Tran Hung Dao). Bien représenté dans les hôtels et les complexes hôteliers. Snorkeling, circuits dans les îles et sorties de pêche au calamar.

🛏 Où se loger

À Phu Quoc, les prix des hébergements fluctuent selon la saison et la fréquentation. Les écarts sont plus importants que partout ailleurs au Vietnam et affectent davantage

---

ℹ **PHU QUOC EN CIRCUIT**

Un circuit apprécié entre HCMV et Phu Quoc consiste à traverser le delta du Mékong par voie terrestre, à emprunter un ferry pour l'île à Rach Gia ou à Ha Tien, puis, une fois reposé et bronzé, à prendre le vol qui rallie HCMV en 1 heure. Depuis l'ouverture du poste-frontière de Xa Xia-Prek Chak entre le Vietnam et le Cambodge, Phu Quoc est devenue une étape prisée dans le cadre d'un circuit qui traverse le delta du Mékong et rejoint la côte sud du Cambodge.

les hébergements bon marché que les complexes haut de gamme. Certains établissements triplent leurs tarifs durant la haute saison, en décembre et janvier, période à laquelle il faut impérativement réserver. Toutes catégories confondues, les prestations se révèlent plutôt décevantes.

Duong Dong

La plupart des touristes préfèrent loger près de la plage, mais il existe à Duong Dong plusieurs pensions, utiles quand les hébergements du rivage affichent complet. Les prix y sont en outre plus raisonnables.

Sea Breeze HÔTEL $
(Gio Bien ; carte p. 389 ; ☑ 077-399 4920 ; www.seabreezephuquoc.com ; 62A Đ Tran Hung Dao ; ch avec ventil à partir de 15 $US, avec clim 25-40 $US ; ✳ 🐾). Un hôtel imposant, aux chambres propres, modernes et attrayantes. Côté rue, elles peuvent être bruyantes et très lumineuses le matin – elles conviendront aux lève-tôt, mais pas aux inconditionnels de la grasse matinée.

Hiep Phong Hotel PENSION $
(carte p. 389 ; ☑ 077-384 6057 ; nguyet_1305@ yahoo.com ; 17 Đ Nguyen Trai ; ch 15-20 $US ; ✳ @ 🐾). Tenu par une famille très accueillante, ce mini-hôtel en centre-ville loue des chambres avec TV satellite, réfrigérateur et eau chaude, un luxe qu'on ne trouve pas près de la plage à ce prix-là.

My Linh Hotel PENSION $
(carte p. 389 ; ☑ 077-384 8674 ; 9 Đ Nguyen Trai ; ch 10-15 $US ; ✳). Un autre mini-hôtel à quelques pas du précédent, aux prestations similaires. Garnies de robustes lits en bois, les chambres ont parfois un balcon.

Long Beach

Il existe maintenant plusieurs dizaines de complexes hôteliers formant une bande ininterrompue le long de Long Beach. Certains se chargent gratuitement du transfert depuis/vers l'aéroport ; renseignez-vous au moment de la réservation. La plupart sont accessibles depuis Đ Tran Hung Dao.

Mushrooms PENSION $
(carte p. 384 ; ☑ 0126 471 4249 ; 170 Đ Tran Hung Dao ; dort 6 $US, d 10-15 $US). Côté intérieur des terres, un établissement pimpant et coloré. Il y a des dortoirs flambant neufs (4 ou 6 lits) et quelques doubles correctes, dont une sans douche.

Lien Hiep Thanh Hotel COMPLEXE HÔTELIER $
(carte p. 384 ; ☑ 077-384 7583 ; lienhiepthanh2007@ yahoo.com.vn ; 118/12 Đ Tran Hung Dao ; ch avec ventil 15-20 $US, avec clim 30-60 $US ; ✳ 🐾). Un établissement familial très sympathique, qui dispose de chambres, pour la partie hôtel, et de bungalows au milieu des arbres. Les bungalows qui font face à la plage ont la clim et l'eau chaude. Petit restaurant sur le sable et superbe étendue de plage où paresser sur un transat à l'ombre d'un parasol.

A74 Hotel HÔTEL $
(carte p. 384 ; ☑ 077-398 2772 ; www.a74hotel. com ; 74 Đ Tran Hung Dao ; ch 10-25 $US ; ✳). Dans l'artère principale près de Long Beach, une bonne adresse de repli en cas de besoin. Chambres sommaires et un peu vétustes, mais certaines ont vue sur la mer.

Moon Resort COMPLEXE HÔTELIER $
(carte p. 384 ; ☑ 077-399 4520 ; www.moonresort. vn ; 82 Đ Tran Hung Dao ; bungalows avec ventil 15-25 $US, avec clim 25-49 $US ; ✳ @ 🐾). Juste sur la plage, dans un jardin peu entretenu, des bungalows rustiques en rotin tissé, d'un excellent rapport qualité/prix.

♥ Mai House COMPLEXE HÔTELIER $$
(carte p. 384 ; ☑ 077-384 7003 ; maihouseresort@ yahoo.com ; 118 Đ Tran Hung Dao ; ch avec ventil 75 $US, clim 95-240 $US ; ✳ @ 🐾). L'établissement jouit de l'un des plus beaux cadres de Long Beach, avec des palmiers, des jardins bien tenus évoquant un paradis tropical, un restaurant ouvert sur les côtés et des chaises longues à l'ombre de parasols en rotin. Éparpillés sur les pelouses, les bungalows sont jolis et propres, même si ceux du fond sont bien plus serrés que ceux des deux premières rangées. La nourriture est excellente et la plage, sublime.

Sea Star Resort COMPLEXE HÔTELIER $$
(carte p. 384 ; ☑ 077-398 2161 ; www.seastarresort.com ; ch 36-46 $US, bungalows 60-85 $US ; ✳ @ 🐾). Une grande propriété qui regroupe 37 chambres et bungalows ; beaucoup se prolongent d'un balcon avec vue sur la mer et la plage de sable immaculée. Les chambres les moins chères sont regroupées dans un bâtiment, et les prix baissent d'environ 20% en basse saison. Établissement très convivial.

Beach Club COMPLEXE HÔTELIER $$
(carte p. 384 ; ☑ 077-398 0998 ; www.beachclubvietnam.com ; Ap Cua Lap, Xa Duong To ; ch

Duong Dong

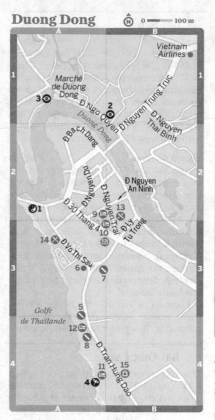

chambres agréablement meublées, répartis dans un jardin verdoyant, ombragé de palmiers et de bosquets de bambous. Le Rainbow Bar, très fréquenté, se trouve sur la plage.

Phuong Binh House COMPLEXE HÔTELIER **$$**
(carte p. 384 ; http://phuongbinhhouse.com ; 118 Đ Tran Hung Dao ; ch 30-65 $US ; ✲☎). Sympathique petit ensemble de 17 chambres, propres mais sans caractère, à l'extrémité de la route menant à la plage.

Nhat Lan PENSION **$$**
(carte p. 384 ; ☑077-384 7663 ; nhanghinhatlan@ yahoo.com ; 118/13 Đ Tran Hung Dao ; bungalows avec ventil/clim 25/60 $US ; ☎). Dernière d'une série de pensions abordables en bord de plage. En plus de chambres situées dans un jardin ombragé, il y a 6 bungalows chics, flambant neufs, avec baie vitrée face à la plage.

♥ **La Veranda** COMPLEXE HÔTELIER **$$$**
(carte p. 384 ; ☑077-398 2988 ; www.laverandaresort.com ; 118/9 Đ Tran Hung Dao ; ch 275-375 $US ; ✲@☒). Agrémenté de jardins ombragés de palmiers, cet établissement conçu dans le style colonial est le plus chic de l'île. Ambiance intimiste toutefois, avec seulement 44 chambres. Piscine avec coin pour les enfants, spa raffiné et chambres

30-40 $US ; ☎). Ce superbe établissement permet d'échapper à l'effervescence de l'artère principale. Il se compose de chambres et de bungalows bien tenus, regroupés sur une petite parcelle. Restaurant en bord de plage.

Paris Beach COMPLEXE HÔTELIER **$$**
(carte p. 384 ; ☑077-399 4548 ; www.phuquocparisbeach.com ; Cau Ba Phong, Cua Lap, Duong To ; ch 32-150 $US ; ✲@☎☒). Juste à côté du Beach Club, un complexe hôtelier géré par une équipe franco-vietnamienne, avec de jolies chambres face à la mer. Il y a une piscine toute neuve et des bungalows propres et spacieux, ainsi qu'une terrasse carrelée où sont servis les repas.

Thanh Kieu Beach Resort COMPLEXE HÔTELIER **$$**
(carte p. 384 ; ☑077-384 8394 ; www.thanhkieuresort.com ; 100C/14 Đ Tran Hung Dao ; ch 39-49 $US ; @☎). Joliment situés en bord de plage, des bungalows en brique attrayants, aux

pourvues de grands lits et de sdb design. La plage est superbe et vous pourrez vous sustenter au café sur la pelouse ou au Pepper Tree Restaurant (p. 392), à l'étage. Le Bar est idéal pour finir la journée en beauté.

Famiana Resort & Spa COMPLEXE HÔTELIER **$$$**
(carte p. 384 ; ✆ 077-399 3026 ; www.famiana-resort.com ; Đ Tran Hung Dao ; ch 215-995 $US ; ✱ @ 🛜 🛁). Paisible propriété de 60 chambres, aux hébergements plaisants. Il y a notamment de magnifiques villas face à la mer, avec mezzanine, une belle piscine et un bout de plage immaculé.

Cassia Cottage COMPLEXE HÔTELIER **$$$**
(carte p. 384 ; ✆ 077-384 8395 ; www.cassiacottage.com ; 100C Đ Tran Hung Dao ; ch 120-190 $US ; ✱ 🛜 🛁). Une propriété de charme, au cœur d'un jardin fleuri, en bordure de Long Beach. Atmosphère paisible, propice à la détente. Les spacieuses chambres sont décorées avec goût, et les hôtes profitent de 2 piscines, en plus de la plage. Agréable restaurant dans le jardin, avec des tables surplombant la mer. On peut aussi dîner directement sur la plage le soir. Personnel efficace et charmant.

Eden Resort COMPLEXE HÔTELIER **$$$**
(carte p. 384 ; ✆ 077-398 5598 ; www.edenresort.com.vn ; Cua Lap, Duong To ; ch 195-425 $US ; ✱ 🛜 🛁). Des beaux meubles en rotin aux jardins parfaitement entretenus, en passant par les bungalows impeccables et les chambres "deluxe" idylliques, avec vue sur la mer, cette adresse est un bon choix. Superbe piscine et service irréprochable.

Saigon-Phu Quoc Resort COMPLEXE HÔTELIER **$$$**
(carte p. 389 ; ✆ 077-384 6999 ; www.sgphuquocresort.com ; 1 Đ Tran Hung Dao ; ch 159-480 $US ; ✱ @ 🛜 🛁). Grande propriété chic, avec 98 chambres occupant des villas ou des bungalows, dont la plupart donnent sur la plage. Discothèque, salles de karaoké, spa, minigolf, courts de tennis et terrains de pétanque complètent les installations. Consultez le site Internet pour les promotions saisonnières.

Thien Hai Son Resort COMPLEXE HÔTELIER **$$$**
(carte p. 384 ; ✆ 077-398 3044 ; www.phuquoc-thienhaison.com ; 68 Đ Tran Hung Dao ; ch 90-99 $US, bungalows 132-161 $US ; ✱ 🛜 🛁). Ce grand complexe hôtelier jaune et vert, en bordure de plage, comporte des pavillons et des bungalows.

Bai Sao

Lang Toi PENSION **$$**
(carte p. 384 ; ✆ 077-397 2123 ; Sao Beach ; ch 35-45 $US ; 🛜). Également appelée Gecko Jack's, cette modeste pension, sur la plage de Sao, compte 4 chambres avec ventil, toutes pourvues d'une vaste sdb. Deux chambres bénéficient d'une vue sur la mer et d'une véranda, les deux autres donnent sur le jardin. Réservez bien à l'avance.

Mango Garden B&B **$$**
(carte p. 384 ; ✆ 077-629 1339 ; mangogarden.inn@gmail.com ; ch 35-50 $US ; ☺ oct-mars ; ✱ @ 🛜). Une piste cahoteuse (tournez à gauche juste avant Bai Sao et suivez les panneaux) dessert ce B&B isolé : mieux vaut être motorisé, car l'établissement est éloigné de la plage. Tenu par un Canado-Vietnamien, ce B&B de style occidental, alimenté par un groupe électrogène, est entouré d'un splendide jardin planté de fleurs et de manguiers, protégé par une haute barrière.

Location de motos, eau chaude à l'électricité solaire 24h/24 et sorties pêche ou snorkeling. Réservez longtemps à l'avance.

Bai Ong Lang

Plus rocheuse que Long Beach, cette plage à 7 km au nord de Duong Dong a l'avantage d'être nettement moins bondée et conserve par conséquent une atmosphère de refuge tropical. Du fait de son relatif isolement, attendez-vous à passer la majeure partie du temps dans votre hébergement et ses abords immédiats. La plupart des établissements louent des vélos ou des motos pour circuler alentour. Réservation impérative.

Mango Bay COMPLEXE HÔTELIER **$$**
(carte p. 384 ; ✆ 077-398 1693 ; www.mangobayphuquoc.com ; ch 60-100 $US, bungalows 80-185 $US, maison 235-395 $US ; @ 🛜). 🌿 Installée autour d'une petite crique, accessible par une piste poussiéreuse à travers une plantation de manguiers, cette propriété écologique utilise des panneaux solaires et des matériaux de construction naturels et recyclés. En outre, elle possède un jardin aux papillons. Les chambres, les bungalows avec ravissantes sdb extérieures, et la maison privée sont installés au bord de la plage. Si vous recherchez un endroit simple, romantique et intime, voilà ce qu'il vous faut. Deux bus se rendent chaque jour en ville.

Freedomland   CHEZ L'HABITANT **$$**
(carte p. 384 ; ☑ 077-399 4891 ; www.freedomlan-
dphuquoc.com ; 2 Ap Ong Lang, Xa Cua Duong ;
bungalows 30-60 $US ; ☉ oct-juin ; @🛜). L'ac-
cent est mis sur la convivialité et le partage :
les repas pris en commun et dans la bonne
humeur sont courants. Les 11 bungalows
rudimentaires (moustiquaire et ventil mais
pas d'eau chaude) sont dispersés sur une
parcelle ombragée. Si vous n'avez pas envie
de marcher 5 minutes pour gagner la plage,
vous pourrez faire la sieste dans un hamac.
Une adresse très prisée, en particulier des
voyageurs en solo au budget serré ; mieux
vaut téléphoner avant de venir. Fermé
pendant la saison des pluies.

Bo Resort   COMPLEXE HÔTELIER **$$**
(carte p. 384 ; ☑ 077-398 6142 ; www.boresort.com ;
bungalows 38-117 $US ; @). Avec ses bungalows
de différentes tailles éparpillés sur une
colline tapissée de jungle descendant jusqu'à
une plage rocheuse, le Bo Resort, tenu par
des Français, garantit intimité et isolement.
Excellente cuisine.

💜**Chen Sea Resort**
& Spa   COMPLEXE HÔTELIER **$$$**
(carte p. 384 ; ☑ 077-399 5895 ; www.centa-
rahotelsresorts.com ; bungalow 234-473 $US ;
❄@🛜💦). Concourant pour le titre de
resort le plus somptueux de l'île, le Chen
Sea (36 chambres seulement) comporte
de jolies villas (baignoire encastrée
et grande véranda), qui évoquent des
maisons anciennes au toit de tuile. Se
fondant parfaitement avec la mer, le
grand rectangle de la piscine à déborde-
ment fait face à la superbe plage de
sable. Nombreuses activités possibles –
empruntez vélo, kayak ou catamaran –,
spa et restaurant ouvert sur les côtés, qui
compensent l'isolement du lieu.

🛏 Bai Vung Bau

💜**Bamboo Cottages**
& Restaurant   COMPLEXE HÔTELIER **$$**
(carte p. 384 ; ☑ 077-281 0345 ; www.bamboophu-
quoc.com ; ch 50-95 $US ; ❄@). Une aimable
famille (accompagnée de chiens effron-
tés) vous accueille dans ce complexe qui
a pratiquement la plage pour lui seul. Le
vaste bar-restaurant, ouvert sur les côtés,
donne directement sur le sable. Les jolies
villas couleur citron disposent d'une sdb à
ciel ouvert, dont l'eau est chauffée à l'énergie solaire. Les propriétaires contribuent à

financer la scolarisation d'enfants défavorisés de l'île.

🍴 Où se restaurer

Nombre des hôtels recommandés comportent des restaurants de qualité, souvent en
bord de plage ou permettant de contempler
le coucher de soleil. Les clients des établissements plus isolés, comme ceux de Bai Ong
Lang, prennent habituellement leurs repas
sur place.

Le Bo Resort, le Mai House et le Pepper-
tree Restaurant, qui présentent une carte
franco-vietnamienne, sortent du lot. Tout
comme The Spice House at Cassia Cottage,
en matière de cuisine vietnamienne.

Pour plus d'authenticité, explorez
les tables de fruits de mer du village de
pêcheurs de Ham Ninh (côte est de l'île).
Plusieurs, dont le **Kim Cuong I**, (☑ 077-384
9978 ; plats 30 000-300 000 d) bordent la jetée
à l'extrémité de l'artère principale.

🍴 Duong Dong

💜**Marché de nuit**
de Dinh Cao   VIETNAMIEN **$**
(carte p. 389 ; Đ Vo Thi Sau ; ☉ 17h-24h). De
loin l'endroit le plus pittoresque et le plus
abordable pour dîner sur l'île. Ce marché
rassemble des dizaines d'étals aux savoureux
plats de poisson, de viande ou de légumes.
Repérez ceux qui attirent le plus de clients
ou essayez le **Thanh Xuan** (carte p. 389 ; plats
45 000-100 000 d), réputé pour ses grillades
de la mer.

💜**Buddy Ice Cream**   GLACIER, EN-CAS **$**
(carte p. 389 ; www.visitphuquoc.info ; 26 Đ Nguyen
Trai ; plats 25 000-130 000 d ; ☉ 8h-22h ; 🛜). Une
bonne adresse pour obtenir des renseignements touristiques et accéder gratuitement
à Internet en savourant une glace néo-
zélandaise. Également : sandwichs toastés,
fish and chips, jus de fruits désaltérants,
milk-shakes, smoothies, et petits-déjeuners
servis toute la journée.

🍴 Long Beach

💜**The Spice House at Cassia**
Cottage   VIETNAMIEN **$**
(carte p. 384 ; www.cassiacottage.com ; 100C Đ Tran
Hung Dao ; plats à partir de 74 000 d ; ☉ 7h-10h et
11h-22h). Installez-vous autour d'une table
basse sur la plage, les pieds dans le sable,
commandez une salade de papaye, de
l'ail grillé, du gombo à la cannelle ou un

délicieux curry de poisson, et faites en sorte d'assister au coucher du soleil depuis cet excellent restaurant. Vous pouvez également dîner dans le jardin, face à la mer.

Alanis Deli   CAFÉ $

(carte p. 384 ; 98 Ð Tran Hung Dao ; crêpes à partir de 75 000 d ; ☺8h-22h). Succulentes crêpes au caramel, bons cafés, délicieux petits-déjeuners et service sympathique.

Oasis   VIETNAMIEN ET OCCIDENTAL $

(carte p. 384 ; 118/5 Ð Tran Hung Dao ; plats à partir de 55 000 d ; ☺7h-22h, bar jusque tard ; 🕾). Dans la ruelle menant à La Veranda et au Rory's Beach Bar. Les voyageurs qui ont un bon coup de fourchette apprécient le hachis Parmentier, les rouleaux de printemps aux crevettes, la tarte aux pommes, ainsi que les petits-déjeuners épatants.

Mondo   TAPAS $

(carte p. 384 ; 82 Ð Tran Hung Dao; tapas 35 000-105 000 d ; ☺7h-22h mar-dim). Tapas espagnoles, entre autres spécialités européennes, petits-déjeuners à l'occidentale servis toute la journée et bières importées (Chimay, Duvel). Une adresse fiable, sur Long Beach.

Le Cap Breton   FRANÇAIS $

(carte p. 384 ; 143 Ð Tran Hung Dao ; crêpes à partir de 45 000 d). Ce restaurant ouvert, au mobilier en bois sombre, profite de la brise marine. À la carte, appétissante : des crêpes et galettes bretonnes (concoctées avec de la farine française), ainsi que des mets vietnamiens/français et des plats internationaux.

Pepper's Pizza & Grill   INTERNATIONAL $

(carte p. 384 ; ☏077-384 8773 ; 89 Ð Tran Hung Dao ; plats 65 000-190 000 d ; ☺10h-23h). Le Pepper's mitonne de bonnes pizzas et pourra les livrer à votre hôtel. S'y ajoutent des plats italiens, allemands et asiatiques, parmi lesquels des steaks et des côtelettes.

Restaurant
Chez Carole   VIETNAMIEN, FRANÇAIS $

(carte p. 384 ; 88 Ð Tran Hung Dao ; plats 50 000-200 000 d ; ☺10h-24h). Si l'endroit a l'accent français, les fruits de mer vietnamiens occupent la vedette, à l'image des crevettes au cognac ou au pastis, plats emblématiques de la maison.

Itaca Resto Lounge   FUSION $$

(carte p. 384 ; www.itacalounge.com ; 125 Ð Tran Hung Dao ; plats 200 000-300 000 d ; ☺16h-1h). Lors de notre passage, ce restaurant très apprécié était fermé pour le nettoyage de basse saison,

et nous n'avons pas eu la chance de goûter le menu fusion méditerranéo-asiatique (avec des tapas). Agréable cadre en plein air et hôtes accueillants. L'établissement ne se trouve pas en bord de plage, mais l'ambiance n'en est pas moins charmante.

Pepper Tree Restaurant   INTERNATIONAL $$

(carte p. 384 ; www.laverandaresort.com ; La Veranda, 118/9 Ð Tran Hung Dao ; plats 6-20 $US ; ☺6h30-23h). Le restaurant de l'hôtel La Veranda sert une succulente cuisine française et des mets vietnamiens raffinés. En prime : vue sur les vagues et beaux couchers de soleil.

🍴 Bai Ong Lang

Sakura   VIETNAMIEN $

(carte p. 384 ; plats à partir de 45 000 d ; ☺10h-20h). Dans ce modeste restaurant en bois, la nourriture est très savoureuse – mais prévoyez une tapette à mouches et un antimoustique.

🍷 Où prendre un verre et faire la fête

Les adresses suivantes sont situées le long de Long Beach ou à Duong Dong. Quelques bars à hôtesses s'animent vers 4h.

❤ Le Bar   BAR

(carte p. 384 ; 118/9 Ð Tran Hung Dao ; ☺6h-23h ; 🕾). Avec son superbe sol carrelé, ses meubles Art déco et son beau style colonial, le bar ultra-élégant et paisible de La Veranda, aménagé à l'étage, est parfait pour prendre un verre en terrasse, au coucher du soleil.

❤ Rory's Beach Bar   BAR

(carte p. 384 ; 118/10 Ð Tran Hung Dao ; ☺9h-tard). Perché en bord de mer, le bar de plage le plus animé et festif de Phu Quoc attire un flot constant de voyageurs.

Drunkn Monkey   BAR

(carte p. 384 ; 82 Ð Tran Hung Dao ; ☺15h-tard). Le sympathique propriétaire, Steph, a investi beaucoup de son temps dans ce bar épatant, situé sur la route principale. Personnel avenant, TV grand écran pour les retransmissions sportives, billard, musique entraînante et chaises en terrasse, devant l'établissement.

Coco Bar   BAR

(carte p. 384 ; 60 Ð Tran Hung Dao ; ☺10h-tard). La musique et les chaises débordent sur le trottoir, à côté du centre de plongée Flipper.

Le Coco est une adresse épatante pour prendre un verre et discuter avec des voyageurs et des habitués.

Safari Bar
BAR

(carte p. 384 ; Đ Tran Hung Dao). L'accueillant propriétaire anglais de ce bar assez quelconque est une bonne source d'informations sur tout ce qui concerne Phu Quoc. La nourriture suscite des commentaires très positifs.

🛍 Achats

Pour acheter des souvenirs, direction les marchés de nuit de Duong Dong et la ferme de perles proche du centre de Long Beach.

Phu Quoc Pearls
PERLES

(carte p. 384 ; www.treasuresfromthedeep.com ; ⊙8h-17h). Pour des perles noires, jaunes, blanches, roses ou de toute autre couleur, Phu Quoc Pearls – sur un tronçon isolé de Long Beach – est l'adresse parfaite. Avant de vous conduire dans la boutique, une dame charmante ouvrira une huître vivante pour vous montrer le joyau caché. Admirez votre nouveau bijou en sirotant un verre dans le café-bar attenant.

Les acheteurs trouveront des articles moins onéreux dans les kiosques du village de **Ham Ninh** (sur la côte est de l'île), mais ici l'authenticité est garantie.

Green Boutique
ACCESSOIRES

(carte p. 389 ; Đ Tran Hung Dao ; ⊙9h-12h et 15h-21h). Produits de beauté fabriqués par la propriétaire vietnamienne, Ut.

ℹ Renseignements

Vous trouverez des DAB à Duong Dong et dans de nombreux resorts de Long Beach. Il y en a un pratique d'accès au bout de la ruelle à hauteur du 118 Đ Tran Hung Dao, non loin du restaurant Oasis.
Poste (carte p. 389 ; Đ 30 Thang 4). Dans le centre de Duong Dong.

ℹ Depuis/vers Phu Quoc

AVION

Réservez bien à l'avance en haute saison car la demande est forte. Un nouvel aéroport international a ouvert fin 2012.
Vietjet Air (☎1900 1886 ; www.vietjetair.com). Vols depuis/vers HCMV (2/jour).
Vietnam Airlines (carte p. 389 ; ☎077-399 6677 ; www.vietnamairlines.com ; 122 Đ Nguyen Trung Truc). Liaisons avec Rach Gia (à partir de 500 000 d, tlj), Can Tho (à partir de 500 000 d, tlj) et HCMV (à partir de 450 000 d, 10/jour).

BATEAU

Des bateaux rapides relient Phu Quoc à Ha Tien (1 heure 30) et Rach Gia (2 heures 30). Les agences de voyages de Phu Quoc fournissent des informations à jour et vendent des billets. Le port des ferries de Phu Quoc est situé à Bai Vong, sur la côte est.

De Ha Tien, un énorme car-ferry de 400 passagers (départ à 8h20 de Ha Tien, à 14h de Phu Quoc ; passager/moto/voiture 165 000 d/100 000 d/50 $US) assure aussi chaque jour la traversée.
Savanna Express (☎077-369 2888 ; www.savannaexpress.com ; adulte/enfant 330 000/250 000 d). Départ de Rach Gia/Phu Quoc à 8h05/13h05 ; 2 heures 30.
Superdong (☎Phu Quoc 077-398 0111, Rach Gia 077-387 7742 ; www.superdong.com.vn ; pour Rach Gia adulte/enfant 320 000/250 000 d, pour Ha Tien adulte/enfant 215 000-230 000/160 000 d). Départ de Rach Gia et Phu Quoc à 8h, 9h, 12h40 et 13h. Départ de Ha Tien à 8h et 13h et de Phu Quoc à 8h30 et 13h30.

ℹ Comment circuler

DEPUIS/VERS L'AÉROPORT

Le nouvel aéroport international de Phu Quoc se situe à 10 km de Duong Dong, dans les terres. Un taxi pour Long Beach coûte environ 8 $US.

BUS

De rares bus circulent toutes les 1 ou 2 heures entre An Thoi (sud de l'île) et Duong Dong. À l'arrivée des ferries, à Bai Vong, un bus emmène les passagers à Duong Dong (20 000 d). Plusieurs hôtels disposent de navettes ou offrent le transfert gratuit à leurs hôtes.

MOTO

Vous n'aurez pas à chercher les motos-taxis, leurs conducteurs vous trouveront. Vous devrez sans doute négocier poliment le prix. Pour une brève course en ville, 20 000 d devraient suffire. Sinon, comptez environ 50 000 d pour 5 km. Le trajet de Duong Dong à Bai Vong revient à 70 000 d.

La plupart des hôtels louent des motos pour 7 $US (semi-automatique) à 10 $US (automatique) par jour. Les moins chères sont souvent de vieux engins en mauvais état ; inspectez soigneusement la moto avant de partir. La location pour plusieurs jours n'est pas une pratique courante ; mettez-vous bien d'accord avec le loueur avant de prendre la moto.

TAXI

Plusieurs compagnies de taxis avec compteur sont implantées sur l'île ; la prise en charge est de 12 000 d minimum. **Mai Linh** (☎077-397 9797) est fiable et les chauffeurs

utilisent systématiquement le compteur.
Comptez environ 250 000 d de Duong Dong à l'embarcadère de Bai Vong et environ 45 000 d de Duong Dong au Rory's Beach Bar.

VÉLO

La chaleur, les routes défoncées et poussiéreuses demandent un certain courage pour se promener à bicyclette. Néanmoins, la plupart des hôtels en louent, moyennant 3 $US par jour.

Ha Tien

☑ 077 / 93 000 HABITANTS

Bordant le golfe de Thaïlande, Ha Tien fait partie du delta du Mékong, mais semble à mille lieues des rizières et des cours d'eau qui le caractérisent. La région est ponctuée de spectaculaires formations calcaires qui abritent un réseau de grottes, transformées en temples pour certaines. Les plantations de poivriers grimpent à flanc de colline. Par temps clair, on distingue Phu Quoc à l'ouest.

La ville elle-même séduit par sa langueur, ses villas coloniales décrépites et son marché pittoresque au bord du fleuve. Grâce à l'ouverture du poste-frontière de Xa Xia-Prek Chak, entre le Vietnam et le Cambodge, et à la création d'une zone économique spéciale permettant de se rendre sans visa dans la ville et ses environs, le nombre de visiteurs est récemment monté en flèche.

Par ailleurs, des projets de construction de grande envergure vont entraîner l'expansion de la ville au sud-ouest le long de la côte. Un ensemble de marchés et d'hôtels a déjà vu le jour dans un secteur regagné sur le fleuve, entre l'extrémité de Phuong Thanh et le pont encore assez neuf, qui a replacé l'ancien et joli ponton de bois. Le développement immobilier étant concentré à cet endroit, les charmantes devantures coloniales autour du vieux marché peuvent continuer de se délabrer en paix.

Histoire

Ha Tien faisait partie du Cambodge jusqu'en 1708. Face aux attaques du Siam, le gouverneur désigné par les Khmers, un immigrant chinois appelé Mac Cuu, demanda l'aide des Vietnamiens. Dès lors, la région devint un fief dirigé par Mac Cuu et protégé par les seigneurs Nguyên. Par la suite, son fils, Mac Thiên Tu, lui succéda. Au XVIIIe siècle, le Siam envahit et mit à sac la région à plusieurs reprises. Rach Gia et la pointe méridionale du delta furent directement contrôlés par les Nguyên en 1798.

Durant le régime khmer rouge, les forces cambodgiennes se livrèrent à des incursions répétées et tuèrent des milliers de civils, provoquant la fuite des habitants de Ha Tien et des villages proches par dizaines de milliers. La campagne au nord de Ha Tien, le long de la frontière cambodgienne, fut parsemée de mines et de pièges et certains secteurs n'ont pas encore été déminés.

◉ À voir

♥ Tombeaux de la famille Mac Cuu   TOMBES

(Lang Mac Cuu ; Ð Mac Cuu). Ces sépultures, appelées Nui Lang (colline des Tombes), se situent près de la ville. Des dizaines de membres de la famille de Mac Cuu sont enterrés ici dans des tombes chinoises traditionnelles, ornées de dragons, de phénix, de lions et de gardiens.

Au pied de la corniche se dresse le sanctuaire très décoré de la famille Mac. En gravissant la colline, la plus grande sépulture est celle du général Mac Cuu lui-même, construite en 1809 sur l'ordre de l'empereur Gia Long. Elle comporte des figures sculptées de Thanh Long (Dragon vert) et de Bach Ho (Tigre blanc), protecteurs des temples taoïstes. Sa première épouse repose quant à elle dans une tombe flanquée de dragons et de phénix, symboles impériaux.

Pagode Tam Bao   TEMPLE BOUDDHIQUE

(Sac Tu Tam Bao Tu ; 328 Ð Phuong Thanh ; ⊘ prières 8h-9h et 14h-15h). Fondée par Mac Cuu en 1730, la pagode Tam Bao accueille une communauté de nonnes bouddhistes. Devant la pagode se dresse une statue de Quan Thê Âm Bô Tat (déesse de la Miséricorde) debout sur une fleur de lotus. Dans le sanctuaire, la plus grande statue de l'estrade représente A Di Da (le Bouddha du passé), une œuvre en cuivre peint.

À l'extérieur, dans les jardins paisibles, se trouvent les tombeaux de 16 moines. Près de la pagode, il reste un tronçon des remparts de la ville, datant du début du XVIIIe siècle.

Pagode Phu Dung   TEMPLE BOUDDHIQUE

(Phu Cu Am Tu ; Ð Phu Dung ; ⊘ prières 4h-5h et 19h-20h). Cette pagode a été érigée au milieu du XVIIIe siècle par Nguyên Thi Xuan, l'épouse de Mac Thiên Tich. Un seul bonze y réside actuellement. Au centre de la salle principale, la statue la plus intéressante de la grande estrade est un bronze du bouddha Thich Ca, rapporté de Chine.

Derrière le sanctuaire, un petit temple, le Dien Ngoc Hoang, est dédié à l'empereur de

Ha Tien

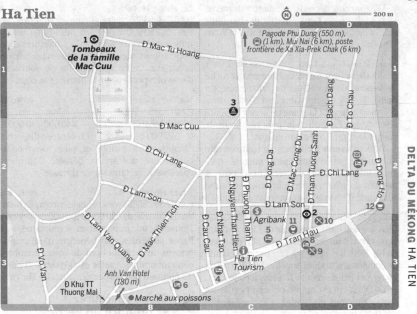

Ha Tien

◎ Les incontournables
1 Tombeaux de la famille Mac Cuu A1

◎ À voir
2 Marché de nuit D2
3 Pagode Tam Bao...................................C1

🛏 Où se loger
4 Du Hung Hotel.....................................C3
5 Ha Tien Hotel.......................................C3
6 Hai Phuong B3
7 Hai Yen Hotel.......................................D2
8 River Hotel...D3

✕ Où se restaurer
9 Restaurant flottant.............................D3
10 Xuan Thanh D3

☕ Où prendre un verre
11 Oasis..C3
12 Thuy Tien D2

Jade taoïste. En empruntant le raide escalier bleu, on peut aller voir l'effigie de Ngoc Hoang, entouré de Nam Tao, dieu de l'Étoile polaire du Sud et de la Félicité (à droite), et de Bac Dao, dieu de l'Étoile polaire du Nord et de la Longévité (à gauche) ; ces statues sont en papier mâché, moulé sur une structure en bambou.

Pour rejoindre la pagode, continuez vers le nord après le tombeau des Mac Cuu et prenez Đ Phu Dung, la première à droite.

Pagode Thach Dong　　　PAGODE SOUTERRAINE
(Chua Thanh Van). Également appelée Chua Thanh Van, cette pagode bouddhique souterraine se situe à 4 km au nord-est du centre-ville. À gauche de l'entrée, la stèle de la Haine (Bia Cam Thu), en forme de poing levé, commémore le massacre de 130 habitants par les Khmers rouges le 14 mars 1978.

Plusieurs salles contiennent des tablettes funéraires et des autels dédiés à Ngoc Hoang, à Quan Thê Âm Bô Tat et aux deux bonzes fondateurs de la pagode. Le vent crée des sons extraordinaires en soufflant dans les galeries de la grotte. Depuis diverses ouvertures, on peut voir le Cambodge voisin.

Marchés　　　MARCHÉ
Plusieurs marchés existent à Ha Tien, sous de grands pavillons le long de la rivière To Chau. Nombre de produits en provenance de Thaïlande et du Cambodge sont moins chers qu'à HCMV. La contrebande de cigarettes est un commerce florissant. Le long de la rive, le **cho ca** (marché aux poissons) est également intéressant, surtout le matin au retour des bateaux de pêche.

Un **marché de nuit**, vendant vêtements et nourriture, se tient à partir de 15h dans une halle du quartier colonial, entre Đ Tuan Phu Dat et Đ Tham Tuong Sanh.

Monastère Ngoc Tien   MONASTÈRE BOUDDHIQUE
(Tinh Xa Ngoc Tien). Ce monastère est accroché au versant de la colline, de l'autre côté du fleuve. Ses bâtiments n'ont rien d'exceptionnel, mais cela vaut la peine de gravir la pente abrupte pour admirer le panorama sur la ville et la compagne environnante.

Vous trouverez facilement la route étroite qui monte et n'aurez plus ensuite qu'à emprunter le petit sentier qui débute à hauteur du n°48 ; repérez le panneau jaune surmonté d'un svastika (symbole d'éternité).

Dong Ho   BRAS DE MER
Bien que son nom signifie lac de l'Est, le Dong Ho est en fait un bras de mer qui s'étend à l'est de Ha Tien. Il est bordé à l'est par une chaîne de collines granitiques appelée Ngu Ho (Cinq Tigres), et par les monts To Chan à l'ouest.

Le Dong Ho est réputé pour sa beauté les nuits de pleine lune quand, selon la légende, des fées viennent y danser.

🛏 Où se loger

Les mini-hôtels bon marché ne manquent pas en ville, mais leur qualité laisse un peu à désirer. Il s'agit d'établissements de style local, et il y a probable que votre lit soit équipé d'un drap ou d'une couette.

Hai Phuong   HÔTEL $
(☎077-385 2240 ; So 52, Đ Dong Thuy Tram ; ch 200 000-700 000 d ; ✳🕸). Sympathique et familial, un élégant hôtel sur 6 niveaux. Certaines chambres bénéficient d'une superbe vue sur la rivière depuis leur balcon.

Anh Van Hotel   HÔTEL $
(☎077-395 9222 ; So 2, Đ Mach Thien Tich ; d/ lits jum/f 200 000/400 000/500 000 d ; ✳🕸). Installé dans la partie récente de la ville, non loin du pont, ce grand hôtel renferme de petites chambres sans fenêtres bon marché. Mieux vaut payer un supplément pour une vue sur la rivière et une sdb plus chic.

Hai Yen Hotel   HÔTEL $
(☎077-385 1580 ; 15 Đ To Chau ; ch 250 000-400 000 d ; ✳). Situation enviable à un carrefour vide de Ha Tien pour cet hôtel classique, ouvert de longue date. Choix de chambres correctes, des doubles sobres aux spacieuses chambres avec balcon donnant sur la rivière.

Du Hung Hotel   HÔTEL $
(☎077-395 1555 ; duhung@hcm.vnn.vn ; 27A Đ Tran Hau ; ch 250 000 d ; ✳). Un mini-hôtel sis au milieu de l'artère principale. Chambres d'un bon rapport qualité/prix, desservies par un ascenseur. Celles qui font l'angle jouissent d'une perspective sur le fleuve et la côte.

Ha Tien Hotel   HÔTEL $$
(☎077-395 2093 ; 36 Đ Tran Hau ; s 390 000-690 000 d, d 440 000-790 000 d, tr 590 000 d ; ✳🕸). En centre-ville, cet établissement propre et plein de recoins dégage une atmosphère désuète. Chambres spacieuses, certaines avec terrasse.

River Hotel   HÔTEL $$$
(☎077-395 5888 ; www.riverhotelvn.com ; Binh San Ward, Đ Tran Ha ; d 1 890 000-2 100 000 d ; ✳🕸). Nouvel hôtel, imposant et sophistiqué, aux lignes sinueuses, qui bénéficie d'un emplacement de choix au bord de l'eau. Chambres contemporaines, vastes et élégantes. Il s'agit du nouveau fief des personnalités de Ha Tien.

🍴 Où se restaurer et prendre un verre

La spécialité de Ha Tien est une variété inhabituelle de noix de coco qui ne pousse qu'au Cambodge et dans ce coin du Vietnam. Elle ne contient pas de lait, ce qui ne l'empêche pas d'être délicieuse. Les restaurants de la région en servent dans un verre avec de la glace et du sucre.

D'excellents étals de nourriture sont installés au marché de nuit.

Xuan Thanh   VIETNAMIEN $
(20 Đ Tran Hau ; plats 35 000-200 000 d ; ⊙6h-21h). Comme souvent sur la côte, les crevettes sont le plat le plus économique de la carte, sur laquelle figurent d'autres produits de la mer et des grillades. Goûtez le poisson à la vapeur délicatement parfumé au gingembre et aux oignons.

Restaurant flottant   OCCIDENTAL, VIETNAMIEN $
(Parc Tran Hau ; plats à partir de 60 000 d ; ⊙6h-22h). Si vous supportez la musique ultra-kitsch, ce restaurant au bord de l'eau a un certain charme ; agréable pour un repas ou un verre en soirée.

♥ Oasis   BAR
(☎077-370 1553 ; www.oasisbarhatien.com ; 42 Đ Tuan Phu Dat ; plats à partir de 20 000 d ; ⊙9h-21h ; 🕸). Petit bar accueillant, tenu par le seul expatrié occidental de Ha Tien et son épouse vietnamienne. Très agréable pour boire une

ⓘ ALLER AU CAMBODGE : DE HA TIEN À KEP

Rejoindre la frontière Le poste-frontière de Xa Xia/Prek Chak relie Ha Tien à Kep et Kampot, sur la côte sud du Cambodge, ce qui facilite grandement le trajet jusqu'au Cambodge depuis Phu Quoc via Ha Tien (ou dans l'autre sens). Des minibus directs partent de Ha Tien à destination du Cambodge vers 13h ; ils passent par Kep (12 \$US, 1 heure, 47 km), Kampot (15 \$US, 1 heure 30, 75 km), Sihanoukville (20 \$US, 4 heures, 150 km) et Phnom Penh (18 \$US, 4 heures, 180 km). On peut réserver par l'intermédiaire de Ha Tien Tourism (également représenté au bar Oasis), qui peut aussi se charger du visa cambodgien. Changez vos espèces à Ha Tien plutôt qu'à la frontière.

À la frontière Des casinos ont surgi du côté cambodgien, et du coup, le secteur est apprécié des joueurs vietnamiens et cambodgiens.

Au-delà La plupart des voyageurs choisissent de prendre un minibus, à peine plus cher que les transports locaux et beaucoup plus confortable.

bière fraîche ou un café, et vous profiterez de renseignements touristiques épatants et impartiaux. À la carte : des petits-déjeuners anglais à prix très intéressants (servis toute la journée), une soupe à l'oignon caramélisée et des milk-shakes à la mangue, entre autres.

Thuy Tien CAFÉ
(☑077-385 1828 ; Đ Dong Ho ; ☺6h-22h). Décoré de guirlandes lumineuses et éclairé de lanternes chinoises en soirée, ce café flottant est idéal pour siroter une bière au coucher du soleil, en dominant Dong Ho.

ⓘ Renseignements

Ha Tien Tourism (☑077-395 9598 ; 1 Đ Phuong Thanh). L'agence vend des billets de transport, notamment pour la traversée en bateau à destination de Phu Quoc et le trajet en bus jusqu'au Cambodge, et se charge des visas cambodgiens (25 \$US).
Poste (☑077-385 2190 ; 3 Đ To Chau ; ☺7h-17h). Accès Internet.

ⓘ Depuis/vers Ha Tien

BATEAU

Les ferries accostent sur la rive du fleuve en face de la ville. Pour connaître les liaisons avec Phu Quoc, consultez la section relative à cette île.

BUS

La **gare routière de Ha Tien** (Ben Xe Ha Tien ; RN 80) est située sur la principale route vers la plage de Mui Nai et la frontière cambodgienne, à 1 km au nord du centre ; une moto-taxi jusqu'au centre-ville coûte 20 000 d. Des bus assurent la liaison pour Chau Doc (70 000 d), Long Xuyen (70 000 d), Rach Gia (50 000 d), Ca Mau (140 000 d), Soc Trang (130 000 d), Can Tho (110 000-130 000 d), Tra Vinh (125 000 d), Ben Tre (145 000 d) et HCMV (140 000-180 000 d, 10 heures environ).

VOITURE ET MOTO

Ha Tien se trouve à 90 km de Rach Gia, à 95 km de Chau Doc, à 206 km de Can Tho et à 338 km de HCMV. La route de Ha Tien à Chau Doc est étroite et cahoteuse, mais elle suit un canal le long de la frontière, offrant une jolie vue. Aux abords de Ha Tien, le paysage se transforme en étendues de mangrove quasi inhabitées. En chemin, vous pouvez visiter Ba Chuc et Tuc Dup. Si vous ne souhaitez pas conduire, prenez un *xe om* (20-30 \$US) ou louez une voiture auprès d'une agence de voyages ou d'un hôtel.

Environs de Ha Tien

Mui Nai

Les plages bordent le golfe de Thaïlande. L'eau, merveilleusement chaude et calme, est idéale pour la baignade et la plongée. La plus belle est **Mui Nai** (2 500/10 000 d par personne/ voiture), à 8 km à l'ouest de Ha Tien. La baie déborde d'étals où sont vendus des bouées, des maillots de bain et des ballons multicolores, à l'ombre de hauts palmiers. Un phare se dresse au sommet et des deux côtés de la péninsule s'étendent des plages de sable bordées de modestes restaurants et pensions.

Aucun transport public ne dessert la plage. Comptez 40 000 d en *xe om*.

Île Hon Giang et île Nghe

De nombreuses îles ponctuent le large de la côte. Sur leurs falaises rocheuses, des habitants récoltent les nids de salanganes, ingrédient principal de la fameuse soupe chinoise aux nids d'hirondelles. À une quinzaine de kilomètres de Ha Tien et accessible à bord de petites embarcations, l'**île Hon Giang** possède une jolie plage retirée.

Lieu de pèlerinage bouddhiste, l'**île Nghe** abrite un **temple troglodytique** (Chua Hang) à côté d'une grande statue de Quan Thê Âm Bô Tat face à la mer. Des bateaux amarrés à Hon Chong, près de la grotte de Chua Hang, vous y conduiront pour environ 150 $US.

Hon Chong

En route pour Hon Chong, vous passerez devant des pagodes khmères, des temples caodaïstes, des églises grandioses et des formations karstiques. Hon Chong est réputée pour ses belles grottes de pierre et sa plage, plus belle étendue de sable du delta. Malheureusement, les nuages de fumée dégagés en permanence par une cimenterie peuvent gâcher le paysage. Outre la plage, le principal attrait du lieu est un joli sanctuaire bouddhique à l'intérieur d'une grotte.

Après avoir dépassé la bourgade décrépite, la route contourne un cap et suit la **plage de Duong** (Bai Duong) sur 3 km. Un droit d'entrée n'est appliqué qu'à l'extrémité de celle-ci (pers/voiture 5 000/10 000 d), où trouver des stands de restauration et des bars-karaoké, au milieu de quelques poulets et cochons en goguette. De l'extrémité sud de la plage, très animée, à proximité de la grotte, vous verrez les célèbres **rochers du Père et du Fils** (Hon Phu Tu) à quelques centaines de mètres au large.

Il faut traverser le marché pour atteindre la **grotte de Chua** (Chua Hang). Construit au pied d'une colline, le **Hai Son Tu** (temple de la Mer et de la Montagne), un temple bouddhique, y donne accès. Les visiteurs allument des bâtons d'encens et prient avant de pénétrer dans la grotte, dont l'entrée se situe derrière l'autel.

À l'intérieur, ne manquez pas les statues de Shakyamuni et de Quan Thê Â Bô Tat, ainsi que de petites vitrines protégeant des bouddhas en verre vert. Attention à ne pas vous cogner la tête sur la pierre qui pend du plafond de la grotte menant à la plage. Les pèlerins affluent durant les 15 jours qui précèdent et les 30 jours qui suivent le Têt, ainsi qu'en mars et avril.

🛏 Où se loger et se restaurer

Green Hill Guesthouse　　PENSION **$**
(📞 077-385 4369 ; ch 500 000 d ; 🌢). Dans une imposante villa construite sur le promontoire nord de la plage de Duong, cette sympathique adresse familiale est bien tenue. Chambres spacieuse (la meilleure se trouve au dernier étage).

Hontrem Resort　　COMPLEXE HÔTELIER **$$**
(📞 077-385 4331 ; ctycpdulichkg@vnn.vn ; ch 60 $US ; 🌢🌢). De loin l'hébergement le plus chic de Hon Chong, situé sur une butte vers l'extrémité de l'artère principale. Les bungalows de forme hexagonale, joliment disposés face à la mer, comportent un grand lit aux draps blancs, une sdb de bonne taille et même un coffre. Jardins soignés, restaurant donnant sur la plage. Petit-déjeuner inclus.

Tan Phat　　RESTAURANT **$**
(plats 30 000-150 000 d ; ⏱ 7h-22h ; 🌢). Sur la route principale de Hon Chong, à environ 1 km de la plage de Duong, ce restaurant de fruits de mer, à l'allure de cabane, sert une cuisine excellente, et on a vue sur la mer.

ℹ Depuis/vers Hon Chong

Hong Chong se situe à 32 km de Ha Tien en direction de Rach Gia. La route d'accès part de la nationale Rach Gia-Ha Tien, au niveau de la bourgade de Ba Hon. Les bus peuvent vous déposer à Ba Hon, où une moto vous emmènera à Hong Chong (environ 70 000 d à 80 000 d). Une moto-taxi depuis Ha Tien coûte environ 200 000 d aller-retour.

Colline de Tuc Dup

Du fait de son réseau de grottes reliées entre elles, la colline de Tuc Dup (216 m) fut une base stratégique durant la guerre du Vietnam. Son nom signifie en khmer "eau qui coule la nuit". La colline est également appelée localement "colline à 2 millions de dollars", en référence à l'argent dépensé par les Américains pour en prendre le contrôle. Tuc Dup se trouve à 35 km de Chau Doc et à 64 km de Long Xuyen.

Ce site historique ne mérite pas le détour, à moins de visiter Ba Chuc.

Ba Chuc

La **pagode aux Ossements** de Ba Chuc est un sinistre souvenir des horreurs perpétrées par les Khmers rouges. Entre 1975 et 1978, des soldats khmers rouges franchirent régulièrement la frontière pour tuer des civils vietnamiens. Au Cambodge régnait alors la terreur et le régime de Pol Pot coûta la vie à près de 2 millions de Cambodgiens.

Entre le 12 et le 30 avril 1978, les Khmers rouges tuèrent 3 157 personnes à Ba Chuc, dont beaucoup furent torturées à mort ; seuls deux habitants survécurent. Le gouvernement vietnamien avait sans doute d'autres raisons d'envahir le Cambodge à la fin de 1978, mais ce massacre lui fournit une justification majeure.

La pagode aux Ossements possède une tombe commune contenant les crânes et les os de plus de 1 100 victimes. À l'heure où nous écrivions ces lignes, les crânes étaient exposés dans un petit bâtiment à proximité ; ils sont classés en groupes d'âges (il y a notamment de minuscules crânes de bébés). Il y a encore du sang sur les murs au-dessus du sol du temple de Phi Lai Tu, de l'autre côté du chemin.

Pour vous rendre à Ba Chuc, proche de la frontière cambodgienne, prenez la route qui longe le canal de Ha Tien à Chau Doc ; tournez dans la RN 3T et suivez-la sur 4 km.

Chau Doc

☑ 076 / 112 000 HABITANTS

Construite sur les rives du Hau Giang (rivière Bassac), Chau Doc voit passer d'innombrables voyageurs qui circulent par voie fluviale entre le Cambodge et le Vietnam. Cette petite ville agréable abrite des communautés chinoise, cham et khmère assez importantes. Mosquées, temples, églises et sites de pèlerinage témoignent de sa diversité culturelle et en font une destination fascinante, même si vous ne continuez pas vers le Cambodge. Traverser le fleuve pour visiter les villages cham constitue une superbe excursion en bateau. Le marché animé et la berge paisible incitent à s'attarder quelques jours.

👁 À voir

Parc 30 Thang 4   PARC
(Đ Le Loi). S'étirant entre le marché et le Victoria Chau Doc Hotel, ce parc à la française, au bord du fleuve, est un lieu de promenade apprécié. Des sculptures et une fontaine agrémentent ses pelouses et ses allées soignées, et si l'envie vous prend de vous balader sur l'eau, des batelières vous aborderont sans doute pour vous proposer une promenade à bord de petites embarcations.

Temple Phu   TEMPLE BOUDDHIQUE
(Dinh Than Chau Phu ; angle Đ Nguyen Van Thoai et Đ Gia Long). Édifié en 1926 à la mémoire de Thoai Ngoc Hâu (1761-1829), haut dignitaire de la dynastie des Ngûyen qui repose au mont Sam (p. 401). Des motifs vietnamiens et chinois ornent le bâtiment. À l'intérieur, des épitaphes portent les noms des défunts et des détails sur leur vie. Il y a aussi un sanctuaire dédié à Hô Chi Minh.

Mosquées   MOSQUÉES
Coiffée d'un dôme et agrémentée d'arcades, la **mosquée Chau Giang**, dans le hameau du même nom, est fréquentée par les musulmans cham. Pour la rejoindre, prenez le car-ferry à l'embarcadère de Chau Giang pour traverser le Hau Giang. À l'arrivée, parcourez 30 m vers l'intérieur des terres, tournez à gauche et continuez sur 50 m.

Du même côté du fleuve, la **mosquée Mubarak** abrite une école coranique. Les visiteurs sont admis, mais évitez d'y pénétrer pendant la prière (cinq fois par jour) si vous n'êtes pas musulman.

D'autres petites mosquées parsèment les alentours de Chau Doc. Elles sont accessibles en bateau, mais vous aurez besoin d'un guide pour les découvrir toutes.

Maisons flottantes   ÉDIFICES REMARQUABLES
Ces maisons, qui flottent sur un châssis de barils vides, constituent à la fois le logis et le lieu de travail des habitants. Sous chacune d'elles, des poissons, élevés dans des nasses en métal, vivent dans leur milieu naturel ; les familles les nourrissent avec leurs restes.

Vous pourrez approcher des maisons flottantes en louant un bateau, mais restez discret.

🛏 Où se loger

♥ Trung Nguyen Hotel   HÔTEL $
(☑ 076-386 6158 ; trunghotel@yahoo.com ; 86 Đ Bach Dang ; s/d/lits jum 14/16/20 $US ; ✳@🛜). L'un des meilleurs hôtels économiques, aux aménagements dignes de la catégorie moyenne. Plus joliment décorées que celles de la concurrence, les chambres ont un balcon donnant sur le marché. Emplacement bruyant à un angle de rue ; prévoyez des bouchons d'oreilles.

Song Sao Hotel   HÔTEL $
(☑ 076-356 1777 ; songsaohotel@yahoo.com ; 12-13 Đ Nguyen Huu Canh ; ch 230 000-290 000 d ; ✳@🛜). Surplombant la pagode locale, ce sympathique hôtel central comporte un hall agencé avec style, menant à des chambres correctes au mobilier en bois. Certaines ont un balcon.

Hai Chau   HÔTEL $
(☑ 076-626 0066 ; www.haichauhotel.com ; 61 Đ Thuong Dang Le ; ch 18-28 $US ; ✳🛜). Bonne adresse centrale, sur 4 étages (ascenseur), au-dessus d'un restaurant. Mobilier en bois foncé dans les 16 chambres raffinées, certaines avec balcon.

Chau Doc

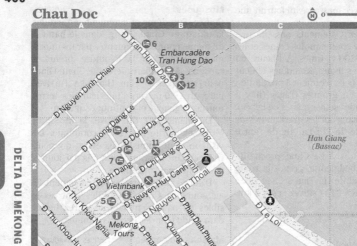

Thuan Loi Hotel HÔTEL $

(☎076-386 6134 ; ksthuanloi@yahoo.com ; 18 Đ Tran Hung Dao ; ch avec ventil/clim 10/15 $US ; ❄). Le seul hôtel petits budgets bénéficiant d'un emplacement au bord du fleuve ; il y a aussi un restaurant flottant. Chambres avantageuses, quoique sans charme. Celles munies d'un ventilateur n'ont pas d'eau chaude ; optez plutôt pour une grande chambres climatisée.

Vinh Phuoc Hotel HÔTEL $

(☎076-386 6242 ; 12 Đ Quang Trung ; ch avec ventil 7-10 $US, avec clim 10-12 $US ; ❄ @). Hôtel apprécié des routards, dont le personnel, avenant, connaît bien la région du delta. L'offre va de la chambre sommaire pourvue d'un simple ventilateur à l'option climatisée plus plaisante, avec eau chaude. Restaurant d'un bon rapport qualité/prix, qui attire aussi les amateurs de bière.

Chau Pho HÔTEL $$

(☎076-6356 4139 ; www.chauphohotel.com ; Đ 88 Trung Nu Vuong ; ch 32-50 $US ; ❄ 🛜). Cet hôtel de catégorie moyenne, fiable et accueillant, est agrémenté de courts de tennis. Il y a 50 chambres bien agencées, sur 5 étages, et certaines ont un balcon. Les "deluxe" sont beaucoup plus plaisantes que les options moins chères.

♥**Victoria Chau Doc Hotel** HÔTEL $$$

(☎076-386 5010 ; www.victoriahotels.asia ; 32 Đ Le Loi ; ch à partir de 110 $US, ste à partir de 175 $US ; ❄ @ 🛜 ❄). Raffiné pour Chau Doc, le Victoria dégage un charme colonial classique, accentué par le personnel en *ao dai*. Superbe emplacement en bord de rivière et somptueuses chambres avec parquet, meubles en bois sombre et belles baignoires. La piscine surplombe l'animation de la rivière et il y a un petit spa à l'étage. Divers circuits organisés sont proposés aux hôtes.

✖ Où se restaurer

Pour de savoureuses spécialités vietnamiennes (10 000-20 000 đ), rendez-vous au **marché couvert de Chau Doc** (Đ Bach Dang ; ⏱7h-21h). Le soir, des stands proposent différentes variétés de *che* (entremets chauds ou froids) dans Đ Bach Dang, à côté de la pagode. D'autres étals inscrivent leurs plats sur de grands tableaux blancs.

Bay Bong VIETNAMIEN $

(22 Đ Thuong Dang Le ; plats 40 000-80 000 đ ; ⏱9h-20h). Le cadre est décevant – tables et chaises en métal, carrelage blanc – mais la nourriture vaut le détour. Délicieuses fondues de poisson et légumes, riz frit aux fruits de mer, soupe de nouilles au bœuf, etc.

Chau Doc

◉ À voir

◉ Activités

◉ Où se loger

◉ Où se restaurer

◉ Où prendre un verre

Mekong VIETNAMIEN $
(41 Đ Le Loi ; plats 35 000-175 000 d). En face du Victoria Chau Doc Hotel, ce restaurant possède une grande salle et une terrasse aménagée devant l'ancienne villa, qui vieillit avec grâce.

Con Tien Floating Restaurant VIETNAMIEN $
(Đ Tran Hung Dao ; plats 40 000-90 000 d ; ⏱7h-22h). Pour un moment ludique, pensez à un repas de poisson et fruits de mer dans cet immense restaurant flottant sur la rivière Bassac.

Thanh Tinh VIETNAMIEN $
(42 Đ Quang Trung ; plats 30 000-80 000 d ; ⏱6h-19h ; 🖊). Une valeur sûre ; également parfait pour les végétariens.

Bassac Restaurant FRANÇAIS, VIETNAMIEN $$
(📞076-386 5010 ; 32 Đ Le Loi ; plats 5-20 $US ; ⏱5h45-22h). La table la plus sophistiquée de Chau Doc, au sein du Victoria Chau Doc Hotel. La carte comprend des mets vietnamiens joliment présentés et une appétissante sélection de plats français inventifs.

🍺 Où prendre un verre et faire la fête

Chau Doc n'est guère animée. Pour trinquer dans un cadre chic, essayez le **Bamboo Bar** (www.victoriahotels.asia ; Victoria Chau Doc Hotel, 32 Đ Le Loi) au bord de la piscine, ou le **Tan Chau Salon Bar** (www.victoriahotels.asia ; Victoria Chau Doc Hotel, 32 Đ Le Loi ; ⏱6h-23h), tous deux au Victoria Chau Doc Hotel. Pittoresque et décontracté, le **Con Tien Floating Restaurant** pratique quant à lui des prix beaucoup plus bas.

ⓘ Renseignements

Mekong Tours (📞076-356 2828 ; www.mekongvietnam.com ; 14 Đ Nguyen Huu Canh ; ⏱8h-20h). Cette agence de voyages locale vend des billets de bateau et de bus pour Phnom Penh, et propose des excursions sur le Mékong. Elle fournit également des voitures avec chauffeur.

Poste (📞076-386 9200 ; 2 Đ Le Loi)

ⓘ Depuis/vers Chau Doc

BUS

À HCMV, les bus pour Chau Doc partent de la gare routière de Mien Tay. Les bus express effectuent le trajet en 6 heures (environ 130 000 d). La **gare routière de Chau Doc** (Ben Xe Chau Doc) se tient à la lisière est de la ville, là où Đ Le Loi devient la RN 91. Elle dessert Ha Tien (70 000 d) et My Tho (51 000 d).

VOITURE ET MOTO

Chau Doc se situe à 95 km de Ha Tien, 117 km de Can Tho, à 181 km de My Tho et à 245 km de HCMV.

ⓘ Comment circuler

Les bateaux qui desservent le district de Chau Giang, de l'autre côté du Hau Giang, partent de deux endroits : les car-ferries partent de l'**embarcadère de Chau Giang** (Ben Pha Chau Giang, en face du 419 Đ Le Loi, et les bateaux plus petits et plus fréquents, de l'**embarcadère de Phu Hiep** (Ben Pha FB Phu Hiep), un peu plus au sud-est.

Des bateaux privés, manœuvrés à la godille, peuvent se louer à l'un ou l'autre embarcadère (80 000 d les 2 heures), ou au parc 30 Thang 4, et sont chaudement recommandés pour voir les maisons flottantes et visiter les villages et mosquées cham. Des bateaux à moteur (100 000 d/h) sont également disponibles.

Environs de Chau Doc

Mont Sam

Site sacré pour les bouddhistes, le mont Sam (Nui Sam, 284 m) et ses abords recèlent des dizaines de temples et de pagodes.

PISCICULTURE ET BIOCARBURANT

Largement pratiquée dans la province d'An Giang, près de la frontière cambodgienne, la pisciculture représente environ 20% de la production piscicole totale du Vietnam. La plus forte concentration de "maisons flottantes" avec des nasses à poissons se situe sur les rives du Hau Giang (rivière Bassac) à Chau Doc, non loin de sa confluence avec le Mékong.

Les poissons élevés sont deux espèces de poissons-chats asiatiques, le basa (*Pangasius bocourti*) et le tra (*Pangasius hypophthalmus*). La région produit ainsi chaque année environ 1,1 million de tonnes de poisson sous forme de filets congelés, essentiellement exportés vers les marchés européen, japonais, australien et nord-américain.

Le cycle de production comprend deux étapes : on récolte les œufs de poisson dans la nature, habituellement dans le lac Tonlé Sap, au Cambodge, puis on élève les poissons jusqu'à ce qu'ils atteignent leur poids de vente, d'environ 1 kg.

L'un des développements les plus intéressants de la pisciculture concerne la transformation de la graisse de poisson, un sous-produit du conditionnement, en biocarburant. Selon les spécialistes, 1 kilo de cette substance peut donner 1 litre de biocarburant, plus performant, moins toxique et générant moins de fumée que le gazole.

En raison des effets néfastes de la pisciculture sur l'environnement (liés en particulier à la gestion des déchets et à l'utilisation d'antibiotiques et d'autres produits chimiques), la World Wildlife Fund (WWF ; organisation mondiale de protection de l'environnement) avait placé le *Pangasius* d'élevage vietnamien sur la liste rouge des produits à éviter. Il en a donc été retiré en 2011 et la fondation a établi une série de normes, ainsi qu'une agence d'homologation pour certifier les producteurs employant des méthodes durables.

Si l'influence chinoise saute aux yeux, les pèlerins chinois ne sont pas les seuls à fréquenter les lieux. La vue depuis le sommet (quand le temps s'y prête) porte jusqu'au Cambodge. Il y a un poste militaire, héritage de la période où les Khmers rouges effectuaient des raids depuis le Cambodge et massacraient des civils vietnamiens.

Le long du sentier abrupt qui grimpe au sommet, jalonné de sanctuaires et de tombes, de nombreux cafés et échoppes témoignent d'une activité mercantile bien peu spirituelle. La descente est plus aisée que la montée (45 min de côte), mais vous pouvez vous faire conduire au sommet en moto (environ 20 000 d). La route menant à la cime, plaisante, grimpe par le flanc est de la montagne. Tournez à gauche au pied de la montagne puis à droite après 1 km environ, à l'endroit où la route commence à monter. La route est ouverte tous les jours, 24h/24, et éclairée la nuit.

👁 À voir

Pagode Tay An   TEMPLE BOUDDHIQUE
(Chua Tay An ; ⏲4h-22h). Fondée en 1847 sur le site d'un sanctuaire antérieur en bambou, cette pagode reconstruite en 1958 reflète des influences hindoues et islamiques, notamment au niveau du dôme sur la tour.

La porte principale est de style vietnamien traditionnel. Sur la ligne du toit, des lions et deux dragons se disputent des perles, des chrysanthèmes, des abricotiers et des fleurs de lotus.

Devant la pagode se dressent des statues représentant un éléphant noir à deux défenses et un éléphant blanc à six défenses. À l'intérieur trônent de belles sculptures religieuses, le plus souvent en bois et parfois auréolées de lumière. On remarque notamment Shakyamuni, les 18 *a-la-han* (arhat) et les 12 *muoi hai ba mu* (sages-femmes). Le nom du temple – Tay An – signifie "paix occidentale".

En arrivant de Chau Doc par la RN 91, vous apercevrez Chua Tay An droit devant vous, au pied de la montagne.

Temple de la Déesse Xu   TEMPLE BOUDDHIQUE
(Mieu Ba Chua Xu ; ⏲24h). Édifié en 1820 pour abriter une statue devenue objet de dévotion populaire, ce vaste ensemble s'élève face au mont Sam, le long de la même route que la pagode Tay An. Le bâtiment, à l'origine en bambou et en feuillage, a été reconstruit à plusieurs reprises, la dernière fois entre 1972 et 1976. Il mêle des éléments décoratifs du bouddhisme vietnamien à une architecture du milieu du XXᵉ siècle. L'effigie de la déesse pourrait être un vestige de la culture d'Oc-Eo datant du VIᵉ siècle, représentant en réalité un homme.

Selon l'une des légendes, la statue de la déesse Xu se dressait au sommet du mont Sam. Au début du XIXᵉ siècle, des troupes siamoises envahirent la région et décidèrent d'emporter la statue au Siam. Cependant, alors que les soldats descendaient la montagne, elle devint de plus en plus lourde et ils l'abandonnèrent au bord du chemin. Des villageois la trouvèrent et décidèrent de la rapporter au village pour lui construire un temple. Cependant, son poids les empêcha de la déplacer. Apparut alors une jeune fille possédée par un esprit, qui déclara être la déesse Xu. Elle leur demanda d'amener 9 vierges qui, seules, pourraient transporter la statue. Les vierges parvinrent en effet à la descendre, mais, une fois dans la plaine, celle-ci devint plus pesante et elles durent la poser. Les paysans en conclurent que la déesse souhaitait un temple à cet emplacement et, depuis, le temple de la Déesse Xu se tient à cet endroit.

Des porcs entiers rôtis font partie des offrandes fréquemment présentées à la statue, qui est vêtue d'un costume scintillant et agrémentée d'une coiffe époustouflante. Une fois par mois, une composition de légumes représentant un dragon, une tortue, un phénix et un *qilin* (animal fabuleux) est également offerte à déesse. Sur la porte devant laquelle les fidèles viennent prier, on peut lire les caractères chinois 主处聖母, ce qui signifie "le lieu principal de la mère sacrée". Il est aussi inscrit 爲国爲民, soit "pour le pays et pour le peuple". La fête principale du temple a lieu du 23ᵉ au 26ᵉ jour du 4ᵉ mois lunaire (fin mai ou début juin). Durant cette période, les pèlerins affluent et dorment sur des nattes dans les grands dortoirs de l'auberge à 2 niveaux qui jouxte le temple.

Tombeau de Thoai Ngoc Hau TOMBE (Lang Thoai Ngoc Hau ; 5h-22h30). Haut dignitaire, Thoai Ngoc Hâu (1761-1829) servit les seigneurs Nguyên, puis la dynastie des Ngûyen. Au début de l'année 1829, il ordonna qu'on lui érige son tombeau au pied du mont Sam, presque en face du temple de Xu.

Les marches sont taillées dans une pierre ocre insolite (*da ong*) provenant du sud-est du pays. La tombe de Thoai Ngoc Hâu

ⓘ ALLER AU CAMBODGE : DE CHAU DOC À PHNOM PENH

Poste-frontière de Vinh Xuong/Kaam Samnor

Rejoindre la frontière L'une des manières les plus agréables de pénétrer au Cambodge consiste à franchir le poste-frontière de Vinh Xuong/Kaam Samnor, juste au nord-ouest de Chau Doc, le long du Mékong. À Chau Doc, plusieurs compagnies vendent des traversées en bateau de Chau Doc à Phnom Penh via Vinh Xuong. Un bateau de la compagnie **Hang Chau** (Chau Doc 076-356 2771 ; Phnom Penh 855-12-883 542 ; 24 US$; www.hangchautourist.com.vn) part, à 7h30, de l'embarcadère à hauteur du 18 Đ Tran Hung Dao, arrivant à 12h30 (24 $US). En sens inverse, le bateau quitte Phnom Penh à 12h. Plus haut de gamme, le **Blue Cruiser** (HCMV 08-3926 0253, Phnom Penh 855-236-333 666 ; www.bluecruiser.com) quitte l'embarcadère du Victoria Hotel à 7h ; comptez 55 $US (44 $US dans l'autre sens, départ de Phnom Penh à 13h30). Le trajet dure environ 5 heures, en tenant compte des formalités douanières. Réservés aux clients du Victoria Hotel, les **Victoria Speedboats** (www.victoriahotels-asia.com) prennent le départ du même endroit à la même heure (5 heures, 97 $US) et de Phnom Penh à 13h30.

À la frontière Si vous arrivez du Cambodge, vous devrez être en possession d'un visa vietnamien. Si vous quittez le Vietnam, vous pourrez obtenir un visa cambodgien à la frontière, à un prix parfois un peu gonflé – prévoir 23 $US.

Poste-frontière de Tinh Bien/Phnom Den

Rejoindre la frontière Éclipsé par le nouveau poste-frontière de Xa Xia près de Ha Tien, le poste-frontière de Tinh Bien/Phnom Den est moins pratique pour les voyageurs se rendant à Phnom Penh, mais peut intéresser ceux qui veulent tenter l'aventure des no man's land déserts. Les bus à destination de Phnom Penh partent de Chau Doc à 7h30. On peut réserver les billets auprès de Mekong Tours à Chau Doc (15-21 $US, 5 heures). Sachez que les routes qui mènent à la frontière sont en piteux état.

À la frontière On peut obtenir un visa cambodgien, souvent pour 25 $US, soit quelques dollars de plus que le tarif officiel.

Au-delà La plupart des voyageurs prennent le bus depuis Chau Doc.

et celles de ses deux épouses, Chau Thi Tê et Truong Thi Miêt, occupent le milieu de la plateforme. Tout près, des dizaines de sépultures renferment les dépouilles de fonctionnaires ayant servi sous ses ordres.

Pagode de la caverne   TEMPLE BOUDDHIQUE
(Chua Hang; ⊙4h-21h). Cette pagode, également appelée Phuoc Dien Tu, est située à mi-hauteur du versant ouest du mont Sam, et offre une vue imprenable sur les rizières. La partie inférieure comprend les habitations des bonzes et abrite deux tombeaux hexagonaux, celui de la fondatrice de la pagode, une couturière nommée Lê Thi Tho, et celui d'un ancien maître bonze, Thich Huê Thiên.

La partie supérieure est divisée en deux : le sanctuaire principal, qui renferme des statues d'A Di Da (le Bouddha du passé) et du Bouddha Thich Ca (Shakyamuni, le Bouddha historique), et un fascinant complexe de grottes et cavernes protégeant des divinités, notamment Quan Am, la déesse aux mille bras et mille yeux. Il y a aussi une salle miroir avec des bouddhas et une représentation de Bodhidharma, fondateur du bouddhisme zen.

Selon la légende, Lê Thi Tho aurait quitté la pagode Tay An il y a 50 ans pour mener une vie consacrée à la méditation à cet endroit. À son arrivée, elle aurait trouvé deux énormes serpents, l'un blanc, l'autre vert foncé. Elle les convertit et ils menèrent une vie pieuse. À sa mort, ils disparurent.

🛏 Où se loger et se restaurer

Une petite localité animée s'étend aujourd'hui au pied du mont Sam, avec plusieurs hôtels (visant une clientèle de bouddhistes et d'hommes d'affaires), pensions et restaurants.

ℹ Depuis/vers le mont Sam

La plupart des visiteurs louent une moto ou viennent en *xe om* (environ 40 000 d l'aller). Des bus locaux font également le trajet depuis Chau Doc (5 000 d).

District de Phu Chau (Tan Chau)

Le travail traditionnel de la soie assure la renommée de ce district dans tout le sud du Vietnam. Le **marché** de Phu Chau est largement fourni en produits thaïlandais et cambodgiens à prix compétitifs.

Pour aller de Chau Doc au district de Phu Chau, prenez un ferry à l'embarcadère de Phu Hiep, puis un *xe om* (environ 60 000 d) pour les 18 km restants.

Long Xuyen

🖉076 / 300 000 HABITANTS

À part quelques sites mineurs et un marché animé, la capitale de la province de An Giang n'offre guère d'attrait. Il s'agit en revanche d'une ville relativement prospère, qui tire ses revenus de l'agriculture, en particulier des noix de cajou, et de l'industrie du poisson.

Long Xuyen fut jadis un bastion de la secte bouddhiste Hoa Hao. Fondée en 1939, elle préconise la simplicité du culte et rejette les temples ou tout intermédiaire entre les humains et l'Être suprême. Jusqu'en 1956, la secte possédait une armée et fut une force militaire prépondérante dans la région.

Autre titre de gloire, Long Xuyen est la ville natale de Ton Duc Thang, le deuxième président du Vietnam.

Histoire

Du Ier au VIe siècle, quand le sud du Vietnam et le sud du Cambodge faisaient partie du royaume cambodgien hindouiste du Funan, Oc-Eo était une cité importante, à la fois port et centre marchand de cette partie du delta du Mékong. Les quelques ruines qui subsistent sont à une quarantaine de kilomètres au sud de Long Xuyen. Ce que l'on sait de cet empire, qui atteint son apogée au Ve siècle, provient essentiellement de sources chinoises contemporaines et de fouilles réalisées à Oc-Eo, et à Angkor Borei, au Cambodge. Les fouilles ont prouvé que la cité entretenait des relations avec les actuelles Thaïlande, Malaisie et Indonésie, ainsi qu'avec la Perse et l'Empire romain.

Autour d'Oc-Eo, un système élaboré de canaux servait à l'irrigation et aux transports. Ainsi, les voyageurs chinois de l'époque purent écrire qu'ils avaient "navigué à travers le Funan" pour rejoindre la péninsule malaise. La plupart des constructions d'Oc-Eo étaient édifiées sur pilotis, et les vestiges révèlent le grand raffinement de cette civilisation. Les objets découverts sur le site sont exposés au musée d'Histoire et au musée des Beaux-Arts de HCMV, ainsi qu'au musée d'Histoire de Hanoi.

👁 À voir

**Blue Sky Crocodile
Land**   ÉLEVAGE DE CROCODILES
(Ca Sau Long Xuyen; 🖉076-383 1298; 44/1A Đ Tran Hung Dao; 10 000 d; ⊙7h-18h). À 8 km au

Long Xuyen

Long Xuyen

sud de la ville sur la route de Can Tho, cet élevage permet d'approcher les sauriens qui vivaient autrefois dans le Mékong. Il rassemble des milliers de crocodiles mesurant de 10 cm à 4 m de long. La chair et la peau de ces animaux sont essentiellement destinées à l'exportation, mais quelques Vietnamiens viennent s'approvisionner ici en viande congelée, ou déguster de la viande fraîche dans le restaurant sur place. Une petite boutique vend des sacs et des portefeuilles.

Église catholique de Long Xuyen   ÉGLISE
(Đ Tran Hung Dao). Cette église, l'une des plus grandes du delta, est une imposante construction moderne, dotée d'un clocher haut de 50 m. Construite entre 1966 et 1973, elle peut accueillir un millier de fidèles et fait souvent le plein. Haute de plafond, elle renferme un crucifix géant surmontant un globe tenu par deux mains.

Cho Moi   DISTRICT
De l'autre côté du fleuve, le district de Cho Moi est réputé pour sa production de fruits (bananes, durians, goyaves, jaques, longanes, mangues, mangoustans et prunes). Pour accéder au district de Cho Moi, prenez le bateau à l'embarcadère des ferries.

🛏 Où se loger

Dong Xuyen Hotel   HÔTEL $
(☑076-394 2260 ; www.angiangtourimex.com. vn ; 9A Đ Luong Van Cu ; ch 400 000-770 000 d, ste 800 000 d ; ❋🤶). L'hôtel le plus stylé de la ville, aux chambres joliment meublées et bien équipées. Le personnel est sympathique.

Long Xuyen Hotel   HÔTEL $
(☑076-384 1927 ; www.angiangtourimex.com.vn ; 19 Đ Nguyen Van Cung ; ch 300 000-420 000 d ; ❋🤶). Cet hôtel aurait grand besoin d'être rénové, mais les prix sont abordables et il y a un bon restaurant. Les chambres (TV sat et eau chaude), avec un balcon commun, dégagent en outre un certain charme.

🍴 Où se restaurer

Hong Phat   VIETNAMIEN $
(242/4 Đ Luong Van Cu ; plats 30 000-80 000 d ; ⊘9h-21h). Ce restaurant climatisé est très apprécié pour ses viandes grillées et ses produits de la mer. Et le personnel est charmant.

Hai Thue   VIETNAMIEN $
(☑076-384 5573 ; 245/3 Đ Luong Van Cu ; plats 15 000-40 000 d). Pour une cuisine authentique et bon marché.

ℹ Depuis/vers Long Xuyen

BATEAU

Pour rejoindre l'embarcadère des ferries de Long Xuyen depuis Đ Pham Hong Thai, traversez le pont Duy Tan et tournez à droite. Des ferries de passagers partent de là pour Sa Dec et d'autres localités du delta.

BUS

À HCMV, les bus à destination de Long Xuyen partent de la gare routière de Mien Tay (à partir de 85 000 d). La **gare routière de Long Xuyen** (Ben Xe Khach Long Xuyen ; ☑076-385 2125 ; face au 96/3B Đ Tran Hung Dao) se situe en bord de route, à la lisière sud de la ville ; suivez Đ Tran

Hung Dao, puis Đ Phan Cu Luong sur 1,5 km. De là, des bus desservent Can Tho (62 km), Chau Doc (55 km), Ha Tien (130 km) et Rach Gia (75 km).

VOITURE ET MOTO

Pour rejoindre Cao Lanh ou Sa Dec, il faut prendre le car-ferry à l'embarcadère de An Hoa.

Cao Lanh

☑ 067 / 150 000 HABITANTS

Ville nouvelle construite parmi la jungle et les marécages du delta, Cao Lanh prospère grâce au commerce mais n'attire guère les touristes. Son principal attrait réside dans la proximité du parc national de Tram Chim (réserve ornithologique) et de la forêt de Xeo Quyt (ou Rung Tram, forêt de Tram), des sites majeurs que l'on rejoint en bateau.

☉ À voir

Musée de Dong Thap MUSÉE
(226 Đ Nguyen Thai Hoc ; ⊙7h-11h30 et 13h30-17h). GRATUIT Ce musée compte parmi les meilleurs de la région du Mékong, malgré l'absence de commentaires en anglais. Au rez-de-chaussée sont exposées des pièces relatives à l'histoire anthropologique de la province. Parmi elles figurent outils, sculptures, maquettes de maisons traditionnelles et quelques animaux empaillés. Le 1er étage est consacré à l'histoire militaire du pays et, bien entendu, à Hô Chi Minh.

Monument aux morts MÉMORIAL
(Dai Liet Si). Situé à la lisière est de la ville près de la RN 30, c'est le monument le plus imposant de Cao Lanh. Dans le style du réalisme socialiste, la sculpture en béton représente un soldat médaillé tenant un bouquet de fleurs devant une immense étoile stylisée. Au dos, des cigognes symbolisent le Mékong.

Le parc alentour abrite les sépultures de 3 112 soldats viêt-cong morts au combat.

Tombeau de Nguyên Sinh Sac PARC
(Lang Cu Nguyen Sinh Sac ; près de Đ Pham Huu Lau ; parking 6 000 d). Le tombeau du père de Hô Chi Minh, Nguyên Sinh Sac (1862-1929), est le joyau de ce joli parc, avec une réplique de village historique de 9,6 ha. La sépulture proprement dite se tient sous un curieux sanctuaire évoquant une coquillage, derrière un bassin de lotus en forme d'étoile.

Bien que diverses plaques (en vietnamien) et brochures touristiques le présentent comme un révolutionnaire, rien ne confirme que Nguyên Sinh Sac ait participé à la lutte

contre la colonisation. À côté du sanctuaire, le petit musée consacré à Hô Chi Minh se résume à une collection de photos légendées en vietnamien.

Le parc se situe à la périphérie sud-ouest de la ville ; tournez à droite après la pagode Hoa Long et longez la clôture jusqu'à l'entrée.

🛏 Où se loger

Hoa Anh HÔTEL $
(☎067-224 0567 ; hoaanhhotel@yahoo.com.vn ; 40 Đ Ly Tu Trong ; ch à partir de 210 000 d ; ✴🛜). Un hôtel bien tenu, à côté de la gare routière. Pour 210 000 d, vous obtiendrez une double proprette un peu exiguë, avec une petite sdb. Les chambres à 2 lits sont spacieuses et les plus onéreuses peuvent accueillir une famille.

Xuan Mai Hotel HÔTEL $
(☎067-385 2852 ; 33 Đ Le Qui Don ; ch 200 000-300 000 d ; ✴🛜). Un immense hôtel, avec restaurant et salon de massage, au bon rapport qualité/prix, avec des chambres spacieuses, assez kitsch. L'établissement est situé derrière la poste ; petit-déjeuner inclus. Il n'y a pas d'ascenseur.

Nha Khach Dong Thap HÔTEL $
(☎067-387 2670 ; 48 Đ Ly Thuong Kiet ; ch 350 000-1 000 000 d ; ✴🛜). Un hôtel géré par le gouvernement. Chambres spacieuses et correctes, réception tapissée de marbre et couloirs ultra-larges. L'ambiance est un peu austère.

Song Tra Hotel HÔTEL $$
(☎067-385 2624 ; 178 Đ Nguyen Hue ; ch 19-35 $US, ste 50 $US ; ✴). Si la façade semble un peu délabrée, les chambres (TV sat, minibar et eau chaude) aux larges fenêtres sont dans un état satisfaisant. Pour un hôtel gouvernemental, les employés se montrent plus aimables que la moyenne.

🍴 Où se restaurer

Cao Lanh est réputée pour son *chuot dong* (rat des rizières) – une expérience culinaire à ne pas rater.

Ngoc Lan VIETNAMIEN $
(210 Đ Nguyen Hue ; plats à partir de 35 000 d ; ⊙8h-21h). Le "Magnolia" est un établissement lumineux et attrayant, où l'on sert de savoureux ragoûts de porc (35 000 d) et des soupes de légumes (80 000 d).

A Chau VIETNAMIEN $
(☎067-385 2202 ; 42 Đ Ly Thuong Kiet ; plats 20 000-70 000 d). Ce restaurant a pour

Cao Lanh

Cao Lanh

◉ À voir

🛏 Où se loger

✖ Où se restaurer

spécialité les succulents *banh xeo* (crêpes frites croustillantes fourrées au porc, aux crevettes et aux germes de blé), à rouler et à tremper dans une sauce de poisson.

ℹ Renseignements

Dong Thap Tourist (☏067-387 3026 ; www.dongthaptourist.com ; 2 Đ Doc Binh Kieu ; ⊗7h-11h30 et 13h30-17h). Ce tour-opérateur sympathique et compétent organise des excursions en bateau et autres circuits dans la région. Il dispose d'une **annexe** (☏067-391 8487) dans la petite localité de My Hiep.
Poste (85 Đ Nguyen Hue). Accès Internet.

ℹ Comment s'y rendre et circuler

La **gare routière de Cao Lanh** (Ben Xe Cao Lanh ; 71/1 Đ Ly Thuong Kiet), au cœur de la ville, dessert HCMV (65 000 d), Sa Dec (15 000 d), Vinh Long (17 000 d), My Tho (30 000 d), Tra Vinh (49 000 d), Can Tho (45 000 d), Soc Trang (55 000 d), Vung Tau (112 000 d) et Ca Mau (85 000 d).

Les sites autour de Cao Lanh se visitent plus facilement en bateau. Vous pouvez négocier directement avec un batelier privé, mais il est cependant plus facile – quoique plus onéreux – de s'adresser à Dong Thap Tourist. Comptez 30 $ US pour un circuit d'une demi-journée.

Environs de Cao Lanh
◉ À voir et à faire

Forêt de Xeo Quyt
(Rung Tram)　　　　　RÉSERVE NATURELLE
(Xeo Quyt, Xeo Quit ; 5 000 d ; ⊗7h-17h). Au sud-est de Cao Lanh et accessible en bateau, la magnifique forêt de Xeo Quyt, aussi appelée Rung Tram (forêt de Tram), s'étend sur 52 ha près de la bourgade de My Hiep. Ce vaste marécage, protégé par une épaisse canopée, est l'une des dernières forêts naturelles du delta du Mékong.

Pendant la saison des pluies, un **circuit en canoë** de 20 minutes (10 000 d) vous fera passer devant de vieux bunkers et d'anciens champs de mines le long d'étroits canaux. L'expérience est mémorable, mais prévoyez une bonne quantité d'antimoustique (essayez de partir avant 16h30 pour échapper à l'assaut des insectes). Pendant la saison sèche, vous pourrez explorer ce secteur à pied.

Pendant la guerre du Vietnam, le Viêt-Cong possédait une base ici et les hauts gradés vivaient dans des bunkers souterrains. Les Américains, qui possédaient une base à 2 km à peine, ne se doutèrent jamais que l'ennemi vivait à deux pas !

De My Hiep, un bateau lent (environ 20 $US, jusqu'à 10 passagers) rejoint Rung Tram, à 2 km, en 40 minutes. Plusieurs des circuits organisés par Dong Thap Tourist incluent une visite guidée de la forêt.

Parc national de Tram Chim
RÉSERVE NATURELLE

(⏰7h-16h). Ce parc national, et réserve ornithologique, se trouve au nord de Cao Lanh, dans le district de Tam Nong (province de Dong Thap). Plus de 220 espèces d'oiseaux y ont été répertoriées, dont la grue antigone et le rare héron à tête rouge. Les oiseaux nichent ici de décembre à mai ; de juin à novembre, ils migrent dans le nord-ouest du Cambodge. L'aube et le crépuscule sont les meilleurs moments pour les observer. Durant la journée, ils sont très occupés à se nourrir.

Tam Nong est une localité paisible à 45 km de Cao Lanh. Prévoyez 1 heure en voiture, puis 1 heure de plus en petit bateau (environ 2 700 000 d) pour rejoindre le secteur où vivent les grues, à quoi s'ajoute le temps d'observation des oiseaux à la jumelle (pensez à prendre les vôtres), suivi du retour à Tam Nong, puis à Cao Lanh (de 1 à 4 heures selon le mode de transport). Si vous souhaitez rester tard le soir ou visiter le parc de bonne heure, vous trouverez à Tam Nong quelques pensions rudimentaires. La nuit commence tôt à Tam Nong ; si vous voulez dîner, prenez vos dispositions avant 17h.

Sa Dec

📍 067 / 108 000 HABITANTS

Ancienne capitale de la province de Dong Thap, Sa Dec est une paisible ville aux rues bordées d'arbres et de villas coloniales décrépites, entourée de vergers et de marchés aux fleurs. Elle a connu son heure de gloire lors du tournage de *L'Amant* (1992), film de Jean-Jacques Annaud inspiré du roman de Marguerite Duras. Depuis le quartier du marché, vous verrez, de l'autre côté du fleuve, l'une des villas coloniales (aujourd'hui transformée en pension) apparaissant dans le film.

◉ À voir

Maison de Huynh Thuy Lê
DEMEURE HISTORIQUE

(Nha Co Huynh Thuy Le ; ☎0939 533 523 ; 225A Đ Nguyen Hue ; 10 000 d). Sise au bord du fleuve, cette belle demeure de 1895 fut le lieu de résidence de Huynh Thuy Lê, fils d'une riche famille chinoise. Marguerite Duras, alors âgée de 15 ans, eut avec lui une liaison amoureuse en 1929 – qu'elle immortalisa dans *L'Amant*.

De style franco-chinois, la maison conserve des boiseries intérieures ouvragées, des portes incrustées de nacre et un carrelage d'origine, fabriqué en France. Dans la salle principale, une plaque porte les caractères chinois "中西共仰", ce qui signifie littéralement "la Chine et l'Occident s'admirent mutuellement", un hommage à cette fusion entre l'Orient et l'Occident.

On peut loger dans une des chambres charmantes, quoique sommaires, qui partagent une sdb à l'arrière du bâtiment.

Pagode Huong
TEMPLE BOUDDHIQUE

(Chua Huong ; Đ Hung Vuong). À la "pagode des Parfums" (1838), de style chinois classique, les inconditionnels de Duras chercheront le sanctuaire de Huynh Thuy Lê, mais ils auront peut-être du mal à reconnaître celui qui a inspiré *L'Amant* dans le septuagénaire représenté en photo avec son épouse.

Une statue blanche de la déesse Quan Thê Âm Bô Tat trône sur un piédestal entre la pagode Huong et la **pagode Buu Quang** (Đ Hung Vuong), voisine, moins séduisante.

Pépinières
PÉPINIÈRES

(Vuon Hoa ; ⏰7h-17h). GRATUIT Ouvertes toute l'année, les pépinières se retrouvent quasi dépouillées de toutes leurs fleurs juste avant la fête du Têt. Les habitants de HCMV y viennent nombreux le dimanche, et les pépinières constituent un but d'excursion privilégié pendant les vacances du Têt.

De grandes quantités d'œillets d'Inde sont vendues aux temples et les pépinières sont inondées pendant la saison des crues. Les jardiniers se déplacent alors en bateau. Venez le matin pour assister au chargement des plantes à bord des bateaux. Depuis la ville, une moto-taxi coûte environ 20 000 d.

Sa Dec

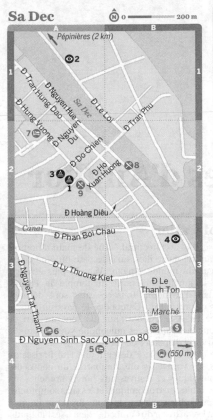

Ⓝ 0 ▬▬▬ 200 m

Pépinières (2 km)

Ð Nguyen Hue · Ð Tran Hung Dao · Ð Hung Vuong · Ð Nguyen Du · Ð Le Loi · Sa Dec · Ð Tran Phu · Ð Do Chien · Ð Ho Xuan Huong · Ð Hoang Dieu · *Canal* · Ð Phan Boi Chau · Ð Ly Thuong Kiet · Ð Nguyen Tat Thanh · Ð Le Thanh Ton · *Marché* · Ð Nguyen Sinh Sac/ Quoc Lo 80

Ⓑ (550 m)

les autres, avec ventil, sentent un peu le renfermé. Petit-déjeuner inclus et courts de tennis juste à côté, à l'ombre des palmiers.

Sa Dec Hotel HÔTEL **$**
(☎067-386 1430 ; sadechotel@yahoo.com.vn ; 499 Ð Hung Vuong ; ch avec ventil 200 000 d, ch avec clim 260 000-300 000 d, ste 400 000-500 000 d ; ✱@🛜). Les chambres avec balcon et ventilateur sont une aubaine dans cet établissement d'État un peu défraîchi.

Nha Co Huynh Thuy Le PENSION **$$**
(☎067-377 3937 ; thanhctydl@yahoo.com.vn ; 225A Ð Nguyen Hue ; s/d 650 000/900 000 d). Au bord de la rivière, cet établissement ancien et charmant offre seulement 4 chambres rudimentaires (ventil), et les sdb communes sont situées à l'arrière de la propriété. Ni TV ni téléphone dans les chambres, mais le Wi-Fi devrait arriver sous peu.

Marché de nuit VIETNAMIEN **$**
(Ð Nguyen Hue ; ⏱5h-tard). En bordure de rivière et bouillonnant d'activité, le marché de nuit comporte une enfilade de restaurants de fondue. Comptez 20 000 d pour du poulet grillé, 40 000 d pour des calamars grillés et 10 000 d pour une bière.

Quan Com Thuy VIETNAMIEN **$**
(☎067-386 1644 ; 439 Ð Hung Vuong ; plats 50 000-100 000 d ; ⏱9h-21h). Cette bonne adresse est réputée pour ses plats de viande et de riz.

ℹ Depuis/vers Sa Dec

Sa Dec se trouve à mi-chemin entre Vinh Long, Chau Doc et Long Xuyen, les deux dernières destinations nécessitant de prendre le ferry. La **gare routière de Sa Dec** (Ben Xe Sa Dec), sur la RN 80 au sud-est du centre-ville, dessert Vinh Long (13 000 d), Cao Lanh (15 000 d) et HCMV (65 000-95 000 d).

Temple caodaïste TEMPLE
(102 Ð Le Loi ; ⏱6h-21h). De l'autre côté de la rivière Sa Dec, n'hésitez pas à grimper au sommet de ce temple caodaïste pour profiter d'un panorama magnifique sur la ville.

🛏 Où se loger et se restaurer

Phuong Nam HÔTEL **$**
(☎067-386 7867 ; hotelphuongnam@yahoo.com ; 384A Ð Nguyen Sinh Sac ; s 200 000-220 000 d, d 270 000-350 000 d ; ✱🛜). Au bord de la route nationale, ce mini-hôtel abrite différentes chambres, des moins chères avec minuscule sdb et balcon aux plus grandes avec parquet.

Bong Hong Hotel HÔTEL **$**
(☎067-386 8288 ; bonghonghotel@yahoo.com.vn ; 251A Ð Nguyen Sinh Sac ; ch avec ventil 320 000 d, ch avec clim 420 000-550 000 d, ste 840 000 d ; ✱@🛜). Dans cet immense hôtel sans âme, les chambres les plus plaisantes sont celles des étages supérieurs, avec balcon ;

Siem Reap
et les temples d'Angkor

Le top des temples au coucher et au lever du soleil

➡ Angkor Vat (p. 420)

➡ Bayon (p. 420)

➡ Phnom Bakheng (p. 425)

Le top des temples pour les cinéphiles

➡ Angkor Vat (p. 420)

➡ Bayon (p. 420)

➡ Beng Mealea (p. 426)

➡ Ta Prohm (p. 425)

Pourquoi y aller

Nul autre ensemble architectural édifié de main d'homme ne recèle autant de merveilles, qu'il s'agisse du plus grand édifice religieux du monde, Angkor Vat, du plus étrange, Bayon, et de la jungle exubérante du temple Ta Prohm, majestueux dans l'abandon. Tous ces sites sont devenus des symboles et ont fait du Cambodge le pays du temple par excellence en Asie. Aujourd'hui, ils sont un lieu de pèlerinage pour les Khmers, et quiconque voyage dans la région ne saurait se dispenser de les voir.

Siem Reap était destinée à devenir une cité florissante et, désormais, les voyageurs ont l'embarras du choix, des pensions économiques et festives aux hôtels branchés, en passant par les tables gastronomiques et les spas somptueux.

Si Angkor et le chic moderne de Siem Reap ont de quoi impressionner, le vrai trésor du Cambodge tient à ses habitants. Quoique revenus de l'enfer, les Khmers n'ont rien perdu de leur naturel aimable, et nul ne quitte ce royaume sans évoquer avec affection le souvenir de ceux qu'il y a côtoyés.

Quand partir

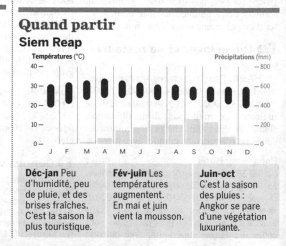

Siem Reap

Déc-jan Peu d'humidité, peu de pluie, et des brises fraîches. C'est la saison la plus touristique.

Fév-juin Les températures augmentent. En mai et juin vient la mousson.

Juin-oct C'est la saison des pluies : Angkor se pare d'une végétation luxuriante.

À ne pas manquer

① Voir le soleil se lever sur l'un des édifices les plus emblématiques au monde, le grand et unique Angkor Vat (p. 420).

② Contempler la sérénité et la splendeur de Bayon (p. 420), avec ses 216 mystérieux visages qui vous fixent à travers la jungle.

③ Regarder la nature reprendre ses droits sur les ruines mystérieuses de Ta Prohm (p. 425).

④ Admirer les sculptures délicates du temple de Banteay Srei (p. 425), sans doute le plus beau d'Angkor.

⑤ Découvrir la rivière des Mille Lingams à Kbal Spean (p. 426), en pleine jungle.

SIEM REAP

☑ 063 / 119 500 HABITANTS

Lieu de vie et de ravitaillement au départ de la visite des temples d'Angkor, Siem Reap (prononcer *Sièm-rièp*) est l'épicentre du nouveau Cambodge, et une destination particulièrement prisée. Siem Reap (dont le nom, guère diplomatique, signifie "Les Siamois défaits") a conservé son charme, avec ses vieilles échoppes françaises, ses boulevards ombragés et sa rivière au cours paisible.

👁 À voir

♥ Musée national d'Angkor MUSÉE
(សារមន្ទីរអង្គរ ; ☑ 063-966601 ; www.angkornationalmuseum.com ; 968 Charles de Gaulle Blvd ; adulte 12 \$US, enfant de moins de 1,20 m 6 \$US ; ⊙ 8h30-18h, jusqu'à 18h30 1er oct-31 mars). Une introduction intéressante aux gloires de l'Empire khmer. Ce musée dernier cri aide à comprendre l'importance historique, religieuse et culturelle d'Angkor. L'exposition comporte 1 500 superbes sculptures et objets en pierre.

Les Chantiers Écoles CENTRE CULTUREL
(កសិដ្ឋានសូត្រ ; www.artisansdangkor.com ; Stung Thmey Street ; ⊙ 7h30-17h30, magnanerie 7h-17h). 🌀 GRATUIT Cette école, qui s'adresse à des jeunes défavorisés, est spécialisée dans l'enseignement des techniques de la sculpture sur bois et sur pierre, de la peinture sur soie traditionnelle, de la fabrication d'objets laqués, etc. Pour en savoir plus sur ces techniques traditionnelles, des visites guidées gratuites sont proposées tous les jours. On trouve également sur place une belle boutique appelée "Artisans Angkor".

L'établissement gère aussi une **magnanerie** (☑ 063-966601 ; ⊙ 8h-17h30 tlj), où vous découvrirez toutes les étapes de la fabrication de la soie. Des visites gratuites sont organisées tous les jours ; une navette gratuite part des Chantiers Écoles à 9h30 et 13h30. L'exploitation se trouve dans le Puok Distric, à environ 16 km à l'ouest de Siem Reap.

Village culturel cambodgien CENTRE CULTUREL
(☑ 063-963836 ; www.cambodianculturalvillage. com ; Airport Rd ; adulte 9 \$US, gratuit enfant de

Siem Reap

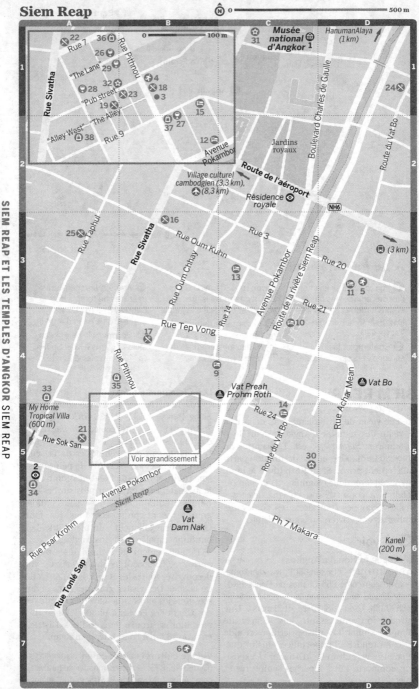

Siem Reap

SIEM REAP ET LES TEMPLES D'ANGKOR SIEM REAP

moins de 1,10 m ; ☺8h-17h). Tout le Cambodge est représenté ici, dans un tourbillon de maisons et de villages reconstitués. Le tout est certes kitsch et loufoque, mais le site est très prisé des Cambodgiens et permet de passer un excellent moment en famille. Il y a des animations et des spectacles de danse toute la journée, mais les voyageurs étrangers sont assez peu nombreux.

🏃 Activités

Une incroyable palette d'activités est envisageable à Siem Reap.

Angkor Golf Resort   GOLF
(☎063-761139 ; www.angkor-golf.com ; accès au parcours 9 trous/18 trous 80/115 $US). Ce parcours de classe internationale a été conçu par le célèbre golfeur britannique Nick Faldo. Avec la location des clubs, d'un chariot et d'une voiturette, le forfait grimpe vite !

Angkor Palm   COURS DE CUISINE
(☎012 232 205 ; www.angkorpalm.com ; Pithnou St ; 12 $US/pers). Des cours de cuisine (2 heures plus visite au marché) organisés par le restaurant du même nom, non loin du Psar Chaa, le vieux marché de la ville.

Bodia Spa   SPA
(☎063-761593 ; www.bodia-spa.com ; Pithnou St ; ☺10h-minuit). Près du Psar Chaa, ce spa sophistiqué propose un large éventail de gommages, massages et traitements naturels. Il dispose de sa propre ligne de produits à base d'herbes.

Off Track   CIRCUITS À VÉLO
(☎093-903024 ; www.kko-cambodia.org ; circuit 35-40 $US). ✐ Pédalez pour la bonne cause sur les sentiers d'Angkor ou dans la campagne au-delà du baray occidental (l'immense réservoir d'Angkor Vat). Les bénéfices sont reversés à l'association "Khmer for Khmer Organisation", qui finance l'éducation et la formation professionnelle.

Quad Adventure Cambodia   QUAD
(☎092-787216 ; www.quad-adventure-cambodia.com ; balade au coucher du soleil 30 $US, journée complète 170 $US). Des circuits sur tous types de terrains autour de Siem Reap : rizières au coucher du soleil, jolis temples et petites routes traversant des villages traditionnels où les enfants vous salueront en poussant de grands cris.

LE CAMBODGE EN LIGNE

Le journal du Cambodge (http://lejournalducambodge.blogspot.fr). Un blog rédigé par un Français installé au Cambodge, régulièrement enrichi d'articles, de photos et de reportages vidéo. Un regard personnel, amoureux et non partisan sur ce beau pays.

Guides Temples Angkor (www.temples-angkor.fr). Un site en français abondant en ressources générales sur le Cambodge, utile pour organiser au mieux la visite d'Angkor mais aussi d'autres sites du pays.

Lonely Planet (www.lonelyplanet.fr). Renseignements sur les voyages au Cambodge, forum des voyageurs et informations actualisées.

Phnom Penh Post (www.phnompenhpost.com). La version Web, en anglais, du quotidien cambodgien.

Le Petit Journal – Cambodge (www.lepetitjournal.com/cambodge). "Le média des Français et francophones à l'étranger" est présent au Cambodge. Nombreux articles (actualité, santé, sport, culture, voyages) et des infos par villes (bons plans, agenda, sorties, petites annonces).

Sam Vesna Center (www.samveasna.org). La meilleure source d'information pour visiter de façon responsable les réserves ornithologiques du Cambodge.

ConCERT (www.concertcambodia.org). Une association basée à Siem Reap, qui a pour but de "mettre en relation les communautés, l'environnement et le tourisme responsable".

🛏 Où se loger

L'offre d'hébergement est variée à Siem Reap, des modestes hôtels avec toilettes sur le palier à 3 $US aux palaces cinq étoiles.

💚 **Ivy Guesthouse 2**   PENSION **$**
(☎012-800860 ; www.ivy-guesthouse.com ; ch 6-15 $US ; 🌀 @ 🛜). Un établissement accueillant et agréable, avec un espace détente, un bar et l'un des meilleurs restaurants de pension de la ville, avec d'innombrables plats végétariens.

Shadow of Angkor Guesthouse   PENSION **$**
(☎063-964774 ; www.shadowofangkor.com ; 353 Pokambor Ave ; ch 15-25 $US ; 🌀 @ 🛜 🏊). Dans un majestueux bâtiment de l'époque coloniale surplombant la rivière, cette sympathique pension loue 15 chambres climatisées, dans un cadre superbe et à des prix abordables. De l'autre côté de la rivière, la nouvelle annexe est dotée d'une piscine.

Downtown Siem Reap
Hostel   AUBERGE DE JEUNESSE **$**
(☎012 675881 ; www.downtownsiemreaphostel.hostel.com ; quartier de Wat Damnak ; dort 4-6 $US, ch 13-17 $US ; 🌀 🛜 🏊). Également appelée Bamboo Garden, cette auberge de jeunesse propose des prix attrayants dans la mesure où elle possède une petite piscine dans le jardin. Les visiteurs peuvent se baigner à

condition de dépenser au moins 6 $US de nourriture et boissons.

Seven Candles Guesthouse   PENSION **$**
(☎963380 ; www.sevencandlesguesthouse.com ; 307 Wat Bo Rd ; ch 10-20 $US ; 🌀 @ 🛜). 🌿 Une pension au grand cœur : une partie des bénéfices est reversée à une fondation locale encourageant l'éducation dans les communautés rurales. Les chambres sont équipées de l'eau chaude, d'une TV et d'un réfrigérateur.

💚 **HanumanAlaya**   HÔTEL DE CHARME **$$**
(☎063-760582 ; www.hanumanalaya.com ; ch 60-100 $US ; 🌀 @ 🛜 🏊). Une retraite pleine de charme installée dans un jardin verdoyant agrémenté d'une jolie piscine. Les chambres sont décorées d'antiquités et d'artisanat mais bénéficient également d'éléments modernes (TV câblée, minibar et coffre-fort).

Soria Moria Hotel   HÔTEL DE CHARME **$$**
(☎063-964768 ; www.thesoriamoria.com ; Wat Bo Rd ; ch 39-63 $US ; 🌀 @ 🛜 🏊). 🌿 Cet hôtel de charme soutient les initiatives locales œuvrant pour le développement de la communauté. Les chambres lumineuses sont équipées de sdb élégantes. Restaurant fusion au rez-de-chaussée, bains chauds en plein air à l'étage et nouvelle piscine.

Steung Siem Reap Hotel   HÔTEL **$$**
(☎063-965167 ; www.steungsiemreaphotel.com ; près du Psar Chaa ; ch à partir de 63 $US ;

✳@🛰🖥). Fidèle à l'ambiance coloniale régnant autour du Psar Chaa, cet hôtel se distingue par ses hauts plafonds, ses persiennes et ses balcons en fer forgé. L'emplacement est imbattable.

Golden Banana   HÔTEL DE CHARME **$$**
(📞063-761259 ; 063-766655 ; www.golden-banana.com ; ch B&B 22-31 $US, ch de charme

55-136 $US ; ✳@🛰🖥). Un véritable "empire de la Banane" : il y a désormais 4 hôtels Golden Banana, occupant le carrefour à côté du temple bouddhique Vat Damnak : le B&B original, un grand hôtel et deux hôtels de charme, avec des propriétaires différents. Les gays sont bienvenus dans tous ces établissements.

LES RELATIONS VIETNAMO-CAMBODGIENNES

Franchir la frontière vietnamo-cambodgienne, c'est passer d'une économie en plein essor à l'un des pays les plus pauvres de l'Asie du Sud-Est. Quelque chaotique que soient Hô Chi Minh-Ville et Hanoi, elles paraissent bien modernes et organisées comparées à Siem Reap.

Or, tout Cambodgien vous le dira fièrement, le Vietnam n'a pas toujours été en avance sur le plan économique. De fait, l'Empire khmer contrôlait jadis une grande partie de la région, ports de Saigon compris. Toutefois, au début du XIXᵉ siècle, la suprématie politique du Vietnam se trouva établie, et le Cambodge passa sous l'emprise de son voisin.

Par la suite, les deux pays vécurent sous administration française, mais celle-ci favorisa les travailleurs et bureaucrates vietnamiens. Malgré la décolonisation, en 1954, la deuxième moitié du XXᵉ siècle fut ponctuée de conflits, alimentés par la Chine, les États-Unis et l'Union soviétique. Pendant la guerre du Vietnam, à une époque où le Cambodge était soutenu par les États-Unis, les avions américains bombardèrent les campagnes pour en éradiquer les guérillas terroristes. En vain. Une faction dure de communistes appuyée par la Chine, les Khmers rouges, renversa le fragile gouvernement pro-américain en 1975 pour fonder un régime communiste qui devint l'une des plus terribles dictatures du siècle.

En 1975, le Vietnam et le Cambodge étaient l'un et l'autre communistes, mais, malgré leur proximité idéologique, l'ancienne haine ne s'était pas éteinte. À la fin des années 1970, les Khmers rouges, dirigés par Pol Pot, tentèrent de reprendre au Vietnam des terres perdues des siècles auparavant, en commençant par l'île de Phu Quoc, puis au gré d'attaques éclairs, dans la province de Dong Thap. Les Vietnamiens réagirent en occupant le Cambodge pendant 10 ans et en installant des dirigeants à leur botte, dont beaucoup sont toujours au pouvoir aujourd'hui.

Aujourd'hui, les gouvernements des deux pays parlent de fraternité entre leurs nations, mais on peut entendre dans la rue des Cambodgiens parler du Vietnam comme du tyran d'à côté et des Vietnamiens évoquer dédaigneusement le "petit frère" voisin. Malgré cette rivalité, des points communs rapprochent les cultures des deux pays. On y observe un même respect des anciens, tandis que la confrontation sociale est, elle, soigneusement évitée, les éclats de colère étant tenus pour un pas vers la folie.

La différence entre les deux cultures se décèle davantage en matière domestique. Influencés par le confucianisme, les Vietnamiens ont le culte des ancêtres lointains, alors que les Cambodgiens n'honorent que leur famille proche. Surtout, les lois "des deux enfants" au Vietnam ont rendu les familles plus petites qu'au Cambodge, où les enfants participent à l'effort commun de subsistance.

Par rapport à la frénésie de Hô Chi Minh-Ville et de Hanoi, Siem Reap respire encore la tranquillité, mais le Cambodge suit lentement le même chemin que le Vietnam. Ceux qui s'attendent à une zone dévastée seront pris au dépourvu par les nouveaux complexes hôteliers et les bars chics. Vous entendrez les coqs chanter, mais pourrez aussi bien trouver un fast-food au coin de la rue. Le tourisme y est en plein essor, et si les Cambodgiens se plaignent ouvertement du Vietnam, leur pays emprunte la même voie, préférant oublier un passé tragique, s'ouvrir au commerce mondial et élever des tours de bureaux au milieu de baraques en tôle. De fait, si le Vietnam voit encore dans le Cambodge un "petit frère", ce dernier est en pleine poussée de croissance.

Par Patrick Winn – correspondant du Global Post *pour l'Asie du Sud-Est*

LE CAMBODGE EN BREF

⇒ **Superficie** 181 035 km²

⇒ **Nombre de frontières avec le Vietnam** 8

⇒ **Capitale** Phnom Penh

⇒ **Code du pays** ✆ 855

⇒ **Chef d'État** Norodom Sihamoni

⇒ **Population** 15,2 millions

⇒ **Monnaie** 1 € = 5 400 r (riel)

⇒ **Jours fériés** Chaul Chhnam ou Nouvel An khmer, mi-avril

⇒ **Expressions** *sua s'dei* (bonjour), *lia suhn hao-y* (au revoir), *aw kohn* (merci)

💚 **La Résidence d'Angkor**　　COMPLEXE DE CHARME **$$$**
(✆ 063-963390 ; www.residencedangkor. com ; Stung Siem Reap St ; ch à partir de 280 $US ; ❄@🤖📶🏊). Habillées de bois, les 54 chambres, avec véranda et baignoire de la taille d'un jacuzzi, sont parmi les plus chics et les plus accueillantes de la ville. La piscine est superbe et le Kong Kea Spa, somptueux.

Shinta Mani　　COMPLEXE DE CHARME **$$$**
(✆ 063-761998 ; www.shintamani.com ; Oum Khun St ; ch 83-230 $US ; ❄@🤖📶🏊). 🌿 Ce complexe chic et contemporain a été conçu par le célèbre architecte Bill Bensley. Le Shinta Mani Resort dispose d'une belle piscine centrale tandis que le Shinta Mani Club propose des chambres plus prestigieuses. Shinta Mani a reçu plusieurs prix internationaux pour ses pratiques conformes au tourisme responsable.

Angkor Village Resort　　HÔTEL DE CHARME **$$$**
(✆ 063-963561 ; www.angkorvillage.com ; Phum Traeng, Siem Reap ; ch à partir de 130 $US ; ❄@🤖📶🏊). Un pavillon de bois accueille la partie réception, restaurants et lounge, tandis que les confortables bungalows à l'architecture traditionnelle se répartissent le long d'une piscine-rivière de 200 m de long serpentant dans un jardin tropical luxuriant. Une oasis de calme sur la route des temples et de l'aéroport, à 10 minutes en *tuk-tuk* de Siem Reap. Transfert gratuit à l'arrivée depuis l'aéroport. À Siem Reap, l'Angkor Village Hotel (en face du théâtre Apsara) est une enseigne sœur.

🍴 Où se restaurer

Il y a de bons restaurants dans toute la ville, mais le centre gastronomique de Siem Reap est le quartier du Psar Chaa, le vieux marché, dont le cœur névralgique, The Alley, est bordé d'établissements aussi agréables qu'animés.

Plusieurs bons restaurants soutiennent des causes louables ou aident à former le futur personnel hôtelier du Cambodge. Les jeunes apprentis gagnent ainsi un passeport pour travailler dans l'industrie touristique. Bon nombre des adresses mentionnées ici proposent également des cours de cuisine, souvent excellents.

Pour faire ses courses, on trouvera fruits et légumes au marché. La supérette **Angkor Market** (rue Siwatha ; ⊘ 7h30-22h) vend des produits internationaux, tels qu'olives et fromages.

💚 **Marum**　　RESTAURANT **$**
(www.marum-restaurant.org ; quartier de Wat Polanka ; plats 3,25-6,75 $US ; ⊘ 11h-22h lun-sam ; ☎). 🌿 Installé dans une superbe maison en bois dotée d'un vaste jardin, ce restaurant est spécialisé dans les beignets aux fourmis rouges à la sauce Prahok et les boulettes de viande au gingembre et au basilic. L'établissement fait partie du groupe de restaurants de formation de Tree Alliance. Une expérience incontournable.

Haven　　FUSION **$**
(✆ 078-342404 ; www.haven-cambodia.com ; Sok San St ; plats 3-7 $US ; ⊘ 11h-22h ; ☎). 🌿 Quand l'Orient rencontre l'Occident, pour le meilleur et seulement le meilleur. Le filet de poisson à la mangue verte est particulièrement savoureux. L'établissement aide des orphelins devenus adultes à franchir le passage entre l'orphelinat et la vie professionnelle.

Blossom Cafe　　CAFÉ **$**
(www.blossomcakes.org ; St 6 ; cupcakes 1,50 $US ; ⊘ 10h-17h lun-sam ; ☎). 🌿 Ici, le cupcake est élevé au rang d'œuvre d'art, avec plus de 48 saveurs possibles. Également des cafés, thés et jus de fruits originaux. Les bénéfices servent à promouvoir la formation professionnelle des Cambodgiennes.

Blue Pumpkin　　INTERNATIONAL **$**
(http://tbpumpkin.com ; Pithnou St ; plats 2-6 $US ; ⊘ 6h-22h ; ❄☎). Au rez-de-chaussée, un café à l'ancienne, où sont vendus de délicieux gâteaux, pains et glaces maison. À l'étage s'offre un autre monde, d'un blanc

minimaliste, avec sofas. En-cas légers, délicieux sandwichs, plats du jour copieux et milk-shakes divins.

Sugar Palm   KHMER $$
(www.sugarpalmrestaurant.com ; Taphul St ; plats 5-9 $US ; ⊘11h30-15h et 17h30-22h lun-sam ; 🔊). Dans cette superbe maison en bois, vous pourrez goûter les saveurs traditionnelles, parfumées aux herbes et aux épices. Grâce à la chef Kethana Dunnet, le célèbre chef Gordon Ramsay sait désormais mitonner un *amok*.

Le Tigre de Papier   INTERNATIONAL $$
(www.letigredepapier.com ; Pub St ; plats 2-9 $US ; ⊘24h/24 ; 🔊). L'un des meilleurs restaurants internationaux de Siem Reap, très couru pour sa cuisine khmère authentique, ses délicieux plats italiens et sa sélection de spécialités des quatre coins de la planète.

Cambodian BBQ   BARBECUE $$
(www.angkorw.com ; The Alley ; plats 5-9 $US ; ⊘11h-23h ; 🔊). Ses grillades de crocodile, de serpent, d'autruche et de kangourou donnent une touche exotique au *phnom pleung* (montagne de feu) traditionnel. Il y a des dizaines d'établissements similaires dans les rues voisines ; beaucoup proposent des offres spéciales.

Chamkar   VÉGÉTARIEN $$
(www.chamkar-vegetarian.com ; The Alley ; plats 4-8 $US ; ⊘11h-23h, fermé dim midi ; 🔊). Le menu de cette "ferme" annonce d'impressionnantes saveurs asiatiques, comme la citrouille farcie ou le kebab de légumes et sa sauce au poivre noir.

Le Malraux   FRANÇAIS, ASIATIQUE $$
(www.le-malraux-siem-reap.com ; Sivatha St ; plats 5-15 $US ; ⊘7h-24h). Bonne adresse pour les gastronomes en mal de saveurs (et de vin !) du pays, ce joli café Art déco sert une cuisine française raffinée. Goûtez la combinaison tartare et carpaccio de saumon, puis continuez par un steak tranché dans des morceaux de choix.

♥ Cuisine Wat Damnak   KHMER $$$
(www.cuisinewatdamnak.com ; Sivatha Blvd ; 5-plats 22 $US, 6 plats 26 $US ; ⊘dîner). Installé dans une maison en bois traditionnelle, voici le restaurant du célèbre chef de Siem Reap, Johannes Rivieres. Les menus de saison changent toutes les semaines et mettent à l'honneur les ingrédients du marché.

🍷 Où prendre un verre
Siem Reap est bel et bien le foyer d'une vie nocturne. La plupart des bars intéressants sont situés dans le voisinage du Psar Chaa, autour de Pub Street.

Miss Wong   BAR-LOUNGE
(The Lane ; ⊘17h-tard ; 🔊). Une immersion dans le Shanghai chic des années 1920. Les cocktails ont beaucoup de succès et contribueront à vous faire passer une agréable soirée. Les gays sont bienvenus et l'endroit est très prisé des expatriés huppés.

Asana   BAR
(www.asana-cambodia.com ; The Lane ; ⊘11h-tard ; 🔊). Cet édifice traditionnel en bois, typique de la campagne cambodgienne, est niché dans les ruelles de Siem Reap et offre une ambiance pittoresque.

Warehouse   BAR
(Pithnou St ; ⊘10h30-3h ; 🔊). En face du Psar Chaa, ce bar animé est apprécié de longue date des expatriés comme des voyageurs. Excellente musique, baby-foot et boissons diaboliques les attirent jusqu'au petit matin.

À NE PAS MANQUER

BIENVENUE AU CIRQUE

Équivalent cambodgien du Cirque du Soleil, **Phare** (The Cambodian Circus ; ☏015 499480 ; www.pharecambodiancircus.org ; derrière le musée national d'Angkor ; adulte/enfant 5-11 ans/enfant moins de 5 ans 15/8 $US /gratuit, siège de première catégorie 35/18 $US/ gratuit ; ⊘19h30 tlj) est bien plus qu'un cirque conventionnel, puisqu'il accorde une place prépondérante aux arts du spectacle. Phare Ponleu Selpak, principale organisation du Cambodge en matière de cirque, de théâtre et d'arts du spectacle, a ouvert son grand chapiteau en 2013. Des représentations sont assurées tous les soirs et plusieurs stars du passé continuent de participer à des spectacles internationaux partout dans le monde. Phare est la garantie d'une soirée inoubliable pour les petits comme pour les grands, et tous les bénéfices sont réinvestis dans les activités de Phare Ponleu Selpak. Les amis des bêtes seront ravis d'apprendre qu'aucun animal n'est utilisé dans les spectacles.

ⓘ VISAS POUR LE CAMBODGE

La plupart des ressortissants étrangers peuvent se procurer un visa touristique d'un mois, avec 20 \$US et une photo d'identité, à l'arrivée dans les aéroports de Siem Reap et de Phnom Penh, ainsi qu'à tous les postes-frontières terrestres. Les visas touristiques d'un mois, délivrés en ligne en trois jours ouvrables (www.mfaic.gov.kh), sont valables pour pénétrer au Cambodge aux aéroports et à la frontière Bavet-Moc Bai avec le Vietnam.

Si vous prévoyez de faire une excursion aux temples d'Angkor puis de retourner au Vietnam, il vous faudra un visa multi-entrées pour le Vietnam, à moins d'obtenir un autre visa pendant que vous êtes au Cambodge (voir p. 493).

Laundry Bar BAR, DISCOTHÈQUE
(⊙16h-tard ; 🛜). L'un des bars les plus distingués de la ville, avec éclairage tamisé et décoration étudiée, sur fond de sonorités électro et de musique d'ambiance. L'atmosphère est survoltée le week-end ou quand des DJ invités poussent le volume au maximum. *Happy hours* jusqu'à 21h.

Mezze Bar BAR
(mezzebarsiemreap.com ; St 11 ; ⊙18h-tard ; 🛜). L'un des bars les plus branchés de Siem Reap, Mezze est situé au-dessus de la frénésie de Pub St. Gravissez les marches jusqu'à un bar-lounge contemporain décoré d'œuvres d'art, où des DJ sont régulièrement accueillis.

☆ Où sortir

On trouve des spectacles de danse cambodgienne dans toute la ville, mais seuls quelques-uns valent le déplacement.

Apsara Theatre DANSE CLASSIQUE CAMBODGIENNE
(☑063-963561 ; www.angkorvillagehotel.asia/apsara.php ; 25 \$US dîner compris). Représentations en soirée dans un magnifique pavillon en bois de style *vat*, en face de l'Angkor Village Hotel. Près de 30 danseurs accompagnés de musiciens offrent un spectacle de danses traditionnelles inspirées du Ramayana et de danses villageoises. La salle à manger-théâtre, climatisée, est superbe. Le dîner cambodgien est très correct.

Temple Club DANSE DU CAMBODGE
(Pub St). À l'étage, spectacle de danse traditionnelle gratuit à partir de 19h30, à condition de commander quelque chose à boire ou à manger (prix très raisonnables).

🔒 Achats

Siem Reap propose de très beaux objets d'artisanat. Le Psar Chaa, le vieux marché très animé, est bien fourni en produits plus ou moins intéressants. Vous pouvez faire des affaires si vous marchandez avec patience et humour. Le **marché de nuit d'Angkor** (www.angkornightmarket.com ; ⊙16h-24h) déborde de soieries, d'objets d'artisanat et de souvenirs. L'alléchante Alley West est un incontournable.

Certaines boutiques viennent en aide aux handicapés et aux déshérités.

Artisans d'Angkor ARTISANAT
(www.artisansdangkor.com ; ⊙7h30-18h30). Une excellente adresse où trouver des souvenirs et cadeaux de qualité, des vêtements en soie aux jolies reproductions des statues d'Angkor.

Rajana ARTISANAT
(☑063-964744 ; www.rajanacrafts.org ; Sivatha St ; ⊙9h-21h lun-sam). Cette étonnante petite boutique, qui encourage le commerce équitable, vend des objets originaux en bois et en métal ; certains sont fabriqués avec des cartouches d'armes mises hors service.

Samatoa VÊTEMENTS
(☑012 285930 ; www.samatoa.com ; Pithnou St ; ⊙8h-23h). Cette boutique de créateur propose des robes en soie originales. Possibilité de se faire faire une robe sur mesure en 48 heures. Samatoa encourage le commerce équitable.

Senteurs d'Angkor ARTISANAT
(☑063-964860 ; Pithnou St ; ⊙8h30-21h30). En face du Psar Chaa, cette boutique propose une collection éclectique de soies et de sculptures, ainsi qu'une large gamme d'épices et de produits de beauté traditionnels fabriqués localement.

Smateria ACCESSOIRES
(www.smateria.com ; Alley West ; ⊙10h-22h). Le recyclage est à l'honneur, avec des sacs élégants et originaux fabriqués à partir de filets de construction, de sacs en plastique, de sièges de moto, etc. Cette entreprise applique les principes du commerce

équitable et emploie des Cambodgiens handicapés.

❶ Renseignements

Procurez-vous gratuitement, ou consultez en ligne, le *Siem Reap Angkor Visitors Guide* (www. canbypublications.com) ou les deux brochures éditées par Pocket Guide Cambodia (www. cambodiapocketguide.com).

Vous trouverez des DAB à l'aéroport et des supérettes un peu partout dans le centre, notamment sur le bd Sivatha. Les cybercafés sont concentrés sur le bd Sivatha et autour du Psar Chaa.

Royal Angkor International Hospital (☑ 063-761888 ; www.royalangkorhospital. com ; Airport Rd). Un nouvel établissement international, affilié au Bangkok Hospital, donc très cher.

Police touristique (☑ 097-778 0013). Au principal poste de contrôle des billets d'Angkor.

❶ Depuis/vers Siem Reap

Pour aller du Vietnam au Cambodge, l'avion reste le plus pratique (liaisons quotidiennes entre HCMV, Hanoi et Siem Reap). Le voyage en bus est plus fastidieux : il faut une journée entière pour aller de HCMV à Siem Reap, en changeant de bus à Phnom Penh. Toutefois, on peut facilement couper le voyage en s'arrêtant dans la capitale vietnamienne.

AVION

L'aéroport international de Siem-Reap (REP ; ☑ 063 761 261 ; www.cambodia-airports.com) est situé à 7 km du centre. Vietnam Airlines assure des liaisons quotidiennes entre Siem Reap et HCMV (aller à partir de 135 $US, 5/jour) ou Hanoi (à partir de 195 $US, 4/jour). Silk Air relie Siem Reap à Danang deux fois par semaine (à partir de 243 $US).

BUS

La plupart des voyageurs prennent des bus internationaux entre HCMV et Phnom Penh, qui passent la frontière de Moc Bai (Vietnam) – Bavet (Cambodge). Compter environ 6 heures de route avec les formalités de passage aux frontières. Billets entre 10 et 12 $US. Départs réguliers dans les deux sens entre 6h et 2h du matin, depuis le quartier Pham Ngu Lao à HCMV. Différents arrêts à Phnom Penh, dont ceux, bien connus, des compagnies suivantes :

Capitol Tour (☑ 023-217627 ; 14 St 182 ; 23 $US)

Mekong Express (☑ 023-427518 ; http:// catmekongexpress.com ; 2020 NH5)

Sapaco (☑ 023-210300 ; www.sapacotourist. com ; Sihanouk Blvd)

Il est théoriquement possible de faire un changement le jour même à Phnom Penh, ce qui est plus facile de HCMV à Siem Reap (le service de Phnom Penh à Siem Reap se poursuivant plus tard dans l'après-midi) que dans l'autre direction.

Billets Siem Reap-Phnom Penh : 5 à 11 $US, selon les prestations (clim., espacement des sièges, toilettes, présence d'un guide).

Quelques bus de nuit circulent entre Phnom Penh et Siem Reap, ce qui peut être utile pour les voyageurs pressés.

À Siem Reap, tous les bus partent de la gare routière, à 3 km à l'est de la ville, environ 1 km au sud de la RN6. Billets en vente dans les pensions et hôtels, dans les bureaux des compagnies, les agences de voyages et les kiosques. Certaines compagnies viennent chercher en minibus les passagers là où ils sont logés. À votre arrivée à Siem Reap, préparez-vous à être harangué par les chauffeurs de motos-taxis.

❶ Comment circuler

Depuis l'aéroport, un taxi, minibus ou une moto-taxi coûte 2/7/8 $US. On trouve des *tuk-tuk* (motos tractant une carriole, 5 $US) à l'extérieur du terminal. De la gare routière au centre-ville, compter 1 à 3 $US pour un trajet en moto-taxi/ *tuk-tuk*.

Dans le centre, des courses rapides reviennent à 2 000-3 000 r (1 $US la nuit) en moto-taxi, le double (ou plus, selon le nombre de personnes) en *tuk-tuk*.

TEMPLES D'ANGKOR

Représentation terrestre du mont Meru (la montagne mythique de l'Inde védique, considérée comme l'axe du monde), Angkor est la fusion parfaite de l'ambition créatrice et de la dévotion. Entre 800 et 1 300 de notre ère, les dieux-rois de jadis ont chacun tenté de surpasser leurs prédécesseurs en érigeant des temples sans cesse plus grands, plus imposants et plus harmonieux, dont l'aboutissement est Angkor Vat, le plus grand édifice religieux du monde.

Les centaines de temples qui subsistent ne constituent que la partie sacrée de l'immense centre politique, social et religieux de l'ancien Empire khmer. À son apogée, Angkor (du sanskrit *nagara*, "capitale") comptait un million d'habitants, quand Londres n'en dénombrait que 50 000. Les maisons, les bâtiments publics et les palais, construits en bois, ont disparu depuis longtemps ; les constructions en brique et en pierre, matériaux réservées aux dieux, ont, elles, traversé les siècles.

Angkor est l'un des sites les plus saisissants de la planète. Alliant les proportions grandioses de la Grande Muraille de Chine, le raffinement du Taj Mahal et la symétrie des pyramides, il mériterait le titre de huitième merveille du monde.

Angkor Vat

Dès le premier regard qu'on lève sur **Angkor Vat** (entrée pour le site : 1 jour/3 jours/1 semaine 20/40/60 $US, expression ultime du génie khmer, on est saisi comme on peut l'être à Machu Picchu ou à Pétra.

S'élevant vers le ciel, ceint d'une imposante douve, la "cité-monastère" est l'un des monuments les plus grandioses et les plus inspirés jamais conçus par l'esprit humain. Il relève d'une harmonie splendide entre la forme et la fonction, un autel élevé à Vishnou dont l'image fascinante est réfléchie dans les bassins placés devant le temple.

À l'instar des autres temples-montagnes d'Angkor, Angkor Vat est une réplique miniature de l'univers. La tour centrale symbolise le mont Meru, entouré de pics plus petits, au milieu des continents (les cours inférieures) et des océans (la douve). Le *nâga* à sept têtes, serpent mythique, représente l'arc-en-ciel, pont symbolique entre l'homme et la demeure des dieux.

Angkor Vat est entouré d'une douve large de 190 m, qui délimite un immense rectangle de 1,5 km sur 1,3 km. À l'extérieur du temple central s'étire sur 800 m une extraordinaire série de bas-reliefs, destinée à être contemplée dans le sens inverse des aiguilles d'une montre. Se dressant à 31 m au-dessus du dernier étage et 55 m au-dessus du sol, la tour centrale donne à l'ensemble sa somptueuse unité.

Angkor Vat a été construit par Suryavarman II (règne vers 1112-1152), qui unifia le Cambodge et étendit l'influence khmère sur l'essentiel de l'Asie du Sud-Est. Il se distingua des rois précédents par sa dévotion au dieu hindou Vishnou, à qui il dédia le temple – construit, notons-le, au même moment que les grandes cathédrales gothiques, telles Notre-Dame de Paris ou la cathédrale de Chartres.

Le dernier niveau d'Angkor Vat est ouvert aux visiteurs, mais les visites sont strictement limitées à 20 minutes.

Angkor Thom

Si Angkor Vat (la Grande Cité) impressionne par sa majesté et son harmonie, rarement égalées, la ville royale d'Angkor Thom doit son caractère grandiose à la somme des éléments qui la composent. La découverte débute par les cinq portes, immenses, flanquées d'une représentation monumentale de la légende du barattage de la mer de lait (le mythe cosmologique de l'hindouisme), laquelle figure, sur la chaussée, 54 dieux et autant de démons engagés dans un conflit épique. Chacune des portes (du **Nord**, du **Sud**, de l'**Est**, de l'**Ouest** et de la **Victoire**) domine le visiteur, avec ses gigantesques visages du bodhisattva Avalokiteshvara veillant sur le royaume.

Imaginez-vous un instant à la place d'un paysan du XIIIe siècle, approchant la cité interdite pour la première fois... Passer par ces portes, être confronté au pouvoir divin des dieux-rois, devait tenir d'un moment à la fois extraordinaire et redoutable.

Dernière capitale de l'Empire khmer, Angkor Thom pousse le grandiose à son paroxysme et couvre plus de 10 km². Accédant au trône après le sac d'Angkor par les Chams, Jayavarman VII (règne 1181-1219) décida que l'empire ne serait plus jamais attaqué dans ses propres terres. Derrière les imposants remparts, une douve de 100 m de largeur devait rebuter les envahisseurs les plus téméraires.

◉ À voir

♥ Bayon   TEMPLE BOUDDHIQUE
Unique, même parmi ses superbes contemporains, Bayon incarne le génie créatif et l'ego démesuré du roi légendaire du Cambodge, Jayavarman VII. Le temple se distingue par ses couloirs voûtés, ses escaliers très raides et surtout ses 54 tours gothiques ornées de 216 énormes visages d'Avalokiteshvara, au célèbre sourire énigmatique – on notera la forte ressemblance avec les sculptures représentant le grand souverain.

Ces visages monumentaux veillent depuis tous les angles de l'édifice ; ils dégagent puissance, autorité et bienveillance, qualités indispensables pour assurer la soumission d'une population disparate et dispersée dans un vaste empire. Quand on se balade dans le temple, au moins une dizaine de têtes sont visibles simultanément – de face ou de profil, quasiment au niveau des yeux ou en hauteur.

Les temples d'Angkor

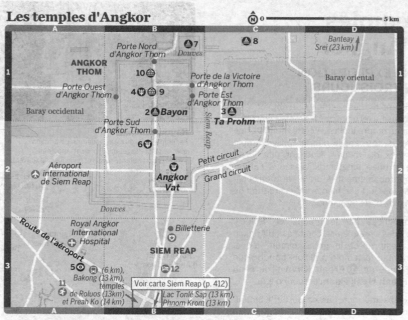

Les temples d'Angkor

On a longtemps ignoré les origines de Bayon, mais on sait désormais qu'il fut édifié par Jayavarman VII. Le temple étant enveloppé d'une jungle épaisse, il a fallu pas mal de temps aux experts pour réaliser qu'il se dresse exactement au centre de la ville d'Angkor Thom. Bayon est encore entouré de beaucoup de mystères – concernant sa fonction exacte et son symbolisme par exemple – ce qui semble logique pour un monument qui se distingue avant tout par un visage au sourire impénétrable.

En raison de son orientation vers l'est, la plupart des voyageurs visitent Bayon tôt le matin, de préférence juste après l'aurore, quand le soleil monte progressivement dans le ciel, éclairant les visages les uns après les autres. Cependant, Bayon est tout aussi beau en fin d'après-midi, et si vous venez au coucher du soleil, l'effet des visages plongeant tour à tour dans l'ombre est tout aussi saisissant. Une équipe japonaise restaure actuellement plusieurs espaces extérieurs du temple.

Baphuon TEMPLE HINDOU

À 200 m du Bayon, le Baphuon est une représentation pyramidale du mythique mont Meru. Il marquait le centre de la cité qui précéda Angkor Thom. Sa restauration fut interrompue par la guerre civile et tous les registres furent détruits sous le régime des Khmers rouges, laissant les restaurateurs français face au plus grand puzzle du monde. Sur le côté ouest du temple, le mur de soutènement du deuxième niveau fut

Temples d'Angkor

UNE EXPLORATION EN TROIS JOURS

L'ensemble des temples d'Angkor est immense, à tel point que les mots manquent pour lui rendre justice. À cette multitude de temples, formant le plus grand ensemble religieux du monde, s'adjoint une vaste cité fortifiée longtemps laissée à l'abandon, probablement la première métropole d'Asie du Sud-Est, bien avant la création de Bangkok et de Singapour.

Commencez par le groupe de Roluos, une des premières capitales d'Angkor, puis empruntez le grand circuit, lequel comprend le temple à la fois bouddhique et hindou de ❶ **Preah Khan** et le beau ❷ **Preah Neak Poan**, entouré d'eau.

Le deuxième jour, passez au petit circuit, en débutant par l'atmosphère magique du ❸ **Ta Prohm**, à l'aube, avant de découvrir le temple pyramide de Ta Keo, le monastère bouddhique de Banteay Kdei et l'immense bassin d'ablutions royal de ❹ **Sra Srang**.

Ensuite, poussez jusqu'au Banteay Srei, joyau de l'art angkorien, et visitez le Beng Mealea, un temple isolé envahi par la jungle.

Gardez le meilleur pour la fin ; allez voir le soleil se lever à ❺ **Angkor Vat** et restez-y à l'heure du petit-déjeuner pour admirer son incroyable architecture dans le calme. L'après-midi, explorez ❻ **Angkor Thom**, un ensemble architectural immense qui abrite l'énigmatique ❼ **Bayon**.

Trois jours à Angkor, ce n'est qu'un début !

BON À SAVOIR

- » **Évitez l'affluence** Vous y arriverez en visitant Ta Prohm à l'aube, Angkor Vat après le lever du soleil et Banteay Srei à l'heure du déjeuner.

- » **Séjour prolongé** Le billet valable trois jours peut désormais être utilisé sur des journées non consécutives, sur une période d'une semaine, à condition d'en faire la demande au moment de l'achat.

Bayon
Le temple irréel du roi légendaire Jayavarman VII, avec ses 216 visages qui dominent les pèlerins, symbolisant l'autorité royale et religieuse du souverain.

Terrasse du Roi lépreux
Preah Palilay
Temple Phimeanakas
Tep Pran
Porte Ouest d'Angkor Thom
Temple Baphuon
Terrasse des Éléphant
❼
Porte Sud d'Angkor Thom
Phnom Bakheng
Baksei Chamrong
❺

Angkor Vat
Le plus grand édifice religieux du monde. Assistez au lever du soleil dans le saint des saints, puis admirez les bas-reliefs : la dévotion gravée dans la pierre.

Angkor Thom
La dernière grande capitale de l'Empire khmer recèle une profusion de temples. Ses proportions titanesques auraient suscité la crainte autant que l'admiration.

Preah Khan
Un temple pluriconfessionnel dédié à Bouddha, Brahma, Shiva et Vishnou ; les immenses couloirs s'apparentent à une galerie des glaces sans fin.

Preah Neak Poan
Une féerie aquatique, avec sa petite tour au milieu d'un lac, lui-même entouré de quatre bassins plus petits.

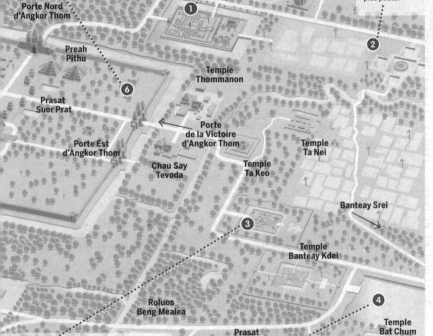

Porte Nord
d'Angkor Thom

Preah
Pithu

Prasat
Suor Prat

Porte Est
d'Angkor Thom

Temple
Thommanon

Porte
de la Victoire
d'Angkor Thom

Chau Say
Tevoda

Temple
Ta Keo

Temple
Ta Nei

Banteay Srei

Temple
Banteay Kdei

Roluos
Beng Mealea

Prasat
Kravan

Temple
Bat Chum

Ta Prohm
Troublée seulement le temps du tournage du film *Tomb Raider*, la nature a repris ses droits, laissant les célèbres racines de l'arbre étouffer la pierre.

Sra Srang
Jadis un bassin d'ablutions royal, c'est un bon endroit où regarder le soleil couchant.

À LA DÉCOUVERTE DES TEMPLES D'ANGKOR

Itinéraire

Si vous disposez d'une seule journée, gagnez Ta Prohm à l'aube et explorez ce temple fascinant, en pleine jungle, tant qu'il est encore calme. De là, continuez jusqu'à l'imposant Angkor Vat pour y arriver vers 8h, et profitez de la sérénité qui suit le lever du soleil pour le découvrir. Partez ensuite à la découverte des temples de la cité fortifiée d'Angkor Thom puis du Bayon dans la lumière déclinante de la fin de l'après-midi.

Si vous avez trois jours : après une première journée bien remplie, devancez la foule au beau temple hindou Banteay Srei, en vous arrêtant rapidement à Preah Khan en chemin. Ensuite, portez vos pas vers la rivière aux Mille Lingams de Kbal Spean. Le troisième jour, dirigez-vous vers le secteur du Roluos puis vers l'énorme temple dans la jungle de Beng Mealea.

Si vous avez une semaine, prolongez l'itinéraire de trois jours par une visite du temple isolé de Koh Ker. Pour changer de rythme, rendez-vous en bateau au village flottant de Kompong Pluk.

Billets et circuits organisés

La **billetterie** (billet 1 jour/3 jours/1 semaine 20/40/60 $US, gratuit pour les moins de 12 ans ; ⊙5h-17h30) est située sur la route de Siem Reap, à Angkor. Les billets délivrés après 17h (pour le coucher de soleil) sont valables le lendemain. Ils ne donnent pas accès à Phnom Kulen et Beng Mealea. Tout fraudeur est passible d'une amende de 100 $US. Une photo d'identité est requise quel que soit le type de billet acheté. L'**Association khmère des guides d'Angkor** (☑063-964347 ; www.khmerangkortourguide.com) organise des circuits agréés en 10 langues (compter de 25 à 50 $US par jour).

Où se restaurer

Il y a des lieux de restauration près de l'entrée de tous les grands temples, en particulier en face d'Angkor Vat. Plusieurs excellents restaurants khmers bordent la rive nord du Sra Srang.

Transports

Le vélo est un excellent moyen de circuler d'un temple à l'autre, les routes étant plates et en bon état. Nombre de pensions et d'hôtels louent des vélos de l'association **White Bicycles** (www.thewhitebicycles.org ; 2 $US/jour), dont les bénéfices financent des projets communautaires.

Les motos-taxis sont le transport le plus répandu autour des temples (environ 10 $US/jour, plus pour les sites éloignés). Les conducteurs accostent les touristes dès leur arrivée à Siem Reap et se révèlent compétents et sympathiques.

Les *tuk-tuk* (environ 15 $US la journée, plus pour les sites éloignés) sont un peu plus lents mais vous protègent de la pluie et du soleil.

Vous serez encore plus à l'abri dans une voiture, mais aussi moins immergé dans les paysages, les sons et les odeurs (compter environ 30 $US la journée pour les environs d'Angkor).

Louer une voiture pour gagner des sites isolés coûte environ 50 $US pour Kbal Spean et Banteay Srei, et environ 70 $US pour Beng Mealea.

---

sculpté en Bouddha couché long de 60 m, probablement au XVe ou au XVIe siècle.

Terrasse des Éléphants   ÉDIFICE HISTORIQUE
Longue de 350 m, cette terrasse servait de tribune géante pour les cérémonies publiques. Le roi l'utilisait également comme grande salle d'audience. Imaginez le faste et la grandeur de l'Empire khmer à son apogée, l'infanterie, la cavalerie, les attelages et les éléphants paradant sur la place centrale, avec banderoles et étendards.

Terrasse du Roi lépreux   ÉDIFICE HISTORIQUE
La terrasse du Roi lépreux, au nord de la terrasse des Éléphants, est une plateforme de 7 m de hauteur, ornée de superbes bas-reliefs et surmontée d'une mystérieuse

statue nue et asexuée. Selon la légende, au moins deux rois d'Angkor auraient contracté la lèpre et il s'agirait de l'un d'eux. Une autre théorie, plus vraisemblable, avance que la statue représente Yama, le dieu de la mort, et que la terrasse abritait le crématorium royal.

Environs d'Angkor Thom

⊙ À voir

♥ **Ta Prohm**   TEMPLE BOUDDHIQUE

Le Ta Prohm (l'ancêtre de Brahma) est drapé d'une ombre intermittente. Ses tours et ses murs croulants ne tiennent plus que grâce à l'entrelacs des immenses racines qui les enserrent. Si Angkor Vat, le Bayon et d'autres temples attestent le génie des anciens Khmers, le Ta Prohm évoque surtout la fécondité sans limites et la puissance de la jungle. Un cycle poétique lui a été consacré, où l'humanité conquiert la nature pour créer dans la hâte, la nature reprenant ensuite ses droits pour anéantir lentement le genre humain.

Construit vers 1186 et alors appelé Raja-vihara ("monastère du roi"), le Ta Prohm était un temple bouddhique dédié à la mère de Jayavarman VII. C'est un temple fait de tours, de cours fermées et de couloirs étroits. Les arbres plusieurs fois centenaires dominent l'ensemble ; leur feuillage ne laisse passer qu'une lumière verdâtre. Cette visite nous fait ressentir un peu de la magie qu'ont dû vivre les premiers explorateurs.

Phnom Bakheng   TEMPLE HINDOU

La vue sur Angkor Vat au couchant constitue le principal attrait de la colline de Phnom Bakheng, à 400 m au sud d'Angkor Thom ; mais la cohue des touristes lui fait perdre de son charme. Construit par Yasovarman Ier (vers 889-910), le temple compte cinq étages, soit sept niveaux.

Preah Khan   TEMPLE BOUDDHIQUE

Dédale de couloirs voûtés, de sculptures raffinées et de pierres couvertes de lichen, le temple de Preah Khan (Épée sacrée), érigé par Jayavarman VII, figure parmi les plus grands ensembles d'Angkor. Le site est très étendu, mais le temple lui-même n'occupe qu'un rectangle fortifié de 700 m sur 800 m.

Preah Neak Poan   TEMPLE BOUDDHIQUE

De dimensions plus modestes que les autres monuments, le "temple des Nâgas enchevêtrés" est encore un ouvrage de la fin du XIIe siècle, construit par Jayavarman VII. À l'est de Preah Khan, il comporte un grand bassin carré avec une île circulaire au centre, et quatre bassins plus petits autour de lui, entre lesquels l'eau s'écoulait autrefois par des gargouilles ornementales en forme de têtes d'éléphant, de cheval, de lion et d'homme.

Groupe de Roluos   TEMPLE HINDOU

Les monuments de Roluos, qui faisaient partie de la capitale d'Indravarman Ier (vers 877-889), comptent parmi les premiers grands temples permanents érigés par les Khmers et marquent le début de l'art khmer classique. Le **Preah Ko**, dédié à Shiva, arbore des inscriptions en sanskrit sur le chambranle des portes de chacune de ses tours, et renferme certains des plus beaux plâtres khmers ayant subsisté. Le principal temple de la cité, **Bakong**, avec sa pyramide centrale en grès à cinq niveaux, est une représentation du mont Meru. Roluos est à 13 km au sud-est de Siem Reap, sur la RN6.

♥ **Banteay Srei**   TEMPLE HINDOU

Considéré par beaucoup comme le joyau de l'art angkorien, ce temple hindou dédié à Shiva, taillé dans une pierre rosée, possède des sculptures d'une finesse exceptionnelle. Sa construction commença en 967 et, chose rare à Angkor, ne fut pas commandée par

---

DES TYROLIENNES DANS LA JUNGLE D'ANGKOR

Créée en 2013, cette attraction bénéficie d'un cadre exceptionnel au cœur de la forêt tropicale, à l'intérieur de la zone protégée d'Angkor. Le **Flight of the Gibbon – Angkor** (☑ 096 9999101 ; www.treetopasia.com ; près du temple Ta Nei, Angkor ; 129 $US/ pers ; ☉ 7h-17h) est un parcours dans la canopée comportant 10 tyroliennes, 21 plateformes dans des arbres, 4 ponts suspendus et se terminant par une descente en rappel. Un élément écologique a été inclus au projet puisqu'un couple de gibbons a été relâché dans la forêt. Le prix comprend le transfert depuis/vers n'importe quel hôtel de Siem Reap et un déjeuner avant ou après le parcours, près de Sra Srang. D'intéressantes offres promotionnelles sont régulièrement proposées sur le site Internet.

TONLÉ SAP : LE CŒUR DU CAMBODGE

Le Tonlé Sap, plus vaste lac d'eau douce d'Asie du Sud-Est, résulte d'un fabuleux phénomène naturel et fournit poissons et irrigation à la moitié de la population du Cambodge.

Un chenal long de 100 km, également appelé Tonlé Sap (*tonlé* signifie "fleuve"), relie le lac au Mékong, à hauteur de Phnom Penh. De mi-mai à début octobre (saison des pluies), les pluies font augmenter le niveau du Mékong, refoulant les eaux du Tonlé Sap et renversant son cours vers le nord-ouest, où il se jette dans le lac. La superficie du lac est alors multipliée par 5, passant de 2 500 km² à 13 000 km², et sa profondeur maximale, initialement de 2,2 m, atteint plus de 10 m. Quand s'amorce la décrue du Mékong, début octobre, le Tonlé Sap reprend son cours normal et draine le surplus du lac vers le Mékong.

Ce processus extraordinaire fait du Tonlé Sap l'une des plus riches réserves de poissons d'eau douce du monde, et un habitat idéal pour les oiseaux d'eau.

un roi mais par un brahmane, peut-être un précepteur de Jayavarman V.

Le Banteay Srei se trouve à 21 km au nord-est du Bayon et à 32 km de Siem Reap. Sa visite peut être combinée avec celle de Kbal Spean et du musée des Mines terrestres.

Kbal Spean   SITE HINDOU

Enfoui dans la jungle à 50 km au nord-est d'Angkor, Kbal Spean est un lit de rivière superbement sculpté, plus connu sous le nom de "rivière aux Mille Lingams" (le lingam est la représentation du sexe du dieu Shiva dans l'hindouisme). Un sentier ascendant de 2 km mène aux sculptures. Au retour, vous pourrez bifurquer vers la cascade pour vous rafraîchir. Veillez à emporter assez d'eau pour vous désaltérer durant la marche.

Non loin, l'**Angkor Centre for Conservation of Biodiversity** soigne des animaux victimes d'un trafic. Visites gratuites, généralement à 13h, tous les jours sauf le dimanche.

Phnom Kulen   MONTAGNE SACRÉE

Montagne la plus sacrée du pays pour les Khmers, Phnom Kulen (487 m) est un lieu de pèlerinage fréquenté le week-end et les jours fériés, et un point de vue extraordinaire. C'est ici que Jayavarman II se proclama *devaraja* (dieu-roi) en 802, donnant ainsi naissance au Cambodge.

Phnom Kulen s'élève à 50 km de Siem Reap et à 15 km de Banteay Srei. Le péage

est de 20 \$US par touriste étranger, dont pas un centime ne revient à la préservation du site.

Beng Mealea   TEMPLE BOUDDHIQUE

(Entrée 5 \$US). Érigé par Suryavarman II sur le même plan qu'Angkor Vat, le Beng Mealea (5 \$US) est complètement envahi par la jungle. La nature y a bel et bien repris ses droits : des pierres gisent çà et là, joyaux oubliés recouverts de lichen, et les galeries sont étouffées par le lierre et les vignes.

Beng Mealea se trouve à 65 km au nord-est de Siem Reap, sur une route goudronnée à péage.

Koh Ker   TEMPLE HINDOU

(Entrée 10 \$US). Abandonnée pendant des siècles dans les forêts du nord, Koh Ker, capitale de l'Empire angkorien de 928 à 944, peut se visiter dans la journée à partir de Siem Reap. La plupart des visiteurs commencent par le **Prasat Krahom** (temple Rouge), où les linteaux, les portes et les colonnes des fenêtres sont ornés de superbes sculptures en pierre. Principal monument de Koh Ker, le **Prasat Thom** est une pyramide couverte de grès, de 40 m de hauteur et 55 m de largeur, dont les sept niveaux offrent une vue extraordinaire sur la forêt. L'accès au Prasat Thom est toutefois temporairement interdit pour des raisons de sécurité.

Koh Ker se situe à 127 km au nord-est de Siem Reap (location de voiture 90 \$US, 2 heures et demie de trajet).

Comprendre
le Vietnam

Le Vietnam aujourd'hui

Les dernières décennies ont été favorables au Vietnam : le pays a connu une période de développement et de croissance soutenue. Le niveau de vie a augmenté de manière tangible, les villes se sont transformées, les systèmes éducatif et de santé se sont améliorés, et le secteur du tourisme continue à se développer. Cependant, le fossé se creuse entre un État à la poigne de fer et la population. La corruption ambiante entretient un ressentiment dans l'opinion, et la dissidence, encore limitée, gagne cependant en vigueur.

À lire

Un barrage contre le Pacifique (M. Duras). La vie d'une mère et de ses deux enfants dans la Cochinchine des années 1930.
Le Chagrin de la guerre (B. Ninh). Un soldat nord-vietnamien de retour à Hanoi après 10 ans de guerre.
La Colline des anges, retour au Vietnam (J.-C. Guillebaud et R. Depardon). Regards croisés, 20 ans après, d'un ancien correspondant de guerre et d'un photographe.
Le Souffle du cobra (A. X. Pham). Le récit biographique joliment écrit d'un Vietnamo-Américain retournant dans son pays natal.

À voir

Apocalypse Now (F. F. Coppola, 1979). Au plus noir de la guerre du Vietnam.
Cyclo (T. A. Hung, 1995). Un chef-d'œuvre qui nous fait pénétrer au cœur de la pègre de Hô Chi Minh-Ville.
L'Amant (J.-J. Annaud, 1992). D'après le roman autobiographique de Marguerite Duras.
Platoon (O. Stone, 1986). Fondé sur l'expérience personnelle du réalisateur, ce film noir suit un engagé volontaire au Vietnam.
Un Américain bien tranquille (P. Noyce, 2002). Une plongée dans l'atmosphère de Saigon à l'époque coloniale, où la rébellion sourd.

Un mort dans la famille

La nation tout entière semblait s'être figée dans la réflexion, le 13 octobre 2013. L'émotion collective était tangible alors que le pays était uni pour enterrer son grand héros de guerre, le général Vo Nguyen Giap, commandant en chef des campagnes de guerre contre les Français, les Japonais et les Américains. Il était âgé de 102 ans. Charismatique, honnête et courageux, cet homme sec, simple et déterminé, combattant pour la liberté adulé, avait dédié sa vie à son pays.

Pour beaucoup de Vietnamiens, le contraste entre des leaders intègres comme Giap et l'élite politique et économique d'aujourd'hui est flagrant. Giap vivait simplement et était dévoué à l'indépendance de son pays, alors que les gouvernants actuels sont soupçonnés de donner dans la corruption, le népotisme et la paranoïa. La plupart des Vietnamiens doivent payer des pots-de-vin pour à peu près tout – de l'obtention d'une connexion Internet à celle d'un rendez-vous à l'hôpital –, alors que des politiciens corrompus exigent des millions de dollars pour faciliter la réalisation de projets d'infrastructures. Et lorsque des voix s'élèvent, elles sont vite étouffées.

Politique et économie

Le système politique du Vietnam est simple : le Parti communiste est la seule instance du pouvoir. D'après la Constitution, l'Assemblée nationale est l'autorité suprême du pays ; en pratique, c'est un outil du Parti, dont les membres, élus sous l'étroite surveillance du pouvoir, sont issus à 90%.

Officiellement, le pays est communiste, mais il doit se trouver bien peu d'adeptes pour croire encore que le Vietnam a réalisé l'utopie marxiste. Le socialisme ouvert au marché est le nouveau credo. Le capitalisme y est florissant comme jamais, avec un secteur privé dynamique qui porte le pays. Il suffit de déambuler dans les rues des grandes villes pour constater la frénésie économique qui s'est emparée du Vietnam.

L'État contrôle les deux cinquièmes de l'économie. Il possède plus de la moitié des 200 plus grosses entreprises vietnamiennes et contrôle les secteurs clés du pétrole, de la construction navale, du ciment, du charbon et du caoutchouc. La majorité de ces secteurs connaît aujourd'hui une grave crise et des fuites de capitaux.

Les scandales relatifs à la corruption sont fréquents : depuis 2011, neuf cadres dirigeants de Vinashin, l'entreprise de construction navale, ont été emprisonnés après la quasi-faillite de la société avec une dette qui s'élevait à 4,5 milliards de dollars. Le dirigeant de Vietnam Electricity a été limogé après des pertes atteignant plus d'un milliard de dollars.

La dissidence et Internet

Ce que l'on appelle le "mur de bambou" est un système de sécurité contrôlé par l'État qui s'applique à tout le réseau Internet du pays et bloque tout site susceptible de semer le trouble, dont Facebook et Yahoo Messenger.

En septembre 2013, le gouvernement vietnamien a introduit de nouvelles règles restreignant strictement l'usage des sites Internet et des médias en ligne à l'échange d'"informations personnelles". L'opposition politique est interdite, et les arrestations et les procès sont monnaie courante.

Les bloggeurs sont particulièrement vulnérables : 46 d'entre eux, dont Le Quoc Quan, un activiste démocrate et catholique notoire, ont été incarcérés pour "propagande anti-État" en 2013. Tous les journaux et chaînes de télévision sont gérés par l'État.

Le Nord et le Sud

Depuis 20 ans, l'économie vietnamienne prospère, mais certaines régions sont plus dynamiques que d'autres. En 2013, la croissance à Hô Chi Minh-Ville était presque deux fois supérieure au taux national (8,1% contre 4,3%). C'est le Sud qui a le plus bénéficié d'investissements étrangers, avec le retour et l'apport des Viêt Kiêu (Vietnamiens de la diaspora).

Conscient de ces disparités, le gouvernement s'efforce de maintenir un équilibre dans ses effectifs : si le Premier ministre vient du Sud, le chef du Parti communiste viendra du Nord.

Au sein de la vieille génération, le Sud n'a jamais pardonné au Nord d'avoir rasé ses cimetières de guerre, imposé le communisme et exercé une répression sévère contre des familles entières. Le Nord n'a jamais pardonné au Sud de s'être rangé aux côtés des Américains contre ses compatriotes. Heureusement pour le pays, les jeunes semblent prêter moins d'attention à sa douloureuse histoire.

POPULATION :
92,6 MILLIONS D'HABITANTS

ESPÉRANCE DE VIE :
HOMMES 70 ANS ; FEMMES 75 ANS

CROISSANCE DU PIB : **5%**

INFLATION : **9,1%**

TAUX D'ALPHABÉTISATION : **93%**

Sur 100 personnes au Vietnam

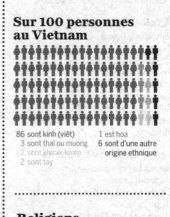

86 sont kinh (viêt) 1 est hoa
3 sont thaï ou muong 6 sont d'une autre
2 sont khmer krom   origine ethnique
2 sont tay

Religions
(% de la population)

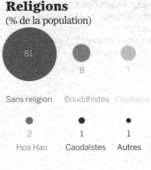

Sans religion   Bouddhistes   Chrétiens
   81   8   7

   2   1   1
Hoa Hao   Caodaïstes   Autres

Population au km²

VIETNAM   FRANCE   BELGIQUE

≈ 30 habitants

Les meilleurs fruits

Le mangoustan (*mang cut*). Fruit arrondi et violacé, parfumé, subtil et savoureux.

Le ramboutan (*chom chom*). Aussi appelé "litchi chevelu" et de la même famille que le longane, il est juteux et sucré à l'intérieur.

La papaye (*du du*). Verte, elle est délicieuse et croquante en salade. Mûre, elle est sucrée et rafraîchissante.

Le longane (*nhan*). Ce fruit à la peau mordorée a un goût proche du litchi.

À faire absolument

Parcourir le pays à moto.

Goûter, sans façon, la fabuleuse cuisine de rue.

Rencontrer les communautés ethniques dans un village de montagne.

Faire *tram phan tram* ("100%"), c'est-à-dire boire cul sec, dans un bar interlope.

Les meilleures boissons

Bia hoi La bière pression la moins chère du monde.

Ca phe Le café vietnamien fait l'unanimité.

Liqueur de Son Tinh Un alcool de riz qui se décline en d'innombrables saveurs.

Jus de noix de coco Il se vend partout près du littoral.

Le Vietnam dans le monde

Aujourd'hui, les relations américano-vietnamiennes se sont normalisées ; les échanges commerciaux sont très dynamiques (24,9 milliards de dollars en 2012). Les militaires des deux pays tiennent des dialogues annuels sur la politique de défense. L'interdiction de la contestation politique au Vietnam, la liberté de parole et de confession restent des sujets litigieux. Pour les Vietnamiens, les séquelles de l'agent orange restent un problème : les États-Unis n'ont jamais indemnisé les 4 millions de victimes empoisonnées par la dioxine des épandages aériens pendant la guerre.

Les relations avec la Chine, l'ennemi historique, sont bien plus complexes, et parfois tendues. D'un côté, les échanges commerciaux se développent (bien que d'une manière un peu trop asymétrique au goût des Vietnamiens), le commerce aux frontières est intense, et le chinois est la deuxième langue la plus étudiée au Vietnam. Mais les îles Spratleys et Paracels, riches en pétrole et revendiquées par les deux pays, restent un grand sujet de discorde.

En mai 2014, les tensions entre le Vietnam et la Chine se sont multipliées au sujet de l'installation de structures pétrolières chinoises (protégées par des navires de guerre) dans les eaux des îles Paracels. Le Vietnam a alors connu la plus grave série d'émeutes antichinoises depuis 1975 : des manifestants ont incendié et pillé des usines d'expatriés chinois, provoquant la mort de quatre personnes et plusieurs blessés. Pékin a immédiatement procédé à l'évacuation de plusieurs milliers de ses ressortissants et les voyagistes chinois ont suspendu leurs circuits dans le pays.

Le Vietnam compense le déséquilibre de ses relations politiques avec la Chine et les États-Unis par une présence active dans l'Association des nations de l'Asie du Sud-Est (ANASE). Le pays entretient des rapports cordiaux avec la plupart des États de la région, mais des tensions demeurent avec le Laos au sujet des barrages construits sur le Mékong.

L'état de la nation

Dans l'ensemble, les Vietnamiens sont plutôt satisfaits de la situation actuelle. Les dernières décennies ont transformé le pays, la finance a envahi une société exhibant le drapeau communiste rouge, et les camarades sont devenus des entrepreneurs. La situation est stable mais demeure dépendante de l'économie ; avec des taux de croissance en baisse, la conjoncture est moins encourageante qu'il y a quelques années.

Histoire

L'histoire des Vietnamiens remonte à l'installation de populations autour du delta du fleuve Rouge, où des fermiers cultivaient le riz. Pendant des millénaires, les Vietnamiens ont été en lutte contre les Chinois. Au XIXᵉ siècle, le Vietnam a subi les horreurs de la colonisation française, puis, au siècle suivant, le désastre de l'intervention américaine. Le pays a connu des temps plus que troublés, mais, en deux décennies, sa population s'est courageusement employée à tourner la page. Aujourd'hui, tout indique que le Vietnam a devant lui un avenir prometteur.

Pour se faire une idée de l'histoire tourmentée du Vietnam, il suffit de se promener dans n'importe quelle ville du pays et de prêter attention aux noms des rues. Vous y trouverez partout les noms des héros nationaux qui ont repoussé les envahisseurs successifs au cours des deux derniers millénaires. Si une rue longe une rivière, ce sera Bach Dang (du nom du fleuve sur lequel se déroulèrent deux batailles, en 938 et en 1288). Une artère importante s'appellera Lê Loi, en hommage à l'empereur qui battit les Chinois en 1427.

Dès le IIᵉ siècle avant notre ère, les Vietnamiens ont tenu tête à leur imposant voisin chinois et, après avoir résisté à sa domination, ont subi son occupation pendant 1 000 ans. La lutte pour accéder au statut de nation a été immense. La guerre du Vietnam a certes éveillé l'attention des Occidentaux ; mais pour les Vietnamiens, les Américains n'ont été que les derniers d'une longue succession de "visiteurs" venus et repartis. Pour Hô Chi Minh, il ne faisait aucun doute qu'eux aussi seraient vaincus, quel qu'en soit le prix.

Au cours des siècles précédents, les Khmers, les Mongols et les Chams avaient tous été refoulés. Puis le pays subit l'humiliante colonisation française. En 1979, à peine finies les horreurs de la guerre déclenchée par les Américains, le pays exsangue repoussait en quelques semaines l'armée chinoise qui l'attaquait.

Ces envahisseurs ont laissé des traces : les Chinois ont apporté le bouddhisme, le taoïsme et le confucianisme (primat de la communauté sur l'individu, respect de l'éducation et de la famille...). La France a

Lors de fouilles réalisées à Oc-Eo, des archéologues ont découvert un médaillon romain à l'effigie de l'empereur Antonin le Pieux, datant de 152.

CHRONOLOGIE	2789 av. J.-C.	2000 av. J.-C.	300 av. J.-C.
	Les rois Hung Vuong fondent le royaume de Van Lang, considéré comme le premier État vietnamien indépendant.	À l'âge du bronze, la culture de Dông Son apparaît dans le delta du fleuve Rouge (près de Hanoi). Elle est renommée pour la riziculture et le travail du bronze.	Dans le Nord, les Vietnamiens se distinguent entre les Au Viêt (Vietnamiens des montagnes) et les Lac Viêt (Vietnamiens des plaines), installés dans le bassin du fleuve Rouge.

BRONZE

Les peuples de la période Dông Son étaient d'importants commerçants dans la région. Des tambours de bronze en provenance du nord du Vietnam ont été retrouvés jusque sur l'île d'Alor, dans l'est de l'Indonésie.

introduit le chemin de fer, légué un style architectural et des pratiques gastronomiques. Les Américains ont laissé un pays dévasté, mais l'honneur des Vietnamiens est resté intact.

Le Vietnam a connu une évolution remarquable ces dernières années. Membre de l'Asean, il a vu son économie décoller, malgré une corruption généralisée, des infrastructures déliquescentes et un pouvoir autocratique. Le pays est aujourd'hui uni et prospère, ses frontières sont sûres, et les Vietnamiens peuvent croire en un avenir stable et prometteur.

Les origines

Le plus ancien peuplement du nord du Vietnam remonte à environ 500 000 ans, mais les chasseurs-cueilleurs qui vivaient là ne pratiquèrent une agriculture rudimentaire qu'à partir de 7000 av. J.-C. La très brillante culture de Dông Son, connue pour ses tambours de bronze *moko*, apparut à l'âge du bronze, vers le IIIᵉ siècle av. J.-C. La période Dông Son vit également de grands progrès en matière de riziculture et l'émergence du delta du fleuve Rouge en tant que centre agricole majeur.

Du Iᵉʳ au VIᵉ siècle, le sud du Vietnam faisait partie du royaume cambodgien indianisé du Funan, réputé pour le raffinement de ses arts et de son architecture. Ce royaume avait pour capitale la cité fortifiée d'Angkor Borei. Les habitants du Funan construisirent un système élaboré de canaux pour le transport et l'irrigation des rizières. Oc-Eo, le port principal du royaume, se situait dans le delta du Mékong. Des fouilles archéologiques ont révélé que le Funan entretenait des relations avec la Chine, l'Indonésie, la Perse et même certains pays méditerranéens. Par la suite, le royaume shivaïte khmer du Chenla succéda à celui du Funan et s'étendit le long du Mékong.

À la fin du IIᵉ siècle, le royaume hindouiste du Champa émerge aux alentours de l'actuelle Danang. À l'instar du Funan, il adopte le sanskrit comme langue sacrée et s'inspire fortement de la culture et de l'art indiens. Au VIIIᵉ siècle, le Champa s'était étendu vers le sud, englobant les villes actuelles de Nha Trang et de Phan Rang. Peuple guerrier, les Chams lançaient des attaques le long de la côte indochinoise, affrontant en permanence les Vietnamiens au nord et les Khmers au sud. Pris entre deux ennemis, ils finirent par perdre leur royaume.

Mille ans d'occupation chinoise

Les Chinois conquièrent le delta du fleuve Rouge au IIᵉ siècle av. J.-C. Durant les siècles suivants, de nombreux colons, fonctionnaires et intellectuels chinois s'installent au sud et tentent d'imposer une administration centralisée aux Vietnamiens.

Lors de l'acte de résistance le plus célèbre, en l'an 40, les sœurs Trung (Hai Ba Trung) rallient le peuple, lèvent une armée et dirigent une

250 av. J.-C.	248-225 av. J.-C.	111 av. J.-C.	40
Un seigneur de guerre chinois s'empare du royaume de Van Lang. Un nouveau royaume, Au Lac, est fondé à Co Loa, près de l'actuelle Hanoi.	Une guerrière, Triêu Thi Trinh, décrite comme une géante montant des éléphants pour combattre, fait face aux Chinois pendant des décennies, avant d'être vaincue et de se suicider en 248.	L'annexion du delta du fleuve Rouge par les empereurs Han marque le début d'un millénaire de domination chinoise. Le confucianisme devient la philosophie dominante.	Les sœurs Trung (Hai Ba Trung) prennent la tête d'une rébellion contre l'occupant chinois, levant une armée qui chasse le gouverneur chinois. Elles se proclament reines du Vietnam indépendant.

révolte contre les Chinois. Face à la riposte chinoise, les sœurs Trung, plutôt que de se rendre, préfèrent se jeter dans la rivière Hat Giang. Du IIIe au VIe siècle, de nombreuses rébellions à petite échelle s'opposent à la férule chinoise, caractérisée par la tyrannie, le travail forcé et des impôts toujours plus lourds, mais toutes sont écrasées.

Cependant, les Vietnamiens ont énormément appris des Chinois, notamment la construction des digues et les systèmes d'irrigation, qui renforcent la prédominance du riz dans l'alimentation quotidienne. Mieux nourrie, la population s'accroît en même temps que le besoin de terres nouvelles. Limités à l'ouest par les monts Truong Son (cordillère Annamitique), au climat rude et aux terres impropres à la culture du riz, les Vietnamiens se déplacent alors vers le sud le long de la côte.

À cette époque, le Vietnam constituait une escale de premier plan sur la route maritime entre la Chine et l'Inde. Les Chinois apportent le confucianisme, le taoïsme et le bouddhisme mahayana, les Indiens introduisent le bouddhisme theravada et l'hindouisme (au Champa et au Funan). La transmission par les bonzes des connaissances scientifiques et médicales de ces deux grandes civilisations a aussi permis au Vietnam de former ses propres érudits, médecins et botanistes.

La libération du joug chinois

Profitant de la chute de la dynastie Tang, au début du Xe siècle, les Vietnamiens se révoltent contre le pouvoir chinois. En 938, Ngô Quyên défait les armées chinoises lors d'une célèbre bataille sur la rivière Bach Dang. Feignant la retraite, il entraîne la flotte chinoise en amont de la rivière, puis contre-attaque alors que les bateaux chinois s'empalent sur un mur de pieux, caché sous l'eau. Il met ainsi fin à un millénaire de domination (ce ne fut toutefois pas le dernier affrontement entre les Vietnamiens et leur puissant voisin).

Du XIe au XIIIe siècle, les empereurs de la dynastie des Ly, fondée par Ly Thai Tô, consolident l'indépendance du Vietnam. Durant cette période prospère, un système élaboré de digues est construit pour juguler les inondations et irriguer les cultures, et la première université du pays voit le jour. Les attaques menées par de nombreux voisins, dont les Chinois, les Khmers et les Chams, sont toutes repoussées. Parallèlement, les Vietnamiens poursuivent leur expansion vers le sud, renforçant leur emprise sur le royaume cham.

Bach Dang, bis repetita

Au milieu du XIIIe siècle, l'empereur mongol Kubilaï khan achève sa conquête de la Chine et demande le droit de traverser le territoire vietnamien pour attaquer le Champa. Les Vietnamiens refusent, mais les hordes mongoles, fortes de 500 000 hommes, décident de passer outre.

Au XVIe siècle, Hô Chi Minh-Ville (Saigon) était un petit village khmer du nom de Prey Nokor, à la lisière orientale du Cambodge.

446	602	938	1010
Les relations entre le royaume du Champa et la Chine se détériorent. Les Chinois envahissent le Champa, pillent sa capitale, Simhapura, et dérobent une statue de bouddha de 50 tonnes d'or.	Les soulèvements contre le joug chinois, menés notamment par Ly Bon et Triêu Quang Phuc, échouent et le Vietnam tombe sous la domination de la dynastie Sui, qui proclame Dai La Thanh (Hanoi) capitale.	Ngô Quyên défait les armées chinoises lors de la bataille de la rivière Bach Dang et met fin à un millénaire d'occupation.	L'empereur Ly Thai Tô fonde Thanh Long ("la cité du dragon qui prend son envol"), l'actuelle Hanoi, qui devient la nouvelle capitale du Vietnam.

UN PAYS INDÉPENDANT, CIVILISÉ ET HÉROÏQUE

Au XVᵉ siècle, accompagnant le succès de la rébellion de Lê Loi contre la domination chinoise, le poète Nguyen Trai écrivit une déclaration nationaliste inspirée, citée aujourd'hui encore dans les manuels scolaires et par les hommes politiques. La Grande Proclamation (*Binh Ngo Dai Cao*) est un hymne à l'esprit d'indépendance et à la fierté nationale du pays : "Notre peuple a fait du Vietnam, il y a longtemps déjà, une nation indépendante dotée de sa propre civilisation. Nous avons nos montagnes et nos fleuves, nos coutumes et nos traditions, toutes différentes de celles du pays étranger du Nord [...] Nous avons été parfois faibles et parfois puissants, mais nous n'avons jamais manqué de héros."

Elles sont repoussées par le légendaire général Trân Hung Dao, qui les met en déroute lors d'une deuxième bataille sur la rivière Bach Dang, en utilisant exactement la même tactique que Ngô Quyên auparavant.

Le retour des Chinois

Les Chinois reprennent le contrôle du Vietnam au début du XVᵉ siècle. Ils obligent alors des intellectuels vietnamiens à émigrer en Chine, dans la ville de Nankin, où ils emportent aussi les archives nationales. Cette "fuite de cerveaux" pénalisera durablement la civilisation vietnamienne. De lourds impôts et le travail forcé marquent également cette époque. Le grand poète Nguyên Trai (1380-1442) décrit ainsi la domination chinoise : "Toute l'eau de la mer orientale ne saurait suffire à effacer la tache de leur ignominie ; tous les bambous des montagnes méridionales ne sauraient produire assez de papier pour recenser leurs crimes."

L'un des premiers missionnaires, le jésuite français Alexandre de Rhodes (1591-1660), s'est rendu célèbre pour ses travaux d'élaboration du *quôc-ngu*, l'alphabet phonétique romanisé qui est toujours utilisé pour écrire le vietnamien.

Lê Loi entre en scène

En 1418, le refus de Lê Loi, un riche philanthrope, de devenir fonctionnaire au service des Ming, déclenche l'insurrection de Lam Son. En 1425, des insurrections éclatent dans plusieurs régions. Lê Loi parcourt le pays pour les fédérer afin de vaincre les Chinois.

Lê Loi et ses successeurs lancent une campagne pour s'emparer des territoires cham au sud, dont le temps fort est la prise de Vijaya, la capitale proche de l'actuelle Quy Nhon, en 1471. Cela sonne le glas du Champa en tant que puissance militaire ; les Chams commencent à migrer vers le sud et les Vietnamiens s'installent sur leurs terres.

L'arrivée des Européens

Les premiers marins portugais débarquent à Danang en 1516, bientôt suivis par des missionnaires dominicains. Durant les décennies suivantes, les Portugais développent des échanges commerciaux avec le Vietnam

1010-1225	1076	1288	XIVᵉ siècle
Dirigé par la dynastie des Ly pendant deux siècles, le Vietnam conserve de nombreuses institutions et traditions héritées de l'ère chinoise (confucianisme, administration...). La riziculture joue un rôle essentiel.	L'armée vietnamienne, conduite par le général Ly Thuong Kiêt, attaque les Song (Chinois) et gagne une bataille décisive près de l'actuelle ville de Nanning, avant de mettre en déroute les forces cham.	Les Mongols envahissent le Dai Viêt, mais le général Trân Hung Dao les repousse en employant le même stratagème que Ngô Quyên lors de la bataille de la rivière Bach Dang.	Sous la houlette du roi Chê Bong Nga, l'armée cham tue l'empereur vietnamien Trân Due Tông et assiège la capitale, Thang Long, en 1377 et en 1383.

et, à l'instar des Japonais et des Chinois, installent un comptoir à Faifo (aujourd'hui Hoi An). Au fil des siècles, l'Église catholique s'implante au Vietnam avec plus de succès que dans tout autre pays d'Asie, à l'exception des Philippines, soumises pendant 400 ans à la férule espagnole.

Les seigneurs du peuple
Comme cela se répétera au XXᵉ siècle, le Vietnam est divisé en deux pendant la majeure partie des XVIIᵉ et XVIIIᵉ siècles. Les puissants seigneurs Trinh règnent sur le Nord, au nom des rois Lê, tandis que le Sud est le fief des seigneurs Nguyên. Les Trinh ne parvinrent pas à soumettre les Nguyên, beaucoup mieux armés (ils étaient équipés par les Portugais), qui étendent leur contrôle au sud sur de nouveaux territoires du delta du Mékong. Dans le même temps, plusieurs pays européens s'intéressent au Vietnam et manœuvrent pour y établir leur influence.

La révolte des Tây Son
En 1765, les impôts prohibitifs exigés par les seigneurs Nguyên provoquent une révolte dans le Sud, dite des Tây Son, du nom du village de la région de Quy Nhon d'où étaient originaires les trois frères à la tête du mouvement. Tels des Robin des Bois, ces trois frères – Nguyên Nhac, Nguyên Lu et Nguyên Huê – prennent aux riches pour distribuer aux pauvres. Leur popularité leur permit de contrôler le centre du Vietnam en moins de dix ans. En 1783, ils prennent Saigon et le Sud, tuent le prince régnant et sa famille. Nguyên Lu devient le souverain du Sud et Nguyên Nhac est couronné roi du Centre.

Sur leur lancée, les rebelles renversent les seigneurs Trinh du Nord, tandis que les Chinois entrent dans la danse en espérant tirer parti de la vacance du pouvoir. C'était compter sans le troisième des frères, Nguyên Huê, qui se proclame empereur sous le nom de Quang Trung, en 1788. L'année suivante, ses troupes infligent aux Chinois une défaite cuisante à Dong Da, autre fait d'armes majeur de l'histoire vietnamienne.

Dans le Sud, Nguyên Anh, l'un des rares survivants des seigneurs Nguyên, parvient à repousser peu à peu les rebelles Tây Son. Se proclamant empereur en 1802 sous le nom de Gia Long, il fonde la dynastie des Nguyên. Quand il s'empare de Hanoi, sa victoire est totale. Hué devient la nouvelle capitale d'un Vietnam enfin réunifié après deux siècles de divisions.

Retour à la tradition
Gia Long, pour séduire l'élite conservatrice de son empire et consolider son pouvoir, revient aux valeurs confucianistes. Son fils, l'empereur Minh Mang, s'attache à renforcer l'État. Profondément hostile au catholicisme, qu'il considère comme une menace pour les traditions confucéennes, il étend son aversion à toute forme d'influence occidentale.

Les dynasties du Vietnam

Ngô 939-965
Dinh 968-980
Lê antérieurs 980-1009
Ly 1010-1225
Trân 1225-1400
Hô 1400-1407
Trân postérieurs 1407-1413
Domination chinoise 1414-1427
Lê postérieurs 1428-1524
Mac 1527-1592
Seigneurs Trinh du Nord 1539-1787
Seigneurs Nguyên du Sud 1558-1778
Tây Son 1788-1802
Nguyên 1802-1945

HISTOIRE RETOUR À LA TRADITION

1428	1471	1516	1524
Lê Loi triomphe de l'occupant chinois et se proclame empereur, le premier d'une longue dynastie. Il est révéré comme l'un des plus grands héros du Vietnam.	Les Vietnamiens infligent une défaite humiliante au royaume du Champa, tuant plus de 60 000 soldats cham et faisant 36 000 prisonniers, dont le roi et presque toute la famille royale.	L'arrivée des marchands portugais à Danang marque le début de l'intérêt des Européens pour le Vietnam. Ils installent un comptoir à Faifo (Hoi An) et introduisent le catholicisme.	Début d'une période d'instabilité et de guerres causée par des conflits féodaux entre les Trinh issus du Nord (Thang Long) et les Nguyên du Sud (autour de Hué).

Les premiers empereurs Nguyên poursuivent l'expansionnisme de leurs prédécesseurs, pénétrant au Cambodge et au Laos. Ils disputent au Siam (Thaïlande) les restes de l'Empire khmer disloqué.

Si le retour aux valeurs traditionnelles leur vaut le soutien de l'élite vietnamienne, l'isolationnisme et l'hostilité envers l'Occident ont été fatals aux empereurs Nguyên, qui n'ont pas réussi à moderniser le pays assez rapidement pour résister aux Européens, bien armés.

La colonisation française

L'armée française intervient pour la première fois au Vietnam en 1847, lorsque la marine attaque le port de Danang en représailles à l'emprisonnement de missionnaires catholiques par l'empereur Thiêu Tri. Saigon est prise début 1859 et, en 1862, l'empereur Tu Duc signe un traité cédant aux Français les trois provinces orientales de Cochinchine (le sud du Vietnam durant la colonisation française). Durant les quatre décennies suivantes, l'aventure coloniale française dans la péninsule indochinoise connaît néanmoins des échecs répétés, et ne se maintient que grâce aux seuls agissements d'une poignée d'aventuriers.

En 1872, Jean Dupuis, un négociant désireux de pouvoir fournir sel et armes via le fleuve Rouge, s'empare de la citadelle de Hanoi. Le capitaine Francis Garnier, officiellement dépêché pour maîtriser Dupuis, entame à la place la conquête du Nord (le Tonkin).

Proclamée par la France en 1887, l'Union indochinoise, comprenant la Cochinchine, l'Annam, le Tonkin, le Cambodge et le Laos, met fin à l'existence d'un État vietnamien indépendant. Toutefois, la résistance perdurera en divers points du pays tout au long de la période coloniale. L'époque de l'expansionnisme est révolue et les Vietnamiens doivent restituer les territoires pris au Cambodge et au Laos.

L'administration coloniale entreprend d'ambitieux travaux publics, comme la voie ferrée Hanoi-Saigon (le *Transindochinois*, aujourd'hui *Express de la Réunification*) ou l'assèchement des marais du delta du Mékong, financés par des impôts exorbitants qui dévastent l'économie rurale. Ces travaux sont restés tristement célèbres en raison des salaires dérisoires et des conditions de travail déplorables imposés à la main-d'œuvre vietnamienne.

L'aspiration à l'indépendance

Durant toute la période coloniale, le désir d'indépendance anime plus ou moins secrètement de nombreux Vietnamiens. L'élan nationaliste se traduit souvent par une hostilité ouverte envers les Français, se manifestant de diverses manières, de la publication de journaux patriotiques à la tentative d'empoisonnement de la garnison française de Hanoi.

Entre 1944 et 1945, le Viêt-minh reçut des fonds et des armes de l'Office américain des services stratégiques (OSS, l'actuelle CIA). Ironie de l'histoire : lorsque Hô Chi Minh proclame l'indépendance en 1945, des agents de l'OSS se tiennent à ses côtés, et il empruntera librement à la Déclaration d'indépendance américaine.

1651	XVIIᵉ siècle
Publication du *Dictionarium Annamiticum Lusitanum et Latinum*, premier dictionnaire en *quôc-ngu* (alphabet romanisé), grâce au travail du jésuite français Alexandre de Rhodes (1591-1660).	Des colons vietnamiens s'installent dans le delta du Mékong et la région de Saigon, profitant de l'affaiblissement des Khmers, déchirés par des guerres intestines et les invasions siamoises.

➡ Le delta du Mékong aujourd'hui, à Vinh Long

Bien que corrompue, la cour impériale de Hué reste un bastion du nationalisme, et les Français s'emploieront à démettre les empereurs qui leur sont défavorables, le jeu de chaises musicales atteignant son apogée avec l'accession au trône, en 1925, de l'empereur Bao Dai, alors âgé de 12 ans et faisant ses études en France.

Rapidement, les patriotes comprennent que la modernisation est la clé de l'indépendance. Le militant Phan Bôi Châu lance le mouvement Dông Du ("voyage à l'Est"), qui prévoit d'envoyer des intellectuels vietnamiens étudier au Japon afin de fomenter ultérieurement une rébellion victorieuse. Phan Châu Trinh favorise l'éducation des masses populaires, la modernisation de l'économie et la coopération avec les Français en vue de l'indépendance. C'est à cette époque que s'impose l'écriture latine *quôc-ngu*, bien plus pratique pour instruire le peuple que la complexe écriture *nôm* utilisant des caractères chinois.

La montée du communisme

Les anticolonialistes qui remportent le plus de succès sont les communistes, les seuls à comprendre les frustrations et les aspirations de la population – en particulier des paysans – et à canaliser leurs revendications pour une plus juste répartition des terres.

L'histoire du communisme vietnamien, qu'épouse en grande partie la carrière politique de Hô Chi Minh, est compliquée. Le premier groupe marxiste indochinois, l'Association de la jeunesse révolutionnaire du Vietnam, est constitué par Hô Chi Minh à Canton (Chine) en 1925. En février 1930, le Parti communiste vietnamien lui succède. Hô Chi Minh fonde la Ligue pour l'indépendance du Vietnam en 1941, plus connue sous le nom de Viêt-minh, qui résistera au gouvernement français de Vichy et à l'armée japonaise, et déploiera un intense activisme politique durant la Seconde Guerre mondiale. En dépit de son programme nationaliste, le Viêt-minh sera dès le début dominé par les communistes. S'il est communiste, Hô Chi Minh est aussi un homme pragmatique, patriote, proche du peuple et convaincu de la nécessité d'une unité nationale.

La Seconde Guerre mondiale et la famine

Après la défaite de la France en 1940, le gouverneur d'Indochine, nommé par le régime de Vichy, autorise la présence de troupes japonaises au Vietnam. Les Nippons laissent la gestion des affaires courantes du pays à l'administration française et le Vietnam est épargné pendant un temps par les ravages de l'occupation japonaise. Cependant, vers la fin de la Seconde Guerre mondiale, les réquisitions de riz imposées par l'occupant, conjuguées à des ruptures de digues et à des inondations, provoquent une épouvantable famine qui fait probablement 2 millions

Le bouddhisme s'épanouit aux XVIIe et XVIIIe siècles. De nombreuses pagodes furent érigées un peu partout dans le pays. Un mélange de croyances ancestrales, d'animisme et de taoïsme différenciait le bouddhisme vietnamien de la doctrine orthodoxe.

1765	1802	1862	1883
La révolte des Tay Sôn éclate près de Quy Nhon, menée par trois frères qui contrôleront le pays entier durant les 25 années suivantes.	L'empereur Gia Long monte sur le trône et fonde la dynastie des Nguyên, qui gouvernera le Vietnam jusqu'en 1945. Le pays est réunifié pour la première fois après plus de 200 ans.	Après les attaques françaises sur Danang et Saigon, l'empereur Tu Duc signe un traité cédant à la France le contrôle des provinces du delta du Mékong, rebaptisées Cochinchine.	Les Français imposent au Vietnam un traité de protectorat, marquant le début officiel de 70 années de domination coloniale, durant lesquelles se poursuit une résistance active.

L'ONCLE HÔ

Le père de la nation, Hô Chi Minh ("Celui qui éclaire"), de son vrai nom Nguyên Tat Thanh, était le fils d'un fonctionnaire lettré, fervent nationaliste. Né près de Vinh en 1890, il grandit à Hué. Il adoptera au cours de sa vie de nombreux pseudonymes, mais beaucoup de Vietnamiens l'appellent affectueusement Bac Ho ("l'oncle Hô").

En 1911, il s'engage comme apprenti cuisinier sur un navire français. Il parcourt les mers jusqu'en Amérique du Nord, en Afrique et en Europe, où il s'établit et travaille tour à tour comme jardinier, balayeur, serveur, retoucheur de photos et chauffeur, développant peu à peu sa conscience politique.

Hô Chi Minh s'installe à Paris où il apprend plusieurs langues (dont le français, l'anglais, l'allemand et le mandarin) et commence à militer pour l'indépendance indochinoise. En 1920, il est l'un des membres fondateurs du Parti communiste français et, un peu plus tard, on le retrouve à Canton (Guangzhou, Chine) œuvrant à la fondation de l'Association de la jeunesse révolutionnaire du Vietnam.

Au début des années 1930, à la demande des Français, le gouvernement britannique de Hong Kong l'incarcère pour ses activités révolutionnaires. À sa libération, il se rend en Union soviétique et en Chine, avant de regagner son pays en 1941, après 30 ans d'absence. La même année, alors âgé de 51 ans, il crée le Viêt-minh, dont le but est l'indépendance du Vietnam. À la veille de la reddition du Japon, en août 1945, Hô Chi Minh prend la tête de la révolution d'Août et ses troupes parviennent à contrôler la majeure partie du pays.

Peu après, avec le retour des Français, le Viêt-minh entre dans la résistance armée jusqu'à la victoire de Diên Biên Phu, en 1954. Hô restera à la tête du Nord-Vietnam jusqu'à sa mort, en septembre 1969, sans voir la victoire du Nord.

Le Parti a soigneusement entretenu l'image de l'oncle Hô, qui domine toujours le Vietnam plus de 40 ans après sa mort. Chaque ville possède une statue de Hô et un musée à son nom, un culte de la personnalité qui contraste fortement avec la simplicité du grand homme. Pour en savoir plus, reportez-vous à la biographie que lui a consacré Pierre Brocheux (*Hô Chi Minh, du révolutionnaire à l'icône*, Payot, 2003).

de morts sur les 10 millions d'habitants du Nord-Vietnam. Le Viêt-minh est alors la seule force à s'opposer à la présence des Français et des Japonais au Vietnam et, durant cette période, Hô Chi Minh reçoit un soutien du gouvernement américain. Alors que la guerre se termine en Europe, les occupants japonais et français relâchent leur emprise et l'occasion est venue pour le Viêt-minh de passer à l'action.

Une aube trompeuse

Au printemps 1945, le Viêt-minh contrôle de vastes pans du pays, notamment dans le Nord. À la mi-août, Hô Chi Minh appelle au

Fin du XIXᵉ siècle	1925	Années 1930	1940
Le *quôc-ngu*, écriture romanisée du vietnamien, s'impose comme moyen d'éradiquer l'illettrisme et de promouvoir l'éducation. Les idéogrammes chinois disparaissent.	Hô Chi Minh passe à l'activisme politique organisé et fonde à Canton l'Association de la jeunesse révolutionnaire du Vietnam, qui deviendra le Parti communiste vietnamien.	Le marxisme gagne en popularité avec la formation de 3 partis communistes qui s'unissent pour former le Parti communiste vietnamien, dont Trân Phu est le premier secrétaire général.	Début de l'occupation japonaise : le gouvernement vichyste d'Indochine met ses installations militaires à disposition des Japonais, mais conserve la gestion administrative du pays.

soulèvement général, nommé par la suite révolution d'Août. Entre-temps, dans le Centre, l'empereur Bao Dai abdique en faveur du nouveau gouvernement, et dans le Sud, le Viêt-minh forme une coalition instable avec des groupes non communistes. Le 2 septembre 1945, Hô Chi Minh proclame l'indépendance de la République démocratique du Vietnam lors d'un rassemblement à Hanoi. Durant cette période, il écrit pas moins de huit lettres au président Truman et au département d'État pour réclamer une aide américaine, sans jamais obtenir la moindre réponse.

La conférence de Potsdam de 1945, qui fixe le sort des ennemis des forces alliées, confie le désarmement japonais en Indochine à la Chine au nord du 16e parallèle et à la Grande-Bretagne au sud de cette ligne.

Lorsque les Britanniques arrivent à Saigon, le pays a sombré dans l'anarchie, quatre camps se battant pour dominer le pays : ce qu'il reste des troupes japonaises, les forces françaises, les milices privées et le Viêt-minh. Lorsque des parachutistes français armés réagissent à la déclaration d'indépendance de Hô Chi Minh en attaquant les populations, le Viêt-minh s'engage dans une guérilla. Le 24 septembre, le général Leclerc arrive à Saigon et déclare : "Nous sommes venus réclamer notre héritage."

Dans le Nord, les soldats chinois du Guomindang fuient devant les communistes chinois et se dirigent vers Hanoi. Hô Chi Minh tente en vain de calmer le jeu ; l'occupation chinoise s'éternisant, il finit par accepter un retour temporaire des Français. En échange de cinq années de mandat supplémentaire, la France accordait au Vietnam un statut d'État libre à l'intérieur de l'Union française.

La guerre d'Indochine

Les Français parviennent donc à reprendre le contrôle du Vietnam, du moins officiellement. Cependant, la détente avec le Viêt-minh commence à s'effriter après le bombardement de Haiphong par les Français en novembre 1946, qui fait des centaines de victimes civiles. Des combats éclatent bientôt à Hanoi, marquant le début de la guerre d'Indochine. Hô Chi Minh et ses troupes se réfugient dans les montagnes, où ils resteront 8 ans.

Malgré l'aide massive des Américains (qui veulent "contenir" l'expansion communiste) et le soutien des Vietnamiens anticommunistes, la France ne parvient pas à rétablir son contrôle. Hô Chi Minh avait dès le début prévenu les Français : "Vous pouvez tuer dix de mes hommes pour un des vôtres. Même avec cet avantage, vous perdrez et je gagnerai."

Après 8 ans de combat, le Viêt-minh dominait la quasi-totalité du Vietnam et du Laos. Le 7 mai 1954, après un siège de 57 jours, plus de 10 000 soldats français affamés se rendent au Viêt-minh à Diên Biên Phu : le cessez-le-feu accéléra les négociations engagées entre les deux

RÉSEAU DE GALERIES

En mai 1954, les combattants du Viêt-minh creusèrent à Diên Biên Phu un réseau de galeries sous les défenses françaises de la colline A1, qu'ils truffèrent d'explosifs. Le camarade-sapeur Nguyên Van Bach se porta volontaire pour servir de bombe humaine au cas où le détonateur ne se déclencherait pas. Heureusement pour lui, il fonctionna et Nguyên Van Bach est aujourd'hui un héros national.

1941 / Années 1940		1945 /	1946
Hô Chi Minh crée le Viêt-minh (Ligue pour l'indépendance du Vietnam), mouvement de libération qui a pour objectif de mettre fin à la colonisation française et à l'occupation japonaise.	Les réquisitions de riz imposées par les Japonais, auxquelles s'ajoutent des inondations, provoquent une terrible famine qui cause la mort de 20% de la population dans le nord du Vietnam.	Le 2 septembre, Hô Chi Minh proclame l'indépendance du Vietnam sur la place Ba Dinh, dans le centre de Hanoi. Les Français veulent rétablir leur autorité et imposent à nouveau un régime colonial.	Les relations tendues entre les forces du Viêt-minh et le pouvoir colonial français aboutissent à des combats à Haiphong et à Hanoi. Ceux-ci marquent le début de la guerre d'Indochine, qui durera 8 ans.

À Hanoi et dans le Nord, Hô Chi Minh avait instauré un État policier particulièrement efficace. Ce régime se caractérisait par une police brutale, les dénonciations via un gigantesque réseau d'informateurs, ainsi que le fichage des dissidents et de leur famille.

Le film *Diên Biên Phu* (1992) est l'hommage rendu par Pierre Schoendoerffer à ces hommes jetés dans une bataille perdue d'avance. Le cinéaste français, qui avait participé à la bataille en tant que correspondant de guerre, avait connu nombre d'entre eux.

parties, les Français n'ayant désormais plus de cartes en main. La guerre d'Indochine s'acheva 21 juillet 1954 avec la signature des accords de Genève. Les accords comprennent l'échange des prisonniers, la division "temporaire" du Vietnam en deux zones séparées par le fleuve Ben Hai (près du 17ᵉ parallèle) jusqu'aux élections nationales, la libre circulation des personnes à travers le 17ᵉ parallèle durant 300 jours et la tenue d'élections nationales le 20 juillet 1956. Au cours de cette guerre, plus de 35 000 soldats français ont été tués et 48 000 blessés ; les chiffres restent incertains du côté vietnamien, mais sont probablement bien plus élevés.

Un Sud-Vietnam autonome

Après la signature des accords de Genève (juillet 1956), le Sud-Vietnam est gouverné par Ngô Dinh Diêm, un catholique farouchement anticommuniste. Son pouvoir se trouve renforcé par l'arrivée de quelque 900 000 réfugiés, majoritairement catholiques, qui avaient fui le Nord communiste pendant les 300 jours de passage autorisé.

Les élections nationales n'eurent jamais lieu, les Américains redoutant que Hô Chi Minh ne les remporte. Diêm parvient à consolider son pouvoir durant les premières années, démantelant la confrérie criminelle des Binh-Xuyên et les bandes armées des sectes Hoa Hao et caodaïste.

À l'occasion d'une visite officielle de Diêm aux États-Unis en 1957, le président Eisenhower voit en lui l'"homme providentiel" de l'Asie. Au fil du temps, Diêm se montra de plus en plus despotique envers les dissidents, fermant des monastères bouddhiques, emprisonnant des bonzes et interdisant les partis d'opposition. Le gouvernement devint une affaire de famille (sa belle-sœur, madame Nhu, tint notamment le rôle de première dame).

Un mouvement anti-Diêm, mené par les étudiants et le clergé bouddhiste, secoua le Sud au début des années 1960 ; plusieurs bonzes s'immolèrent par le feu. Washington favorisa alors le coup d'État mené par les généraux de Diêm, qui s'emparèrent du pouvoir en novembre 1963 et exécutèrent Diêm et son frère. Les gouverneurs militaires qui lui succèdent pratiqueront cependant une politique identique.

Un nouveau Nord-Vietnam

Les accords de Genève autorisaient le retour à Hanoi des dirigeants de la République démocratique du Vietnam et leur offraient le contrôle du territoire situé au nord du 17ᵉ parallèle. Le nouveau gouvernement s'emploie immédiatement à éliminer tous ceux qui menacent son pouvoir. Des dizaines de milliers de "propriétaires" terriens, dont certains ne possédent qu'un minuscule lopin, sont dénoncés par leurs voisins aux "comités de sécurité" et arrêtés. Des procès sommaires aboutissent à quelque 15 000 condamnations à mort et à des milliers d'incarcérations.

Fin des années 1940	1954	1955	1960
Alors que le Viet-minh se retire dans les montagnes pour s'organiser, les Français essaient de former un gouvernement vietnamien sous Bao Dai, dernier empereur de la dynastie Nguyên.	Reddition des forces françaises au Viêt-minh, le 7 mai, à Diên Biên Phu, après un siège de 170 jours. Fin de la colonisation française en Indochine.	Le pays est "temporairement" divisé au 17ᵉ parallèle en Vietnam-Nord communiste et Vietnam-Sud "libre". Catholiques et communistes ont 300 jours pour changer de camp.	Le Front national de libération (ou Viêt-cong) entame une guérilla contre le gouvernement Diêm dans le Sud, ce qui déclenchera l'intervention américaine.

En 1956, le Parti, confronté à l'insurrection des paysans, reconnaît ses excès et lance une "campagne de rectification des erreurs".

La guerre Nord-Sud

La campagne des communistes pour "libérer" le Sud commence en 1959. La piste Hô Chi Minh, tracée depuis plusieurs années, est rouverte. En avril 1960, le Nord décrète la mobilisation générale et, huit mois plus tard, Hanoi annonce la formation du Front national de libération du Sud-Vietnam (FNL), plus tard appelé Viêt-cong (ou VC) par le gouvernement de Saigon.

Dès le début de l'offensive du FNL, Diêm perd le contrôle des campagnes. Pour endiguer la déroute, le "programme des hameaux stratégiques" est mis en place en 1962. Il consiste à regrouper les paysans dans des hameaux fortifiés afin de priver le Viêt-cong de tout soutien populaire.

Dans le Sud, ce n'est plus seulement une bataille contre le Viêt-cong. En 1964, des unités de l'Armée nord-vietnamienne (ANV) commencent à s'infiltrer via la piste Hô Chi Minh. Au début de 1965, le gouvernement de Saigon se trouve dans une situation désespérée ; les rangs de l'Armée de la République du Vietnam (ARVN) déplorent quelque 2 000 désertions par mois. Le Sud perd un chef-lieu de province chaque semaine, mais seul un haut gradé de l'ARVN sera blessé en 10 ans. L'armée se prépare à évacuer Hué et Danang ; les hauts plateaux du Centre sont sur le point de tomber.

L'intervention américaine

Les Américains considéraient la guerre d'Indochine comme un élément important de la lutte mondiale contre l'expansion communiste. En 1950, des conseillers militaires américains intervenaient au Vietnam, apparemment pour entraîner les troupes locales, mais l'armée américaine allait en réalité rester sur le sol vietnamien pendant les 25 années suivantes. Dès 1954, l'aide militaire américaine à la France se montait à 2 milliards de dollars.

Les États-Unis changent brutalement de stratégie en août 1964, lors de l'incident du golfe du Tonkin. Deux destroyers américains affirment avoir été attaqués sans raison tandis qu'ils naviguaient dans les eaux internationales. Une enquête révélera plus tard que la première attaque avait eu lieu alors que le premier croisait dans les eaux territoriales du Nord-Vietnam, appuyant une mission secrète d'un commando sud-vietnamien. Selon un rapport officiel publié en 2005 par la National Security Agency (NSA), la seconde attaque n'a jamais eu lieu.

Toutefois, sur ordre du président Lyndon Johnson, 64 bombardements aériens frappent le Nord, inaugurant les milliers d'opérations qui ont

Le 12 décembre 1955, les États-Unis ferment leur consulat à Hanoi. Il faudra attendre 40 ans pour qu'une ambassade américaine se réinstalle officiellement dans la capitale vietnamienne.

HISTOIRE L'INTERVENTION AMÉRICAINE

Viêt-cong et VC sont les abréviations de *Viêt Nam Công San*, qui signifie "communiste vietnamien". Les soldats américains surnommaient le VC "Charlie", comme dans "Victor Charlie".

1962	1963	1964	1965
Le parc national de Cuc Phuong, à l'ouest de la ville de Ninh Binh, est proclamé premier parc national vietnamien. Hô Chi Minh déclare que "la forêt est de l'or".	Le président sud-vietnamien Ngô Dinh Diêm est renversé et assassiné lors d'un coup d'État orchestré par les États-Unis, qui porte au pouvoir un nouveau groupe de jeunes officiers supérieurs.	Bien que les États-Unis n'aient pas officiellement déclaré la guerre, ils lancent l'opération *Pierce Arrow* et bombardent le Nord-Vietnam, en représailles à l'incident du golfe du Tonkin.	Pour empêcher l'effondrement du régime de Saigon, le président américain Lyndon Johnson intensifie les bombardements au Vietnam-Nord et approuve le déploiement de troupes dans le Sud.

suivi, détruisant toutes les routes et les ponts, ainsi que 4 000 des 5 788 villages du Nord-Vietnam. Quelques jours plus tard, le Congrès américain vote à la quasi-unanimité la résolution du golfe du Tonkin, qui donne au président Johnson le pouvoir d'engager au Vietnam toute action jugée nécessaire, sans avoir à en référer au Congrès.

Alors que la situation militaire du gouvernement de Saigon frôle de nouveau la catastrophe, les premières troupes de combat américaines débarquent à Danang en mars 1965. En décembre de la même année, 184 300 militaires américains sont présents au Vietnam et 636 soldats ont déjà trouvé la mort. En décembre 1967, les chiffres se montent à 485 600 soldats américains et 16 021 morts. En comptant les Sud-Vietnamiens et les autres alliés, 1,3 million d'hommes se battaient pour le gouvernement de Saigon.

Si l'offensive du Têt saigna à blanc les forces viêt-cong à court terme, elle confirma que les soldats nord-vietnamiens allaient jouer un rôle décisif dans l'issue de la guerre.

La stratégie américaine

En 1966, on parlait à Washington de "pacification", de "ratissage et destruction" et de "zones de feu à volonté". La pacification consistait à installer une infrastructure civile progouvernementale dans tous les villages, gardée par des soldats. Pour protéger les villages des incursions du Viêt-cong, des unités mobiles de ratissage et de destruction parcouraient le pays, traquant les maquisards. Par endroits, les villageois étaient évacués pour que les Américains puissent utiliser des armes lourdes, comme le napalm et les tanks, dans des régions déclarées "zones de feu à volonté".

Pourtant, si les forces américaines contrôlaient les campagnes pendant la journée, le Viêt-cong reprenait l'avantage la nuit. Bien que dépourvus d'armes lourdes, les maquisards infligeaient de fortes pertes aux Américains en multipliant les embuscades, les mines et les pièges. Alors que les "zones de feu à volonté" étaient supposées épargner les civils, les villageois n'en étaient pas moins bombardés ou arrosés de napalm, ce qui incitait souvent les survivants à rejoindre le Viêt-cong.

La guerre en chiffres

3 689 avions et 4 857 hélicoptères américains abattus

15 millions de tonnes de munitions lâchées

4 millions de Vietnamiens tués ou blessés

Le tournant

En janvier 1968, les troupes nord-vietnamiennes lancent une attaque majeure contre la base américaine de Khe Sanh, dans la zone démilitarisée (DMZ). Cette bataille, la plus importante de la guerre, fait partie d'une manœuvre de diversion dans le cadre de l'offensive du Têt.

Cette offensive marque un tournant décisif de la guerre. Dans la soirée du 31 janvier, alors que le pays célèbre le Nouvel An lunaire, le Viêt-cong rompt un cessez-le-feu tacite en lançant une série d'attaques dans plus de cent localités. Devant les caméras de télévision, un commando viêt-cong investit la cour de l'ambassade américaine, en plein cœur de Saigon. Cependant, les communistes avaient misé à tort sur le soutien de

1967	**1968**	**1969**	**1970**
À la fin de l'année, 1,3 million de soldats, dont près de 500 000 Américains, se battent pour le Sud-Vietnam.	Le Viêt-cong lance l'offensive du Têt sur les villes et villages du Sud, surprenant les Américains alors mobilisés par le siège de Khe Sanh. Des centaines de civils vietnamiens sont tués lors du massacre de My Lai.	Hô Chi Minh meurt à Hanoi en septembre 1969 d'un arrêt cardiaque, après avoir dédié sa vie à la révolution. Une "présidence collective" lui succède, avec Lê Duan à sa tête.	Le conseiller à la sécurité du président Nixon, Henry Kissinger, et Lê Duc Tho, représentant le gouvernement de Hanoi, entament des pourparlers à Paris tandis que les États-Unis commencent à réduire leurs troupes.

la population, et le soulèvement escompté ne se produit pas. Dans des villes comme Hué, le Viêt-cong n'est pas accueilli en libérateur, ce que la population civile paie au prix fort.

Pris de court (l'échec est cuisant pour les renseignements américains), les Américains contre-attaquent néanmoins avec une énorme puissance de feu, bombardant et pilonnant les villes surpeuplées, décimant le Viêt-cong, mais semant aussi la mort et la dévastation dans la population civile. L'offensive du Têt coûta la vie à près de 1 000 soldats américains et à 2 000 soldats de l'ARVN, mais les pertes viêt-cong furent dix fois plus élevées.

Le Viêt-cong avait peut-être perdu la bataille, mais l'opération marqua aussi le tournant vers la victoire finale. Les militaires américains avaient longtemps claironné que le succès n'était qu'une affaire de temps. Après la diffusion en direct à la télévision des massacres et du chaos à Saigon, de nombreux Américains cessent alors de croire aux communiqués officiels. Tandis que leurs généraux criaient victoire, les civils supportaient de moins en moins le coût humain et matériel de la guerre.

Parallèlement, des détails filtrent sur les atrocités perpétrées à l'encontre des civils vietnamiens sans défense, comme le massacre de My Lai. Cela contribue à renverser l'opinion, et les protestataires se regroupent.

De 1965 à 1973, le journaliste et écrivain Olivier Todd couvre le conflit au Vietnam pour *Le Nouvel Observateur*. Dans *La Chute de Saigon* (Poche, 2011), il raconte les derniers mois de cette tragédie et revient sur son parcours intellectuel.

Nixon et sa doctrine

Élu président en novembre 1968, Richard Nixon dévoile bientôt sa fameuse doctrine, qui incite les nations d'Asie à se montrer plus autonomes en matière de défense. Celle-ci appelle à la "vietnamisation" du conflit, en laissant les troupes sud-vietnamiennes combattre seules, sans le soutien des Américains.

Le premier semestre de 1969 est pourtant marqué par une escalade du conflit. En avril, le nombre de soldats américains au Vietnam a atteint le pic de 543 400 hommes. Tandis que les combats font rage, Henry Kissinger, le chef de la diplomatie, entame à Paris des pourparlers de paix avec Lê Duc Tho, son homologue nord-vietnamien.

En 1969, les États-Unis commencent à bombarder secrètement le Cambodge, cherchant à détruire les sanctuaires des communistes vietnamiens. En 1970, des fantassins américains sont envoyés au Cambodge, poussant les Nord-Vietnamiens à s'enfoncer plus avant dans le territoire cambodgien. À l'été 1970, avec leurs alliés Khmers rouges, ces derniers contrôlent la moitié du pays, dont les temples d'Angkor.

Cette nouvelle escalade provoque de violentes manifestations anti-guerre aux États-Unis et ailleurs. Quatre manifestants sont abattus par la Garde nationale lors d'un meeting pacifiste à l'université d'État de Kent (Ohio). L'apparition d'organisations comme les "Vétérans

La guerre du Vietnam a coûté la vie à de très nombreux journalistes. *Requiem* est une anthologie de photographies prises par des correspondants de guerre tombés sur le champ de bataille, et un hommage rendu à leur travail.

1971	1972	1973	1975
L'opération Lam Son lancée par l'ARVN pour couper la piste Hô Chi Minh au Laos se solde par une défaite cuisante, la moitié des troupes étant capturées ou tuées.	Offensive dite de Pâques : les Nord-Vietnamiens traversent la zone démilitarisée (DMZ) au niveau du 17e parallèle pour attaquer le Sud et les forces américaines.	Le 27 janvier, tous les protagonistes signent les accords de paix de Paris, qui mettent fin aux hostilités. Les Américains se retirent, mais le conflit perdure.	Le 30 avril 1975, les Nord-Vietnamiens s'emparent de Saigon, alors que les derniers Américains fuient la ville.

SUR LES TRACES DE LA GUERRE

Les guerres d'Indochine et du Vietnam ont marqué plus d'une génération. Suivez les pas des soldats, des journalistes et des politiciens de tous bords en visitant les sites suivants :

➡ **China Beach**. La plage proche de Danang où les GI passaient quelques jours de détente. C'est aussi le nom de la série TV qui lui a été consacrée.

➡ **Tunnels de Cu Chi**. Pour échapper aux forces américaines, les Vietnamiens creusèrent à 30 km de Saigon un réseau extrêmement complexe de tunnels, juste sous le nez des occupants d'une base militaire US.

➡ **Zone démilitarisée (DMZ)**. Ce no man's land, situé au niveau du 17e parallèle, qui divisait le nord et le sud du pays depuis 1954, devint rapidement, malgré son nom, l'une des zones les plus fortement militarisées du monde.

➡ **Piste Hô Chi Minh**. La route d'approvisionnement du Sud ; les Nord-Vietnamiens faisaient transiter soldats et munitions le long de cette incroyable piste à travers les monts Truong Son, réalisant de véritables prouesses techniques.

➡ **Citadelle de Hué**. L'ancienne citadelle fut totalement rasée lors des combats de rue de 1968, lorsque les Américains reprirent la ville après trois semaines d'occupation communiste.

➡ **Khe Sanh**. En 1968, les Nord-Vietnamiens massèrent leurs forces autour de cette base américaine. La plus grosse opération de diversion de toute cette guerre visait à masquer l'offensive du Têt, alors imminente.

➡ **Mémorial de Long Tan**. Il rend hommage au contingent australien, essentiellement basé à Vung Tau, dans le Sud, qui combattit au Vietnam.

➡ **My Lai**. Ce village fut le théâtre d'une des pires atrocités de la guerre du Vietnam : le massacre par des GI de centaines de villageois en mars 1968.

➡ **Tunnels de Vinh Moc**. Contrairement à ceux de Cu Chi, ces tunnels n'ont pas été élargis pour les touristes et témoignent de l'ingéniosité du Viêt-cong.

du Vietnam contre la guerre" prouve alors que ceux qui exigeaient le retrait des troupes américaines n'étaient pas que des jeunes redoutant la conscription. La guerre déchire bel et bien le pays.

Au printemps 1972, les Nord-Vietnamiens lancent une offensive au-delà du 17e parallèle. Les États-Unis répondent par des bombardements accrus sur le Nord et le minage des ports du Nord-Vietnam. Les "bombardements de Noël" sur Hanoi et Haiphong fin 1972 sont destinés à obtenir des concessions du Nord-Vietnam à la table des négociations. Enfin, le 27 janvier 1973, les États-Unis, le Nord-Vietnam, le Sud-Vietnam

1976

Proclamation de la République socialiste du Vietnam. Saigon est rebaptisée Hô Chi Minh-Ville. Des centaines de milliers de Vietnamiens quittent le pays, notamment les boat people.

1978

Le jour de Noël, le Vietnam envahit le Cambodge ravagé par les Khmers rouges, qu'il chasse du pouvoir le 7 janvier 1979.

CHRISTER FREDRIKSSON / GETTY IMAGES ©

➡ Le portrait de Hô Chi Minh à la poste centrale, Hô Chi Minh-Ville.

et le Viêt-cong signent les accords de Paris, qui prévoient un cessez-le-feu, le retrait total des forces américaines et la libération de 590 prisonniers de guerre américains, mais ne mentionnent pas les 200 000 soldats nord-vietnamiens déployés dans le Sud.

Des équipes américaines continuent de rechercher les dépouilles de leurs concitoyens morts au Vietnam, au Laos et au Cambodge. Depuis quelque temps, les Vietnamiens, de leur côté, cherchent leurs soldats disparus au Cambodge et au Laos.

Les autres contingents étrangers

L'Australie, la Nouvelle-Zélande, la Corée du Sud, la Thaïlande et les Philippines ont également envoyé des troupes combattre aux côtés des États-Unis au Sud-Vietnam dans le cadre de ce que les Américains appelaient les "Forces militaires du monde libre". Washington cherchait à internationaliser son effort de guerre pour lui donner plus de légitimité.

La participation de l'Australie au conflit a représenté l'engagement militaire le plus important de ce pays depuis la Seconde Guerre mondiale. Sur les 46 852 soldats qui ont pris part aux combats, il y a eu 496 morts et 2 398 blessés.

La plus grande partie du contingent néo-zélandais – qui totalisait 548 soldats en 1968, l'année où il a été le plus important – était intégrée aux unités australiennes, stationnées près de Baria, au nord de Vung Tau.

La chute du Sud-Vietnam

La majorité des militaires américains quitte le Vietnam en 1973, à l'exception d'un petit contingent de techniciens, de conseillers et d'agents de la CIA. Le bombardement du Nord-Vietnam cesse et les POW américains sont libérés. Cependant, la guerre continue et les Sud-Vietnamiens se battent seuls.

En janvier 1975, le Nord lance une attaque terrestre massive sur le 17e parallèle, appuyée par des tanks et de l'artillerie lourde. L'invasion sème la panique dans l'armée sud-vietnamienne, depuis toujours dépendante du soutien américain. En mars, l'ANV occupe la région de Buon Ma Thuot, zone stratégique des hauts plateaux du Centre. Nguyên Van Thiêu, le président du Sud-Vietnam, décide alors un repli tactique sur des positions plus défendables, ce qui s'avère être une énorme erreur.

Des brigades entières de l'ARVN s'enfuient vers le Sud, rejoignant les centaines de milliers de civils qui se bousculent sur la RN 1. L'une après l'autre, les villes de Hué, Danang, Quy Nhon et Nha Trang sont abandonnées. Les troupes sud-vietnamiennes fuient si rapidement que l'armée du Nord peine à les suivre.

Au pouvoir depuis 1967, Nguyên Van Thiêu démissionne le 21 avril 1975 et quitte le pays, emportant avec lui, dit-on, des millions de

Le journal poignant d'une jeune femme médecin qui s'était portée volontaire auprès du Viet Cong, *Les Carnets retrouvés (1968-1970)*, de Dang Thuy Trâm, n'a été publié que 35 ans après sa mort.

1979	Années 1980	1986	1989
En février, les forces chinoises envahissent le nord du Vietnam en représailles à l'attaque contre leurs alliés Khmers rouges. Les Vietnamiens les repoussent. Des milliers de Vietnamiens d'origine chinoise fuient le pays.	Le Vietnam reçoit une assistance économique et militaire de l'URSS de près de 3 milliards de dollars par an. Le pays commerce essentiellement avec l'URSS et le bloc communiste.	L'instauration du *doi moi*, version vietnamienne de la perestroïka russe, marque le premier pas vers le rapprochement avec l'Occident et s'accompagne d'un train de réformes économiques.	Les forces vietnamiennes se retirent du Cambodge en septembre alors que l'URSS réduit son soutien aux pays communistes. Le Vietnam connaît la paix pour la première fois depuis des décennies.

LE COÛT DE LA GUERRE

Au total, 3,14 millions d'Américains (dont 7 200 femmes) ont servi dans les forces armées au Vietnam. Le bilan officiel des pertes humaines fait état de 58 183 Américains tués au combat ou portés disparus. Le coût direct de la guerre a été évalué à 165 milliards de dollars, mais son coût réel a pesé considérablement plus sur l'économie.

Fin 1973, 223 748 soldats sud-vietnamiens avaient été tués au combat et on estimait à 1 million les pertes dans les rangs de l'armée nord-vietnamienne et du Viêt-cong. Environ 4 millions de civils, soit 10% de la population, ont été tués ou blessés. Au moins 300 000 Vietnamiens et 2 200 Américains sont toujours portés disparus.

dollars d'argent sale. Les Nord-Vietnamiens continuent vers Saigon et, au matin du 30 avril 1975, leurs tanks éventrent les grilles du palais de l'Indépendance (aujourd'hui palais de la Réunification). Après 42 heures d'exercice en tant que président, le général Duong Van Minh rend officiellement les armes, un épisode qui marque la fin de la guerre.

Quelques heures avant la reddition du Sud-Vietnam, les derniers Américains sont évacués par hélicoptère du toit de leur ambassade vers des navires mouillant au large. Ainsi prit fin une implication militaire américaine de plus de 25 ans. Et durant toute la durée du conflit, les États-Unis n'auront en fait jamais déclaré la guerre au Nord-Vietnam.

Les Américains ne sont pas les seuls à partir. Lors de la chute du Sud, 135 000 Vietnamiens quittent leur pays, suivis par plus de 500 000 autres au cours des cinq années suivantes. Ceux qui fuient par la mer seront bientôt connus dans le monde entier comme les boat people. Prêts à affronter tous les risques d'un périlleux voyage en mer de Chine méridionale, beaucoup de ces réfugiés sont finalement arrivés au bout de leur cauchemar pour commencer une nouvelle vie, en France ou ailleurs.

Avec *L'Innocence perdue* (Seuil, 1991), Neil Sheehan remporta le prix Pulitzer. Cette biographie du colonel John Paul Vann évoque le désenchantement d'un homme face à la guerre et à la prise de conscience de l'échec des États-Unis dans ce conflit.

La réunification

Le jour de la victoire, les communistes changèrent le nom de Saigon en Hô Chi Minh-Ville (HCMV). Le premier de nombreux changements.

Le succès soudain de l'offensive nord-vietnamienne en 1975 surprit presque autant le Nord que le Sud. Hanoi n'avait aucun plan détaillé pour intégrer les deux parties du pays, aux systèmes économiques et sociaux totalement différents. Le Parti hérita des conséquences d'un conflit long et cruel qui avait littéralement fracturé la nation. L'amertume rongeait chaque camp, et les défis à relever étaient considérables. La guerre avait causé d'énormes dommages, des champs de mines non identifiés à une

1991	1992	1994	1995
En mal de devises, le Vietnam s'ouvre au tourisme pour stimuler son économie. Les premiers voyageurs arrivent, malgré de strictes restrictions.	Une nouvelle Constitution autorise des réformes et des libertés économiques limitées. Le Parti communiste reste cependant la force motrice de la vie politique et sociale.	Fin de l'embargo américain contre le Vietnam, instauré au Nord en 1964 et étendu à la nation réunifiée depuis 1975, et début d'une normalisation des relations entre les deux pays.	Le Vietnam rejoint l'Association des nations de l'Asie du Sud-Est (Asean), organisation créée à l'origine pour faire obstacle à l'expansion du communisme dans la région.

économie exsangue, axée sur la guerre, des campagnes empoisonnées par des produits chimiques à une population blessée physiquement ou mentalement. Si la paix était revenue, la fin de la lutte restait lointaine.

Jusqu'à la réunification officielle du Vietnam, en juillet 1976, le Sud fut dirigé par le gouvernement révolutionnaire provisoire. Le Parti communiste n'avait aucune confiance dans l'intelligentsia urbaine du Sud, pas même en ceux qui avaient soutenu le Viêt-cong, et envoya du Nord une armada de cadres pour assurer la transition. Cette politique accrut le ressentiment de ceux qui avaient lutté contre le gouvernement de Thiêu et se retrouvaient rejetés.

La rapide transition vers le socialisme dans le Sud décidée par le Parti se révéla désastreuse pour l'économie. La réunification s'accompagna en outre d'une vaste répression politique. Malgré les promesses répétées d'impunité, des centaines de milliers de personnes liées à l'ancien régime se virent dépossédées de leurs biens, arrêtées et emprisonnées sans procès dans des "camps de rééducation". Des dizaines de milliers d'hommes d'affaires, d'intellectuels, d'artistes, de journalistes, d'écrivains, de syndicalistes et de religieux, dont certains s'étaient opposés au gouvernement du Sud et à la guerre, furent détenus dans des conditions épouvantables.

En contradiction avec sa politique économique, le Vietnam tenta de se rapprocher des États-Unis. En 1978, Washington était sur le point de rétablir des relations avec Hanoi, mais privilégia finalement la carte de la Chine : le Vietnam fut sacrifié au profit des relations sino-américaines et poussé dans l'orbite de l'Union soviétique, dont il dépendit pendant la décennie suivante.

Les accords de paix de Paris, signés en 1973, prévoyaient une provision de 3,5 milliards de dollars à verser par les États-Unis au Vietnam au titre des réparations. Cette clause constituera la principale entrave à la normalisation des relations entre les deux pays en 1978. Le Vietnam ne recevra jamais le moindre dollar.

La Chine et les Khmers rouges

Les relations avec la Chine au nord et ses alliés Khmers rouges à l'ouest se détériorent rapidement. Affaibli par la guerre, le Vietnam se sent encerclé d'ennemis. La campagne anticapitaliste lancée en mars 1978 se traduit par la saisie de propriétés et d'entreprises privées. La plupart des victimes étant d'origine chinoise – grossissant le nombre des réfugiés ou boat people –, les relations avec la Chine se gâtent encore.

Dans un même temps, les attaques répétées des Khmers rouges contre les villages frontaliers obligent les Vietnamiens à réagir. Ils entrent au Cambodge le 25 décembre 1978, chassent les Khmers rouges du pouvoir le 7 janvier 1979 et installent un gouvernement pro-Hanoi à Phnom Penh. La Chine considéra l'attaque contre les Khmers rouges comme une grave provocation. En février 1979, des troupes chinoises envahirent le nord du Vietnam et combattirent 17 jours avant de se retirer.

La libération du Cambodge du joug des Khmers rouges se transforma bientôt en occupation doublée d'une longue guerre civile, qui coûta cher au Vietnam. L'économie planifiée étouffait les initiatives des riziculteurs

2000	2003	2004	2006
Bill Clinton visite le Vietnam à la fin de son mandat, devenant le premier président américain à se rendre à Hanoi. Il entame ainsi un nouveau chapitre dans les relations entre les deux pays.	Nam Cam, une figure de la pègre, est condamné à mort pour corruption, détournement de fonds, enlèvement et meurtre. Des dizaines de politiciens sont impliqués, ce qui ébranle la réputation du gouvernement.	Premier vol de ligne entre les États-Unis et Hô Chi Minh-Ville depuis la guerre. Essor du tourisme et des échanges vietnamo-américains.	Le Vietnam accueille le sommet de la Coopération économique Asie-Pacifique (CEAP), reçoit le président américain George W. Bush et s'apprête à rejoindre l'Organisation mondiale du commerce (OMC).

vietnamiens, et le pays, aujourd'hui l'un des premiers exportateurs mondiaux de riz, devait en importer au début des années 1980. La guerre et la révolution avaient ruiné le pays, et un changement radical d'orientation s'imposait.

L'ouverture

Secrétaire général du Parti communiste soviétique en 1985, Mikhaïl Gorbatchev lança la perestroïka (restructuration), un programme de réformes, et fit le choix de la glasnost (transparence). Le Vietnam suivit son exemple en 1986, nommant le réformiste Nguyên Van Linh à la tête du Parti communiste. Le *doi moi* (réforme économique), d'abord expérimenté au Cambodge, fut appliqué au Vietnam. Lorsque l'URSS réduisit son soutien aux pays communistes, les avant-postes les plus éloignés en souffrirent les premiers. En septembre 1989, le Vietnam décida de se retirer du Cambodge, dont il ne pouvait plus financer l'occupation. Le Parti communiste vietnamien se retrouvait seul et contraint d'évoluer pour survivre.

La majorité des boat people ayant fui le pays à la fin des années 1970 étaient des membres de la minorité chinoise, que leur argent et leur sens des affaires, outre leur origine, avaient transformés en cible rêvée pour la Révolution.

Toutefois, les changements radicaux en Europe de l'Est en 1989 et l'effondrement de l'Union soviétique en 1991 furent mal vus par Hanoi. Le Parti dénonça la participation de non-communistes à des gouvernements du bloc de l'Est et vit derrière les révolutions démocratiques une "contre-attaque des cercles impérialistes". Si la situation évoluait à peine sur le plan politique, le Vietnam décida d'opter pour l'économie de marché. Depuis, le capitalisme s'est solidement enraciné. Les relations entre le Vietnam et les États-Unis se sont par ailleurs nettement améliorées. Début 1994, le gouvernement américain a levé l'embargo économique en vigueur contre le Nord depuis les années 1960. Des relations diplomatiques pleines et entières ont été rétablies. Les présidents Bill Clinton et George W. Bush se sont rendus à Hanoi à plusieurs reprises et, en juillet 2013, le président du Vietnam Truong Tan Sang a été reçu, à la Maison Blanche par le président Obama, devenant le deuxième chef d'État vietnamien à visiter les États-Unis.

2009	2012	2013	2014
Des militants démocrates sont incarcérés pour s'être "livrés à de la propagande contre le gouvernement" en accrochant des banderoles à un pont et en publiant des articles en ligne.	Malgré la récession que connaît l'Occident, le nombre de touristes atteint les 6,8 millions, soit une augmentation de 13,9 % par rapport à l'année 2011. Chinois, Coréens, Japonais et Américains sont les plus nombreux.	Le général Giap, architecte de la victoire de Diên Biên Phu et chef militaire pendant la guerre du Vietnam, meurt à l'âge de 102 ans. Des millions de personnes lui rendent hommage.	Après l'installation de structures pétrolières chinoises dans les eaux disputées des îles Paracels, le Vietnam connaît d'importantes émeutes antichinoises.

La société vietnamienne

Industrieux, fiers, espiègles et prompts à rire, les Vietnamiens peuvent aussi se révéler difficiles à comprendre par les Occidentaux. Par exemple, les questions directes reçoivent souvent des réponses évasives. Un Vietnamien ne fera jamais part à un étranger de ses réflexions intimes ou de son histoire personnelle comme on peut le faire en Occident. Le respect profond qu'ont les Vietnamiens pour la tradition, la famille et l'État reflète l'un des principes fondamentaux du confucianisme.

Les mentalités

Traditionnellement, la mentalité vietnamienne valorise le travail en équipe, dans l'harmonie plutôt que dans le conflit ; mais les temps changent. Sur les routes ou dans les affaires, c'est le "chacun pour soi" qui prévaut, ce qui surprend les étrangers (et pas seulement les Occidentaux). Garder la face est essentiel ; les Vietnamiens détestent faire des concessions et préféreront bluffer, embobiner ou jouer les fanfarons pour parvenir à leurs fins.

Questions de génération

À de nombreux égards, le Vietnam est encore un pays traditionnel et conservateur. Habituée aux restrictions, la vieille génération, qui se rappelle les longues années de guerre et chaque parcelle du territoire pour lequel elle s'est battue, est restée insensible à la société de consommation. Le Vietnam des jeunes est tout autre : c'est un pays où l'on peut réussir, ignorer le carcan légué par les communistes et exhiber sa nouvelle moto, sa coupe de cheveux ou son iPhone.

La division Nord-Sud

La division Nord-Sud persiste. Les Sud-Vietnamiens trouvent que leurs compatriotes du Nord sont froids, qu'ils se prennent trop au sérieux et ne savent pas s'amuser. À l'inverse, les Nord-Vietnamiens trouvent

---

GRAND FRÈRE OU AMI ?

Il est peu d'endroits au monde où la manière de s'adresser à autrui soit aussi importante qu'au Vietnam. Avoir recours à un terme inadapté représentera une insulte grossière, un manque de respect ou simplement un ton un peu trop décontracté, en fonction des circonstances. L'âge et le statut sont des éléments clés.

Trois inconnus discutent dans un bar. Dzung a la vingtaine. Vinh, la trentaine, Huong, la quarantaine. Ils comprennent assez vite qu'ils viennent de milieux sociaux similaires. La manière adéquate pour Dzung de parler de Vinh sera *anh* (grand frère) mais il devra appeler Huong *chu* (oncle). Il devra parler de lui-même en disant *em* (petit frère) en parlant à Vinh, mais *chau* (neveu) en parlant à Huong. À moins qu'ils ne soient tous très modernes (ou d'humeur joyeuse !) et ne décident de s'appeler tous *ban* (ami).

les Sud-Vietnamiens superficiels, frivoles et obsédés par l'argent. Pour caricaturaux qu'ils soient, ces préjugés n'en mettent pas moins en lumière des disparités bien réelles, qui vont au-delà des (nombreuses) différences dialectales.

Le climat y contribue aussi : la vie est plus facile dans le Sud, où le fertile delta du Mékong permet trois récoltes par an. Le Nord doit endurer un long hiver de ciels gris, de crachin, de brume et de vent glacé. N'oublions pas non plus que le Nord vit avec le communisme depuis plus de 50 ans, tandis que le Sud pratique le libre-échange avec les États-Unis depuis plus de 20 ans.

Les jeunes voyageurs occidentaux, s'ils sont habillés de manière un peu débraillée, sont souvent affublés du sobriquet de *tay balo* ("sac à dos de l'Ouest").

Garder la face

Dans toute l'Asie, et plus particulièrement au Vietnam, la notion de "face" est un élément culturel fondamental. Avoir une "grande face" signifie avoir du prestige, autre notion capitale dans le pays. Chaque famille, y compris les plus pauvres, est censée organiser de fastueuses cérémonies de mariage et y dépenser de véritables fortunes pour "gagner de la face". Ce qui peut être ruineux, mais bien moins grave que de "perdre la face". C'est pour cette raison qu'un étranger ne doit jamais s'emporter face à un Vietnamien. Blesser l'estime et l'orgueil de son interlocuteur revient à entraver toute possibilité de trouver une issue à une querelle.

Mode de vie

La société traditionnelle gravitait autour de la famille, des travaux des champs et de la religion. Ce rythme de vie rural est resté inchangé pendant des siècles, avant d'être ébranlé par la guerre, le communisme et la mondialisation. S'il est vrai que plusieurs générations peuvent encore partager le même toit, manger le même riz et pratiquer la même religion, les modes de vie ont toutefois beaucoup évolué.

AU VIETNAM... FAITES COMME LES VIETNAMIENS

Prenez le temps de découvrir la culture vietnamienne. Cela vous aidera à ne pas commettre d'impair et facilitera votre intégration auprès de vos hôtes. Voici quelques conseils :

Habillement Montrez-vous respectueux des codes vestimentaires, notamment dans les lieux de prière. Retirez toujours vos chaussures avant de pénétrer dans un temple. Sur les plages, le nudisme est à proscrire.

Cartes de visites Il est de bon ton d'échanger ses cartes de visite, même pour la plus petite transaction. Faites-en imprimer avant votre départ et distribuez-les généreusement.

Baguettes funèbres Une paire de baguettes plantées verticalement dans un bol de riz ressemble beaucoup aux bâtons d'encens que l'on brûle pour les morts. C'est donc un puissant symbole mortuaire.

Langage des pieds Comme les Chinois et les Japonais, les Vietnamiens sont obsédés par la propreté des sols. Il est d'usage de retirer ses chaussures en entrant chez quelqu'un. Par ailleurs, diriger ses orteils vers autrui est très mal élevé. Enfin, ne tournez jamais la pointe des pieds vers des représentations du Bouddha ou de tout autre objet sacré.

Chapeau bas ! La correction veut que l'on se découvre devant une personne âgée, ou devant tout autre individu digne d'égards, comme un moine. Il faut également incliner la tête avant de s'adresser à eux. En Asie, la tête est le point symbolique le plus élevé : aussi, ne touchez jamais le crâne ou le visage des personnes que vous côtoyez.

Le Vietnam connaît une véritable mutation – comparable à celle des années 1960 pour la société occidentale – entraînant de multiples tensions dans les foyers. Les jeunes gens s'habillent dorénavant à leur goût, fréquentent les personnes de leur choix, sortent en ville et rentrent tard. La plupart vivent cependant toujours chez leurs parents, où les conversations peuvent être vives, notamment pour ce qui concerne le mariage et la question de l'indépendance.

Tout n'a pas changé pour autant. La plupart des Vietnamiens méprisent la paresse et se lèvent tôt. Vous verrez des parcs remplis d'adeptes du tai-chi dès l'aube, et les bureaux fonctionnent à plein dès 7h. Le pays semble déborder d'énergie et de vitalité, malgré la chaleur et l'humidité.

Famille

Au Vietnam, le statut de la famille est plus important que le salaire. La bonne réputation d'une famille inspire le respect et ouvre des portes.

La famille élargie joue un rôle majeur et, loin de la famille nucléaire à l'occidentale, comprend les cousins au deuxième et au troisième degrés. Elle a coutume de se rassembler aux heures d'adversité et de deuil, mais aussi en des occasions solennelles ou joyeuses. Pour les anciennes générations, ce lien représente une force.

Le sens vietnamien des affaires

Les Occidentaux se plaignent souvent des pratiques marchandes locales, qui vont de la surfacturation caractérisée à l'entourloupe en règle. C'est là pour beaucoup de touristes l'aspect le plus déplaisant de leur séjour. Il semble même parfois impossible de payer quoi que ce soit à son prix local. Quelques explications s'imposent.

Tout d'abord, la plupart de ceux qui en ont après votre porte-monnaie travaillent dans le tourisme : le phénomène est rare en dehors des sentiers battus. Selon cette mentalité, les Occidentaux ne se préoccupent pas de connaître le vrai prix, ne parlent pas deux mots de vietnamien et ne sont dans le pays que pour une ou deux semaines. Pendant longtemps, beaucoup de Vietnamiens ne pensaient qu'au court terme, et à se faire de l'argent facilement. Aujourd'hui, ils ont tiré les leçons de leur expérience dans le tourisme, et l'idée qu'un bon service est aussi une bonne publicité pour le futur (et qu'un mauvais sera immédiatement dénoncé sur les forums Internet) s'impose peu à peu.

Cela n'excuse rien, mais le Vietnam a une histoire bien particulière. La famine a fait 2 millions de victimes dans les années 1940, et le pays était l'un des plus pauvres du monde à la fin de la guerre. Le secteur du tourisme est encore très jeune, et l'État vietnamien a contribué à forger cette mentalité : jusqu'à récemment, il y avait, pour presque toutes les prestations, des billets de train aux chambres d'hôtel, des prix distincts pour les Vietnamiens et pour les étrangers, les seconds étant 4 à 10 fois supérieurs.

Le peuple vietnamien

La culture et la civilisation vietnamiennes ont été profondément influencées par la Chine, qui a occupé le pays pendant un millénaire.

Au cours de l'histoire, les "minorités" vietnamiennes se sont mélangées. Peu à peu descendues vers le sud à la recherche de terres cultivables, elles ont absorbé le royaume du Champa puis les terres orientales de l'Empire khmer ; les Chams et les Khmers constituent aujourd'hui des groupes ethniques importants.

Ces mouvements de populations ne se sont pas faits à sens unique. Une grande partie des quelque 50 ethnies vivant dans le Nord-Ouest, et qui constituent aujourd'hui l'une des facettes les plus originales de la mosaïque des peuples du Vietnam, n'ont quitté le Yunnan et le

Les Vietnamiens émigrés, appelés Viêt Kiêu, ont longtemps été considérés comme lâches, arrogants et privilégiés. La politique officielle est désormais d'encourager leur retour au pays – et celui de leur argent.

Les hommes d'affaires en difficulté font souvent appel à un géomancien (expert en feng shui). Le remède consiste parfois à déplacer une porte ou une fenêtre. Si cela ne marche pas, il faudra alors peut-être envisager de déplacer la tombe d'un ancêtre.

Tibet (Chine) qu'au cours des deux derniers siècles, s'installant dans les montagnes que les Vietnamiens des plaines rechignaient à cultiver.

La "minorité" la plus importante n'en demeure pas moins la communauté chinoise, qui maîtrise l'essentiel du commerce dans les zones urbaines. Les Chinois ont longtemps été considérés avec beaucoup de méfiance par le pouvoir, qui en expulsa un grand nombre à la fin des années 1970. Beaucoup d'entre eux sont cependant aujourd'hui revenus au Vietnam, où ils jouent un rôle non négligeable dans le développement économique.

Les ethnies du Vietnam

Les ethnies des montagnes jouissent d'une certaine autonomie, et bien que la langue officielle soit le vietnamien, les enfants peuvent continuer à apprendre leur propre langue. La question reste toutefois sensible dans certaines zones des hauts plateaux du Centre, où les tensions sont encore vives.

Les préjugés à l'encontre des ethnies montagnardes perdurent. Les comportements évoluent lentement, mais les médias vietnamiens les présentent encore comme des peuples primitifs et exotiques. Il n'est pas rare que des Vietnamiens perçoivent encore ces communautés comme subversives (certaines se sont engagées aux côtés des Américains pendant la guerre du Vietnam).

Les différentes ethnies restent au bas de l'échelle sociale. En dépit des améliorations apportées à l'éducation et à la prise en charge médicale en milieu rural, on observe toujours chez ces populations une tendance à se marier tôt, à avoir beaucoup d'enfants et à mourir à un âge peu avancé. Les personnes issues des minorités restent parmi les plus pauvres de la société vietnamienne : d'après les données de la Banque mondiale, 46 % d'entre elles vivent en dessous du seuil de pauvreté – contre seulement 8 % de la population viêt majoritaire.

Religion

Les Vietnamiens ne sont pas très religieux : interrogés à ce sujet, seuls 20% d'entre eux se disaient croyants. Cela dit, au fil des siècles, le confucianisme, le taoïsme et le bouddhisme se sont mêlés aux croyances populaires chinoises et à l'ancien animisme vietnamien pour former le Tam Giao ("triple religion"), auquel beaucoup de Vietnamiens s'identifient. La plupart vous diront cependant qu'ils sont bouddhistes, même s'ils suivent plutôt les principes du confucianisme pour ce qui concerne les devoirs familiaux ou civiques. Leur compréhension de la nature et du cosmos relève davantage du système taoïste.

Bien que la majorité de la population ne possède que de vagues notions des enseignements bouddhistes, les moines participent aux cérémonies rituelles et funéraires. Aux yeux des Vietnamiens, les pagodes bouddhiques représentent, dans ce monde incertain, un refuge physique et spirituel.

Le christianisme, présent au Vietnam depuis plus de 500 ans, et le caodaïsme (religion propre au pays) exercent également une influence importante.

Bouddhisme

L'école prédominante au Vietnam est le bouddhisme mahayana (*Dai Thua*, ou *Bac Tong*, ce qui signifie "qui vient du Nord"). La principale secte mahayana du pays est la secte zen (*Dhyana*, ou *Thien*), également appelée école de la méditation. Dao Trang ("école du pur pays"), autre secte importante, est surtout présente dans le Sud.

Les bouddhistes mahayana croient aux bodhisattvas (*Quan Âm* au Vietnam), êtres parvenus à l'éveil qui, par compassion, renoncent temporairement à atteindre le nirvana et à devenir bouddha afin d'aider l'humanité.

Pour en apprendre davantage sur le bouddhisme vietnamien, référez-vous au *Shambhala Sun*, magazine et site Internet bouddhiste (www. shambhalasun. com), ainsi qu'au site britannique de la *Buddhist Society* (www. thebuddhistsociety. org), très informatif.

Le bouddhisme theravada (*Tieu Thua*, ou *Nam Tong*) se pratique essentiellement dans le delta du Mékong, au sein des communautés d'origine khmère.

Taoïsme

Le taoïsme (*Lao Giao*, ou *Dao Giao*) est né en Chine. Le philosophe Lao-tseu (le Vieux Sage) aurait vécu au VIe siècle av. J.-C., mais son existence même est mise en doute. Comprendre le taoïsme n'a rien de facile. Cette philosophie, dont l'idéal est de revenir au Tao (la Voie, le principe de l'univers), préconise la contemplation et la vie simple. Elle se fonde sur le *am* et le *duong*, équivalents vietnamiens du yin et du yang.

Confucianisme

Le confucianisme (*Nho Giao*, ou *Khong Giao*), qui tient plus de la philosophie que de la religion, a contribué à forger le système social, les vies et les croyances des Vietnamiens. Confucius (Khong Tu) est né en Chine vers 550 av. J.-C. Son œuvre insiste sur les devoirs d'une personne envers sa famille, la société et l'État – des valeurs qui restent les piliers de la nation vietnamienne aujourd'hui.

Caodaïsme

Le caodaïsme est une religion syncrétique vietnamienne fondée dans les années 1920 par Ngô Minh Chiêu. Elle associe des philosophies séculaires et religieuses de l'Orient et de l'Occident. Parmi ses prophètes figurent Bouddha, Confucius, Jésus-Christ, Moïse et Mahomet, ainsi que, entre autres guides spirituels, Jeanne d'Arc, Shakespeare et Victor Hugo.

Le caodaïsme compterait 2 à 3 millions d'adeptes au Vietnam. C'est à Tay Ninh, à 96 km au nord-ouest de Hô Chi Minh-Ville, que se trouve le singulier Grand Temple caodaïste.

Bouddhisme Hoa Hao

La secte bouddhiste et nationaliste Hoa Hao (*Phât Giao Hoa Hao*), fondée par le jeune Huynh Phu So, est apparue dans le delta du Mékong en 1939. Sa philosophie préconise la simplicité du culte et nie le besoin d'un intermédiaire entre les êtres humains et l'Être suprême. Le bouddhisme Hoa Hao compterait actuellement 1,5 million de fidèles.

Christianisme

Le catholicisme a été introduit au XVIe siècle par des missionnaires. Aujourd'hui, le Vietnam est le deuxième pays catholique d'Asie : sa population compte en effet de 8 à 10% de catholiques. Sous le régime communiste, leur liberté religieuse avait été fortement réduite : les Églises étaient officiellement assimilées à des institutions capitalistes et considérées par le gouvernement comme un dangereux contre-pouvoir. Depuis 1990, toutefois, l'État conduit une politique plus libérale et la religion catholique effectue un retour en force.

Les premiers protestants firent leur apparition au Vietnam en 1911. Les 200 000 pratiquants vietnamiens sont en majorité des montagnards des hauts plateaux. Les protestants ont été persécutés par le président Diêm, catholique intransigeant, avant de l'être ensuite par les communistes.

Islam

Il y a environ 70 000 musulmans au Vietnam (essentiellement des Chams et plutôt dans le Sud). Traditionnellement, la plupart des Chams musulmans étaient fidèles à une tradition locale adaptée de l'islam, et ne priaient que le vendredi. Des pratiques musulmanes plus orthodoxes ont été adoptées.

Ces dernières années ont vu la construction de nouveaux grands temples bouddhiques, notamment le Chua Bai Dinh (près de Ninh Binh), et d'immenses statues du Bouddha ont été érigées sur le littoral de Danang et de Vung Tau.

TÊT : LA GRANDE FÊTE

C'est à la fois Noël, le Nouvel An et les anniversaires. Le *Têt Nguyên Dan* ("fête du premier jour de l'année") coïncide avec le Nouvel An lunaire, et il s'agit de la date la plus importante du calendrier vietnamien. C'est l'occasion pour les familles de se réunir dans l'espoir que l'année à venir soit placée sous le signe de la chance. L'ensemble du Vietnam célèbre un anniversaire, et tout le monde vieillit d'un an.

La fête a lieu entre le 19 janvier et le 20 février, en même temps que le Nouvel An chinois. Les trois premiers jours suivant le Têt sont officiellement fériés, mais beaucoup de Vietnamiens prennent toute la semaine de vacances.

La célébration commence sept jours avant le Nouvel An. Des autels chargés d'offrandes sont préparés afin de s'assurer une année propice. On se rend au cimetière, et l'on invite les esprits des défunts à revenir à la maison pour prendre part à la fête. Ceux qui vivent loin reviennent au domicile familial. Toute chose en cours est menée à bien afin de commencer l'année sur de nouvelles bases, les dettes sont payées, et le ménage devient pour un temps le sport national. On dresse un arbre du Nouvel An (*cây nêu*) – une branche de kumquat, de pêcher ou d'abricotier – pour éloigner les mauvais esprits.

La nuit du Nouvel An, aux douze coups de minuit, les problèmes de l'année sont laissés derrière, et la folie commence. Le but est de faire le plus de bruit possible, au moyen de tambours et de percussions.

Le déroulement du Jour de l'an est crucial, car il est censé influencer toute l'année à venir. Chacun fait particulièrement attention à être poli et à ne pas manifester de colère. Certaines activités sont réputées attirer les mauvais esprits ; ainsi, il est déconseillé de coudre, de balayer, de jurer ou de casser quoi que ce soit. Il est primordial que le premier visiteur de l'année soit convenable, l'idéal étant un homme riche, marié et père de famille. Les étrangers ne sont pas forcément de bon augure.

En dehors du Jour de l'an, le Têt est une fête de famille tranquille, où l'on mange du *banh chung* (riz gluant au porc et à l'œuf). Les magasins sont fermés, et la plupart des transports ne fonctionnent pas. Ce n'est pas la période idéale pour voyager dans le pays. Cependant, c'est un moment spécial, et vous serez certainement invité à vous joindre aux festivités. Retenez simplement cette phrase : *chuc mung nam moi* ("bonne année !").

Hindouisme

Environ 60 000 Chams du Vietnam se disent hindous. Ils vivent pour la plupart dans la même région que les Chams musulmans, autour de Phan Rang, sur la côte sud.

La condition féminine

On estime à plus de 2 millions le nombre de Vietnamiennes qui finissent par se prostituer en travaillant dans des salons de massage, des clubs de karaoké ou des bars douteux.

Comme c'est encore le cas dans beaucoup d'autres pays d'Asie, les Vietnamiennes assument des tâches nombreuses et pénibles sans aucune contrepartie décisionnelle (et financière). Dans les campagnes, elles travaillent aux champs, cassent les pierres sur les chantiers et portent de lourdes palanches. Pendant la guerre du Vietnam, ces femmes se sont révélées de redoutables combattantes, mais n'ont pourtant été remerciées, à la fin du conflit, que par de belles paroles, les hommes ayant, pour leur part, accaparé tous les postes importants.

Aujourd'hui, de plus en plus de femmes se marient plus tard pour faire des études : près de la moitié des étudiants sont des femmes.

Critères de beauté

Les Vietnamiens préfèrent les peaux claires : voilà pourquoi vous verrez parfois de jeunes élégantes abriter leur visage sous un parapluie. Les paysannes tentent de se préserver du soleil en portant des chemisiers à manches longues, des gants montant jusqu'aux coudes et un chapeau conique, et en s'enveloppant la tête dans une serviette. Dire à une Vietnamienne qu'elle a la peau blanche est un grand compliment, et la féliciter pour son "joli bronzage", une insulte.

Les ethnies montagnardes

Jeunes filles hani dans la province de Lai Chau transportant des tiges de riz

Une mosaïque de minorités ethniques peuple les hauts plateaux du Vietnam. Aller à leur rencontre, visiter leurs marchés bigarrés constitue une expérience inoubliable.

Les Français ont baptisé "montagnards" ces minorités, tandis que les Vietnamiens les ont longtemps désignées par le vocable peu flatteur de *moi* ("sauvages"). L'actuel gouvernement préfère parler de *nguoi thuong* "peuple des hauts plateaux".

C'est dans l'extrême Nord, au cœur du superbe massif s'étirant à la frontière de la Chine et du Laos, que résident les minorités dont l'apparence est la plus caractéristique. La plupart portent d'étonnantes parures tissées à la main et parfois extrêmement élaborées. Les ethnies des hauts plateaux du Centre se distinguent plus difficilement du reste de la population, du moins par l'habillement.

Plusieurs de ces ethnies vivent au Vietnam depuis des milliers d'années, d'autres, comme les Hmong, sont arrivées de Chine au cours des siècles derniers. Les zones qu'elles occupent sont généralement délimitées par l'altitude, les populations les plus récemment arrivées étant celles installées le plus haut.

Chaque ethnie possède une langue, des coutumes, des croyances et un habillement distinct. La langue et la culture tracent les frontières de leur territoire. Certaines sont tiraillées entre traditions ancestrales et civilisation contemporaine, d'autres ont complètement assimilé le monde moderne.

Presque toutes ces ethnies partagent un mode de vie rural, une architecture et des rituels proches ou similaires. La plupart sont semi-nomades et pratiquent la culture sur brûlis. Afin de les pousser à adopter une agriculture plus standard sur les terres de basse altitude, l'État a pris des mesures incitatives – financement de l'irrigation, éducation, accès aux soins… –, mais la tradition d'indépendance de ces minorités et une méfiance bien ancrée envers les Viêt continuent de les tenir éloignées des plaines.

Comme dans d'autres régions d'Asie, la culture ancestrale des minorités

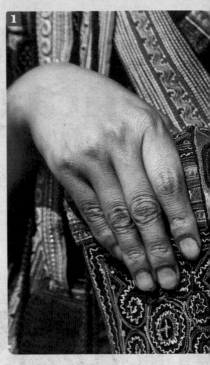

ethniques se délite peu à peu sous l'action des influences extérieures. Nombre de montagnards ne portent plus les vêtements traditionnels, et ceux qui les conservent (principalement les femmes) vivent souvent dans les villages les plus reculés de l'extrême Nord.

UN HÉRITAGE DE LA GUERRE

Pendant la guerre du Vietnam, beaucoup de montagnards du Centre ont été enrôlés au sein de "groupes irréguliers de défense civile" mis en place par les forces spéciales de l'armée américaine (les "Bérets verts"), qui les considéraient comme les guerriers les plus courageux et les plus loyaux du camp sud-vietnamien.

Après la fin du conflit, en 1975, certains de ces combattants ont poursuivi la lutte contre le gouvernement communiste de Hanoi. Ainsi, le Front unifié pour la libération des races opprimées (Fulro) a mené une guérilla contre l'armée vietnamienne jusque dans les années 1980.

De gauche à droite
1. Broderies hmong noir au marché de Sapa **2.** Jeune fille hmong blanc de Sinho **3.** Enfants hmong fleur à Cao Son

Les minorités aujourd'hui

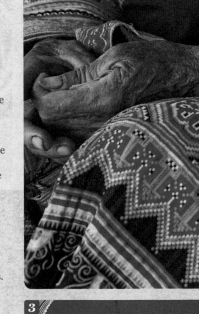

Dans certaines régions, le tourisme modifie la donne. Avec le nombre croissant de visiteurs se multiplient aussi les contacts avec les habitants des plaines, négociants avisés, et la société de consommation à l'occidentale. Ainsi, les montagnards abandonnent-ils souvent l'agriculture au profit de sources de revenu plus faciles. On peut voir certains enfants, en particulier à Sapa, mendier de l'argent ou des bonbons. D'autres manquent l'école pour vendre des babioles aux touristes. Pis, le tourisme local a créé un marché pour les bars à karaoké, les massages et la prostitution, où des femmes issues des minorités se retrouvent entraînées. Cependant, il existe désormais des tour-opérateurs dirigés par des Hmong qui financent des projets éducatifs et de développement.

Les montagnards jouissent d'une certaine autonomie et les enfants continuent d'apprendre leur propre langue. La défense de ces prérogatives reste une question sensible dans certaines parties des hauts plateaux du Sud-Ouest, où les tensions sont encore vives. Même si les mentalités évoluent, les préjugés à l'encontre des montagnards perdurent. Les médias du pays continuent souvent de les présenter comme des peuples primitifs et exotiques. Les Vietnamiens ont aussi tendance à percevoir ces communautés comme subversives, certaines s'étant rangées du côté américain pendant la guerre.

La réalité est que les montagnards stagnent au bas de l'échelle pour ce qui est de l'éducation et de l'économie. Malgré des progrès en matière de scolarisation et d'accès aux soins, la plupart se marient jeunes, ont de nombreux enfants et meurent précocement. Ils forment toujours la fraction la plus déshéritée de la société vietnamienne, avec 52% de pauvres contre 10% dans le reste de la population, selon les chiffres de la Banque mondiale en 2006.

De gauche à droite
1. Vieille femme hmong fleur en costume traditionnel
2. Femme cong sur un radeau en bambou, Muong Tei
3. Femme dzao rouge portant une coiffe typique

MOUVEMENTS DE PROTESTATION

Nombre de montagnards se sentent exclus du reste de la société. Des tensions religieuses – beaucoup sont chrétiens – et relatives à la propriété – des Vietnamiens des plaines ont colonisé leurs terres – couvent depuis des décennies.

Des mouvements de protestation ont éclaté à plusieurs reprises ces dernières années. En 2001 et 2004, des manifestations dans les hauts plateaux du Centre se sont soldées par des arrestations, la mort de 8 personnes et la fuite à l'étranger d'un millier d'autres.

En mai 2011, le rassemblement de 7 000 Hmong demandant la liberté de culte et davantage d'autonomie dans la province de Dien Bien Phu a été réprimé par l'armée et fait l'objet d'un nouveau black-out. Le Center for Public Policy Analysis, une source américaine, parle de 28 victimes, chiffre non confirmé. Le gouvernement vietnamien a accusé des "éléments perturbateurs" d'avoir poussé la communauté à réclamer la création d'un territoire hmong indépendant. D'après les autorités, "tous les niveaux du Parti et de l'État s'emploient à régler la situation à Muong Nhe afin que la vie des compatriotes de la région puisse revenir à la normale".

La mosaïque ethnique

Le Vietnam reconnaît 53 minorités ethniques représentant 14% de la population. Certaines ne comptent que quelques centaines de membres, d'autres plus d'un million. Au total, les montagnards sont au nombre de 11 millions.

Bahnar

Les Bahnar (175 000 individus) auraient migré il y a fort longtemps du littoral vers les hauts plateaux du Centre. Animistes, ils vénèrent des arbres comme le banian et le ficus. Ils ont leur propre calendrier, qui consacre 10 mois aux cultures et réserve les 2 mois restants aux obligations sociales et personnelles (mariages, tissage, cérémonies). Selon leur tradition, les bébés âgés de 1 mois intègrent la communauté du village après une cérémonie de percement d'oreilles. Les Bahnar portent un costume similaire à celui des Jarai.

Dzao

Les Dzao (ou Zao/Dao), l'un des principaux groupes ethniques (650 000 individus), vivent dans le Nord-Ouest. Ils pratiquent le culte des ancêtres (*ban ho*), et sacrifient des animaux au cours de rituels complexes. Leur proximité avec la Chine explique l'usage de la médecine traditionnelle et la similitude de l'écriture *nôm dao* avec les caractères chinois. Les Dzao sont connus pour leurs costumes élaborés. Les vêtements féminins associent des tissages recherchés, des perles et des pièces en argent. Leurs longs cheveux, rasés au sommet du front, sont noués dans un grand turban rouge ou brodé.

Ede

Polythéistes, les Ede (270 000 individus) vivent dans de longues maisons sur pilotis, sans poutre, en forme de bateau, qui abritent la famille étendue. Un tiers de l'espace est réservé à l'usage collectif ; le reste est compartimenté pour l'intimité des couples mariés. Comme les Jarai, les Ede

De gauche à droite
1. Jeune villageoise montagnarde, Coc Ly **2.** Femme dzao noir avec son enfant, Tien Binh **3.** Hani à Muong Tei

ont matrilinéaires. Les filles demandent
es garçons en mariage ; le couple vit avec
a famille de l'épouse et les enfants portent
e nom de famille de leur mère. L'héritage
evient aux femmes. Celles-ci portent une
este brodée de couleurs vives et des bijoux
n cuivre et en argent. Les Ede résident
utour de Kon Tum et de Dac Lac.

Hmong

migrés de Chine au XIXᵉ siècle, les
mong (900 000 individus) forment l'un
es plus importants groupes ethniques du
ays. Ils peuplent l'extrême Nord, mais
s touristes les croiseront surtout à Sapa
à Bac Ha. La plupart sont animistes et
nèrent les esprits. Ils vivent en altitude,
ù ils cultivent riz pluvial et plantes
édicinales (dont le pavot, bien que de
oins en moins sous la pression de l'État)
élèvent du bétail. Ils se divisent en sous-
oupes, dont les Hmong noirs, blancs,
uges, verts et fleurs, qui se distinguent
r de subtiles variations de costumes.
s Hmong noirs se reconnaissent à leur
nue couleur indigo ; les femmes portent
s jupes, des tabliers, des guêtres et des

chapeaux cylindriques. Les femmes hmong
fleurs arborent des costumes aux bandes
multicolores et se parent de larges colliers,
de boucles d'oreilles et de bracelets en
argent. Les Hmong vivent aussi au Laos et
en Thaïlande et beaucoup ont aussi trouvé
refuge dans les pays occidentaux.

Jarai

Cette minorité (340 000 individus) est la
plus importante des hauts plateaux du
Centre, notamment autour de Pleiku.
Leur village, qui prend souvent le nom
d'une rivière proche ou d'un chef tribal,
est bâti autour d'une maison commune
(*nha-rong*). Les femmes demandent les
hommes en mariage par l'intermédiaire
d'une marieuse. Les croyances et les
rituels animistes sont vivaces, et les Jarai
rendent hommage à leurs ancêtres et à
la nature par le biais de génies (*yang*). Ils
construisent des cimetières élaborés où ils
dressent des totems à la ressemblance des
défunts. Ils fabriquent des gongs en bronze
et utilisent des tubes de bambou comme
flûtes et percussions.

Muong

Établis surtout dans les environs de Hoa Binh, les Muong (1,4 million d'individus), une ethnie patriarcale, résident dans des hameaux sur pilotis. Leur culture est proche de celle des Thaïs. Ils sont réputés pour leur littérature, leurs poèmes et leurs chants. Ils utilisent des instruments de musique comme le gong, le tambour, les flûtes et le violon à deux cordes.

Nung

Les Nung (750 000 individus) habitent dans de petits villages du Nord-Est. Leur foyer est divisé en deux parties : l'une réservée à l'habitation, l'autre au travail et aux dévotions. Du culte des ancêtres aux fêtes, ils s'apparentent aux Tay sur le plan spirituel et social. Les jeunes filles exigent en général une dot importante de leur futur époux. La plupart de leurs villages comptent un chaman. Les Nung s'illustrent par la qualité de leur artisanat, comme la vannerie.

Sedang

Originaires des hauts plateaux du Centre, les Sedang (140 000 individus) ont subi des siècles de guerre et d'invasions (de la part des Chams et des Khmers). Ils ne portent pas de nom de famille et respectent une totale égalité des sexes. Ils prennent soin de leurs neveux ou nièces aussi bien que de leurs propres enfants. Les Sedang ont des pratiques sans équivalent ailleurs, comme l'abandon des tombes, le partage des biens avec les défunts et l'accouchement à l'orée d'un bois.

Tay

Venus de Chine, les Tay (1,5 million d'individus), la plus importante des ethnies montagnardes, vivent à basse altitude dans le Nord. Ils ont adopté le bouddhisme, le confucianisme et le taoïsme, mais vénèrent aussi des génies et des esprits. Ils possèdent une écriture propre élaborée au XVIᵉ siècle et leur littérature et leurs arts sont renommés. Un Tay, Nông Duc Manh, a été secrétaire général du Parti communiste pendant 10 ans jusqu'en janvier 2011.

De gauche à droite

1. Jeune fille dzao rouge, Ta Phin **2.** Muong pêchant des coquillages, Lai Chau **3.** Enfants hmong fleurs, Coc Ly

haïs

riginaires du sud de la Chine, les Thaïs ,4 million d'individus) se sont installés sur s rives des fleuves du Nord-Ouest, entre oa Binh et Muong Lay. Leurs villages se mposent de 40 à 50 maisons sur pilotis.

Les sous-groupes se distinguent par des couleurs. Les femmes thaïs noirs portent des blouses et des coiffes éclatantes, tandis que les Thaïs blancs adoptent plutôt des tenues occidentales. Les Thaïs, dont l'écriture remonte au Ve siècle, ont produit une littérature fort diverse.

RÈGLES DE CONDUITE

Les jeunes filles de Sapa ont beau être munies de téléphones portables, la culture traditionnelle reste forte dans ces communautés. Les directives suivantes s'inspirent d'un panneau vu dans le village de la minorité giay de Ta Van.

» Évitez de porter un serre-tête ou un bandana blanc : cela renvoie au deuil et aux funérailles.
» Abstenez-vous de manifester votre affection en public et de porter des vêtements suggestifs.
» N'entrez pas dans une maison où des feuilles, os ou plumes pendent à l'entrée ou du toit.
» N'entrez pas chez quelqu'un avec votre sac sur le dos, mais portez-le à la main.
» Si vous passez la nuit dans un village, respectez le sommeil des habitants, qui se couchent tôt.
» Ne prenez pas les bébés en photo et ne leur touchez pas la tête.
» Ne photographiez pas les gens sans leur demander la permission.
» Ne consommez pas de drogue et ne cherchez pas à vous en procurer.
» Respectez les symboles et rites religieux.
» N'encouragez pas la mendicité. Plutôt que d'offrir de l'argent ou des cadeaux aux enfants qui acceptent d'être pris en photo, mieux vaut embaucher un guide local, aider les institutions caritatives ou faire un don à une école.

OLIVER STREWE / LONELY PLANET IMAGES ©

Rencontrer les montagnards

Avant tout, ne ratez pas le musée d'Ethnographie de Hanoi (p. 63), passionnante introduction aux cultures des hauts plateaux.

Les minorités ethniques sont dispersées dans les hauts plateaux du Sud-Ouest et du Nord. Sapa est le meilleur endroit pour les rencontrer, notamment les Hmong noirs et les Dzao rouges. Dans la même région, autour de Bac Ha, les marchés colorés des Hmong fleurs valent le détour.

Loger dans la maison d'une minorité ethnique constitue un temps fort ; les Thaïs blancs de Mai Chau sont réputés pour leur hospitalité. D'autres localités du Nord-Ouest, telles Ha Giang et Lai Chau, offrent la possibilité de côtoyer des montagnards.

Plus à l'est et moins fréquentée, la province de Cao Bang abrite plusieurs minorités, dont des Hmong, des Nung et des Tay. Lang Son, aussi habitée par plusieurs groupes ethniques, voit encore moins de touristes.

Dans les hauts plateaux du Sud-Ouest, Buon Ma Thuot, Dalat, Kon Tum et Pleiku sont des bases idéales pour rencontrer Bahnar, Jarai et Sedang. Cependant, ils ont pour la plupart délaissé le costume traditionnel et vous serez peut-être moins charmé que dans le Nord.

CINQ LIEUX PHARES

Sapa (p. 131). Dzao et Hmong habitent les spectaculaires vallées qui entourent cette station climatique.
Bac Ha (p. 141). Ville réputée pour son marché, qui attire les Hmong fleurs de toute la région.
Mai Chau (p. 125). Une jolie vallée peuplée de Thaï blancs très hospitaliers.
Cao Bang (p. 120). Les montagnes escarpées abritent plusieurs minorités.
Kon Tum (p. 301). Haut lieu pour les minorités dans les montagnes du Centre.

Ci-dessous
Vieille femme dzao rouge au marché de Sapa

Arts et architecture

Le patrimoine artistique et architectural du Vietnam est fascinant. Le pays a absorbé des influences venues de Chine, d'Inde et du royaume khmer, et les a fusionnées avec ses propres traditions. Français, Américains et Soviétiques ont ensuite laissé leurs traces. Aujourd'hui, les artistes contemporains parcourent la planète en quête d'inspiration.

Arts

Musique traditionnelle

La musique traditionnelle vietnamienne utilise l'échelle pentatonique (à cinq notes) d'origine chinoise. Les airs populaires sont généralement chantés sans accompagnement instrumental (et ont été adaptés par le Parti communiste pour de nombreuses marches patriotiques). Les instruments traditionnels sont le *dan bau*, une cithare à une corde, et le *trung*, un grand xylophone en bambou. Les différentes ethnies ont leurs

Ci-dessus
Porte, citadelle de Hué
(p. 173)

propres instruments : des flûtes en roseau, des gongs et des instruments à cordes fabriqués à partir de calebasses.

Danse

Les danses folkloriques se pratiquent généralement pendant les cérémonies et les fêtes, mais le tourisme les a remises au goût du jour. La danse des chapeaux coniques, spectaculaire, met en scène des femmes revêtues d'un *ao dai* (le costume traditionnel) qui dansent en faisant tournoyer et s'entrelacer ces chapeaux emblématiques du Vietnam.

Théâtre

Le théâtre vietnamien mêle musique, chant, psalmodie, danse et mime. Le théâtre classique est très formel ; il a recours à des gestes et à des décors bien établis, et est accompagné par un orchestre (où domine le son du tambour). Les personnages y sont peu nombreux.

Le théâtre populaire (*hat cheo*) est le lieu d'expression d'une protestation sociale par le biais de la satire. Le chant et la récitation poétique incluent de nombreux proverbes et dictons, accompagnés de mélodies populaires. Le théâtre moderne (*cai luong*), né dans le Sud au début du XXᵉ siècle, est largement influencé par l'Occident. Le théâtre parlé (*kich noi* ou *kich*), inspiré du théâtre occidental, est apparu dans les années 1920 ; il trouve ses adeptes parmi les étudiants et les intellectuels.

Des dizaines de troupes et de compagnies fondées par l'État se produisent dans l'ensemble du pays.

Marionnettes

Les marionnettes conventionnelles (*roi can*) et les marionnettes sur l'eau (*roi nuoc*), art exclusivement vietnamien, tirent leurs intrigues des mêmes légendes que les autres formes de théâtre traditionnel.

L'art des marionnettes sur l'eau a été élaboré par des paysans du nord du Vietnam, qui manipulaient des marionnettes en bois et utilisaient les terrasses des rizières en guise de scène. Il y a plusieurs théâtres de marionnettes sur l'eau à Hanoi et à Hô Chi Minh-Ville. Pour en savoir plus sur cette forme d'art, voir p. 81.

Peinture

La peinture sur soie, qui remonte au XIIIᵉ siècle, fut longtemps le domaine réservé de calligraphes lettrés qui aimaient également représenter la nature. On réalisait également de cette façon les portraits des défunts pour le culte des ancêtres.

Au cours du XXᵉ siècle, la peinture vietnamienne fut fortement influencée par l'Occident. Quant aux œuvres récentes, elles tirent leur inspiration de thèmes politiques plus que de préoccupations esthétiques. Certaines de ces œuvres sont aujourd'hui très prisées et font l'objet de collections. La libéralisation économique a incité beaucoup de jeunes artistes à abandonner les thèmes révolutionnaires en faveur de sujets plus commerciaux. Certains sont revenus à la peinture sur soie ou à la laque, tandis que d'autres se lancent dans de nouvelles expériences. Hanoi et Hoi An abritent ainsi de remarquables galeries d'art.

Littérature

On distingue traditionnellement trois genres littéraires. La littérature orale traditionnelle (*truyên khâu*) se perpétue depuis des temps immémoriaux ; elle comprend les légendes, les chansons folkloriques et les proverbes. La littérature sino-vietnamienne, quant à elle, s'écrivait en caractères chinois (*chu nho*) : influencée par les textes confucéens et bouddhiques, elle obéissait à des règles métriques et de versification très strictes. Enfin, la littérature moderne (*quôc âm*) recouvre la totalité des

NOUVELLES

Au rez-de-chaussée du paradis. Récits vietnamiens 1991-2003 (Picquier, 2007), est une anthologie réunissant 14 nouvelles signées par des auteurs contemporains parmi les plus doués de leur génération.

Décoration intérieure, maison commune de la congrégation chinoise de Canton (p. 208), Hoi An

écrits en caractères *nôm*. Le premier grand texte écrit en *nôm*, *Van Te Ca Sau* ("Ode à un alligator"), date du XIIIᵉ siècle.

Kim Vân Kiêu ("Histoire de Kiêu"), un chef-d'œuvre de la littérature vietnamienne, a été écrit pendant la première moitié du XIXᵉ siècle par Nguyên Du (1765-1820), un poète, savant et diplomate.

Parmi les écrivains contemporains, on retiendra le nom de Duong Thu Huong, romancière et dissidente politique dont l'ensemble de l'œuvre est traduite en français (*Au-delà des illusions*, *Les Paradis aveugles*, *Terre des oublis*, *Sanctuaire du cœur*).

Cinéma

Le film réalisé à l'occasion de la proclamation d'indépendance de Hô Chi Minh, en 1945, est l'une des premières contributions du Vietnam au septième art. Par la suite, des reconstitutions de certains épisodes de la guerre d'Indochine, comme la bataille de Diên Biên Phu, ont été tournées. Avant la réunification, l'industrie cinématographique du Sud-Vietnam produisait principalement des séries B spectaculaires à petits budgets, tandis que le Nord-Vietnam voyait surtout dans le cinéma un moyen de propagande.

La production contemporaine comprend aussi bien des films de guerre que des comédies romantiques. Dans *Un général à la retraite*, de Nguyên Khac (1988), le personnage central doit passer de sa condition de soldat pendant la guerre contre les Américains, à la vie civile.

Dang Nhât Minh est probablement le réalisateur vietnamien le plus prolifique. Dans *Le Retour*, il se tourne vers la complexité des relations modernes. *La Fille sur la rivière* (1987) évoque l'histoire touchante d'une journaliste qui accompagne une ancienne prostituée dans la recherche de son ancien amant, un soldat du Viêt-cong.

En nombre croissant, de jeunes réalisateurs expatriés se font une place sur la scène internationale et sont récompensés dans les festivals.

Née à Dalat en 1963, Linda Lê a vécu au Vietnam jusqu'à l'âge de quatorze ans. C'est en français qu'elle écrit ses romans, dont *Les Évangiles du crime* (1992), *Les Trois Parques* (1997) ou, plus récemment, *Lame de fond* (2012). Marqués par l'exil, le déracinement et le deuil, ils ont été plusieurs fois récompensés par des prix.

Temple de la Littérature (p. 58), Hanoi

L'Odeur de la papaye verte (1992), de Tran Anh Hung, célèbre l'entrée dans la majorité d'une jeune servante à Saigon. *Cyclo* (1995), son chef-d'œuvre, plonge au cœur de la pègre de Hô Chi Minh-Ville. Tony Bui, réalisateur américain d'origine vietnamienne, a fait de beaux débuts avec *Trois Saisons* (1999), avec Harvey Keitel, dont l'action se déroule à Hô Chi Minh-Ville.

Architecture

L'architecture traditionnelle sort de l'ordinaire : la plupart des constructions sont des structures de plain-pied surmontées de lourds toits de tuile et reposant sur un grand cadre en bois, afin de résister aux typhons.

Dans les zones rurales, les maisons, en bois, sont montées sur pilotis pour être préservées des crues saisonnières, mais aussi des serpents et des animaux sauvages. Le bambou et les feuilles de palmier, dont sont faits les toits, sont adaptés au climat de mousson. La maison est compartimentée pour le couchage, la cuisine et la conservation des aliments, tandis que le bétail vit au-dessous de la maison.

Autre incongruité, les "maisons-tunnels" très étroites de la vieille ville de Hanoi, ainsi construites afin de limiter la taxe foncière, proportionnelle à la largeur du bâtiment. Dans ces logements, l'espace est à ce point réduit que les familles dorment par roulement, ce qui explique que les rues soient toujours pleines de monde, même la nuit.

Dans les villes, les immeubles en béton, parfois hauts de 7 étages et à l'architecture douteuse, poussent de façon anarchique au milieu de terrains vagues ou de rizières. Les lois d'urbanisation (ou leur absence) autorisent les propriétaires à bâtir à leur guise : les constructions de ciment peint en vert citron ou en rose, ornées de fenêtres-miroirs, de balcons inspirés du style français ou de détails chinois sont au goût du jour. Le front de mer de Cat Ba en offre un bon exemple.

L'influence soviétique dans l'architecture saute aux yeux au Vietnam. Parmi les bâtiments les plus importants, on peut mentionner le mausolée de Hô Chi Minh à Hanoi et le palais de la Réunification à Hô Chi Minh-Ville.

Les édifices coloniaux

L'héritage français est très présent dans l'architecture. L'hégémonie de la puissance coloniale s'est traduite par la construction d'imposants édifices néoclassiques qui bordent toujours de nombreux boulevards.

La plupart ont été abandonnés dans les années 1950, car symbolisant une époque que l'on voulait oublier. De récents travaux de restauration ont toutefois rendu leur splendeur d'antan à certains bâtiments, tels l'ancien hôtel de ville (siège du Comité du peuple) à HCMV ou l'hôtel Sofitel Metropole à Hanoi. À HCMV, prenez le temps d'admirer le splendide hall et le plafond voûté de la poste centrale, conçus par Gustave Eiffel. Haiphong garde aussi de nombreux témoignages architecturaux de la présence française.

Dans le quartier français de Hanoi, des villas tombées en ruine font aujourd'hui les choux gras des promoteurs immobiliers. À Dalat, les villas coloniales ont souvent été transformées en hôtels, comme par exemple les Ana Mandara Villas, l'imposant Hôtel du Parc et le Dalat Palace Hotel.

Les églises coloniales ont été érigées dans des styles variés. À Hanoi, l'austérité de la cathédrale Saint-Joseph, néogothique, est soulignée par sa pierre gris anthracite, tandis que les briques de la cathédrale de HCMV ont été importées de France. Parmi les monuments Art déco de la période coloniale, citons la merveilleuse gare de Dalat, aux fenêtres multicolores, et l'élégant hôtel La Résidence à Hué.

Les pagodes et les temples

À la différence de nombreux autres pays d'Asie, les édifices religieux du Vietnam ne correspondent pas à une architecture nationale définie. Le style des pagodes reflète l'incroyable syncrétisme religieux du pays, mêlant des éléments chinois (confucianisme, taoïsme et bouddhisme mahayana), tandis que les temples cham, au sud, renvoient aux influences de la culture hindoue et de l'Empire khmer.

Les pagodes (*chua*) intègrent des motifs chinois et sont conçues selon un schéma identique : elles sont bâties autour de jardins intérieurs et ornées de nombreuses statues et stèles. La plupart sont surmontées d'un toit simple ou double aux coins fortement recourbés, mais d'autres, à l'image de la pagode Thien Mu à Hué, prennent la forme d'une tour (*thap*) à plusieurs niveaux.

Les pagodes vietnamiennes sont conçues selon les règles du *dia ly* (feng shui), pour être en harmonie avec l'environnement. La plupart sont des lieux de culte bouddhiste, mais certaines sont dédiées à une divinité locale. Elles sont le plus souvent de plain-pied, avec trois portes en bois sur le devant, et plusieurs pièces à l'intérieur, ornées de statues du Bouddha, de bodhisattvas et de héros et divinités. Les guirlandes de lumières, les grandes spirales d'encens à la fumée âcre, les gongs et les énormes cloches ajoutent au charme des lieux. Les jardins, dont beaucoup agrémentés de sculptures et d'un étang sacré, relient les différentes parties du temple. Le logement pour les moines se trouve souvent à l'arrière.

Le temple de la Littérature, à Hanoi, ainsi que les très belles pagodes de la cité impériale de Hué, sont de superbes exemples de cette architecture.

Les temples cham

À l'origine, les Chams pratiquaient l'hindouisme ; des éléments bouddhistes ont ensuite été introduits. La construction des temples a commencé dès le IVe siècle. La plupart des temples cham sont en brique, avec des ornements probablement sculptés ultérieurement. Typiquement, un ensemble cham comprend le *kalan* (la tour, foyer de la divinité), les temples *kosagrha* aux toits en gradins (où sont gardés les objets de valeur des divinités) et la *gopura* (entrée). Des statues en pierre de divinités et de nombreuses stèles commémorant des événements importants parsèment le site. Parmi les sites cham majeurs, citons My Son, Po Nagar, Po Klong Garai et Po Shanu.

ARTS ET ARCHITECTURE ARCHITECTURE

Style colonial

Balcons
D'élégants balcons à colonnades ornent les bâtiments officiels.

Fenêtres à persiennes
Généralement vertes ou brunes, elles font circuler l'air.

Motifs en stuc Purement décoratifs.

Couleurs
Un bel ocre ou jaune moutarde.

Toits en tuiles canal Ils rappellent le sud de la France.

Dans les pagodes

Bodhisattvas
Humains parvenus à l'éveil, généralement représentés sous des aspects royaux.

Cheung Huang Yeh Le dieu de la Ville, très craint, équivalent de la Faucheuse.

Quan Âm Déesse de la Miséricorde, représentée avec un visage pâle ou sous la forme d'une statue à multiples bras.

Svastika
Symbole sacré de l'Asie ancienne représentant le cœur de Bouddha.

Thiên Hâu
La déesse protectrice de la Mer.

Cuisine vietnamienne

Préparez-vous ici, en matière culinaire, à un dépaysement total. Des échoppes de rue aux restaurants contemporains et huppés des grandes villes, le Vietnam promet de véritables festins.

La cuisine vietnamienne reflète la diversité culturelle et ethnique du pays mais aussi la longue histoire de ses relations avec les étrangers. Au fil des siècles, les Vietnamiens ont assimilé et adapté des spécialités et des techniques chinoises, indiennes, françaises, et même japonaises, à leur propre cuisine et à leur goût.

Tout cela invite aux expériences gustatives. Si les grands classiques vietnamiens, comme le *pho bo* (soupes aux nouilles de riz et au bœuf), les rouleaux de printemps et la pâte de crevettes grillée autour d'un bâton de canne à sucre, sont délicieux, les voyageurs ne regretteront pas de s'aventurer dans les ruelles et les marchés pour goûter la cuisine de rue en compagnie de la population locale. C'est là, en effet, que l'on trouve la nourriture la plus authentique.

Saveurs

Les goûts diffèrent entre le nord et le sud du pays ; mais, où qu'ils vivent, les Vietnamiens savent, pour chaque plat, trouver le juste équilibre entre les saveurs épicées, aigres, salées et sucrées.

La meilleure façon d'aborder la gastronomie vietnamienne est de suivre un cours de cuisine. Depuis quelques années, ils ont le vent en poupe. Voir nos adresses dans les chapitres relatifs aux différentes régions.

Le salé, le sucré et l'aigre

Les Vietnamiens utilisent couramment des sauces à base de produits de la mer pour saler leur cuisine. La plus répandue est le nuoc-mam (sauce de poisson fermenté), si fondamental qu'un repas peut être composé d'un simple bol de riz accompagné de ce condiment. Le nuoc-mam s'obtient en faisant fermenter des petits poissons (le plus souvent des anchois) dans d'immenses pots recouverts de sel et lestés pour qu'ils baignent toujours dans leur saumure. Ils sont conservés ainsi, dans un endroit chaud, pendant près d'un an. À mesure qu'il fermente, le poisson produit un liquide odorant. À la première extraction, appelée nuoc-mam *cot*, le jus marron foncé, qui dégage un fumet capiteux, est une sorte de sauce "extra-vierge" réservée à la table. La seconde extraction, obtenue en ajoutant de l'eau salée aux poissons déjà fermentés, est utilisée en cuisine. L'île de Phu Quoc est réputée pour son nuoc-mam, mais certains préfèrent la sauce plus douce fabriquée près de Phan Thiet.

Le rôle central du sucre est parfaitement illustré par les *kho* – ces plats sucrés-salés de poisson ou de viande qui mijotent dans des pots en terre avec une sauce de poisson –, et par l'un des assaisonnements les plus courants au Vietnam : la sauce caramel amère, faite à partir de sucre de canne. Le sucre s'utilise également dans les desserts et le café.

La douceur du sucre est compensée par l'acidité des fruits, en particulier par des tranches de citron vert (que l'on presse dans les soupes de nouilles et dans les sauces), et des *kalamansi* (petit agrume à la peau verte et à la chair orange), dont le jus, mélangé à du sel et à du poivre, sert de sauce, dans laquelle sont trempés fruits de mer, viandes et omelettes. Dans le Sud, le tamarin ajoute une touche acide au *canh chua* (une soupe de légumes et de poisson) et à un mets succulent de crevettes recouvertes d'une sauce collante aigre-douce, appelé *tom rang me*. Dans le Nord, l'acidité est plutôt obtenue avec du vinaigre. D'ailleurs, on sert souvent un vinaigre clair et légèrement jaune, fabriqué avec la lie du vin et mélangé avec du gingembre haché, dans les plats d'escargots, comme le *bun oc* (soupe de vermicelles aux escargots).

Fines herbes

La cuisine vietnamienne tire sa fraîcheur et sa légèreté des succulentes fines herbes qui accompagnent les repas. Coriandre, menthe et basilic thaï au goût d'anis s'utilisent en abondance. Goûtez également la *perilla* (*la tia tô*), aux petites feuilles pointues, vertes et grenat, la *rau ram* ("herbe-menthe") au goût agréablement poivré et astringent, et le *rau om* (ambulie aromatique), aux saveurs délicates de citron et de cumin. Le *rau om* agrémente invariablement les bols de *canh chua*. Les échalotes, finement coupées et caramélisées dans l'huile, ajoutent un peu de saveur sucrée lorsqu'elles parsèment salades et plats de nouilles.

Piments et poivres

Moins utilisés au Vietnam qu'en Thaïlande, les piments occupent néanmoins une place clé dans la cuisine du Centre. Il en existe plusieurs sortes, qui vont du long piment rouge, doux et charnu, utilisé dans de nombreux plats du Sud, au petit piment vert-jaune, haché et servi avec une assiette de sauce de poisson dans les restaurants spécialisés dans la cuisine de Hué. Méfiez-vous, car il est fort. Le piment moulu et les sauces au piment épicé sont employés comme condiments dans les restaurants du Centre.

Le Vietnam est un grand exportateur de poivre en grains, et les poivres noirs et blancs moulus relèvent tous les plats, du *chao* (gruau de riz) au ragoût de bœuf. Le poivre noir local, en grains, merveilleusement parfumé et épicé, est une bonne idée de cadeau à rapporter chez soi.

Condiments à base de poisson

Le nuoc-mam n'est qu'un des innombrables produits faits à base de poissons fermentés. Le *mam tom* est une pâte violette de crevettes salées et fermentées. À table, les Vietnamiens en assaisonnent leurs soupes de nouilles et en recouvrent les feuilles (ou galettes) de riz roulées, et trempent même dedans les fruits aigres, comme la mangue verte. Il est également très utilisé en cuisine, donnant un fort arrière-goût salé à des spécialités comme le *bun mam*, soupe de vermicelles aux poissons et aux légumes du sud du pays. Le *mam tom* a de nombreuses versions au Vietnam, notamment des sauces à base de crabes, de crevettes de toutes tailles et de

À TABLE

En entrant dans une cuisine vietnamienne, vous découvrirez que les bons petits plats s'inspirent de choses simples. Parmi les éléments indispensables : une bonne flamme, quelques ustensiles tranchants, un mortier, un pilon, une ou deux casseroles noircies. La cuisine est un lieu tellement sacré que les Vietnamiens la croient habitée par des esprits spécifiques, dont Ong Tao, dieu de la Cuisine. Celui-ci y dispose toujours d'un autel et l'on dépose aussi des offrandes dans la pièce pour le génie de la Terre.

Quand vous passez commande dans un restaurant, ne vous souciez pas de l'ordre des plats : tous les mets sont placés au centre de la table dès qu'ils sont prêts et les convives se servent. Il en va de même quand vous êtes invité chez des Vietnamiens. S'il s'agit d'une occasion spéciale, il se peut que votre hôte vous serve un ou deux morceaux de choix dans votre bol.

diverses espèces de poissons. Ne soyez par rebuté par l'odeur : le goût qu'il donne à certains plats est beaucoup plus subtil que son fumet !

Les saveurs de poisson viennent aussi des fruits de mer séchés. Les Vietnamiens choisissent leurs crevettes séchées avec soin, et les étals des marchés en proposent jusqu'à 15 sortes différentes. Vous trouverez aussi de nombreuses espèces de poissons séchés, soit entiers, soit découpés, ainsi que des encornets séchés qui sont souvent cuits au gril et vendus sur des étals itinérants.

Sauces, épices et curries

Les Vietnamiens utilisent également diverses sauces – de soja, d'huîtres, de haricots fermentés –, réminiscences culinaires de l'occupation du nord du pays par la Chine. L'anis étoilé, la cannelle et les clous de girofle sont indispensables pour concocter un bon *pho*.

Les curries ont été introduits au Vietnam par les commerçants indiens depuis le port de Hoi An. Aujourd'hui, ils sont préparés avec du curry en poudre ou de la pâte à curry conservée dans l'huile, produits localement. Les curries vietnamiens, comme le *ca ri ga* (poulet au curry, au lait de coco et à la citronnelle) et le *lau dê* (fondue d'agneau ou de chèvre au curry), sont généralement plus aromatisés que corsés.

Produits de base

Riz

Le riz (*com*) est la base de la cuisine vietnamienne. Dans la Hué impériale, les mandarins royaux servaient du riz avec du sel aux hôtes de marque. Aujourd'hui, les habitants prennent chaque jour au moins un repas à base de riz, et en offrent un bol aux défunts.

Lorsqu'un Vietnamien dit "*An com*" (littéralement, "Mangeons du riz"), il invite son interlocuteur à déjeuner ou à dîner. Les *quan com binh dan* sont des restaurants bon marché où vous mangerez votre content de riz accompagné de viandes, de poissons ou de légumes sautés.

Le riz est appelé *chao* quand il est cuisiné en soupe avec du poulet, du poisson, de l'anguille ou du canard, *com rang* s'il est frit dans un wok avec des œufs, des légumes et d'autres ingrédients, et *com tam* lorsqu'il est cuit à la vapeur et recouvert de porc grillé, d'un œuf et de concombre en tranches, et accompagné de sauce de nuoc-mam aux piments. De minuscules palourdes (*hen*) sautées avec de la coriandre vietnamienne au goût poivré sont ajoutées à du riz pour donner le *com hen*.

Le riz gluant (blanc, rouge et noir) est mélangé à des légumes secs, ou à des céréales réhydratées, des cacahuètes et des graines de sésame pour constituer un petit-déjeuner copieux appelé *xoi* (*ngo* dans le Centre). Mixé avec du sucre et du lait de coco, il est consommé comme friandise. Il est accompagné de porc et cuit à la vapeur dans des feuilles de bambou, ou de bananier, pour concocter une spécialité du Têt appelée *banh chung*.

Mis à tremper et réduit en farine, le riz devient la base de nombreux aliments, des nouilles aux desserts, et sert à confectionner des feuilles translucides que les Vietnamiens humidifient avant d'en faire, notamment, des rouleaux.

Nouilles

Les plats de nouilles se mangent à toute heure. Le *pho*, soupe à base de *banh pho* (pâtes de riz plates), est une spécialité du Nord, mais il a presque le statut de plat national. Autres mets venus du Nord : le *bun cha*, porc grillé, en tranches ou haché, servi avec de fins vermicelles de riz et le *banh cuon*, des crêpes de farine de riz fourrées.

Si vous aimez les nouilles, goûtez des plats à base de *bun* (vermicelles de riz) comme le *thit nuong*, une "salade" fraîche et piquante, accompagnés de

Pour se mettre l'eau à la bouche avant le départ où retrouver la saveurs des plats vietnamiens au retour, consultez le blog www. platvietnam. com : au menu, des recettes savoureusement illustrées et des articles généraux sur la gastronomie vietnamienne.

Les spécialités par région

par Andrea Nguyen

Lorsqu'il parcourt ce territoire tout en longueur, le voyageur effectue un périple gastronomique qui le conduit de la Chine à l'Asie du Sud-Est. Il existe en la matière des différences marquées d'une région à l'autre, avec des spécificités ancrées dans la géographie, la culture et l'histoire locales. Mais au-delà de cette diversité des ingrédients, des techniques et des goûts, tous les Vietnamiens se rejoignent dans un même amour pour les herbes fraîches, les nouilles et les fruits de mer.

Ci-dessus *Banh mi*, le sandwich vietnamien

1. Fruits et légumes frais 2. *Pho bo* (soupe de nouilles au bœuf)
3. *Bun cha* (boulettes de porc grillées) au nuoc-mam (sauce de poisson) 4. *Banh cuon* (crêpes de riz cuites à la vapeur et fourrées d'un mélange de porc, champignons et crevettes séchées)

VIETNAM / GETTY IMAGES ©

Nord

La cuisine du Nord porte, plus qu'ailleurs dans le pays, l'empreinte de l'occupation chinoise. Elle se caractérise par des saveurs douces et rustiques, et les roboratifs plats de nouilles y tiennent une bonne place. La sauce soja est autant consommée que le nuoc-mam (à base de poisson fermenté), le vinaigre plus souvent utilisé que le jus de citron vert ou le tamarin, le poivre noir détrône les piments et le mijotage permet d'exalter le goût des produits humbles.

Banh cuon

Ces crêpes sont préparées avec de la pâte de riz que l'on passe à travers un morceau de mousseline tendu au-dessus d'un cuit-vapeur. La feuille ainsi obtenue est garnie d'un éminité de porc, de champignons et de crevettes séchées, puis elle est roulée, saupoudrée d'échalotes et servie accompagnée de pousses de soja, de tranches de concombre, d'herbes fraîches et d'un petit bol de *nuoc cham* (sauce préparée avec du nuoc-mam) pour faire trempette.

Bun cha

Ce plat phare de la cuisine de rue se compose de tranches ou de boulettes de porc grillées, de vermicelles de riz, d'une montagne d'herbes fraîches et de légumes verts. Un petit bol de nuoc-mam (sauce de poisson fermenté) légèrement sucré, dans lequel flottent des morceaux de légumes marinés, accompagne le tout. La recette de Hanoi combine poitrine de porc et boulettes de viande hachée dans l'échine.

Pho bo

Fleuron culinaire du Nord, le *pho bo* (soupe de nouilles de riz au bœuf) doit tout à son bouillon, préparé en faisant bouillir du plat de côtes pendant des heures avec des échalotes, du gingembre, du nuoc-mam, de la cardamome noire, de l'anis étoilée et de la cannelle de Chine. Sachez que les puristes rechignent à ajouter du citron vert, du basilic et des germes de soja.

REBECCA SKINNER / GETTY IMAGES ©

1. *Banh khoai* (crêpe aux crevettes) 2. Marché au poisson
3. *Com hen* (riz aux palourdes) 4. Piments

Centre

À mi-chemin entre les traditions du Nord et du Sud, la cuisine du centre du Vietnam semble le fruit de l'équilibre et de la modération, sauf à considérer le goût des habitants pour le piment. Ici, les produits de la terre, si humbles soient-ils, ont été transformés en mets de choix pour un empereur fin gastronome – la cuisine impériale de Hué consiste en un banquet comprenant jusqu'à 15 petits plats raffinés. Et les *banh beo* (délicates galettes de riz à la vapeur), autre héritage de la cour de Hué, sont vendus à tous les coins de rue. Dans le Centre, on apprécie aussi les saveurs relevées, comme en témoigne l'usage de la pâte de crevettes salée et de la citronnelle.

Banh khoai

Ces crêpes nourrissantes, de la taille d'une assiette à dessert, sont préparées à base de farine de riz et frites dans une poêle spéciale à long manche, avec une bonne quantité d'huile. Garnies de crevettes, de porc, d'œufs et de pousses de soja, elles se mangent enrobées de feuilles de laitue et d'herbes et trempées dans de la sauce de soja fermentée.

Bun bo Hue

Cette soupe de vermicelles épicée au bœuf et au porc incarne la prédilection du Centre pour les plats relevés. D'une teinte orangée à cause du piment et du rocou, le bouillon trahit la présence de citronnelle et de pâte de crevettes (*mam tom*). On la déguste avec quantité d'herbes et de feuilles.

Com hen

Ce plat se compose de riz à température ambiante, de minuscules palourdes roses d'eau douce, de leur bouillon de cuisson et d'accompagnements divers (galettes de riz, couenne de porc rissolée croustillante, cacahuètes, grains de sésame, herbes fraîches et légumes). Dans votre bol, ajoutez le bouillon et la sauce aux autres ingrédients pour les humecter et les assaisonner.

Banh xeo (crêpe frite croustillante garnie de porc et de crevette

Sud

La cuisine du Sud joue sur l'abondance des récoltes de la région et tend à privilégier le sucré. En toutes saisons, les marchés regorgent de fruits et de légumes multicolores, ainsi que de poissons d'une absolue fraîcheur. Les mets sont ici plus copieux, plus colorés, et, selon certains, plus agréables à l'œil. Le lait de coco entre dans la composition de curries doux et d'entremets (*che*). Herbes, fruits et légumes sont très prisés et la papaye verte, le pomélo ou les tiges de lotus agrémentent souvent les salades (*goi*).

Canh chua ca

Toute la richesse du delta du Mékong est concentrée dans cette soupe : poissons (poissons à tête de serpent ou poissons-chats en général), fruits (tomates et ananas) et légumes (pousses de soja, gombo et *bac ha* ou tige de taro) cuits dans un bouillon au tamarin et au nuoc-mam. Sur le dessus, on place des herbes et de l'ail frit, ce qui en fait aussi un régal pour les yeux.

Banh mi

Hérités de la colonisation française et chinoise, ces sandwichs sont cependant 100% vietnamiens. Il s'agit d'un morceau de baguette copieusement garni de viande au choix (bœuf, porc, poulet, parfois de Vache qui rit !), de tranches de concombre, de carottes râpées et de coriandre. Le tout est assaisonné de mayonnaise, de sauce soja et de piment.

Banh xeo

Cette grande crêpe croustillante, frite dans un poêlon de 30 ou 40 cm de diamètre, est fourrée de porc, de crevettes, de haricots mungo et de pousses de soja. Prenez-en un morceau, enroulez-le dans une feuille de laitue ou de moutarde et trempez dans le *nuoc cham*.

viande grillé, et le *bun bo Hue*, une soupe de vermicelles relevée, au bœuf, spécialité du Centre. Le *my quang* est un autre plat de nouilles originaire du Centre. Les pâtes de riz, jaunes quand elles sont teintées de rocou, rose pâle si elles sont préparées avec de la farine de riz rouge, sont agrémentées de porc, de crevettes, de fleurs de banane, d'herbes et de cacahuètes pilées, et baignées d'un peu de bouillon. Le *my quang* se mange avec des galettes de riz émiettées, pour ajouter du croquant, et un confit de piment sucré.

Le *cao lau*, spécialité de l'ancienne ville portuaire de Hoi An, se compose d'épaisses nouilles de style *soba*, importées par les marchands japonais. On y ajoute un peu de bouillon très aromatique, des tranches de porc, des pousses de soja blanchies, des légumes frais, des herbes et des "croûtons" faits avec la même pâte que les nouilles.

Dans le Sud, on trouve aussi toute une variété de plats de nouilles, comme le *bun thit nuong*, une salade de nouilles froides, et le *bun mam*, un bouillon de poisson assez fort à base de vermicelles de riz, de tomates, d'ananas et de *bac ha* (tiges de taro épaisses et spongieuses). Ne pas confondre ce *bun mam* avec un plat à base de vermicelles, de pousses de soja et d'herbes au *mam*, qui porte le même nom dans le Centre, mais qui est bien plus déroutant...

Dans tout le pays, vous trouverez les *banh hoi*, vermicelles de riz très fins présentés en nids et servis roulés avec de la viande grillée dans des herbes. Les nouilles chinoises aux œufs, appelées *mi*, sont ajoutées aux soupes (comme les nouilles *wonton*), ou frites et accompagnées de fruits de mer, de viandes et de légumes sautés en sauce pour constituer le *mi xao*. Les *mien*, faites à partir du haricot mungo, sont sautées avec du *mien cua* (chair de crabe) et mangées avec du poisson à la vapeur.

Galettes de riz

Les Vietnamiens enveloppent toutes sortes de denrées dans des galettes ou des feuilles de riz. Les poissons à la vapeur et les viandes grillées sont souvent enroulés, à table, avec des herbes, de la laitue et des tranches de carambole aigre, ou de banane verte, puis trempés dans une sauce *nuoc cham*. Les gros *goi cuon* (rouleaux de printemps), spécialité du Sud, contiennent des crevettes, du porc, des vermicelles de riz ronds et des herbes aromatiques ; ils sont trempés dans une sauce hoisin (sauce brune à base de graines de soja fermentées). Les *bo pia*, fins cigares garnis de tranches de saucisses chinoises, de crevettes séchées, de *jicama* (ou "pois patate") cuit, de laitue et de pâte de piment, sont généralement préparés par des vendeurs de rue.

Hué a aussi ses propres rouleaux de printemps, les *nem cuon Hue*, frais, garnis de patates douces, de porc, de crevettes saumurées, de liserons d'eau et d'herbes. Dans le Nord, les *nem ran ha noi* (ceux qu'on appelle "pâtés impériaux") sont frits.

Poissons et viandes

L'immense domaine côtier et les deltas offrent aux Vietnamiens de nombreux poissons (thon, pomfret, vivaneau, loup...), ainsi que des crevettes, des crabes et des palourdes, source importante de protéines. Dans tout le pays, les restaurants de poisson et de fruits de mer gardent leurs prises vivantes dans des viviers ou des seaux, leur assurant une parfaite fraîcheur.

Les rizières regorgent de minuscules crabes et de gros escargots de la taille d'une balle de golf appelés *oc*. Dans le Nord, les crabes entrent dans la composition du *bun rieu cua*, dans lequel de fins vermicelles de riz nagent dans un bouillon de tomate et de crabes broyés ; le tout est recouvert d'une couche de gras de crabe revenu avec des échalotes. Les escargots se mangent aussi dans une soupe à la tomate et aux vermicelles de riz (*bun oc*), ou hachés avec de la citronnelle et des herbes, puis cuits à

BANH MI

Héritage des Français, le *banh mi* est une baguette de pain à base de farine de blé (ou de riz) vendue partout. On la mange telle quelle ou trempée dans un ragoût de bœuf ou des soupes. C'est aussi le nom des sandwichs faits avec ce pain, garnis de viande et de crudités. Un incontournable que se doit de goûter tout voyageur au Vietnam.

FRUITS

la vapeur dans leur coquille (*oc nhoi hap la xa*). Une feuille de citronnelle dépasse de chaque coquille : tirez dessus pour en faire sortir la farce.

Les cours d'eau abritent des poissons appréciés, comme le *ca loc* (poisson tête-de-serpent), le poisson-chat, ainsi que, le long de la côte centrale, de minuscules palourdes, appelées *hen*. Celles-ci se dégustent avec du riz (*hen com*), dans un bouillon aux nouilles ou avec des galettes de riz soufflé (*banh da*).

Poulet et porc sont aussi très répandus. Le matin, l'arôme envoûtant du porc grillé au nuoc-mam, destiné aux sandwichs et aux plats de riz, envahit la plupart des rues. Le bœuf se trouve surtout dans le *pho*, le *kho bo* (ragoût aux tomates), le *thit bo bit tet* (steak à la poêle), enveloppé de *la lot* (feuilles de poivrier sauvage) ou grillé. On consomme aussi la viande de chèvre (en fondue dans un bouillon au curry) et les cuisses de grenouilles.

Fruits et légumes

Les légumes vont des plus connus (pommes de terre, aubergines, concombres, asperges) aux plus exotiques. Fleurs de banane et tiges de fleur de lotus sont proposées en *goi* (salades), la tige épaisse et spongieuse d'une plante appelée *bac ha* (ou tige de taro) est ajoutée aux soupes. Le *thien ly*, une plante sauvage aux feuilles tendres et aux fleurs odorantes, est sauté avec de l'ail, tout comme les fleurs de courge jaune vif que l'on trouve facilement sur les marchés du Sud.

Durant la saison des pluies, les forêts se couvrent de divers délicieux champignons sauvages. Vous pourrez aussi savourer les pointes tendres de fougères, qui, comme les *rau muong* (liserons d'eau), sont sautées. Très appréciée, la verdure (laitue, cresson, feuille de moutarde...) est utilisée pour envelopper les *banh xeo* (crêpes jaunes à la farine de riz fourrées au porc, aux crevettes et aux pousses de soja) et en faire de petites bouchées à tremper dans le nuoc-mam.

Les amateurs de fruits pourront, selon la saison, faire une cure de mangues, de diverses variétés de goyaves, de litchis juteux, de longanes, de mangoustans, de fruits de la passion et de jaques. À Hué, les jaques sont considérés comme des légumes : dans le *nom mit non,* la chair bouillie (dont la saveur rappelle l'artichaut et l'asperge), servie avec une sauce de poisson et des graines de sésame, est présentée avec des galettes de riz. Le tamarin, un ingrédient caractéristique du Sud, est notamment associé aux crevettes dans le *tom rang me,* un délicieux plat aigre-doux.

Desserts

Les *do ngot* (sucreries) et les *do trang mieng* (desserts) sont populaires dans tout le pays, notamment pendant les fêtes. Les *banh* (gâteaux) sont très variés. La plupart des desserts sont confectionnés à base de

Ne manquez pas les étals de sinh to, où vous verrez une abondance de fruits (dont des avocats) à côté d'un mixeur, et où vous pourrez vous offrir un jus de fruits glacé mixé sur commande.

VÉGÉTARIENS

Le choix en la matière s'est élargi même si le Vietnam n'est pas le pays de prédilection des végétariens. Les Vietnamiens sont en effet de purs omnivores : ils prisent les légumes, mais aussi tout ce qui vit sur terre, dans la mer ou dans les airs.

Des établissements végétariens (*com chay*) existent toutefois dans la plupart des villes. Il s'agit le plus souvent de tables très simples et couleur locale, et ils sont fréquentés par des bouddhistes pratiquants. Beaucoup d'entre eux servent des succédanés de viande, à base de tofu et de gluten, qui ont un goût carné étonnant et peuvent être délicieux.

En accord avec les préceptes bouddhistes, de nombreuses échoppes et vendeurs de rue ne proposent que des plats végétariens entre les premier et quinzième jours du mois lunaire – la période idéale pour explorer les marchés et goûter certains mets. Le reste du temps, prudence : tous les plats de légumes sont susceptibles d'avoir été préparés avec de la sauce de poisson ou de la pâte de crevettes.

farine de riz, additionnée de sucre de palme, de lait de coco, de graines de sésame, de graines de lotus et de cacahuètes. Les haricots mungos jaunes figurent aussi dans de nombreux desserts, de même que la crème caramel, héritage de l'influence française. Les desserts froids – comme le *kem* (crème glacée), le *thach*, gelée à l'agar-agar aromatisée à l'essence de pandan, au café ou à la noix de coco – et les yaourts sucrés produits sur place, vendus dans de petits pots en verre, sont très appréciés quand il fait chaud. Les *che* sont des "soupes" sucrées plus ou moins compactes qui peuvent se manger chaudes ou froides, avec de la glace pilée. Les ingrédients varient : haricots, fruits, graines de lotus, manioc, perles de tapioca…, le tout arrosé de lait de coco, de lait condensé, de sirop, voire des trois.

Boissons

Tôt ou tard, on succombe à la *bia hoi* (bière "fraîche" ou pression). Les marques locales sont vendues au verre pour une somme dérisoire dans des échoppes spécialisées à presque tous les coins de rue. En payant un peu plus, vous aurez une bière de meilleure qualité : la Saigon et la Huda, qui sont correctes, ou La Rue, plutôt bonne, brassée sur la côte centrale.

Le Vietnam produit ses propres spiritueux, dont une vodka valable, et très peu chère, baptisée Ha Noi. Le *ruou* (qui désigne tout à la fois les "vins" et les alcools locaux, de riz pour la plupart) est souvent parfumé avec des herbes, des épices, des fruits, voire des animaux. Dans les montagnes du Nord, on vous offrira ainsi du *ruou can*, alcool de riz léger à boire dans un récipient commun avec une longue paille en bambou. Vous découvrirez aussi peut-être le *ruou ran* (alcool de riz où marine un serpent), un élixir censé tout guérir, de la cécité à l'impuissance.

Au Vietnam, la préparation, le service et la dégustation du thé (appelé *tra* dans le Sud et *che* dans le Nord) ont une importance sociale rarement comprise par les Occidentaux. Servir le thé à la maison, ou au bureau, est plus qu'une politesse, c'est un vrai rituel.

Le Vietnam est aussi un grand producteur de café. Discuter le matin ou l'après-midi autour d'un verre de café frappé, avec ou sans lait (*caphe sua da* ou *caphe da*), tient du rituel pour la gent masculine locale.

Parmi les autres boissons, citons le *mia da*, jus de canne à sucre fraîchement pressé, particulièrement rafraîchissant lorsqu'il est servi sur de la glace avec un trait de *kalamansi*, le *sinh to* (jus de fruits épais pressé à la demande) et le lait de soja.

Les gens dans le Nord aiment le thé vert chaud. Dans le Sud, ils le servent souvent avec de gros morceaux de glace. Les infusions de chrysanthème et de jasmin sont également appréciées ; l'infusion parfumée à base de graines de lotus est délicieuse et sans théine.

CAFÉ À LA VIETNAMIENNE

La tradition du café vietnamien ne souffre pas la précipitation. Tandis que vous êtes assis sur un tabouret en plastique bas, on vous apporte un verre surmonté d'un curieux filtre en aluminium. Lentement, celui-ci laisse passer goutte après goutte le café, qui dissout la couche de lait concentré au fond du récipient. Les minutes passent et un liquide plus foncé, dense en caféine, se forme au-dessus du lait. Mélangez l'ensemble, en le versant éventuellement dans un verre à part rempli de glaçons, et vous pourrez enfin savourer le produit de ce véritable rituel.

Voici les différentes formes de *caphe* servies au Vietnam :

Caphe sua da Café frappé au lait concentré

Caphe da Café frappé

Caphe den Café noir

Caphe sua chua Café frappé au yaourt

Caphe trung da Café frappé avec du blanc d'œuf battu

Environnement

Des plaines tropicales aux régions de riziculture intensive, des montagnes, karstiques ou non, au littoral immense et superbe, le Vietnam est un territoire d'une extrême diversité. Toutefois, du fait de la pression démographique, de la pauvreté et d'un manque de protection de l'environnement, de nombreuses régions, ainsi que la faune de tout le pays, sont menacées.

Géographie

Comme le disent souvent les Vietnamiens, leur pays évoque un *don ganh*, la palanche en bambou avec un panier de riz à chaque extrémité. Les paniers représentent les principales régions rizicoles : le delta du fleuve Rouge au nord et celui du Mékong au sud. Le Vietnam forme un S, large au nord et au sud et très étroit au centre (à peine 50 km dans sa plus petite largeur). Le pays est principalement délimité au nord-ouest et au nord-est par des chaînes montagneuses.

Le parc national de Tram Chim, dans le delta du Mékong, est l'une des plus importantes zones humides protégées du Vietnam. Il abrite des grues antigones, une espèce dont les individus peuvent mesurer jusqu'à 1,80 m de hauteur.

Côte et îles

Ses 3 451 km de côtes exceptionnelles constituent l'un des attraits majeurs du Vietnam. Jalonné de plages de sable aux courbes majestueuses, de hautes falaises et de dunes ondulantes, le littoral a de quoi séduire les voyageurs. D'autant que d'innombrables îles, souvent presque désertes, ponctuent le large. Phu Quoc, la plus grande, est située dans le golfe de Thaïlande, face à la côte cambodgienne. Mais il y a aussi Cat Ba et Van Don, les quelque 2 000 îlots de la baie d'Along, les confettis près de Nha Trang et les légendaires îles Con Dao, loin dans la mer de Chine méridionale.

ESPÈCES MENACÉES

L'espèce d'éléphant native du Vietnam a été mise sur la liste des espèces en danger en 1976. Le gouvernement a annoncé la création de trois zones de préservation pour protéger ces éléphants sauvages (dans les parcs nationaux de Pu Mat, de Cat Tien et de Yok Don) en juin 2013. Le département des Forêts (Forestry department) du pays estimant que seuls 75 des 130 éléphants sont restés à l'état sauvage, beaucoup considèrent que cette action n'est pas assez importante et vient trop tard.

Le saola, qui n'a été découvert qu'en 1992, est une sorte de bœuf sauvage qui ressemble à une grande antilope, endémique à la cordillère Annamitique du Vietnam et du Laos. On pense que seules quelques centaines d'individus sont encore en vie. Les groupes œuvrant pour leur préservation travaillent avec les ethnies présentes dans la région afin de débarrasser leur habitat de dizaines de milliers de pièges. Pour plus d'informations, consultez le site www.savethesaola.org.

On estime qu'il reste environ 350 tigres d'Indochine dans la région, dont 30 à 70 au Vietnam. Comme ils vivent dans des régions enclavées, leurs chances de survie à long terme sont assez minces. Les tigres sont particulièrement vulnérables, du fait notamment du commerce illégal dont ils sont l'objet pour des médecines traditionnelles.

FORMATIONS KARSTIQUES

Le karst est un relief qui résulte de l'érosion de plateaux calcaires par les pluies au cours des millénaires. Il revêt la forme de falaises fortement découpées, entaillées de fissures, creusées de dolines, de grottes et de rivières souterraines. Le nord du Vietnam recèle des reliefs karstiques spectaculaires, en particulier les superbes paysages de la baie d'Along, de la baie de Bai Tu Long, des environs de Ninh Binh et de la région de Phong Nha. Dans les baies d'Along et de Bai Tu Long, l'immense plateau calcaire s'est progressivement enfoncé dans la mer et les anciens pics se dressent hors de l'eau comme des doigts pointés vers le ciel. L'immense réseau de grottes de Phong Nha s'étend, lui, sur des dizaines de kilomètres dans les entrailles de la masse rocheuse.

Deltas

Les deltas du fleuve Rouge et du Mékong sont plats et sujets aux inondations. Les alluvions charriées par le fleuve Rouge et ses affluents, canalisés dans leurs lits par 3 000 km de digues, ont élevé le niveau des cours d'eau au-dessus des plaines alentour. De son côté, le delta du Mékong ne bénéficie d'aucune protection et, quand les *cuu long* (les "neuf dragons", surnom des neuf bras du fleuve dans le delta) sortent de leur lit, ils dévastent les villages et les récoltes.

Montagnes

Les trois quarts du territoire vietnamien sont composés de collines (surtout dans le Sud) et de montagnes élevées (essentiellement dans le Nord), qui culminent au Fansipan (3 143 m), près de Sapa. Les monts Truong Son (cordillère Annamitique), qui forment les hauts plateaux du Sud-Ouest, courent le long des frontières du Laos et du Cambodge. D'énormes rochers parsèment les versants des chaînes côtières granitiques proches de Nha Trang et du col de Hai Van (Danang). La partie occidentale des hauts plateaux, près de Buon Ma Thuot et de Pleiku, est renommée pour son sol volcanique rouge, extrêmement fertile. Les incroyables formations karstiques du Nord sont toutefois le relief le plus emblématique du pays.

Faune et flore

Malgré des périodes de déforestation désastreuses, la flore et la faune du Vietnam sont encore incroyablement variées et exotiques. Des recherches intensives menées par le World Wildlife Fund (WWF, organisation mondiale de protection de l'environnement) le long du Mékong – au Vietnam et dans les pays voisins – ont permis de recenser 1 068 nouvelles espèces entre 1997 et 2007, plaçant cette région sur la liste des cinq premières zones de biodiversité du monde. Dans le pays, nombre de provinces demeurent non étudiées ou peu connues, et bien d'autres espèces restent sans doute à découvrir.

En dépit de cette diversité extraordinaire, les menaces qui pèsent sur la faune du Vietnam n'ont jamais été aussi nombreuses, du fait du braconnage, de la chasse et de la perte d'habitats. Trois des animaux emblématiques du pays, l'éléphant, le saola (bovidé semblable à une antilope) et le tigre, sont en voie de disparition ; et il est à peu près certain que le dernier rhinocéros sauvage du Vietnam a été tué dans le parc national de Cat Tien en 2010.

Pour chaque animal tué qui fait la une, des dizaines d'autres, appartenant à des espèces moins médiatisées, sont abattus dans les forêts et les réserves, par recherche de profit ou pour la subsistance. Nombre de chasseurs sont en effet issus de communautés ethniques pauvres qui ont toujours compté sur la jungle pour assurer leur survie.

Pour ceux qui lisent l'anglais et veulent en savoir plus sur la flore et la faune du Vietnam, extraordinaires, nous conseillons *Vietnam: A Natural History*, fruit de la collaboration entre des spécialistes vietnamiens et américains de la biodiversité.

484

Faune

Si le Vietnam compte un grand nombre d'espèces, les animaux vivent principalement dans de lointaines régions boisées et s'observent difficilement.

La grande diversité des habitats – plaines équatoriales, plateaux tempérés, voire sommets alpins – explique l'immense variété de la vie sauvage. Selon un recensement récent, on dénombre au Vietnam 275 espèces de mammifères, plus de 800 espèces d'oiseaux, 180 types de reptiles, 80 d'amphibiens, des centaines de poissons et des dizaines de milliers d'invertébrés. De nouvelles espèces sont découvertes en permanence, augmentant d'autant cette liste.

Des oiseaux rares et peu connus, que l'on croyait disparus, ont été repérés et les vastes forêts en bordure du Laos en recèlent certainement d'autres. Ainsi, le faisan d'Edwards, espèce que l'on croyait éteinte à l'état sauvage, a été observé lors d'une expédition scientifique, de même que le canard musqué à ailes blanches et l'ibis de Davison.

Le voyageur apercevra aisément les hirondelles et des martinets survolant les champs et les cours d'eau, des nuées de verdiers du Vietnam au bord des routes et dans les rizières, ainsi que des rossignols et des martins tristes dans les jardins et les bosquets. Le Vietnam constitue une halte importante pour les échassiers migrateurs entre la Sibérie, leur lieu de reproduction, et l'Australie, où ils passent l'hiver.

Espèces menacées

La faune vietnamienne connaît un déclin marqué : les habitats forestiers sont détruits, les cours d'eau pollués, et la chasse continue en l'absence de véritables contrôles. Pour certaines espèces, les programmes de reproduction en captivité restent sans doute l'unique planche de salut, mais le pays manque d'argent et de personnel pour les mener à bien.

Le gouvernement reconnaît officiellement comme menacés 54 types de mammifères et 60 espèces d'oiseaux. Parmi les grands animaux figurent l'éléphant, le tigre, le léopard, l'ours noir, l'ours à miel, le singe à nez retroussé, l'écureuil volant, le crocodile et la tortue. Au début des années 1990, un petit groupe de rhinocéros de Java, une espèce extrêmement rare, a été découvert dans le parc national de Cat Tien. Vingt ans plus tard, ils avaient tous été tués.

Il y a néanmoins quelques succès. Le crocodile du Siam, qui a disparu à l'état sauvage du fait d'une chasse excessive et de croisements, a été réintroduit à Cat Tien et l'espèce est aujourd'hui en bonne progression. Certaines populations sauvages se sont également réinstallées dans des régions reboisées ; des oiseaux, des poissons et des crustacées sont réapparus dans des palétuviers replantés.

Parcs nationaux

De Hoang Lien, à l'extrême nord, jusqu'à Mui Ca Mau, à la pointe sud, le Vietnam compte 31 parcs nationaux, ainsi que 148 réserves naturelles. Les infrastructures et la surveillance varient beaucoup d'un parc à l'autre, mais chacun dispose au moins d'un poste de gardes forestiers. Ces derniers peuvent le plus souvent être engagés comme guides.

La gestion des parcs nationaux demeure une source de conflits permanents, car les autorités vietnamiennes n'ont pas encore réussi à trouver un équilibre entre la protection de l'environnement et les besoins des populations rurales, souvent des communautés ethniques, qui vivent dans les zones protégées ou à proximité. Les gardes forestiers sont généralement beaucoup moins nombreux que les villageois, dont la subsistance dépend des forêts. Certains parcs utilisent désormais des logiciels sophistiqués pour combattre le braconnage et l'abattage des arbres.

Flora and Fauna International publie une excellente carte touristique du Vietnam, *Nature Tourism Map of Vietnam*, qui décrit en détail tous les parcs nationaux du pays (www.fauna-flora.org). Tous les bénéfices tirés de la vente des cartes aident à la protection des primates au Vietnam.

Education for Nature-Vietnam (ENV ; www.envietnam.org) œuvre pour une meilleure compréhension de la faune et sensibilise le public au danger que représente la consommation, illégale, de "viande de brousse" provenant d'espèces en danger. Si vous voyez des animaux d'une espèce menacée en vente, ou leur viande figurant sur la carte d'un restaurant, contactez ENV 1800 1522.

LES 10 PLUS BEAUX PARCS NATIONAUX

PARC	CARACTÉRISTIQUES	ACTIVITÉS	MEILLEURE PÉRIODE
Ba Be (p. 98)	lacs, forêt tropicale, cascades, pics, grottes, ours, entelles	randonnée, canotage, observation des oiseaux	avr-nov
Bach Ma (p. 189)	cascades, tigres, primates	randonnée, observation des oiseaux	fév-sept
Bai Tu Long (p. 115)	pics karstiques, forêt tropicale sempervirente, plages secrètes, grottes	baignade, canotage, kayak, surf, randonnée	avr-nov
Cat Ba (p. 109)	jungle, grottes, entelles, ours, cervidés, oiseaux aquatiques	randonnée, baignade, observation des oiseaux	avr-août
Cat Tien (p. 292)	primates, éléphants, oiseaux, tigres	randonnée, exploration de la jungle	nov-juin
Con Dao (p. 271)	dugongs, tortues, plages	observation des oiseaux, snorkeling, plongée	nov-juin
Cuc Phuong (p. 157)	jungle, grottes, primates, centre d'ornithologie	observation de primates menacés, randonnée	nov-fév
Hoang Lien (p. 133)	ethnies, montagnes, oiseaux	randonnée à pied et à vélo, observation des oiseaux, escalade	sept-nov, avr-mai
Phong Nha-Ke Bang (p. 161)	grottes, formations karstiques	sorties en bateau, spéléologie, kayak, randonnée	avr-sept
Yok Don (p. 299)	maisons sur pilotis, ethnies	promenades à dos d'éléphant, randonnée	nov-fév

Mieux vaut visiter les parcs les plus connus en semaine afin de profiter sereinement du paysage – les Vietnamiens qui affluent le week-end pour prendre du bon temps se montrent fréquemment bruyants et peu respectueux de la nature, laissant leurs détritus derrière eux.

Nombre de parcs possèdent un lieu d'hébergement et un restaurant ; il faut toutefois téléphoner et commander les repas à l'avance.

Écologie

Si la situation de l'environnement n'est pas encore catastrophique, certains indices se révèlent alarmants. Dans ce pays agricole pauvre et densément peuplé, les priorités du gouvernement portent essentiellement sur la création d'emplois et la croissance économique. Les mesures de contrôle de la pollution et des industries sales n'existent quasiment pas, tandis que les trafiquants de bois et d'animaux sauvages s'en sortent souvent grâce à la corruption et à l'inertie des fonctionnaires en charge. Bref, en dépit de la signature de plusieurs traités internationaux, le Vietnam se soucie assez peu de la protection de son patrimoine naturel.

Déforestation

La déforestation constitue un problème majeur. De 44% de couvert forestier en 1943, le pays est passé à 24% en 1983 et à 20% en 1995. De récents programmes de reboisement ont accru la couverture forestière d'une partie du territoire depuis, mais ils consistent pour la plupart en des plantations de monocultures (comme l'acacia, pour le mobilier), organisées en rangées bien droites, qui n'ont guère de vertu écologique. En 2013, les plantations représentaient 15% de la surface forestière.

Les amateurs d'ornithologie désireux de découvrir l'avifaune du Vietnam navigueront sur www.oiseaux.net ou se procureront *Birds of Southeast Asia* (2005, non traduit), de Craig Robson, qui couvre le pays de manière approfondie.

Le Vietnam a par ailleurs interdit l'exportation de bois brut en 1992, ce qui a permis l'augmentation de la surface forestière. Toutefois, cela a pénalisé les pays voisins, le Vietnam achetant son bois d'œuvre au Cambodge et au Laos, où la défense de l'environnement reste laxiste.

Chasse

Le braconnage ne cesse de décimer la faune des forêts. L'usage répandu des pièges, qui capturent et tuent sans discernement les espèces communes ou gravement menacées, constitue un vrai problème. Bien que les chiffres soient très difficiles à établir, une étude menée en 2007 par l'organisation Traffic (www.traffic.org) estime qu'un million d'animaux sauvages ont fait chaque année l'objet d'un commerce illicite.

En 2010, une enquête de la Wildlife Conservation Society a conclu que sur 68 restaurants de Dalat, 57 servaient du gibier provenant de la forêt (civette, porc-épic, cochon sauvage...).

Une chasse "légitime" est pratiquée par des communautés ethniques qui cherchent à assurer leur subsistance, mais il existe un marché beaucoup plus vaste, alimenté par des marchands locaux et chinois, pour le *dac san* ("viande de brousse") et les produits d'origine animale utilisés dans la médecine traditionnelle. Pour beaucoup de touristes vietnamiens, un séjour dans la nature rime avec consommation d'espèces exotique, d'où les restaurants spécialisés que l'on trouve à la lisière de nombreux parcs nationaux.

Les tentatives de restriction du négoce des animaux aux niveaux local et international sont souvent entravées par la corruption et le manque d'effectif du département de protection de la forêt. L'ONG vietnamienne Education for Nature Vietnam combat ce trafic en faisant du lobbying auprès des politiciens et en organisant des programmes de sensibilisation dans les écoles. Elle monte des dossiers sur les restaurants servant de la "viande de brousse" et lutte contre le commerce de la bile d'ours.

LA CORNE DE RHINOCÉROS ET LE VIETNAM

La pression internationale autour de l'utilisation et de la consommation de corne de rhinocéros s'accroît ; en 2013, WWF et Traffic (réseau de surveillance du commerce de la faune et de la flore sauvages) ont lancé une campagne au Vietnam pour empêcher sa vente et sa consommation.

La demande en corne de rhinocéros a augmenté ces dernières années dans le pays, entretenue par des croyances populaires qui lui attribuent des vertus médicinales, allant de la stimulation de la libido au traitement du cancer. La corne de rhinocéros est également le symbole d'un statut social pour certaines classes de nouveaux riches.

Même la nouvelle affligeante de l'extinction du rhinocéros au Vietnam n'a pas enrayé le phénomène. Le kilo de corne étant vendu plusieurs dizaines de milliers de dollars, les trafiquants se sont simplement tournés vers d'autres territoires.

Des gangs vietnamiens ont dérobé des dizaines de cornes de rhinocéros très anciennes à des muséums européens, parfois sous la menace d'une arme à feu. L'Afrique du Sud, où vivent 73% des rhinocéros du monde, a vu le braconnage de rhinocéros gagner du terrain. En 2012, les autorités ont rapporté que 668 rhinocéros avaient été tués. D'après l'Environmental Investigation Agency, des groupes tels qu'Al-Shabaab vendent des cornes de rhinocéros pour financer le terrorisme.

La campagne médiatique (annonces sur les chaînes nationales de télévision et sur Internet) a donc été lancée en 2013 pour faire évoluer les mentalités et rendre la consommation de cornes de rhinocéros inacceptable au Vietnam. **ENV** (Education for Nature-Vietnam ; www.envietnam.org) coordonne l'ensemble des actions ; le comédien populaire Nguyen Xuan Bac est intervenu pour sensibiliser les populations à l'absence de toute vertu médicinale de la corne de rhinocéros. Des campagnes analogues dans d'autres pays d'Asie, comme la Chine et la Corée, ont ainsi permis de réduire sensiblement la demande.

Pour en savoir plus, consultez les sites de **Save the Rhino** (www.savetherhino.org) et de la **Rhinose Foundation** (www.rhinoseday.com).

LA BAIE D'ALONG, UN TRÉSOR EN PÉRIL

Site classé au patrimoine mondial de l'Unesco, le fabuleux ensemble d'îlots karstiques émergeant des eaux bleu cobalt de la baie d'Along est l'un des fleurons du Vietnam.

L'attrait exercé par ce paysage naturel remarquable, s'il s'est révélé une véritable bénédiction pour l'industrie touristique, n'en fait pas moins peser une lourde menace sur la baie. En 2012, pas moins de 1,7 million de visiteurs ont effectué une croisière dans la baie. Afin de faciliter leur accueil, les autorités ont fait arracher des mangroves pour construire des routes côtières et de nouveaux quais. Par ailleurs, les systèmes d'évacuation inadaptés des toilettes et le diesel répandu par les bateaux de croisière contaminent une mer autrefois préservée.

Le port en eau profonde de Hon Gai accueille chaque année des centaines de porte-conteneurs qui empruntent un chenal de navigation international au cœur de la baie. La vase et la poussière qui recouvrent les herbiers et les bas-fonds marins compromettent la survie de la faune et de la flore, menaçant ainsi l'écosystème dans son ensemble.

Plus alarmant encore, les gigantesques mines de charbon et la cimenterie de Cam Pha, à 20 km à l'est de la ville d'Along, déversent dans les eaux des tonnes de poussier et autres résidus polluants. Jusqu'en 2012, l'eau non traitée était déversée dans les fleuves et se retrouvait dans la baie, mais une nouvelle usine de traitement sur le fleuve Vang Dang a diminué le flux de substances polluantes.

Industrie et pollution

La pollution est un vrai problème au Vietnam. À Hô Chi Minh-Ville, la qualité de l'air est assez désastreuse. Hanoi est quant à elle la ville la plus polluée de l'Asie du Sud-Est. Les motos en sont les principales responsables, car elles roulent avec un carburant de mauvaise qualité contenant un fort pourcentage de benzène, de soufre et de microparticules (PM10).

La pollution de l'eau affecte de nombreuses régions, et particulièrement les villes et les zones côtières où les nappes phréatiques surexploitées deviennent de plus en plus salées. Des entrepreneurs ont investi le Vietnam pour y construire des usines d'habillement, de chaussures et d'agroalimentaire, mais la plupart des zones industrielles ne disposent pas d'installations pour le traitement des eaux usées. Leur rejet a causé la mort biologique de rivières comme la Thi Van, près de Vung Tau. À l'échelle nationale, seuls 14% des eaux usées des villes sont retraités.

Des déchets industriels et toxiques, ainsi que de la ferraille, sont importés illégalement pour servir de matières premières ou être réexportés. L'application de la loi est laxiste ; quelques contrevenants se sont néanmoins vu infliger une amende.

Le Vietnam compte parmi les pays les plus susceptibles de souffrir du réchauffement climatique, les marées, les inondations et les ouragans risquant de submerger les basses terres. D'après le Centre national de prévisions hydrométéorologiques, 246 tempêtes tropicales ont frappé le Vietnam entre 1961 et 2010. Alors qu'il n'y a eu que trois tempêtes en 1961, leur nombre s'est élevé à 10 en 2008. Si le niveau de la mer augmentait de seulement un mètre, plus des 6% du pays seraient immergés, ce qui toucherait près de 10 millions de personnes. HCMV connaît déjà de sérieuses crues chaque mois et il suffirait que la rivière Saigon monte de 1,35 m pour que ses digues soient submergées. Des inondations similaires interviendront plus souvent quand les pluies de mousson noieront les vastes deltas du fleuve Rouge et du Mékong.

Dans le delta du Mékong, on observe une augmentation de la salinité des fleuves dans un rayon pouvant atteindre 50 km. Près de l'embouchure

PanNature (www.nature.org.vn) est une ONG vietnamienne qui promeut des solutions écologiques aux problèmes environnementaux et le développement durable. Elle emploie parfois des bénévoles. Vous trouverez de nombreuses offres de bénévolat sur www.idealist.org.

ENVIRONNEMENT ÉCOLOGIE

du delta, l'augmentation a été si marquée que de nombreuses familles ont renoncé à la culture du riz pour l'élevage de crevettes.

"Écocide" : l'impact de la guerre

La guerre du Vietnam s'est accompagnée de la plus impitoyable destruction de l'environnement qu'un pays ait jamais subie. La dévastation fut telle que, 40 ans plus tard, le pays est toujours convalescent. L'armée américaine a pulvérisé 72 millions de litres de défoliants (dont l'agent orange, chargé de dioxine) sur 16% de la surface du Sud-Vietnam pour détruire les caches naturelles du Viêt-cong.

De vastes étendues de forêts, de terres agricoles, des villages et même des cimetières furent rasés au bulldozer, arrachant à la fois la végétation et la couche arable. Des forêts entières de melaleucas, un bois particulièrement inflammable, furent carbonisées au napalm. Dans les régions montagneuses, des glissements de terrain furent délibérément provoqués par des bombardements et l'arrosage à l'acide des versants calcaires. Même les éléphants, utilisés pour le transport, furent visés par des bombes et du napalm largués par avion. À la fin de la guerre, de vastes étendues étaient envahies de mauvaises herbes, appelées localement "chiendent américain". Le gouvernement estime que 20 000 km² de forêts et de terres arables ont été détruits à cause de la guerre.

Les liens entre la dioxine et certaines maladies, dont plusieurs formes de cancers, ont été bien établis. Et les cas d'enfants atteints de malformations gravissimes, parce que leur père a été contaminé pendant la guerre, sont innombrables. Sans parler des fausses couches, des enfants mort-nés et d'autres problèmes de santé liés à la persistance de l'empoisonnement chimique dans les corps et dans l'environnement.

Les fabricants de produits chimiques qui ont fourni les herbicides à l'armée américaine ont versé 180 millions de dollars aux vétérans de la guerre du Vietnam, sans toutefois admettre leur responsabilité. Les Vietnamiens empoisonnés à la dioxine, dont on estime le nombre à 4 millions, n'ont eux jamais été indemnisés, les plaintes de la Vietnamese Association of Victims of Agent Orange (Vava) ayant toutes été rejetées aux États-Unis.

Nombre de journalistes et de commentateurs s'accordent à dire que l'État vietnamien, soucieux de normaliser ses relations avec son ancien ennemi, rechigne à exiger de lui un quelconque dédommagement.

Lors de l'inauguration du parc national de Cuc Phuong en 1963, Hô Chi Minh déclara : "La forêt est comme de l'or. Si nous savons bien la protéger, elle restera un bien précieux. Si elle est détruite, en revanche, les conséquences seront désastreuses pour la vie et la productivité."

Le Vietnam pratique

Carnet pratique

Alimentation

La nourriture fait partie des grands plaisirs d'un voyage au Vietnam. L'encadré p. 491 indique les catégories de prix utilisées dans ce guide. Pour en savoir plus sur la cuisine et les restaurants, reportez-vous p. 41 et p. 470.

Ambassades et consulats

En règle générale, votre ambassade ne fera pas preuve d'indulgence si vous vous retrouvez en prison pour avoir enfreint la loi. En cas d'urgence, elle vous fournira sans doute une assistance lorsque tout autre recours aura été épuisé.

Le remplacement d'un passeport volé peut prendre quelque temps, car certaines ambassades au Vietnam n'en délivrent pas et doivent passer par une autre ambassade de la région.

Au Vietnam

Ambassade de Belgique (☑4-3934 6179 ; hanoi@diplobel.fed.be ; Hanoi Towers, 9e ét., 49 Hai Bà Trưng, Hanoi)

Consulat de Belgique (☑8-6281 8001 ; consubel@diplobel.vn ; No 105, Đ Duong Van An, KP 5, Ward An Phu, District 2, HCMV)

Ambassade du Cambodge (carte p. 64 ; ☑ 4-942 4789/942 4788 ; camemb.

vnm@mfa.gov.kh ; 71A P Tran Hung Dao, Hanoi)

Consulat du Cambodge (carte p. 312 ; ☑08-3829 2751 ; camcg.hcm@mfa.gov.kh ; 41 Đ Phung Khac Khoan, HCMV)

Ambassade du Canada (carte p. 62 ; ☑4-3734 5000 4-3823 5500 ; www.canadainternational.gc.ca/vietnam ; 31 Hung Vuong, Hanoi)

Consulat du Canada (carte p. 309 ; ☑08-3827 9899 ; www.canadainternational.gc.ca/vietnam ; 10e ét., 235 Đ Dong Khoi, HCMV)

Ambassade de Chine (carte p. 62 ; ☑04-8845 3736 ; chinaemb_vn@mfa.gov.cn ; http://vn.china-embassy.org/eng/ ; 46 P Hoang Dieu, Hanoi)

Consulat de Chine (carte p. 314 ; ☑08-3829 2457, 8-38292459 ; 39 Đ Nguyen Thi Minh Khai, HCMV)

Ambassade de France (carte p. 64 ; ☑ 4-903 40 31 16 de 8h30 à 18h, 4-904 36 52 75 de 18h à 8h30 ; www.ambafrance-vn.org ; 57 P Tran Hung Dao, Hanoi)

Consulat de France (carte p. 312 ; ☑8-3520 6800 ; 27 Đ Nguyen Thi Minh Khai, HCMV)

Ambassade du Laos (carte p. 64 ; ☑4-3942 4576 ; laoembassy_hanoi ; www.laoembassyhanoi.org.vn/ ; 22 P Tran Binh Trong, Q. Hai Ba Trung, Hanoi)

Consulat du Laos (carte p. 309 ; ☑08-3829 7667 ; laoconsulat@vnn.vn ; 93 Đuong Pasteur, HCMV)

Ambassade des Philippines (carte p. 64 ; ☑04-3943 7948 ; 27B P Tran Hung Dao, Hanoi)

Ambassade de Singapour (carte p. 62 ; ☑04-3848 9168 ; singemb_han@sgmfa.gov.sg ; www.mfa.gov.sg/hanoi ; 41-43 Đ Tran Phu, Ba Dinh District, Hanoi)

Ambassade de Suisse (☑4-3934 6589 ; han.vertretung@eda.admin.ch ; Hanoi Central Office Building, 15e ét., 44B Ly Thuong Kiet Street, Hanoi)

Ambassade de Thaïlande (carte p. 62 ; ☑04-3823 5092-4 ; thaihan1@fpt.v ; www.thaiembassy.org ; 63-65 P Hoang Dieu, Hoan Kiem, Hanoi)

Consulat de Thaïlande (carte p. 314 ; ☑08-3932 7637-8 ; 77 Đ Tran Quoc Thao, District 3, HCMV)

À l'étranger

Ambassade du Vietnam en France (☑ standard 01 44 14 64 00, service visa touristique 01 44 14 64 13 ; consulaire_vietnam@yahoo.fr ; http://ambassade-vietnam.com ; 61 rue de Miromesnil 75008 Paris)

Ambassade du Vietnam en Belgique (☑0-2 379 2737 ; vnemb.brussels@skynet.be ; www.vietnamembassy.be/fr ; boulevard Général-Jacques 1, 1050 Bruxelles)

Ambassade du Vietnam en Suisse (☑0041-31 388 78 78/74 ; vietsuisse@bluewin.ch ; www.vietnam-embassy.ch ;

GAMMES DE PRIX

Les prix suivants s'entendent pour un repas classique, boissons en sus. Sauf mention contraire, les taxes sont incluses.

Petits budgets moins de 5 $US

Catégorie moyenne 5-15 $US

Catégorie supérieure plus de 15 $US

Schlösslistrasse 26, CH-3008 Bern)

Ambassade du Vietnam au Canada (✆613-236 0772 ; vietem-inter@uniserve.com ou vietnamembassy@rogers.com ; http://vietem-ca.com ; 55 MacKay Street, Ottawa, K1M 2B2)

Argent

La monnaie nationale est le dong (d). À l'exception des zones rurales où il est moins répandu, le dollar US a aussi largement cours.

Ces dernières années, le dong est resté stable : 1 $US s'échange autour de 21 000 d, 1 € environ 29 300 d. Pour plus de détails sur les taux de change, voir p. 19.

Dans ce guide, nous indiquons les prix en dongs quand ils sont affichés en dongs, et en dollars s'ils sont exprimés en dollars.

Il n'existe pas de véritable marché noir au Vietnam.

DAB

Presque toutes les villes du pays disposent de distributeurs automatiques de billets et vous pourrez retirer de l'argent avec une carte Maestro/Cirrus, Visa ou MasterCard. Attention toutefois à la commission élevée (20 000-30 000 d) et au plafond journalier, le plus souvent autour de 2 000 000 d (6 000 000 d à l'Agribank).

Marchandage

Il est de mise dans presque toutes les transactions avec les touristes. N'oubliez toutefois pas qu'en Asie, l'important est de ne pas perdre la face : négociez donc dans la bonne humeur, avec le sourire, sans jamais crier. Vous obtiendrez tantôt jusqu'à 50% de remise, tantôt à peine 10%. Une fois l'argent accepté, l'affaire est conclue.

Espèces

Le dollar s'échange et s'utilise quasi partout. Les autres devises majeures peuvent être changées dans les principales banques, dont la Vietcombank et HSBC.

Assurez-vous que vos gros billets en dollars ne soient pas abîmés ou défraîchis : on vous les refusera partout dans le pays.

Au départ du Vietnam, il est interdit de sortir des dongs, mais il est possible d'en convertir une quantité raisonnable en dollars.

La plupart des postes-frontières possèdent une sorte de bureau de change officiel, offrant les meilleurs taux dans ces coins reculés.

Cartes de crédit

Les cartes Visa et MasterCard sont acceptées dans les grandes villes et les centres touristiques. Inutile toutefois d'espérer s'en servir dans un petit hôtel ou une échoppe de nouilles. Une commission d'environ 3% s'applique parfois. Certains commerçants acceptent la carte AmEx (commission de 4%).

Dans la plupart des villes, la Vietcombank délivre des avances en espèces, avec souvent une commission d'au moins 3%.

Avant le départ, mieux vaut faire savoir à votre banque que vous vous rendez à l'étranger afin d'éviter que votre carte soit éventuellement bloquée pour cause de lieu de paiement inhabituel – cette formalité peut en général être effectuée en ligne ou par téléphone.

Pourboire

Les Vietnamiens ne s'attendent pas à un pourboire, mais ils seront heureux d'en recevoir un. Pour qui gagne 100 $US par mois, un pourboire de 1 $US représente une somme. Les hôtels de luxe et certains restaurants ont tendance à facturer un service de 5%, même s'il est probable que seule une infime proportion reviendra aux employés.

Si vous avez loué les services d'un guide ou d'un chauffeur, prévoyez un pourboire. Les voyageurs en excursion à bord d'un minibus se cotisent en général pour réunir une somme d'argent à répartir entre le guide et le chauffeur (environ 10 $US/j).

Il est de coutume de laisser une obole lors de la visite d'une pagode (environ 2 $US), surtout si le bonze vous a servi de guide. Vous trouverez un tronc prévu à cet effet.

Chèques de voyage

Peu de banques changent les chèques de voyage et la procédure prend du temps. Vous aurez un peu plus de chance dans les agences des villes touristiques, notamment à la Vietcombank. Sinon, les bureaux **Sinh Tourist** (✆08-3838 9597 ; www.thesinhtourist.vn) effectuent la transaction.

Si vos chèques de voyage sont libellés dans une autre devise que le dollar, vous aurez du mal à les changer.

Assurance

S'assurer est fortement recommandé pour un voyage au Vietnam, car le coût des soins médicaux est prohibitif (p. 514). Veillez à posséder une assurance qui vous couvre en cas de vol, de perte et de problèmes de santé.

Certains assureurs excluent spécifiquement les activités dites à risque, tels la moto, la plongée et le trekking. Vérifiez que vous avez droit à une évacuation d'urgence en cas de problème grave.

Bénévolat

Les occasions de faire du bénévolat ne sont pas aussi nombreuses qu'on pourrait le croire. Le marché local du développement, très lucratif, a en effet attiré de nombreux professionnels.

Pour tout renseignement, adressez-vous au centre d'information sur les ONG, le **NGO Resource Centre** (☏ 04-3832 8570 ; www.ngocentre.org.vn ; Room 201, Building E3, 6 Dang Van Ngu, Trung Tu Diplomatic Compound, Dong Da, Hanoi), qui possède des dossiers complets sur les ONG présentes au Vietnam. Les **Nations unies** (www.unv.org) organisent aussi leurs propres programmes de volontariat.

Consultez le site de **Service Civil International** (www.sciint.org) pour connaître les possibilités dans le pays, notamment avec **SOS Village** (www.sos-childrensvillages.org), à Viet Tri, au nord de Hanoi, et avec **Friendship Village** (www.vietnamfriendship.org), fondé par des vétérans vietnamiens et américains pour venir en aide aux victimes de l'agent orange.

En France, quelques organismes offrent des opportunités de travail bénévole sur des projets de développement ou d'environnement, comme le **Comité de coordination pour le service volontaire international** (CCVIS ; http://ccivs.org ; ☏ 01 45 68 49 36 ; maison de l'Unesco, 1 rue Miollis, 75732 Paris Cedex 15), la **Délégation catholique pour la coopération** (DCC ; http://ladcc.org ; ☏ 01 45 65 96 65 ; 106 rue du Bac, 75007 Paris) et le réseau **France Volontaires** (www.france-volontaires.org).

Parmi les organisations internationales proposant des emplois bénévoles au Vietnam, citons **Voluntary Service Overseas** (VSO ; www.vso.org.uk), au Royaume-Uni, **Australian Volunteers International** (AVI ; www.australianvolunteers.com) et **Volunteer Service Abroad** (VSA ; www.vsa.org.nz), en Nouvelle-Zélande.

Voici également des associations œuvrant principalement au Vietnam :

KOTO (www.koto.com.au). Permet d'offrir vos compétences, votre temps ou un peu d'argent aux enfants des rues pris en charge par cette organisation. Le projet de base de l'association Street Voices est le restaurant KOTO à Hanoi.

Volunteers for Peace (www.vpv.vn). Cherche régulièrement des bénévoles pour travailler dans un orphelinat à la périphérie de Hanoi.

Les enfants du dragon (http://lesenfantsdudragon.com). Association soutenant financièrement et matériellement des projets humanitaires en faveur des enfants et des plus pauvres au Vietnam.

Enfants du Mékong (www.enfantsdumekong.com). Éduque, forme et accompagne les enfants et les jeunes d'extrême pauvreté via le parrainage et les actions in situ où sont envoyés les volontaires "Bambou".

Cartes et plans

L'atlas routier *Tap Ban Do Giao Thong Duong Bo Viet Nam* est le meilleur du marché, mais les routes les plus récentes n'y figurent pas. Les librairies, dont Fahasa, le vendent au prix de 220 000 d.

Les noms de rues précédés des termes Pho, Ðuong et Ðai Lo (avenue ou boulevard) sont respectivement abrégés en P, Ð et ÐL dans les adresses et les cartes.

La *Xin Chao Map of Hanoi* se révèle aussi riche en conseils et recommandations.

Cours de langue

On peut suivre des cours de vietnamien à HCMV et à Hanoi ainsi que dans d'autres villes. Notez cependant que la langue parlée diffère assez entre le Nord et le Sud.

Douane

Après votre arrivée en avion au Vietnam, la procédure habituelle ne vous prendra que quelques minutes. Si vous entrez par voie terrestre, comptez un peu plus longtemps, notamment aux postes-frontières reculés. Franchises douanières :

➡ 400 cigarettes

➡ 1,5 l d'alcool

➡ les très grosses sommes en devises étrangères (7 000 $US ou plus) doivent être déclarées

Électricité

Le courant est en général de 220 V, 50 Hz, mais vous trouverez du 110 V (très rarement), également en 50 Hz. Les prises comportent d'ordinaire deux fiches rondes.

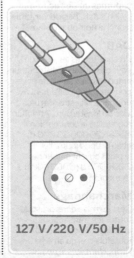

127 V / 220 V / 50 Hz

Enfants

Les enfants apprécient le Vietnam, surtout à cause de toute l'attention qu'ils suscitent et parce que tout le monde veut jouer avec eux ! Cependant, cette attention peut parfois paraître envahissante, notamment pour les petits blondinets aux yeux bleus. Il n'est pas impossible qu'ils se fassent pincer la joue, ou, pire (même si c'est rare), toucher au niveau de l'aine, pour les garçons (pour vérifier que c'en est !).

Dans les grandes villes, les distractions ne manquent pas ; en revanche, dans la plupart des agglomérations moins importantes, vos enfants risquent de s'ennuyer un peu. Ils apprécieront sans aucun doute les superbes plages, mais sachez que la baignade peut se révéler dangereuse en raison des forts courants de retour. S'il y a des drapeaux de baignade et des sauveteurs sur certaines plages populaires, il est recommandé aux parents de tester le courant et d'ouvrir l'œil sur les plages moins fréquentées. Les eaux de l'île de Phu Quoc sont plus abritées.

Les enfants apprécient généralement la cuisine locale, le plus souvent peu épicée : le choix de fruits exotiques se révèle étonnant, les pâtés impériaux passent très bien et un bol de riz sera toujours disponible pour les palais difficiles. Par ailleurs, on trouve presque partout de la nourriture internationale de type pizzas, pâtes, hamburgers et glaces.

Prévoyez une bonne provision de crème solaire haute protection, car ce produit n'est pas disponible partout et coûte plus cher que dans nombre de pays occidentaux.

Enfants en bas âge

Dans les grandes villes, petits pots, couches et vêtements pour enfants se trouvent facilement, ce qui n'est pas le cas dans les campagnes.

Les hôtels internationaux de catégories moyenne et supérieure mettront à votre disposition des lits pour enfant. Les voitures de location et les taxis ne sont pas équipés de siège enfant.

Allaiter en public est courant au Vietnam, vous ne choquerez donc personne en le faisant. En revanche, il existe peu d'aménagements spéciaux pour changer les bébés.

Au Vietnam, il est particulièrement important de faire attention à ce que votre enfant met à la bouche. Sa curiosité naturelle peut devenir dangereuse dans un pays où dysenterie, typhoïde et hépatites sont courantes. Pensez à apporter un gel antibactérien pour lui désinfecter les mains. N'oubliez pas non plus de bien le hydrater et de lui mettre de la crème solaire.

Pour des informations d'ordre général, consultez le guide *Voyager avec ses enfants* publié par Lonely Planet.

Formalités et visas

Pour entrer au Vietnam, les ressortissants de la plupart des pays doivent entreprendre les formalités nécessaires à l'obtention d'un **visa** auprès de l'ambassade vietnamienne du pays de départ (voir p. 490). Il permet aux visiteurs d'entrer au Vietnam et d'en sortir aux aéroports de Hanoi, de HCMV et de Danang ou par n'importe lequel de ses nombreux postes-frontières terrestres partagés avec le Cambodge, la Chine et le Laos (p. 502). Notez que le **passeport** doit être valable 6 mois après la date d'expiration du visa.

Un visa touristique pour un séjour de 30 jours revient à 60 € avec entrée simple, à 90 € avec entrées multiples (frais postaux non compris). Si vous arrivez en avion, les agences de visas en ligne assurent un

service plus efficace, rapide et économique que les ambassades vietnamiennes (voir encadré p. 494).

En Asie, le meilleur endroit pour obtenir un visa pour le Vietnam est le Cambodge, où il coûte de 55 à 60 $US et peut être accordé le jour même. Autre option : Bangkok, où de nombreux agents proposent des formules bon marché, billet d'avion et visa compris.

Si vous prévoyez de sortir du Vietnam et d'y entrer à nouveau par le Cambodge ou le Laos, demandez un visa à entrées multiples, valable 90 jours (environ 110 $US). (Nous avons eu vent de visas de 180 jours émis à l'occasion au Cambodge et nulle part ailleurs.)

Enfin, croyez-en notre expérience : les services de l'immigration de l'aéroport tiendront compte de votre apparence physique. Évitez les tenues négligées (dont le short) et, messieurs, veillez à être rasé de près.

Visa à l'arrivée

Il est possible d'obtenir un visa à l'arrivée au Vietnam si l'on voyage en avion, et à condition d'avoir obtenu au préalable l'autorisation officielle délivrée par le bureau de l'émigration du Vietnam. Les sociétés spécialisées dans l'obtention de visas, citées dans l'encadré p. 494, se chargent des formalités. Vérifiez toutefois la réglementation en cours avant de partir, car elle change régulièrement.

Visa à entrées multiples

Il est possible d'entrer au Laos ou au Cambodge depuis le Vietnam, puis d'y retourner sans avoir à présenter un nouveau visa. Il faut pour cela demander un visa à entrées multiples (*nhiêu lân*) *avant* de quitter le Vietnam. Si vous en êtes dépourvu, il vous faudra repasser par toute la paperasserie des visas vietnamiens.

Le plus simple est d'en faire la demande avant votre départ, auprès de l'ambassade vietnamienne. Vous pourrez aussi obtenir un visa à entrées multiples à Hanoi ou à HCMV, mais vous devrez sans doute demander à une agence de visas ou de voyages d'accomplir les formalités à votre place. Le service revient autour de 45 $US et la procédure prend jusqu'à 7 jours.

Prorogation de visa

Les extensions de visas ne coûtent officiellement que 10 $US, mais elles nécessitent de passer par une agence. La procédure prend jusqu'à 7 jours, et vous ne pouvez demander qu'une seule prorogation de 30 ou 90 jours selon le type de visa.

En théorie, on peut faire proroger son visa dans toutes les capitales de province. En pratique, c'est plus facile dans les grands centres urbains, comme HCMV, Hanoi, Danang et Hué. Si vous effectuez cette formalité ailleurs que dans votre ville d'arrivée au Vietnam, vous devez débourser quelque 30 $US.

Handicap

Le Vietnam n'est pas une destination facile pour les voyageurs handicapés, bien que de nombreux Vietnamiens le soient eux-mêmes, à la suite de blessures de guerre. La circulation effrénée et les trottoirs encombrés de motos en stationnement et d'étals de rue ne facilitent pas les choses.

Toutefois, en planifiant bien votre voyage, vous pouvez parfaitement envisager de partir au Vietnam. Adressez-vous à une agence de voyages fiable pour tout organiser et n'hésitez pas à vérifier vous-même les réservations prises.

Certains hôtels économiques et nombre d'établissements de catégories moyenne ou supérieure disposent d'un ascenseur. Notez que les fauteuils roulants de plus de 60 cm de large passent parfois difficilement par les portes des salles de bains.

Les trains ne sont pas vraiment équipés pour les voyageurs à mobilité réduite, qui peuvent toutefois emprunter les bus "open tour". En louant une voiture avec chauffeur, tout ou presque devient alors possible. Il vous faudra parfois monter un escalier ou à bord d'un bateau, mais sachez que les Vietnamiens seront toujours prêts à vous aider.

Traverser les rues au trafic anarchique de villes comme Hanoi et HCMV constituant déjà une épreuve périlleuse pour les voyants, les voyageurs aveugles doivent impérativement être accompagnés.

Pour préparer votre voyage, le blog de l'association **Handi Voyages** (☎03 86 57 25 41 ; www. handi-voyages.org) fourmille d'informations : mise en relation entre voyageurs

---

VOTRE VISA PAR UNE AGENCE

En France, vous pouvez contacter **Cap Vietnam** (www.cap-vietnam.com ; ☎01 45 88 56 70 ; VN_arrivee@action-visas.com ; 10-12 rue du Moulin-des-Prés, 75013 Paris ; ◷9h30-12h et 13h30-18h30 lun-ven, 9h30-13h sam), précieux intermédiaire en la matière, ou vous rendre directement sur le site d'**Action-Visas** (www.action-visas.com), où vous pouvez déposer une demande de visa en ligne (ou l'envoyer par correspondance), une solution pratique quoique un peu plus coûteuse. Si vous devez partir en urgence, sous 24h ou 48h, ces sociétés peuvent vous aider à obtenir l'autorisation des autorités vietnamiennes pour que votre visa vous soit délivré à l'arrivée dans un aéroport du Vietnam, et ce pour une période de 1 à 12 mois (entrée simple ou entrées multiples). Toutes les formalités peuvent s'effectuer par e-mail ou par télécopie sans envoi de passeport.

Autre solution, à la fois simple et économique : si vous arrivez en avion à HCMV, Hanoi ou Danang (la formule ne fonctionne pas aux frontières terrestres), vous pouvez recourir à une compagnie spécialisée ou une agence de voyages vietnamiennes pour l'obtention de votre visa.

Vous fournissez à l'avance les renseignements figurant sur votre passeport et l'agent vous envoie 2 ou 3 jours plus tard (1 jour en service express) une confirmation à imprimer. À l'arrivée à l'aéroport, il suffit de présenter ce document et une photo d'identité, puis de payer le montant du visa (entrée simple 25 $US, entrées multiples 50 $US). Nombre de voyageurs préfèrent ce système qui évite les tracasseries de l'administration vietnamienne et n'oblige pas à laisser son passeport en dépôt pendant quelque temps. Ce système coûte par ailleurs moins cher que de s'adresser à l'ambassade du Vietnam dans votre pays.

Vietnam Visa Center (www.vietnamvisacenter.org) et **Visa Vietnam** (www.visatovietnam.org) sont des intermédiaires fiables.

VISA : ATTENTION AUX ARNAQUES EN LIGNE

Le département des Affaires consulaires du ministère vietnamien des Affaires étrangères met en garde contre certains sites non officiels proposant un service de visas en ligne. Les visas délivrés ne permettent pas à leurs détenteurs l'embarquement ou le passage de la frontière. Voici quelques-uns de ces sites : myvietnamvisa.com, visa-vietnam.ca, visa-vietnam. org, vietnam-visa.org, vietnamvisacentre.com, getvisavietnam.com, vietnamvisa.gov.vn...

Les voyageurs français doivent en outre se méfier de l'existence de faux sites camouflés sous le nom de l'ambassade du Vietnam en France (fr.vietnam-visa. com/embassy/France) et en Suisse (www.vietnamvisa-geneva.vn). Ils proposent eux aussi un service de demande de visa en ligne dont la fiabilité reste douteuse.

handicapés pour partager les expériences, aide à l'organisation de voyages, recrutements de volontaires accompagnateurs, etc. L'**APF** (Association des paralysés de France ; 📞01 40 78 69 00 ; www.apf.asso.fr ; 17 bd Auguste-Blanqui, 75013 Paris) peut également vous fournir des informations utiles sur les voyages accessibles.

Certaines agences de voyages proposent des circuits au Vietnam adaptés aux personnes présentant un handicap. C'est le cas en France de **Nature Vietnam** (www.nature-vietnam.com) et d'**Actis Voyages** (www.actis-voyages.com), spécialiste des voyages adaptés pour les sourds et malentendants.

Hébergement

L'hébergement se distingue d'ordinaire par son bon rapport qualité/prix et ses équipements de qualité. Dans les grandes villes et les principaux centres touristiques, l'offre couvre toute la gamme, des dortoirs d'auberge de jeunesse aux hôtels de luxe. À la campagne et dans les bourgades de province, le choix se résume le plus souvent à des pensions et des hôtels simples mais corrects.

La propreté est en général satisfaisante et l'on trouve peu de vrais taudis – même les zones rurales reculées abritent d'excellentes adresses économiques. La communication peut parfois poser problème (surtout hors des sentiers battus où le personnel parle rarement anglais), mais on parvient généralement à se faire comprendre. C'est peut-être en partie pour cette raison que la qualité du service se révèle parfois aléatoire.

Les tarifs figurent en dongs ou en dollars US selon la monnaie privilégiée par l'établissement. La plupart des chambres se classent dans la gamme petits budgets et le prix de la nuit en dortoir est indiqué par lit. Des réductions sont souvent proposées durant les périodes creuses de l'année.

À votre arrivée à l'hôtel, on vous demandera presque systématiquement sinon votre passeport, du moins sa photocopie (y compris la page avec le visa et votre carte de départ, de couleur jaune).

Hôtels et pensions

En vietnamien, hôtel se dit *khach san* et pension *nha khach* ou *nha nghi*. Nombre d'hôtels déclinent un large choix de chambres, souvent de 15 à

60 \$US. Les moins chères se trouvent généralement en haut de plusieurs volées de marches ou n'ont pas de fenêtre.

➡ **Petits budgets** Les pensions, familiales pour la plupart, varient énormément en fonction du propriétaire. Les chambres sont habituellement très bien équipées, avec clim., eau chaude, Wi-Fi et TV moyennant 12 à 15 \$US. Certaines adresses servent même gracieusement le petit-déjeuner. Vers le haut de la catégorie, les mini-hôtels (petits hôtels privés élégants) affichent un rapport qualité/prix très avantageux. En revanche, ne comptez guère sur la présence d'un ascenseur.

➡ **Catégorie moyenne** Vers le bas de la gamme, les chambres s'apparentent à celles des hôtels petits budgets, bien qu'elles soient plus spacieuses ou dotées d'un balcon. En dépensant davantage, vous aurez droit, selon le standing, à un cadre plus moderne, une piscine, un spa ou/et un service de massages.

➡ **Catégorie supérieure** Il y en a pour tous les goûts, de l'hôtel d'affaires sans caractère à la demeure coloniale chargée d'histoire. Sans oublier les complexes hôteliers de la côte, notamment à China Beach, Nha Trang et Mui Ne. Les villas-hôtels avec piscine privative deviennent de plus en plus prisées, tandis que d'autres hébergements incluent un accès gratuit au spa. Vous trouverez des lodges écologiques dans les montagnes du Nord et en bordure des parcs nationaux.

Chez l'habitant

Le logement chez l'habitant est une formule répandue dans certaines régions du Vietnam. Les autorités imposent des règles strictes concernant l'enregistrement des étrangers et les lieux d'hébergement doivent être agréés.

GAMMES DE PRIX

Les tarifs indiqués s'entendent pour une chambre double avec salle de bains en haute saison. Sauf mention contraire, les taxes sont incluses mais pas le petit-déjeuner.

$ moins de 25 $US (525 000 d) la nuit

$$ 25-75 $US (525 000-1 575 000 d)

$$$ plus de 75 $US (1 575 000 d)

Parmi les régions pionnières en la matière, citons le delta du Mékong, les villages thaïs blancs de Mai Chau, Ba Be et Moc Chau, certains coins des hauts plateaux du Centre, les îles Chams et le village de Bho Hoong près de Hoi An.

Des tour-opérateurs spécialisés (p. 504) et des compagnies proposant des excursions à moto (p. 506) ont développé de bonnes relations avec des villages reculés et intègrent des séjours chez l'habitant dans leurs circuits.

Taxes

Sachez que la plupart des établissements de catégorie supérieure imposent une taxe de 10% et un service de 5%, signalés par un ++ ("plus plus") sur la note. Certains hôtels de catégorie moyenne, voire petits budgets, tentent aussi d'appliquer une taxe de 10%, mais acceptent souvent d'y renoncer.

Heure locale

Le Vietnam, comme la Thaïlande, est en avance de 7 heures sur l'heure du méridien de Greenwich (temps universel). Sa proximité de l'équateur ne rend pas nécessaire un horaire d'été, et l'heure ne varie pas. Par rapport à la France, le décalage est de + 6 heures en hiver et de + 5 heures en été.

Heures d'ouverture

Pour les Vietnamiens, très matinaux, traîner au lit signifie être malade. La pause-déjeuner est sacrée et le pays semble s'arrêter entre 12h et 13h30, voire de 11h30 à 14h pour les administrations. Nombre de ces dernières restent ouvertes le samedi jusqu'à 12h et ne ferment que le dimanche. Dans ce guide, nous ne mentionnons les horaires que lorsqu'ils diffèrent des normes suivantes :

Banques 8h-15h lun-ven, 8h-11h30 sam

Bureaux et musées 7h/8h-17h/18h. Les musées ferment d'ordinaire le lundi.

Restaurants 11h30-21h

Magasins 8h-18h

Temples et pagodes 5h-21h

Homosexualité

En général, les homosexuels ne rencontrent pas trop de désagréments au Vietnam. Aucune loi n'interdit les relations avec une personne du même sexe, ni ne traite du harcèlement individuel. La première Gay Pride a eu lieu à Hanoi en 2012, et le gouvernement a lancé en 2013 une consultation visant à légaliser le mariage entre personnes du même sexe.

Si Hanoi et Hô Chi Minh-Ville comptent une communauté gay dynamique, les établissements fréquentés par celle-ci restent fort discrets. Une stigmatisation persistante oblige la plupart des homosexuels vietnamiens à dissimuler à leurs proches leur véritable orientation.

Cela dit, les voyageurs gays ne rencontrent habituellement aucun problème. Deux personnes du même sexe peuvent tout à fait partager une chambre sans éveiller la suspicion, mais, comme pour les couples hétérosexuels, les démonstrations d'affection en public sont à proscrire.

Utopia (www.utopia-asia. com) fournit des informations et des adresses aux voyageurs homosexuels.

Informations touristiques

Attention, les offices du tourisme locaux sont des organismes d'État à but totalement lucratif, dont le premier souci est de vendre des excursions. Cartes et brochures ne sont donc pas gratuites. Vietnam Tourism et Saigon Tourist sont les plus anciennement établis, mais chaque province possède aujourd'hui au moins un organisme de ce type.

UN HÔTEL PEUT EN CACHER UN AUTRE

Les escroqueries hôtelières sont fréquentes au Vietnam, surtout à Hanoi dans le quartier des hôtels bon marché. Lorsqu'un établissement jouit d'une bonne réputation et figure dans un guide, une enseigne du même nom ne tarde pas à ouvrir dans la même rue. Des chauffeurs de taxi de mèche avec l'usurpateur se chargent d'y cornaquer les voyageurs sans méfiance. Dans le doute, jetez un œil à la chambre avant de vous décider. Certains hôtels de la capitale insistent aussi lourdement pour vous vendre des excursions. Cependant, la plupart des professionnels du secteur sont des gens honnêtes et corrects.

Les cafés de voyageurs et les agences locales, sans oublier les autres voyageurs, constituent de bien meilleures sources d'information. Et il y a désormais des offices du tourisme privés, très pratiques, à Hanoi et à HCMV.

En France, **Cap Vietnam** (☑01 45 88 56 70 ; www.cap-vietnam.com ; 10-12 rue du Moulin-des-Prés, 75013 Paris ; ⊙9h30-12h et 13h30-18h30 lun-ven, 9h30-13h sam) est un bureau d'information privé sur le Vietnam, doublé d'une librairie. Il est couplé avec l'organisme Action-Visas.

Internet (accès)

L'Internet et le Wi-Fi sont largement répandus au Vietnam. Sachez toutefois que le gouvernement bloque régulièrement l'accès aux réseaux sociaux, notamment à Facebook.

Dans les cybercafés, le coût horaire varie en général entre 3 000 et 8 000 đ. Quelque 98% des hôtels et des pensions ont le Wi-Fi. Seuls les endroits très reculés, comme les parcs nationaux, font parfois exception. La gratuité est presque toujours la règle, sauf dans certains établissements cinq étoiles.

Bien qu'assez rapide en ville, la vitesse de connexion ne permet généralement pas les jeux vidéo ni le streaming.

Jours fériés

Quand un jour férié tombe le week-end, le lundi qui suit est chômé.

➡ **Nouvel An** (Tet Duong Lich) 1er janvier

➡ **Nouvel An vietnamien** (Têt) Trois jours en janvier ou février

➡ **Anniversaire de la fondation du Parti communiste vietnamien** (Thanh Lap Dang CSVN) 3 février – il fut fondé le 3 février 1930

➡ **Commémoration des rois Hung Vuong** Le 10e jour du 3e mois lunaire (mars ou avril)

➡ **Anniversaire de la Libération** (Saigon Giai Phong) 30 avril – la reddition de Saigon est célébrée dans tout le pays

➡ **Fête du Travail** (Quoc Te Lao Dong) 1er mai

➡ **Anniversaire de Hô Chi Minh** (Sinh Nhat Bac Ho) 19 mai

➡ **Anniversaire du Bouddha** (Phat Dan) 8e jour de la 4e lune (en général en juin)

➡ **Fête nationale** (Quoc Khanh) 2 septembre – cette fête commémore la proclamation par Hô Chi Minh de l'indépendance de la République démocratique du Vietnam, en 1945.

Photographie

Les cartes mémoire sont assez peu onéreuses au Vietnam. La plupart des cybercafés gravent des photos sur CD ou DVD. Songez à emporter un jeu de câbles permettant le visionnage de vos dossiers sur un écran : la plupart des chambres d'hôtel sont équipées d'un téléviseur.

Vous trouverez presque partout des pellicules papier couleur à des prix raisonnables – environ 3 $US la pellicule 36 poses ; les diapositives couleur sont en vente à Hanoi et à HCMV, essentiellement.

Les appareils photo ne sont pas trop chers, mais le choix se révèle limité. Les autres fournitures sont aisément disponibles dans les grandes villes

Sujets sensibles

Comme partout, ne photographiez pas de sites sensibles, comme les aéroports, les bases militaires et les postes-frontières ; quant à Hô Chi Minh dans son sarcophage de verre, n'y pensez même pas !

Faites preuve de politesse et de discrétion et demandez toujours la permission avant de prendre une photo, en particulier s'il s'agit d'un membre d'une ethnie montagnarde. Si la personne refuse, n'insistez pas. Et dans le cas où vous vous seriez engagé à lui envoyer un tirage de la photo, veillez à tenir votre promesse.

Pour des conseils professionnels, procurez-vous *La Photo de voyage* de Richard l'Anson, publié par Lonely Planet.

Poste

Chaque ville, bourgade ou village possède une poste (*buu dien*).

Le Vietnam dispose de services postaux assez fiables. L'EMS (service postal express international), accessible dans les grandes villes, peut se révéler deux fois plus rapide que le courrier aérien normal, son autre grand avantage étant que l'envoi est enregistré.

Les transporteurs privés comme FedEx, DHL et UPS expédient des documents ou de petits paquets, dans le pays ou à l'étranger.

Problèmes juridiques

Droit civil

Sur le papier, tout paraît simple. Dans la pratique, les

lois ne font jamais autorité. Les dignitaires locaux les interprètent à leur goût, souvent contre les désirs de Hanoi. L'indépendance judiciaire n'existe pas. Il n'est donc pas surprenant que la plupart des litiges se règlent en dehors des tribunaux.

Drogue

Le trafic de drogue a fait son grand retour au Vietnam. Le problème de l'héroïne, actuellement très inquiétant, pousse les autorités à prendre des mesures radicales.

La marijuana et, dans le Nord-Ouest, l'opium sont répandus. Quantité de policiers en civil patrouillent dans les rues. En cas d'arrestation, vous risquez une longue peine de prison et/ou une amende importante.

Police

Peu d'étrangers ont à subir les tracasseries de la police et les demandes de bakchich sont extrêmement rares. Cela dit, la police est corrompue. En cas de problème ou de vol, la police ne fera souvent rien d'autre que d'établir un rapport (contre rétribution variable) pour votre compagnie d'assurance. Faites-vous au besoin accompagner par un Vietnamien parlant français ou anglais.

Sécurité

Le Vietnam est un pays des plus sûrs pour les voyageurs. La police veillant fermement au maintien de l'ordre public, très peu de cas d'attaques, de vols avec arme ou d'agressions sexuelles nous ont été rapportés. En revanche, les escroqueries et le harcèlement à l'égard des touristes sévissent dans certaines villes, en particulier à Hanoi et à Nha Trang. C'est en circulant en deux-roues au milieu de l'anarchie générale que les voyageurs courent en réalité le plus grand danger. Beaucoup de Vietnamiens conduisent en effet n'importe comment, d'où un taux d'accidents de la route effrayant.

Animaux marins

Des créatures plus ou moins dangereuses peuplent les fonds marins. Sur la liste figurent notamment les méduses, les poissons-pierres, les poissons-scorpions, les serpents de mer et les raies pastenagues. Ne vous privez pas de baignade pour autant : la plupart de ces animaux évitent les humains et le nombre d'accidents reste faible.

Les méduses se déplaçant en groupe, il est assez facile de les éviter avant de plonger. Les poissons-pierres, poissons-scorpions et pastenagues séjournent plutôt en eaux peu profondes. Ils sont difficiles à voir, et le meilleur moyen de vous protéger est de porter des chaussures spéciales.

Munitions non explosées

Quatre armées différentes se sont employées, durant trois décennies, à mitrailler, pilonner, miner, piéger et bombarder le territoire vietnamien. À la fin des combats, presque tout ce matériel mortifère est resté exactement là où on l'avait déposé. Les Américains estiment qu'au moins 150 000 tonnes de mines et de bombes non explosées (UXO, Unexploded Ordnance) jonchent le sol du pays.

Depuis 1975, plus de 40 000 Vietnamiens ont été tués ou mutilés en défrichant leurs champs, où ces bombes avaient été "oubliées". Vous ne risquez rien dans les villes, les régions cultivées, les petites routes et les chemins fréquentés. Toutefois, ne

---

LE VIETNAM PRATIQUE

Laveries. La plupart des hôtels et pensions ont un service de laverie peu onéreux (en cas de mauvais temps, vérifiez qu'ils disposent d'un séchoir).

Journaux et magazines. *Le Courrier du Vietnam* (http:// http://lecourrier.vn) est un quotidien national en français. *Vietnam News* un quotidien anglophone de propagande. Pour les manifestations et sorties, citons les magazines *The Guide*, qui couvre tout le pays, ainsi que *AsiaLife* et *The Word* à HCMV.

Radio et télévision. *Voice of Vietnam* tient le haut du pavé sur les ondes – elle est même diffusée par haut-parleur dans de nombreuses petites villes et à Hanoi. La chaîne de télévision VTV2 diffuse le journal en français vers 15h et VTV1 vers 23h. La radio VOV5 diffuse chaque jour plusieurs journaux en français (horaires sur http://vovworld.vn/fr-ch/introsection.vov).

Cigarette. Bien que fumer soit interdit dans les espaces publics et les transports en commun, les Vietnamiens fument partout, sauf dans les véhicules climatisés où cela n'est pas socialement admis.

Poids et mesures. Le Vietnam utilise le système métrique, hormis pour les métaux et les pierres précieuses, pour lesquels il recourt au système chinois, avec le *catty* (0,6 kg) et le *taël* (1/16 de *catty*, soit 37,5 g).

sortez pas des sentiers battus, au sens strict du terme. Les champs de mines sont connus des gens de la région, mais non signalés.

Ne touchez *jamais* ces "reliques" de guerre. Certaines demeurent actives pendant des années. Ne marchez pas dans les cratères de bombes : on ne sait jamais ce qui peut rester au fond. Vous en saurez plus sur le problème des mines en contactant **International Campaign to Ban Landmines** (ICBL : www.icbl.org), lauréat du prix Nobel de la paix. Vous pouvez également visiter le site Internet (en anglais) du **Mines Advisory Group** (MAG ; www.maginternational. org), organisme britannique spécialisé dans l'élimination de mines et de bombes non explosées.

Téléphone

Un téléphone mobile muni d'une carte SIM locale et un compte Skype permettent de passer des communications internationales à moindres frais.

Appels internationaux

Il est en général plus avantageux d'appeler l'étranger avec un portable plutôt qu'avec une ligne fixe ; comptez à partir de 0,10 $US la minute.

Autrement, vous pouvez téléphoner depuis n'importe quel appareil vers une cinquantaine de pays au prix forfaitaire de 0,50 $US la minute en composant le ⏹17100, suivi de l'indicatif national et du numéro du correspondant. De nombreux hôtels petits budgets proposent ce service d'appel par Internet, de même que les bureaux de poste.

Enfin, beaucoup d'hôtels mettent à disposition de leurs clients un ordinateur équipé de Skype (en particulier de Skype à Skype) et d'une webcam qui permet

CONSEILS AUX VOYAGEURS

La plupart des gouvernements présentent des conseils aux voyageurs, par pays, répertoriant les éventuels risques et les zones à éviter :

Belgique (http://diplomatie.belgium.be/fr/Services/voyager_a_letranger)

Canada (http://voyage.gc.ca/voyager)

France (www.diplomatie.gouv.fr/fr/conseils-aux-voyageurs)

Suisse (www.eda.admin.ch/eda/fr/home/travad.html)

des appels gratuits ou presque.

Il est possible d'appeler nombre de pays, dont la France, en PCV.

Appels locaux

À Hanoi, à HCMV et à Haiphong, les numéros de téléphone comportent 8 chiffres. Ailleurs, ils n'en ont que 7. Chaque province possède son indicatif régional. Depuis le 5 octobre 2009, il faut ajouter le 3 devant le numéro existant pour assurer le bon fonctionnement des appels téléphoniques, ce qui a été pris en compte dans ce guide.

Vous pouvez téléphoner de la plupart des hôtels et des restaurants – et souvent gratuitement (faites-vous préciser au préalable le coût éventuel de l'appel). Les appels intérieurs longue distance sont aussi facturés à des prix raisonnables.

Téléphones portables

Le Vietnam dispose d'un excellent réseau cellulaire. Il utilise le réseau GSM 900/1800, compatible avec la plupart des pays d'Asie et d'Europe, mais pas avec le GSM 1900 d'Amérique du Nord.

➡ **Cartes Sim** Si vous séjournez quelque temps au Vietnam, cela peut valoir le coup d'acheter une carte SIM avec un numéro local qui permet d'envoyer des SMS partout dans le monde moyennant 500 à 2 500 d par message. Pour ne pas avoir à utiliser votre beau

téléphone perfectionné, vous pouvez vous procurer un appareil bon marché à partir de 30 $US, avec souvent 15 $US de crédit inclus. Demandez au commerçant ou à un employé de votre hôtel de le paramétrer en français ou en anglais. Trois opérateurs principaux – Viettel, Vinaphone et Mobifone – se disputent le marché vietnamien. Tous disposent de bureaux et de succursales à travers le pays.

➡ **Roaming** Si votre téléphone portable fonctionne au Vietnam, sachez que les communications vous coûteront les yeux de la tête et Internet davantage encore.

Toilettes

Le papier hygiénique est généralement fourni dans les hôtels, mais rarement dans les toilettes des gares routières et ferroviaires et autres établissements publics. Dans les lieux publics, si vous voyez une poubelle à côté de la cuvette, c'est là que doit atterrir votre papier hygiénique, le système d'évacuation n'étant pas prévu pour le papier. En l'absence de poubelle, jetez le papier dans la cuvette et tirez la chasse d'eau. Vous trouverez encore des toilettes à la turque dans certains lieux publics et à la campagne.

Petite astuce : les toilettes publiques étant assez rares, les femmes se sentiront plus à l'aise si elles portent un sarong pour un arrêt en bordure de route. Il faut le plus souvent payer un préposé pour accéder aux toilettes publiques.

Travailler au Vietnam

Il est aussi possible de travailler au noir dans des bars et des restaurants tenus par des Occidentaux. Sinon, les écoles de plongée et les opérateurs de sports d'aventure ont toujours besoin de moniteurs. L'enseignement des langues étrangères fournit toutefois la majorité des emplois. Trouver un emploi relève en général du bouche-à-oreille. Les petites annonces sont peu nombreuses, mais certaines sont diffusées sur le site de la **Chambre de commerce et d'industrie française au Vietnam** (www.ccifv.org) et sur **Vietnam Works** (www.vietnamworks.com).

Si vous avez entre 18 et 28 ans et êtes ressortissant de l'Espace économique européen, vous pouvez partir en **volontariat international** (www.civiweb.com). Destiné principalement aux étudiants, jeunes diplômés ou chercheurs d'emploi, il s'agit d'un contrat de 6 à 24 mois, en entreprise ou dans l'administration, rémunéré et placé sous la tutelle de l'ambassade de France.

Enseigner

L'anglais demeure de loin la langue la plus demandée par les étudiants vietnamiens, mais certains souhaitent aussi apprendre le chinois ou le français.

Les écoles de langues privées (10-18 $US/h) et les cours particuliers (à partir de 15 $US/h) constituent la meilleure option. Sachez aussi que vous serez mieux payé à HCMV ou à Hanoi que dans une ville de province.

Les universités d'État recrutent certains enseignants étrangers, rémunérés en moyenne de 7 à 12 $US l'heure. Ils jouissent en outre d'un logement de fonction et du renouvellement illimité de leur visa.

Voyager seule

Le Vietnam ne présente pas de véritable danger pour les femmes occidentales en solo. Pour preuve, elles sont des milliers chaque année à se rendre dans ce pays sans rencontrer de problème particulier et à en revenir enchantées.

Les Vietnamiennes vivent assez librement, travaillent, se mélangent aux hommes et n'adoptent pas une attitude soumise. Elles se montrent très soucieuses de leur apparence dans une société où féminité rime obligatoirement avec beauté, grâce et minceur. Toutefois, la plupart des Vietnamiennes s'habillent de façon pudique et ne dévoilent guère leur peau (en partie pour éviter de bronzer). En dehors des plages, les épaules et le haut des bras dénudés attirent immanquablement l'attention.

Transports

DEPUIS/VERS LE VIETNAM

Si la plupart des voyageurs arrivent au Vietnam en avion ou en bus, il existe aussi des liaisons ferroviaires avec la Chine et des bateaux qui naviguent sur le Mékong depuis/vers le Cambodge.

Entrer au Vietnam

Passeport et formalités

Pour entrer au Vietnam, il faut être en possession d'un passeport valable encore 6 mois après l'arrivée dans le pays et, pour la plupart des ressortissants, d'un visa (voir p. 493).

Les formalités dans les aéroports internationaux vietnamiens sont en général moins désagréables qu'aux frontières terrestres. Cela dit, traverser par voie de terre depuis le Cambodge ou la Chine est aujourd'hui relativement simple. Le passage à la frontière laotienne peut être fastidieux.

Voie aérienne

Aéroports

Le Vietnam est doté de quatre vrais aéroports internationaux. Ceux de Phu Quoc et de Hué sont officiellement catégorisés comme "internationaux", mais ne proposaient pas de liaisons vers l'étranger lors de la rédaction de ce guide.

Aéroport de Noi Bai (☎04-3827 1513 ; www. hanoiairportonline.com). Situé à 45 km de Hanoi, dans le centre-nord du pays.

Aéroport international de Tan Son Nhat (☎08-3848 5383 ; www.hochiminhcityairport. com ; Tan Binh District). Situé à 6 km de Hô Chi Minh-Ville, dans le sud du pays.

Aéroport international de Cam Ranh (☎058-398 9913 ; www.nhatrangairport. com). À 30 km au sud de Nha Trang, sur la côte sud-est.

Aéroport de Danang (carte p. 199 ; www. danangairportonline.com ; ☎0511-383 0339). Situé à 2 km de Danang, au centre du pays, c'est une plaque tournante importante du transport aérien dans cette région d'Asie.

Billets

Depuis l'Europe et l'Amérique du Nord, les vols pour le Vietnam coûtent en général plus cher que pour les autres pays d'Asie du Sud-Est. Une solution consiste à acheter un billet bon marché pour Bangkok, Singapour ou Hongkong, puis à prendre une correspondance.

Il est difficile d'obtenir des réservations pour des vols depuis/vers le Vietnam au moment des vacances locales, notamment aux alentours du Têt, entre fin janvier et mi-février.

DEPUIS LA FRANCE

La durée moyenne d'un vol sans escale entre la France et le Vietnam est d'environ 11 heures 10 à l'aller et entre 13 et 14 heures au retour. Selon les dates, les vols avec escale peuvent revenir moins cher, mais ce n'est pas systématique. Les agences ci-dessous vendent des vols secs et certaines proposent des circuits organisés.

Air France (☎36 54 ; www.airfrance.fr ; 119 av. des Champs-Élysées, 75008 Paris). Air France propose 5 vols hebdomadaires (avec escale) et 4 vols hebdomadaires directs à destination d'Hô Chi Minh-Ville.

AVERTISSEMENT

Les informations contenues dans ce chapitre sont particulièrement susceptibles de changements. Vérifiez directement auprès de la compagnie aérienne ou de l'agence de voyages les modalités d'utilisation de votre billet d'avion. N'hésitez pas à comparer les prestations. Les détails fournis ici doivent être considérés à titre indicatif et ne remplacent en rien une recherche personnelle attentive.

VOYAGES ET CHANGEMENTS CLIMATIQUES

Tous les moyens de transport fonctionnant à l'énergie fossile génèrent du CO_2 – la principale cause du changement climatique induit par l'homme. L'industrie du voyage est aujourd'hui dépendante des avions. Si ceux-ci ne consomment pas nécessairement plus de carburant par kilomètre et par personne que la plupart des voitures, ils parcourent en revanche des distances bien plus grandes et relâchent quantité de particules et de gaz à effet de serre dans les couches supérieures de l'atmosphère. De nombreux sites Internet utilisent des "compteurs de carbone" permettant aux voyageurs de compenser le niveau des gaz à effet de serre dont ils sont responsables par une contribution financière à des projets respectueux de l'environnement. Lonely Planet "compense" les émissions de tout son personnel et de ses auteurs.

Vietnam Airlines (☎0144 55 39 90 ; www.vietnamairlines. com ; 49-53, av. des Champs-Élysées, 75008 Paris). La compagnie propose 6 vols directs entre Paris-CDG et Hanoi et 3 liaisons par semaine entre Paris-CDG et Hô Chi Minh-Ville. Les vols directs A/R débutent aux alentours de 650 €.

Nouvelles Frontières (☎réservation vols secs 0 826 285 385, 0,15 €/min ; www.nouvelles-frontieres.fr)

Voyageurs du Monde (☎Vietnam 01 84 17 19 46 ; www.vdm.com ; 55 rue Sainte-Anne, 75002 Paris). Nombreuses agences en province.

AGENCES EN LIGNE

Pour trouver un billet pas cher, essayez les agences en ligne et les comparateurs de vols :
➡ www.bourse-des-vols.com
➡ www.ebookers.fr
➡ www.expedia.fr
➡ www.govoyages.com
➡ www.illicotravel.com
➡ www.kayak.fr
➡ www.opodo.fr
➡ www.skyscanner.fr
➡ http://voyages.kelkoo.fr
➡ www.voyages-sncf.com

DEPUIS LA BELGIQUE

Il n'y a pas de liaison directe pour le Vietnam depuis la Belgique. De Bruxelles, compter à partir d'environ 900 € pour un aller-retour pour Hanoi.

Airstop (☎070-233 188 ; www.airstop.be) Bruxelles (☎02/209 61 97 ; bd Émile Jacqmain 76, Bruxelles 1000). Autres agences à Anvers, Bruges, Gand et Louvain.

Connections Bruxelles (☎070 23 33 13 ; www.connections.be) ; Bruxelles (☎02/550 01 30 ; rue du Midi 19-21 , Bruxelles 1000). Plusieurs agences en Belgique.

Éole/Gigatour (www.voyageseole.be, www.gigatour.be ; Bruxelles ☎02/672 35 03 ; Place Keym 3, 1170). Plusieurs agences en Belgique.

DEPUIS LE CANADA

Les tarifs y sont souvent plus chers que depuis les États-Unis. Un vol A/R pour Hanoi démarre autour de 1 500 $C.

Air Canada (☎1-888 247 2262 ; www.aircanada.ca)

Travel Cuts (☎1-800-667 2887 ; www.travelcuts.com)

DEPUIS LA SUISSE

Un aller-retour Genève-Hanoi se négocie à partir de 700 FS. Il n'y a pas de liaison directe.

Jerrycan (☎+4122/346 92 82 ; www.jerrycan-travel.ch ; rue Sautter 11, 1205 Genève)

STA Travel (☎058 450 49 49 ; www.statravel.ch ; rue Rousseau 29, 1201 Genève). Autres agences à Genève, Lausanne et Fribourg.

Voie terrestre

Le Vietnam est frontalier avec le Cambodge, la Chine et le Laos. Les étrangers peuvent désormais emprunter de nombreux postes-frontières avec chacun de ces voisins (voir carte p. 504). Il s'agit d'un grand progrès par rapport aux années 1990. Le problème est qu'il n'est toujours pas possible d'obtenir un **visa** (www.visatovietnam.org) vietnamien en arrivant par ces frontières.

Passer la frontière

En général, les étrangers sont autorisés à passer de 7h à 17h, tous les jours.

On trouve aujourd'hui des infrastructures légales pour changer de l'argent du côté vietnamien, qui acceptent les dollars et d'autres monnaies locales (dong vietnamien, renminbi chinois, kip laotien et riel cambodgien). Les taux du marché noir sont à juste titre réputés peu intéressants, voire carrément malhonnêtes.

Au passage des frontières, il arrive que les étrangers aient à régler une "taxe d'immigration", de 1 ou 2 $US.

CAMBODGE

Le Cambodge et le Vietnam partagent une longue frontière avec de nombreux points de passage. Des visas cambodgiens d'un mois sont émis à l'arrivée à tous les postes-frontières cambodgiens moyennant 20 $US, mais il est fréquent d'avoir à payer plus, hormis à Bavet.

LES POSTES-FRONTIÈRES DU VIETNAM

Cambodge

POSTE-FRONTIÈRE	VILLE VIETNAMIENNE	VILLE CAMBODGIENNE	EN SAVOIR PLUS
Le Thanh-O Yadaw	Pleiku	Ban Lung	p. 301
Moc Bai-Bavet	Hô Chi Minh-Ville	Phnom Penh	p. 347
Vinh Xuong-Kaam Samnor	Chau Doc	Phnom Penh	p. 403
Xa Xia-Prek Chak	Ha Tien	Kep, Kampot	p. 397
Tinh Bien-Phnom Den	Ha Tien	Phnom Penh	p. 403

Chine

POSTE-FRONTIÈRE	VILLE VIETNAMIENNE	VILLE CHINOISE	EN SAVOIR PLUS
Lao Cai-Hekou	Lao Cai	Kunming	p. 142
Mong Cai-Dongxing	Mong Cai	Dongxing	p. 119
Dong Dang-Pingxiang	Dong Dang	Pingxiang	p. 120

Laos

POSTE-FRONTIÈRE	VILLE VIETNAMIENNE	VILLE LAOTIENNE	EN SAVOIR PLUS
Bo Y-Pho Keau	Kon Tum, Pleiku	Attapeu	p. 303
Cau Treo-Nam Phao	Vinh	Lak Sao	p. 155
Lao Bao-Dansavanh	Dong Ha	Sepon, Savannakhet	p. 172
Nam Can-Nong Haet	Vinh	Phonsavan	p. 154
Na Meo-Nam Xoi	Thanh Hoa	Sam Neua	p. 154
Diên Biên Phu-Muang Khua	Diên Biên Phu	Muang Khua	p. 130

Les postes-frontières cambodgiens ouvrent officiellement tous les jours de 8h à 20h.

CHINE

Actuellement, les voyageurs peuvent traverser la frontière sino-vietnamienne en trois endroits : Huu Nghi Quan (col de l'Amitié), Lao Cai et Mong Cai. Le visa chinois doit être demandé à l'avance.

Notez que la Chine est en avance d'une heure par rapport au Vietnam.

LAOS

Il existe 7 points de passage entre le Vietnam et le Laos. Des visas de 30 jours pour le Laos sont disponibles.

La règle d'or est de privilégier des bus directs de ville à ville pour aller d'un pays à l'autre, afin de réduire les formalités. Si vous prenez plusieurs bus locaux en vous arrêtant dans différents endroits, attendez-vous à des procédures pénibles et à des tentatives d'arnaque (par l'application de tarifs plus élevés qu'ils ne devraient l'être) du côté vietnamien. On a déjà vu des conducteurs s'arrêter au milieu de nulle part pour renégocier le prix.

Les connexions des deux côtés de la frontière peuvent être très aléatoires, n'utilisez pas les passages les plus isolés à moins de disposer de temps et de patience.

Bus

Des bus relient le Vietnam au Cambodge, au Laos et à la Chine. Le moyen le plus prisé depuis/vers le Cambodge est le bus international qui passe par le poste-frontière de Bavet-Moc Bai. Depuis le Laos, la plupart des voyageurs prennent le bus (cauchemardesque) qui relie Vientiane à Hanoi via Cau Treo, ou suivent l'itinéraire, plus facile, entre Savannakhet, dans le sud du Laos, et Hué, dans le centre du Vietnam, qui traverse la frontière à Lao Bao. Deux fois par jour, un bus relie aussi Hanoi et Nanning, en Chine.

Les passagers doivent sortir du bus aux frontières, afin de passer les formalités d'entrée sur le territoire et de douane.

Voiture et moto

Il est théoriquement possible d'entrer et de sortir du Vietnam en voiture ou à moto, mais seulement aux frontières avec le Cambodge et le Laos. En réalité, l'administration en fait un véritable cauchemar. S'il est souvent assez facile de passer une moto vietnamienne au Cambodge ou au Laos, la même opération dans l'autre sens est très compliquée et onéreuse. Il est actuellement interdit d'entrer en Chine à bord d'un véhicule. Consultez les forums en anglais de www. gt-rider.com pour avoir des informations récentes sur les passages de frontière à moto.

Les voyageurs motorisés (voiture ou moto) doivent être munis de la carte grise de leur véhicule,

Postes-frontières du Vietnam

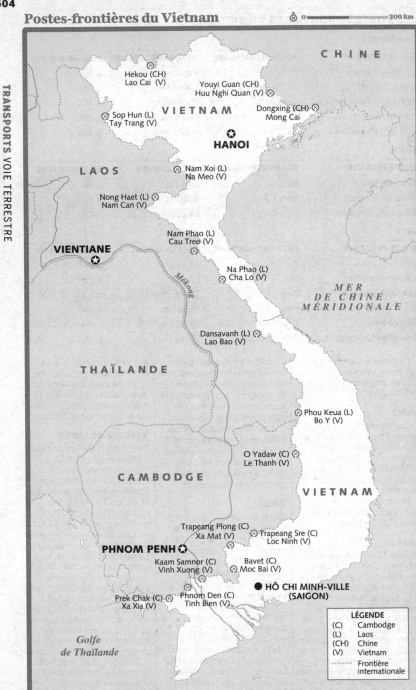

0 ▬▬▬▬▬ 200 km

CHINE

Hekou (CH)
Lao Cai (V)

Youyi Guan (CH)
Huu Nghi Quan (V)

VIETNAM

Dongxing (CH)
Mong Cai

Sop Hun (L)
Tay Trang (V)

★ HANOI

LAOS

Nam Xoi (L)
Na Meo (V)

Nong Haet (L)
Nam Can (V)

Nam Phao (L)
Cau Treo (V)

VIENTIANE ☆

Na Phao (L)
Cha Lo (V)

MER
DE CHINE
MÉRIDIONALE

Mékong

Dansavanh (L)
Lao Bao (V)

THAÏLANDE

Phou Keua (L)
Bo Y (V)

O Yadaw (C)
Le Thanh (V)

CAMBODGE

VIETNAM

Trapeang Plong (C)
Xa Mat (V)

Trapeang Sre (C)
Loc Ninh (V)

PHNOM PENH ☆

Kaam Samnor (C)
Vinh Xuong (V)

Bavet (C)
Moc Bai (V)

Prek Chak (C)
Xa Xia (V)

Phnom Den (C)
Tinh Bien (V)

● HÔ CHI MINH-VILLE
(SAIGON)

Golfe
de Thaïlande

LÉGENDE

(C)	Cambodge
(L)	Laos
(CH)	Chine
(V)	Vietnam
....	Frontière internationale

d'une assurance fiable et d'un permis de conduire international en plus de leur permis national. Vous aurez aussi besoin d'un carnet de passage en douane, qui est en fait le passeport du véhicule et tient lieu d'exemption temporaire de taxe d'importation.

Train

Plusieurs trains circulent entre la Chine et le Vietnam. Un train relie tous les jours Hanoi à Nanning (et continue jusqu'à Pékin !). Le plus beau tronçon de la ligne se situe entre Hanoi et Kunming, via Lao Cai ; il n'y a toutefois qu'un seul train par jour entre la ville frontalière chinoise de Hekou et Kunming.

Aucune ligne ferroviaire ne relie le Vietnam au Cambodge ou au Laos.

Voie fluviale

La frontière entre le Cambodge et le Vietnam compte un point de passage sur les rives du Mékong. Des navettes rapides convoient leurs passagers entre Phnom Penh au Cambodge et Chau Doc au Vietnam, avec un transbordement au poste-frontière de Vinh Xuong-Kaam Samnor. De luxueux bateaux avec cabines suivent également le cours du fleuve jusqu'aux temples d'Angkor, à Siem Reap, au Cambodge.

VOYAGES ORGANISÉS

De nombreuses agences ont inscrit le Vietnam à leur catalogue. Il est par ailleurs très facile de mettre sur pied un circuit avec une agence basée au Vietnam, que ce soit une fois arrivé sur place ou en réservant avant le départ. Certaines des meilleures sont répertoriées ci-après.

Circuits culturels

Asia Paris (☎01 44 41 50 10 ; www.asia.fr ; 1 rue Dante, 75005 Paris) ; Genève (c/o Fert et Cie Voyages☎022 839 43 92 ; 22a rue Le Corbusier, case postale 2364, CHI211 Genève 2)

Clio (☎01 53 68 82 82 ; www. clio.fr ; 34 rue du Hameau, 75015 Paris)

Compagnie des Indes et de l'Extrême-Orient (☎01 53 63 33 40 ; www. compagniesdumonde.com ; 82 bd Raspail, 75006 Paris)

Intermèdes (☎01 45 61 90 90 ; www.intermedes.com ; 60 rue La Boétie, 75008 Paris)

Maison de l'Indochine (☎01 40 51 95 15 ; www. maisondelindochine.com ; 76 rue Bonaparte, 75006 Paris)

Orients (☎01 45 61 90 90 ; www.orients.com ; 60 rue La Boétie, 75008 Paris)

Route des Indes et de l'Asie (☎01 42 60 60 90 ; www.laroutedesindes.com ; 7 rue d'Argenteuil, 75001 Paris)

Traditours (☎1 888 907-7712 ; www.traditours.com). Laval (Québec) (☎450 934-8686 1575, bd de l'Avenir, bureau 100, Laval, Canada H7S 2N5) ; Québec et sa région (☎418 907-9595) ; Montréal et Rive-Sud (☎514 907-7712)

Tourisme fluvial

Fleuves du Monde (☎01 44 32 12 85 ; www.fleuves-du-monde.com ; 28 bd de la Bastille, 75012 Paris)

Treks et voyages sportifs

Atalante (www.atalante.fr). Lyon (☎04 72 53 24 80 ;

36 quai Arloing, 69009 Lyon) ; Paris (☎01 55 42 81 00 ; 41 bd des Capucines, 75002 Paris) ; Bruxelles (☎02 627 07 97 ; rue César Franck, 44A, B-1050 Bruxelles)

Nomade Aventure (☎0 825 701 702 ; www.nomade-aventure.com ; 40 rue de la Montagne-Sainte-Geneviève, 75005 Paris).

Tamera (☎04 78 37 88 88 ; www.tamera.fr ; 26 rue du Bœuf, 69005 Lyon)

Ultramarina (☎0 825 02 98 02 ; www.ultramarina.com). Nantes (2 ter rue des Olivettes, 44302 Nantes Cedex 01) ; Paris (29 rue de Clichy, 75009 Paris) ; Marseille (27 rue de la Palud, 13001 Marseille) ; Lyon (11 rue Bugeaud, 69006 Lyon) ; Genève (☎022 786 14 86 ; rue des Eaux Vives 76, 1207 Genève, Suisse) ; Villeneuve (☎021 965 65 00 ; chez Scubashop, 1844 Villeneuve, Suisse) ; Liège (☎04 344 34 30 ; rue aux Frênes 1, B-4020 Liège, Belgique)

Agences au Vietnam

Les agences sont nombreuses et de qualités diverses, avec des prestations à la hauteur des sommes déboursées. Ainsi, la qualité des circuits bon marché vendus à Hô Chi Minh-ville et Hanoi laisse souvent à désirer. Il en existe cependant d'excellentes, souvent francophones, avec lesquelles vous pouvez aisément organiser votre voyage depuis votre pays, notamment via Internet.

DES GUIDES SUR LA CHINE CONFISQUÉS

Des voyageurs arrivant en Chine depuis le Vietnam nous ont rapporté que leur guide Lonely Planet sur la Chine leur avait été confisqué par les douaniers. Les cartes de ce guide présentent Taïwan comme un pays indépendant, ce qui reste un sujet sensible. Si vous avez ce guide avec vous, essayez d'en recouvrir la couverture, d'en arracher les cartes qui pourraient poser problème et de le mettre bien au fond de votre sac.

Voici quelques-unes des destinations touristiques les plus couvertes :

➡ **Baie d'Along** p. 103
➡ **DMZ** p. 166
➡ **Hué** p. 172
➡ **Delta du Mékong** p. 358
➡ **Mui Ne** p. 256
➡ **My Son** p. 221
➡ **Nha Trang** p. 237
➡ **Phong Nha** p. 161
➡ **Sapa** p. 131

Parmi les agences que nous recommandons :

Amica Travel (☎4 6273 4455 ; www.amica-travel. com ; Building Nikko, 3ᵉ ét., 27 Nguyen Truong To, Ba Dinh, Hanoi). Agence francophone bien établie proposant une grande variété de circuits, souvent originaux, incluant le Laos et le Cambodge.

Asiatica Travel (☎au Vietnam 6266 2816, en France 0805 470 600 ; www.asiatica-travel. com ; A1203, Building M3-M4, 91 Nguyen Chi Thanh, Dong Da, Hanoi). Également francophone, spécialiste des voyages individuels sur mesure en petits groupes et de l'écotourisme. Séjours famille, hors des sentiers battus, circuits Indochine (incluant le Cambodge et/ou le Laos), randonnée... Chaudement recommandée par nos lecteurs.

Buffalo Tours (carte p. 54 ; www.buffalotours.fr). Hanoi (☎3828 0702 ; 70-72 Ba Trieu Hoan Kiem District, Hanoi) ; HCMV (☎84-838 2791 7081 ; Mac Thi Buoi, District 1, HCMV). Une agence francophone reconnue proposant une offre très variée, du circuit grand luxe au tourisme humanitaire.

Handspan (☎3926 2828 ; www.handspan.com ; 78 P Ma May, Hanoi). Une compagnie locale experte, qui propose toutes sortes de circuits originaux dans des régions peu visitées, comme Moc Chau, Cao Bang et le nord du pays, ainsi que des excursions en jeep, des randonnées pédestres ou cyclistes en montagne et des sorties en kayak.

Tropical Tours (☎4 3871 7073 ; www. tropicaltours.vn). Hanoi (64B rue Hang Bo, District Hoan Kiem, Hanoi) ; HCMV (204B 6/13, rue Nguyen Van Huong, District 2, HCMV). Des plages aux montagnes du Nord, cette agence francophone propose des circuits variés, adaptables selon les envies. À noter, les passionnants "tours anthropologiques", de 1 jour à 3 semaines, en compagnie d'un anthropologue.

Rues d'Asie (☎4 3747 6004 ; www.ruesdasie.com ; 8 A Ngo Tat To, Dong Da, Hanoi). Cette sympathique petite agence francophone installée à Hanoi propose des circuits aventure, à pied ou à moto, et des séjours longs à la rencontre des ethnies et hors des sentiers battus.

Vietnam Découverte (☎84-9 0433 3717 ; www. vietnamdecouverte.com ; Salle 602, Savina Bât., 1 rue Dinh Le, arrondissement Hoan Kiem, Hanoi, Vietnam). Basée à Hanoi, cette agence francophone propose des circuits privés de 12 à 21 jours. Chaudement recommandée par nos lecteurs.

Destination Asia (☎3844 8071 ; www.destination-asia. com ; 143 Ð Nguyen Van Troi, Phu Nhuan, HCMV). Agence haut de gamme pour voyageurs exigeants.

Exotissimo (www.exotissimo. com). HCMV (☎8-3995 9898 ; 261-263 Phan Xich Long, Phu Nhuan District, HCMV) ; Hanoi (☎4 3828 2150 ; 3rd Floor, 66A Tran Hung Dao, Hoan Kiem, Hanoi). Des séjours variés, avec notamment des randonnées à pied ou à vélo et du golf. Le parcours "Saveurs du Vietnam", en dix jours, s'inscrit dans une perspective gastronomique.

Sinhbalo Adventures (☎8-3837 6766 ; www.sinhbalo. com ; 283/20 Ð Pham Ngu Lao, District 1, HCMV). Le premier spécialiste des circuits à vélo couvre le delta du Mékong, les hauts plateaux du Centre et les montagnes du Nord.

Sisters Tours (☎3562 2733 ; www.sisterstoursvietnam.com ; 46 Tran Hung Dao, Hanoi). Ce tour-opérateur haut de gamme affiche un choix varié de

formules thématiques (photo, famille, gastronomie...).

Ocean Tours (www. oceantours.com.vn). Une agence efficace pour des circuits dans la baie d'Along et le parc national de Ba Be. Propose également des parcours en 4x4 dans le Nord-Est.

Circuits organisés à moto

Les circuits organisés à moto sont une manière originale d'explorer le pays en dehors des sentiers battus. Les deux-roues peuvent atteindre des lieux parfois inaccessibles aux voitures, en roulant sur de petits sentiers et des routes de campagne peu empruntées. Il est préférable d'avoir un peu d'expérience de la moto, mais de nombreuses agences proposent des formations pour les novices. Enfourcher une bécane pour partir à l'assaut des sommets du Nord vous fera vivre un moment inoubliable au Vietnam.

Les guides étrangers prennent beaucoup plus cher que les guides vietnamiens. Pour un groupe de quatre personnes, il vous en coûtera à partir de 100 \$US par personne et par jour, pour un circuit tout compris (incluant la location de la moto, l'essence, le guide, l'hébergement et les repas). Parmi les meilleures agences, on peut citer :

Hoi An Motorbike Adventure (www. motorbiketours-hoian.com ; circuits 40-1 050 \$US). Des circuits exceptionnels, principalement de brèves escapades sur les belles routes de campagne de la région de Hoi Han (à partir de 40 \$US), mais aussi des parcours plus longs jusqu'à Son Tran, la DMZ et Hué. On vous fournira des Minsk bien entretenues.

Explore Indochina (carte p. 58 ; www.exploreindochina. com ; 175-235 \$US/jour).

Toutes sortes de circuits organisés de manière très professionnelle, dont un épique circuit des chemins frontaliers qui suit la frontière avec la Chine. Tous les circuits se font sur des Ural vintage ou des Minsk améliorées.

Free Wheelin' Tours (www.freewheelin-tours.com). Gérée par Fredo (Binh en vietnamien), qui parle français, anglais et vietnamien, cette compagnie propose d'excellents circuits de huit jours dans la province de Ha Giang, ainsi que des séjours personnalisés dans le nord du Vietnam.

Offroad Vietnam (www.offroadvietnam.com ; location sans guide à partir de 17 $US/jour). Cette agence très sérieuse propose trois formules : accompagnement complet (tout est compris), accompagnement partiel (vous êtes en autonomie avec un guide), location sans guide. Les circuits se font dans le nord du Vietnam, généralement sur des Honda. Le gérant, Anh, parle anglais couramment et est d'excellent conseil.

Cuong's Motorbike Adventure (http://cuongs-motorbike-adventure.com). Des circuits d'aventure bien conçus dans le nord du pays, organisés par des professionnels rodés. Le tarif par jour tout compris est de 170 $US pour une Minsk, ou de 230 $US pour une Ural.

Mototours Asia (www.mototoursasia.com ; à partir de 90 $US /jour). Cette agence locale (anciennement Voyage Vietnam) est réputée pour ses parcours dans le Nord, dans le Mékong et sur la route de Hô Chi Minh-Ville. Fournit des Royal Enfields et des Honda.

COMMENT CIRCULER

Avion

Compagnies aériennes

Le Vietnam dispose d'un bon réseau domestique : de nouvelles liaisons ouvrent régulièrement, et les prix sont très raisonnables (si on réserve tôt). Les compagnies aériennes acceptent les cartes de crédit ou à débit internationales. Sachez cependant que les annulations sont assez courantes. Mieux vaut ne pas compter sur un vol intérieur au départ d'un aéroport de province si vous devez reprendre le jour même un avion pour l'étranger.

Jetstar Airways (⌨1900 1550 ; www.jetstar.com). Cette compagnie à bas prix a des tarifs très accessibles, mais ne dessert qu'un nombre limité de destinations.

Vasco (⌨038 422 790 ; www.vasco.com.vn). Vols pour Con Dao et le delta du Mékong au départ de HCMV. La compagnie est détenue par Vietnam Airlines, avec qui elle partage ses codes.

VietJet Air (⌨1900 1886 ; www.vietjetair.com). Une nouvelle compagnie privée, qui propose un nombre croissant de vols intérieurs.

Vietnam Airlines (⌨04-3832 0320 ; www.vietnamairlines.com.vn). Le principal transporteur local offre le réseau le plus complet et la meilleure fiabilité.

Bateau

Le Vietnam compte un très grand nombre de cours d'eau partiellement navigables, les plus importants étant sans conteste les multiples bras du Mékong. Des croisières panoramiques d'une journée sont organisées sur les rivières à Hoi An, Danang, Hué, Tam Coc et même HCMV.

Il est également possible de faire des croisières en mer. Dans le Nord, la découverte des îles de la baie d'Along fait partie des incontournables. Au centre, les charmantes îles Cham représentent une belle excursion à faire depuis Hoi An. Au sud, des escapades vers les îles de Nha Trang et autour de Con Dao sont assez prisées.

Bus

Le réseau dense de bus du Vietnam permet d'atteindre les quatre coins du pays. Des bus modernes, affrétés par la compagnie Myriad, sillonnent les grandes routes nationales. Dans des zones plus reculées, attendez-vous à des conditions rudimentaires.

La majorité des voyageurs ne prennent jamais de bus vietnamiens et préfèrent s'en tenir au réseau plus pratique des bus touristiques dits "open tour".

Quelle que soit la catégorie de bus, ne vous attendez pas à dépasser les 50 km/h le long des grands axes (y compris la RN 1) en raison du trafic intense où se mêlent motos, camions et piétons.

Bus de luxe

Des bus modernes et climatisés relient les villes principales. Dans ces véhicules de luxe, vous pouvez être sûr d'avoir un siège et suffisamment de place.

Certains, qui disposent de sièges inclinables ou de couchettes rembourrées pour les très longs trajets, constituent une bonne alternative au train à des prix comparables.

Non-fumeurs, les véhicules de luxe sont en revanche souvent équipés de téléviseurs (préparez-vous à voir de surprenantes vidéos de kung-fu !) et de redoutables machines à karaoké. Mieux vaut se doter de bouchons d'oreilles et d'un masque pour les yeux.

Les bus de luxe s'arrêtent dans la plupart des grandes villes situées sur leur parcours, ainsi que pour les pauses-déjeuner.

Fiables et ponctuels, les bus de la compagnie **Mai Linh Express** (⌨098 529 2929 ; www.mailinhexpress.vn)

LE JUSTE PRIX

Au Vietnam, tout voyageur se pose la question à un moment ou un autre : est-ce le vrai prix ou suis-je en train de me faire rouler ? Cette situation contrariante remonte aux débuts du tourisme vietnamien, époque à laquelle tous les hôtels appartenaient à l'État et facturaient une note cinq fois plus élevée aux étrangers. Jusque récemment, ce système s'appliquait encore aux trajets ferroviaires.

Ces quelques indications devraient vous aider à y voir plus clair.

➡ **Avion** Identiques pour les Vietnamiens et les étrangers, les prix des vols varient selon le moment de la réservation et les dates de départ.

➡ **Bateau** Si les tarifs des ferries et des hydrofoils sont fixes, les étrangers payent davantage que les Vietnamiens pour les petites embarcations privées empruntées dans le delta du Mékong ou dans les îles Cham.

➡ **Bus** La tarification des bus est plus compliquée. Si vous achetez votre billet au point de départ (c'est-à-dire à la gare routière), le prix est fixe et très raisonnable. Toutefois, si vous prenez le bus en chemin, il y a des chances pour que le chauffeur vous demande davantage. C'est d'autant plus vrai dans les régions reculées, où les étrangers paient quatre fois, voire dix fois, plus cher que les habitants. Concernant les bus locaux, les tarifs sont affichés près de la porte, mais les étrangers se voient parfois appliquer un tarif plus élevé sur des trajets comme Danang-Hoi An.

➡ **Train** Fixes, les tarifs ferroviaires ne dépendent que de la classe.

➡ **Taxi** La plupart des taxis disposent d'un compteur et se révèlent très bon marché. Gare toutefois aux compteurs trafiqués qui tournent beaucoup plus vite que la normale.

➡ ***Xe om* et cyclo-pousse** Ils ne pratiquent généralement pas de prix fixes, ce qui oblige à négocier ferme.

sont confortables et très propres. Ils desservent, entre autres, toutes les grandes villes situées sur la RN1 entre Hanoi et Hô Chi Minh-Ville, Hanoi et Haiphong, Hô Chi Minh-Ville et Dalat, ainsi que des villes des hauts plateaux du Centre.

Bus locaux

Les bus couvrant de courtes distances ne partent qu'une fois pleins (c'est-à-dire littéralement bondés de personnes et de bagages). Les liaisons se raréfient après 16h.

Ces bus et minibus ordinaires s'arrêtent fréquemment au bord des routes pour faire descendre et monter autant de passagers que possible, ce qui rallonge d'autant le temps de trajet. Peu de voyageurs les empruntent car les chauffeurs montrent une fâcheuse tendance à majorer le prix du billet pour les étrangers.

Surveillez vos bagages, notamment aux "arrêts toilettes".

Gares routières

Nombre de villes possèdent plusieurs gares routières qui se répartissent les destinations (vers le nord ou le sud) et les différents types de service (locaux ou longue distance, express ou non).

Malgré leur aspect anarchique, beaucoup de ces terminaux ont désormais des billetteries affichant clairement les tarifs officiels et les horaires.

Trajets "open tour"

Dans tous les lieux fréquentés par les voyageurs à petit budget, on peut voir de nombreuses publicités vantant l'"open tour"ou l'"open ticket" : il s'agit en fait d'un service de bus s'adressant en majorité aux voyageurs étrangers à petit budget. Ces bus climatisés circulant notamment entre

HCMV et Hanoi offrent à leurs passagers la possibilité de monter ou de descendre dans n'importe quelle grande ville traversée.

Les prix restent très raisonnables : un trajet direct de HCMV à Hanoi coûte de 25 à 45 $US selon le trajet emprunté. Il est préférable de réserver la veille.

L'inconvénient, c'est que vous êtes mêlé à un groupe de voyageurs et avez peu de contacts avec les Vietnamiens. Certains tour-opérateurs perçoivent une commission des hôtels et restaurants partenaires. L'avantage, c'est que les bus partent de lieux centraux (souvent des auberges de jeunesse prisées des voyageurs), ce qui vous évite un trajet jusqu'à la gare routière. Certains bus "open tour" font également des arrêts aux sites touristiques en chemin (comme les ruines de monuments cham à Po Klong Garai).

Acheter des tickets "open" pour de courts trajets au fur et à mesure de son voyage, d'un coût légèrement supérieur, offre cependant plus de souplesse et permet de prendre le train, de louer une moto ou de changer d'itinéraire comme on l'entend.

Quoi qu'il en soit, ces billets remportent un franc succès. En dehors de l'itinéraire classique du nord au sud, le parcours HCMV–Mui Ne–Dalat–Nha Trang est de plus en plus fréquenté.

Si ce système vous intéresse, rendez-vous dans les cafés pour voyageurs de HCMV et de Hanoi. **The Sinh Tourist** (☑08-3838 9597 ; www.thesinhtourist.com) a bonne réputation et propose un système de réservation par Internet, mais d'autres compagnies existent.

Tarifs et réservations

Réserver n'est pas nécessaire pour les services les plus fréquents entre les villes, mais rien ne vous empêche d'acheter vos billets la veille. Prenez toujours vos billets aux guichets de la gare routière, les chauffeurs étant connus pour demander plus cher.

Les tarifs restent très bon marché, même si les étrangers paient souvent de 2 à 10 fois le prix normal sur les trajets ruraux. À titre de référence : un trajet de 100 km devrait coûter entre 2 et 3 $US.

Vélo

Se déplacer à vélo est un bon moyen de découvrir le Vietnam, en particulier lorsqu'on sort des grands axes. On peut parcourir ainsi de longues distances : le relief est plat ou modérément montagneux, et les routes principales sont praticables. La sécurité, en revanche, pose un sérieux problème. Si vous êtes à bout de souffle, vous pouvez toujours charger votre vélo sur un bus ou dans

le wagon à bagages d'un train (généralement 1 $US pour un court trajet, 1,50 $US/heure pour les longs voyages).

Location

Les hôtels et certaines agences de voyages louent des vélos entre 1 et 3 $US par jour. Comptez environ 10 $US pour un modèle de meilleure qualité. Il s'agit d'un excellent moyen de transport pour visiter de petites villes comme Hoi An, Hué ou Nha Trang (sauf bien sûr à la saison des pluies). On trouve en outre des réparateurs à chaque coin de rue en cas de crevaison ou de problème mécanique.

Types de vélos

Il est possible d'acheter un bon vélo dans l'une des boutiques spécialisées de Hanoi et de HCMV, mais il vaut mieux apporter le vôtre si vous projetez de faire de longues distances. Emportez également votre équipement de sécurité et des pièces détachées, qui sont rares au Vietnam. Une sonnette, voire une corne, fait partie du matériel indispensable : le plus bruyant est le mieux.

Voiture et moto

Disposer d'un véhicule personnel offre une grande souplesse pour visiter les régions les plus reculées et s'arrêter quand on le désire. La location d'une voiture inclut toujours un chauffeur. Les locations de motos sont

bon marché, que ce soit avec conducteur ou non.

Assurance

Si vous roulez dans un véhicule touristique loué avec un chauffeur, il y a de grandes chances que l'assurance soit comprise. En revanche, nombre de motos de location ne sont pas assurées, et vous devrez souscrire un contrat indiquant le montant de l'indemnité en cas de vol. Garez-vous dans les parkings surveillés (lorsqu'il y en a).

Oubliez la location de moto si vous visitez le Vietnam sans assurance. Le coût des soins en cas d'accident grave peut se révéler ruineux pour les voyageurs au budget serré.

Code de la route

Le code de la route est tout bonnement inexistant et c'est toujours le plus gros véhicule qui gagne la partie. Sur la route, faites particulièrement attention aux enfants, qui jouent parfois à la marelle au beau milieu des grands axes routiers ! Soyez attentif aussi au bétail qui peut traverser la route.

La police n'interpelle presque jamais les étrangers à moto. Elle peut toutefois vous mettre une amende, et dispose maintenant de radars automatiques. Dans toutes les zones dites "urbaines" (cherchez le panneau bleu représentant des gratte-ciel), la vitesse est limitée à 50 km/h. En ville,

DISTANCES PAR LA ROUTE (KM)

	Dalat	Hoi An	Sapa	Hué	Along (ville)	Hanoi
Hoi An	716					
Sapa	1 868	1 117				
Hué	830	138	1 038			
Along (ville)	1 653	911	545	823		
Hanoi	1 488	793	380	658	165	
HCMV	310	942	2 104	1 097	1 889	1 724

LOUER UN VÉHICULE AVEC CHAUFFEUR

Louer une voiture avec chauffeur vous donne la possibilité de vous organiser un circuit sur mesure. Très semblable à un voyage en indépendant, cette manière de voir le pays est plus confortable, permet de gagner un temps précieux et de s'arrêter où on le souhaite en chemin, contrairement aux circuits organisés habituels.

La plupart des voyagistes fournissent des voitures avec chauffeur (le chauffeur ne parle généralement pas anglais). Essayez de trouver un guide-chauffeur qui pourra vous traduire certaines choses et vous apporter un complément d'information culturelle : cela rendra le voyage beaucoup plus intéressant. À l'inverse, un mauvais guide peut gâcher votre voyage. Les conseils qui suivent vous aideront à bien choisir :

➡ Essayez de rencontrer votre guide-chauffeur avant de partir afin d'être sûr qu'il vous convient.

➡ Renseignez-vous sur les langues qu'il parle, et sur son degré d'aisance dans ces langues.

➡ Le chauffeur paie normalement ses dépenses personnelles telles que repas et hébergement, mais l'essence reste à votre charge. Vérifiez que c'est bien le cas.

➡ Mettez-vous d'accord avec l'agence sur l'itinéraire et demandez à celle-ci une copie écrite. Si le chauffeur improvise en cours de route, vous pourrez vous en servir pour le rappeler à l'ordre.

➡ Exprimez clairement votre souhait d'éviter les restaurants et boutiques pièges à touristes.

➡ Laissez un pourboire si vous êtes satisfait du service.

il est interdit de tourner à droite à un feu rouge.

Avertir de coups de klaxon les piétons et les cyclistes est la règle de base d'une conduite prudente. Le port de la ceinture de sécurité n'est pas obligatoire.

Légalement, une moto ne peut transporter que 2 personnes. Cette règle, respectée en ville, est largement ignorée ailleurs – on a pu voir jusqu'à 6 passagers sur un deux-roues (plus des bagages) !

Essence

Un litre de sans plomb coûte environ 24 500 d. L'essence peut s'acheter dans tout le pays ; même dans les villages isolés, vous trouverez des stands au bord de la route qui en proposent. Attention ! Il arrive que les vendeurs diluent ce carburant pour augmenter leur marge – tâchez de trouver une vraie station-service.

État des routes et sécurité

La sécurité routière n'est pas le point fort du Vietnam.

Il devient de plus en plus dangereux de rouler sur les routes nationales à deux voies pour se rendre d'une ville à l'autre. De terribles collisions sont hélas devenues un spectacle familier sur les nationales.

En général, la majorité des grandes routes sont bitumées et raisonnablement entretenues, mais les inondations peuvent causer des problèmes saisonniers. Un gros typhon creusera d'énormes nids-de-poule et, dans les contrées reculées, les routes non bitumées se transformeront en un océan de boue. Mieux vaut les affronter avec une voiture ou une moto tout-terrain. Les routes de montagne sont particulièrement dangereuses : chutes de pierres, glissements de terrain et conducteurs perdant le contrôle de leur véhicule peuvent gâcher votre voyage.

URGENCES

Le Vietnam ne dispose d'aucun service de secours d'urgence efficace : en cas

d'accident, les secours peuvent mettre beaucoup de temps à arriver, sans compter que vous pouvez vous trouver très loin de l'infrastructure médicale la plus basique. Les habitants vous aideront peut-être dans des situations extrêmes, mais dans la plupart des cas, vous ou votre guide aurez à vous débrouiller pour vous rendre à l'hôpital ou à la clinique.

Location

La sécurité, l'état de fonctionnement du véhicule, la fiabilité de l'agence de location et votre budget sont les principaux éléments à prendre en considération.

VOITURES ET MINIBUS

Le Vietnam n'admet pas encore la location de voiture sans chauffeur – ce qui est plutôt sensé compte tenu des conditions de circulation –, mais vous trouverez facilement un véhicule avec chauffeur. Louer un véhicule avec chauffeur et guide est une option à considérer, même pour les personnes au budget serré, surtout si elles partagent les frais à plusieurs.

Hanoi, Hô Chi Minh-Ville et les principaux centres touristiques comptent un bon nombre d'agences de voyages qui louent des véhicules avec chauffeur. Les mauvaises routes du Nord-Ouest nécessitent un 4x4.

Le prix est compris entre 70 et 100 $US/jour pour une voiture standard, 115 à 135 $US/jour pour un 4x4.

Vous pourrez louer une moto à peu près partout, y compris dans les hôtels et les agences de voyages. La plupart des établissements vous demanderont de laisser votre passeport jusqu'au retour de l'engin. Demandez à signer une convention qui indiquera clairement la nature du véhicule loué, le coût de la location, le montant de l'indemnité due en cas de vol, etc.

Pour affronter les montagnes du Nord, mieux vaut opter pour une moto légèrement plus puissante, de type Minsk, ou une tout-terrain. Si vous ne voulez pas conduire, de très nombreux conducteurs seront tout à fait disposés à vous servir de guide/chauffeur pour environ 20 $US/jour.

Le coût approximatif d'une location de moto sans chauffeur est compris entre 4 et 6 $US pour une semi-automatique, entre 7 et 10 $US pour une automatique, et à partir de 20 $US pour une moto tout-terrain.

RALLY INDOCHINA

Rally Indochina (☎0913 093 159 ; www.rallyindochina.com) est la plus grande course à moto (et maintenant à jeep) à but caritatif de l'Asie du Sud-Est. Elle a lieu chaque année au Vietnam et est ouverte à tous. 40 % des frais d'inscription au rallye sont reversés à la Blue Dragon Children's Foundation qui vient en aide aux enfants vietnamiens en difficulté. La course, qui dure neuf jours, est coordonnée par Explore Indochina. Elle commence à Hanoi et se termine à Hoi An.

Permis de conduire

Officiellement, pour vous déplacer en voiture ou à moto (ou scooter supérieur à 50 cm³), vous devez être en possession d'un permis de conduire vietnamien (ni le permis de conduire de votre pays ni le permis de conduire international n'est valable). Les étrangers séjournant plus de six mois dans le pays peuvent demander la transformation de leur permis en en faisant la demande au **Service de la circulation de HCMV** (252 Đ Ly Chinh Thang, district 3) ou à la **Direction de la voie routière à Hanoi** (106 Đ Thai Thinh).

Même si les agences de location n'exigent que rarement ce document, sachez qu'en cas de controle, le véhicule peut vous être confisqué.

Pièces détachées

Le Vietnam compte quantité de motos japonaises et chinoises, et dispose de toutes les pièces de rechange pour la plupart des deux-roues. En revanche, si vous conduisez une marque peu connue, pensez à emporter du matériel avec vous.

CASQUE OBLIGATOIRE

À moto, le port du casque est obligatoire au Vietnam, même pour les passagers. Mieux vaut investir dans un bon casque d'importation si vous devez voyager beaucoup sur des routes fréquentées ou sur des routes de montagne, car les casques locaux offrent une protection bien maigre. Vous en trouverez dans les grandes villes moyennant 25 $US environ.

Train

Bien que vieillissant, le réseau ferroviaire vietnamien exploité par **Vietnam Railways** (Duong Sat Viet Nam ; ☎3747 0308 ; www.vr.com.vn) reste plutôt fiable et permet de circuler à travers le pays avec un certain confort. Un trajet en wagon-couchettes climatisé est assurément plus agréable qu'une nuit à bord d'un bus parcourant la RN 1. Le train donne en outre l'occasion de contempler des paysages spectaculaires.

Classes

Les trains classés SE sont les plus chics et les plus rapides, ceux classés TN, plus vétustes et plus lents.

Il existe quatre classes principales :

➡ assis dur : *hard seat*
➡ assis mou : *soft seat*
➡ couchette : *hard sleep*
➡ couchette molle : *soft sleep*

Elles se divisent chacune en deux catégories : avec ou sans climatisation.

Actuellement, seuls les trains express les plus rapides disposent de la clim. La classe "assis dur", habituellement bondée, est supportable pour un trajet de jour, à condition toutefois d'aimer la fumée de cigarette.

COUCHETTES

Les couchettes dures se répartissent sur 3 niveaux, par compartiment de 6.

Celles du haut coûtent le moins cher. Les couchettes molles, sur 2 niveaux par compartiment de 4, affichent toutes le même prix. Les voyageurs délicats préféreront apporter un drap, un sac de couchage et/ou une taie d'oreiller, bien que le linge de lit soit fourni.

WAGONS PRIVÉS

Des wagons douillets, voire luxueux, situés en queue de train permettent de voyager plaisamment entre Lao Cai et Hanoi : le Train Victoria Express, géré par les hôtels Victoria, est réputé mais très onéreux. Il en existe toutefois beaucoup d'autres, dont ceux de **Livitrans** (www.livitrans.com), où l'on peut embarquer pour 45 à 85 $US. Le site **Train to Sapa** (www.traintosapa.com) regroupe l'ensemble des offres ferroviaires sur la destination.

Livitrans propose également des wagons de luxe entre Hanoi et Hué (70 $US) et Danang (80 $US), à l'instar de plusieurs autres compagnies. **Golden Trains** (☎08-3825 7636 ; www.golden-train.com) relie Hô Chi Minh-Ville à Nha Trang (de 39 à 44 $US pour une couchette molle) et à Phan Tiet (15 $US pour une place en assis mou).

Fret

Vélos et motos peuvent voyager dans les wagons de fret : le transport de nuit ordinaire reviendra à environ 350 000 d. Il n'est pas toujours possible de voyager dans le même train que votre bécane ; notez bien le numéro du train dans lequel elle se trouve, et son heure d'arrivée.

Horaires

Plusieurs *Express de la Réunification* quittent chaque jour Hanoi et HCMV. Les horaires changent fréquemment : consultez le site de Vietnam Railway (s'il fonctionne), celui de Vietnam Impressive ou encore www.seat61.com, le site international des trains.

Presque aucun train ne circule pendant les 4 jours qui précèdent la fête du Têt et les 4 jours qui suivent.

L'EXPRESS DE LA RÉUNIFICATION

La construction des 1 726 km de ligne ferroviaire entre Hanoi et Saigon – le *Transindochinois* – fut entamée en 1899 pour s'achever en 1936. À la fin des années 1930, le trajet Hanoi-Saigon durait 40 heures et 20 minutes, pour une vitesse moyenne de 43 km/h. Pendant la Seconde Guerre mondiale, les Japonais employèrent massivement ce réseau : il fut donc saboté par le Viêt-minh et bombardé par l'aviation américaine. Après la guerre, on entreprit de restaurer le *Transindochinois*, en majeure partie détruit ou recouvert par la végétation.

Durant la guerre d'Indochine, les soldats viêt-minh se livrèrent à des opérations massives de sabotage, démontant des kilomètres de voie la nuit pour finalement réussir à mettre en service 300 km de voie ferrée dans une région entièrement sous son contrôle (entre Ninh Hoa et Danang). Les Français répondirent rapidement en sabotant à leur tour le réseau ennemi.

À la fin des années 1950, l'aide financière américaine permit au Sud-Vietnam de reconstruire les 1 041 km de voie entre Saigon et Hué. Entre 1961 et 1964, on dénombra cependant 795 attaques viêt-cong sur le réseau, ce qui conduisit à l'abandon forcé de larges portions, dont l'embranchement de Dalat.

En 1960, le Nord avait réparé 1 000 km de voie ferrée, principalement entre Hanoi et la Chine. Pendant la guerre aérienne que livrèrent les États-Unis au Nord-Vietnam, le réseau ferroviaire du Nord fut bombardé à maintes reprises. Aujourd'hui, on voit encore des cratères de bombes autour de presque tous les ponts de chemin de fer et les gares de la région.

Après la réunification, le gouvernement décida aussitôt de rétablir la liaison ferroviaire entre Hanoi et HCMV, comme symbole de l'unité vietnamienne. Lorsque l'*Express de la Réunification* fut inauguré, le 31 décembre 1976, 1 334 ponts, 27 tunnels, 158 gares et 1 370 aiguillages avaient été réparés. Aujourd'hui, avec une moyenne de 50 km/h, l'*Express de la Réunification* circule à une vitesse légèrement supérieure à celle des années 1930. Du fait d'un manque d'investissement chronique, la ligne n'a qu'une voie, et supporte moins de 1 % de tout le fret nord-sud.

Plusieurs plans de rénovation massive du système ferroviaire, qui devaient aboutir à la création d'un réseau à grande vitesse, ont été enterrés, mais une amélioration progressive du réseau est prévue, l'objectif étant de réduire le temps de trajet de Hanoi à Hô Chi Minh-Ville des 30 heures actuelles à 24 heures d'ici à 2017.

Lignes

En dehors du grand axe HCMV-Hanoi, trois lignes secondaires relient la capitale à des destinations du Nord. La première dessert le port de Haiphong, à l'est. La seconde rallie Lang Son, au nord-est, et traverse la frontière chinoise pour rejoindre Nanning. La dernière se rend à Lao Cai, au nord-ouest, et poursuit jusqu'à Kunming, en Chine.

Le trajet Hanoi-HCMV dure entre 30 et 41 heures selon le type de train.

Réservations

Vous ne pouvez pas vous-même acheter vos billets en avance auprès de Vietnam Railways, mais les agences peuvent faire la réservation pour vous. Il est conseillé de réserver au moins une journée à l'avance (plusieurs jours pour les couchettes).

On peut obtenir des informations sur les horaires et tarifs des trains et effectuer des réservations sur les sites de **Vietnam Railway** (https://vietnam-railway.com/) et **Vietnam Impressive** (www.vietnamimpressive.com), deux agences de réservation privées fiables. Elles enverront gratuitement les billets à votre hôtel au Vietnam (elles peuvent également les envoyer à l'étranger par DHL, moyennant des frais de port).

De nombreux hôtels, cafés et agences de voyages pourront également vous acheter vos billets de train et prennent une petite commission.

Sécurité

Les petits délits ne sont pas rares à bord des trains vietnamiens et il arrive que des voleurs arrachent des sacs par les fenêtres au moment du démarrage.

Gardez toujours vos bagages près de vous et n'oubliez pas de les fermer et/ou de les attacher, surtout la nuit.

Tarifs

Les tarifs dépendent du train emprunté, les plus rapides étant bien sûr les plus chers. Les enfants de moins de deux ans voyagent gratuitement ; de deux à neuf ans, ils paient 50 % du tarif adulte. Il n'y a pas de réductions sur le trajet Hanoi-Lao Cai.

Transports urbains

Bus

Du fait des problèmes de communication et du faible coût des taxis, cyclos et *xe om* (motos-taxis), les voyageurs étrangers circulent rarement en bus locaux. Les réseaux de Hanoi et de HCMV sont toutefois praticables si l'on se procure un plan.

Cyclo-pousse

Le cyclo-pousse *(xich lo)* est un moyen de locomotion bon marché et non polluant qui disparaît peu à peu du paysage vietnamien. Il subsiste néanmoins dans les villes importantes.

Des groupes de conducteurs de cyclo-pousse stationnent en permanence à proximité des hôtels et des marchés. Bon nombre d'entre eux parlent quelques mots de français ou d'anglais. Pour être sûr d'être compris, mieux vaut montrer au conducteur votre destination sur un plan. Le marchandage est de mise. Pour éviter toute mauvaise surprise à l'arrivée, mettez-vous bien d'accord sur le prix de la course *avant* de partir.

Les tarifs sont compris entre 10 000 et 15 000 d pour un trajet court, entre

20 000 et 35 000 d pour un trajet plus long ou de nuit, ou encore autour de 40 000 d/heure.

Plusieurs voyageurs ayant déjà été agressés par leur conducteur, mieux vaut éviter de prendre un cyclo-pousse de nuit. Aussi, si vous devez rentrer tard, préférez un taxi à compteur.

Taxi

Les taxis munis de compteurs, que l'on trouve dans la plupart des grandes villes, sont très bon marché comparés aux moyennes internationales, et constituent un moyen sûr de circuler de nuit. Des taxis d'origine douteuse, dont le compteur tourne un peu trop vite, parcourent les villes de Hanoi et de Hô Chi Minh : ils attendent souvent à proximité des gares routières. N'ayez recours qu'à des compagnies réputées ou recommandées.

Les deux grandes compagnies nationales de taxis, toutes deux d'excellente réputation, sont **Mai Linh** (www.mailinh.vn) et **Vinasun** (www.vinasuntaxi.com).

Xe om (moto-taxi)

Le *xe om* est une moto ordinaire sur laquelle le client s'installe à l'arrière – *Xe* signifie moto et *om* enlacer. C'est un moyen de transport très pratique pourvu que l'on n'ait pas trop de bagages.

En règle générale, le prix de la course équivaut à celle d'un cyclo-pousse, mais fixez tout de même le prix avant. Vous rencontrerez quantité de chauffeurs de *xe om* aux coins de rue, près des marchés, des hôtels, des restaurants, des sites touristiques et des gares routières... mais, n'ayez crainte, ils vous auront trouvé avant même que vous n'ayez besoin d'eux !

Santé

Les problèmes de santé
(et la qualité des services
médicaux) varient
énormément selon l'endroit
où vous vous trouvez au
Vietnam. Si la plupart des
grandes villes ne présentent
que très peu de risques, il en
est tout autrement dans les
zones rurales.

Les voyageurs redoutent
souvent les maladies
infectieuses, or celles-ci
entraînent rarement des
troubles graves. Ils ont bien
plus à craindre des éventuels
accidents, notamment de la
circulation. Tomber malade
n'est cependant pas rare.
Les conseils donnés ici sont
d'ordre général et ne se
substituent pas à l'avis d'un
professionnel de la santé.

AVANT LE DÉPART

➡ Souscrivez une police
d'assurance qui vous
couvrira en cas de maladie
ou d'accident.

➡ Si vous suivez un
traitement régulier,
emportez votre ordonnance
(récente), avec le nom du
principe actif, ainsi qu'une
réserve suffisante avec vous
(en cas de perte ou de vol).

➡ Si vous transportez
aiguilles ou seringues,
emportez les documents
justifiant leur nécessité
médicale.

➡ Si vous avez une maladie
cardiaque, emportez

une copie de votre
électrocardiogramme (ECG)
pris juste avant votre départ.

Assurance

Il est conseillé de souscrire
une assurance qui vous
couvrira en cas d'annulation
de votre voyage, de vol, de
perte de vos affaires, de
maladie ou encore d'accident.

Vous pouvez contracter
une assurance qui réglera
directement les hôpitaux
et les médecins, vous
évitant ainsi d'avancer
des sommes qui ne vous
seront remboursées qu'à
votre retour. Dans ce cas,
conservez avec vous tous
les documents nécessaires.
Si vous devez régler en
espèces, demandez un reçu
pour le remboursement.

Vérifiez notamment que
les "sports à risques", comme
la plongée, la moto ou même
la randonnée ne sont pas
exclus de votre contrat, ou
encore que le rapatriement
médical d'urgence, en
ambulance ou en avion, est
couvert.

Avant de souscrire une
police d'assurance, vérifiez
que vous ne bénéficiez pas
déjà d'une assistance par
votre carte de crédit, votre
mutuelle ou votre assurance
automobile.

N'oubliez pas de prendre
avec vous les documents
relatifs à l'assurance ainsi
que les numéros à appeler en
cas d'urgence.

Santé sur Internet

Il existe de très bons sites
Internet consacrés à la santé
en voyage. Avant de partir,
vous pouvez consulter les
sites suivants :

**Ministère français
des Affaires étrangères**
(www.diplomatie.gouv.fr)

**Agence de santé publique
du Canada** (www.phac-aspc.
gc.ca)

Institut Pasteur (www.
pasteur.fr)

**Ministère français de la
Santé** (www.sante.gouv.fr)

**Organisation mondiale
de la santé** (OMS ; http://
www.who.int/fr)

Orphanet (www.orpha.net).
Un portail sur les maladies
rares rédigé par des experts européens,
est également très utile.

Vous trouverez, par
ailleurs, plusieurs liens sur le
site de **Lonely Planet** (www.
lonelyplanet.fr).

Vaccins

Plus vous vous éloignez
des circuits classiques,
plus il faut prendre vos
précautions. Faites inscrire vos
vaccinations dans un carnet
international de vaccination
(livret jaune) que vous pourrez
vous procurer auprès de votre
médecin ou d'un centre.

Le **ministère des
Affaires étrangères** (www.
diplomatie.gouv.fr/voyageurs)

effectue une veille sanitaire et met régulièrement en ligne des recommandations sur les vaccinations.

Planifiez vos vaccinations à l'avance (au moins 6 semaines avant le départ), car certaines demandent des rappels ou sont incompatibles entre elles. Les vaccins ont des durées d'efficacité très variables ; certains sont contre-indiqués pour les femmes enceintes.

Quelques centres de vaccination :

Institut Pasteur (☑ 0 890 710 811 ; www.pasteur.fr/ fr/sante ; 209-211 rue de Vaugirard, 75015 Paris ; ⊘ vaccinations sans rdv)

Centre de vaccinations internationales Air France (☑ 01 43 17 22 00 ; www. vaccinations-airfrance.fr ; 148 rue de l'Université, 75007 Paris ; ⊘ lun-sam sans rdv)

Hôpital Saint-Louis – Centre de vaccinations internationales (☑ 01 42 49 41 17 ; http://vaccin-voyage-ghparis10.aphp.fr ; 1 av. Claude-Vellefaux, 75010 Paris)

Centre de vaccinations ISBA (☑ 04 72 76 88 68; 7 rue Jean-Marie-Chavant, 69007

Lyon). Autres centres en France. Coordonnées sur le site Web.

Selon le Règlement sanitaire international, seul le vaccin contre la fièvre jaune est obligatoire si vous vous êtes rendu dans une zone infectée dans les six jours précédant votre entrée au Vietnam. Un certificat est alors exigé.

Planifiez vos vaccinations plusieurs semaines avant le départ ; certaines demandent des rappels ou sont incompatibles entre elles.

PENDANT LE VOYAGE

Décalage horaire et mal des transports

Le Vietnam a 7 heures d'avance sur l'heure GMT. Le décalage horaire peut entrainer des insomnies, de la fatigue, des malaises ou des nausées. En arrivant, exposez-vous à la lumière naturelle et adoptez les horaires locaux aussi vite que possible (heures de repas, coucher et lever).

Pour réduire les risques d'avoir le mal des transports, mangez légèrement avant et pendant le voyage. Les antihistaminiques préviennent efficacement le mal des transports, qui se caractérise principalement par une envie de vomir, mais ils peuvent provoquer une somnolence.

Vols long-courriers

Les trajets en avion, du fait d'une immobilité prolongée, peuvent favoriser la formation de caillots sanguins dans les jambes (par exemple une phlébite). Le risque est d'autant plus élevé que le vol est plus long.

Généralement, l'un des premiers symptômes est un gonflement ou une douleur du pied, de la cheville ou du mollet.

En prévention, buvez en abondance des boissons non alcoolisées, faites jouer les muscles de vos jambes lorsque vous êtes assis et levez-vous de temps à autre pour marcher dans la cabine.

VACCINS RECOMMANDÉS

MALADIE	DURÉE DU VACCIN	PRÉCAUTIONS
Diphtérie	10 ans	Recommandé
Tétanos et poliomyélite	10 ans	Fortement recommandé.
Rage	De 3 à 5 ans	Vaccination préventive recommandée
Hépatite A	10 ans	Recommandé (enfant à partir de 1 an). Il existe un vaccin combiné hépatite A et B qui s'administre en trois injections.
Hépatite B	5 ans	Recommandé. Il existe un vaccin combiné hépatite A et B qui s'administre en trois injections.
Typhoïde	De 1 à 5 ans selon les doses	Recommandé si vous voyagez dans des conditions d'hygiène médiocres ou pour de longs séjours (enfant à partir de 2 ans).
Fièvre jaune	10 ans	Obligatoire dans les régions où la maladie est endémique (Afrique et Amérique du Sud) et dans certains pays lorsque l'on vient d'une région infectée. À éviter en début de grossesse.
Encéphalite japonaise	De 1 à 4 ans	Peut être recommandé en cas de séjour en zone rurale.
Rougeole	Toute la vie	Indispensable chez l'enfant.

TROUSSE MÉDICALE DE VOYAGE

Veillez à emporter avec vous une petite trousse à pharmacie (transportez-la en soute) contenant quelques produits indispensables. Certains ne sont délivrés que sur ordonnance (à emporter impérativement avec soi).

➡ Des antibiotiques, à utiliser uniquement aux doses et aux périodes prescrites, même si vous avez l'impression d'être guéri avant. Chaque antibiotique soigne une affection précise : ne les utilisez pas au hasard. Cessez immédiatement le traitement en cas de réactions graves.

➡ Un antidiarrhéique et un réhydratant, en cas de forte diarrhée, surtout si vous voyagez avec des enfants.

➡ Un antihistaminique en cas de rhumes, allergies, piqûres d'insectes, mal des transports – évitez de boire de l'alcool.

➡ Un antiseptique ou un désinfectant pour les coupures, les égratignures superficielles et les brûlures ; des pansements gras pour les brûlures.

➡ Un antifongique pour les mycoses et la teigne.

➡ De l'aspirine ou du paracétamol (douleurs, fièvre).

➡ Une bande Velpeau et des pansements pour les petites blessures.

➡ Une paire de lunettes de secours (si vous portez des lunettes ou des lentilles de contact) et la copie de votre ordonnance.

➡ Un produit antimoustique, un écran total, une pommade pour soigner les piqûres et les coupures et des comprimés pour stériliser l'eau.

➡ Une paire de ciseaux à bouts ronds, une pince à épiler et un thermomètre.

➡ Des préservatifs.

AU VIETNAM

Accessibilité et coût des soins

Les grandes avancées économiques réalisées récemment se sont accompagnées de progrès sur le plan médical. De sérieuses difficultés persistent toutefois dans les campagnes.

Ambassades et consulats pourront en général vous recommander un médecin. Les grands hôtels également, mais les honoraires risquent d'être très élevés.

Si vous tombez gravement malade en pleine campagne, rejoignez rapidement HCMV, Danang ou Hanoi. Si votre état nécessite une intervention chirurgicale ou un traitement intensif, n'hésitez pas à vous envoler pour Bangkok, Singapour ou Hong Kong.

Des adresses d'hôpitaux et de centres médicaux sont mentionnés dans les rubriques *Renseignements* des chapitres régionaux.

Cliniques privées

C'est à ces établissements qu'il faut vous adresser en priorité, car leurs médecins connaissent les ressources locales et peuvent organiser le rapatriement si nécessaire. Les meilleurs centres médicaux – à Hanoi, HCMV et Danang – ont des normes sanitaires presque comparables à celles des pays occidentaux. Leurs tarifs sont élevés et il est indispensable d'être préalablement assuré.

Hôpitaux d'État

La plupart sont rudimentaires et surfréquentés. Ils doivent obtenir une autorisation pour soigner les étrangers et, pour l'instant, seuls quelques-uns l'ont reçue.

Automédication

Elle ne doit être pratiquée qu'en cas de problème mineur, comme la diarrhée. Si vous pensez être atteint d'une maladie grave, notamment le paludisme, rendez-vous sans perdre de temps dans l'hôpital de qualité le plus proche pour vous faire soigner.

Il est déconseillé d'acheter des médicaments en vente libre, car il n'est pas rare de tomber sur des produits contrefaits, mal conservés ou périmés. Vérifiez la date de péremption sur toutes les boîtes de médicaments.

Maladies infectieuses

Bilharziozes

Les bilharzioses sont des maladies dues à des vers. On se contamine en se baignant dans les eaux douces (rivières, ruisseaux, lacs et retenues de barrage) où vivent les mollusques qui hébergent la forme larvaire des bilharzies. Juste après le bain infestant, on peut noter des picotements ou une légère éruption cutanée à l'endroit où le parasite est passé à travers la peau. Quatre à douze semaines plus tard, apparaissent une fièvre et des manifestations allergiques. En phase chronique, les symptômes principaux sont des douleurs abdominales et une diarrhée, ou la présence de sang dans les urines. Cette affection se soigne bien par voie médicamenteuse.

Choléra

Les cas de choléra sont généralement signalés à grande échelle dans les médias, ce qui permet d'éviter les régions concernées. La protection conférée par le vaccin n'étant pas fiable, celui-ci n'est pas recommandé. Prenez donc toutes les précautions alimentaires nécessaires. Symptômes : diarrhée soudaine, selles très liquides et claires, vomissements, crampes musculaires et extrême faiblesse. Il faut consulter un médecin ou aller à l'hôpital au plus vite, mais on peut commencer à lutter immédiatement contre la déshydratation, qui peut être très forte. Une boisson à base de cola salée, dégazéifiée et diluée au 1/5 ou encore du bouillon bien salé seront utiles en cas d'urgence.

Dengue

Cette fièvre hémorragique propagée par les moustiques devient problématique en Asie du Sud-Est et plusieurs centaines de milliers de personnes sont hospitalisées chaque année au Vietnam. Son taux de mortalité est toutefois inférieur à 0,3%. La dengue est surtout répandue dans les environnements urbains densément peuplés.

Il n'existe pas de traitement prophylactique contre cette maladie.

BOIRE DE L'EAU

La règle d'or est simple : méfiez-vous de l'eau.

➡ Ne buvez jamais l'eau du robinet (même sous forme de glaçons). Préférez les eaux minérales et les boissons gazeuses, tout en vous assurant que les bouteilles sont décapsulées devant vous. Évitez les jus de fruits, souvent allongés à l'eau.

➡ Attention au lait, rarement pasteurisé. Pas de problème pour le lait bouilli et les yaourts. Thé et café, en principe, sont sûrs, puisque l'eau doit bouillir. Par prudence, évitez également les crudités, qui sont bien souvent lavées avec de l'eau.

➡ Pour stériliser l'eau, la meilleure solution est de la faire bouillir durant 15 minutes. N'oubliez pas qu'à haute altitude elle bout à une température plus basse et que les germes ont plus de chances de survivre.

➡ Si vous ne pouvez faire bouillir l'eau, traitez-la chimiquement avec des comprimés ou des gouttes, comme le Micropur (vendu en pharmacie), très efficace.

Poussée de fièvre, maux de tête, douleurs articulaires et musculaires précèdent une éruption cutanée sur le tronc qui s'étend ensuite aux membres puis au visage. Au bout de quelques jours, la fièvre régresse, et la convalescence commence. Les complications graves sont rares. La meilleure prévention est de suivre les protections d'usage contre le paludisme (voir l'encadré p. 518).

Diphtérie

Elle prend deux formes : celle d'une infection cutanée ou celle d'une infection de la gorge, pour laquelle il existe un vaccin. On l'attrape au contact de poussière contaminée sur la peau, ou en inhalant des postillons d'éternuements ou de toux de personnes contaminées. Pour prévenir l'infection cutanée, il faut se laver souvent et bien sécher la peau.

Encéphalite japonaise

Cette maladie virale est transmise par les moustiques. Bien que les voyageurs la contractent

rarement, faites-vous vacciner si vous devez passer un certain temps en zone rurale. Il n'existe aucun traitement. Un tiers des personnes atteintes en meurt et un deuxième tiers subit des dommages cérébraux irréversibles.

Grippe aviaire

La grippe aviaire refait régulièrement surface au Vietnam. Elle touche en premier lieu les communautés d'éleveurs de volaille. Elle est rarement fatale, mais deux cas de décès liés au virus A H5N1 ont été recensés en janvier 2014 dans le sud du pays. En cas d'épidémie, les œufs et la volaille disparaissent des cartes de nombreux restaurants.

Hépatites

L'hépatite est un terme général qui désigne une inflammation du foie. Elle est le plus souvent due à un virus. Les formes les plus habituelles se manifestent par une fièvre, une fatigue qui peut être intense, des douleurs abdominales, des nausées, des vomissements, associés à la présence d'urines très foncées et de selles décolorées presque blanches. La peau et le blanc des yeux prennent une teinte jaune (ictère). L'hépatite peut parfois se résumer à un simple épisode de fatigue sur quelques jours ou semaines.

Hépatite A Répandue dans toute la région, cette maladie se contracte par l'eau, la nourriture et, d'une manière générale, tous les produits manipulés à mains nues. Il existe un vaccin, recommandé en cas de fort risque d'exposition. Il n'y a pas de traitement médical.

Hépatite B Elle est très répandue, mais la vaccination est très efficace. Elle se transmet par voie sexuelle ou sanguine (piqûre, transfusion). Évitez de vous faire percer les oreilles, tatouer, raser ou de vous faire soigner par piqûres si vous avez des doutes quant à l'hygiène des lieux. Les symptômes de l'hépatite B sont les mêmes que ceux de l'hépatite A. Dans certaines zones d'Asie du Sud-Est, près de 20% de la population est porteuse de cette affection sans le savoir.

Hépatite C Ce virus se transmet par voie sanguine (transfusion ou utilisation de seringues usagées). La seule prévention est d'éviter tout contact sanguin, car il n'existe encore aucun vaccin.

Maladies sexuellement transmissibles

En vente partout au Vietnam, les préservatifs constituent un moyen prophylactique efficace contre les maladies sexuellement transmissibles (MST). En revanche, ils ne protègent pas des verrues et de l'herpès génital. Si après un rapport sexuel, vous souffrez d'éruptions, de cloques, de pertes anormales ou de douleurs lors de la miction, prenez immédiatement rendez-vous chez le médecin.

Paludisme

En dépit de sa dangerosité et de son caractère mortel, le paludisme, ou malaria, est très mal connu. Avant de partir en voyage, renseignez-vous auprès de professionnels qui vous informeront sur les risques que comporte votre voyage.

Dans la plupart des régions du Vietnam, notamment les zones urbaines et balnéaires, il existe peu de danger, voire aucun, de contracter la maladie. Dans la plupart des zones rurales, en revanche, la probabilité d'être contaminé est bien plus importante que le risque de subir les effets indésirables des médicaments. Les voyageurs qui veulent explorer des régions où la maladie est endémique, comme les provinces de Ca Mau et de Bac Lieu, ainsi que la campagne du Sud, doivent prendre l'avis d'un médecin.

Le paludisme est transmis par un moustique, l'anophèle, dont la femelle pique surtout la nuit, entre le coucher et le lever du soleil. Les symptômes sont une fièvre, qui débute 8 à 30 jours après l'infection, pouvant s'accompagner de maux de tête, de douleurs musculaires, d'un affaiblissement, de vomissements, de diarrhées et de toux. Non traité, il peut avoir des suites graves, parfois mortelles. Il existe différentes espèces de paludisme, dont celui à *Plasmodium falciparum* pour lequel le traitement devient de plus en plus difficile à mesure que la résistance du parasite aux médicaments gagne en intensité.

Les médicaments antipaludéens n'empêchent pas la contamination mais ils suppriment les symptômes de la maladie. Si vous voyagez dans des régions où la maladie est endémique, il faut absolument suivre un traitement préventif (uniquement sur ordonnance) adapté à la destination, qu'il faut en général poursuivre après le retour. Renseignez-vous impérativement auprès d'un médecin spécialisé.

À la prise d'antipaludéens doivent être associées des mesures pour se protéger des moustiques (voir l'encadré ci-dessous).

Tout voyageur atteint de fièvre ou montrant les symptômes de la grippe doit se faire examiner. Il suffit d'une analyse de sang pour établir le diagnostic.

SE PROTÉGER DES MOUSTIQUES

La protection contre les piqûres de moustiques est le premier moyen d'éviter le paludisme.

➡ Choisissez des hébergements avec fenêtres antimoustiques et ventilateur (à défaut d'air conditionné, qui diminue l'agressivité des moustiques).

➡ Le soir, dès le coucher du soleil, portez des vêtements longs, de couleur claire de préférence. Imprégnez vos vêtements de répulsif.

➡ Appliquez une crème répulsive sur les parties découvertes du corps (bras et chevilles notamment).

➡ Aspergez votre chambre d'insecticide ou utilisez un tortillon fumigène avant de sortir.

➡ Dormez sous une moustiquaire imprégnée d'insecticide.

Rage

Très répandue, cette maladie est transmise par un animal contaminé : chien, singe et chat principalement. Morsures, griffures ou même simples coups de langue d'un mammifère doivent être nettoyés immédiatement et à fond. Frottez avec du savon et de l'eau courante, puis nettoyez avec de l'alcool. S'il y a le moindre risque que l'animal soit contaminé, allez immédiatement voir un médecin. Même si l'animal n'est pas enragé, toutes les morsures doivent être surveillées de près pour éviter les risques d'infection et de tétanos. Un vaccin antirabique est disponible. Il faut y songer si vous pensez explorer des grottes (les morsures de chauves-souris peuvent être dangereuses) ou travailler avec des animaux.

Rougeole

La rougeole reste un problème au Vietnam, y compris dans la région de Hanoi. Cette maladie infectieuse hautement contagieuse se transmet par les sécrétions du nez et de la gorge. La majorité des personnes nées avant 1966 sont immunisées contre la maladie, car elles l'ont contractée dans leur enfance. La rougeole se caractérise par une forte fièvre et des éruptions cutanées. Elle peut s'accompagner de complications telles qu'une pneumonie ou une encéphalite. Il n'existe aucun traitement spécifique.

Tuberculose

Les vacanciers attrapent extrêmement rarement la tuberculose au Vietnam. Toutefois, les médecins, les travailleurs humanitaires et les voyageurs en long séjour, qui ont des contacts importants avec la population locale, doivent prendre des précautions. La vaccination ne se fait généralement que sur les enfants de moins de 5 ans. Il est conseillé aux adultes à risque de pratiquer des tests tuberculiniques avant et après le voyage. Les principaux symptômes sont la fièvre, la toux, la perte de poids, les sueurs nocturnes et la fatigue.

Typhoïde

La fièvre typhoïde est une infection du tube digestif. Elle se transmet directement de personne à personne par les mains contaminées ou indirectement par de l'eau ou de la nourriture contaminées par des matières fécales humaines (bactérie *Salmonella typhi*).

Fièvre, maux de tête et de gorge parfois accompagnés de vomissements, de diarrhée ou de constipation, puis une éruption rose sur l'abdomen sont généralement les premiers symptômes. S'il n'y a pas d'autres complications, la fièvre et les autres symptômes disparaissent peu à peu la troisième semaine. Cependant, un suivi médical est indispensable, car les complications sont fréquentes, en particulier la pneumonie (infection aiguë des poumons) et la péritonite (éclatement de l'appendice). De plus, la typhoïde est très contagieuse.

Le vaccin est recommandé pour tous les voyageurs qui séjournent plus d'une semaine au Vietnam ou en dehors des grands centres urbains. La vaccination n'est pas entièrement efficace.

Typhus et rickettsioses

Les rickettsioses sont des maladies transmises soit par des acariens (dont les tiques), soit par des poux. La plus connue est le typhus. Elle commence comme un mauvais rhume, suivi de fièvre, de frissons, de migraines, de douleurs musculaires et d'une éruption cutanée. Une plaie douloureuse se forme autour de la piqûre et les ganglions lymphatiques voisins sont enflés et douloureux.

VIH/sida

Les chiffres officiels portant sur le nombre de personnes infectées par le VIH ou atteintes du sida au Vietnam sont vagues et, malheureusement, en constante augmentation. Bien que les campagnes de sensibilisation au problème du VIH et du sida soient partout présentes, la ligne officielle est d'affirmer que seuls les prostituées et les toxicomanes sont menacés par l'infection. Les préservatifs sont en vente dans tout le pays.

Évitez, s'ils ne sont pas stérilisés, tous les instruments de chirurgie, les aiguilles d'acupuncture et de tatouage, ainsi que les instruments utilisés pour percer les oreilles ou le nez.

Vers

Fréquents en zones rurales tropicales, on les trouve dans les légumes non lavés ou la viande trop peu cuite. Ils se logent également sous la peau quand on marche pieds nus. Souvent, l'infection ne se déclare qu'au bout de plusieurs semaines. Bien que bénigne en général, elle doit être traitée, sous peine de complications sérieuses.

Diarrhée

En dépit de toutes vos précautions, vous aurez peut-être la turista. Le changement de nourriture, d'eau ou de climat suffit à la provoquer ; si elle est causée par des aliments ou de l'eau contaminés, le problème est plus grave. Il est fortement recommandé d'emmener avec soi un antidiarrhéique et un antiseptique intestinal (de type Intetrix et Ercefuryl).

La déshydratation est le danger principal lié à toute diarrhée, particulièrement chez les enfants. Ainsi, le premier traitement consiste à boire beaucoup : idéalement, il faut mélanger 8 cuillerées à café de sucre et une de sel dans un litre d'eau. Sinon, du thé noir léger, avec peu de sucre, des boissons gazeuses qu'on laisse se dégazéifier et qu'on dilue à 50% avec de l'eau purifiée sont à recommander. En cas de forte diarrhée, il faut prendre une solution réhydratante pour remplacer les sels minéraux.

Les antibiotiques peuvent être utiles dans le traitement de diarrhées très fortes, en particulier si elles sont accompagnées de nausées, de vomissements, de crampes d'estomac ou d'une fièvre légère. Lorsque la diarrhée persiste au-delà de 48 heures, ou s'il y a présence de sang dans les selles, il est préférable de consulter un médecin.

Dysenterie

Affection grave, due à des aliments ou à de l'eau contaminés, la dysenterie se manifeste par une violente diarrhée, souvent accompagnée de sang ou de mucus dans les selles. Une analyse des selles est indispensable pour diagnostiquer le type de dysenterie. Il faut donc consulter rapidement.

Giardiase

Ce parasite intestinal est présent dans l'eau souillée ou dans les aliments souillés par l'eau. Symptômes : crampes d'estomac, nausées, estomac ballonné, selles très liquides et nauséabondes, et gaz fréquents. La giardiase peut n'apparaître que plusieurs semaines après la contamination. Les symptômes peuvent disparaître pendant quelques jours puis réapparaître, et ceci pendant plusieurs semaines.

Affections liées à l'environnement

Alimentation

Le risque de diarrhée s'accentue lorsque l'on mange dans les restaurants. Pour vous en protéger, préférez ne manger que des plats cuisinés le jour même, et évitez autant que possible les fruits de mer (parce qu'ils sont crus), ainsi que la nourriture qui semble être restée longtemps en exposition. Pelez les fruits, faites cuire les légumes et laissez tremper la salade dans de l'eau iodée pendant au moins 20 minutes. Choisissez les restaurants les plus fréquentés.

Chaleur

La plupart des régions du Vietnam connaissent un climat chaud et humide toute l'année. Ménagez-vous à votre arrivée. Évitez de vous déshydrater et d'avoir une activité trop intense aux heures chaudes. Buvez des solutions de réhydratation si nécessaire.

Coup de chaleur De longues périodes d'exposition à des températures élevées peuvent vous rendre vulnérable au coup de chaleur. Cet état grave survient quand le mécanisme de régulation thermique du corps ne fonctionne plus : la température s'élève alors de façon dangereuse. Symptômes : malaise général, transpiration faible ou inexistante et forte fièvre (39 à 41°C) et céphalée lancinante, difficultés à coordonner ses mouvements, signes de confusion mentale ou d'agressivité. Il faut absolument hospitaliser le malade. En attendant les secours, installez-le à l'ombre, ôtez-lui ses vêtements, couvrez-le d'un drap ou d'une serviette mouillés et éventez-le continuellement.

Insolation L'insolation est une vraie urgence. Les symptômes apparaissent brutalement : faiblesse, nausée, fièvre (plus de 41 °C), vertige, confusion, voire évanouissement et perte de conscience. Demandez du secours et pratiquez les gestes permettant de réduire la température du corps.

Morsures et piqûres

Punaises des lits Ces insectes ne transmettent pas de maladies, mais leurs morsures entraînent de fortes démangeaisons. Les punaises affectionnent la literie douteuse. Vérifiez l'état de la literie avant de vous glisser dans votre lit ; si vous repérez de petites taches de sang sur les draps ou les murs autour du lit, cherchez un autre hôtel. Une pommade calmante apaisera la démangeaison.

Méduses La plupart des méduses qui évoluent dans les eaux vietnamiennes ne sont pas dangereuses, juste urticantes. Des antihistaminiques et des analgésiques limiteront la réaction et la douleur. Consultez un médecin si vous continuez à vous sentir mal.

Sangsues Présentes dans les régions de forêts humides, elles ne transmettent pas de maladie, mais leurs morsures entraînent d'importantes démangeaisons. Passez l'ongle sous la bouche de la sangsue pour lui faire lâcher prise (ne pas appliquer de sel). Une crème répulsive peut les maintenir éloignées. Mieux vaut prévenir toute infection en appliquant un antiseptique à base d'iode sur la plaie.

Serpents Le Vietnam compte plusieurs espèces de serpents, dont certaines venimeuses. Les morsures de serpent ne provoquent pas instantanément la mort, et il existe généralement des antivenins. En cas de morsure, il faut calmer la victime, lui interdire de bouger, bander étroitement le membre comme pour une foulure et l'immobiliser avec une attelle. Trouvez ensuite un médecin, et essayez de lui apporter le serpent mort. On sait désormais qu'il ne faut absolument pas sucer le venin ou poser un garrot. Les sérums antivenins ne sont disponibles que dans les plus grandes villes.

Tiques Elles s'attrapent souvent lors de marches dans des zones rurales. On les retrouve en général derrière les oreilles, sur le ventre et sous les aisselles. Détachez les tiques délicatement avec une pincette fine (huile, vaseline, allumette, alcool sont déconseillés). Consultez un médecin si, à la suite d'une morsure de tique, vous êtes sujet à des rougeurs (à l'endroit de la morsure ou ailleurs), à de la fièvre ou à des douleurs musculaires. La doxycycline prévient les maladies transmises par les tiques.

Pollution

La pollution, due notamment aux gaz d'échappement, pose un problème dans la plupart des grandes villes du pays. Si vous souffrez de graves difficultés respiratoires et vous rendez dans des centres urbains pollués, parlez de votre voyage à votre médecin traitant avant votre départ.

Problèmes de peau

Bourbouille C'est une éruption cutanée répandue sous les tropiques. Restez dans un lieu climatisé pendant quelques heures et prenez des douches froides.

Coups de soleil Ils sont fréquents sous les tropiques, même par temps couvert. Utilisez un écran solaire (indice 30 au moins), et réappliquez-le après chaque baignade. Portez un chapeau et des lunettes de soleil. Évitez de vous exposer entre 10h et 14h.

Coupures et égratignures Dans les climats chauds et humides, elles s'infectent très facilement. Surveillez attentivement toute blessure, aussi petite soit-elle, pour éviter toute complication (comme un abcès). Lavez-la immédiatement à l'eau claire et traitez-la avec un antiseptique. N'hésitez pas à voir un médecin si des signes d'infection apparaissent (rougeur et douleur croissantes).

Infections fongiques Elles sont courantes dans les climats humides. Elles apparaissent souvent sur les parties du corps les moins "aérées" (aine, aisselles, orteils) et se caractérisent par une tache rouge qui grossit lentement, souvent accompagnée de démangeaisons. Le traitement consiste à garder la peau sèche, à éviter les frottements et à utiliser une crème antifongique comme le clotrimazole ou le lamisil.

Santé au féminin

Grossesse

La plupart des fausses couches ont lieu pendant les trois premiers mois de la grossesse. C'est donc la période la plus risquée pour voyager. Pendant les trois derniers mois, il vaut mieux rester à distance raisonnable de bonnes infrastructures médicales. Les femmes enceintes doivent éviter de prendre inutilement des médicaments. Cependant, certains vaccins et traitements préventifs contre le paludisme restent nécessaires. Mieux vaut consulter un médecin avant de prendre quoi que ce soit.

Quelques conseils :

Assurance Veillez à ce que votre assurance couvre tous les risques liés à la grossesse à l'étranger, notamment le travail prématuré.

Diarrhée Nombre d'antidiarrhéiques sont déconseillés durant la grossesse. L'azithromycine est cependant considéré comme sûr.

Paludisme Aucun des traitements antipaludiques n'est complètement sûr pour les femmes enceintes.

Zones rurales Évitez-les en raison du manque de moyens de transports efficaces et d'infrastructures médicales.

Problèmes gynécologiques

Une nourriture pauvre, une résistance amoindrie par l'utilisation d'antibiotiques contre des problèmes intestinaux peuvent favoriser les infections vaginales lorsqu'on voyage dans des pays à climat chaud. Respectez une hygiène intime scrupuleuse, et portez jupes ou pantalons amples et sous-vêtements en coton.

Les champignons, caractérisés par une éruption cutanée, des démangeaisons et des pertes, peuvent se soigner facilement. En revanche, la trichomonase est plus grave ; pertes blanches et sensation de brûlure lors de la miction en sont les symptômes. Le partenaire masculin doit également être soigné.

Il n'est pas rare que le cycle menstruel soit perturbé lors d'un voyage.

Voyager avec des enfants

Les personnes voyageant avec des enfants doivent pouvoir soigner des affections mineures, et savoir quand avoir recours aux services médicaux. Bien avant le départ, assurez-vous que les vaccinations des enfants sont à jour, et sachez que certains vaccins ne conviennent pas aux enfants de moins de 1 an. Si vos séjournez au Vietnam dans des régions isolées, il faut également prévoir un traitement antipaludéen adapté.

Dans les zones chaudes et humides, la moindre égratignure peut s'infecter. Toute blessure doit être parfaitement nettoyée et tenue au sec. Soyez particulièrement vigilant en évitant de boire l'eau du robinet et en ne prenant aucun risque concernant la nourriture et les boissons. Pensez à emporter des poudres réhydratantes à utiliser avec de l'eau bouillie si votre enfant est sujet à des vomissements ou à des diarrhées.

Afin d'éviter les risques de rage ou d'autres maladies, les enfants doivent être tenus à l'écart des chiens et des mammifères en général. Les morsures, griffures ou coups de langue d'un animal à sang chaud et à fourrure doivent être immédiatement et soigneusement nettoyés. S'il y a un risque, même infime, que l'animal soit contaminé, il convient de chercher immédiatement une assistance médicale.

Pour plus d'informations sur la santé en voyage avec des enfants, consultez le guide *Voyager avec ses enfants* publié par Lonely Planet.

Langue

Le vietnamien, ou *tiếng Việt* (tí-eng vi-èt), langue officielle du Vietnam, est parlé par environ 85 millions de personnes dans le monde, au Vietnam et dans la diaspora. Il appartient au groupe de langues mon-khmer.

Plus des trois quarts des mots vietnamiens dérivent du chinois. On appelle ce vocabulaire sino-vietnamien, résultat de siècles de domination chinoise, *Hán Việt* (hán vi-èt). Des termes français ont également intégré la langue, après la prise de Saigon par les Français en 1859.

Jusqu'au début du XXe siècle, le vietnamien s'écrivait avec des caractères chinois adaptés, mais en 1919, l'écriture latine *quốc ngữ* (kwók gneü) est adoptée de façon officielle. Il s'agit d'un alphabet phonétique composé de 29 lettres inventé au XVIIe siècle par Alexandre de Rhodes, un missionnaire jésuite français.

La prononciation vietnamienne n'est pas aussi difficile qu'elle le paraît. La voyelle a se prononce de plusieurs façons : parfois comme un "a" français, fermé, d'autres fois comme un "e", ouvert. Les voyelles peuvent être associées de diverses manières dans un mot, et nous avons utilisé des tirets (ex : tí-eng) pour séparer les différents sons vocaliques et faciliter la prononciation. Quant aux consonnes, les lettres ng peuvent apparaître en début de mot, la prononciation s'apparentant alors au son final du mot anglais "sing". Le d se prononce comme un "z" et le đ comme un "d".

Le vietnamien utilise un système de tons. Certaines voyelles se prononcent ainsi sur un ton élevé, bas ou neutre, tandis que, pour d'autres, le ton chute d'une manière presque musicale. Au nombre de six, ces tons sont représentés à l'écrit par des accents placés au-dessus ou en dessous des voyelles : égal (ma), descendant (mà), descendant montant (mả), montant glottalisé (mã), montant (má) et descendant glottalisé (mạ). Le ton égal est neutre et, dans le Sud, le ton montant glottalisé se prononce comme le ton descendant montant.

Les variations de vocabulaire entre le vietnamien du Nord et celui du Sud sont indiquées dans ce chapitre par (N) et (S).

VOCABULAIRE DE BASE

Bonjour.	*Xin chào.*	sin jòw
Au revoir..	*Tạm biệt.*	tạm bi-èt
Oui.	*Vâng.* (N)	vœhng
	Dạ. (S)	yạ
Non.	*Không.*	không
S'il vous plaît.	*Làm ơn.*	làm œn
Merci	*Cám ơn.*	kám œn
Je vous en prie.	*Không có chi.*	không kó zi
Excusez-moi. /pardon	*Xin lỗi.*	sin lõï

Comment allez-vous ?
Có khỏe không? káo khoué không

Bien, merci. Et vous ?
Khỏe, cám ơn. khoué kám œn
Còn bạn thì sao? kòn bạn thi chao

Comment vous appelez-vous ?
Tên là gì? ten là zi

Je m'appelle...
Tên tôi là ... ten tôï là...

Parlez-vous (français) ?
Bạn có nói tiếng (Pháp) không? bạn ğó nói (fáp) không

Je (ne) comprends (pas).
Tôi (không) hiểu. doï (không) hié-ou

POUR ALLER PLUS LOIN

Indispensable pour mieux communiquer sur place : le *Guide de conversation vietnamien* de Lonely Planet. Pour réserver une chambre, lire un menu ou simplement faire connaissance, ce manuel permet d'acquérir les rudiments de la langue. Inclus : un minidictionnaire bilingue.

HÉBERGEMENT

Où y a-t-il un(e)...? *Đâu có ... ?* dœou kó...

hôtel	*khách sạn*	khêk chạn
pension	*nhà khách*	gnà khêk

J'aimerais une... *Tôi muốn ...* toï mou·úhn...

chambre simple	*phòng đơn*	fòng dœn
chambre double (à grand lit)	*phòng giường đôi*	fòng zœ·èng dôï

Combien cela coûte-t-il par nuit/personne ?
Giá bao nhiêu một đêm/người? zá bao gnié·ou một dem/ngeù·i

climatisation	*máy lạnh*	máï lạng
salle de bains	*phòng tắm*	fòng tám
ventilateur	*quạt máy*	kouạt máï
eau chaude	*nước nóng*	nœhr·érk nóm
moustiquaire	*màng*	màng
drap	*ra trải giường*	zaa chaï zu·œng
toilettes	*nhà vệ sinh*	gnà vẹ ching
papier toilette	*giấy vệ sinh*	zóœï vẹ ching
serviette	*khăn tắm*	khan dúhm

ORIENTATION

Où est... ?
... ở đâu ? ... éu dœou

Quelle est l'adresse ?
Địa chỉ là gì? di·ẹuh týí là zi

Pourriez-vous l'écrire, s'il vous plaît ?
Xin viết ra giùm tôi. sin vi·úht zaa zùm dơï

Pourriez-vous me le montrer (sur la carte) ?
Xin chỉ giùm (trên bản đồ này). sin jeẻ zùm (chen baản dàw này)

Allez toujours tout droit.
Thẳng tới trước. tủhng der·í chœhr·érk

à l'angle	*ở góc đường*	ẻr góp dœhr·èrng
aux feux	*tại đèn giao thông*	dại dèn zow tawm
derrière	*đằng sau*	dùhng chao
devant	*đằng trước*	dùhng chœhr·érk
près (de)	*gần*	gùhn
en face	*đối diện*	dóy zi·ụhn
Tournez à gauche	*Sang trái.*	saang chaí
Tournez à droite	*Sang phải.*	saang faí

ALIMENTATION

Je voudrais une table pour ... *Tôi muốn đặt bàn cho ...* tôï mou·ôn dạt bàn tyo ...

(deux)	*(hai)*	(haï)
personnes	*người*	ngœ·i

(huit) heures	*vào lúc (tám) giờ*	vào lóuk (tám) zœ

Avez-vous un menu (en français) ?
Bạn có thực đơn (bằng tiếng Pháp) bạn kó thụk dœen (bàng tiéng fáp)

Quelle est la spécialité locale ?
Ở đây có món gì đặc biệt? ẻr daï kó món gì dặc bi·ét

J'aimerais...
Xin cho tôi... sin tcho toï...

Pas trop épicé, s'il vous plaît.
Xin đừng cho cay quá. sin dùrng tyo ğaï gwaá

Je suis végétarien.
Tôi ăn chay. doï œhn jaï

Je suis allergique aux (arachides).
Tôi bị dị ứng với (hạt lạc). doï bẹ zẹę úhrng ver·í (haạt laạk)

Pouvez-vous me donner... ?
Xin mang cho tôi...? sin maang tyo doï...

Puis-je avoir (une bière), s'il vous plaît ?
Xin cho tôi (chai bia)? sin tyo doï (jai bi·œh)

Santé !
Chúc sức khoẻ! júp súhrk kwá

Merci, c'était délicieux.
Cám ơn, ngon lắm. ğaám ern ngon lúhm

L'addition, s'il vous plaît.
Xin tính tiền. sin díng di·ùhn

Mots utiles

bouteille	*chai*	jai
bol	*bát/ chén* (N/S)	baát/ jén
petit-déjeuner	*ăn sáng*	œhn saáng
baguettes	*đôi đũa*	doï·i doõ·œh
froid	*lạnh*	laạng
dessert	*món tráng*	món chaáng
dîner	*ăn tối*	œhn dóý
fourchette	*cái dĩa/ nĩa* (N/S)	ğaí deẽ·œh/ neẽ·œh
verre	*cốc/ly* (N/S)	káwp/li
chaud	*nóng*	nóm
couteau	*con dao*	ğon zow
déjeuner	*ăn trưa*	œhn chœhr·œh
plat	*đĩa*	deẽ·œh
restaurant	*nhà hàng*	gnà haàng
en-cas	*ăn nhẹ*	œhn nyạ
épicé	*cay*	ğaï
cuiller	*cái thìa*	ğaí ti·ùh
avec	*với*	ver·í
sans	*không có*	không ğó

MODÈLES DE PHRASES

Pour vous débrouiller en vietnamien, servez-vous de ces modèles et ajoutez-y les mots de votre choix :

Quand est (le prochain bus) ?
Khi nào là (chuyến xe buýt tới)? — ki nào laà (djou·úhn sa bouét der·í)

Où se trouve (la gare) ?
(Nhà ga) ở đâu? — (nyaà gaa) èr dœou

Où puis-je (acheter un ticket) ?
Tôi có thể (mua vé) ở đâu? — doï ğó té (mou·ah vè) èr dœou

Je cherche (un hôtel).
Tôi tìm (khách sạn). — doï dìm (khêk chạn)

Avez-vous (une carte) ?
Bạn có (bản đồ) không? — bạan ğó (baản dàw) kaom

Y a-t-il (des toilettes) ?
Có (vệ sinh) không? — ğó (vẹ sing) kaom

Je voudrais (le menu).
Xin cho tôi (thực đơn). — sin djo doï (tụhrk dern)

Je voudrais (louer une voiture).
Tôi muốn (xe hơi). — doï mou·iouhn (sa her·i)

S'il vous plaît, pouvez-vous (m'aider) ?
Làm ơn (giúp đỡ)? — laàm ern (zúp dẽr)

J'ai (un visa).
Tôi có (visa). — doï ğó (vi·saa)

Viandes et crustacés

bœuf	*thịt bò*	tịt bò
poulet	*thịt gà*	tịt gaà
crabe	*cua*	ğou·œh
anguille	*lươn*	lœhr·ern
poisson	*cá*	kaá
grenouille	*ếch*	ék
chèvre	*thịt dê*	tịt ze
porc	*thịt lợn/ heo* (N/S)	tịt lẹrn/ haï·o
crevettes	*tôm*	dawm
escargot	*ốc*	áwp
calamar	*mực*	mụhrk

Fruits et légumes

pomme	*táo/bơm* (N/S)	dów/berm
banane	*chuối*	jou·í
chou	*bắp cải*	búhp ğai
carotte	*cà rốt*	ğaà záwt
noix de coco	*dừa*	zœhr·ùh
maïs	*ngô/bắp* (N/S)	ngow/búp
concombre	*dưa leo*	zœhr·œh laï·o
aubergine	*cà tím*	ğaà dím
raisin	*nho*	nyo
haricots verts	*đậu xanh*	dọh saang
poivron vert	*ớt xanh*	ért saang
citron	*chanh*	chaang
laitue	*rau diếp*	zoh zi·úhp
litchi	*vải*	vai
mandarine	*quýt*	gwít
mangue	*xoài*	swaì
champignons	*nấm*	núhm
orange	*cam*	ğaam
papaye	*đu đủ*	dou dóo
pois	*đậu bi*	dọh bi
ananas	*dứa*	zœhr·úh
pomme de terre	*khoai tây*	kwai daï
citrouille	*bí ngô*	bí ngaw
fraise	*dâu*	zoh
patate douce	*khoai lang*	kwai laang
tomate	*cà chua*	ğaà jou·œh
melon	*dưa hấu*	zœhr·œh hóh

Divers

sauce piquante	*tương ớt*	dœhr·erng ért
œufs	*trứng*	chúhrng
sauce de poisson	*nước mắm*	nœhr·érk múhm
nouilles de riz	*phở*	fér
riz frit	*cơm rang thập cẩm* (N) *cơm chiên* (S)	ğerm zaang tụhp ğủhm ğerm ji·œhn
riz	*cơm*	ğerm
salade	*sa lát*	saa laát
soupe	*canh*	ğaang
riz à la vapeur	*cơm trắng*	ğerm chaáng
glace	*đá*	daá
poivre	*hạt tiêu*	haạt di·ou
sel	*muối*	mou·í
sucre	*đường*	dur·èrng
vermicelles de riz	*bún*	bún
pâtes jaunes	*mì*	mi

Boisson

bière	*bia*	bi·a
café	*cà phê*	ğaà fe

jus de citron glacé	chanh đá	jaang daá
lait	sữa	sũhr·œh
eau minérale	nước khoáng (N) nước suối (S)	nœhr·érk kwaáng nœhr·érk sou·í
jus d'orange	cam vắt	ğaam vúht
vin rouge	rượu vang đỏ	zi·oọ vaang đỏ
lait de soja	sữa đậu nành	sũhr·œh dọh naàng
thé	chè/trà (N/S)	jà/chaà
vin blanc	rượu vang trắng	zi·oọ vaang chaáng

URGENCES

À l'aide !
Cứu tôi! ğœhr·oú dơï

Il y a eu un accident !
Có tai nạn! ğó dai naạn

Laissez-moi tranquille ! *Thôi!* tơï

Je suis perdu.
ôi bị lạc đường. doi beẹ laạk dœhr·èrng

Où sont les toilettes ?
Nhà vệ sinh ở đâu? gnà veẹ sing ér dœou

Pourriez-vous appeler la police ?
Làm ơn gọi công an ? laàm ern goỵ ğawm aan

Pourriez-vous appeler un médecin ?
Làm ơn gọi bác sĩ ? laàm ern goỵ baák seẽ

Je suis malade.
Tôi bị đau. dơï beẹ doh

J'ai mal ici.
Chỗ bị đau ở đây. jãw beẹ doh èr daï

Je suis allergique (aux antibiotiques).
Tôi bị dị ứng với (thuốc kháng sinh). dơï beẹ zeẹ úhrng ver·í (tou·úhk kaáng sing)

ACHATS ET SERVICES

J'aimerais acheter...
Tôi muốn mua ... dơï mou·úhn mou·œh...

Puis-je peux le regarder de plus près ?
Tôi có thể xem được không? dơï ğó tẻ sam dœhr·erk không

Je regarde seulement.
Tôi chỉ ngắm xem. dơï jeẻ ngúhm sam

Je ne l'aime pas.
Tôi không thích nó. dơï không tík nó

Combien cela coûte-t-il ?
Cái này giá bao nhiêu? ğaí này zaá bao gnié·ou

C'est trop cher.
Cái này quá mắc. ğaí này gwaá múhk

Acceptez-vous les cartes de crédit ?
Bạn có nhận thẻ tín dụng không? baạn kó nyụhn tả dín zụm không

Il y a une erreur dans l'addition.
Có sự nhầm lẫn trên hoá đơn. ğó sụhr nyùhm lũhn chen hwaá dern

Je cherche... *Tôi tìm ...* dơï dìm...

une banque	ngân hàng	ngœhn haàng
le marché	chợ	jẹr
l'office du tourisme	văn phòng hướng dẫn du lịch	vœhn fòm hœhr·érng zũhn zou·lịk

HEURE ET DATES

Quelle heure est-il ?
Mấy giờ rồi? máy zèr zòy

Il est (8) heures pile.
Bây giờ là (tám) giờ. baï zèr laà (dúhm) zèr

le matin	buổi sáng	boỏ·i saáng
l'après-midi	buổi chiều	boỏ·i ji·oò
le soir	buổi tối	boỏ·i dóy
hier	hôm qua	hawm ğwaa
aujourd'hui	hôm nay	hawm naï
demain	ngày mai	ngày maï\

Chiffres et nombres

1	một	mọt
2	hai	haï
3	ba	baa
4	bốn	báon
5	năm	nam
6	sáu	cháou
7	bảy	bãï
8	tám	dám
9	chín	tyín
10	mười	mu·œï
20	hai mươi	haï mu·œï
30	ba mươi	ba mu·œï
40	bốn mươi	báwn mu·œï
50	năm mươi	nuhm mu·œï
60	sáu mươi	sów mu·œï
70	bảy mươi	bảy mu·œï
80	tám mươi	daám mu·œï
90	chín mươi	jín mu·œï
100	một trăm	mọt tcham
1000	một nghìn (N) một ngàn (S)	mọt ngyìn mọt ngàn

lundi	*thứ hai*	túhr hai
mardi	*thứ ba*	túhr baa
mercredi	*thứ tư*	túhr dœhr
jeudi	*thứ năm*	túhr nœhm
vendredi	*thứ sáu*	túhr sóh
samedi	*thứ bảy*	túhr bảy
dimanche	*chủ nhật*	jòo nhụht
janvier	*tháng giêng*	taáng zi·œhng
février	*tháng hai*	taáng hai
mars	*tháng ba*	taáng baa
avril	*tháng tư*	taáng tœhr
mai	*tháng năm*	taáng nœhm
juin	*tháng sáu*	taáng sóh
juillet	*tháng bảy*	taáng bảy
août	*tháng tám*	taáng dúhm
septembre	*tháng chín*	taáng jín
octobre	*tháng mười*	taáng mœhr·i
novembre	*tháng mười một*	taáng mœhr·i mạwt
décembre	*tháng mười hai*	taáng mœhr·i hai

TRANSPORTS

Transports publics

Quand le premier... part/arrive?	*Chuyến ... (sớm nhất) chạy lúc mấy giờ?*	jwi·úhn... (sẻrm nyúht) jay lúp máy zèr
bateau	*tàu/ thuyền*	dòw/ toui·èn
bus	*xe buýt*	sê bouit
avion	*máy bay*	máí baï
train	*xe lửa*	sa lửhr·œh
Je voudrais un billet pour	*Tôi muốn vé ...*	doï mou·úhn vá...
une 1re classe	*hạng nhất*	haạng nyúht
une 2e classe	*hạng nhì*	haạng nyi
un aller simple	*đi một chiều*	di mạt ji·oò
un aller-retour	*khứ hồi*	kúhr haw·i

Je veux aller à...
Tôi muốn đi ... — doï mou·úhn di...

Combien de temps dure le voyage ?
Chuyến đi sẽ mất bao lâu? — jwi·úhn di sã múht bao loh

À quelle heure arrive-t-il ?
Mấy giờ đến? — máy zèr dén

gare routière	*bến xe*	bén sa
gare ferroviaire	*ga xe lửa*	gaa sa lửhr·œh
le premier	*đầu tiên*	dòw di·œhn
le dernier	*cuối cùng*	ğou·í ğùm
le prochain	*kế tiếp*	ğé di·úhp
billetterie	*phòng bán vé*	fòm baán vá
horaires	*thời biểu*	ter·i beé·ou

Voiture et vélo

J'aimerais louer	*Tôi muốn thuê ... (N)*	doï mou·úhn twe...
	Tôi muốn mướn ... (S)	doï mou·úhn mœhr·érn...
une voiture	*xe hơi*	sa her·i
un vélo	*xe đạp*	sa dạp
une moto	*xe moto*	sa mo·to

Est-ce la route menant à... ?
Con đường nầy có dẫn đến ...? — ğon dœhr·èrng này ğó zũhn dén...

Combien reste-t-il de kilomètres jusqu'à... ?
... cách đây bao nhiêu ki-lô-mét? — ... ğaák daï bao gnié·ou ki·law·mét

Où y a-t-il une station-service ?
Trạm xăng ở đâu? — chaạm sœhng ér dœou

Faites le plein, s'il vous plaît.
Làm ơn đổ đầy bình. — laàm ern dỏ dày bìng

Je voudrais... litres.
Tôi muốn ... lít. — doï mou·úhn... léet

essence	*dầu xăng có chì*	zòh sœhng ğó ji
essence sans plomb	*dầu xăng*	zòh sœhng
diesel	*dầu diesel*	zòh di·sel
carte	*bản đồ*	baán dàw
nationale	*xa lộ*	saa lạw

(Combien de temps) puis-je laisser ma voiture ici ?
Chúng tôi có thể đậu được (bao lâu)? — júm doï ğó tẻ dọh *xe* sa dœhr·ẹrk (bao loh)

Il me faut un mécanicien.
Chúng tôi cần thợ sửa xe. — júm doï ğùhn tẹr súhr·œh sa

La voiture/moto est tombée en panne (à...)
Xe bị hư (tại ...). — sa bẹẹ hœhr (daị...)

La voiture/moto ne démarre plus.
(Xe hơi/Xe moto) không để được. — (sa her·i/sa mo·to) không dè dœhr·ẹrk

Mon pneu est crevé.
Bánh xe tôi bị xì. — baáng sa doï bẹẹ si

Je n'ai plus d'essence.
Tôi bị hết dầu/xăng. — doï bẹẹ hét zòh/sœhng

J'ai eu un accident.
Tôi bị tai nạn. — doï bẹẹ dai naạn

GLOSSAIRE

A Di Da – Bouddha du passé

agent orange – défoliant cancérigène et mutagène, utilisé pendant la guerre du Vietnam

am et duong – équivalents vietnamiens du yin et du yang

Amérasiens – enfants nés de l'union de soldats américains et de femmes asiatiques pendant la guerre du Vietnam

Annam – ancien nom chinois du Vietnam, signifiant "Sud pacifié"

ANV – Armée nationale vietnamienne

ao dai – costume traditionnel

apsara – vierge céleste

ARVN – Armée de la république du Vietnam ; ancienne armée du Sud-Vietnam

bai – plage

ban – village de montagne

bang – congrégation (dans la communauté chinoise)

bar om – ou "karaoké om" ; bar associé à l'industrie du sexe

Ba Tay – une Occidentale

bia hoi – bière pression

bonze – moine bouddhiste

buu dien – bureau de poste

cai luong – théâtre moderne vietnamien

caodaïsme – religion syncrétique vietnamienne fondée en 1926

Chams – habitants du royaume du Champa et leurs descendants

cham cui – acupuncture

Champa – royaume hindou remontant à la fin du IIe siècle

Charlie – surnom donné par les soldats américains aux soldats viêt-cong

chua – pagode

chu nho – idéogrammes chinois

chu nôm – (ou *nôm*) anciens idéogrammes vietnamiens (XIIIe-XXe siècle)

Cochinchine – région sud du Vietnam à l'époque coloniale française

com pho – soupe au riz et aux nouilles

cong – gong

cuu long – les "neuf dragons", surnom des neuf bras du Mékong dans le delta

dan bau – cithare à une corde

dan tranh – cithare à 16 cordes

den – temple

Di Lac – Bouddha du futur

dikpalaka – dieux des Points cardinaux

dinh – maison communale

DMZ – zone démilitarisée ; no man's land qui séparait autrefois le Nord-Vietnam du Sud-Vietnam

doi moi – réforme économique commencée en 1986

dong – grotte naturelle ; désigne aussi la monnaie vietnamienne

don ganh – palanche en bambou

dong son – tambour

écocide – terme désignant les effets dévastateurs des herbicides utilisés pendant la guerre du Vietnam

feng shui – voir *phong thuy*

FNL – Front national de libération du Sud-Vietnam, nom officiel du Viêt-cong

Funan – voir Oc-Eo

garuda – êtres célestes semblables aux griffons et se nourrissant de naga

gom – céramique

GRP – Gouvernement révolutionnaire provisoire, institué par le Viêt-cong dans le Sud-Vietnam de 1969 à 1976

guerre américaine – nom donné par les Vietnamiens à ce que la plupart des autres nations appellent la "guerre du Vietnam"

Guomindang – voir Kuomintang

hai dang – phare

han viet – littérature sino-vietnamienne

hat boi – théâtre classique du Sud

hat cheo – théâtre populaire

hat tuong – théâtre classique du Nord

Hoa – ethnie chinoise, une des plus importantes minorités vietnamiennes

Hoa Hao – secte bouddhiste vietnamienne apparue en 1939

ho ca – aquarium

hoi quan – salle de rassemblement des congrégations chinoises

hon – île

Honda Dream – modèle de scooter le plus vendu au Vietnam

Honda om – moto-taxi ; aussi appelé *xe om*

huong – parfum

huyen – district rural

Indochine – nom qu'utilisaient les Français pour désigner leurs colonies asiatiques et qui englobait le Vietnam, le Cambodge et le Laos

kala-makara – divinité prenant la forme d'un monstre marin

kalan – sanctuaire

ken doi – instrument de musique composé de deux flûtes de bambou à sept trous

khach san – hôtel

Khmer – personne d'origine cambodgienne, ou ce que l'on peut rattacher à la culture de cette ethnie

Khong Tu – Confucius

kich noi – théâtre parlé

kinh – langue vietnamienne

Kuomintang – ou KMT, Parti nationaliste chinois ; le KMT prit le pouvoir en Chine en 1925 et le garda jusqu'en 1949, année de sa défaite face aux communistes

li xi – argent de la chance

Libération – prise du Sud par le Nord en 1975 ; les étrangers préfèrent le terme de "réunification"

Lien Xo – littéralement "Union soviétique" ; mot utilisé pour attirer l'attention d'un étranger

lingam – phallus stylisé, symbole de la divinité hindoue Shiva

MAAG – Military Assistance Advisory Group, groupe de conseil et d'aide militaires créé pour entraîner les troupes auxquelles on confiait des armes américaines

mandapa – salle de méditation

manushi-bouddha – manifestations humaines des bouddhas historiques

mat cua – "œil bienveillant" chargé de protéger la maisonnée

MIA – "Missing In Action" : soldat porté disparu

moi – terme péjoratif signifiant "sauvage", utilisé envers les membres des minorités montagnardes

montagnards – désigne au Vietnam les minorités ethniques peuplant les régions reculées du pays

muong – grand village formé de *quel* (petites maisons sur pilotis)

naga – serpent mythique aux pouvoirs divins, souvent représenté la tête dressée au-dessus du Bouddha qu'il protège pendant sa méditation

nam phai – pour hommes

napalm – essence solidifiée, larguée sous forme de bombes, aux effets dévastateurs

nguoi thuong – terme utilisé par le gouvernement actuel pour désigner les montagnards

nha hang – restaurant

nha khach – hôtel ou pension

nha nghi – pension

nha rong – ou *rong* ; maison sur pilotis utilisée par les montagnards comme maison commune

nha tro – dortoir

nôm – *voir chu nôm*

nui – montagne

nu phai – pour les femmes

Oc-Eo – (ou Funan) royaume hindouisé du sud du Vietnam entre le Ier et le VIe siècle

Ong Bon – gardien du Bonheur et de la Prospérité

Ong Tay – un Occidental

OSS – prédécesseur de la CIA

pagode – à l'origine, tour octogonale bouddhique ; au Vietnam désigne un temple

phong thuy – littéralement, "eau du vent" ; terme désignant la géomancie et également connu sous son appellation chinoise, feng shui

piastre – monnaie en cours du temps de l'Indochine française

piste Hô Chi Minh – réseau de voies emprunté par l'ANV et le Viêt-cong pour approvisionner leurs combattants dans le Sud

POW – "Prisoner of War" : prisonnier de guerre

PTSD – "Post-Traumatic Stress Disorder" : stress post-traumatique

quan – district urbain

quan lai – mandarin

Quan Thê Âm Bô Tat – déesse de la Miséricorde

quel – hameau de maisons sur pilotis

quoc am – littérature vietnamienne moderne

quôc-ngu – transcription phonétique du vietnamien en alphabet latin, actuellement en usage

rap – cinéma

RDV – République démocratique du Vietnam (ancien Nord-Vietnam)

roi can – marionnettes

roi nuoc – marionnettes sur l'eau

RSV – République socialiste du Vietnam (nom officiel actuel)

ruou – "vin" ou alcool local, de riz en général

RVN – république du Vietnam (ancien Sud-Vietnam)

salangane – petite hirondelle, dont le nid est très recherché dans la gastronomie vietnamienne

sao – flûte en bois

shakti – manifestation féminine de Shiva

son mai – laque

song – rivière

sung – bois de figuier

Tam Giao – "religion triple" mêlant confucianisme, taoïsme et bouddhisme, auxquels s'ajoutèrent avec le temps les croyances populaires chinoises et l'animisme vietnamien

Tao – la Voie, essence constituant toute chose

Têt – Nouvel An lunaire vietnamien

thai cuc quyen – tai-chi vietnamien

Thich Ca – Bouddha historique (Sakyamuni)

Thien Hau Thanh Mau – déesse de la Mer, protectrice des pêcheurs et des marins

thong nhat – "réunification", terme couramment employé pour désigner le train *Express de la Réunification*

thung chai – embarcation circulaire en jonc, rendue imperméable par du goudron

thuoc bac – médecine chinoise

toc hanh – bus express

Tonkin – nom donné au nord du Vietnam pendant la période coloniale française ; il donne toujours son nom au golfe qui se situe entre le Vietnam et la Chine

to rung – xylophone en bambou

trong com – tambourin

truyen khau – tradition orale/littérature orale traditionnelle

tu sat – dominos

Viêt-cong – terme (à l'origine péjoratif) pour désigner les communistes du Sud-Vietnam

Viêt Kiêu – Vietnamiens expatriés

Viêt-minh – Ligue pour l'indépendance du Vietnam ; mouvement nationaliste qui a combattu les Japonais, puis les Français, et qui finit par devenir communiste

VNQDD – Viêt Nam Quôc Dân Dang ; Parti nationaliste populaire

vo binh dinh – art martial traditionnel reposant sur le maniement d'un bâton en bambou

xang – essence

xe dap loi – voiture tirée par un vélo

xe Honda loi – voiture tirée par une moto

xe lam – minicamionnette à trois roues servant au transport des passagers et des marchandises sur de courtes distances

xe loi – voiture tirée par une moto (dans le delta du Mékong)

xe om – moto-taxi, aussi appelée *Honda om*

xich lo – cyclo ; terme dérivé du français cyclo-pousse

En coulisses

VOS RÉACTIONS ?

Vos commentaires nous sont très précieux et nous permettent d'améliorer constamment nos guides. Notre équipe lit toutes vos lettres avec la plus grande attention. Nous ne pouvons pas répondre individuellement à tous ceux qui nous écrivent, mais vos commentaires sont transmis aux auteurs concernés. Tous les lecteurs qui prennent la peine de nous communiquer des informations sont remerciés dans l'édition suivante, et ceux qui nous fournissent les renseignements les plus utiles se voient offrir un guide.

Pour nous faire part de vos réactions, prendre connaissance de notre catalogue et vous abonner à Comète, notre lettre d'information, consultez notre site web : **www.lonelyplanet.fr**

Nous reprenons parfois des extraits de notre courrier pour les publier dans nos produits, guides ou sites web. Si vous ne souhaitez pas que vos commentaires soient repris ou que votre nom apparaisse, merci de nous le préciser. Notre politique en matière de confidentialité, est disponible sur notre site Internet.

À NOS LECTEURS

Nous remercions tous les lecteurs qui ont utilisé la précédente édition de ce guide et ont pris la peine de nous écrire pour nous communiquer informations, commentaires et anecdotes :

A E. Allender **B** J. Bacon, M. Barrelet, E. Bazin, F. Benhamou, J.-L. Bernard, F. Beskeller, N. Bodwin, L. et P. Borg, K. Bourne, A.-M. et P. Bouyx, L. Brisset **C** M. Cassuto, C. Chatelain, F. Chauffier, C. Chesnier, J.-P. et E. Close, C. Cliseru, A. Coutable, M. Croqueville **D** G. Dabilly, A. Dargent, F. Danto, B. Delbart, A. des Garets, L. Desaleux ; F. Dulugat, C. Dusaussoy **E** V. Eclaircy, M. et Mme Esnault **F** T. Fauvel, A. Fermon, M. Fourcaut, L. Francisco, B. Frébourg, P. Fusaro **G** B. Gaborieau, F. Geffray, S. Geniaut, P. Griffon **J** A. et P. Jegaden, B. Joyeux, F. et J.-C. Koenig **L** M.-C. Lambert, P. Le Quéau, J. Leaute, J. Leclercq, M. et L.-J.-J. Lopez **M** M. Massonnaud, F. Maugin, D. McDuff, K. Mery **N** M. Nguyen, J. Nollet, B. Nou, M. Nouet, R. Nuttin **P** F. Pannatier, B. Papillon, G. Poullin **R** C. Raimbault, O. Richardot, M. Roubine, J. Rouillard **S** D. Salvaudon-Muller, A. Seyler, F. Simonin, J. Supernant **T** D. Tanghe **V** G. Vérune **W** S. Willems

UN MOT DES AUTEURS

Iain Stewart

Cela a été un superbe voyage, grâce à la gentillesse et à l'aide de Vinh Vu, Chien, Dzung, Neil et Caroline à Hoi An, Mark Wyndham, Ben et Bich, Howard et Deborah Limbert, les garçons de Nha Trang, Tam à Dong Ha ainsi que Mark et Jason à Hô Chi Minh-Ville. Je remercie également toute l'équipe de Lonely Planet à Melbourne (et ailleurs) pour son travail exceptionnel et son soutien en coulisses.

Brett Atkinson

Merci à Kien et sa famille à Hanoi et sur la route, ainsi qu'à M. Hai, toujours très chic, pour avoir négocié un chemin agréable à travers les paysages parfois difficiles du nord du Vietnam. À Sapa, je sais gré à Shu et à Peter pour leur superbe travail, et je salue M. Tung, Kim et Graeme à Cat Ba. Je remercie enfin Carol et ma famille pour leur amour et leur soutien à mon retour.

Damian Harper

Merci à tous ceux qui m'ont aidé : Iain Stewart pour ses tuyaux en or, Nguyen Linh, Mark Zazula, Jason Donovan, Steph Akhurst, Tim Doling, Walter Pearson, Sophie Hughes, Stu, Rohan Barker, Su-Su, Hung, Thanh et bien entendu les habitants magnifiques et chaleureux du Vietnam, qui ont fait de mon voyage une véritable joie à chaque étape. Merci également au précieux dictionnaire hoa-viet (chinois-vietnamien), qui m'a bien servi. Toute ma gratitude va, comme toujours, à Dai Min, Timothy Jiafu et Emma Jiale.

Nick Ray

Merci du fond du cœur aux habitants du Cambodge, dont la chaleur, l'humour, le stoïcisme et l'esprit font de ce pays un lieu humble, mais heureux. Tous mes remerciements vont à mon adorable épouse Kulikar Sotho ainsi qu'à nos enfants Julian et Belle. Sans leur soutien et leurs encouragements, cette aventure n'aurait pas été possible. Merci aux voyageurs et résidents avertis et aux contacts qui m'ont permis de mieux connaître ce pays. Je n'ai pas assez de place pour remercier tout le monde, mais vous vous reconnaîtrez tous, car nous nous voyons assez régulièrement dans toutes les circonstances, de la bière

aux conférences sur l'écotourisme. Je sais gré aux coauteurs du *Vietnam* qui font tout pour que cette nouvelle édition soit de qualité. Enfin, merci à l'équipe de Lonely Planet qui a travaillé sur cet ouvrage. L'auteur est celui dont le public entend parler, mais il y a un travail énorme en coulisses pour que ce guide soit le meilleur possible, et je remercie chacun pour ce travail important.

Crédits photographiques

Nous remercions Peel MC, Finlayson BL & McMahon TA (2007) "Updated World Map of the Köppen-Geiger Climate Classication", *Hydrology and Earth System Sciences*, 163344.

Photo de couverture : Pêcheur traditionnel, Hoi An / HNH Images, Getty Images.

Les illustrations p. 178-179 et p. 422-423 sont de Michael Weldon.

À PROPOS DE CET OUVRAGE

Cette 11e édition française est la traduction de la 12e édition du guide anglais *Vietnam*, mis à jour par Iain Stewart, Brett Atkinson, Damian Harper et Nick Ray. L'édition précédente a été rédigée par Iain, Brett et Nick, ainsi que par Peter Dragicevich. Ce guide est une commande du bureau australien de Lonely Planet.

Traduction Cécile Duteil, Frédérique Hélion-Guérini, Jeanne Robert, Marie Starynkevitch

Direction éditoriale Didier Férat

Coordination éditoriale Sandrine Gallotta

Responsable prépresse Jean-Noël Doan

Maquette Gudrun Fricke

Cartographie Diana Von Holdt, Jeff Cameron, Corey Hutchison, James Leversha et Caroline Sahanouk pour l'adaptation française

Couverture Adaptée par Annabelle Henry pour la version française

Remerciements Merci à Claude Albert et Rose-Hélène Lempereur pour leur contribution au texte, à Dolorès Mora pour sa relecture attentive, à Ludivine Bréhier et Claire Chevanche pour la préparation du manuscrit anglais, ainsi qu'à toute l'équipe du bureau de Paris, en particulier à Dominique Spaety. Merci à Clare Mercer, Joe Revill et Luan Angel du bureau LP Londres, et à Andy Nielsen, Darren O' Connell, Chris Love, Sasha Baskett, Angela Tinson, Jacqui Saunders, Ruth Cosgrave et Glenn van der Knijff du bureau LP Australie

Index

INDEX DES ENCADRÉS

INDEX DES ENCADRÉS *(suite)*

Légende des cartes

À voir

- Château
- Monument
- Musée/galerie/édifice historique
- Ruines
- Église
- Mosquée
- Synagogue
- Temple bouddhiste
- Temple confucéen
- Temple hindou
- Temple jaïn
- Temple shintoïste
- Temple sikh
- Temple taoïste
- Sentō (bain public)
- Cave/vignoble
- Plage
- Réserve ornithologique
- Zoo
- Autre site

Activités, cours et circuits organisés

- Bodysurfing
- Plongée/snorkeling
- Canoë/kayak
- Cours/circuits organisés
- Ski
- Snorkeling
- Surf
- Piscine/baignade
- Randonnée
- Planche à voile
- Autres activités

Où se loger

- Hébergement
- Camping

Où se restaurer

- Restauration

Où prendre un verre

- Bar
- Café

Où sortir

- Salle de spectacle

Achats

- Magasin

Renseignements

- Banque
- Ambassade/consulat
- Hôpital/centre médical
- Accès Internet
- Police
- Bureau de poste
- Centre téléphonique
- Toilettes
- Office du tourisme
- Autre adresse pratique

Géographie

- Plage
- Refuge/gîte
- Phare
- Point de vue
- Montagne/volcan
- Oasis
- Parc
- Col
- Aire de pique-nique
- Cascade

Agglomérations

- Capitale (pays)
- Capitale (région/ État/province)
- Grande ville
- Petite ville/village

Transports

- Aéroport
- Poste frontière
- Bus
- Téléphérique/funiculaire
- Piste cyclable
- Ferry
- Métro
- Monorail
- Parking
- Station-service
- Station de métro
- Taxi
- Gare/chemin de fer
- Tramway
- U-Bahn
- Autre moyen de transport

Les symboles recensés ci-dessus ne sont pas tous utilisés dans ce guide

Routes

- Autoroute à péage
- Voie rapide
- Nationale
- Route secondaire
- Petite route
- Chemin
- Route non goudronnée
- Route en construction
- Place/rue piétonne
- Escalier
- Tunnel
- Passerelle
- Promenade à pied
- Promenade à pied (variar
- Sentier

Limites et frontières

- Pays
- État/province
- Frontière contestée
- Région/banlieue
- Parc maritime
- Falaise
- Rempart

Hydrographie

- Fleuve/rivière
- Rivière intermittente
- Canal
- Étendue d'eau
- Lac asséché/salé/ intermittent
- Récif

Topographie

- Aéroport/aérodrome
- Plage/désert
- Cimetière (chrétien)
- Cimetière (autre)
- Glacier
- Marais/mangrove
- Parc/forêt
- Site (édifice)
- Terrain de sport

Nick Ray

Siem Reap et les temples d'Angkor Nick vient de Watford, une ville des environs de Londres qui donne envie de voir du pays... Vivant désormais à Phnom Penh avec son épouse Kulikar et ses jeunes enfants, Julian et Belle, il a participé à de nombreux guides sur la région du Mékong, dont les ouvrages Cambodge, Laos, Myanmar et Vietnam publiés par Lonely Planet. Lorsqu'il n'écrit pas, Nick fait du repérage dans des coins reculés de l'ancienne Indochine pour le cinéma et la télévision.

Pour en savoir plus sur Damian, consultez
lonelyplanet.com/members/damianharper

Contributions

Andrea Nyugen Auteure de *Into the Vietnamese Kitchen* et *Asian Tofu*, Andrea a rédigé pour ce guide la rubrique *Les Spécialités par région*. Elle est aussi l'auteur du blog www.vietworldkitchen.com.

LES GUIDES LONELY PLANET

Une vieille voiture déglinguée, quelques dollars en poche et le goût de l'aventure, c'est tout ce dont Tony et Maureen Wheeler eurent besoin pour réaliser, en 1972, le voyage d'une vie : rallier l'Australie par voie terrestre via l'Europe et l'Asie. De retour après un périple harassant de plusieurs mois, et forts de cette expérience formatrice, ils rédigèrent sur un coin de table leur premier guide, *Across Asia on the Cheap*, qui se vendit à 1 500 exemplaires en l'espace d'une semaine. Ainsi naquit Lonely Planet, dont les guides sont aujourd'hui traduits en 12 langues.

NOS AUTEURS

Iain Stewart

Auteur-coordinateur, Centre, Littoral du Sud-Est, Hauts plateaux du Sud-Ouest Voyageant au Vietnam depuis plus de 20 ans, Iain et a écrit de nombreux guides pour Lonely Planet, dont trois éditions de ce titre. Il a visité presque chaque province du pays, mais sa préférence va aux plages et aux grandes routes littorales. Lors de son périple, il a mangé la "meilleure cuisine du monde", parcouru la quasi-totalité de la côte avec son copain Vinh et sa famille, nagé dans les grottes de Phong Nha, exploré à VTT les alentours de Dalat, flâné à Hoi An, fait la tournée des bars de Hô Chi Minh-Ville (HCMV) et savouré le silence de Con Dao.

Brett Atkinson

Hanoi, Nord Cela fait deux décennies que cet habitant d'Auckland parcourt le Vietnam, son pays de prédilection, dont il explore chaque fois de nouvelles régions. Pour sa deuxième contribution au guide Lonely Planet Vietnam, il a dévoré la cuisine de rue de Hanoi assis sur de petits tabourets bleus, quitté les sentiers battus dans la province de Ha Giang et délassé ses membres fourbus dans un bain d'herbes traditionnel des Dzao rouges près de Sapa. Suivez ses dernières aventures sur www.brett-atkinson.net.

Damian Harper

Hô Chi Minh-Ville, delta du Mékong Damian a passé un diplôme de chinois à une époque où il s'agissait encore d'un choix exotique. Il s'est installé ensuite à Hong Kong pour être témoin de la dernière année du mandat britannique, puis à Pékin et Shanghai. Aujourd'hui basé à Londres, il a collaboré à une trentaine de guide Lonely Planet depuis 1997, notamment aux titres Chine, Shanghai, Beijing et Malaisie, Singapour et Brunei. Son voyage au Vietnam l'a conduit des rues trépidantes et des restaurants gastronomiques de HCMV aux pistes de terres et aux plages paradisiaques de Phu Quoc, en passant par les paysages inoubliables du delta du Mékong.

PAGE 539 AUTEURS (suite)

Vietnam
11e édition
Traduit et adapté de l'ouvrage *Vietnam, 12th edition, July 2014*
© Lonely Planet Publications Pty Ltd 2014
© Lonely Planet et Place des éditeurs 2014

Photographes © comme indiqué 2014

Dépôt légal Septembre 2014
ISBN 978-2-81614-235-8
Imprimé par Grafica Veneta, Trebaseleghe, Italie

Bien que les auteurs et Lonely Planet aient préparé ce guide avec tout le soin nécessaire, nous ne pouvons garantir l'exhaustivité ni l'exactitude du contenu. Lonely Planet ne pourra être tenu responsable des dommages que pourraient subir les personnes utilisant cet ouvrage.

MIXTE
Issu de sources responsables
FSC® C003309
www.fsc.org

En Voyage Éditions | un département place des éditeurs